LE CARRÉ DE PLUTON

DU MÊME AUTEUR

Initiales B.B., Editions Grasset, 1996.

BRIGITTE BARDOT

LE CARRÉ DE PLUTON

Mémoires

BERNARD GRASSET

PARIS

Le Carré de Pluton, c'est la confrontation avec les forces de possession, machiavéliques, infernales, en relation avec notre vécu, individuel et collectif, notre karma. Cette confrontation, certains (très peu) la subissent de leur vivant entre quarante et cinquante ans en restant maîtres d'eux-mêmes. Ce sont des « guerriers » car il faut être fort pour rester présent et ne pas mourir alors.

La Chasse

*Dessin de J.-C. Servais tiré
du livre* Animaux a(d)mis – *Alliance Européenne.*

Je dédie ce livre à tous les animaux qui partagent notre vie et que l'Homme massacre cruellement, n'épargnant rien de ce qui est vivant.

Il tue pour se nourrir, il tue pour se vêtir, il tue pour se parer, il tue pour son loisir et pour son plaisir, il tue pour sa santé et sa survie, il tue pour bander, il tue pour s'instruire, il tue pour s'enrichir, il tue pour s'amuser, il tue pour tuer!

Je dédie ce livre à tous ceux qui, comme moi, aiment, défendent, protègent, soulagent les animaux envers et contre tous.
Je les remercie d'avoir ce courage.

Enfin, je dédie à mes chiennes et chiens, chattes et chats tant aimés, à Chouchou mon petit phoque, à Duchesse ma jument, à Cornichon mon petit âne, à mes chèvres, mes moutons, à mes poules, canards et oies, à Marcel mon gros patapouf de petit cochon, qui ont illuminé ma vie par leur présence, leur fidélité, leur amour, leur désintéressement, leur vérité, leur confiance et leur noblesse.

Ce livre est l'hommage profond que je rends aux animaux.

Brigitte Bardot.
La Madrague,
14 mars 1999.

La Protection Animale est une galère.
On y rame avec la « souffrance » pour seul horizon.
Cette souffrance qui vous ronge...

La souffrance

Elle vous ronge... nuit et jour, lancinante, inexorable.
Elle ne vous lâche jamais, ne fût-ce qu'un instant.
Elle ne vous laisse jamais de répit.

C'est le tourment perpétuel devant l'impuissance et la solitude.

Cette souffrance, c'est la souffrance morale que l'on endure devant la souffrance physique des Bêtes sans défense, victimes innocentes de la cruauté et de l'indifférence générale. La souffrance de voir souffrir !
J'endure cette souffrance. Elle est mienne. C'est mon univers.
Certes je l'ai voulue, désirée, et depuis longtemps.
Je n'en connaissais pas les ravages. Je la considère comme une pénitence.
On s'enfonce dans la souffrance, comme on s'enfonce dans des sables mouvants.
Et ce, sans espoir d'en être jamais délivré.
Et puis, à cette souffrance morale, s'ajoute le remords !
Le remords de ne pas avoir fait assez pour soulager ceux qui souffrent.
Le remords de s'être peut-être trompé et de ne pas avoir fait tout le bien qu'on souhaitait ou qu'on voulait faire.
Qu'importe, j'ai choisi de souffrir pour les Bêtes qui souffrent.
Mais, j'ai aussi choisi de combattre !

Serge Vincent SALVARELLI

La gloire
est le deuil éclatant du bonheur.

MADAME DE STAËL
(1766-1817).

I

*Il y aura toujours un chien perdu quelque part
qui m'empêchera d'être heureux.*

Jean ANOUILH (1910-1987).

Je venais d'avoir 39 ans, j'avais abandonné le cinéma pour me consacrer à la défense des animaux et, en ce début de l'année 1974, je tournais en rond dans mon magnifique appartement du boulevard Lannes, ne
sachant, pour la première fois de ma vie, que faire de moi, que faire de
cet avenir, de ce temps libre, vertigineusement dénué de tout projet.
Peut-être étais-je depuis mon adolescence robotisée par les contrats, les
obligations professionnelles qui, même si elles vous épuisent et vous
harcèlent parfois, sont un but, un havre, un repère dans le grand mystère
de l'avenir de la vie.

Laurent, qui vivait avec moi à ce moment-là, passait son temps à la
cuisine avec Madame Renée, ma gouvernante, qu'il énervait profondément, lui dictant la manière ou les manières d'accommoder les
champignons, avec ou sans ail, avec ou sans oignon! Bref, il n'était
préoccupé que par la bouffe pendant que je me rongeais les ongles ne
pensant qu'aux animaux auxquels je donnais ma vie!

Mais que leur donnais-je en fin de compte? Rien.

Je ne savais rien, je ne savais pas par quel bout commencer. Mon
cœur leur appartenait, mais j'avais beau le dire et le redire, ça ne suffisait pas.

Nini et Pichnou, mes amours de petites chiennes, pissant un peu partout sur ma moquette blanche, je passais le plus clair de mon temps avec
des Kleenex et du Perrier essayant de limiter les dégats. Pour moi, à ce
moment de ma vie, la protection animale consistait provisoirement en ce
genre de dévouement.

Bien sûr, je les promenais tous les matins entre onze heures et midi au
bois de Boulogne dans une aire réservée aux ébats et aux pipis de
chiens! Je les chargeais dans ma nouvelle minuscule Fiat 125 et les
lâchais, folles de bonheur, au milieu de cette pelouse rapée fleurant plus
l'ammoniaque que la campagne profonde! Là, je rencontrais d'autres
propriétaires de chiens. Nous parlions des vaccins, des problèmes, des
maladies, des joies et des peines, de la nourriture, du comportement
des uns et des autres. Pendant que nos petits et petites couraient derrière

15

des balles, se disputaient âprement un bout de bois et finissaient dans le lac en nageant derrière les canards.

Je me sentais ridicule et, pourtant, je trouvais tous ces gens attendrissants. Mais mon but était autre, plus grand, beaucoup plus grand, différent. J'avais beau appeler la S.P.A., on me répondait automatiquement que les adoptions se faisaient aussi régulièrement que les abandons – les uns prenant la place des autres dans cet univers carcéral et glacé – les euthanasies laissant une fois par semaine des vides qui se remplissaient par de nouveaux abandons. Tout cela paraissait normal aux employés rodés depuis longtemps à la maladie, la mort ou la souffrance.

J'étais écœurée et impuissante.

Que pouvais-je faire pour essayer d'endiguer ce flot de détresse ?

Pour me détendre, j'écoutais souvent des disques, j'aimais la musique, son envol, sa poésie, son intemporelle harmonie. J'avais fait installer, boulevard Lannes, une chaîne stéréo très pure et sophistiquée qui me noyait aux quatre coins de chaque pièce dans une mer de décibels qui enveloppait et chassait mes angoisses, mes questions, mes doutes et mes dépressions. Même dans les « Wawa », les vagues musicales, telle une chasse d'eau talentueuse, emportaient nos esprits loin des bassesses de l'existence.

C'est ainsi que je tombai amoureuse d'une superbe chanson d'Hugues Aufray : *Vous ma Lady*.

Je n'arrêtais pas de la fredonner, de l'écouter, de m'en repaître. Elle me semblait raconter mon histoire avec Laurent. Subitement, j'eus l'envie irrésistible de l'enregistrer en duo avec lui. Quittant pour un moment ses recettes de cuisine, son ail et son oignon, Laurent eut l'air intéressé. J'appelai mon ami Eddy Barclay qui, évidemment, fut on ne peut plus d'accord et confia à son collaborateur, François Bernheim, le soin de mener à bien la concrétisation de ce projet inattendu, mais ô combien bienvenu.

Alors, remplissant mon temps trop libre et trop inutilisé, m'accrochant encore comme à une bouée de sauvetage à ce que furent ma vie, mon métier, ma joie aussi, j'enregistrai ce disque – un peu comme un requiem. Ce fut un joli requiem qui ne fut ni un succès, ni un flop, juste un adieu.

J'essayais de joindre Christian Zuber dont les émissions *Caméra au poing* faisaient à l'époque découvrir la vie des animaux sauvages et leur dure loi de survie ! Bien sûr, je ne pensais pas aller barouder au fin fond des savanes africaines, mais il me fallait des contacts. Il était injoignable, toujours par monts et par vaux.

Je finis par déprimer. Je regrettais d'avoir décidé d'abandonner le cinéma. Tout cela était grotesque, dès que je disais mon nom au télé-

16

phone, essayant de joindre des personnes compétentes dans la protection animale, on me riait au nez, me répondant « et moi je suis le pape ! ».

A Bazoches, où je retrouvais un peu de cette vérité sans laquelle je ne peux pas vivre, et où Nini et Pichnou s'éclataient comme deux sauvages, j'essayais de me ressourcer. Il y avait mon petit âne Cornichon et quelques chèvres belles et blanches sauvées de l'abattoir. Pendant que Laurent faisait mijoter des oignons, je me baladais le nez en l'air, humant, reniflant cette campagne préservée, ces odeurs d'humus, de moisissure, de bois humide si particulières à cette région d'Ile-de-France.

Mes chats et chattes ni castrés ni stérilisées me pondaient des petits en veux-tu, en voilà ! Il allait me falloir employer les grands moyens. J'étais envahie de petits chatons tremblotants sur leurs petites pattes, leur minuscule queue en l'air. Il m'en sortait de sous l'évier, de mon placard mal fermé, il y en avait sous les lits et dans la bibliothèque. Nini et Pichnou n'en croyaient ni leurs yeux ni leurs oreilles et s'en donnaient à cœur joie à lécher ces petits jusqu'à les laisser trempés, collés et effarés par ces nouvelles mamans si différentes et tellement maniaques de propreté.

La nouvelle salle de jeux que je venais de faire construire occupait mes journées, le billard avec sa grosse double lampe vert céladon, la roulette, la table hexagonale du poker, le canapé Chesterfield... je déménageais, poussant, tirant, déplaçant tout ce fourbi sous les yeux ébahis et incrédules de Nini et Pichnou qui me prenaient pour une folle et sous le regard condescendant de mes gardiens qui, les bras croisés, donnaient leur avis sans me donner le moindre coup de main.

C'étaient de drôles de zigotos, ceux-là !

Elle, elle faisait semblant de faire le ménage, en talons aiguilles ; quant à lui, sapé comme un milord, il roulait dans une décapotable dernier modèle, rouge vif, stéréo, etc., cependant que je m'essoufflais avec mes vieilles bottes en caoutchouc et mes vêtements crottés, n'ayant comme véhicule qu'un pauvre break d'un autre monde qui glinglingnait d'un soubresaut à l'autre, n'ayant comme unique mission que de transporter les poubelles, les chiens, le foin et la paille. C'est tout juste si je ne leur servais pas le champagne sur un plateau d'argent !

Le monde à l'envers, quoi !

Un matin, la gendarmerie vint sonner à mon portail.

Ils avaient une commission rogatoire et l'ordre de fouiller de fond en comble ma maison, celle des gardiens et le jardin. J'étais terrorisée. La peur du gendarme, je la ressens jusqu'au fond des tripes, même et surtout si je n'ai rien à me reprocher ! Qu'est-ce que c'était encore que cette histoire ? On me parla de trafic de drogue... et la maréchaussée envahit ma propriété. Je repensais à la fameuse phrase d'Arletty dans *Hôtel du Nord*... Trafic de drogue, trafic de drogue, est-ce que j'ai une gueule de trafic de drogue ?

En attendant, l'atmosphère était tendue !

Les gardiens semblaient dans « leurs petits souliers » avec ou sans talons aiguilles. Quant à moi, je me sentais salie, violée, envahie par ces représentants de la loi qui fouillaient partout, y compris dans les recoins les plus secrets de ma chambre et de ma salle de bains, d'où s'échappaient en miaulant des petits chatons affolés qui n'avaient rien à voir avec quelque trafic que ce soit. En voyant tout ce déploiement de forces, j'eus un moment envie de leur demander de m'aider à déplacer le billard qui pesait une tonne et n'était pas au bon endroit dans la salle de jeux. Mais je renonçai à ce projet de déménagement ayant soudainement peur qu'ils ne me le démontent pièce par pièce cherchant inlassablement la preuve espérée du trafic.

Puis, ce fut l'horreur !

Dans le tas de bois, un gendarme découvrit quelque chose de suspect. (A propos, pour rire un peu, qu'y a-t-il de pire qu'un lèche-cul ? Un suce-pet !)

En attendant, j'étais effondrée.

Allait-on m'inculper pour trafic de drogue ? Je croyais vivre un cauchemar et me pinçais très fort pour essayer de me réveiller. Je ne fus pas inquiétée, mais mon couple présumé coupable fut embarqué à la gendarmerie pour un interrogatoire en bonne et due forme.

Laurent, pendant tout ce temps, restait plongé dans des recettes de cuisine plus ou moins végétariennes, essayant de remplacer ses sempiternels oignons par d'autres produits tout aussi végétaux mais moins reprocheurs. Il était un grand spécialiste du beurre blanc, mais cherchait ce qu'il pourrait accommoder, vu que je refusais obstinément de manger du poisson et, bien sûr, de la viande. Restaient les œufs. Les œufs au beurre blanc, c'était une nouveauté et il fallait du temps pour s'y faire et les faire ! Alors c'est moi qui nettoyais les bergeries, qui mettais la paille propre et sèche et le foin si doux et si odorant dans les mangeoires. J'étais escortée dans cette tâche par Cornichon, les oreilles en sémaphore, et les chèvres le nez au vent qui flairaient la bonne bouffe et ne me quittaient pas d'une semelle, cependant que Nini et Pichnou se disputaient un des milliers de bouts de bois disséminés dans la prairie.

Le travail terminé, je pensais qu'il me fallait à tout prix me débarrasser de ces gardiens, et surtout en trouver d'autres, ce qui n'a jamais été simple pour moi. Comme toujours dans les situations un peu compliquées de ma vie, je fis appel à Jean Bouquin, mon ami couturier et restaurateur qui m'avait dépannée quelque temps auparavant en me conseillant ce couple de gardiens.

Nous étions en hiver et, drogue ou pas, je ne pouvais légalement les mettre à la porte de leur maison de fonction. J'étais au paroxysme de l'énervement et au bord de la crise de nerfs.

Vraiment je n'avais pas de chance, je m'étais mise moi-même au chômage alors que mon étoile brillait encore très fort au firmament des stars pour aider, secourir, soutenir les animaux dans leur incommensurable détresse, et je me retrouvais coincée à Bazoches, faisant les tâches les plus humbles, qui auraient pu être effectuées par d'autres, alors que ma notoriété mondiale possédait encore un impact puissant que j'aurais pu utiliser à bon escient. Quand mes gardiens, sous contrôle judiciaire, furent rentrés chez eux – c'est-à-dire chez moi – il me fut impossible de leur demander le moindre service. Ils m'envoyaient promener sans vergogne : Je n'avais qu'à me démerder seule... et lui de partir dans sa belle voiture, « la » laissant en otage au cas où...

J'avais envie de leur casser la gueule pendant que Laurent cassait ses œufs pour faire une omelette.

Le lendemain matin, il y eut un ramdam pas possible dès potron-minet ! Les chiennes hurlaient, des klaxons de voiture faisaient un boucan de tous les diables, les sonnettes y allaient bon train aux deux portails, et moi j'émergeais de mon sommeil avec une humeur de massacre.

Etait-ce encore ces gendarmes qui allaient me pourrir ma matinée et ma journée ? J'en avais marre de Bazoches, de ses pompes et de ses œuvres ! Merde ! La campagne c'est fait pour la paix, le repos, la tranquillité. Si on doit y vivre encore plus stressé qu'à Paris, alors à quoi bon !

C'était Jean Bouquin avec un huissier qui venaient foutre les gardiens à la porte. Merci mon Dieu !

Il y eut des polémiques, des cris et des hurlements, un peu de castagne aussi, mais pour finir la belle voiture rouge décapotée s'en fut avec « armes (car il y avait un fusil), et bagages » vers une destinée que je veux ignorer, cependant que la maison de gardiens, sens dessus dessous, ressemblant plus à un champ de bataille qu'à une chaumière normande, attendait que je lui rende son visage, son identité, son côté cosy et douillet qui avaient été bousculés jusqu'au plus profond de ses entrailles. Lorsque je leur offris un café bien mérité dans ma cuisine, Jean m'expliqua en hurlant de rire que cet huissier était un « faux », un acteur, en quelque sorte, qui avait joué son rôle d'une manière géniale.

Le fou rire passé, je m'inquiétai de la relève.

Laurent, avec ses quatorze ans de moins que moi, ses problèmes culinaires et ses envies de s'éclater dans les boîtes de nuit, m'apparut tout à coup tellement à côté de la plaque que je me mis à le détester.

19

J'avais 39 ans, je frisais la quarantaine et lui, du haut de ses 25 ans, me paraissait superficiel, inutile, encombrant et sans aucun intérêt, incapable du moindre effort. Le considérant comme un gamin stupide et essayant d'oublier ses leçons de savoir-faire, de savoir-vivre, de tout savoir, je le mis de côté dans ma tête et, avec ma secrétaire, Michèle, essayai de trouver des gardiens.

Ce n'était pas de la tarte.

Avant même de savoir de quoi il retournait, ils me parlaient de leur jour de sortie, de leur mois de congés payés, de leurs avantages pour ceci et pour cela. Il leur fallait jauger la maison, que j'avais eu un mal de chien à remettre en état et qui était mignonne, jolie et adorable mais leur paraissait trop exiguë, il n'y avait pas de chambre d'amis et l'unique salle de bains était bien petite ! Quant à la cuisine, il y manquait un congélateur. Moi-même n'en ayant pas, à cette époque, je les trouvais bien exigeants, et commençais à en avoir ras le chech de faire tout le travail en attendant que ces messieurs et dames acceptent de me remplacer.

Quand, enfin, Michèle me présenta le couple d'oiseaux rares qui acceptaient nos conditions, je les payai, les déclarai, les mis au courant, leur confiant la maison, les animaux et tout le tintouin et, avec un ouf, je regagnai le boulevard Lannes qui s'ennuyait de moi.

Maritie et Gilbert Carpentier me proposèrent alors une émission de variétés consacrée exclusivement à moi, mais avec des visages et des facettes très différentes les unes des autres.

C'était tentant et très amusant.

Par exemple, je devais chanter en play-back sur un disque de Joséphine Baker *J'ai deux amours*, avec son look de l'époque, ceinte de bananes, le visage et les cheveux foncés et gominés. Ils me proposaient aussi une scène du *Misanthrope* avec Jean Piat comme partenaire. Moi dans Célimène ! Un duo d'opérette tiré de *Fifi* avec Antoine, plus le blues d'une chanson de Johnny dansée très moderne avec lui. Et surtout un pas de deux – *Casse-Noisette* – avec le danseur étoile de l'Opéra, Michaël Denard.

Il y avait plus de vingt ans que j'avais abandonné la danse classique, mais le pari me plut, j'aime les défis, j'aime vaincre l'impossible, le temps, l'âge ! J'acceptai ce challenge difficile et me mis au travail sans perdre de temps. J'allai chez Repetto m'acheter, vingt ans après, des chaussons. On me regardait bizarrement et moi je regardais bizarrement ces petits chaussons de satin rose qui allaient me faire saigner le cœur et les pieds.

Je refis des exercices à la barre avec Michaël Denard.

Je sortais de là épuisée, les muscles en capilotade, pouvant à peine me tenir debout, mais tellement enchantée de n'avoir pas tout oublié et remerciant mon corps de danseuse de m'aider à retrouver au fil des heures la souplesse et la force qui étaient en moi vingt ans auparavant.

Rentrant chez moi, j'écoutais le disque de Joséphine Baker, je le connaissais par cœur, mes lèvres disant les mots synchronisés comme si je les chantais moi-même.

Et puis, je rencontrai Antoine : « *Pour réussir dans la chaussure, il faut tout simplement...* » Nous riions en chantant faux, parfois ! Mais la joie de ce duo me faisait oublier la douleur de mes pieds en sang et de mes muscles étirés.

Après, il y eut Jean Piat. Il vint chez moi, boulevard Lannes, son éternel sourire aux lèvres, sachant par cœur le texte du *Misanthrope* que j'essayais de me mettre en tête, lisant le petit fascicule mis à la disposition des lycéens. J'aime Jean Piat pour son intégrité, sa manière de voir la vie et les choses, son talent, unique, ajouté à sa beauté. Malheureusement, je n'étais pas à la hauteur. Je n'avais jamais joué de classique, et les vers de Molière devenaient dans ma bouche des récitations de mauvais élève. Plus il m'en faisait reproche, plus je m'enfonçais dans mon erreur.

Ce fut dramatique. J'avais honte mais ne le montrais pas.

Finalement, salle Pleyel, je répétai avec un professeur de danse moderne la chorégraphie extrêmement sensuelle du blues de Johnny Hallyday. C'est peut-être ce qui me semblait le plus facile.

Ma vie avec Laurent devenait impossible.

Je n'arrêtais pas de travailler durement et inlassablement pendant qu'il épluchait des oignons jusqu'aux larmes, avec Madame Renée. Nous ne parlions plus le même langage, et notre vie commune était devenue paradoxale et stupide.

C'est sur ces entrefaites que Nelly et Pierre Maeder, mes amis de Saint-Tropez, vinrent s'installer pour quelques jours boulevard Lannes. Ils y avaient leur chambre, comme j'avais la mienne chez eux à Saint-Tropez. Je les vis peu, mais notre amitié se passait aisément des blabla mondains qui font suer tout le monde.

La veille de leur départ, j'eus une algarade dramatique avec Laurent. Ne pouvant trouver le sommeil, j'errai lamentablement dans l'appartement désert, puis finis par m'endormir, meurtrie, sur le canapé du salon. Le lendemain j'étais à bout de nerfs. Ma vie me semblait inutile et sans issue. Les yeux cernés, les larmes au bord des paupières, je laissai à Nelly et Pierre un petit mot pour qu'ils m'emmènent avec eux en voiture à Saint-Tropez. Puis, je pris Nini et Pichnou sous le bras et partis pour le bois de Boulogne. Non sans avoir informé Madame Renée que j'étais là-bas et qu'elle avertisse les Maeder.

Ils vinrent me retrouver, désolés de cette situation, tellement désolés que Pierre courut immédiatement avenue de la Grande-Armée acheter des housses pour les banquettes de sa voiture afin que mes chiennes ne salissent pas les sièges tout neufs de cette merveilleuse BMW !

Puis nous partîmes.

Je n'arrêtais pas de pleurer, mes chiennes buvant mes larmes, inquiètes, mais confiantes auprès de moi. Ce fut long. Nous nous arrêtâmes pour la nuit chez des amis des Maeder. Nini et Pichnou avaient faim. Je dus leur trouver une pâtée improvisée chez ces gens qui étaient plus mondains que rustiques.

Je me sentais pesante, malvenue, avec mes chiennes qui laissaient poils et odeurs sur les tapis blancs et immaculés. La Madrague me sembla enfin le havre de toutes mes tempêtes. Mais il fallut que je donne une excuse valable aux Carpentier. J'avais fui lâchement tout le fruit de mon travail épuisant, toutes les responsabilités qui m'incombaient, toutes attaches avec cette émission qui m'était consacrée.

Je me sentais minable... j'étais minable !

Pourtant le Docteur Fayard, mon vieil ami, celui de maman, de ma famille, après m'avoir examinée me trouva épuisée, ma tension était très basse et mes forces vitales m'avaient quittée.

Ce certificat me servit pour rompre avec les Carpentier, avec l'émission, avec tout ce que je ne pouvais plus assumer. Je me foutais du tiers comme du quart, essayant de reprendre pied dans cette vie qui me semblait à nouveau invivable. Je m'accrochais à mes chiennes, à « Prosper », à « Bonheur », mes chiens, à la petite chatte « Mimolette » qui avait élu domicile sous le buffet de la cuisine et que j'essayais en vain d'apprivoiser.

La mer effaçait sur le sable les traces de mes pas isolés !

Il n'y eut aucun procès de la part des Carpentier. Mais il y eut bien pire. Le soir de l'émission qui m'était consacrée, c'est Claude Vega qui prit ma place et me tourna en ridicule. Avec une perruque blonde, il m'imita dans tous les rôles que je devais tenir. Ce fut grotesque ! Seule devant ma télé, à La Madrague, je pleurai de rage, de dégoût, d'impuissance, de détresse. J'eus encore envie de mettre fin à mes jours.

Pourquoi subir tant de douleur, pourquoi tout, pourquoi rien ?

Nini et Pichnou me sauvèrent la mise.

Heureusement, car je n'étais pas au bout de mes peines !

* * *

Georges Pompidou, cet homme merveilleux, courageux, qui assuma sa maladie jusqu'au bout avec une dignité unique, était mort le 2 avril 1974.

Mon ami, Valéry Giscard d'Estaing, se présentait aux élections présidentielles du 19 mai. Il fallait qu'il gagne. Je m'employai à me balader à Saint-Tropez vêtue d'un tee-shirt où s'étalaient en grosses lettres bleues « GISCARD À LA BARRE ». Je faisais des adeptes et, bientôt, tout Saint-Tropez prônait « Giscard à la barre ». Et Giscard gagna !

Je fêtai cet événement en tombant un peu amoureuse d'un beau garçon, Rolf, qui par sa tendre présence me redonna goût à la vie. Mais Laurent occupait toujours les lieux boulevard Lannes et ne se privait pas d'y amener ses conquêtes, « d'un soir ou d'un jour », dixit Madame Renée qui était épouvantée de devoir servir l'amant de Madame et les maîtresses de l'amant de Madame.

Tout ce cirque me dégoûtait.

Installée à La Madrague, je décidai d'y rester tout l'été sans remettre les pieds chez « l'amant de Madame » à Paris. Cet été-là, je ne me privai pas. Les amoureux de Madame fleurirent plus encore à La Madrague que boulevard Lannes. Je fus même demandée en mariage par un bel Italien qui faillit se suicider à la suite de mon refus.

J'étais à la dérive, de ma vie, du projet merveilleux que je n'arrivais pas à mettre en place. Je me détruisais inconsciemment, n'ayant même plus le courage de le faire consciemment.

Lorsque Laurent arriva sans prévenir, ce fut un drame.

Puis les choses se calmèrent au fur et à mesure que les jours raccourcirent. L'été s'en était allé, faisant place à la douceur de l'automne. Nous faisions contre mauvaise fortune bon cœur, essayant sans y croire de nous réconcilier. Il fit même une série de photos de moi complètement nue. C'était la première fois de ma vie que je découvrais mon corps avec tant d'impudeur. Il en tira un profit immense et il continue...

Le jour de mes 40 ans, le 28 septembre 1974, Picolette vint me supplier d'aller voir son amie Paola de Rohan-Chabot qui se mourait d'un cancer. Je me souviendrai toute ma vie de cette ultime visite à cette mourante que j'avais connue si belle, si pleine de vie dans toutes ces soirées tropéziennes où seul compte le paraître.

J'eus un choc terrible, une prise de conscience inéluctable sur la fragilité de notre existence, de notre passage. Puis, nous allâmes dîner au « Club 55 » où nous attendaient Françoise Sagan et plein d'autres amis. J'avais le cœur à l'envers. Il pleuvait, c'était triste malgré les efforts de l'orchestre brésilien. Je revoyais Paola dans son lit de souffrance, entourée du luxe dont elle n'avait plus rien à faire.

Claude Chauvin, un des plus talentueux architectes de Saint-Tropez, un ami de toujours, m'offrit une bicyclette Peugeot rouge. Je me souviens d'avoir profité de cette aubaine, de cette excuse pour me tirer en douce de cette soirée et commencer mon retour à La Madrague à vélo sous la pluie. Je fus récupérée un peu plus loin par Laurent.

J'en avais vraiment soupé de Saint-Tropez !

Il faisait un temps de cochon et je demandai à Laurent de nous ramener à Paris dans ma Porsche bleu nuit, où les paniers de Nini et Pichnou avaient leur place derrière les sièges passager et conducteur. Mes seuls bagages étant mes chiennes, les problèmes d'exiguïté ne se posaient pas.

Je fus heureuse de retrouver le boulevard Lannes, Madame Renée et le confort inégalable de cet appartement. Manque de pot, le syndic venait de faire voter des travaux sur une de mes terrasses qui fuyait chez le voisin du dessous. Ce fut la débandade. Une bande d'ouvriers envahit l'appartement. On arracha mes plantes, mes fleurs, mes arbres, mes buissons, puis le marteau-piqueur commença à faire trembler les vitres, les murs, les oreilles, les cerveaux et les idées.

En lisant les petites annonces du *Figaro*, je découvris une petite merveille : « REZ-DE-JARDIN, DUPLEIX, AVEC 80 MÈTRES CARRÉS DE JARDIN ET 100 MÈTRES CARRÉS HABITABLES – LIBRE DE SUITE – RUE DE LA TOUR. »

J'y allai immédiatement et l'achetai le lendemain.

C'était ma maison de poupée, mon petit jardin secret, mon inversement proportionnel au boulevard Lannes. J'y passais des heures au calme, écoutant les petits oiseaux et donnant à manger aux pigeons. Là, pas de domestiques, pas de gardiens, pas de femme de ménage, la paix !

Ma garçonnière, d'une certaine façon.

A Paris, je retrouvai papa très malade.

Il dut être transporté à l'Hôpital Américain, son état nécessitant une transfusion sanguine immédiate. C'était dangereux car à son âge il risquait un coma dû à l'apport trop rapide d'un sang nouveau dans son organisme.

Maman et moi nous relayions à son chevet, pendant que papa, pétant le feu avec ce sang neuf, pinçait gentiment les fesses des infirmières, surtout si elles étaient jeunes et jolies, et leur écrivait des poèmes d'amour romantiques.

Malgré ses soubresauts de santé retrouvée, papa était atteint d'un cancer des os et de la moelle épinière. Maman et moi savions qu'il était condamné à brève échéance et qu'il devrait subir des transfusions de plus en plus rapprochées, mais nous n'en disions rien, cachant notre angoisse et notre chagrin derrière des rires, des galéjades, des mises en boîte et des plaisanteries sur sa galanterie et son succès auprès des femmes.

Il est quasiment impossible d'imaginer qu'un être intime, qui a partagé toute votre vie, puisse un jour disparaître. Cela n'arrive qu'aux autres. Pour moi, papa et maman étaient indestructibles. Ils faisaient partie intégrante de ma vie, de moi-même, nous formions un tout, leur cœur et le mien battaient à l'unisson. La mort reculerait devant tant de force, tant d'amour, tant d'adversité. Et puis, je me répétais que tant qu'il y a de la vie, il y a de l'espoir.

Et je ne vivais que d'espoir !

Laurent, dans tout ce brouhaha, ne comptait que pour du beurre, blanc ou noir, du beurre ! Je n'ai jamais été raciste et surtout pas pour le « beurre » (comprenne qui veut !).

Je trouvais ridicule tout ce temps perdu !

Mama Olga, mon imprésario, me proposait sans y croire des films, des scénarios que je ne lisais pas, répondant « non » automatiquement. Il y eut même un projet mirifique avec Marlon Brando auquel je n'attachai aucune importance mais qui fut annoncé aux Etats-Unis avec tambours et trompettes.

En revanche, une grande marque de parfums me proposa une ligne de beauté *La Madrague*. Pourquoi pas après tout ? N'y comprenant rien, je fis appel à Phi-Phi d'Exéa, mon presque jumeau, démerdard dans tous les domaines, ne vivant que d'expédients, mais surnageant parce que au courant de tout, et plus malin qu'un singe. Mon singe malin vivait avec une femme de tête, Chantal, qui nageait dans l'univers parisien et mondain avec une aisance et une autorité péremptoires. Il fut décidé qu'ils s'occuperaient de mes intérêts, sans oublier les leurs, et que nous créerions une ligne de beauté portant le nom de *La Madrague*. C'est un certain Yvon Coty qui prit l'affaire en main. Le nom inspirait déjà confiance, entre un Président de la République et la marque de parfums qui déferla sur le monde, je ne pouvais qu'y croire !

Il me fallut aller dans différents laboratoires de parfumerie, renifler un petit bout de papier, spécialement fabriqué pour ça. On me mettait sous le nez du boisé, du fruité, de l'ambré, du fleural, du vanillé, du santal, de la rose, du lys, de la violette, du muguet, du patchouli et patchtati et patchtata. J'étais écœurée, saoule de toutes ces senteurs qui se mélangeaient en me provoquant des haut-le-cœur. Je sortais de là en rêvant aux odeurs de fumier et de purin que mes chèvres, mes moutons et mon Cornichon me donnaient à Bazoches. Je finis par choisir la « Santarine », un mélange de santal et de mandarine.

Et vogue la galère...

Puis, je fis des interviews pour différents journaux, la ligne de beauté *La Madrague* avait l'avenir de ma « choucroute » sur la tête, de mes jupes vichy ou de mes ballerines.

Je rencontrai à cette occasion un jeune et beau journaliste, Philippe G., qui fut odieux, agressif et parfaitement mal élevé. J'écourtai le rendez-vous, m'en allant sans saluer, enveloppée dans ma dignité, mon mépris et ma lassitude face à de telles épreuves inutiles et si lointaines de mes rêves les plus profonds, de mon but le plus déterminé.

Quelle ne fut pas ma surprise de recevoir boulevard Lannes un immense bouquet de roses roses avec un mot d'excuse qui frisait l'amour de sa part. Puis, il me téléphona. J'étais sidérée. Comment avait-il eu mon numéro qui était sur liste rouge ? Il était journaliste, fut sa seule réponse. C'était vrai. Ils avaient accès à tout, sans pudeur, sans gêne, sans problème.

Puis, il devint pressant. J'avais quotidiennement un petit mot tendre et anonyme. Une rose par-ci, un bouquet de violettes par-là ! C'était charmant, extrêmement romantique, et cela tombait à pic, mes rapports avec Laurent n'allant qu'en se détériorant.

Un jour, il m'invita à déjeuner dans un restaurant de la rue Saint-Dominique. J'y allai comme à un premier rendez-vous. J'arrivai le cœur battant, le souffle court. Il me prit dans ses bras, sans autre forme de procès, et sentit l'affolement de mon sang dans ma poitrine. Nous n'en croyions pas nos yeux ni l'un ni l'autre. Ce fut beau. Il me regardait, je le regardais, nous nous buvions des yeux, du corps, du cœur. Nous nous dévorions du regard, nos sens à vif, notre amour à fleur de peau. Le coup de foudre nous immobilisa comme une décharge électrique qui cloue sur place.

Nous étions crucifiés.

Je ne pus boire que quelques gouttes du champagne qui me fut servi, incapable de goûter et d'avaler la nourriture qui refroidissait muette et indifférente dans nos assiettes. Je n'avais envie que de me rassasier de lui, de respirer son souffle, de me noyer dans ses yeux.

J'étais ivre de lui, lui de moi. Il fallut nous séparer.

Nous ne pensions qu'à nous enchaîner.

Je revins boulevard Lannes dans un état second.

Il devait m'enlever... Il me dirait le jour et l'heure. Mais je devais emmener avec moi Nini et Pichnou ce qui le fit tiquer un peu ! Dans les grandes histoires romanesques, les héros emportent leur belle sur leur destrier blanc et fougueux, mais sans leurs chiennes !... Là, le problème était différent. Le 4x4 remplaçait le cheval et il y avait de la place pour mes petites.

Et puis, c'était avec elles ou rien du tout !

Je repris mes esprits, mon quotidien et le sens aigu de mes responsabilités. *Antenne 2* me voulait pour un *Aujourd'hui Madame*, émission populaire de l'après-midi, pour un « Spécial quarante ans ! » Toutes les bonnes femmes dans la quarantaine devaient y donner leur avis sur l'âge. Moi y compris !

J'arrivai là comme une perruque sur la soupe.

J'avais l'air d'une gamine et me trouvais face à des grand-mères aux cheveux grisonnants. Je ne savais que dire, me sentant si différente de toutes ces femmes soumises aux irréparables outrages du temps, mais revendiquant péremptoirement leurs droits à la jeunesse et au respect. En sortant de cette émission, je pensais qu'une femme de 40 ans était une femme beaucoup plus âgée que moi ! Du reste, je n'ai pas beaucoup changé d'avis au fur et à mesure que les années ont passé. Aujourd'hui, pour moi, une femme de 60 ans et plus pourrait être dans mon esprit ma mère ou ma grand-mère.

Cela s'appelle la jeunesse du cœur.

Les travaux boulevard Lannes continuaient de plus belle.

Je vivais volets et fenêtres fermés afin d'entendre le moins possible les bruits destructeurs qui amputaient mes magnifiques terrasses de toute la flore sauvage que j'avais désespérément essayé de faire pousser, des pelouses que j'avais plantées, des fleurs que j'avais repiquées à la va-comme-je-te-pousse afin de donner un côté inapprivoisé à tout ce jardin suspendu.

Je comprenais, mais un peu tard, que rien ne vaut la terre ferme, que tous ces faux-semblants de nature au onzième étage ne sont qu'un leurre, qu'un décor superficiel et ridicule. Si je creusais un peu je me retrouvais chez le voisin du dessous.

Quelle horreur ! Surtout avec sa gueule !

Je me mis à comparer ces grands immeubles impersonnels à de grands clapiers pour lapins milliardaires. Nous étions entassés les uns au-dessus des autres, chacun grignotant ses carottes et ses choux dans le même espace réservé, chacun dormant, forniquant ou mourant dans le même carré en forme de terrier, chacun grimpant ou descendant inlassablement, tels des hamsters dans une petite boîte appelée ascenseur.

Je déteste la vie de troupeau.

Je déteste faire partie d'une société où chacun doit suivre un chemin tracé par la bienséance, par la loi, par le mensonge, par la religion des hommes, par la politique. Je ne crois qu'à la nature, qu'au vent, qu'à la pluie, qu'aux animaux, qu'au soleil, qu'au jour, qu'à la nuit, qu'à la lune, la mer, les étoiles, les saisons, la terre, qu'à Dieu, le mien, celui que j'aime et respecte. Mais que je ne crains pas.

Alors, j'ai commencé à faire des travaux rue de la Tour. Là, au moins, il n'y avait pas d'ascenseur, le jardin fleurissait naturellement, le voisin du dessous devant être le métro.

C'est sur ces entrefaites que je reçus un coup de téléphone de Charles G. Son frère, Philippe, avait eu un accident de voiture très grave. Il était dans une clinique de Pont-l'Abbé, en Bretagne, entre la vie et la mort.

Ses seules et uniques paroles dans un coma profond étaient : « Brigitte ! Brigitte ! » Charles, un inconnu total pour moi, me suppliait d'y aller. Son frère ne serait sauvé que par ma présence. Même les médecins l'affirmaient.

J'étais effondrée. Quoi ? Comment ?

Cet homme superbe était réduit à l'état de cadavre en sursis, moi qui attendais qu'il m'appelle pour m'enlever à jamais, voilà que j'apprenais, tout à trac, qu'il se mourait à Pont-l'Abbé. Mais où c'était Pont-l'Abbé ? Mais qu'est-ce que me racontait son frère ? J'étais au bord de la crise de nerfs, de larmes, impuissante, stupide, j'aurais voulu donner ma vie pour sauver la sienne... Mon cœur battait à tout rompre. Je ne savais pas comment m'y prendre mais j'assurai à Charles que je serai le lendemain à l'aéroport le plus proche de Pont-l'Abbé. Je pris son numéro de téléphone, là-bas à l'hôtel, puis je raccrochai.

Laurent était là, à la cuisine, je sentais l'odeur d'une fricassée de pommes de terre à l'oignon qui m'écœurait, je savais qu'il m'empêcherait de partir, qu'il me suivrait, qu'il me ferait une scène si je devais m'absenter... Et où ? Et quoi ? Et pourquoi ? Et pour voir qui ?

Subitement, je pensai à Michèle, ma secrétaire, elle seule pouvait m'aider. Je l'appelai chez elle, ce qui déplaisait fortement à son mari, mais tant pis. S'il avait su ce que je mijotais, il m'aurait envoyée aux pelotes !

J'expliquai succinctement la situation à Michèle qui, n'étant au courant de rien, eut beaucoup de mal à comprendre ce que je lui racontais en langage codé entrecoupé de larmes. Il fallait que nous partions toutes les deux demain par le premier avion pour Quimper, une de ses cousines se mourant, je devais l'accompagner, son mari retenu par ses obligations de médecin ne pouvant l'aider dans cette dure épreuve.

Mais si... mais si... Michèle, votre cousine est mourante, je vous en prie, Michèle, essayez de comprendre. Rappelez-moi immédiatement pour m'annoncer la maladie de votre cousine, et si vous tombez sur Laurent, tant mieux, vous lui expliquerez.

Le téléphone se mit à sonner quelques minutes plus tard, je ne répondis pas. Laurent décrocha et Michèle lui expliqua très brièvement qu'elle devait partir à cause de la mort d'une cousine... Laurent lui fit ses condoléances... puis elle demanda à m'emmener avec elle, sur quoi Laurent répondit que ça lui semblait inutile, que je ne connaissais pas cette dame et que je ne pouvais me déplacer aux quatre coins de la France à chacune des morts d'un parent de mes employés, mais que si elle y tenait vraiment, lui, Laurent, pouvait l'accompagner !

L'horreur !

Je rappelai Michèle, la traitant de tous les noms d'oiseaux qui me venaient à l'esprit. En plus, j'assaisonnai le tout de conne, idiote, imbécile, attardée mentale, etc. Je ne supportais, ne supporte et ne supporterai jamais que des gens proches de moi, complices et amis ne pigent pas sur le moment, sur l'instant, le problème qui me taraude.

C'est vrai, je suis difficile à vivre. Mais la vie est trop souvent difficile pour moi. Il faut que ceux qui me sont proches le comprennent, l'admettent et puissent m'aider immédiatement. Sinon il y a conflit.

La rapidité est pour moi le nerf de l'intelligence.

Je finis par convaincre Laurent que ce petit voyage, même un peu morbide, me ferait du bien. Je mis toute ma persuasion, mon charme et ma diplomatie dans ce challenge que je gagnai.

Le lendemain, Michèle et moi, chargées de nos sacs *Vuitton* dont on ne savait lequel appartenait à laquelle, nous atterrissions à Quimper après un voyage mouvementé où je crus laisser mon âme.

Charles nous attendait. Ne sachant pas à quoi il ressemblait, étant l'opposé physique de son frère, c'est lui qui vint vers moi. Une heure de voiture pendant laquelle Michèle, malade, fut obligée de sortir pour vomir, et nous arrivâmes à Pont-l'Abbé. Pendant que Michèle allait se refaire une tête, une santé et un alibi à l'hôtel, se précipitant sur le téléphone pour dire à son mari qu'elle revenait le soir même, j'allai directement à la clinique tenue par des sœurs admirables, voir Philippe.

Je ne vis pas grand-chose d'autre qu'une espèce de momie saucissonnée de bandelettes, dont les membres en extention étaient crucifiés par des engins de suspension. Seul son visage était là, reconnaissable, mais encore sous une anesthésie dont il ne sortait pas. Dans son semi-coma, il arriva à dire mon nom, pendant que je le couvrais de baisers. Il souffrait, moi aussi, mais ma présence inattendue agit pour lui comme une morphine affective. Les petites sœurs dévouées et merveilleuses m'accueillirent comme le Messie. Le médecin me remercia d'avoir eu le courage de venir jusque-là pour aider cet homme à guérir. Je restai tard le soir, lui tenant la main et apprenant que Michèle était repartie avec « son » sac *Vuitton*, retrouver « son » mari, dans « son » appartement, avec « son » chien et « sa » vie qui ne supportait aucune perturbation. Qu'importe ! Lorsque les portes de la clinique se fermèrent, je partis, traversant la petite place, retrouver l'hôtel et son frère Charles.

Je restai là plusieurs jours. Quand on aime, on ne compte pas. J'appelais de temps en temps chez moi. Si Madame Renée répondait, je parlais. Sinon je raccrochais. Je voulais savoir si tout allait bien.

Philippe s'accrochait à moi. On ne savait pas s'il pourrait un jour remarcher. Ses jambes ayant été broyées, ses os étant en purée, son bassin fracturé. Nous étions unis par nos regards, nos mains, nos projets. J'étais sa femme au sens le plus noble du mot, bien que nous n'ayons eu aucun rapport physique et que nous n'en aurions jamais.

Mais nous ne le savions pas.

Il me fallut rentrer, je ne pouvais pas rester plus longtemps. Ce fut une déchirure. Je crois que si un petit curé s'était présenté à la clinique, nous nous serions mariés. Déjà les petites religieuses me considéraient non pas comme B.B., mais comme la fiancée, presque l'épouse de Philippe.

Ce fut un moment unique, presque magique, rare et inoubliable.

Le jour où je dus repartir, Georges Ménager, un vieux copain photographe de *Match* qui était venu rendre visite à Philippe, m'accompagna dans l'avion du retour. Le bimoteur fut pris dans une tornade, une tempête si faramineuse que je crus réellement mourir. Je hurlais sans retenue tandis que le pauvre avion, d'un âge canonique, montait, descendait, penchait à gauche ou à droite, nous secouant comme un panier à salade.

J'arrivai boulevard Lannes avec une tête d'un autre monde, mais heureuse d'être en vie et de retrouver mes petites, Nini et Pichnou. Avec Laurent, ce fut différent. Il n'était pas un imbécile, il me fut impossible de lui faire avaler quoi que ce soit. Qu'importe, je n'en avais rien à fiche. J'étais pleine de l'amour de Philippe, alors les remontrances de l'autre me laissaient froide et indifférente. J'étais en pleine rupture, de toute façon notre vie commune n'était qu'un passage et nous le savions l'un comme l'autre.

J'avais loué mon petit chalet à Méribel pour janvier.

Comme tous les ans, qu'il pleuve, qu'il vente ou qu'il neige, je passais les plus durs mois d'hiver dans ce petit village alors préservé, qui aujourd'hui a perdu tout son charme et est devenu comme les autres, hélas, un déversoir à touristes.

C'était un peu comme dans les dessins animés, l'hiver doit être plein de cette blancheur délicieuse, où il fait dehors un froid de loup et où, à l'intérieur, un grand feu de bois réchauffe le cœur et l'atmosphère.

Philippe était revenu à Paris dans une clinique, juste derrière la rue Cognacq-Jay. J'étais allé le voir, lui apportant, en avance sur Noël, des petits cadeaux ridicules mais rigolos. Lui m'offrit une gourmette en or et me la passa au bras comme une super-alliance.

Il était horriblement triste – moi non plus.

Mais nous, Jean-Max Rivière, Francine et leur fille, Prunella, ainsi que Madame Renée et les chiennes, Laurent, s'il en avait envie, et moi devions passer Noël à La Madrague et le mois de janvier à Méribel. J'essayais d'être heureuse ou, du moins, d'arriver à faire semblant. A vrai dire, qui peut se targuer d'être vraiment heureux ? On fait beaucoup de bruit, on rigole très fort, mais en fin de compte, au fond de soi-même, l'amertume laisse plus de traces qu'une vraie tristesse qui va au bout d'elle-même.

Pour la première fois de ma vie, j'allais passer Noël et le Jour de l'An à La Madrague. Cela me faisait drôle de voir cette maison d'été, où nous évoluions nus, se transformer pour huit jours en « hauts de Hurlevent ». Les cannisses laissées à l'abandon avaient perdu leurs feuilles, ne restaient que de pauvres bâtons chauves et misérables. Le vent soufflait et rentrait par tous les interstices. Le chauffage était insuffisant, nous grelottions de froid dans le salon avec sa mezzanine, où je brûlais des bûches entières dans la cheminée, voyant, par la grande baie, la mer déchaînée, les algues gluantes accrochées aux carreaux et la mousse savonneuse des vagues lessivant toute la façade ouest.

C'était bizarre, nouveau, pas vraiment aguichant, il faut le dire.

Et pourquoi étions-nous venus là cet hiver 1974, alors que rien ne nous y obligeait ? D'abord, parce que papa et maman y étaient et que, sans le savoir, c'était le dernier Noël que je passais avec papa, mais je dus le renifler avec mon instinct qui me trompe, hélas, rarement.

Ensuite, parce que Jean Bouquin, mon ami fou, génial, imprévisible, avait organisé un réveillon fou, génial, imprévisible au Château de Saint-Amé qu'il avait loué, réquisitionné, décoré, aménagé, fait revivre, alors que cette grande bâtisse, merveilleux vestige des années 1900, tombait en ruine, en oubli, en tristesse et en abandon.

C'était la première fois que je mettais une robe du soir, des collants et des talons aiguilles à Saint-Tropez.

Mais noblesse oblige ! Je ne pouvais pas y aller pieds nus !

Ce fut un réveillon de conte de fées, dans un château de conte de fées avec un magicien nommé Bouquin qui fit les choses royalement. L'orchestre tsigane, les violons aux sanglots longs, les maîtres d'hôtel porteurs de brancards sur lesquels reposaient des tonnes de caviar, les éclairages aux bougies, les feux de bois, les invités, une centaine, l'élégance inoubliable de ce passage d'une année à l'autre, noyée dans des flots de champagne, de rires, de bonheur.

A minuit, j'appelai Philippe.

Je voulais lui faire partager cette extraordinaire soirée où il me manquait. Il dormait à moitié et mon enthousiasme tomba. C'est vrai qu'il était cloué de souffrances dans son lit d'hôpital et que, pendant ce temps, je dansais, je riais, j'embrassais qui je voulais souhaitant une bonne année 1975 de tout mon cœur à tous ceux qui étaient là. Comme la vie peut être cruelle parfois ! Du coup, j'eus envie de rentrer. Tout me parut stupide, con, sans intérêt. Ma joie de vivre fit place à une tristesse profonde et je jugeai sans aménité tout ce déferlement luxueux, tapageur, inutile dans lequel j'étais bloquée. Car si je partais, la fête s'arrêtait. C'est comme ça quand on est le point de mire de tout et de tous ! Les états d'âme n'ont pas leur place dans les existences exceptionnelles.

En rentrant, je me précipitai pour embrasser les museaux tendres et humides de mes chiennes, les gros nez de Prosper et Bonheur. J'essayai d'attraper Mimolette, planquée sous le buffet, qui me crachait à la figure, terrorisée par la présence de ce grand corps à quatre pattes qui lui disait des « bonne année petite chatte » auxquels elle ne comprenait rien.

Je me sentais fugitive, ailleurs et pourtant là.

J'embrassais papa, lui souhaitant une bonne année, ce qui me paraît ridicule, bonne année... pour mourir. Quelle horreur !

Je partis directement à Méribel où Madame Renée nous attendait.

Nous roulâmes en Porsche, voiture snob qui ne correspondait absolument plus à ce dont j'avais besoin, du reste je pensais fortement à la vendre pour acheter un 4×4. Les petites étaient coincées dans le rata-cougnard arrière, nos valises étaient entassées sur le porte-bagages que j'avais fait mettre en plus du coffre. Madame Renée était déjà sur place, quant à Jean-Max, Francine et Prunella, ils arrivaient par le train. Quand je pense à ces déménagements, j'en frissonne d'horreur. Tant de dépenses financières et énergétiques pour se retrouver coincés dans le trou du cul d'une station hivernale. Bonjour !

Dès que Laurent partait skier, je me précipitais sur le téléphone et appelais Philippe. A cette époque, il n'y avait qu'un seul appareil mural, dans l'entrée. Tout le monde écoutait ce que vous disiez et nous devions passer par la demoiselle du téléphone, à Moutiers, qui ne se privait pas de faire la voyeuse téléphonique.

Entre Laurent et moi, c'était une guerre froide, un *modus vivendi* qui ne tenait que par la présence chaleureuse de Jean-Max, Francine et la petite Prunella, sinon nous aurions éclaté l'un et l'autre comme des marmites norvégiennes soumises à une ébullition hors normes. Avant que ce désastre arrive, Jean-Max, qui reniflait l'atmosphère, décida de repartir pour Paris et proposa d'emmener Laurent. Il me laissait Francine et Prunella. Merci à lui car, seule dans ce chalet avec Madame Renée, nous aurions pu en faire une annexe des carmélites !

J'étais à la fois soulagée et désemparée lorsque nous nous retrouvâmes seules sans la présence parfois pesante mais vivante et pleine d'enthousiasme des hommes de notre vie, de la vie, de la survie.

Francine, qui est du même signe que moi, Balance, est extrêmement différente. Elle mord la vie à pleines dents, est heureuse de tout et de rien, ne se laisse démoraliser par aucun problème auquel elle trouve toujours une solution. Bref, c'est une femme formidable, optimiste. Contrairement à elle, je suis triste, irrémédiablement triste pour un détail stupide, parce qu'il pleut, parce que je suis seule, que je me trouve moche en me réveillant. Je suis pessimiste. Alors, son positif et mon négatif se sont alliés et, comme c'est toujours le positif qui gagne, Francine a réussi à me sortir de ma torpeur, de mon néant et, grâce à elle, j'ai repris pied dans l'existence.

Nous avons fait de la luge, vertigineuses descentes, dans lesquelles mes hurlements ne nous empêchaient pas de finir le cul et le nez dans la poudreuse, sous l'œil amusé et attendri des forts-en-ski, qui nous récupéraient, nous croyant blessées. Puis elle m'obligeait à aller dîner à Courchevel. Nous prenions notre taxi-ami, Dédé Gacon, et en avant au club Saint-Nicolas où Jacqueline Veyssière notre amie nous accueillait chaleureusement, nous faisait boire abondamment. Les soirées passaient dans une joie feinte mais une joie quand même quelque part.

Et puis, un soir que nous étions sages au chalet, Jicky me téléphona. Un ami à lui, un sculpteur talentueux, Miroslav Brozek, était à Méribel et rêvait de me rencontrer. Jicky avec sa complicité et sa tendresse me fit comprendre que le type était beau, jeune, et que j'avais intérêt à lui répondre au téléphone.

En attendant, j'avais régulièrement Philippe qui me reprochait sans cesse d'être si loin, seule, alors qu'il aurait tant voulu profiter de ces heures de liberté, de cette neige, de ce ski qu'il maîtrisait comme un dieu. Je le sentais vulnérable, jaloux, malheureux. Je le comprenais, je le rassurais, et puis dans le quart d'heure suivant, je recevais un coup de fil d'un certain Mirko Brozek. Il avait une belle voix chaude et prenante. Il avait envie de m'inviter à voir ses sculptures, il n'était pas loin.

J'y allai immédiatement avec Francine.

Je tombai sur une espèce de dieu viking, un grand type blond aux yeux bleus, superbe, qui nous reçut dans son atelier avec un grand chapeau de feutre noir qui donnait un mystère supplémentaire à son personnage. Totalement imprégné par son art, il me regarda à peine, mais moi j'étais fascinée! Ses sculptures murales, toutes d'acier, de bronze ou d'aluminium, étaient certes très belles, magnifiques même, mais lui seul m'hypnotisa. J'étais là, béate d'amour, donnant à ses créations dont je me fichais comme de ma première culotte les adjectifs merveilleux qui lui étaient destinés.

Ah, c'est splendide! Je l'aime, j'ai un coup de foudre pour celle-ci! Jamais je n'ai rien vu d'aussi beau, je suis fascinée, amoureuse de celle-là! Vous avez un talent extraordinaire! Comment faites-vous? Je suis envoûtée par votre œuvre!

Je rêvai de lui toute la nuit.

Francine, qui en avait vu d'autres, riait de mon trouble.

A midi, alors que nous partagions un repas très allégé, notre terrasse donnant en plein sur la piste, Mirko arriva à skis dans une gerbe de poudreuse qui refroidit immédiatement les pauvres œufs au plat que nous mangions. Il riait aux anges de nous voir empoudrées de neige, enleva ses skis, s'assit à notre table et nous dit : « J'ai faim. »

Je me précipitai à la cuisine. Il n'y avait pas grand-chose. Je fis moi-même revenir trois œufs au plat dans une poêle et les lui portai avec le reste de salade, plus un bout de fromage. Il était heureux, se régalait, et me dit qu'il n'avait jamais de sa vie mangé des œufs au plat aussi merveilleux. Il rechaussa ses skis et nous donna rendez-vous pour le soir même à Courchevel, au club Saint-Nicolas.

Je restai pétrifiée. Francine aussi. Nous étions le jouet d'une apparition, d'une hallucination ! Sur mon petit nuage, je survolais ma propre vie, loin au-dessus de tout, dans un drôle d'état, un état second.

Le téléphone n'arrêtait pas de sonner.

C'était Maxou qui voulait parler à Francine. C'était Laurent qui, du boulevard Lannes, faisait semblant de prendre de mes nouvelles ! C'était Philippe qui crevait d'amour, de détresse, d'inutilité, du manque de moi !

Et moi, pendant ce temps, je crevais d'impatience d'aller retrouver Mirko à Courchevel. Ce que je fis, car lorsque j'ai quelque chose en tête, il est difficile de me faire changer d'avis. Pourtant, Francine, taraudée par Jean-Max, n'était pas vraiment d'accord. Il lui fallait rester avec sa fille. Si Jean-Max téléphonait et qu'elle n'était pas là, elle risquait des problèmes. Je finis par la convaincre mais ce fut la dernière fois. Elle me servit donc de chaperon lorsque je rencontrais Mirko au club Saint-Nicolas.

Ce fut un coup de foudre mutuel, des étincelles immortelles et fulgurantes qui illuminent encore le ciel de ma vie et de la sienne. Il est impossible d'éteindre un incendie faramineux, il en reste toujours quelque chose.

Mais je restais sage, lui aussi. C'était encore plus beau.

Le lendemain, il vint prendre le petit déjeuner, revint déjeuner et dîner au chalet. Je découvrais, au fil des jours et des heures, un être exceptionnel, un skieur extraordinaire, un sculpteur, un artiste, un ange d'esthétisme, de beauté, de tendresse rare. Exprimer de la tendresse sur de l'acier, du bronze, des métaux durs, il faut le faire !

Il me présenta ses meilleurs amis, les propriétaires du si charmant hôtel du « Dahu », un hôtel comme je les aime, un peu à la retarde, où tout le monde se voyait, se connaissait, une famille. C'étaient Christiane et Georges Ganivet et leurs deux enfants. Tout cela était rassurant, charmant, merveilleux. Je recommençais à croire que les hommes peuvent parfois être aussi humains qu'on les décrit. Le temps passa. Francine dut me quitter, son mari, ses obligations, sa fille, passant avant moi.

C'était normal !

Christian Brincourt, épuisé par son dernier baroudage je ne sais où, vint prendre sa place, il avait besoin de se reposer. En fait de repos, je le traînais un peu partout, sur les pistes, même si je me cassais la margoulette, et le soir à Courchevel. C'est lui qui fit remarquer ma Porsche glacée sur place qui n'avait pas tourné depuis trois semaines.

La fin janvier approchait à grands pas et la fin de ma location aussi. Je n'avais plus de nouvelles de Laurent, heureusement! Quant à Philippe, il dut comprendre à force d'entendre Madame Renée lui dire que j'étais partie faire des courses, même à minuit!

Les petites adoraient la neige.

Elles se roulaient dedans et faisaient des courses effrénées derrière les skieurs qui passaient à toute vitesse devant le chalet. Il y eut pas mal de culs mordus, de pantalons arrachés. Ça me rappelait Valéry Giscard d'Estaing à Méribel, en 1966. Mais tout me faisait rire et, devant cet air hilare, les plaignants finissaient par être aussi joyeux que moi, surtout qu'ils avaient en prime, un café, un whisky ou un champagne et mon plus beau sourire... alors!

« La Brinque », comme j'appelais Brincourt, était heureux de me voir amoureuse, il appréciait le talent de Mirko, sa beauté, sa gentillesse. Lui, par contre, le pauvre, était en plein désarroi, en plein divorce. C'était étonnant de voir ce grand reporter, ce type qui défia tant d'épreuves, y compris l'Himalaya, perdu comme un enfant. Ça me faisait de la peine, une peine immense. Je le comprenais profondément, ayant même parfois honte de mon bonheur si évident.

Devant faire une émission T.V. – *Au pied du mur* – le 6 février 1975, il me fallait rentrer à Paris sans tarder. Or, Mirko n'envisageait pas du tout de quitter Méribel, son atelier, ses skis, ses amis et sa vie pour s'aventurer avec une femme qu'il connaissait à peine, dans un Paris qu'il détestait, dans un appartement qui lui était étranger et où un autre homme était peut-être encore installé.

Et puis, il refusait de prendre le volant de ma Porsche qui avait été conduite précédemment par Laurent. Ce fut un drame! Qu'est-ce que c'étaient que ces histoires? S'il ne voulait pas conduire ma voiture qu'un autre avait conduite, alors comment accepterait-il de me faire l'amour alors qu'un autre me l'avait fait avant lui? Je le trouvais subitement stupide et enfantin avec des préjugés à la con!

Nobody's perfect! Je commençais à me poser des questions.

Qu'est-ce que c'était que ce grand imbécile prétentieux et fat?

Qu'était devenu mon prince de contes de fées?

Et moi, j'étais quoi dans tout ça? De la merdouille en bâton? Certes pas, Monsieur. Restez avec vos médiocrités, moi, je rentre à Paris avec Brincourt, et allez vous faire foutre!

C'est vrai, après tout, lorsque nous sommes amoureuses, nous les femmes, nous avons tendance à considérer ces messieurs comme des êtres divins descendus sur terre. Ils sont les plus beaux, les plus intelligents, les plus ceci, les plus cela, ceux qui nous font le plus monter au ciel (oublions qu'ils nous en font descendre avec autant de rapidité). Enfin, nous avons vis-à-vis de l'être aimé une sorte de servitude dont ils se servent à la moindre algarade.

Devant ma décision aussi autoritaire que péremptoire, Mirko finit par baisser sa culotte. J'adore qu'un homme me fasse allégeance, même si c'est moi la plus faible, la plus vulnérable, la plus dépendante et, surtout, la plus désemparée.

Monsieur accepta enfin de me remonter à Paris avec Nini et Pichnou, dans ma Porsche ! Quelle victoire !

Pendant ce temps, j'adjurais Brincourt de faire ficher le camp à Laurent, au cas où il aurait eu l'audace d'y rester. J'étais une fois de plus en plein vaudeville. Comme on dit : « *La vie est trop sérieuse pour qu'on la prenne au sérieux.* »

C'est dur de changer d'habitudes, de faire découvrir et comprendre à un étranger tout le quotidien qui est le vôtre. Ce fut difficile d'expliquer la rentrée sur Paris, le parking de l'immeuble, le déballage des bagages, l'ascenseur, Madame Renée, les pièces, ma chambre, le téléphone et tout, et tout, et tout... Surtout que Madame Renée faisait une gueule d'un autre monde. Elle me jugeait, me jaugeait, me méprisait aussi.

La bonne du curé vivait chez une pute !

Allons, dites-le, Madame Renée, plutôt que faire la tête.

Quant à Mirko, c'était un poème ! Assis au bord d'une chaise, il avait l'air d'attendre de passer chez le dentiste pendant que je trimballais les sacs, que je donnais à manger aux chiennes et que je me demandais subitement ce que je faisais là avec ce grand échalas, muet comme une carpe, avec une bonne qui me toisait, dans un appartement qui me parut soudainement étranger, froid, impersonnel et invivable !

Mieux vaut un petit chez les autres qu'un grand chez soi ! Parfois il vaut mieux ne pas trimballer son aventure dans son quotidien.

Enfin, le mal était fait !

Mirko refusa de dormir dans ma chambre.

D'après lui, trop encore imprégnée de la présence de « l'autre » – Oh, quel bordel ! – Je dus lui faire le lit de la chambre d'amis, Madame Renée refusant de faire des heures supplémentaires pour les caprices du « nouvel amant de Madame ». Les choses se compliquaient et je commençais à en avoir vraiment ras-le-bol.

Le lendemain, 1er février, j'allai souhaiter un bon anniversaire à ma petite maman. Elle avait 63 ans mais en paraissait dix de moins. Par contre, papa était très fatigué. Non seulement sourd, avec le petit appareil que je lui avais acheté à New York qui lui permettait de suivre avec beaucoup de mal nos conversations, mais encore presque aveugle avec, en plus de ses lunettes, une énorme loupe sur pile qui lui permettait aussi de lire. J'étais vraiment triste de constater la dégradation inéluctable de mon papa. Il souffrait dans tout son corps, son sang, ses os, sa moelle étant atteints de ce mal qu'est le cancer.

Maman, qui voulait se tenir un peu au courant, me demanda des nouvelles de Laurent. Je fus obligée de lui avouer qu'il avait disparu de ma vie et que le nouveau était un Tchèque, sculpteur, qui s'appelait Mirko. Elle n'eut pas l'air trop surprise mais me répondit qu'il fallait une mémoire d'éléphant pour suivre au jour le jour les caprices de mon cœur. Elle déplorait mon inconstance qui ne pouvait que me nuire à tous les points de vue, mais, résignée, acceptait que sa fille aînée soit une sorte de gourgandine.

Hélas ! Elle s'inquiétait aussi de mon fils Nicolas.

Je dus lui avouer que, prise dans mon tourbillon, j'avais oublié son anniversaire du 11 janvier. Bref, je n'apportais aucune joie, aucune fierté à mes parents qui acceptèrent sans broncher la triste image qui était la mienne, si loin, trop loin de ce qu'ils souhaitaient, mais leur indulgence et notre profonde tendresse aidant, les choses en restèrent là !

Mirko voulut repartir. Il était mal à l'aise, moi aussi.

Il dormait moitié dans la chambre d'amis, moitié dans la mienne, le cul entre deux chambres, si je puis dire. Je lui proposai d'attendre que j'aie fini cette foutue émission, que j'étais obligée de faire et qui me tenait à cœur puisqu'elle dénonçait l'atroce situation des animaux dans les zoos, incarcération lamentable des bêtes condamnées à vie pour leur rareté sauvage souvent en voie de disparition. Je devais être confrontée à Paul-Emile Victor, André Jarrot (ministre de la Qualité de la Vie) et Haroun Tazieff. C'était la première fois que j'avais un rôle important dans la protection animale. J'en étais malade de trac car je jouais ce soir-là un coup de poker pour la suite de mon combat. Au lieu d'être aidée, soutenue, je devais supplier Mirko de ne pas m'abandonner dans cette épreuve déterminante pour le reste de ma vie. Quant à Madame Renée, coincée dans sa cuisine, désormais vide des oignons et des ratatouilles de Laurent, elle ne m'adressait même plus la parole.

J'eus subitement envie de tout envoyer balader.

J'en avais plus que marre de devoir supporter les humeurs de ceux à qui j'aurais dû imposer les miennes. C'était le monde à l'envers. Mais c'était comme ça et je devais assumer ce pour quoi je m'étais investie, les animaux passant avant tout.

Je fis l'émission comme je pus, n'ayant aucune expérience.

Je parlais avec mon cœur qui battait si fort qu'on entendait de curieux *boum-boum* dans mon micro-cravate. J.N., jeune journaliste, dandy aux dents longues, devait assurer l'arbitrage. J'étais face à des professionnels connaissant toutes les ficelles médiatiques de ce monde des animaux exploités, si rémunérateur pour les hommes. En plus, j'avais le désavantage de l'âge, trop jeune, trop inexpérimentée face à ces vieux routiers. J'en avais presque les larmes aux yeux d'entendre avec quelle froide indifférence ces hommes parlaient de la condition inadmissible, de l'injustice flagrante du sort de ces pauvres bêtes.

J'étais écœurée.

Je rentrai seule boulevard Lannes, persuadée de ne plus trouver Mirko. Contrairement à toute attente, je vis devant ma porte un bouquet de roses et un petit mot : « Pardon. » J'étais tellement à bout de nerfs que je me mis à pleurer à chaudes larmes. C'est dans cet état que Mirko me trouva, ses roses dans les bras, ne comprenant pas pourquoi cette si gentille attention me faisait tant de peine. Je lui expliquai entre deux sanglots que ma soupape de sécurité avait pété. Il me prit dans ses bras, les petites léchèrent mes larmes et ce fut presque le bonheur.

N'ayant rien de spécial à faire à Paris jusqu'au mois d'avril, où je devais à nouveau être le pilier de l'émission T.V. *Aujourd'hui Madame* consacrée, bien sûr, aux animaux, nous décidâmes de repartir pour Méribel. Mirko ne pouvant rester plus d'une heure sans sculpter, dessiner, créer, réfléchir, ce manque d'une semaine le laissait dans un état de nervosité malheureuse qui m'émut. Il ne voulut plus conduire la Porsche qui représentait pour lui le comble du snobisme.

Il m'était difficile d'aller acheter dans les trois minutes un 4x4.

J'eus beau mettre Michèle sur le coup, les Range-Rover d'occasion ne pullulaient pas, de plus il nous la fallait tout de suite... Alors, le contrôle, la remise en état et le prix ! Aïe, ouille, je ne travaillais plus et voulais qu'on reprenne ma Porsche ! Dilemme ! Mirko appela un ami à lui, directeur d'American Motors à Paris. Il allait nous prêter une Cherokee-Chief, toute neuve, avec l'espoir que je l'achèterais après l'avoir essayée. Mirko, ravi, se mit au volant de ce monstre, semblable à un poids lourd de luxe. Nous avions de la place, on aurait même pu danser à l'arrière ! La stéréo, l'air conditionné, le confort de cette américaine me laissaient baba au rhum ! Lui pourrait y entasser ses sculptures, les petites, les bagages et même un auto-stoppeur s'il s'en présentait un !

C'était la première fois de ma vie que je partais pour Méribel, seule, sans copains, sans Madame Renée, avec un homme encore étranger, à un moment de l'année où, en général, j'en revenais.

Les Ganivet avaient mis à notre disposition une petite, toute petite chambre d'amis dans leur chalet personnel, qui était ravissant, ancien, tout comme j'aime ! Mais je n'étais pas chez moi. Les gosses se réveillaient aux aurores, on entendait tout, alors les petites se mettaient à aboyer et nous étions tous sur le pied de guerre à 8 heures du matin. Mirko s'en allait à son atelier et moi je restais là avec des gens parfaitement inconnus mais néanmoins charmants, obligée dès l'aurore de faire des civilités alors que je dormais à moitié.

Le soir, je faisais la pâtée des petites, exactement à la même heure que Christiane Ganivet préparait le dîner des enfants. Il y avait embouteillage dans cette cuisine pas plus grande qu'un mouchoir de poche ! Je pense qu'elle était inconsciemment amoureuse de Mirko. Qui ne l'était pas ? Même ses copains hommes étaient sous le charme tant son pouvoir de séduction était irrésistible.

Je sentis tout à coup une adversité bizarre chez cette femme.

Elle allait rejoindre Mirko sur les pistes les plus dangereuses, elle revenait avec lui le soir, toute guillerette, de leurs prouesses en skis. Moi, j'étais là, j'attendais, comme Bobonne à la maison, tricotant des pulls à col roulé.

Puis, ce fut le premier anniversaire de Mirko depuis notre rencontre. Il était Verseau, du 17 février. A cette occasion, deux de ses frères sur trois vinrent à Méribel. Rémy et Georges, les jumeaux, que je découvris si semblables physiquement mais de caractères opposés. Je m'entendais très bien avec Rémy, gentil, humble, timide, tandis que Georges, qui avait tourné deux panouilles dans des films merdiques, se prenait pour la nouvelle coqueluche !

Il allait avoir du mal à m'impressionner !

En secret, avec Rémy, je partis pour Moutiers acheter des cadeaux.

Je ne savais pas ses goûts pour les objets. Rémy me conseilla et nous trouvâmes chez un antiquaire un très beau petit coffre, un Christ en bois sans sa croix et une paire de sabots peints. J'achetai aussi du caviar, du saumon, des blinis, du champagne et de la vodka. Après tout, les Tchèques sont slaves et, comme les Russes, ils aiment ce qui vient de leur pays. Ce fut une belle soirée, une immense surprise pour Mirko, je crois son plus bel anniversaire, enfin c'est ce qu'il me dit.

Pour lui faire plaisir, je me mis au ski non par passion – j'étais terrorisée dès que je sentais que je glissais un peu trop –, mais pour vaincre une fois de plus ma paresse, mes craintes, pour obtenir encore une victoire sur moi-même. C'est Rémy qui eut la patience de me guider les premiers temps. Le plus gros problème était que les chiennes ne nous suivent pas sur la piste ! Ce fut épique. Nini et Pichnou, qui ne me quittaient pas d'une semelle, se mettaient à gambader autour de moi dès que j'attachais mes skis avec un mal de chien, c'est le cas de le dire. Je ne pouvais pas les laisser enfermées dans ce chalet où tout le monde allait et venait. D'autre part, personne à part moi n'en avait la responsabilité, ne pouvait les faire obéir, ni les garder.

Alors, je leur dis avec autorité : « Vous restez ici, pas bouger, assises. » Dès que je faisais trois mètres, elles étaient derrière moi. Alors, je me fâchais tout rouge, leur montrant du doigt le chalet, leur intimant l'ordre de retourner là-bas. Elles finirent par comprendre. Et je les vis assises dans la neige sur leurs petits culs me regardant partir et me casser la gueule tous les dix mètres parce que je me retournais pour observer ce qu'elles faisaient.

J'étais attendrie, elles étaient vraiment trop mignonnes.

Mais le plus beau, c'était quand je revenais d'en haut, je les voyais toujours dans la même position, leurs petites têtes regardant vers le bas de la piste, là où j'avais disparu. Elles pouvaient rester ainsi des heures à m'attendre, sans bouger, guettant le bas de la montagne et étonnées de me voir revenir par le haut !

Je ne fus pas longtemps la reine des pistes.

Un jour que j'étais seule, je tombai, en me faisant un nœud de jambes. J'eus un mal fou à me relever et une douleur fulgurante me traversa la jambe droite. Malgré tout, je finis ma descente comme je le pus. Les petites me virent arriver plus morte que vive. Mon genou ressemblait à un jambon. Je souffrais le martyre. Je m'étais fait une entorse terrifiante et il me fallait rester allongée.

Du coup, nous sommes allés nous installer dans un petit appartement de l'hôtel du Dahu, au rez-de-chaussée, heureusement libre à cette époque où les touristes ne se précipitaient pas à la neige.

Et me voilà, impotente, dans cet espace inconnu, devant assumer le quotidien. J'essayais d'avoir une femme de ménage, mais fatiguées de la saison, elles étaient toutes en vacances, malades ou en grève ! J'ai appris à cette occasion qu'on peut se démerder même avec des cannes anglaises et assurer le bon fonctionnement d'une maison.

J'avais, depuis quelque temps déjà, commencé à écrire mes Mémoires. Cela m'avait pris un soir de solitude à Saint-Tropez. Je m'étais dit qu'on avait tellement raconté de conneries sur moi, durant toute ma vie, qu'il serait intéressant de remettre les choses dans le bon ordre. C'était un début balbutiant parlant de mon enfance – obligée que j'étais de rester immobile, j'essayais de continuer à écrire, mais j'y arrivais avec difficulté, n'ayant pas l'esprit au calme, étant obligée de répondre au téléphone, de faire la popote, de m'occuper des petites et d'attendre Mirko jusqu'à des heures impossibles, tout ayant brûlé dans le four !

Et puis, je m'ennuyais ferme pendant ces journées qui n'en finissaient plus. Je ne pouvais pas sortir, donc pas promener les petites. Je restais le nez collé au carreau à regarder les autres vivre normalement en me demandant ce que je foutais là ! J'avais tant de choses à entreprendre, tant de projets dans ma tête et j'étais coincée dans ce cul-de-basse-fosse, à tricoter, éplucher, nettoyer et écrire, à la rigueur, sans état d'âme, attendant que la nuit tombe, que Mirko revienne, que mon genou se guérisse.

C'est avec une joie immense, un bonheur fou que je repartis pour Paris. J'en avais marre de cette neige sale et à moitié fondue, de ce temps perdu, de ce genou difforme. Mirko entassa une grande partie de ses sculptures immenses dans la Cherokee, puis, les bagages. Au sommet de cette pyramide restait à peine la place de Nini et Pichnou, perchées et coincées entre l'amoncellement et le plafond.

C'était folklorique ! Si Gunter m'avait vue ! Enfin...

Enfin, le boulevard Lannes, MA maison, MA dame Renée, MA secrétaire, MES habitudes. Le hic fut que Mirko déballa toutes ses sculptures dans l'entrée, dans la chambre d'amis, dans les moindres recoins et que l'appartement se mit à ressembler à un souk ! Deuxième hic, il lui fallait un atelier. Or, je ne me voyais pas l'installant avec tout son fourniment dans une des pièces de l'appartement, toutes tendues de tissus, moquettées, décorées, pour qu'il y déballe ses scies à métaux, ses plaques de bronze, ses polisseurs, décapeurs, découpeurs et autres instruments bruyants et salissants.

Je l'emmenai donc à Bazoches, à la plus grande joie des petites qui devenaient claustros dans ce boulevard Lannes. Je lui fis découvrir mon joli univers de dessin animé, ma chaumière, le petit étang avec ses canards, les prairies, les chèvres et Cornichon, les chats et chattes et leurs petits, les souris du grenier, les pigeons des pigeonniers et les trois chiennes qui me restaient encore de la razzia de la S.P.A. Elles avaient été épargnées par les chasseurs et me firent une telle fête que je fondis en larmes. Mirko s'imprégnait de toute cette ambiance si nouvelle pour lui, il eut l'air d'aimer.

Dans la salle de jeux, fraîchement construite, il trouva les dimensions disproportionnées par rapport au reste de la maison. Et me demanda d'en cloisonner un tiers pour faire son atelier. Cela occasionnait encore des travaux faramineux car il fallait, si cette pièce était mutilée d'une partie de sa longueur, y creuser une porte dans le mur de pierre afin d'en permettre l'accès.

Il se mit à l'ouvrage avec ses deux frères, Rémy et Georges.

Ce fut un bazar d'un autre monde. Ils montaient du placoplâtre pendant que le maçon burinait le mur avec un mal de chien afin d'ouvrir la porte qui desservirait l'atelier. Le billard dut une fois de plus être déménagé dans l'autre sens. Tout se retrouvait plein de poussière, les tapis de la roulette et de la table de poker étaient blancs, et le brouillard plâtreux s'infiltrait partout. Mais Mirko était heureux, il façonnait son nouvel atelier, son repaire d'artiste, son coin à lui et j'étais heureuse de son bonheur.

Les gardiens, qui avaient eu l'habitude de ne rien faire depuis leur arrivée, le virent d'un autre œil et donnèrent leur préavis de départ. Je n'en pouvais plus de ces changements de personnel, je ne comprenais pas pourquoi je n'arrivais jamais à garder personne, malgré le peu de choses que je leur demandais pour moi-même et le salaire que je leur donnais. Ils prenaient en mon absence de mauvaises habitudes de fainéantise et, dès que j'arrivais, je perturbais leur petite existence, je les dérangeais ! J'en pleurais de rage, d'impuissance. J'avais envie de les tuer tellement ils m'énervaient. J'aurais dû, car il m'arriva quelque chose de terrible.

Mirko décida de partir en Bourgogne, où il avait une maison de style ferme en ruine, pour me ramener un couple de gardiens, moins gâtés, honnêtes et plus habitués à travailler.

Je me retrouvai donc seule à Bazoches avec les petites, attendant son retour avec l'oiseau rare.

Un soir, après le dîner, alors que, seule, je regardais la T.V., je vis arriver le gardien avec un air chafouin. Après moultes courbettes, il me demanda s'il pouvait me montrer des photos qu'il avait prises des animaux. Cela ne m'enchantait pas, mais ne voulant pas le vexer, j'acceptai.

Il s'assit près de moi sur le canapé et me montra des photos du bouc, des chèvres, de Cornichon et, subitement, j'eus sous le nez une photo porno de sa femme en train de se faire baiser par le garde champêtre ! Je me levai, prise d'une peur atroce alors qu'il me faisait défiler sans que je les voie mais tout en les voyant, les photos abominables d'une partouze lamentable et terrifiante. Puis, il s'approcha de moi et me susurra que si j'aimais ça, je serais la bienvenue dans leur maison de fonction.

Je hurlais, mais à quoi bon !

Les petites se mirent à aboyer, dans le vide.

Que faire ? Vite ? Appeler Mirko à 300 kilomètres ?

Que pourrait-il empêcher ? Les flics, les gendarmes ?

J'appelai Brincourt, hurlant dans le téléphone : « Viens vite, vite, au secours ! » L'autre m'ayant attrapé les poignets, je fus obligée de laisser tomber le combiné du téléphone.

Je filais des coups de pied ou de genou un peu partout, puis lui dis avec le plus de calme possible que l'ami que j'avais appelé habitait à 10 kilomètres d'ici. Il serait là dans cinq minutes et il avait intérêt à me lâcher ! Il rigolait avec sa bouche édentée et son haleine avinée. Il avait fermé le portail à clé ! Qu'importe, Brincourt en avait vu d'autres et il l'escaladerait. Je vivais un enfer, un cauchemar, ne sachant plus si j'étais vivante ou morte, endormie ou réellement éveillée.

Je me posais des questions à toute vitesse.

Pourquoi avait-on le droit de tuer ce qu'on appelle les vermines à coups de Fly-Tox et pourquoi n'avais-je même pas le droit de mutiler cette espèce de créature ignoble ? Parce qu'il était un être humain... humain ? De quel droit ? Pourquoi ? C'était ça un être humain ? J'avais envie de vomir.

Brincourt arriva, me délivra de ce cauchemar, appela Mirko pour qu'il revienne immédiatement. L'autre avait réintégré ses pénates, mais quelques photos restaient éparpillées par terre. Je ne dormis pas de la nuit, Brincourt non plus. Il fallait virer au plus vite ces fous furieux.

Comment faire ?

Avec Mirko, arrivé en quatrième vitesse, ils furent balancés dès l'aurore avec perte et fracas. Nous avions leur lettre de démission et étions en avril. Brincourt rentra chez lui, nous laissant seuls, Mirko et moi, pour assurer tout le travail de la propriété, les animaux ne devant en aucun cas souffrir de tout ce chambardement.

Nous commençâmes par nettoyer la maison de gardien.

Cette si jolie chaumière que j'avais décorée avant tant d'amour pour que ceux qui y vivraient se sentent bien, cette petite merveille n'était plus qu'un aggloméré de crasse, un dépotoir, une poubelle. Boîtes de conserves, serviettes hygiéniques utilisées, dentier, préservatifs, matelas tâché de sang, murs pleins de nourriture séchée, frigo dans un état à peine croyable, rempli de viande pourrie.

Nous passâmes la journée à remettre en état à peu près correct cette pauvre maison. Mirko, très bricoleur, remit du plâtre de-ci de-là, arrêta la fuite d'eau des W.C., déboucha l'évier pendant que je lavais tout à grande eau de Javel, les mains en sang, les larmes aux yeux, le cœur au bord des lèvres !

Puis, il fallut nourrir les bêtes, nettoyer les bergeries, ramasser les œufs pondus du jour. Ensuite, je m'occupai des chiennes et des chats. Je fus envahie par des minous qui sortirent de tous les côtés réclamant leur pitance. Ça n'était plus possible, il me fallait les faire castrer et stériliser au plus vite. Les chiennes, adorables, raisonnables, m'aidaient en léchant le derrière des petits chatons derniers-nés. J'étais triste et bien en même temps, seule responsable de toutes ces petites vies, heureuse et angoissée de leur avenir.

Je mesurais tout à coup le poids et le bonheur d'une responsabilité à part entière. J'appelai Michèle, ma secrétaire, il fallait qu'elle m'aide. Seule, je n'y arriverais jamais. Mirko, trop neuf dans ma vie, ne mesurait pas les problèmes essentiels. Et puis, j'avais cette émission T.V. du

14 avril avec le Docteur Klein. Je ne pouvais être au four et au moulin. Il me fallait d'urgence trouver des gardiens. Comment ? Je n'en savais rien. Tout ce que je savais c'est que j'aurais dû avoir dix bras, six jambes et le don d'ubiquité pour être partout à la fois, assumer sans faillir les émissions de télé et le purin des animaux.

Michèle vint s'installer quelques jours à Bazoches, mais son mari eut du mal à accepter de se transformer en bouseux, lui, le médecin d'une clientèle BCBG d'Asnières ! Je lui confiai le soin de trouver des gardiens et de faire stériliser le plus grand nombre de chats et chattes, chose qui me mettait le cœur à la retourne, car dès qu'il s'agit d'anesthésie et d'opération, mon courage me lâche et je ne suis plus qu'une chiffe molle !

Au bout de trois jours, j'étais retournée boulevard Lannes et je m'apprêtais à faire cette fameuse émission, avec le trac que l'on imagine. Michèle m'annonça qu'un couple de jeunes gardiens était en place et qu'une dizaine de chats et chattes avaient été stérilisés et se portaient au mieux ! Sur ce, elle pliait bagages et s'en retournait chez elle !

Merci, Michèle, merci !

Je fis l'émission à la force du poignet, tout ça n'ayant à mes yeux d'intérêt que pour les mémères à chiens et pour Klein, que j'aime bien, mais qui, toute sa vie, s'est médiatisé au point d'en oublier parfois qu'il était vétérinaire. Un peu comme le Professeur Schwartzenberg quelques années plus tard. Qu'importe, je m'investissais un peu plus officiellement dans cette protection animale qui était toute ma vie.

Lorsque je retournai avec Mirko à Bazoches, le week-end suivant, je trouvai tout dans un état lamentable ! Les chiennes avaient l'air affamé, les chats opérés mal en point, les autres se sauvaient dès qu'ils m'apercevaient, les petits ne sortaient plus de leurs cachettes, recroquevillés qu'ils étaient, au fond de tous les fins fonds de la maison.

Lorsque je vis mes nouveaux gardiens, je compris.

Il avait 20 ans et elle 18. Plus un petit bébé de deux mois qui n'avait pas l'air plus heureux que les animaux. Quant aux chèvres et à Cornichon, leurs étables étaient dégueulasses, ils mangeaient ce qu'ils trouvaient, à commencer par l'écorce des arbres. Tout était rebutant.

J'ai gueulé comme rarement dans ma vie.

Mirko resta pétrifié sur place, ne me connaissant pas sous ce jour-là.

Je les pris, ces petits connards, par la peau des fesses et leur intimai des ordres à exécuter dans la minute. Cette imbécile, son bébé dans les bras, qui hurlait encore plus fort que moi, me faisait comprendre que son rôle de mère l'empêchait de faire quoi que ce soit d'autre. Je pris le bébé et elle l'aspirateur. Ce ne fut pas une victoire. Elle ne savait pas s'en servir et pleurait en appuyant sur les boutons, sans aucun effet, l'appareil refusant d'aspirer quoi que ce soit.

Laissant le bébé sur le canapé, toujours hurlant, je pris l'aspirateur et lui donnai l'ordre de laver la salade. Lorsque j'eus fini mon ménage, je trouvai la salade entière baignant dans un bain d'Omo, lessive bien moussante qui lave aussi bien que Persil (le comble pour une salade !).

Maman au secours !

Il fallait à tout prix trouver d'autres gardiens.

Je ne pouvais pas garder vingt-quatre heures sur vingt-quatre ces deux-là qui ne gardaient rien. Je fis venir le vétérinaire, le Docteur Antoine, qui commençait sans le savoir à se faire une rente à vie avec les soins multiples et variés qu'il donna à partir de ce jour à tous mes nombreux animaux. Il examina les chats opérés, les traita, ainsi que les chattes qui se baladaient avec leur bandage autour du ventre. Il en prit d'autres. Ce fut une corrida pour les attraper, j'usais de tout mon pouvoir de séduction, secouant les sacs de croquettes, tapant avec une cuillère sur les boîtes de *Ron-Ron*, mais, au fond de moi, j'avais l'impression de les trahir. Je les envoyais à la douleur, pour leur bien, certes, mais à la douleur quand même.

Avec Mirko, nous avons encore une fois assumé tout le travail.

Nous avons épluché les petites annonces. Lorsque des gens nous paraissaient pas mal, je donnais le numéro de téléphone à Michèle qui, du boulevard Lannes, faisait le tri. On n'est jamais aussi bien servi que par soi-même, encore faut-il pouvoir tout assurer. Nous finîmes par trouver André et Janine, un couple d'un certain âge, sérieux, qui aimait les animaux; braves et sales !

Avant le départ de mes gardiens, j'eus la malchance d'aller dans leur maison vérifier l'état dans lequel ils la laissaient. Elle repassait tranquillement les chemises de son mari. Il régnait une odeur de brûlé épouvantable. C'était le nylon qui cramait. Dans un panier, une chatte, non encore stérilisée, allaitait ses trois petits. J'allais les caresser lorsque je m'aperçus qu'un quatrième bébé était raide mort dans un coin. Elle restait impassible devant ma découverte, me disant calmement qu'il était mort depuis vingt-quatre heures au moins, mais qu'elle l'avait laissé là pour faire joli et ne pas stresser la mère. Si ce jour-là je ne l'ai pas étranglée de rage, c'est que je ne serai jamais une meurtrière.

André et Janine resteront sept ans et demi.

Ils avaient pris la maison en main, je me reposais sur eux, les animaux étaient les rois, la crasse aussi, mais on ne peut pas tout avoir. Les chats et les chattes stérilisés et castrés, nous évoluions dans un univers d'une soixantaine de minous, mais nous savions qu'au fur et à mesure, hélas, de leur disparition, nous retrouverions des chiffres raisonnables.

Ce qui me permit de retourner vivre boulevard Lannes et d'envisager mes projets d'avenir. Pour le quart d'heure, je me faisais un mauvais sang du diable devant les dépenses que je devais assumer et le néant des rentrées. Comment allais-je pouvoir faire face à tous ces entretiens de maisons, au loyer faramineux du boulevard Lannes, aux paies des gardiens, à la Sécurité sociale, aux assurances, aux frais de ma secrétaire, aux divers travaux, charges, etc. ? J'en avais des sueurs froides. Mirko, un poids supplémentaire, n'apportait aucune eau à mon moulin !

Je me souviens d'un soir où nous allions dans un restaurant, style Far-West, du XVe arrondissement, avec quelques amis. Je devais inviter tout le monde, comme d'habitude, et aussi comme d'habitude, ne pouvant me lever pour payer sans provoquer des protestations, superficielles, mais protestations quand même, je confiai 3 000 francs en argent liquide à Mirko afin qu'il fasse le nécessaire à la fin du dîner. Il mit l'argent dans ses chaussettes ! Drôle de porte-monnaie, mais il n'avait pas de poches et avait pris cette habitude.

A la fin du repas, je fis signe à Mirko, qui commença à se plier en deux sous la table pour farfouiller dans ses chaussettes. Je le voyais se contorsionner jusqu'à mettre la tête sous la table et ses pieds carrément sur la banquette. Il se passait quelque chose. Tout le monde riait, croyant qu'il faisait un numéro comique. Seule, je reniflais la catastrophe. Ses chaussettes s'étant abaissées en accordéon, l'argent était tombé ! Où ? Qui le sait ? Et le voilà parti dans la voiture avec une lampe électrique prêtée par le restaurant.

Pendant ce temps, je me sentais mal.

Un de mes amis demanda l'addition. Je n'avais pas un sou sur moi et lui pas davantage. Je signai la note, donnant mon adresse et mon téléphone, en espérant que ça pourrait passer ! On ne prête qu'aux riches et on me prêta ! Merci mon Dieu. Mirko ne retrouva jamais l'argent et je lui en voulus profondément.

Une autre fois, nous allions dîner avec les Dessange dans un petit bistro sympa, Mirko conduisait ma Fiat 125 qui n'avait plus d'essence. Nous nous arrêtâmes à la première station-service, au coin du boulevard Lannes et de l'avenue Georges-Mandel. Mirko fit le plein, je payai. Au moment de partir, *teuf, teuf, teuf,* puis *zchoum,* un sursaut de ma petite voiture, son dernier soupir. Il avait mis du gas-oil, s'étant trompé de pompe. Il fallut laisser la voiture pour une vidange complète du réservoir. Repartir à pied sous la pluie jusqu'au boulevard Lannes. J'étais horripilée. Je ne le supportais plus, je le trouvais trop con, irresponsable, incapable !

Je reçus une proposition pour une publicité pour *Karting*, des pantalons et jupes pour mémères. Mais qu'importait, j'étais heureuse de me faire payer un pont d'or. Ça tombait à pic. Et moi qui n'avais jamais fait de pub pour personne, ça devenait un événement national.

Je restais exceptionnellement en juillet à Paris pour faire cette publicité qui me cassait les pieds ! Le tournage eut lieu à Neuilly. Je devais marcher dans l'avenue du Roule, provoquant bon nombre d'accidents de voitures, de vélos et de motos. Les mecs, en me regardant dans mon *Karting*, perdaient le contrôle de leur véhicule. Et moi, telle une reine, je passais...

Bon, un peu ça va, mais trop c'est trop !

Nous partîmes, Mirko et moi, pour Saint-Tropez.

Je l'avais bien mérité. Mais avec les deux petites, Nini et Pichnou, il décida de passer par la Camargue. Nous atterrîmes dans un mas-hôtel ravissant, comme j'aime, avec une patronne adorable et une ambiance on ne peut plus amicale et chaude. Je découvrais un univers différent, plus proche de moi que celui de Saint-Tropez.

Il y avait des guitaristes, tout le monde se parlait, s'amusait et dansait. Les petites, hélas, firent une fugue et nous avons passé une journée à les chercher avant de les retrouver à l'affût devant un marécage. Il y eut des fessées, des cris et des léchouilles. J'avais eu tellement peur !

Heureusement que ça n'était pas la période de la chasse !

C'était la première fois de ma vie que j'étais en territoire étranger avec mes chiennes.

Puis, nous sommes repartis pour Saint-Tropez.

J'étais un peu angoissée à l'idée d'avoir encore des problèmes en arrivant à La Madrague. N'allais-je pas découvrir une maison-catastrophe, mal tenue ? Rien n'était parfait, évidemment, mais Mirko fut séduit par la beauté de l'endroit et la magnificence de la végétation. Son premier souci fut de savoir où il pourrait installer son atelier. C'est vrai que dans la voiture, nous trimbalions depuis Paris tous les instruments, toutes les plaques de métal, les pots de colle, les outils et le tintouin dont il se servait pour ses sculptures. Et où allions-nous mettre tout ça ?

J'étais affolée.

Déjà, à Bazoches, nous avions coupé une pièce en deux, mais ici qu'allions-nous faire ? « *Je me voyais déjà* », comme le chante Aznavour, déménageant de ma chambre, lui laissant le salon et la loggia... Puis, je pensai à La Petite Madrague, cette maison d'amis, avec sa grande baie sur la mer, son indépendance, sa clarté, sa beauté. Aussitôt dit, aussitôt fait. Dès le lendemain, nous avons tout déménagé, le lit, les meubles, la grande table de ferme, les fauteuils paillés, la commode rustique, entassant tout ça un peu à gauche, un peu à droite. Puis, Mirko prit possession de ce nouvel atelier en y déballant son établi, ses trucs et ses machins. J'avais un peu le cœur serré de voir ma si jolie petite maison-bungalow se transformer en antre de garagiste-menuisier-droguiste-peintre-maçon.

Fuyant tout ce bordel, j'allai voir papa et maman, encore installés à « La Pierre Plantée ». Je trouvai papa très fatigué, du reste il n'avait même plus envie de faire du catamaran, sa passion. Maman et ses amis faisaient mine de rien. Kiffer, le peintre magique, ami de mes parents, continuait à dessiner des croquis, aux lèvres son éternel mégot et son sourire ineffaçable. Rien n'affecterait l'ambiance chaude et affectueuse de cette maison familiale.

Je me sentais toujours un peu en déphasage lorsque je débarquais sans prévenir dans cet univers organisé. Tout y était réglé comme du papier à musique et ma présence inattendue perturbait un peu le bon fonctionnement de cette horloge, logique et bourgeoise. Même en plein été, les volets étaient fermés à 20 heures, le dîner servi à 20 heures 15, terminé à 21 heures 15, et tout le monde au lit à 23 heures, dernier carat.

J'étais triste. Papa semblait l'ombre de lui-même.

Sa surdité ne s'arrangeait pas, et il était très difficile d'avoir un échange avec lui. Il fallait hurler dans son petit micro qui transmettait couci-couça à son oreille. En plus, il perdait la vue et sa canne blanche me mettait le cœur sens dessus dessous. Quand je repensais à cet homme grand, beau, droit et fort, je me disais que la vieillesse est une épreuve atroce, une détérioration lente et inéluctable, une sorte de décomposition de la vie, prélude à la mort.

Pourtant, il restait extrêmement digne, soigné, ses cheveux blancs auréolaient son beau visage, ses mains merveilleusement fines et entretenues étaient toujours ce qu'il appelait son aristocratie. Il s'en servait beaucoup, elles remplaçaient ses yeux et ses oreilles. Pauvre papa !

Dans son isolement, il pensait à des poèmes qu'il écrivait avec difficulté sur son petit calepin noir. Comme Beethoven, c'est dans sa tête que les harmonies de ses rimes se formaient, l'envahissaient, le consolaient. Il était déjà dans un autre monde, celui de sa solitude.

J'essayais avec maladresse de lui faire comprendre mon amour pour lui, mon admiration pour tout ce qu'il avait été dans sa vie, pour ses poèmes récompensés par l'Académie française, pour son courage d'homme et de soldat pendant les deux dernières guerres et, surtout, pour m'avoir créée ainsi que Mijanou ! Il s'assombrissait alors, pensant à sa petite Camille et à Nicolas, ses petits-enfants tant aimés qu'il ne voyait jamais, dont il était privé, qu'il ne connaîtrait pas assez pour leur transmettre tout ce qu'un grand-père sait donner à ses descendants.

A La Madrague, je vivais seule.

C'est tout juste si Mirko dormait près de moi, à des heures avancées de la nuit. Il vivait dans son atelier, y créait des chefs-d'œuvre, réflé-

48

chissait devant la mer qui, à quelques mètres de lui, l'inspirait. Aux heures des repas, j'attendais devant ma salade de tomates, finissant par la manger seule, sans appétit.

J'avais le cafard. Pourquoi n'arrivais-je jamais à avoir une vie normale avec un homme normal ? Ou alors, c'est moi qui étais anormale.

L'état de papa se mit à empirer, il nécessitait une transfusion d'urgence. Les soins de Saint-Tropez étant à l'époque nuls, il lui fallut rentrer immédiatement sur Paris, à l'Hôpital Américain. J'étais inquiète, horriblement inquiète. En plein mois d'août, les hôpitaux de Paris ne sont guère mieux que celui de Saint-Tropez. Du reste, j'en eus la preuve effrayante quelques années plus tard avec la mort de maman.

Heureusement, la doctoresse réanimatrice, responsable du traitement de papa, était là. Elle ne prendrait ses vacances qu'en septembre. J'appelais trois fois par jour. Maman était très fatiguée, très éprouvée. Elle passait ses journées à l'hôpital, surveillant le débit du sang dans les veines de papa.

J'essayais de voir des amis afin de passer le temps.

Jicky était plongé dans l'édition de son superbe livre sur moi, dans lequel il avait réuni des photos sensationnelles prises tout au long de notre vie. J'en avais du reste écrit la préface ! C'était la première fois que j'écrivais quelque chose. Quant au texte, il fut confié à Françoise Sagan qui, comme à son habitude, avait dépeint joliment mon image, mon âme en étant absente. Nous ne nous connaissions pas encore très bien.

Nelly et Pierre Maeder, Jean et Simone Bouquin, Jicky et Anne Dussart venaient souvent se baigner à La Madrague. Nous faisions encore un peu de ski nautique avec mon riva *Roussalka*, mais les obligations des uns et des autres amputaient nos journées, les rires n'y étaient plus comme avant, nous étions devenus des adultes responsables de tant de choses, des gens sérieux (quelle horreur !). L'insouciance s'en était allée avec l'âge. Nous avions tous 40 ans plus ou moins ! Pourtant, je me sentais pareille, prête à vivre et à faire les mêmes blagues, les mêmes bêtises qu'à 20 ans.

Le soir, avec les petites, Prosper et Bonheur lovés autour de moi, une coupe de champagne à la main, je regardais pendant des heures le soleil se coucher de plus en plus loin derrière la colline de Beauvallon, devenant comme une orange éclatée, une boule d'arbre de Noël.

C'était nostalgique et beau, inquiétant aussi !

La nature est si forte, si puissante. Alors s'exhalaient des odeurs d'iode, de plante assoiffée, senteurs puissantes délivrées enfin de la morsure solaire qui embaumaient et enivraient. J'arrosais mon jardin, abreuvant enfin les fleurs épuisées, les buissons, les mimosas desséchés, les plantes déshydratées. Au fur et à mesure que l'eau les rafraîchissait, la terre mouillée libérait le bon parfum vert et âcre que j'aime tant.

Puis, entre chien et loup, j'allais me baigner une dernière fois dans cette mer de mercure étale, sous l'œil vigilant de mes petits et de mes petites qui auraient bien aimé me suivre, mais qui ne voulaient pas se mouiller. Nini devint, par la suite, l'Esther Williams des chiens tant elle aimait nager, elle en mourra d'ailleurs, et Pichnou devint un as de la pêche, elle restait des heures à guetter un poisson, finissait par l'attraper avec ses dents et me le ramenait à la cuisine.

Je m'exerçais à apprendre à faire de bons petits plats.

N'ayant jamais eu le temps de m'occuper d'une maison, je découvrais les plaisirs simples, aidée par ma femme de ménage, Josette, provençale d'origine, qui mijotait des merveilles aux tomates, aux oignons, à l'ail, aux œufs, qui ratatouillait comme personne et gratinait des « ragougnasses » de patates, de courgettes et de poivrons, à vous en faire baver des ronds de chapeaux ! Parfois, et je m'en excuse auprès de vous, elle me faisait une daurade ou des rougets. C'est vrai, je n'aurais pas dû céder à cette gourmandise, mais lorsque mon ami Tarzan revenait de la pêche devant mon ponton et me proposait quelques poissons, il était dur de refuser cette belle daurade qu'il lançait sur ma jetée, ou le panier de rougets qu'il déposait à mes pieds, plein d'algues mouillées.

Je suis végétarienne, ne mange jamais de viande, mais j'ai besoin de temps en temps d'un petit morceau de poisson ; peut-être quatre fois par an. Ça n'est pas beaucoup, mais je sais que c'est trop. Enfin, Josette mitonnait comme personne cette fraîcheur marine, encore imprégnée de toutes ses senteurs iodées, et je n'y résistais pas.

Mea culpa!

Avec elle, j'apprenais avec plaisir les secrets de cette cuisine provençale un peu oubliée aujourd'hui au profit de la cuisine nouvelle où on vous sert trois carottes et dix haricots cuits à la vapeur, sans goût ni grâce, dans une immense assiette ornée de feuilles de laitue. Et quand on vous demande : « Comment avez-vous trouvé nos carottes nouvelle cuisine ? », il faut répondre : « Par hasard, sous une feuille de salade. »

Je m'initiais donc quotidiennement à la vraie cuisine.

J'aimais ça et devins un vrai cordon bleu.

Le mois de septembre nous débarrassa de la foule insupportable des touristes. Mirko pondait des sculptures superbes dont il m'a laissé quelques exemplaires uniques et merveilleux qui ornent encore aujourd'hui les murs du salon de La Madrague.

Le jour de mon anniversaire que nous devions passer chez Picolette, dans son nouveau restaurant « le Vieux Moulin », il m'arriva un jeune mec, sympa, du nom du célèbre professeur de médecine, grand vivisectionneur, Alain Bernard. J'étais étourdie par cette arrivée inopinée, mais le reçus avec amabilité. Il était le neveu de l'homme que j'abhorrais le plus au monde, mais n'ayant rien à voir avec la médecine, il me proposait simplement de créer une mode *La Madrague*, faite sur mes idées par Réal, mes amis couturiers de toujours. J'étais un peu prise de court, mais séduite par ce nouveau job qui m'amusait. Les animaux étant toujours absents du but de ma vie, il me fallait remplir les temps morts par d'autres occupations, le cinéma étant définitivement exclu ! On ne rentre pas comme ça avec un coup de baguette magique dans la protection animale, même si on s'appelle Brigitte Bardot, je l'ai appris à mes dépens en pleurant des larmes de sang.

Chez Picolette, tout était toujours parfait.

Je me sentais bien chez elle, comme chez une sœur.

Nous étions une tablée impressionnante à fêter mes 41 ans. Tous ceux que j'aime et que j'aimais, plus Alain Bernard, le messager de Réal ! Au dessert, on me demanda d'enlever un bout de chiffon qui cachait quelque chose accroché au mur. En rigolant, je tirai le tissu et découvris une magnifique vierge faite en haricots et lentilles depuis des mois par Mirko. Ce bas-relief, semblable aux plus sublimes chefs-d'œuvre de l'art tunisien, m'apparut comme porteur d'un bonheur fou, inimaginable. J'étais fascinée par la beauté de l'œuvre, le talent de Mirko, le message. J'avais les larmes aux yeux, comme toujours lorsque je suis très émue et très impressionnée.

Que me disait cette vierge ? Je devais le comprendre.

Hélas, je le compris dès le lendemain, car maman m'appela.

Il fallait que je revienne d'urgence. Elle avait besoin de moi, papa était très mal et elle dans un état de détresse incommensurable.

Plantant tout, nous chargeâmes la voiture avec le tintouin, y compris la vierge et les petites par-dessus. Cela prit du temps. Je confiai Prosper et Bonheur aux gardiens. Mimolette avait fait des petits. Pas le temps de s'occuper des stérilisations. Papa d'abord.

A Paris, en ce début d'octobre, je passais mes journées avec papa et maman pendant que Mirko était à Bazoches, continuant ses sculptures interrompues. Souvent, il dormait sur place, intensément pris par le feu de la création ; je restais alors seule dans cet immense appartement, symbole d'une adversité croissante. Heureusement, les petites étaient là, mignonnes, coquines, rigolottes, tendres et attentives à mes moindres chagrins. Ce qu'elles étaient belles, ces petites chiennes, ce qu'elles étaient douces à ma vie.

Comme je les aimais.

Le dernier poème de papa s'appela *Ses meilleures amies*. Il y dit toute la complexité, la tendresse, l'amour que nous éprouvions les unes pour les autres. Il avait compris bien des choses au déclin de son existence. Comme une révélation venue d'ailleurs.

Maman, exténuée, me demanda trois jours de décompression. Je devais rester jour et nuit auprès de papa pendant qu'elle allait se ressourcer chez une de ses amies à la campagne. Je déménageai donc ma brosse à dents, à cheveux, ma chemise de nuit, et vins m'installer dans le lit de maman, auprès de papa. Mirko, loin de tout ça, continuait à sculpter tandis que Madame Renée avait pris la responsabilité des petites jour et nuit, elle aussi.

J'étais affolée par l'état dans lequel je trouvais mon Pilou.

Il avait une chaise roulante ne pouvant plus se mouvoir par lui-même. Manette, la gentille et dévouée ex-nurse de Camille, assurait le quotidien, faisant la cuisine, le ménage. Mais les soins ? Bien sûr, une infirmière venait faire les piqûres et les traitements une fois par jour, mais le reste du temps, il fallait être là, assumer, prendre sa main, passer le bassin, nettoyer, remonter le moral et les draps sur ce pauvre corps qui n'en pouvait plus.

J'ai appris, en voyant mourir papa, tout ce que la vie m'avait évité jusqu'à ces jours : la précarité de notre existence, notre fragilité, le ridicule des prétentions de tous ces gens qui se croient immortels, la médiocrité de la haine, l'inutilité de la mesquinerie. J'ai appris l'humilité, la détresse, la mort. J'ai appris la tolérance, la générosité, la bonté, la profondeur, le mystère, la peur. J'ai appris l'amour.

Lorsque maman revint, papa partit.

Le 4 novembre au soir, maman m'appelait.

Elle ne voulait pas passer la nuit seule avec papa agonisant et l'infirmière. J'arrivai, dormant d'un œil et surveillant de l'autre l'état dramatique de papa. Trois fois dans la nuit j'aidai l'infirmière à lui changer son tee-shirt, trempé de sueur. La perfusion dans son bras gauche n'arrangeait pas les choses, nous devions passer le bocal dans la manche avec le tuyau avant de vêtir papa.

Pendant ce temps, maman essayait de récupérer.

Au matin, je repartis chez moi, pris un bain, essayai de m'occuper de tout et de rien, mais mon instinct me ramena rue Nicolo vers 10 heures 30. Je restai auprès de papa qui eut de bizarres hoquets, suivis de vomissements, puis il se mit à haleter ! Son cœur ne battait plus normalement. J'allai chercher maman qui comprit immédiatement l'irrémédiable de la situation.

Maman tenait sa main droite, moi sa main gauche, l'infirmière, qui en avait vu d'autres, restait silencieuse. Seuls les halètements et les hoquets de papa rompaient le terrible silence. Puis il se mit à avoir des spasmes de mort. Je ne supportais plus, je ne supportais pas. Je lâchai sa main et courus m'enfermer dans la salle de bains la plus éloignée. Dans la pièce à côté, une femme de ménage repassait tranquillement le linge. Et je me mis à hurler des cris de bête, je me mis à hurler la mort de papa. J'accouchais en quelque sorte de son départ pour un autre monde. Je souffrais sa mort comme il dut souffrir ma naissance.

Je me déchirais tandis qu'il trépassait.

Lorsque, enfin, je revins dans cette chambre, papa était mort. Je le savais. L'apaisement qu'il ressentait était le mien. C'était atrocement douloureux, mais le calme qui m'envahit me fit du bien.

Papa était mort – mort – mort à jamais !

Maman, qui n'en pouvait plus, me demanda d'appeler la mairie de Saint-Tropez. Il fallait ouvrir le tombeau, faire les formalités nécessaires, appeler les pompes funèbres. Or, nous étions le 5 novembre. Tout devait se faire rapidement avant le 11, jour férié. Je fis mes premiers pas d'adulte, responsable de tout. J'avais 41 ans.

Lorsque je quittai maman, le soir tard, épuisée, elle me regarda profondément et me supplia de lui dire à nouveau « tu ». J'essayai maladroitement, en appelant l'ascenseur, de lui dire « maman, je t'aime », mais ne pus sortir qu'un : « Maman, je vous aime. »

Après, il y eut la procession des condoléances, tous ces gens qui venaient embrasser maman et poser leurs bouquets sur le corps de papa qui avait des vessies à glace sur le ventre. Il y eut une messe très médiatisée à l'église de Passy, le père de B.B. était mort ! Une affaire. Puis, le départ en cercueil plombé pour Saint-Tropez. Rebelote, une bénédiction, des amis, des condoléances, le cimetière béant, son caveau où reposaient le Boum et Mamie. Je crus m'évanouir, maman aussi. Mijanou était là, heureusement, elle nous aida. Mais quelle aide peut faire admettre la disparition à jamais d'un être aimé ? Qui peut, sereinement, accepter qu'un mari, un père, un fils ou le Saint-Esprit se décompose lentement jusqu'à devenir un tas d'os, un squelette éparpillé ?

Il me fallait prendre maman en charge. Elle n'était plus qu'une pauvre petite chose épuisée, abandonnée, désespérée.

Je convainquis Mirko d'aller passer avec elle et son amie Françoise quelques jours à Quiberon, chez Bobet Avec les petites dans la « Pacer » prêtée par American Motors, nous sommes partis pour ce centre de thalassothérapie qui, à l'époque, était unique en son genre. C'est là que dans notre lit à vibrations relaxantes, devant la T.V., j'appris la mort de Franco. Avec papa, c'était une génération qui s'éteignait.

Maman reprenait goût à la vie en se tapant des crabes mayonnaise, Françoise, sa copine, faisait un régime draconien pour rester à 50 ans mince et belle comme une liane ! Moi, je faisais du vélo sur les côtes bretonnes si dures et si sauvages. Les petites suivaient derrière, folles de joie en recevant les embruns. Mirko, copain comme cochon avec Bobet, était reparti pour Paris dans son petit avion privé, nous laissant seules avec cette Pacer que j'eus un mal fou à conduire. Elle était automatique, sans débrayage, avec des freins... à peine je te touche tu tombes sur le pare-brise ! Je faillis tuer maman, Françoise et les petites au bout de cent mètres de conduite lorsque je freinai. Et boum ! tout le monde la tête sur le siège avant ou sur le tableau de bord.

Quelle merde cette voiture !

Vive mes vieilles carcasses, mes poubelles !

Je déteste le progrès quand il est dangereux.

Mais quels délices ces bains d'algues, ces jets d'eau froide vous coupant le souffle, ces massages qui m'endormaient. Nous nous refaisions une santé morale et physique. Les promenades à pied sur les prés-salés où je traînais maman et Françoise, où les petites s'en donnaient à cœur joie. C'était vivifiant, revigorant.

Puis, Mirko vint nous rechercher et nous repartîmes pour Paris sous la pluie, le brouillard, la saleté de ce mois de novembre épouvantable. Maman dut s'habituer à sa solitude, au vide de l'appartement, malgré la présence de Manette, sa fidèle gouvernante. Ce fut dur. La chambre de papa fut déménagée, puis fermée à clef. Mais maman ne pouvait pas rester là. Elle voulut changer d'appartement. Je lui dis de s'en trouver un autre qui lui plaise.

Ce fut un cinquième et dernier étage, rue Michel-Ange, qui lui convint le mieux, après bien des visites. En plus, il y avait une terrasse et la vue donnait sur le couvent des bonnes sœurs, avec leur petit potager, leurs fleurs et la cloche de leur chapelle. C'était charmant, calme et idéal. Mais il n'y avait pas de concierge ni de gardien d'immeuble. Et maman n'admettait pas ce genre de situation. Elle avait peur de tout, et de l'ascenseur en priorité. Qui viendrait la dégager de là s'il tombait en panne ?

Bref, de fil en aiguille, de parlotes en actions, le syndic accepta de faire mettre dans l'ascenseur un téléphone directement relié au commissariat de police le plus proche. Ouf ! Et maman déménagea, non sans avoir à se séparer d'un tas de meubles superbes mais absolument incasables dans ses nouveaux cent vingt mètres carrés. Il y eut des déchirements, des pleurs et des grincements de dents. C'était l'armoire de Mamie, la commode de la famille Bardot, l'horloge de son grand-père. Je récupérai ce que je pus pour le boulevard Lannes afin de conserver le patrimoine familial. Mijanou, qui vivait assise sur des coussins par terre, n'avait pas du tout envie d'être envahie par un mobilier encombrant.

54

Je fis mettre sur la terrasse un jardin suspendu, des arbres, des bosquets, des fleurs afin que maman s'y sente un peu comme à la campagne. Mais les ouvriers qui traversaient l'appartement avec leurs bacs pleins de terre et leurs chaussures crottées, salissaient la moquette. Par moments, j'avais envie de tout envoyer promener, après tout maman était une enfant gâtée et capricieuse.

Mais c'était maman ! Elle avait tous les droits.

Il y avait aussi un ami de la famille, Philippe, qui essaya d'épauler maman. Il était secrètement amoureux d'elle et me rendait bien service en assumant tous les détails qui m'échappaient. Il vint même s'installer dans le même immeuble au premier étage, déménageant, lui aussi, à son âge, tout son fourbi pour être près de maman, la secourir en cas de besoin. Si je pouvais m'en trouver un comme ça !

Mais hélas, cette race d'hommes n'existe plus.

A ce moment plus que dramatique j'appris que le gardien de La Madrague allait chercher des putains à Marseille dans ma 2 CV, leur mettait mes robes, et les faisait bosser dans ma chambre, pour cinq cents francs le coup ! C'est le commissariat qui m'avertit. Je ne pouvais pas le croire, mais ils avaient des photos qui ne laissaient aucun doute sur ce qu'était devenue ma maison et surtout ma chambre. En plus, il bouffait mes pigeons et avait tué mon coq apprivoisé, « Charly ».

Je pleurais toutes les larmes de mon corps en prenant le train avec Michèle, ma secrétaire, afin d'aller mettre de l'ordre dans ce désordre épouvantable. De toute manière ledit « Pigeonnot », c'était son nom, était en prison et La Madrague, les chiens, chats et poules à l'abandon.

Nous arrivâmes le matin du marché, je m'arrêtai sur la place des Lices, essayant de trouver une panière en osier, assez volumineuse pour rapatrier mes poules vers Bazoches. Ce fut impossible. Il n'y avait pas grand-chose sur ce marché de décembre, excepté un vendeur de pull-overs qui présentait ses articles dans la panière de mes rêves. J'eus un mal fou à le persuader de me la vendre trois fois le prix ! Mais je l'obtins.

Puis, arrivée à La Madrague, je trouvai une sorte d'apocalypse. Michèle et moi étions dépassées par les événements. Je recommençai à pleurer. Les chiens affamés, les chats éparpillés, les poules dans la cuisine, la maison ouverte à tous les vents, glaciale, abandonnée.

C'était lugubre !

Nous passâmes notre journée à remettre en ordre, nourrir, chauffer, éplucher aussi les petites annonces afin de trouver quelqu'un qui puisse venir nous remplacer, sinon nous étions là *ad vitam aeternam* !

Une femme d'une soixantaine d'années habitant Saint-Raphaël était libre. Nous la fîmes venir immédiatement. Elle était soignée, bien élevée, courageuse, travailleuse, propre, elle aimait les animaux. Je l'engageai sur-le-champ. C'est ainsi que Madeleine entra dans ma vie et y resta vingt ans. Un coup oui, un coup non, jusqu'à aujourd'hui où elle vit une retraite bien méritée, à l'âge de 84 ans.

Pendant que Madeleine prenait possession de sa petite maison, qu'elle arrangea par la suite avec un goût merveilleux, Michèle et moi courions derrière les poules pour les mettre dans la panière. Finalement, elles furent emballées avec graines et eau, étiquetées « ANIMAUX VIVANTS », « DESSUS », « DESSOUS », et embarquées dans le train à Saint-Raphaël.

Nous laissâmes Madeleine. Ça me faisait de la peine de voir cette femme responsable à elle seule de tant de problèmes, mais elle avait l'air forte, et je lui fis confiance. Nous passâmes au commissariat signer une plainte contre cet horrible « Pigeonnot ». Madeleine dut mettre toutes mes robes à la poubelle et fut chargée de faire changer matelas et sommier de ma chambre. Puis, comme les poules, nous prîmes le train à Saint-Raphaël, retour sur Paris.

Les poules bien arrivées enfin, après trois jours de voyage, nous fêtâmes Noël à Bazoches. Devenue désormais le pilier de cette famille disparue, j'organisai une petite fête qui regroupait maman, ses amis Françoise et Philippe, Mijanou et son mari Patrick, Camille, Nicolas, Mirko, Tapompon, la seule aïeule qui nous restait, Kiffer, l'ami peintre de papa et moi.

Ce fut campagnard et joyeux.

L'arbre, les sabots de bois, les cadeaux, le feu de cheminée, la crèche à la mode de maman, le déjeuner à la va-comme-je-te-pousse avec les treize desserts. J'essayais de ne rien oublier. Kiffer fit de superbes croquis. Il avait le don, en trois coups de crayon, de faire revivre un instant, sans lui à jamais oublié.

Il croqua Pichnou et Nini avant qu'elles ne lui croquent le mollet. Mais l'ombre de papa, de Mamie, du Boum planait et nous rendait nostalgiques. Surtout papa, c'était notre premier Noël sans lui. Et le dernier en famille, mais nous ne le savions pas encore.

Ce jour-là, j'offris à Mijanou un lingot d'or pur. Je savais qu'elle avait des problèmes financiers importants et trouvais plus élégant de lui empaqueter un lingot qu'un chèque.

Puis, Mirko, qui piaffait d'impatience, nous embarqua les petites et moi à Méribel. La neige était sa drogue, comme les palmiers et les cocotiers sont la raison de vivre d'autres qui me furent proches. Il faut s'adapter aux désirs de chacun, mettant les miens dans mon tiroir secret. C'est dans le petit appartement du « Dahu » que nous échouâmes. Il n'y avait pas de place pour Madame Renée et je dus une fois encore tout assumer. Mais j'avais prévu une femme de ménage.

Merci mon Dieu !

II

Sauver l'espoir, sauver les animaux
qui sont notre espoir.

Konrad LORENZ (1903-1989).

En ce début de l'année 1976, j'essayais de trouver un équilibre à ma vie. Cela faisait deux ans que j'avais abandonné le cinéma. Papa était mort, laissant un vide, un trouble profond à l'intérieur de moi, une déchirure, une amputation que je ressentais comme une blessure encore à vif qui vous tire la chair et les larmes dès qu'on y pense.

Quant à ma vie, désormais libre pour les animaux... Le résultat n'était pas convainquant. Je perdais mon temps, mes années, je ne servais à rien. J'étais triste, horriblement triste de mon inutilité.

Pour couronner le tout, je pensais attendre un bébé.

J'avais arrêté depuis un an la pilule afin de laisser mon corps respirer, sur l'ordre de mon gynécologue. Tout allait pour le mieux sauf depuis un mois où je ne voyais rien venir. A mon âge, était-ce normal ? J'appelai au secours tous les médecins, maman, mes copines, ne disant rien à Mirko... Mon Dieu, non, je vous en prie, ne me faites pas ce coup-là ! Pourtant, j'eus du mal à le croire, je me portais comme un charme, n'avais aucun vomissement, fumant mes cigarettes sans haut-le-cœur, ne ressentant aucune fatigue, aucun trouble. C'était bizarre.

J'adjurai Mirko de rentrer à Paris. Il ne comprenait pas ce nouveau caprice, n'était pas pressé de quitter ses amis, son atelier, sa neige, son ski et aussi, dernière nouveauté, son delta-plane à skis !

Puis, ce fut l'horreur !

Je vis à la T.V. le massacre sanglant des petits phoques sur la banquise. C'était la première fois de ma vie que je voyais ces images, horrifiantes et choquantes à un point incommensurable. Elles annonçaient la prochaine « chasse » au Canada pour mars, et les commentaires étaient explicitement scandalisés par des pratiques aussi cruelles.

Ce fut le déclic du retour précipité sur Paris.

Il me fallait absolument m'investir contre cette barbarie qui me laissait en larmes, révoltée, scandalisée, par la cruauté humaine. Bébé ou pas bébé, j'irai, je ferai le nécessaire, je dénoncerai au monde cette abomination perpétrée par les Canadiens, les Norvégiens et autres salopards !

57

A peine arrivés à Bazoches, Nini nous fit une grossesse nerveuse.

Je n'y comprenais rien, fis venir le Docteur Triau, mon vétérinaire, qui m'assura qu'il fallait absolument la faire saillir. Et par qui ? Et comment ? Madame Renée avait un médecin, ce médecin avait un Setter anglais mâle, une beauté ! Rendez-vous fut pris. « Monsieur » sauta ma Nini qui, morte de peur, se réfugia pour une semaine sous la table de la cuisine, refusant de sortir, de manger et même de faire ses besoins. Puis elle se calma, reprit confiance et commença sa gestation.

Revenue boulevard Lannes, je remuai ciel et terre pour entrer en communication avec celui ou ceux qui pourraient me guider pour combattre cette horreur. Ce fut Franz Weber, un Suisse très engagé dans la protection des phoques, qui répondit en premier. Il vint me voir mais estimait qu'un esclandre mondial, trop dur et trop long à organiser, ne pourrait pas avoir lieu cette année. Cela demandait une préparation minutieuse, de l'argent, un investissement important. Pourtant, lui y allait. Mais sans conviction. Puisqu'il y allait, j'irais aussi. Ce fut décidé ! Malgré mes réticences, nous nous donnâmes rendez-vous aux îles de la Madeleine, première escale vers la banquise, au Canada.

Puis, j'allai voir mon gynécologue.

J'étais bien enceinte de deux mois. Si je voulais avorter, c'était tout de suite ou jamais. Ce fut tout de suite, avec l'assentiment de maman et la profonde réprobation de Mirko. J'entrai à la clinique, demandai à ne pas être anesthésiée, car mes allergies à ce genre de produits pouvaient être mortelles. Je subis la douleur profonde, lancinante d'un curetage à vif, déchirai entre mes dents les linges que j'enfournais dans ma bouche pour ne pas hurler. J'essayais de penser à des prairies en fleurs, à des pommiers, à des ruisseaux, pendant qu'entre mes jambes, le chirurgien dilatait, grattait, curetait le plus secret de mon corps. Si faute il y avait, je l'avais payée par ma souffrance.

Je sortis de là K.O. comme un boxeur en état de semi-coma.

Le lendemain matin, je quittais la clinique et m'apprêtais à partir au combat. Il n'y avait pas de temps à perdre. Je rassemblais mes troupes. Il me fallait des hommes pour me protéger, m'aider, m'encourager, me soutenir. Ces hommes furent Christian Brincourt, Philippe Letellier et Mirko. Les seuls qui répondirent présents à mon appel désespéré. La qualité remplaçait la quantité, il faut le dire.

Bouclant mon sac plein de pulls, de Thermolactyls, de guêtres, de chaussettes de laine et bonnets, écharpes et bottes, je confiai les petites à Madame Renée et nous partîmes le premier jour de mars où l'heure d'été fit place à l'heure d'hiver ! Curieuse invention de Giscard qui nous fit lever une heure plus tôt.

Première escale, Londres.

Aucun avion français n'assurait le vol direct Paris-les îles de la Madeleine. Il était très tôt le matin, style 7 heures ce qui n'est, en heure d'été, pas de la tarte. Pendant le trajet, arriva ce que je redoutais tant... je sentis un liquide chaud et gluant envahir le bas de mon corps. A l'escale à Londres, je me précipitai aux toilettes pour constater l'irréparable. Je baignais dans mon sang. Les hommes, pressés pour la correspondance, m'attendaient avec une impatience folle. Que faisais-je là-dedans depuis un quart d'heure ?

En sortant, je m'évanouis. Il fallut me transporter et m'étendre sur une banquette. Personne n'y comprenait rien. Ce fut un attroupement de curieux. *Brigitte Bardot is sick! Oh! what's happened? Why is she here?* On fit venir un médecin qui me trouva une tension très basse et me fit rapatrier d'urgence dans le premier vol pour Paris. Ah, j'étais jolie. La honte, la honte de cet état auquel je ne pouvais rien. L'humiliation d'une guerrière en pleine hémorragie.

Pourquoi étais-je une femme ?

Quelle injustice d'avoir un corps qui vous trahit.

J'arrivai boulevard Lannes dans un état pitoyable.

Mon gynécologue, appelé d'urgence, nous engueula : « On ne fait pas la guerre trois jours après un curetage ! » Puis, il me fit une piqûre de vitamine K antihémorragique et ordonna le lit pendant une semaine.

Pendant ce temps, le téléphone n'arrêtait pas de sonner. Franz Weber m'attendait. On lui dit que j'avais eu un malaise à Londres. Un malaise... J'avais l'air d'une gnan-gnan qui a des vapeurs. Quel malaise ? J'avais autre chose de bien plus grave, mais allez faire comprendre ça à des hommes, inconnus par-dessus le marché !

J'en pleurais de rage, d'impuissance !

Obligée que j'étais d'être clouée dans un lit, perdant mon sang pendant que les petits phoques, eux, étaient cloués à coups de pics à glace sur cette banquise rouge de leur sang, sans aucun secours, aucune aide. « Excusez-moi, pardonnez-moi, mes bébés, je vous jure que je rattraperai le temps perdu, que je vous vengerai et vous protégerai ».

J'en fis le serment, seule avec Dieu, un jour de mars 1976.

Les journaux relatèrent ma brève tentative vers le Canada. Il y en eut de toutes les couleurs : Le courage m'avait manqué au dernier moment ; Je m'étais engueulée avec Mirko, mon compagnon, laissant les phoques se débrouiller, j'étais repartie pour Paris ; La peur des voyages en avion avait eu raison de mon amour des bébés phoques...

J'en passe et des meilleures !

Pendant ce temps, la T.V. diffusait des images atroces du massacre. On parlait de l'aide que j'avais voulu leur apporter mais qui avait échoué (sans commentaires !), au dernier moment. Franz Weber, Greenpeace, Brian Davis furent interviewés pour leurs actions, style une goutte d'eau dans la mer. Quelle horreur !

Le 2 avril, il y eut une manifestation importante organisée devant l'ambassade de Norvège à Paris. Si je n'avais pu aller au Canada, je pouvais, au moins, aller manifester. J'appelai les mêmes hommes pour me protéger et, vaillamment, pris la tête de la première manifestation de ma vie. Ce fut une bousculade épouvantable. J'étais encore une star de cinéma pour la plupart du public qui, se croyant au Festival de Cannes, me portait en triomphe, me demandait des autographes alors que j'essayais de tenir, au-dessus de ma tête, une pancarte qui suppliait : « Pitié pour les bébés phoques », avec une photo atroce.

Tout le monde s'en foutait.

Je fus à moitié étouffée et finis par me réfugier avec mes « gardes du corps-copains », esquintés eux aussi, chez le concierge de l'ambassade de Norvège, grâce à qui nous eûmes la vie sauve ce jour-là. Ce fut médiatiquement repris un peu partout.

Je devenais la madone des bébés phoques dans le monde.

Grâce à ça, un jour, m'arriva un télégramme de la part d'un chalutier français qui pêchait depuis six mois du côté de Terre-Neuve : « *Avons trouvé bébé phoque dérivant sur plaque de glace, seul, abandonné. L'avons recueilli. Est la mascotte du bateau. Vous proposons de l'adopter. Arrivée Fécamp... telle date, telle heure.* »

Mon Dieu était-ce possible ? Dans le doute, je préférais y aller. Philippe Letellier, mon ami photographe de *Paris-Match*, et Christian Brincourt de *TF1* nous accompagneraient.

Et nous voilà partis, Mirko, Philippe, Christian et moi pour Fécamp, un jour d'avril 1976. Sur le quai, bon nombre de femmes en noir attendaient leurs maris, leurs fils ou leurs frères, les mains sur les yeux scrutant l'horizon. Je me sentais mal, une inconnue connue et reconnue qui venait au milieu de toutes ces familles, attendre le chalutier, cela faisait jaser.

Il tardait, la nuit se mit à tomber, mon espoir aussi.

Puis nous vîmes une petite lumière à l'horizon. Il y eut des « Ah, ah, ah, ah ! » dans la foule. Il arrivait. J'étais comme ces femmes, attendant mon bébé phoque alors qu'elles étaient si loin d'une pensée aussi saugrenue. J'eus le privilège, lorsque je montai sur le bateau, enfin à quai, d'entendre l'équipage me faire une ovation ! Le Capitaine me remercia de tout son cœur. On oubliait les femmes en noir. Qu'importe, le petit phoque – devenu gris avec sa fourrure d'adulte – m'attendait, sans m'attendre, tout en m'attendant, il se vautrait sur le canapé du carré et on m'avertit qu'il prenait chaque jour des douches d'eau chaude avec l'équipage, qu'il buvait six biberons par jour, superbiberons faits d'une bouteille d'eau minérale avec un doigt de caoutchouc comme tétine, le tout rempli de poisson passé au mixer avec de l'eau et de l'huile de foie de morue. Sa mère ne lui ayant pas appris à avaler tout rond les poissons, il fallait le nourrir ainsi.

C'est qu'il avait des dents terribles, des dents de chien, ce petit phoque. Lorsque je m'approchai de lui, il faillit m'emporter la main. J'eus subitement peur, puis me raisonnai en essayant de me mettre à sa place. Pauvre bête !

L'équipage le descendit dans une espèce de container de plastique blanc qui fut placé à l'arrière de la Pacer. Bon nombre de photos furent faites de ce transbahutement. Puis, nous quittâmes Fécamp, laissant aux autres le temps de se retrouver. Il faisait nuit noire et j'avais du mal à imaginer que, derrière moi, dans cette voiture, un petit phoque attendait de moi le meilleur après avoir manqué subir le pire. Nous nous arrêtâmes pour le plein d'essence. Le pompiste demanda quelle espèce de chien nous avions à l'arrière. Je lui répondis un bébé phoque. Je crus qu'il allait s'évanouir. Il nous regarda partir avec un drôle d'air.

Je l'appelai « Chouchou », et vogue la galère jusqu'à Bazoches. J'avais un stock impressionnant de morue surgelée pour Chouchou.

Merci Capitaine !

L'arrivée à Bazoches fut folklorique.

Il faisait froid, nuit. Chouchou dans son container fut déposé au milieu du salon, il alla directement dans un panier à chien devant le radiateur de la cuisine. Il nous fit des *Hang, wrong, heontrounk*, s'aidant de ses nageoires pour avancer. Je fis immédiatement un biberon qu'il ingurgita à toute vitesse. Les ordres furent donnés pour que Chouchou ait les soins nécessaires. Mon gardien André, ancien adjudant, me fit un salut militaire des plus rassurants. Je savais qu'il ne faillirait pas à sa tâche et m'en fus vers le boulevard Lannes avec un pincement au cœur et une joie étrange.

J'avais un petit phoque à la maison.

C'était merveilleux, inhabituel, magique.

Le week-end suivant, j'arrivais avec les petites.

Chouchou était absent. J'étais affolée, nous finîmes par le retrouver dans le poulailler, bien au chaud, dans les plumes des poules qui couvaient. Drôle de petit phoque frileux. A la maison, ce fut un défilé. Tout le monde voulait voir Chouchou. Brincourt immortalisa les biberons de Chouchou avec des photos uniques.

Lorsque j'approchais, je tapais dans mes mains en criant : « Chouchou, mon Chouchou, viens mon Chouchou ! », et il arrivait péniblement s'aidant de ses nageoires en me faisant des *Hang, hang, wrong, wrong !* Alors, je le prenais dans mes bras, il sentait le poisson à mourir, puis je le lâchais avec les petites et tout le monde jouait à la balle. Il y avait une vraie équipe de foot à La Bazoches, les trois chiennes de mon cœur encore épargnées par les chasseurs, ainsi que Chouchou, Pichnou et Nini, chacun et chacune essayant de bloquer la balle de tennis que j'envoyais dans la pente qui descend à l'étang. Je rêvais, je croyais vivre le dessin animé de ma vie. C'était extraordinaire. Surtout lorsqu'un ou plusieurs chats s'en mêlaient. Alors, c'était l'apothéose !

Il faut savoir savourer ces moments uniques, exceptionnels de l'existence. Le soir, devant le feu de bois, Chouchou se mettait sur le dos, tapant son ventre de ses petites nageoires tandis que je lui faisais des bisous sur le museau. Il ne me mordait plus, mais au contraire, comme un chien, me faisait des léchouilles à me retourner le cœur de son odeur de poisson.

A l'heure où j'écris ces lignes, en 1996, vingt ans plus tard, Chouchou est toujours en vie. Il est devenu un vieux phoque paresseux au Marineland d'Antibes. Il n'obéit presque plus à ma voix ni à mes « Chouchou », mais je le vois régulièrement se dorer au soleil, son gros ventre livré au temps qui passe, ses nageoires toujours battantes, comme un immortel « sablier-métronome » qui scanderait les minutes, les heures, les joies, les peines, de tous ces pauvres animaux sauvés certes de la mort, mais prisonniers à vie des hommes.

Chouchou ne me reconnaît plus mais il vit ! N'est-ce pas l'essentiel ?
Bien sûr, je sais qu'il va mourir un jour. Moi aussi !
Alors nous nous retrouverons sur une banquise du ciel.

Nini, qui était devenue aussi énorme qu'une montgolfière, accoucha le 29 avril 1976 de huit petits. J'étais pétrifiée de voir sortir de son ventre des petits paquets enveloppés d'une espèce de plastique qu'elle mangeait tout en léchant ces petits bouts de chair trempés qu'étaient ses bébés. C'était merveilleux. Au fur et à mesure qu'elle en pondait un, si j'étais absente pour une minute, elle venait me chercher pour me le montrer. Je la félicitais, lui donnais à boire, à manger, la caressais, l'embrassais de toute mon âme, extasiée devant son courage !

J'appelai le Docteur Triau qui me conseilla de ne lui en laisser que cinq. Il fallait qu'il vienne, jamais je ne pourrais faire un choix, c'était inhumain. Il avait l'habitude, en prit trois qu'il emporta, puis en ramena une qu'il échangea pour une autre ! Celle qu'il avait ramenée fut ma préférée. Elle s'appela « Mienne » et vécut seize ans.

Les autres, tous plus beaux et adorables les uns que les autres, restèrent – à part « Moustique » – avec moi jusqu'à la fin de leur vie. Pichnou, jalouse de ne pas être mère, se transforma en nurse. Elle veillait sur les petits, leur léchait le derrière, se couchait auprès d'eux lorsque Nini allait se détendre un peu.

C'était beau, émouvant, merveilleux.

Je voulus créer une Fondation pour la protection animale.

J'étais absolument ignare en la matière, déboussolée devant le moindre problème administratif, affolée par la législation, le droit, les problèmes fiscaux et toute cette série d'horreurs qui n'avaient rien à voir avec la souffrance animale. Pourtant je fis face, m'entourant d'hommes sûrs pour cette première si importante.

Philippe Cottereau, qui était l'administrateur de la Fondation Paul-Emile Victor, mit à ma disposition les locaux de Saint-Cloud où se trouvait le siège de cette Fondation. Cela m'éviterait d'avoir à trouver des bureaux, et lui administrerait et ma Fondation et celle de Paul-Emile. Seule Michèle serait secrétaire unique et à plein temps pour moi.

Aussitôt dit, aussitôt fait.

Je créai la première Fondation Brigitte Bardot et en réunis le premier Conseil d'Administration. C'était folklo. Maman, mon avocat, Gilles Dreyfus, Philippe Letellier, Michèle, ma secrétaire, Philippe Cottereau, l'administrateur et moi. J'étais à la fois fière et terrorisée par toute cette administration qui n'était qu'un pâle début de ce que je subis aujourd'hui. J'appris à mes dépens qu'on n'a rien sans rien, malgré son cœur, son envie, sa sincérité, sa générosité. Il faut faire les choses.

Ayant été jusqu'au bout de mes obligations, je partis pour Saint-Tropez. Je profitais avec toute ma petite famille à quatre pattes de la mer, du soleil, de la liberté, de La Madrague. Les bébés de Nini avaient un mois et ils étaient dodus, patauds, adorables. Deux filles, Mouche et Mienne, trois mecs, Matcho, Moulin, Moustique. Tous sous la coupe de Pichnou qui veillait à la bonne tenue et à la bonne éducation de ce petit monde.

Arrivés à La Madrague, nous fûmes envahis par des rats énormes que Mimolette et ses enfants, devenus grands, n'arrivaient pas à chasser. Le gardien me conseilla la dératisation. Je hurlai mon horreur, avec les bébés, il fallait être cinglé pour imaginer une chose pareille. Mais je finis par avoir peur pour les petits lorsque je voyais les rats rôder autour du panier et que Pichnou leur donnait la chasse sans pitié.

Nous fîmes venir une entreprise spécialisée qui m'assura qu'il n'y avait aucun danger ni pour les chiens, ni pour les chats. Et en avant, le blé empoisonné et toutes ces saloperies qui tuent de pauvres bêtes sans défense. Il n'y avait pas deux jours que ces croquemorts étaient passés que Matcho se mit à vomir avec des spasmes effrayants, puis ce fut Moulin, et Moustique, et Mouche et Mienne. Je partis chez le Docteur Laffra, mon vétérinaire, avec mon chargement de bébés...

Pour les sauver, il fallait faire vite, des vomitifs puissants. Et voilà mes cinq petites boules de poils blancs en train de vomir à qui mieux mieux. J'en étais malade de les voir faire tous ces efforts désespérés jusqu'à rendre leur âme !

Enfin, ils furent sauvés, merci mon Dieu.

Je les veillai toute la nuit, et tout alla bien. Par contre, j'exigeai que la Société R. envoie un de ses sbires pour récupérer tous ces poisons qui risquaient à tout moment de faire mourir mes animaux. Je menaçai d'un procès, j'étais hors de moi, furieuse. Ils envoyèrent un pauvre type qui ne retrouva pas grand-chose, la pluie, le vent ayant disséminé un peu partout les petites pochettes mortelles. Quand je pense avec effroi que bien des gens font encore appel à ces entreprises de destruction systématique, à ces sociétés de mort non sélective, qui s'engraissent et vivent de l'agonie des animaux, j'ai envie moi aussi de vomir.

L'annonce de la création de ma Fondation parut dans le *Journal Officiel*. Elle était déclarée à Saint-Cloud, au siège de Paul-Emile Victor, ce qui lui donnait un air assis et sérieux. Hélas, il n'en fut rien.

Les journaux en firent état. Pour eux, c'était un nouveau caprice de star. Mais, quoi qu'il en soit, les lettres, les chèques affluèrent pour m'aider. Bleustein-Blanchet envoya même 50 000 francs ce qui, à l'époque, me sembla miraculeux !

On me faisait confiance ! Oh ! mon Dieu, si j'avais su !

Mais j'étais heureuse, un point c'est tout.

La mère de Mirko, dont je n'ai pas encore parlé, vint nous rejoindre à La Madrague. C'était une femme de l'Est, esclave de ses fils, de son ex-mari, de tout le monde, mais avec un caractère fort et une personnalité hors du commun. Son esclavage faisait partie de son éducation. Elle ne pouvait ni comprendre, ni admettre qu'une femme ne soit pas au service de son mari ou de son amant comme tel était mon cas, qu'elle acceptait faute de mieux, mais qu'elle réprouvait au fond d'elle-même !

En Tchécoslovaquie, on se mariait à 18 ans, on faisait des enfants et on restait avec son mari toute sa vie. Sa venue en France et le mal qu'elle y eut à survivre l'obligèrent pourtant à divorcer. Elle faisait de la couture à domicile, et une soupe extraordinaire.

C'était son anniversaire, je courus tout Saint-Tropez pour lui trouver une jolie robe fleurie en 48, taille en général ignorée dans ce pays de pin-up !

J'arrivai fière et heureuse avec mon paquet-cadeau qu'elle déballa avec un air dégoûté qui me fit peine. Lorsqu'elle vit la robe, elle se mit à pleurer en disant qu'avec « l'argent », elle aurait pu vivre six mois et s'en faire une elle-même, beaucoup plus jolie. J'étais désolée, perdue, honteuse aussi. Elle refusa la robe et me demanda l'argent en lieu et place. Je courus au magasin qui me fit un avoir. Un « avoir », j'étais jolie avec ça ! Je n'allais certainement pas aller m'habiller chez ce spécialiste de grosses dames. Je retournai en larmes à La Madrague lui donnant « l'avoir » et l'argent de « l'avoir ». Ah, l'argent lui fit plaisir, quant à « l'avoir », elle le déchira.

J'étais triste, frustrée, malheureuse et certainement maladroite.

Tout était gâché, foutu, à l'envers.

Cette année-là fut une canicule, une sécheresse inoubliable !

A La Madrague, tous les volets étaient fermés, mais la chaleur incommodait tout le monde, sauf Mirko qui, en plein soleil à La Petite Madrague, coupait, sciait, rabotait, collait, sculptait de superbes bas-reliefs de bronze, d'acier ou de cuivre. Entre deux bains de mer, encore trempé, dégoulinant d'eau, il se remettait au travail inlassablement. Pendant que sa mère faisait la soupe ! La soupe par 40° à l'ombre ! Mais je ne devais pas la contrarier sinon j'avais une scène !

Heureusement, nous revînmes à Paris où je devais donner le coup d'envoi officiel de ma nouvelle Fondation pour les animaux au Pré-Catelan. Exceptionnellement pour cette occasion, l'ami de Mirko, d'American Motors, mit à notre disposition un petit biplan. Nous remontions donc dans ce petit coucou, Mirko, sa mère et moi plus le pilote, Nini, les bébés et Pichnou. Je n'en menais pas large au petit aéroport de La Môle, connu comme un des plus dangereux de France, une colline mal placée se trouvant juste dans l'axe du décollage.

C'était vraiment folklorique, les fenêtres s'ouvraient, si on bougeait un peu, l'avion se déstabilisait. J'avais mis les chiennes et les bébés à mes pieds, mais tout ça grouillait, nous montait sur les jambes, faisait pipi, avait faim. Nous mîmes trois heures pour atteindre Le Bourget. Je n'en pouvais plus, les petites et les bébés non plus. Seule la mère de Mirko riait à gorge déployée, heureuse de cette aventure si nouvelle pour elle.

Arrivée boulevard Lannes, je mourais de chaud.

C'était irrespirable, bien pire qu'à La Madrague car l'air, la brise marine en étaient absents. Madame Renée avait fermé tous les volets, tous les stores, et les courants d'air, malgré les fenêtres ouvertes, étaient inexistants. J'étais épuisée de chaleur et décidai de dormir sur ma terrasse. Je tirai le matelas, installai un lit de fortune au milieu des fleurs, des arbres qui n'apportaient aucune fraîcheur à cette soirée caniculaire. Le lendemain, il me fallait être au mieux de ma forme. Je devais donner une conférence de presse devant toutes les T.V., tous les journaux, toutes les agences. Moi qui avais quitté le cinéma pour échapper à tout ça, j'étais encore obligée d'en passer par là.

65

À 16 heures, j'étais prête, maquillée par moi-même, coiffée par moi-même, habillée par moi-même dans une robe longue à bretelles, style romantique, dans laquelle je crevais de chaud, lorsque Mirko et Michèle vinrent me chercher. Alors, je craquai, je m'effondrai en larmes, mes sanglots me secouaient si fort que je ne pouvais pas parler.

Non, je ne voulais pas y aller.

Non, la souffrance des pauvres animaux ne passait pas par une conférence de presse où tous ces cons n'attendaient qu'une star déchue. Personne ne comprenait rien. Toutes ces mondanités stupides me soulevaient le cœur et l'âme.

Je ne pouvais pas, je ne pouvais pas !

J'étais défigurée par les larmes, mon rimmel avait coulé, mes yeux me brûlaient et ma conscience me taraudait. Mirko et Michèle, stupéfaits devant ma désespérance, ne surent plus quoi faire. On prévint que j'aurais du retard, on ne savait pas si oui ou non j'allais venir. Tout cela faisait scandale. Comment cette Brigitte Bardot pouvait-elle lancer une Fondation pour la protection animale sans daigner venir rencontrer toute la presse qui l'attendait depuis plus de deux heures ?

Je finis par céder.

Je me mis la tête dans le lavabo, me refis un maquillage, ébouriffai mes cheveux et partis pour le Pré-Catelan, les yeux brillants de larmes, on croyait que la joie illuminait mon visage ! On voulut me faire prononcer un discours. Ce fut impossible, je ne l'avais jamais fait et ne savais quoi dire. Je fus photographiée, interviewée. Paul-Emile Victor me tenait le bras droit, Philippe Cottereau le bras gauche. Je trébuchais sur des espèces de choses bizarres posées par terre. Cottereau me dit que c'étaient des sculptures d'animaux en fer forgé qu'il avait eues à bas prix. Je n'y attachai aucune importance sinon parce que je faillis me faire une entorse.

J'essayais, dans ce brouhaha, de faire comprendre aux uns et aux autres mon engagement, ma révolte, mon but, ma vie. Tout fut tourné en dérision, ridiculisé, ce fut un flop ! Le plus important de ma vie car le plus mal compris. J'avais mal, je me remis à pleurer.

Ce fut dramatique. Je n'étais qu'une ravissante idiote !

Pour me consoler de tous ces êtres humains épouvantables, j'allai retrouver mon Chouchou à Bazoches. Au moins, lui ne m'emmerderait pas avec des questions stupides. Il m'aimait, je l'aimais, bonsoir et merci. Il était dans le poulailler, mais lorsque je débarquai avec ma cargaison de petits bébés qui chouinaient à qui mieux mieux, il arriva, curieux, pour voir qui poussait les mêmes petits cris que lui.

Ce fut une fête merveilleuse. Tout le monde se courait après. Pichnou surveillait son monde et Nini s'en donnait à cœur joie derrière les chats. Le phoque, les chiennes, les bébés, les chats, que demandais-je d'autre ?

J'étais dans mon dessin animé, au plus profond d'un conte de fées. Chouchou était devenu un vrai phoque.

Il mesurait au moins un mètre de long, mais il était toujours au régime biberon. Ça n'allait pas, il me fallait absolument le sevrer. Et me voilà partie chez le poissonnier de Montfort acheter des poissons ronds. Je revins avec mon kilo de sardines, lui ouvris la bouche et essayai de lui faire ingurgiter une sardine. Je faillis en perdre la main gauche car il referma brutalement sa gueule pleine de dents plus puissantes que celles d'un Berger allemand. La sardine resta plantée entre les canines et j'eus le temps de retirer ma main.

Merci mon Dieu !

Mais quelle peste de Chouchou !

En plus, il me recrachait tout à la figure, j'en avais partout, je puais le poisson, et lui, tout content de sa bonne farce, se tapait les nageoires sur le ventre ! Ah, mon cochon, rira bien qui rira le dernier. C'est bien lui qui rit le dernier. Il me fut impossible, malgré tous mes efforts, de lui faire avaler un poisson rond. Je faillis y laisser les deux mains plus celles de mon gardien. J'eus la chance qu'il ne me bouffât pas le nez, mais d'avaler un poisson rond, il n'en fut pas question. N'est pas maman-phoque qui veut, même avec tout l'amour du monde !

Malgré cette adversité, j'allais faire une sieste dans l'herbe, Chouchou calé dans mon bras gauche, Pichnou dans le droit, les petits batifolant un peu partout, Nini surveillant. Mes autres chiennes, heureuses, étaient lovées un peu de droite et de gauche, l'œil aux aguets. Mirko, qui vit le tableau et en fut ému, n'eut pas l'idée de faire une photo. Dommage, d'autant qu'il allait falloir qu'il s'y mette pour le livre dont j'avais signé le contrat chez Nathan au moment de la création de ma Fondation. Nous devions faire des photos de moi et de tous les animaux au parc de Thoiry, chez le comte de La Panouse, à deux pas de Bazoches.

Comme aucun photographe ne pouvait ni se plier à mes horaires ni être assez proche de moi pour ne pas se faire insulter toutes les trois minutes, c'est Mirko qui fut chargé de cette terrible responsabilité. Il s'en acquitta du reste avec un immense talent et une patience extraordinaire. De plus, il abandonnait tous ses droits de photographe à ma nouvelle Fondation.

Nous avons ramé trois journées entières en pleine canicule dans ce magnifique parc de Thoiry qui nous fut ouvert, avec tous les apports et aides nécessaires. Le soir, Mirko et moi nous nous engueulions pour des bêtises à cause de la chaleur, de l'énervement. Les scènes duraient tard dans la nuit. Le lendemain j'avais les yeux au jambon. Tout me faisait suer, je n'avais pas abandonné le cinéma pour passer mes journées à faire des photos dont je me fichais comme de l'an 40. D'un autre côté, je le faisais pour les animaux, c'était ma dîme à leur payer et je leur devais bien ça. J'ai toujours été paradoxale, incompréhensible et incomprise.

Tant pis !

C'est ainsi que fut créé *Brigitte Bardot, amie des animaux*, livre superbe avec un texte de René Barjavel, cet écrivain-journaliste-poète, qui mourut hélas quelques années plus tard.

A peu près au même moment, Jacques Chancel voulut une *Radioscopie*. Même à la radio, en direct, bien que je ne sois pas visible, j'étais dans un état de trac épouvantable. C'était le tournant de ma vie, j'avais une Fondation ; désormais, seuls les animaux étaient ma raison de vivre, mais les questions perfides, parfois, sans me décontenancer, me laissaient perplexe. Pourquoi vouloir à tout prix anéantir tout cet amour, toute cette énergie que je mettais à leur service ?

J'eus droit aux enfants affamés, aux vieillards détériorés, aux adultes au chômage (déjà !), aux Droits de l'Homme, de ceci, de cela. Je restais ferme sur mes positions : les animaux ! Ce fut difficile, je passais pour une égoïste, une imbécile quelque part, mais je n'en démordais pas.

L'automne arriva. Ouf ! Il faisait moins chaud.

Mais Chouchou, ferme lui aussi sur ses positions, refusait toujours les poissons ronds. Phi-Phi d'Exéa se baigna avec lui, joua à la balle dans ma piscine vert épinard, il ne fallait absolument pas y mettre de chlore ! Alors imaginez l'horreur ! Mais Chouchou y faisait des danses nautiques encore plus jolies qu'Esther Williams dans ses films. Ses crottes tapissaient tout le fond de la piscine...

J'allais chez mes amis Réal. Notre collection *La Madrague* avait les allures de ma vie, c'était joli, ils me connaissaient par cœur ; j'étais heureuse et contente. J'allais poser, photographiée par Léonard de Raemy dans un studio, avec toute l'énergie et la volonté que je pouvais mettre pour démarrer encore une nouvelle facette de ma vie. L'argent récolté servirait à ma Fondation, aiderait les animaux !

C'était formidable.

Ce qui fut moins formidable, ce fut le conseil d'administration qui eut lieu en octobre 1976. Je venais d'avoir 42 ans. Et j'eus à subir l'une des plus grandes désespérances de ma vie. Philippe Cottereau nous annonça que des adhérents avaient donné jusqu'à 100 000 francs. C'était merveilleux, j'en pleurais de joie. Tout de suite après il nous dit que ces sommes avaient servi à payer les retards des factures de Paul-Emile Victor, entre autres la Sécurité sociale de ses employés, les factures du papier à en-tête de ma Fondation et de sa Fondation, plus les notes de téléphone, le loyer, etc. En plus, il nous avoua avoir prêté 5 000 francs à ce connard de J. N. et avoir dépensé 20 000 francs pour les sculptures en fil de fer du Pré-Catelan.

Ce fut un tollé général.

Tout le monde réagit et se révolta contre cet abus de confiance. Je hurlai, traitant Cottereau de tous les noms. Il n'avait aucun droit de dilapider l'argent de ma Fondation pour payer les erreurs et les retards de celle de Paul-Emile Victor. Qu'est-ce que c'était que ce prêt et ces sculptures que personne n'avait vues, qui étaient des pièges à entorses, et de quel droit avait-il pu faire ça sans mon accord ? Le conseil d'administration se termina en pugilat. J'étais une fois de plus grugée, désemparée, responsable pourtant de toutes ces folies.

Mais qu'est-ce que j'avais fait au Bon Dieu ?

Je fis immédiatement dissoudre ma Fondation qui fut mise en liquidation judiciaire. Pendant ce temps, jusqu'à des heures avancées de la nuit, je faisais des chèques sur mon compte personnel afin de rembourser tous ces gens qui m'avaient fait confiance en m'envoyant leur petite quote-part. J'en avais la crampe de l'écrivain, mais j'étais en accord avec moi-même. Ecœurée, certes, mais honnête, honnête jusqu'au bout.

Mon Dieu que j'étais triste !

Qu'allais-je faire de ma vie ?

Pourquoi avais-je abandonné le cinéma ?

Puisque les horreurs succèdent aux horreurs, ce qu'on appelle la loi des séries, je fus obligée d'aller me justifier devant un conseiller juridique. Si ma Fondation devait être dissoute, il fallait que j'atteste, en prêtant serment, de la malhonnêteté de Philippe Cottereau, factures et témoins à l'appui. L'horreur ! Moi qui voulais aider les animaux, je me retrouvais devant un tribunal doutant de mes dires pendant que Cottereau se pavanait dans son juste droit. J'étais trop inexpérimentée à l'époque pour lui foncer dans le lard. L'affaire fut classée, la Fondation dissoute, mais Cottereau bénéficia d'une indulgence qui le laissa sans aucun problème. Tant mieux pour lui, tant pis pour moi, la seule justice fut qu'il mourut un jour de janvier 1995, d'un mal inconnu.

Dieu ait son âme !

En attendant, je faisais des publicités pour qui me payait au mieux. J'avais besoin d'argent pour aider les animaux, même sans Fondation. Je fis une pub pour un after-shave anglais, puis une autre pour les produits français vendus aux Etats-Unis, style les bons vins, les miels de Provence, et patati et patata. C'était un peu médiocre, mais : « *When you can take, you take.* »

Pendant ce temps, juste avant ou juste après, mouraient deux personnages extrêmement illustres et aimés, connus, respectés, adorés des Français : Malraux et Gabin. Je les connaissais tous les deux. Je les avais vus vivants, grincheux, sublimes et à jamais inégalables, deux figures magiques, irremplacées, irremplaçables, deux hommes qui magnifièrent leur époque. Chacun dans son genre et pourtant si proches dans le génie.

J'eus beaucoup de chagrin pour Gabin que j'avais tant serré dans mes bras malgré ses ronchonnements dans *En cas de malheur*. J'eus de la peine pour Malraux, me souvenant à jamais qu'il m'avait mise en garde de mort lorsque j'allumais ma cigarette aux chandeliers qui ornaient sa table ; Louise de Vilmorin mourut quelques mois après et je ne peux m'en déculpabiliser. La vie est ainsi faite. Nous sommes tous plus ou moins responsables de notre mort. C'est comme ça, nous n'y pouvons rien. Un jour, on m'a dit que chacun de nous était responsable d'un autre sur cette terre. Qui ? Nous ne savons pas, mais cela existe, c'est tout.

Ce soir de novembre 1996 où j'écris encore et toujours ces Mémoires qui me semblent un cimetière, alors que le premier tome *Initiales B.B.* fut un best-seller sans précédent, que je reçus plus de douze mille lettres, de femmes en général, m'adorant, se substituant à moi, me découvrant telle que j'étais pour de vrai, faisant quelque part partie de ma famille, la vraie ne faisant, hélas ! que m'attaquer, mon fils unique et son père, Jacques Charrier, après avoir perdu leur référé, s'acharnant en procédures.

Pourquoi, je me le demande.

Parce que j'ai dit la vérité, toute la vérité, rien que la vérité ?

Ce soir, alors que j'écris des souvenirs d'il y a plus de vingt ans, j'ai le cafard. Je suis seule à Bazoches, il fait froid. Mes chiennes sont là, vieillissantes comme moi. Il y a un feu de bois, dehors il gèle. J'ai chez moi deux poules, une vingtaine de chats et une dizaine de chiennes, car j'aime être entourée d'animaux qui s'aiment bien. Malheureusement, toute la journée j'ai entendu les coups de feu des chasseurs. Ça n'a pas arrêté. J'étais cernée par une guerre abominable, celle de la force armée contre la faiblesse nue. J'eus beau hurler avec mes mains en porte-voix : « Assassins ! », « lâches ! », « enfoirés ! », « dégueulasses ! », le tir redoublait et les rires gras de ces tueurs me narguaient et me faisaient mal.

Je voudrais être Dieu...

Chouchou, qui grandissait de plus en plus, devenait un vrai « homme ». Ses bains dans la piscine, ses soirées avec les poules et ses nuits dans le panier de la cuisine ne l'empêchaient pas de téter goulûment ce foutu biberon qu'il était plus que temps d'arrêter ! Il avait des dents de loup et, lorsque j'essayais de le prendre dans mes bras, il avait tendance à se retourner pour mordre.

Un jour je fis venir Pierre Rousselet-Blanc, le célèbre vétérinaire, pour l'examiner. Ce fut une corrida sans précédent. Chouchou se débinait à toute vitesse pendant que Pierre, une seringue à la main, essayait de lui faire une piqûre de vitamines. Cela ressemblait à un jeu de fléchettes. La peau du phoque adulte est très épaisse et un peu écailleuse. Bien malin celui qui peut lui piquer le cul. Chouchou eut quand même la seule et unique piqûre de sa vie, Pierre fut mordu et moi aussi.

Beau résultat !

Mais je savais qu'il me serait impossible de le garder éternellement. Il avait besoin d'eau de mer, d'une vie adaptée à sa condition de phoque, d'avoir des compagnons autres que des chats, des poules et des chiens. Et puis, il fallait absolument qu'il avale ces foutus poissons que je n'arrivais pas à lui faire ingurgiter tout ronds.

J'avais eu le privilège d'élever un petit phoque.

Je l'aimais, il était le symbole de ma vie, mais la sienne comptait bien plus que mon chagrin de devoir m'en séparer. Après bien des hésitations, j'optai pour le Marineland d'Antibes ! Bien que je déteste ce genre de prison aquatique, de zoo marin, c'était encore l'endroit où il serait le mieux soigné, aimé, chouchouté.

C'est avec une infinie tristesse que je vis partir mon Chouchou dans un camion spécialement aménagé pour le transport des mammifères marins. Il y avait de l'eau pour qu'il puisse s'humidifier, des poissons dont il n'avait rien à fiche et un monsieur-nurse habitué aux soins et prévenu des biberons.

Adieu mon Chouchou, va vivre ta vie, j'irai te voir au Marineland, tu vas t'y faire des petits copains ! Au revoir, mon petit phoque tant aimé !

Et je pleurai toute la nuit.

Je n'avais pas fini. Ce fut une époque de grands déchirements.

Les petits de Nini avaient l'âge d'être séparés de leur mère. Je ne pouvais pas tous les garder et ils étaient promis : « Matcho » à Jacques Dessange qui se gargarisait déjà d'avoir pour sa chasse un des plus beaux Setters anglais, portée Brigitte Bardot ; « Moustique » au gardien de mon immeuble boulevard Lannes, qui fut le seul à assumer la vie de son chien sans me le rendre six mois après, merci ! « Moulin » était adopté par Picolette, ma vieille copine qui s'occupait justement de l'hôtel restaurant du Vieux Moulin à Saint-Tropez. Quant à « Mouche », je la « devais » au médecin, maître du Setter qui avait sailli Nini ; « Mienne », comme son nom l'indique, restait avec moi.

Je me séparai de tous mes bébés avec un goût amer, une culpabilisation effrayante. Qu'allaient-ils devenir tous ces petits bouts de choux tant aimés, tant adorés, tant choyés, tant gâtés ? Au moment de me séparer de Mouche, je fis une crise de nerfs. Je ne pouvais pas, je ne voulais pas quitter cette petite chienne, la plus fragile, la plus timide, la plus attachée à sa maman, la plus vulnérable. Devant mon désespoir, le médecin qui devait l'emporter me la laissa. Je passai des heures à l'embrasser, la câliner, la regardant se réfugier au creux de sa mère tandis que Mienne, plus indépendante, se contentait de mes caresses et de sa petite gamelle qui était la joie de sa vie.

J'avais perdu trois petits bébés mais j'en gardais deux plus ma Nini et ma Pichnou. J'étais désormais à la tête de quatre petites existences qui dépendaient de moi, dont je ne me séparerais jamais, qui seraient collées à moi comme des bonbons. Plus tous les autres qui n'avaient pas eu la chance de naître sous mon nez, mais dont j'étais responsable à jamais.

J'étais au boulevard Lannes lorsque j'appris par le maire de Bazoches la mort de mes trois dernières chiennes. Mes gardiens, formidables, n'y étaient pour rien. Les chiennes étaient parties fuguer dans les champs, elles furent tirées par des chasseurs. On ne les retrouva jamais.

Que pouvais-je faire devant une évidence aussi effroyable ?

Je promis 5 000 francs au garde champêtre s'il me retrouvait les corps de mes chiennes. Malgré son envie d'empocher la récompense, il ne les retrouva jamais. Je restai avec mon chagrin, ma révolte devant mon impuissance. Les chasseurs qui avaient tous les droits, sauf celui d'être humains, pouvaient légalement, sans aucun problème, tuer, décimer, assassiner, tirer à bout portant des animaux, mes chiennes qui ne faisaient que jouer dans les champs.

Mais quelles horreurs ces types-là !

Soutenus en plus par le gouvernement qui leur octroyait le permis de tuer sans vergogne tous ces petits êtres impuissants, qui n'avaient commis le délit que d'être des animaux. Les animaux sont indispensables à notre survie, à notre chaîne écologique. Sans eux, nous disparaîtrions. Notre vie est liée à la leur et nous nous permettons de les abattre, de les meurtrir, de les blesser, de les tuer comme des ennemis en pleine guerre, alors qu'ils ne nous ont rien fait, n'ont aucune défense, et ne sont que de pauvres petits animaux courageux qui, sans l'aide de personne et en dépit d'une adversité puissante, essaient de vivre et de survivre.

Que ceux qui liront ces lignes pensent à la détresse de ceux que l'on appelle du gibier ou des nuisibles ! Nuisibles à qui ? Pourquoi ? Le cerf, le renard, la belette, l'hermine, le putois, la fouine, la martre, le blaireau, le chat sauvage, le chat domestique aussi, et pourquoi pas les chiens qui s'ébattent dans les champs !

Alors que je restais prostrée dans une tristesse sans fond, Christian Brincourt m'appela au téléphone. Il avait ramené du Pôle Nord un prêtre missionnaire, le Père Lemeur, avec deux petits Esquimaux, Sam et Nadia, qui ne rêvaient que de me rencontrer. Je leur ouvris ma porte et mon cœur. Ce genre de rencontre a la noblesse de la rareté. J'eus le privilège de recevoir chez moi un prêtre qui vivait depuis trente ans dans un igloo, et deux de ses protégés.

Avec « La Brinque », nous vécûmes des instants historiques qu'il a, du reste, très bien transcrits dans un livre *Nos aventures extraordinaires*. Partir du Pôle Nord dans un traîneau avec des Huskies et atterrir une semaine plus tard dans un des appartements les plus chic de Paris, boulevard Lannes, chez Brigitte Bardot, il faut le faire. Le Père Lemeur et moi étions sur la même longueur d'ondes, même si tant de kilomètres, tant de différences nous séparaient... Il se sentit bien chez moi et moi avec lui. Les êtres humains ont ceci de particulier, qu'ils se reconnaissent immédiatement lorsque le courant passe. Qu'importe que vous soyez un clochard ou une star, un prêtre du fin fond des glaces ou une femme perdue dans un univers qui n'est pas le sien. Il y a quelque chose comme un lien qui vous unit immédiatement.

Ce fut donc le cas avec le Père Lemeur.

Nous avons bien sûr parlé de l'atroce massacre des bébés phoques.

Il était horrifié par la cruauté de cette extermination, par l'industrialisation de ces morts de bébés pour le gain que leur fourrure rarissime apportait au monde. Nous étions scandalisés, impuissants, ridicules d'en parler tels de pauvres imbéciles dans ce bel appartement luxueux si loin de toutes ces horreurs et pourtant si concernés l'un et l'autre par cette terrifiante injustice.

La vie, la survie des bébés phoques devint à jamais le but, le symbole, l'énergie de mon combat. Je décidai de leur consacrer toute ma popularité, toute ma fortune, toute ma vie.

Puisque j'étais à Paris, j'y restai.

Mirko me supplia de louer un chalet à Méribel au moins pour janvier, les Ganivet ne pouvant mettre à notre disposition ni le petit appartement ni la chambre d'amis. J'essayai avec Michèle de trouver à la dernière minute un chalet libre. Puisque j'étais une vieille cliente, on me proposa le chalet Rio, de l'autre côté de la piste qu'il fallait traverser avec les bagages et le fourbi sans aucune aide, sans aucun chemin, à pied, en se cassant la gueule, les valises fichant le camp dans la pente glacée.

C'était joyeux.

Madame Renée vint à la rescousse.

Elle avait l'habitude et nous accueillait toujours avec une bonne soupe et un lit douillet. C'est donc là qu'avec mes petites, maman, mamie Brozek, la mère de Mirko et les deux frères jumeaux, nous passâmes le mois de janvier, un peu couci, un peu couça. Maman n'oublia pas l'anniversaire de Nicolas le 11 janvier 1977. Il avait 17 ans. Je n'oubliai pas celui de maman le 1ᵉʳ février. Elle avait 65 ans.

*

Rentrée à Paris, je fus harcelée par Franz Weber, Greenpeace et d'autres défenseurs de la vie des petits phoques. J'étais disponible, je les reçus. Nous mîmes nos forces en commun. Franz Weber avait besoin de 200 000 francs pour inviter tous les journalistes du monde à assister au massacre des bébés phoques afin de dénoncer publiquement et mondialement l'horreur qui était quotidiennement montrée à la T.V. Je débloquai cette somme afin qu'il puisse mener son combat, c'était important, je lui demandai le secret. Puis je passai un accord contractuel avec l'agence Sygma. Ils m'emmèneraient au Canada en avion privé. Ils auraient l'exclusivité des photos. Hubert Henrotte, qui devint par la suite mon ami et mon frère, signa le contrat et nous accompagna. Lorsque je quittai le boulevard Lannes, mes petites, maman inquiète comme tout, j'avais pour la première fois de ma vie fait un testament.

Je ne pensais pas en revenir.

Je n'avais que 42 ans.

Lundi 14 mars.

A 13 heures, nous décollons du Bourget dans un Corvette, frêté spécialement par la Fondation Franz Weber pour nous emmener sur la côte Est du Canada, dans la petite ville la plus proche possible de la banquise où se trouvent les bébés phoques.

Notre groupe comprend, outre Franz Weber, une équipe de télé de trois hommes, un photographe, l'organisateur, Mirko et moi. J'ai l'angoisse au ventre. Les voyages m'ont toujours effrayée. Cette fois-ci, nous partons en pays hostile, avec pour but d'attirer l'attention sur l'effroyable spectacle que présente l'assassinat cruel et collectif de milliers de petits phoques de quinze jours. L'avion n'est pas très grand. Les bagages encombrent les sièges. Nous ne pouvons pas rester debout ni déplier nos jambes. Nous devrons tenir quatorze heures dans ces conditions d'inconfort, n'ayant pour nous dégourdir les jambes et nous laver les mains que le temps des escales, toutes les trois heures à peu près.

La première fois, nous atterrissons aux Hébrides, au nord de l'Ecosse, notre avion n'ayant pas une grande autonomie de vol. J'ai l'impression, dans ce paysage pelé, plat, lugubre et désertique, d'être tout à coup plongée dans un roman de Simenon. La température est nettement plus fraîche qu'à Paris et l'heure y est déjà différente : une heure de moins.

Nous repartons. Chaque décollage et chaque atterrissage me serrent le cœur à le rompre. Tant pis ! Je pense aux bébés phoques. Je leur dois bien ce petit effort. Je suis la seule femme à bord et serai la seule femme durant toute cette campagne. J'essaye de penser que je suis un homme, entouré d'hommes et partant me battre comme un homme !

La seconde escale est à Reykjavik, au sud de l'Islande.

Là, il fait carrément plus froid, l'air est vif. J'appelle chez moi, à Paris, pour rassurer mes proches. Ma femme de chambre m'apprend qu'elle vient d'avoir un appel de l'Elysée, Monsieur Giscard d'Estaing voulant me parler au sujet des bébés phoques ! Trop tard ! J'aurais tant voulu lui expliquer, mais il sait que je suis partie. Il y a déjà deux heures de différence entre Paris et moi. Nous ne quitterons, pour ainsi dire, pas le soleil. A Reykjavik, une jeune journaliste qui passait par là me reconnaît. Dix minutes après, il y a six photographes.

Nous redécollons. Déjà cinq heures de vol et nous n'avons fait qu'un peu plus d'un tiers du voyage. A l'escale suivante, commence vraiment l'aventure. Nous atterrissons sur une base militaire américaine, Sondrestrom Fjord, au Groënland. J'ai l'impression d'arriver sur la Lune. Nous survolons un désert de rochers glacés avec, à perte de vue, la banquise. Pas une habitation, aucune végétation. Cela ressemble à ce que j'imagine être la mer de la Désolation. Le camp militaire américain est si minuscule que je ne le vois qu'au moment de l'atterrissage. La piste est courte et verglacée et les baraques, autour, sont en planches. Le commandant de la base nous attend. Il a été prévenu de notre arrivée par Reykjavik.

Il y a là, sortie de je ne sais où, toute la population de ce trou perdu, c'est-à-dire une cinquantaine de personnes. Il fait glacial. Le vent souffle et, malgré le soleil, le froid nous pique au visage. Je remarque que les habitants ont la peau légèrement cuivrée et les yeux bridés, comme les Esquimaux. C'est drôle ! Nous sommes reçus d'une façon adorable par ces officiers américains. Ils nous offrent du café et de la bière. Nous nous lavons les mains. Quel plaisir !

Autour de la baraque qui leur sert de Q.G., à perte de vue s'étend ce paysage angoissant de solitude glacée. Ils m'expliquent qu'en hiver, le jour ne se lève pas pendant quatre ou cinq mois et que c'est un crépuscule permanent. Il est 5 heures du soir. Je pense à ma maison qui est si loin maintenant, où il est 9 heures du soir, où mes chiens doivent m'attendre. Les phoques aussi m'attendent. Allez hop ! On repart. Pas d'attendrissement. J'ai entrepris une croisade et, même si c'est dur, je dois aller jusqu'au bout ! Le commandant nous attend au retour. Promis.

Au revoir !

Nous redécollons. Nous avons faim. Il est 10 heures du soir.

La fatigue commence à se faire sentir. Nous n'avons pas de provisions pour le dîner. Nous attendrons donc l'arrivée du souper. Le soleil est toujours du voyage. Dehors, il doit faire moins quarante ou moins

75

cinquante. Sous nos pieds, le plancher de notre avion est glacé et, malgré le chauffage, nous gardons nos anoraks. Nous survolons la vraie banquise et... Oh ! Horreur ! Nous apercevons deux brise-glace, pris au milieu de la banquise. Ce sont les chasseurs de phoques qui doivent commencer demain leur affreuse extermination.

Pauvres bébés phoques... C'est votre dernier jour de vie.

Une rage folle m'envahit... Quelle injustice !

Je voudrais être une fée pour pouvoir arrêter tout ça. Je pense à ces bêtes qui vivent sur la glace d'une façon paisible, sans déranger qui que ce soit, ces bêtes sans défense contre lesquelles les hommes s'acharnent avec une sauvagerie ignoble.

J'ai mal au cœur... à tous mes cœurs...

Le commandant de bord annonce que nous risquons de manquer de carburant et que nous devons faire une escale supplémentaire à Goose Bay, au Labrador. C'est ennuyeux. Le Labrador vit de la vente des peaux de phoques. C'est un territoire hostile. Nous n'avons pas le choix. La nuit tombe sur la banquise et nous descendons vers notre quatrième escale. C'est verglacé partout. L'aéroport ressemble à un tableau surréaliste. Il n'y a personne. Le bar est fermé. Pour nous, il est minuit. Je ne cherche même plus à savoir quelle heure il est là où je suis. D'ailleurs, je ne sais vraiment plus où je suis ! Dans une vitrine de souvenirs du coin, je vois des petits phoques, faits en « vraie fourrure de phoque », *real sealskin*. Voilà, on tue les bébés phoques pour faire, avec leur pauvre peau, ces horreurs de jouets stupides qui seraient mille fois mieux s'ils étaient en peluche.

Nous redécollons, j'espère pour la dernière fois. Nous arrivons à Sept-Iles, à 2 heures et demie du matin. Nous avons quatorze heures de voyage dans les membres, dans la tête. L'hôtel est confortable. Je m'écroule de fatigue. Le lendemain apportant tellement de nouvelles épreuves, je préfère ne plus penser à rien.

Mardi 15 mars.

Je me réveille à 6 heures du matin. Il est midi à Paris.

Toute l'équipe est debout. Impossible d'avoir un petit déjeuner avant 7 heures et demie. Les gens de l'hôtel nous prennent pour des fous. Il y a un charter de journalistes, arrivés la veille, comme nous, sur le pied de guerre. Nous devons rejoindre le camp de Blanc Sablon, d'où partent tous les hélicoptères pour la banquise. Et c'est là que le boycottage gouvernemental canadien commence.

Franz Weber, qui avait payé d'avance sept hélicoptères et un avion privé, se trouve devant un refus catégorique de nous transporter là-bas ! Il faut payer le double, sinon le triple, et, de toute façon, il n'y a plus qu'un seul hélicoptère disponible... C'est catastrophique. La moitié des journalistes avaient gagné Blanc Sablon la veille et se trouvent coincés là-bas, et les nouveaux arrivés, dont nous faisons partie, sont bloqués à Sept-Iles. Notre jet privé, un Corvette, est notre seul moyen de transport, mais la piste de Blanc Sablon est trop courte, verglacée. Il n'y a ni tour de contrôle, ni balisage, ni carburant en cas de panne.

Notre commandant de bord, un pilote extraordinaire, Henri Clair, propose d'emmener sur place Franz Weber et quelques journalistes, de repérer les lieux, car la visibilité est excellente, et d'essayer, sans prendre de risques, d'atterrir sur cette piste de fortune. Ils partent ! Le seul hélicoptère qui nous soit resté fidèle, à coups de dollars supplémentaires, embarque, lui aussi, quelques journalistes. Ils mettront six heures pour arriver à Blanc Sablon, qui est seulement à 800 kilomètres.

Pendant ce temps, nous essayons en téléphonant partout d'avoir des appareils supplémentaires. Rien. Il n'y a plus, au Canada, un seul hélicoptère de libre pendant une période indéterminée.

Voilà... nous avons fait 7 000 kilomètres dans des conditions pénibles pour nous retrouver coincés dans une chambre d'hôtel. Je pense à mon impuissance. Je pense que ce matin, des centaines de bébés phoques ont été tués et que je suis là, assise sur mon lit à attendre... à attendre...

J'appelle Paris.

J'ai besoin d'entendre la voix familière et douce de ma secrétaire. Miracle ! Merveille ! Merci mon Dieu ! Elle m'apprend que le secrétariat de Monsieur Giscard d'Estaing vient encore de téléphoner chez moi pour annoncer que le Président interdisait, à partir d'aujourd'hui, l'importation des peaux de phoques en France et que le communiqué officiel serait diffusé aujourd'hui.

Mon moral remonte au maximum. Je saute de joie.

Merci, Monsieur le Président. Merci du fond du cœur.

J'annonce la nouvelle autour de moi. Deux reporters d'*Europe 1* et *RTL*, qui sont avec nous, recueillent cette exclusivité mondiale. J'en profite pour leur dire que, maintenant que l'exemple est donné, tous les pays du monde doivent faire la même chose !

Un appel téléphonique nous apprend que notre Corvette a dû atterrir à Blanc Sablon, mais que les conditions météo ne nous permettront pas d'y aller aujourd'hui. L'avion revient à Sept-Iles, mais nous devons attendre le lendemain pour partir. Je téléphone à Trudeau, le Premier ministre, pour avoir un rendez-vous. Il doit me rappeler, car il est occupé.

Le téléphone n'arrête pas de sonner.

La presse canadienne, qui a appris que j'étais là, veut des interviews, des photos, des images. Nous avions décidé, Franz Weber et moi, de faire une conférence de presse à Blanc Sablon, sur le lieu même du massacre. Je ne sais que répondre. Notre équipe est coupée en deux. J'accepte de recevoir les journalistes locaux qui n'ont pas la possibilité de se rendre à Blanc Sablon. Ils sont une dizaine et me posent des questions comme si je venais présenter un film ou passer des vacances. Je les arrête. Mon ton est déterminé : le seul et unique but de mon voyage est de tenter de sauver les bébés phoques. Je suis ici en tant que porte-parole du monde entier. Je les accuse avec une véhémence certaine : la boucherie qu'ils appellent chasse est indigne et monstrueuse. Je leur annonce la nouvelle interdiction d'importation en France.

Cela les fait sourire. Ils se foutent visiblement de moi !

Je contiens la rage qui m'envahit, leur dis que j'ai demandé un rendez-vous à Trudeau, que j'attends son appel d'un moment à l'autre. Ils ricanent entre eux... J'ai l'impression de parler à un mur, mur de dureté, de connerie, d'incompréhension. Je continue. Je leur annonce que si la chasse-boucherie cesse, la Fondation Franz Weber fera construire une usine, à ses frais, pour la fabrication de fourrures synthétiques qui emploiera la population locale et évitera le chômage, et j'ajoute que j'abandonnerai ma marque *La Madrague B.B.* au Canada pour que les royalties aillent grossir le pécule des chasseurs, s'ils arrêtaient leur horrible massacre. Ils ont toujours l'air goguenard ! J'en ai assez. J'arrête là mes déclarations. Je suis un peu lasse et très triste.

Trudeau n'appelant pas, je le rappelle.

Il est toujours en Conseil des ministres, mais rappellera... J'attends.

Franz Weber nous téléphone, affolé. Il y a une centaine de journalistes à Blanc Sablon et un seul hélicoptère. Les gens sont furieux. A raison de quatre personnes par voyage sur la banquise et compte tenu qu'il y a deux heures aller et deux heures retour, il est impossible aux cent journalistes de faire leur boulot. Le ton monte. Franz Weber est impuissant. Nous aussi.

Trudeau n'a toujours pas appelé !

Comme il n'y a pas d'hélicoptères, nous prévoyons d'aller en bateau sur une banquise plus proche de Sept-Iles où il y a encore quelques phoques vivants. Il faut trouver un bateau ! Mais ils sont tous pris par les chasseurs. Nous essayons de trouver des snowcars ; aucun de disponible ! Ecœurés, crevés, nous nous écroulons, pensant que demain nous trouverons une solution.

Mercredi 16 mars.

Le téléphone sonne. Je me réveille. Il est 6 heures du matin. C'est *France Inter* qui veut m'avoir en direct pour le journal de 13 heures. Le décalage horaire est inouï. Je l'explique au journaliste, mais j'accepte l'interview. J'ai la faculté d'être, à mon réveil, aussi lucide qu'en pleine journée. Les appels se succèderont sans cesse jusqu'à 8 heures du matin.

Radio Canada veut m'avoir en direct pour le journal de 6 heures 30, un autre poste pour le journal de 7 heures, etc. Ils ne dorment donc pas dans ce pays ! En tout cas, ils empêchent les autres de dormir. Qu'importe, je ne suis pas ici pour roupiller ! Je parle des phoques, je les défends. Mon écœurement me fait trouver les mots. Mon émotion est convaincante.

Toujours aucun appel de Trudeau !

A 8 heures, Michel Anfrol, correspondant de *TF1*, m'appelle.

Il a deux hélicoptères à notre disposition, à San Anthony, en Terre-Neuve. Il m'apparaît comme notre sauveur ! C'est un Français qui propose de nous aider. Je m'apercevrai, par la suite, que je me suis bien trompée à son sujet. Pour le moment, nous nous en remettons entièrement à lui et le programme s'organise.

Départ immédiat dans notre jet pour Blanc Sablon : une heure de vol. A Blanc Sablon, un bimoteur de la Fondation Brian Davis, pour la protection animale, nous déposera à San Anthony : une demi-heure de vol, en deux fois, car l'avion ne peut prendre que quatre passagers et nous sommes huit. A San Anthony, départ de deux hélicoptères pour la banquise. Encore une heure de vol. Tout se passe comme prévu jusqu'à Blanc Sablon. Là, je retrouve Franz Weber, des journalistes américains, suédois, norvégiens. J'ai encore l'impression fugitive qu'ils m'attendent comme une star à Cannes et qu'ils ne comprennent pas qu'ils sont là pour défendre une cause urgente et commune.

Michel Anfrol est déjà là. Il est dur, autoritaire et furieux que j'aie avec moi l'équipe de télé de la Fondation Franz Weber. Nous lui expliquons que nous ne sommes pas là pour nous quereller entre chaînes de T.V., mais pour nous serrer les coudes. Il a sa propre équipe. Je lui explique que ce que va faire la nôtre sera distribué dans le monde entier et que sa chaîne en aura la primeur s'il nous aide.

Nous partons donc, Anfrol, Mirko, notre organisateur, le photographe et moi, pour San Anthony, l'équipe T.V. devant faire partie du deuxième voyage.

L'arrivée à San Anthony est effrayante.

Les journalistes présents me sont nettement hostiles. Ils sont, pour la plupart, danois, norvégiens, canadiens, et sont venus, non pas défendre les phoques, mais défendre l'industrie et le commerce de *leurs* peaux de phoques. Je suis agressée de toutes parts. On me demande si je mange du bifteck ! Ils regardent le col de mon anorak qui est en peluche marron et affirment que c'est de la peau de phoque ! Ils me disent que les phoques, si on ne les tue pas, envahiront le Canada tant ils se reproduisent.

Ils me demandent si j'ai assisté au massacre, comme on me demanderait si j'ai vu la Première du Lido. Je réponds à ces âneries dans mon pauvre anglais, les remettant vertement à leur place, mon argument majeur étant que cette boucherie n'avait rien d'une chasse, qu'aucune chasse au monde n'admettait que l'on tue des bébés animaux, que si on mange du bifteck, c'est pour survivre, mais que les peaux de phoque sont utilisées pour faire des manteaux qui ne font survivre personne et que leurs pauvres petits corps dépecés sont abandonnés sur la banquise et ne servent de nourriture à quiconque.

J'ai, en plus, une statistique effrayante à leur opposer.

Il y avait, en 1900, dix millions de phoques et, aujourd'hui, à peine huit cent mille. A ce rythme, dans cinq ou sept ans, cette race de phoques aura disparu totalement de cette région du globe. Quant au massacre, je préfère ne pas y assister, tant je trouve ce spectacle insoutenable.

Ils se moquent ouvertement de moi, se poussent du coude, rigolent. Ils ont l'air de grandes brutes primaires et cruelles. Le baraquement qui sert d'aéroport n'a qu'une pièce. Impossible de leur échapper ! Je n'en peux plus ! En attendant que l'avion reparte et ramène l'équipe T.V., nous décidons d'aller attendre au chaud dans le seul motel du patelin qui ressemble à un hangar.

Anfrol a disparu avec sa mauvaise humeur.

A l'heure dite, nous revenons à l'aéroport avec cinq minutes de retard exactement ! Anfrol, qui ressemble à un adjudant, nous engueule. L'heure, c'est l'heure. Nous avons cinq minutes de retard ; les hélicos sont partis sans nous. Et, ironie du sort, notre équipe T.V. vient juste d'atterrir ! Il voulait donc nous embarquer en hélicoptère, sans attendre le reste de l'équipe, pour faire travailler son équipe à lui. C'en est trop ! Tant de bassesse, de mesquinerie alors que la banquise est rouge du sang des bébés phoques. Je n'en peux plus ! Je remonte écœurée dans le bimoteur qui nous a amenés et Anfrol me dit que l'avion n'est pas à ma disposition, qu'il est prévu pour d'autres voyages et que je devrai attendre le soir pour rentrer à la base de Blanc Sablon.

Je suis donc coincée ici, sans bagages, dans cette hostilité.

Je donne l'ordre à Anfrol de me faire ramener en priorité et je m'entends répondre qu'ici les caprices d'une star n'impressionnent personne et que je dois obéir aux règlements. J'aurais voulu être un homme pour lui casser la gueule ! Le pilote, entendant cette discussion insensée, prend sur lui de me ramener à la base. Il s'appelle Richard et, décidément, les pilotes sont des types fantastiques !

Arrivée à Blanc Sablon, je ne sais pas où j'habite.

L'aéroport ressemble à la cabane où couchent mes moutons, à Bazoches ! Franz Weber vient nous chercher. Nous avons une petite maison, Dieu sait où, perdue dans une steppe glacée, mais mignonne et confortable.

C'est maintenant que le plus dur m'attend : la conférence de presse que Franz et moi devons donner ce soir. Je suis déjà crevée, réveillée depuis 6 heures du matin. Tous ces voyages en avion, et puis nous n'avons pas déjeuné ; cette agression à San Anthony ; la panique d'être coincée là-bas ! Je m'écroule sur un lit et m'endors une heure.

A 5 heures, je me prépare comme je peux. Mes cheveux n'ont plus de forme, mes yeux sont cernés, mes vêtements, trimbalés depuis deux jours dans le sac, sont fripés. A la guerre comme à la guerre. J'enfile des bottes fourrées, un pantalon, un pull bien chaud. Je brosse bien mes cheveux, n'ayant pas le temps de me faire une mise en plis. Quant à mon maquillage, autant dire qu'il est inexistant. De toute façon, je ne suis pas ici pour obtenir un prix de beauté !

Je me sens très lasse et très découragée. Franz et moi allons nous battre contre le pire des ennemis : l'inertie. Une faiblesse soudaine m'envahit. Je pense à ces pauvres bébés phoques. Si nous n'obtenons rien, c'est de leurs vies qu'ils paieront notre échec !

Le téléphone sonne, c'est peut-être Trudeau qui m'appelle dans ce trou perdu, un peu d'espoir revient. Non, c'est un télégramme pour moi, on me le dicte au téléphone : « *Bravo et courage pour entreprise merveilleuse. Tendresse. Mama Olga.* »

Oh ! ce télégramme de mon impresario, qui est un peu ma seconde mère, ce télégramme qu'elle m'a envoyé de si loin et qui est arrivé dans ce bout du monde même pas marqué sur la carte ! Ce télégramme, c'est le miracle qui me regonfle à bloc. On pense à moi, là-bas, dans mon pays, on m'approuve, on m'aime.

Merci Mama Olga, c'est un peu de votre force qui est entrée en moi.

Nous partons à l'hôtel où a lieu la conférence de presse.

Un vent glacial et très fort s'est levé ; je m'emmitoufle ! L'hôtel ressemble à une cabane de trappeur. Là, je vais vivre l'heure la plus pénible de ma vie. Franz et moi, assis à une table, les micros devant nous et les autres groupés en face des appareils photo faisant un bruit de mitrailleuse, l'atmosphère est nettement houleuse. Parmi les journalistes se sont glissés quelques bouchers-chasseurs.

Chacun parle, rit, charge son appareil. Il y a un bruit incroyable. Franz et moi, assis comme deux écoliers, ne pouvons pas dire un mot. Franz essaie avec douceur de parler et d'expliquer le pourquoi de notre présence ; personne n'écoute ! A ce moment-là, une force m'envahit, je me lève, les regarde tous bien en face et leur donne l'ordre de se taire. Il y a eu quelques ricanements. Je les regarde, toujours debout et, devant ma détermination, le silence se fait. J'attaque dans le vif du sujet, je ne suis pas ici pour leur passer de la pommade, je parle au nom du monde entier, je redis pour la énième fois tout ce que j'ai déjà dit, je suis autoritaire, implacable, j'accuse !

Des questions insidieuses me sont posées.

J'apprendrai par la suite que ce sont des journalistes français qui ont été les plus hostiles : *Le Figaro, L'Aurore.* Le ton monte, l'ambiance est chaude. Franz Weber parle de l'usine de fourrure synthétique et de ma marque abandonnée au profit des chasseurs. Les ricanements reprennent ; on me demande si un chasseur aimerait se retrouver travaillant en usine. Je réponds qu'à moins que le sang lui soit indispensable, je ne vois pas pourquoi il ne préférerait pas un métier plus rentable et qui éviterait le chômage onze mois sur douze. On me demande aussi si je suis prête à laisser ma marque si la chasse au phoque continue.

Quelle question idiote ! Non, bien sûr !

On me dit que les phoques sont comme des harengs, que plus on en tue, plus il y en a ! J'ai encore mes statistiques dramatiques à leur opposer. On me dit que Monsieur Giscard d'Estaing, qui a interdit l'importation, est lui-même un chasseur « d'espèces en voie de disparition ». Je défends mon Président qui ne chasse pas les bébés animaux, mais mon argument manque de conviction et n'a pas l'air de convaincre. On me demande encore si je ne porte pas moi-même de manteau de fourrure, si je ne mange pas de viande et de poisson, si je suis d'accord pour la chasse à courre à Rambouillet, si ceci, si cela.

J'en ai marre !

Puisqu'ils ne comprennent rien, j'emploie les grands moyens.

En Europe, on les appelle : « Canadiens assassins ! » Le mot est parti. Après un silence glacé, la salle devient houleuse. Je suis à bout de nerfs, je cherche un regard et ne rencontre que le trou noir des objectifs des appareils photo.

Dans ce tumulte hostile, une voix s'élève : « Mademoiselle Bardot, voulez-vous voir et montrer aux journalistes un bébé phoque fraîchement tué de cet après-midi ? » C'en est trop. Il y a là, dans un plastique, le corps encore tiède de ce petit animal merveilleux. J'ai envie de vomir, les larmes me montent aux yeux, je me lève, remercie sèchement l'assistance et me précipite, la vue brouillée par les larmes, dans la chambre de Franz Weber. Là, je vais pleurer longtemps, désespérément. Ma souffrance est profonde, mon épuisement immense... Mes forces m'abandonnent, je tremble de froid, je tremble d'effroi. C'est dans cet état pitoyable que m'a trouvée la T.V. de Montréal et la chaîne de radio *CKVL* qui venaient de faire spécialement 2 500 kilomètres par jet privé et qui sont arrivés trop tard !

Je les reçois défigurée par les larmes, la bouche sèche. Je leur explique que je ne peux pas leur accorder, dans cet état-là, une interview télévisée, je suis loin de ma maison, je n'ai apporté ici aucun maquillage. Je leur donne la raison de mon état et je trouve, enfin, en face de moi, des êtres humains !

Ils comprennent, ils sont d'accord avec moi, sont prêts à m'aider !
Il m'est impossible de leur refuser !

Je me passe le visage à l'eau glacée, je n'ai plus figure humaine, mais rien n'a d'importance hors la cause que je défends. Et c'est dans cette minable petite chambre d'hôtel que s'installe un studio de fortune. Il y a une lampe braquée sur moi, la T.V. est prête, la radio aussi, et un journaliste de *Montréal-Matin* recueillera mes paroles pour son journal. J'emploie mes dernières forces, je rassemble ce qui me reste d'énergie et je dis et redis encore tout ce que j'ai déjà expliqué tant de fois. Mes yeux me piquent, j'ai encore des larmes. Ma voix est grave, mon cœur bat trop fort, je supplie les Canadiens de m'aider, je leur demande de signer des pétitions par milliers et de les envoyer au gouvernement.

Il est tard, très tard. Je n'ai pris aucune nourriture depuis bien longtemps. J'ai l'impression que mon sang a quitté mon corps. Il faut encore retourner dans la petite maison qui est la nôtre, la tempête de neige s'est levée. Dehors la nuit est glaciale et le vent souffle tellement fort que des tourbillons de neige nous déséquilibrent.

Nous rentrons dans une voiture, mon équipe et moi, avec quelques sandwiches et de la bière. Le commandant de bord et l'équipe T.V. habitant quelques kilomètres plus loin dans leur hôtel, nous décidons de faire un pique-nique rapide dans notre maison qui ne peut loger que quatre personnes. Nous sommes tous comme des fantômes, épuisés, hagards, nous ne savons plus exactement où nous sommes, nous vivons encore par réflexes conditionnés.

Dehors, le blizzard s'est levé, la tempête fait rage, le vent passe sous les portes, nous voyons des paquets de neige projetés contre les vitres et, lorsque l'équipe a voulu sortir pour regagner son hôtel, il y avait deux mètres de neige devant la porte ! Un mur infranchissable, un vent si froid et si fort qu'il était impossible d'essayer de passer. Toutes les routes étaient coupées, ainsi que le téléphone. Nous avons campé à dix, couché çà et là par terre. J'ai pu avoir un lit, mais les autres ont dormi à même le sol, sans couvertures, se servant de leurs valises comme oreillers. Ça me rappelait la guerre, mais après tout, nous étions en guerre, une guerre sans armes, avec pour uniques victimes des phoques, des bébés dont le martyre est l'enjeu d'une telle bataille ! Je m'endors, l'angoisse au cœur avec, pour l'espèce humaine, un mépris tel que j'ai honte de faire partie d'une telle race.

Jeudi 17 mars.
6 heures du matin, le téléphone sonne.

La ligne est rétablie. C'est l'*Agence France-Presse* qui veut des nouvelles. Mon bataillon d'hommes, toujours couchés par terre, se réveille péniblement. Ces types sont formidables. Il y a Léonard de Raemy, le photographe, Dominique, le cameraman, Paul, le preneur de son, Gilbert, l'assistant-caméra. Il y a Henri, notre commandant de bord et Bernard, son copilote, Hubert Henrotte, l'organisateur de toute cette expédition. Il y a Mirko, l'homme que j'aime et qui m'apporte la force dont j'ai besoin.

Le vent souffle encore, la maison est coupée du reste du monde. Impossible d'essayer d'aller en hélicoptère sur la banquise. La vie est totalement arrêtée. Nous n'avons rien à nous mettre sous la dent, qu'un peu de café et de thé, sans lait ni sucre. Le téléphone n'arrête pas. La conférence de presse de la veille a fait du bruit. Nous recevons des appels de Londres, de Terre-Neuve, du Labrador, de New York... Je dis et redis encore, au téléphone, mon écœurement, ma détermination, mon désir intense d'aller jusqu'au bout, jusqu'à l'arrêt total de cette chasse monstrueuse, je le dis en anglais, en français, et dans les deux langues mélangées, au besoin.

Le seul coup de téléphone, que j'attends et qui ne vient pas, est toujours celui de Trudeau.

Pendant ce temps, à l'hôtel, Franz se fait injurier par les journalistes. Ils sont bloqués, personne ne peut aller sur la banquise, ils perdent leur temps, accusant Franz Weber de ne pas avoir prévu la météo... C'est assez décourageant. Une bonne nouvelle, pourtant, les chasseurs sont, paraît-il, intéressés par l'implantation d'une usine de fourrure synthétique et demandent à Franz un entretien à ce sujet. Nous décidons de faire un débat avec eux dès que les routes seront dégagées et que nous pourrons nous rencontrer.

Un snowcar nous apporte un peu de ravitaillement. Le camping continue ! J'ai besoin de prendre l'air, je m'habille comme pour une expédition polaire, et nous voilà partis ! J'enfonce jusqu'à la ceinture, chaque pas me demande un effort considérable, je ne vais pas loin, mais je respire à fond l'air glacial qui me ravigote.

Deux types arrivent à pied, couverts de neige, ce sont des membres de la fondation Greenpeace. Ils ont appris nos difficultés et mettent deux hélicoptères à notre disposition pour le lendemain matin. Leur base est à Belle-Ile, à mi-chemin entre Blanc Sablon et la banquise. Ils campent sur la glace dans des conditions d'inconfort incroyables, et partent, chaque matin, en bataillon rangé, empêcher les bateaux brise-glace d'avancer et les chasseurs de tuer les bébés. La veille, un homme de leur expédition a été blessé, est tombé dans l'eau glacée de la banquise et est actuellement à l'hôpital de Blanc Sablon.

En échange de leur proposition généreuse, je leur offre ma collaboration, nous soutenons tous la même cause et l'union fait la force. Le lendemain, deux hélicoptères de Greenpeace nous prendront à 6 heures du matin et nous emmèneront sur la banquise. En attendant, la route est dégagée et la réunion avec les chasseurs immédiate.

Je vois arriver à la maison une douzaine de types qui ont des gueules si effrayantes que j'ai du mal à les regarder. Je pense avec douleur que les bébés phoques ont pour dernière vision du monde ces effroyables trognes de brutes. J'ai mal au fond de moi, mais je dois absolument essayer de négocier avec eux. L'entrevue est difficile, ils sont totalement dénués de cœur. Pour eux, les phoques ont remplacé les arbres qui n'existent pas dans cette région et ils abattent les phoques comme ils abattraient des arbres ! Ils ne comprennent pas qu'ils exterminent une espèce, pour eux chaque peau rapporte 15 dollars, et plus ils en tuent, plus ils gagnent d'argent.

Je leur explique que j'ai vainement essayé de joindre Monsieur Trudeau, avec qui je voulais parler de leur problème, mais que n'ayant aucune réponse du gouvernement canadien, j'ai décidé, avec Franz Weber, de m'adresser directement à eux. Ils sont assez intéressés par un travail en usine ; ici, le chômage est effrayant, la contrée très pauvre, et la seule ressource est la chasse au phoque, 15 jours par an. Le reste du temps, ils attendent, aidés par l'allocation chômage, que revienne la prochaine chasse, l'année suivante. Ils s'expriment, moitié en anglais, moitié en français, avec un tel accent qu'il m'est presque impossible de les comprendre. Ce que je comprends, c'est qu'ils se défoulent d'une année d'ennui en tuant comme des fous, en tapant comme des forcenés, en dépeçant à la chaîne, dès que la chasse est ouverte. Ça leur donne l'impression d'être de nouveau des héros, de vrais hommes, des sportifs, comme l'étaient leurs pères et leurs grands-pères. Ce qu'ils oublient, c'est que les hélicoptères de la police leur signalent où se trouvent les troupeaux, c'est que les moyens modernes leur permettent de massacrer, en 10 jours seulement, mille fois plus de phoques que n'en tuaient leurs ancêtres en plusieurs mois.

Franz Weber leur explique que l'usine permettrait à leurs femmes et à leurs enfants d'être employés à longueur d'année et que mon nom, qui leur serait offert gracieusement, leur permettrait de vendre ces fourrures synthétiques sous forme de manteaux, chapeaux, vestes, etc., dans tout le Canada. En échange, nous demandons un accord officiel confirmant l'arrêt total de la chasse par les Canadiens et l'interdiction du gouvernement canadien aux autres pays de chasser sur son territoire en particulier la Norvège qui est, après le Canada, le principal pays chassant sur les banquises canadiennes.

Le projet est accepté par les représentants des chasseurs, il doit être approuvé par le gouvernement.

A nous de jouer, Franz Weber et moi, c'est urgent !

La nuit tombe, et nous aussi, dans nos lits.

Vendredi 18 mars.

Réveil : 5 heures 30. Le temps paraît couvert.

Nous nous équipons pour la banquise où la température atteignait – 20°. Je suis un peu angoissée, l'expédition n'est pas facile, je ne suis pas habituée à cette existence difficile et rude. Mais mon amour pour les bébés phoques décuple mes forces. A 6 heures, les deux hélicoptères sont devant la maison avec deux membres de la Fondation Greenpeace. Nous devons faire une escale à Belle-Ile, au camp Greenpeace, pour faire un plein de carburant, les hélicoptères n'ayant pas une autonomie suffisante pour les deux heures de trajet que nous avons à faire.

Au fur et à mesure que nous approchons de Belle-Ile, le temps se couvre, la neige commence à tomber, la visibilité devient nulle. Arrivés au-dessus de l'île, le vent souffle en rafales effrayantes, la neige tourbillonne, notre pilote ne voit plus rien. J'ai une peur atroce, ce serait trop con de mourir ici... Notre hélicoptère est ballotté, secoué. Le pilote décide d'atterrir ne sachant absolument pas où il se trouve. Nous voici perdus sur cette île déserte et glacée, sans radio, sans vivre, sans carburant.

Le camp de Greenpeace est quelque part par là, mais l'île est relativement grande et le campement minuscule. Nous sortons fouettés par la tempête de neige, le vent est si fort que nous sommes obligés de hurler pour nous parler. Les deux membres de Greenpeace mettent leurs mains en porte-voix et lancent de toutes leurs forces des S.O.S., espérant que le vent portera notre appel vers le campement ! Si le vent est contraire... De toute façon, ils n'entendront rien. Je suis glacée d'effroi, je suis glacée dans mon corps, je rentre dans l'hélicoptère.

Il faut attendre ! Je pense avec horreur à l'accident d'avion qui a eu lieu, il y a quelques années, dans la Cordillère des Andes, et où les survivants mangeaient les corps de leurs amis morts. Je pense à ma famille, à mes chiens, à ma maison, à ma vie si douce et si confortable. Je pense par-dessus tout aux bébés phoques et je me dis que ce que j'endure n'est rien à côté de ce qu'ils payent comme dette à l'humanité. Je pense aussi aux millions de personnes qui m'ont suppliée d'intervenir en leur nom, qui m'ont fait confiance, qui croient en moi.

Je me ressaisis, je dois être courageuse et forte et je le serai.

Un des deux hélicoptères part sans passagers, en reconnaissance, le pilote assume seul le risque d'être pris par la tornade. Nous sommes dix et il n'y a que cinq places par hélicoptère. Il y a un relais toutes les cinq minutes pour se mettre à l'abri. Je suis la seule à rester dans l'hélicoptère, les autres prennent chacun leur tour pour se réchauffer. Miracle ! Le deuxième hélicoptère revient, il vole au ras du sol. Le campement est à 1 kilomètre à peine ! Nous embarquons et volons si bas qu'on se croirait en voiture. Soudain, j'aperçois, à travers un épais brouillard, une dizaine de tentes et un drapeau !

86

Nous sommes accueillis à bras ouverts par les membres de la Fondation Greenpeace. Ils ont tous entre 20 et 35 ans, il y a quatre femmes parmi eux, ils sont de toutes nationalités, ce sont des bénévoles, ils me font penser à des apôtres.

Ils me montrent leur cuisine, c'est un camping-gaz posé directement sur la glace, avec un mur de neige qui protège la flamme contre le vent. Il y a là une casserole pleine de neige qui lorsqu'elle sera fondue leur servira à faire la soupe. Ils me proposent une tasse de chocolat chaud. Je la bois avec délice, jamais tasse de chocolat ne m'aura fait tant plaisir !

J'ai froid, mes pieds sont gelés, je rentre sous une des tentes. Même à quatre pattes, on touche le point le plus haut. Le vent passe par les côtés, il n'y a aucune source de chaleur. Ils dorment à quatre par tente, dans des sacs de couchage. La nuit, il fait − 40°... Ils me prêtent des chaussures spéciales et des énormes chaussettes, me frottent les pieds avec du whisky, me font boire du rhum à même la bouteille, c'est leur moyen à eux de se réchauffer. La tente claque, le vent est toujours aussi fort, ils me disent qu'aujourd'hui il fait beau et chaud, qu'ils ont connu bien pire.

J'ai, pour eux, une admiration sans bornes.

Quel courage ! Quel dévouement !

Chaque jour, ils risquent leur vie face aux bateaux des chasseurs, pour les empêcher d'avancer, les femmes se couchent sur les bébés phoques pour que les tueurs ne puissent rien faire. Ils me donnent un de leurs équipements, je suis des leurs, ils m'ont adoptée, nous lutterons ensemble pour la même cause.

En attendant, le temps passe, mais ne s'arrange pas !

Si nous devons rester la nuit ici, je me demande avec terreur si je serai assez courageuse pour affronter cette nouvelle épreuve ! Laurent, un des leurs, me joue de la flûte, il joue bien, des airs doux ; il me raconte que les baleines, lorsqu'ils vont les protéger, aiment le son de la flûte. Dehors, le vent s'est un peu calmé, les pilotes décident que nous pouvons prendre le risque de rentrer à la base de Blanc Sablon : il est évidemment impensable d'aller sur la banquise.

Nous quittons le campement dans une atmosphère de chaleur affective incroyable. Ils sont formidables ! Vive Greenpeace ! Nous revoilà à Blanc Sablon, merci mon Dieu, d'être ici ! Ce Blanc Sablon m'apparaît comme le paradis.

Nous sommes très fatigués, il est 3 heures de l'après-midi.

Nous décidons d'aller à l'hôtel qui ressemble à une cabane de trappeur pour essayer de manger quelque chose. C'est dans cet hôtel qu'a lieu la conférence de presse, c'est là que logent, à cinq par chambre, tous les journalistes. Nous n'avons pas le choix.

J'apprends qu'un certain Desjardins du *Figaro*, qui m'a descendue en flammes dans son article, est là ! J'ai envie de lui parler, je ne comprends pas son comportement, je pense que, dans la vie, il faut toujours s'expliquer s'il y a un malentendu. Je vois arriver une espèce de clochard, sale, mal rasé, débraillé, je suis étonnée du peu de tenue du représentant d'un journal aussi élégant. Son attitude à mon égard ressemble à sa dégaine. Je sens immédiatement qu'il me hait. Je lui dis que si le Président de la République m'a soutenue dans mon action, lui, Monsieur Desjardins, aurait pu faire la même chose ! Il me répond, le clop au bec, que Giscard n'a fait ça que pour obtenir des voix supplémentaires au deuxième tour des élections.

Pour lui, je suis une dingue, j'aurais dû être expulsée par le gouvernement canadien, j'étais déjà une mauvaise actrice, mais je suis encore plus mauvaise dans mes entreprises grotesques et complètement inutiles. On ne vient pas dire chez les gens qu'ils sont des assassins. Je réponds que j'ai dit ce que j'avais à leur dire, que j'avais eu le courage de mes opinions et que si j'étais un homme, je pourrais dire de moi que j'ai des c... au cul, mais que lui, par contre, en manquait totalement ! J'ai cru qu'il allait avaler son mégot. Mon eunuque clochard est reparti la queue basse. Cette hostilité permanente est insupportable. Des types invités à Blanc Sablon par Franz Weber pour nous soutenir et qui se conduisent comme ça sont impardonnables.

Je quitte l'hôtel, je suis crevée. J'ai l'impression d'accumuler les échecs ! Pourtant, ma sincérité est évidente, intense ! Mais mon Dieu, pourquoi les hommes sont-ils si cruels, si implacables ?

Demain, nous devons quitter les lieux et rentrer à Paris...

Je n'aurai pas pu aller sur la banquise, tout est contre nous, le temps, le manque d'hélicoptères... la malchance ! Je voulais tant voir un petit bébé phoque vivant ! Je voulais tant aller vers eux jusqu'au bout ; leur rendre un hommage mondial. Nous décidons une ultime tentative pour le lendemain matin. Après cela, quoi qu'il arrive, le départ pour Paris est prévu à midi.

Ce soir, pour la première fois, mon épuisement dépasse mon courage. Un coup de téléphone de *Montréal-Matin* m'apprend que les pétitions arrivent par milliers et que les universités canadiennes soutiennent mon action en organisant des conférences avec les étudiants et les journalistes. Cela me fait du bien ! J'en ai besoin...

A demain, peut-être, petits bébés phoques, je vais rêver de vous.

Samedi 19 mars.
6 heures 30, coup de téléphone !
Nous avons un seul hélicoptère dans une demi-heure pour la banquise. Franz Weber s'est arrangé pour nous faire passer en priorité. Je m'habille en vitesse, je me couvre comme un oignon, je pense à hier, j'ai peur de revivre le même cauchemar. L'équipe est forcément réduite,

je pars avec le cameraman, le preneur de son, et Mirko qui fera des photos.

Le temps est couvert, mais il n'y a pas de vent.

C'est notre troisième tentative pour atteindre la banquise. Je prie le Bon Dieu pour qu'il nous permette de réussir. Je ne suis pas très rassurée. Nous survolons un étrange paysage qui, de haut, ressemble à un patchwork de glace ou à une immense plaque de marbre. C'est la banquise, cette glace qui flotte sur la mer, chaque morceau est différent de l'autre, avec, entre eux, un peu de mer liquide.

Nous volons pendant deux heures au-dessus de ce désert étrange.

Je pense aux phoques, qui vont se cacher si loin au bout du bout du monde pour ne gêner personne, et aux hommes qui vont les massacrer dans leur retraite inaccessible. Le temps s'éclaircit, le pilote me dit de regarder si je vois des phoques car il y en a dans ce coin-là. Tout à coup, miracle ! j'en vois, des petits bébés tout blancs qui ont l'air de petites boules de laine, j'en vois trois, puis quatre, puis encore deux ou trois.

J'ai envie de rire, de pleurer à la fois.

L'hélicoptère, qui n'a pas le droit d'atterrir sur la banquise, nous dépose sur une plaque de glace qui semble assez solide et il reviendra nous chercher dans une demi-heure. Mon émotion est à son comble : j'ai, à deux mètres de moi, cette petite merveille qu'est un bébé phoque vivant, je me retourne, il y en a un autre derrière moi, puis encore un autre à côté ; ils nous regardent, confiants, avec leurs grands yeux humides. Doucement, pour ne pas les effrayer, je me dirige vers l'un d'eux : je suis tellement passionnée par ce spectacle d'une rare beauté que je ne vois pas que la glace est brisée et que ma jambe droite coule à pic dans la profondeur glaciale de cette eau polaire. J'essaye de me raccrocher à un morceau de glace qui glisse sous ma main, ma botte s'emplit d'eau, je crie au secours ! *Tout est ouateux, cotonneux, on ne m'entend pas.* Le cameraman qui m'a vue me hisse sur la glace solide, j'ai eu une peur bleue. Il faut marcher en faisant très attention où on met les pieds, car la banquise est très fragile par endroits. Ma jambe est glacée et trempée, ma botte pleine d'eau. Je l'enlève et la vide, puis la remets, n'en ayant pas de rechange. Pendant ce temps, Mirko avait pris dans ses bras un petit bébé phoque et me l'amenait.

J'ai vécu un moment d'amour unique et inoubliable avec ce petit animal, le bonheur d'enfouir mon visage dans la chaleur de sa fourrure, sa confiance, son regard extraordinaire, je pleurais de joie et de désespoir, je le serrais sur mon cœur, le berçais comme un enfant. Il avait l'air de comprendre l'immensité de mon amour pour lui. J'embrassais son petit museau humide et mes larmes rejoignaient les siennes :

Ô petit bébé phoque ! Merci de l'immense bonheur que tu m'as donné. Merci d'être vivant, doux, et de faire encore confiance aux hommes malgré le mal qu'ils ont fait à tes millions de frères...

Un bout de soleil très pâle s'est levé, la beauté du paysage est inexprimable, seul le gémissement des bébés phoques, qui ressemble à celui du bébé d'homme, rompt le silence. J'ai atteint le paradis, ici tout est pur, propre, vrai. Soudain, sort de l'eau la tête luisante et ronde de maman phoque, elle appelle son petit avec ce cri un peu rauque si caractéristique. Elle a dû trouver du bon poisson et aimerait bien que son bébé prenne son repas !

Elle fait une drôle de tête en me voyant couvrir son enfant de baisers. Serait-elle jalouse ? Pardon, maman phoque de perturber un peu ton organisation, mais laisse-moi encore un peu ton petit, je suis venue de si loin pour le voir et lui dire qu'il peut compter sur moi, que je passerai ma vie à lutter pour la sienne. Je sais, maman phoque, que tu as, toi aussi, tant d'amour pour ton enfant que lorsque les assassins qui l'ont massacré laissent sur la glace son petit cadavre écorché, sa chair à nu, tu t'obstines, deux jours durant, à vouloir le réchauffer et l'allaiter encore.

Petits phoques, je vous aime !

En revenant ce dimanche à 8 heures boulevard Lannes, j'avais mûri, j'étais une autre, lasse, crevée, épuisée, écœurée. Je trouvais « La Brinque » et une équipe T.V. qui m'attendaient près de l'ascenseur. Je n'en avais rien à foutre, je voulais dormir, oublier, vomir ce que j'avais vu.

Je l'aimais bien ma Brinque, mais qu'il me foute la paix.

Je n'avais ni mangé, ni dormi depuis une semaine, j'étais écœurée, je ne pouvais en aucun cas passer telle que j'étais dans une interview télévisée. Pourtant, il ne me lâchait pas les baskets.

« Bri, il faut que tu ailles jusqu'au bout. Dis, pleure, crie, fais-toi connaître, reconnaître comme la plus grande protectrice mondiale des petits phoques ! »

Alors, je cédai. A peine arrivée, sans même avoir eu le temps de faire pipi, La Brinque me coinçait et m'interviewait. Il est resté, de ces prises de vue, l'image décomposée d'une femme épuisée qui a craché son écœurement, sa souffrance, sa lassitude. Je pleurais, je reniflais mon désespoir. Je n'avais plus figure humaine, mais lorsque ce reportage est passé sur la 1re chaîne, le public fut ému ; les gens réagirent. Ce fut un tollé contre le Canada, la Norvège. Il y eut des pétitions, des levées de boucliers, des manifestations.

Merci mon Dieu !

Ce qui est navrant c'est que ce même dimanche matin, alors que je n'en pouvais plus de fatigue et de lassitude, je trouvai un mot de Madame Renée sur la table de la cuisine. C'était son jour de congé. Elle ne reviendrait que lundi matin, et encore pour me faire plaisir parce que, légalement, elle avait droit à une journée et demie de congé par semaine.

Les petites avaient été nourries la veille au soir. Elles étaient là, je n'avais plus qu'à m'occuper d'elles.

Pour couronner le tout, je trouvai sur la table de bridge des articles de journaux épouvantables dont un de Philippe Bouvard qui disait que je me servais de la mort des petits blanchons pour me faire une publicité, mon image étant en nette dégringolade. Puis un commentaire de Madame Renée : « Nous ne sommes pas fiers de vous dans l'immeuble ! »

J'éclatai en sanglots. Trop, c'est trop.

Pourquoi tant d'injustice, tant de méchanceté gratuite ?

Je me mis à haïr l'humanité entière.

Je m'occupais des petites, si heureuses de me revoir, pendant que Mirko dormait à poings fermés. J'ai remarqué que, lorsque je m'investis dans une tâche surhumaine, c'est toujours l'homme qui m'accompagne qui est crevé ! C'est à ne pas croire, mais ça a toujours été comme ça !

Alors que je pleurais à chaudes larmes dans cette solitude de mon retour, épaulée ni par les uns ni par les autres, comme un vieux chiffon abandonné, j'eus un appel d'Allain Bougrain Dubourg. Il me remerciait de mon courage, admirait la manière dont j'avais affronté le boycott canadien, était ébloui par mon self-control et ma dignité. Je reniflais mes larmes en lui parlant au téléphone. Il sentit mon désarroi, me conseilla de prendre un calmant et de dormir. Merci Allain d'avoir été le seul appui dans ma désespérance de ce jour-là.

Lorsque j'appelai maman pour lui annoncer mon retour, elle était mi-figue mi-raisin à l'autre bout du fil. Les journaux avaient tant déblatéré sur moi qu'elle avait un peu honte d'être ma mère. Tout cet embrouilla-mini de saloperies avait eu raison de ma propre maman.

C'était le comble !

J'eus des haut-le-cœur et des envies de meurtre.

Je commençais à découvrir une race humaine ou plutôt inhumaine qui me donnait envie de vomir. J'imaginais que j'étais une fée et que je pouvais selon mes états d'âme et mes révoltes punir les méchants et sauver les gentils, les innocents, les victimes de toute cette cruauté à peine imaginable. Franz Weber, désolé de la tournure que prenaient les événements, me fit « ses condoléances » pour mon action au Canada, et me remercia néanmoins d'avoir participé aux frais d'invitation de toute cette bande de journalistes pourris pour la grosse somme de 200 000 francs (à l'époque, c'était énorme). Deux cent mille francs pour se faire traiter de putain, de salope, de connasse, c'était cher payer l'injure ! Mais je m'en fichais, le but était atteint, on en parlait partout dans le monde.

Et puis, j'avais encore la possibilité, lorsque je n'en pourrais vraiment plus, de m'évader dans ce monde que je redoute et qui m'attire : la mort.

Toute ma vie j'ai essayé d'atteindre les limites de mes forces, sachant qu'épuisée, au bout du rouleau, il me resterait cette solution, la seule échappatoire définitive qui rend la paix, apporte l'oubli de tout et ne peut être contestée par personne. Au contraire, dès que vous êtes mort, vous êtes encensé par tout le monde, porté aux nues ! Je n'étais heureusement pas morte, j'essayais de vaincre envers et contre tous ! C'est dur, très dur de persister et de signer lorsque le monde se retourne contre vous, à commencer comme toujours par la « presse » de mon pays.

Mon obstination eut raison de mon chagrin.

Je ne lâche jamais ce que j'ai commencé.

Ce combat était le mien, serait le mien à jamais !

J'avais décidé.

III

Tant que les hommes massacreront les bêtes, ils s'entre-tueront. Celui qui sème le meurtre et la douleur ne peut en effet récolter la joie et l'amour.

PYTHAGORE (570-480 avant J.-C.).

Le 29 avril 1977, je fis un beau quatre-quarts pour mes petites qui avaient un an. Nini la maman et Pichnou la tantine participèrent à la fête ! C'était adorable, une bougie sur le gâteau et quatre petites affamées de gourmandise qui attendaient sagement que je distribue les parts. Le boulevard Lannes fut joyeux. Après quoi, j'allai les promener au bois de Boulogne, mais ma joie fut obscurcie par l'absence d'un des Setters irlandais, « Yam », qui jouait habituellement avec les petites. Son maître me dit, avec un air d'un autre monde, que Yam, voulant le rejoindre, avait sauté dans le vide et s'était écrasé cinq étages plus bas. Mon Dieu, quelle horreur ! Le pauvre homme était anéanti. Il ne savait quoi faire du corps, ne voulant en aucun cas le donner à l'équarrissage. Je lui proposai alors de l'enterrer à Bazoches auprès de « Guapa ».

Ainsi fut dit, ainsi fut fait. Yam repose sous le pommier de Bazoches. Sa tombe est fleurie et je ne manque jamais de lui faire comme aux miens un petit baiser lorsque je me recueille devant eux.

Mais quel désespoir de voir les tombes succéder aux tombes jusqu'à en devenir un vrai cimetière. Aujourd'hui, en 1996, alors que j'écris ces pages, j'ai soixante-dix sépultures de chiens et chats sous le pommier de Bazoches. Du reste, le pommier n'y suffisant plus, les tombes s'étendent jusqu'aux groseillers et de l'autre côté jusqu'aux pruniers, hélas !

J'ai du mal à y aller. Chaque fois, je pleure en pensant à tous ces petits corps en décomposition, tous ces petits êtres pleins de chaleur, de tendresse, qui se métamorphosent en humus. Je suis épouvantée. De temps en temps, je mets une ou plusieurs bougies sur des tombes éparpillées, je sais que la flamme guide les esprits dans leurs labyrinthes.

Je fais du reste pareil pour ceux que j'aime, mes parents, grands-parents, Dada, ma nounou chérie, et mes amies, Nicole Riccardi, Yvonne Cassan de Valry.

La petite flamme de mon cœur réchauffe les tombes.

Après un court séjour à Bazoches où je pus constater que tout allait à peu près bien, Mirko voulut partir pour Saint-Tropez. Nous étions au début juillet, le livre *Brigitte Bardot, amie des animaux*, photographié par Mirko et écrit par René Barjavel, était un réel succès. Mais les droits ne purent aller à la Fondation puisqu'il n'y avait plus de Fondation. J'étais blouzée, une fois de plus ! Mais qu'importait ! Le principal était que les gens l'achètent et le lisent.

Avant d'aller à Saint-Tropez, je demandai à Mirko de passer par Cordon où était ma grand-tante, Tapompon, qui avait envie de nous voir. Nous arrivâmes à l'hôtel Les Roches Fleuries qui n'était plus du tout ce que j'avais connu et aimé, mais une espèce de quatre-étoiles de mes fesses, prétentieux et ridicule. On nous installa au rez-de-chaussée à cause des chiennes, avec interdiction de les emmener dans l'hôtel et dans la salle à manger, me faisant signer un accord de dédommagement pour les éventuelles détériorations. J'ai, c'est vrai, l'habitude d'aller d'une de mes maisons à l'autre avec mes petites.

A l'hôtel, tout devient dramatiquement compliqué.

C'est pourquoi je n'y vais plus !

La joie de ma petite Tapompon me fit oublier un peu les sévices infligés aux chiennes. Elles ne devaient sortir de la chambre que pour aller faire pipi dehors. Lorsque je me baladais dans l'hôtel, elles étaient enfermées seules dans cette chambre inconnue, avec interdiction d'en bouger. Ça me faisait mal au cœur, moi qui ne les quittais jamais ! Mes quatre cœurs cloîtrés, je me sentais mal, n'avais plus aucun appétit, mais une seule envie : repartir au plus vite.

Puis, un matin, alors que nous avions ouvert la porte pour le pipi matinal, je ne retrouvai que ma Pichnou, assise devant l'hôtel. Qu'étaient devenus mes trois Setters anglais, Nini la maman, Mienne et Mouche les petites filles ? Elles étaient ma vie, mes amours, mes raisons de vivre. Où étaient-elles nom de Dieu ? Je fis une crise nerveuse. J'eus beau questionner ma Pichnou, intelligente comme pas deux, elle ne put me répondre qu'en me léchant les mains et le nez !

Ah, j'étais jolie.

Mirko, qui ne s'en laissait pas conter, prit le premier téléphérique.

Il explora toute la montagne, descendant à pied, sifflant dans ses doigts, sous le regard ébahi de ces cons de touristes. Pendant ce temps, j'attendais avec Tapompon et Pichnou dans une espèce de refuge à mi-pente, pouvant observer de loin si les petites arrivaient. Enfin, je les vis. Je n'en croyais ni mes yeux ni mes oreilles. Comme un berger, Mirko les dirigeait vers notre table. Tapompon fut le témoin de retrouvailles extraordinaires. Elle ne comprenait pas très bien mon angoisse ni ma joie, mais elle assistait à un retour en famille exceptionnel de trois gourgandines qui avaient fugué et auraient pu en mourir.

Je quittai Cordon avec mes petites, trop éprouvée pour pouvoir y rester un jour de plus. Je n'y retournai jamais.

*

A La Madrague, mon port d'attache, personne ne fuguait sauf Nini qui nageait assez loin, heureuse d'être dans la mer. Quant à Pichnou, les quatre pattes dans l'eau, elle regardait pendant des heures les petits animaux marins, avec une patience exceptionnelle.

Sur-le-champ, Mirko et moi allâmes voir mon Chouchou au Marineland d'Antibes.

Malgré la foule de badauds qui ne savaient s'ils devaient regarder Chouchou ou moi, je l'appelai en tapant dans mes mains : « Chouchou, mon Chouchou, *tac, tac, tac,* viens mon petit Chouchou, *tac, tac, tac !* » Et il vint vers moi, s'aidant de ses nageoires et faisant des *wring, wrong, crak, bloum.* Je pleurais d'un côté des grilles, lui de l'autre ! Finalement, le directeur, Mick Riddel, vint me retrouver.

C'est ainsi que je le connus. Avec lui, j'ai pu continuer de me battre contre les épouvantables prises de dauphins, baleines, phoques, otaries, orques et autres mammifères marins qui, comme Chouchou, ont été trouvés ou capturés et finissent dans un pauvre Marineland-delphinarium transformé en zoo ou cirque, où les animaux doivent gagner évidemment leur vie à la sueur de leur travail. J'interdis à Mick Riddel de faire travailler mon Chouchou. Je paierai le prix de ses repas !

A Saint-Tropez, mon épopée sur la banquise canadienne avait beaucoup impressionné. On ne m'appelait plus que « B.B. phoque » ! Bien sûr certains ne pouvaient s'empêcher de se ficher de moi, de me tourner en ridicule, du style : « Elle sent le poisson comme les phoques, les moustaches lui poussent, tu crois que sa fourrure est déjà blanche ? » et autres quolibets que j'ignorais.

A cette époque de ma vie, je jouais beaucoup aux cartes et particulièrement à la belote bridgée. Nous étions toujours quatre copains à nous retrouver n'importe où et à taper le carton. Même dans les bistros, après le dîner, sur ces vieux tapis cradingues, gras et sans couleur qui fleuraient le pastis, avec des jeux de cartes sans âge, à l'effigie d'une marque d'apéro. C'était sympa. Nous étions des acharnés avec Nelly et Pierre Maeder, Michou Simon, mon vieux copain photographe à *Match* et quelques pigeons de passage que nous plumions de belle façon ! Les gains étaient ridiculement minimes, mais passer quatre heures pour rafler 50 ou 100 francs nous semblait le comble de la gloire.

Parfois, avec Simone Bouquin, Jacky et Eddy Lacotte et Suzanne Pelet, la grande Tropézienne qui faisait et défaisait les plus importantes tractations immobilières de la presqu'île avec son agence du Port, connue du monde entier, nous faisions des tournois de belote à La Madrague. Mirko jouait très bien et avait le sens de l'organisation. Il inscrivait sur un immense tableau noir les scores de chacun... Ensuite, les vainqueurs, dans un ultime affrontement, se mesuraient et « que le meilleur gagne ».

Ma Madeleine assumait toujours le bon fonctionnement de la maison. J'avais pris un jardinier à temps partiel qui s'occupait des gros travaux. Le soir, Madeleine, qui faisait moyennement bien la cuisine, mais qui avait Josette, ma Provençale, pour l'aider, dégustait avec Mirko et moi, et les copains qui nous rejoignaient, les petits plats délicieusement provençaux de Josette.

Ce fut une période de ma vie relativement heureuse.

Les petites étaient devenues grandes mais resteraient les petites à jamais. Madeleine m'aida à faire stériliser Mimolette, la chatte sauvage devenue familière, ses petits et petites. Le vétérinaire était à Sainte-Maxime, à l'époque il n'y en avait pas encore à Saint-Tropez de bien organisé. Mad ne conduisait pas, mais elle se chargeait d'attraper toute cette marmaille dans des petits paniers d'osier que j'emmenais à Sainte-Maxime avec l'angoisse épouvantable de les trahir, de les obliger à subir une terrible épreuve. Mais je ne pouvais faire autrement.

Un jour, Mirko me ramena pour déjeuner un homme charmant qui s'appelait Gérard Montel. Il me couvrit de marguerites blanches que j'affectionne, se proposa de faire la popote, fut si adorable que sa présence me sembla faire partie d'une ancienne amitié. Gérard, qui n'a de masculin que le prénom, devint et est resté mon grand ami. Je l'appelle « La Perruque » car il avait une boutique de coiffeur, dans laquelle on trouvait toutes sortes de perruques, baptisée « La Perruquière ».

La Perruque est devenu un complice, un ami fidèle des bons et surtout des mauvais moments de ma vie. Il a toutes les qualités, mais joue à la belote comme un pied ce qui avait le don de me mettre en rage contre lui. Je le traitais de tous les noms d'oiseaux qui me tombaient sous la langue et lui, au lieu de se fâcher, se mettait à rire comme un fou ce qui coupait net ma colère.

La Perruque est un bon vivant, un optimiste qui aime la bonne chère, les garçons, la joie, la fête. Il a toujours le sourire, prend la vie du bon côté et n'est préoccupé que par ses poignées d'amour, ses kilos en trop qui alourdissent sa grande silhouette. Il est toujours à l'affût d'une nouvelle recette, d'un bon petit plat, il cuisine comme un dieu et m'a fait découvrir tout un pan de la gastronomie provençale que j'ignorais. Le seul hic est que je suis végétarienne, alors adieu viandes, poissons, lardons et autres chairs animales. Mais personne mieux que lui ne fait les artichauts à la barigoule, les fricassées de champignons, les salades mélangées, les gratins de courgettes et d'aubergines, les pommes de terre aux truffes, la bouillabaisse d'œufs, les salades aux fruits de mer... là, je fermais les yeux et ouvrais la bouche. Après tout, les mollusques ne sont guère comparables aux poissons, moutons ou bœufs. C'est une espèce de mélange végétal-animal.

Un con m'avait demandé un jour si je pensais à la souffrance de la laitue que je mangeais. J'ai horreur de la bêtise, surtout celle-là ! C'est comme tous ces imbéciles qui me demandent pourquoi je m'occupe des animaux et pas de la souffrance des enfants, des vieux, des chômeurs, des S.D.F., de ceci, de cela. Eux, en général, ne s'occupent que de leur nombril. Alors, qu'ils aillent se faire foutre !

Pendant que Mirko, dans son atelier de La Petite Madrague, nous pondait des œuvres secrètes et splendides, j'allais avec La Perruque promener les petites. La Madrague est rikiki, son terrain ne fait que 2 000 mètres carrés. Bien sûr, la mer étend la vision et le territoire, mais pour ce qui est de la marche à pied, bonjour ! Alors, nous partions en Mini-Moke à la recherche du temps perdu et des endroits sauvages, s'il en restait, afin de nous promener.

En ce début du mois de septembre, c'est ainsi qu'après avoir escaladé un portail de bois pourri, nous découvrîmes un espace de rêve, une garrigue enchanteresse avec la mer à ses pieds et une petite plage de sable déserte. C'était la joie, la folie, toutes les chiennes couraient dans tous les sens, flairant des odeurs inconnues, s'engouffrant dans des terriers profonds, se roulant sur le sable, nageant comme des sirènes, aboyant comme des folles leur bonheur. J'étais sidérée. J'essayais de comprendre grâce à La Perruque où nous étions ; lui, la concierge de Saint-Tropez, devait tout savoir. Hélas, à part me dire « il me semble que c'est " le Capon " », ce qui ne m'en apprit pas davantage, ses connaissances s'arrêtaient là.

Rentrée à La Madrague, j'appelai Pierre Maeder, essayant de lui expliquer par où j'étais passée pour atterrir, après avoir escaladé un vieux portail, dans l'endroit de mes rêves. Il devait me rappeler le lendemain matin, très surpris de me voir tant accrochée par un site si différent de La Madrague. Cherchais-je un nouveau terrain, une nouvelle propriété ? Non, je ne cherchais rien, mais j'avais trouvé un endroit extraordinaire ! C'était par hasard, un hasard fou, et j'étais tombée amoureuse folle de ce petit univers sauvage. (Pierre qui me connaissait ne me prit pas vraiment au sérieux.)

J'en discutai avec Mirko qui, lui, me parla d'une sculpture exceptionnelle me représentant en Néfertiti qu'il était en train de créer. Pendant que je rêvais de cette garrigue si belle, si sauvage, si préservée, lui rêvait de moi en bronze, en cuivre, à genoux, tenant une fleur de lys dans mes mains. Nous étions à des kilomètres l'un de l'autre et même à des milliers d'années-lumière.

Le lendemain, prenant La Perruque sous le bras, je retournais dans mon univers de rêve. Les petites, toujours à l'affût de tout, moi, fermant les yeux, respirant ces odeurs chaudes de plantes sauvages, les térébinthes, le thym, la résine des pins maritimes, les orchidées sauvages et une sorte de moisissure bizarre. La Perruque me dit que c'était bourré de champignons, des sanguins, des girolles, des champignons de Paris, peut-être des cèpes ! Tout cela sortirait dès les premières pluies.

J'étais fascinée par cet endroit sauvage, vrai, beau, rarissime encore dans ce foutu pays de milliardaires qui détérioraient cette pure nature avec leurs bétons, leurs marbres, leurs piscines, leurs tondeuses, leurs tronçonneuses qui mataient, arrachaient, toutes ces plantes rebelles et belles pour ne faire place qu'à des pelouses ridicules, qu'à de pauvres arbres replantés, n'attendant que la mort ou la maladie, telles des transplantations cardiaques rejetées par l'organisme.

Je voulus à tout prix acquérir ce terrain pour le préserver de la folie des hommes. Etait-il à vendre ? Je n'en savais rien, mais je m'énervais, voulant l'avoir. La Perruque essaya de me calmer en m'emmenant voir d'autres endroits, beaux et abandonnés. C'est ainsi qu'avec la Mini-Moke et les petites, nous atterrîmes dans un autre endroit sublime, éloigné de tout, où des tomates abandonnées étaient en train de pourrir sur pied ; ni une ni deux, nous les cueillîmes et les mîmes dans mon foulard. Il y en avait des centaines. Mon foulard, bien qu'il fût grand, ne suffit pas. Je les entassai dans le fond de la Mini-Moke. Lorsque nous eûmes tout ratiboisé, je sifflai les petites, La Perruque se mit à côté et je démarrai. Je ne démarrai pas du tout ! J'eus beau tourner la clé de contact dans tous les sens, rien ne se passa.

Aucun bruit ! La panne ! Catastrophe.

Ah, nous étions jolis, voleurs de tomates, en panne, loin de tout alors que la nuit tombait. J'en pleurais de rage ! Et nous voilà en train de pousser cette pauvre Mini-Moke dans une montée. Impossible ! Je n'en pouvais plus. Quant à La Perruque, avec ses petites chaussures pour aller danser, il glissait tous les dix centimètres. Je laissai La Perruque, les chiennes, et partis à la recherche d'un quelconque secours. J'avais des bottes, heureusement ! Et me voilà apercevant une lumière dans le crépuscule. C'était une villa ! Mon Dieu merci !... Je sonne, on m'ouvre, et je vois une bonne femme, l'air hagard balbutiant :

« Mais, c'est Brigitte Bardot ! Oh, non ! Ernest, viens voir, c'est Brigitte Bardot !

– Oui, bonjour madame.

– Oui, bonjour monsieur, avez-vous le téléphone ? »

En fin de compte, je pus appeler Mirko qui vint nous remorquer après bien des explications quant à l'endroit où nous nous trouvions. Je crois que la bonne dame dut faire un infarctus dans les jours suivants.

De fil en aiguille, j'appris par Maeder que le terrain que j'aimais appartenait à un certain Monsieur Salomon, un vieux monsieur adorable que je rencontrai, qui se sentait trop âgé pour construire une maison, qui avait l'air fatigué, las, mais qui refusait obstinément de vendre à un promoteur, quel qu'il soit. Du reste, je reniflais que Maeder devait être sur la liste de ceux qui tiraient profit d'endroits aussi exceptionnels.

Alors commença l'horreur !

Monsieur Salomon, avec qui je devais signer un protocole d'accord pour l'achat du terrain, fut pris d'un malaise, puis mourut. J'étais pétrifiée ! Ce vieux monsieur qui me rappelait papa, était mort. Pourtant, je l'aimais déjà bien, il avait, vis-à-vis de moi, l'indulgence des parents pour leurs enfants. Il comprenait mes doutes, mes hésitations à m'embarquer dans l'achat d'un terrain de quatre hectares qui valait fort cher. Il était pourtant heureux de me le vendre, sachant que jamais je n'en ferais un lotissement. Evidemment, toutes les tractations furent arrêtées.

Je rentrai à Paris avec mes pitchounettes et une espèce de goût amer dans le cœur. Mirko, qui devait exposer ses sculptures dans un des grands hôtels parisiens du VIIIe arrondissement, ne m'écoutait que d'une oreille, réservant l'autre à son inspiration créatrice.

Avant ce retour inopiné, je dus avec Mirko trouver un gardien, Madeleine ne se sentant plus en état d'assumer un deuxième hiver, seule à la merci de tous les malfrats et autres vagabonds qui investissaient la maison et le jardin dès que la nuit tombait. Pierre et Nelly Maeder me recommandèrent un Arabe nommé Amioud. Il était gentil, dévoué, il aimait bien les chats et les chiens, il aimait bien dormir aussi, mais qu'importe ! Il était honnête et je l'engageai, tandis que nous repartions sur Paris et que Madeleine s'en retournait à Saint-Raphaël.

Mirko avait un grand ami cover-boy, beau mec, pédé comme un phoque, mais bien élevé, charmant, pratique aussi car il s'y connaissait merveilleusement en jardinage. Il vint passer quelques jours à Bazoches et c'est ainsi que je découvris l'amitié de ce Bernard Poulain qui resta dans ma vie bien après que nous nous fûmes séparés Mirko et moi.

J'ai un faible pour les homosexuels lorsqu'ils ont de la classe.

J'ai horreur des « folles » !

Bernard Poulain, monté sur une échelle, nettoyait les palissades du matin au soir. Il arrachait, coupait, taillait des kilomètres de liserons, de lierre, de saloperies qui envahissaient tout, étouffaient les arbres et mettaient en péril la clôture déjà bien vieille qui ne tenait debout que par miracle.

C'est à cette occasion qu'un jour, nous vîmes ma voisine, une dame très bon chic bon genre, qui, avec une amie à elle, se tapait un 100 mètres digne de Zátopek dans le champ voisin avec Cornichon, mon petit âne, à leurs trousses, le tout dans la boue de novembre. Nous eûmes un tel fou rire, Poulain et moi, qu'il nous fut impossible de rappeler Cornichon qui s'en donnait à cœur joie, battant de droite et de gauche ces pauvres femmes hurlantes en talons aiguilles et robes *Chanel*. Je pleurais de rire, Poulain s'étranglait.

Finalement, je me mis à courser Cornichon qui, lui-même, continuait sa cavalcade derrière mes voisines terrorisées. J'eus le dessus, mis une branlée à Cornichon qui rentra la queue basse dans son enclos et, crottée, souillée, dégueulasse, dégoulinante de boue, je fis la connaissance d'Yvonne Cassan de Valry, ma voisine plus morte que vive, qui, tout essoufflée qu'elle était, trouva les mots charmants et distingués de remerciements... Elle nous invita Poulain et moi à boire un *Martini on the rocks* avec ses amis bridgeurs et son mari, Louis Cassan de Valry, P.-D.G. d'un des laboratoires les plus connus d'Europe ! Le tout avec un petit accent XVIe arrondissement qui ne m'aguicha pas trop. Vu l'état dans lequel nous nous trouvions, Bernard Poulain et moi, nous déclinâmes cette charmante invitation qui nous cassait les pieds. Mais elle insista tant et tant, prenant son amie à témoin de la simplicité de cette réception entre intimes que nous acceptâmes d'y aller, en l'état !

Après tout, on allait bien voir.

Et nous voilà comme deux bouseux au milieu d'un salon plein de consoles en bois doré où des hommes en costume trois-pièces, cravates, montres-gousset, jouaient le plus sérieusement du monde au bridge avec des dames coiffées *Carita* et vêtues B.C.B.G. qui leur servaient de partenaires. Il régnait un silence d'église. J'entendis : « Trois piques », puis « contrés », puis plus rien. Lorsque les jeux furent faits et que les yeux se levèrent de la dame de pique sur moi, il y eut un moment d'étonnement. Yvonne me présenta Etienne Ader, l'un des plus fameux commissaires-priseurs de France, qui me fit un baise-main des plus respectueux alors que je devais sentir la bouse à plein nez. Puis, ce fut Carole Beurier, une riche veuve américaine, très comme il faut, qui me toisa de haut en bas et de bas en haut. Ensuite, Yvonne me présenta son mari, un petit monsieur assez âgé, avec un regard malin et une chaleur humaine merveilleuse ; il me baisa la main, puis m'embrassa comme du bon pain.

La glace était rompue !

Louis et Yvonne devinrent de véritables amis au fil des jours et des ans, hélas, peu nombreux, qui suivirent.

Mirko, se foutant du tiers comme du quart, n'était intéressé que par son exposition au Meurice en décembre. Toute la journée et toute la nuit, il travaillait dans « son atelier » de Bazoches, même lorsque je retournais à Paris... Je me retrouvais donc seule une fois encore. Mais avec mes amis Chantal Bolloré, Phi-Phi d'Exéa, Christian Brincourt et Philippe Letellier, Nicolas Vogel, Claude Brasseur, nous jouions au poker ou au gin. Parfois, Corinne Dessange se joignait à nous, laissant son mari chasser toute sorte de gibiers...

Lorsque tout le monde s'en allait, vers 2 heures du matin, je me sentais mal dans ce boulevard Lannes trop grand, trop impersonnel pour moi. Je pleurais souvent, ne comprenant pas pourquoi l'homme de ma vie préférait l'humidité, la désolation de Bazoches en décembre à ma compagnie boulevard Lannes, bien sûr sans atelier ! Tout doucement, je commençais à aller de plus en plus souvent rue de la Tour, pour essayer de m'y sentir bien, de m'apprivoiser dans ce nouveau décor ravissant. On se serait cru dans une boîte de nuit russe. Murs, plafonds, moquette, bibliothèque, tout était rouge brique en laque. Rideaux, canapés, fauteuils, tapis de table en indienne, cachemire dans ces tons orangés que j'ai toujours adorés. C'était petit, mais si joli, si comme j'aime. Bien sûr, je n'aurais pas la place d'y mettre tout mon fourbi, mais j'avais prévu tant de rangements, tant de placards que l'essentiel y tiendrait. Mais je n'en étais pas encore là ! J'avais besoin d'espace, de luxe, de Madame Renée aussi et, rue de la Tour, elle n'avait plus sa place.

Je fis avec Mirko des photos pour la presse internationale alors qu'il accrochait ou faisait semblant d'accrocher ses sculptures aux murs de la galerie du Meurice. Monsieur Saint-Alban, son sponsor, était un type sympa, style baroudeur à qui il ne fallait pas en conter. Ma présence sur les lieux de l'exposition était une condition *sine qua non* de la responsabilité qu'il en prenait. Pas de Brigitte, pas d'exposition.

C'était net, clair et précis.

Je dus donc m'investir dans ce cocktail bien chaud, bien parisien que fut le lancement médiatique de cette exposition. J'en avais marre de faire pour d'autres ce que je ne voulais plus faire pour moi-même. J'avais abandonné le cinéma et me retrouvais en mascotte d'une exposition de sculptures dont, en fin de compte, je n'avais rien à foutre. J'avais tout quitté pour les animaux et je me retrouvais à la tête d'œuvres d'art qui n'avaient rien à faire avec mon combat. Et qu'aurait-il fait sans moi, Mirko ? Comment se serait-il fait connaître ?

Merde à la fin, je ne suis pas une toupie !

Je passais Noël à Bazoches.

Maman et Philippe Lebraud, son compagnon, étaient là. Manquaient Mijanou, Camille et Nicolas. Mais Tapompon fit partie de la fête, puis, Allain Bougrain Dubourg, Bernard Poulain, Mirko, les gardiens et moi.

Ce fut encore un joli Noël, le dernier que je passais avec maman !

Dans l'après-midi, nous allâmes nous promener avec les petites dans les champs bouseux et poisseux d'une terre riche. Maman avait un imperméable blanc, je m'en souviendrai toujours. Deux de mes amis l'aidaient à se dégager les pieds de cet agglomérat de bouillasse. Heureusement, je lui avais prêté des bottes. C'est drôle comme les Parisiens viennent à la campagne vêtus comme pour aller au premier restaurant de la capitale. La campagne, c'est la campagne. Paris, c'est Paris. On ne peut certes pas y vivre de la même manière, il faut savoir s'accommoder, se mettre au diapason d'une nature qui ne fait pas de cadeaux, même pour Noël.

*
* *

Janvier 1978. Je fus invitée au Conseil de l'Europe pour plaider la cause des bébés phoques. Nous prîmes un petit avion à Courchevel qui nous emmena, Mirko et moi, à Strasbourg. Là, je fus reçue comme une reine. Je troquais mes *moon-boots* contre des escarpins, mon pantalon et mon anorak contre une robe noire et une cape ! Le soir, un dîner très *smart* réunissait tous ceux qui allaient le lendemain s'investir pour ou contre le massacre des phoques. Il y eut du foie gras que je refusais obstinément ainsi que Mirko. Je me demandais ce que je faisais là, au milieu de tous ces gens qui ne comprenaient rien à rien. Politiquement mondains, sans intérêt, des Italiens, des Allemands, des Anglais, des Espagnols et même des Canadiens, une tour de Babel, et moi, et moi, et moi...

Le lendemain, aux aurores, je devais assister à la plaidoirie pour les chasseurs de bébés phoques dans l'hémicycle du Conseil de l'Europe. Il me fallait garder mon calme, malgré les horreurs que j'entendais. J'avais envie de hurler, de faire un scandale. Et pourtant je dus me taire, ravaler mon écœurement, me faire prendre au sérieux, comme un élément humain qui pouvait faire pencher la balance dans un sens ou dans l'autre.

Lorsque la parole me fut donnée, je pesai mes mots, essayant de maîtriser la révolte qui grondait en moi. Cette force me valut la reconnaissance des autres. Je fus jugée comme une personne raisonnable qui voyait les choses lucidement, sans sensiblerie, mais j'étais une femme ! Oui, une femme prête à sauter à la gorge de tous ces cons qui palabraient sur la souffrance de ces pauvres bêtes ! Mais quelle horreur ! Mais qu'avaient-ils à la place du cœur tous ces parlementaires, tous ces députés de mes deux ! Puis, il y eut une conférence de presse dans laquelle je ne me privais pas de dire ce que j'avais sur le cœur.

Ensuite, le petit avion avec mon chef de commando du Canada qui, une fois de plus, assumait ma sécurité.

Nous embarquâmes, Mirko, Henri Clair le pilote et moi, dans ce minuscule monomoteur qui, par-delà les montagnes de France, en cette fin janvier 1978, devait nous emmener jusqu'à Courchevel au cours de cette journée à la météo extrêmement perturbée. Bien sûr, il pleuvait. Bien sûr, j'avais peur. Bien sûr, le brouillard brouillait la visibilité, mais, bien sûr, d'après Henri Clair, mon pilote ami, je devais me détendre car tout allait bien. Alors, après toutes ces épreuves subies depuis 24 heures, j'essayais de fermer les yeux, oubliant que j'étais dans cette petite boîte à sardines, survolant un jour de perturbation la moitié de la France. De temps en temps, l'avion perdait subitement des mètres d'altitude, j'avais l'estomac dans la gorge, et les bagages me tombaient sur les genoux ! Mais qu'importe, j'avais sommeil et confiance.

Tout à coup, les choses se compliquèrent.

J'eus l'impression qu'Henri n'était plus maître de l'avion. Nous étions secoués, nous tombions, tous les sacs échouaient sur mon corps, sur ma tête. Je hurlais. Il faisait nuit, il neigeait, et le vent déchaîné nous trimballait comme des brins de paille. Du coup, ni Henri ni Mirko ne me rassurèrent ; ils étaient blêmes, accrochés l'un à « son manche à balai », l'autre à ce qu'il pouvait. Je crus ma dernière heure arrivée. Je le savais, je devais l'accepter.

C'était affreux ! Nous allions certainement mourir.

Je pensai en premier à mes petites tandis que je me cramponnais comme une démente à tout ce qui me passait sous le nez. Puis à maman ! « J'ai peur ! » Mon hurlement dura au moins cinq minutes, puis l'avion se stabilisa dans cette atroce tourmente. Nous finîmes par atterrir en catastrophe à Chambéry. Enfin sur le plancher des vaches, je repris mes esprits. Nous avions frôlé le pire. Henri me le confirma après ! Qu'importe, nous étions vivants, cet aéroport m'apparut comme le paradis. Je commandai immédiatement du champagne. Je bus au moins la moitié de la bouteille à moi toute seule. J'étais à moitié ivre lorsque nous prîmes le taxi qui nous emmena jusqu'à Méribel.

Je m'en foutais, je respirais enfin l'air de ma terre.

A Méribel, je retrouvai mes petites, mes amis, Madame Renée et mon lit. Le lendemain, les journaux parlaient en première page de mon intervention à Strasbourg. Il y avait des « pour » et des « contre », comme d'habitude, mais on en parlait, c'était le principal ! J'étais harcelée au téléphone par des journalistes du monde entier qui voulaient des interviews exclusives sur cette première au Conseil de l'Europe et le résultat important que cela entraînait contre le massacre des petits phoques.

Et puis, parmi tous ces reporters mondiaux, un jeune homme plus débrouillard, plus malin, plus intelligent que les autres, m'annonça qu'il était dans l'hôtel à côté, qu'il travaillait pour le journal *Rhône Alpes* de

Lyon, qu'il était venu spécialement et qu'il voulait me voir absolument. Il me fut difficile de refuser. C'est ainsi que je vis arriver Jean-Louis Remilleux qui avait à peine 20 ans et allait tenir une place importante dans ma vie. Il glissait comme un fou avec ses petites chaussures de cuir et était un peu ridicule avec son costume-cravate au milieu de cette tourmente de neige.

Il m'apparut comme un brave et courageux gros nounours, un peu impressionné de se retrouver catapulté dans mon chalet au milieu de mes amis, et de mes chiennes. Je demandai le silence. Après tout, nous devions travailler. Alors, silence les joueurs de gin, de belote, silence les chiennes, silence Madame Renée dans votre cuisine !

On n'entendait plus que le vent, qui fouettait les vitres amoncelant les paquets de neige sur les petits carreaux, et les crépitements du feu de bois qui pétouillait sa résine jusqu'au milieu de la pièce. Jean-Louis Remilleux, sa cravate, son joli costume et ses petites chaussures, avait l'air soudain pétrifié par mon autoritarisme. Du coup, j'ouvris une bouteille de champagne qui fit un énorme *Plaouff* sympathique et tout reprit son cours normal. Je répondis sagement à toutes les questions posées par ce jeune homme qui aurait pu être mon fils et prenait consciencieusement des notes à toute vitesse. Je voyais bien La Perruque qui se retournait tout le temps pour le regarder, comme si un aimant avait attiré ses yeux. Tu parles d'une aubaine, une chair fraîche comme ça, prête à être croquée, ça n'était pas tous les jours que ça arrivait...

L'interview terminée, Jean-Louis repartit comme il était venu, glissant, se cassant la margoulette et me remerciant infiniment. Il aurait grâce à moi une promotion. Tu parles d'une promotion ! Il devint en quelque temps un des rédacteurs en chef du journal, puis, quittant Lyon, il eut une place importante au *Figaro Magazine*, s'installa à Paris, puis créa une maison de production pour T.V. « J.L.R. » pour laquelle je fis, bien des années plus tard, les plus belles et les plus inoubliables émissions animalières – les *S.O.S. Animaux* – qui durèrent trois ans et aidèrent énormément à faire connaître la détresse et la souffrance animale dans le monde. Mais n'anticipons pas !

Le 1er février, j'envoyais, par Interflora, 66 roses « roses » à maman. Elle avait 66 ans et une rose par an me paraissait un minimum. Elle fut comblée, enchantée, ne sachant plus où les mettre, elle fit des photos de ce buisson pour me le montrer. Elle était heureuse. Et ce fut aussi la dernière fois de ma vie que je lui souhaitais son anniversaire. Maman se portait très bien ce jour-là, pourtant elle allait mourir exactement six mois plus tard, le 1er août. Elle était, pour la première fois de sa vie, fière de moi, de mon intervention au Conseil de l'Europe, elle avait, en m'en parlant, des expressions d'orgueil d'être ma mère qui me firent chaud au cœur. Je l'aimais, j'étais fière qu'elle fût fière, j'étais peut-être sur le bon chemin.

Lorsque nous rentrâmes à Paris et que je me retrouvai seule boulevard Lannes parce que Mirko, dans son atelier de Bazoches, ne voulait pas quitter son inspiration et son travail, je décidai avec un pincement au cœur de me séparer de ce trop magnifique appartement et d'aller m'installer rue de la Tour. Qu'allais-je faire de Madame Renée, de Michèle ? Je réfléchissais en me rongeant les ongles et en faisant patience sur patience sur la table de bridge.

C'est à ce moment que Pierre Maeder me téléphona. La succession de Monsieur Salomon, le propriétaire de « La Garrigue », était terminée et ses héritiers reprenaient les tractations interrompues lors de sa mort. Je ne pouvais certes pas cumuler tant de maisons, tant de terrains, tant d'appartements. Il me fallait faire un choix.

Ce boulevard Lannes magnifique ne m'apportait que de gros problèmes, les travaux des terrasses avaient détérioré toute la magnificence de mes plantations ; maintenant c'étaient les chiottes qui fuyaient chez le voisin du dessous. Avec la tête de cul qu'il avait, c'était normal ! En attendant, je subissais travaux sur travaux et j'en avais plein le dos.

*
*

Un soir que nous allions dîner chez Corinne et Jacques Dessange, parce que Mirko leur vendait des sculptures et que nous jouions aux cartes, notre hôte nous annonça froidement que le petit Matcho, le fils de Nini, le plus beau de la portée, était un connard de chien, qu'il avait peur des coups de feu, était craintif, nul pour la chasse, qu'il allait s'en débarrasser à la S.P.A. la plus proche.

Je fis une scène, le traitai de tous les noms !

Il y eut un scandale, je voulus reprendre mon chien, mon bébé, mon petit amour que je leur avais confié, confiante. Où était-il ? J'appris par Corinne que Matcho était enfermé avec les autres chiens de chasse dans un chenil glacé, sans paille, sans couverture, sans amour, dans leur propriété de Sologne. J'étais horrifiée et décidai de partir le chercher dès le lendemain. Qu'ils donnent des ordres à leurs domestiques...

Là-dessus, je claquai la porte.

Le lendemain, Mirko partit aux aurores charger la Range-Rover de ses sculptures à Bazoches. Vers midi, nous embarquions les petites sur un tas de fourbi de couvertures *via* Saint-Tropez pour La Garrigue, avec arrêt en Sologne.

Il faisait un froid de loup, les routes étaient verglacées, il nous fallut être extrêmement prudents. Lorsque nous arrivâmes chez les Dessange, notre première étape, nous trouvâmes une maison gelée et vide. Seule la chambre qui nous était réservée bénéficiait d'un radiateur électrique. J'avais avec moi de quoi nourrir les petites, heureusement car rien n'était prévu. Par contre, Mirko et moi eûment droit, dans la cuisine, à une soupe bien chaude et à un plateau de fromages. Avant, j'allais chercher Matcho !

Ce fut un délire.

Avec une lampe de poche, nous finîmes par trouver, au diable vert, un enclos grillagé derrière lequel se lamentaient quelques Epagneuls, un pauvre Cocker et mon Matcho terrorisé. Il ne me reconnut pas, alla se réfugier au fond de sa niche en béton. Ses yeux renvoyaient les lueurs de la lampe braquée sur lui. Je pleurais de voir cette misère chez des gens si riches, si nantis, qui considéraient les chiens comme des armes à traquer le gibier, sans aucune sensibilité, sans aucune tendresse. J'eus un mal fou à attraper mon Matcho, redevenu sauvage, craintif, méfiant. Lorsque enfin, je pus l'avoir, l'embrasser, le câliner, je sentis chez lui un refus qui me fit mal.

Lorsque je franchis les marches du perron qui menaient à notre chambre où nous attendaient les petites, Matcho recula, la queue entre les jambes, et alla se tapir dans un bosquet. Je finis par le prendre dans mes bras. Il était lourd et je montai lentement l'escalier desservant le premier étage des chambres. Je le déposai sur le parquet où les quatre petites vinrent le flairer. Il se réfugia sous le lit. J'étais atterrée. Comment un des petits de Nini pouvait-il à ce point être stressé, traumatisé, pour ne rien reconnaître de ses origines, ne pas comprendre l'amour qui me dévorait ? Je ne pus avaler quoi que ce soit, laissant Mirko à la cuisine et essayant avec impatience de réapprivoiser un petit que j'avais mis au monde et qui subissait malgré lui l'abominable loi des hommes.

Matcho resta sauvage et désobéissant jusqu'à ce que nous soyons arrivés à Saint-Tropez. Les petites lui léchaient le nez, moi je lui faisais des câlins à n'en plus finir, mais il était allergique à toute présence et s'enfouissait au plus profond des coins les plus reculés, la queue entre les jambes, les oreilles basses. Il finit par comprendre qu'il avait le droit de rentrer à la maison sans se faire battre, qu'il avait le droit de se coucher sur les canapés du salon, sur mon lit, où il voulait. Son œil redevint clair, ses oreilles aux aguets et sa queue en panache.

A Saint-Tropez, nous retournâmes à La Garrigue voir, renifler, faire le tour avant de m'engager pour le meilleur et le pire dans l'achat de ce terrain sublime mais cher. Les petites et Matcho cavalaient de partout, c'était un bonheur de les voir s'éclater, surtout Matcho qui n'avait jamais eu la vie d'un chien libre.

Il y avait un permis de construire pour un palais de 300 mètres carrés. Quelques parpaings mis à la queue leu leu indiquaient les limites d'une habitation pour cheik arabe. Moi, je voulais un cabanon, petit, facile à entretenir, bas de plafond, style rustique et campagnard des anciennes bergeries. Mirko s'inquiétait de savoir où serait son atelier ! Ah, zut alors, je n'y avais pas pensé. Du coup, il retourna à La Petite Madrague se replonger dans son travail avec ses sculptures et tout son tintouin, me laissant seule à arpenter, avec mes chiens, les hectares qui devaient devenir les miens si tout allait bien !

Entre deux promenades, Pierre Maeder me parla d'un domaine de 120 hectares, situé sur la commune de Grimaud, à l'entrée de Saint-Tropez, où il y avait des vignes, du vin, des ruines superbes et qui valait moins cher que La Garrigue. Quoi ? Alors ça, il me fallut immédiatement y aller. Pour le prix, c'était exceptionnel. 120 hectares de friches avec deux ou trois ruines de bergeries en pierre sèche, envahies bien sûr par toutes les plantes destructrices, mais trois ou quatre puits, un petit ruisseau, deux versants de collines, une vue unique sur le golfe de Saint-Tropez, et du terrain, du terrain à ne plus savoir où donner de la tête.

J'eus un coup de foudre, allai chez le notaire et signai une promesse de vente en laissant un chèque de 10 % de la valeur. Puis, je me mis à réfléchir. Qu'est-ce que j'avais fait là ? Je ne faisais plus de cinéma, l'argent ne rentrait plus, il allait me falloir des millions pour remettre tout ça en état. J'en perdis le boire et le manger, le sommeil aussi du reste. Mirko, ne m'ayant jamais vue comme ça, commença à s'inquiéter. Je pleurais toutes les larmes de mon corps regrettant amèrement ce coup de tête irréfléchi qui m'engluait dans une situation plus qu'épouvantable.

Jusqu'au jour où, n'en pouvant plus, j'appelai le propriétaire, un monsieur d'un certain âge, à qui je racontai le cauchemar que je vivais. Il se mit à rire, me dit de manger, de boire et de dormir, que tout ça ne valait pas la peine de se rendre malade, et me rendit mon chèque le lendemain par notaire interposé. Ce fut merveilleux, j'eus l'impression de revivre. Je ne me souviens plus du nom de cet être exceptionnel, mais je trouve qu'il a été d'une élégance et d'une gentillesse rares et disparues maintenant. Allez dire aujourd'hui à un type : « Rendez-moi mon chèque, je suis en train de mourir d'angoisse ! »

Il vous répondra : « Tu peux crever, moi j'encaisse ! »

Echaudée par cette expérience, je refusais obstinément de recommencer pour La Garrigue, malgré les insistances de Pierre Maeder qui, ayant raté sa commission précédente, ne pensait plus qu'à la suivante. J'essayais de gagner du temps. Je n'étais plus très sûre de moi, ni de cette envie de me mettre sur le dos un terrain dans lequel tout était à faire. Que de responsabilités allaient encore peser sur moi !

Je demandai un délai d'un mois.

Puis, nous repartîmes pour Paris. Il me fallait absolument me séparer du boulevard Lannes si je voulais acquérir La Garrigue. Mirko, le nez dans ses sculptures, de plus en plus envahissantes, était bien loin de ces problèmes qui ne le concernaient pas.

A Paris, avec Michèle, je commençais à prévenir certaines agences immobilières de la libération de mon appartement du boulevard Lannes. Les directrices vinrent visiter, prirent des photos, puis envoyèrent des clients potentiels. Chaque fois, je partais avec les petites et Matcho me promener au bois de Boulogne afin de laisser les gens libres d'aller partout et de faire leurs réflexions.

C'est ainsi qu'un soir, en rentrant, j'appris que Dalida était venue avec son ami, le Comte de Saint-Germain, et qu'ils avaient passé une bonne partie de l'après-midi en palabres. Elle avait, me dit Madame Renée, un superbe manteau de fourrure ! Ce fut suffisant pour que j'appelle immédiatement l'agence en lui faisant sentir que jamais je ne céderais cet appartement à Dalida.

Lorsque j'appris sa mort volontaire, quelques années plus tard, je repensai à cette journée. Cette femme était, au fond d'elle-même, merveilleuse, grave, intelligente et bourrée de talent. Elle était belle et semblait avoir pris à la vie tous les atouts de la réussite. Elle était morte désespérée, sans amour véritable, à la recherche de l'absolu.

J'étais quelque part sa sœur, sa jumelle, je la pleurais.

Je la pleure, je la pleurerai car elle était et restera unique.

Puis, Corinne Dessange m'avertit que son mari était intéressé par l'affaire ! Oh, mon Dieu ! Elle m'assura qu'il acceptait de déménager uniquement pour elle, que c'était elle qui reprendrait ces lieux imprégnés de ma présence, de mon goût, de mon amour. Ça ne me plaisait pas trop, mais l'affaire se faisait immédiatement. Il me fallut prendre une décision et je signai la cession, discutant pied à pied, sou à sou, avec ce type roublard si fort en affaires, sous l'œil médusé de mon notaire.

Puis, il fallut déménager. Quelle dure épreuve !

Avec la Range-Rover bourrée jusqu'au plafond, nous transportions les livres, les disques, la vaisselle, le linge dans cette pauvre rue de la Tour qui regorgea immédiatement de tout ce fourbi. Qu'allais-je en faire ? J'en mis un peu à Bazoches, puis fis transporter le reste à La Madrague. Et les meubles ? Qu'allais-je faire de tous ces meubles ? Je les vendis avec un cœur gros comme une citrouille.

Je gardais l'essentiel. L'horloge de ma grand-mère Mamie, pour La Madrague ; ses petites chaises et fauteuils Louis XVI dorés pour le grenier de Bazoches ; tous mes bibelots venant de ma famille, de mes amis, de mes cadeaux depuis ma naissance, les tableaux me représentant, faits par des peintres du monde entier, il y en avait une cinquantaine ! La pauvre rue de la Tour, avec ses 100 mètres carrés, fut submergée par 300 mètres cubes de bazar ; impossible d'y faire tout rentrer.

Mais ce que femme veut, Dieu le veut !

Avec goût et malice, j'arrivais à faire de la rue de la Tour une espèce de caverne d'Ali Baba. Il y en avait partout, c'était surchargé, mais magnifique. De l'argenterie, des bibelots superbes, des chandeliers de bronze, des tableaux, des sculptures de Mirko, des miroirs, des livres reliés rares et anciens. J'y emmenais mes petites et mon Matcho afin qu'ils se baladent dans le petit jardin de 80 mètres carrés. Malheureusement, c'était peu, mais ils étaient heureux pendant que je pendouillais mes trucs à droite et à gauche. Alors arriva le représentant du syndic de l'immeuble. Ce fut un drame : les chiens étaient interdits.

« Comment ? Vous vous foutez de moi ?

— Lisez les directives et les obligations, vous verrez qu'aucun chien ni chat ne peut faire partie de cet immeuble.

— Allez vous faire foutre, je vous emmerde ! »

J'en eus la nausée pendant une semaine.

Il était exact que dans les articles du syndic, les chiens et les chats étaient interdits. Qu'allais-je faire ? Il ne me restait plus qu'à aller vivre à Bazoches. Ce que je fis et qui enchanta Mirko. Je vis les ajoncs fleurir jaunes autour de la piscine, puis les lilas avec leurs grappes blanches, mauves et violettes, les pivoines s'épanouir en multiples fleurs, si belles, si sensuelles aussi, puis les rhododendrons qui, au fil des jours, cachaient sous leurs feuilles cirées de multiples splendeurs aux pétales roses qui éclataient comme feux d'artifice derrière la cressonnière.

Je n'avais encore jamais vécu pour de vrai à la campagne. J'y allais les week-ends, un coup oui, un coup non, mais mes attaches ont toujours été à Paris, dans des appartements confortables. Je découvrais la boue, l'humidité, le hululement des chouettes la nuit, le froid. Pendant que Mirko, habitué à toute cette bouillasse qui ne le gênait pas, continuait de sculpter dans son atelier.

*
* *

Je fis venir maman rue de la Tour afin de lui montrer mon nouvel appartement, lui signalant que je ne pourrais y vivre à cause des chiens. J'ouvris une bouteille de champagne afin de pendre avec elle la crémaillère. Elle refusa, Manette, sa gouvernante, et moi bûmes à l'avenir, à notre santé pendant que maman nous regardait. Puis, je finis par apprendre que maman était malade. Elle ne digérait plus rien, seules quelques soupes avaient raison de son estomac et de son intestin.

Je ne la quittais plus, allais avec elle faire les examens, parfois très douloureux, qui la laissaient épuisée, la ramenant chez elle inquiète, Manette reprenant la garde que je ne pouvais assumer jour et nuit. Il me fut confirmé qu'elle avait un cancer du colon, ce que je lui cachai, lui faisant croire à une gastro-entérite doublée d'une occlusion intestinale. Maman était intelligente, elle en avait vu des vertes et des pas mûres, elle connaissait parfaitement les symptômes du cancer et ne se laissait pas berner malgré nos énormes mensonges, à Mijanou et à moi.

La dernière fois que nous partîmes toutes les deux chez un gastro-entérologue, ce fut celui de la rue de la Tour. Sur la porte d'entrée, j'avais une grande ardoise en forme de pomme sur laquelle maman écrivit à la craie : « MERCI SIOUDA. MAMAN. » Merci de quoi mon Dieu ! Cette inscription à moitié effacée est toujours là.

Puis, maman rentra à l'Hôpital Américain.

Elle dut subir une horreur qui, me dit-elle, fut plus douloureuse qu'un accouchement. Elle avait refusé l'anesthésie ayant comme moi-même une peur bleue de ces produits qui peuvent laisser d'énormes séquelles au cerveau. Elle souffrit donc un martyre. L'opération confirma un cancer prononcé du colon et d'une partie de l'intestin.

Je ne pouvais le croire, ni ne voulus le croire.

Yvonne Cassan de Valry, ma voisine de Bazoches qui avait souffert d'une vraie occlusion intestinale, me conseilla d'aller avec les radios de maman voir un grand spécialiste de l'intestin. J'en ressortis absolument épouvantée. Maman avait bel et bien un cancer très grave. Elle dut être opérée le 31 juillet 1978. Le soir du 30 juillet, Mirko me déposa à l'Hôpital Américain où je passai la nuit sur un matelas par terre près de maman. Nous parlions de tout, de rien, en nous tenant la main. Maman me demanda de lui laver les pieds afin d'être parfaitement propre sur la table d'opération. Je le fis en regardant avec amour ces petits pieds si jolis qui étaient ceux dont j'avais hérités. Puis nous regardâmes un film à la T.V. C'était sur la révolution de 1789. Maman me dit alors : « C'est l'horreur, Brigitte, si le socialisme passe, ce sera la fin de tout dans notre pays. »

A 7 heures du matin, elle fut opérée.

A 17 heures, elle fut mise en réanimation. Mijanou avec son mari, Mirko et moi étions là, attendant avec impatience des nouvelles. Elles étaient bonnes. Merci mon Dieu ! Je vis maman à peine réveillée, Mijanou et moi ne pouvions rester auprès d'elle. En réanimation, n'entre pas qui veut, même la famille. Alors, je retournai à Bazoches et m'écroulai de sommeil dans une torpeur difficile à expliquer.

Le lendemain, à peine réveillée, j'appelais l'Hôpital Américain. Maman allait au mieux, mais je devais parler à son chirurgien. Lorsque je l'eus au téléphone, il me dit que maman était condamnée. Ils avaient ouvert son ventre et aussitôt refermé au vu des métastases qui avaient envahi son organisme. Tout son système digestif, l'intestin, le foie, la rate, l'estomac, était touché.

Lorsque, en catastrophe, j'arrivai à l'Hôpital Américain, je me précipitai en salle de réanimation. Là, il fallait enfiler des blouses spéciales, des bonnets et tout un merdier qui ne servait à rien. Je vis maman, je lui parlai. Elle était tout à fait normale. Puis, elle se mit à avoir des spasmes, je partis en courant dans ces couloirs déserts, ne trouvant personne nulle part. Je hurlais dans cet Hôpital Américain ce 1er août 1978 ; pas âme qui vive. Une infirmière, que je croisai par hasard, vint voir maman. Elle lui fit des massages du cœur, essaya d'appeler au secours sans succès, le bureau des médecins était vide. J'essayais, comme je pouvais, de rassurer maman qui s'en allait, je le savais, je le sentais. Je lui disais : « Vous avez sommeil, dormez, ma chérie, rien n'est grave, dormez, je suis là ! »

L'infirmière finit par trouver un jeune médecin, puis d'autres arrivèrent y compris la réanimatrice-anesthésiste de maman, puis toute une armada qui me mit dehors et essaya de réanimer le pauvre corps de maman. J'étais là dans ce couloir, avec mes vêtements stériles, devant Mirko, à côté de Philippe Lebraud, compagnon de maman, sachant qu'elle se mourait, ne sachant pas quoi dire. Arnal, mon médecin et également celui de maman, arriva. Je lui dis de se dépêcher, qu'il se passait quelque chose de grave. Des minutes qui me parurent des heures pendant lesquelles je dis à Mirko : « Si Maman meurt, épouse-moi, je t'en prie ! » Il me dit : « Oui, je serai ta famille. » Et puis ce pauvre Philippe Lebraud qui pleurait dans un coin, seul, que j'allai consoler avec mes pauvres arguments de pacotille. Je ne savais plus où j'en étais, priant ma petite Vierge de tout mon cœur :

« Je vous salue Marie, pleine de grâce, le Seigneur est avec vous, vous êtes bénie entre toutes les femmes et Jésus, le fruit de vos entrailles, est béni. Sainte Marie, mère de Dieu, priez pour nous, pauvres pêcheurs, maintenant et *à l'heure de notre mort*. Ainsi soit-il. »

J'en dis au moins cinquante de ces « Je vous salue Marie », puis les médecins vinrent m'annoncer que maman était morte. Je fis appeler Mijanou immédiatement et allai près du corps de maman, toute chaude, toute comme je l'avais vue deux heures auparavant, avec son immense cicatrice sur le ventre.

Maman ! Maman !

On me dit d'aller lui chercher des vêtements, puis on m'annonça qu'elle irait à la morgue. Il n'en était pas question ! Maman resterait dans sa chambre, sinon je ferais un scandale ! J'étais déterminée, prête à tout. Maman n'irait pas à la morgue. Je laissai Philippe Lebraud, complètement à côté de ses pompes, pour vérifier que maman n'irait pas dans l'horrible morgue de cet horrible hôpital.

Puis, avec Mirko, je partis chez maman lui chercher des vêtements. Manette nous ouvrit la porte, comprit immédiatement et se mit à hurler sa douleur. Je trouvai dans son placard une ravissante robe en soie caramel, des bas, des chaussures, et je repartis avec Manette et Mirko. Mijanou étant enfin arrivée, nous fîmes venir un aumônier qui ne comprenait rien à cette situation, mais dit les paroles apaisantes dont nous avions besoin. Puis, maman fut habillée et mise, sur mes ordres, dans la chambre d'une aile abandonnée de l'hôpital. C'était l'été, certaines parties étaient fermées dont celle-là. Je passai la nuit près du corps de maman, affolée par son immobilité. Parfois, prise d'une panique atroce, je courais dans ce couloir désert jusqu'à trouver âme qui vive. On me rassurait, on me donnait du café, on me raccompagnait auprès de maman.

Philippe d'Exéa arriva à 3 heures du matin avec des petites roses dans les mains. Il avait acheté tout le panier de la vendeuse qui passait ce soir-là au *Raspoutine*. Nous mîmes ensemble toutes ces belles fleurs sur le corps, hélas, immobile à jamais, de maman. Puis il partit.

Et je restais là, en attente d'un geste, d'un mouvement de ce corps qui m'avait mise au monde.

La nuit fut longue, cette dernière nuit avec maman qui n'était plus. Mais qu'elle était belle. Je pensais à « la Reine Morte » de Montherlant, maman était une reine morte. Ma reine à moi. Je ne ressentais aucune douleur particulière mais il me semblait que je vivais le cauchemar d'une anesthésie, que j'allais me réveiller de cet engourdissement, de ce refus de la réalité. Maman était là, étendue dans ce lit d'hôpital, je l'avais pour moi toute seule. Je lui parlais, lui prenais la main, embrassais son front. Elle était fraîche, douce, belle, détendue, elle ne pouvait être morte, c'était impossible !

Avec l'aube, la réalité reprit le dessus.

Je pleurais, je hurlais, je voulais maman, ma maman.

Je fis une crise nerveuse. On m'administra des calmants et les médecins de garde m'envoyèrent me coucher. Il fallait que je dorme ! Non, je ne voulais pas laisser maman seule, je ne partirais que lorsque j'aurais trouvé quelqu'un qui me remplace à son chevet. Je téléphonais un peu partout. Je n'avais pas mon carnet d'adresses, seule ma mémoire me guidait. Tous les amis de maman étaient en vacances en ce 2 août 1978. Je trouvai Kiffer, l'ami peintre, il était en train de partir, lui aussi, mais vint immédiatement. J'appelai Manette et une vieille amie de maman, un peu sa sœur, Madeleine Brillant.

Lorsqu'ils furent tous là, je partis, le cœur en charpie, accordé à la lente décomposition de celui de maman. J'appelai Mijanou qui était repartie à Louveciennes dans un état dépressif terrifiant. Elle devait m'aider, je ne tenais plus debout ; qu'elle appelle tous les gens qu'elle connaissait, qui aimaient papa et maman, y compris les anciens collaborateurs de l'usine, qu'elle prévienne nos cousins, nos cousines, moi je me chargeais de la pauvre Tapompon et de l'horrible passage aux pompes funèbres. Puis, je téléphonai à mes gardiens de Bazoches qui avaient dû m'attendre toute la nuit et les prévins de la mort de maman. Janine, la gardienne, me répondit qu'elle le savait. Nini, ma Setter adorée, était sortie la veille au soir vers 20 heures et avait hurlé à la mort dans le jardin jusqu'à 22 heures, heure de la mort de maman !

Mirko, qui avait passé sa nuit confortablement couché dans une des chambres libres de l'hôpital, qui avait pris son café au lait-croissants avec les infirmières de l'étage, était frais et dispos. Il put m'escorter en me servant de chauffeur, j'étais incapable de conduire. Je passai aux pompes funèbres de la rue de la Pompe, signai des papiers et un chèque. Je devais fournir une carte d'identité de maman, ce serait pour plus tard ; à l'impossible nul n'est tenu.

Puis, j'allai voir ma vieille Tapompon, la seule qui me restait à présent, la sœur de Mamie, ma grand-mère adorée, la tante directe de maman. Cette vieille dame, absolument lucide, courageuse, énergique, qui avait vu mourir toute sa famille, y compris son fils, attendait sagement chez elle des nouvelles de maman qu'elle considérait comme sa fille. Lorsque j'arrivai, avec la tête que j'avais, il n'y eut pas besoin de discours, elle comprit immédiatement.

A 87 ans, Tapompon ne se préoccupa que de moi, de mon chagrin, de mon désespoir. Elle mit toute sa douleur à part, ne pensant qu'à la mienne. Merveilleuse Tapompon ! Elle irait passer la nuit à l'Hôpital Américain près de maman. Enfin secourue dans le fond de ma détresse, je partis pour Bazoches essayer de trouver le repos qu'il me fallait pour pouvoir assumer toutes les horreurs que j'allais devoir affronter.

En arrivant, plus morte que vive, je trouvai Yvonne Cassan de Valry et son mari, mes voisins, qui m'attendaient dans le salon. Ça faisait des heures qu'ils étaient là. Je me jetai dans leurs bras. La chaleur et le parfum d'Yvonne me rappelèrent maman. Je pleurais, eux aussi. Les petites me sautaient dessus, Matcho, plus timide, attendait dans son coin que j'aille vers lui, avec une telle tendresse dans son regard que je sus qu'il comprenait. Je dormis d'un sommeil agité, d'un sommeil de plein jour et de chaleur d'août. Je fis des cauchemars et me réveillai en pleurant.

Maman était morte ! Maman était morte !

Entre deux comas de sommeil plus ou moins artificiel, j'appelais la mairie de Saint-Tropez. Il fallait ouvrir le caveau, je ne savais pas quand, je rappellerais. Puis téléphonai à Michèle, ma secrétaire, qui avait pris possession depuis le 1er août, c'est-à-dire la veille, de La Madrague que je lui prêtais pour ses vacances. Nous allions venir en rang serré. Maman était morte. Elle balbutiait des gargouillis incompréhensibles à l'autre bout du fil. Il fallait faire tous les lits de toutes les chambres, qu'elle prenne son fils avec elle et son mari, j'avais besoin d'un maximum de chambres. Qu'elle appelle la femme de ménage, Josette, pour l'aider et préparer un repas pour tous les gens qui viendraient à l'enterrement. Nous serions peut-être une cinquantaine.

Débrouillez-vous !

C'était la première fois de ma vie que je me retrouvais seule devant un drame aussi épouvantable. J'avais vu mourir, hélas, bien des gens aimés, de ma famille ou non, mais j'avais toujours eu le refuge de mes parents qui prenaient en charge le pire. Là, je n'avais plus personne et devais assumer tout, absolument tout !

Le 4 août au matin, maman fut mise dans son cercueil.

Je crus m'évanouir devant ce dernier geste. Puis, comme nous devions la transporter à Saint-Tropez, le cercueil plombé fut hermétiquement fermé par des chalumeaux. Je m'évanouis. Mirko et moi accompagnâmes maman dans le corbillard, dans une chaleur irrespirable, un délire de vacances, l'incompréhension et les sourires narquois des touristes en maillot de corps qui nous voyaient passer. Pendant le temps de cet horrible voyage, j'avais fait prendre des billets de train et d'avion à mon compte pour tous ceux qui voulaient l'accompagner jusqu'à sa dernière demeure. Mijanou et Patrick, son mari, Camille, sa fille, Nicolas, Philippe Lebraud, Manette, Madeleine, Tapompon.

Il nous fut difficile d'arriver le soir, crevés, jusqu'à Saint-Tropez.

Les embouteillages des touristes de toutes nationalités encombraient la seule voie d'accès. Puis, je déposai le corps de maman à la chapelle qui faisait l'angle de la Miséricorde, là où elle avait eu sa première maison. Il faisait une chaleur terrassante, humide et collante. Je n'en pouvais plus. Les gens hurlaient dans la rue tandis que nous portions le cercueil à la chapelle. Certains m'avaient reconnue malgré les vêtements noirs dont j'étais recouverte et, sans aucune pudeur, me lançaient des phrases dégradantes et pornographiques.

C'était l'enfer !

Maman fut enterrée le lendemain 5 août à 8 heures du matin.

Il nous fallut faire les choses dès l'aube, sinon les touristes et autres photographes auraient profité de l'occasion pour perturber cette cérémonie, intime, recueillie, à laquelle ne participaient que des proches... Mama Olga qui, chaque année depuis quarante ans, louait la même maison à Grimaud au mois d'août et continue, du reste, contre vents et marées, Michèle Morgan et Gérard Oury, bien sûr tous les Félix du port, de Tahiti, les Gérard Montel et Appel, les Suzanne Pelet, les gentils, les adorables, les vrais de Saint-Tropez, les vieux de la vieille comme François de l'Esquinade avec Roger, son complice et ami, les pêcheurs, les marchandes de poisson comme Madeleine. Puis, les Parisiens, ceux qui étaient là par amour de maman ou respect de ma famille. J'en vis défiler au cimetière. Ils m'embrassaient, me tenaient les mains et essayaient de voir, derrière mes lunettes noires, mes yeux noyés de larmes. Mijanou, droite et digne à côté de moi, n'en menait pas large non plus. Et plus loin, Camille, sa fille, et Nicolas, mon fils, peu habitués à ce genre de situation, trop jeunes pour comprendre, piaffaient d'impatience !

J'allai auprès de Philippe Lebraud, il n'était plus que l'ombre de lui-même. Il me fit une peine immense. Pauvre homme âgé et triste, il n'avait plus, pour toute lumière, que le souvenir de maman dans le désespérant tunnel que fut la fin de sa vie. Cette lumière éteinte, ne sachant plus où se diriger, n'en ayant même pas envie, il disparut à son tour quelques mois plus tard.

A La Madrague, ce fut une sorte de garden-party.

Tout le monde se baigna. La piscine fut envahie par les enfants, Nicolas et Camille. Le buffet froid, préparé par Michèle et Josette, fut liquidé en moins de deux. Je regardais tous ces gens, proches ou moins proches, s'empiffrer, se saouler de rosé glacé. J'étais dans un coin, seule et écœurée. Heureusement il fallut repartir. Allez, tout le monde dehors ! Et en avant vers la gare de Saint-Raphaël où tous nos billets de train étaient réservés. Ce fut encore une cohue pas possible, nous étions bousculés par des troupes de campeurs, maison sur le dos. Je dus subir tous ces aoûtiens en mal d'envahissement.

Il paraît que l'on met sept ans à digérer un deuil.

Je pensais que je serais veuve de maman jusqu'en 1985 !

Ce fut bien pire !

En premier, je dus congédier Manette, après lui avoir donné le manteau de vison de maman qu'elle convoitait. Puis, je dus avec Mijanou vider l'appartement avant de le mettre en vente. Je repensais aux jolies fleurs et aux beaux arbres de la terrasse dont maman n'aura jamais vraiment profité. Un exécuteur testamentaire fut l'arbitre d'un bien triste partage. Je laissai la priorité à Mijanou et son mari Patrick, me contentant de ce qu'elle n'avait pas choisi.

Lorsque nous ouvrîmes les coffres de la banque, nous trouvâmes, Mijanou, le banquier, Monsieur Barbara, et moi, énormément d'argenterie, de bijoux, de diamants, de pierres précieuses et de pièces d'or. Ce fut encore très dur, très difficile entre ma sœur et moi. J'exigeai que nous soyons seules avec Monsieur Barbara. Il y eut deux parts : une avec tout un tas de bijoux, de pierres, de pièces d'or, de chaînes, de broches, de bagues plus un solitaire : la bague de fiançailles de maman ; l'autre avec un bijou superbe que maman appelait sa « roue de secours » qu'elle enfouissait dans sa culotte pendant la guerre lorsque nous allions à la cave, plus un solitaire offert par papa à maman le jour de ma naissance. Je fis le premier choix et pris le deuxième lot. Mijanou refusa tout et demanda la vente immédiate de cette fortune familiale. Elle avait besoin d'argent, se leva, indifférente, et s'en alla.

Je regardai une dernière fois tous ces bijoux qui avaient orné les doigts, les cols, les cous, les revers des tailleurs de ma famille. J'empochai la « roue de secours » et me passai au doigt le solitaire de ma naissance. Puis, je rentrai chez moi, le cœur lourd et l'amertume aux lèvres.

Le notaire, Maître Renard (je l'appelais « sur un arbre perché »), nous fit venir Mijanou et moi pour nous lire le testament. Ma sœur était encore accompagnée par son Patrick de mari. J'étais seule. Maman nous léguait à chacune la moitié de ses biens, biens de la famille Bardot, de la famille Mucel, biens familiaux, sans prix ! Mijanou, qui habitait Louveciennes, choisit évidemment cette maison. J'héritais donc de « La Pierre Plantée », à Saint-Tropez, maison qui avait été prêtée pendant l'été à des amis de maman qui m'en proposèrent l'achat. Ils aimaient cette maison, en étaient imprégnés, voulaient la faire vivre et revivre !

Ne sachant plus où j'en étais, je commençai avec La Perruque à déménager les meubles. Les antiquaires se bousculaient au portillon. Il est vrai que cette maison était pleine de raretés, d'armoires signées, de reliures uniques, de tableaux extraordinaires, de bibelots, de dédicaces de célébrités, un musée, un vrai musée de famille.

Je gardai quelques vestiges de ce passé à La Madrague et vendis le reste. La Perruque, avec son break, m'aida à transporter ce que je pus entasser chez moi. Les objets furent éparpillés à gauche ou à droite, je ne pouvais absolument pas tout garder. Hélas ! Quand je pense à quel point mes parents étaient esclaves de ces meubles, à quel point ils y tenaient et à quel point j'eus l'audace de les vendre.

Je me dégoûte.

J'apprenais, consciemment ou non, qu'il ne sert à rien d'amasser.

Il importe d'avoir l'essentiel, mais le superflu est inutile – ceux qui arrivent derrière vous ne gardent rien, vendent, se débarrassent, bradent. C'est une curée horrible d'où ressortent parfois un petit mot glissé dans un livre, une fleur séchée accrochée à une lettre, une inscription au dos d'une commode. Seuls, à mes yeux, ces témoignages terriblement personnels ont de l'importance, plus quelques objets, souvenirs de générations, qui ornèrent les tables du salon ou la cheminée de la salle à manger.

On s'en va seul et à moitié nu dans son cercueil, tout le reste n'est que poudre aux yeux. En fin de compte, rien n'appartient à personne, on en a l'usufruit mais on n'est réellement propriétaire de rien dans la vie, si ce n'est de sa propre existence et de son propre corps, et encore !

J'en pris de la graine et commençai à voir les choses différemment.

A quoi servait cette course au pognon, ces achats d'objets rares, ces collections de ceci ou cela, ces amoncellements de valeurs ? Ces meubles, ces envahissements de vaisselle, de verres, ces services 60 pièces ou 120 couverts, toute cette argenterie chiffrée qui finissaient tous chez l'antiquaire du coin ?

Je finis par vendre un prix dérisoire « La Pierre Plantée » aux amis de maman. Je n'avais pas le cœur à discuter, et Pierre Maeder m'affirma qu'avec les travaux qu'il fallait y faire, je faisais une bonne affaire ! Lui dut y trouver son compte puisqu'il m'annonça dans la foulée que La Garrigue allait être vendue dans les jours suivants à des Allemands qui avaient déjà un pied ou deux dans cette propriété. Ne sachant plus où j'en étais, ne pouvant plus demander conseil à personne, j'achetai La Garrigue suivant mon instinct sans chercher midi à quatorze heures.

Je vendrais La Madrague, trop invivable, et pourrais enfin trouver peut-être une certaine paix à La Garrigue. Mais avant tout, il me fallait construire une maison, ma maison ! Le permis de construire de Monsieur Salomon était caduc. Pourtant, je m'en servis avec mon architecte, Georges Gratteau, qui connaissait mes goûts pour des demeures petites, basses, avec des toits longs et des poutres apparentes.

Après tout, qui peut le plus, peut le moins.

Et je m'embarquai une fois encore dans une responsabilité ne reposant que sur moi pendant que Mirko sculptait tranquillement ses œuvres à La Petite Madrague, n'essayant ni de m'aider ni de me conseiller.

Chacun son métier, les vaches seront bien gardées !

Je l'ai souvent dit : je suis fille-mère de mes maisons, de mes propriétés, de mes appartements. Seule, j'assume tout pour le meilleur ou pour le pire. Tout le monde en profite mais la note c'est moi qui la paie. Parfois, je n'en peux plus. J'allais sur la tombe de maman, de papa, de Boum et de Mamie. Je restais des heures à pleurer.

Je me rendis compte aussi que pleurer devant une tombe ne servait à rien, sinon à se détruire soi-même. Ceux que j'aime m'entourent, leur esprit est là, même si je ne les sens pas ! J'ai appris que les apparences humaines ne sont que des dépouilles pourries, comme de vieux vêtements. L'esprit reste, l'intelligence est là, la protection aussi. C'est une espèce d'électricité dans l'air, impalpable, mais omniprésente. Je suis sûre et certaine que je fus protégée par des « ordres », de drôles de choses venant d'ailleurs. Je ne sais pas d'où ! Sinon, je serais morte depuis longtemps. J'acquiers parfois une force qui me vient de je ne sais où. Je parviens à assumer des choses terrifiantes avec un courage qui n'est pas le mien. Voilà !

La vie continue malgré tout, malgré soi, malgré le chagrin, malgré le scandale.

A propos de scandale, j'attaquai l'Hôpital Américain.

Maman était morte parce que personne n'était au bureau des médecins dans cette salle de réanimation ce 1er août 1978 à 20 heures 30. On me dit que c'était un changement de personnel, que du 31 juillet au

1er août, tous les employés partaient en vacances. Ils reconnurent l'erreur d'un manque de présence spécialisée à cette heure en réa ! Le procès eut lieu. Les juges étaient des médecins du Conseil de l'Ordre, j'attaquais des médecins et le plus grand hôpital de Paris. Il y eut des renvois, puis des appels, et puis, à mon grand étonnement, plus rien. Je n'entendis plus parler de l'affaire – comme si tout s'était dissout dans le cosmos. N'étant pas une procédurière à tout va, et la vie de maman ne dépendant hélas plus du procès, je laissai tomber, mais je compris que les corporations se soutiennent entre elles et qu'il est inutile de réclamer une justice qui n'existe pas.

Il me fallut aussi débarrasser totalement l'appartement parisien de maman pour le vendre. J'y passai des heures, seule, avec l'impression de sa présence, son parfum, ses odeurs. Je mettais mon nez dans son placard et pouvais encore renifler sur un chemisier ou un pull-over la vie qu'elle y avait laissée, sa chaleur, son empreinte à jamais disparues. Alors, je pleurais en serrant contre mon cœur ces vestiges d'une présence qui allait me manquer, me marquer à vie.

Je trouvais des petits mots d'amour sublimes écrits par papa, des cheveux, une grande tresse rousse qui avait appartenu à maman lorsqu'elle était adolescente et que Mamie lui avait fait couper. Il y avait aussi des notes écrites au jour le jour, disant sa détresse, son besoin de chaleur humaine, sa fatigue de la vie mais aussi son courage devant la maladie.

Il y avait des livres, des livres et encore des livres, des reliés, des brochés, des dédicacés, des anciens dont il manquait la couverture. Il y avait tous ces petits objets disséminés un peu partout, encombrants et inutiles, mais témoins de tant de souvenirs. Il y avait des tableaux, des dessins de Kiffer, de Bérard, de Léonor Fini, de Marie Laurencin me représentant à l'âge de 11 ans, des caricatures rigolotes de papa, la timbale dans laquelle je buvais lorsque j'étais enfant, des petites cuillères, des tasses, des verres, des soucoupes, des assiettes toutes dépareillées mais souvenirs d'une grand-mère ou d'un arrière-grand-père.

En vidant les placards, j'entrais dans un passé que j'ignorais. A travers leurs mots, je découvrais mes parents, je me rapprochais d'eux, mon émotion était la leur, je comprenais soudainement toutes ces racines qui m'attachaient malgré moi à un petit objet de rien du tout, mais qui avait vécu la vie de tant de gens de ma famille.

Le soir, Mirko venait me chercher.

Il me trouvait par terre, entourée d'un cercle de souvenances. Il y avait des petits calepins de papa dans lesquels j'ai puisé bien des anecdotes concernant mon enfance, relatées dans le premier tome de mes Mémoires *Initiales B.B.*. Il y avait des livres de Maurice Chevalier dédicacés, des photos, des photos et encore des photos ! J'entassais tout dans

des cartons que j'essayais de ranger dans les recoins de toutes mes maisons, Bazoches en particulier me parut la plus apte à recevoir tous ces
souvenirs de famille.

Puis, je me débarrassais d'un tas de trucs, vendant au kilo, à qui voulait bien, des livres, des bibelots, des embarras de maison comme je les
appelle et dont je suis à l'heure actuelle envahie à mon tour.

IV

*On n'a pas un cœur pour les hommes et un cœur
pour les animaux, on a un seul cœur ou pas du
tout !*

LAMARTINE (1790-1869).

Le 28 septembre 1978, j'eus 44 ans.

J'étais si triste, mal dans ma peau, c'était le premier anniversaire de ma vie dont maman était absente ! Phi-Phi d'Exéa, Chantal Bolloré, sa compagne, Mirko et je ne sais plus qui, prirent des places au théâtre pour aller voir *La Cage aux folles*. Non, je ne voulais pas y aller, je n'avais pas la tête à toutes ces conneries. Mais je finis par m'y rendre comme à l'abattoir.

Une fois dans le théâtre, je passai une soirée extraordinaire. Michel Serrault, que j'adore, me fit rire et rire, j'en oubliais tout. Et puis, tous ceux qui l'entouraient furent magnifiques, Michel Roux en particulier, qui remplaçait Jean Poiret. Je le connaissais, il était mon amoureux dans *La Femme et le Pantin*. Etre l'amoureux de B.B. et celui de Michel Serrault, il faut le faire. Nous n'avions pas grand-chose en commun, mais leurs talents me permirent de m'amuser vraiment. Ce qui est unique : faire oublier la détresse, faire rire, sourire. Bravo !

J'étais désormais seule, orpheline à 44 ans.

Mais il n'y a pas d'âge pour cette terrible épreuve. Personne ne remplacera jamais la douceur des bras de maman, l'affection illimitée de papa. Je serai désormais une étrangère pour tout le monde, adulée, admirée, mais une étrangère n'ayant jamais, plus jamais, la chaleur d'un foyer familial. Je ne pourrai plus aller me réfugier auprès d'eux lorsque la vie me fera souffrir. Il me faudra à leur place être celle auprès de laquelle ceux qui sont en peine trouveront le réconfort, la chaleur, la tendresse. J'étais catapultée chef d'une famille hétéroclite, éparpillée, mais que je pouvais rassembler autour de moi, au nom du père, de la mère et de ceux qui en sont les descendants.

Je ratai ce nouveau rôle, n'étant pas assez disponible, trop énervée par trop de problèmes, incapable d'aider les autres puisque incapable de me maintenir moi-même en équilibre. Mirko s'appuyait sur moi, peu à même de subvenir seul à sa survie. Mijanou comptait sur un soutien, son mari n'ayant qu'elle comme pivot d'existence. Camille, ma nièce, et Nicolas, mon fils, s'accrochaient avec désespérance à ce qui leur semblait l'ombre d'une famille désarticulée. Je chancelais sous le poids, n'ayant ni la force morale ni la force physique d'assumer tout ce tremblement.

Le petit livre *Nonoah* était sorti et se vendait bien au profit de Greenpeace. Pour Noël, nous espérions qu'il ferait un tabac auprès des enfants. Une petite chose rigolote, ce petit *Nonoah* fut édité chez Grasset chez qui, vingt ans plus tard, je ferai paraître mes Mémoires : *Initiales B.B.* Le hasard n'existe pas.

A Bazoches, où je passais le plus clair de mon temps, mon amitié avec Louis et Yvonne Cassan de Valry ne fit que croître. Abandonnant le paraître, ils se mirent à mon niveau de simplicité et devinrent de véritables amis intimes. Ils nous apprirent à jouer au bridge. Pendant que je comptais mes points et faisais l'impasse à la dame, je ne pensais à rien d'autre. Ils eurent une patience d'ange car le bridge est un jeu très sérieux où, lorsque l'on gagne, on ne se lève pas en faisant : « Hou, hou, aie, aie, snip, snip ! J'ai gagné ! » Je les faisais rire et nous reprenions notre sérieux jusqu'à la prochaine victoire.

Je fus même conviée à un tournoi des plus rigoureux chez Louis et Yvonne. Je me trouvais partenaire d'Etienne Ader, cet illustre commissaire-priseur qui ne plaisantait pas sur les mauvaises annonces et les fautes grossières. J'en tremblais dans ma culotte en avançant timidement « deux carreaux » ce à quoi il me répondit « trois piques ». Nous gagnâmes la partie. Je me levai, les bras en l'air, hurlant ma joie, ma fierté, mon orgueil, et j'embrassai Maître Ader !

Habituellement les tournois de bridge ne prenaient pas cette allure décontractée, mais on me pardonna en souriant parce qu'il était difficile de m'en tenir rigueur.

Là-dessus, Louis et Yvonne, pour me changer les idées, toujours, organisèrent un dîner avec Nelly Guerlain et son mari. Etant une de leurs plus fidèles clientes avec mon *Heure Bleue*, je me fis un peu tirer l'oreille puis finis par accepter d'aller à « La Campagne », le trois-étoiles de Bazoches (disparu depuis corps et âme) mais qui, à l'époque, attirait les Parisiens les plus snobs, les couples les plus illégitimes des week-ends et aussi, hélas, bien des chasseurs mondains.

Il pleuvait comme vache qui pisse lorsque Louis et Yvonne passèrent nous chercher. Il était inutile de prendre deux voitures pour faire 300 mètres. Le restaurant, avec ses maîtres d'hôtel, ses nappes blanches empesées et son argenterie, avait l'air d'une annexe de La Tour d'Argent plutôt que d'un restaurant campagnard. Enfin, au milieu des

« chochottes » et des « prouts ma chère », nous rencontrâmes les Guerlain. Yvonne, tel un caméléon, redevenait mondaine et ridicule au contact des mondains-ridicules !

Tout ce petit monde avait un manche à balai dans le derrière !

On nous offrit une coupe de champagne, puis on nous présenta la carte. Ce fut un peu dur pour moi car les cuisses de grenouilles, le foie gras, les ortolans et autres pâtés de grives précédaient les cuissots de chevreuil, les lièvres, les canards au sang et les biftecks toutes sauces ! J'eus mal au cœur et commandai un fond d'artichaut en salade pendant que pleuvaient le foie gras, le gibier et autres horreurs. Mirko prit une salade de tomates. L'attente commença avec le silence gêné de ceux qui n'ont rien à se dire sauf des banalités. Pour ça, Yvonne était championne. Elle parla de la pluie, j'enchaînai pour être aimable sur mon amour des parfums Guerlain, le tout tomba dans une indifférence glacée. Puis, Nelly Guerlain, s'adressant à Louis et Yvonne, raconta le mal qu'elle avait eu lors de la dernière chasse à courre, à servir le cerf qui s'était réfugié dans un étang ! Elle dut entrer dans l'eau et le larder de coups de poignard pendant que les chiens le dépeçaient encore vivant. Du coup, elle avait attrapé la grippe... Quelle saloperie de cerf !

Je n'en croyais pas mes oreilles, je sentais mes yeux sortir de ma tête, j'eus envie de hurler, mais par respect pour Louis et Yvonne, je me contins et dis à Madame Guerlain que je ne voulais pas, ne pouvais pas entendre de tels propos, que je lui demandais de changer de conversation sinon je me verrais dans l'obligation de quitter cette table. Cela jeta un froid qu'Yvonne combla immédiatement en parlant des dernières collections *Saint-Laurent, Dior*, etc.

Puis le silence retomba. Mais qu'est-ce que je foutais là ?

Alors, pour briser la glace ou par provocation, Nelly Guerlain se remit à parler de chasse, du nombre incommensurable de faisans qui avaient orné le dernier tableau, elle n'avait plus su quoi en faire et avait fini par les laisser aux chiens avec plumes et becs.

Je me levai, j'étais livide. Je lui dis : « Savez-vous, Madame, ce qu'est le pire pour une femme Guerlain ? C'est qu'on ne puisse pas la sentir. » Puis, je partis sous la pluie sans me retourner, traversant ce restaurant comme sur une bulle ! Mirko me suivit. J'arrivai trempée avec lui dans ma petite chaumière, et là, je pleurai toutes les larmes de mon corps.

L'année 1978 se terminait tristement.

Lorsque l'on vit à la campagne, personne ne vient vous voir l'hiver. C'est une saison morte où les gens préfèrent les lumières aléatoires mais éclatantes des vitrines, des guirlandes des rues qui illuminent Paris. Ici, à Bazoches, seul un brouillard terrifiant accompagnait les journées et les soirées pendant que la chouette hululait. C'était la sinistrose.

Je me remis à écrire mes Mémoires pendant que Mirko sculptait. J'avais près de moi mes chiennes et un petit agneau né dans la gadoue dont la mère était morte et que je nourrissais au biberon. Il s'était réfugié sous mon bureau et je l'entendis bêler parce qu'il avait faim. Quoi de plus beau ? Il me rappelait Chouchou, mon Chouchou, si loin maintenant. J'aurais tant aimé vivre entourée de tous les animaux du monde, leur apprendre à se supporter comme nous apprenons à supporter les autres humains ! En fin de compte, j'étais différente, tellement différente de toute cette race humaine qui me débectait, m'écœurait.

Alors, qui étais-je ?

Parfois, Mirko, sortant de son atelier et me voyant écrire, me demandait de lui lire ces phrases qui furent des moments essentiels de ma vie... Il écoutait ce que je venais de rédiger, hypnotisé, en voulait encore et encore. Mais je n'avais bientôt plus rien à lui lire. Alors, il attendait le lendemain et nous recommencions, lui attentif, moi lisant ma vie à page ouverte. Il adorait, découvrant une Brigitte différente, inconnue. Il est vrai qu'il est plus facile de se confier à du papier qu'à un être humain, quel qu'il soit.

Pour ce Noël 1978, je ne sus que faire.

Le gel avait pris possession de l'étang, de la cressonnière, des pelouses et des routes. Les canards faisaient des triples saltos sur la surface gelée de la mare ! Certains chats, plus courageux que d'autres, apprenaient la patte-à-glace et se retrouvaient les quatre fers en l'air !

Ce fut le premier Noël sans maman. Mais, pour elle, j'invitai Kiffer, Camille, Mijanou sans son mari (ouf !), Nicolas et Jacques Charrier. Ce fut sans saveur et sans odeur, chacun de nous pensant à autre chose.

Le réveillon du 1er janvier fut sinistre.

J'étais malade, plus de 39° de fièvre ; j'avais chopé une grippe avec toute cette humidité. Jean Bouquin et Simone étaient là. Je n'en pouvais plus, essayant de faire contre mauvaise fortune bon cœur ! Ils étaient arrivés glissant et dérapant sur des plaques de verglas pendant que je crachais mes poumons. A minuit, lasse de ces faux-semblants, j'allai me coucher après avoir embrassé les uns et les autres. Jamais mon lit, ma couette, mon petit univers ne me parurent plus accueillants. Dehors, il gelait à pierre fendre, le 31 décembre mettait le point final à une année horrible. Je m'endormis au milieu de mes chats et de mes chiennes en souhaitant de tout mon cœur que 1979 soit plus apaisant, plus facile à vivre, moins tourmenté, moins irrémédiablement destructeur. Hélas ! l'avenir me prouva le contraire.

C'est drôle, en écrivant ce deuxième tome de mes Mémoires, je pense aux *Mille et Une Nuits*. Lorsque j'aurai fini d'écrire ma vie, lorsque tous ceux qui me détestent m'auront fait des procès pour ceci, pour cela, je sais que j'aurai accompli ma destinée et ce séjour sur cette terre. Alors, je m'en irai vers des univers moins stressants et je prendrai une retraite méritée au milieu des nuages.

En attendant, je dis, j'écris ce que j'ai à dire.

Avez-vous remarqué que je ne parle presque plus de Nicolas ? Mon cœur saigne, j'ai subi de sa part tant de procès affreux lors de la parution d'*Initiales B.B.* que je préfère m'abstenir d'en dire quoi que ce soit, malgré sa présence dans mon cœur à jamais. J'ai perdu ma maman et aussi mon fils. C'est comme une mutation, lorsque les arbres perdent leurs feuilles. Mais les miennes ne repoussèrent pas au printemps.

Puisque j'étais en mal de vraie famille, je conservais celles que j'ai toujours considérées comme des mamans de remplacement : Olga, Dédette, ma maquilleuse, et Cricrou Gouze-Renal, ma productrice fétiche. Or, en cette fin d'année 1978, qui venait de me prendre maman, Odette se trouva dans une situation dramatique, foutue à la porte de l'appartement qu'elle habitait depuis trente ans porte de Saint-Cloud, dans ces immeubles de briques rouges qui appartiennent à la Ville de Paris. Elle me téléphonait en larmes. Son mari l'avait quittée pour épouser une minette de 20 ans avec laquelle il avait deux enfants, et elle, à 60 ans, se retrouvait jetée dehors, sans espoir de retour, l'appartement étant devenu trop grand pour une femme seule, ses deux fils ayant leurs vies et leurs familles. J'étais effondrée, jusqu'à l'idée merveilleuse de lui acheter un appartement.

Elle n'en revenait pas, moi non plus !

Mais il faut que l'argent que l'on a gagné serve à rendre heureux ceux qui n'ont pas eu ma chance professionnelle ! Je lui dis de se chercher ce qui lui plairait le plus, lui donnant une fourchette de prix à ne pas dépasser.

Un jour, elle me téléphona, ivre de bonheur, elle avait trouvé à Boulogne, dans un petit immeuble moderne de trois étages, au milieu de pelouses, de fleurs, d'arbres et de silence, un studio, cuisine, salle de bains plus terrasse pour le prix que je mettais à sa disposition. J'allai le visiter. C'était clair, ensoleillé, propre, la vue sur le parc unique. Bref, je le lui achetai. Depuis, elle y coule des jours tranquilles et heureux. Elle a maintenant 76 ans et bien mérité de finir ses jours d'une manière douce et sereine. Je l'aime.

Je recevais depuis longtemps des lettres d'une femme extraordinaire qui aimait les animaux, en avait fait sa raison de vivre et habitait Chamalières, au cœur du Massif Central, ville de Valéry Giscard d'Estaing. Nous correspondions régulièrement, elle essayait d'endiguer sa détresse. Je la conseillais et la soutenais. Tout ça ne nous menait pas loin mais nous avions l'impression de refaire le monde.

Et puis, un jour, Allain Bougrain Dubourg m'appela au téléphone. Une très grande opération avait lieu à Chamalières concernant les bébés phoques, organisée par cette femme et amie. Il y aurait une conférence, des projections de films atroces, il me fallait être là.

Toute la presse régionale m'attendait.

J'y allai. Plus morte que vive, je fis une conférence de presse dans une salle municipale, les images qui passaient derrière moi et mes paroles n'avaient besoin d'aucun commentaire. Allain était là, à mes côtés, Mirko, discret, se tenait en retrait. Les gens hurlaient que c'était horrible, aberrant. Mon amie organisatrice fut ovationnée. Je l'embrassais de tout mon cœur et Allain aussi. Elle était unique, merveilleuse, grâce à elle, à son courage, tout le Massif Central se mobilisait contre la mort horrible des petits phoques. J'appris son décès quelques mois plus tard et en fus bouleversée.

En ce début 1979, je croyais déjà que j'allais avec cette pauvre conférence faire changer les esprits, faire prendre conscience aux gens. J'étais folle ! Rien ne servit à rien et je me retrouvai dans mon désespoir. Le monde n'était certes pas à l'écoute d'une pauvre intervention de Brigitte Bardot à Chamalières. Et pourtant mon nom était porteur d'une célébrité mondiale qui aurait dû m'aider. Au contraire, je ne rencontrais que des allusions effroyables à une publicité que je me faisais sur la mort des petits animaux.

J'en aurais vomi d'horreur. Quelle injustice !

Cependant, Réal avait enfin sorti une collection « Printemps-Eté 79 – *La Madrague* ». Il y avait de très belles robes et des horribles. Par contrat, je devais faire des photos en portant cette collection. C'est Léonard de Raemy, un photographe de Sygma, qui assura cette séance un peu difficile. J'avais du mal à rendre jolies les horreurs, en revanche, j'avais un bonheur fou à présenter ce que j'aimais.

La mode, c'est comme la politique, une espèce de magouille qui ne regarde que ceux qui s'y intéressent et qui est imposée aux autres avec son meilleur et son pire. Après, le public subit ce qu'on lui met sous le nez et s'adapte aux conditions invivables ou importables de tout ce qui se trame en douce pour s'en mettre plein les poches.

*_**

Puis, Tapompon tomba très malade.

Je ne la quittais pas et dus l'accompagner à l'hôpital du Kremlin-Bicêtre où son médecin la fit hospitaliser d'urgence. Je restai à son chevet des heures et des jours. Elle ne voulait rien laisser à ses petits-enfants et surtout pas à sa belle-fille, Jeanine, dite « Tatou », qui convoitait, paraît-il depuis des années, sa bague de fiançailles faite de deux diamants, l'un venant d'une boucle d'oreille de sa maman (Mamie, ma grand-mère ayant eu la seconde), l'autre lui ayant été offert par son mari, Jacques, mort des suites des gaz de la guerre de 14-18.

Elle me la passa au doigt un jour de ce printemps 1979, à l'hôpital. Puis, elle fit venir son banquier et son notaire. Mirko était parti avec les petites à La Madrague. Je restais seule rue de la Tour, allant quotidiennement au Kremlin voir ma petite Tapompon. Elle était au plus mal et parfois, au milieu de la nuit, je recevais un coup de téléphone : « Venez vite, votre tante vous réclame. Elle est au pire. »

Alors, je prenais ma petite Fiat 125 et je partais, à moitié réveillée, jusqu'à l'autre bout de Paris. Je m'asseyais dans un fauteuil auprès de Pompon, dans ce sinistre hôpital, lui tenais la main, et nous nous endormions toutes les deux. Nicolas, par bonheur, était dans les parages. Je l'emmenais souvent avec moi, ce qui lui permit de connaître un peu mieux cette Tapompon qu'il découvrit au crépuscule de sa vie, mais qui lui en apprit énormément sur toute notre famille.

Un jour, j'étais seule à un feu rouge auprès d'une camionnette S.P.A. Le type qui conduisait me fit des signes et moi je lui demandai de s'arrêter au premier croisement. Dans ce camion-prison, se trouvaient deux chiens fraîchement ramassés dans un commissariat : une petite chienne rousse et blanche, très jeune et adorable, et un pauvre croisé Berger allemand. Ils allaient tous deux être euthanasiés puisque abandonnés. Je donnai 500 francs au chauffeur et récupérai les deux malheureux condamnés.

J'arrivai à l'hôpital avec mes deux chiens.

Ne pouvant les laisser dans la voiture, j'eus le culot de les emmener, traversant les couloirs, passant devant le bureau des infirmières jusqu'à la chambre de Tapompon. Ce fut une résurrection, elle se mit à rire, à les caresser, cherchant sur sa table de chevet des bouts de biscottes ou des morceaux de sucre à leur donner. Il y eut une révolution dans l'hôpital. Aucun chien n'avait jamais mis les pattes dans les chambres de malades. Mais le Docteur Bouvier arriva. Il riait, tout le monde riait, c'était le bonheur ! Je lui expliquai mon aventure, il réunit ses infirmières et leur demanda d'adopter ces pauvres malheureux.

La chienne baptisée « Piqûre » fut immédiatement prise par une jeune et jolie infirmière. Le petit croisé Berger trouva un maître charmant, un assistant médecin qui lui donna le nom d'« Ordonnance ». J'étais aux anges, je venais de sauver, avec la complicité du médecin de Pompon, deux chiens abandonnés voués à une mort atroce !

Vive la joie et les pommes de terre frites !

Mais la joie se transforma rapidement en angoisse irréversible.

Tapompon était dans un semi-coma. Quand elle reprenait conscience, elle me cherchait des yeux. Etant la seule à pouvoir lui donner un peu de réconfort, je ne la quittais pratiquement plus. Je grignotais avec les infirmières à l'heure des repas et on m'avait installé une rallonge au fauteuil dans lequel je passais mes courtes nuits. Pour me détendre un peu, j'allais fumer des cigarettes dans le bureau du Docteur Bouvier qui m'accorda, exceptionnellement, cette grâce.

La main tantôt inerte tantôt agitée de Tapompon était dans la mienne comme deux vases communicants. Je lui donnais un peu de ma vitalité, de ma sève, tandis qu'elle s'accrochait à la vie pour ne pas mourir.

J'ai fait souvent la même chose en enlaçant un arbre au cœur d'une forêt. Mettant mes mains bien à plat et mon front ou mes tempes contre son écorce, je sentais la vie intérieure de cet arbre rentrer en moi, comme des ondes, et ça m'a souvent permis de continuer une tâche difficile, un combat inégal, puisant au cœur même de la nature une force qui me fut un bien précieux.

Puis Tapompon mourut.

Ses mains dans les miennes, elle exhala un très long et pénible soupir, le dernier. Affolée, je hurlai dans les couloirs : « Au secours ! Au secours ! » Une fois de plus, j'étais confrontée à cette ennemie haïe : la mort, plus forte que toutes mes forces réunies.

J'étais à nouveau orpheline en ce jour de Pâques d'avril 1979.

Je fus obligée de me rendre à l'évidence dans la solitude de mon chagrin. Ce qui se passe « après » est tellement épouvantable que je préférais ne pas y assister. Je ne servais plus à rien et toute cette morbidité me rendait malade. Je me souviens lui avoir enfilé des chaussettes aux pieds et lui avoir mis un châle sur les épaules. Elle avait peur d'avoir froid dans sa tombe, et je lui avais juré que je la couvrirais comme elle le souhaitait.

Il me fallut assumer, seule encore une fois, parfois avec Michèle, les pénibles responsabilités qu'impose la mort d'un être cher lorsque l'on se retrouve son unique famille.

J'appris à me tenir raide et droite alors que je sentais mes entrailles se nouer, lors de sa mise en bière. Elle était bleuie par le froid des tiroirs de la morgue. Je ne la reconnaissais plus. Mijanou, qui n'était pas au mieux avec Pompon, refusa d'assister à son enterrement. J'appelai Nicolas et le suppliai de ne pas me laisser seule. Il avait 19 ans et fut formidable.

J'avais prévenu tous ses amis, elle en avait beaucoup, et l'église fut remplie par une foule de gens qui aimaient ma Tapompon. Puis, seule avec Nicolas, nous subîmes les condoléances. Au cimetière Montparnasse, sa tombe, où reposent son mari et son fils, est exiguë entre d'autres tombes H.L.M.

J'avais fait le dernier pas vers une solitude familiale désormais irrémédiable, la précarité de la vie, la désolation de la mort, l'inutilité totale de tout ce qui était matériel.

Après avoir vendu, gardé, épluché, engrangé tous les meubles et souvenirs que me laissa Pompon, après avoir mis son joli appartement en vente, après avoir fait profiter Michèle, comme une soeur, d'un tas de petits cadeaux, de gros cadeaux, y compris toutes les pièces d'or que Pompon avait gardées depuis le début du siècle et qui étaient cousues dans un morceau de tissu, je pris l'avion et partis pour Saint-Tropez retrouver Mirko, les petites, la mer, le vent, La Madrague, le soleil, la vie. J'en avais un immense besoin. J'étais un peu avec la mort aux trousses. Elle me poursuivait, j'en rêvais la nuit, n'ayant plus envie de rien puisque je savais que rien ne servait à rien et qu'un jour on vous enfermait dans un cercueil, qu'on vous enfournait sous la terre pour disparaître à jamais.

Ce fut une prise de conscience terrible qui ne me quitta jamais plus.

La mort est omniprésente à chaque minute de ma vie.

Je la sens, je la renifle, je la chasse, mais elle me nargue en enlevant sous mon nez des êtres que j'aime, des animaux que j'adore, des vies petites ou grandes qui me sont substituées par cette horreur, malgré toute ma force de combat contre « elle ».

Sainte Thérèse de l'Enfant Jésus a dit : « Je passerai mon ciel à faire du bien sur la terre », moi je dis : « Je passerai ma terre à lutter contre la mort. »

A La Madrague, en ce mois de juillet 1979, il faisait beau et chaud, la mer était calme et les jours n'en finissaient plus de nous faire attendre ces couchers de soleil uniques de beauté dans la baie des Canoubiers.

Pourtant, j'étais mal dans ma peau.

Je vivais depuis quatre ans et demi avec Mirko, beau comme un dieu, bourré de talent, et je me sentais seule. J'avais déménagé la plus belle pièce de la maison pour lui faire un atelier. La Petite Madrague était devenue un amoncellement de tôles, de machines, d'outils, un véritable capharnaüm d'où sortaient de magnifiques sculptures.

J'aurais dû être heureuse, mais notre couple bringuebalait comme un bateau mal amarré. Je ne peux pas vivre sans me sentir aimée. Or, la présence de Mirko ne m'apportait plus cet élan passionnel qui me fait briller les yeux, me fait éclater de bonheur, me fait rajeunir de vingt ans.

Il ne me voyait plus ; le temps avait passé, avait rongé, avait attaqué cette chose si belle et si fragile qu'est un amour. Alors l'angoisse, la solitude, la tristesse s'emparaient de moi petit à petit.

C'est à ce moment que La Perruque m'a conseillé d'aller voir une médium qui habitait chez lui. Je n'ai pas l'habitude de passer mes journées chez les cartomanciennes et autres diseuses de bonne aventure, mais, après tout, puisque tout allait de travers, pourquoi ne pas essayer.

C'est ainsi que je me retrouvai un après-midi dans le petit appartement de La Perruque, sous la Citadelle, qui, avec ses escaliers aux tommettes mal serties, avec sa vue sur l'église qui sonne les heures et les demi, avec ses murs blanchis à la chaux, rappelle dans sa simplicité ce passé où Saint-Tropez était encore un village de pêcheurs, où les gens savaient vivre au rythme du temps et où les maisons avaient encore des dimensions humaines.

Catherine Thomas m'attendait.

C'était une belle femme mûre et élégante.

Elle me fit asseoir en face d'elle, face au nord.

Je ne parlais pas. Elle non plus. Elle me prit les mains, ferma les yeux, puis au bout d'un instant, secoua très fort ses mains comme pour en faire partir quelque chose vers le sol.

« Vous êtes négative, mon petit, vous n'apportez que du négatif, c'est affreux, vous m'avez transmis tout ce négatif, je dois m'en débarrasser ! »

J'étais éberluée. Moi, négative !

Alors que toute la journée je n'arrêtais pas de me battre pour les animaux, pour que la maison tourne rond, pour que ceux qui partageaient ma vie soient heureux, pour surmonter mes moments de cafard !

Le pendule, au-dessus de mes mains posées à plat sur la table, confirma en se mettant à tourner vers la gauche (j'ai toujours détesté la gauche). Elle me fit les tarots ; je les voyais pour la première fois et trouvais que c'était bien joli.

« Vous entrez dans votre Carré de Pluton », m'annonça-t-elle.

Je ne savais pas ce que cela signifiait, mais elle me le dit avec une telle gravité que j'en eus des frissons dans le dos.

Qu'était-ce donc que ce redoutable Carré de Pluton ?

C'est une période d'épreuves parfois insurmontables que tout être humain traverse entre 40 et 50 ans. Cela dure environ dix ans. C'est une mort pour la renaissance d'une autre vie différente. C'est une rupture complète avec le passé. Pluton étant le Dieu des Enfers, c'est un enfer sur la terre qu'il faut passer. Pendant cette période, beaucoup de gens se suicident, d'autres sont atteints de maladies graves, comme le cancer, ou font des dépressions nerveuses, d'autres encore se retrouvent seuls, divorcent, se brouillent avec tous leurs amis, et d'autres enfin font faillite sur faillite.

Il ne faut RIEN entreprendre pendant un Carré de Pluton.

J'étais épouvantée !

Les tarots alignés sur la table avaient l'air d'inoffensives images d'Epinal, et pourtant, ils m'annonçaient de bien tristes nouvelles. Catherine était presque en transe, ses chakras ouverts recevaient les directives de ses entités du ciel.

Mirko allait me quitter au moment de Noël pour partir aux Etats-Unis. Ce serait une rupture définitive qui se passerait mal, mais que je surmonterais grâce à l'aide d'un ami qui prendrait sa place dans ma vie. J'avais déjà vécu plusieurs vies. J'avais été la Reine Claude, femme de François 1er, je serais toujours une reine dans toutes mes vies à venir et j'en étais aussi une dans celle que je vivais actuellement.

Je devais donc me comporter comme telle !

Il allait me falloir beaucoup de courage pour passer le « Carré de Pluton » qui allait m'éprouver jusqu'aux limites de mes résistances physiques et psychiques...

Complètement démoralisée, je lui donnai 200 francs et partis en courant. Quel con, ce Gérard, de m'avoir dit d'aller voir cette bonne femme-là ! Non seulement j'en sortais bien plus mal qu'en entrant, mais encore pour tout ce gâchis il avait fallu payer 200 balles, j'étais furieuse !

Michèle, ma secrétaire, m'attendait impatiente et curieuse à La Madrague. Je lui déballai tout en vrac : le Carré de Pluton, le départ de Mirko, comme si Mirko allait partir aux Etats-Unis juste pour Noël, alors qu'il n'y était jamais allé et qu'il n'avait aucun projet de ce genre. Comme si Mirko allait me quitter ! Alors qu'il m'avait juré devant le corps de maman, morte l'année passée, qu'il ne m'abandonnerait jamais puisque je n'avais plus que lui comme famille, hormis mon fils, bien sûr, et Mijanou, mais qui, eux, n'étaient pas, à proprement parler, des soutiens pour moi. J'engueulai La Perruque, lui disant que sa bonne femme était folle.

Puis, la vie reprit son train-train et je n'y pensai plus.

En revanche, les disputes avec Mirko devinrent de plus en plus rapprochées et de plus en plus dangereuses.

Il me cassa un soir une sculpture d'acier sur la tête, m'arrachant le cuir chevelu et une poignée de cheveux. Une autre fois, un coup de valise reçu sur le ventre me fit perdre l'équilibre, je râtai la marche derrière moi et me fis une très grave entorse de la cheville. Lui, essayait de se suicider en voulant se briser de gros mortiers de pierre sur la tête. Résultat, une belle bosse et des estafilades sur le front. D'autres fois, il se précipitait dans la cuisine de La Madrague et, sous les yeux horrifiés de la femme de ménage, voulait se faire hara-kiri avec le couteau à découper.

Cette ambiance devenait folle.

Même les chiens n'osaient plus marcher normalement : ils rampaient la queue entre les jambes et se cachaient sous les meubles.

Je n'avais pas trompé Mirko, mais là, c'était une question de vie ou de mort. Je pris un amant. Il avait l'âge de mon fils, mais il était brésilien et jouait de la guitare. Après tout, je n'allais pas l'épouser !

Cela me permit de me détendre un peu, de voir de nouveau la beauté des couchers de soleil, de retravailler la guitare, de sourire, de chanter ! Le seul hic de cette histoire, pourtant discrète, fut la jalousie de Mirko !

Il me traquait, m'épiait, me suivait partout, les scènes éclataient en pleine rue au mois d'août à Saint-Tropez. Les touristes, époustouflés, en oubliaient même de sortir leurs appareils photo. Je brouillais les pistes en prenant un autre amant, beaucoup mieux que le précédent, mais, à son tour, jaloux comme un fou de Mirko. Ils se guettaient mutuellement pour se casser la figure pendant que, seule encore, je regardais le soleil se coucher en pensant que la vie était mal faite.

Tout cela aurait pu avoir des allures de mauvais vaudeville, mais Mirko ne plaisantait pas et les drames devenaient tellement dangereux pour nous deux qu'il fallut nous séparer quelque temps.

Je restais seule à La Madrague avec mes couchers de soleil et mes chiens, pendant que Mirko montait à Paris préparer une collection de bijoux avec son copain Fred. Là, j'étais vraiment triste, je ressentais profondément le vide laissé par son départ ; il me manquait. Alors, j'allais le rejoindre à Bazoches avec toute ma ménagerie.

Je ne le voyais plus.

Il était débordé par cette nouvelle forme de sculpture qu'est un bijou. Il voyait Fred par-ci, Fred par-là, Fred qui avait bien stipulé dans le contrat que je devais assister à la présentation à la presse de cet événement mondial !

Moi qui déteste ce genre de cocktail mondain et parisien, j'avais accepté pour faire plaisir à Mirko et je courais les boutiques avec Michèle, ma secrétaire, pour trouver une combinaison de pompiste toute en or ; je voulais avoir l'air d'une sculpture moi aussi. Je la montrai à Mirko qui ne me regarda même pas.

La veille du vernissage, nous avons eu une dispute sévère.

Puisque je ne devais servir que de public relations gratuit à tout ce carnaval, puisque Mirko n'avait plus pour moi aucune attention tendre, trop préoccupé par son génie, eh bien, je n'irai pas ! Je remballai ma combinaison dorée, mes larmes, ma déception, et m'enfermai à Bazoches et en moi-même.

Le cocktail eut lieu sans moi malgré tous les coups de téléphone que je pus recevoir de mes amis qui m'y attendaient, déçus de ne pas me voir. Seul un coup de téléphone gentil de Mirko aurait pu me faire changer d'avis. Or, il ne le donna pas.

Je partis donc seule pour Marseille assister au procès du Professeur Sarles, grand vivisectionneur, où j'étais citée comme témoin à charge.

Le 4 décembre 1979, j'entre dans le prétoire, il est 8 heures 30 du matin, la salle est pleine de gens qui murmurent à mon arrivée. Des avocats en robe noire vont et viennent comme de grands oiseaux de proie. Le Président demande le silence d'un ton sec, sinon il fera évacuer la salle. Je me sens vidée et essaye de me faire la plus petite possible. Il continue à vociférer que nous ne sommes pas dans un cirque mais à la 7e Chambre Correctionnelle.

Je me glisse doucement sur un banc.

Cela sent l'école, la poussière, le papier.

C'est la première fois que je me trouve dans une situation pareille; je vais témoigner pour les animaux martyrs des laboratoires contre une des plus grandes sommités du monde médical et biologique, le Professeur Sarles, qui torture les chiens dans son laboratoire en les alcoolisant par piqûres intraveineuses et en recueillant par la suite leur suc pancréatique au moyen d'un cathéter placé à vie dans le pancréas ! Ces chiens sont à perpétuité accrochés par des bretelles sous les aisselles et les cuisses avec leur trou dans le ventre qui finit par devenir un abcès, et la sonde qui en sort. Ils ne peuvent ni se coucher, ni se gratter, ils sont pris dans le carcan jusqu'à ce que mort s'ensuive. On leur coupe les cordes vocales afin que leurs cris de souffrance ne dérangent pas les voisins.

Je regarde autour de moi, le procès n'est pas encore commencé, il y a un brouhaha qui m'empêche d'entendre ce que dit le président. Il est flanqué de deux assesseurs femmes – voilà les trois juges qui rendront leur verdict. C'est entre leurs mains que repose le sort des millions d'animaux sacrifiés chaque année dans les laboratoires.

Je m'aperçois un peu tard que je viens de m'asseoir à côté du Professeur Sarles. Je n'ose pas changer de place afin de ne pas attirer l'attention sur moi et provoquer de nouveau la colère du Président. Je regarde cet homme qui supporte avec aisance de voir souffrir et mourir tant de chiens, tant d'animaux pour la gloire de sa renommée et le bienfait de l'humanité. Il a l'air bien gentil, on lui donnerait le Bon Dieu sans confession, mais, derrière ses lunettes, ses yeux bleus ont un reflet métallique.

Je pense que la sensibilité humaine n'est pas compartimentée.

Il est impensable que l'on soit indifférent à la souffrance animale et sensible à la souffrance humaine, les deux vont de pair. Pour moi un enfant, un animal, un vieillard sont aussi vulnérables, faibles, sans défense, confiants en l'homme. Je ne fais pas de différence, il n'y a pas de degrés dans la bonté.

Des images atroces défilent dans ma tête, je revois les photos du dossier prises dans les laboratoires du monde entier. Ce chien Berger à qui on a greffé la tête d'un Loulou de Poméranie, chien à deux têtes, monstre vivant au regard quadruple si hagard que des frissons d'horreur me courent encore dans le dos. Au prix de quelles souffrances les « scientifiques » sont-ils arrivés à cela ? Et pourquoi ? Je ne pense pas qu'il soit utile à l'humanité de greffer sur l'un de nous la tête d'une autre personne.

Il y a aussi ce pauvre chien à qui on a écorché vif toute la moitié de la tête, avec la trachée à nu pour pouvoir observer si la sonde qui lui descend dans l'estomac fonctionne comme le désirent les « scientifiques ». La souffrance qui se lit dans les yeux, dans la chair à vif de ce chien, est insupportable, insoutenable.

Il y a ce singe enfermé à vie dans un carcan d'acier digne des pires tortures du Moyen Age, la tête prise dans un casque, les membres serrés dans des tubes, que l'on met dans plusieurs positions différentes, la tête en bas, sur le côté, en avant, en arrière, tournant sur lui-même autour d'un axe pour contrôler l'irrigation du sang sur les différentes parties du corps. Je ne suis pas médecin mais je sais que le sang irrigue le corps dans sa partie la plus basse, en général, alors pourquoi ?

Il y a ce chat pris dans un appareil à contention tellement perfectionné qu'il ne peut absolument pas bouger. Sa mâchoire est béante, une pince d'acier la maintient ouverte. Il est prêt à subir à vif une perforation de la boîte crânienne afin que les « scientifiques » lui remplacent l'os du crâne par des électrodes vissées et tenues par du ciment. Chaque boulon de ces électrodes contrôle une partie du corps. Il suffit d'en dévisser un et l'animal ne pourra plus respirer, ou le cœur s'arrêtera !

Quel bienfait pour la survie de l'homme !

Et aussi ce petit chien prisonnier dans une cage de 50 × 50 centimètres à qui on a refusé la nourriture pendant plus de cinquante jours, mais qui était placé de telle façon qu'il pouvait voir les autres chiens manger. Ce petit chien est mort de faim dans des souffrances atroces pour que les « scientifiques » en déduisent que si on ne mange pas, on meurt de faim !

Quels progrès pour la science !

Je revois le regard désespéré du singe subissant une série d'électrocutions. Il est sur la chaise électrique, comme un condamné à mort, ficelé, ligoté, des fils relient son corps au courant qui le secoue jusqu'à ce que le « scientifique » juge que la mort est proche. Alors on le réanime et on recommence à l'électrocuter pour voir jusqu'où son cœur va tenir ! Quand enfin il meurt on en tire les conclusions suivantes : les décharges électriques à doses fortes et répétées entraînent la mort. C'est reconnu d'utilité publique et la mort de ces singes apporte une nouvelle connaissance à la science !

Quelle honte !

Je pense à cette chienne à qui on a coupé les membres inférieurs, qui est attachée au mur par des ceintures d'acier avec des chaînes qui crucifient les membres supérieurs, et qui a la gueule ouverte par un appareil à contention qui lui immobilise les mâchoires. Elle est transpercée de tuyaux, de sondes, de cathéters, les moignons inférieurs purulents, livrée à un supplice si atroce, si inhumain, si inutile que les larmes me viennent malgré moi.

Je suis tirée de mon cauchemar par la voix du Président qui ouvre enfin le procès Sarles.

Brouhaha dans la salle.

Il y a là les amis de Sarles en grand nombre. Il est marseillais !

Mais également les amis des animaux en grand nombre, ils sont internationaux !

Je suis intimidée, mais il faut que je sois forte, les animaux comptent sur moi. Allain Bougrain Dubourg, journaliste à *Antenne 2* pour les animaux, est à mes côtés, il m'encourage, il me connaît et sait quel effort tout cela représente pour moi. Il me dit :

« Pense au martyr des animaux et sois leur porte-parole. »

On appelle les témoins dans n'importe quel ordre !

Ceux de Sarles, ceux de la Ligue française contre la vivisection !

Certains répondent « présent » et se font houspiller par le Président :

« Levez-vous et venez à la barre près de votre avocat. »

On nous prend pour du bétail !

Bon nombre de médecins et de professeurs sont pour Sarles, évidemment ! On se serre les coudes !

Et de notre côté ! Joël le Tac, député ayant déposé depuis juin dernier un projet de loi pour réglementer la vivisection en France, projet resté jusqu'à aujourd'hui dans les tiroirs de l'Assemblée nationale. Le Professeur Kalmar, merveilleux homme de science qui a trouvé un nouveau moyen d'expérimentation sur les tissus et les unicellulaires. Madame Henri, veuve du professeur qui avait greffé à Emmanuel Vitria son cœur, il y a déjà longtemps. Le Professeur Monod, fils du prix Nobel, biologiste, chercheur, contre la vivisection.

Et moi !

Je découvre l'appareil judiciaire, mes jambes me portent à peine, je me range auprès des autres autour de notre avocat Maître Collard, jeune juriste, écœuré par les procédés soi-disant scientifiques, qui combat bénévolement de toute son âme la cruauté sadique envers les animaux au nom de la Ligue française contre la vivisection, présidée par Monsieur Duranton de Mogny, homme respectable et âgé, Légion d'honneur, aimant les animaux depuis toujours et essayant depuis des années d'intenter enfin un procès aux bourreaux impunis et glorifiés.

Le Président, excédé par la tournure que prend le procès, après nous avoir remerciés sur un ton rogue, nous demande de sortir, car en tant que témoins nous ne devons pas assister aux délibérations. Je me retrouve dans le hall au milieu de 300 personnes et 60 photographes.

J'ai peur de la foule. Je ne sais où aller !

Les gens me poussent, j'ai peur d'être étouffée, j'ouvre une porte, c'est la 4e Chambre Correctionnelle, les photographes n'ont pas le droit d'entrer ! Je souffle ! Il y a là un procès de chasse d'eau tombée chez le voisin, quatre personnes en tout ! Mon arrivée crée un scandale. Le juge me somme de me retirer ! Je croyais que les procès étaient publics ! Ce n'est pas moi qui dérange, mais les 300 personnes du hall qui veulent me voir et pénètrent dans la salle d'audience. Que faire, où aller ?

Je vois une autre porte, je l'ouvre, c'est un petit couloir sombre pris entre la 4e et la 7e Chambre Correctionnelle. C'est là que je vais attendre des heures et des heures avec trois ou quatre amis.

Je suis cernée de toutes parts.

Dix policiers viennent pour me protéger en cas de coup dur, la foule, ça peut être dangereux ! On me dit qu'il y a un vice de forme, que la Ligue française contre la vivisection n'étant pas reconnue d'utilité publique le procès n'aura pas lieu. Pourtant, je sais que Collard plaide en ce moment sur la forme, non sur le fond, et que son adversaire Lombard qui défend Sarles a outrepassé ses droits et plaide sur le fond en se faisant remettre à sa place par le Président.

Je pense à Yves Montand qui a demandé aux Français de donner 20 francs pour la recherche médicale. Je sais que chaque franc donné sacrifiera un animal sur les tables de la vivisection, cordes vocales coupées et non anesthésié, la piqûre d'anesthésique coûtant trop cher pour l'envisager ! Et pourtant, l'anesthésie ne coûte presque rien.

Je suis au bord du malaise.

Le tribunal va délibérer, ça durera près de deux heures. J'attends, entourée de policiers adorables qui me demandent pourquoi je m'essuie les mains et pourquoi je fume autant ! Lorsque le tribunal revient, la plainte est irrecevable !

Le procès n'aura pas lieu !

Le préfet des Bouches-du-Rhône, Monsieur Vochel, qui soutient Sarles, et c'est normal, avait déjà dit que le procès ne pouvait se plaider que devant un tribunal administratif, à huis clos puisque personne n'y va jamais !

Je ne pourrai pas dire ce que j'ai à dire !

Personne ne pourra parler, nous sommes venus pour rien.

Et pendant ce temps-là, des milliers d'animaux meurent dans d'abominables souffrances, à chaque minute, dans les tortures raffinées que la science moderne est capable de leur infliger, au nom du bienfait de l'humanité. Je suis écœurée !

Je serai évacuée par les geôles, au sous-sol, sorte de souricières du Moyen Age où des détenus attendent, enfermés dans des cachots, que l'heure de leur procès arrive !

Le véritable combat ne fait que commencer. Je compte sur le soutien de ceux qui comme moi aiment les animaux et sont révoltés par ces atroces tortures inutiles et indignes de l'être dit « humain ».

*
*

Mirko ne revint pas à Bazoches.

Je le revis à Paris deux ou trois fois entre deux portes, il ne me parlait toujours pas.

Le 15 décembre, après avoir passé la journée avec mon amie Suzon, comme tous les ans, alors que je rentrais une fois de plus seule à Bazoches, Daniel, un de ses amis, me téléphona pour me dire que Mirko venait de s'envoler pour Los Angeles avec Fred, sans laisser d'adresse, sans donner de date de retour.

J'étais là, à Bazoches, seule dans cette campagne glacée, loin de tout avec dans ma main droite ce combiné de téléphone qui grésillait de paroles insensées que je ne pouvais pas croire, que je ne voulais pas croire.

Je repensai aux prédictions de Catherine... au Carré de Pluton...

Je vivais un cauchemar, j'allais me réveiller, tout allait s'arranger, non, Mirko ne m'avait pas abandonnée à la veille d'une émission importante, *Les Dossiers de l'Ecran*, pour la défense animale, que je devais faire le 18 décembre, trois jours plus tard. Non, Mirko ne m'avait pas abandonnée à la veille de Noël alors que je n'avais plus ni papa ni maman et qu'il représentait pour moi ma seule famille !

Pourtant, la réalité était là, cruelle, injuste, abominable.

Dehors, il faisait noir, froid, triste.

J'eus envie de mourir, encore une fois dans ma vie !

N'ayant pas de somnifère, c'est une bouteille de champagne qui me permit de supporter cette soirée et cette nuit-là.

Le lendemain, je partis pour Paris, seule dans ma Range-Rover, laissant les chiens, les chats et Bazoches. Michèle, ma secrétaire, m'attendait rue de la Tour, dans mon minuscule pied-à-terre.

Mon désespoir la bouleversa.

Je ne pouvais rester seule, perdue dans ma campagne. Je ne pouvais m'installer rue de la Tour avec ma ménagerie. J'appelai Picolette au secours.

Picolette était une vieille amie de trente ans pour laquelle justement je voulais acheter un restaurant. Elle avait eu tant de déboires avec tous les gens qui l'exploitaient depuis des années pour qu'elle fasse la cuisine et attire la clientèle, que, dégoûtée, j'avais décidé de l'aider en lui offrant ce qu'elle n'aurait jamais pu s'offrir : un restaurant à elle !

Picolette ne travaillait pas !

Picolette habitait chez Annie Girardot en attendant !

Picolette pouvait me tendre la main.

Ce qu'elle fit immédiatement en venant à Bazoches avec moi.

Pendant ce temps, Michèle me décommandait aux *Dossiers de l'Ecran*. Je ne pouvais absolument pas assumer ma première grande émission T.V. de défense animale dans cet état. Allain Bougrain Dubourg, que je connaissais depuis mon voyage au Canada pour les bébés phoques, devait participer à cette émission. C'est par son intermédiaire que Michèle essaya de les convaincre.

Mais ce fut impossible !

Allain fut implacable, *Les Dossiers de l'Ecran* avaient été organisés autour de ma présence et ne pouvaient avoir lieu sans moi. Il n'était pas question que je faillisse à un engagement aussi grave, aussi mondialement attendu, les animaux avaient besoin de moi.

Il m'invitait à dîner le lendemain afin de mettre au point tout ce que j'aurais à dire.

Désespérée, mal dans ma peau, les larmes aux yeux, je rentrai à Bazoches. Là, Picolette m'attendait pour partir. Partir ? Mais pourquoi ? J'avais besoin d'elle, de sa présence qui me rassurait. Elle me répondit qu'elle cherchait du travail (ce que je savais puisque je voulais tant l'aider), que si elle devait rester plus longtemps près de moi, ce serait contre une « petite » contrepartie de 500 francs par jour.

Hébétée, je la regardais se gratter le nez, un peu gênée tout de même, mais déterminée à « gagner petit » sur ma solitude et ma détresse.

Adieu, restaurant ! Amitié ! Adieu, Picolette !

L'affection ne s'achetant pas, je me retrouvai seule !

Ecœurée, au bord d'un abîme que seuls mes chiens ce soir-là m'empêchèrent de franchir. Rien n'est plus triste que de ne plus attendre rien, ni personne, ni même un coup de téléphone. C'est alors que le silence de la campagne devient angoissant, terrible, envahissant. J'étais seule à faire un peu de bruit, à faire couler l'eau d'un robinet. Seuls mes pas résonnaient sur le carrelage, seuls mes sanglots, enfin libérés, envahirent l'atmosphère comme une cascade de douleur trop longtemps retenue.

C'est dans cet état que je retournai le lendemain à Paris retrouver Michèle et la rue de la Tour. J'essayais de lire *l'Adieu aux bêtes*, ce merveilleux témoignage écrit par Jean Yves Domalin, ancien trafiquant repenti d'animaux sauvages, qui dénonce avec force détails abominables le calvaire, le martyre, la mort lente des bêtes capturées dans leur milieu naturel pour être revendues un peu partout dans le monde avec 90 % de perte pendant les transports.

Je n'en pouvais plus. Comment les hommes pouvaient-ils être aussi cruels, aussi abominables ?

Le soir, Allain Bougrain Dubourg, Jicky, mon vieux copain, Jean-Yves Domalin et moi, nous retrouvions pour dîner. J'étais au fond du trou, ne disant pas un mot, buvant beaucoup de champagne, me laissant trimbaler comme un bouchon sur une mer déchaînée.

C'est alors qu'Allain, que je connaissais à peine, qui m'intimidait beaucoup, car il a un côté glacé dans ses rapports avec les gens, c'est alors qu'il me prit la main avec une immense gentillesse et me demanda si je voulais qu'il m'aide à faire un petit bout de chemin dans la vie !

Je me serais accrochée à n'importe qui, à n'importe quoi.

Il était absolument le contraire du genre d'hommes qui me séduisait généralement. Mais il est des moments où il faut savoir ne pas être trop difficile. Après tout, pourquoi pas ? J'étais si triste, si seule, si à la dérive. Avec sa main dans la mienne, mon sang recommençait à envahir mon corps, je me sentais revivre. Cette main qui était à peine plus grande que la mienne, ce qui me changeait terriblement de celle de Mirko, grande, rude, enveloppante, cette main à laquelle je ne tenais pas particulièrement mais qui se présentait au moment d'une noyade certaine, cette main, à laquelle je m'accrochai, me permit de vivre les heures qui suivirent.

Je sais que je suis Brigitte Bardot, que des milliers de gens m'aiment ou me détestent, que des hommes me désirent, que je suis critiquée, admirée, connue, que les femmes copiaient mes robes et mes coiffures, que les enfants me connaissent à travers mon combat pour les animaux. Tout cela je le sais, mais tout cela ne comble en rien ma solitude, ma tristesse, mon besoin d'une épaule, d'une main.

Or, toute cette célébrité que je dois assumer avec dignité est parfois pesante pour des épaules fragiles. Je n'ai pas le droit de ne pas être forte, de ne pas être un exemple pour ceux qui me font confiance et qui croient en moi. Mais je suis une femme comme les autres, peut-être plus vulnérable que les autres parce qu'une cible trop facile, trop exposée à des critiques injustes, et c'est pourquoi, seule, livrée à moi-même, je suis un peu comme un enfant perdu dans une foule hurlante.

Allain me regardait avec d'autres yeux que ceux que je lui avais connus jusqu'alors. Je pensais à ceux de Mirko, si bleus, qui regardaient peut-être à ce moment même une autre femme à Los Angeles, et je replongeais dans mon cafard.

Ce soir-là, je dormis seule rue de la Tour.

Le lendemain était le grand jour ! Nous devions enregistrer l'émission sur vidéo, exceptionnellement, car le 1ᵉʳ janvier, date de diffusion, les employés du direct T.V. étaient en congé.

A 10 heures du matin, pomponnée, frisottée, maquillée, terrorisée, accompagnée par Michèle, je me retrouvai rue Cognacq-Jay. Armand Jammot, le producteur, me présenta Joseph Pasteur qui devait mener le débat, et Joy Adamson, cette merveilleuse Américaine qui vécut la belle histoire d'amour d'Elsa la lionne, héroïne du film *Vivre libre* qui servait de prélude à l'émission. Il y avait aussi Jean-Yves Domalin, Alexandre Bouglione, Claude Caillet, directeur du zoo de La Palmyre, et Allain, très à son aise, assez distant, professionnel jusqu'au bout du cœur.

Les forces me manquaient.

Je ne me sentais pas assez solide pour assumer cette adversité qui n'allait sûrement pas me rater. J'avais peur tout à coup de ne pas être à la hauteur, de ne plus trouver les mots, les exemples, les phrases convaincantes, émouvantes, qui plaideraient en faveur des animaux prisonniers à vie des zoos, des ménageries, des cirques, de toute cette horreur que je réprouve et qui me donne envie de vomir. Mes mains tremblaient, j'avais un trac terrible, la bouche sèche. Pour me donner une contenance, je n'arrêtais pas de tripoter mes cheveux, tic typique d'une effroyable timidité.

Attention ! 5... 4... 3... 2... 1... Top !

C'était parti.

Je ne m'évanouis pas, mais une chaleur intense, un éblouissement... Une voix lointaine, j'entendis Joseph Pasteur me présenter au public comme avocate redoutable des animaux ; je souris vaguement, crispée, déjà épuisée. Puis, il présenta les autres, j'entendais tout cela dans un brouillard. Ayant déjà visionné le film, le combat commença immédiatement.

J'écoutais, incapable de dire un mot, ces gens motivés par l'appât du gain, expliquer avec inconscience ou, qui plus est, avec conscience et insolence, ce que les animaux sauvages dressés par l'homme pouvaient apporter de joie aux enfants dans les cirques ou dans les zoos.

J'ai parfois en moi une force qui me vient d'ailleurs, qui dépasse ma raison, qui sort de mes tripes devant tant d'injustice, tant de vénalité.

Je pris la parole et comme d'habitude ne mâchai pas mes mots.

Aucune bonne éducation ne me retenait plus, je me mettais à la place de ces malheureuses bêtes sauvages, nobles, belles, réduites à l'esclavage, incarcérées à vie, devenant folles ou mourant de détresse derrière leurs barreaux.

Je n'étais plus moi, j'étais elles !

C'est à ce moment-là que Alexandre Bouglione sortit une photo de moi, prise pendant le tournage d'un film, où je portais un manteau de panthère ! Ah, il était fier le con ! Il avait dû la chercher longtemps et la brandissai comme un trophée de chasse. Mais bien sûr, j'avais porté des fourrures, jusqu'au jour où j'ai pris conscience que je portais des cadavres sur moi. Depuis ce moment-là, je n'ai plus jamais pu les voir ni de près ni de loin.

Seuls les imbéciles ne changent pas d'avis !

Bref, l'émission se passa, n'apportant rien de positif au sort de ces pauvres bêtes, comme d'habitude. On en parla beaucoup, c'est tout !

Ce soir-là, épuisée, je dormis avec Allain rue de la Tour, consciente de ma véritable trahison envers Mirko, peu convaincue de trouver l'oubli de cinq ans de vie commune dans les bras d'un journaliste de T.V., même animalier !

A 7 heures, le lendemain, Allain partit à son travail !

Amère, peu fière de moi, je rentrai à Bazoches retrouver la vraie vérité de ma vie : mes chiens, mes chats, mes moutons, mes chèvres, mon âne, mes canards, mes poules et mes pigeons. J'avais assumé mon devoir, j'avais été la Brigitte Bardot, photographiée, attaquée, attaquante, etc. Alors maintenant, un peu de vérité, mes bottes en caoutchouc, mon treillis, cheveux raides, non maquillée, sous la pluie, même seule, je me sentais moi-même. Je passais devant l'atelier de Mirko avec un pincement terrible au cœur. Là où j'entendais généralement le bruit des machines à découper le bronze, il n'y avait qu'un silence glacial.

C'est alors qu'Allain vint me retrouver le soir au fond de ma campagne. Je lui vouai pour ce geste, cette surprise, une reconnaissance infinie. Il était venu vers moi, de lui-même, après une dure journée de travail. Je n'en revenais pas. Merci, Allain, de m'avoir donné cette présence de toi à ce moment si dur de ma vie.

Mirko existait toujours, mais Allain était là, présent, en chair et en os. Allain me consolait, me prenant dans ses bras, me parlait, et il me parlait si bien.

Puis ce fut Noël, cette fête à laquelle j'ai attaché tant d'importance toute ma vie. Evidemment, ce Noël-là fut complètement raté ! Le seul où il n'y eut pas l'arbre décoré, le seul où aucun cadeau n'attendait dans les souliers... de qui ? De quoi ? Le seul où une omelette aux patates, servie devant une cheminée pleine de bois craquant, nous réunit Allain et moi dans une confusion difficile à expliquer. Je pleurais Mirko, son départ, son indifférence à ma souffrance. Il m'écoutait, patient, tendre, indulgent.

Le lendemain, pour égayer cette journée du 25 décembre 1979, Allain avait invité quelques amis à Bazoches.

Je m'en foutais comme de l'an 40 de ces vedettes de télé intellectuelles, sportives, inconnues au bataillon de mon cœur, qui envahirent ma maison, riant, buvant, criant, pendant que je leur servais de bonne, vidant les cendriers, apportant les whiskies et les champagnes, seule encore, attendant un signe de Mirko, câble, coup de fil, quelque chose pour Noël. Aucun signe de vie de Mirko n'arriva ce jour-là ! Pourtant, il savait l'importance que Noël avait pour moi. Pourtant, il savait que n'ayant plus de parents, je risquais de le passer seule, Nicolas vivant sa vie et Mijanou ayant sa propre famille, sa maison, sa façon de vivre particulière, si différente de la mienne. Lorsque tout le monde fut parti, je lavai la vaisselle, les verres, je nettoyai ce que les hommes peuvent laisser sur leur passage de saleté, de mégots, de saloperies en tout genre.

Je pleurais. Allain me prit dans ses bras et me dit qu'il m'aimait.

Il m'aimait ! Alors tout changea.

Il m'aimait ! Alors la vie était un conte de fées !

Il m'aimait ! J'avais 45 ans et lui 31 !

Quatorze années nous séparaient dans le mauvais sens, mais il m'aimait !

Ce soir-là, j'oubliai Mirko à jamais.

J'ai, paraît-il, beaucoup de force en moi, je suis quelqu'un d'intègre, de percutant, qui fait peur ou qui rassure, selon les cas. Cela je le dois à l'homme qui me guide, qui m'aime, qui me conseille, m'apaise. Seule, je suis une baudruche inutile. Ma valeur, si valeur il y a, n'existe qu'en fonction de ce qu'un homme fait de moi. Cette dépendance inquiétante et dramatique, j'en ai été victime toute ma vie. Un jour, Gunter Sachs m'avait dit que j'étais un très beau voilier qui ne prenait ses dimensions que par rapport au vent qui le faisait se mouvoir. Sans vent, mes voiles et mon moral pendaient lamentablement. Poussés par une bonne brise ou une tempête, je pouvais alors avancer, vaincre, gagner toutes les épreuves.

Le 1er janvier 1980 fut une vraie fête.

Michel Fugain et ses amis du Big Bazar vinrent passer la nouvelle année avec nous ; ils nous composèrent même une chanson d'amour en vidéo. Elle fut appréciée et donna à réfléchir à quelques personnes... Allain m'aimait, me choyait, était attentif à mes moindres « vagues à l'âme ».

Je me sentais bien. J'étais presque heureuse.

Le 8 janvier, j'attendais Allain rue de la Tour pour rentrer avec lui à Bazoches. Il m'annonça la mort de Joy Adamson, mystérieusement attaquée, soit par un de ses lions, soit par un de ses employés, mais déchiquetée d'une manière abominable. Il n'avait pas l'air trop bouleversé et je mis cette espèce d'indifférence sur le compte de ce que les journalistes doivent assumer quotidiennement.

En revanche, il m'apportait un petit cadeau !

J'adore les cadeaux, surtout lorsqu'ils me sont offerts par l'homme que j'aime. Je mis un temps infini à défaire les papiers, les ficelles, émerveillée par le fait d'être gâtée un jour où je ne m'y attendais pas. C'était une alliance en or blanc ! Allain m'offrait une alliance, il m'épousait pour le meilleur, le pire, huit jours, la vie, trois mois, deux heures, qu'importait ! Il m'épousait.

J'avais déjà été mariée. Une fois devant Dieu avec Vadim, j'avais 18 ans ! Deux fois devant les hommes avec Jacques Charrier et Gunter Sachs. Cette fois était pour moi d'une importance capitale car il n'y avait aucun témoin. Seul l'amour comptait et, mon alliance au doigt, j'étais la femme la plus heureuse du monde.

Ce soir-là, à Bazoches, le dîner fut merveilleux. Des bougies, Allain, mon alliance et moi, un peu de champagne, beaucoup d'yeux dans les yeux, et de main dans la main.

Tout à coup, la porte de la cuisine s'ouvrit et Mirko rentra.

Nous étions pétrifiés !

Pourtant, le portail était fermé à clef.

Les vaudevilles ne sont drôles que vus par des tiers. Nous étions en plein dedans et le drame fut évité de peu. Allain, très calme, coincé sur la banquette, derrière la table, me pria de partir afin que leur conversation « entre hommes » puisse se passer sans apport d'ultrasensibilité. Dans le salon, avec les chiens, j'essayais d'écouter, redoutant le pire, tournant en rond, fumant cigarette sur cigarette. Je m'attendais à un dramatique cassage de gueule, or il planait un silence inquiétant.

Soudain, ils m'appelèrent :

« Brigitte, c'est toi qui dois décider lequel d'entre nous restera près de toi. »

Mon Dieu, quelle horreur ! Quel choix impossible !

Moi qui déteste prendre des décisions rapides, j'étais coincée...

Je m'entendis alors leur dire :

« Je dîne avec Allain, je ne t'ai pas invité, Mirko, tu dois donc repartir, je te téléphonerai demain. »

Pour lui éviter de sauter à nouveau le portail, je l'accompagnai et lui ouvris la porte, sachant que je la refermais définitivement sur notre rupture.

Ainsi va la vie, Allain resta.

Une de nos premières vives discussions fut au sujet des animaux. J'avais vu dans *Paris-Match* des photos bouleversantes de singes employés comme cobayes pour les expériences du laboratoire de Lyon Bron sur les accidents de voitures.

142

Les singes sanglés sur des sièges à roulettes sur rails étaient catapultés à différentes vitesses contre un mur de béton. Le spectacle était terrifiant. Cervelles éclatées, membres broyés, corps disloqués, sous les yeux horrifiés des autres singes qui attendaient leur tour. J'étais indignée, le dis à Allain qui me répondit que des milliers d'animaux étaient torturés quotidiennement dans les laboratoires et que rien ne pourrait l'empêcher.

Je ne pus dormir de la nuit. Ces images d'épouvante hantaient mon esprit. J'essayais de trouver une solution. Tout cela me préoccupait profondément, et le fait qu'Allain baisse les bras me rendait folle furieuse.

On peut toujours tenter quelque chose. Rien n'est impossible.

Le lendemain, prenant mon courage à deux mains, j'appelai la Présidence de la République. Valéry Giscard d'Estaing était de mes relations avant d'être Président, ce qui me permettait de lui demander de temps à autre un service pour la protection animale. Je tombai sur son bras droit, François de Combret, adorable, diplomate, qui écouta mon histoire de singes avec un intérêt courtois.

Je le suppliais d'intervenir au plus vite, d'en parler au Président, d'acheter *Paris-Match*, je lui dis mon indignation, mon écœurement, ma révolte contre de tels procédés. Bref, je fus probablement convaincante puisque le Président donna le jour même ordre à son ministre des Transports, Joël Leteul, de se mettre en rapport urgent avec moi et de faire cesser ces expériences dans les plus brefs délais.

Ce qui fut fait.

Merci Monsieur le Président !

C'est durant ce début d'année qu'éclata le scandale du transport et de la souffrance des chevaux destinés à la boucherie. Je découvris leur enfer que je croyais impossible. J'appris qu'après des jours et des jours de voyage dans des cales de cargo, des wagons à bestiaux ou des bétaillères, entassés les uns sur les autres, sans boire, sans manger, se mutilant en tombant, piétinés, certaines juments mettant bas dans des conditions atroces, au milieu d'un magma de crottin, d'urine, de cadavres, écrasées à leur tour ainsi que leurs petits poulains par la chute de ceux qui n'avaient plus la force de rester debout. Tout ça pour être traînés par un treuil, pattes brisées, jusqu'à l'abattoir où le merlin leur défonçait la boîte crânienne avant qu'un levier ne fasse basculer leur corps accroché à une chaîne, la tête en bas, la carotide tranchée afin qu'ils se vident de leur sang.

Le martyre des uns se déroulant sous le nez des suivants.

Les chevaux sont des animaux extrêmement sensibles, qu'un rien effraie, car leurs yeux grossissent un peu comme des loupes tous les obstacles, les gestes. Leur faire subir sans pitié, sans aucune compassion un pareil calvaire n'est pas pensable.

Révoltée, ne pouvant pas croire à une pareille barbarie, je décidai de tout mettre en œuvre pour que les Français ne mangent plus de chevaux.

C'est *France-Soir* qui dénonça en première page sur trois colonnes le martyre insoutenable de ces pauvres bêtes ! Avec photos à l'appui !

Je rencontrai le président du C.H.E.M [1]., Roger Macchia, un ancien militaire qui avait créé cette association pour la défense des chevaux et qui luttait désespérément depuis des années sans arriver à se faire entendre. Il me raconta des épisodes de son combat à faire dresser les cheveux sur la tête. C'était horrible.

Les chevaux qui venaient de Pologne étaient particulièrement soumis à des conditions de détresse absolue. Il avait fait plusieurs fois le voyage pour les accompagner, et cet homme qui n'était ni une mauviette ni une âme particulièrement sensible avait les larmes aux yeux en me racontant la souffrance qu'il avait côtoyée, les agonies lentes, les paniques, les morts de faim, de froid, de soif, les corps écrasés, les pattes brisées, les hurlements de douleur, de peur, l'effroi dans les regards.

Je décidai de l'aider et nous fîmes ensemble un direct sur *Antenne 2* à midi. Il y avait sur le plateau plusieurs représentants de la protection animale que je découvrais et qui n'eurent pas l'air d'apprécier ma présence. Plus le Docteur Klein, vétérinaire que je connaissais bien, et des représentants du ministère de l'Agriculture, dont le directeur des Services vétérinaires, qui était une espèce d'être dénué de toute sensibilité. Le dernier mot que je pus dire avant de m'effondrer en larmes fut « pitié ». Les images insupportables firent réagir le public, on en parla beaucoup, je fis une campagne de presse, suppliant les gens de ne plus manger de cheval. Le marché baissa de 30 %.

Mais le combat continue encore aujourd'hui.

Le jour même, en rentrant à Bazoches, mon gardien me prévint qu'une délégation de bouchers chevalins était venue, menaçante, les couteaux à la main et les tabliers pleins de sang, pour me donner une leçon.

Ils devaient revenir.

J'eus peur et appelai au secours mon beau-frère et deux copains.

Le surlendemain, on me téléphona à Bazoches pour me prévenir qu'une jument de 24 ans, qui travaillait au manège de Neauphle-le-Château et qui s'était abîmé l'antérieur droit, devait partir à la boucherie sous 48 heures. J'offris 200 francs de plus que le maquignon et obtins pour 6 200 francs le miracle de sauver « Duchesse ». Je n'avais jamais eu de cheval et fus impressionnée de voir arriver cette merveilleuse et douce créature que j'installai dans une de mes petites bergeries qui fut rapidement transformée en écurie. Elle devint l'amour de ma vie et le chef de tous mes troupeaux.

---

1. Centre d'Hébergement des Equidés Martyrs.

Aujourd'hui, en 1997, Duchesse est toujours près de moi, elle vit encore, ce qui est inouï car elle a cette année 40 ans !

Mais à peine ai-je écrit ces lignes qu'elle fut victime, le 11 août, d'une crise cardiaque due à la chaleur, après dix-sept années de bonheur partagé et de complicité tendre.

*
* *

Avec le printemps et comme les hirondelles, je rêvais du soleil de Saint-Tropez. Allain travaillait toute la semaine et n'avait de libres que les week-ends, comme la plupart des gens. Moi, en revanche, je vivais à contre-courant. C'est une habitude que j'ai prise afin d'éviter les troupeaux, les exodes, la promiscuité de cette foule en vacances à l'affût du moindre indice capable de tromper l'ennui de leurs journées d'inaction.

Allain me proposait de m'emmener avec la Range-Rover et ma ménagerie le Vendredi saint de cette année 1980. J'étais épouvantée à l'idée de me retrouver sur la route le même jour que des millions de Français. Je suggérai doucement que Mirko m'accompagne... un jour de semaine. Allain fut tout à fait d'accord, ce qui me troubla un peu. Je me retrouvai donc à La Madrague avec Mirko qui y avait vécu cinq ans, mais cette fois-ci dormit dans la chambre d'amis.

J'attendais le coup de fil d'Allain, drôle de situation !

Mirko en profita pour remballer tout son atelier. Je voyais La Petite Madrague se vider de toutes ces machines, et je pensais que cinq années de vie se balayaient avec autant de facilité que je le fis pour rendre à cette petite maison sa propreté initiale.

Sitôt Mirko parti avec armes et bagages, Allain arriva avec toute l'équipe télé de *Mi-fugue, Mi-raison* faire un reportage sur Saint-Tropez, donc sur moi !

Mais les week-ends sont courts et les semaines longues.

Je n'avais pas l'habitude de vivre seule pendant toutes ces heures, toutes ces journées, toutes ces soirées, tous ces repas qui finirent par se résumer à un maigre sandwich au gruyère que je prenais devant la T.V. avec ma bouteille de rouge.

Bien sûr, j'avais des amis, nous avions des amis, Mirko et moi, avec qui nous jouions à la belote, au poker ou aux Ambassadeurs, mais Allain était un inconnu pour eux, il n'avait pas le temps, trop de travail, même pendant les week-ends ; alors, les amis s'éloignèrent doucement, discrètement, ne voulant pas troubler nos rares moments d'intimité.

J'avais aussi l'habitude de dire, de partager avec Mirko tous mes petits soucis de gestion de La Madrague. Il participait, m'aidait, engueulait le gardien, un fainéant qui n'acceptait les ordres que d'un homme, mais les chèques de fin de mois d'une femme ! Là, je me retrouvais seule pour les ordres et pour le chèque ! Je compris ma douleur. Je compris aussi que la présence d'un homme est indispensable pour se faire respecter. Ne voulant pas ennuyer Allain pendant ses courts week-ends avec tous ces problèmes domestiques, je supportais des situations intolérables, me faisant traiter de tout par cette espèce de singe qui, malgré son air abruti, avait très bien compris qu'il n'y avait plus d'homme à la maison.

J'appelai Michèle, ma secrétaire, à la rescousse, espérant que sa présence allait remettre les choses en place.

Ce fut le pompon !

Michèle arriva de Paris, toute de *Sonia Rykiel* vêtue, bagages *Vuitton* et voix mi-Marie-Chantal, mi-j'emploie-des-mots-que-mon-mari-m'a-appris-mais-auxquels-je-ne-comprends-rien ! Avec mes jeans, mes bottes et mes cheveux sauvages, c'est moi qui avais l'air d'être sa secrétaire, et encore, plutôt sa femme de ménage !

Je faisais le marché pendant qu'elle s'exclamait : « Oh ! Comme c'est charmant ! ». Je portais des caisses de légumes et de fruits pendant qu'elle s'extasiait : « Ah ! Ces couleurs de Provence et ces odeurs sont incommensurablement divines ! ». Puis, lorsque tout était fini : « Ma Brigitte, si je puis vous aider en quelque chose, n'hésitez pas à me le dire ! ».

Bref, sa présence m'exaspérait plus qu'elle ne m'apaisait. En plus de cette inertie mondaine, il fallait appeler son mari pendant des heures, lui donner un emploi du temps détaillé et lui confirmer sans faute son retour pour le lendemain, sinon ceci, sinon cela !

C'était insupportable.

Pendant ce temps, les chattes faisaient des petits à tire-larigot, il fallait presque chaque jour emmener les portées chez le vétérinaire, ce que je faisais en plus du marché et de la cuisine. Puis, la promenade quotidienne des chiens. Une heure de marche dans la campagne avec des cris, des hurlements pour empêcher un chien d'en bouffer un autre, ou pour les rameuter afin d'être sûre de ne pas en avoir perdu un en route. J'avais bien une femme de ménage, denrée introuvable et précieuse à un point tel que j'avais honte parfois de lui demander de nettoyer ou de cuisiner, ce que du coup je faisais à sa place, m'excusant encore de lui voler son travail. Son arthrose et ses cigarettes occupant une bonne partie du temps qui aurait dû m'être consacré, je voyais mes 50 francs de l'heure s'évanouir en fumée, quand elle n'ingurgitait pas mon tube d'aspirine en tenant sa tête d'une main et sa cigarette de l'autre.

Bref, j'étais on ne peut plus mal secondée.

Malgré tout ce foutoir, il me fallait être souriante, charmante, détendue, merveilleuse, sereine, heureuse et comblée lorsque, le vendredi soir, Allain arrivait de Paris. Souvent, je séchais mes larmes, buvais un coup, essayais de jouer la comédie du bonheur sans y arriver.

Pour comble de malheur, je venais d'acheter La Garrigue, mon merveilleux terrain de quatre hectares, en bord de mer, à l'opposé de La Madrague. C'était sauvage, broussailleux, et la maison que j'y faisais construire, petite et secrète, me donna l'impression de faire bâtir celle de Blanche-Neige.

Que de problèmes, que de coups de fil, que d'attente pour rien, que d'ouvriers en retard, que d'erreurs (c'est moi qui avais dessiné les plans et je faisais tout démolir et reconstruire différemment quand ça ne me plaisait pas). Je n'avais même pas attendu mon permis de construire et avais pris le risque de commencer les travaux sans autorisation officielle. Quelle folie ! Je n'obtins le permis, du reste, que lorsque la maison fut finie, un an plus tard, et qu'elle était déjà habitable.

Ça, c'est moi !

En attendant, je jouais les chefs de chantier sur le tas avec mes chiens, de bonne heure pour surveiller, arranger, décider des niches dans le mur, des prises de courant (alors que les parpaings étaient à peine cimentés et que le toit n'était pas terminé). J'aurais tant aimé partager la naissance de cette nouvelle maison avec quelqu'un qui aurait été aussi concerné que moi par une vie nouvelle, dans un endroit neuf, loin des curieux, des touristes, des cons !

J'étais fille-mère de ma maison !

Quand Allain arrivait, le samedi, je lui montrais, toute fière, un agglomérat de ciment, au milieu d'un champ de détritus, de béton cassé, de morceaux de bois, de boîtes de conserve, de mégots (une décharge publique de luxe), je lui disais : « Ici, il y aura la chambre, tu vois, le mur sera là ! Et puis, la salle de bains, et puis là où il n'y a rien encore, ce sera la cuisine, et là, la souillarde ! ».

Allain fumait gitane sur gitane, regardait sa montre, n'entendait pas les oiseaux, ne sentait pas l'odeur enivrante des pins, n'écoutait pas le ronflement des vagues qui se brisaient cent mètres plus bas, sur les rochers. Allain me disait que bientôt le journal télévisé allait commencer et qu'il voulait rentrer à La Madrague.

Dépitée, désolée, frustrée du mal que je m'étais donné, de mon désir de descendre à la plage, de commencer cette promenade au milieu des pins, des essences sauvages, des odeurs que j'aimais, privée de l'enivrement que donne la nature quand on sait l'apprivoiser en se mêlant à elle, je sifflais les chiens pour le retour. Encore heureux s'ils venaient tous, sinon l'impatience gagnait Allain qui tirait comme une forge sur ses cigarettes, tendu vers son unique but : le journal de 13 heures.

Comment peut-on être à ce point intoxiqué par un métier ?

Comment peut-on à ce point être aveugle à un environnement naturel et sauvage quand on s'occupe de protection animale ? Et qu'on respire une fois par semaine !

La télé marchait à plein tube du matin au soir. Nous déjeunions avec la télé, l'après-midi, Allain écrivait des textes pendant que les conneries habituelles des programmes du samedi et du dimanche hurlaient leur médiocrité. Le soir rebelote pour le dîner. Et après, pendant qu'Allain buvait un whisky et moi un champagne, les tristes variétés, ou les films de Pierre Richard (que je déteste) m'empêchaient d'entendre le ressac des vagues ou le bruit du vent dans les cannisses.

Parfois, une détresse soudaine m'envahissait, me rendait agressive, c'était trop ! J'en avais brusquement marre de ce semblant de vie de couple qui se terminait le lundi matin à 5 heures lorsque le réveil sonnait et qu'il me fallait me lever pour aller préparer le café au lait d'Allain qui prenait l'avion à 7 heures à Hyères.

Son travail passait avant moi, je le savais.

J'aurais pu m'incliner devant un adversaire à mes dimensions, mais être supplantée par les émissions de Louis-Roland Neil, dans lesquelles Allain n'était qu'un sous-fifre indispensable, me déprimait. Pourtant, je devais me rendre à l'évidence, j'étais la cinquième roue du carrosse de la vie d'Allain. Pas une fois, il ne m'a dit son ennui de me quitter, son besoin de rester près de moi, pas une fois la folie n'a surmonté la raison en le faisant partir quelques heures plus tard.

Je vivais deux jours par semaine avec un métronome.

Quand mon exaspération atteignait son comble, il y avait alors des scènes fulgurantes, hallucinantes ! Je le haïssais d'être aussi rigide dans ses agissements. J'aurais voulu le faire plier ! Vaincre, gagner cette bataille sur son métier, dominer son intransigeance. Je peux être redoutable de méchanceté quand je ne me contrôle plus et que je me livre entière à mes impulsions du moment. Allain, qui n'est pas un tendre, avait la réplique acide et le verbe haut. La Madrague crépitait alors d'une électricité verbale et physique qui lui donnait des allures de petit enfer. Les chiens couraient se cacher la queue entre les jambes en gémissant, les chats disparaissaient silencieusement et nous nous retrouvions seuls, montés l'un contre l'autre dans un duel déchirant, enveloppés d'une nuit hostile, d'un monde soudain tragique. Mes paroles dépassaient souvent ma pensée, mais mon besoin de me vider de tous mes ressentiments à son égard m'empêchait de rester dans les limites du raisonnable. Ses répliques acerbes et violentes me renforçaient dans ma haine. Cela se terminait par son départ précipité en pleine nuit avec ma Range-Rover si j'étais suffisamment lucide pour la lui autoriser, par un appel de taxi si ma mesquinerie lui rappelait que c'était « ma » voiture, par une marche à pied jusqu'à un hôtel de Saint-Tropez si la scène allait jusqu'à la rupture.

Après son départ, je poussais un « ouf » de soulagement !

Je rappelais mes chiens, mes chats, je les rassurais, nous nous endormions tous ensemble, ravis, calmés, heureux de nous aimer et d'être enfin seuls !

Mais, le lendemain, les réveils étaient angoissés.

Je me retrouvais seule, loin de tout, il me manquait déjà ! Et la panique commençait. J'avais vidé ma poche empoisonnée, j'étais de nouveau sereine et douce, j'avais oublié les horreurs de la veille. Lui, pas !

Alors l'attente commençait. Aucun coup de téléphone. Je n'osais pas appeler. Je rongeais mon frein, mes ongles, je tournais en rond. J'appelais Michèle, comme si sa voix ampoulée pouvait m'apporter un certain réconfort. L'anxiété me gagnait insidieusement. Je n'avais plus de cœur à rien. Je me rendais compte qu'Allain, avec ses cigarettes, son arrivisme, son télévisionisme, m'était indispensable.

Et je regrettais !

On ne se rend compte de ce que l'on a que lorsqu'on le perd.

C'est vrai.

Alors, je me jurais de ne plus jamais recommencer, de ne plus jamais être méchante, j'allais mettre un cierge à la Sainte Vierge.

Et puis, je faisais le premier pas, j'appelais Allain, humble et confondue, repentante. Je me heurtais souvent à un mur irascible. Mais j'étais si persuasive, si mignonne, si tendre, si amoureuse, que le mur se fendillait petit à petit et qu'à la fin nous nous jurions de nouveau un amour éternel.

Alors je reprenais le mors aux dents, ma vitalité exceptionnelle pouvait de nouveau me permettre de mener de front plusieurs activités épuisantes. Je recommençais ma lutte pour la sauvegarde des animaux, écrivant, téléphonant, menaçant. En même temps, le marché, la cuisine, engueuler mon gardien, ma femme de ménage, vérifier si le travail était fait, promener les chiens. Sans oublier les plans, les ouvriers, les détails de La Garrigue. Je n'avais pas le temps de m'ennuyer et ceux qui étaient dans mon sillage non plus.

Allain revenait.

C'était merveilleux le premier week-end.

C'était supportable le deuxième week-end.

Mais tout recommençait le troisième ou le quatrième week-end !

Où allions-nous comme ça ?

A Paris passer l'hiver !

**

C'est à ce moment de trouble que je connus ma jolie voisine Christina von Opel ! Ses parents, amis de papa et maman, étaient morts. Elle était la cousine de Gunter, mais, discrète, ne s'était jamais mise en avant lors de mon mariage. Ce fut donc une découverte pour moi. Mais une bien désespérante découverte. Cette jeune et jolie femme, amoureuse d'un fou qui se servait d'elle pour un trafic de drogue, fut mise chez elle en liberté conditionnelle jusqu'au procès qui l'envoya en prison à Marseille.

Elle ne pouvait venir me voir, à 100 mètres de chez elle, qu'en prévenant le Commissariat de Police. Lorsque je l'emmenais à La Garrigue voir les débuts de mes travaux, nous étions suivies par une voiture de flics qui respectaient la distance mais surveillaient nos faits et gestes. Elle venait d'avoir une petite fille, cadeau de son trafiquant de drogue, et par chance avait auprès d'elle pour l'aider la propre nurse de son enfance, sa Nanny qui lui servait de mère de famille, de racine, de sagesse.

Christina avait goûté à la drogue, ce qui la rendait dépendante de son dealer! Elle compensait en se tapant des bouteilles de vodka pure au goulot! A côté d'elle j'étais une petite fille de la comtesse de Ségur! J'aimais Christina, comme j'aime tous ceux et celles qui sont à la dérive. Devant la désespérance de cette jeune femme, je fis venir Jicky qui n'était pas mieux loti qu'elle! Entre deux solitaires beaux, jeunes, intelligents, il devrait arriver quelque chose.

En effet, le coup de foudre frappa Jicky.

Mais Christina avait son paratonnerre et ne partageait pas cet amour immense. Elle était ailleurs, ivre du matin jusqu'au soir, seule dans sa situation de liberté provisoire, en attente du procès qui l'enverrait en prison, la priverait de la chaleur de sa fille, de la douceur de sa Nanny.

Elle vivait en sursis. Elle était en sursis.

Puis, un jour de novembre, elle fut condamnée à dix ans de prison par la cour d'assises de Marseille. Elle ne put revenir chez elle chercher ni son linge ni sa brosse à dents, et fut déférée immédiatement aux Baumettes dans l'état où elle était. Nous étions tous malades pour elle. Sa Nanny vint chercher l'indispensable, puis les portes de la prison se refermèrent sur elle!

Robert Badinter, cet avocat qui fut le mien, était aussi le sien et voulait devenir ministre de la Justice. Bien que nous ayons eu des mots et que nous nous soyons séparés sur d'amères et sinistres questions d'argent, il fit appel à moi. Si j'aimais Christina, je devais aller voir mon cher Valéry Giscard d'Estaing et lui demander la grâce de Christina.

Ce que je fis.

Valéry était Président de la République, il me reçut chez lui, pensant à toute autre chose, mais certainement pas au problème insoluble que j'allais lui exposer.

« Comment va votre cœur, chère Brigitte?

– Il va mal, Valéry, c'est pourquoi je suis ici. »

Et Valéry de mettre sa main sur ma cuisse, pensant qu'un problème d'amour m'amenait vers lui ! Lorsque je lui parlai de Christina et du pourquoi de ma visite, il fut visiblement choqué !

« Mais, ma petite Brigitte, le Garde des Sceaux, ministre de la Justice a tous pouvoirs ! Même moi, je ne peux rien pour elle, ni pour vous.

— Valéry, si vous m'aimez un tout petit peu faites quelque chose pour elle, je vous en supplie. »

Et Valéry de remonter un peu sa main sur ma cuisse et de me demander s'il pouvait faire quelque chose pour moi.

« Avez-vous suffisamment de fuel ? (C'était l'année où on manquait de fuel de chauffage !)

— Oui, Valéry, je vous remercie, la seule aide précieuse que vous puissiez me donner serait de faire sortir Christina de sa prison. »

Et je brûlai stupidement mes cartouches auprès du Président Giscard d'Estaing. Ma visite n'avait servi à rien. Je le dis à Badinter qui ne s'en étonna pas. D'autre part, je voulais visiter Christina dans sa prison des Baumettes, nous étions à la veille de Noël et ce serait mon cadeau pour elle.

Badinter y mit toute son énergie, tout son pouvoir !

Finalement, j'eus la possibilité d'aller la voir, à condition de montrer mon casier judiciaire vierge et de donner des photomatons de moi prises le jour même et tamponnées sur un certificat de visite. Je pris l'avion pour Marseille, avec Jicky qui m'accompagna jusqu'aux portes blindées des Baumettes.

Là, on me fouilla. Je dus donner mes certificats, mes laissez-passer, me dépouiller de mon sac, de ma veste, après on me pelota pour sentir si je ne cachais rien sur moi. On me fit entrer dans un petit réduit de 1 mètre carré et on m'enferma à clef. Une vitre avec des petits trous comme à la poste donnait sur un couloir d'où je vis arriver Christina entourée de deux gardes-chiourme.

Je la reconnus à peine tant elle était livide et amaigrie. Nous pleurions toutes les deux, essayant désespérément de toucher nos mains au travers de cette vitre épaisse, où seules nos paroles se rejoignaient par les trous minuscules.

Je ne savais plus quoi dire, ni quoi faire.

C'était la première et la dernière fois de ma vie que je vivais une épreuve pareille. Je ne pouvais croire, ni entendre sa désespérance, sans me mettre à pleurer. J'aurais dû lui apporter du positif et ne partageai que du négatif avec elle. Au bout de dix minutes, les gardes-chiourme qui n'avaient fait que passer et repasser entre elle et moi, écoutant tout, nous dirent que la visite était terminée. J'embrassai cette vitre immonde, essayant de donner la chaleur de mon baiser à Christina, qui fit la même chose de son côté. Puis on l'emmena ! Je restai là, seule, quelques minutes, dans une immense détresse, puis la clef tourna dans la serrure, je pus sortir à mon tour, on me rendit mon sac, ma veste, je retrouvai Jicky et l'avion qui nous ramenait vers Paris.

Je n'ai jamais revu Christina. Elle fut libérée en 1981, lorsque Mitterrand prit le pouvoir et que Badinter fut nommé Garde des Sceaux.

Je sais qu'elle est heureuse aujourd'hui, et c'est le principal.

Je passais les mois de juillet et août à Bazoches.

Allain continuait d'aller au bureau pendant que je m'occupais à jouer les fermières au milieu de mes chèvres, mes moutons, mon âne, mes canards, mes poules, mes pigeons, mes chiens et mes chats. Il se sentait bien dans cette campagne simple et rustique. Il avait pris en main la coupe des arbres morts, la réfection des clôtures, il donnait des ordres au gardien et il était respecté.

J'étais ravie !

Il y eut quelques scènes inévitables, mais sans commune mesure avec celles de La Madrague. Souvent, j'allais le retrouver dans ce Paris du mois d'août qui donne une impression de liberté, de vacances, qui appartient à ceux qui savent l'apprécier, et nous dînions tard le soir dans des petits restaurants sympathiques.

J'étais heureuse.

En septembre, Allain me ramena avec ma ménagerie à Saint-Tropez. La vie reprit son train-train de semaines à vide, entrecoupées de week-ends heureux ou tragiques selon les astres ! Le temps ! Le mistral ! Mon humeur ! La sienne !

Puis, j'eus 46 ans, le 28 septembre 1980.

Ce soir-là, Allain m'emmena dîner en tête à tête dans le restaurant qu'un copain, Roger, tient sur la plage de Pampelonne. Il n'y avait évidemment aucun client, il faisait un froid de loup et la baraque en planches laissait passer le vent d'est qui annonçait la pluie. C'était mon premier anniversaire avec Allain. Il ignorait encore qu'un cadeau m'aurait fait plaisir. Mais cette soirée fut magique et douce.

J'essayais doucement d'apprendre à Allain qu'il y a deux choses qu'une femme a horreur de s'acheter elle-même : les fleurs et le parfum.

Les fleurs, ce fut difficile, mais Allain qui avait une timidité maladive chez les fleuristes, et qui arrivait donc avec son bouquet comme un paquet de sottises, le jetant presque par terre, finit par comprendre et m'offrit des fleurs quand il y pensait.

Le parfum, j'attends toujours !

Pourtant, un jour, il me téléphona de Paris me demandant, après trois ans de vie commune, quel était mon parfum. J'étais bouleversée d'une

152

telle attention si imprévisible et lui répondis *l'Heure bleue* de Guerlain. Il arriva le week-end suivant avec sa sœur qui venait passer quelques jours à La Madrague. C'est la pauvre chérie qui me donna en partant un flacon de *l'Heure bleue* pour me remercier.

Noël arrivait à grands pas.

Je désirais le passer à Saint-Tropez. Les clémentines sentent Noël, les feux de campagne sentent Noël, et l'eucalyptus, la mer, les algues sentent Noël, les pins, les pommes de pin sentent Noël, la Provence entière sent Noël.

A Bazoches, rien ne sent rien !

Entre-temps, j'avais lu un livre remarquable, écrit par Germaine Aziz, *Les Chambres closes*, l'histoire d'une pauvre fille orpheline, livrée à la prostitution à 16 ans. Une horreur, un cauchemar, je me pinçais en le lisant pour être sûre de ne pas faire un de ces rêves effrayants qui me laissaient la bouche et le cœur secs. J'étais tellement imprégnée par ce que je découvrais au fil des pages que je décidai de lui téléphoner.

Je tombai sur une femme merveilleuse mais crevant de solitude. Je ne la connaissais qu'au travers de ce que la presse, les bruits, le monde, le bouche à oreille avaient pu m'en apprendre. Nous nous sommes bien plu au téléphone. Je l'invitai à partager notre Noël à La Madrague.

Elle accepta.

Puis, Gloria, ma Glo, une Chilienne qui fut la femme de Gérard Klein, que je connus il y a longtemps avec Gunter Sachs, était de passage en France pour divorcer d'avec Klein. Elle était seule, triste, paumée, elle vint elle aussi, partager notre Noël.

Allain était mi-figue, mi-raisin. Il aurait bien voulu m'avoir pour lui tout seul, d'autre part, il lui était difficile de refuser la présence de ces deux femmes si différentes, si seules, si formidables.

Je découvrais Germaine Aziz. Rose, douce, fraîche, pure, malgré l'enfer sexuel qui lui fut imposé pendant ses plus belles années. Je garde pour elle une estime et une tendresse infinies. Je revoyais Glo après dix ans de séparation. Je l'aimais de nouveau, je l'appréciais plus qu'avant. Elle avait évolué et moi aussi. Vinrent se joindre à nous les paumés du pays. Jicky, seul, divorcé, triste, La Perruque, mon copain, seul évidemment un soir de Noël.

Nous formions un petit îlot hétéroclite mais sympathique.

Bonne année 1981 !

V

La grandeur d'une nation et ses progrès moraux peuvent être jugés de par la manière dont elle traite ses animaux.

GANDHI (1869-1948).

Je crois que les années impaires ne sont jamais de bonnes années !
Pourquoi ?
Parce que !
J'entamais cette nouvelle année comme j'entame tout dans la vie, à pleines dents ! Si j'avais su, j'aurais mordu moins fort.

En avril, je devais être une battante de la défense animale dans un *Dossier de l'écran* consacré à la vivisection, en direct cette fois, avec en face de moi de redoutables adversaires. Pour cette émission, Allain avait été chargé par Armand Jammot de réaliser un film sur l'expérimentation animale. Rien n'est plus difficile, voire impossible. Les portes des laboratoires sont plus hermétiquement fermées que celles des coffres-forts, et les chercheurs, s'ils sont fiers d'eux, le sont moins des moyens employés pour arriver à des fins qui n'ont pour issue que les morts atroces d'animaux-objets.

Allain fut remarquable de courage, d'entêtement, de motivation.

Un jour, il me téléphona, me disant qu'il devait filmer une expérimentation sur un chien à l'hôpital de Choisy. Le chien devait mourir à la fin. L'expérience tentait de remplacer le cœur, les poumons et tout le système circulatoire par une machine, afin de sauver la vie d'enfants malformés cardiologiquement à la naissance.

J'étais bouleversée.

Allain allait filmer la mort d'un chien, du meilleur ami de l'homme, du plus fidèle compagnon, comme ça, sans réagir. Je le suppliai de sauver ce chien quel qu'il soit, je le suppliai de ne pas rester insensible à son tour et de demander aux médecins de le réanimer au lieu de l'envoyer au four crématoire. Allain restait laconique au téléphone, il ne savait pas si les médecins accepteraient. C'était déjà un miracle qu'ils l'autorisent à filmer.

Toute la matinée je ne pensai qu'à ça, j'allai mettre un cierge à ma copine du ciel, lui demandant si c'était possible de laisser ce pauvre chien vivre après l'expérience.

154

Vers 2 heures de l'après-midi, coup de fil d'Allain, la petite Boxer de 5 mois qui a servi de cobaye est dans un coma profond mais les médecins feront tout pour la réanimer, Allain avait dit qu'il voulait la garder pour lui. Je pleurais de bonheur et courus mettre un autre cierge pour remercier la Sainte Vierge et lui demander la vie sauve pour cette petite chienne !

Deux jours plus tard, après avoir soigné cette petite bête comme un être humain, les médecins l'ont sortie du coma. Ils ne pouvaient plus la garder, il fallait venir la chercher. Allain ne pouvait pas s'en occuper à cause de son travail. Elle était très très faible, il lui fallait une surveillance constante. Je décidai sur-le-champ que je m'en occuperais.

Ne pouvant laisser ma maison et mes chiens à mon pourri de gardien, sur le point de m'abandonner, je fis venir Madeleine.

J'ai toute confiance en elle !

Et je partis retrouver à Paris ma nouvelle petite fille Boxer.

Lorsque j'arrivai rue de la Tour, je vis juste un petit bout de queue qui s'agitait, le reste du corps étant trop faible pour me montrer sa joie. Elle avait le visage d'une petite négresse avec de grands yeux profonds et dorés, son corps n'était qu'une cicatrice énorme. Je pleurais pendant qu'elle me léchait les mains. En la regardant, je pensais qu'elle avait payé un lourd tribu à l'humanité et qu'il était temps de lui rendre la monnaie de sa pièce.

Je restai une semaine près d'elle, lui réapprenant à marcher, à manger, à boire, la soutenant pour faire son pipi, la cajolant, la caressant, la rassurant de mon mieux. Il fallut l'emmener deux fois à Choisy durant cette semaine pour des vérifications de santé, de choses très compliquées. Allain lui faisait chaque jour des piqûres d'antibiotiques. Au bout d'une semaine, elle allait mieux mais sa faiblesse lui interdisait un long voyage et le contact trop brutal d'autres chiens en pleine santé. Je la confiai à Janine, ma gardienne de Bazoches, et retournai à La Madrague retrouver ma famille à quatre pattes.

Quelques jours plus tard, une petite fille fut opérée et sauvée grâce à la machine pour laquelle « Amélie » avait presque donné sa vie. Pourquoi « Amélie » ? Parce que : *Occupe-toi d'Amélie.*

Le 7 avril, je retournai donc à Paris, confrontée au Professeur Jean Bernard pour ce *Dossier de l'Ecran* spécial vivisection. Je n'ai aucune admiration, aucune sympathie pour cet homme qui manque totalement d'humanité. Sa présence était froide, prétentieuse, nous parlions de l'inutile souffrance animale, de l'animal-objet, des expériences répétées et rerépétées qui n'apportent rien à la survie des enfants ! Il se gargarisait d'enfants, il n'avait que ce mot à la bouche, certain par cette hypocrisie de toucher le cœur des millions de téléspectateurs qui nous regardaient. J'étais écœurée, je pensais à Amélie et aux milliers d'autres qui n'avaient pas eu sa chance.

L'émission ne servit à rien, comme d'habitude, mais faillit se terminer en pugilat entre deux médecins adverses.

Je retournai à Saint-Tropez.

Mon vieux Prosper, le chien fidèle de La Madrague, celui que j'avais trouvé il y avait quatorze ans accroché au portail avec une ficelle, mon adorable gros pépère de Prosper, se mit à décliner soudainement.

Qu'avait-il ? Je passais ma vie chez le vétérinaire, qui me répondait : « Il est vieux ! » J'allais chez d'autres vétérinaires, à Sainte-Maxime, à gauche, à droite, ils restaient évasifs.

Crevée, seule, désemparée devant quelque chose que je ne pouvais contrôler, je fis venir Michèle. Elle m'aida de son mieux mais, Prosper avait tant vieilli en une semaine qu'il mourut le lendemain, le 29 avril 1981.

Ce soir-là, La Perruque, qui ne pense qu'à bouffer, était venu à la maison faire des artichauts barigoule pour Michèle et Michou, un vieux copain. Je me souviendrai toute ma vie de l'odeur des artichauts mijotant dans la cocotte et de La Perruque poussant des exclamations de bonheur devant sa réussite culinaire, pendant que Prosper, devant la porte, était en train d'agoniser. Ce soir-là, j'ai haï La Perruque, son doigt en l'air et sa boulimie, son indifférence à la souffrance qui précède la mort, son obsession de la nourriture.

Prosper est mort dans mes bras tandis que La Perruque se dandinait en criant : « A table, c'est servi ! » Je les ai vus s'asseoir à quelques centimètres de Prosper mort et de moi, se servir « pendant que c'est chaud », et déguster. J'étais écœurée, je les aurais bien foutus dehors, mais mon chagrin m'empêchait de dépasser certaines limites. J'ai passé toute la nuit à veiller mon Prosper que j'avais laissé devant la porte de la cuisine, là où la mort l'avait pris. Je fumais, je buvais un peu aussi pendant que Michèle digérait ses artichauts en ronflant à l'étage au-dessous.

Là-dessus mon gardien est parti en me disant : « Madame, je t'emmerde et j'y fous le camp pour de vrai, c'te fois-ci. »

Bien sûr, Michèle n'était plus là, son mari lui avait ordonné de rentrer. Comme toujours, je me retrouvais seule pour tout assumer. Mouche, qui avait été opérée suite à une métrite purulente, était encore fragile, j'étais fatiguée, j'en avais marre, je fis revenir Madeleine. Mais Madeleine ne conduit pas, Madeleine est âgée et fragile, Madeleine ne remplace pas un homme !

Je mis une annonce dans *Var-Matin* : « *Cherche homme toutes mains pour entretien propriété Saint-Tropez.* »

Le téléphone n'arrêtait pas de sonner. Entre deux gardiens qui se proposaient, Allain arrivait à me dire deux mots. J'étais à bout de nerfs. Je pensais au prochain week-end avec une anxiété épouvantable. J'allais devoir être souriante, mignonne, disponible, sereine, toute à lui !

Alors que je vidais les poubelles, faisais les courses et la cuisine, achetais les bouteilles de gaz, récurais la piscine, ratissais le jardin, donnais à manger aux chats sauvages, nettoyais la plage, je laissais à Madeleine le ménage, le lavage, le repassage et le choix des gardiens au téléphone.

Elle n'a pas eu la main heureuse.

Cette année-là, 17 gardiens se sont succédé à La Madrague entre mai et octobre. Nous les prenions pour un essai d'une semaine. Au bout de trois jours, ils foutaient le camp sans prévenir, laissant l'adorable petite maison de gardien dans un état innommable de saleté. C'est Madeleine qui, chaque fois, remettait tout en ordre, écœurée. On a eu des drogués, des pédés, des sourdingues, des « je suis trop bien pour être gardien, mais il n'y a pas de sot métier », des artistes (on se demande de quoi !).

Tout, sauf un vrai gardien !

Cela commençait à se dire dans le pays. « Ah ! à La Madrague, on ne reste pas trois jours. » J'étais cataloguée.

Pendant ce temps, Allain venait passer ses week-ends.

Il était heureux de se détendre. Il ne voulait pas savoir ce qui se passait, pas plus qu'il ne me disait ses problèmes de bureau. C'était de bonne guerre. Mais moi, je devenais folle. J'attendais qu'il me dise ses problèmes pour que je puisse lui faire partager les miens, qu'on ait une vie de couple, nom de Dieu !

Pour couronner le tout, après avoir supporté une campagne électorale digne des meilleurs slogans publicitaires pour lessives, après avoir voté et revoté, voilà qu'un changement que je n'avais pas souhaité nous tombait sur le dos. L'élection de Mitterrand m'a fait penser au baccalauréat accordé à Mademoiselle Plume Coq à l'âge de 50 ans pour obstination récompensée. A force de se présenter et de se représenter, on finit par céder au forcing et on accepte de guerre lasse. N'empêche qu'il tombait vraiment mal celui-là !

Adieu mes possibilités d'aider les animaux.

Adieu les projets en bonne voie que nous avions, Allain et moi, laissés sur les bureaux des différents ministres après des heures de discussions et des rendez-vous innombrables. Adieu nos espoirs de « changement » pour un respect de la vie, une protection des animaux. Adieu Monsieur Micaux, nommé « Monsieur Animaux » par Valéry Giscard d'Estaing sur mon initiative, afin de prendre en charge tous les problèmes urgents que la lenteur de l'administration ne résolvait qu'après les drames !

Bonjour tristesse !

Enfin ! La vie continuait.

J'attendais le mois de juillet avec impatience afin de partir avec Allain à Bazoches et fuir mes problèmes de gardiens de La Madrague. Mais Allain, dont l'indépendance est légendaire, avait décidé de passer ses vacances au Kenya. Au Kenya ! Mais pourquoi ?

J'ai eu beaucoup de chagrin !

Les quelques jours de liberté qu'Allain avait une fois par an et que j'attendais comme le Messie, allaient l'éloigner davantage encore de moi ! Et puis ce mois d'août, seule à Bazoches, ça me paraissait insurmontable. Mieux valait encore pour moi rester à Saint-Tropez, même si je devais être envahie par la curiosité des cons, au moins j'aurais quelques amis, je me baignerais, je pourrais faire du bateau, je ne serais pas isolée.

Au moment où je voyais tous les couples se retrouver, insouciants, heureux, libres, parfois amoureux, je ressentais ma solitude avec plus d'acuité. Je ne comprenais pas Allain. Si on aime quelqu'un, on a envie d'être près de lui, non ? Nous étions séparés toute l'année, à part quelques week-ends, pourquoi partir si loin, sans moi, pour ses vacances ?

Parce qu'il ne m'aimait pas !

J'en étais là de mes réflexions amères lorsque le 14e gardien, trouvé ivre mort, fut foutu à la porte.

J'en avais plein le dos de toutes ces histoires, j'en avais marre d'assumer seule la responsabilité de ces maisons. Michèle était en vacances avec son mari, à 500 mètres de chez moi où elle avait loué une petite maison dans les vignes. Elle venait me dire « bonjour », très pressée, très élégante, très soignée, son mari l'attendait dans la voiture... Il venait de lui offrir une magnifique bague ancienne pour son anniversaire, elle me la tournicotait sous le nez, me montrant par la même occasion ses ongles rouges, impeccables, ses mains manucurées de frais !

Je regardais les miennes, crevassées, les ongles courts, en deuil. J'avais honte. La Perruque m'emmenait dîner parfois avec des petits cons, qui m'admiraient, m'adoraient, auraient pu être mes fils ! Le temps passait, il passe toujours heureusement ou malheureusement selon les cas.

Allain revint avec son anniversaire, le 17 août.

Je fis une petite soirée, je lui achetai des cadeaux utiles et jolis. Il repartit, le travail reprenait. Je me sentais seule, si frustrée, si amère. Cette amertume, que je découvrais au fil du temps, que j'avais ignorée et méprisée toute ma vie, soudain me sautait dessus, m'envahissait.

J'essayais de me contenter de ce que j'avais.

Un beau coucher de soleil, le regard incommensurablement profond de mes chiens (Amélie avait rejoint la tribu et était heureuse), le ron-

ronnement des chats, petits êtres beaucoup plus complexes, beaucoup plus attachés et attachants qu'on ne l'imagine quand on les ignore. L'odeur, les odeurs merveilleuses de la Provence, de l'iode, des embruns, des plantes, des fleurs. Tous les petits bonheurs qui peuvent parfois remplacer un grand.

La Garrigue était terminée. Je m'amusais à l'arranger, la meubler. Je déménageais La Madrague surchargée pour emménager La Garrigue. Puis, m'apercevant de mes erreurs, je redéménageais dans l'autre sens, avec la Range-Rover.

Allain venait passer des week-ends de planche à voile, de petits poissons grillés au fenouil, de tout va bien...

« Oui, la piscine est mal nettoyée mon chéri, excuse-moi, mais le gardien... »

Il apportait son linge sale afin de le retrouver propre lors de son départ, parfois Madeleine oubliait...

Ce qui était dramatique, c'étaient ces faux rapports, ces faux-semblants, ces faux sentiments. Cela me mettait mal à l'aise du vendredi soir au lundi matin. Et pourtant, il était une racine dans cette vie de folie, il m'était une famille, il m'était indispensable. N'ayant plus de parents, je m'étais attachée très profondément aux siens. A sa maman à qui j'avais dit un jour :

« Mamichette, vous êtes ma maman de remplacement.

— Oui, ma chérinette, tu pourras toujours compter sur moi quoi qu'il arrive, tu entends bien, chérinette, quoi qu'il arrive ! »

J'avais bien entendu.

Or, lorsque j'ai eu besoin d'elle, le jour où, seule, trop seule, abandonnée et désespérée, je l'ai appelée au téléphone, elle m'a carrément tourné le dos, soutenant son fils sans savoir même ce qui s'était passé.

On ne remplace pas une maman par n'importe qui.

J'ai attendu 49 ans pour l'apprendre.

Je mis des annonces partout, des petits papiers chez tous les commerçants pour trouver un gardien pour La Madrague, et une paysanne aimant la terre pour La Garrigue.

Un jour, assise devant la cuisine, je lisais mon courrier abondant, lorsque je vis arriver, sans crier gare, deux mecs. Les chiens aboyaient mais eux avançaient vers moi, décidés. Ils avaient mauvais genre, style marginaux, sales. Je les reçus froidement, les chiens aussi.

Ils venaient pour la place de paysanne !

C'était un couple de pédés.

Comme paysanne, j'étais servie !

En parlant avec eux, je m'aperçus qu'ils étaient différents de ce qu'ils représentaient au premier abord. Je leur montrai La Garrigue, ils furent enchantés, leur chien Chiffon aussi qui disparut derrière un lapin pendant plusieurs heures. Ils étaient prêts à faire le ménage, la cuisine, le potager, la couture, le lavage, le repassage, etc.

Je n'avais pas le choix. Je devais être souple et accepter ce qui se présentait. Pour La Madrague, je trouvai enfin un couple.

Tout s'arrangeait. Je pourrais partir pour Bazoches en novembre, profiter un peu de ma chaumière et de mes animaux.

**

Je venais d'adopter « Voyou », un pauvre chien perdu style « des tropiques » qui errait maigre et apeuré sur la plage des Canoubiers à quelques mètres de La Madrague. J'eus quelques difficultés à l'intégrer dans ma famille de Setters. Mais, même s'il fut considéré comme un intrus par mes petits et petites, il fut accepté du bout du museau !

Voyou avait l'intelligence et le charme des bâtards débrouillards et mal-aimés. Il s'accrocha à ma tendresse comme une arapède à un rocher. Je l'aimais avec son regard doré et son museau frémissant à chacune de mes paroles. Il comprenait tout, n'obéissait pas toujours, mais avait une reconnaissance incommensurable.

Un jour, je vis ce chien si costaud se traîner en gémissant sous la table de la cuisine. Il se mit à vomir. Affolée, je partis en trombe chez le seul vétérinaire présent à cette époque à Cogolin. Ça n'était pas la porte à côté ! Après examen le diagnostic fut dur ! Occlusion intestinale, opération urgente. J'étais encore une fois seule lorsque j'emmenai Voyou à 8 heures du soir à Cogolin pour l'intervention inévitable. Il faisait nuit, froid, et mon Voyou tremblait de tous ses membres. Le véto fit venir son assistante, style « qui n'y comprend rien mais qui couche avec » ! On l'anesthésia et je commençai à poireauter seule, angoissée, dans cette salle d'attente glaciale et impersonnelle.

Plus le temps passait plus mon angoisse grandissait.

Finalement, vers 10 heures du soir, le véto sortit de la salle d'opération, sa blouse éclaboussée de sang, l'air abruti, et me dit :

« Je me suis trompé, ce n'est pas une occlusion mais une gastro-entérite faramineuse. Je l'ai ouvert pour rien, mais il s'en remettra, il est costaud. »

Voyou, sur la table d'opération, les pattes attachées en croix, le ventre juste recousu, gisait tel un cadavre, les babines découvrant les dents, les yeux révulsés.

Je vivais un cauchemar !

Puis le véto m'annonça qu'il était impossible de le ramener à la maison, qu'il devait passer la nuit sous perfusion, mais que lui et son assistante rentraient chez eux... Alors, Voyou resterait seul, dans cet état, sans aucune surveillance ? Non, je décidai de rester près de lui, avec l'envie de cracher ma haine au visage de ce soi-disant vétérinaire incapable et insensible. Voyou fut mis à même le sol. J'allai chercher dans ma Range-Rover un plaid, sur lequel je le couchai. On m'expliqua comment changer la bouteille de perfusion lorsqu'elle serait vide, il fallait faire attention qu'aucune bulle d'air ne rentre dans la veine. Puis, on me laissa seule avec mon chien encore sous anesthésie, en pleine nuit d'hiver, en pleine détresse.

Alors, j'appelai mon petit couple de pédés de La Garrigue, je leur expliquai mon désarroi et ils vinrent immédiatement avec une Thermos de café chaud, des mandarines, des biscuits, et toute la folle efficacité de leur jeunesse positive ! Nous nous sommes relayés tous les trois auprès de Voyou, toute la nuit. Ils ont changé les bouteilles de la perfusion pendant qu'à même le sol de cette clinique abominable je m'étais assoupie.

A 8 heures du matin, le vétérinaire arriva, frais et dispos, tandis que nos mines défraîchies lui annonçaient que Voyou ne se portait pas trop mal...

Le monde à l'envers !

Mais l'intervention très pénible pour un chien atteint de gastro-entérite nécessitait un soin sérieux, sinon il risquait de mourir ! Voyou fut donc rapatrié à La Madrague avec sa perfusion qu'il fallait changer dès que la bouteille était vide. Je l'installai près de mon lit, ayant accroché la perfusion à un porte-manteau perroquet. Mes petits gardiens rentrèrent à La Garrigue, et moi, crevée, je m'endormis.

Lorsque je m'éveillai, il n'y avait plus de Voyou, plus de perfusion, mais des taches de sang laissées sur les tommettes qui me menèrent jusqu'à lui, tapi sous des buissons, traînant sa bouteille, l'aiguille à moitié sortie de sa veine.

Je pleurai de fatigue, d'impuissance, ne sachant plus quoi faire.

Le véto vint remettre les choses en place, et mes petits gardiens de La Garrigue passèrent encore une nuit blanche afin de me laisser dormir.

Voyou finit par s'en remettre !

Un soir, il accepta de manger un bout de jambon ! Ce fut la fête, une victoire sur la mort, oh, je l'avais bien eue, cette saloperie ! Huit jours plus tard, alors que je promenais tout mon petit monde, il me sembla que Voyou avait la peau du ventre qui pendouillait anormalement...

Oh non ! Mon Dieu, je vous en supplie...

Je le ramenai chez cet imbécile de vétérinaire, à Cogolin, qui me dit : « Ah, oui, les fils de suture ont claqué, il faut l'ouvrir de nouveau pour le recoudre ! »

Epuisée que j'étais par une semaine de veille, mes petits gardiens aussi, j'appelai Michèle d'urgence. Elle arriva, élégante et en casquette de jockey. Je m'en fichais ! Voyou devait de nouveau être opéré ce soir à Cogolin car ses intestins, dégringolant dans la peau de son ventre, traînaient sur le sol.

Nous assistâmes ensemble à cette deuxième opération qui aurait dû être évitée. Voyou encore anesthésié alors qu'il se remettait à peine de sa gastro-entérite. Voyou, qu'il fallait encore une fois veiller, dans cette clinique minable, sous perfusion, avec les mêmes problèmes et les mêmes angoisses que la semaine passée. Il s'en remit, grâce, peut-être, à tout l'amour et les soins que je lui avais apportés. Je fis un procès au Docteur Perragout auprès de l'Ordre des Médecins, car en plus de Voyou, il avait fait mourir « Jolie », petite chatte stérilisée dans de mauvaises conditions.

Comme pour la mort de maman, il n'y eut aucune suite !

Puis, ce fut mon anniversaire, le 28 septembre 1981.
J'avais 47 ans !
Chez Roger toujours, mais avec des copains, Allain me donna ce soir-là une deuxième alliance, il me réépousait, c'était merveilleux !
J'appris alors que la fleuriste de Saint-Tropez avait tué son chat la nuit précédente, à coups de bâton !
Oui, c'est affreux, les voisins ont entendu le chat hurler, et la mère et le fils l'exterminer ! J'étais blême. Encore une horreur commise dans mon pays, par des gens que je connaissais depuis vingt ans ! Comment était-ce possible ?
Le lendemain, j'arrivai au magasin de la fleuriste, vindicative...
« Madame, on me dit que vous avez tué votre chat l'autre nuit, est-ce vrai ?
— Brigitte, mêle-toi de tes oignons et fiche-moi la paix !
— Non, je veux savoir, si c'est vrai, c'est dégueulasse, vous êtes une salope !
— Tu m'ennuies, ça ne te regarde pas.
— Vous êtes une SALOPE, UNE SALOPE, UNE SALOPE !!! »
Je hurlais sur la place. J'étais hors de moi.
Il y eut un attroupement, certains se souvenaient du meurtre et m'approuvaient, d'autres, simples curieux, rigolaient. D'autres encore en rajoutaient. Bref, il y eut un mini-scandale.
Dans la boutique, un livreur fut témoin de mes insultes. Grâce à lui, la fleuriste m'attaqua en diffamation, outrage et *tutti quanti* ! Je fus inculpée ! Mais le procès, que j'ai gagné, n'aura lieu qu'un an plus tard.

J'ai oublié de parler de mon courrier, qui occupe une bonne partie de mon temps. Je n'avais pas de secrétaire sur place, Michèle n'évoluant qu'à Paris, c'est moi qui ouvrais, triais, répondais à mes cinquante lettres quotidiennes. Lorsqu'il se passait quelque chose, comme *Les*

Dossiers de l'écran ou une campagne spéciale contre l'inertie gouvernementale, les lettres quotidiennes passaient de 50 à 500. Elles occupaient une bonne partie de la journée ou plutôt de la nuit, la journée étant réservée à tout le fourbi ménager.

Ce courrier me dénonce souvent des cas urgents d'animaux martyrisés ou maltraités, des receleurs de laboratoires ou des zoos où les bêtes se meurent, tel ou tel pays où on mange les chiens, les chats, ou encore les transports atroces d'animaux de boucherie. J'ai vu les photos d'une chienne brûlée vive sur un tas d'ordures ; j'ai vu des clichés abominables de squelettes poilus qui étaient des chiens, morts de faim dans un refuge. Toutes ces images dantesques me hantaient et me hantent toujours la nuit lorsque je me retrouve dans le noir.

Il me faut beaucoup de courage pour assumer des responsabilités pareilles. Je réponds toujours. Je téléphone aux préfets, écris aux ministres. Je me décarcasse de tout mon cœur, j'essaye, je mobilise des avocats, je menace, je tiens tête. Je pleure aussi sur l'inutilité de ma volonté, de ma révolte. Toute ma vitalité, ma célébrité sont au service de la protection des animaux. Je me démène comme un diable dans un bénitier, et quels sont les résultats obtenus ?

Une misère par rapport à l'énergie dépensée !

Et puis, il y a mes Mémoires qui avaient déjà fait couler beaucoup d'encre alors qu'ils n'en étaient qu'à leurs balbutiements. Mes Mémoires, je les avais commencés le jour de mes 40 ans. C'est difficile de se souvenir parfaitement des détails, des dates, des anecdotes qui font une vie. Parfois, la nuit, il m'arrivait d'écrire jusqu'à l'aube. Puis, pendant un an, il me fut impossible de me replonger dans cette vie passée, trop occupée par ma vie présente. Alors mes Mémoires attendirent, patiemment, que je me repenche sur eux. En revanche, j'avais un besoin urgent de coucher sur le papier mes impressions présentes, comme si le fait de les écrire les exorcisait un peu à mes yeux.

Je suis végétarienne. Enfin, j'essaye de l'être.

Difficile, parfois, de résister à une rondelle de saucisson avec un cornichon ! Mais avant ma gourmandise, je fais passer la vue de l'animal à l'abattoir, son calvaire pendant des jours. Alors la rondelle de saucisson prend des allures de reproche... Je vois le pauvre cochon entassé dans un camion, j'entends ses cris lorsqu'il traverse le couloir d'électrocution et j'ai envie de vomir. Alors je mange le cornichon ! Marguerite Yourcenar, cette femme merveilleuse, qui est venue spécialement me voir à La Madrague juste après son élection à l'Académie française, parce qu'elle avait envie de me connaître, m'a dit qu'elle aussi était végétarienne parce qu'« elle ne voulait pas digérer l'agonie ».

J'avais 27 ans lorsque je me suis battue pour que les animaux aient une mort moins violente dans les abattoirs. J'ai fait l'émission *Cinq*

Colonnes à la Une en 1962, entourée de tueurs et de mon ami le vétérinaire Triau. Maintenant, c'est toujours horrible, mais à part les abattages rituels (c'est honteux, jamais Dieu n'a demandé que des bêtes innocentes souffrent un tel martyre, ou alors je ne crois plus en Lui !) l'animal est inconscient lorsqu'il est égorgé, c'est la moindre des reconnaissances que nous lui devons. Encore fallait-il y penser !

A Bazoches, je retrouvais Janine, ma gardienne dépressive, qui retrouvait Amélie, ce fut une grande fête.

Voyou et Matcho, mon plus beau Setter, fils de Nini, se détestaient. Chacun voulait être le chef de meute. Et les bagarres allaient bon train. C'était insupportable, fatigant, déprimant, exaspérant. Mais il fallait faire avec !

Si l'un s'approchait et posait sa tête sur mes genoux, immédiatement l'autre grognait et voulait faire pareil ! C'était une lutte incessante et angoissante, sans aucun répit, aucune trêve. Parfois, cela se terminait d'une façon tragique, un combat à mort qui les laissait sanglants, blessés, déchirés, mais encore agressifs ! Allain ne supportait plus cette vie. Il fallait que je me sépare de l'un d'eux. Mais c'était impossible. Je les aimais, ils m'aimaient, et puis Saint-Exupéry a dit : « Tu es responsable pour toujours de ce que tu as apprivoisé ! » Alors ?

« Alors, c'est eux ou moi ! », a dit Allain.

Toujours sympathique ce genre de marché, impossible à résoudre.

Il me fallait gagner du temps. Ce que je fis.

Le 20 novembre, un coup de fil d'une dame inconnue m'annonça que Suzon, ma Suzon, était très mal et avait été transportée à l'hôpital de Meaux. Suzon était la grand-mère merveilleuse dont je m'occupais depuis vingt ans. Elle avait eu un cancer de la gorge, était perdue, n'avait aucune famille. Elle m'avait écrit une lettre, inoubliable, m'envoyant sa bague de fiançailles, m'adoptant ainsi sans me connaître. J'étais allée la voir à l'hôpital Lariboisière, à Noël 1961, et je lui avais apporté un chargement de cadeaux. Ce que je vis d'elle fut fugitif car elle s'évanouit sur-le-champ, l'émotion !

Depuis, elle a guéri, s'est réinstallée dans son petit logis de la Ferté-sous-Jouarre. Je lui fis installer une cuisinière à gaz qui chauffait les deux petites pièces. Puis, je lui offris une T.V. noir et blanc que je changeai bientôt pour une couleur, à son cœur défendant. Elle voulut garder la vieille noir et blanc dans un coin, car c'était son « fétiche ».

J'aimais, j'aime, j'aimerai Suzon toute ma vie.

Cette petite femme intelligente, lucide, qui pouvait être acide ou perfide parfois, a été mon petit porte-bonheur. Au fur et à mesure que ma famille me quittait, ma Suzon était encore là pour m'aider, me conseiller, m'aimer !

Nous déjeunions toutes les deux une fois par an aux environs du 15 décembre. Quels souvenirs extraordinaires pour Michèle et pour moi ! Pour elle aussi, pauvre amour !

Donc, ce 20 novembre 1981, Suzon était mourante.

Sa dernière lettre qui remontait à un mois ne m'annonçait aucune faiblesse physique. Je partis immédiatement en voiture avec Michèle pour l'hôpital de Meaux.

Suzon gisait sur un lit, entourée d'un tas de bonnes femmes dont celle qui m'avait téléphoné. Elle geignait, refusant toute nourriture, donnant les signes d'une nervosité effrayante. Son petit visage était devenu gris, ses beaux yeux éteints, ses cheveux en désordre, son corps disloqué.

J'appelai : « Suzon ! »

Ce fut un miracle, elle me regarda, me sourit, me tendit les bras, sa gorge faisait entendre un gargouillis inintelligible mais je la comprenais. Nous sommes restées longtemps enlacées toutes les deux, soudées dans un corps à corps immortel. Je lui donnais ma force, ma vie, elle faisait couler en moi sa détresse, sa maladie, sa mort !

Elle a grignoté les fraises que j'avais apportées de chez Hédiard, puis sa fatigue l'a ramenée dans son inconscience première.

Ce fut mon dernier contact avec Suzon.

Quelques jours plus tard, à l'hôpital, elle ne me reconnut pas... ou ne le voulut pas ! Elle mourut le 15 décembre 1981, le jour où, habituellement, je l'emmenais déjeuner. Je l'enterrai, mon livre *Brigitte Bardot, amie des animaux* serré contre son cœur, comme elle l'avait demandé.

Adieu ma Suzon, adieu une grande partie de mon cœur, déjà bien morcelé.

Dany, ma doublure, mais surtout mon amie, qui avait été si sauvagement mutilée en 1966 par un atroce cancer de l'intestin, mais qui s'en était sortie avec courage et détermination (elle est Lion !) malgré des séquelles, avait suivi son mari qui avait décidé de s'installer au Canada.

Ce fut un terrible arrachement !

Son mari étant, comme tous les hommes, égoïste, ne pensait qu'à lui, se foutait bien des douleurs morales et physiques de Dany (il est Lion !). Il allait chercher à l'étranger une fortune que la France lui refusait obstinément, car dans le métier, les directeurs de photo et les cadreurs sont légion, mais ceux qui ont du talent ont pris leur place et ne sont pas près de la céder aux arrivistes aux dents longues.

Après des mois de calvaire, de maladie, de solitude dans ce pays si lointain, Dany décida de revenir en France. Mais elle n'en avait pas les moyens financiers, et surtout ne savait où atterrir, n'ayant plus ni appartement ni maison ni rien du tout.

J'appelai alors Dédette et lui demandai si un appartement ne serait pas libre dans son joli immeuble. Par chance, un deux-pièces, salle de bains, cuisine et terrasse était libre à la vente. J'allai le visiter avec Dédette et l'achetai pour Dany. Puis, je lui envoyai son billet de retour ainsi que celui de son gentil chien, un Colley dont elle ne pouvait se passer. Dédette au 1er étage et Dany au 2e. Elles étaient proches l'une de l'autre, pouvaient se voir, s'aider. J'étais heureuse. Dany le fut aussi, ne sachant pas comment me dire sa reconnaissance. Mon plus beau cadeau serait qu'elle s'y sente bien, qu'elle oublie ses tracas, son mari, qu'elle s'y refasse les racines dont elle a tant besoin.

Elle y est toujours.

Sa santé s'est détériorée, mais elle garde le moral dans cet appartement joli, joyeux, ensoleillé, où elle se préserve comme dans un cocon.

Je l'aime.

*
* *

En ouvrant mon courrier, je trouvai une lettre me dénonçant l'état de misère innommable dans lequel mouraient les chiens du refuge de Long-Prés-Les-Amiens. Le froid, la malnutrition, le manque d'hygiène, le mélange des faibles et des forts, bref, un résumé d'une horreur sans nom.

J'appelai immédiatement Liliane Sujansky, directrice de la S.P.A. de Paris.

Je lui lus la lettre. Elle pleurait, moi aussi.

Rien ne sert de pleurer, il faut agir à temps.

Nous étions le 23 décembre. Elle organisa un commando pour le lendemain. J'en parlai à Allain qui finit par se laisser convaincre, heureusement, et se joignit à nous.

Le soir du 24 décembre, alors que tout le monde se retrouvait autour de l'arbre et de la crèche, nous partions, Allain et moi, rejoindre les volontaires du sauvetage du chenil d'Amiens.

Il faisait un froid de loup, – 10° ou – 12°, les routes étaient verglacées, le brouillard givrant. Nous nous sommes tous retrouvés à l'entrée d'Amiens près d'une pompe à essence. Il y avait plusieurs camions pour transporter les animaux, un vétérinaire pour les urgences, Liliane Sujansky et son mari, des volontaires, des types, des filles, emmitouflés comme au pôle Nord. Nous étions gelés.

Arrivés au but, véritable chenil de la mort, lugubre et glacé, nous avons coupé le grillage avec des pinces-monseigneurs. Les chiens hurlaient. Prudents, nous faisions le moins de bruit possible. Une fois dans la place, le travail devenait délicat. Nous n'y voyions rien, les chiens affolés nous sautaient dessus, nous mordaient.

166

A la lueur des lampes électriques, nous avons vu le cauchemar.

Des chiens morts de froid étaient mangés par les survivants. Une chienne, en train de mettre bas, se faisait dévorer ses petits par une meute affamée. Des cadavres raides et en début de décomposition, jonchaient le sol. Dans les gamelles de fer traînaient des morceaux de chou cru et de betterave, l'eau était gelée. Il fallait faire vite. Chacun de nous devait s'emparer de deux ou trois chiens et les emmener dans un des camions, où on les séparait. Mâles d'un côté, femelles de l'autre.

Je découvrais, à l'arrière d'un bâtiment, une geôle atroce. Des chiens squelettiques, enfermés dans de petites cages, ne pouvant même pas se tourner, hurlant à la mort. J'ouvrais toutes les portes à tous ces malheureux, ceux qui ne sortaient pas étaient mourants ou morts. L'odeur était épouvantable. Une des portes était coincée. Derrière les barreaux, une pauvre chienne noire, mignonne, geignait. Le verrou était bloqué, je ne pouvais pas le forcer. J'entendis derrière moi : « Grouille ! les flics arrivent, si tu ne peux pas, tu la laisses ! »

Non et non, je ne la laisserais pas, pauvre petite !

Par terre traînait une barre de fer, je fis levier et le verrou sauta.

La petite chienne sortit et me lécha.

Je courus à la chatterie. Là, une cinquantaine de chats, en train de crever du coryza, attendaient. Ceux que j'arrivai à attraper eurent la vie sauve, les autres ont dû mourir lentement, étouffés par cette horreur qu'est le coryza du chat..

Il fallait partir, nous avions été dénoncés et la police arrivait.

Je fis le tour une dernière fois.

Certains chiens particulièrement agressifs n'avaient pas pu être capturés, ils étaient néanmoins libres et aboyaient au milieu de la cour. D'autres s'étaient sauvés dans la campagne. Ceux qui restaient étaient morts. Pourtant, j'en trouvai un qui respirait encore. J'appelai le vétérinaire. Il n'y avait plus rien à faire, cette petite chienne allait mourir. Mais non, pas dans ce froid, dans cette paille humide ! Contre l'avis de tout le monde, je la pris dans la voiture. Elle était beige, toute frisée avec de longues oreilles et le museau carré. Elle avait l'air si heureux au chaud contre mon cœur, elle me léchait les mains.

J'étais fatiguée, je pleurais.

Notre caravane ne passa pas inaperçue : 10 voitures et 5 camions, pourtant nous avons croisé deux cars de flics qui ne nous ont pas remarqués. Les routes glissaient énormément. Nous avons évité l'autoroute afin de ne pas risquer d'être arrêtés au péage.

A 5 heures du matin, ivres de fatigue, nous arrivions à Gennevilliers au refuge S.P.A. où les employés attendaient, ayant réservé des boxes pour 150 chiens avec des gamelles bien remplies. Il y faisait chaud, les chiens dépaysés, déboussolés, mais confortablement installés, n'en croyaient ni leurs yeux ni leurs oreilles.

167

Quelle belle nuit de Noël ce fut !

Nous sommes repartis pour Bazoches, Allain, « Noëlle », la petite chienne mourante, et moi. Noëlle fut déposée chez le vétérinaire dès l'aube, elle était très malade, il lui fallait des soins constants, et surtout, elle risquait de contaminer tous mes chiens.

Le lendemain fut un Noël très joyeux.

Allain, Nicolas, mon fils, Odette, ma maquilleuse, Dany, ma doublure, Phi-Phi d'Exéa et sa vieille maman de 80 ans, mes gardiens, nous formions une drôle de famille, décousue mais attendrissante. Tous ces solitaires réunis autour d'une fête !

Le soir, j'allai voir Noëlle. Elle était faible mais mignonne, adorable. Elle me léchait les mains. Je lui avais apporté du poulet et elle le mangea...

Quelle merveille ! Je restai longtemps à la caresser.

Puis, je fus très malade, une horrible bronchite ! J'avais dû prendre froid pendant cette foutue nuit ! Malgré ma fièvre et la toux qui me déchirait les bronches, j'allais voir Noëlle. Elle se maintenait ; ni mieux ni pire ! Je lui apportais encore du poulet et elle continuait à manger.

Le 31 décembre, j'étais dans un état épouvantable, je demandais à Allain d'aller voir Noëlle, je ne pouvais pas sortir. Il faisait – 16° la nuit et la campagne était givrée comme un décor de Lalique.

Le 1er janvier 1982, à 7 heures du matin, le vétérinaire me téléphonait pour m'annoncer la mort de Noëlle. Que faire ? Que dire ? Encore un morceau de mon cœur qui me quittait ! Pauvre petite que l'abandon des hommes avait tuée. Pauvre petite créature sans importance et pourtant si aimée depuis une semaine.

Quelle désespérante impuissance devant la mort !

Cette année commençait bien mal.

J'allai à la fenêtre et fus stupéfaite du spectacle.

Mon saule pleureur, la parure de mon jardin, un arbre centenaire, superbe, gisait, déraciné au milieu de la pelouse. La glace trop lourde qui entourait ses cheveux l'avait déséquilibré et l'avait tué. Je toussai pour pouvoir pleurer mais j'avais peur de cette nouvelle année.

Noëlle fut enterrée près de Guapa sous le pommier.

Mes rapports avec Allain étaient devenus des rapports de force. Je perdais à tous les coups ! Pourtant, je m'obstinais à lui tenir tête ! A la moindre contrariété, il me quittait. Plus de coup de fil, plus rien, le vide, le silence, l'angoisse. Je cédais.

Il me restait Michèle, ma fidèle Michèle, même si elle était snob jusqu'au bout des orteils, elle avait une générosité de cœur qui lui faisait comprendre beaucoup de choses. Sans elle, j'aurais craqué bien des fois. Du reste, plus tard, sans Allain, sans Michèle, j'ai craqué, tout le monde l'a su.

Au mois de janvier, j'étais à peine rétablie de ma bronchite que mon toubib m'annonce que mon cœur est fatigué, très fatigué, que mon électro est mauvais, très mauvais, que je risque l'infarctus d'un moment à l'autre ! Il me fallait du calme, de la sérénité, sous peine d'y passer. Allain, qui venait de me quitter, une fois de plus, apprenant la nouvelle est revenu.

Au même moment, les gardiens de La Madrague ont téléphoné qu'ils partaient ! Après avoir réduit ma voiture en miettes ! Pourquoi partaient-ils comme ça, en plein mois de janvier ? Il n'y avait aucun travail en hiver, personne n'habitait là-bas ! Il n'y avait que les chats... les pauvres.

J'étais désespérée. Que faire ?

Il me fallait y aller, Michèle ne pouvant pas à cause de son mari. Mon cœur battait à tout rompre dans ma poitrine. Je pensais à l'infarctus. Il en avait de bonnes, mon toubib, le calme, aucune contrariété, c'est facile. J'appelai au secours mon couple de pédés de La Garrigue. Ils étaient gentils, je leur expliquai le problème. Justement, ils avaient des amis, un couple comme eux, qui cherchaient du travail !

Deux pédés à La Garrigue !

Deux pédés à La Madrague !

Qu'importe, il fallait parer au plus pressé. Pédés ou pas, il me fallait quelqu'un à La Madrague. L'un était martiniquais, l'autre blond comme les blés. Ils adoraient les animaux, c'est tout ce qui comptait pour moi. Ceux de La Garrigue installèrent ceux de La Madrague.

Et c'était reparti pour un tour !

Dans mon courrier, j'avais reçu une lettre merveilleuse d'une certaine Nicole à la suite des *Dossiers de l'écran* consacrés à la vivisection. Je lui avais répondu. Et une petite correspondance s'était installée entre nous. Cette femme, atteinte d'un cancer très grave, seule, adorant les animaux, voulait donner un sens à sa vie. Je lui téléphonai, lui mettant le marché en mains. Voulait-elle ou non garder ma propriété ? Elle avait deux chiens et deux chats. Elle fut enchantée, fit le voyage de Marseille à Saint-Tropez et s'installa à La Garrigue, à la place des deux pédés qui s'étaient finalement barrés.

Tout cela m'avait bouleversée. Je déteste « le changement ».

J'aime retrouver chez moi, lorsque j'arrive, des visages connus, des gens qui savent mes habitudes et celles des chiens. Des gens qui connaissent mes amis, qui sont capables de faire une sélection. Enfin, j'ai un côté XIXᵉ siècle, quand les employés vivaient à côté des propriétaires, quand les uns et les autres avaient besoin les uns des autres. A vie.

Enfin, il ne fallait pas trop réfléchir, les maisons étaient gardées.

On verrait par la suite.

* *
*

Au mois de février 1982, une opération « porte ouverte » avait été organisée à la S.P.A. pour faire adopter, entre autres, les chiens d'Amiens. Le refuge débordait. Tous les vendredis matin, les euthanasies allaient bon train pour faire de la place.

Allain avait décidé d'y consacrer une de ses premières émissions de producteur. En effet, *Des animaux et des hommes*, produite par Louis-Roland Neil avait été remplacée par *Terre des Bêtes*, produite par Allain Bougrain Dubourg. Certains changements ont du bon.

Le 10 février, j'essayai de mon mieux, en direct (ce qui m'affole) de Gennevilliers, de faire aimer, adopter, tous ces chiens anonymes que j'avais baptisés à la hâte une heure avant. Si ma maison avait été aussi grande que mon cœur, je les aurais tous pris ! Mais déjà Allain me faisait des histoires parce qu'il estimait qu'il y avait trop de chiens à Bazoches, il y en avait exactement neuf à cette époque. Alors, si j'avais pris les 600 chiens de Gennevilliers, ç'aurait été le divorce à coup sûr.

Le cocktail Allain, Brigitte, S.P.A. dut être bon car dans la journée 500 chiens furent adoptés et dans la semaine une bonne centaine de plus.

Le refuge retrouvait ses habitudes, les chiens avaient plus d'espace mais les abandons, multipliés par les départs aux sports d'hiver, remplirent de nouveau la S.P.A. entre février et mars.

C'était le tonneau des Danaïdes ! On le vide et il se remplit sans cesse ! Quand est-ce que les hommes acquerront enfin le sens des responsabilités ? Comment tous ces gens qui abandonnent leurs chiens ou leurs chats peuvent-ils encore se regarder dans une glace sachant que l'animal abandonné est voué dans les 48 heures à une mort certaine ?

Et quelle mort !

La piqûre dont on ne revient jamais, l'un voyant l'autre mourir et sachant qu'il sera le prochain. Les chiens que l'on traîne à l'euthanasie se débattent comme des fous, ils ont eu le tort d'être abandonnés. La peine de mort sera leur ultime punition. Quand je pense qu'on l'a supprimée pour les humains alors que ce sont eux qui la méritent, et pas ces pauvres bêtes innocentes, adorables, que l'on punit inexorablement pour la faute de leurs salopards de maîtres.

Le samedi 21 février, j'étais seule, une fois de plus.

Allain était à Londres pour je ne sais quoi ! Comme chaque jour, j'allai promener mes chiens dans la campagne. Je pris la Range-Rover, lâchai ma meute au milieu d'un champ plein d'ornières et les regardai courir, joyeux, heureux, libres.

Tout à coup, ce fut le drame !

J'entendis des hurlements de bête blessée puis, immédiatement, les grognements violents et vindicatifs d'une bagarre mortelle !

Je stoppai, je sortis.

Matcho, mon superbe Setter, gisait à terre, blessé, tandis que Voyou et Amélie tentaient de l'égorger ! C'était un cauchemar, je ne pouvais le croire ! Ils formaient un magma de corps enchevêtrés et Matcho allait mourir, je le savais. Mes cris, mes appels, ne servirent à rien. Voyou avait la gorge de Matcho entre ses crocs, Amélie, furieuse et méchante, le mordait de toutes parts. Matcho ne pouvait plus se défendre.

Que s'était-il passé ?

Je pris la mâchoire de Voyou entre mes mains et de toutes mes forces arrivai à lui entrouvrir la gueule libérant ainsi le cou de Matcho. Mais comme le ressort d'un piège, les crocs de Voyou se refermèrent sur ma main gauche, me sectionnant l'index. Je ne sentis pas la douleur tout de suite, mais ma dernière phalange pendouillait, lamentablement retenue par mon ongle. Je pissais le sang pendant que Voyou avait repris la gorge de Matcho.

Je hurlais en vain des « au secours ! » qui se perdaient dans la terre meuble et gelée de cette campagne éloignée de toute habitation, de toute civilisation, de tout secours possible ! Je vivais un cauchemar, j'étais là, impuissante, en train de regarder un de mes chiens en égorger un autre, le doigt coupé, avec une envie de vomir, seule, faible, désespérée.

Titubante, horrifiée, au bord de la syncope, je repris la Range-Rover et essayai, comme à mon habitude, de repartir lentement en klaxonnant afin de rameuter tous mes chiens. Je voyais dans le rétroviseur Voyou toujours acharné sur Matcho. Que pouvais-je faire de plus ? Mon sang rendait le volant gluant et poisseux, je klaxonnais toujours, inlassablement, en m'éloignant doucement.

Puis, je vis Voyou courir derrière la voiture avec Amélie.

Ils avaient lâché Matcho. Etait-il mort ?

De loin, je ne voyais de lui qu'une masse inerte. Je descendis, les fis entrer par le hayon arrière, heureusement séparé par une grille de l'avant de la voiture. Puis, je fis une longue marche arrière vers l'endroit où gisait Matcho. Il respirait encore, mais ses reins étaient brisés et son cou plein de sang. Son regard profond et désespéré s'accrochait à moi. Il était très lourd, mais j'arrivai à le soulever et à le porter près de moi, sur le siège du passager, malgré mon doigt coupé.

La voiture n'était qu'une mare de sang. Voyou hurlait derrière la grille et voulait de nouveau attraper Matcho. Je n'avais pas le temps d'attendre que reviennent les autres chiens. Je les laissai à leur course effrénée et partis comme une folle chez le Docteur Antoine, vétérinaire de Montfort-l'Amaury.

Là, on me confirma que Matcho avait les reins brisés et une blessure au cou minimisée par son collier de cuir. Quant à moi, on me fit un pansement sommaire, mon os avait été coupé, il me fallait aller immédiatement à l'hôpital de Rambouillet; la tête me tournait! Je repris la Range-Rover, repartis dans le champ récupérer mes six autres chiens et arrivai à la maison dans un état effrayant. Là, je m'effondrai enfin, je bus du whisky à même la bouteille, je hurlais, je pleurais, je n'en pouvais plus.

Je voulais près de moi quelqu'un qui m'aide.

Sur qui pouvais-je m'appuyer? Mais Bon Dieu, allais-je être toujours seule au milieu de mes emmerdements? J'étais forte, mais la force a des limites! Je souffrais moralement pour Matcho, il allait sûrement falloir le piquer. Rien qu'à cette idée, les larmes jaillissaient de mes yeux, troublant ma vision des choses, de la vie. Je souffrais terriblement de mon doigt, je n'étais plus capable de conduire pour aller à l'hôpital. J'allais mal, j'avais mal. On allait me le couper, je ne pourrais plus jamais jouer de la guitare. J'avais envie d'être plainte, d'être aimée, d'être consolée.

J'appelai un taxi. C'était l'heure du déjeuner, il fallait attendre. Mais c'était pour une urgence... « Alors, appelez une ambulance! » Je n'allais pas appeler une ambulance pour un doigt coupé!

Il me restait mon gardien! Un rustre qui conduisait comme une patate, qui jurait tout le temps, contre tout, qui me faisait peur, mais qui m'emmena à l'hôpital de Rambouillet!

Là, au service des urgences, j'attendis une demi-heure.

Puis, ce furent des: « Oh, mais c'est Brigitte Bardot! »,

« Hé! Viens voir, Lucette, on a B.B. dans notre service! »,

« Ah, ben le docteur est en train de déjeuner, vous pouvez bien attendre un peu, c'est pas parce que vous êtes Brigitte Bardot que ça va changer nos habitudes! ».

« Ben, dites donc, vous êtes pas élégante, on vous croyait mieux que ça! »,

« Dis donc, Ginette, elle a vieilli, je l'avais pas reconnue. »

Je tombai dans les pommes.

Je repris conscience allongée sur un chariot.

Le docteur avait dû finir son déjeuner. Il était là, tous poils noirs sortant de sa blouse qui avait dû être blanche, la barbe pointant sous la peau olivâtre, la calvitie ne donnant pas à son crâne l'intelligence des fronts hauts! Il voulut réduire ma fracture, tirant de toutes ses forces sur le bout déchiré de mon doigt, essayant de remettre les os l'un en face de l'autre. La douleur était fulgurante, je n'en pouvais plus de souffrance, ma bouche était sèche, je voyais des étoiles passer devant mes yeux.

C'est alors qu'il me dit à son tour :

« Vous avez drôlement changé, moi, je me souviens de vous, belle, jeune, sexy, vous avez dégringolé la pente. Vous avez bien 50 ans maintenant ? »

Je fermais les yeux, je voulais rester hermétique à tant de connerie, à tant d'inhumanité. Mais des larmes chaudes et douces coulaient sur mon visage, j'aurais voulu qu'un être aimé les boive, j'aurais voulu serrer une main amie. J'aurais voulu ne pas être seule, j'aurais voulu que quelqu'un dise à cet imbécile que je venais de vivre un drame, que je souffrais, que mes vêtements et mes cheveux étaient collés de sueur et de sang, que n'était pas clouée sur ce chariot la star d'un film, mais une femme blessée à tous les points de vue.

Je rentrai chez moi avec une attelle de fer qui me laissait le doigt tendu vers ce destin que je désignais irrémédiablement et que je devais subir six semaines.

A peine arrivée, épuisée, je m'occupai de Matcho.

Sa fracture avait été provoquée par les roues de ma voiture ! Ironie du sort, saloperie de Carré de Pluton, j'avais heurté mon propre chien. Il avait dû être poussé par Voyou et s'était réfugié contre la Range-Rover où la roue arrière droite avait dû lui briser les reins ; d'où son cri, d'où sa faiblesse, d'où l'acharnement des deux autres contre lui.

Résultat, une opération très délicate qui serait faite par un spécialiste à Paris, le surlendemain. Dans mon désarroi, j'appelai Pierre Rousselet-Blanc, mon copain, en qui j'ai une confiance aveugle. Il était à la campagne, il vint immédiatement.

Entre-temps, Allain était rentré de Londres et tombait dans un cataclysme infernal ! J'avais sifflé une bouteille de vin rouge, à jeun depuis la veille, je tournais en rond comme un derviche. Michèle, prévenue par Janine, était là ainsi que Jicky. Tous ces gens adorables m'encombraient. Que pouvaient-ils faire sinon dire des conneries ?

Pierre Rousselet-Blanc et Allain ramenèrent Matcho dans leurs bras de chez le vétérinaire. Il fallait le laisser se raccommoder tout seul. Il allait souffrir énormément, immobilisé pendant six semaines, mais ses os se ressouderaient. Il allait falloir le porter extrêmement doucement pour lui faire faire ses besoins dehors, le soutenir, puis le ramener avec beaucoup de précautions. Je regardais ma main nantie d'un doigt vengeur, raidi par son carcan d'acier, avec ma bande Velpeau qui m'enveloppait jusqu'au poignet. Comment allais-je pouvoir t'aider, pauvre Matcho, souffrant moi-même d'un mal identique au tien ?

Ce fut une longue épreuve pour nous deux.

Chaque jour qui passait était une victoire sur la maladie !

Il arriva bientôt à se tenir debout sans mon aide, puis il finit par se traîner sur trois pattes, cependant que mon doigt se ressoudait.

Pour que Matcho puisse guérir, il fallut se séparer de Voyou. Les quelques jours passés en enfermant Voyou et Amélie dans la cuisine furent un calvaire pour tout le monde. C'étaient des gémissements à fendre l'âme de la part des deux pauvres prisonniers, privés de la vie de famille, isolés, seuls dans cette pièce.

J'appelai mes nouveaux gardiens de La Madrague.

Je ne les avais jamais vus. Je leur exposai le problème et le petit blond vint chercher Voyou et Amélie. Ce fut un déchirement pour moi de me séparer d'eux, mais il le fallait. Ils repartirent en wagon-lit à La Madrague, me laissant triste mais enfin tranquille avec mes cinq Setters et Pichnou.

Pendant six semaines, Allain fut adorable avec moi.

M'aidant à m'habiller, me lavant les cheveux, remplaçant de son mieux ma main inutilisable. Ça n'a l'air de rien, mais lorsqu'on est habituée à tout faire par soi-même, le fait d'être handicapée de la main, même gauche, est très éprouvant.

Pendant ce temps, continuaient le courrier pour les animaux, le massacre des bébés phoques, tout le triste quotidien, y compris le scandale des chevaux transportés inhumainement de Pologne et de Grèce pour les abattoirs français.

J'étais révoltée, Allain aussi.

Nous nous sentions impuissants, inutiles. Comment les hommes pouvaient-ils être à ce point dénués de cœur ? A ce point cruels ? Comment pouvait-on encore, à notre époque, considérer à ce point l'animal comme un objet ? Je me souviens de cette triste consigne du gouvernement grec, datant de l'époque napoléonienne et toujours en vigueur aujourd'hui : « Aucun cheval ne sortira de Grèce à moins qu'il ne soit mutilé et ne puisse plus servir aux batailles. »

Résultat, les Grecs qui exportent tous leurs vieux chevaux pour la nourriture de ces « bons Français » leur crèvent les yeux, leur cassent les jambes, les mutilent de leur mieux avant de leur faire passer la douane. Et c'est dans cet état effroyable que les pauvres bêtes subissent les jours de transport en mer, dans des soutes de cargo, sans nourriture, sans eau, arrivant à Marseille, morts parfois, mais abattus sûrement, comme récompense de leurs années de labeur.

Certains humains sont des êtres ignobles qui ne pensent qu'au fric et que je méprise du plus profond de mon cœur. Quant à ceux qui ont la bassesse de manger du cheval, je leur conseille d'aller voir un peu dans un abattoir chevalin ce qu'il s'y passe. Comme m'a dit Marguerite Yourcenar, même ceux qui sont les plus acharnés du bifteck, en vomiront tripes et boyaux ! Il ne faut jamais faire l'autruche, mais être conscient du mal horrible que notre appétit fait subir aux animaux. Ou alors, comme dans certaines tribus primitives mais humaines, remercier longuement la bête qui est dans notre assiette et avoir conscience de l'acte criminel que nous accomplissons.

Un soir, j'étais dans ma baignoire, je trempais dans une mousse de star, il y avait des bougies, car j'aime les lumières douces lorsque je prends un bain, et je pleurais.

Allain croyait que j'avais mal à mon doigt pointé vers le ciel.

Non, j'avais mal à l'âme, mal de vivre, mal de toutes ces horreurs subies par les animaux pour l'homme.

Je confiai à Allain ma difficulté de vivre dans un monde aussi hermétiquement fermé à toute dimension humaine. Il me comprit parfaitement. Lui aussi était las de se battre sans cesse contre des murs d'inertie.

Pourquoi, alors que nous tentions d'ouvrir les yeux des gens, des peuples, des gouvernements, sur des atrocités sans nom, pourquoi ne réagissaient-ils pas ? Pourquoi usions-nous nos vies, nos noms, pour des causes perdues d'avance ? Nous étions allés voir divers ministres : ceux de l'Agriculture, de l'Environnement, du Commerce extérieur, des gouvernements de droite comme de gauche.

Résultat ? NUL !

Dernièrement, cette pauvre Edith Cresson nous avait reçus, l'œil glauque, fixé sur la ligne bleue des Vosges. Elle semblait imperméable à nos convictions. Seuls ses chargés de pouvoir avaient certaines réactions bienséantes. Noblesse oblige !

Mais nom d'une pipe, quand on est ministre, on se doit d'assumer sa fonction. J'étais révoltée, je le suis toujours, par ces gens qui se gargarisent d'un titre qu'on leur a attribué et qui n'assument rien !

Edith Cresson étant l'exemple même de cette inutilité faite ministre.

Parlez-moi d'une Simone Veil !

Parlez-moi d'une Françoise Giroud !

Mais la mère Cresson, qu'elle retourne à sa salade, à ses salades ! Elle a dû être assez assaisonnée pour être, comme on dit, « cuite ». Tout cela n'aurait pu être que ridicule, grotesque, risible même, si la vie de millions d'animaux n'avait pas fait les frais de ses « cressonneries » !

Bref, j'en avais ras-le-bol et Allain aussi. Parfois, un certain ras-le-bol, quand il est lucide et déterminé, peut entraîner de graves conséquences. Nous avions décidé de nous supprimer ensemble si nous n'arrivions à rien dans notre idéal, notre but.

Mais demain est un autre jour.

Effectivement, le lendemain, appel de La Madrague : mon couple de gardiens pédés s'en allait !

Il me fallut des nerfs solides pour ne pas craquer.

Voilà des types qui avaient passé l'hiver à La Madrague, qui avaient été rémunérés, qui avaient vécu comme des princes et qui se tiraient comme ça, du jour au lendemain, pour prendre un restaurant !

C'était à vous dégoûter d'employer qui que ce soit. Si j'étais au gouvernement, il y aurait moins de chômeurs, je vous le dis !

Lorsque j'arrivai comme d'habitude à l'hôpital Raymond-Poincaré, de Garches, pour le pansement de mon doigt, le Professeur Alain Patel, qui m'avait prise en main (c'est le cas de le dire !) me trouva mal en point. Il me fit faire un électrocardiogramme qui confirma ce que m'avait dit le Docteur Arnal ! Il me fallait du repos, de la sérénité, et pas de problèmes. Enfin, toute la liste des recommandations habituelles.

Avec beaucoup de diplomatie, je demandai à Michèle d'aller avec son mari et son fils passer quelques jours à La Madrague afin de trouver d'autres gardiens. Je pensais à Voyou et Amélie, aux chats, aux pigeons, ils ne pouvaient en aucun cas rester seuls ! Je ne pouvais y aller ; mon doigt n'étant pas encore guéri, Matcho non plus.

Je battais la campagne en quête de gardiens pour La Madrague chez tous les commerçants. Ces histoires de gardiens m'auront fait perdre un temps et une énergie précieux tout au long de ma vie. J'aurais pu écrire un traité sur les gardiens, leurs vies, leurs mœurs, leurs conneries ! Enfin passons, disait maman, avec juste raison, s'ils avaient été intelligents, ils auraient fait un autre métier.

Michèle assurait l'intérim et cherchait de son côté, sur place !

Je crois qu'il est plus facile de trouver une pépite d'or dans un torrent de montagne que des gardiens pour La Madrague. Et pourtant, toutes les A.N.P.E. furent passées au crible. Ces pauvres chômeurs ne voulaient pas être gardiens dans une des plus charmantes propriétés de la Côte d'Azur ! Mais bien sûr, les pauvres chéris, il valait beaucoup mieux continuer à être payés à ne rien faire aux frais de la société !

Comme disait quelqu'un de très souple : « C'est à se les prendre et à se les mordre ! »

Le téléphone n'arrêtait pas de sonner.

Un jour, j'entendis enfin des gens qui avaient l'air normaux, qui demandaient mes conditions avant de m'imposer les leurs. Ils aimaient les animaux, le soleil, la campagne et la mer. Après les avoir jugés de visu, je les expédiai en « recommandé » à Michèle qui les installa, les mit au courant, et rentra à Paris.

Quelques jours plus tard, Allain me descendit avec mes quatre pattes en Range-Rover.

Là, de nouvelles épreuves m'attendaient.

J'avais beau répéter à mes nouveaux gardiens quotidiennement les mêmes choses sur l'air des lampions, ils oubliaient tout systématiquement. Ma patience a des limites, je bouillais intérieurement, me mettant à les haïr profondément. Je rêvais que je leur écrasais la tête contre les murs, que je leur tordais les oreilles en leur brûlant la plante des pieds sur le gaz.

Quelle jouissance...

Ne pouvant pas mettre mes pulsions sadiques à exécution, je me rabattais sur les crises de nerfs, me surprenant à leur hurler des injures à faire rougir un charretier ! Puis, épuisée de me battre contre une inertie aussi accablante, je finis par faire tout moi-même. Je les voyais me regarder, l'air abruti, pendant que je ratissais, nettoyais la piscine, faisais le ménage, la cuisine, préparais la pâtée des chiens, des chats.

Quand Allain me téléphonait, il ne comprenait pas que je puisse être aussi crevée alors que j'avais deux personnes à mon service. Je n'étais pas seulement crevée, j'étais exaspérée, je n'en pouvais plus de les supporter, de voir leurs gueules d'ivrognes.

Ah ! Elle est jolie l'humanité !

Ce laisser-aller physique, cette débâcle m'écœuraient.

Que faire ? Les foutre à la porte, encore, me retrouver sans personne au sein de l'été ? Impossible.

Il fallait que je les supporte !

A chaque week-end, Allain me retrouvait énervée, excédée.

Il commençait à en avoir assez, le pauvre.

Surtout que, vu de l'extérieur, il était difficile de comprendre que le fait d'avoir un couple de gardiens médiocres puisse mettre une femme dans cet état-là.

* * *

Depuis quelque temps, une idée me trottait dans la tête.

J'avais envie de faire une mise au point, un bilan de ma vie, j'avais envie de montrer de moi une image vraie, authentique, qui effacerait un peu le côté stéréotypé de mon personnage. Allain et Pierre Desgraupes avaient monté l'affaire. C'est *Antenne 2* qui diffuserait cet événement.

Il y avait presque dix ans que je n'avais plus mis mon nez devant une caméra, l'affaire prenait des dimensions faramineuses...

Bien sûr, ce serait Allain qui mènerait le jeu. Je n'aurais accepté personne d'autre. Lui n'était pas très chaud, redoutant (à juste raison) mes sautes d'humeur, mon caractère difficile, les scènes que ce genre de travail en commun pourrait faire éclater entre nous.

D'un autre côté, il m'aimait, il voulait me montrer « telle quelle »...

Et qui mieux que lui aurait pu le faire ?

Une seule condition *sine qua non* à notre collaboration : je ne saurais jamais d'avance quelles questions me seraient posées.

C'était de bonne guerre. Du reste, je refuse toujours avant une interview de savoir quel genre de questions on va me poser. J'aime la spontanéité, la vérité. Or, lorsqu'on réfléchit une heure avant de répondre, on répète un texte, on perd toute sincérité.

Telle Quelle fut annoncé comme une bombe au Festival de Cannes.

Les articles de journaux titraient : « B.B. REPREND DU SERVICE, ELLE VA TOURNER SA PROPRE VIE. »

Une fois de plus, ils n'avaient rien compris !

L'angoisse me prenait. Qu'étais-je allée me remettre dans cet engrenage que je fuyais depuis si longtemps ?

D'un autre côté, je savais que ma vie actuelle, mon visage actuel, mes réflexions actuelles apporteraient leurs vérités à un public qui parfois me jugeait sur ce que je n'étais plus ou que je n'avais jamais été. Je parlai des heures avec Allain, de ma vie, de mes parents, de mon enfance, de mon éducation sévère.

Allain me découvrait petit à petit.

Nous nous rapprochions grâce à ces retours sur mon passé. Allain prenait des notes. Il riait souvent. Il était grave et attentif d'autres fois. J'aimais me confier à lui. Allais-je aimer mettre mon âme à nu devant une caméra ? J'avais peur tout à coup de ce déculottage public. J'avais été impudique de mon corps, mais j'étais toujours restée secrète dans mon âme.

Plus la date du premier jour de travail approchait, plus mon angoisse grandissait.

J'avais demandé une équipe très, très réduite. J'avais même refusé qu'il y ait un éclairagiste. On se débrouillerait avec le soleil. Après tout, quand je vis ma vie, il n'y a pas un bonhomme qui me suit avec un projecteur, donc pourquoi le faire pour le film ?

Allain, anxieux, me dit la veille du grand jour que, si cela m'était trop pénible, il était prêt à tout annuler. Il ne voulait pas me voir aussi inquiète, aussi traquée, aussi malheureuse. Je me maudissais. Voilà pourquoi j'avais cette réputation de capricieuse qui cache en fin de compte une timidité excessive, une sincère pudeur morale, un refus de me livrer moi-même. J'avais voulu faire ce reportage sur ma vie, j'avais emmerdé Allain, accepté de signer un contrat, et maintenant j'allais anéantir tout ce travail ? C'était avant qu'il fallait réfléchir aux conséquences, ma fille ! Mais quel foutu caractère j'avais et j'ai encore ! Je pleurai un bon coup puis je dis à Allain : « Je suis prête, ils peuvent venir. »

Je dormis très mal toute la nuit, rêvant d'une énorme caméra qui m'anéantissait. Le lendemain, lorsque l'équipe arriva, j'avais un sourire crispé. Il faisait beau, j'avais envie de courir me baigner, de leur faire un bras d'honneur, de les voir disparaître comme dans les contes de fées.

Ils étaient polis mais gênés, mon accueil n'étant pas des plus chaleureux. Cela me rappelait trop de mauvais souvenirs, tout ce matériel, ces câbles, ces micros, ces objectifs qui allaient m'épier, me voler mon âme, violer ma maison, tout ce fatras de caisses, de gens qui fumaient et écrasaient leurs mégots dans mes pots de géraniums.

Tout à coup, je fus prise d'une panique viscérale, il fallait que je m'éloigne de tout cela, que je fuie Allain, ma maison, mon refuge envahi... Je dis à Allain d'une voix blanche :

« Ecoute, je pars promener les chiens, ne me retiens pas, je t'en prie, je reviendrai plus tard, fais ce que tu veux d'eux... »

Et je partis dans ma Mini-Moke avec mes chiens, respirer l'air de La Garrigue qui n'était pas encore polluée par une équipe de T.V.

Pauvre Allain, quelle patience il eut ce jour-là et tant d'autres ! Il faut bien le dire.

A La Garrigue, je me calmai et réfléchis. J'étais insupportable, odieuse, invivable, voilà ce que j'étais. Les chiens et moi, la queue entre les jambes, nous rentrâmes à La Madrague. Les chiens parce que crevés d'avoir couru, moi parce que pas fière.

Allain et l'équipe filmaient ce qui était resté sur place, c'est-à-dire la maison. Mais, sans lumière d'appoint, ma chambre n'était qu'un trou noir et la salle de bains un combat de nègres par une nuit sans lune. Dehors, la lumière était douce et belle, le soleil descendait lentement. J'eus l'idée d'emmener les « petites » faire un tour en barque. Immédiatement, l'équipe suivit sur la plage, rentrant dans l'eau avec chaussures et pantalons (pas le temps de se déshabiller, des fois qu'elle change d'avis !). La glace était brisée, les premiers mètres de pellicule de *Telle Quelle* étaient impressionnés, moi aussi.

Dans cette séquence, ce sont mes chiens qui eurent la vedette, ils furent formidables, sautant à l'eau pour rejoindre la plage, nageant, se secouant, beaux et adorables.

Je ne raconterai pas dans le détail le tournage de *Telle Quelle*.

Je voudrais parler de quelque chose d'important que j'ai oublié de dire.

Dans tout mon courrier, depuis un an, j'avais remarqué la lettre d'un médecin aux pieds nus. Ce médecin était une femme qui, au Bengladesh, soignait les miséreux, les intouchables, les pauvres êtres qui mouraient de faim, d'abandon.

Elle s'appelait Edith Lesprit.

Ses lettres étaient un mélange d'espoir et de désespoir. Elle ne me demandait rien. Elle me faisait un bilan désastreux de la situation humaine et animale des pays du tiers monde. Elle donnait sa vie pour la survie d'une humanité bannie, oubliée volontairement par le gouvernement. Elle se penchait sur le sort dramatique des animaux lapidés, battus à mort, les reins brisés, accrochés aux étals des boucheries de chiens.

Elle était humaine dans tous les sens du mot.

Elle signait ses lettres du nom de son chien préféré : Radjah ! Je lui répondais régulièrement avec l'impression de dire des stupidités face à tant de courage. Mais chacun ses problèmes ! Je ne pouvais assumer la misère du Bengladesh ou de la Thaïlande alors que je n'arrivais déjà pas à assumer les problèmes posés par la France.

Pourtant une lettre d'elle fut particulièrement éprouvante !

Edith, complètement désemparée, devait quitter immédiatement la Thaïlande, fichue à la porte par les autorités ! Elle avait avec elle Radjah, Panda, Malouk, Cannelle, Gnockie, tous chiens et chiennes trouvés dans des états lamentables. Plus Azzuro, Sambo, Kum-Fu, des chats et chattes martyrisés, qu'elle avait sauvés et ne pouvait abandonner !

J'étais affolée en recevant sa lettre.

Que pouvais-je faire pour elle ? Pourtant, je devais l'aider.

Allain était raisonnable : « Comment peux-tu envisager de prendre encore tous ces animaux alors que nous sommes déjà submergés avec Voyou et Amélie ? » Il avait raison, il a toujours raison.

C'est vrai que la vie était compliquée à La Madrague, à cause des chiens. Voyou était enfermé chez les gardiens avec Amélie, lorsque Matcho était dans le jardin. Matcho était enfermé dans ma chambre lorsque c'était le tour de Voyou et Amélie d'être libres. Si, par hasard, quelqu'un ouvrait une porte inopinément, c'était le drame !

Et pourtant, je ne pouvais pas, je ne devais pas abandonner les chiens et chats d'Edith à leur sort insupportable en Thaïlande.

J'étais écartelée.

Bien sûr, je ne pouvais prendre tous ces chiens et chats ; mais mes amis allaient m'aider. Je téléphonai à tout le monde, à ceux qui en avaient, à ceux qui n'en avaient pas. La réponse était stéréotypée :

« Mais ma chérie, nous avons déjà un chien, un chat ; nous ne pouvons pas en prendre plus. »

« Mais ma chérie, tu sais bien que je ne veux ni chien ni chat à la maison, alors... »

C'était affreux !

Pendant ce temps, je tournais, sans maquillage, à la va-comme-je-te-pousse, les séquences de *Telle Quelle*. Souvent, l'équipe arrivait et j'étais « hors d'état de marche ». Alors, ils filmaient les chiens, les chats. Moi, j'étais là, près d'eux, mais refusant, ne pouvant pas me prêter à ce jeu stupide. Puis, d'autres fois j'étais plus disponible, rigolote, et c'est moi qui les entraînais dans mon univers secret que je dévoilais sans pudeur.

Un jour, l'équipe était descendue de Paris et arrivait sur la pointe des pieds, ne sachant pas quel accueil leur serait réservé.

180

J'étais mal dans ma peau ; l'accueil fut froid !

Allain, ne voulant pas perdre de temps, suggéra que l'on filme les chiens courant sur la plage « au ralenti ». Toute une équipe sur le pied de guerre pour filmer un jour entier des chiens s'ébrouant sur le sable ! Je devrais avoir honte, c'est vrai, j'avais un peu honte, mais d'un autre côté je ne pouvais pas me livrer, me mettre à nu ce jour-là, je ne le pouvais pas.

C'est Pichnou et Moulin qui eurent « la vedette » !

Le soir même, alors que l'équipe était partie dîner je ne sais où et que nous étions invités chez La Perruque, je dis à Allain que je me sentais bien et que j'avais envie d'aller jouer de la guitare avec Nicole, la guitariste que j'avais rencontrée lors d'un repas de vendanges à Gassin.

Souvent femme varie.

Voilà Allain pendu au téléphone essayant de rassembler les uns et les autres afin de profiter de ce moment. Nicole, la guitariste, est une copine bohème et sympa qui va où le vent la pousse et vit en faisant la manche à la terrasse des bistrots. Nous l'avons trouvée place des Lices, devant le Café des Arts. Elle chantait en s'accompagnant, et nombreux étaient ceux qui l'écoutaient. Moi qui fuis la foule, moi qui ai horreur de l'exhibitionnisme, moi qui suis sauvage et pudique et timide, je m'installai à côté d'elle et me mis à jouer de la guitare avec elle.

Je ne voyais personne, seules ma guitare et celle de Nicole existaient.

Il faisait noir comme dans un four, et les petites lumières de la terrasse donnaient une faible clarté. L'équipe, arrivée en hâte, sans éclairagiste, essaya tant bien que mal avec une pellicule ultrasensible d'immortaliser ce moment magique.

C'était effectivement magique.

En plein mois de juillet, à 11 heures du soir, devant une foule internationale et médusée, je chantais et jouais de la guitare sur la place de Saint-Tropez avec une copine. Jicky en profita pour passer avec une soucoupe et des : « A vot'bon cœur M'sieurs dames ! » Il a récolté deux mégots, trois boutons de culotte et 35 francs de pièces véritables !

Mais la séquence fut coupée au montage, trop noire, on ne nous voyait pour ainsi dire pas.

Le lendemain, on envoya un éclairagiste de Paris, que je le veuille ou non. Après tout, ils n'avaient peut-être pas tort. Un de plus ou de moins, seul le résultat comptait.

Quelques jours plus tard, cela se passait à La Garrigue, j'étais consentante, heureuse de montrer ma nouvelle maison. Le seul hic était que puisqu'il y avait de la lumière, des spots, des projecteurs, etc., il me fallait me poudrer légèrement le visage, sinon mon bronzage me donnait des allures de peau rouge. N'ayant aucun maquillage sur place, je partis pour La Madrague me faire une beauté. Arrivée au portail de La Garrigue, je me baissai pour ouvrir le loquet du bas, lorsqu'une rafale de mistral m'envoya le battant en plein dans la pommette, je faillis en tomber K.O. J'en avais vu d'autres et ne m'arrêtai pas à ce genre de détail ! Mais lorsque j'arrivai à La Madrague et que je me regardai dans la glace, je vis que j'avais la pommette fendue et que mon œil virait doucement au bleu.

Affolée, j'appelai Allain à La Garrigue, lui expliquant le problème. Il ne me crut pas, croyant encore à un renversement d'état d'âme qui me faisait inventer n'importe quoi pour ne pas tourner. Je lui jurai sur ma vie, mais il s'en foutait. Que je vienne poudrée et maquillée, on verrait après !

On a vu !

J'étais poudrée et *tutti quanti*, mais mon côté droit était violacé, mon œil pleurait, ma joue style « pommette saillante », mais saillait d'un côté seulement. De nouveau, ce jour-là, l'équipe filma les chiens qui dormaient sur le canapé, les chiens qui s'étiraient sur mon lit, les chiens qui passaient d'une pièce dans l'autre.

Ah, mes chiens, si je ne les avais pas eus, j'aurais dû les inventer !

Pendant ce temps, à Paris, Michèle téléphonait sans relâche à *Air France*, à la *Thaï*, compagnie thaïlandaise d'aviation, pour essayer d'avoir des prix pour le transport des chiens et chats d'Edith.

Réponse d'Air France : « Nous ne faisons pas de prix pour les humains réfugiés, alors pourquoi en ferions-nous pour les chiens, même de Mademoiselle Bardot ? »

J'étais désespérée. Près de 40 000 francs de transport, pour mettre des animaux en soute, les gens sont fous. Eh bien, puisque rien ni personne ne voulait nous aider à rapatrier ces chiens et chats, je le ferais seule, une fois de plus. Je demandai à Michèle sur quoi j'allais pouvoir rogner afin de dépenser une somme pareille et si imprévue. Il allait falloir faire des efforts pendant plusieurs mois.

Qu'importe ! Je télégraphiai à Edith que son billet et ceux de ses protégés lui seraient remis à la Compagnie *Thaï* à Bangkok. Je faisais ainsi un bras d'honneur à *Air France* qui avait été d'une générosité et d'une compréhension dignes de la médiocrité qui nous entoure.

Le mois de juillet battait son plein de touristes, de tricots de corps, de cellulite à gogo dans des shorts servant de gaines, il était temps pour nous de fuir.

Allain, au volant de la Range-Rover avec Pichnou, Nini, Mouche, Mienne, Matcho, Moulin, Belote, ma chatte préférée, et moi remontâmes sur Bazoches.

Je laissai Voyou et Amélie à mes connards de gardiens, leur promettant une prime si tout se passait bien, si à mon retour, en septembre, les chats et les chiens étaient en bonne santé.

Jusqu'en août j'avais quartier libre pour *Telle Quelle*.

*
* *

A Bazoches, le pigeonnier était en mauvais état, le chaume qui le recouvrait était abîmé, il pleuvait dedans.

J'appelais tous les chaumiers de France, c'est-à-dire quatre personnes. Les chaumiers sont devenus des artisans rares, il y a moins de chaumières... Or, malchance, La Bazoches est une chaumière et toutes ses dépendances aussi. J'eus un mal fou à en faire venir un sur quatre !

Ce monsieur aimait les animaux, aimait mon combat, et me fit passer en priorité. Il arriva un dimanche avec toute sa famille et fut reçu par mon gardien, le rustre que j'avais depuis sept ans, dont la femme dépressive partait automatiquement en cure de sommeil dès que j'arrivais. J'ai l'habitude de laisser mes gardiens, lorsque j'ai confiance en eux, s'occuper de ce genre de problème d'intendance. Or, le lendemain, j'eus un coup de fil de la femme du chaumier. Elle était dans tous ses états, ne pouvant presque plus s'exprimer, au bord de l'apoplexie !

Elle finit par me dire son écœurement d'avoir entendu mon gardien parler de moi : j'étais radine, odieuse, invivable, je les maltraitais, j'étais capricieuse, méchante, je les exploitais, etc.

Je restai médusée au téléphone... J'avais envie de pleurer.

Ne pouvant garder un tel poids sur le cœur, j'appelai immédiatement mes gardiens et leur expliquai les faits. Ils ne nièrent pas, se mirent à hurler des grossièretés épouvantables sur le chaumier, sa femme, ses gosses, ses ancêtres, ses descendants ! Mais restèrent fuyants quand je leur demandai si oui ou non ils avaient pu dire autant d'horreurs sur moi.

Leur seule échappatoire : leurs huit jours !

Je ne répondis pas, accablée par tant d'événements en l'espace de si peu de temps. J'essayais de comprendre, mais mon cerveau était comme paralysé devant la brutalité des faits.

Voilà des gens que je considérais comme ma famille depuis sept ans, qui partageaient notre table à chaque Noël. Voilà des gens à qui je confiais mes peines, mes joies, avec qui je vivais quotidiennement pour le meilleur et pour le pire, à qui j'étais très attachée, et qui pouvaient abolir toute cette tranche de vie en l'espace d'une seconde parce qu'ils se sentaient merdeux !

Je ne comprendrai jamais rien à l'esprit « domestique ». Pour moi, il n'y a ni employé ni patron, c'est un échange, l'un ayant besoin de l'autre, et l'autre de l'un. Pour moi, c'est un partage de travail, de responsabilités, de bonheur, d'épreuves, c'est un partage du temps qui passe, un partage de la vie. Mais c'est aussi, sentimentalement, une espèce d'union qui soude les êtres entre eux. Pour eux, rien de tout cela n'existe, aucun attachement, aucun sentiment, aucun cœur. C'est une « place » qu'on quitte pour une autre « place », un point c'est tout.

Je me retrouvais une fois de plus confrontée à cet abandon qu'il fallait à tout prix assumer en plus du reste.

Le lendemain, j'arrivais rue de la Tour où je devais voir Michèle avant son départ en vacances du mois d'août. Michèle m'avait fait pitié, elle ne pouvait se permettre de louer une maison à Saint-Tropez, ses moyens et ceux de son mari leur interdisaient une dépense aussi importante.

Devant son désespoir, je lui avais immédiatement proposé La Garrigue ! Cette maison fétiche que je n'avais encore jamais habitée et qui, toute neuve, toute belle, allait faire le bonheur de Michèle, de son mari et de leur fils.

Ce matin-là, j'arrivai déconfite et déprimée par l'annonce du départ d'André et Janine. Je trouvai ma Michèle, que je pensais voir heureuse, encore plus affligée que moi.

Elle ne savait encore rien ! Que se passait-il ?

Elle m'annonça le départ des gardiens de La Madrague !

C'en était trop !

Bilan : les gardiens de Bazoches partaient sous huit jours ; les gardiens de La Madrague partaient sous 48 heures. Et en plus, j'avais prêté La Madrague à des amis éloignés afin qu'il y ait quelqu'un dedans, que la maison soit habitée pour éviter l'invasion des touristes et des cambrioleurs. Michèle et moi, la tête entre les mains, effondrées, désemparées, ne savions plus quoi faire, par quel bout commencer, comment résoudre autant de problèmes !

Quelle énergie j'aurai dépensée dans ma vie pour essayer de trouver des solutions à ces pauvres détails qui font la médiocrité de notre existence. Cette même énergie aurait pu aider à soulager le supplice des chiens, des chats, des singes, des lapins, des rats et des souris dans les laboratoires, aurait pu secouer l'inertie des ministres et de leurs ministères responsables de tant et tant d'injustices, de souffrances, de morts inutiles.

Quel gâchis !

Michèle, qui partait à La Garrigue, allait essayer de trouver sur place, en pleine saison, un couple de gardiens pour La Madrague. De mon côté, seule, j'essayerais de trouver un couple de gardiens pour Bazoches.

Et puis, je devais continuer à tourner *Telle Quelle*.

Etre disponible, jolie, sympa, décontractée, alors que l'avenir s'annonçait pour moi à l'attache et à la tâche à Bazoches, obligée d'assumer le travail quotidien d'un couple de gardiens. Et les chèvres, les moutons, la jument, l'âne, les canards, les poules, les pigeons, les chiens, les chats, le ménage, la cuisine, la vaisselle, le lavage, le repassage, le marché !

Quand je pense que mon image est celle d'une femme gâtée, servie, adulée, capricieuse, entourée, insouciante !

Désespérée, j'appelai Catherine Thomas, ma pythonisse, celle qui m'avait annoncé le Carré de Pluton. Elle ne fut pas étonnée par tout ce que je lui racontai. C'était mon épreuve, j'en avais encore pour deux ans. Il me fallait subir, faire le « bouchon », essayer d'accepter, ne pas me révolter, je me heurterais automatiquement à un échec ! Ne rien entreprendre, ne pas avoir d'initiative, être soumise et esclave de mon destin. C'était aller à l'encontre de ma nature, moi, courageuse, obstinée, tenace, volontaire, impatiente, résolue, décidée à vaincre envers et contre tout !

Et pourtant, elle avait raison.

J'eus un mal fou à trouver des gardiens pour Bazoches.

Je finis tant bien que mal, en mettant des annonces dans *Var-Matin*, par en trouver pour La Madrague. Des gens que je ne connaissais « ni des lèvres ni des dents », comme dirait Bérurier. Ils voulaient bien venir à condition d'apporter leur canapé. La maison de gardien de La Madrague est petite et déjà meublée. Leur canapé était « la » condition ! Je n'avais pas le choix, et puis par téléphone à 1 000 kilomètres de distance, un canapé de plus ou de moins, après tout, c'était un détail.

Michèle, discrètement, pour ne pas trop déranger les amis qui habitaient La Madrague, vint gentiment un matin faire le changement de gardiens. Leur canapé fut installé dans leur salon à la place du mien qui fut remisé au garage, prenant la place d'une voiture. Elle leur présenta Voyou et Amélie, leur expliqua où se trouvaient les instruments indispensables à leur travail, leur recommanda les 30 chats, et repartit sur la pointe des pieds passer ses vacances à La Garrigue où Nicole s'occupait de tout !

Et vogue la galère !

Pendant ce temps, à Bazoches, j'expliquais aux miens ce qu'était leur travail ! Et puis Matcho fut encore malade. Sa queue, magnifique panache, avait heurté la Range-Rover lors de son accident et la plaie restait purulente. Il fallut l'amputer d'une moitié de cette parure qu'est la queue d'un Setter anglais. Pauvre bête qui supporta courageusement l'opération sous anesthésie locale. J'avais supplié le vétérinaire de ne pas l'anesthésier totalement, étant traumatisée par la peur de l'accident.

Peu de temps après, je reçus un télégramme d'Edith Lesprit.

Elle arriverait le 10 août à 7 heures du matin à Roissy, avec toute la famille quatre pattes, chiens et chats.

J'ai cru que j'allais craquer ! Allain aussi !

Nous devions tourner des séquences importantes de *Telle Quelle*, les gardiens n'étaient encore au courant de rien, j'assumais tout dans la maison et, en plus, arrivait de Bangkok une femme charmante mais inconnue avec quatre chiens et trois chats. Cela m'apprendrait à jouer le Don Quichotte !

Je devais assumer ce que j'avais promis. C'est parfois difficile.

C'est Allain qui, ce dimanche d'août, se leva aux aurores pour aller chercher Edith et ses animaux à Roissy. Ils arrivèrent après bien des péripéties de douanes et autres problèmes qui se posent lorsque l'on voyage avec des bêtes.

J'accueillis toute cette petite famille traumatisée, fatiguée, dépaysée, affamée, assoiffée, après deux jours de voyage en soute.

Il y avait « Cannelle », petite chienne futée, sauvée de la boucherie, « Malouk », grosse dondon adorable, sauvée de la lapidation, « Gnockie », petite hargneuse gueularde avec qui le contact ne se fit pas, « Radjah », le pauvre, était mort la veille, piqué par un serpent venimeux ! Puis, il y avait « Azzuro », chatte étrange, sublime, au pelage de lapin blanc, qui avait un œil bleu et un œil vert ! « Sambo », qui, les reins brisés par des coups de bâton, essayait en vain de marcher sur ses deux pattes avant. « Kum Fu », chat roux, avec la queue en tire-bouchon, spécifique de sa race, pour s'accrocher à une branche et lui permettre de pêcher le poisson des étangs.

Et puis, Edith !

Edith, impressionnante par sa stature, sa corpulence, sa dignité, sa distance. Edith que j'embrassai comme une vieille amie, mais dont la timidité et la méfiance prirent le pas sur mon impulsivité.

Evidemment, mes chiens accueillirent très mal tous ces intrus !

Ce fut un concert de hurlements, d'aboiements, de grognements, de reniflages, de rouspétages, d'épreuves de force entre les anciens et les nouveaux. Quant aux chats, ils disparurent sous le lit d'Edith et n'en bougèrent plus pendant 48 heures. Je me sentis tout de suite une grande estime, une grande amitié pour Edith malgré sa distance. Je compris que cette femme rude et sensible avait besoin de connaître avant de témoigner le moindre de ses sentiments.

Ce fut une drôle de rencontre que la nôtre.

Une médecin aux pieds nus, habituée à la misère du tiers monde, soignant les déshérités, les plus abandonnés, dans des conditions hallucinantes d'insalubrité, qui se trouvait soudain confrontée à une star internationale, même si cette star vivait de la manière la plus simple du monde. L'image était là, le nom était là, la réputation était là !

Edith n'avait pas dormi dans un lit depuis presque un an. Elle se roulait dans une couverture par terre, à même le sol, souvent dans la boue, toujours à la belle étoile. Edith est une femme de terrain, une femme d'action, courageuse, habituée aux situations les plus désespérées, n'attendant rien de personne et étonnée de recevoir le plus petit service.

Cet étonnement, qu'elle ressentit lorsque je lui tendis la main pour recueillir ceux qu'elle appelait ses « enfants », s'est transformé en une solide amitié.

*
* *

Telle Quelle continuait.

Je dus, après le ménage, la vaisselle, le quotidien, me prêter (je dis bien me prêter) à la caméra. Bazoches fut envahie par les spots, les câbles. Les techniciens, les gardiens, arrivés depuis peu de temps, prirent leurs vacances... huit jours en août, me laissant à nouveau seule pour tout faire.

C'était parfois difficile d'être belle, mignonne, disponible devant la caméra, lorsque la pâtée des chiens était sur le feu, qu'il fallait préparer le dîner, que les chèvres avaient faim et que les canards et les poules attendaient leur nourriture. Miracle, j'y arrivais, étant sincère et vraie devant et derrière la caméra. C'est-à-dire que je disais ce que j'avais à dire lorsqu'on me filmait. Puis après, je courais à la cuisine ouvrir un champagne et l'offrir à l'équipe assoiffée, puis je me précipitais pour donner à manger aux chiens et aux chats. Les chèvres, les moutons, la jument et l'âne n'étaient pas oubliés, et je courais de l'un à l'autre comme une folle jusqu'au prochain plan.

Allain m'aidait de son mieux à ranger les meubles, remettre tout en place dans la maison après le passage de l'équipe. Je m'endormais tard pour me réveiller tôt, très tôt le matin, afin de faire tout ce qu'il y avait à faire dans une maison qui abritait tant d'animaux !

Puis, les gardiens revinrent de leurs « vacances ».

Je dus les mettre au courant de tout, ils n'étaient restés « au travail » qu'une semaine. C'était dur et difficile d'apprendre tout d'une si importante propriété à des êtres nouveaux ! Je m'aperçus entre autres que l'aspirateur était cassé, que le lave-linge était cassé, que la tondeuse était cassée, que tout était cassé ! Je dus tout acheter de nouveau, tout refaire à neuf, y compris la maison de gardiens qui était dans un état lamentable. Et en avant, le tapissier, le plombier, l'électricien, le peintre et tout le fourbi. Je dépensais une fortune pour remettre en état cette petite maison adorable. J'achetai des meubles chez « Coville », le brocanteur de Montfort-l'Amaury, je refis tout à neuf.

J'y passai mon mois d'août.

Depuis quelque temps déjà, Jean-Max Rivière, le compositeur de *La Madrague*, mon copain presque d'enfance, avait écrit une chanson pour moi et mes chiens : *Toutes les bêtes sont à aimer*. Il me la chantait par lettres, par téléphone, par personnes interposées. Rien, aucune réaction de ma part. J'avais quitté le show-business, je ne voulais pas y remettre les pieds. Pourtant, c'était merveilleux !

Il avait compris mon combat, l'avait mis en musique.

Allain, bon conseiller, m'avait demandé de chanter *Toutes les bêtes sont à aimer* dans notre émission. Je me remis donc à la chanson ! Et je fis bien car ce fut un succès. C'était la première fois que je chantais mon amour pour les animaux. Sur la face B de ce 45 tours j'enregistrai *La Chasse*, toujours composée par Jean-Max Rivière, une mélodie aux paroles mélancoliques qui dénonçaient la cruauté que les hommes font subir aux pauvres bêtes qu'ils traquent. J'offrais la moitié de mes royalties à la S.P.A., l'autre à Greenpeace pour la sauvegarde des phoques et autres merveilleux mammifères marins.

Entre-temps, Michèle, ma secrétaire, était revenue de ses « vacances » chez moi à La Garrigue.

J'étais heureuse de la retrouver en ce début de septembre 1982. Je lui racontai mon mois d'août plein de problèmes. Elle me raconta le sien, si heureux, si préservé, son bonheur, La Garrigue, Nicole qui lui servait de bonne, la sérénité de ses vacances ! Je déduisis de tout cela que, maintenant, les « vacances » étaient le privilège des employés ! Les patrons, moi en l'occurrence, étant trop préoccupés par leurs problèmes pour pouvoir jamais en prendre.

Enfin, son retour était ma joie. Joie de courte durée.

Ce jour du début septembre, j'avais un rendez-vous important avec Michel Crépeau, à l'époque ministre de l'Environnement ! Je devais y débattre avec Allain Bougrain Dubourg et Claudine Amadéo, responsable de la Ligue Anti-Vivisection de France, du sort atroce des animaux de laboratoire...

Je me préparais à cette entrevue dont dépendait le sort de tant d'animaux suppliciés, exploités jusque dans leur chair, particulièrement pour l'extension de laboratoires de Montpellier que je n'ai pas le droit de nommer. J'étais moi-même suppliciée, martyrisée à la place de ces pauvres bêtes innocentes sur lesquelles le sadisme de certains chercheurs trouve son épanouissement. J'étais à fleur de peau, à fleur d'âme.

Michèle avait choisi ce moment crucial pour me demander le salaire de « son mois d'août ».

« Quel mois d'août ? lui répondis-je.

— Le mois d'août que vous me devez pour mes vacances ! »

Michèle, mon amie, ma sœur, celle à qui j'avais donné ma maison, ma confiance, avec qui j'avais partagé le meilleur et le pire de ma vie depuis quinze ans, la mort et l'héritage de maman (lui laissant ce qu'elle choisis-sait dans le partage avec Mijanou), celle avec qui j'avais partagé l'héri-tage de ma tante Pompon, lui laissant l'argenterie marquée M.G...

Je l'aurais tuée ! Je partis pourtant au rendez-vous de Crépeau, avec, sur le cœur, une injustice incommensurable et tant de rancœur !

Je fus lucide et déterminée. Monsieur Crépeau me parut d'une inutilité et d'une bêtise dignes du gouvernement qu'il représentait.

Rendez-vous fini, ouf, je rentrai rue de la Tour et écrivis une lettre de licenciement à Michèle. J'étais exténuée, écœurée, mais lui déballai dans cette lettre tout ce que j'avais à lui dire. Le lendemain, elle vit ma lettre, la lut et s'en alla pour toujours emportant avec elle mon carnet d'adresses.

Son départ, sans excuses, sans rien, fut un drame pour moi.

J'agis souvent sous l'influence d'impulsions passagères, qui sont les bonnes, puis plus tard, en réfléchissant, je me dis que j'ai été bête.

Cette fois-là, ce fut atroce !

Michèle partie, plus personne pour m'aider à assumer quoi que ce soit, et mon carnet d'adresses... envolé ! J'étais désespérée !

Entre-temps, depuis des mois, une femme m'avait écrit sa misère, son désespoir, elle était secrétaire, sans emploi à Soissons. Elle s'appelait Maryvonne. Avant Michèle, je ne pouvais rien faire pour elle, sinon la recommander chaleureusement à Allain Bougrain Dubourg qui cherchait une secrétaire pour *Terre des Bêtes*. Maryvonne fut engagée à l'essai. L'essai fut concluant.

Maryvonne me vouait une reconnaissance éternelle.

Maryvonne qui avait été reçue un jour très froidement par Michèle, rue de la Tour, l'une en place, l'autre cherchant une place. Maryvonne, reconnaissante de ce que j'avais fait pour elle, remplaça à ses heures per-dues Michèle.

Grâce à la complicité, à la gentillesse, au travail acharné de Mary-vonne, le départ de Michèle me parut moins dramatique. Et pourtant, je pleurais des larmes de sang, sachant qu'à jamais j'avais perdu mon amie, ou celle que je croyais être ma sœur de cœur !

Quinze ans ensemble ! Et tout s'écroulait parce que je la considérais comme ma sœur, lui prêtais ma maison, vierge encore de toute intrusion. Et qu'elle me réclamait son mois d'août ! Elle a perdu plus que moi.

Mais j'ai perdu là encore quelques illusions.

VI

*Quand un homme désire tuer un tigre, il appelle
cela : sport. Quand un tigre désire le tuer, l'homme
appelle cela : férocité.*

George Bernard SHAW (1856-1950).

Vers le 20 septembre, *Telle Quelle* quasiment terminé, le disque enregistré, les gardiens de Bazoches au courant, les chiens et chats d'Edith apprivoisés (sauf Azzuro disparue depuis le départ d'Edith et jamais retrouvée...), Allain me ramena vers mon pays de soleil, mon Midi qui se vidait peu à peu des touristes morpions.

J'avais bien mérité un peu de repos, un peu de tranquillité, mais c'est avec une petite angoisse au ventre que j'appréhendais mon retour à La Madrague. Là, m'attendaient des étrangers avec leur canapé ! Qu'allais-je encore trouver ! Dans quel état serait ma maison offerte à des inconnus et tenue par eux. Je suis maniaque, j'aime l'ordre, l'habitude, l'harmonie des choses à leur place, la familiarité des objets aimés placés là où ils sont le plus en valeur !

Quel tourbillon, quel désordre, quel brouhaha allais-je découvrir ?

Je n'étais pas au bout de mes surprises.

Après dix heures de route, morte de fatigue, les chiens harassés, Allain crevé, notre arrivée fut ce que je redoutais. La maison sale, la pâtée des chiens oubliée ! Pas une fleur sur la table, les ampoules grillées et non remplacées, le couvert mis comme au régiment, aucun goût, rien à manger, qu'une pauvre rondelle de saucisson, un quignon de pain et une grappe de raisin. Cela sentait le pipi de chat, la sueur et le graillon. Devant moi, au garde-à-vous, une femme sans âge, teinte en noir corbeau, une clope au bec, des talons aiguilles, style pute du Vieux-Port, qui me parlait avec la voix rauque d'un travesti. A côté, en tricot de corps filet sans teinte, un amalgame de tissus graisseux surmontés d'une tête ronde au poil rare, avec des binocles de Professeur Foldingue, et un sourire sans dents d'une niaiserie à faire détaler un régiment de sapeurs.

Je fus prise d'un dégoût, d'une répugnance vis-à-vis de ces intrus qui me recevaient à *leur* façon dans *ma* propre maison... J'eus, sur-le-champ, une envie folle de les mettre à la porte, mais je remis sagement au lendemain ce que j'aurais dû faire le soir même.

C'étaient mes gardiens.

190

Voyou était seul. Amélie avait été adoptée par Jicky qui l'adorait et chez qui elle avait enfin trouvé la chaleur d'un véritable foyer. Pauvre Voyou, mon si beau chien enfermé chez ce couple infâme.

Allain, moins sensible que moi, prit un bain dans la mer, se coucha et s'endormit rapidement. Toute la nuit je remis silencieusement la maison en ordre, à mon image. Je ne peux m'endormir contrariée. Je cherchais jusqu'à ce que je le trouve l'objet qui manquait à tel endroit, finissant par le découvrir Dieu sait où, mais le dénichant envers et contre toute logique !

Si je ne le trouvais pas c'est qu'il avait probablement été cassé. Lorsque tout eut repris l'harmonie que j'aimais, que je connaissais, j'allai enfin me reposer. Mais, dans la nuit, tandis que l'horloge de ma grand-mère égrenait les heures et les demi, je pensais à demain... Je ne retrouverais le calme auquel j'aspirais que lorsque ces deux horreurs auraient fichu le camp avec leur canapé et leurs vilaines odeurs. Je préférais tout faire seule que les avoir sur le dos ! Allain repartait le lendemain en avion pour reprendre son travail le lundi matin... J'allais encore me retrouver seule responsable de cette grande maison, de la piscine, des courses, du ménage, de la cuisine, des chats, des chiens qui se battaient à mort si jamais Voyou se trouvait en présence de Matcho, plus les Thaïlandaises, pas vraiment incorporées au groupe et qui grognaient souvent contre mes femelles ! J'aurais donné n'importe quoi pour que quelqu'un partage avec moi ces jours à venir.

J'en étais là de mes réflexions lorsque je m'endormis enfin.

Le réveil fut pénible.

J'entendis croasser une voix fêlée et tonitruante dans la cuisine. Tapant les casseroles les unes contre les autres, ma gardienne s'adressait à son mari qui, à l'autre bout du jardin, tout en ratissant, lui répondait en hurlant d'une petite voix de châtré, pointue et insupportable.

Etre réveillée par un pareil tintamarre alors que j'avais dû m'endormir quatre heures plus tôt me fut insupportable. Je me levai comme une furie, allai dans la cuisine, leur intimai l'ordre de se taire et leur donnai leur congé.

Puis, dans un silence de mort, quelle merveille, je retournai dormir.

A 10 heures, après avoir préparé notre petit déjeuner, tandis qu'Allain se baignait, je leur torchai une lettre de licenciement que j'allai d'urgence poster en recommandé avec accusé de réception. Je fis le marché, achetai des fleurs, des fruits, le journal pour Allain, et repris enfin possession de mon territoire, y reniflant les odeurs que j'aime, y refaisant mon trou, mon terrier !

Je ne revis plus les gardiens. Quelle joie !

Enfermés chez eux avec la T.V. qui braillait et eux qui se disputaient, je ne pouvais certes pas les oublier. Je fis sortir Voyou de cet antre d'un autre monde et m'arrangeai pour le garder dans la cuisine si les autres étaient dehors, ou dehors s'ils étaient dans la maison.

Bref, je m'arrangeais une petite vie à l'abri des gardiens, à l'abri des bagarres, à l'abri de ce que je considérais comme un viol : avoir à supporter chez moi des êtres aussi exécrables ! Je riais toute seule en pensant que j'étais aux yeux du monde un « sex symbol » bouffeuse d'hommes, acharnée sexuelle et patati et patata, s'ils savaient les pauvres quelles étaient mes préoccupations, ils seraient bien déçus !

Le soir, Allain partit prendre l'avion pour Paris.

Je me retrouvais seule face à l'ennemi. Je n'y coupai pas. Ils profitèrent du départ d'Allain pour venir « s'expliquer ». Il n'y avait pas explication, je les renvoyais, un point c'est tout !

Les motifs ?

Ah ! Les motifs ! Incompatibilité d'humeur, saleté, odeurs corporelles insupportables, vulgarité, incompétence.

Ce n'était pas une cause syndicale de renvoi !

Ah, nous y voilà ! Et en avant les syndicats, le socialisme, tout l'arsenal de la médiocrité qui mène la France à sa chute spectaculaire, tirée vers le bas... Votre syndicat, votre socialisme, vous pouvez vous le mettre au cul, et si cela ne vous plaît pas, allez aux Prud'Hommes, ici je suis chez moi, vous entendez, chez moi et vous allez vous tirer vitesse grand V.

J'étais fumasse.

Et si ces cons-là ne voulaient pas partir, qu'est-ce que j'allais devenir ? Une angoisse terrible me prit à la gorge ; je me sentais seule, affreusement seule, vulnérable et peut-être dans l'illégalité. J'ignorais tout des nouvelles lois. Avaient-ils le droit de rester chez moi en squatter ?

Je regardais la mer. Elle était belle et calme.

Le soleil descendait doucement derrière les collines de Sainte-Maxime, on aurait dit une grosse orange. Le paysage était paisible, vrai, sain. Les chiens, repus, dormaient dans des positions d'abandon attendrissantes. Les chats jouaient autour de la piscine avec une grâce touchante. J'étais la seule non intégrée à cette douceur de fin de journée d'automne. J'étais raide à l'intérieur de moi, harcelée. Je ne voyais plus les choses d'un œil pur, l'adversité envahissait tout !

Le lendemain, ils reçurent leur lettre recommandée. Lui, partit avec sa voiture chercher du travail... me laissant sa femme. J'assumais tout le travail de la maison, j'étais soulagée, ils allaient enfin déguerpir !

Le soir, je fumais tranquillement une cigarette dehors, regardant la mer en sirotant mon petit verre de champagne. Il n'était toujours pas rentré. Quand je la vis arriver, elle, débraillée, titubante, claudicante, crachant, toussant, vomissant à moitié, les seins à l'air, les cuisses sorties d'une jupe trop courte, faisant des moulinets avec ses bras, la bave aux lèvres.

Je regardais, fascinée, ce spectacle monstrueux d'une femme ivre morte, livrée à sa plus grande déchéance. Puis, elle s'effondra et ne bougea plus. Atterrée, je me levai et allai vers elle. Elle émettait des borborygmes sans queue ni tête, parlant de mort, de sa mort, de mise à la porte, de « pas supporter ». Elle salivait sa sueur et ses larmes ; elle était là gisante, gluante, ignoble, repoussante.

Bien qu'écœurée par son contact, je sentis que c'était grave et je la saisis à bras-le-corps. M'arc-boutant de toutes mes forces, je la traînai jusqu'à sa chambre. Là, je l'étendis sur « son canapé » et lui mis des linges frais sur le front. La maison était dans un état de désordre innommable, une saleté repoussante, une vache n'y aurait pas retrouvé son veau, et puis cette odeur, cette horrible odeur !

Elle délirait.

Affolée, je courus à la maison et appelai Fayard, mon copain toubib : il fallait qu'il vienne immédiatement, c'était urgent. Effectivement, elle avait ingurgité une dizaine de barbituriques dangereux. A l'hôpital, on lui fit un lavage d'estomac. Lui, rentra tard dans la nuit. Je lui annonçai la nouvelle. Il partit au chevet de sa femme, et revint en m'expliquant que la convalescence serait longue et qu'elle serait obligée de se reposer ici puisque c'était leur maison du moment !

Ah, j'étais jolie ! Je ne pouvais plus mettre dehors une femme moribonde qui avait attenté à ses jours. J'étais coincée.

J'eus une envie folle d'appeler Michèle au secours, de lui dire que nous étions bêtes de nous être séparées, que j'avais besoin d'elle et elle de moi, que nos quinze années de vie commune étaient le béton de notre amitié, de lui dire que je l'aimais, qu'elle était mon indispensable, ma charpente, ma racine.

Mais une fois de plus, je subis et attendis.

Allain m'appela de Paris, je lui racontai, mais la distance, ses problèmes, son bureau, son travail, minimisèrent ce que je ressentais. Il était désolé, mais de si loin, que pouvait-il faire ? Que je dorme bien. Mais oui mon chéri !

Le lendemain, Edith Lesprit me téléphona. Elle était à Cannes avec Elisabeth, sa compagne. Elles avaient envie de voir leurs « enfants », Cannelle et Malouk.

Elles durent sentir une immense détresse dans ma voix car elles arrivèrent immédiatement. Je n'avais eu jusque-là, avec elles, que des rapports courtois. C'est dans la peine que l'on voit ses amis. Je les ai vus.

Ces femmes réservées, un peu distantes, méfiantes, que j'avais connues à Bazoches, se révélèrent d'une merveilleuse efficacité à La Madrague lorsqu'elles me découvrirent dans mon merdier.

Edith est médecin, elle sait de quoi il retourne, on ne la lui fait pas. Elle jaugea immédiatement la situation ; l'état de la gardienne qui toujours « clope au bec » était revenue de l'hôpital. Elle fit venir un camion de location et embarqua elle-même tout le fourbi des gardiens. Le soir même, la place était libre, vide, disponible. Sale et dégueulasse, mais elles en avaient vu d'autres et m'aidèrent les jours suivants à tout remettre en ordre.

Elles devaient repartir avec Tâo, leur petite chienne martyrisée, elle aussi recueillie, adorée, qui ne les quitte jamais. Elles étaient rassurées sur le sort de Cannelle et Malouk, mais pas sur le mien. Alors Edith, timidement, me proposa un « gardien » qu'elle connaissait mais qui, encore une fois, n'avait jamais été gardien. Elle avançait sur la pointe des pieds, me le recommandant pour son amour des animaux, mais déclinant toute responsabilité pour le reste à part une honnêteté foncière.

Je fis confiance à Edith. J'eus raison.

Depuis, le jour de mon anniversaire 1982 (quel beau cadeau !), Joseph est venu m'aider. Il est resté cinq ans avec moi – ouf !

*\
*

Je devais repartir passer l'hiver à Bazoches, plus proche de Paris et d'Allain, j'avais des milliers de choses à faire, mais j'attendais, j'attendais.

Allain profita du week-end du 11 Novembre et vint me chercher.

Tout était prêt pour le départ, sauf moi !

Ce 11 Novembre, un jeudi, il faisait un soleil radieux ; nous remîmes le départ au lendemain. Et profitant de ce temps exceptionnel, nous sommes partis déjeuner sur la plage de « l'Esquinade », à Pampelonne, chez notre copain Roger avec toute la famille quatre-pattes dans la voiture.

Au milieu de la route, gisait un chien plein de sang ! Mon Dieu, quelle horreur ! Allain s'arrêta, je courus comme une folle vers le petit corps étalé, je ne vis pas une ornière et m'affalai à mon tour hurlant de douleur.

Je m'étais fait une entorse.

Mais qu'importait, ce qui était urgent, c'était ce chien.

Il n'était pas mort, pas blessé, mais épuisé, il avait dû courir des kilomètres derrière une voiture. Il était abandonné et les coussinets de ses pattes étaient en sang à force d'avoir ripé sur le macadam. Il était sans réaction, éperdument malheureux. Bien qu'il ait été fort lourd, je le pris dans mes bras et le déposai sur le bord de la route. J'avais très mal au pied, ma cheville enflait et j'avais envie de vomir.

194

Des gens s'arrêtaient, des copains qui allaient eux aussi déjeuner chez Roger. Je leur demandai de prendre ce chien dans leur voiture, mais ils étaient maniaques de propreté. « Non, pas de chien, je viens justement de la faire nettoyer, alors tu comprends, les poils, le sang... » Oui, je comprenais, je comprenais très bien ! Je comprenais trop bien.

Allain me regardait d'un mauvais œil en fumant sa gitane, il réprouvait que j'embarque le chien avec les nôtres qui n'arrêtaient pas d'aboyer dans la voiture.

Qu'allais-je faire ?

En aucun cas le laisser là, il n'en était pas question !

La pauvre bête me regardait avec ses bons yeux d'or, il avait posé sa tête sur mes genoux et ne bougeait pas. C'était un très beau chien, style Epagneul français, haut sur pattes, mince, avec des tâches marron sur un pelage blanc, des poils longs, un beau panache. Avec toute la diplomatie dont je suis capable, c'est-à-dire pas beaucoup, j'essayai de faire comprendre à Allain que nous devions emmener ce chien chez Roger, après on verrait ! Je sentais le drame arriver.

C'est drôle comme j'ai parfois vis-à-vis d'un homme des réactions de gamine devant ses parents ! Et pourtant, Dieu sait si j'ai fui de bonne heure ces épreuves entre parents et enfants, pour ne rien devoir à personne.

Soudain, Allain me terrorisait.

Il était l'adulte raisonnable, tranchant et inflexible. S'il n'avait pas été là, j'aurais pris le chien avec moi et mes autres chiens, mais sa présence me glaçait. Finalement, après avoir réfléchi en fumant bon nombre de cigarettes, Allain finit par m'autoriser à emmener le chien chez Roger à condition de l'y laisser.

Je ne pouvais plus marcher, le chien non plus !

C'est Allain qui porta le chien dans la voiture pendant qu'à cloche-pied je suivais tant bien que mal. Mes chiens furent assez polis devant cette pauvre chose qui n'avait rien d'un rival pour eux.

Arrivé chez Roger, le chien fut déposé sur la terrasse et ne bougea plus. Il ne voulut ni boire, ni manger. Je trempai mon pied devenu énorme dans une bassine d'eau de mer et commençai à demander aux quelques personnes qui étaient là s'ils ne voulaient pas garder le chien jusqu'au lendemain, le temps que j'essaye de savoir s'il appartenait à quelqu'un. Même Roger ne pouvait pas le garder, car sa femme avait une espèce de petit connard de chien style Chihuahua horriblement agressif qui dévorait, attaquait, sautait sur tout le monde.

Je regardais le pauvre « toutou », c'est ainsi que je le baptisai, si seul, si mal aimé, si abandonné, si désespéré ! Allain proposa de le faire prendre par une S.P.A. quelconque... Roger proposa de le laisser sur la plage... Moi, je décidai de le garder. Allain serra les mâchoires en signe de déclaration de guerre.

Tant pis, puisque guerre il devait y avoir, eh bien guerre il y aurait ! Mais quel malheur qu'un pugilat puisse éclater sur un tel désaccord entre deux êtres qui ont pour idéal de vie la protection animale !

Rentré à la maison, Allain me mit un marché en mains. Il me ramènerait en voiture le lendemain à Bazoches sans « Toutou » ou alors il ne me ramènerait pas !

Il ne m'a pas ramenée ! J'ai gardé mon Toutou. Toutou qui, après quelques jours difficiles d'adaptation, est devenu le chef de meute. Toutou aboyeur, Toutou bagarreur, Toutou tendre, Toutou reconnaissant, Toutou jaloux de tout, Toutou mon ombre, Toutou heureux !

Voilà la jolie histoire d'amour entre un pauvre chien perdu et une dame au cœur de petite fille, histoire qui finit bien, ce qui est rare.

Puis, Matcho eut 41° de fièvre. Sa queue n'avait pas cicatrisé depuis l'amputation et la gangrène était là. Il fallut l'opérer sérieusement sous anesthésie générale et lui couper la queue ridiculement court.

Mais il fut sauvé.

Allain s'occupait à Paris du montage de *Telle Quelle*.

Je lui faisais entièrement confiance. Je n'ai jamais demandé une projection, je n'ai jamais exigé de voir les rushes, je n'ai jamais voulu connaître les commentaires. Ce film était un portrait de moi-même, de ma vérité, de mon naturel, de ma simplicité. Cela m'était égal d'y être plus ou moins belle, mes atouts n'étaient plus dans mon aspect purement physique, mais au fond de mon cœur, de mon âme, de mon expérience. Et si j'étais belle au fond de ma vérité, je serais belle dans ce que j'exprimais.

Pendant ce temps, les ministres de l'Environnement de la C.E.E. [1] devaient se rencontrer en un grand sommet à Bruxelles pour y débattre de l'utilité du massacre des bébés phoques chaque année au mois de mars dans les eaux territoriales canadiennes.

Cela me touchait de près, me concernait directement, les petits phoques ayant toujours eu dans mon combat la priorité que l'on doit à des enfants inoffensifs, exterminés pour des raisons d'une futilité, d'une inhumanité révoltantes.

Michel Crépeau, qui représentait la France, m'apparaissait comme mon adversaire le plus redoutable, tant par son manque de sensibilité que par sa vanité et son incapacité. Je me souviendrai toujours du rendez-vous qu'il m'avait accordé quelques mois plus tôt, où la souffrance des animaux de laboratoire s'exprimait par ma bouche et où, en guise de

---

1. Communauté Economique Européenne.

196

réponse, imperméable à toute pitié, il employait de grandes phrases stéréotypées style ministre en place qui s'écoute parler avec emphase, indifférent à toute cette misère incommensurable, à toutes ces agonies inutiles, à toutes ces mutilations.

A La Madrague, devant mon feu de bois, je tournais en rond, il me fallait agir, mais comment ? Seule, loin de Paris, loin de toute cette actualité dont il ne faut jamais manquer l'urgence, car demain une autre actualité effacera la précédente et les gens oublieront, je me creusais la tête.

J'écrivis une lettre ouverte aux ministres français, lettre publiée dans les journaux et dont voici le texte :

> *Messieurs les Ministres,*
>
> *A vous qui avez le grand honneur de gouverner la France qui comme une femme est le reflet de ce que celui qui la dirige fait d'elle.*
>
> *A vous qui par une signature apposée sur l'accord de la Communauté Européenne avez le privilège de faire cesser dans notre pays l'indigne importation des peaux de bébés phoques, donc réduire si ce n'est supprimer l'atroce génocide que le gouvernement canadien exerce sur une espèce qui risque d'être sous peu en voie de disparition.*
>
> *A vous qui n'avez pas le courage de prendre aux yeux du monde une décision humanitaire et exemplaire qui ne met en cause ni l'économie de notre pays, ni la survie de l'humanité !*
>
> *A vous je rappelle que je me suis battue seule au Canada dans une adversité difficilement supportable, surmontant les humiliations, les railleries et les diffamations dont j'ai été l'objet pour dénoncer mondialement un scandale indigne du respect que l'homme se doit à lui-même.*
>
> *Invitée au Conseil de l'Europe à Strasbourg en 1978, j'ai plaidé encore la cause des bébés phoques assassinés cruellement à l'âge de deux semaines uniquement pour leur peau.*
>
> *Le vote de cette assemblée ayant été positif, les parlementaires européens ont demandé à leurs ministres de signer un embargo sur l'importation des peaux de bébés phoques.*
>
> *En ne ratifiant pas cet accord, vous me mettez dans l'obligation de me battre contre mon propre pays.*
>
> *Mon combat est apolitique, mon écœurement est apolitique, mais ma détermination est celle d'une Française qui, contrairement au triste exemple que vous donnez, va jusqu'au bout de ses engagements et a le courage de ne céder à aucun chantage.*
>
> BRIGITTE BARDOT

Le lendemain, l'A.F.P. publiait ma lettre. Pour moi, c'était une petite bombe dont j'attendais impatiemment les retombées.

Rien ! Les jours passaient, toujours rien !

Le journal télévisé annonçait que les ministres de la C.E.E. n'arrivaient pas à un accord sur le sort des bébés phoques, la France refusant de prendre la décision qui donnerait la majorité au vote d'un moratoire de deux années. Je m'arrachais les cheveux (heureusement que j'ai une belle crinière sinon j'aurais fini par devenir chauve).

Alors, après les gardiens, les ministres ?

Tous des irresponsables, des incapables, des eunuques en puissance ! Mais on est ministre pour assumer un devoir, un exemple, une responsabilité. On est ministre pour prendre des décisions !

Non, il faut ménager la chèvre et le chou, il faut être veule, lâche. Mais quelle jouissance de s'entendre appeler « Monsieur le Ministre » par-ci, « Monsieur le Ministre » par-là, avoir son titre à vie (il y en a autant en France que de Dupont ou de Durand) ! Avoir une rétribution matérielle à vie... quelle honte ! Au train où changent les ministres, que d'argent dépensé pour leur gloire passée.

J'appelai Christine Gouze-Renal.

Christine, qui fut la productrice de bon nombre de mes films, Christine qui est ma mère de cinéma depuis vingt-cinq ans, mon amie, la marraine de Nicolas, est aussi depuis le 10 mai 1981 la belle-sœur du Président de la République. Je n'ai pas l'habitude de quémander auprès de ceux qui sont au pouvoir, encore moins par personne interposée. Mais ce soir-là, le désespoir m'avait pris le cœur, je me sentais si inutile, si impuissante qu'il me fallait l'aide, l'appui, la compréhension d'une personne que j'estimais, que j'aimais et qui, de par sa nouvelle position sociale, pouvait peut-être me conseiller utilement.

Je me souviens que je pleurais au téléphone...

Christine était bouleversée ! Je pleurais en racontant l'injustice d'une telle prise de position de la part du gouvernement français. Mon pays, la France, allait à l'encontre de ce pourquoi je me battais férocement depuis tant d'années. Christine me calma puis me dit d'écrire une lettre à « François » (Mitterrand bien sûr). Elle la lui remettrait en main propre dès réception.

Alors, ce soir du 24 novembre 1982, aveuglée par mes larmes, seule à La Madrague, j'écrivis cette lettre au Président de mon pays :

Monsieur le Président,

Je sais que malheureusement la France hésite à signer l'accord de la Communauté Européenne pour l'interdiction d'importation des peaux de bébés phoques en France.

Monsieur le Président, je vous demande du fond de mon âme d'intervenir formellement sur ce sujet précis qui ne met pas en cause l'avenir de l'humanité ni la survie de notre pays.

Je me suis battue comme une lionne pour l'abolition de cette chasse atroce, je suis française et représentante de mon pays. Je ne voudrais pas avoir honte d'avouer à l'étranger que ma nation ne m'a pas soutenue dans ce combat humanitaire et exemplaire.

Je suis invitée par la Belgique le lundi 29 novembre pour une émission T.V. en direct de Liège sur ce sujet. J'ai des millions de lettres et de pétitions réprouvant cet atroce carnage. Monsieur Witelson, Président du Syndicat de la fourrure française, s'est engagé à ne plus commercialiser les peaux des bébés phoques en France.

Je vous en prie, je vous en supplie, donnez l'exemple humanitaire et faites cesser cette atroce tuerie qui n'engraisse que ceux qui en bénéficient.

Monsieur le Président, en échange, abattez les « murs » de La Madrague que votre ministre de la Mer Monsieur Lepensec a déjà voulu me faire enlever puisque le Littoral est à tout le monde depuis votre élection, faites-moi subir les conséquences de ma popularité, mais ne m'abandonnez pas pour cette cause.

Je vous prie de croire, Monsieur le Président, à l'assurance de mon profond respect.

BRIGITTE BARDOT

Je savais que cette lettre serait lue par François Mitterrand puisque Christine devait la lui remettre personnellement. Mais je savais aussi qu'elle me resterait sans réponse ! C'était un coup d'épée dans l'eau glaciale de la banquise canadienne où, loin du monde, du bruit, sur des blocs de glace flottants, les mamans phoques allaient pour ne déranger personne, accoucher de leurs bébés, si jolis, si beaux, que dans cet univers inhabitable on allait encore les traquer pour les tuer.

Le lendemain, déterminée, j'appelais Hubert Henrotte.

C'est lui qui vint avec moi au Canada, c'est lui qui, dans les moments difficiles de mon combat, mit son expérience, son agence Sygma, son pouvoir à ma disposition.

C'est un très grand Monsieur.

C'était un très grand ami.

Il était évidemment au courant de la mollesse gouvernementale française à Strasbourg ! J'en parle d'autant plus aisément qu'il fut en 1981 un des premiers à voter socialiste et à croire en Mitterrand, m'assurant de son aide, de sa place, de son influence dans ce nouveau gouvernement. Je ne voulais plus compter sur aucune aide, aucune influence, aucun magouillage. Je voulais une fois de plus ne compter que sur moi-même et sur la population française. Je dis à Hubert que je voulais faire faire d'urgence un sondage par la S.O.F.R.E.S. sur l'opinion des Français en ce qui concernait le massacre des bébés phoques. Le vote définitif de la C.E.E. devant avoir lieu début décembre, il n'y avait pas de temps à perdre.

Renseignements pris, Hubert me rappela pour m'annoncer qu'un sondage sur trois semaines coûtait 60 000 francs. J'ai manqué avaler le combiné du téléphone. 60 000 francs !

Je lui demandai son avis. Il était certain qu'une telle pression pouvait déterminer la prise de position de notre gouvernement à condition que les pourcentages soient significatifs.

Mais s'ils ne l'étaient pas ? Alors, rien n'aurait servi à rien ! Je devais donner ma réponse dans l'heure suivante, sinon, trop tard.

Je réfléchis.

Ne gagnant plus aucun argent frais, sauf avec *Telle Quelle* qui ne me rapporterait que l'année prochaine, mes revenus s'élevaient à 45 000 francs par mois en tout et pour tout. C'était à la fois beaucoup et très peu compte tenu de toutes mes maisons, de tous mes gardiens, de tous mes animaux, de mes voitures, de tout ce que je distribuais à gauche et à droite pour les animaux des refuges, les vieux des asiles et des hôpitaux, la bouffe, l'eau, le gaz, etc. Ces 60 000 francs devraient être tirés de mon capital, ce qui grèverait d'autant mes revenus.

Alors, comme toujours lorsque j'ai un grand besoin de sagesse, de calme, je contemplai la mer. De l'autre côté de la baie, face à La Madrague, il y a le petit cimetière marin, unique au monde, qui berce, au rythme du ressac, le sommeil éternel de mes grands-parents, le Boum et Mamie, et de mes parents, Pilou et Toty. Je pensais qu'un jour j'irais les retrouver et qu'à ce moment-là, 60 000 francs de plus ou de moins seraient bien légers dans la balance de l'éternité. Et puis, si le sondage s'avérait positif, si la France entière partageait ma révolte, alors quelle somme dérisoire pour la vie, même d'un seul bébé phoque.

Ma décision était prise.

Hubert la transmit à la S.O.F.R.E.S. La S.O.F.R.E.S. fit sa besogne. La C.E.E. discutait toujours dans le vague !

Allain me félicitait au téléphone ; il voulait participer à cette dépense, mettre la S.P.A. dans le coup, Greenpeace ; il essayait de ne pas me laisser seule à assumer un tel risque. Même Hubert Henrotte voulut contribuer à cette fantastique gageure ! Je m'aperçus une fois de plus que l'exemple donné peut faire boule de neige.

Evidemment, aucune nouvelle de notre Président de la République, les prises de responsabilité n'étant pas son fort, encore moins lorsqu'il s'agissait d'animaux lointains et si peu familiers.

Quatre jours plus tard, arrivait un rapport officiel de la S.O.F.R.E.S. ;

Sondage effectué pour Mme Brigitte BARDOT.
— Date de réalisation : du 26 au 30 novembre 1982.
— Echantillon national de 700 personnes représentatives de l'ensemble de la population française âgée de 15 ans et plus.
— Méthode des quotas (sexes, âges, professions) et stratification par région et catégorie d'agglomération.
— Question : En ce qui vous concerne, êtes-vous favorable ou opposé à ce que les chasseurs abattent les phoques dès leur naissance pour leur fourrure ?
- *Favorables : 2 %*
- *Opposés : 97 %*
- *Sans opinion : 1 %*

J'avais gagné ! J'avais gagné ! J'avais gagné !

Je hurlais, je sautais de joie, je tournais, j'embrassais les chiens, les chats, je courus vers la mer et lui criai que j'avais gagné ! Puis, je fis une prière pour remercier Dieu et ma petite Vierge. Mon regard posé au loin sur le petit cimetière fut pendant quelques minutes reconnaissant à ceux qui m'avaient fait naître de m'avoir encore épaulée dans cette rude épreuve.

Merci, merci mon Dieu !

Quel bonheur je ressentis à ce moment-là, quelle merveilleuse puissance que de savoir que 97 % des Français étaient de mon avis, me soutenaient, m'aidaient à gagner sinon la guerre, du moins une bataille. J'aurais voulu faire partager mon enthousiasme à quelqu'un. Je me rabattais sur mon eucalyptus, un vieil arbre que j'aime et qui sent bon, je l'entourais de mes bras, posais ma tête sur son tronc rugueux et lui murmurais : « J'ai gagné, j'ai gagné la vie de centaines, de milliers de bébés phoques... » Tel le roi Midas qui confia le secret de ses oreilles d'âne à la terre ; la mer qui avait entendu mon cri, le répéta : « Schlouff, elle a gagné, schlouff, elle a gagné ! » Le monde entier le sut, mais j'étais encore seule à partager cette ivresse. Mes chiens remuaient la queue, l'œil inquiet, se demandant quelle mouche m'avait piquée. Quant aux chats, philosophes nés, ils continuèrent à ronronner ne sachant plus pourquoi, mais sachant qu'il fallait ronronner.

Le lendemain, Christine Ockrent annonça officiellement au Journal de 20 heures d'*Antenne 2* qu'un sondage S.O.F.R.E.S. effectué pour le compte de Brigitte Bardot engageait 97 % des Français à boycotter le massacre des bébés phoques. Hourra !

En même temps, je reçus de Strasbourg, le télégramme suivant :

> *« De la part du chef de cabinet du ministre de l'Intérieur de la République fédérale d'Allemagne, compétent pour la protection de l'environnement.*
>
> *Comme vous le savez, les négociations sur l'interdiction de l'importation dans la C.E.E. des peaux de bébés phoques se tiennent à Bruxelles au sein du Conseil des ministres de l'Environnement, présidé par Monsieur Zimmerman, ministre de l'Intérieur de la République fédérale d'Allemagne.*
>
> *Ces négociations s'avèrent difficiles.*
>
> *Monsieur Zimmerman est partisan de l'interdiction totale de l'importation des peaux de bébés phoques. Je sais que vous êtes attachée du fond du cœur à cette cause importante et noble. Je pense qu'une intervention immédiate de votre côté pourrait influencer le ministre français de l'Environnement, Monsieur Michel Crépeau, dans le sens que vous souhaitez. Je vous serais donc reconnaissant de bien vouloir téléphoner aujourd'hui le plus rapidement possible au chef de bureau de la délégation allemande à Bruxelles, qui se tiendra à votre disposition pour vous mettre en contact direct avec Monsieur le ministre Zimmerman et Monsieur le ministre Crépeau. N° de téléphone : 19 322 23 46 371. Le fait que votre nom et votre désir d'arriver à une directive en faveur d'une interdiction des importations de peaux de bébés phoques soient mentionnés à haute voix dans la réunion des ministres compétents, aura déjà un effet psychologique important. Je vous prie, dans l'intérêt de la cause que vous défendez, de bien vouloir accepter cette suggestion.*
>
> *Je vous prie d'agréer, Madame, l'expression de mes sentiments distingués. »*

Dusch

Chef de cabinet
du ministère de l'Intérieur
d'Allemagne fédérale.

Je n'eus pas le temps d'intervenir, Crépeau avait signé...

Mais quelle honte pour la France de faire capituler un ministre en place par un chantage à la puissance de Brigitte Bardot !

Oui, mais quel honneur pour moi !

Le ministre fut viré peu de temps après.

Je suis toujours là et bien là !

Comme quoi il y a une justice quelque part.

Allain m'avait toujours dit que j'étais le meilleur et le pire, le blanc et le noir ! Que je voyais selon mes états d'âme la bouteille à moitié pleine ou à moitié vide. C'est vrai, je suis comme ça. Ou très heureuse, ou très malheureuse, ça n'est pas de ma faute, c'est moi.

Le 18 novembre 1982, j'assistai à Paris, en projection privée, mais riche de journalistes, critiques, amis, ennemis, indifférents ou non, à la première de *Telle Quelle*. La salle de l'avenue de la Grande Armée était comble. J'étais assise entre Christine Gouze-Renal et Allain, je ne savais pas bien ce que je ressentais. C'était un mélange de peur et de triomphe. Pas la peur qu'on me juge mal une fois de plus... Je m'en foutais. Mais la peur que le message ne passe pas, que ma nouvelle conception de l'existence laisse indifférent ou fasse rire.

Et puis, le triomphe, pas celui d'un prix d'interprétation pour un rôle, mais celui d'avoir eu le courage de me montrer aux yeux du monde telle que j'étais devenue, à nu, sans truc, sans maquillage, sans putasserie, sans concession. C'était le triomphe sur moi-même, sur mon image, sur ma jeunesse, sur ma beauté, c'était le triomphe de mon acceptation de ce que j'étais devenue. Je n'avais jamais vu le film, je n'avais aucune idée de ce que cela pouvait être !

Je le découvris ce soir-là, en même temps que ceux qui m'entouraient.

C'est émouvant de se voir rendre un tel hommage de son vivant. Généralement, ce privilège est réservé à ceux qui sont morts. La seule différence c'est que je participais bien vivante aux prises de vue. Tellement vivante que parfois un peu « crue » dans mes propos.

Qu'importe ! Je n'avais à séduire personne, rien à perdre !

Tout à gagner !

Je me découvrais sur cet écran qui me reflétait vraiment « telle quelle ». Je me voyais vivre, parler, chanter, raconter, marcher, rouspéter. Parfois rigolote, parfois inquiète. Oui, j'avais vieilli, mon visage était alangui et les petites rides cernaient mes yeux, mais je me trouvais encore une jolie silhouette et j'étais lucide et sage. J'aurais voulu me ressembler.

C'était donc ainsi qu'Allain me voyait.

Beau témoignage d'amour, belle déclaration d'un homme jeune à une femme mûre. Certaines images, certains propos me tirèrent les larmes. Le passé, mes parents, maman si belle, papa si drôle, la naissance de Nicolas, toute cette vie, ces vies perdues à jamais. Je me voyais, je m'entendais, je me scrutais d'un œil sans indulgence, bien obligée de me rendre à l'évidence. Lorsque la lumière se ralluma après le troisième épisode, j'étais perdue dans un monde qui n'était pas celui qui m'entourait.

Alors, il y eut un miracle.

Tous les gens invités à cette projection privée se mirent à applaudir comme des fous. J'étais là, assise dans mon petit fauteuil, émue et gênée, ne sachant que faire. J'avais peur des réactions de bienséance et, en même temps, je sentais un flot de chaleur qui me submergeait. Allain à mes côtés était lui-même très ému. Je me levai enfin pour remercier cette salve qui ne faisait que s'amplifier.

Alors, ce furent des : « Brigitte, bravo ! Brigitte, tu es merveilleuse, quelle leçon tu nous donnes, on te découvre, on t'aime, on t'admire, tu es courageuse, tu es vraie, etc. »

Je ne pouvais empêcher mes larmes de couler.

J'étais là, debout au milieu d'une salle en délire, de tonnerres d'applaudissements qui, d'après un témoin, ont duré dix minutes ! C'est long dix minutes, c'est le résumé d'une vie, de ma vie.

J'ai éprouvé à ce moment-là quelque chose d'indéfinissable, et de nouveau pour moi, une espèce d'hommage à moi-même. J'avais gagné le difficile pari de détruire mon image dépassée et de faire aimer, grâce à Allain, mon nouveau visage.

En écrivant ces lignes, mon émotion est encore *Telle Quelle* et je ne peux m'empêcher de pleurer.

Allain m'a dit : « Vadim a fait ton premier vrai grand film, il t'a révélée aux yeux du monde, c'était *Et Dieu créa la femme*, ce fut votre cadeau de rupture. » Timide, il ajouta : « Moi, j'ai fait *Telle Quelle*, ce sera ton dernier film, celui qui te révélera vraiment telle que tu es aux yeux du monde, ce sera notre cadeau pour une vie à deux le plus longtemps possible. »

Merci Allain, merci pour ce film, merci pour avoir eu le courage de le faire. Il est toujours difficile d'abattre une statue pour en libérer le cœur.

J'avais un problème à résoudre au sujet de tous mes petits animaux de Bazoches : Duchesse, Cornichon, mon petit âne, mes chèvres coquines et mes moutons. Le terrain très humide et même marécageux l'hiver était extrêmement malsain pour eux, ils pataugeaient dans l'eau. Les étables, écuries, bergeries, malgré la paille sèche et les murs de bois, étaient froides et mes animaux souffraient de rhumatismes, de piétin, d'arthrose, etc.

J'avais décidé de vivre le plus clair de mon temps à Saint-Tropez. Avec les quatre hectares de La Garrigue et ceux de mes voisins toujours absents, je pouvais déplacer ma ménagerie qui vivrait là-bas dans un climat plus adapté à leur physiologie et à leur santé.

Ce ne fut pas de la tarte. Il fallut trouver des professionnels, deux bétaillères confortables, et organiser une véritable Arche de Noé sur la route des vacances. C'est l'association G.R.E.V [1]. spécialisée dans la protection des chevaux, comme le C.H.E.M., qui eut la gentillesse de mettre gracieusement toute son équipe et son matériel à ma disposition.

Le voyage fut long et j'étais inquiète à force de regarder la pendule de la cuisine à La Garrigue et de ne rien voir venir. Partis à 6 heures du matin de Bazoches, ils arrivèrent à 23 heures, crevés, épuisés, bêtes et gens n'en pouvant plus. On lâcha tout le monde dans la colline où les attendaient du fourrage, des abreuvoirs, un terrain sec et plein de bonnes choses à découvrir, plus une écurie ravissante et une bergerie à la Pagnol. Bonsoir mes amours. Bienvenue, soyez heureux !

Ils le furent et moi aussi.

Et Pluton, dans tout cela, que devenait-il ?

Il avait dû m'oublier ou s'endormir sur ses lauriers. Son carré s'était fait battre, comme au poker ! Méfiez-vous du Pluton qui dort, je vous en parle en connaissance de cause.

Ce qui est déroutant, dans ce fameux Carré de Pluton, c'est que tout vous tombe sur la gueule en moins de temps qu'il n'en faut pour le dire. Après, comme un serpent qui digère, il vous fait croire qu'il vous a oublié. La reprise de conscience est encore plus dure, plus difficile à admettre. Catherine Thomas m'avait expliqué des dates, des mois, des jours où je serais en paix. Cela ne voulait rien dire. Pluton était là, veillait, jouait avec ma vie comme le chat avec la souris.

En attendant, je n'y pensais pas, j'avais gagné avec les bébés phoques. J'avais gagné avec *Telle Quelle*. Cela ne m'apportait aucun orgueil, aucune vanité, ce n'est pas mon genre, mais je ressentais un bonheur profond, une sérénité, une plénitude qui me comblaient. Et ces sensations de bien-être dans ma peau, je les partageais enfin avec Allain. J'avais pour lui une confiance, une reconnaissance, un abandon que je n'avais jamais eus avant.

Noël approchait à grands pas et Allain serait près de moi pour une semaine. Quel bonheur !

Je reçus une lettre dénonçant le martyre d'une chienne Doberman qui vivait enchaînée, sans abri, allaitant ses petits dans la boue, le froid, sans nourriture et sans eau. Cela se passait au Plan de la Tour, petite commune proche de Saint-Tropez.

Je fis ni une ni deux.

---

1. Groupement pour la Recherche des Equidés Volés.

J'appelai la gendarmerie demandant le témoignage de deux gendarmes. J'embarquai Nicole, ma gardienne de La Garrigue, avec une provision de *Canigou* et un ouvre-boîtes, et en avant pour le sauvetage.

Arrivés sur place, les gendarmes, Nicole et moi, plus la population locale alertée par un tel tintamarre, nous avons constaté qu'effectivement une pauvre chienne squelettique était accrochée à un arbre, dans une sorte de décharge, avec une chaîne de chèvre, trop lourde à porter pour un chien. Aucun abri, aucune nourriture, aucune écuelle d'eau. Les petits, maigrichons avec des ventres énormes, pleins de vermine, se traînaient parmi les détritus. Nous avons ouvert, aidées par les gendarmes, trois boîtes de *Canigou*, qui furent englouties instantanément, trois écuelles d'eau furent vidées en l'espace d'un éclair. La chienne fut détachée par les gendarmes. Son collier était si dur, si emberlificoté qu'il était presque impossible de le lui enlever. La chienne adorable sauta immédiatement dans notre voiture ; les petits suivirent et nous voilà partis.

Et je te pouponne, et je te bichonne, le tout à La Garrigue où les chiens de Nicole, Citronnelle et Vélo, mieux élevés que les miens, acceptèrent les intrus. Pauvres bêtes affamées, en mauvaise santé qui, avec leurs yeux, leurs gémissements, leurs tendresses nous remercièrent de la chaleur du foyer que nous leur donnions.

Le lendemain, les journaux titraient à la une : « B.B. ET UNE AMIE ONT VOLÉ UNE CHIENNE DOBERMAN AU PLAN DE LA TOUR (LIRE LA SUITE EN PAGE 4). »

C'était un peu fort. Depuis quand les gendarmes aidaient-ils à faire des hold-up de chiens ?

A La Madrague, une délégation de police était venue avec permis de perquisition voir où étaient cachés la chienne et ses bébés. Ils ont tout retourné et n'ont vu que mes 10 chiens à moi, et mes 30 chats à moi. J'appelai Nicole à La Garrigue. Aucun signe de perquisition. La chienne était au chaud, heureuse avec ses deux bébés.

Le lendemain, en faisant mon marché, tout le monde ne parlait que de ça !

« C'est-y vrai, que vous avez volé une chienne et ses bébés ? Et pourquoi, et comment ? Vous avez eu bien raison, tiens à propos, Madame Bardot, il y a un chien abandonné depuis trois jours dans un appartement à la Croix de Fer. Les gens qui avaient loué sont partis au Canada en laissant leur chien dans l'appartement. La propriétaire voudrait bien rentrer chez eux, mais elle a peur. Le chien grogne, il est méchant, que peut-on faire ? »

Et me voilà repartie pour un autre sauvetage.

Je trouvai difficilement l'endroit. La propriétaire était méfiante, mais lorsqu'elle me reconnut, elle m'envoya seule au premier étage, elle avait peur ! J'étais écœurée par tant de lâcheté. Un chien abandonné par ses maîtres depuis huit jours dans un appartement. La propriétaire, morte de peur, ne lui ayant rien donné, ni à boire ni à manger, il était normal que le chien ait un comportement agressif. On le serait à moins.

J'ouvris tout doucement la porte, ne vis rien, avançai dans une pièce d'une tristesse, d'une saleté, d'un lugubre incommensurables. L'autre porte était au fond de cette pièce froide et abandonnée. Je m'approchais lorsque j'entendis des gémissements. Je connais trop les chiens pour ne pas savoir que ces petits cris étaient de détresse. Je ne savais absolument pas à qui j'allais avoir affaire, ce que je savais c'est que je me trouvais une fois de plus devant l'ignoble lâcheté de l'homme vis-à-vis de l'animal.

J'avançais doucement, les gémissements se faisaient plus précis. Je poussai la porte, centimètre par centimètre, une grosse patte noire brassait le vide devant mes yeux. J'ouvris plus grand et me trouvai nez à nez, yeux à yeux avec un énorme Dogue allemand tout noir qui m'entoura immédiatement le cou de ses pattes et me lécha le visage.

Encore une fois, je pleurai.

Pauvre bête abandonnée, prête à mourir de faim, de soif, qui pardonnait et embrassait le premier qui venait la secourir. Quelle leçon !

Par malheur, j'avais Pichnou et Matcho dans la Mini-Moke, je ne pouvais absolument pas l'emmener. Mais revenant de chez le boucher, j'avais aussi des kilos de bourguignon. Après lui avoir donné deux kilos de viande, de l'eau, des câlins, je repartis à La Madrague avec Pichnou et Matcho. J'appelai immédiatement Nicole et lui dis d'aller chercher ce chien, qui était une chienne, du reste. Nicole adopta donc la Doberman, ses petits, plus « Malika », la Dogue allemande, sans parler de ses deux chiens, Citronnelle et Vélo.

Résultat : 10 chiens à La Madrague, 6 à La Garrigue !

Le 18 décembre à 20 heures 30, sur *Antenne 2*, fut diffusé le premier épisode de *Telle Quelle*. J'étais très émue, Allain aussi. Je savais que ce soir-là des millions de Français allaient me juger, me jauger, me découvrir tellement différente de l'image que j'avais laissée de moi. Il faut toujours aller au bout des choses, vaincre le passé par un présent nouveau, assumer ce que l'on est même si l'on doit casser, briser à jamais une image.

Ce qui importe, c'est la vérité.

Après l'émission, j'étais un peu triste, un peu nostalgique, je m'étais livrée corps et âme dans ma vérité. Les gens allaient-ils me comprendre, me suivre ? Ce n'était que le premier volet de trois émissions, la moins importante à mes yeux, celle qui retraçait mon enfance, mon adolescence, la racine de l'arbre que j'étais devenue.

Quel arbre suis-je donc?

Au jeu des portraits chinois, si en parlant de moi il fallait choisir un arbre que dirait-on? Certainement pas un chêne, je ne suis pas assez solide. Pas un saule pleureur non plus, malgré ma chevelure, je ne suis pas une pleureuse. Un cyprès? Trop rigide, trop cimetière. Un arbre fruitier non plus, je ne porte pas de fruits... Un mimosa, peut-être? Difficile de s'identifier à un arbre, mais j'adore ce jeu, alors jouons encore un peu, vous voulez bien?

Si j'étais un fruit?

Un avocat, à cause de ma mission? Non, un avocat est trop farineux, je peux être acide, parfois amère aussi. Une mangue, peut-être? N'est pas saisonnière, a une écorce protectrice, est pulpeuse, mais acide aussi... va savoir! C'est rigolo ce jeu. Je ne me vois pas en fraise des bois, ni en abricot, encore moins en poire, ni en pomme ni en orange, ni en mandarine ni en raisin, il y a trop de pépins. Et puis je suis tout d'une pièce.

Et si j'étais un astre?

Le soleil? Non, il brûle trop. La lune? Elle est trop froide, trop mystérieuse. Alors, je serais Vénus, qui régit ma vie. C'est joli, non? On peut jouer à l'infini comme ça.

Si j'étais un animal?

Une louve peut-être, ou une biche? En tout cas un animal sauvage, mais apprivoisable. Un animal puissant dans sa structure, mais vulnérable aussi.

Puis, ce fut le soir de Noël.

Avec Allain, Nicole, Joseph mon gardien et moi. La crèche de mon enfance, l'arbre traditionnel, rien de plus, rien de moins. Jicky était avec sa famille, La Perruque à la Jamaïque en train de découvrir qu'on est si bien chez soi à Saint-Tropez. Les chiens recueillis à La Garrigue devenaient beaux; ils avaient enfin un foyer, de la tendresse et de la nourriture à gogo.

Le 25 décembre, à 20 heures 30, sur *Antenne 2*, passa le deuxième volet de *Telle Quelle*. Nous avions invité nos voisins qui n'avaient pas de T.V. et qui, ayant entendu parler de la première émission, voulurent absolument voir la deuxième. J'étais toujours émue, Allain aussi. Le champagne m'aidait à ne pas me laisser aller lorsque les souvenirs évoqués étaient trop difficiles à avaler. Je ne jouais pas un rôle.

J'étais moi, pour le meilleur et pour le pire.

Ma vie défilait sur cet écran avec tout ce que cela me rappelait de bons et de mauvais souvenirs. Je me voyais si jolie, si perdue, si agressée. Du haut de mes 48 ans, je me regardais évoluer lorsque j'en avais 25, 26 ou 27. Je ne m'enviais pas, je ne regrettais pas cette époque si difficile de ma vie. Epoque de drames, de passions, de détresses, époque infernale et sublime, la grande époque de la grande star que je fus!

J'étais là dans cette Madrague qui connut tout ce passé affolant. J'étais là en jeans et bottes, cheveux raides, pas maquillée, entourée de quatre amis, dans la pénombre, mes chiens et mes chats couchés un peu partout, je regardais l'image de ma jeunesse, de mon passé, je regardais passer ma vie qui courait jusqu'à moi, qui coulait, qui, bientôt, se confondrait avec moi.

Les critiques furent dithyrambiques.

Même les plus acerbes, comme Philippe Bouvard, me rendirent grâce. Je ne vais pas les reproduire, je n'en finirais plus, mais cela faisait plaisir. Il me semblait avoir gagné sur un terrain difficile un succès d'estime et un respect que je n'avais jamais connus.

Malheureusement, venant gâcher cette joie, il fallut rendre la maman Doberman à son propriétaire, sans ses petits! C'est la gendarmerie de Sainte-Maxime qui nous en intima l'ordre. Elle avait un abri, de l'eau, de la nourriture, un filin d'acier sur lequel sa chaîne pouvait coulisser.

Ce fut un drame pour Nicole qui s'y était attachée.

Elle eut quand même un joli Noël, cette pauvre chienne, entourée de ses petits et de plein de viande, d'os, de gâteaux et d'amour. Elle dut partir vers son destin. Telle est la loi. Allain eut le courage de la ramener, je ne l'aurais pas fait, Nicole non plus! On la retrouva peu de temps après, morte d'avoir mangé dans une poubelle des coquilles de moules et d'escargots, seule nourriture qui lui était proposée. Les petits furent sauvés grâce à *Var-Matin*, qui publia un article, et des gens adorables vinrent en prendre un. L'autre, Nicole le garda en souvenir de sa maman. Il s'appela Diégo et fut magnifique.

Je quittais une année difficile pour une toute neuve, mais que me cachait-elle?

Un peu avant minuit, il y avait à ma table un inconnu qui allait se suicider si je ne le recevais pas. C'était un vieux copain, perdu de vue depuis des années et des années, devenu plus ou moins clochard, mais noble dans sa façon d'être. Ma table est élastique pour des détresses humaines comme pour des détresses animales. Pierre Héry vint donc ce soir-là partager notre réveillon, avec mon gardien de La Madrague, Joseph, ma gardienne de La Garrigue, Nicole, Allain et moi. C'était on ne peut plus « en famille ». Les gens pensent parfois qu'à l'occasion de telles fêtes, il y a un défilé de copains, de gens célèbres et patati et patata, à la maison. Non, pas du tout. Mes gardiens, un paumé, Allain et moi.

Nous en étions au dessert lorsqu'un coup de sonnette nous fit sursauter. Joseph se précipita et ne revint pas. Qui pouvait bien venir sans prévenir à une heure pareille ? Aucun de mes amis, ils seraient déjà là. Les chiens aboyaient comme des fous ; l'ambiance devenait insupportable.

J'envoyai Nicole voir ce qu'il se passait. Elle ne revenait pas. Alors, je demandai gentiment à Allain d'y aller aussi. Seule avec mon clochard de Pierre, mes chiens qui hurlaient, je me demandais quelle tuile allait encore me tomber sur la tête.

Cette tuile s'appelait Nelly.

C'était une jeune femme absolument inconnue qui, perdue, seule au monde, avec dans sa voiture quatre Dogues allemands, ses chiens, morts de faim, avait sonné chez moi pour un miracle. Nelly se mit à table avec nous, elle était la bienvenue. Je lui ouvris les bras, quelle merveille de faire un miracle une fois dans sa vie !

(Pour en revenir aux portraits chinois, si j'étais un être humain, que serais-je ? Une fée, oui, une fée, ça c'est sûr !)

Mais Nelly pleurait et ne voulait rien manger. En revanche, ses quatre Dogues allemands dans la voiture étaient affamés. Joseph partit avec Nicole remplir quatre écuelles de *Canigou* que j'achète au prix de gros.

A minuit, j'embrassai Allain en premier, puis mes chiens par ordre de préséance : Nini, la maman de tous mes Setters, mon adorée, ma complice. Ensuite Pichnou, la tantine qui a élevé tous les bébés de Nini, qui aurait été une maman merveilleuse, mais à qui j'ai refusé le plaisir de la maternité. Après les quatre enfants de Nini, mes Setters, bébés à vie, Mienne, Mouche, Matcho, Moulin, et pour finir le pauvre Toutou, pièce rapportée mais tant aimée de ma ménagerie. Ensuite, je me précipitai chez Joseph dans la maison de gardien pour embrasser mon Voyou, ma Cannelle, ma Malouk. Seulement après, les chats, les chattes, et encore plus tard Joseph, Nicole, Pierre et Nelly.

Mais ce soir-là, Nelly, mon inconnue, laissa sa tête sur mon épaule et pleura, pleura pendant longtemps. J'essayais de lui parler, de la calmer, mais son désespoir était plus fort que mes paroles, que mon bon sens, elle n'en pouvait plus. Pierre Héry qui voulait se suicider et cette fille qui voulait mourir. J'avais recueilli chez moi toute la détresse du monde et j'en étais responsable.

Tard dans cette première nuit de cette nouvelle année, Allain dormait déjà, je dus me séparer de Nelly et de Pierre. J'en avais entendu des tristesses, des désespérances. Je leur avais donné de l'argent, des boîtes de *Canigou*, car Pierre avait aussi une chienne Berger allemand qui avait eu un petit. Je leur avais donné mon numéro de téléphone et mon appui, ma tendresse et mon amitié, mais je me retrouvais bien désespérée à mon tour après leur départ. Cette nouvelle année, bien tristement commencée, me faisait peur. Je sais qu'à minuit, si on est heureux, l'année sera heureuse. Je suis un peu superstitieuse pour ce genre de chose.

Or là, c'était le contraire.

J'avais assumé des détresses inconnues, j'avais essayé d'aider des cas de désespoir, mais je n'avais pas été heureuse... Qu'importe, demain est un autre jour ! J'apportai le petit déjeuner à Allain avec toute ma tendresse, un joli plateau, une fleur, des gâteaux, des croissants.

Bonne année, mon Allain ! Bonne année, ma Brigitte !

Cette matinée si jolie effaçait mes tristesses de la veille.

Le soir, la troisième émission, la dernière de *Telle Quelle* sur *Antenne 2* à 20 heures 30. Les mêmes voisins plus Joseph, plus Nicole, plus Jicky, c'était la fête !

Le champagne, le feu de bois, la télé !

C'était moi maintenant, la nouvelle Brigitte, avec ses animaux, ses combats, ses joies, ses chiens, ses chats, son langage un peu cru mais si vrai ! C'était l'apothéose d'une vie ! La vérité d'un combat ! Les lassitudes des défaites ! Mais le flot avait coulé et m'avait rejointe. Je me reconnaissais, j'étais celle de l'écran, je vivais pleinement ce que je disais, ce que je faisais. Mes chiens à mes pieds à La Madrague avaient la vedette sur le petit écran ; je criais :

« Nini, c'est toi ma chérie, Pichnou, tu es superbe ! Matcho, Mienne, vous êtes formidables ! Oh, mon Moulin tu es trop timide. »

Seul Toutou adopté plus tard ne figurait pas sur la pellicule. Mais il y avait aussi mon Voyou, superbe. Cannelle avec les chèvres à Bazoches et Malouk, ma grosse dondon qui cavalait derrière, toujours derrière. Et puis, Belote, ma chatte tricolore, avec moi à Bazoches sur le canapé de cuir noir près de la cheminée... et puis, et puis... toute cette vie qui était, qui est la mienne ! Les chèvres, l'âne Cornichon, les moutons, la jument, ma Duchesse !

Pour en revenir aux portraits chinois, si j'étais Dieu ?

Barjavel a écrit un livre qui a pour titre *Si j'étais Dieu*. Je n'y ai trouvé que des misères et pourtant j'adore Barjavel. Si j'étais Dieu, je ferais de la terre un paradis où les animaux vivraient en harmonie avec les hommes, où la violence n'existerait pas, où la cruauté n'existerait pas, où la soumission n'existerait pas !

Mais je ne suis pas Dieu.

Et mon pouvoir est faible.

Mais j'essaie à ma petite mesure de donner, à ceux qui dépendent de moi, le meilleur de ce que je peux leur donner. La liberté, la nourriture, la tendresse, la chaleur, la confiance, la santé, bien sûr ! La vie enfin !

A la suite des trois émissions de *Telle Quelle* en France, je reçus dix mille lettres d'amour. Quand je dis d'amour, je dis d'amour au sens noble et propre.

Des lettres de femmes, extraordinaires. Des lettres d'enfants, merveilleuses. Des lettres d'hommes, inoubliables. Je croulais sous les sacs postaux ! Je dus embaucher du renfort pour m'aider. Nicole, Madeleine, Joseph, Yvonne de Bazoches et moi. Nous nous y mettions à 4 heures de l'après-midi et à minuit nous y étions encore.

Nous avions fait des tas :
— Lettres Enfants,
— Lettres merveilleuses,
— Lettres Animaux, etc.

Il me fallait répondre à toutes, car chacune était un cri vers moi. Je ne pouvais pas répondre à dix mille lettres. Je fis une circulaire, réponse trop anonyme à mon goût, mais mieux que rien du tout.

Chaque jour m'apportait entre cinq cents et six cents lettres !

C'était merveilleux et effrayant. J'avais envie de les lire toutes, mais malheureusement je ne le pouvais pas. La besogne était partagée ; chacun de nous triait, classait, lisait, parfois à voix haute, toute cette chaleur humaine qui déferlait à La Madrague. Mon cœur éclatait, je me sentais aimée, comprise, suivie, admirée aussi pour mon courage, cela me faisait du bien, me réchauffait le cœur, me donnait envie de continuer ce combat si difficile.

J'avais gagné le pari de *Telle Quelle*, non seulement grâce aux critiques des journalistes, mais surtout à la réaction du public de mon pays. En fin de compte, la vérité gagne toujours ! Même si on est moins jeune, moins jolie, moins dans le coup, si on est vraie, cela se sent auprès de ceux qui sont vrais eux-mêmes.

En ce début janvier 1983, j'avais fait un beau cadeau à Jicky.

Jicky mis à la porte de la ferme qu'il louait depuis treize ans ! Jicky sans un sou, Jicky aux abois ! Jicky mon frère ! En plein divorce avec Anne ! Sur le terrain de La Garrigue, à l'autre bout de mon territoire, il y avait sur le cadastre un petit rectangle blanc qui, d'après le P.O.S. était constructible. Je mis ce petit rectangle à sa disposition. Il avait fait faire les plans d'une jolie maison qui serait la sienne, mais c'est moi qui assumerais les frais de la construction.

Voilà comment, ce matin du 10 janvier, nous nous sommes retrouvés à la banque de Saint-Tropez pour y ouvrir un compte commun. Je devais y déposer les fonds nécessaires et Jicky pourrait y puiser jusqu'à concurrence de tant... pour construire SA maison ! J'étais heureuse, non pas de me saigner aux quatre veines pour dépenser une somme importante qui ne m'apporterait personnellement rien, mais de savoir que je faisais le bonheur de Jicky, que je l'empêchais de couler à pic, que je lui redonnais, avec cette maison, un espoir, une joie de vivre et une sécurité.

Nous avions signé un contrat notarié qui lui donnait jouissance des lieux jusqu'à sa mort sans aucune contrepartie. Nous allions y poser la première pierre qui était en l'occurrence un vulgaire parpaing, mais qu'importait ! C'était le fait de construire une nouvelle vie, un nouvel horizon pour cet homme que j'aimais d'affection depuis tant d'années, qui, pour moi, était vital !

Cela fit partie de mes petits bonheurs qui, s'ils n'ont pas l'intensité d'un grand bonheur, parsèment la vie de jolis grains de joie. C'est vrai que le fait de donner est aussi important que celui de recevoir.

Bientôt, La Garrigue fut envahie par les bulldozers, les maçons, les tracteurs, les camions. Tout ce bruit était positif. Jicky sortait de sa torpeur et, le mètre en main, n'arrêtait pas de mesurer ses longueurs, ses largeurs, ses hauteurs. Il avait raison, j'aurais dû en faire autant lors de la construction de ma maison, cela aurait limité les risques de fracture du crâne que mes plafonds trop bas présentaient !

Pendant ce temps, le courrier m'envahissait de plus en plus.

J'étais devenue l'esclave du facteur. Au début, c'était charmant, agréable, rassurant. Après, cela devint carrément une plaie ! Clouée au pilori de mon bureau, j'en arrivais à avoir la crampe de l'ouvreuse de lettres. Et je te décachète par-ci, et je te lis par-là, et je te classe et je n'en pouvais plus !

Joseph, un soir, m'annonça qu'un des chats qui vivait chez lui, « Bouboule », avait le coryza. Il l'avait mis en quarantaine, enfermé, afin que cette maladie très contagieuse n'atteigne pas les quarante autres chats de la maison. Je ne savais pas très bien ce qu'était le coryza, à part un rhume de chats ! Le vétérinaire, Dominique Laffra, qui ne se déplace jamais, avait fait à Bouboule les piqûres nécessaires !

Le lendemain, deux de mes chats éternuaient et toussaient.

Deux jours plus tard, une dizaine étaient atteints. Ce fut le début d'une longue période d'épreuves épouvantables. Chaque matin, Joseph emportait une quinzaine de chats dans sa voiture chez le vétérinaire afin de les faire soigner. Quand on sait que le cabinet du vétérinaire est à sept kilomètres de Saint-Tropez, qu'arrivés là-bas il faut attendre au minimum une heure avant de passer, que les soins pour quinze chats prennent au moins une heure, et que pour revenir il faut encore trois quarts d'heure, alors on se rend compte du temps passé chaque matin aux soins des chats !

Finalement, les quarante chats furent malades.

On n'entendait plus que des toussotements, des éternuements, des crachats ! Impossible de les emmener tous chaque jour ! Alors Joseph apprit à faire les piqûres ; matin et soir, lui et moi devions piquer quarante chats aux antibiotiques. Le tout était de les attraper, un travail de Romain ! Puis pour moi de les tenir pendant que Joseph leur faisait la piqûre. Cela n'est pas évident. Ils se retournaient, griffaient, crachaient et parfois cassaient l'aiguille dans leur corps. Chaque séance était une épreuve terrible. Mes mains n'étaient qu'une plaie, tant j'avais reçu de coups de griffes, de morsures. Nous en avions bien pour deux heures chaque matin et deux heures chaque après-midi.

A peine terminé, il fallait recommencer...

Je n'en étais qu'au début de mes peines.

La maladie allant en empirant, mon vétérinaire me conseilla de faire venir une cage de plastique dans laquelle je pourrais leur faire des aérosols. Très difficile à trouver cette cage, ni à Toulon, ni à Marseille, ni à Nice ! Finalement, c'est à Paris que je trouvai le fabricant. Encore fallait-il me l'envoyer !

Je passai des nuits blanches, les chats, haletants, étouffaient, leurs gorges encombrées de mucosités. Avec un petit éventail je leur donnais l'air qui leur manquait tant. J'ouvrais la fenêtre, il faisait un froid glacial, alors je la refermais. Je ne savais plus que faire !

Lorsque la cage arriva enfin, nous mîmes les chats deux par deux dedans pendant un quart d'heure d'inhalation d'*Ozotine*, d'antibiotiques et de cortisone. Un quart d'heure pour deux chats, cela faisait cinq heures pour quarante chats ! Cinq heures le matin et cinq heures le soir ! Plus les piqûres ! Je devenais folle, littéralement folle. Plus rien au monde n'existait que ces soins démentiels. Je me levais à 8 heures et jusqu'à 13 heures avec Joseph nous les mettions dans la « boîte à malice ». Sitôt sortis, la piqûre et en avant pour les suivants. Le soir, de 17 heures à 22 heures, il fallait recommencer !

Cela n'a l'air de rien, mais c'est extrêmement éprouvant.

Lorsque Allain arrivait pour les week-ends, nous ne faisions que soigner les chats. Il m'en fit le reproche. Il ne venait pas de Paris pour voir une assistante vétérinaire !

Que pouvais-je faire ? Laisser mourir mes chats parce que Allain venait de Paris ? Non, certainement pas. Il fallait faire avec, tant pis pour les drames que cela entraînerait par la suite. Pourtant, un soir qu'Allain était là, « Freddy », un des chats les plus atteints, était en train de mourir. Laffra, évidemment, n'était ni chez lui ni à son cabinet ! Il fallait faire vite, le chat étouffait. Allain téléphona au vétérinaire de Sainte-Maxime, le Docteur Vors, et emmena Freddy d'urgence.

Je n'aurais jamais cru que le coryza puisse être à ce point impressionnant. C'est une abominable maladie où l'on voit les animaux dégringoler la pente à toute vitesse. Ils étouffent et meurent rapidement par asphyxie, un peu comme la diphtérie.

Freddy fut sauvé momentanément, mais d'autres comme « Pilule » se mirent à étouffer et à perdre leurs poils autour du museau et des yeux. Il y eut beaucoup de friction entre Allain et moi au cours des week-ends qui suivirent. Je n'étais plus disponible pour lui, trop fatiguée, trop lasse, trop angoissée par tout ce quotidien implacable qui m'usait, me déprimait, m'exténuait moralement et physiquement.

Le courrier s'entassait, des centaines de lettres qui encombraient ma vie, ma maison, et auxquelles je n'avais plus aucune envie de répondre, trop occupée par un problème autrement grave. J'envoyais tout ce fatras de lettres à « Bureau Service », entreprise très pratique qui se mettait à la disposition momentanée des clients en manque de secrétaires. Ma circulaire, tirée à des milliers d'exemplaires, s'en allait remercier à gauche, à droite, tous les expéditeurs français et étrangers de ces lettres adorables, mais si malvenues.

Seule, je me battais encore seule contre la mort qui hantait La Madrague... Je la sentais présente à chaque minute.

Comme si l'angoisse n'avait pas été assez forte, il se produisit un phénomène étrange à la maison – les lumières du ponton s'allumèrent seules au milieu de la nuit, ce qui me réveillait en sueur d'effroi, attentive au moindre bruit, illuminée *a giorno*, idiote me demandant qui était là, qui m'en voulait ! Les lumières du ponton ne peuvent s'allumer que d'un seul point, sous la fenêtre de ma chambre. L'interrupteur est solide, dur, difficile à tourner. Il ne peut se déclencher seul. J'étais terrorisée par ces flots de lumière qui illuminaient mes réveils en sueur.

C'est à cette époque que je fus traînée, devant les tribunaux, par la fleuriste de Saint-Tropez qui avait tué son chat.

Je partis pour Draguignan avec Allain et Gilles Dreyfus, mon avocat.

Ce fut encore une triste épreuve.

La salle d'audience n'était qu'un capharnaüm agité, plein de journalistes, photographes, curieux, fans. Je marchais à reculons ou sur le côté comme les crabes, essayant de fuir les flashes, les gens, les regards. J'étais désespérée. Le Président du tribunal aussi et menaçait de faire évacuer la salle toutes les deux minutes.

J'étais inculpée ! Triste sort que le mien !

Elle (ou son fils) avait tué leur chat à coups de bâton, c'était sûr, il y avait des témoins. J'avais pris la défense du chat mort, et elle, je l'avais traitée de salope, c'était vrai.

L'avocat de la fleuriste me salit au maximum, je ne m'occupais ni des enfants, ni des vieillards, ni des handicapés, je ne m'occupais que des animaux, pouah ! Quelle horreur ! Et puis, lorsque je tournais des films, je montrais mon cul, alors avais-je bonne réputation ? Tandis que Madame Veuve, seule au monde avec son fils, vendant ses fleurs pour vivre, avait une réputation sans tache ! La veuve et l'orphelin ! Quoi de plus émouvant. Et puis un horrible chat qu'elle avait depuis dix ans devient fou, l'attaque, l'agresse, la mord, la griffe, pauvre, pauvre femme ! Que faire ? Armé de son courage et d'un bâton, son fils, qui sortait du bistrot, s'acharne sur la bête pour sauver sa pauvre mère. Cris, hurlements, violence, sang, meurtre, le fils sort victorieux de ce combat intolérable.

Vive la France ! Vive la République !

J'eus beaucoup de mal à m'extraire du palais de justice de Draguignan malgré la horde de policiers qui m'entouraient. Porté par la foule Allain s'en était allé, mon avocat aussi, mes gardes du corps, piétinés, tombaient comme des mouches. Je m'accrochais à tout ce qui était à portée de ma main, j'avais peur, horriblement peur.

Un mois plus tard, le verdict tombait. J'étais relaxée.

La mère Machin, folle de rage, fit appel.

En attendant, le coryza sévissait toujours à La Madrague.

Les mêmes gestes quotidiens, les mêmes angoisses, la tristesse de voir les chats se dégrader de jour en jour, malgré nos efforts désespérés.

Tout le monde me disait que je n'arriverais pas à les sauver. Liliane Sujansky, directrice de la S.P.A de Paris, était étonnée que je n'ai pas eu 50 % de pertes ! Dominique Laffra, mon vétérinaire, me disait de m'attendre au pire. Non, je ne voulais pas... Je voulais les sauver tous, tous, car je les aimais tous, tous !

Pourtant, le 25 mars, malgré mes efforts, ma lutte, ma détermination, je dus faire piquer Freddy. C'est Allain qui se chargea de cette triste mission. Freddy, mon beau chat roux, était devenu un squelette. Il ne respirait qu'avec d'énormes difficultés, plus aucun traitement ne s'avérait utile. Il était arrivé au bout de ce rouleau qui s'appelle la vie. Lorsque Allain emporta Freddy pour son dernier voyage, je regardais la mer. Il y avait des nuages dans le ciel, de gros nuages tristes et je parlais doucement à mes chiens, essayant de leur expliquer que leur petit frère Freddy allait devenir un nuage à son tour. Plus loin, le petit cimetière me rassurait par sa présence. Tout finira là, quoi qu'il arrive ! Aujourd'hui, c'était Freddy, demain ce sera moi, c'est immuable, c'est comme ça.

*

Le 27 mars, le surlendemain de cette horrible journée, était un dimanche. Allain me proposa, pour me changer un peu les idées, d'aller

216

promener les chiens à la plage des Salins. Nous y allions assez souvent ; c'était un endroit merveilleux, proche de la maison, avec une plage qui faisait des centaines de mètres où les chiens pouvaient courir, s'amuser, où le soleil était sans ombres, où nous ne risquions pas de rencontrer des emmerdeurs !

Et nous voilà partis.

Nous avons ouvert la porte de la 4L aux chiens qui se sont éparpillés dans la nature, ivres de liberté et de bonheur ! Sur la plage, je les voyais courir à gauche, à droite, impossible de savoir qui était qui, impossible de les reconnaître. Un peu plus tard, nous avons battu le rappel. Longs coups de sifflet, « Nini, Pichnou, Matcho, Mouche, Mienne, Moulin, Toutou, allez les petits, *sfiiit, sfiiit, sfiiit...* » Peu de succès ! Mouche était là avec Toutou et Pichnou, Moulin est arrivé aussi, les autres absents. Je continuais de les appeler, Allain aussi. La plage déserte se faisait l'écho de nos cris. Nini, Niniiii... Matcho, Matchooooo, Mienne, Mieeenne... ! Ne voyant rien venir, j'allai à la voiture. J'avais l'habitude de klaxonner. Ils connaissaient le bruit de mon klaxon.

En attendant, j'enfermais ceux qui étaient là, dans la voiture. C'était toujours ça de pris. Matcho finit par arriver avec Mienne. Quel soulagement ! Mais Nini, où était passée Nini ? Quelle petite salope cette Nini, si indépendante, qui courait les lapins et que rien ni personne ne pouvait arrêter. J'appelai Allain. Si Nini n'était pas là, cela n'était pas grave, elle connaissait le chemin et serait sûrement à la maison avant nous.

Mais arrivés à La Madrague, pas de Nini.

Il était tard, au moins 14 heures 30. J'avais faim, Allain aussi. Je dis à Joseph d'aller aux Salins pendant que nous déjeunions, voir si Nini était enfin revenue de sa course. Joseph revint vers 15 heures 30 nous dire qu'il n'avait pas revu Nini.

Allain et moi sommes repartis.

Nous avons crié, appelé, sifflé Nini, pas de réponse.

Puis le temps est devenu mauvais. C'était la période des équinoxes. Un orage épouvantable s'annonçait. Je me dis que Nini allait rentrer car elle avait une peur panique des orages. A la maison, pas plus de Nini que de beurre en branche. Il commençait à être tard. La nuit allait tomber. J'appelai les pompiers de Saint-Tropez qui sont mes grands amis et aiment les animaux. Je leur demandai de faire une battue entre La Moutte et la plage des Salins, persuadée que Nini était dans ce secteur. Ils acceptèrent. Allain serait aux Salins, les pompiers à La Moutte. Ils se rejoindraient en l'appelant. Moi, je restai à la maison. Si elle arrivait, j'irais immédiatement les prévenir.

Alors, la pluie se mit à tomber, drue, forte, orageuse.

Allain revint trempé. Pas de Nini. Les pompiers étaient repartis se sécher. Je commençais à être sérieusement inquiète. Il faisait nuit noire.

Mais où pouvait-elle bien être ? C'était incroyable ! Angoissée au plus profond de moi-même, je décidai de repartir à sa recherche. Allain en avait assez ! Qu'importe, je pris Pichnou avec moi et, sous la pluie, avec une lampe de poche, je retournai aux Salins.

Là, je vécus l'enfer. Je criais : « Nini ! Nini ! Nini ! Nini ! »

Les vagues démontées, le vent fou, couvraient mes hurlements. Il faisait noir, froid, humide, la pluie battante me martelait le corps. Pichnou avait l'air d'une serpillière. J'avais peur, seule sur cette plage angoissante, je savais déjà que ce que je faisais ne servirait à rien. Je fis demi-tour et allai à La Moutte. Là, je vis Allain qui, malgré sa fatigue, cherchait Nini, lui aussi. Nos cris, nos sifflets, nos hurlements ne servirent à rien. Pichnou allait prendre froid, elle était trempée. Je comptais sur elle pour trouver Nini, mais la pauvre bête, affolée, tournait en rond sous la pluie.

Allain et moi avons passé une bonne partie de la nuit à chercher Nini. Pichnou, ramenée à la maison, séchée et couchée dans son panier, Nini restait introuvable. Il y eut des éclairs, de l'orage, tout ce qui en général l'affolait. Rien n'y faisait.

Allain me quitta le lendemain matin pour prendre l'avion de 7 heures. Je restais seule avec un poids terrible sur le cœur. Je n'avais pas dormi de la nuit. Je repris mes recherches.

Au matin, vers 10 heures, je téléphonai à Dominique Laffra, mon vétérinaire. Il me conseilla d'appeler une médium à Draguignan, Maria Duval. Cette femme me dit que Nini était prisonnière quelque part dans le quartier des Baraques sur la route des plages vers Ramatuelle.

Pendant ce temps, j'allai à *Var-Matin* avec une superbe photo de ma Nini et leur demandai d'écrire un article sur sa disparition. 10 000 francs de récompense à qui me la retrouverait. Puis, j'organisai un commando pour le quartier des Baraques sur Ramatuelle, avec La Perruque, ridicule avec ses petits escarpins qu'il ne voulait pas mouiller et son parapluie genre Major Thompson, Nicole, battante, gentille, efficace, s'en foutant de la pluie, complètement motivée par Nini, voulant la retrouver quoi qu'il arrive.

Rien n'y fit. Je savais que le pire était entré dans ma vie.

Nini était ma compagne indispensable, mon amour de chienne, ma complice des bons et des mauvais jours. Elle était la maman de tous mes Setters, celle qui dormait près de moi, le long de mes jambes. Nini était intelligente, Nini comprenait tout. Avec elle, je pouvais me passer de tout le monde, oui, de tout le monde !

Je vivais un cauchemar.

Le lendemain matin, je repartis vers les Salins avec Jicky pendant que Joseph, m'ayant demandé la photo de Nini, partait à Draguignan voir

Maria Duval. Jicky, perclus de rhumatismes et d'arthrose, n'arrivait même plus à marcher. Il se contentait de faire la plage de long en large, appelant Nini, mais tellement sourd lui-même que même si elle avait répondu, il ne l'aurait pas entendue. Il en profita pour récupérer un vieux jerrican d'essence, une bouée et un morceau de corde de bateau. Il n'y a pas de petits profits. Pendant ce temps, j'étais partie loin sur ce chemin de douane où la pluie me fouettait le visage jusqu'à ce que je ne voie plus rien, le regard brouillé de larmes.

Alex, le gardien de toute cette partie de la côte, m'entendit crier le nom de Nini. Il vint avec moi, me montrant les endroits où les braconniers mettaient leurs collets. Oui, Nini pouvait être prise dans un piège, attention où je mettais les pieds, il y en avait partout. Il les connaissait lui, les braconniers, il allait leur parler. Nous passâmes devant un terrain gardé avec une maison et une piscine. Je n'en finissais plus de suivre Alex. Il avait peut-être l'habitude de crapahuter dans tous ces hectares de terre meuble et détrempée, mais moi pas. Je n'en pouvais plus, j'avais les jambes qui me rentraient dans le corps. J'étais fatiguée de crier le nom de Nini, et je savais au fond de moi que tout cela ne servait à rien. Ce que je ne savais pas, c'est qu'en passant devant cette fameuse maison et cette piscine, j'étais passée très près de ma Nini.

Je donnai mon téléphone à Alex, il me tiendrait au courant de ses palabres avec les braconniers. Je lui dis et lui redis que 10 000 francs seraient à celui qui me la ramènerait. Je m'effondrai sur mon lit à La Madrague. Je n'eus pas le temps de dire « ouf » que le téléphone sonnait déjà.

C'était Alex. La voix rauque, il me dit d'être courageuse.

« Comment courageuse ? Pourquoi ?

— Nous avons trouvé Nini... Elle est morte ! »

Tout s'embrouillait dans ma tête.

« Madame Bardot, il faut être courageuse, nous avons trouvé votre petite chienne, noyée dans la piscine, nous sommes passés à 200 mètres d'elle tout à l'heure.

— Je ne peux pas le croire, non, non, Alex, je vous en supplie...

— Madame Bardot, où est votre gardien ?

— Il est chez le vétérinaire avec les chats malades...

— Madame Bardot, appelez-le immédiatement et moi j'arrive pour ne pas vous laisser seule. »

Ivre de chagrin, comme une automate, j'appelai Laffra pour avoir Joseph.

« Allo, Dominique ? Nini est morte, noyée dans une piscine à La Moutte, passe-moi Joseph.

— Ecoute, Brigitte, Joseph est déjà reparti, il sera là dans un quart d'heure ; Maria Duval lui avait dit qu'elle la voyait dans de l'eau, prisonnière dans de l'eau.

— Je m'en fous, je me fous de tout, je suis malheureuse à mourir, je veux la rejoindre. »

Puis j'appelai Nicole pour qu'elle vienne immédiatement. J'étais ivre de douleur. Alex arriva, j'étais en transe, je tremblais, je claquais des dents, je hurlais ma détresse.

Nini, ma Nini peau de chien était morte ?

Comment pouvais-je le croire ? Je me retrouvais dans un état d'hébétude totale. J'avais mal, si mal, trop mal. Elle avait dû nager longtemps, essayer désespérément de sortir de cette piscine-piège sans marches, sans plan incliné, sans échappatoire.

Nicole arriva, pleureuse de circonstance, sincère ou pas, mais pleureuse. Alex était là, dur et tendre, désolé et godiche, ne sachant ni quoi dire ni quoi faire. Joseph revint de chez le vétérinaire, paniers de chats sous le bras. Il apprit la mort de Nini alors que la mort des chats malades rôdait déjà autour de lui. Alex lui demanda d'aller avec lui chercher le corps de Nini.

Nicole pleurait plus que moi, elle m'énervait !

Je pleure lorsque je ne peux plus faire autrement, lorsque l'émotion prend le pas sur la lucidité, mais Nicole, comme disait Mamie, faisait de ses yeux ce qu'un chat fait de sa queue. Ces larmes, qui n'en étaient pas, m'horripilaient. Alors, je bus du whisky à même la bouteille pour oublier Nicole, pour oublier Nini, pour oublier quoi ? J'ai oublié !

Là-dessus, Jicky est arrivé, se tenant la hanche ; il avait des rhumatismes, il n'entendait pas un mot sur quatre, il était inutile dans mon chagrin, ils étaient tous inutiles, seule Nini comptait.

Puis Allain téléphona ; il était au profond d'une campagne avec la « Comtesse aux cochons » ! Je me foutais de la Comtesse aux cochons et de toute cette inutilité, de ses conneries de reportages, Nini était morte, j'étais seule ici à assumer ce drame, il fallait qu'il vienne immédiatement.

« Mais il n'y a pas d'avions ! me répondit-il.

— Et alors, les voitures, c'est fait pour les cochons ? »

Nous formions un couple de merde, un couple à la *Antenne 2*, un couple pour la presse ! Lui, avec ses reportages de mirliton. Moi, seule pour tout assumer, y compris la mort de Nini.

Et je rebus du whisky à la bouteille.

Jicky m'aida, il ne savait faire que ça ! Quant à Nicole, elle buvait ses larmes, celui lui suffisait. Alex et Joseph revinrent avec le corps de Nini. Je ne voulus pas la voir, pourtant, comme ils dirent, ils l'avaient vidée. Vidée, pauvre Nini, vidée de sa vie, vidée de son intelligence, vidée de l'eau de sa mort, vidée de tout, à jamais !

Mes chiens sentaient qu'il se passait quelque chose. Ils ne savaient pas vraiment quoi, mais ils assumèrent cette mort avec une dignité qu'aucun de nous n'avait. Aucun bruit, aucun aboiement, aucune querelle ce soir-là, leur instinct leur avait dit qu'une chose grave se passait.

Nini fut déposée au Microbus, une des petites maisons d'amis.

Perdre un chien, c'est perdre un enfant!

Pascal a dit : « *Nos amis les chiens ne nous font de la peine que lorsqu'ils meurent.* » Quelle belle vérité.

Ce soir-là, lorsque tout le monde fut enfin parti, je sortis seule sur le chemin de douane qui borde La Madrague. J'allai assez loin, sous la pleine lune. La tempête s'était calmée, les étoiles étaient là, immuables, la lune aussi à son premier quartier. Alors, je laissai éclater mon désespoir, je hurlai à la lune, comme les loups, je criai mon chagrin comme les hyènes, je hululai comme les chouettes, je me tapai la tête contre les pierres du chemin, comme les fous! J'appelais Nini qui était devenue à son tour un nuage. Je voyais des nuages en forme de Nini qui passaient au-dessus de ma tête et je criais son nom, Nini, ma Nini, reviens-moi, je t'en prie, je t'en supplie, je t'en conjure. Puis, prostrée, priant je ne sais quel Dieu, je restai éberluée sur place, silencieuse et immobile. Mon ombre sous la lune avait forme de Nini, elle était là à mes pieds, impalpable, intouchable, mais présente. Si je bougeais, elle bougeait aussi, comme lorsque nous étions vivantes toutes les deux.

Je dis bien lorsque nous étions vivantes toutes les deux, car depuis ce soir-là, je suis morte un peu avec elle et elle vit un peu par moi.

Rentrée à la maison, je finis au goulot la bouteille de whisky.

Etre ivre morte! Ivre ou morte! Que m'importait?

Le lendemain, Allain arriva par miracle.

Il était là, c'était bien.

Il fallut mettre en terre le pauvre corps de Nini. Allais-je l'enterrer à La Madrague dans le petit cimetière où tant d'animaux reposent déjà? Ou à La Garrigue où rien n'était prévu pour? Je choisis La Garrigue où la maison fait un angle entre l'alcôve de mon lit et le mur de ma chambre. Là, Nini la sauvage, qui n'aimait pas la promiscuité, serait bien. Plus près de moi, c'était impossible! Elle serait au creux du lit et de la chambre, protégée des intempéries, sous un citronnier.

Allain creusa la tombe pendant que je regardais ma Nini qui, dans sa couverture, avait l'air de dormir. Elle était si belle, si intacte, même ses babines étaient encore rouges, preuves d'une bonne santé. Je voyais ses cils blancs, sa tâche noire sur l'œil gauche, ses petits points de rousseur noirs sur son museau, ses belles oreilles en dégradé de blanc, gris et noir, sa truffe brillante et saine, elle était souple et molle, aucune rigidité cadavérique, c'est le propre des morts par noyade, paraît-il!

J'enfouissais mon visage dans toute cette douceur de poils lustrés, qui, à jamais, allaient pourrir dans cette terre que Allain creusait. Mon

Dieu, donnez-moi la force d'assumer ce qui est inassumable. Mon Dieu, donnez-moi la possibilité de continuer de vivre sans elle.

J'avais amené Pichnou, sa compagne qui, seule, représentait à cet enterrement la gente à quatre pattes. J'entourai Nini d'une couverture, la sienne, puis d'une toile cirée, puis de tout mon amour, puis de la terre, de la terre, de la terre. Cette terre d'où nous venons et où nous retournerons. Mes larmes arrosèrent le petit géranium que je posai sur elle. Puis, ce fut fini, Ni-ni, c'est fini.

C'était fini à jamais pour Nini.

Que ceux qui lisent tout cela ne m'en veuillent pas de m'étendre un peu trop, mais j'ai toujours mal car mes yeux sont encore ce soir brouillés de larmes. L'amour n'a pas d'âge, n'a pas de prix, la peine non plus, le désespoir pas davantage. Je fus tellement malheureuse que je ne pensais pas pouvoir survivre à Nini.

**

Allain, me voyant mal, très mal, me ramena vers Bazoches en voiture avec mes quatre-pattes. Mais là-bas, je n'allais pas mieux. Je voyais Nini partout, sur mon lit, dans la forêt, avec les chèvres, mangeant le pain que je leur donnais. Alors, j'appelai encore Catherine Thomas. Elle me dit que, en plus du Carré de Pluton, je subissais un envoûtement, que cet envoûtement serait difficile à détruire, qu'il fallait que j'aille voir le Père Jean René, un prêtre orthodoxe qui allait me désenvoûter.

J'y allai.

C'était à la Porte d'Italie, dans un quartier bizarre qui me faisait peur, mais j'y allai quand même. Je ne fis que pleurer pendant que le prêtre répondait à bon nombre de coups de téléphone lui demandant des rendez-vous. J'étais en larmes parce que je pensais à Nini, je ne pensais qu'à elle, j'étais obsédée par sa mort. Entre deux coups de téléphone, le prêtre essayait de me parler, puis *dring, dring,* ah, excusez-moi, et je te réponds encore au téléphone. A la fin, en ayant marre, je lui dis de décrocher son téléphone ou je partais. Il me fit des ablutions d'eau bénite, il me mit de l'huile sainte sur le front, nous récitâmes des prières contre Satan, il m'imposa le Christ sur la tête, sur la poitrine, sur le dos en récitant des prières en latin. Tout cela me paraissait dérisoire, cela n'allait pas faire revivre Nini. Mon chagrin était toujours aussi vif lorsque je lui donnai les 500 francs pour ce désenvoûtement.

Je rentrai à Bazoches aussi envoûtée qu'avant.

Je pleurais, pensant que je rendais à la terre toute l'eau que Nini avait absorbée en se noyant. Allain n'en pouvait plus, les autres n'en pouvaient plus, c'était inhumain ce que je leur faisais subir. Et pourtant, je ne pouvais faire autrement.

Le Père Jean René m'avait donné des prières à faire tous les matins avant 10 heures et tous les soirs après 22 heures. Ces prières, que je devais dire à genoux devant une icône de la Vierge, durèrent trois mois. Tous les matins et tous les soirs, pendant trois mois, j'allai prier. C'était parfois difficile car les prières étaient longues et Allain s'impatientait. Je devais allumer un cierge spécial et ne jamais manquer l'heure dite.

J'appelais Nicole chaque jour au téléphone pour savoir si la tombe de Nini était toujours pareille, si tout allait bien, si elle n'avait pas essayé d'en sortir. Je devenais folle de douleur !

Puis, Bazoches me devint infernal.

Que faisais-je dans une campagne isolée de tout, loin de Nini ? Je ne voyais rien, ni personne, je m'occupais vaguement de mon courrier abondant, répondant, à ceux qui comptaient sur moi pour leurs problèmes d'animaux, que j'étais folle de douleur à la suite de la mort de Nini, que je ne pouvais rien faire pour eux.

Tout cela était négatif, ne menait à rien.

Allain me ramena à Saint-Tropez avec les petits et les petites.

Là, je pensais encore retrouver ma Nini, mais ne retrouvai que sa tombe ! La solitude de cette maison sans sa présence, sans Allain, me porta à boire. Je vidais facilement une bouteille de champagne à moi seule dans la soirée. Avec le champagne et ses bulles, mon cœur s'envolait.

Puis, moi qui ai une santé de fer, je me mis à être malade, très malade. D'atroces douleurs au ventre, qui me tordaient en deux, m'obligèrent à appeler mon toubib depuis toujours à Saint-Tropez, le Docteur Fayard, un copain merveilleux, un baroudeur de la médecine qui avait fait le tour de la terre en soignant les miséreux de tous les « Tiers Monde ». Il comprenait tout, surtout ce que nous-mêmes ne pouvions pas comprendre. Il sut immédiatement que mon chagrin et mon état dépressif m'avaient donné un ulcère à l'estomac. Il me donna des calmants, me conseilla une radio (que je ne fis pas) et me dit qu'il partait trois jours à la montagne pour faire du ski et se détendre. Si j'avais besoin de quelque chose, je devais appeler sa femme, Marie-Jeanne, ou son collaborateur, le Docteur Dourdou.

Le temps passa, ces trois jours aussi.

Au bout du quatrième jour, n'ayant aucune nouvelle de lui, sa femme s'inquiéta. Son collaborateur aussi. J'étais folle d'anxiété car je l'adorais. Personne ne savait rien de lui. Il y eut une délégation d'hélicoptères et un commando pour le retrouver dans cette montagne qu'il aimait tant. Mais la neige et le mauvais temps empêchèrent toute battue. Ce n'est qu'une semaine plus tard qu'on retrouva son corps intact, souriant, enfoui sous un mètre de neige, là où le brouillard l'avait surpris, skis aux pieds en pleine descente, loin de tout, au calme, ce qu'il aimait !

Sa mort fut pour moi une épreuve supplémentaire que je ne pus assumer avec ma force habituelle.

Evidemment, j'en parlais à Allain au téléphone. Evidemment, Allain me répondait que je n'avais que des drames à lui annoncer, que cette succession de tragédies l'horripilait, qu'il en avait assez, que la vie n'était pas si négative, mais que je la rendais ainsi.

Ma femme de ménage me quitta. Puis, mes douleurs de ventre devinrent de plus en plus fortes. Seule, sans aide, je devais assumer le quotidien de la maison. Joseph était là, Dieu soit loué, mais il ne faisait ni le ménage, ni les courses, ni la cuisine, ni le lavage, ni le repassage.

Je dus m'aliter, ce qui n'arrive jamais.

Personne pour me faire même un bouillon de légumes. J'appelai Nicole à La Garrigue ; elle vint m'aider un peu pour les chiens, les chats, m'apporta de quoi me faire une tisane. Lorsque Allain me téléphonait, je n'osais pas lui dire que j'étais si mal, je prenais sur moi, je faisais semblant afin de ne pas lui annoncer encore une catastrophe ! Pourtant, ma vie n'était qu'une suite de catastrophes ! J'aurais tant aimé qu'Allain quitte tout et vienne à mon secours, me soigner, me dorloter, s'occuper de moi !

Les douleurs devinrent violentes. Je ne suis pas douillette du tout, je suis courageuse, moralement et physiquement, mais je n'en pouvais plus de cette souffrance qui me tortillonnait les tripes sans cesse. Joseph, un peu perdu, appela le Docteur Dourdou à mon chevet. Je dus aller à la clinique. Là, on me fit un scanner de la vésicule, une radio de l'estomac, une prise de sang, et *tutti quanti*. J'avais bien un ulcère de l'estomac. Il me fallait du calme, du repos, un régime approprié, aucune contrariété ! Ah, c'était joli à entendre ! Cela me rappelait le jour où j'avais frisé l'infarctus et que le toubib m'avait dit la même chose. Je pris du *Tagamet*, des yaourts, du riz, des nouilles, de l'eau minérale. Je pris aussi mon courage à deux mains et décidai de ne plus être malade.

Mes décisions peuvent parfois être positives.

Je ne fus plus malade.

Allain revint passer ses week-ends près de moi.

Je mangeais normalement, je ne souffrais plus, je pouvais lui parler d'autre chose que de catastrophes morales ou physiques. Mais, au fond de moi, j'étais meurtrie, triste, désemparée, désespérée, au fond de moi j'avais mal, mal de vivre, de ne pas pouvoir me confier, de ne rien partager.

« Il ne faut donner aux hommes que le meilleur de nous-mêmes, car le pire, ils le refusent », a dit quelqu'un de sensé.

Cela me fait sourire quand j'entends deux êtres s'unir pour le meilleur et pour le pire. Les hommes prennent le meilleur et les femmes le pire.

C'est ainsi !

Je trouvai enfin une autre femme de ménage, pin-up girl, mais efficace.

* * *

Philippe d'Exéa, mon ami de toujours, mon jumeau à 20 jours près, mon play-boy, mon frère de sentiment, m'annonça son mariage. Célibataire endurci depuis sa naissance, c'était un événement !

Evidemment, il choisit de se marier à Saint-Tropez le 25 juin 1983.

Evidemment, je lui proposai d'habiter Le Microbus, petite maison de rêve sur la plage de La Madrague.

Evidemment, il se maria à la chapelle Sainte-Anne, fortifiée, datant du siècle où les Maures envahirent la Provence, et ouverte pour les grandes occasions.

Evidemment, il y eut une réception au « Club 55 » (à la mode depuis cette date).

Evidemment, je fus invitée, Allain aussi et des dizaines d'autres. Alors, il y eut une fête permanente à la maison. Chico, mon copain gitan des Saintes-Maries-de-la-Mer et tous ses frères, venant jouer de la guitare... ainsi que Nicole, mon insupportable amie guitariste (je dis insupportable parce que bohème, impalpable, intouchable, mais merveilleuse)... Un défilé d'amis de Philippe, de sa femme ou de moi, entrant, sortant, restant à la maison !

Tout cela était très gai, très sympa, très agréable, parfois un peu fatigant pour la sauvage que je suis devenue, mais cela était, c'est ce qui compte.

Puis, le 20 juillet, les touristes battant leur plein, Allain me proposa de remonter sur Bazoches. Je n'en avais pas réellement envie. La veille de notre départ, Chico et ses frères gitans nous invitèrent dans leur campement à la plage de Mo[o]réa. C'était une soirée absolument unique ! Tous ces gitans, leurs mères, leurs femmes, leurs gosses réunis autour des roulottes, jouant de la guitare, dansant, buvant, c'était extraordinaire.

Je dansais, c'était plus fort que moi. Je chantais, c'était plus fort que moi. Je buvais, c'était plus fort que moi. Je jouais de la guitare, c'était plus fort que moi. Je me sentais gitane, manouche, je me sentais bien les pieds nus dans la terre, une guitare dans les bras, un verre de rosé devant moi, tapant dans les mains au rythme fou d'un cœur qui s'emballe pour un air de flamenco !

J'étais heureuse.

Le lendemain, je quittais La Madrague avec tous mes chiens, mes chattes préférées, Belote et Roudoudou, sa fille, Allain au volant de la Range-Rover. Sur la route, malgré l'air conditionné, il faisait très chaud. Je sentais Allain tendu, mal dans sa peau, énervé. Je comprenais son état d'âme, j'étais pareille, mais ne pouvais lui dire. Nous nous sommes arrêtés souvent pour boire ou pour faire boire les chiens. Après Lyon, à une halte « pipi chiens », Allain me dit qu'il avait une mauvaise nouvelle à m'annoncer. J'étais calme, mais anxieuse de savoir de quoi il s'agissait.

« Eh bien voilà, au mois d'avril, lorsque tu étais à Bazoches après la mort de Nini, une de tes chèvres préférées, « Samedi », est morte on ne sait pas de quoi exactement. On ne te l'a pas dit pour ne pas ajouter à ton chagrin, mais maintenant, sur la route qui nous ramène à Bazoches, je te le dis car il ne faut pas que tu la cherches.

— Samedi est morte ?

— Oui.

— Mais depuis avril, nous sommes fin juillet, tu aurais pu me le dire, ou les gardiens ?

— J'ai interdit aux gardiens de t'en parler et j'ai oublié de te le dire jusqu'à maintenant.

— Oublié ?

— Oui, oublié, Brigitte, j'ai d'autres choses à penser, j'ai des responsabilités, mes émissions de télé, mes radios, mes articles dans les journaux, alors ta chèvre morte, tu comprends...

— Oui, je comprends que mes gardiens sont des enculés que je paye pour me tenir au courant de ce qui se passe et que toi tu n'en as rien à foutre que « Samedi », « Dimanche » ou « Lundi » soient morts depuis trois mois, que personne ne m'ait prévenue avant et que, acculé devant l'inévitable, tu me balances ça à la va-comme-je-te-pousse dans un parking sur l'autoroute en buvant une bière. »

Qu'avais-je dit ? Ce fut le déclic d'un mal qui faillit me coûter la vie.

Allain me répondit qu'il en avait marre de me protéger, que sa vie avec moi n'était qu'une succession d'échecs, que le mieux était de nous séparer, qu'il me déposerait à Bazoches avec les chiens et les chats, mais ne reviendrait plus.

Je mis tout cela sur le compte de la fatigue, de la chaleur, et n'ouvris plus la bouche que pour fumer cigarette sur cigarette. Mes tentatives de réconciliation furent des échecs complets. J'essayai bien à chaque poste d'essence de lui donner un baiser sur la joue, c'est tout juste si je n'avais pas une gifle en retour.

Alors, j'arrêtai de l'irriter, me disant qu'avec un petit whisky et un bon dîner (que j'avais commandé aux gardiens), tout s'arrangerait à Bazoches. Hélas ! cela ne s'arrangea pas.

226

Allain coucha dans la chambre d'amis, moi, je ne dormis pas.

Le lendemain, après le petit déjeuner où il n'ouvrit pas la bouche, Allain demanda au gardien de le raccompagner à Paris. Je sentais couler en moi les sueurs froides de l'irrémédiable. J'essayai bien de timides élans, de pauvres excuses qui se heurtèrent à une froide détermination. Qu'avais-je dit, qu'avais-je fait de si terrible ?

Non seulement il me balançait la mort de ma petite chèvre comme un paquet de sottises, mais encore je devais m'excuser qu'on ne me l'ait pas dit plus tôt, d'une manière différente ! C'était un comble ! Je payais la peau du cul un couple de gardiens pour me tenir au courant et s'occuper de tout ce qui se passait à Bazoches et je devais dire « Amen » lorsqu'on m'avait caché depuis trois mois la mort d'un de mes animaux ! Là, je reconnaissais bien Allain avec son caractère de cochon, son orgueil de « Lion », cela lui passerait !

Ce furent les jours qui passèrent.

J'étais effroyablement seule dans cette campagne si belle, si douce, quand on la partage. Mais pourquoi ne m'avait-il pas laissée à Saint-Tropez si c'était pour me planter là, seule dans ce trou ?

Le 23 juillet, le jour de la Sainte-Brigitte, Allain me téléphona qu'il passerait me voir. J'étais heureuse ! Enfin, les choses allaient reprendre leur cours normal. Il arriva avec des fleurs, mais le visage dur et fermé. Je fis tout ce qui était en mon pouvoir pour l'attendrir, l'émouvoir, lui faire comprendre mon chagrin, lui expliquer mon besoin de lui, lui demander de pardonner mon réflexe brutal dans la voiture. Rien n'y fit, il repartit comme il était venu, dur et fermé, sans les fleurs !

Alors commença pour moi le long et douloureux calvaire de la rupture ; je ne pouvais l'admettre. Nous vivions ensemble depuis quatre ans, je ne l'avais jamais trompé, nous luttions pour la même cause, les animaux, chacun à notre manière, mais complémentaire – je l'aimais ! Et tout cela s'effondrait à cause d'une exaspération due à la chaleur, à la fatigue, à Dieu sait quoi ?

Mes nerfs craquèrent, c'en était trop.

Personne à Paris à appeler au secours (tous à Saint-Tropez !). Plus de maman, plus de papa, plus personne, même plus ma Nini ! Seul mon couple de gardiens indifférents... mielleux, qui ne m'annonçaient que des catastrophes concernant le toit, la piscine, les arbres, les fosses septiques, leur salaire, leurs congés payés, etc.

Je me remis à boire sérieusement. Je ne mangeais rien.

Comment aurais-je pu avoir faim, seule en face de moi-même, si abandonnée, si triste ? Je ne promenais même plus les petits qui me regardaient, soumis, aplatis, le museau tristement posé sur les pattes. Dans le pré, Duchesse, ma jument, Cornichon, mon petit âne, les chèvres et les moutons attendaient ma visite désespérément... Je vivais prostrée, ne me levant que pour remplir mon verre de vin rouge ou de champagne. Il faisait une chaleur accablante.

Le soir du 1er août, jour anniversaire de la mort de maman, survenue cinq ans plus tôt, seule, tournant en rond, revivant ces atroces moments, me demandant ce que je foutais là, après avoir surmonté tant d'épreuves, j'allai dans le tiroir à pharmacie et avalai tout ce qui ressemblait à des calmants ou des barbituriques.

Avant de sombrer dans cet état un peu euphorique que donne le mélange d'alcool et de somnifères, j'appelai au téléphone les gens les plus hétéroclites. Ma voisine, Yvonne Cassan de Valry, qui avait perdu son mari un an auparavant, puis une amie que je voyais peu mais que j'aimais bien, Bernadette, une connaissance tendre de vingt ans, et un jeune homme médecin militaire qui m'écrivait des lettres enflammées, mais que je n'avais jamais vu. Je ne demandais aucun secours mais mes propos étaient tellement incohérents et affolants que chacun croyant qu'il était le seul, accourut, qui de Paris, qui du Mesnil-Saint-Denis, qui de Bazoches !

Les gardiens furent affolés de voir arriver à 10 heures du soir trois personnes inconnues qui ne s'étaient jamais rencontrées. Ils furent bien plus affolés de me trouver dans un état de semi-coma au milieu du salon.

Je ne me souviens évidemment de rien de tout cela.

Un docteur fut appelé ; on me fit des piqûres, mais Yvonne refusa mon transport en clinique. La peur du scandale ! Elle avait raison. Elle appela Allain en pleine nuit le conjurant de venir. Il refusa d'une manière nette, claire et précise.

Les lendemains furent affreux !

Yvonne avait appelé Odette, ma maquilleuse, qui est restée pour moi une branche de cette famille que je n'ai plus, et Dany, ma doublure, qui pourrait être ma sœur si on choisissait sa famille. A trois, elles se sont relayées auprès de moi, essayant de me raisonner, de m'empêcher de boire. Rien n'y fit. Elles m'exaspéraient, je les foutais à la porte, leur hurlant les pires insanités qu'aucun charretier n'aurait pu inventer. Je voulais Allain, je ne voulais que lui, le reste du monde je m'en foutais ! Qu'ils crèvent tous, c'est lui, c'était lui, lui seul, j'en claquerais mais j'étais trop lasse pour recommencer avec qui que ce soit. Il était ma vie, ma racine, ma famille. Il le savait, je le lui avais dit, je ne comprenais pas...

J'émergeai doucement de ce coma sentimental.

Le docteur, dont je ne me souvenais plus, vint me voir, me parla « d'homme à homme ». Je ne devais plus espérer le retour d'Allain, car un homme qui brise une liaison ne revient jamais... Hélas, les événements lui donnèrent raison. Allain me téléphona qu'il partait passer le 15 août chez ses parents dans l'île de Ré, avec sa sœur qui attendait un bébé incessamment, et son beau-frère. Le 15 août !... Le 17 août était son anniversaire.

Je restais là, tournant sur moi-même comme un derviche.

Je hais le mois d'août, je l'ai toujours haï. C'est le dimanche de l'année ! C'est le mois des congés payés, des flâneurs, des désœuvrés de la fonction publique, c'est la « pré » – des « pré » retraites. Quand les gens ne sont plus attachés à leurs jougs, ils ne savent plus quoi faire d'eux-mêmes, alors ils traînent leur ennui et leurs familles derrière eux comme un fardeau qui sillonne les coins les plus cachés, les plus secrets de notre planète. Il a tous les droits cet aoûtien qui a donné la sueur de son labeur à la société. Alors, il emmerde ! Alors, il pollue ! Alors, il hurle, ses gosses hurlent, sa femme hurle ! Il a peur de passer encore inaperçu, alors que ce mois d'août lui appartient... Alors, il revendique ses droits de ceci, ses droits de cela. Il manque de pudeur, il est moche et gras, son tricot de corps à mailles ne cache pas ses bourrelets de graisse et ses poils poussent entremêlés sur ses épaules, abandonnant à jamais son pauvre crâne de connard prétentieux et vindicatif.

Voilà ma vision du mois d'août.

Voilà pourquoi je hais ce mois qui appartient à la médiocrité. Et je pensais à Allain au milieu de tout cela, sur les plages envahies de cette île de Ré qui fut belle et préservée et qui, pauvre d'elle, n'échappa pas à l'envahisseur monstrueux de l'été.

Le 14 août au soir, j'étais désespérée.

Odette près de moi me servait d'exutoire à larmes et de tête de Turc. Je n'en pouvais plus. J'avais envie d'appeler Allain chez ses parents, mais je n'osais pas ! Je n'osais pas. Voilà encore une facette de mon caractère. Moi, courageuse, ne reculant devant rien, je n'osais pas appeler Allain « chez ses parents ». J'avais 48 ans et bientôt 49... et mes réactions étaient celles d'une gamine.

J'avais peur.

Odette le fit pour moi. Elle tomba sur Mamichette, la maman d'Allain qui m'avait dit, sachant que je n'avais plus maman : « Si un jour ça ne va pas, ma chérinette, appelle-moi quoi qu'il arrive... ».

« Quoi qu'il arrive » était arrivé et Odette expliqua très pudiquement mon état à cette « maman d'adoption ». La réponse fut évasive, Allain n'était pas là, elle ne savait pas quand il reviendrait, il fallait que je me calme et que je cesse de « l'étouffer » car je l'empêchais de vivre.

Moi, je l'empêchais de vivre ?

Mais je ne le voyais que les week-ends et encore !

Comment Mamichette pouvait-elle dire une chose pareille ? J'étais effondrée, exténuée, usée de tant d'injustice. Cette femme si adorable me lâchait à son tour pour protéger son fils, sans savoir, sans connaître ! Je me précipitai sur la bouteille de champagne et la bus au goulot cependant qu'Odette me regardait avec désapprobation.

« Oui, je bois, oui, je me saoule et merde et merde et remerde, tu me fais chier... »

Résultat : Odette s'en alla avec son sac pour ne jamais revenir.

Je me retrouvais seule. Je pouvais enfin faire ce que je voulais, hurler, pleurer, boire, parler toute seule, refaire le monde, reboire, téléphoner à n'importe qui, n'importe quand, ne pas manger, dormir, ne pas dormir, sans qu'un œil réprobateur enregistre tous mes faits et gestes.

Je faisais l'unanimité contre moi. Très bien.

Alors, j'allais apprendre à me passer de l'Unanimité. Elle m'emmerdait cette Unanimité qui ne comprenait rien, qui ne sondait pas le tréfonds, le profond de mon âme, de mon cœur, cette Unanimité bien pensante et superficielle, qu'elle aille se faire foutre ! Dépenaillée, pas maquillée, pas coiffée, titubante d'alcool, j'errais du matin au soir d'un bout à l'autre de la maison et du jardin. A la recherche non pas « du temps perdu », mais du temps qui passait, n'arrivant pas à le rattraper, lui parlant alors qu'il était déjà loin.

Le 17 août, c'était l'anniversaire d'Allain.

Je pensais ce matin-là aux trois autres 17 août que j'avais passés avec lui. Le bilan était un peu triste mais « il » était là, près de moi. J'allais voir les chèvres, les moutons, l'âne et Duchesse la jument ; avec eux et les chiens j'oubliais un peu mon désespoir. Cela sentait bon la paille et le crottin, tout ce petit monde se disputait les quignons de pain que je leur distribuais. Les poules picoraient les miettes, les pigeons aussi.

C'était joli. Il faisait beau.

En revenant vers la maison, j'étais mieux, presque sereine, quand je vis Allain sur la terrasse devant la cuisine. Je rêvais, je courais, je l'embrassais, c'était lui, je le serrais dans mes bras : « Bon anniversaire, mon amour ! » Oh oui : « Bon anniversaire, je t'aime. »

Mi-figue, mi-raisin, pour ne pas dire « Mi-Fugue, Mi-Raison », l'émission qu'il présenta pendant deux ans ! Les chiens lui salissaient son pantalon en lui faisant la fête !... Il s'était mis de la boue sur ses sabots en marchant dans le chemin !... C'est tout juste si je ne lui faisais pas mal aux joues en l'embrassant. Je me retrouvais là, les bras ballants, consciente soudainement de mon laisser-aller physique et vestimentaire, ne l'attendant absolument pas. J'avais honte de moi. Je devais être affreuse, ignoble, ridicule. Je n'osais plus un geste ni un mot, pétrifiée par moi-même.

230

Comment pouvait-il y avoir tant d'incommunicabilité entre deux êtres ? Pourtant, il était venu vers moi ce jour-là... et moi j'étais si crispée !

Résultat ? Deux statues de sel, figées l'une en face de l'autre.

Pour dire quelque chose, je proposai un coup de rouge. Il fut le bienvenu ce verre unique que, comme d'habitude, nous partageâmes, nous réchauffant le cœur et le corps. Comme déjeuner d'anniversaire, je n'avais rien prévu, évidemment ! Le frigo était vide à part du fromage, du pain et du beurre. Comme « Chez Androuët », nous avons fait un déjeuner de fromage et salade.

Allain se détendait un peu. Je me souviens même d'avoir ri... Après le café, Allain regarda sa montre et me dit qu'il partait... J'étais de nouveau angoissée. Il partait, aussi vite qu'il était venu, aussi soudainement, mais pourquoi ? Il avait du travail, un travail fou, et ce soir il fêtait ses 35 ans chez sa sœur qui avait fait un petit dîner pour lui avec des amis.

Etais-je invitée ?

« Je ne pense pas », me répondit-il sèchement.

En le raccompagnant, je passai dans le salon devant une très belle statue de Bouddah en bois peint, rapportée de Thaïlande par Edith et Elisabeth, mes médecins aux pieds nus, pour me remercier d'avoir sauvé les petites chiennes et les chats de l'horrible mort qui les attendait là-bas. Je savais qu'Allain la trouvait très belle et avait été un peu jaloux qu'on me la donne à moi « toute seule ».

Un anniversaire sans cadeau n'est pas pour moi un vrai anniversaire, et un cadeau, lorsque j'en fais, doit être « le plus beau » ou alors, je n'en fais pas. Je pris ce superbe bouddah et l'offris à Allain alors qu'il était déjà dans sa voiture, prêt à partir. Cela me rallongea sa visite des dix minutes indispensables à toute bonne éducation pour les remerciements d'usage. En plus, je savais que je lui faisais un réel plaisir. Et puis, je jubilais au fond de moi, me demandant quel cadeau ce soir serait plus beau que le mien. Un peu d'orgueil, parfois, ne nuit pas ! Oui, mais l'orgueil ne tient pas compagnie et je me retrouvais encore seule, sans mon bouddah, ni Allain.

J'en avais perdu deux d'un coup !

Cette fois-là, je me sentis exclue totalement de la vie d'Allain. Je lui avais fait un cadeau d'anniversaire qui était un cadeau d'adieu.

J'avais mal, mal partout, au corps, au cœur, à l'âme, à l'avenir, au passé, au présent, composé, simple, j'avais mal et c'est tout.

J'appelai Catherine Thomas au téléphone.

Entre deux mondanités estivales, elle me dit d'une manière péremptoire et sans appel « que Allain et moi c'était fini, fini, fini », que Pluton sur Mercure (et mon cul sur la commode !) c'était la rupture... Il fallait que je l'accepte, comme j'avais dû accepter la mort de Nini. Mais quand Nini était morte, Allain était là pour m'aider un peu.

Mon Carré de Pluton battait son plein. J'étais seule et je devais assumer mon « Karma » ! Bref ! Plaquée, larguée, abandonnée, sans espoir de retour. A 48 ans et 11 mois, c'était très dur.

Alors, je fis avec... les moyens du bord.

Gloria, ma copine chilienne, que je n'avais pas vue depuis trois ans, m'écrivit une lettre adorable. Je lui répondis immédiatement de venir, je lui offrais le voyage et l'attendais à Saint-Tropez.

Qui allait me ramener à Saint-Tropez ?

Sûrement pas Allain à qui j'avais décidé de ne plus jamais téléphoner ! J'appelai Mirko. Mon Mirko des bons et des mauvais jours, pour qui je gardais une immense tendresse et qui me la rendait bien. Mirko était, comme l'a dit un jour Alain Delon, à propos de Giscard d'Estaing : « C'est à cause de Giscard que les gens se sont rués sur Mitterrand et que la France est dans la merde actuellement. »

Eh bien, si j'étais dans la merde maintenant c'était bien à cause de Mirko.

Alors, Mirko est venu me chercher avec ma petite famille et m'a ramenée à Saint-Tropez. Dans la Range-Rover, je me voyais transportée quatre ans en arrière, Mirko au volant, moi à côté, les petits derrière. On prend les mêmes et on recommence ! Hélas, non, on ne recommence pas ! J'avais Allain dans la tête, Mirko avait Néobie, une Américaine formidable, dans le cœur. Mais personne ne nous enlèvera jamais l'immense affection, l'immense respect que nous nous vouons mutuellement.

A Saint-Tropez, fin août, la saison bat son plein.

Je décidai de battre le mien également et de reprendre ma vie de célibataire des années folles ! Encore hélas, on ne refait jamais les choses définitivement enterrées ou oubliées. A presque 49 ans, on ne se conduit plus comme une gamine de 20 ans ! Les boîtes de nuit, l'alcool, les hommes en quête de bonne fortune, tout cela me laissait lasse, dépitée, dégoûtée, écœurée, lorsque je rentrais à La Madrague tard dans la nuit.

Je retrouvais l'odeur du varech, le bruit du ressac, la tendresse de mes chats, la joie de mes chiens, la beauté du ciel de Provence et les senteurs uniques au monde de ce mélange de thym, de pins, d'herbes chaudes et d'iode qui se dégagent la nuit lorsque l'humidité du sol rejoint celle de la mer. Je perdais mon temps, ce temps si précieux. Je perdais le sens des réalités de cette bataille que je livrais pour la protection animale.

Quand je pensais qu'à chaque seconde, une bête mourait pour la survie de l'homme sur les tables de vivisection, dans les abattoirs, dans les pièges, dans les refuges, dans les transports infernaux entre pays, de manque de nourriture, de manque d'eau, dans les magasins, sur les quais, décimée par les chasseurs, traquée par les braconniers, pour être mangée ou faire des fourrures à ces dames.

Quand je pensais à tout cela, j'avais envie de me vomir moi-même, d'avoir eu l'inconscience d'aller me perdre dans ces réserves à connards que sont ces horribles night-clubs – où des millions sont dépensés pour l'alcool, la fumée, la débauche, la drogue, le bruit assourdissant, les tortillements du cul, la promiscuité indécente de toute une foule en chaleur – alors qu'un dixième de cet argent sauverait la vie de tant et tant d'animaux.

Pauvre Bri, tu étais descendue bien bas !

Il allait falloir remonter. Mais c'est dur de remonter !

Gloria arriva du Chili en septembre, croyant me trouver à moitié morte et ne comprenant rien. Il y avait Pierre qui arrivait de Tahiti pour me dénoncer l'horreur des mangeurs de chiens. Il y avait Christian qui arrivait pour me dire qu'il avait été fou de moi et qu'il l'était encore. Il y avait Rolando qui, en passant, tenait à me rappeler qu'il y avait cinq ans il avait dansé avec moi... Il y avait Nicole, ma guitariste des bons et des mauvais jours... Il y avait tout le monde sauf Allain !

Gloria fut ma racine, ma famille, mon équilibre et ma stabilité.

C'est avec elle et Pierre que je fis une campagne de dénonciation des immondes coutumes de Tahiti où l'on mange du chien, où ils sont tués d'une manière monstrueuse. C'est avec leur soutien que je fis une émission pour *FR3* dans laquelle je présentais avec Pierre la véracité de nos accusations. J'écrivis un article pour *Paris-Match* qui, avec photos à l'appui, provoqua un scandale au niveau international. J'écrivis au ministre des DOM-TOM, au gouverneur de Tahiti.

A nouveau j'étais « moi » et j'avais un certain pouvoir sur les gouvernements, sur les foules, sur les cœurs et sur les consciences. Mes paroles étaient reprises dans toutes les langues, dans tous les pays. Il y eut un arrêté interdisant la vente officielle des chiens pour la consommation dans les îles Touhamotou françaises.

Mais, je n'eus aucune nouvelle d'Allain !

J'arrivais à toucher les cœurs endurcis de l'administration, mais celui d'Allain, encore plus endurci, ne cédait pas ! Je vivais avec au fond de moi une angoisse permanente, un manque de lui, des larmes qui ne sortaient pas, un tortillement de mes tripes qui me fendait l'âme et le cœur.

Gloria ne comprenait rien à cette triste réalité. J'avais tout pour être heureuse, j'étais encore très belle, j'avais à mes pieds deux hommes superbes et gentils, j'étais riche, connue, aimée, respectée et écoutée par le monde entier. J'avais des amis charmants que je refusais de voir, j'avais de belles maisons, le soleil, la mer, des animaux adorables. C'était vrai !

J'avais tout sauf l'essentiel : Allain.

Et pourtant, je n'en étais pas vraiment amoureuse, il n'avait pour moi aucun attrait physique particulier, ni aucun charme secret. Mais ayant perdu toute ma famille, il symbolisait pour moi une attache profonde, un lien dont il me semblait impossible de me passer. Il était l'arbre, la bouée, le port d'attache.

Emplie de détresse, je fis venir un psychiatre de Toulon.

Il arriva un matin dans une Ferrari rouge alors que je revenais du marché. Quand on connaît les routes et les chemins de terre de Saint-Tropez, on utilise plutôt une Jeep ou une Range-Rover !

Bref, le premier contact avec le psychiatre play-boy fut que sa voiture avait cassé son « je-ne-sais-quoi » sur une pierre de mon chemin. Tout le monde sous la voiture pour voir ! Moi, debout, me demandant s'il était psychiatre ou garagiste. Quand il s'est relevé de dessous le capot, il s'est trouvé nez à nez avec Gloria qui se relevait de l'autre côté.

Moi, toujours debout, j'attendais...

Gloria n'était ni malade, ni dépressive, elle allait bien, ce n'était pas pour elle qu'il s'était déplacé et pourtant, c'est vers elle que toute son attention se porta. J'ai toujours été allergique aux psychiatres, psychologues, psychotrucs... cela n'était pas fait pour m'encourager.

Après une demi-heure d'entretien mondain :

« Vous boirez bien quelque chose ?

— Merci, avec plaisir ! Quel beau temps... !

— Oui.

— Votre amie est chilienne ?

— Oui.

— Est-elle mariée ?

— Non, oui, divorcée. »

Il regarda sa montre. Il était temps que la consultation s'arrête.

Je l'invitai à déjeuner. Il accepta.

Je me retrouvais avec ma déprime au bord des lèvres, un mec en plus à déjeuner, un désespoir de vivre que personne, non, personne ne comprendrait jamais...

**

Mon anniversaire approchait.

J'attendais cette date, espérant qu'Allain, qui savait l'importance que j'attache aux fêtes traditionnelles, se manifesterait ce jour-là. En secret, au fond de moi, je me disais qu'il viendrait me retrouver, que ce serait mon seul et unique cadeau.

Le jour de mes 49 ans, le 28 septembre 1983, je pris mon petit déjeuner seule. Le téléphone sonnait sans cesse.

Du monde entier, chacun me souhaitait un bon anniversaire.

Sauf Allain !

Ecœurée, je décrochai à jamais cet appareil qui aurait dû m'apporter le seul appel que j'attendais. Les fleurs se succédaient, quarante-neuf roses, des gerbes mélangées, des bouquets des champs qui venaient des quatre coins du monde, mais pas d'Allain. Edith et Elisabeth, mes médecins aux pieds nus, étaient venues fêter avec Gloria et moi cette journée qui aurait dû être belle. Madeleine et Jojo, mes tendres et adorables, vaquaient à leurs besognes, ayant laissé sur la table de la cuisine des petits bouquets et de jolis cadeaux.

Je refusais tout : fleurs, cadeaux, téléphones, télégrammes.

Cette journée devait être comme une autre puisque Allain m'abandonnait à jamais, aucune joie ne pouvait m'atteindre.

Alors, ce fut une journée comme une autre : triste !

Et le soir... oui le soir, je devais dîner avec mes amis chez Palmyre où j'avais retenu une table. Mais le soir, j'avais le cœur au bord des lèvres. Alors, avec mes inconditionnels, Jojo et Madeleine, Gloria, Edith et Elisabeth, nous avons bu du champagne à ma santé.

J'avais mis de la musique classique très fort pour oublier de penser. Entre chaque verre de champagne, j'allais dans la salle de bains et j'avalais deux comprimés d'*Imménoctal*. Au bout du cinquième verre, j'avais avalé dix comprimés. Après, je ne me souviens plus !

J'ai dû descendre vers la mer sans être vue en passant derrière, par la fenêtre de la salle de bains. Tout habillée, j'ai nagé loin, puisque Gloria et les autres, après m'avoir cherchée, m'ont vue devant chez Christina von Opel surnageant lentement...

Jojo ne sait pas nager. Madeleine avait près de 70 ans. Edith pèse 90 kilos et Elisabeth est une poule qui n'aime pas être mouillée. Gloria s'est mise à l'eau malgré la nuit, le froid et l'horreur de la situation, m'a rejointe et ramenée en me tirant par les cheveux. J'étais dans un coma profond. Il fallut m'hospitaliser à « l'Oasis », la clinique de Saint-Tropez.

Bon anniversaire, Brigitte, adulée, aimée, respectée, écoutée du monde entier.

Bon anniversaire femme admirée, enviée, adorée par des millions de gens.

Bon anniversaire pauvre petite trop dépendante, trop attachée, trop perdue, trop fragile dans ce monde trop cruel pour toi.

La chose s'était sue, une infirmière avait parlé...

A peine rentrée chez moi, La Madrague fut cernée par la presse mondiale. Encore titubante, j'étais photographiée au téléobjectif sortant avec Gloria dans la Mini-Moke, sur le ponton, dans le jardin, dans les rues de Saint-Tropez, faisant le marché. Les journaux titraient sur mon « suicide ». J'étais fatiguée, exaspérée, traquée.

C'est vrai, j'avais voulu mourir, mais ça ne regardait que moi.

Or, les médias tels des vautours s'engraissaient sur ce qui aurait dû être mon cadavre. J'avais du mal à vivre, et la chasse qu'ils avaient organisée autour de moi me donnait envie de recommencer.

Je n'en pouvais plus.

J'appelais Allain au secours, je n'avais personne d'autre au monde sur qui compter et lui ne m'entendait pas...

Comment aurait-il pu m'entendre ? Il était parti pour l'île Maurice... Pourquoi ne puis-je pas vivre sans aimer, sans être aimée ? Pourquoi ai-je toujours été si dépendante de l'amour ? Les gens ne pensent qu'à l'argent, au travail, à leur promotion, la retraite, à l'orgueil... Moi, j'ai toujours fait passer l'amour avant tout et je me suis toujours retrouvée en décalage total avec les autres.

Encore à 49 ans ! Il me fallait survivre.

Gloria repartie au Chili, Chico, mon gitan guitariste, fêtait ses 28 ans en Camargue. Il y aurait une grande fête aux Saintes-Maries. La Perruque m'y emmena avec quelques amis. Parmi eux, un homme, un peintre, un sculpteur, très beau, très connu, qui me plaisait, à qui je plaisais. Ce qui donna un peu de piment à cette soirée !

En revenant, je découvris que j'avais sur le sein gauche une boule de la grosseur d'un œuf de pigeon, à la hauteur du décolleté. J'eus peur !

J'allai immédiatement voir le toubib de Saint-Tropez qui s'inquiéta et me fit faire sur-le-champ un examen sérieux. Il pensait que c'était un cancer ! Je devais immédiatement aller à Villejuif consulter le Professeur Schwartzenberg.

En rentrant à La Madrague, seule, je faillis craquer encore !

Trop, c'est trop ! Une femme peut assumer, être courageuse, se battre seule contre le monde entier s'il le faut, mais faire face à un cancer, c'est difficile. Je pleurai beaucoup et longtemps devant le feu de bois, mes chiens et mes chats couchés autour de moi. Il me manquait des bras, une épaule, une force pour m'aider à digérer l'abomination qui me tombait dessus.

Le lendemain, j'appelai Villejuif et le Professeur Schwartzenberg et pris un rendez-vous. J'appelai aussi Maryvonne, la secrétaire d'Allain, pour lui annoncer ce qui m'arrivait ! Allain venait de rentrer de l'île Maurice, elle allait lui dire de venir me chercher à l'avion. Merci Maryvonne, car sans cet intermédiaire, j'aurais dû assumer seule l'horreur des jours à venir. Je laissai mes chiens à Madeleine et Jojo. Edith et Elisabeth étant prévenues et prêtes à intervenir en cas de problème.

Allain vint me chercher à l'avion et m'emmena à Villejuif. Il me reprit sous son aile après trois mois de séparation et apprit en même temps que moi que je devais être opérée d'urgence d'un cancer. Je refusai l'opération. Je me foutais comme de l'an 40 de mourir d'un cancer ou d'autre chose.

Alors, il y eut un harcèlement amical mais sérieusement orchestré par le Professeur Schwartzenberg, le chirurgien Fraïoli et le Professeur Maylin, le ponte de la radioactivité du cobalt.

Ils ne lâchaient pas le morceau et tentèrent de m'apprivoiser doucement pour me convaincre de procéder à cette ablation obligatoire. Nous avons dîné ensemble avec Allain, ils étaient adorables et sympathiques, mais dès qu'il était question d'intervention chirurgicale, je me refermais sur moi-même et l'effroi d'abandonner mon corps anesthésié à tous les gens, charmants mais pour moi aussi redoutables que les vivisectionneurs, me laissait désespérée et imperméable à toute raison.

Puis, Marina Vlady, la compagne du Professeur Schwartzenberg, m'écrivit une lettre merveilleuse et déterminante. Sa sœur Odile Versois était morte d'un cancer du sein, elle me suppliait de vivre, d'avoir confiance, de me laisser faire. Je pleurais en lisant cette lettre, si belle, si humaine, si convaincante. Merci, Marina !

Je fus opérée le 25 octobre 1983 à la clinique d'Alleray dans le XVᵉ arrondissement. Je tremblais comme une feuille, malgré les piqûres calmantes, lorsque l'on m'emmena à la salle d'opération. Léon Schwartzenberg était là, près de moi. Pourtant sa propre sœur était morte le matin même. Je ne savais pas si on allait m'amputer du sein gauche ou non ! Tout se déciderait pendant l'intervention. Je restai cinq heures sur le billard et me souviens d'une souffrance atroce lorsqu'on m'enleva et me gratta les ganglions du dessous du bras gauche. Puis plus rien.

Je subis 24 heures l'effet d'une forte anesthésie.

Allain assista à l'opération. Il me quitta le lendemain pour aller en Autriche faire un reportage sur Konrad Lorenz. Il me laissa à l'hôpital Necker où on m'avait transportée dans une chambre en plomb, car j'étais radioactive, on m'avait enfilé dans la chair du sein des broches de radium, mais j'avais encore mon sein !

Mes visiteurs furent rares. Le secret avait été bien gardé.

Mijanou, merveilleuse, derrière son paravent de plomb qui l'isolait des radiations, restait les dix minutes réglementaires, puis après une fausse sortie, revenait à mon chevet. Maryvonne venait me tenir compagnie au nom d'Allain et repartait vite au bureau d'*Antenne 2*. Mama Olga, les yeux humides, m'apportait des sucreries qu'elle me passait en cachette. Je recevais des coups de téléphone d'Allain.

Malgré l'horreur de cette situation, j'avais un moral d'acier.

Allain m'avait reprise, il m'aimait, ou du moins, me le disait. C'est dans son amour ou dans ce que je croyais être son amour que je puisais la force qu'il me fallait pour assumer cette très dure épreuve.

J'ai toujours été très courageuse devant la souffrance physique et toujours vaincue par la souffrance morale. J'ai combattu mon cancer comme j'ai toujours combattu dans ma vie, la tête haute, avec détermination, avec le désir de vaincre. Mais l'ennemi était sournois et redoutable. Rien, jamais rien ne vous assure la victoire. Il peut rester tapi dans l'ombre longtemps et ressurgir au moment où l'on s'y attend le moins. Il peut vous grignoter lentement en se promenant un peu partout dans votre corps. Il peut avoir raison de la santé la plus forte et du courage le plus absolu.

Je pus quitter l'hôpital un samedi matin.

Personne n'était là pour me ramener chez moi, rue de la Tour. Allain, toujours en Autriche, Olga occupée par je ne sais quoi, Maryvonne chez elle à Soissons, Mijanou à un rendez-vous important. Je me retrouvais seule avec mes redons, deux bouteilles qui pendouillaient au bout de deux drains profondément enfoncés sous les chairs de mon sein et de sous mon bras où une immense cicatrice avait été faite pour m'enlever douze ganglions. J'étais prête à prendre un taxi quand mon chirurgien, le Docteur Fraïoli, passa pour l'ultime visite. Gentiment, il me ramena chez moi et me laissa seule au milieu de mon petit appartement, après m'avoir rappelé que des rayons au cobalt indispensables devraient être faits dans le mois à venir et qu'une chimiothérapie douce serait une précaution utile.

Ce petit pied-à-terre ne me sert jamais quotidiennement; il n'y a donc rien à manger, ni à boire. J'étais fatiguée, seule, j'avais faim.

En me regardant dans la glace de ma salle de bains, je vis que l'aréole de mon sein gauche avait été découpée puis recousue un peu de traviole! On aurait dit le béret de Paul Préboist lorsqu'il le met un peu « en casseur d'assiette » comme aurait dit papa Pilou. Des gros fils noirs entouraient ce pauvre petit bout de sein de travers! Qu'importe, je n'était pas mutilée! Je le dois aux responsables de cette opération délicate; qui ont mis tout leur savoir-faire, toute leur science à sauver ma vie, mais aussi mon corps. C'est bizarre; ma seule souffrance pénible et intolérable venait de dessous mon bras gauche. C'est là que les nerfs les plus sensibles ont leur quartier général. De toute manière, je ne sens plus rien sous ce bras-là, je me rase, je me lave, c'est comme du béton armé, insensible à tout.

Ça fait un drôle d'effet.

238

Je n'avais pas le courage de sortir faire des courses avec mes deux redons qui trinquaient sous mon bras dans leur pochette plastique de Félix Potin.

Le soir, Olga m'apporta du bouillon et le partagea avec moi. Je me couchai seule avec mes deux redons posés sur le sol près du lit. Allain m'appela, il était content de son reportage, tout s'était bien passé, il était en train de dîner dans une taverne pleine de musique, de bière, d'ambiance gaie et joyeuse. Il rentrait demain. Je fermai la lumière, pleurai un peu, puis m'endormis.

Ce fut la fête, son retour ! Je n'étais plus seule, enfin il était là !

Allain voulut m'emmener au restaurant. Je planquai les redons dans un sac en bandoulière, faisant passer les drains dans la manche de mon pull-over. Je n'étais pas très à l'aise, mais si heureuse d'être avec lui !

Je retardai un peu mon départ pour Saint-Tropez pour pouvoir assister à la manifestation organisée le 5 novembre 1983 contre la chasse à courre. Je sortais à peine de l'hôpital et étais encore très fatiguée. Mes redons sous le bras trinquant sans cesse, je ne pouvais absolument pas prendre le risque de marcher en tête de cette manifestation, mon sein gonflé et fragile me faisait souffrir. Le moindre coup reçu aurait pu être dramatique. C'est donc dans la voiture d'Allain que je pris la tête de cette douloureuse et indispensable action. Evidemment je passais pour une « bêcheuse » vis-à-vis de tous ceux qui nous suivaient à pied et vis-à-vis de la presse qui nous précédait. « Bêcheuse » ou pas, j'en connais peu qui, sortant à peine d'une opération d'un cancer, seraient venus se mêler à une foule de cinq mille personnes pour protester contre la plus grande honte de notre époque, la chasse à courre.

Mais personne ne le savait !

Aujourd'hui encore, je continue à faire chaque année des examens très poussés afin d'éviter les métastases sournoises qui en général ne lâchent jamais un cancer.

Le lendemain, 6 novembre, je retrouvais Saint-Tropez, mes chiens, mes chats, ma Madrague et Madeleine. Joseph, mon gardien, était en vacances depuis le 1er novembre. Madeleine, âgée et fatiguée, m'attendait avec impatience. Elle ne conduisait pas, et les poubelles s'étaient amoncelées, les courses restaient à faire, le bois à rapporter ; enfin tout le travail qu'un homme assume dans une maison de campagne m'avait attendue.

Heureusement, le chirurgien m'avait enfin enlevé mes redons, ce qui me permettait de vivre à peu près normalement. Je dis bien à peu près car mon bras gauche était à tel point ankylosé que je ne pouvais même pas le lever à la hauteur de mon épaule sans ressentir une douleur fulgurante. Malgré cela je dus, à peine arrivée, charrier les poubelles, chercher le bois, approvisionner la maison en nourriture, promener les chiens et, surtout, chercher un remplaçant qui assurerait le travail de Joseph et me permettrait de me reposer un peu.

On peut bien me raconter ce qu'on veut, s'il y a autant de chômeurs, c'est bien parce que certains le veulent et qu'ils ont un poil dans la main qui leur sert de canne à pêche ! Je proposais le S.M.I.G., nourri, logé pour le mois de novembre à tous les va-nu-pieds que je rencontrais. J'appelais l'A.N.P.E. de Saint-Raphaël, je parlais à tous les commerçants et posais des affichettes partout.

Je n'eus *aucune* réponse.

Allain ne venant que les week-ends, je dus assumer ce mois de novembre, qui aurait dû être ma convalescence, en faisant quotidiennement un travail d'homme. Mon bras me faisait tellement souffrir que je finis par aller voir un kinésithérapeute qui, à force de massages et d'exercices pénibles, arriva à me le rendre presque aussi fonctionnel que le droit, mais je ne devais faire aucun effort, ne rien porter de lourd, ne pas le lever trop haut, enfin, bref, je devais me les croiser et je ne pouvais pas.

Je crois que moins on s'écoute et mieux on se porte !

Joseph revint avec le mois de décembre. Puis, Noël me ramena Gloria et Allain. La maison était de nouveau joyeuse, habitée et chaude.

Noël fut charmant.

J'avais invité tous les solitaires, les célibataires, les esseulés qui, ensemble autour de l'arbre, se refaisaient une famille. J'aime le bonheur. J'aime le donner aux autres quand je le porte en moi. Or, ce soir-là, j'ai donné le meilleur de moi-même et ai reçu le meilleur des autres.

Ce fut un bel échange.

Pendant que je me faisais découper le sein, Jicky déménageait de La Maguelone d'où il avait été fichu à la porte, pour s'installer dans la maison superbe, « L'Atelier » que je lui avais fait construire sur un P.O.S. de La Garrigue. Ce fut pour lui une épreuve, car une page de sa vie tournait : il se séparait d'Anne, se séparait aussi de cette maison merveilleuse qu'il avait refaite entièrement de ses mains depuis vingt ans ! Il quittait son environnement pour un autre ! Il se rapprochait de moi ! Sa solitude rejoignait la mienne. Je me disais que rien n'étant dû au hasard, c'était un petit miracle qu'il vienne s'installer à quelques mètres de ma nouvelle maison, au-dessus de la colline, indépendant mais néanmoins proche. Je pensais qu'avec lui rien ne pourrait plus m'arriver de triste, qu'il était là pour me protéger comme au début de notre amitié à La Madrague.

Hélas, je ne calculais pas les années qui avaient passé.

Jicky avait vieilli, il avait 69 ans, il souffrait d'arthrose, était devenu sourd et plein d'une espèce d'amertume de la vie qui lui faisait prendre les choses avec une indifférence parfois redoutable. Bref, c'est un étranger à toutes mes nouvelles idées, à toutes mes nouvelles batailles, qui s'installa chez moi en haut de la colline, avec ma petite Amélie, la Boxer vivisectionnée.

Le 31 décembre 1983, à minuit pile, j'embrassais Allain, sachant, un peu superstitieuse, que c'était le gage d'une année entière avec lui...

Hélas, je me trompais.

VII

Le jour viendra où le fait de tuer un animal sera condamné au même titre que celui de tuer un humain.

Léonard de VINCI (1452-1519).

Le 1er janvier 1984, je reçus un coup de téléphone du maire de Bazoches. Mes gardiens étaient partis la veille, abandonnant ma maison, mes animaux, ma petite chienne Folette et mes 15 chats. Tout était ouvert à tous vents, c'est un voisin qui l'avait prévenu.

J'étais pétrifiée.

Des gens que j'avais à mon service depuis un an et demi, à qui je venais de donner des cadeaux de Noël et des étrennes, en qui j'avais entière confiance ! Je ne pouvais le croire.

Allain était déjà reparti. J'étais avec Gloria. La seule chose à faire était d'y aller. J'y allai donc le soir même en prenant le train avec Toutou comme compagnon.

Je me retrouvais seule à Bazoches par un froid abominable, la maison glacée, les bêtes affamées, une allure de fin du monde, une sorte de cauchemar. Une chèvre était morte de froid, prise dans un caniveau de glace et de boue, la jument et l'âne pleuraient à leur façon, enfermés, sans nourriture dans l'étable. Les moutons trempés s'étaient réfugiés sous l'auvent. Les chèvres clopinaient à la recherche d'un peu d'herbe.

Fourbue, je pris la fourche et mis de la paille sèche dans l'écurie et les étables. Puis je fis rentrer tout le monde et leur donnai le fourrage et les granulés dont ils avaient tant besoin. Je changeai l'eau. La chèvre morte, après m'être assurée qu'il n'y avait plus rien à faire, je la laissai, je n'avais plus la force de la transporter.

Puis, je m'occupai de la pauvre Folette et des chats. J'ouvris des boîtes et des boîtes ! Je fis une grande flambée dans la cheminée, remis le chauffage en route et m'assis enfin, épuisée, au milieu de cette maison que j'adore et qui me semblait si hostile. J'embrassais mon Toutou.

Dehors, il faisait - 7°.

Je bénis le ciel d'être dégourdie, de savoir faire face à tous les événements de l'existence, d'être capable aussi bien d'être reçue par un chef d'Etat que de retourner la paille des écuries, de faire la « une » des jour-

242

naux, d'être une star et de savoir avec des bottes crottées assumer le bon fonctionnement d'un domaine oublié.

Je connais peu de femmes de cette trempe, c'est pour cette raison que j'en parle. Un jour, quelqu'un m'avait dit qu'une femme, une vraie, devait être « une femme du monde dans un salon, une putain au lit et une cuisinière aux fourneaux ». Je m'en suis souvenue.

Pendant ce temps, Allain était reparti en avion à Saint-Tropez et devait ramener Gloria et toute la famille chiens, Belote et sa fille Roudoudou, mes chattes adorées, en Range-Rover, car cela risquait d'être long avant de retrouver des gardiens pour Bazoches. Je n'avais pas de voiture, j'étais totalement isolée dans cette triste campagne des environs de Paris en hiver.

Leur arrivée fut un miracle de bonheur !

Avec Gloria, nous partagions les besognes pendant qu'Allain allait au bureau. Je faisais la popote, cela sentait bon, Glo assurait le ménage, je m'occupais des bêtes, Glo épluchait les légumes et essuyait les pipis de chats.

Le soir, Allain arrivait, nous racontait les potins de couloirs de la T.V., nous nous détendions un peu avec un verre de whisky ou de champagne. Les journées étaient rudes et dures. J'étais fatiguée et m'endormais tôt. Mon sein et mon bras me faisaient horriblement souffrir... Toutes mes annonces, articles, affichettes pour trouver des gardiens restèrent sans réponse, une fois de plus !

Il neigeait, il y avait du brouillard et l'étang était gelé.

Une de mes petites chèvres préférées, Titi-Pâquerette, tomba malade.

Le vétérinaire me dit qu'elle avait dû souffrir du froid et du manque de nourriture au départ des gardiens ; elle était petite et fragile. Elle mourut dans les bras d'Allain, au chaud, près du poêle dans la maison de gardiens, dans la nuit du 14 au 15 janvier. Cette petite bête était apprivoisée comme un chien, douce et maligne, solitaire en dehors des autres, elle comprenait bien des choses et nous avions parfois de longs entretiens sur la vie.

J'eus beaucoup de chagrin.

Allain détestait, déteste et détestera toujours la détresse, la peine, le chagrin. Il les refuse, et refuse de les assumer. Il veut toujours le bonheur, la joie de vivre... Hélas ! trois fois hélas ! la vie n'est pas faite que de rigolade ! Mais chacun doit l'apprendre en son temps et son heure. Nos heures ont toujours été à contretemps, il riait quand je pleurais, mais je ne l'ai jamais vu pleurer quand je riais. Cela viendra, car tout arrive à point à qui sait attendre...

Il me fallut aller à Necker faire ces terrifiantes radiations au cobalt qui vous laissent brûlée et meurtrie au plus profond de votre chair. Allain eut la bonté de m'accompagner. Je l'en remercie, car l'épreuve fut dure. Il y eut plusieurs séances interminables pendant lesquelles je laissais forcément Gloria seule à Bazoches pour s'occuper de tout. Pauvre Glo pataugeant dans la boue, la neige, les crottes, forcée de rentrer à la nuit tombante toutes les chèvres, moutons, âne et jument, Glo des Tropiques, Glo un peu femme du monde, Glo oubliant les poules, ignorant même qu'il y avait des poules, Glo aux fourneaux alors qu'elle déteste faire la bouffe, Glo obligée de tout assumer pendant qu'on me brûlait le sein gauche.

Lorsque je rentrais à Bazoches, meurtrie au plus profond de mon cœur, elle était elle-même si perdue dans cet univers que sa meurtrissure rejoignait la mienne.

Après quelques jours de réflexion je refusai net la chimiothérapie !

Nous avons enfin trouvé un couple avec petite fille.

Quelle joie ! J'ouvrais le champagne ! Ça s'arrose !

Pendant nos heures vacantes, entre deux épluchages et deux popotes, nous parlions. Glo avait envie de travailler en France, elle ne savait ni pourquoi, ni comment, mais son envie de vivre dans ce pays qu'elle aimait, lui tenait aux tripes.

En riant, un jour, je lui dis qu'en fin de compte l'idéal serait d'ouvrir une boutique où l'on trouverait tout ce qui a été fait sur moi. En riant, elle me répondit que ce serait génial. En riant, nous avons appelé La Perruque, lui demandant si la petite boutique de la rue d'Aumale à Saint-Tropez était à louer. En riant, nous avons été dans le bureau de Bazoches et nous avons trouvé des centaines de photos, de livres, d'albums, d'affiches sur moi. En riant, nous avons passé commande de lunettes de soleil, de parfums, de produits solaires, de disques, de cassettes vidéo, de bustes de Marianne. Et puis, sérieusement, nous avons pensé à ouvrir une boutique « La Madrague » à Saint-Tropez où la foule des touristes, en quête de moi, trouverait enfin à se repaître.

Ainsi fut fait.

Nous quittâmes Bazoches chargées comme des bourriques.

Il fallut deux voitures. Un copain d'Allain nous aida à transporter tout le stock glané dans mes tiroirs. Dans mes bras, j'emportais deux petits chats dont je ne pus me séparer : « Pacha » et « Trognon ».

La boutique, tout petite, une cave humide et froide, sentait le moisi. Avec Glo, nous avons mis un chauffage électrique, des bâtons d'encens, puis nous avons apporté de La Madrague des fauteuils en rotin blanc, des panières immenses que nous remplissions de châles et de dentelles ; des plantes vertes, des porte-manteaux perroquet qui croulaient sous les jupons, les paréos et les colliers de coquillages. Un menuisier nous fit des étagères immédiatement remplies de disques, d'albums de photos, de posters.

On se serait cru dans la caverne d'Ali Baba, c'était rigolo.

Ce qui fut moins rigolo fut l'inscription au Registre du Commerce, à la Sécurité sociale, à la retraite des vieux commerçants, à l'aide Maternité, j'en passe et des meilleures ! Un vol manifeste que toutes ces obligations, ces inscriptions qui, avant même d'avoir ouvert boutique me coûtaient 10 000 francs pour six mois. Une honte ! Mais en France, nous n'en sommes plus à une honte près et, devant en passer par-là, j'en passais par-là !

La petite boutique « La Madrague » devint la grande attraction de Saint-Tropez. Tous les touristes français, étrangers, venus en voiture ou en bateau, passaient par « La Madrague ». Il y eut même la queue ! La boutique étant trop exiguë pour recevoir plus de cinq clients à la fois. Gloria régnait telle une reine sur ce petit domaine que je lui avais totalement abandonné. Tous les journaux en parlèrent en bien, en mal, mais en parlèrent. Ces 15 mètres carrés en sous-sol devinrent aussi célèbres que la Tour Eiffel.

A la veille du 1er mai, j'eus une algarade avec Allain.

Je ne sais plus à quel sujet, une broutille sans doute.

Pour ne pas envenimer les choses avec des paroles que je risquais de regretter le lendemain, je pris la voiture avec Pichnou et allai dormir à La Garrigue. Cette Garrigue que Nicole avait quittée pour raison de santé et qui était aux mains d'un jeune couple sans intérêt qui me faisait tant regretter son départ. Tranquillement, je dormis seule dans cette maison un peu inconnue. Ma chienne dans mes bras, un feu de bois se consumant lentement dans la cheminée. A mon réveil, le lendemain, Gloria était à mon chevet. Allain était parti dans la nuit, pour ne plus revenir...

Quoi ? Ce n'était pas possible !

Nous étions le 1er mai, la fête du Muguet, la fête des amoureux et du printemps, et il était parti... Définitivement ? Oui !

L'angoisse se resserra sur mon ventre et ne me lâcha plus.

L'enfer de cette vie sans lui allait recommencer alors que je sortais à peine de ma convalescence de l'été précédent. Je ne pouvais le croire ! Et pourtant, je dus me rendre à l'évidence. En arrivant à La Madrague, je ne trouvai plus rien de lui... rien ! J'avais envie de vomir. La solitude m'assaillait de nouveau et ne me lâcherait plus. J'allai au marché avec Gloria, je vis des tonnes de muguet, des gens qui se l'offraient, des couples heureux, des couples moins heureux, des couples âgés s'appuyant l'un sur l'autre, je vis du bonheur, de la joie.

Au fond de moi, je sentais une désespérance sans fin.

Allain n'avait pour moi aucune indulgence.

Il prenait le meilleur et refusait le pire. Ses week-ends devaient être sereins, heureux, joyeux. Même si à ce moment-là, un chat malade, la chaudière cassée ou une grosse grippe me laissait moins attentive à son bonheur. Je finissais par redouter son arrivée le vendredi soir.

Je croisai un type à vélo qui me dit : « Bonjour la star ! ».

Sa voix ne m'était pas inconnue, je me retournai. C'était Bernard Hermann, un vieux copain, un photographe de *France-Soir* du temps jadis, qui, comme moi, avait tout quitté, tout abandonné, et était depuis dix ans à la recherche de la vérité, de la sagesse, de la vie ! J'étais heureuse de le retrouver là, simplement, comme d'un coup de baguette magique. Il vint déjeuner avec nous. Comme moi, il était végétarien, mais lui ne buvait que du thé alors que je ne dédaignais pas un coup de rouge. Il avait dû être amoureux de moi du temps de ma splendeur et conservait à mon égard une tendresse remplie d'indulgence qui me laissait les larmes aux yeux.

Mais je ne l'aimais pas !

C'était Allain que j'aimais. Pourquoi ?

Je ne sais pas, c'est comme ça !

Le temps se mit à passer sans Allain. Je buvais du champagne à n'importe quelle heure du jour ou de la nuit. En cachette, le plus souvent possible. Les cadavres de bouteilles s'amoncelèrent ; je les planquais dans mon placard. J'avais le mal d'Allain. Je n'en pouvais plus. J'avais envie de l'appeler au téléphone, j'avais peur... Je ne le faisais pas.

Puis, dans ma détresse, m'arriva un petit miracle.

Un jour, Simone Peyre, la présidente de la B.D.A. [1] au Thoronet, avec laquelle je n'étais pas encore fâchée, me téléphona : elle avait dans son refuge une chienne Setter anglais comme Nini, abandonnée, qui se laissait mourir de faim dans le vide sanitaire du bâtiment. Elle proposa de me l'amener, sachant mon amour pour cette race et mon chagrin d'avoir perdu ma Nini. J'acceptai immédiatement.

Je vis arriver un pauvre squelette recouvert de poils rapés et ternes, aux yeux d'une tristesse infinie. Mon amour pour elle fut instantané, bien qu'elle essayât de m'attraper le nez alors que je me penchai pour l'embrasser.

Je mis du temps à apprivoiser « Douce » qui avait beaucoup souffert. Elle devint une chienne magnifique d'une intelligence rare et fut l'une des grandes amours de ma vie. Elle vécut sept années d'un grand bonheur partagé, puis elle me quitta dans les affreuses et longues souffrances d'un lympho-sarcôme, en 1991.

La boutique était devenue la plaque tournante des demandeurs, des quémandeurs, des journalistes et des amis perdus de vue depuis des lustres qui n'étaient donc plus des amis.

---

1. Brigade de Défense Animale.

Gloria revenait le soir les bras chargés de messages, de fleurs, de cadeaux ! Parmi ceux-ci, un homme l'avait charmée, il était journaliste et voulait écrire un article sur moi dans *Match* ! Il s'appelait Denis Tarento. Il était jeune, il était beau, et s'il ne sentait pas le sable chaud, il sut convaincre Gloria de me convaincre... C'était donc un très bon journaliste, car il arriva à ses fins et débarqua un jour de pluie diluvienne à La Madrague, les bras chargés de fleurs et de champagne... Des fleurs et du champagne que je n'avais pas achetés moi-même, cela m'émut un peu, je n'avais pas l'habitude !

La Perruque lui avait montré le chemin, Gloria ouvrait les bouteilles. Denis trinquait avec moi. Après avoir reniflé cet intrus, les chiens se calmèrent et les chats s'installèrent sur ses genoux. Le feu de bois nous faisait oublier le déluge et le froid, l'ambiance était détendue, amicale, le magnétophone tournait sans bruit sur la table. Nous parlâmes de tout, de rien, de la boutique, de la pluie, du beau temps, puis, sournoisement, Denis me parla de ma solitude. Là, j'eus du mal à bloquer le sanglot qui envahissait ma gorge. Je ne sais pas pourquoi j'ouvris mon cœur à cet étranger. Il ne comprenait pas, moi non plus, pourquoi je me retrouvais dans une telle solitude. Mes propos, comme toujours, étaient sincères, dévoilaient mon état d'âme du moment et n'engageaient que moi. Nous parlâmes longtemps de la vie, des animaux, de mon fils Nicolas.

Quand il s'en alla, il était ému.

Il m'embrassa tendrement, un peu comme s'il m'aimait bien...

Il me fallait passer des examens à Villejuif pour faire le bilan de ma maladie. Le Professeur Schwartzenberg, au téléphone, me suppliait de ne pas négliger ma santé. Il me proposa même de venir me chercher afin que je ne prenne pas l'avion seule... Je refusai.

Pour qui ? Pour quoi ? Allais-je me soigner ?

J'étais lasse, découragée.

J'ai toujours vécu motivée pour ou par quelqu'un. Un jour, j'ai dit : « Quand je ne suis pas aimée, je deviens laide. » C'est vrai, ma beauté appartient à celui qui me la donne. Pour ma vie, c'est pareil. Ces jours que je subissais étaient un calvaire. Ces attentes d'un coup de téléphone qui ne venait pas, cette punition, cette meurtrissure, que je ne pensais pas mériter, m'enlevaient toute envie de me battre pour une longévité aléatoire et déprimante.

Jean-Louis Remilleux, autre journaliste, ami de longue date, débarqua à la boutique. Il avait l'âge de Nicolas et gardait pour moi une affection reconnaissante car, à ses débuts, je lui avais accordé une interview, sa première. Depuis, il était monté en grade et tenait une rubrique au *Quotidien de Paris*. Je l'aimais bien. Je fus heureuse de le revoir, de lui présenter ma nouvelle maison La Garrigue et la petite chapelle dédiée à la Vierge que j'avais juste fini de faire construire. Je lui dis ma santé si précaire, ma solitude si présente. Il avait du mal à me croire ! N'ayant jamais beaucoup aimé Allain, il n'était pas trop étonné par son attitude, mais se posait des questions quant à la promotion fantastique que notre « vie » commune lui avait apportée et dont il semblait pouvoir se passer au mieux ! Allain ayant toujours eu « les dents plus longues que les jambes », comme on disait dans les couloirs de la rue Cognacq-Jay !

Jean-Louis n'était pas un tendre, sauf avec moi. Il me faisait rire en imitant les hommes politiques, il avait l'humour caustique. Son intelligence et son discernement rendaient aux dîners de La Madrague une envergure oubliée...

Mais, je pensais à Allain !

Un matin, n'en pouvant plus, je l'appelai au téléphone.

Je ne savais même plus ce qui avait été le détonateur de cette séparation brutale, tout ce que je savais, c'est que j'avais le mal de lui. Il était au bureau, débordé, en plein rendez-vous, je tombais comme un cheveu sur la soupe ! Je tremblais, serrant le combiné de galalithe blanche qui me transmettait sa voix, impersonnelle, professionnelle, une voix qui me dit qu'il me rappellerait plus tard ! Gloria me récupéra en larmes. Rien n'est plus cruel qu'un téléphone. Rien n'est difficile comme de se parler, après plus d'un mois de séparation, au travers d'un appareil aussi dénué de chaleur humaine ! Lorsque Allain me rappela, c'est mon cœur qui dut courir le long des fils traversant la France. Quelque part, la sincérité, la vérité durent éclater car la communication s'établit entre nous. J'étais comme une noyée qui respire à nouveau, mon ventre se dénouait. Un bonheur simple, tendre et doux chassait l'angoisse qui me rongeait depuis tant et tant de jours.

Allain voulait que je change ! Oui, je changerai...

Allain voulait que je remonte à Paris le plus souvent possible ! Oui, je remonterai à Paris...

Allain voulait que je sois moins autoritaire, que je mène ma vie, mes gardiens, mes maisons, mon travail, mes affaires, avec une douceur d'archange ! Oui, je serai douce...

Allain me voulait souriante malgré les problèmes qui assaillaient mon quotidien et auxquels j'étais seule à faire face ! Oui, je serai souriante...

Oui, oui, oui pour tout !

Et tout redevint beau, je réinventai le soleil, chaque matin était le début d'un jour qui commençait avec Allain, au téléphone, qui se poursuivait tard dans la nuit avec Allain au téléphone. Nous parlions des heures. Je vivais par téléphone interposé une histoire d'amour qui, parfois, me laissait un peu frustrée.

C'est alors que Folette mourut, discrète petite chienne perdue recueillie à Bazoches un soir de Noël 1974. Folette appartenait aux gardiens qui se succédaient. Tendre, timide, peureuse, elle était surtout malheureuse de n'avoir jamais eu de vrai maître. Folette qui se battait à mort avec Pichnou, Folette qui n'a jamais pu s'intégrer au clan de mes chiens, et que j'allais câliner en cachette de mes chiennes dominantes. Folette, rude, rustre et fragile, eut un fulgurant cancer de la gorge, inopérable.

Allain l'emmena en vain chez tous les vétérinaires, puis la laissa mourir tranquillement « chez elle » plutôt que de la charcuter pour rien. Il la vit remuer la queue pour la dernière fois, et m'annonça sa mort avec le plus de délicatesse possible.

Mais, Allain revenu, les week-ends étaient de nouveau heureux !

*
* *

Depuis quelques semaines, je recevais des lettres du Docteur Ackerman, vétérinaire du côté de Nice. Aux abattoirs de Nice, une jument importée de Pologne avait mis bas un petit poulain. Or, les lois internationales stipulent qu'aucune jument sur le point d'accoucher ne pouvait être vendue pour la boucherie ! Cette jument avait échappé à la mort provisoirement car elle allaitait son petit. Mais la direction de l'abattoir n'avait pas l'intention de poursuivre longtemps cette faveur, et « Polka », puisqu'elle avait été baptisée ainsi, devait être abattue le mardi suivant.

Nous étions le vendredi soir. J'appelai immédiatement le préfet des Alpes-Maritimes. Absent ! J'appelai le directeur des services vétérinaires des Alpes-Maritimes. Absent ! En désespoir de cause, le samedi matin, j'appelai Michel Rocard, le ministre de l'Agriculture. Absent !

Je parlai à son chef de cabinet lui expliquant l'urgence et le désespoir de cette situation un peu particulière. Il me répondit (je le savais déjà) qu'aucun animal rentré dans les abattoirs ne pouvait en ressortir vivant. La seule façon de les récupérer étant sous forme de carcasse ! Aucune dérogation ne pouvant être faite à cette loi, Polka devrait subir ce triste sort et serait vendue en biftecks sur les comptoirs des boucheries chevalines niçoises.

Je pleurais en raccrochant, maudissant les Français de pouvoir se nourrir de cheval alors que tant d'autres aliments moins toxiques, plus sains et surtout moins inhumainement et sauvagement abattus, pouvaient constituer notre nourriture quotidienne.

Allain décida alors d'aller voler Polka et son poulain.

Il récupéra un van, l'accrocha derrière la Range-Rover et partit avec mon gardien Jo et un ami costaud, François, des pinces-monseigneurs et des scies à métaux plein la voiture. Moi, je patientais derrière le téléphone, prête à intervenir en cas de panique.

Ils furent arrêtés par la police alors qu'arrivés presque à la liberté, Polka et le petit attendaient que le dernier grillage les séparant de la mort fût coupé. Arrestation, papiers, poste de police, interrogatoires et tout le tintouin. Ne faisant ni une ni deux, j'appelai le ministre en personne. Absent ! J'eus encore le chef de cabinet à qui je ne mâchai pas mes mots. Polka sortirait de l'abattoir ou il faudrait me passer sur le corps avant de l'abattre ! Allain et mes deux amis devaient être libérés immédiatement sinon je faisais un scandale de presse dont le socialisme, déjà en dégringolade, subirait les conséquences désastreuses.

J'étais remontée à bloc !

J'en avais marre de cette administration minable, de ces lois inhumaines, de ces « Messieurs les chefs de cabinet ». Chef de cabinet de toilette, oui ! J'étais prête à tout pour sauver Polka. Les choses étaient allées trop loin et je ne m'arrêterais plus.

Il dut le sentir au téléphone, le pauvre, et se mit en quatre pour trouver son ministre qui pêchait la morue quelque part en Bretagne.

En attendant, Allain fut libéré avec les honneurs dus à son courage !

Le préfet était intervenu dans les dix minutes qui avaient suivi mon coup de téléphone. Il restait Polka et son bébé. J'étais décidée à aller sur place le mardi matin à 5 heures afin de m'interposer entre elle et les bouchers.

Je n'eus pas à le faire.

Michel Rocard m'appela de Bretagne, puis donna les ordres aux abattoirs de Nice. Aucun animal n'était encore sorti vivant de cet enfer. Polka et son bébé eurent l'honneur et le privilège d'être les premiers et les derniers à bénéficier d'une grâce.

Pourquoi eux ?

Le destin en avait décidé ainsi... Je l'avais un peu aidé.

Pour autant, je n'ai jamais vu ni Polka ni son poulain !

Cette histoire d'amour s'est passée sans que nous ayons pu nous renifler le museau. Mais là où elle est, heureuse et libre, elle sait au profond de son cœur qu'une femme inconnue lui a donné une seconde naissance, le reste n'est pas important.

Tout alla à peu près bien jusqu'au jour où Allain lut le papier de Denis Tarento dans *Paris-Match*. C'était une belle journée du tout début juillet et, lorsque le téléphone sonna, je me précipitai pour répondre sachant que c'était lui !

Sa voix était glacée et me glaça !

« As-tu lu le papier immonde que publie *Match* ?

— Non, je ne l'ai pas lu, mais je sais ce que j'ai dit, il n'y a rien d'immonde.

— Alors, tu persistes et tu signes ?

— Ecoute, Allain, je ne comprends rien, explique-toi, qu'y a-t-il ? Tu me fais peur...

— Brigitte, tu cries à la France, au monde entier que tu es seule, tu me ridiculises, tu te dégrades, tu nous dégrades, tu abîmes, tu gâches tout, tu n'es pas digne de moi.

— Mais Allain, j'ai donné cette interview au mois de mai, tu m'avais quittée, je n'avais aucune nouvelle de toi, souviens-toi, je t'en prie, de la détresse dans laquelle tu m'as laissée, de mon désarroi, de ma peine...

— Ecoute Brigitte, puisque tu te complais dans cette triste médiocrité, tu vas la vivre et l'assumer. A partir de cette minute, je te quitte définitivement, il n'y aura plus de pardon cette fois-ci. Je te souhaite de trouver un homme qui te rende heureuse et qui réussisse là où j'ai échoué. Tu es trop exigeante pour moi. »

Et clap, il raccrocha.

Je restai hébétée, à écouter le *tip, tip, tip* qui brisait mon cœur une fois de plus. J'étais glacée jusqu'au plus profond de mes os. Qu'avais-je encore fait de si épouvantable ? Si, pour rien, il avait de telles réactions, que se serait-il passé si je l'avais trompé... Une immense lassitude m'envahit, un désespoir sans fin déferla sur ma raison, je restais les yeux fixes sans rien voir, l'appareil toujours accroché à l'oreille.

Gloria me trouva ainsi bien longtemps après.

Affolée, elle courut acheter *Paris-Match*, persuadée que Tarento m'avait trahie et que cette interview était un paquet de mensonges abominables. Il n'était que le reflet exact de ce que j'avais dit. Alors, elle appela Allain et essaya d'avoir avec lui un dialogue sensé. Il lui confirma ce qu'il m'avait dit, lui conseilla de me trouver un homme qui me rendrait heureuse et lui raccrocha au nez !

Comment trouver les mots pour traduire ce que j'éprouvais ?

Pluton veillait sur moi et me faisait descendre chaque fois un peu plus bas dans l'enfer qu'était devenue ma vie.

Je n'avais plus aucune réaction à rien, ni pour rien.

Pour confirmer ce triste état de fait, Maryvonne, notre secrétaire commune, m'appela le surlendemain et, d'une voix blanche, me lut au téléphone une lettre de rupture qu'Allain m'avait écrite et n'avait pas eu le courage de me lire lui-même. J'en avais vu, j'en avais entendu dans ma vie, mais jamais, au grand jamais, je n'avais encore été congédiée par secrétaire interposée. Lorsqu'elle eut fini de me lire ce ramassis d'horreurs, je restai muette.

Elle aussi... très gênée... je pense. J'étais blessée jusqu'au fond de mon cœur. Je le suis toujours en y pensant et en l'écrivant. Mais à partir d'une certaine douleur, on ne sent plus le pire, tout se confond en une irradiation de souffrance profonde qui atteint tout votre être et le laisse brisé, sans réaction.

Il y eut l'anniversaire de Gloria.

Je commandai un dîner somptueux sur la plage « Chez Roger ». A ma droite, il y avait Rolando, beau comme un conte de fées, à ma gauche, Jean-Louis Remilleux, intelligent et drôle comme peu d'hommes peuvent l'être ! En face de moi, présidant cette table de trente personnes, Gloria, belle et douce, un peu triste de me voir absente et lointaine. Contre mon cœur, il y avait Allain qui ne me lâchait pas, Allain qui prenait mon regard, mon souffle, mes oreilles et mon corps. Il allait pourtant falloir que je le trompe, que d'autres bras, qu'un autre visage, qu'une autre odeur, qu'un autre corps prennent possession de moi...

Pour une fois que j'avais été fidèle !

Triste bilan qui me faisait regretter l'époque heureuse où je me donnais à qui me plaisait, insouciante du gâchis, du mal que je faisais.

Puis, je dus remonter à Paris.

Huguette Bouchardeau m'avait donné un rendez-vous important concernant tous les tristes problèmes animaliers dont elle était responsable.

Léon Schwartzenberg, épouvanté par ma négligence, pensait que si je ne me faisais pas examiner d'urgence, le pire pouvait arriver. C'est Jean-Louis Remilleux qui me donna la main pour assumer ces rendez-vous pénibles.

Huguette Bouchardeau, ministre de l'Environnement, à qui j'avais écrit dans *France-Soir* une lettre ouverte dénonçant l'horreur et l'abjection des pièges à mâchoires, lettre dans laquelle je lui disais qu'elle baissait sa culotte devant les deux millions de chasseurs français... Huguette Bouchardeau qui, malgré cela, me reçut avec une gentillesse, une bonne volonté et un respect que je n'avais certes pas vis-à-vis d'elle. Huguette à qui je dis au bout de trois minutes d'entretien que je n'allais pas lui dire sans cesse, Madame le Ministre par-ci, par-là... et qui me répondit simplement de l'appeler Huguette...

Huguette qui, le rendez-vous terminé, alors que j'ouvrais la porte pour sortir, la referma brutalement et me dit qu'elle aimerait bien m'embrasser, mais avait la pudeur de ne pas le faire devant ses huissiers, secrétaires et photographes qui attendaient dans le couloir.

Puis, Schwartzenberg me fit une prise de sang, une échographie d'un peu tout, un bilan de santé, se demandant qui était ce Monsieur si jeune et si discret qui attendait dans le couloir...

Le soir même je reprenais le train pour Saint-Raphaël.

Saint-Tropez se remplissait de toute cette foule que je fuyais habituellement, mais que j'allais devoir subir. Gloria, elle, s'en réjouissait ! La plus petite boutique de la Côte d'Azur, cette minuscule « Madrague » ne désemplissait pas. Nous avions déjà renouvelé deux fois le stock depuis l'ouverture à Pâques, alors que tous les commerçants se plaignaient de la mauvaise clientèle... Le soir, je dédicaçais des dizaines de photos, des disques, des livres qui seraient vendus le lendemain comme des petits pains.

Je m'en fichais éperdument !

Je voyais tous ces gens, ces couples heureux ou qui donnaient l'impression de l'être, et je me morfondais dans ma solitude.

Gloria sortait avec des cons...

Elle suivait les circuits à la mode, les verres chez Untel, les dîners de cinquante personnes toutes plus creuses, vides et stupides les unes que les autres, les soirées aux « Caves du Roy », redoutable boîte de nuit, summum du goût le plus douteux, digne de Las Vegas, où les jets d'eau colorés de vert et rose bonbon arrosent des colonnes de faux marbre piquées de strass rutilant ! Elle rentrait tôt le matin, le visage et le cœur désabusés ! Elle aurait tant aimé s'amuser, rire pour de vrai, se refléter dans les yeux d'un homme qui n'aurait pas, comme seule séduction, son argent, sa Ferrari ou son yacht acheté tant de millions à un prince arabe !

En prenant notre petit déjeuner, je l'écoutais... perdre son temps, perdre ses illusions, perdre sa vérité, se disperser dans ce milieu pourri, stérile, superficiel, que je connaissais bien et que je fuyais comme la peste. Pour rien au monde, je ne me serais retrempée dans ce bain de souillure morale et physique. Je préférais passer mes soirées seule à La Madrague avec mes chiens et mes chats, dans le calme retrouvé de cette baie unique, que le coucher du soleil illumine d'une lumière orange et dorée, lorsque les grillons remplacent le chant des cigales et que le vent, fatigué de souffler dans les voiliers, s'apaise enfin !

Mais restant cloîtrée chez moi, c'est vrai, je ne risquais pas de rencontrer quelqu'un... Je préférais pourtant rester seule à jamais que partager de telles médiocrités. Je me trouvais trop bien pour me livrer en pâture à cette élite milliardaire et si pauvre !

La Perruque habitait lui aussi La Madrague.

Il avait loué son petit appartement pour « la saison ». Il faut faire feu de tout bois en pensant aux jours durs de l'hiver ! Je ne le voyais qu'entre deux mondanités. Il rentrait d'un cocktail sur le plus grand yacht du port, tout de blanc vêtu, chic à souhait, en retard déjà pour le dîner costumé chez Barclay. Il ressortait tortillant du croupion, le petit doigt en l'air, affairé, affolé par son costume d'empereur romain dont la toge ne lui cachait pas les plis du ventre, avec sa couronne de lauriers dorés trop étroite pour son épaisse chevelure. Là-dessus, il avait automatiquement perdu les clefs de sa voiture. En les cherchant à quatre pattes un peu partout, il semait ses cothurnes, ses lauriers, ses broches et tout son fourbi qu'il fallait récupérer ensuite dans une effervescence de gestes et de paroles digne d'un monologue de Marivaux. Dans ces cas-là, je lui conseillais de louer un char et d'arriver tel Ben Hur, ce qui lui aurait évité bien des tracas. Mais son sens de l'humour avait des limites lorsque son unique souci était d'arriver à temps pour ne pas « perdre une bouchée » du repas pantagruélique auquel il avait l'immense honneur d'être convié.

Je les regardais s'en aller, chacun de son côté, l'un en costume de péplum, l'autre en robe du soir, si courte et si décolletée qu'on aurait dit un short à bretelles !

Je me faisais un peu penser à Cendrillon devant mon quignon de pain, mon bout de fromage et mon verre de rouge. Alors, j'imaginais que de la mer sortait une fée, que je la voyais s'avancer vers moi dans la pénombre dorée et mauve du jour disparu. Elle était habillée d'eau, et ses cheveux étaient les rayons de cette lumière d'été étrange et douce. Elle me faisait une robe de brume légère et transparente parsemée d'étoiles filantes, mes chiens devenaient chevaux, mes chats valets d'escorte, une bulle de savon était mon carrosse et je partais retrouver ce prince si charmant qui m'attendait une chaussure à la main...

* * *

Le courrier quotidien variait de 50 à 300 lettres.

N'ayant pas de secrétaire à Saint-Tropez, cela prenait une grande partie de mon temps, Gloria m'aidait. En général, ce que nous lisions nous laissait le cœur meurtri, l'âme en révolte et le corps pantelant !

Les chiens abandonnés (période des vacances), euthanasiés chaque semaine par milliers dans les fourrières de France... Pauvres bêtes innocentes, condamnées à mort par abandon de leur maître, quelle horrible injustice ! Chevaux importés de Pologne ou de Grèce, d'Afrique du Nord ou d'U.R.S.S. pour la boucherie, voyageant dans des conditions abominables, arrivant après plusieurs jours ou plusieurs semaines de transport sans boire, sans manger, les yeux crevés, les jambes cassées, les plus forts piétinant les plus faibles !

Bœufs, moutons, petits veaux en transit à la frontière italienne, à Vintimille, restant des jours entassés dans des camions sans nourriture, sans ombre, attendant le bon vouloir des douaniers pour finir dans l'abattoir le plus proche ou le plus lointain.

Vols de chiens ou de chats dans telle ou telle région de France, pour les laboratoires : chiens ou chats appartenant à des maîtres qui les

254

cherchent, les réclament à cor et à cri et ne les retrouveront jamais. Chiens ou chats gâtés et aimés qui, vendus pour la triste somme de 300 francs, finiront dépecés, électrocutés, découpés, trépanés, amputés, brûlés vifs sur les tables des vivisectionneurs, ces héros sadiques portés au firmament de la gloire et du respect.

Chats errants ou perdus, nourris par des couples de retraités et retrouvés empoisonnés, morts dans des souffrances abominables parce que les voisins en avaient assez...

Chiens abattus à bout portant par des chasseurs parce qu'ils traversaient leur jardin...

Singes capturés de manière inadmissible, avec 90 % de mortalité, pour les zoos, les cirques ou les laboratoires.

Eléphants d'Afrique décimés, en voie de disparition totale, pour l'ivoire !

Girafes affolées, chassées en hélicoptère, mourant de crise cardiaque.

Massacre de nos petits animaux sauvages par piège, poison, asphyxie, noyade, égorgement, sous prétexte qu'ils ont la « rage » et en réalité pour leur fourrure.

Chiens capturés, pendus, puis égorgés et dépecés pour la boucherie en Thaïlande, aux Philippines, à Tahiti, au Vietnam, en Corée !

Scandale de l'abattage rituel musulman : moutons traînés dans les H.L.M. puis inhumainement égorgés dans les baignoires.

Monstrueux massacre des oiseaux migrateurs dans le Sud-Ouest, au printemps. Les tourterelles, hirondelles, après avoir traversé la sécheresse du Sahel et la longue Méditerranée, arrivent épuisées pour nidifier en France et tombent sous un mur de feu ! Quel accueil chaleureux ! 3 000 miradors bloquent les gorges du Médoc qu'empruntent chaque année les oiseaux qui rentrent en France.

Bravo !

L'inconscience des gens qui déménagent, ne peuvent garder leur vieux chien de 14 ans et veulent me le donner pour être sûrs qu'il aura une fin de vie heureuse !

La douloureuse disparition des baleines qui, pourchassées inexorablement par les Japonais, les Norvégiens et les Russes, finissent en produits de beauté, en boîtes pour chiens et chats, en triste industrialisation de congélation et autres inventions diaboliques.

Avec pour leitmotiv à toutes ces dénonciations : « Vous seule pouvez faire quelque chose pour arrêter ces horreurs ! »

Alors qu'en les lisant, ces horreurs, les larmes me coulaient des yeux, que je maudissais le ciel de m'avoir fait naître dans un monde aussi cruel, aussi fou, Gloria, muette, buvait un whisky. Volubile, crachant mon dégoût de cette humanité pourrie, j'avalais de mon côté mon verre de champagne.

Bien sûr que j'allais faire quelque chose, mais par où commencer ?

Et puis, je n'étais pas démiurge, hélas ! J'avais beau me démener comme un diable dans un bénitier, aller voir ces ministres « intègres », « ces conseillers vertueux » comme disait Victor Hugo, les décisions ne venaient pas de moi... J'avais beau écrire aux préfets, aux maires, rien de véritablement concret... des coups d'épée dans l'eau... de l'énergie dépensée pour rien.

Je décidai donc d'aller voir le Président de la République.

Mieux vaut s'adresser au Bon Dieu qu'à ses saints. J'écrivis une lettre à François Mitterrand et lui demandai de m'accorder un rendez-vous pour parler de la condition animale en France.

Mais toute cette abominable détresse ne me remontait pas le moral ! Au contraire, je me sentais chaque jour plus déprimée, plus inutile que la veille. Je ne servais à rien, je n'étais qu'un intermédiaire impuissant. J'aurais eu besoin de puiser mon énergie dans la rassurante présence d'un être aimé qui, à travers son amour, m'aurait redonné cette force dont j'avais tant besoin et qui me quittait comme une hémorragie de tout mon être !

Cette solitude me tuait à petit feu !

Elle tuait tout ce que je pouvais faire pour les animaux, mon énergie, mon courage, ma combativité ! Et pourtant, je sentais au fond de mes tripes une rage foudroyante qui ravageait ma conscience.

Un jour, une lettre différente me refit sourire.

L'équipage et le capitaine de l'*Alexandrine*, le plus beau voilier du port de Saint-Tropez, un trois-mâts noir avec balustres en bois tourné, cuivre à l'ancienne et gréé en goélette franche, m'invitaient avec mes amis à boire un verre...

Ah oui ? Alors j'irais avec Glo et ses amis Chiliens de passage, avec ma guitare et notre envie de chanter les mélodies sud-américaines qui font bouillir le sang, réchauffent le cœur et laissent la nostalgie de la vérité nous envahir.

Aussitôt dit, aussitôt fait.

Nous avons passé à bord de l'*Alexandrine* une soirée rare et belle !

Le capitaine, Patrice, jeune et charmant, jouant du folk à la guitare. L'équipage, une femme, Babette, jeune et charmante, et un skipper adorable ! Il y avait des étoiles plein le ciel et plein nos yeux. Nous buvions du vin et chantions en espagnol ou en anglais des chansons rudes ou tendres selon l'inspiration. Toute la baie des Canoubiers où nous étions ancrés dut nous supporter jusqu'à une heure avancée de la nuit... Le lendemain, l'*Alexandrine* mettait le cap sur la Yougoslavie, et c'est avec une grande tristesse que nous nous quittâmes, un peu ivres de bonheur et de vin.

Je pensai, avant de m'endormir, qu'en fin de compte, je pouvais être heureuse avec presque rien ! Un peu d'insouciance, un peu de musique et de chansons, un peu de vin rouge, un peu de dépaysement, et autour de moi des gens simples et la mer.

Et pourtant, ce minimum je l'avais si rarement... Pourquoi ?

On a, dit-on, la vie que l'on se fait !

Je ne dois pas être très douée pour bâtir ma propre existence !

Je m'emberlificote au milieu de trop de responsabilités. C'est toujours moi qui invite les autres, qui fais la bouffe, le marché, la cuisine, le ménage, qui m'achète des fleurs, qui fais le feu de bois, qui ouvre le champagne, qui prépare les cocktails de jus de fruits au rhum, qui conduis la voiture, qui m'occupe du bateau, qui mets des draps fleuris et des serviettes fleurant bon la lavande dans les chambres d'amis, c'est moi qui allume les bougies, les bâtons d'encens.

C'est moi qui promène les chiens, nourris les chats, les soigne, assume leurs maladies, leur mort. C'est moi qui ouvre, réponds à mon courrier, c'est moi qui visite les petits vieux à l'hospice de Saint-Tropez, leur fête Noël, le Nouvel An, la Fête des Mères, le printemps, l'été, l'automne, l'hiver. C'est moi qui prends en charge les plus déshérités de mes amis, qui leur achète des appartements ou leur fais construire sur mon terrain une maison plus spacieuse que la mienne... C'est moi qui console les inconnus qui m'appellent au secours, c'est moi qui leur remonte le moral ! C'est moi qui envoie 10 000 francs par mois aux refuges-mouroirs de France afin que les chiens et les chats aient un peu de nourriture, un peu de chaleur ou de soins.

C'est moi qui suis responsable des autres.

Mais quand je flanche, qui donc est responsable de moi ?

Personne, absolument personne. Je pensais que si j'avais un accident de voiture et que je sois gravement blessée ou morte, qui la police préviendrait-elle ? Personne !

C'est cela la vraie solitude !

J'en étais là de mes réflexions amères, un soir de fin juillet 1984, avec Gloria, lorsque le téléphone sonna.

N'attendant aucun coup de fil de personne, c'est Glo qui répondit.

C'était Allain ! Non ! Allain ? Tu rigoles, Glo ? C'était lui !

Ma voix tremblait lorsque je dis « allô ! ». Qu'allait-il encore me dire pour me démolir un peu plus ? J'étais à la fois terrifiée et heureuse ! C'est lui qui m'appelait, c'est lui qui brisait le silence, c'est lui qui faisait le premier pas !

« Allain, c'est toi ?

— Ecoute Brigitte, je suis malheureux, j'en crève, je ne peux pas vivre sans toi... tu m'écoutes ?

— Oui...

— Ecoute-moi Brigitte, si tu veux, si tu le veux, je viens en voiture immédiatement te retrouver et je t'épouse ! Brigitte, réponds-moi, je t'aime, je veux que tu sois ma femme.

— Oui, oui, oui, oui, oui... »

Puis, je me mis à pleurer, à rire, à devenir folle de bonheur, à embrasser le téléphone...

« Brigitte, je pars immédiatement, je serai là à 4 heures du matin, je te téléphonerai sur la route. »

Je restais une fois de plus hébétée, le combiné à la main, qui faisait *tip... tip... tip...* Un sourire mouillé de larmes, ne comprenant plus rien à cette vie bizarre et pas comme les autres qui était la mienne.

Gloria me regardait, émue elle aussi de ce bouleversant changement de situation !

Allain revint, Allain fut là, Allain m'aima, Allain fit revivre cette maison, puis Allain repartit travailler.

J'eus soudain envie de lui faire une surprise pour le prochain week-end, le dernier de juillet ! Je louai chez « Glémot » à Cannes le plus beau yacht qui restait disponible. Allain ne connaissait pas la Corse, j'avais envie d'y retourner avec lui.

Je confiai les chiens, les chats, la maison, le courrier, les emmerdes, le marché, la bouffe et tout le tintamarre à Gloria, à Joseph, à Madeleine, et... ouf... embarquai avec Allain, ravi et ému, sur un magnifique bateau de 35 mètres, conçu pour une dizaine de passagers et où nous étions deux.

C'était notre voyage de noces, notre voyage de retrouvailles, notre voyage d'amoureux, notre premier voyage pour nous tout seuls.

C'était un rêve !

Trois personnes pour nous servir ! Je ne m'occupais de rien, tout était prévu, merveilleusement organisé... Je n'avais plus vécu comme ça depuis des lustres. Nous avons vu des dauphins jouer avec l'étrave du bateau, nous avons vu des cachalots souffler de somptueux jets d'eau en notre honneur, nous avons vu les côtes de la Corse dans la brume du soir. Nous avons, comme de simples touristes, dîné à Saint-Florent dans un merveilleux restaurant qui surplombait une minuscule plage de rêve !

Nous avons découvert Calvi et sa vie nocturne pleine de soldats, de filles, de bouges, de ruelles malfamées et, manque de bol pour nous, pleine de photographes qui nous ont gâché la vie. Notre retour sur le bateau fut une épopée. Impossible, dans notre affolement, de remettre le moteur en route. Allain tirait sur cette malheureuse ficelle comme un forcené pendant que j'avais pris les rames et essayais maladroitement de m'éloigner au plus vite de cette jetée d'où crépitaient des dizaines de flashes.

Plus calmement, nous sommes arrivés dans le paradis qu'est la baie de Girolata.

Nous avons dîné dans un restaurant de rêve, le seul!

Il y avait des lampes à pétrole et les tables étaient presque sur la plage. Plein de chiens, de chevaux, de chèvres, de vaches passant devant nous sans se presser, au rythme de la Corse et, sans doute aussi, affaiblis par leur malnutrition.

Parmi eux, je remarquai un chien particulièrement mal en point. Il était très sale, très maigre, et ses pattes enflées, rouges et luisantes, n'étaient qu'un monstrueux abcès. Je nourris un peu tout le monde, ce soir-là. Allain me laissait faire avec l'indulgence qu'ont parfois les parents vis-à-vis des caprices insensés de leurs enfants. Tout le pain, le beurre, les têtes de poissons, le riz, le gâteau y passèrent. J'étais à quatre pattes, debout. Je cherchais à rassurer ces animaux craintifs et affamés.

Seul, le pauvre chien mal en point ne voulait rien. A qui appartenait-il? A personne! Il était malade, il fallait l'emmener chez le vétérinaire! Mais le plus proche vétérinaire était à l'Ile-Rousse, à cent kilomètres.

J'étais bouleversée.

Allain commençait à s'énerver.

Plus il s'énervait, plus je m'occupais du chien. Après tout, il gagne des sous en faisant des émissions sur les animaux à la T.V., la moindre des choses est qu'il assume! Moi, je ne fais pas d'émissions, je ne gagne rien, mais j'assume! Je voulus ramener le chien à bord pour le soigner, le nourrir, essayer de le sauver! Allain s'y opposa formellement! Ça, c'était la meilleure! Quel toupet! De quoi je me mêle? J'étais furieuse d'avoir à subir ce refus définitif infligé par l'homme que j'aimais, qui disait m'aimer et aimer les animaux.

Allain était maître à bord de l'annexe qui, cette fois, démarra au quart de tour et n'emmena pas le chien! Mais c'était le capitaine qui était maître à bord du yacht après Dieu! J'estimais que j'avais peut-être aussi mon mot à dire dans cette affaire, mais, par délicatesse, je préférai laisser la conscience du capitaine s'exprimer après que je lui eus relaté les faits.

Il fut décidé que nous irions chercher le chien le lendemain matin et que nous mettrions le cap sur l'Ile-Rousse afin de trouver ce vétérinaire unique pour tout le Nord de la Corse!

Inutile de dire ou de décrire la tête d'Allain!

Furieux, humilié, il ne m'adresserait plus la parole.

Moi, triste, déçue encore une fois, désespérée que le sauvetage d'un animal malade puisse engendrer une telle agressivité entre nous. Après tout, non seulement il aurait dû lui aussi courir au secours de cette pauvre bête, mais rien que pour me faire plaisir, il aurait dû être agréable, et indulgent. Bref, nous avons dormi chacun dans notre coin, la nuit du cul tourné, ni bonsoir ni bonjour ! A mon réveil, pas d'Allain ! Je pris mon petit déjeuner seule, servie par trois personnes...

L'endroit était superbe et sauvage.

La mer turquoise et transparente. Le soleil encore doux et moi encore seule. Il était parti de bon matin avec un pêcheur relever les filets et voir les derniers nids de ces aigles rares, appelés balbuzards. Je me faisais penser à ces vieilles milliardaires américaines qui, seules dans leurs palais ou leurs yachts, se font servir comme des princesses et meurent d'ennui.

Allain finit par revenir, il avait l'air de bonne humeur, les brumes de la veille avaient été balayées par ce beau matin ensoleillé ! Il y avait des dizaines de poissons encore frétillants dans la petite barque de pêche et il avait vu les nids pleins de petits balbuzards encore imberbes. Tout avait l'air d'aller au mieux, jusqu'à ce que je dise qu'il était temps d'aller chercher le chien malade.

Rebelote dans le style exaspéré !

Le capitaine mit le canot à la mer et j'attendis Allain pour embarquer. Allain qui se rasait, Allain qui buvait un café, Allain qui fumait une gitane ! Allain qui finit par dire que nous n'avions pas besoin de lui pour aller jusqu'à la plage ! Allain, que je suppliais de venir avec nous, le conjurant d'arrêter son cinéma, lui demandant d'être simple et gentil, humain, c'est tout ! Il finit par nous rejoindre, les mâchoires crispées, tendu comme un arc, les yeux perdus au loin.

Bonjour l'ambiance !

Et me voilà sur la plage cherchant ce chien introuvable...

Etait-il mort pendant la nuit ? Pauvre bête que je délivrai d'une énorme chaîne, d'une cabane puante style W.-C. du coin. Pauvre bête aux poils collés de pus, de sang, de crasse. Pauvre bête au nez bouillant de fièvre, aux pattes violettes de furoncles. Des milliers de tiques collées à sa peau lui donnaient l'aspect d'un arbre en bourgeons. Au départ, il devait avoir été un griffon. Là, il était une serpillière immonde dont la fourrure mitée cachait mal les os pointus du corps squelettique. Il me suivit sans problème, mais il avait du mal à marcher. Je le pris dans mes bras, un peu dégoûtée, je l'avoue...

Alors là, Allain fut formidable.

Il me prit le chien des bras et le transporta dans le canot. Il lui parla doucement pour le rassurer lorsque nous quittâmes la berge et que le chien se mit à gémir et à trembler. Il le monta lui-même à bord avec une infinie délicatesse et le déposa sur le pont en le caressant.

Et nous voilà partis pour l'Ile-Rousse !

Deux heures de mer dans le sens opposé à celui de notre croisière. Le chien, prostré, ne bougeait pas de l'endroit où Allain l'avait mis. Des tiques dérangées par tout ce tohu-bohu commençaient à se balader autour du chien, horribles bestioles gorgées de sang, redoutables choses immondes et écœurantes que je balayais et jetais à la mer.

A l'Ile-Rousse, Allain et le capitaine partirent en reconnaissance pour trouver l'adresser du véto et un taxi.

Il faisait une chaleur accablante ; il était 1 heure de l'après-midi, le 30 juillet en Corse ! Toujours dans les bras d'Allain, le chien fut débarqué du bateau, puis embarqué dans le taxi qui, heureusement, me fixait, se demandant s'il rêvait, au lieu de regarder le chien qu'il aurait probablement refusé de charger.

Arrivés chez le médecin Voisin, absent, sa femme voyant ce que nous trimbalions, nous reçut froidement. Nous attendîmes au moins une heure ! Puis, le médecin arriva en coup de vent, il avait une urgence et devait repartir ; nous allions devoir attendre encore au moins deux heures. Lorsqu'il me reconnut ! Sa femme aussi par la même occasion, confondue en excuses... Le chien se laissa examiner sagement. Il avait 40° de fièvre, un début de septicémie, et serait mort rapidement si nous ne l'avions pas secouru.

Le Docteur Voisin fut adorable.

Il nous donna une provision d'antibiotiques, désinfecta les plaies purulentes, passa une poudre anti-vermine, nous conseilla de le tondre, lui lava les oreilles pleines de gale et nous dit que ce serait un très beau chien... Là-dessus, extrêmement pressé, il refusa que nous lui payions ses honoraires, nous remerciant d'avoir sauvé cet animal, et s'enfuit aussi vite qu'il était arrivé, vers d'autres malheureux de cette île de Beauté si cruelle envers les animaux !

L'arrivée de « Gringo » à La Madrague ne fut pas aussi « pire » que ce que nous avions prévu. La joie de nous revoir fit oublier la présence de l'intrus aux mâles dominants. Quant à Gringo, sa maladie, sa faiblesse le mettaient en situation d'allégeance devant les autres.

Et la vie reprit son rythme habituel !

J'amenai Gringo chez la toiletteuse de Saint-Tropez, pour un shampooing, mise en poils. Jamais elle n'avait vu tant de nids de tiques, ni cassé autant de peignes, brosses, ciseaux sur un pareil amalgame de poils collés, bétonnés, entremêlés par la crasse, le pus, la sueur, la terre, la vermine. Gringo, tondu, lavé, brossé, séché au séchoir tel un caniche de luxe, était à deux doigts de la dépression nerveuse ! Ses yeux me suppliaient d'arrêter le martyre, il gémissait, entravé par les chaînes qui le livraient au souffle chaud du séchoir alors que nous subissions déjà une température de 35° à l'ombre.

Pauvre Gringo qui m'aimait tant déjà et me léchait les mains ! Mais quel beau chien il est devenu depuis... Il faut souffrir pour être beau, chez les chiens comme chez les humains.

J'appris que Nicole, ma gardienne et amie, devait être opérée le 7 août à Perpignan. Je n'avais plus aucune nouvelle depuis son départ en catastrophe de janvier dernier. J'étais inquiète ! Un cancer généralisé chez une femme de 53 ans, courageuse, pauvre et seule comme elle l'était...

J'aurais tant voulu l'aider matériellement et moralement, mais personne ne pouvait, ou ne voulait, me dire quelque chose de précis sur elle ! Une espèce de *black out*, d'interdiction due sans doute à sa fierté !

Je pensais à elle qui avait su faire de La Garrigue un endroit charmant, bohème, à son image. Je pensais à l'aide immense qu'elle m'apportait dans mon combat pour les animaux, et à la confiance totale que j'avais en elle pour lui laisser mes chiens ou mes chats lorsque je devais quitter Saint-Tropez.

C'est ce moment précis que ses remplaçants choisirent pour me quitter ! En plein mois d'août, pour aller chez ces parvenus qui avaient loué la peau des fesses des « villas » de marbre et de stuc et qui payaient des tas d'or ceux qui avaient le courage et la patience de leur servir le caviar.

J'étais jolie !

C'est Allain qui me trouva dans *Nice-Matin* l'annonce d'un couple qui cherchait du travail ! Un couple qui cherche du travail ? Je n'en revenais pas ! Cela existait encore ?

Eh oui, cela existait encore ! Car après une brève rencontre, cela fit « tilt » de part et d'autre. C'est ainsi que Véronique, 23 ans, son mari Patrick, 27 ans, et leur adorable Alexandre, 3 ans, s'installèrent dans la minuscule maison de gardiens de La Garrigue. C'est comme si tout d'un coup le petit Jésus en culotte de velours était venu me prendre par la main. Un rêve ! Nous nous entendions à merveille, comme s'ils étaient mes enfants. Je me reposais sur eux pour tout, et les problèmes disparaissaient comme gommés du quotidien.

Allais-je enfin quitter Pluton ?

Je lui avais donné quatre années de ma vie, ou plutôt il me les avait prises ! Nous allions être quittes, me semblait-il !

Et puis, j'allais avoir 50 ans !

Déjà les journaux, un mois à l'avance, annonçaient la nouvelle !

Je me regardais dans la glace et je me trouvais très marquée. Mon visage avait terriblement changé depuis ces quatre dernières années. Les rides, bien sûr, mais pire encore, les joues affaissées et les yeux de cocker, ravages de l'alcool ! Je portais les stigmates de trop d'épreuves morales et physiques qui s'étaient gravées sur ce qui fut le visage de B.B. Mon corps ? Cela allait « en corps » !

C'est dur de vieillir ! Très dur !

Difficile d'accepter la détérioration de ce qui fut jeune et beau, et dont j'ai si mal profité avec mes complexes, ma timidité, mon manque d'assurance. Les faits étaient là, je devenais une vieille dame... Mais pourtant, même si je voyais mal sans lunettes..., mes yeux avaient encore la même vision des choses que lorsque j'avais 20 ans ! Et pourtant non. Par moments je me sentais si mûre, si évoluée que j'avais presque 80 ans ! Quel drôle de mélange en moi ! J'ai toujours été excessive, je le serai probablement toujours, cela doit faire partie de mon charme, de ma personnalité, de mon caractère impossible.

« La vieillesse c'est la revanche des laides », m'a dit un jour Christine Gouze-Renal. Elle a raison.

En attendant, il allait falloir que je les assume ces 50 ans, ce demi-siècle, ce début du troisième âge, ce tournant vers l'au-delà de ce qui a été !

Mais avant d'assumer des ans l'irréparable outrage, ce qui n'est que relativement grave, j'appris que Nicole venait de subir à Montpellier une terrible opération – neuf heures sur le billard. On ne lui avait laissé dans le ventre que l'essentiel. Ses chiens étaient en pension chez Simone Peyre, au Thoronet... Ses chats disséminés un peu partout, au gré des bonnes volontés ! Pourquoi ne m'avait-elle rien dit ? Pourquoi cet orgueil démesuré, cette volonté de s'en sortir seule coûte que coûte, alors qu'il lui était impossible de s'assumer, elle et ses animaux ?

Il me fut très difficile d'obtenir son adresse.

Un ordre très sévère interdisait toute intrusion dans son pénible univers hospitalier. Après avoir fait des pieds et des mains, mendié en quelque sorte son bon vouloir, j'arrivai à lui parler au téléphone. Nicole est fière, orgueilleuse, et n'accepte ni pitié, ni charité. Il faut lui faire croire qu'elle fait une bonne action en prenant la main qui se tend vers elle. Sinon, elle refuse, se cabre, se moque de vos sentiments et vous envoie sur les roses. Son médecin ne voulait pas la laisser quitter l'hôpital, car elle n'avait aucun havre de convalescence. Elle ne pensait qu'à sortir pour retrouver ses chiens et ses chats, sa vie, en quelque sorte... Je proposai timidement Bazoches qui avait tant besoin d'une présence, d'une âme, où les gardiens tournaient en rond, où les animaux dépérissaient de solitude.

Je fus éblouie de bonheur quand elle accepta mon offre.

Ouf ! Nicole allait retrouver ses chiens, ses chats, prise en charge comme une princesse dans une maison de rêve, proche de Paris.

Attention, une épreuve peut en cacher une autre...

J'avais partiellement résolu le problème de Nicole, lorsque je reçus la lettre, datée du 18 septembre 1984, d'une femme avocat, Christine

Courrège, pour m'annoncer que Nicolas Charrier, mon fils, envisageait une procédure contre moi à la suite de l'article paru dans *Paris-Match* du mois de juillet. Je devais faire connaître le nom de mon conseil afin d'envisager de régler le différend.

Joli cadeau d'anniversaire de la part de mon fils unique !

Nicolas, absent depuis plusieurs mois de l'appartement de la rue de la Montagne-Sainte-Geneviève que je lui avais offert pour ses 20 ans. Nicolas amoureux d'une jolie Norvégienne qui était parti, sans laisser d'adresse, vivre là-bas avec elle ! Nicolas que je voyais peu, mais qui avait dans mon cœur la place prépondérante des enfants uniques, et pour qui j'avais l'indulgence des tripes.

Le coup fut rude ! Je pleurai beaucoup.

Pourtant, dans ce foutu article, je ne disais que de très belles choses sur lui. Malheureusement, j'avais eu l'audace de rappeler qu'il ne m'aidait pas dans mon combat pour les animaux, car il avait eu l'habitude de tirer les rats dans les poubelles ! Anecdote véridique qui m'avait énormément choquée, cependant qu'elle faisait mourir de rire le père de Nicolas. Du reste, j'aurais voulu pouvoir divorcer plusieurs fois de cet individu, une seule fois me paraissant dérisoire par rapport aux affligeants différends que notre triste et courte rencontre avait pu engendrer.

* *

Le compte à rebours était commencé !

L'Evénement de l'année se rapprochait.

Je me raccrochais à ces 49 ans qui avaient si peu de temps à vivre, comme si le fait d'avoir 50 ans d'un jour à l'autre allait me faire basculer brusquement dans un univers différent de la veille. Et pourtant, c'est vrai, une femme de la quarantaine est encore désirable. La cinquantaine éloigne, diffère, inspire le respect et non l'amour !

Je regardais des photos de Sophia Loren, sublime, sans une ride, plus belle qu'à 20 ans, déclarer que ses 50 ans étaient la plus belle période de sa vie ! Et moi je me voyais telle que j'étais, ridée, tristement vieillie, subitement abîmée, n'ayant pas eu l'audace ou le courage de confier mon visage aux chirurgiens de la beauté éternelle et, de ce fait, me trouvant l'aïeule de celles qui avaient quelques années de plus que moi : Dalida – Jeanne Moreau – Rika Zaraï – Annie Cordy – Line Renaud – Gina Lollobrigida – Nicole Courcel – France Roche – pour ne pas citer Edwige Feuillère qui semblait presque ma cadette !

J'ai en moi une espèce d'intégrité qui me pousse à accepter les choses de la vie, à affronter les épreuves qui font partie d'un cycle auquel je pense que nous devons nous soumettre. Ce qui est déjà dur et difficile ! Mais ce qui est encore plus dur, c'est de se sentir seule à assumer ce dif-

264

ficile tournant et de voir les autres rajeunies, sûres d'elles, belles, séduisantes, et de comparer sa triste réalité.

Bref, triste ou pas, le 28 septembre 1984, j'eus 50 ans !

Paris-Match me rendit un hommage dû généralement à la disparition tragique d'un être cher ! Les journaux du monde entier titrèrent sur le chiffre 50 ! Les chaînes de T.V. nationales et internationales firent une ovation à cette date, à cet âge déterminant d'une gamine devenue vieille et méritant les honneurs dus à sa respectabilité. Yves Mourousi me souhaita un « Joyeux anniversaire » en ouverture de son journal télévisé.

Beaux et inoubliables honneurs, il faut bien le dire !

A la maison, le champagne pétillait, les embrassades allaient bon train, les cadeaux et les télégrammes affluaient, le courrier arrivait par sacs postaux. Moi, un peu en dehors de tout cela, je regardais le ciel, la mer, immuables, bien plus vieux que moi, bien plus jeunes aussi, parce que inaltérables, éternels et non soumis à la dure loi du temps « ce grand sculpteur », comme l'a écrit Marguerite Yourcenar.

Le soir du 28 septembre 1984, pour fêter cet anniversaire que seule j'aurais aimé oublier, Allain avait réservé aux « Baux de Provence » une table, une chambre, une soirée digne de cet événement. Au dernier moment, fatiguée, épuisée et lasse, je le suppliais de ne pas y aller.

Oui, mais qu'allions-nous faire ? Rien de prévu à La Madrague...

Alors, un bistrot, oui, un petit bistrot, en tête à tête ! J'en connaissais un merveilleux à la Garde-Freinet : 90 tournants, mais quelle joie d'y arriver ! Gloria et Yvonne qui buvaient un peu seules un whisky dans le salon ne purent être abandonnées ce soir, si joyeux, de mon demi-siècle. Et en avant pour un dîner à quatre pour les 50 ans de « notre » Brigitte.

Sur place, le patron, ignorant tout de cette mémorable soirée, nous fit attendre une demi-heure au bar le temps qu'une table se libère. Puis, au dessert, je commandai une autre bouteille de champagne... qu'il fallut attendre une autre demi-heure.

Les clients présents, tous des étrangers, applaudirent au son du bouchon qui sautait ! Le patron, toujours et encore ignorant de ce qui se passait dans son bistrot, les regarda avec un mauvais œil. Profitant de cet instant de chaleur, je demandai au patron « du champagne pour tout le monde ». Il me regarda avec l'œil affligé de ceux qui essayent de comprendre des inadaptés ou des êtres venus d'une planète inconnue. Il fallut attendre autant de fois une demi-heure qu'il y avait de bouteilles commandées. Ce restaurant de luxe ne possédait qu'un seul et unique seau à champagne !

Il m'a fallu attendre 50 ans pour voir la bêtise humaine submergée à ce point par un événement toujours inconnu, incompris, mal reçu et mal communiqué à ceux qui auraient dû être le réceptable d'une soirée mondialement enviée.

Pluton était-il encore là, ce soir du 28 septembre 1984 ?

Lui qui ne me lâchait pas les baskets depuis cinq ans, n'en avait-il pas assez ? Il faut croire que non.

Armée de mes 50 ans comme d'une cuirasse, je voyais venir les uns et les autres. Je fis chercher Nicole qui passa quatre jours à La Madrague avant de prendre la route avec ma Range-Rover, conduite par un de ses amis, ses chiens et ses chats, pour rejoindre Bazoches où tout était prêt pour son arrivée.

J'assumais une grande prise de position face à la vivisection, honte de notre triste civilisation, parrainant l'œuvre magnifique d'un peintre, Chantal Bernard, qui m'avait représentée entourée d'animaux de toutes sortes. Cela s'appelait *La Paix*, et devait être vendu au profit de la recherche sur les cellules, nouvelle méthode qui abolissait, si elle en avait les moyens, la douloureuse exploitation de l'animal dans les laboratoires de recherche biologique.

Le samedi 6 octobre 1984, éclata un drame de la chasse terrifiant à La Valette, petit village du Var non loin de Saint-Tropez. Un artisan maçon de 48 ans, Cosimo Lipartiti, voulant empêcher les chasseurs de poursuivre un sanglier dans son jardin, fut abattu froidement à bout portant devant son portail et sous les yeux de sa femme, par un viandard du nom de Michel Thibaud.

J'étais horrifiée en apprenant qu'une fois encore les chasseurs, ou plutôt les « tueurs », avaient usé de leur prédominance terroriste pour détruire une vie humaine. Mais jusqu'où allaient-ils aller ces assassins d'animaux protégés par les gouvernements ?

Pauvre Cosimo Lipartiti qui avait donné sa vie pour sauver celle d'un sanglier traqué qui avait trouvé refuge dans sa propriété ! Sur son portail un écriteau : « ICI COMMENCE LE RESPECT DE LA VIE ET L'AMOUR DE LA NATURE. » Le sanglier l'avait senti, mais le chasseur lui n'en avait que faire, il avait besoin de tuer et il a tué.

Devant ce meurtre sanglant et impitoyable, l'image des chasseurs en prit un sérieux coup. Même le président de la Fédération départementale de chasse déclara : « Nul n'a le droit de chasser sur la propriété d'autrui, s'il n'y est pas autorisé. »

Je repensais à la scandaleuse loi Verdeille, cette loi intolérable qui autorise les chasseurs à poursuivre leur proie dans les terrains privés de plus de quelques hectares, lorsque ceux-ci ne sont pas clos par une quelconque clôture, barrière ou palissade.

J'allai à l'enterrement de Lipartiti, lui rendre l'ultime hommage qu'il méritait tant. Je rencontrai Claire, son épouse, pauvre femme dont la vie fut brisée et qui vendit tout pour partir le plus loin possible, essayer d'oublier le cauchemar infernal qu'elle venait de vivre. Ma haine des chasseurs, déjà bien ancrée, devint encore plus impétueuse. Je décidai d'en parler directement avec François Mitterrand, lorsqu'il m'accorderait enfin l'entrevue que j'attendais.

J'eus enfin, non sans mal, ce rendez-vous tant souhaité avec le Président de la République, le 16 octobre, afin de lui soumettre avec Allain Bougrain Dubourg la liste des urgences animalières que la France demandait.

Il se posa un problème de dernière minute dont Christine me fit part la veille ! Le Président ne recevait que des couples mariés, or, Allain et moi ne l'étions pas... Alors ça, c'était la meilleure ! Tout le programme de protection animale dont nous devions être les porte-parole s'effondrait pour une histoire qui semblait d'un autre siècle ! D'autre part, le Président n'admettait jamais à l'Elysée des femmes en pantalon ! Or, je n'avais pas de jupe ! Et puis, j'avais bien été reçue en pantalon par de Gaulle !

« Oui, mais François ne te recevra pas en pantalon et tu dois être mariée à Allain d'ici demain ! »

Je pouvais à la rigueur trouver une jupe, mais certes pas épouser Allain dans les douze heures qui suivaient. Il fallut que je jure à Christine que nous allions nous marier en janvier pour que, enfin, le veto présidentiel se lève ! Quant à la jupe, j'en mis une vieille qui avait appartenu à maman et que je fis tenir avec une épingle à nourrice.

La rencontre fut assez tendue, malgré le déjeuner végétarien que le Président eut la délicatesse de me proposer.

Nous parlions de la souffrance animale, des améliorations urgentes, et il nous répondait sa fierté de la Pyramide du Louvre dont la réalisation était imminente. Puis, nous eûmes droit à une visite complète de l'Elysée dont les appartements, meublés ultra-modernes et sans aucun goût, juraient avec les moulures dorées et les lambris. Les animaux n'intéressaient déjà plus personne. Du reste, rien, aucune amélioration n'eut lieu.

Ce fut une escroquerie à ma naïveté.

Sortant de l'Elysée, au bras du Président pour les photos (ce sont les seuls moments qui lui parurent indispensables au cours de cette rencontre) j'eus l'audace de dire aux médias « que pour la première fois, un président en fonction recevait les représentants des associations de défense animale en France ».

Toutes les associations, y compris la S.P.A. pour qui j'ai fait énormément dans ma vie, se sont liguées contre moi et ont annoncé officiellement que je n'étais rien, ni personne, dans leurs groupes, et que je n'engageais que moi-même dans les propos que je tenais à la presse.

Pluton, encore Pluton !

Comment des gens poursuivant un but commun pouvaient-ils à ce point me rejeter alors que j'étais (que je suis) leur plus fervent, leur plus sûr, leur plus désintéressé porte-parole ? Parfois, les bras me tombent devant une telle médiocrité, tant de déceptions, de sentiments minables. Les animaux ont pour défenseurs des associations qui se bouffent le nez, qui se jalousent, qui se haïssent.

Enfin, si le ridicule tuait, il y a longtemps que je serais morte...

Je décidai, face à cette déplorable agression de ceux qui étaient mes alliés, de ne rien répondre, de rester au-dessus de la mêlée, de ne pas prêter le flanc. D'avoir la dignité que la survie des animaux demandait, car ce sont eux, toujours eux qui, en cas de litige entre « défenseurs de leur cause », sont les victimes. Bouffez-vous le nez, pauvres minables, mais respectez ce pour quoi vous vous battez !

*
* *

Je n'osais pas appeler Catherine Thomas pour savoir si, oui ou non, j'étais sortie du Carré de Pluton.

Il me semblait y être encore ! Mon instinct me trompe rarement.

Je me sentais mal dans ma peau, un peu comme envoûtée, prise par une force qui n'était pas la mienne. C'est-à-dire sans force du tout. Je pensais sans cesse à la mort ! Pourquoi tant d'énergie dépensée pour finir entre quatre planches ? J'allai au cimetière sur la tombe de mes parents que j'adorais, que j'adore.

Le 5 novembre, ce fut l'anniversaire de la mort de papa Pilou.

Neuf ans déjà ! Pourquoi ? Où sont-ils ? Où est-il ? Lui si vivant, si drôle, plein d'humour, plein d'amour, poète, industriel, ami de ceux qui l'aimaient, où es-tu, mon papa Pilou ? Et maman, si belle, si intelligente, si courageuse jusqu'au bout, si fine dans ses reparties, ma maman Toty, où êtes-vous ?

Partout et nulle part sans doute. Mais quelle triste situation que de ne rien savoir en voulant tout connaître.

Puis, il y eut l'atroce maladie de « Roudoudou ».

Petite chatte tricolore, fille de « Belote » ma chérie, Roudoudou, qui dormait avec moi, dans mon cou, qui regardait toujours le plafond comme si la plus grande armée du monde allait descendre du ciel. Roudoudou, jalouse, qui me protégeait contre les autres chats, Roudoudou, rigolote qui me léchait les yeux et le visage pour que je sois proprette, Roudoudou sans laquelle je ne pouvais m'endormir tant sa présence m'était douce et indispensable.

Roudoudou, frileuse, timide, attachante et grave.

268

Le 1ᵉʳ décembre, Roudoudou, qui ne mangeait plus comme d'habitude fut examinée par le vétérinaire. Elle avait un virus grave, il fallait s'attendre au pire.

Le 5 décembre au matin, Roudoudou étouffait, puis mourut lentement dans mes bras, dans mes draps, dans ma vie, mon corps et mon cœur. Je me retrouvai avec une chatte inerte, posée sur mon oreiller, si proche, si touchante, si belle, si pure. Je lui glissai une marguerite entre les pattes et ne compris pas pourquoi elle devint si raide au bout de quelques heures. Roudoudou dormait, mais son sommeil était devenu froid, dur, figé. Alors, je compris l'horreur, je ne voulus pas l'admettre et sombrai dans une lente dépression qui m'entraîna loin, très loin.

Bien que je l'aie enterrée moi-même, je vivais encore avec Roudoudou. Elle était là, près de moi. Je me levais la nuit pour la chercher un peu partout, je lui parlais, je l'appelais. Les 45 chats de La Madrague, y compris Belote, me regardaient avec des yeux ronds.

Pluton aussi me regardait !

Ce Noël fut triste, très triste.

Je ne le montrais pas à Allain et l'aidais à faire la crèche comme de coutume. Nous avions deux maisons. Nous devions faire deux crèches. Une à La Madrague, une à La Garrigue.

Le soir du 24 décembre, nous l'avons passé à La Garrigue avec nos deux petits gardiens, Véronique et Patrick. Cela n'avait rien de bien follichon, sauf leur gentillesse.

Aucune nouvelle de Nicolas, évidemment, sauf par avocat interposé.

Mon ami Jicky, vieillissant, égoïste, indifférent bien qu'habitant chez moi, sur mes terres, hébergé gratuitement à vie, n'a pas trouvé le moyen, même le soir de Noël, de me passer un petit coup de téléphone ! Seule Amélie, sa petite chienne Boxer, venait me voir et finit par s'installer à la maison, se partageant encore entre Jicky et moi.

Quelques jours plus tard, vint à La Madrague un couple d'amis homosexuels que j'avais aidés dans la création d'un club pour « jeunes amis des animaux », il y avait bien des années. Ils étaient devenus les attachés de presse de la S.P.A. et se servaient de moi à chaque occasion possible. Ils venaient encore, avec mon assentiment, de promouvoir cette fameuse vente de posters me représentant au profit de la lutte contre la vivisection et de la recherche sur cellules.

Au cours d'un dîner, que j'avais préparé et qui se déroulait le mieux du monde, j'appris par inadvertance de la bouche de l'un d'eux que la moitié des gains recueillis pour cette campagne antivivisection serait versée à la S.P.A.

Mon sang ne fit qu'un tour...

J'avais dû mal comprendre et le fis répéter.

Mon sang fit un deuxième tour...

Comment avait-on osé prendre une pareille décision sans m'en avertir ?

Si je luttais contre la vivisection, je ne partageais pas avec la S.P.A. les maigres gains que nous allions recueillir et dont le Professeur Padieu avait tant besoin pour épargner la vie de centaines et de milliers d'animaux de laboratoire. D'autre part, lorsque l'on m'avait demandé de faire des actions ponctuelles en faveur de la S.P.A., personne n'avait jamais songé à partager les bénéfices avec la lutte antivivisection !

J'étais outrée, je m'étouffais de colère.

« On » se servait de moi, de mon nom, de ma photo pour appeler la générosité du public sur un point précis. De quel droit sans mon autorisation partager avec la S.P.A. ? De plus, Monsieur Nungesser, Président de la S.P.A., venait publiquement de me faire un affront intolérable en me radiant des associations de défense animale françaises.

Et puis, la S.P.A. est riche, radine et pingre.

Il est vrai que les pauvres chiens et chats qui y sont emprisonnés ne sont pour rien dans cette lamentable exploitation, eux payent de leur vie en étant euthanasiés par centaines chaque semaine.

Jolie société protectrice des animaux !

Seule Liliane Sujansky, la directrice courageuse, battante et aimant réellement les animaux, inspire mon respect et s'élève au-dessus de la mêlée des vieux croûtons qui détériorent cette association qui devrait être aussi puissante qu'un gouvernement.

J'étais fumasse !

Je me levai et quittai la table après avoir dit crûment, il faut le reconnaître, ce que je pensais de l'agissement malhonnête de mes invités. Allain qui était au courant et ne m'en avait pas parlé, croyant que je le savais, était tiraillé entre la chèvre et le chou. Très ami avec les pédés et très ami avec moi. Je m'enfermai dans ma chambre et ruminai ma déception, pensant que certaines excuses n'allaient pas tarder à arriver. Or, il n'en fut rien.

Le lendemain matin, deux clans bien distincts s'étaient formés. Allain et ses amis d'un côté, moi, mes chiens et mes chats de l'autre.

Nous étions le 29 décembre.

Je passai la journée seule à La Garrigue, promenant mes chiens, me rongeant les ongles, espérant un revirement de cette situation si pénible, de ce porte-à-faux à la limite de l'escroquerie, qui mutilait mon sens de l'intégrité.

Lorsque je rentrai, La Madrague était vide et silencieuse. Par contre, Le Microbus que j'avais prêté à « ces amis » était habité et bruyant.

Après avoir passé la soirée seule en face de la T.V., n'en pouvant plus, je fis une descente au Microbus. Là, je vidai ma hargne, mon venin, les traitant de tout, leur intimant l'ordre de vider les lieux, de foutre le camp, de débarrasser le plancher.

Allain, qui dînait chez eux, ne se le fit pas dire deux fois. En moins d'une heure, ils avaient plié bagages et déguerpi. Je me sentis soulagée et désespérée qu'Allain ait choisi leur compagnie. Pourtant, cette fois-ci, j'étais sûre d'avoir raison. Le problème concernait les animaux, leur souffrance, et non pas moi.

Le dimanche 30 décembre, avant-dernier jour de cette année que je haïssais, s'étira sans aucun signe de personne. Le soir, Edith et Elisabeth me téléphonèrent pour prendre des nouvelles. Je pleurais au téléphone, leur expliquant la situation, mon état d'âme, mon désarroi.

Elles vinrent le lendemain pour ne pas me laisser seule.

Les heures passaient, le téléphone restait aussi muet qu'une carpe!

J'atteignais le fond de cette dépression qui n'était pas nerveuse, mais humaine. Avec Jojo, mon gardien, elles organisèrent un petit dîner de fête, avec du saumon, des œufs en gelée, des salades de toutes les couleurs, du gâteau, du champagne!

Ne pouvant rien avaler, je bus!

Je bus à la santé de tous les enculés que la terre pouvait porter et Dieu sait s'il y en a! Et Dieu sait si je bus... Je pensais à Allain, avec qui j'aurais dû passer cette ultime soirée de 1984 et commencer 1985.

A 11 heures du soir, devant le feu de bois, la tristesse s'était installée et mon cœur étouffait. J'eus besoin de prendre l'air. Je quittai cette réunion et m'enfuis avec ma petite 4L. Où allais-je atterrir ce soir de liesse où tous les gens étaient en fête en famille, réunis, heureux, ou faisant semblant de l'être? Inconsciemment, je pris le chemin de La Garrigue... C'est encore là que je serai le plus tranquille. Mes gardiens ne m'entendirent pas arriver. La maison vide, triste, froide, inhabitée. Je sortis et restai longtemps à regarder la lune, pleine, belle, apaisante.

J'allai sur les tombes de Nini et Roudoudou et je pleurai.

Tout à coup, j'eus l'envie folle d'en finir une bonne fois pour toutes avec cette existence qui me brisait, me blessait, contre laquelle je ne pouvais plus me battre, non par lâcheté, mais par lassitude, immense lassitude.

J'allai prendre dans le tiroir de la salle de bains une boîte toute neuve de *Mogadon*, somnifère que j'avais mis là, au cas où une insomnie... Je me servis un grand verre de champagne et, au moment des douze coups de minuit, j'avalai en mesure douze comprimés – mais mon horloge sonne deux fois les heures.

J'avalai donc 24 comprimés.

Puis, j'allai m'étendre sous la lune près de Nini et Roudoudou.

« Bonne année à tous ceux que j'aime! »

Dans ces cas extrêmes, on ne pense qu'à soi. Il est évident qu'arrivée à un tel degré d'écœurement, voulant en finir, je ne pensais plus à rien, ni à personne. Même plus à mes chiens, ni à mes chats, ce qui est la plus grande preuve de l'immense sincérité de mon désarroi total, de mon infinie tristesse.

Mais ceux qui partageaient ma soirée se posèrent des questions.

En partant, j'avais dit à Jojo, mon gardien, que j'allais embrasser les petits vieux de la maison de retraite... Comme je m'en occupe régulièrement, cela parut vraisemblable. Mais Jojo, étant ami des gardiens de La Garrigue, les appela à minuit pour la « bonne année ». Eux, qui avaient aperçu ma voiture, lui dirent que j'étais là ! Mais qu'ils ne m'avaient pas vue.

Jojo, inquiet, leur demanda de partir à ma recherche.

Ils revinrent bredouilles.

Alors, commença l'inquiétude.

On ne me trouva, dans un coma extrêmement profond, que deux heures plus tard sur la tombe de mes petites, glacée, presque raide. Jojo, qui a été ambulancier, ne fit ni une ni deux. Aidé par le gardien de La Garrigue, il me chargea dans la 4L et me ramena inconsciente à La Madrague. Là, toujours glacée et raide, on m'étendit sur les canapés du salon. Edith, médecin aux pieds nus, m'examina et ne sentit plus mon cœur, mon cœur lâchait !

Ce soir-là, aucun médecin n'était de garde.

On m'emmena à la clinique de l'Oasis où personne n'était apte à accueillir une urgence pareille. Edith vociféra, pendant que Jojo cherchait partout un docteur. Mon cœur battait si lentement et si faiblement, qu'il était inaudible. Un vague interne me fit un lavage d'estomac, il paraît que ce fut très pénible, je ne me souviens de rien. Puis, Edith, extrêmement inquiète, rentra à La Madrague et trouva dans mon carnet d'adresses le numéro de téléphone de Schwartzenberg.

Elle l'appela au milieu de cette nuit exceptionnelle pour lui demander des directives, afin que quelqu'un de responsable donne des ordres aux incapables de la clinique de l'Oasis.

Puis, elle appela Allain, le réveilla, lui dit la situation.

Réponse : « Je ne suis pas médecin, je ne peux rien faire ! »

Schwartzenberg passa la nuit au téléphone, suivant, au fur et à mesure des soins donnés, l'amélioration lente de mon état comateux. Je ne repris conscience qu'en fin de matinée du 1er janvier. Conscience brève, où je me plaignis du froid glacial qui me paralysait. Puis, je me rendormis.

On me ramena à La Madrague dans l'après-midi.

J'étais consciente à tous les points de vue. Consciente de ma connerie, de ma faiblesse extrême, de ma gueule à faire peur, de ma défaite vis-à-vis de cette rude adversaire qu'est la vie. Consciente et honteuse !

Je me jurai de ne plus jamais recommencer ! Et je tiendrai parole ! J'ai trop souvent voulu mourir et trop souvent raté mon coup pour ne pas en tirer une conclusion simple. La mort viendrait me chercher le jour voulu et refusait de me prendre au gré de mes désespoirs.

Je me détruisais, m'avilissais, me ridiculisais aux yeux de ceux qui étaient les témoins de ces drames inutiles et stupides.

J'entamais ainsi ce qui restait de ce pauvre 1er janvier 1985.

Ne pas mourir signifie vivre !

Or, il m'était presque impossible de continuer.

Chaque matin, je pleurais en me réveillant, n'ayant pas envie de subir les heures à venir. Le marché, la promenade des chiens, la cuisine, autant d'épreuves que je ne pouvais plus assumer. Je fis revenir Madeleine, ma petite mère des bons et surtout des mauvais jours. Madeleine, qui est la joie de vivre personnifiée, malgré un grave cancer des intestins et un anus artificiel qu'elle assume avec courage et gaieté, Madeleine n'en revenait pas de ce désespoir latent qui planait sur La Madrague. Grâce à elle, je finis par reprendre un peu le dessus, et Allain, sentant l'ambiance vivable, revint passer les week-ends. Puis je remontai à Paris où des obligations m'attendaient. Je confiais les petits, les petites, les chats, les chattes à Madeleine et Jojo.

A Paris, entre deux rendez-vous, j'appelais, tout allait bien !

Deux jours plus tard, je rentrai au matin par le train et arrivai à La Madrague à 9 heures. Madeleine et Jojo me dirent à peine « bonjour ».

Ils avaient l'air fuyant. Que se passait-il ?

Belote avait disparu depuis la veille au soir.

Belote ? C'est impossible !

« Il y a 45 chats et chattes qui vont et viennent à La Madrague, la seule qui ne m'ait pas quittée depuis huit ans, c'est Belote. Alors, vous devez vous tromper... »

Et je me mis à chercher Belote sur les plages, sur les chemins, dans les vignes, demandant à tout le monde, persuadée de la retrouver...

Belote restait introuvable !

Le lendemain, je fis passer une photo de Belote dans *Var-Matin* promettant 10 000 francs de récompense à qui me la rapporterait. Je donnai même mon numéro de téléphone. J'eus des appels de tous poils, de toutes plumes, Belote était ici, était là, même un coup de fil de Besançon. Jojo sillonnait les routes, voyait les fameuses Belote, qui ressemblaient à tout sauf à Belote... On me donna même une petite chatte de 2 mois, prise pour Belote qui avait 8 ans... Mais que les gens ne voulaient pas garder, alors, je l'adoptai. Une de plus, ou de moins, au point où j'en étais...

Quand je pris conscience de la perte réelle et définitive de Belote, j'en voulus au monde entier et à Allain, en particulier, qui n'était pas là, près de moi, pour m'aider à assumer une fois de plus une épreuve insurmontable parce que trop souvent répétée.

Seule, encore seule à pleurer, à gémir, à chercher jour et nuit cette petite chatte merveilleuse, fidèle, amour de ma vie qui avait si mystérieusement disparu alors que j'étais à Paris pour défendre la cause des animaux.

Bref, je perdis Belote et Allain ! Et me retrouvais de nouveau dans l'abîme d'une solitude désespérée et difficile.

Il se mit à faire un froid d'un autre monde.

Il neigea, il gela, la Côte d'Azur fut paralysée par un cataclysme foudroyant, un verglas mortel ! Je restais des heures et des jours les yeux fixés sur le feu des bûches dans la cheminée. Incapable de dire un mot, ni de faire un autre geste que celui de boire du champagne !

Ivrogne, je devenais ivrogne.

Ma seule nourriture était du champagne !

Je ne me suiciderai plus, je me l'étais juré !

Mais, je me détruisais malgré moi, par l'alcool !

Madeleine craignait pour ma santé morale, croyant que la peine et le chagrin allaient me rendre folle.

Pendant ce temps, le courrier s'amoncelait !

Nicole, à Bazoches, avait besoin de moi, et des milliers d'animaux attendaient que je prenne leur défense. Le Docteur Jean Lesauvage, un ami merveilleux connu grâce à ses lettres, venait de mourir d'un cancer, me confiant sa femme Térésa et ses deux chiennes Setter, Isis et Nouchka. Je ne pouvais plus rien, ni pour moi ni pour personne.

Tant pis pour eux, tant pis pour moi.

Mécaniquement, les larmes aux yeux, je refaisais les gestes quotidiens, immuables, comme une automate.

Je n'ai peut-être jamais été plus mal.

En ouvrant une lettre au hasard, je lus qu'une femme, à Dax, un peu médium, me sentait m'enfoncer dans un gouffre d'où je ne pourrais pas me sortir seule et me proposait son aide. Son magnétisme, si je l'acceptais et lui envoyais une photo récente, pourrait m'aider à vaincre le chaos dans lequel je me trouvais.

J'étais bouleversée.

Comment une femme inconnue pouvait-elle ressentir à ce point ma détresse ? J'appelai immédiatement. Je me fis faire des photomaton que j'expédiai le jour même. Elle travaillait bénévolement et me dit avoir reçu des ordres d'en « Haut », très « Haut », que j'étais protégée par des entités extrêmement importantes, les « plus » importantes.

Au point où j'en étais, je voulais y croire, je m'accrochais à tout !

274

Puis, il y eut une lettre d'une gamine de 24 ans, Pat, qui vivait en Alsace, seule, sans famille, au bord du gouffre. Elle était assistante dentaire et se mourait de solitude, de manque d'affection et de chaleur humaine. Elle devait avoir 25 ans le 8 février. Pour son anniversaire, sans la connaître, je lui envoyai un billet aller-retour Strasbourg-Saint-Raphaël et l'invitai à La Madrague.

Il est des petits miracles en mon pouvoir que j'aime faire !

Pour me remettre du baume au cœur, un matin que j'étais en train de faire mon marché, en passant chez Madame Barbet, l'antiquaire, j'appris que mon fils Nicolas venait de se marier. Je reçus mal le coup et tombai dans les bras du fauteuil le plus proche !

« Quoi ? Que me dites-vous ? »

Madame Barbet, très embêtée, m'enveloppa la nouvelle dans du papier de soie.

Elle était désolée, pensait que j'étais au courant, évidemment ! Des amis à elle avaient été invités en Norvège au grand mariage de Nicolas et Anne-Line, sa femme. Mais, il y avait déjà un mois de cela, il ne fallait pas que cela me mette dans cet état-là, si elle avait su, elle ne m'en aurait pas parlé.

Je l'écoutais, brave, gentille, essayant de parler à mon cœur. Les larmes jaillissaient de mes yeux contre ma volonté, je les sentais salées et amères couler jusqu'à ma bouche et descendre les sillons de mon cou.

Tout me quittait, tous m'abandonnaient, tous ceux que j'aimais !

Allain, Nicolas, Nini, Belote, Roudoudou.

VIII

En tirant d'affaire un insecte en détresse, je ne fais que d'essayer de payer quelque chose de la dette toujours renouvelée de l'homme à l'égard des bêtes.

Albert SCHWEITZER (1875-1965).

Un jour, quelqu'un m'avait dit : « Tu crèveras seule. »

Je repensais à cette phrase. Etais-je à ce point insupportable, méchante, égoïste ? Je ne le croyais pas. J'allai voir la petite Vierge et, pour la première fois, lui demandai de m'aider, moi. Il me semblait impossible de continuer cette lente meurtrissure qu'était devenue ma vie. J'avais beau essayer de lutter, je me heurtais sans cesse à un mur contre lequel je me fracassais. J'étais exténuée. J'écrivis à Nicolas une lettre humble et tendre à son ancienne adresse, rue de la Montagne-Sainte-Geneviève – lettre qui me fut retournée avec « PARTI SANS LAISSER D'ADRESSE ».

Je n'avais toujours aucune nouvelle d'Allain.

Je pleurai des heures dans les bras de Madeleine.

La petite Pat allait arriver, je devais la recevoir avec un minimum de décence et de gaieté.

J'allai la chercher à la gare des cars.

C'était une jeune fille branchée beaucoup plus que je ne l'imaginais. Très relaxe, genre « rien ne m'impressionne », même si elle l'était au fond d'elle-même.

J'étais un peu déçue.

N'en étant plus à une déception près, j'essayais que le contact passe entre elle et moi. Pas facile ! Elle, si moderne, dans le coup, avec son walkman sur les oreilles et moi, si loin de tout ça ! Elle, ayant goûté un peu tout ce qui est interdit y compris la drogue et l'inceste. Moi, si loin de tout ça ! Cela m'apprendra à inviter chez moi, dans ma tanière de sauvage, la première inconnue en perdition !

Mais, qu'allais-je en faire pendant ce long week-end ?

En allant encore au marché, je rencontrai Lesly, le vendeur de poulets de la place des Lices. Il me cherchait partout pour m'inviter à dîner chez un chanteur célèbre : « Mais oui, tu sais, celui qui a écrit *Les Corons*. »

Là-dessus, Lesly se mit à chanter une cacophonie de première classe. J'ignorais tout de ce chanteur, de ses tubes, je m'en foutais comme d'une guigne, mais j'étais si déprimée que j'acceptai l'invitation pour le samedi suivant, pourquoi pas ?

En attendant, je finis par trouver le seul restaurant de Saint-Tropez ouvert le 8 février, « Au Sympa », et c'est là, chez ce sympa, que nous fêtâmes l'anniversaire de Pat. J'étais trop démoralisée pour faire la cuisine et organiser tout à La Madrague. J'invitai, outre Pat et moi, la petite Véronique, gardienne de La Garrigue, Colette, une jeune femme qui me servait de secrétaire, et Madeleine, que des femmes ! Que de femmes !

A la fin du dîner, très gai, très bon, vint se joindre à nous « Lucien », un coiffeur célèbre de Saint-Tropez, homosexuel et concurrent de La Perruque. Lucien a l'avantage d'aimer les femmes platoniquement, d'être d'une drôlerie extraordinaire, et d'une beauté agréable.

Il n'était pas question de ne pas aller danser au « Pigeonnier » avec lui. Le Pigeonnier étant la boîte de pédés mondialement connue, je n'y avais jamais mis les pieds ! Pourquoi faire ?

Ce soir-là, devant l'insistance des gamines, de Madeleine (tombée folle amoureuse de Lucien, nous étions jolies), et celle de Lucien, je décidai d'emmener mon harem au Pigeonnier. Comme d'habitude, à peine entrée, j'eus l'envie folle de repartir. Mais les filles dansaient déjà entre elles, et Madeleine dans les bras de Lucien se laissait aller à un paso-doble effréné.

C'était moi la douairière, la vieille qui faisait tapisserie.

Avec le nombre impressionnant d'homos qui envahissaient cette pauvre boîte, il était normal que je reste sur ma banquette à me ronger les ongles. Puis, un petit minet vint m'inviter. Je n'en revenais pas. Lui non plus, que j'accepte ! Juste après, j'appris qu'il avait fait un pari avec sa fiancée. Cela me refroidit et je décidai de rentrer avec toute ma marmaille !

J'étais défrisée, triste.

J'aurais donné tout cela et beaucoup plus pour un coup de fil d'Allain. J'aurais donné un coup de fil d'Allain pour le retour de Belote.

Le lendemain, j'allai voir Lesly pour décommander le dîner du chanteur. Il me fit une scène... Hurla qu'il avait préparé un couscous de poisson spécial pour moi, végétarienne, qu'il n'y aurait que nous, que je ne pouvais pas faire ça, et patati et patata... Il viendrait me chercher ce soir à 8 heures et m'emmenerait lui-même sur les lieux.

J'étais effondrée, n'ayant aucune envie d'aller à ce dîner.

Madeleine, Colette, Pat, me houspillèrent, je devais y aller, cela me changerait les idées, et puis, ce petit gars du Nord était formidable, il ressemblait à Brel.

Bref, le soir, sans me changer, avec mon pantalon de velours, mes cuissardes, mon pull râpé aux coudes, mes cheveux à peine brossés, mon maquillage de tous les jours, c'est-à-dire les yeux et la bouche, j'attendis Lesly avec mon champagne à la main. Il arriva, mais il n'était pas seul. Je le vis dans la cuisine, un peu en retrait, ce chanteur si connu des autres, si inconnu de moi. Telle que j'étais, nature, sans artifice aucun, je le reçus et lui offris de partager le fond de cette bouteille de champagne.

Puis, avec Lesly et Pat que j'emmenais, nous allâmes chez lui pour dîner. Là, deux de ses musiciens nous attendaient. Je me sentais bien, sans plus. Il me chanta après le dîner ses chansons les plus populaires que je découvrais. Il avait un grand talent, une immense sensibilité et savait dire l'essentiel avec une tendresse et une force rares.

J'étais heureuse de m'apercevoir que le talent pouvait exister et que j'avais encore la possibilité de le reconnaître. Puis, un peu émue, je rentrai à La Madrague. Et lui à Paris.

La semaine qui suivit fut rude. Aucune nouvelle d'Allain.

J'avais renvoyé Pat dans ses foyers. Il neigeait et gelait à pierre fendre. Je pleurais comme une Madeleine dans les bras de Madeleine.

Puis, un soir, j'eus un coup de téléphone du chanteur.

Je ne m'y attendais pas du tout, cela me fit battre le cœur. Pourquoi ?

Peut-être, parce que j'ai senti qu'un homme, un vrai, avait pour moi un intérêt tendre. Toujours est-il que cela me fit du bien – un bien fou.

Puis, le coup de téléphone en amena un autre, puis un autre et encore un autre. Je passais mes journées au téléphone avec lui. Nous nous découvrions, nous nous racontions, nous nous aimions, nous nous préservions, nous nous donnions. Il enregistrait un double 33 tours, un travail de Romain, dont il avait fait paroles et musique. Il avait écrit une chanson après m'avoir quittée, une chanson pour moi, inspirée par moi, un cri vers moi.

Je ne pouvais pas le croire.

Et pourtant...

J'appris ce que je redoute le plus au monde : le fléau d'un amour, « l'homme marié ». A partir de ce moment, rien ne fut pareil. Pluton, encore Pluton ! Me faire tomber un peu amoureuse d'un homme marié, c'était pire que tout, j'aimais encore mieux la solitude.

Puis, j'eus un coup de fil d'Allain, très froid, qui m'annonça que Nicolas venait d'avoir une petite fille, j'étais grand-mère !

Ce fut un choc !

J'étais là, seule, l'homme que j'aimais m'apprenait une nouvelle qui aurait dû me réjouir, et qui me glaça d'horreur. J'aurais tant voulu partager cette nouvelle étape de ma vie avec des gens aimés, des amis, ma

278

famille, Allain qui aurait pu me dire qu'il m'aimait, grand-mère ou pas ! Or, lorsqu'il raccrocha, après m'avoir dit ce qu'il avait à me dire, je me retrouvais seule, perdue, vieillie, foutue, finie. Pour fêter cet heureux événement et arriver à l'admettre, j'ouvris une bouteille de champagne et trinquai à ma bonne santé, à Pluton, à ses pompes, ses œuvres, ses Carrés.

Quelques jours plus tard, Allain m'appela au téléphone. Sa voix était basse, fatiguée, un peu lasse. Il me demanda si je connaissais Agadir. Non, mais j'aurais bien aimé !

« J'ai deux billets, tu veux venir ?

— Oui ! »

Lorsque l'avion quitta Hyères pour Paris, puis Agadir, je pensais que j'avais gagné cet étrange pari, vaincu cette abominable épreuve, au prix, presque de ma vie, de ma jeunesse, de ma santé, de mon amour. Je croyais quitter le Carré de Pluton. Or, il dura encore plus de sept ans !

Mais je ne le savais pas...

* *

Ce voyage à Agadir ne fut pas des plus aguichants.

Nous faisions partie d'un club de vacances, style Club Med, mais un peu moins cher. L'hôtel était charmant avec des bungalows un peu rustico-primaires, où on ne faisait pas le ménage, où on ne vous apportait pas le petit déjeuner, où aucun service agréable n'était prévu.

Nous étions « touche-touche » avec les voisins de droite et de gauche et ça n'est certainement pas les massifs fleuris des magnifiques bougainvillées qui allaient étouffer nos paroles. J'ai une sainte horreur de ces troupeaux de vacanciers qui suivent tous les mêmes horaires, les mêmes promenades, les mêmes divertissements et les mêmes découvertes !

Je faisais la gueule ! Il y avait de quoi.

Pour qu'on ne me reconnaisse pas, je m'étais affublée d'un turban tournicoté autour de la tête, et mes lunettes de soleil étaient vissées sur mon nez ! Impossible d'aller à la piscine, envahie par une foule « qui avait payé pour... ». Alors, nous allions sur la plage de sable gris où aucun arbre ne poussait, qui était sale, triste et moche. Là, des vendeurs de tout ce qu'on veut n'arrêtaient pas de nous emmerder. Le soleil chaud dans la journée laissait les nuits souvent glaciales ! Pour éviter les repas avec, à notre table, d'autres convives inconnus et redoutés, Allain allait chercher un plateau avec quelques hors-d'œuvres que nous grignotions, assis sur le lit défait de notre bungalow !

Pour téléphoner, c'était une autre paire de manches, il fallait aller dans la cabine située dans le hall de l'hôtel ! Je rasais les murs avec mon turban et mes lunettes afin d'arriver jusqu'à ce téléphone qui me donnait enfin des nouvelles de mes chiens, de mes chats, de tout ce qui est mon monde à moi et duquel j'étais séparée par des milliers de kilomètres !

Qu'étais-je venue faire ici ?

Notre couple n'allait pas en s'arrangeant.

Je ne pensais qu'à rentrer dans ma maison. J'étais crispée, tendue, tandis qu'Allain furetait un peu partout, profitait un peu de tout, passant aussi inaperçu que s'il n'avait pas existé. Il m'emmena dans les souks où les odeurs me rappelèrent de mauvais souvenirs de Tunisie. Les vendeurs se jetaient sur moi essayant de me séduire avec leurs bijoux d'argent repoussé, leurs chaînes et leurs bracelets sertis de pierres. Ils m'appelaient « Gazelle » et se bousculaient en me bousculant. Pendant ce temps, je regardais les petits ânes avec leurs grands yeux malheureux remplis de mouches et je voyais passer des chiens squelettiques auxquels les coups de pied au cul n'étaient pas comptés !

Ah que j'étais mal dans ma peau !

Alors, Allain m'emmena à Taroudannt, dans cet hôtel pour milliardaires, La Gazelle d'Or. Nous passâmes un déjeuner agréable, dans un jardin sublime. Le patron qui m'avait reconnue – j'avais enfin enlevé mon turban – nous offrit du thé à la menthe autour de la piscine puis, espérant notre clientèle, nous fit visiter l'hôtel de fond en comble. C'était sinistre, dans le style arabe, plein de mosaïques avec des lanternes de cuivre repoussé aux verres rouges, verts et bleus qui pendouillaient du plafond, avec des lanières de coton multicolores. Je retrouvai mon vieux bungalow avec plaisir, mais ne rêvais que de La Madrague !

Du coup, le directeur du Jet Tour Hôtel, qui avait eu vent de ma présence, vint se mettre à notre disposition.

Il était jeune et sympa, avec un faux air de Brincourt.

N'en revenant pas de me voir là au milieu de cette foule, dans son hôtel, désolé de ne pas avoir été plus tôt au courant, il aurait fait le nécessaire pour que mon séjour soit moins lugubre. Il mit immédiatement un « boy » spécial à notre service. Notre bungalow fut nettoyé, les draps, les serviettes furent changés. Apparurent un magnifique bouquet de fleurs et une superbe corbeille de fruits. Puis il nous invita à un couscous à sa table, dans son salon particulier. Je mangeai les légumes arrosés du bouillon sans toucher la viande de mouton, ce qui l'étonna beaucoup, mais il respecta ma manière à moi d'aimer les animaux, c'est-à-dire « pas dans mon assiette ».

Ce chaleureux repas aux bougies me parut un rêve !

Le lendemain, il nous invita dans sa maison du bord de mer, avec un pique-nique préparé par le restaurant de l'hôtel. Sur la route, je voyais des centaines de moutons, voués, les pauvres malheureux, à l'atroce sacrifice de l'Aïd-el-Kébir! Puis des petits ânes, entravés aux pattes avant par d'énormes chaînes afin de les empêcher de courir et de se sauver. Et des chiens errants, ou plutôt des ombres de chiens affamés, cherchant partout, flairant pour trouver enfin la charogne ou l'os de leur survie. Nous avons croisé aussi bon nombre de chameaux et quelques chevaux faméliques.

C'est drôle, tous ces arabes que je voyais me faisaient peur! Avec leurs djellabahs, leurs turbans, leurs visages émaciés, burinés, avec leurs barbes, leurs yeux profondément enfoncés dans les orbites et leurs traditions d'égorgement de moutons... Je ne pouvais m'empêcher de penser à leurs ennemis, aux touristes, aux moines catholiques, également égorgés par des islamistes.

Je les regardais avec des yeux de méfiance...

Je ne sais plus qui a dit : « On juge aussi un pays sur la manière dont il traite les animaux. » Sans commentaire, sinon je risque la prison pour racisme!

La maison du bord de mer de notre hôte était une espèce de carré de béton posé sur une plage de sable sale, sans aucune végétation, sans aucun charme, que nous dûmes ouvrir, volets, portes et fenêtres. L'intérieur était semblable à l'extérieur, dépouillé, désolé.

J'essayais tant bien que mal de me rendre utile, même si je ne savais pas où étaient les verres, les assiettes et les couverts. C'est alors que je vis, à 50 mètres, une maman chienne toutes tétines pendouillantes et ses quatre petits adorables. Toute la misère du monde sur eux, effrayés par le moindre geste, affamés, maigres, lamentables. Ni une ni deux, je pris dans le panier pique-nique toutes les portions qui m'étaient destinées et essayai avec des ruses de Sioux d'approcher toute cette petite famille apeurée, mais néanmoins intéressée par cette manne providentielle.

Ce fut épique, mais j'arrivai à les mettre en confiance, rampant dans le sable et déposant de-ci, de-là la nourriture, puis me retirant comme la mer lors des marées. Le déjeuner sur la terrasse de béton se passa de moi. J'étais heureuse d'avoir apporté un peu de bien-être à tous ces malheureux. Le reste m'importait peu! Lorsque nous repartîmes, je laissai encore sur le sable, du pain, des os de poulet, des croûtes de fromage et du sucre.

Ah, elle était belle Brigitte Bardot, telle que la vit le directeur de notre hôtel. Il s'attendait à servir une Elisabeth Taylor et ne vit qu'une femme rampante, essayant de nourrir des animaux dont tout le monde se foutait.

Sur le chemin du retour, je lui fis jurer que chaque fois qu'il viendrait dans sa bâtisse du bord de mer, il apporterait les restes du restaurant à ces pauvres chiens! Il jura, en souriant. Me prenant probablement pour une de ces folles ménopausées qui reportent leur libido détériorée sur les animaux.

Il n'avait peut-être pas tort, mais certainement pas raison.

A 50 ans, j'étais encore belle, désirable, malgré le cancer qui avait rongé mon sein gauche et une ménopause qui me créait des problèmes physiologiques, mais absolument pas métaphysiques ni psychologiques. J'ai, heureusement, la tête sur les épaules et une lucidité parfois terrible face à la passivité lamentable qu'on essaie de nous faire gober.

Ce voyage de noces à retardement ne fut en fait qu'un voyage de rupture à peu près définitive. Nous vivions Allain et moi comme frère et sœur mais avec cette irritabilité et ce manque de complicité qu'ont les couples en déchirure.

Le retour à La Madrague fut à la fois un soulagement et une cicatrice terrible. Allain me déposa, très gentleman, mais voulut coucher dans la chambre d'amis. J'avais compris. Il partit le lendemain alors que je dormais encore. Je commençais, sans le savoir, une traversée du désert qui durera sept longues années de solitude totale.

Avec mon gardien, Jojo, qui aurait pu physiquement être l'affreux Jojo (plus moche tu meurs) mais qui avait un cœur généreux et un amour fou des animaux, nous essayâmes d'enrayer chez les chats une terrible épidémie d'un style nouveau à laquelle les vétérinaires ne comprenaient pas grand-chose et qui avait pour nom la « leucose ». Il n'existait aucun traitement, aucune thérapie adaptés à cette nouvelle maladie qui était, disait-on, le « sida des chats ».

Le sida ?

Qu'est-ce que c'était encore que ce nouveau truc effroyable ?

On commençait à nous en décrire les symptômes à la T.V., mettant en garde les homosexuels... Mais mes chats n'étaient pas concernés, eux ! Ils étaient castrés et stérilisés. Pourtant, ils succombaient en pointillé avec les gencives et les muqueuses bucales tellement irritées qu'ils se mouraient de faim, ou alors le « gros ventre » les prenait, c'est ce qu'on appelait la P.I.F. (péritonite infectieuse des félins). Et je les voyais gonfler sans pouvoir rien faire jusqu'à ce que mort inéluctable s'ensuive. Et puis le coryza infectieux les étouffait, leurs nez, leurs yeux, leurs gorges n'étaient qu'un immense déversoir à pus. J'essayais de décoller leurs paupières avec de l'eau tiède, de déboucher leurs nez avec des Kleenex, mais les muqueuses étaient prises et la mort s'abattait rapidement malgré les piqûres d'antibiotiques et de cortisone que nous faisions soir et matin avec Jojo à tous ces pauvres petits condamnés.

Chaque jour apportait la mort d'un chat ou d'une chatte.

Je pleurais.

Le petit cimetière de La Madrague devint grand et terrible !

Nous ne savions plus où creuser des trous pour enterrer ces pauvres chats et chattes adorés. Je sentais le sol glisser sous moi, les larmes m'empêchaient d'y voir clair et Jojo, fossoyeur et ami, me ramenait à la maison, essayant, avec son langage simple, de me faire comprendre que mon désespoir ne servait plus à rien, que je devais m'occuper et prendre soin des vivants.

Ah! Nous en prenions soin des vivants, mais jusqu'à quand allaient-ils survivre? Je guettais le moindre signe de maladie, je les observais jusqu'à en devenir obsédée, achetant des petits pots de bébé *Guigoz* au poulet, au veau, au bœuf afin de leur faire manger une nourriture fluide et pleine de vitamines et de protéines.

N'ayant plus le temps de penser à moi, mes cheveux étaient sales, mes ongles en deuil, quant à mes vêtements!... On aurait cru une clocharde. Du reste, je ne me nourrissais plus, je grignotais, par-ci par-là, un bout de fromage et de pain. La vie me glissait entre les mains, la mienne et celle de ceux que j'aimais. A quoi bon lutter? Passé un certain stade, on s'enlise, on glisse vers l'irrémédiable parce que la force et le courage vous manquent.

Allain téléphonait de temps en temps, mais je laissais Jojo lui répondre. Je n'avais à lui dire qu'une détresse qu'il n'aurait pas admise puisque, pour lui, la vie était belle.

Je n'aurais pu lui donner que le pire, alors à quoi bon?

On me prévint qu'une femme admirable, Anne d'Arcy, une Anglaise qui habitait Fayence, pas trop loin de Saint-Tropez, était dans un état de détresse incommensurable! Elle avait recueilli tous les chiens et chiennes abandonnés, il y en avait 150! Elle n'arrivait plus ni à les nourrir, ni à les faire adopter. Son histoire est formidable.

Elle eut la poliomyélite et fut paralysée.

Un ami lui amena un chien perdu pour lui tenir compagnie, et puis on lui en amena un autre et un troisième! Au fond de son lit, cette femme courageuse attacha les trois chiens à des ficelles et leur ordonna de la sortir du lit. Ils tirèrent tant et tant qu'elle fut debout. Grâce à eux, elle retrouva l'usage de ses jambes et, depuis, leur voua une dévotion sans précédent.

J'arrivai dans une espèce de goulag où les grilles, les cages, la misère à l'état pur étaient de mise. Anne d'Arcy, femme qui dut être superbement belle, avec une classe d'Anglaise aristocratique, me fit visiter son domaine. Elle dormait dans la même pièce que ses chiens, sur un lit de camp, avec la même couverture donnée par l'Armée, une espèce de serpillière marronnasse. La cuisine, envahie par les rats, n'était qu'une pauvre pièce glacée où une femme dévouée faisait cuire, sur un camping-gaz, une espèce de gamelle d'os et de riz bouillis qui puait à 500 mètres.

J'étais épouvantée par une telle détresse, assumée avec noblesse par une femme au bout du rouleau. Je lui remis immédiatement un chèque de 20 000 francs pour parer au plus pressé. Je lui conseillai de faire stériliser les 50 chiennes en chaleur qui hurlaient à la mort, enfermées dans le grenier. Je paierai le vétérinaire. Mais elle devait le faire, sinon elle n'en sortirait pas et moi non plus. Puis, j'appellerais le maire afin qu'elle reçoive une subvention municipale puisqu'elle recueillait tous les chiens abandonnés sur la commune.

Mais quelle misère, quelle détresse !

Lorsque je la quittai, j'avais le cœur retourné. Mais je tins parole et ne lâchai plus le morceau tant qu'elle n'aurait pas été aidée par la mairie. Hélas, le mari de Bernadette, ma petite fille adorée que j'aimais et aidais depuis trente ans, venait d'acheter une propriété à quelque 500 mètres de chez Anne d'Arcy. Il n'eut de cesse de harceler la mairie afin que s'arrêtent les aboiements de chiens et qu'on les fasse euthanasier. Devant cette mise en demeure abominable, je traînai (ou il me traîna ?) ce type devant les tribunaux. Je me fâchai avec cette petite Bernadette, l'ange de ma vie, à cause de son imbécile de mari. Finalement, après des mois de procédure, la mairie dut faire mettre des panneaux isolants autour du domaine d'Anne d'Arcy. Grâce à Dieu, les chiens restèrent en vie, sinon je crois bien que j'aurais tué le mari de Bernadette.

Le jour de Pâques, des journalistes locaux de *Var-Matin* et *Nice-Matin* n'arrêtaient pas de sonner à mon portail. J'envoyai Jojo voir ce qu'ils voulaient. C'est ainsi que j'appris qu'on venait de me décerner la Légion d'honneur !

C'était mon plus bel œuf de Pâques. Je n'en revenais pas et, pourtant, c'était vrai. Cela me fut confirmé au journal télévisé et par toutes les chaînes de radio. Ce fut une merveilleuse surprise mais, malheureusement, elle n'a plus aucune valeur car elle est distribuée comme des petits pains à n'importe qui.

Du coup, je voulus attendre l'élection de Jacques Chirac, mon ami, afin qu'il me la remette. Aujourd'hui, j'attends toujours. Il est trop occupé à les distribuer, en veux-tu en voilà, pour se souvenir que je l'ai attendue toutes ces années !

Pendant ce temps, Nicole, mon ex-gardienne de La Garrigue, atteinte d'un cancer généralisé, et qui avait recueilli tous les chiens et chats abandonnés, se reposait à Bazoches. Les gardiens, en principe, devaient la servir. Mais elle me disait au téléphone son abandon, l'indifférence de ces imbéciles, leur insolence parfois vis-à-vis d'elle ! Finalement, elle s'occupait des chats, les miens et les siens, faisait son ménage, sa cuisine.

Je lui téléphonais chaque jour, restant parfois une heure à lui parler. Cela lui faisait du bien et à moi aussi. Yvonne Cassan de Valry, ma voisine si gentille, venait lui tenir compagnie. Je ne pouvais m'installer auprès d'elle car nos chiens et chiennes se battaient, grognaient sans cesse, ne s'entendaient pas. Entre les miens et les siens, cela faisait onze, plus Folette : douze !

Nous ne pouvions passer notre vie à hurler, à jouer les gendarmes, à les séparer. Elle avait besoin de repos et moi aussi. Donc, interdite de Bazoches pour cause humanitaire et affective, je restais à Saint-Tropez.

*
* *

Depuis des années, le refuge de Lille m'avait été dénoncé à plusieurs reprises comme étant un véritable mouroir. J'ai reçu des preuves atroces, des photos de chiens squelettiques, enfermés dans des cachots sombres, sur de la paille humide et sale. La mortalité était inacceptable, les cadavres s'amoncelaient les uns sur les autres en attendant le passage de l'équarrisseur. J'avais envoyé, depuis quatre ans, des courriers à Pierre Mauroy, maire de Lille, le suppliant de détruire cet atroce mouroir et d'essayer de construire quelque chose de décent, digne d'une ville comme la sienne. Mon désir finit par être exaucé et Monsieur Mauroy voulut que j'inaugure avec lui, officiellement, ce nouveau refuge moderne, construit pour « me faire plaisir ».

Je remontai donc à Paris, rue de la Tour, demandant à Allain de m'accompagner à Lille pour l'inauguration. Une voiture de la mairie passa nous prendre, le 13 avril au matin. Après trois heures de route, nous arrivions à Lille où un grand banquet en mon honneur, réunissant les huiles de la municipalité, était dressé dans la salle des fêtes de la mairie, magnifique monument d'un luxe et d'une architecture admirables. Monsieur Mauroy me remit officiellement la médaille de la ville.

Le déjeuner n'en finissait plus !

Enfin, toute la délégation partit en rangs serrés vers le refuge.

Après avoir coupé le cordon symbolique, serré des mains, embrassé, fait des sourires aux uns, aux autres, posé avec Mauroy pour les T.V., les journaux et patati et patata, nous nous enfournâmes dans les étroits couloirs qui desservaient les cages. Les cameramen T.V. marchaient à reculons, j'avais des lumières aveuglantes en pleine figure. Les chiens, affolés par tout ce déploiement inhabituel, hurlaient à la mort, on ne s'entendait plus. Je ne voyais rien que des dos, des têtes, des appareils photo.

C'était un bordel insensé.

En poussant les uns et en marchant sur les pieds des autres, je m'approchai enfin d'une cage et pus faire un petit câlin à un pauvre toutou craintif. Du coup, toutes les télés immortalisèrent ce malheureux ! Mais il y en avait un autre tout petit à côté qui semblait dormir. Bizarre, avec tout ce bruit! J'ouvris la cage, entrai, m'approchai et m'aperçus que le petit était mort. Je pris le petit cadavre dans mes bras et fis un beau scandale! Ça jeta un froid. C'était bien la peine de nous faire tout un cinéma si le premier jour, devant la presse nationale, on laissait un petit chien mort!

Ecœurée, je repris la voiture et rentrai à Paris.

Le 1er mai, Allain m'appela avec beaucoup de sérieux.

Il avait besoin de moi pour aller dans le Médoc faire un scandale contre un épouvantable braconnage, interdit par la France et la C.E.E., le massacre atroce des tourterelles. Il se battait depuis des années, avec courage et détermination, contre cette tuerie réprouvée officiellement, mais acceptée par dérogation par les préfets et les maires. Le scandale continue alors que j'écris ces lignes en 1997 et que le ministre de l'Environnement, Corinne Lepage, s'en bat l'œil!

Il voulait que je l'accompagne sur place et que je sois présente officiellement le 5 mai, jour de l'ouverture de cette abomination.

Il vint donc me chercher en voiture le 4 mai au matin.

Nous traversâmes une bonne partie de la France et je me retrouvai le soir, fourbue, dans une espèce de chalet au bord d'une rivière où une bande de boys-scouts en mal d'une B.A. jouaient aux Sioux en se cachant derrière des rideaux alors qu'ils inscrivaient, à l'aide de bombes de peinture noire, des slogans anti-chasse sur des banderoles de papier. Je finis par m'endormir dans un dortoir, choisissant un matelas au hasard alors qu'Allain refaisait le monde en gribouillant ses banderoles. Je dormis tout habillée. A 4 heures, Allain me réveilla. Nous devions être sur place à 6 heures et il y avait une heure de route.

On se serait crus en plein exode.

Etant la seule femme à bord, c'est moi qui fis chauffer le café, le lait, et fis griller les tartines afin de nourrir tous ces hommes couchés autour de moi et qui allaient au combat. J'étais un peu comme Jeanne d'Arc. A 8 heures du matin, je fis une conférence de presse avec une tête d'un autre monde, ne sachant pas très bien de quoi je parlais, abrutie, endormie, ailleurs malgré le froid, la foule et la fatigue. Je ne suis pas une femme du matin. J'aime le soir, la nuit, son mystère, ses ombres. Mais le matin, j'adore dormir jusqu'à des heures avancées de la matinée alors que je peux travailler jusque tard dans la nuit.

En attendant, je fus trimbalée de gauche et de droite; je reçus avec les autres des tomates pourries et des œufs en pleine figure. La police et la gendarmerie arrivèrent pour nous protéger. Il était temps. Les chasseurs avaient en effet décidé de me capturer, de me foutre à poil, de me rouler dans la colle et dans les plumes des tourterelles mortes.

Allain, affolé, essaya de m'emmener loin de ce cauchemar.

Les routes étaient bloquées par des chasseurs vindicatifs et prêts à tout. J'avais peur, très peur. Mais après tout, qu'importait toute cette comédie ? J'en avais marre, plein le dos ! De toute manière, je voue une haine viscérale aux chasseurs, ceux-là dépassant de loin les bornes puisqu'ils bafouaient, avec morgue et arrogance, les lois françaises et européennes. Si j'avais été transformée par leurs soins en épouvantail, le scandale qui se serait ensuivi aurait peut-être arrêté à jamais ce massacre dégueulasse.

Mais Allain ne l'entendait pas de cette oreille. Bien sûr, on fait la guerre mais on ne se mouille pas trop ! Moi, j'ai le défaut d'aller au bout des choses.

Escortés par une armada de gendarmes, nous finîmes par passer le front des tueurs de tourterelles. Toutes vitres hermétiquement closes, nous reçûmes quand même des projectiles puants qui s'écrasaient en grosses bouses sur le pare-brise et les fenêtres. Un jour, quelqu'un m'a dit : « Lorsque tu manifestes, ou que tu traverses une foule, ferme toujours les vitres et les portes de ta voiture afin d'éviter les jets de vitriol. »

Nerveusement et physiquement épuisés, nous nous arrêtâmes dans le premier bistrot afin de nous restaurer et nous réchauffer. La bonne femme, aimable comme une porte de prison, lorsqu'elle me reconnut, refusa net de nous servir.

Ça me rappelait le Canada. Mais là, j'étais en France, chez moi !

Nous dûmes repartir à la recherche d'un autre troquet qui accepterait de nous donner à manger. J'en aurais pleuré d'écœurement, de fatigue, de révolte, d'impuissance. Il était 14 heures et j'étais debout depuis 4 heures du matin. Il y a des braves gens partout, le tout est de les dénicher. Nous avons trouvé des restaurateurs chaleureux et gentils qui n'ont su que faire pour effacer le cauchemar que nous venions de vivre.

Puis, nous reprîmes la route du retour.

Passant par Carcassonne, je suppliai Allain de faire un petit détour afin de visiter Nanou Andrieu, une femme plus que merveilleuse, une inconditionnelle des animaux, un cœur gros comme ça ! Je ne l'avais jamais rencontrée pour de vrai. Notre amitié était épistolaire mais si complice, si semblable devant la souffrance des animaux, la cruauté des hommes vis-à-vis d'eux, que nous étions aussi proches que deux sœurs.

Nous sommes arrivés à l'improviste chez elle. Son mari, qui nettoyait je ne sais quoi avec un Karcher, manqua s'évanouir en me reconnaissant. Du coup, je pris un coup de Karcher en pleine figure ! Qu'importe, au point où j'en étais, un peu plus, un peu moins, cela me lavait des œufs pourris et des tomates écrasées depuis le matin sur mon visage.

Nanou me tomba dans les bras et moi dans les siens !

Quelle merveille de trouver, au hasard d'un courrier auquel j'ai répondu, une amitié aussi inébranlable. Cela m'est arrivé assez souvent et je bénis le ciel de m'avoir donné ces joies imprévues. Je serais bien restée chez Nanou. Je fis la connaissance de sa fille Corinne avec laquelle j'avais débuté notre correspondance, puis de la chienne Ovnie, la douceur faite animale qui, hélas! mourut quelques mois plus tard et dont la photo est chez moi au même titre que celles de tous mes petits disparus.

Bref, je me trouvais une famille d'accueil que je dus quitter pour reprendre la longue route qui me ramènerait à La Madrague après cette journée épuisante et éprouvante.

Je retournai dans le Médoc en 1991, puis en 1994.

La stérilité de ces interventions m'ayant donné la nausée, et n'ayant peut-être pas le courage d'Allain, je n'y retournerai plus. Nous avons des ministres, payés une fortune pour faire appliquer des lois bafouées par une poignée de revanchards vindicatifs, je leur laisse désormais le soin de justifier leurs appointements. D'autres que moi, telle la jeune et belle Sophie Marceau, se sont investis dans ce combat. Le résultat fut nul. Personne ne bouge, le gouvernement français est à la botte des chasseurs-braconniers hors-la-loi du Médoc.

A Saint-Tropez, la saison commençait.

Les commerçants faisaient briller leurs vitrines, passées au blanc d'Espagne tout l'hiver pour cause de fermeture annuelle. Gloria, qui avait séjourné chez elle, à Santiago, revint comme les hirondelles apportant, avec sa beauté et son joli accent, tout le soleil d'Amérique du Sud. Nous astiquions notre petite boutique « La Madrague » qui était devenue le point de rencontre de tous ceux qui m'avaient perdue de vue depuis des lustres, de tous les touristes français et étrangers qui voulaient un souvenir de B.B. et de tous les photographes en mal de scoop.

Gloria était très demandée, très courtisée.

Aussi, la boutique ne désemplissait pas, il fallut repasser des commandes du stock de tee-shirts à ma signature, avec la marguerite, les photos que je dédicaçais le soir pendant des heures partaient comme des petits pains ; quant aux posters inédits me représentant dans les robes Réal de la collection *La Madrague*, ils étaient littéralement arrachés. Il y avait aussi des albums de photos *Brigitte Bardot, amie des animaux*, ce livre superbe que Jicky avait fait avec la préface de Sagan, plus des tas de trucs que j'avais sortis de mes placards, style jupons en dentelle, colliers de coquillages, bracelets mexicains. Les lunettes de soleil fabriquées à la marque *La Madrague* dont je portais et porte toujours le dernier modèle, avaient autant de succès que la ligne de beauté : parfum, déodorant, savons, shampooings, eau de toilette à la santarine.

C'était rigolo cette minuscule boutique, cette petite caverne d'Ali-Baba où, en permanence, trônait une bouteille de whisky ou de champagne et où tout le monde se donnait rendez-vous. J'y retrouvais d'anciens amis, quelques amoureux, des tas d'admirateurs, des curieux et, surtout, tous les casse-couilles de la création !

Je n'avais plus de nouvelles d'Allain.

Gloria passait son temps à essayer de me redonner une joie de vivre qui m'avait quittée. Elle ne pouvait admettre que je sois à ce point dépendante de l'affection et de la présence d'un homme. Elle ne me quittait pas, essayant parfois, vainement, de m'emmener dîner dans un bistrot avec quelques amis ! Des amis que je trouvais, en général, cons comme des balais. Je ne pensais qu'à retourner chez moi retrouver mes chiens et mes chats.

Jean-Louis Remilleux, qui passait par Saint-Tropez, retrouva la boutique, Gloria et moi. Ce fut très gai car il est plein d'esprit, d'anecdotes, de sarcasmes aussi, mais subtil et toujours drôle.

Comme tous les ans, j'allai pour la fête des Mères visiter mes petits vieux de l'Hospice et de la Maison de Retraite des Platanes. Jean-Louis m'accompagna. Nous avions des fleurs et des cadeaux plein les bras. Il me servait en quelque sorte de porteur. Les papis et les mamies curieuses me demandèrent qui était ce beau jeune homme qui m'accompagnait. Avant que j'aie eu le temps de dire « ouf ! », il leur répondit : « Je suis son mari. »

Alors, je vis leurs tristes regards éteints par la cataracte s'illuminer derrière leurs lunettes, leurs bras se tendirent vers moi, les félicitations fusèrent de tous les côtés ! C'était la joie. Je me gardais bien de démentir, me contentant de sourire et de faire un clin d'œil complice à Jean-Louis qui était plié en deux de rire. Si tous mes petits grands-pères et grand-mères avaient pu y voir plus clair, ils auraient bien sûr compris que c'était une blague, Jean-Louis ayant, à un an près, l'âge de Nicolas. Que ce fût crédible ou non, seule la surprise de leur joie comptait ce jour-là.

En farfouillant chez les antiquaires de Saint-Tropez à la recherche d'un cadeau pour je ne sais plus qui, je tombai en extase devant une icône russe magnifique. Evidemment, je l'achetai et la gardai pour moi, c'était d'une telle beauté qu'il était impossible de ne pas craquer. Le vendeur m'expliqua qu'elle n'était pas ancienne mais faite récemment par une Russe, Véra de Kerpotine, qui habitait la plaine de Cogolin et survivait grâce à la fabrication de ces icônes toujours différentes les unes des autres. Elle mettait des mois à les fignoler. Cette femme m'intrigua au plus haut point et je voulus absolument la rencontrer.

Un ami commun m'emmena et je découvris un être exceptionnel.

Véra vivait dans ce qu'on appelle ici « une cabane à râteaux », petit cabanon de torchis perdu au milieu des vignes où les agriculteurs rangent leurs outils. De cette masure, elle avait fait un petit paradis, abritée par un immense figuier, avec un puits devant la porte de son unique pièce. La petite maison, recouverte de glycine et de bougainvillées, semblait irréelle.

Véra me serra sur son cœur, eut pour moi un sourire qui illumina ma vie et s'excusa de me recevoir dans des conditions aussi rudimentaires. Cette aristocrate russe de près de 75 ans vivait seule avec une trentaine de chats et un vieux chien noir qu'elle appelait « Pépère ». Son petit palais était rempli des trésors qui lui restaient encore malgré la pauvreté dans laquelle elle essayait de survivre. Tout était de bric et de broc, mais le tout était magique. N'ayant ni électricité ni eau courante ni téléphone, elle s'éclairait aux lampes à pétrole, aux bougies, se lavait à l'eau du puits dans une cuvette posée sur une table de toilette à l'ancienne. Une petite cheminée lui suffisait à chauffer ses 10 mètres carrés avec le bois qu'elle ramassait lors de ses promenades. Dehors, près du puits, une vieille baignoire en zinc remplie d'eau chauffait au soleil pour son bain du soir. A l'ombre du figuier, une table en fer peinte et quatre chaises rappelaient les tonnelles de jadis.

J'étais émerveillée.

Partout des museaux de chats, des petites queues en l'air, des ronrons. Chacun avait un nom et elle me présenta ses préférés : « Zoutekeu » (toute noire), « Autobus » (qui avait la queue en point d'interrogation), « Pelote » (une magnifique tricolore) et deux ou trois autres dont j'ai oublié les noms.

Véra m'aima immédiatement et je lui rendis au centuple cette affection coup de foudre qui nous unit étroitement pendant le court laps de temps que la vie lui réservait encore. Sous sa beauté, son allure, sa dignité, Véra cachait une maladie sans espoir, un cancer généralisé qu'elle n'avait pu soigner à temps, faute de moyens. Elle m'expliqua que, malgré ses nombreux séjours à l'hôpital, où elle n'allait que contrainte et forcée, ne voulant pas abandonner ses animaux, n'ayant personne pour la remplacer, elle se savait condamnée à brève échéance. La mort ne l'effrayait que dans la mesure où elle s'angoissait pour le devenir de ses « petits » et de son vieux « Pépère », habitués à vivre libres, dehors, ils ne supporteraient jamais ni le changement d'habitation, ni l'enfermement. Je lui jurai que, s'il devait lui arriver quelque chose, c'est moi-même qui m'occuperais personnellement de sa descendance.

Soulagée, elle n'en parla plus.

Alors elle me montra ses œuvres, ses icônes ébauchées.

Sur une planche soutenue par deux tréteaux qui lui servait de table, il y avait le trésor d'Ali-Baba. Des perles, des pierres de couleurs, des papiers dorés comme pour le chocolat sur lesquels elle gravait des visages de Vierge à l'Enfant avant de les enfermer partiellement sous des feuilles d'aluminium peint qui donnaient le relief et la profondeur. Après, elle enjolivait en collant une par une les perles minuscules et les chatoyantes pierres colorées. Tout cela demandait une patience infinie et beaucoup de talent ! Elle fabriquait à peu près une icône tous les deux ou trois mois, la vendait 3 000 francs, ça lui suffisait pour vivre. C'était son seul revenu, elle n'avait même pas la Sécurité sociale ! Avec cet argent elle nourrissait ses chats, achetait ses couleurs, ses fournitures, ses pinceaux et ses joailleries. Ce sont ces dernières qui lui coûtaient le plus cher.

Je lui dis que je lui ferais porter chaque semaine dix plateaux de boîtes à chat et qu'en fouillant mes tiroirs j'allais lui trouver parmi mes bijoux de quoi décorer cent icônes.

Son bonheur faisait plaisir à voir, elle souriait et pleurait en même temps, ne sachant comment me dire sa reconnaissance pour tout le bien que je lui apportais. Après l'avoir longuement embrassée, je la quittais en lui promettant de revenir très vite.

Hélas ! je ne retournerai jamais dans cet endroit magique.

Je revis Véra à l'hôpital, son état empirait.

Avec l'ami commun qui me l'avait présentée, je m'occupai de ses chats et de Pépère. Les icônes restèrent inachevées. J'allais la voir quotidiennement pour la rassurer, ses petits allaient bien. Elle mourut un jour du mois d'août, en pleine chaleur, en plein déballage touristique. J'eus une peine profonde et je me sentis orpheline une fois de plus. Son vieux Pépère disparut mystérieusement le jour même de sa mort. Malgré toutes les recherches effectuées, on ne le retrouva jamais. Notre ami commun réussit à attraper une dizaine de ses chats dont ses préférés et me les amena à La Garrigue, il devait en garder lui-même dix autres. Quant aux dix manquants, nous ne sommes jamais arrivés à les prendre. Il me reste encore aujourd'hui Zoutekeu qui doit avoir 18 ans...

La petite maison fut à moitié pillée dès le lendemain de sa mort.

Seul échappé du désastre, son coffre de mariage, qu'elle avait peint elle-même en polychrome, une beauté, me fut apporté de sa part, c'était sa dernière volonté. Il est toujours là, présent et superbe. Chaque fois que mon regard se pose sur lui c'est Véra que je vois, Véra de Kerpotine, femme de légende, Véra que j'ai aimée et qui est partie, elle aussi trop tôt, trop vite, trop tristement.

*

Chaque fois que je quittais La Madrague pour Saint-Tropez ou pour La Garrigue, avec mes chiens, à n'importe quelle heure, par n'importe quel temps, je croisais une 4L bleue, reliquat des Postes et Télé-communications conduite par une jolie jeune fille. C'était parfois sur la route, d'autres fois sur des petits chemins désertiques.

Je finis par faire une fixation sur cette apparition étonnante, croyant croiser mon destin au détour d'un chemin. Elle avait le regard fixe des êtres d'un autre monde, de longs cheveux blonds encadraient son visage. Je finis par en parler à Gloria qui n'y attacha aucune importance! Pourtant, je continuais de la croiser, même si, exprès, je prenais une direction totalement opposée à celle que j'empruntais quotidiennement.

Un jour que j'allai porter à « Bureau Service » des pages de mes Mémoires à taper à la machine, je la vis devant moi, short court, cuisses longues! Elle était à « Bureau Service » avant moi, puis ressortit alors que j'entrais. J'étais troublée par cette présence mystérieuse et demandai à mon amie Dominique, qui tapait mes Mémoires depuis longtemps, qui était cette apparition. Elle ne savait pas, ne la connaissait pas, ne l'avait jamais vue auparavant. Je commençais à me raconter des histoires de fées qui hantaient mon esprit. Elle devait incarner un être magique. Mais pourquoi ces croisements continuels?

Peut-être était-elle mon ange gardien? Pourquoi pas?

Un jour, à la petite boutique, nous devions, Gloria et moi, trimbaler des caisses très lourdes, à mettre en réserve à La Garrigue. Nous n'y arrivions pas et Glo me dit : « C'est pas grave. Je vais demander à Mylène de nous aider. » Alors, je vis arriver mon ange blond qui rougit très fort lorsque je croisai ses yeux de biche affolée. Elle embarqua avec une force herculéenne les cartons dans la Mini-Moke et, du coup, je l'invitai à déjeuner.

Elle était si timide qu'elle n'osa rien manger. Je lui dis que nous nous étions déjà rencontrées plusieurs fois et elle rougit de nouveau. Drôle de petit personnage hors du temps, hors du commun, que je dus apprivoiser comme un petit animal. Finalement, elle s'avéra une fille belle, saine et puissante. Elle concentrait en elle une force, un dynamisme, un opti-misme, mais aussi paradoxalement un terrifiant manque de confiance en elle. Elle avait 20 ans! J'avais exactement trente ans de plus qu'elle!

J'ai toujours rêvé d'avoir une fille, une complice, une continuité de moi-même au sens le plus profond. Ne pouvant rêver plus réussie qu'elle à tous les points de vue, je l'adoptai immédiatement dans mon cœur, elle devint « ma fille adoptive », officiellement et aux yeux de tous. Ce qui lui donna évidemment une place prépondérante dans la société, et bien des soucis quant à sa mère adoptive!

Mylène fut présente et efficace pour tous les problèmes d'animaux que je pus subir pendant les mois qui suivirent. Elle m'aida à accepter les morts, à soigner les malades, à faire les piqûres, à donner les pilules, à aller chez le vétérinaire, à veiller des nuits entières, à me changer les idées en m'obligeant à regarder un film à la T.V.

Elle fut, elle est merveilleuse.

Parfois, n'en pouvant plus de détresse, je me précipitais dans ses bras et je pleurais à gros sanglots pendant de longues, longues minutes. Elle sut toujours trouver les mots, les phrases, la tendresse dont j'avais tant besoin et dont j'étais privée. Elle mûrit à mon contact et moi je rajeunis au sien. Avec son soutien et celui de Gloria, j'arrivais, en faisant semblant, à être un peu moins dépressive. Je me donnais des coups de pied dans le derrière, sachant que plus je serais triste et moins je pourrais m'en sortir.

Alors, je m'en sortis comme je pus. Je pris d'anciens amants, puis des nouveaux qui devinrent vite des anciens. J'étais ailleurs, tout ça me paraissait ridicule, sans intérêt, surtout à mon âge ! Mais quitte à se noyer, allons-y gaiement ! Je me raccrochais à mes chiens, à mes chats.

Puis, en allant dîner « Chez Roger », mon copain de la plage de l'Esquinade, je rencontrai un curieux et très beau Philippe. Ce soir-là, il faisait très chaud. La Perruque, François et Esperanza, un couple charmant mais fragile, Gloria et sa kyrielle d'amoureux et trois ou quatre Gipsy Kings, nous dînions sur la plage, les pieds nus dans le sable, éclairés par des bougies. Chico, mon gitan, et trois de ses copains jouaient de la guitare à damner un saint.

Face à moi, un bel homme brun, aux yeux de braise, ex-champion de tennis et actuel champion de course automobile, m'observait avec ironie et circonspection. Il m'énervait parce qu'il avait l'air de se foutre de tout, y compris de moi. Du coup, je mis le paquet, sans le regarder, mais sentant son regard. Et je séduisis son meilleur copain dont je n'avais rien à faire. Titillé par une espèce de jalousie, il ne me quitta plus.

C'est moi qui le plantai là, rentrant à la maison avec Gloria.

Le lendemain, il arriva à La Madrague dans une espèce de Porsche dorée et s'invita à déjeuner. Je fis semblant de le remettre à Gloria comme un paquet encombrant et m'enfuis à La Garrigue avec mes chiens. Il me suivit avec Glo dans la Porsche en or. C'est moi qui faisais et qui fais toujours la cuisine. J'étais donc occupée à mes fourneaux lorsqu'ils débarquèrent la gueule enfarinée ! Il y avait un pichet de sangria fraîche dans le frigo, je coupai mes tomates et mes concombres et leur dis de se servir. J'étais là dans ma cuisine à farfouiller de partout pour trouver ce qui me manquait, style : persil, ciboulette, pistou et

293

estragon. A part le physique, on aurait dit Maïté dans *la Cuisine des mousquetaires*, à cette différence près que je ne trempais mes mains dans aucune carcasse d'animal, dans aucun foie de volaille, dans aucun cadavre ! Seuls les légumes, les oignons, les ciboulettes, l'ail, les huiles d'olive ou de noix enjolivaient mes mains de différentes couleurs.

Puis, je mis la table comme j'aimais, dehors, une vieille table de bois brut avec deux bancs qui, par sa beauté, n'avait besoin d'aucune nappe, d'aucun set, les assiettes provençales, les verres de Biot un peu de travers, avec leurs bulles intérieures, les pichets de sangria, les salades de toutes sortes et de toutes les couleurs, la miche de pain cuite au feu de bois que j'achetais au marché, un superbe plateau de fromages sur des feuilles de mûrier avec, en décoration, un peu de fruits, un peu d'oignon, un peu de salade, un peu de thym de ma colline. Et les fraises, les cerises qui rivalisaient de rouge aux joues comme des petites filles timides.

C'était encore plus joli qu'une table de *Elle Décoration*.

Bref, ce fut rustique et charmant, mais mon mauvais caractère reprit le dessus au moment du café. J'avais oublié le café, n'en prenant pas moi-même ! Je dis à Gloria que si elle en voulait, elle n'avait qu'à aller le faire, que je n'étais pas sa boniche. Cela jeta un froid et elle me répondit qu'elle irait le prendre au bistrot du port. Là-dessus, elle partit à pied. Bonjour les kilomètres à 3 heures de l'après-midi, sous un soleil de plomb ! Enfin, chacun fait ce qu'il veut. Et je me retrouvai en tête à tête avec Philippe qui alla se faire un café avec la plus grande simplicité du monde.

De fil en aiguille, il prit le soleil tandis que je recherchais une certaine fraîcheur d'ombre sous les arbres, épuisée de chaleur. Depuis cette terrible opération du sein, je ne supporte absolument plus ni le soleil ni la chaleur. Pour ne pas être blanche comme un bidet, je me force pendant une heure le matin et une heure le soir à m'exposer aux rayons moins brûlants que ceux de la mi-journée, mais le résultat est minable malgré la souffrance que j'endure.

Ma peau de blonde, à peine hâlée, semble albinos à côté des pains d'épice que je côtoie. J'en pleurerais ! Surtout que le bronzage atténue les défauts d'un corps moins ferme, des cuisses et des seins fatigués ! Surtout le gauche qui, brûlé aux rayons de cobalt n'avait plus figure humaine. J'étais interdite de soleil sur la poitrine ! Alors, j'essayais ces espèces de crèmes qui vous pigmentent la peau en quelques heures. J'avais l'air d'une carotte ! Même que mes chèvres et mon ânesse essayèrent de me bouffer les doigts. J'étais orange. Bravo ! Quant aux cheveux, n'en parlons pas. En général, depuis que j'avais arrêté les décolorations, ils prenaient l'été, en séchant au soleil, des teintes superbes de blond mélangé au châtain clair de ma nature. Ne supportant plus la chaleur du soleil sur ma tête, je mettais un chapeau de paille. Résultat, mes longs et beaux cheveux restaient châtain terne sans plus aucun reflet ! Je mis de l'eau oxygénée à trente volumes un peu partout. Résultat, des taches comme une culture de poireaux sur ma tête !

Ah, j'étais chouette !

Alors, je décidai de ne plus rien faire, de rester telle que j'étais.

Après tout, tant de mal, tant de soucis pour qui ? Pourquoi ? Ce fut décisif et irrémédiable. Depuis ce jour, je me suis acceptée comme j'étais, même si je devais parfois en faire des cauchemars. Il est dur, difficile de vieillir, mais il est encore plus impossible de vouloir rester jeune envers et contre tout ! Un lifting, bien sûr, peut vous enlever vingt ans, mais votre corps, votre cœur, votre âme restent les mêmes ! Les rhumatismes, l'arthrose, la dépression, la solitude, la tristesse sont là et ne vous lâchent plus ! Alors à quoi bon ?

Enfin, bref, je quittai le beau Philippe, noir comme de l'ébène, après avoir partagé avec lui un verre de champagne. Lui dans sa Porsche en or, moi dans ma 4L dégueulasse, pleine de mes chiens affamés.

A La Madrague, ma Madeleine et mon Jojo donnèrent les pâtées pendant que, profitant des derniers rayons du soleil couchant, j'allais me baigner dans une eau tiède, débarrassée par la nuit tombante de tous les touristes et autres emmerdeurs ! La mer était de nouveau à moi toute seule. Quelques occupants des yachts, ancrés dans la baie, troublaient, par leurs cris et leurs rires hystériques, la paix qui descendait comme le soleil, doucement, derrière la colline de Sainte-Maxime.

Je n'ai jamais compris et ne comprendrai jamais ce besoin que les êtres humains ont de hurler, de crier, de faire du bruit alors que la nature se calme, que le soleil se couche et que les vaguelettes, imperceptibles, donnent à la mer l'aspect d'une horloge qui bat au rythme du temps.

Lorsque je revins dans ma chambre, Philippe était allongé sur mon lit.

Ça alors, c'était la meilleure. Pour qui se prenait-il ?

Je lui intimai l'ordre de dégager sur-le-champ sinon j'appelais mon gardien et Madeleine. Il prit des airs de chien battu, essayant de me raconter sa détresse. Sa femme l'avait quitté et venait d'épouser un autre type. Il était désespéré, ne cherchant ni à me séduire, ni à rien du tout. Il voulait seulement ne plus se retrouver seul, n'arrivant plus à assumer son désespoir, il cherchait un peu de chaleur humaine, n'avait aucune envie de faire l'amour, seulement de trouver des bras tendres.

J'étais dans un cas identique.

Nous passâmes donc la nuit entortillonnés l'un dans l'autre de tendresse, de solitude, de désespoir, chacun pensant à celui ou à celle qui nous avait mis dans cet état ! Puis, le lendemain, il revint évidemment à La Garrigue ! Nous étions forcément extrêmement complices et Gloria se sentit évincée. Furieuse, elle repartit à pied pour Saint-Tropez.

Avant de retourner à La Madrague, je m'étais faite belle avec les moyens du bord. Un jupon de dentelle qui traînait par là, un tee-shirt blanc et, dans mes cheveux dénoués, des fleurs de seringat et d'oranger me faisaient une couronne de mariée superbe et sentaient bon. Je pris Philippe par la main et lui demandai s'il voulait se marier avec moi, pour le meilleur, dans la petite chapelle de La Garrigue. Il me suivit, mi-figue, mi-raisin. Arrivés là-haut, seuls tous les deux avec deux ou trois chiens qui traînaient derrière, je lui demandai devant la statue de la Vierge s'il voulait me prendre momentanément pour épouse.

Il répondit : « Oui ! »

Nous nous étions mariés pour le meilleur.

Ce soir-là, il y avait une « fête blanche » aux « Caves du Roy ».

C'était un peu la clôture des boîtes de nuit et Jacqueline Veyssière, mon amie des nuits blanches, nous accueillit avec une affection délirante. Nous lui expliquâmes que nous nous étions mariés le jour même. J'étais toujours en blanc, Philippe aussi. Ce fut la fête, elle annonça notre mariage au micro. Tout Saint-Tropez nous félicita, plus les touristes ébahis d'être là !

Je dormais avec Philippe comme avec un frère, nous nous donnions l'affection, la tendresse que ceux que nous aimions nous refusaient, puisant en nous, en nos membres entrelacés, la force de vivre le lendemain – qui ressemblait à la veille !

Puis, Philippe, dans sa Porsche en or, s'en alla retrouver Paris, ses pompes et ses œuvres. Coincée devant le téléphone, j'attendais ses appels qui ne venaient pas, pendant que Gloria faisait tout ce qui était en son pouvoir pour me changer les idées.

Il y eut des dîners à La Madrague, avec des imbéciles qui croyaient pouvoir dormir dans mon lit. Il y eut des déjeuners à La Garrigue, avec des cons qui pensaient que mon corps était à prendre. Ils oubliaient que mon cœur, aussi et surtout, était désespéré !

Philippe revint néanmoins dans sa Porsche dorée, passer la soirée du 28 septembre avec moi. J'avais 51 ans. Gloria avait tout organisé de main de maître et nous étions une vingtaine pour le dîner au bord de la piscine de l'hôtel « Le Yaca ». Malheureusement, après le dîner, nous sommes allés finir la soirée dans la petite boîte de nuit de l'Esquinade. Là, Philippe m'ignora totalement, papillonnant auprès des minettes de service qui lui faisaient des grâces !

Au bout d'un moment, j'en ai eu marre et suis partie avec La Perruque retrouver à l'hôtel un ex-amoureux qui m'accueillit à bras ouverts, moi, mon rhume et mon cafard. Je découchai. Le lendemain, Philippe, après m'avoir cherchée partout, prit sa Porsche et repartit pour

Paris. Je me retrouvais seule, triste, malade et aussi maussade que le temps en ces périodes d'équinoxe où la mer se défoule furieusement du calme qui lui fut imposé tout l'été.

Bonjour tristesse !

Je commençais à avoir, malgré moi, un dégoût des hommes qui me poursuivit longtemps.

Philippe était Scorpion et son anniversaire était en novembre.

Après un ou deux coups de fil sans intérêt, il m'envoya un télégramme m'invitant à sa soirée d'anniversaire. Nous décidâmes, Glo et moi, de remonter à Paris. Et nous voilà toutes les deux rue de la Tour, ne sachant pas ce qui allait arriver. Philippe faisait et fêtait son *birthday* dans l'île de la Jatte, à Neuilly. Je décidai de lui offrir cette soirée de moitié avec son meilleur ami. Il y avait vingt personnes à table dans le bistrot, bruyant et bondé. J'étais à la droite de Philippe, mais j'aurais été absente, cela aurait été pareil !

J'étais humiliée, désespérée.

Je quittai cette ambiance démoniaque en prenant un taxi qui me ramena chez moi. Personne ne s'aperçut de mon départ. Je fermai la porte à clé, en laissant ma clé dans la serrure. Je fermai les volets hermétiquement, puis je m'endormis à force de *Témesta* et de *Mogadon*. A 4 heures du matin, j'entendis vaguement des « Brigitte, ouvre ». Puis, je retombais dans mon sommeil. Gloria fut obligée de dormir ou de faire semblant, chez le meilleur ami de Philippe qui, n'en voulant pas, la ramena le lendemain dans un état dramatique. Quant à Philippe, il dormit tranquillement chez lui, n'ayant rien à faire de mes états d'âme.

Je profitai de mon séjour à Paris pour aller voir Nicole à Bazoches. J'y passai même une nuit. Malgré mes coups de téléphone quotidiens, elle fut super heureuse de me voir et moi de la serrer dans mes bras. Rien ne vaut la présence physique, le contact direct entre deux êtres qui s'aiment et qui ont besoin l'un de l'autre. Elle ne savait comment me remercier d'avoir mis La Bazoches à sa disposition. Elle s'y sentait bien malgré l'horrible solitude qu'elle assumait courageusement avec cette maladie atroce qu'est un cancer qui se généralise.

Moi, je lui vouais une immense reconnaissance d'être là, présente, de soigner et d'aimer tous mes petits chats qui, sans elle, auraient été bien abandonnés, bien livrés à eux-mêmes, avec pour tout potage ce couple de gardiens indifférents. Au point même qu'ils provoquèrent un drame quelque temps plus tard. Nicole était une autre moi-même, elle aimait les animaux plus que tout au monde. Je savais qu'avec elle ma ménagerie serait nourrie, soignée, câlinée.

Ce fut un bonheur pour moi que d'arriver chez moi.

Reçue avec chaleur par mon amie, le feu de bois pétillait ; tous les petits étaient là, dans le lit de Nicole, sur les canapés du salon ; ses chiennes et chiens me firent une fête merveilleuse. La grosse Malika, Dogue allemand que nous avions sauvé toutes les deux, mettait ses pattes sur mes épaules, elle était aussi grande que moi, je lui embrassais le museau, nous nous roulions des patins en veux-tu en voilà !

Puis « Vélo », le Berger allemand si doux, presque timide, qui me reniflait, la queue entre les jambes, n'osant pas trop montrer sa joie ! Et puis « Citronnelle », la toute petite Fox à poil dur, intelligente comme pas deux, qui me mordillait les mollets pour que je la prenne dans mes bras et que je lui lèche le museau. Enfin, le dernier arrivé, le pauvre « Diégo » dont nous avions sauvé la maman et les petits frères ; la loi nous interdisant de la garder, nous avions dû la rendre pour la retrouver morte sur une décharge quelques jours plus tard. Diégo, gros et jeune patapouf, me léchait les mains, le visage, sautait comme un boomerang.

C'était une fête magique, une folie de retrouvailles.

Je finis par empoigner Nicole par la taille et je lui fis faire trois tours de valse au milieu du salon, des chiens, des chats. Nous riions comme des folles et, du coup, nous appelâmes Yvonne, mon amour de voisine. A trois, ce soir-là, nous avons refait le monde, nous avons bu le champagne du bonheur, nous avons été heureuses. Bien nous en prit car l'avenir, hélas ! allait me les prendre toutes les deux.

Profitant de cet état d'euphorie passagère je dînai avec Jean-Louis Remilleux. A la fin du repas, alors que je fumais une cigarette, nous en vînmes à parler de Gainsbourg qu'il admirait énormément. De fil en aiguille, il me demanda pourquoi je n'avais pas autorisé la sortie du disque *Je t'aime, moi non plus*. Je lui expliquai qu'à l'époque, mariée à Gunter Sachs, cela m'exposait à un divorce certain. Il sourit, et avec un clin d'œil me répondit que ça n'avait pas empêché notre séparation iné-vitable, que je n'étais plus mariée à personne, il ne comprenait pas pour-quoi ce disque restait enfermé dans les coffres-forts de la maison Philips.

Mais il avait raison ! Mille fois raison !

Même si Jane Birkin avait eu le privilège de sa diffusion publique, c'est avec moi et pour moi que Serge l'avait créée et chantée.

Je ne l'avais pas revu depuis notre séparation.

Mais lorsque je l'eus au bout du fil, je crus que nous allions nous éva-nouir tous les deux. Le lendemain soir, Serge nous recevait, Jean-Louis et moi, dans sa petite maison de la rue de Verneuil que j'avais visitée avec lui et dont il avait fait un véritable musée. Bien qu'aimant Bambou et Lulu, son fils, il préférait vivre seul au milieu de ses souvenirs, de ses objets d'art, dans son désordre méthodique, entouré de bibelots de prix, où chaque chose avait sa place qu'il ne fallait déranger sous aucun pré-texte.

Je me souviens de la beauté de cet environnement, du décor luxueux au milieu duquel il me semblait impossible de vivre. Par exemple, je poussai une revue ouverte sur une chaise afin de trouver un endroit où m'asseoir, mais Serge se précipita, remit la revue ouverte à la bonne page sur la chaise et me demanda très gentiment mais fermement de ne pas toucher à quoi que ce soit. Puis, il nous désigna deux fauteuils de fonte, style 1900, sur lesquels nous étions autorisés à prendre place. Plus tard, cherchant un cendrier, j'en trouvai enfin un perdu parmi des dizaines d'objets, mais il me fut interdit de m'en servir, il était décoratif, non utilitaire.

Il y avait des photos de moi, de nous deux partout, sur les murs, posées sur le piano, à côté d'un « viseur », objet utilisé par les metteurs en scène pour choisir le cadre idéal, que je lui avais offert lorsque nous tournions ensemble notre show musical, il y avait même un flacon de mon parfum *Heure Bleue* qu'il respirait de temps en temps lorsque l'alcool et les cigarettes le plongeaient au milieu de la nuit dans une nostalgie qu'il combattait en se noyant dans les somnifères.

Ce fut une entrevue un peu tendue.

Les souvenirs trop présents et encore cuisants n'avaient pas eu le temps de s'effacer, nous n'étions plus amants mais pas encore amis. Serge parut extrêmement heureux que j'autorise enfin la diffusion de notre duo. Pour lui c'était l'empreinte, le sceau, le témoignage unique et inaltérable de l'amour fou qui nous avait unis.

Nous allâmes dîner dans un petit restaurant en face de chez lui, heureusement, car à la fin de la soirée, Serge, trop pris de boisson, ne tenait plus debout, nous dûmes le ramener, Jean-Louis et moi, en le soutenant pour l'empêcher de tomber. Quelle tristesse !

J'eus par la suite de fréquentes nouvelles de Serge, nous nous appelions le soir au téléphone. Il me revit souvent lorsque je passais à Paris. Nous choisîmes ensemble la couverture du 45 tours et, lorsque le disque sortit, en 1986, ce fut une petite révolution.

Je retournai à Saint-Tropez, pendant que Glo prenait l'avion pour le Chili, et l'hiver commença avec nos solitudes. Elle, en plein été, moi dans les brumes de l'oubli, le mistral glacé !

Cette année-là, je passai un Noël seule, au fond de mon lit, malgré le petit arbre que Mylène m'avait fait dans le salon. J'essayais de me dire que ce jour-là était comme un autre. Le 31 décembre, une de mes chattes adorées, « Geisha », une tricolore adorable et douce, ne se sentait pas bien. J'étais près d'elle, tout près d'elle. Je la voyais de plus en plus mal. A 10 heures et demie du soir, elle mourut.

J'étais là, seule auprès de son petit cadavre, essayant de lui insuffler un peu de ma vie, ne voulant pas croire à l'inadmissible, pendant que dans la Baie des Canoubiers j'entendais des hurlements de connards qui fêtaient, ivres morts, la nouvelle année.

Il faisait très doux, ce soir-là, hélas !

J'embrassai à minuit tous les petits museaux humides tendus vers moi. Je m'en souviendrai toujours. Ce fut une très dure fin et un bien désolant début d'année. J'appelai Nicole à Bazoches, lui racontant ma tristesse et lui souhaitant une bonne année.

1986 commençait par une mort, une désespérante solitude, une drôle de dépression. Bonjour les dégâts ! Pluton ne m'avait pas lâché les baskets, je le savais et il n'allait pas me rendre ma liberté de sitôt !

Méfiez-vous, vous qui me lisez, le Carré de Pluton, qui arrive à tous, entre quarante et cinquante ans, peut être beaucoup plus long qu'on ne l'imagine. Seule votre force intérieure, votre courage pourra vaincre cette épreuve pour les années futures !

J'entamais une longue traversée de solitude, celle pour laquelle aucune main, aucune épaule, aucune présence n'est à vos côtés ; celle pour laquelle vous vous réveillez le matin en vous disant : « A quoi bon ? » et pour laquelle les nuits sont des oasis d'oubli.

A Bazoches, l'état de santé de Nicole s'était sérieusement détérioré. J'avais Schwartzenberg au téléphone, qui ne me donnait pas beaucoup d'espoir quant à l'évolution terrifiante de ce cancer qui avait pris les poumons. Pour lui, la seule issue possible pour une survie aléatoire était une décortication des poumons – opération grave et dangereuse, mais donnant parfois des résultats...

Confiant mes petites et mes petits à Madeleine et Jojo, je partis assister Nicole. Le problème fut qu'Allain refusant de me voir, il ne vint donc pas me chercher à l'aéroport et ne me trimbalerait pas de Bazoches à la clinique du Val d'Or, ni de la clinique à la rue de la Tour. Je n'avais pas de voiture à Paris ni à Bazoches ! Je demandai à ma secrétaire de venir me chercher à Orly en taxi et, toujours en taxi, nous partîmes pour Bazoches.

Nicole refusait l'opération, elle pleurait, entourée de ses chiens et de nos chats. C'était un spectacle désolant. Je m'étendis près d'elle et essayai de lui expliquer l'urgence d'une intervention. J'y passai ma nuit ; elle respirait avec difficulté et toussait à fendre l'âme dès qu'elle s'allongeait pour essayer de dormir. L'effet de la morphine n'était plus assez puissant pour endiguer une telle souffrance physiologique.

Le lendemain, après une nuit blanche, j'appelai mon amie Yvonne, ma voisine chérie, afin qu'elle vienne nous secourir dans notre détresse.

Elle vint avec sa petite chienne « Wendy », adorable petit bout de chou Whistie, avec une petite bouille de peluche et un foutu caractère d'enfant gâtée. Dans un charivari d'aboiements de tous poils et de fuites de chats tous azimuts, nous arrivâmes à convaincre Nicole. Schwartzenberg attendait la décision, la chambre était prête et l'opération prévue pour le lendemain aux aurores. Nous avons confié tous les petits et petites à mes gardiens. Ma présence les impressionnant, cela me rassura.

L'ambulance attendait devant le portail, Nicole n'en finissait plus de donner des bisous, des câlins, de confier telle chatte malade à la gardienne, de lui rappeler que « Kim » était aveugle et qu'il fallait prendre grand soin de lui, que « Socquette » était vieille et avait du mal à monter sur le plan de travail où se trouvait la pâtée des chats, que Vélo, le vieux Berger, allait se laisser mourir de faim, que ceci, que cela !

Bref, il fallut partir le cœur arraché, toutes les deux en ambulance jusqu'à la clinique du Val d'Or à Saint-Cloud. Je me demandais si j'avais eu raison d'insister pour cette opération. Je passai la journée auprès de Nicole ; nous avons, au moins dix fois, appelé Bazoches pour savoir si tout allait bien. Elle dut subir des examens de toutes sortes. Je ne la quittais pas, lui tenant la main, le cœur et l'âme, à bout de bras.

J'adorais Nicole comme une sœur et trouvais trop injuste qu'une femme jeune (elle avait 54 ans), belle et intelligente, avec un si grand cœur, un si grand amour pour les animaux, un formidable courage, puisse être atteinte si gravement par le cancer.

Le soir, je dus la quitter avec la promesse d'être de retour le lendemain aux aurores. Je vis le chirurgien avant de partir. Il n'était pas très optimiste, mais ma présence et la protection si utile de Schwartzenberg durent lui donner la force de la réussite.

Je pris un taxi et me retrouvai seule rue de la Tour, dans cet appartement inhabité où rien ne m'attendait, qu'une bouteille de Perrier dans le frigo et quelques cacahuètes rances, dans une boîte de fer ! Je me mis à pleurer toutes les larmes de mon corps. Pluton me lorgnait de loin et savourait sa victoire. Il allait m'avoir, c'était sûr ! Qui peut indéfiniment résister à tant d'épreuves, à tant de détresses, à tant de morts, à tant de solitude ? Personne.

Dans un ultime sursaut d'espoir, j'appelai Hubert Henrotte, le P.-D.G. de l'agence Sygma. Je lui expliquai la solitude et la détresse dans laquelle je me trouvais alors qu'il me fallait aider et donner ma force à Nicole. J'étais là, seule dans cette maison vide, sans rien à manger, sans voiture, sans personne à qui parler...

Hubert est le puissant patron d'une des plus grandes agences de Paris et du monde, mais il a en plus une sensibilité et un cœur qui, chez d'autres, se sont émoussés. Il fut atterré par mes confidences. Ne comprenant pas pourquoi Allain ne me venait pas en aide dans des moments aussi terrifiants, il me fit envoyer immédiatement une pizza par un traiteur. J'avais refusé son invitation à dîner, trop fatiguée et devant me lever à 6 heures le lendemain matin. Puis, il mit une voiture avec chauffeur à ma disposition dès l'aurore le jour suivant.

Je pris deux *Témesta*, mis mon réveil à 5 heures 30, et m'effondrai dans un sommeil sans rêve, un sommeil d'oubli. Le lendemain, complètement abrutie, j'étais, grâce à la voiture avec chauffeur, au chevet de Nicole avant qu'elle ne parte pour le billard. Seule sa main dans la mienne exprimait la force de l'amour qui nous liait.

Puis, la longue attente commença.

Je m'étais assise sur les marches de l'escalier de la clinique. La tête dans les mains, je pleurais, quand je vis des jambes en jeans qui faisaient les cent pas sur le palier. En écartant les doigts, je vis Allain. Il m'avait vue, mais faisait semblant de m'ignorer. Quel choc !

Pendant les cinq heures où nous attendîmes que Nicole sorte du bloc opératoire, il ne m'adressa pas la parole, pire qu'un étranger.

Lorsqu'on la ramena dans sa chambre, bardée de tuyaux et inconsciente, il ne me dit pas un mot. Il s'assit dans un fauteuil et se mit à lire et à écrire pendant que, sur une chaise, je tenais la main inerte de Nicole. Les chirurgiens me dirent que ça s'était bien passé. Evidemment, on avait dû lui scier deux côtes, elle allait donc souffrir énormément malgré la morphine.

Allain partit sans un mot, sans même me demander si j'avais un moyen de transport pour rentrer ! La nuit tombait lorsque Nicole reprit connaissance avec des cris de douleur à vous arracher le cœur. Je restai près d'elle, lui tenant la main, lui mettant des gants éponge frais sur le front. On me demanda de partir, des soins intensifs devant lui être donnés. Je rentrai avec la voiture et le chauffeur, rue de la Tour, dans la même désespérante solitude que la veille.

Nicole s'en sortit avec courage et force, mais elle dut rester à la clinique pendant quinze jours. Sachant que tout allait bien à Bazoches et qu'elle était de nouveau hors de danger, je repartis pour Saint-Tropez, lui jurant que je serai là pour sa sortie de clinique. Je l'appelais tous les jours au téléphone et suivais de loin l'amélioration de son état.

La veille de la sortie de Nicole, alors que j'avais mon billet d'avion et que tout semblait aller le mieux possible, les gardiens de Bazoches m'appelèrent pour m'annoncer la mort de Diégo. Je hurlai dans le téléphone, ne comprenant pas pourquoi Diégo, âgé d'à peine 2 ans, était mort. Les explications furent confuses, les gardiens bafouillaient, se contredisant. Je leur raccrochai au nez et appelai le vétérinaire. Il aurait avalé des os de lapin donnés par les gardiens pour leur éviter de faire la pâtée traditionnelle. Ces incapables auraient donné des os de lapin aux chiens et Diégo en était mort. Diégo, le petit dernier, le chéri-amour de Nicole, mais qu'allais-je faire ?

Comment lui dire, elle si faible, si malade, si mal en point ?

L'avion et le chauffeur d'Hubert me ramenèrent vers Nicole, heureuse de s'en être sortie vivante malgré les atroces souffrances. Elle s'était faite belle et ne pensait qu'à retrouver Bazoches, ses chiens, ses chats, son univers. Je lui pris la main pour essayer de lui annoncer la mort de Diégo. Ayant prévenu les médecins, ils étaient prêts à intervenir en cas de syncope. Nicole, battante comme elle était, voulut aller le plus vite possible à Bazoches pour déterrer son Diégo, le revoir une dernière fois. Elle eut une crise de nerfs et se mit à étouffer. Je pleurais encore d'être la messagère d'aussi atroces nouvelles.

Je m'en voulais. Je me détestais.

J'appelai au secours mon Phi-Phi d'Exéa, puis Mirko dans sa bergerie de Bourgogne. J'appelais au secours, au secours, aidez-moi, je ne peux plus, je suis si fatiguée, si triste, je vous en supplie, aidez-moi. Ils m'aidèrent comme ils purent.

Merci Phi-Phi, merci Mirko d'avoir répondu avec tendresse et affection à mon S.O.S. tragique. Nicole, revenue avec moi en ambulance, n'eut de cesse d'aller déterrer Diégo. J'essayais de l'en empêcher, mais Phi-Phi et Mirko mirent un point final à ces macabres retrouvailles.

Je laissai Nicole, et dus retourner à La Madrague.

Rentrée à Saint-Tropez, j'ouvrais seule le courrier important que le facteur m'attachait avec une ficelle afin qu'il ne fiche pas le camp de gauche et de droite. Je voyais des photos abominables de chevaux découpés en morceaux dans les prés où leurs maîtres les avaient laissés seuls. Tout ça pour la boucherie ! Quelle horreur ! Je voyais des photos de chiens scalpés, de chats avec des électrodes dans le cerveau ! J'ai même vu la photo d'un chat découpé vivant par un fou qui croyait être un scientifique et qui faisait une expérience sur sa table de cuisine ! J'en ai vu des vertes et des pas mûres. J'ai pleuré des larmes de sang, j'ai hurlé ma révolte devant mes chiens terrorisés, j'aurais voulu partager mon chagrin, ma détresse, mais seul l'écho de ma voix me répondait. J'étais seule dans la désespérance immense de mes responsabilités auxquelles j'étais incapable de faire face.

J'en parlais à Gloria qui, comme moi, se sentait impuissante devant tant de souffrances ! C'est elle qui eut, avec Nicole, l'idée magique de refaire une Fondation. Nous allâmes toutes les deux voir le notaire et l'avocat à Saint-Tropez. Il fallait être trois pour une Fondation. Elle fut la trésorière, moi la Présidente, et je ne sais plus qui le secrétaire général. Ça n'avait aucune importance.

A cette époque-là, on pouvait créer une Fondation aussi facilement qu'une Association de la Loi 1901. C'était en 1986 ! Depuis, les choses ont bien changé. Tout est devenu extrêmement difficile et une « Fondation » comme la mienne doit avoir des bases solides, de l'argent, une structure inébranlable. J'allais, au fil des ans, me rendre compte de la difficulté dans laquelle je m'étais engagée, encore seule avec ma seule volonté de vaincre.

J'eus, ce printemps-là, le bonheur d'apprendre la sortie de *Je t'aime, moi non plus*. Serge avait bien fait les choses, comme d'habitude. Il s'était occupé de tout, assumant la promotion que je refusais de faire, d'autres priorités me paraissant plus urgentes, et puis, j'avais tourné le dos au show-business. Mais je suivais le succès de notre disque par téléphone, lorsque Serge m'appelait pour m'en tenir informée.

Ce fut « un rayon de soleil dans l'eau froide » de ma vie, comme aurait dit Françoise Sagan.

**

La petite boutique « La Madrague » était devenue, en quelque sorte, le premier bureau de « la Fondation Brigitte Bardot pour la sauvegarde des animaux sauvages et domestiques tant en France que dans le Monde ». Gloria fut débordée. On ne pouvait à la fois vendre des fanfreluches et faire connaître une « Fondation ».

A « Bureau Service », chez ma copine Dominique, il y avait une toute petite pièce au fond avec une ligne de téléphone privée. Je la lui louai et mis une secrétaire que je trouvai par annonce. Elle s'appelait Noëlle, était jeune, jolie, et adorait les animaux. Nous eûmes rapidement des centaines, puis des milliers d'inscriptions pour cette nouvelle Fondation, si jeune, si balbutiante, mais pour laquelle les gens me faisaient confiance. Ils avaient raison.

Et puis, le soir du 26 avril 1986, les gardiens de Bazoches me téléphonèrent à 22 heures. Nicole était morte. Allain, mettant pour une fois son cœur au service d'une déclaration funèbre, me le confirma. Il y avait trois mois que nous ne nous parlions plus. Nicole venait de mourir, après une piqûre de morphine, une overdose probablement.

J'appelai Madeleine à la rescousse et partis le lendemain en avion à la première heure. Nicole, dans son lit de Bazoches, avec ses chiens et ses chats autour d'elle, semblait dormir. Mais des fourmis lui mangeaient les yeux et la bouche. J'étais épouvantée par ce spectacle. Ma nuit près d'elle fut une horreur. Le lendemain, je demandai aux Pompes funèbres de la mettre dans une chapelle ardente, mais surtout de ne pas la laisser là envahie de fourmis. J'en frissonne encore en l'écrivant.

Puis, l'enterrement, avec, en premier, Malika, Vélo, Citronnelle dans l'église, le curé étant d'accord. Ils étaient sa seule famille et il était normal qu'ils fussent les premiers derrière le cercueil. Chacun de nous, Yvonne, Allain et moi tenions en laisse ces seuls enfants que Nicole adorait. Puis, j'appelai ceux qui étaient les plus proches d'elle pour mener le cercueil jusqu'au cimetière. C'est une chose que je trouve belle, plutôt que des croque-morts qui n'en ont rien à foutre. Je faisais partie, bien évidemment, des porteurs. Comme pour maman, comme pour tous ceux que j'aime et que j'ai portés en terre, le mot est exact.

Je fis un peu d'ordre dans tout le fourbi de Bazoches ; confiai Malika, la grande Dogue allemand, aux gardiens, ainsi que Vélo. Puis, je demandai à Yvonne de venir me retrouver à La Madrague avec la petite Citronnelle et sa chienne Wendy.

Le 1er mai, elles arrivèrent en voiture. Je les aimais toutes plus les unes que les autres. Ce fut une espèce de prédiction car non seulement Citronnelle finit ses jours auprès de moi, mais Wendy, la petite chérie-amour d'Yvonne, est encore là près de moi alors que j'écris ces lignes et que sa maîtresse est morte depuis deux ans.

J'ouvre une petite parenthèse dans cette période si dramatique de ma vie, en demandant au lecteur de m'excuser pour tant de tristesse. J'aimerais être rigolote comme dans *Initiales B.B.*, mais je ne peux que transcrire ce que furent, hélas, ces années de détresse ! Personne ne me croira peut-être, mais ce fut ainsi. Pluton, ce salopard, voulait ma peau et je luttais contre lui avec l'énergie du désespoir.

Yvonne et Wendy restèrent près de moi pendant quelque temps. Citronnelle s'adapta à ma meute. Elle était intelligente et finit par devenir la femelle dominante de tous mes chiens.

Bravo petite fille, orpheline et tant aimée.

C'est alors que les gardiens de Bazoches m'annoncèrent la mort de Vélo. Depuis le décès de sa maîtresse, il refusait de se nourrir et finit par mourir d'inanition. Je me mis à la place de Nicole et pleurai, de toutes les larmes de mon corps, la mort de ce Berger allemand si fidèle qu'il ne put survivre à la disparition de sa maîtresse adorée.

Je n'en pouvais plus de toutes ces morts et, pourtant, il me fallut assumer bien d'autres disparitions imprévues. J'en ai encore le cœur qui saigne bien des années plus tard.

Mouche, ma petite fille Setter, enfant de Nini, eut des troubles bizarres. En l'emmenant chez le vétérinaire de Sainte-Maxime, j'appris qu'elle était diabétique. Il fallut, avec des petits papiers « étudiés pour », lui prendre son pipi en étant là au moment adéquat. Si le bleu se transformait en marron, elle était sous-dosée en insuline, au contraire, si le bleu devenait vert au contact de l'urine, elle était surdosée et risquait l'hypoglycémie.

Mouche était timide, discrète et pudique.

Elle allait se cacher sous les buissons les plus touffus pour faire ses besoins, et moi, derrière, avec mon papier-test à la main, je crapahutais style parcours du combattant. Il y avait aussi l'astreinte de la piqûre quotidienne à heure fixe. Sa vie en dépendait, j'augmentais ou diminuais les doses selon la couleur du test. Lors des changements d'heure d'été et d'hiver, ce fut une comédie. Nous essayions de gagner une heure, quart d'heure par quart d'heure pendant quatre jours.

J'étais fatiguée, il me fallait passer le plus clair de mon temps à soigner chats et chiens, à les emmener chez le vétérinaire de Sainte-Maxime, le bon Docteur Vors, à préparer les pâtées, à les promener. Les journées n'étaient pas assez longues pour tout assumer, surtout qu'en 1986, j'avais atteint un nombre impressionnant de petits quatre-pattes. J'avais douze chiens à Saint-Tropez, plus Malika, seule survivante à Bazoches. Quant aux chats, une bonne centaine répartis entre La Madrague, La Garrigue et Bazoches ! Je ne parle ni des chèvres ni des moutons ni de Cornichon ni de Duchesse.

Cela faisait beaucoup de tracas, de travail, d'angoisses permanentes. Je cherchais donc une « nurse à chiens », une personne pour m'aider, qui me tiendrait compagnie, prendrait ses repas avec moi et me soulagerait de beaucoup de responsabilités. Autant chercher une aiguille dans une botte de foin. J'avais beau faire paraître des annonces filtrées par « Bureau Service », en parler partout autour de moi, aux commerçants, aux amis... Rien.

Parfois, je voyais arriver des bonnes femmes en talons aiguilles, blondes platine, maquillées comme des pintades, pleines de bijoux de pacotille, décorées comme des arbres de Noël ! Je disais que la place était prise et j'attendais la femme de ma vie, en bottes et en jeans, en grand pull, simple, naturelle, vraie ! Je l'attends toujours !

Dans le courant du mois de mai, je dus retourner à Paris.

J'appelai Madeleine afin qu'elle dorme dans mon lit et prenne soin des chiens et des chats. Elle avait 71 ans et ne pouvait plus assumer qu'une présence rassurante et tendre qui me permettait de remonter en vitesse deux ou trois jours, jamais plus longtemps, Madeleine fatiguait rapidement au milieu de cette horde d'animaux qui manquèrent souvent la faire tomber. Parfois, c'était Mylène qui venait à la rescousse, mais elle était très jeune, s'ennuyait vite dans la solitude et n'avait aucune habitude de tenir une maison, je retrouvais tout de travers, le frigo vidé sans avoir été rempli, des notes tonitruantes de téléphone et mes sels de bain dévastés.

Donc, à Paris, ces deux jours de fin mai, j'eus du pain sur la planche. Et, ô surprise ! Je reçus le matin, rue de la Tour, un coup de téléphone du nouveau Premier ministre, Jacques Chirac. Il tenait absolument à me rencontrer. Il m'aimait et m'admirait depuis toujours. Il était charmant, simple, adorable. Il se proposait de m'aider dans mon combat. J'en avais les larmes aux yeux. Je promis d'aller le voir à Matignon le lendemain, juste avant de reprendre l'avion.

J'appelai immédiatement Allain qui fut toujours mon complice de la protection animale. Même si nous ne vivions plus ensemble, il était toujours là pour le combat. Il vint avec moi voir Chirac. Heureusement, car je n'avais plus ni voiture, ni secrétaire, Maryvonne m'ayant quittée pour des raisons obscures que je ne cherchais pas trop à approfondir ; ses 5 000 francs par mois pour un mi-temps lui semblaient trop peu et elle me faisait une sorte de chantage affectif et intéressé qui ne me plut pas du tout ! La suite ne me donna pas tort !

En rencontrant Jacques Chirac, j'oubliai Pluton !

Je fus conquise par sa chaleur humaine, par son charme, son humour et sa séduction. Si Allain n'avait pas été présent, je crois que je me serais laissée aller à un petit coup de cœur... Du reste, bien des années plus tard, alors que notre amitié était à son apogée, je lui dis qu'il était dommage qu'il ne m'ait pas épousée du temps de notre jeunesse car il correspondait magnifiquement à tout ce que j'aimais chez un homme.

Allain me déposa à Orly ; je repris l'avion. Ma Range-Rover m'attendait à Hyères. Je rentrai à La Madrague, repris mes seringues à chiens, mes pilules à chats, mes serpillières et ma solitude.

Drôle de vie !

Il me fallut faire stériliser au plus vite Vénus qui se fit attaquer sauvagement par Douce alors qu'elle commençait ses chaleurs. Puis, il y eut Amélie, déjà durement éprouvée par sa vivisection et à qui j'avais fichu la paix. Ne se plaisant pas chez Jicky, elle revint d'elle-même toute seule à La Madrague. Elle fut, elle aussi, en chaleur.

Les mâles de la maison se battaient jusqu'au sang, ce fut une période abominable. J'enfermais les uns, je faisais sortir les autres. On ne peut stériliser une chienne en chaleur. C'est très dangereux et, malheureusement, ces petites affaires durent trois semaines. Sans parler des odeurs affolantes qui rameutent tous les chiens du quartier. Pour parer au plus pressé, j'achetai des petites culottes spéciales qui, en principe, protègent la chienne des attaques des chiens et de plus empêchent les taches de sang un peu partout dans la maison. On se serait cru au Crazy Horse, avec mes chiennes et leurs petits slips noirs minuscules qui ne cachaient rien du tout et qu'elles grignotaient avec un plaisir fou.

J'eus des crises de rire à les voir ainsi.

Je venais d'engager à l'essai une « nurse à chiens » sur les conseils de Gloria qui pensait, avec juste raison, que j'avais le droit à quelques heures de détente par jour en confiant la santé de mes chiens à une femme expérimentée. Elle m'avait trouvé une infirmière ou plutôt une aide-soignante spécialisée dans la compagnie des vieux.

Arriva alors une femme imposante, autoritaire, qui sentait la sueur à plein nez. Dès qu'ils la virent, tous mes petits se réfugièrent sous les meubles, sur mon lit, dans mes jambes, visiblement ils ne pouvaient pas la supporter. C'est un test que j'ai vérifié, hélas ! maintes fois, les animaux ne se trompent pas, leurs instincts les guident vers ceux qui les aiment, et les font se méfier des autres. Je me disais qu'avec un peu de patience et un bon déodorant, les choses pourraient peut-être s'arranger.

Mais elles ne firent que se détériorer.

Dès que cette femme apparaissait, toute ma tribu à quatre pattes disparaissait. Si elle les appelait pour la piqûre ou la pilule, c'est l'écho de sa propre voix qu'elle entendait lui répondre. Personne à l'appel ! La seule cuisine qu'elle savait faire était un régime pour mourants : patates à l'eau, riz collé et bouilli sans goût ni grâce, soupe à l'eau sans sel ni poivre où les poireaux surnageaient dans une espèce d'eau de vaisselle ! Le tout avec force bruit, soupirs, déchets partout, vaisselle salie et casseroles brûlées.

Ma patience est très limitée, mais je pris sur moi et lui fis moi-même la cuisine que j'aime avec oignons, ail, huile d'olive, herbes de Provence. Ça sentait bon devant mes fourneaux et elle, les deux pieds sous la table, attendait que je la serve ! Elle engloutissait mes mirontons avec un appétit pantagruélique !

Que n'aurais-je pas supporté pour ne plus être seule ?

Triste nouvelle en ce 19 juin 1986 : la mort de Coluche pétrifia la France. Coluche, victime d'un accident de moto sur la route de Grasse, après avoir été le symbole d'une rigolade et d'un humour qui n'étaient pas toujours la fine fleur de la distinction mais qui créèrent un style nouveau, en fit pleurer plus d'un.

Ce type avait un cœur merveilleux. Il ne se contenta pas des lauriers de son succès, mais voulut les partager avec les plus pauvres en créant « les Restos du cœur ». Je n'ai jamais rencontré Coluche mais il m'est proche par son désir de donner à ceux qui n'ont rien. Hasard étonnant, ses Restos du cœur et ma Fondation furent tous deux reconnus d'utilité publique par le Conseil d'Etat le 21 février 1992.

Il y a là un petit lien, un petit arc-en-ciel qui nous unit.

La « nurse à chiens » s'en alla vers des vieillards sans odorat qui purent peut-être la supporter. Mylène me trouva une jeune fille adorable qui ne rêvait que de s'occuper d'animaux. Elle avait 20 ans, elle aussi.

Elle prit en charge le diabète de Mouche, les tests pipi, les piqûres d'insuline, elle était dégourdie, sentait bon et courait dans la colline avec toute la meute derrière ou devant elle. C'était charmant.

Puis, un jeune journaliste lyonnais demanda, par l'intermédiaire de Gloria, un rendez-vous pour une interview. Me souvenant de ma rencontre avec Jean-Louis Remilleux qui était devenu un ami fidèle, j'acceptai. Mylène, Sophie « la nurse à chiens » et moi avons reçu un jour à La Garrigue ce Roland Coutas que Gloria nous amenait pour déjeuner. Ce fut sympa, comme toujours lorsque je faisais la popote et que la table était jolie.

C'était un très beau jeune homme.

Il n'avait pas 20 ans, mais sa détermination se lisait sur son visage et dans ses propos. Gloria et moi, les vieilles, regardions avec amusement ce jeune Roland faire le coq devant Mylène et Sophie, tout en essayant de me séduire par son intelligence. Ce qu'il fit du reste ! Il semblait très intéressé par la création de ma Fondation, posait les bonnes questions. Je lui parlai de Jean-Louis Remilleux, natif lui aussi de Lyon, journaliste lui aussi au journal *Rhône-Alpes* et devenu, par hasard, un ami très proche que j'estimais énormément.

Il fit un rapprochement immédiat, ils avaient été dans le même lycée, ils avaient commencé dans le même journal, avec chacun une interview de B.B. Je les mis en contact et ils devinrent non seulement les meilleurs amis du monde, mais encore les producteurs bénis de mes émissions T.V. *S.O.S.* qui commencèrent trois ans plus tard pour une protection sans concession des animaux.

*
* *

L'été s'était installé, il faisait une chaleur à crever mais, redoutant les douze heures de voiture et n'ayant plus personne pour me trimbaler avec mes chiens, je restai à Saint-Tropez. Et puis, la maladie de Mouche était un handicap terrible. L'insuline devait être conservée au frigo. Elle-même, pauvre petite, supportait mal la voiture. Alors douze heures de chaleur non stop, c'était trop ! Je demandai à Yvonne de venir me retrouver à Saint-Tropez avec sa petite Wendy.

Madeleine accepta de donner un coup de main.

En nous y mettant toutes, nous devions arriver à passer un été pas trop triste. Les chiennes stérilisées, les petites culottes reléguées dans un fond de placard, l'épidémie qui avait décimé tant de chats ayant l'air de s'être calmée, seuls les chiens mâles m'apportaient de graves problèmes. Non pas les deux fils de Nini, Matcho et Moulin, mais Toutou qui fut pris en grippe par Gringo, le corse ! Des luttes à mort les laissaient tous les deux en sang.

Un soir, je me souviens, il y eut une bagarre terrifiante alors que nous dînions enfin au calme. Gringo attaqua Toutou sous la table ! Tout partit de gauche et de droite, Yvonne réussit, par miracle, à retenir la lampe à pétrole qui, si elle s'était répandue au milieu du jardin sec comme une trique, aurait pu provoquer un bel incendie. Pendant que je balançais des coups de pied (nu) essayant de séparer ces deux fous aussi costauds l'un que l'autre, je n'y mis plus les mains, le souvenir cuisant de ma dernière phalange de l'index gauche coupée net me rappela à une prudence que j'eus du mal à contrôler devant la violence de leur haine mutuelle.

J'allai chercher le tuyau d'arrosage pendant que Gloria hurlait à Jojo de venir à la rescousse. Je mis le tuyau dans la gueule en sang de Gringo qui ne lâchait pas la jugulaire de Toutou qui avait le dessous et risquait de mourir. Je hurlais, leur donnant des coups de chaise, me servant du tuyau comme d'une arme. Rien n'y fit ! J'essayai de tirer la queue de Toutou pendant que Jojo tirait celle de Gringo, mais la mâchoire de ce dernier, profondément enfoncée dans le cou de Toutou, ne lâchait pas prise et nous ne faisions qu'envenimer les choses.

Il y avait du sang partout, c'était horrible.

Par miracle, à bout de forces, Gringo lâcha une minute Toutou.

Nous en profitâmes pour les séparer avec une chaise, puis Jojo embarqua Toutou dans la 4L pendant qu'Yvonne mettait Gringo dans sa voiture et vite, vite, chez le vétérinaire, les hémorragies de la carotide étant des urgences sans nom. Je téléphonai à Sainte-Maxime, au Docteur Vors, pour le prévenir de les attendre avec tout le nécessaire. Puis, avec Gloria, nous essayâmes de nettoyer, de laver, de ramasser les débris de vaisselle, les bouteilles dangereusement cassées, les verres brisés.

Les autres chiens, tremblant comme des feuilles, s'étaient réfugiés un peu partout, sous les meubles, au fond des placards, derrière le siège des wawas. Je m'aperçus que mes jambes étaient pleines de plaies saignantes. Je pris une douche, me passai à l'eau oxygénée, puis me mis un tee-shirt et un short propres. Le vétérinaire m'appela. Il y avait eu plus de peur que de mal ; le collier de Toutou avait protégé sa jugulaire, mais une de ses oreilles était à moitié arrachée et saignait beaucoup. Quant à Gringo, il avait des plaies un peu partout, mais rien de bien affolant.

Merci mon Dieu !

Je recueillais les pauvres abandonnés par des hommes sans scrupule et devais subir de telles épreuves. C'était trop injuste. Jusqu'où irait Pluton ? J'étais jolie avec ces deux chiens qui n'arrêtaient plus de se déchirer. Qu'allais-je faire pour m'en sortir ? Nous ne pouvions absolument pas les refaire vivre ensemble.

Déjà, dans sa petite maison et son carré de jardin, Jojo avait Voyou qui avait si sauvagement attaqué Matcho à Bazoches ; il avait aussi les deux chiennes thaïlandaises ramenées par Edith : Malouk et Cannelle. Il ne pouvait absolument pas prendre un autre mâle sinon bonjour les dégâts.

A La Garrigue, il y avait Zazou, la petite trois-pattes trouvée au croisement de La Foux, un soir d'hiver, attachée par une ficelle au feu rouge. Et puis Amélie qui allait et venait entre la maison de Jicky et la mienne.

Je commençais à comprendre que le cœur, si grand soit-il, n'était pas suffisant pour assumer la protection animale. Il y avait le côté pratique, l'organisation indispensable des séparations entre mâles dominants et femelles dominantes. Or chez moi, rien n'était prévu !

La liberté et le bonheur de chacun étant mes seules préoccupations.

Je gardai près de moi Gringo, qui était mon ombre, ne me quittait pas d'une semelle et aurait pu mourir de chagrin si nous avions été séparés.

J'appelai Mylène au secours, il fallait qu'elle prenne Toutou pendant quelque temps. En attendant, après avoir été soignés, pansés et recousus, Gringo dormit au pied de mon lit et Toutou partagea la couche de Gloria. Les pipis du lendemain matin posèrent des problèmes. Il fallait attendre que l'un ait fini pour sortir l'autre. Je vivais et je vécus de longues années sur un volcan. Chaque minute était une angoisse. Je les aimais autant l'un que l'autre, mais le plus fort, Gringo, resta près de moi tandis que le plus faible, Toutou, alla s'installer chez Mylène.

C'est injuste et triste, mais c'est comme ça.

L'été passa comme tout passe, heureusement.

Yvonne était repartie depuis longtemps. Après avoir été saoulée de soleil, d'eau de mer et de bain de foule, elle retrouverait Bazoches et sa fraîcheur avec plaisir. Wendy, sa petite chienne, fit la gueule, mais elle n'avait pas voix au chapitre.

Je fis la rencontre d'un type à tout faire, il s'appelait Raymond et cherchait du travail. Après l'avoir vu et revu, je l'engageai comme intendant. Il avait pour mission de surveiller mes gardiens, de les aider dans leurs tâches, d'assumer tout ce qu'il m'était impossible de faire, en deux mots d'être l'homme de la maison qui manquait tellement.

Et puis une jeune femme, Elly, m'écrivit de Corse, elle voulait m'aider pour les animaux, était prête à venir immédiatement, même bénévolement, pour me seconder. Madeleine, à qui je confiais la mission difficile de distinguer les imbéciles des capables, me dit de la faire venir.

C'est ainsi que je connus Elly, cette femme qui me rendit tant de services et avec laquelle je partageai tant de douleurs. Elle fuyait son mari, un despote corse, mais amoureux irremplaçable. A peine arrivée chez moi pour se protéger d'une violence qui aurait pu lui coûter la vie, elle se mit à regretter son geste, son départ, et à nourrir une anxiété terrifiante quant à la fidélité de son époux. Sa jalousie prit le pas sur sa détresse et elle ne faisait que téléphoner à des amies plus ou moins intègres qui accentuaient encore ses soupçons. Je vivais avec une espionne. C'était insupportable !

Bien plus grave encore fut le bilan de ma petite boutique gérée par Gloria. Après six mois de vente de tous mes souvenirs, je reçus la misère de 6 000 francs. Alors, je piquai une colère, une de ces colères qui n'ont aucun sens, mais qui sont pour de vrai des révoltes.

Si j'avais fait des ménages, j'aurais certainement gagné plus de 6 000 francs en six mois. J'étais Brigitte Bardot, j'avais mis en vente tant de mes souvenirs, tant de choses personnelles qui auraient valu des millions de francs, et ne récoltais que 6 000 francs pour six mois. Mais cette Gloria se foutait de moi ! Ce fut une catastrophe. Son arrogance me fit peur. Me narguant, elle alla habiter chez des amis qui, du coup, devinrent des ennemis.

Puis, je reçus les taxes, les impôts, la Sécurité sociale, les notes de l'eau, de l'électricité, la T.V.A. sur ceci, sur cela, les loyers en retard. Ecœurée, je décidai de fermer définitivement cette merveilleuse petite boutique.

Un soir d'automne, je dînais avec La Perruque dans un de ces petits restaurants sympa où, comme en Italie, les tables sont sur le trottoir de ruelles minuscules, où ne peuvent passer les voitures. J'avais le cafard, et ce tête-à-tête avec mon copain me changeait un peu les idées que j'avais noires comme de l'encre de Chine.

Soudain, apparut un individu étrange, en djellabah, le petit doigt en l'air et le croupion en métronome ! Qu'est-ce que c'était encore que cet oiseau bizarre que La Perruque reconnut immédiatement ? C'est une franc-maçonnerie, tout le monde se connaît ! Alexis s'assit à notre table et, comme il était « mage », entreprit de me dire mon passé (tout le monde le connaît !), mon présent (tout le monde pouvait le deviner) et mon avenir, ce qui fut plus délicat !

Il prit ma main sans me la demander, heureusement... puis me parla lui aussi d'un Carré de Pluton très agressif et très long. Du coup, j'ouvris l'œil et l'oreille. Je devais assumer une mort pour connaître une renaissance. Enterrer tout ce qui avait été ma vie précédente, tenir le coup, lutter et recommencer à zéro la seconde période de mon existence, sinon je risquais le suicide ou une maladie grave qui m'emporterait dans l'autre monde. Je l'écoutais, les yeux écarquillés ! J'avais déjà le moral à zéro, mais alors là, c'était le pompon ! Du coup, je commandai du champagne !

Toutes ces mauvaises nouvelles, ça s'arrosait !

Pour continuer cette liste de malheurs, il me confirma qu'Allain et moi, c'était fini à jamais. Du reste, il allait, incessamment sous peu, refaire sa vie... Le sort s'acharnait sur mes animaux qui me servaient de bouclier, de paratonnerre. « Vous remarquerez que si par miracle vous sauvez un animal de la mort, c'est un autre qui décédera à sa place. Ce sont eux qui meurent pour vous. Ils vous remplacent dans la grande balance ! »

Je pleurais, le nez dans mon champagne.

En rentrant à La Madrague, ce soir-là, je pris un par un tous mes chiens, chiennes, chattes et chats, je les observai, les embrassai, leur grattai le ventre, leur fis des bisous sur le museau ; tout avait l'air normal, même Mouche qui battait de la queue sur le canapé, en mesure de mes caresses.

Quelques jours plus tard, Noëlle, ma jolie et gentille secrétaire de la petite Fondation située au fond de « Bureau Service », dans un petit « ratacougnard » de 4 mètres carrés pour lequel je payais 2 000 francs par mois, Noëlle, donc, s'engueula ferme avec Dominique, la patronne ! Cette dernière en avait marre de voir des allées et venues continuelles de gens intéressés par ma Fondation qui, forcément, traversaient son bureau pour aller jusqu'au mien ! Après tout, je n'avais absolument pas besoin de dépenser stupidement cet argent, surtout avec « l'ambiance-cabaret » (comme disait mon copain Brincourt) qui régnait là-bas !

Je décidai de déménager tout le bureau à La Madrague, dans une des petites maisons d'amis « Le Microbus ». Je fis installer une photo-copieuse, un minitel, une machine à écrire électrique. Je mis des tables, un téléphone indépendant, et en avant la Fondation !

C'est à ce moment un peu charnière que Noëlle m'annonça en pleurs qu'elle avait peur d'avoir un cancer du sein et qu'elle devait me quitter pour aller à Paris. Du reste, elle me demanda un mot pour le Professeur Schwartzenberg, ce que je fis immédiatement, la confiant à Léon comme ma sœur. Avant de partir, elle me trouva une autre secrétaire, Isabelle, qu'elle mit au courant, puis un soir, elle vint m'embrasser, me remercier et pleurer dans mon épaule. Je me souviendrai toujours de Noëlle, de sa chaleur, de sa tendresse, de son odeur délicieuse qui me rappelait un peu celle de maman. Je ne la revis jamais, et viens d'apprendre sa mort, en janvier 1997, alors que j'écris ces Mémoires.

Elle avait 54 ans et ne s'en est pas sortie.

Quelle injustice !

La petite Fondation repartit sur d'autres bases.

Isabelle était rigolote, décontractée, et sa présence, dans ma solitude, m'apportait un grand plus. Le soir, alors que la nuit était tombée, elle venait avec le résultat de la journée. Nous buvions ensemble un verre de champagne, elle me laissait le dossier plein de lettres à signer, ce qui occuperait une partie de ma soirée, puis elle retournait chez elle, et je me retrouvais horriblement seule. Plus seule que seule puisque Nicole était morte et que je ne pouvais l'appeler le soir quotidiennement. Alors, j'appelais Yvonne qui prit une immense place dans ma vie. Elle devint, doucement mais sûrement, mon amie, la seule, la vraie, l'unique.

**

Je passais un automne triste, mais je venais de lire un superbe livre, *Les Roses de Noël*, qui contait l'histoire d'une vieille dame de la campagne, la grand-mère de l'auteur qui, avec philosophie et courage, essayait de survivrc cn allant faire du feu dans les cheminées abandonnées de son petit village déserté afin de se donner l'impression, le soir, de voir vivre les maisons qui l'entouraient, en contemplant la fumée qui s'échappait des toits !

Quelle nostalgie, quelle beauté, quel courage !

Je lisais beaucoup, énormément, surtout des romans ruraux, des histoires de paysannerie, de la fin du XIXᵉ, début XXᵉ siècle. Je dévalisais ma petite libraire de Saint-Tropez. Je me jetais à corps perdu dans toutes ces histoires, d'une vie si rude, mais si belle qui illuminait mes soirées en me faisant rêver d'une époque différente dans laquelle j'aurais adoré vivre.

Jean Anglade, Bernard Clavel, Michèle Clément-Maynard, Claude Michelet, Christian Signol, Michel Peyrramaure, mais aussi Guy de Maupassant, Zola, Diderot, George Sand, Balzac, Hugo, Alphonse Daudet...

Je m'éclairais aux bougies et aux lampes à pétrole. Dans la cheminée un feu du tonnerre de Brest brûlait toute la nuit, éclairant ainsi le salon que je traversais pour aller à la cuisine.

Noël arriva.

L'arbre de Mylène et toutes ses petites lumières magiques me rassuraient avec ses boules multicolores, son odeur irremplaçable de pin béni par le petit Jésus. J'essayais de me dire qu'il y avait plus malheureux que moi. Alors, j'allais porter des chocolats, des caisses de friandises et de clémentines à mes petits vieux de l'hospice et à ceux de la maison de retraite des Platanes.

Ils m'attendaient tous. J'étais un peu leur famille, ils me prenaient les mains, m'embrassaient. Certains aveugles et d'autres paralysés me sentaient arriver, précédée par *Heure Bleue*, mon parfum. J'essayais de leur raconter des anecdotes avec mon franc-parler habituel, quelques-uns riaient, d'autres restaient immuablement indifférents à tout. J'avais mal de voir qu'avant le tombeau libérateur, la détresse, la solitude, l'abandon, la maladie, les handicaps de toutes sortes détérioraient leurs corps qui furent jeunes, beaux, pleins de santé, comme le mien, comme le vôtre !

La vieillesse est l'antichambre de la décomposition !

Pour me changer les idées, je promenais mes chiens, Toutou était de retour et nous allions dans la campagne argentée en passant par La Garrigue où je faisais des petits baisers sur les chanfreins si doux de Duchesse et de Cornichon qui suivaient aussi la promenade, ainsi qu'une brebis et un petit chat tigré merveilleux : « Mimi-Chat. » Ces escapades dans la colline avec tous ces animaux si différents qui me suivaient ou me précédaient étaient uniques. Lorsque je m'arrêtais sur la plage, tout le monde y allait pour la baignade, même Duchesse qui adorait patauger dans les vaguelettes. Seuls Cornichon, Mimi-Chat et la brebis restaient prudemment en retrait.

Après avoir rêvassé devant la beauté, la pureté de ce paysage désert, enfin abandonné pour un temps par les touristes-pollueurs de papiers gras et de vieilles bouteilles d'huile solaire, je repartais, ma caravane derrière moi. C'était extraordinaire. Ça me ressourçait. Le soir, j'ouvrais le parapheur que m'avait laissé Isabelle et passais des heures devant des dénonciations abominables, des photos d'une atrocité sans nom, je pleurais mon dégoût et mon impuissance, jurant à la petite Vierge que je passerais ma vie à tenter de faire cesser ces immondices ! Comment ? Je ne savais pas, mais ce que je savais c'est que mon passage sur cette terre était uniquement voué à cette cause !

Puis, une lettre me remettait du baume au cœur.

Ainsi cette Brigitte Piquetpellorce qui m'écrivait de Tahiti à la suite de ma révolte au sujet des chiens condamnés à la boucherie par les Chinois envahisseurs de l'île ! Elle avait suivi ma campagne dans *Paris-Match*, menée avec ce Pierre, lui-même Tahitien d'adoption, révolté mais dont j'ai oublié le nom de famille. Et une autre, Colette P., enseignante depuis des années à Tahiti, atteinte d'un grave cancer du sein (elle aussi) vouant une passion aux animaux, écœurée par tout ce qu'elle vivait, voyait, entendait, qui revenait en France se faire soigner et se mettait à ma disposition !

Des lettres merveilleuses compensaient les horribles !

Le négatif comme toujours se battait contre le positif. J'étais prise entre les deux, pleurant ou souriant selon ce que je lisais. Je répondais à tout le courrier, parfois jusqu'à 2 ou 3 heures du matin dans le calme. J'eus une correspondance très amicale et très suivie avec Brigitte Piquetpellorce qui me sembla une femme unique, extraordinairement courageuse. L'avenir me donna raison puisque, aujourd'hui, elle est responsable de la section anti-gang, anti-rabatteurs, anti-trafic de la S.P.A. Elle assume son travail avec un cœur et une détermination qui forcent le respect et l'admiration.

Quant à Colette P., elle débarqua un beau jour chez moi, à Bazoches, ne sachant où aller pour assumer la dure intervention qu'elle allait subir, responsable de deux chiennes Doberman complètement traumatisées par ce voyage épuisant.

Etant à La Madrague, je donnai ordre aux gardiens de lui ouvrir la maison, puis je pris l'avion pour la connaître, lui présenter mes chats, ma maison que je mettais à sa disposition. En attendant, je priais Yvonne, mon amie, de lui faire les honneurs de mon accueil avec champagne, petit dîner mijoté par les gardiens qui ne savaient faire que du bouilli. Elle dut avoir un haut-le-cœur en voyant arriver toute cette bouillasse, sans goût ni sauce ! Qu'importe, le principal est qu'elle eut un toit, un foyer où se réfugier, elle et ses chiennes.

J'arrivai le lendemain avec un taxi. Je fus reçue par une étrangère qui occupait mon domaine. Dans mon désarroi, j'appelai Yvonne. J'étais perdue chez moi, Colette avait pris possession de tout mon petit univers, ses chiennes manquèrent me défigurer, je ne leur en voulus pas, elles étaient traumatisées, mais je ressentis un malaise terrifiant.

Colette, très à son aise, me reçut très gentiment !

Mais déjà, je ne trouvais plus ma cuisine comme avant. Elle avait enlevé les paniers et l'ail qui pendouillaient au plafond. Elle disait se sentir étouffée par tant de bibelots, tant de livres, tant de décoration inutile, nids à poussière d'un autre siècle. Je répondis qu'étant chez moi, je lui demandais d'accepter mon mode de vie ou de trouver ailleurs ce qu'elle recherchait. Ce fut pénible pour moi qu'on me traite de radine, de salope, de quitter ma Bazoches dans de tristes conditions. J'en connais peu qui auraient ainsi ouvert leur maison à une inconnue, laissant à son bon vouloir toute une organisation, une confiance que, en général, on n'accorde qu'à de vieux amis ou à de rares familiers.

En rentrant à La Madrague, j'étais mal en point.

C'est à ce moment qu'on m'annonça qu'une petite génisse faisant partie de la crèche vivante du Géant Casino de La Foux allait partir à l'abattoir le lendemain. Quoi ? Mais qui allait faire une chose pareille ? Le premier était le directeur du supermarché qui, profitant d'animaux vivants et de figurants personnifiant la Vierge et saint Joseph, avec un poupon de celluloïd pour le bébé Jésus, s'était rempli les poches pendant cette période de Noël et du jour de l'An. Ensuite, l'ignoble propriétaire de cette petite génisse de 6 mois qui n'hésitait pas à l'envoyer si jeune à une mort si horrible. J'étais hors de moi ! Mais qu'avaient donc ces hommes à la place du cœur ? Un portefeuille, un ordinateur à billets ?

Je fis des pieds et des mains, rachetai la petite génisse au prix de 5 000 francs, envoyai Jojo, avec la Range-Rover pleine de paille, la chercher. Puis, par la même occasion, peut-être le petit âne qui allait subir le même sort et devenir saucisson ! Il m'arriva une petite chose merveilleusement adorable, pas plus grosse qu'un grand Berger allemand, qui s'enfourna dans la colline de La Garrigue, avec un bonheur sans précédent. Le petit âne, lui, retourna chez son propriétaire qui l'aimait, le récupérait et ne voulait, à aucun prix, s'en séparer. Tant mieux !

C'est ainsi que « Noëlle » entra dans ma vie, dans mon salon, dans mon cœur, dans ma chambre, dans mon âme. Elle allait partout, curieuse comme une chatte, reniflait avec son museau rose bonbon, puis repartait ailleurs. Duchesse et Cornichon firent la gueule pendant une semaine puis se plièrent enfin à mes désirs et adoptèrent la petite Noëlle. Les brebis la protégeaient des cornes des chèvres vindicatives.

La jalousie existe autant chez les animaux que chez les humains.

Certains animaux en meurent, malmenés par d'autres. J'en fus, hélas, témoin. Mais Noëlle sut se faire une place prépondérante dans le troupeau. Elle se mit sous la protection de Duchesse, ma jument, et grâce à elle bénéficia d'une tolérance et d'un respect qu'elle n'aurait jamais obtenus seule. L'intelligence des animaux quels qu'ils soient est évidente. C'est pourquoi, au même titre que nous les humains qui détruisons tout, ils doivent avoir leur place réservée, dans notre société.

Alexis, mon mage, devint mon ami.

Il ne me parlait plus d'horreurs à venir, mais se contentait de vivre le présent avec La Perruque, ses petits plats et moi-même. Il tomba amoureux de mon Voyou, pauvre chien enfermé toute la journée afin d'éviter les bagarres insupportables qui avaient mis mes chiens et ma vie en danger. Voyou, compagnon intelligent, possessif et reconnaissant que j'aimais mais ne pouvais garder, fut adopté par Alexis. L'histoire d'amour qui les lia me fendit un peu le cœur, mais l'essentiel était que Voyou fût heureux.

L'un devint l'ombre de l'autre et vice versa.

Enfin, mon Voyou eut la vie qu'il méritait. Etre le seul chien d'un seul maître !

J'avais depuis longtemps sauté le cap 1986 pour 1987. M'étant embrassée moi-même dans le miroir de ma salle de bains à l'heure fatidique, les museaux de mes quatre-pattes ayant eu leurs petits bisous, mais aucune voix humaine ne m'ayant aidée à franchir ce difficile passage, je n'y accordai plus aucune importance.

C'était comme ça et pas autrement; il fallait accepter les choses, même dures à avaler.

IX

La protection de tous les animaux domestiques constitue une priorité, car sans cette famille naturelle, l'homme serait l'orphelin de la terre.

Robert SABATIER.

Madeleine, qui vint m'aider un peu, en ce début 1987, était une adhérente F.N. C'était l'époque où Jean-Marie Le Pen dénonçait le sida à la T.V. Il le faisait déjà depuis deux ans, mais je n'y accordais aucune importance. Pendant ce temps, Jacques Chirac m'inondait de coups de téléphone, me parlant de ma carrière dont je me foutais comme de l'an 40 ! De la puissance de ma situation de star ! Je lui répondais évasivement, étant, de son glorieux point de vue ministériel, une femme unique, exceptionnelle, et patati et patata alors que j'étais devant une tomate, attablée avec Madeleine, toutes deux seules à la cuisine.

Quelle drôle de situation !

Raymond, mon intendant, se donnait un mal de chien, c'est le cas de le dire, pour m'aider dans tous mes problèmes de propriétés, de maisons et d'animaux.

C'est en cette période de froid glacial qu'après avoir foutu à la porte de Bazoches cette gourde de Colette qui avait déménagé tous mes meubles au grenier pour les remplacer par de l'osier *Made in Tahiti*, mes gardiens laissèrent mourir un de mes chevaux, « Forban », car ils avaient eu la flemme de les nourrir. J'avais recueilli Forban et « Crâneur », deux chevaux magnifiques voués à l'abattoir. Ils vinrent rejoindre, à Bazoches, les moutons qui n'avaient pu être transportés à La Garrigue, vu leur nombre impressionnant.

Je me souviens de la beauté de leur arrivée dans la prairie, au printemps dernier. Au moment du décès de Nicole, je vis ces deux hongres destinés à une mort horrible, soudainement libérés de toute entrave et sentant instinctivement qu'ils n'avaient rien à craindre chez moi, se mettre à galoper, crinière au vent, museau frémissant, caracolant à la découverte de ce nouveau territoire qui leur offrait une herbe grasse, des senteurs de menthe, de l'eau claire, de l'ombre et du soleil selon leurs volontés. J'étais épanouie de bonheur. Crâneur, plus costaud, devint le dominant, Forban, plus doux, lui fit allégeance.

318

Tout alla pour le mieux tant que le soleil asséchait le marécage qu'est ma prairie. L'automne arriva; l'herbe ne manquait pas et j'avais donné les ordres nécessaires pour des compléments de foin, d'avoine et de granulés. Mais à Bazoches, les hivers sont pénibles. Soit ils sont humides, et la gadoue englue les pattes, la boue suinte du sol, on s'enfonce jusqu'aux chevilles dans un magma dégueulasse; soit il fait un froid de loup, tout gèle, la terre, les étangs, l'eau des bêtes, et la vie s'arrête, emprisonnée par une couche de glace impressionnante qui paralyse le monde animal et végétal.

Cet hiver-là, il gela à pierre fendre.

Mes gardiens, bien au chaud dans la petite maison de service qu'ils occupaient, décidèrent donc de laisser les animaux à l'abandon, dans le gel, la neige, sans nourriture, sans eau, sans soins. Ce furent les pompiers de Montfort-l'Amaury qui m'appelèrent à La Madrague pour me dire que mon cheval Forban était mort de faim et de soif; que son corps gelé et raide avait été découvert dans la petite écurie. Ils avaient été obligés de scier les planches pour le sortir sur une bâche qu'ils avaient traînée, tel un traîneau sur la glace, jusqu'à leur camion.

Je hurlai dans le téléphone.

Mais j'eus beau hurler, Forban ne revint pas à la vie.

J'appelai les gendarmes de Montfort-l'Amaury, puis mon vétérinaire, le Docteur Antoine, et leur demandai d'aller constater les dégâts et donner à manger aux bêtes, en attendant mon arrivée. Je renvoyai ces criminels de gardiens immédiatement et sans délai; qu'ils aillent se faire voir avec leurs menaces de Prud'Hommes!

Les gendarmes me rappelèrent une heure plus tard, me disant que Crâneur avait survécu en mangeant l'écorce d'un gros chêne, mais que son état était alarmant. Quant aux moutons, beaucoup étaient morts, d'autres se trouvaient dans des états pitoyables. J'appelai Mylène et Raymond au secours. Je leur expliquai l'horreur dans laquelle je me trouvais. Il fallait qu'ils viennent avec moi à Bazoches. Nous avions un avion dans deux heures à Hyères. Cela ne les arrangeait pas, mais c'était à prendre ou à laisser. Je confiai les chiens, les petites, les petits chatounets à Madeleine et partis pour Hyères, une haine amère au cœur.

Heureusement, Raymond était là et ma Mylène aussi.

Dans l'avion, j'eus une crise de larmes épouvantable. D'abord, cette peur panique que j'ai de ces engins, ensuite, pourquoi, mais pourquoi mon Dieu me retrouvais-je toujours avec tant de problèmes alors que je payais grassement, et Raymond le savait, ceux qui auraient dû faire leur travail et qui, horreur suprême, laissaient mourir mes animaux?

J'étais effondrée.

A Orly, nous prîmes un taxi puisque personne ne nous attendait. Lorsque nous arrivâmes à Bazoches, ce fut *Apocalypse Now*!

Raymond, qui était costaud, mais n'avait jamais vu Bazoches de sa vie, ne savait plus par quel bout commencer ! Mylène essaya de lui expliquer. Malika, la grosse Dogue noire me fit une fête émouvante. Elle avait survécu, mais était maigrichonne.

J'appelai au secours Allain.

Il connaissait tout de Bazoches et pouvait donc nous aider. Il vint immédiatement. A eux deux, ils virèrent les gardiens avec pertes et fracas pendant que, avec Mylène, nous donnions à manger aux chèvres, aux moutons, au pauvre Crâneur. Je trimbalais des brouettes de foin qui étaient vidées par les animaux affamés avant que j'arrive à la bergerie.

Je récupérais avec Mylène les chats squelettiques et devenus à moitié sauvages. Dix boîtes de *Whiskas* furent avalées en moins de temps qu'il n'en faut pour le dire. Puis, j'essayai de m'y retrouver dans cette maison qui avait été déménagée, où les meubles n'étaient plus à leur place, où même l'ouvre-boîtes avait disparu ! Je pleurais dans les bras de Mylène qui essayait de faire un feu de bois afin de réchauffer un peu cette atmosphère glaciale. En ouvrant le frigo, je trouvai le désert de Gobi.

Rien ! Vide ! Epouvantablement vide !

Qu'allions-nous faire pour dîner ?

Il fallait bien donner quelque chose de consistant à Raymond et Allain. Je cherchai désespérément dans la réserve une boîte de sardines à l'huile, n'importe quoi ! Rien, pas même une vieille patate ! Je me rendis compte que mes réserves avaient été décimées et pas remplacées.

Mylène partit avec Raymond et la voiture d'Allain essayer de trouver quelque chose à nous mettre sous la dent. Hélas, il était tard ; nous étions en plein hiver et tout était fermé. Ils revinrent donc avec une pizza surgelée qui mit deux heures dans le four à retrouver son identité première. Elle était pour deux, nous étions quatre. Bonjour la fringale !

Je dormis avec Mylène, Malika et quelques chats, heureux dans ma chambre, cependant que Raymond prit possession, couvert comme un oignon, de la chambre d'amis glacée, et qu'Allain rentrait chez lui.

Le lendemain, nous entreprîmes de nettoyer la maison de gardiens, de fond en comble. Puis, j'appelai Monsieur Ornada, un grand spécialiste et ami des chevaux, afin qu'il me prenne Crâneur en pension et le remette d'aplomb. Le pauvre s'était enfilé, dans le sabot de l'antérieur gauche, un immense clou, venu de la démolition de l'écurie par les pompiers pour sortir Forban. Il boîtait bas et souffrait beaucoup. Nous eûmes beaucoup de mal à le ramener avec force carottes vers le van qui l'attendait. Puis, Raymond entreprit d'enterrer les pauvres moutons morts. La terre gelée résistait comme du béton.

Nous n'avions pas de voiture. Je pris un taxi avec Mylène pour faire le plein de courses, du frigo, de la réserve. Je ramenais de quoi soutenir un siège ! On ne sait jamais. J'ai gardé cette habitude de la guerre. Je me mis aux fourneaux, envoyant Mylène et Raymond aux bêtes !

Nous eûmes enfin la joie de nous retrouver devant une popote délicieuse, un plateau de fromages d'un autre monde et des fruits d'hiver, clémentines, pommes, bananes, figues séchées, dattes et noix qui, avec le café bien chaud, nous remirent le cœur en marche.

Mais ça n'était pas tout.

Nous ne pouvions partir sans trouver d'autres gardiens.

Alors, Raymond me dit qu'il resterait là jusqu'à ce qu'il en trouve. Il avait une petite idée derrière la tête, mais ne voulait pas m'en parler avant qu'elle ne fût sûre ! Je pus donc repartir sur Saint-Tropez avec Mylène, laissant provisoirement Raymond responsable à part entière de Bazoches. J'avais confiance et ne m'inquiétais pas.

Je pus enfin libérer ma pauvre Madeleine qui ne fit que me répéter que nous vivions une époque difficile, où les gens avant de travailler ne pensaient qu'à leur retraite. Elle avait tellement raison, et j'écoutais sa vie de travail depuis l'âge de 12 ans, sans congés payés, sans Sécurité sociale, sans indemnités de chômage, seuls son courage et sa détermination à être responsable d'elle-même et de sa maman lui donnèrent la force d'aller jusqu'au bout, malgré son horrible cancer de l'intestin.

Elle avait une passion pour Jean-Marie Le Pen !

D'après elle, personne d'autre ne pouvait sauver la France de l'état dans lequel elle était. Je lui parlais de Chirac. Elle me répondit c'est un con ! Ah bon ! Pourtant ! Pourtant, rien du tout. Elle jugeait avec sa sagesse, son expérience, son courage de femme, d'âge presque canonique. Elle avait raison et je pus, au fil des jours, des mois, et maintenant des années, m'en rendre compte.

Je revis évidemment Roland Coutas, qui devint un de mes inconditionnels, un fils adoptif et passa le plus clair de son temps auprès de moi.

De son côté, Raymond avait trouvé son meilleur ami Jojo (un autre), sa femme et ses enfants qui se dévouèrent à Bazoches. J'étais enfin rassurée, ayant en Raymond, donc en son copain, la plus entière confiance.

Mais mon Jojo à moi, celui de La Madrague, m'annonça qu'il devrait me quitter à la fin de l'année. Il avait trouvé un poste de concierge aux studios de la Victorine à Nice !

Il me fallut recommencer le cirque des petites annonces dans le journal *83*, avec toujours « Bureau Service » comme filtre. J'aurais pu, bien sûr, donner cette dure tâche à Isabelle, la secrétaire de la Fondation installée au petit Microbus de La Madrague ; mais les candidats auraient su que c'était pour moi, ce que je voulais éviter à tout prix.

La Fondation, *ma* Fondation avait besoin de moi.

Je commençais à paniquer.

Comment allais-je assumer seule tant de responsabilités ? Je m'étais fichu un drôle de truc sur le dos. Chaque jour, chaque minute, je découvrais l'épouvante sordide que subissaient tous les animaux à cause de la cruauté humaine et de cette saloperie de fric, qui est actuellement la seule valeur qui mène le monde. A part les adhésions des uns et des autres, 100 balles par-ci, 150 balles par-là, et tous les frais que j'assumais personnellement, la Fondation n'avait plus grand-chose en caisse.

Or, je viens de le dire, l'argent est le nerf de la guerre.

En attendant mieux, je décidai de vendre sur le marché de Saint-Tropez, les mardis et samedis de mars et avril, de 7 heures du matin à 12 heures, tout ce qui me restait encore de disponible de la petite boutique. En cherchant bien, il y a toujours des choses auxquelles on tient mais qui ne sont pas indispensables à notre vie. Je vidai mes placards, mes tiroirs, mes coffrets à bijoux, mes boîtes de photos, mes cachettes à souvenirs.

Je demandai à la mairie de m'octroyer un emplacement gratuit sur la place des Lices, ce qui me fut accordé. Je fis laver et empeser mes jupons, les anciennes dentelles, je passais à l'argenterie tous les bijoux d'argent que j'avais rapportés du Mexique et du Brésil, je brossais les robes mexicaines et celles de l'Ile Maurice, je remettais en forme tous les chapeaux de paille que j'avais rapportés de tous mes voyages. J'aérais tous mes paréos de Tahiti, encore neufs pour la plupart, je nettoyais les jolis bracelets multicolores en papier mâché que j'avais ramenés de Cuernavaca. Je trouvais une multitude de lunettes de soleil qui avaient accompagné ma vie sur toutes mes photos. Je signais une centaine de photos inédites, retrouvées dans un tiroir. J'ajoutais quelques blouses roumaines superbement brodées et quelques bibelots ravissants, mais inutiles.

Avec Raymond, nous partîmes à 6 heures et demie pour être sur place à 7 heures. La Range était bourrée à craquer.

J'installai par terre un tapis de laine blanche sur lequel je mis une panière d'osier ouverte, pleine de vêtements joliment disposés. J'avais pris une table de bridge que je recouvris d'une nappe en dentelle et exposai dessus, les photos, les bijoux, les lunettes, les bibelots. Un portemanteau perroquet était recouvert de chapeau, de châles. Un fauteuil Emmanuelle nous permettait de nous asseoir à tour de rôle.

Il faisait très froid ! Mais c'était très joli.

Tout « mon » monde était mobilisé pour cette vente exceptionnelle qui dura plusieurs semaines ! J'avais fait peindre des panneaux avec ma marguerite disant que tout l'argent récolté par la vente de mes effets et objets personnels serait pour ma Fondation et la protection des animaux. Je connaissais tous les gens du marché et ce fut une réunion familiale. Ils étaient fiers et heureux de me voir parmi eux. Certains nous apportèrent des Gondoles, pain huilé d'olives avec fromage, pistou, champignons ! C'était délicieux. Lesly, suivi de tous ses chiens, les anciens et les nouveaux qui allaient on ne peut mieux depuis qu'il les soignait, nous apporta du café et des biscuits. D'autres m'offraient une rose, un bouquet de violettes ou un brin de mimosa. J'attirais la clientèle à tel point que, sur le coup de 11 heures du matin, Raymond dut me ramener à La Madrague. Ce jour-là, nous avons fait 20 000 francs de chiffre d'affaires net, puisque c'était du matériel qui m'appartenait.

J'étais heureuse.

Et puis, quelle expérience ! Je faisais partie de ceux que l'on appelle « les itinérants », les gens du voyage, les saltimbanques. Deux fois par semaine, je déballais tout mon bazar, renouvelé, sur la place des Lices, et récoltai 150 000 francs pour la Fondation. Puis, le combat finit faute de combattants.

Je n'avais plus rien à vendre, sinon moi-même !

La Madrague et La Garrigue furent ratissées.

Je vendis jusqu'à mes petits shorts en jeans coupés court et super-sexy, mes bottes, mes cuissardes, mes super-escarpins à talons de dix centimètres de haut, jusqu'à mes chemises de nuit en dentelle que je ne mettais jamais et mes débardeurs signés Brigitte Bardot ! Plus tous mes paniers d'osier, mes fleurs séchées, mes assiettes de collection qui me venaient de maman, peintes à la main, datant du XIXe siècle. Je vendis mon seau à glace, mes boîtes à cigarettes en argent, mon service à thé, mes plats à gâteaux. Et je ne m'en porte pas plus mal, au contraire !

En fin de compte, on s'embarrasse d'un tas de trucs qui ne servent à rien qu'à encombrer la vie, les placards. Je m'aperçus que l'essentiel était important et que le superflu n'était que superflu.

Un soir de déprime, seule avec mon courrier épouvantable, je reçus un coup de fil de Jean-Louis Remilleux. Il voulait absolument que je rencontre Pasqua, ministre de l'Intérieur, avec qui il était au mieux et qui ne demandait qu'à m'aider dans mon combat... Il envoyait Roland Coutas qui me chaperonnerait. Je dis O.K. pour après-demain.

J'appelai Madeleine à la rescousse.

Comme toujours, elle fut fidèle au rendez-vous et je partis avec Roland pour Paris. Dans l'avion, nous eûmes un mal terrible à nous installer l'un près de l'autre, une colonie de Japonais en goguette ayant envahi le Boeing. Nous fûmes obligés d'aller à l'arrière de l'appareil, presque dans les chiottes, pour trouver enfin les deux places côte à côte qui me permirent de tenir la main de Roland au décollage et à l'atterrissage. J'avais pris avec moi une branche de mimosa de La Garrigue afin de la donner à Pasqua, cet homme méditerranéen qui saurait l'apprécier.

Lorsque, avec Jean-Louis, j'arrivai place Bauveau, les grilles s'ouvrirent par magie. Des hommes en uniforme nous menèrent dans le cabinet du ministre. Là, je vis un être différent des autres, touché par mon offrande de mimosa, un être « avé l'accent » qui me sembla plus proche, plus compréhensif, avec qui le courant sembla passer mais qui, en fin de compte, ne fit rien de plus que ses collaborateurs sans accent.

Les gens en vue, les ministres, sont très heureux de recevoir B.B., mais aucun ne comprend le fond de mon cœur. Aucun ne prend mon combat au sérieux. Je lui parlai de mon désir d'une véritable « Fondation » pour la protection des animaux car, jusqu'à ce jour, n'importe qui pouvait se dire Fondation avec la Loi 1901.

J'appris donc, ce jour-là, qu'une Fondation, au vrai sens du mot, ne pouvait être créée qu'avec un « fonds » (d'où le nom de Fondation) de trois millions de francs !... Oui, car l'Etat étant responsable, aucune dette, si la Fondation venait à péricliter, ne serait à la charge de l'Etat ! Ah non ! Et encore, j'avais de la chance car, aujourd'hui, c'est cinq millions de francs. Comment allais-je faire ? Je ne gagnais plus rien et mon compte en banque atteignait à peine trois millions de francs.

Monsieur Pasqua me dit que cela n'était pas son problème, mais le mien. J'étais une actrice célèbre ; je devais avoir de quoi monter ma Fondation. Sinon, eh bien, j'irais retrouver les petites associations de la Loi 1901 qui pouvaient si peu qu'elles n'avaient pas le droit de se porter partie civile dans les procès abominables concernant les martyres d'animaux.

J'étais dans un état d'anxiété dramatique. Si je donnais les trois millions de mon compte à la Fondation, je n'aurais plus rien pour vivre.

Alors, je commençai à faire l'inventaire des objets, des bijoux, des meubles, des bibelots, des costumes de films, ayant une certaine valeur. Puis j'appelai Maître Maurice Rheims, le célèbre commissaire-priseur que j'avais connu avec Gunter. Il vint chez moi avec un certain dégoût. C'est vrai que je n'avais que peu d'objets de valeur. Mais mon violon d'Arman sur cuivre, mes originaux de Léonor Fini, mes dessins de Carzou, de Folon, ma malette à maquillage de cinéma frappée de mes intiales B.B., ma robe de mariée d'avec Vadim, celle que m'avait offerte Paco Rabanne, tout en boutons, celle du *Boulevard du Rhum*, celle de *La Femme et le Pantin* ; plus les jolis coffrets pleins de tiroirs secrets dans lesquels je mettais mes bijoux de pacotille, cela n'était pas rien. Sans compter le joli, si joli émail de Erte représentant le profil d'une femme de 1900. Et le diamant que je m'étais acheté en 1958 sur les conseils de maman, un diamant pur et dur que nos cousins éloignés me montèrent sur un anneau de platine. Et puis celui que Gunter m'avait récemment offert; une forme marquise, sublime, d'une pureté limpide qui faisait au moins 15 carats, plus une colombe œcuménique datant de deux siècles avant Jésus-Christ...

On me prit aussi ma première guitare, celle que j'avais achetée à Séville lors du tournage de *La Femme et le Pantin*, puis le buste de Marianne, le premier sorti, en 1969. On m'aurait pris ma vie pour la mettre aux enchères que c'eût été pareil. Et aussi une maquette superbe d'un bateau du xviiie siècle que j'avais rapportée de l'Ile Maurice, des posters, des photos immenses que je dédicaçai les larmes aux yeux.

Tout cet attirail qui était la base de ma vie allait être vendu pour la création de cette « Fondation » à laquelle je tenais plus que tout au monde.

A propos d'objets de valeur, j'ai une histoire rigolote à vous raconter. On m'avait envoyé un jour une espèce de vase en terre cuite, couleur pot de fleur, qui représentait un canard à double tête. Je le mis dans un coin où il alla rejoindre bien d'autres embarras de maison qui m'étaient offerts gentiment mais que je ne savais pas où mettre.

De temps en temps, je faisais ce que j'appelle « le ménage », c'est-à-dire que je mettais de l'ordre. Je jetais, je donnais, enfin je me débarrassais de tout ce fourbi. En prenant le vase, j'eus l'idée de le donner à ma concierge, puis, prise de remords, j'eus honte de lui offrir une telle horreur. Donc, je le gardai dans le placard.

Un jour que je me promenais avenue Pierre-Ier-de-Serbie, je vis dans une vitrine à peu près le même vase que le mien. Alors ça ! Je regardai mieux et constatai que la boutique ne vendait que des objets extrêmement anciens d'une grande valeur... J'entrai et me renseignai sur le vase. On me répondit que c'était une poterie précolombienne très chère, mais que cet objet ne comprenait qu'une seule tête de canard, celles qui en avaient deux étaient très rares et encore plus onéreuses !...

J'en eus le souffle coupé.

J'expliquai mon cas à ce monsieur qui me conseilla de la lui apporter pour une expertise. Ce que je fis. Ma merdouille de fond de placard était un objet exceptionnel et très recherché. Je la mis en vente et en tirai 50 000 francs.

Le soir de cette vente unique qui eut lieu à la Maison de la Chimie sous le marteau d'un homme exceptionnel, Maître Jacques Tajan, 116 lots furent mis aux enchères pour 1 000 personnes présentes et 14 chaînes de télévision du monde entier.

C'était le 17 juin 1987 !

On m'avait, évidemment, demandé d'être présente !

Après avoir dédicacé tous les objets comme je le pouvais, je fus poussée sur une espèce d'estrade qui tenait lieu de scène. Allain, gentiment, m'avait accompagnée, ainsi que ma nouvelle secrétaire, trouvée par Yvonne, dans un milieu super bon chic bon genre.

Sur la scène, je n'entendis que des applaudissements qui durèrent au moins un quart d'heure. Je pleurais tandis qu'on me mit dans les bras un immense bouquet de fleurs, puis un micro sous le nez. Je dus dire quelque chose. Cela me vint tout seul et fut repris dans le monde entier : « J'ai donné ma jeunesse et ma beauté aux hommes, aujourd'hui, je donne mon expérience, le meilleur de moi-même aux animaux. »

Salve d'applaudissements.

Puis, la vente commença. Il me fallait ces trois millions.

Je voyais défiler sur l'estrade les objets qui avaient accompagné ma vie. Beaucoup de choses très belles venaient de chez mes grands-parents, ou de chez mes parents, entre autres des petits meubles de maîtrise qui valent une fortune pour leur rareté. C'étaient les épreuves en miniature que faisaient dans le temps les ébénistes avant de commencer le travail grandeur nature. Il y avait une petite commode, une petite table pliante et une ravissante coiffeuse avec dessus de marbre et glace orientable.

Il y avait aussi le portrait que Marie Laurencin avait fait de moi à l'âge de 10 ans, et que maman avait conservé précieusement depuis cette époque. Parfois, le cœur me manquait en voyant tous ces souvenirs défiler pour la dernière fois devant mes yeux. Alors, je pensais aux terribles souffrances qu'enduraient les animaux, et leur venir en aide valait bien ce sacrifice de ma part.

Tout ça dura très longtemps. Maître Tajan faisait monter les enchères avec une maestria de chef d'orchestre. Il en arrivait même par téléphone de tous les coins du monde pour acheter tel ou tel souvenir de moi.

A la fin, Maître Tajan mit aux enchères son marteau de commissaire-priseur et me demanda de venir mener le marché. Ce fut une ovation ! Je fis remarquer que ce marteau était fait en fanon de baleine et en ivoire ; qu'il était donc normal qu'il s'en débarrassât pour en racheter un autre en plastique, ce qui fit rire tout le monde. Le marteau fut attribué à Alain Trampoglieri pour la somme de 20 000 francs. Maître Tajan eut un autre geste de seigneur, sachant la peine que j'avais de vendre ma petite coiffeuse de maîtrise. Il l'avait rachetée en secret et me l'offrit à l'extinction des chandelles. J'étais tellement surprise et heureuse que je faillis encore fondre en larmes.

Nous avions atteint les trois millions de francs mais, hélas, avec les frais cela fit un peu moins. Je rajoutai de mon compte en banque la somme manquante. Mon avocat et mon notaire firent le nécessaire pour

326

que, dans les plus brefs délais, « ma Fondation » devienne, avec l'accord et le soutien du Conseil d'Etat, une Fondation à part entière.

J'étais fière comme je ne l'avais jamais été de ma vie.

J'allais enfin pouvoir réaliser mon rêve : soulager la souffrance animale tant en France que dans le monde entier ! J'étais Fondatrice et Présidente d'une Fondation qui me survivrait, une structure étatique qui me permettrait de me faire entendre, de dénoncer toutes les horreurs auxquelles j'étais confrontée quotidiennement.

Hélas ! je n'étais pas au bout de mes peines.

D'abord, je ne pouvais garder mon bureau qui n'était qu'une chambre d'amis à La Madrague. Il me fallait trouver des bureaux à Paris dignes de ce que je voulais développer ; ensuite, il me fallait un Directeur et du personnel valable. Au moins une secrétaire pour commencer. Tout ça allait coûter cher, très cher. Or, les trois millions étaient gelés. Ils constituaient le fonds auquel nous ne pouvions absolument pas toucher.

Et puis, je ne comprends rien à toutes ces histoires bureaucratiques. Je n'ai aucun sens des affaires, je ne comprends rien aux chiffres, à la comptabilité, aux taxes, aux impôts, à la Sécurité sociale, à la retraite de ceci et aux paperasses de cela. Toute cette administration me pompe l'air. En plus c'est un vol manifeste !

En attendant, je rentrai à Saint-Tropez d'urgence car La Garrigue était une fois de plus sans gardiens. Mylène y assurait avec Raymond la surveillance et les soins des animaux. Allain m'avait gentiment raccompagnée à Orly et s'était proposé pour me ramener avec les chiens dans la Range-Rover jusqu'à Bazoches pour y passer l'été.

Fin juin, les touristes commencent à envahir comme des cloportes les recoins les plus cachés et les plus inaccessibles. C'est le début du cauchemar et pas vraiment le moment pour trouver des gardiens, les plus incapables étant engagés à prix d'or pour la saison par les restaurants et les plages.

Pourtant, il me fallut une fois de plus leur faire la chasse, ne pouvant partir pour Bazoches que lorsque j'en aurais trouvé. Il faisait une chaleur à crever. Il y avait des fourmis partout ; la terre desséchée criait à boire, les fleurs se fanaient sur pied, la senteur chaude des herbes, le chant des cigales, les papillons jaunes annonçaient un été torride.

Roland Coutas revint à Saint-Tropez. Il proposait de donner un coup de main à Isabelle pour la Fondation. Je l'installai dans La Petite Madrague, heureuse de cette aide inattendue et sérieuse. En tant que journaliste, Roland avait une certaine expérience médiatique, c'était important pour essayer de lancer cette Fondation, si jeune et si inexpérimentée.

Une certaine Madame Lepape, grande protectrice des animaux et présidente de la S.P.A. du Var, m'appela un jour. Elle avait à placer un couple de petits moutons adorables et une toute jeune chèvre qui avaient connu des jours difficiles chez des gens qui ne les nourrissaient pas et les battaient. J'acceptai aussitôt et c'est ainsi que je fis la connaissance d'une femme exceptionnelle, Maryse, qui aimait tellement les animaux qu'elle en mourut peu de temps après.

Elle avait, dans sa voiture, les trois petits.

On aurait cru des chiens tant ils étaient apprivoisés. Je baptisai les moutons « Patin » et « Couffinette » et la petite chèvre « Pâquerette ». Ils me suivirent avec Maryse à la cuisine. Mes chiens se mirent à leur courir derrière en aboyant. Ce fut la débandade, il y en avait partout. Je hurlais, je sifflais, Maryse aussi, mais les toutous avaient trouvé un nouveau jeu et rien ne les arrêta. J'eus une peur panique qu'ils ne m'en tuent un. Mais finalement, il y eut plus de peur que de mal et, dès que nous retrouvâmes les petits planqués au plus profond des épineux, nous les mîmes en sécurité à l'intérieur du parc avec Duchesse, Cornichon, Noëlle, les autres moutons et les chèvres coquines. Ouf !

Je parlai longuement avec Maryse.

Elle fut un exemple pour moi. Je n'ai plus jamais rencontré une personne aussi bonne, aussi dévouée, aussi généreuse. Elle m'avait apporté un cake délicieux qu'elle avait fait elle-même. Elle devint une très grande amie, hélas ! trop peu de temps. Elle m'aida beaucoup pour la Fondation, me faisant profiter de son expérience et me répétant souvent qu'aucun être humain ne valait un animal. Elle leur vouait une véritable dévotion, ce en quoi nous nous retrouvions.

C'est elle qui me parla de l'horrible mouroir qu'était le refuge de Cabriès d'où venait la pauvre Vénus, ma Setter anglais, dernièrement adoptée dans un état lamentable.

Maryse voulait que nous organisions une opération « Porte ouverte » afin d'essayer de placer un maximum des chiens et soigner les malades – il y en avait une flopée, car une épidémie de Leishmaniose décimait les chiens à raison de deux à trois par jour – et de dénoncer à la municipalité et aux services vétérinaires départementaux l'état d'insalubrité inadmissible de ce « pourrissoir » à chiens.

Nous avions prévu cette difficile mission pour la fin de l'année, à l'époque de Noël, car il n'est pas question de faire adopter des chiens au moment des vacances.

Après avoir trouvé enfin un nouveau gardien pour La Garrigue et lui avoir confié précieusement mes animaux, je laissai Madeleine responsable de La Madrague et appelai Allain. Il était temps qu'il vienne me chercher. A l'époque, j'avais encore 10 chiens qui ne me quittaient jamais : Pichnou, Mouche, Mienne, Matcho et Moulin, Toutou et

1. 1974. Répétition
d'un pas de deux du ballet
Casse-Noisette avec le
danseur étoile Michaël Denard
pour le show télévisé de
Maritie et Gilbert Carpentier.
Cette émission ne sera jamais
enregistrée. Dommage !

2. Avril 1976. Les bébés de Nini,
ma Setter adorée, viennent de naître.
Mienne, Moustique, Mouche,
Matcho et Moulin (en vrac !)
partageront plus
de quinze années de ma vie.

3. Moulin taquinant
Nini, sa maman,
qui ne sait plus
où donner de la tête
ni de la queue !

4. Toty, maman, si belle et si élégante qui me quitta bien trop tôt en 1978, dans de dramatiques conditions.

5. Pilou, papa-poète, a passé sa vie une rose à la main. Malheureusement, en 1975, il est parti porter ses rêves au paradis.

6. 1975. Bazoches. Premier Noël sans papa. A mes côtés : Patrick Bauchau et Mijanou, ma sœur, maman, son amie Françoise et Camille, ma nièce.
Nous essayons de faire contre mauvaise fortune bon cœur.

7. 5 juin 1975.
Unique et sympathique
rencontre avec Simone Veil
(ministre de la Santé)
lors de mon émission
Au pied du mur consacrée
à l'adoption d'enfants.

8. Dans le salon de La Madrague,
avec Christian Brincourt,
mon vieux copain, toujours fidèle
depuis 40 ans !
Je l'ai affectueusement surnommé
« La Brinque ».

9. Avril 1976. Avec Chouchou,
le petit bébé phoque
que j'ai sauvé, recueilli à Bazoches
et qui se prend pour un chien.

10. Mars 1977. Blanc Sablon au Canada.
Conférence de presse houleuse avec Franz Weber, face aux tueurs de bébés phoques.

11. Mars 1977. Belle-Ile près de la banquise canadienne. J'ai une profonde admiration
pour les bénévoles courageux de Greenpeace qui me font penser à des apôtres.

12. Mars 1977. Sur la banquise. Cette photo mythique est devenue le symbole de mon combat pour les animaux. « Petits bébés phoques, je vous aime et je passerai ma vie à vous défendre. »

13. Les éléphants sont, avec les dauphins, les loups et les renards, mes animaux préférés. Leur massacre me révolte, leur intelligence me touche et leur survie fait partie de mon combat incessant.

14. Avec Mirko (au centre) et Gérard Montel
« La Perruque », un de mes plus fidèles amis
de Saint-Tropez depuis 20 ans.

15. « Joyeux anniversaire Bri-Bri ! »
Avec Mirko, pour mes 41 ans.

16. « Danse avec Voyou »
à La Madrague.

17. La Madrague. Nini, Matcho, Pichnou, Mouche et Moulin
ont vraiment « la patte marine » ! (ou « le pied marin »).

18. 29 avril 1977. Premier anniversaire des bébés de Nini !
(de gauche à droite : Mienne, Mouche et Nini).

19. Au bord de la piscine à La Madrague avec Belote dans mes bras et Moulin à mes côtés. Puis Mienne, Pichnou, Matcho et Nini effrondrée !

20. La Madrague. L'entrée de la maison : un endroit sympa et frais où j'aime dîner les soirs d'été.

21. Gros câlin avec Nini, le grand amour de ma vie, qui malheureusement se noiera dans une piscine, sans marches, en 1983 !

22. Bazoches. 19 heures :
la traditionnelle pâtée
tant attendue à laquelle
j'assiste avec bonheur
chaque jour.

◁ 23. « Les Restos du
cœur », permanence 24 h
sur 24
à La Madrague.

24. Le salon
et ma chambre.
Depuis que j'ai donné
La Madrague
à ma Fondation,
j'habite chez
mes animaux !

26. L'île aux chiens ! (de gauche à droite :
Douce, Toutou, Moulin, Matcho, Gringo, Mienne, Mouche et Amélie).

27. A pied, à cheval, en voiture ou en jet privé, ma famille est toujours autour de moi.

28. A 40 ans, j'ai voulu commencer mes Mémoires. Trop de choses inexactes avaient été publiées à mon sujet ! Je mettrai plus de 20 ans à rédiger *Initiales B.B.*, n'écrivant que lorsque le cœur m'en disait.

29. 16 octobre 1984. L'Élysée. Avec Allain Bougrain Dubourg, nous avons soumis à François Mitterrand une liste des mesures urgentes pour améliorer le sort des animaux en France. Un coup d'épée dans l'eau !

30. 28 janvier 1985. Troisième rencontre avec Huguette Bouchardeau (ministre de l'Environnement). Je plaidais alors pour l'interdiction des pièges à mâchoires.

31. 13 avril 1985. Inauguration avec Pierre Mauroy du nouveau chenil intercommunal de Lille.

32. 22 avril 1986. Rencontre avec Charles Pasqua à propos du massacre des tourterelles dans le Médoc.

33. Avec Patin et Coufinette
devant la bergerie de La Garrigue.

34. Visiter des refuges
et leur porter secours ou bien
dénoncer ceux qui sont
insalubres : voilà une de mes
missions !
Ici, lors d'une opération
commando près d'Amiens,
le soir de Noël 1981.

◁ 35. Printemps 1987.
Pour aider financièrement
ma Fondation, j'ai vendu
plein de choses
qui m'appartenaient,
Place des Lices, sur le marché
de Saint-Tropez.

36. 18 juin 1987.
Maison de la Chimie à Paris.
Pour obtenir les 3 millions
de francs nécessaires
à la création de ma Fondation,
j'ai dû vendre aux enchères
mes bijoux et des souvenirs
rares et personnels. Ici je mets
en vente le marteau en ivoire
de Maître Tajan !

37. Mes « gros » : Duchesse, ma jument et Cornichon, mon âne à La Garrigue.

38. La tombe de ma Duchesse morte le 11 août 1997 à La Garrigue.

◁

39. 29 avril 1991. La Madrague. Moulin, Matcho et Milou ont 15 ans ! Mouche est déjà absente.

40. La Garrigue, ma « maison de poupée » dont j'ai dessiné moi-même les plans. C'est un endroit secret à Saint-Tropez où je passe toutes mes journées loin de tout. Seule avec mes animaux !

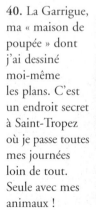

41. 1991. Avec Douce, Kibis et Mimi-chat (dans les bras) devant la chapelle de La Garrigue que j'ai fait construire en l'honneur de ma petite Vierge.

◁ **42.** Vénus, Kiwi et Douce aiment se recueillir chaque jour avec moi à la Chapelle…

43. Matcho et Vénus. Chapeau bas !

44. 5 mars 1991.
Nez à nez avec deux
des 80 loups de
Hongrie que j'ai fait
rapatrier dans le
Parc du Gévaudan
pour les sauver du
commerce
de la fourrure.

45. Avril 1991
dans une
colline de Fréjus.
Petite visite
à des sangliers
peu farouches
mais qui seront
vite décimés par
les chasseurs.
Quelle tristesse !

46. 19 mai 1991,
jour de Pentecôte.
Conférence
de presse contre la
chasse aux
tourterelles dans
le Médoc,
avec Jacqueline
Faucher (SPA),
Théodore Monod
et Allain Bougrain
Dubourg.
(Je tiens le cadavre
d'une des tourte-
relles dans le creux
de mes mains).

Gringo, les frères ennemis, Citronnelle, Vénus et Douce, mes deux femelles Setters anglais, sauvées *in extremis* de la mort dans deux refuges différents.

Ce voyage était pénible pour tout le monde.

Outre une chaleur épouvantable, nous mettions la journée pour atteindre Bazoches. Heureusement, j'avais fait installer l'air conditionné dans la Range-Rover.

Les « arrêts pipi » toutes les deux heures sur les parkings étaient folkloriques. Nous choisissions toujours ceux qui étaient les plus éloignés de l'autoroute, ceux qui avaient une petite rivière et suffisamment de terrain pour que les chiens se dégourdissent les pattes.

Les gens voyaient sortir du hayon de la Range une meute de 10 chiens qui s'ébattaient un peu partout, tous différents les uns des autres, tous obéissants, tous adorables. La première frayeur passée, tout le monde les caressait, les enfants leur lançaient leurs balles et Pichnou, qui dût être gardienne de but dans une vie antérieure, s'en donnait à cœur joie, la rattrapant au bond et la rapportant à son propriétaire, pendant que les autres reniflaient, buvaient un coup, pissaient, se couraient derrière, se roulaient par terre, libres et heureux. Je tapais dans mes mains en criant : « Allez les petits ! » et tout le monde arrivait, essoufflé, la langue pendante, l'œil ravi, et on repartait pour un tour.

Nous arrivions à Bazoches épuisés mais heureux de nous retrouver dans cette oasis de calme et de verdure, où les grenouilles et les crapauds de l'étang nous souhaitaient la bienvenue avec un concert de croassements. Les « Roukoutounes » reniflaient ce territoire oublié depuis longtemps. Moi, je découvrais mes nouveaux gardiens, amis de Raymond. Ils étaient du Midi « avé l'accent », ils nous avaient préparé une salade de tomates et du fromage. Puis, fourbu et un peu dépaysé quand même, chacun regagna sa chambre.

Le lendemain, Allain était déjà reparti lorsque je me réveillai, et je me retrouvais à nouveau livrée à moi-même dans cette maison où je n'étais pas venue vivre depuis la mort de Nicole. Elle me manquait, je pensais à elle avec une immense nostalgie, et j'embrassais un peu plus tendrement ses chiennes Malika et Citronnelle, Malika était heureuse de me voir arriver.

Avec tous ces changements de personnes depuis la disparition de sa maîtresse, elle avait perdu sa gaieté, avait vieilli et dormait souvent. Elle s'était octroyé le canapé Chesterfield du salon et l'occupait de tout son long, posant sa tête sur l'accoudoir. Je regrettais infiniment de ne pas pouvoir la garder avec moi comme les autres, mais sa taille tellement encombrante prenait la place de trois de mes chiens. Et puis je me rendis compte de quelques accrochages sérieux entre mes femelles dominantes,

Pichnou et Douce. J'avais déjà Gringo et Toutou qui profitaient de la moindre occasion pour s'étriper, il me fallut faire extrêmement attention aux femelles aussi.

Parfois, j'en avais ras le bol.

*
* *

Un peu perdue dans mon immense solitude, en ce début de juillet 1987, ne sachant qui appeler, le peu de gens que je connaissais étant en vacances, j'eus recours à Yvonne, qui ne quittait Bazoches que rarement depuis la mort de son mari. Nous réunissions nos tristesses, nos abandons, essayant de faire contre mauvaise fortune bon cœur ! Malgré nos différences, nous nous rejoignions afin d'exorciser nos solitudes.

Yvonne Cassan de Valry était une femme très belle, très mondaine. Sous des dehors et des apparences précieuses, elle cachait un cœur d'une immense sensibilité. Avec moi, elle avait baissé le masque et était devenue mon amie, ma seule amie.

Yvonne m'emmenait dans sa voiture à Paris, me conduisait à Montfort-l'Amaury, faire mes courses, elle déjeunait et dînait avec moi, se baignait dans la piscine en m'obligeant à nager dix longueurs de suite, elle m'aidait le soir à arroser les fleurs et la pelouse desséchées par une chaleur inhabituelle en Ile-de-France.

Nous frisions parfois les 35° à l'ombre !

Ce qui me laissait abrutie jusqu'au soir où, enfin, l'ombre et l'odeur de terre mouillée me sortaient de ma torpeur. Alors nous buvions du champagne glacé en regardant les derniers rayons rouge sang disparaître derrière la forêt protectrice et mystérieuse. Parfois, durant ces longues soirées d'été où les jours s'étirent jusqu'à des heures avancées de la nuit, je repensais à d'autres soirs pleins de musique, d'amour, de rires, d'amis, d'amants ! Alors la nostalgie me serrait le cœur et je laissais mes larmes chaudes rejoindre le champagne glacé de mon verre. Yvonne, bien que la nuit commençât de tomber, voyait mon chagrin, et sa douce tendresse finissait par venir à bout de mon cafard. Elle me disait toujours que lorsqu'on touche le fond, qu'on coule à pic, il faut donner un coup de rein, et on remonte !

De temps en temps, elle m'obligeait à aller dîner avec elle dans un petit bistrot du coin. Elle m'emmena un soir au « Liberty » sur la place du marché, à Montfort. Là, trois tables de jardin sur le trottoir étaient la « terrasse ». Nous nous installâmes dehors, car il faisait encore terriblement chaud. La patronne arriva, jeune, belle, avec un immense tablier blanc qui lui tombait jusqu'aux pieds, mais lorsqu'elle se retourna après avoir pris la commande, nous vîmes qu'elle était en bikini, le cul à moitié à l'air ! Cela me fit rire ! L'ambiance était super décontractée, chaque table demandait à la voisine de lui passer les cornichons, la moutarde, les radis, un coup de rouge, le panier de pain ou de beurre.

C'était rigolo !

A part Mylène qui se débrouilla pour prendre trois jours de congé, nous ne vîmes personne d'autre cet été-là.

Son arrivée fut un bonheur !

C'est ma fille, notre fille, qui venait nous rendre visite. Je me sentis très vieille tout à coup, comme ces grand-mères qui attendent une fois par an la venue de leurs enfants ou petits-enfants ! Pourtant, je n'avais que 52 ans, le 28 septembre 1987 allant m'apporter les 53, mais dans quelles conditions ?

Comme ma vie avait changé brutalement !

Je vivais en recluse, exclusivement occupée par la santé des animaux, les miens et les autres. Je téléphonais chaque jour à la petite Fondation de Saint-Tropez. Les nouvelles étaient toujours les mêmes, des abandons de chiens en pagaille, des chats errants empoisonnés ou tirés à bout portant, des chevaux trouvés découpés dans les prés par des spécialistes qui laissaient sur place la tête et les jambes, les photos donnant des haut-le-cœur !

Ne possédant pas de refuge je conseillai à Isabelle de mettre provisoirement les chiens abandonnés ou perdus à La Madrague en attendant de retrouver leurs maîtres, ou de leur en trouver un nouveau. Mais en plein été, les gens n'adoptent pas de chiens, ils ne pensent qu'à eux, qu'à draguer, se bronzer, se saouler le soir et faire la fête en hurlant afin de ne surtout pas passer inaperçus.

Alors les pauvres bêtes s'entassèrent à La Madrague, heureux de trouver un semblant de havre ! Mais ils se battirent. Certaines femelles étaient en chaleur et ce fut le souk !

J'appelai Maryse Lepape au secours, mais elle-même était débordée par les abandons, elle pleurait au téléphone devant la détresse de tous ces chiens, dont certains avaient été gravement blessés par des voitures lorsqu'ils erraient sur les routes ou autoroutes.

Que faire ?

Les chats rescapés furent mis à La Garrigue en sécurité, mais je finis par en avoir à peu près 50 ! Heureusement que le terrain est immense et que je faisais livrer les boîtes de *Whiskas* par tonnes, en gros. Mais il fallut les faire castrer et stériliser pour éviter les reproductions. Raymond eut un mal fou à attraper les chats, tous à peu près sauvages. Enfin, c'était « mon » boulot que d'assumer tous ces problèmes, même si parfois c'était décourageant et fatigant, sans parler du prix que ça me coûtait ! Or, la Fondation n'avait en caisse que les dons des 1 500 adhérents soucieux de participer à mon combat ! C'était peu, il allait falloir trouver un moyen d'encaisser un peu plus !

De Bazoches, je donnais mes ordres, mes directives, je constatais aussi mon pauvre et maigre pouvoir face à tant de désespérance. Je me rendis compte que je m'étais engagée dans la vie la plus dure, la plus méprisée, la plus ridiculisée. J'allais avoir du mal, mais tant pis ! A vaincre sans péril, on triomphe sans gloire.

Ma secrétaire était à Golfe-Juan, tant pis pour elle ! A 25 ans, on aime le bruit, le monde, se montrer, être belle, faire des envieux, perdre son temps à des superficialités ridicules ! La vie se chargerait bien assez tôt de lui apprendre à choisir l'essentiel, ou alors c'est qu'elle serait irrémédiablement stupide, ce qui n'était pas le cas.

Je me traînais, épuisée de chaleur, d'une chaise longue ombragée à l'intérieur de ma vieille maison, où les murs de cinquante centimètres d'épaisseur et les petites fenêtres empêchaient la touffeur d'entrer. Mais, cette implacable réverbération de soleil blanc s'introduisait par tous les interstices des volets clos, s'imprimait dans mes yeux, et lorsque je les fermais je voyais danser sous mes paupières de fulgurantes lignes lumineuses.

Plus je vieillis et plus je déteste l'été, la chaleur accablante et épuisante, les journées interminables où je guette le coucher du soleil, assoiffée d'ombre, de température supportable, de la trève si lente à arriver d'une fraîcheur approximative enfin apportée par la nuit. N'importe quelle rigueur d'hiver m'est moins pénible qu'un été trop chaud.

C'était l'époque de l'anniversaire d'Allain, le 17 août.

Je pensais et repensais à lui, à tout ce que nous aurions pu faire de positif pour les animaux s'il avait été moins jeune et ne m'avait pas quittée. Je lui en voulais terriblement et en même temps je le comprenais.

Je me mis à me regarder avec d'autres yeux. Il me fallait accepter d'être devenue une femme âgée. Une épreuve supplémentaire.

« Ma Bri, tu es vieille ! Quelle horreur ! »

Je lisais toujours énormément, trouvant dans les livres une échappatoire à mon isolement. Puis, je me remis aux mots croisés que je faisais bien des années auparavant en attendant qu'on vienne me chercher pour tourner une scène sur les plateaux de cinéma. Ces attentes interminables m'empêchaient de lire, car je pouvais être interrompue à tout moment, mais me permirent de devenir une cruciverbiste inconditionnelle.

Yvonne revint, je recommençai à me nourrir ! J'avais beaucoup maigri n'ayant plus aucune envie de repas pris seule en face de moi-même.

Là-dessus les gardiens, amis de Raymond, m'annoncèrent qu'ils ne pourraient rester cet hiver, étant trop méridionaux pour supporter le rude climat de cette région. Si je n'avais pas eu tous ces animaux, j'aurais fermé boutique. Pourtant, tout allait bien, je les payais grassement et

332

leur demandais le minimum. C'est moi qui faisais la cuisine, qui m'occupais de la pâtée des chiens, des chats. Alors ?

En attendant, il me fallut, comme chaque année depuis mon cancer, aller passer un examen. Yvonne m'emmena à Villejuif, puis chez mon gynécologue. Merci mon Dieu, tout allait bien !

Pour repartir je ne savais qui allait me conduire. Allain n'avait pas le temps, Yvonne ne savait conduire que des voitures automatiques, ma secrétaire se sentait incapable de conduire la Range-Rover.

Quand j'étais une star, je trouvais en claquant des doigts des dizaines d'hommes prêts à me rendre service. Maintenant, j'étais livrée à moi-même, dans une solitude atroce.

Quelle vie, quelle belle vie, la vie de Brigitte Bardot !

Mes amis restaurateurs, qui avaient aménagé la maison de Maman, rue Miséricorde, à Saint-Tropez, en un joli restaurant, « La Saravia », étaient alors à Paris et prirent contact avec moi. Lui devait retourner à Saint-Tropez et se proposa de m'emmener en voiture. C'était merveilleux. Merci François ! C'était son nom ! Son Esperanza devait rester à Paris pour trouver un restaurant et un appartement, leur contrat de gérants de La Saravia étant terminé. Il leur fallait d'urgence trouver un autre job. Nous voilà donc embarquant tous mes amours à quatre pattes dans la Range, embrassant Yvonne, Esperanza et Malika, disant à mes gardiens d'attendre Raymond que j'allais leur envoyer avant de partir !

Et fouette cocher !

C'était un dimanche.

La route était bondée de voitures revenant de week-end.

A peine étions-nous arrivés sur l'autoroute que la voiture donna des signes de fatigue en calant toutes les trois minutes. François donnait de grands coups d'accélérateur et nous repartions pour un tour. Puis, elle se mit à tousser et s'arrêta. Catastrophe. En plein milieu de l'autoroute, on était jolis ! Il nous fallut la pousser sur le côté avec les dix ou onze chiens dedans, je ne me souviens plus. J'avais le cœur qui battait à 180 à l'heure. Impossible de repartir, la Range avait dit non et rien ne put la faire changer d'avis. Puisqu'il n'y avait rien d'autre à faire, François partit à pied, me laissant seule avec tous mes toutous affolés, à la recherche d'un téléphone pour un dépannage éventuel et surtout pour appeler au secours quelqu'un de La Bazoches.

Nous étions partis depuis au moins trois heures et n'avions fait que 50 kilomètres. Les chiens avaient soif, envie de faire pipi, ils aboyaient comme des fous, sentant qu'il se passait quelque chose d'anormal. Je fumais cigarette sur cigarette en attendant la suite des événements que je sentais très mal partis. Finalement, je vis François revenir, toujours à pied.

« Anne, ma sœur Anne, ne vois-tu rien venir ? »

Aucun dépanneur le dimanche, tout ce qu'il avait pu faire était d'appeler Bazoches pour qu'on vienne nous chercher. Yvonne et « Jojo Bazoches » arrivèrent au bout d'une heure. Nous fîmes passer les chiens avec beaucoup de précautions de la Range immobilisée aux deux voitures salvatrices. Je m'installai auprès d'Yvonne et nous repartîmes pour Bazoches pendant que François essayait avec patience et acharnement de faire repartir la Range afin de la ramener, quel que soit le temps qu'il mettrait jusqu'à Bazoches.

Cette épopée fut extrêmement éprouvante.

François arriva vers 2 heures du matin au volant d'une voiture qui calait tous les deux mètres, qui n'en pouvait plus – lui non plus. Je bus au moins quinze coupes de champagne, fis manger les chiens et allai me coucher avec la tête comme un ballon de rugby.

La seule heureuse de cette aventure fut Malika qui, si triste de me voir partir, n'en finissait plus de me sauter dessus, de me lécher le nez, de remuer la queue. Ce fut la grande fête d'un retour inespéré et inattendu, je l'aimais et je le lui dis.

Le lendemain, il me fallut trouver un concessionnaire Range-Rover dans les Yvelines. Autant rêver d'un prince Charmant dans un roman policier américain. Impossible. Ils ne se déplaçaient pas.

« Mais ma voiture est en panne !

— Faites venir un dépanneur ! »

A bout de nerfs, j'appelais Allain au bureau. Je lui racontai les péripéties dont nous avions été victimes en m'excusant de le déranger, mais je ne savais plus à quel saint me vouer. Il réfléchit un moment, puis me conseilla de louer un petit jet privé qui m'emmènerait en à peine une heure et demie jusqu'à Hyères.

« Quoi ? Prendre un avion avec tous mes chiens, mais c'est impossible !

— Mais non, je m'en occupe. »

Une heure plus tard, Allain me rappelait, un « Corvette » était à ma disposition le lendemain à midi au Bourget.

« Et combien va me coûter cette escapade dans les airs ?

— Aux environs de 30 000 francs !

— 30 000 francs ? Mais c'est de la folie furieuse !

— Ecoute, me dit Allain, tu ne dépenses jamais rien pour toi, alors paye-toi ce luxe pour une fois, c'est bien aussi pour les chiens. »

Il proposa de m'emmener jusqu'au Bourget, et après mon départ de s'occuper avec François de rapatrier la Range chez le concessionnaire de Paris.

« Oh merci, Allain, merci, merci, mille fois. »

La gardienne, profitant du voyage qui ne lui coûtait rien, voulut redescendre à Hyères avec ses deux chats. O.K. Mais « Jojo Bazoches » devrait assumer jusqu'à ce que Raymond arrive. Il donna son accord.

Allain eut la gentillesse de m'accompagner en avion jusqu'à Hyères. Ce fut un peu dur de faire comprendre aux « Ratoukoutchiens » qu'ils ne risquaient rien, que les ultrasons qui leur perforaient les oreilles n'étaient que des détails, que les réacteurs qui firent trembler la carlingue et les occupants au décollage n'étaient que quelques décibels de trop mais indispensables. Lorsque les chiens, non attachés par les ceintures, se mirent à glisser de l'avant à l'arrière au décollage, se retrouvèrent entassés les uns sur les autres au fond de l'avion, ce ne fut qu'un fou rire collectif et nerveux. C'était leur baptême de l'air. Depuis, les vieux routiers ont pris l'habitude, et les jeunes recrues, copiant leurs aînés, font semblant de ne pas avoir peur, car à partir de ce jour je ne me déplaçai plus qu'en jet privé avec mes chiens pour l'aller et le retour à Bazoches une fois par an.

Ce fut et c'est encore le seul luxe que je m'octroie.

La Perruque et Mylène, avec leurs deux voitures, nous attendaient au pied de l'avion, privilège d'une grande rareté sur un aéroport militaire. Allain repartit dans le petit jet privé pour Paris.

Et je me retrouvai à La Madrague, un peu dépaysée après tant d'absence. Il faisait encore beau, le ciel était limpide et pur, les odeurs si particulières à la Provence me sautèrent au nez. La Perruque et Mylène repartis, je fus prise d'une suffoquante solitude. Ici pas d'Yvonne ! Personne, personne, rien n'était préparé pour mon retour, le frigo était vide, pas une fleur. J'avais l'impression d'arriver en territoire étranger. Les petits se jetèrent sur leur pâtée et commencèrent à courser les chats. Les quelques chiens qui n'avaient pas été replacés ou adoptés – il en restait trois – étaient enfermés dans le jardin de « Jojo Madrague » avec Cannelle et Malouk, les deux rescapées de Thaïlande.

Avant de m'effondrer dans mon lit, je dus encore courir derrière le pipi de Mouche avec mon « bâtonnet-testeur » afin de savoir combien d'unités d'insuline je devais lui faire le lendemain. Cette insuline que je trimbalais avec des glaçons dans une boîte de polystyrène comme pour les crèmes glacées.

Yvonne m'avait donné à plusieurs reprises du *Témesta* lorsqu'elle me sentait trop au bout du rouleau. Je pris donc l'habitude d'en prendre un avant de dormir, ça me faisait du bien, me détendait. J'aimais et j'aime toujours ce moment béni où on décroche de tout, où on se love au fond de sa couette comme dans le ventre chaud de sa maman, où la vie s'arrête et le rêve commence. J'ai horreur de me réveiller, j'ouvre un œil et pense à la journée interminable et triste qui m'attend, alors je me pelotonne au fond de la chaleur de mon monde de sommeil, je referme les yeux et gagne ainsi quelques minutes de douceur avant d'affronter cette pénible renaissance quotidienne.

Sur le mur en face de mon lit j'avais accroché une espèce de poster où le mot « JOIE » était écrit en rouge. Donc, je le voyais en me réveillant, en m'endormant.

La « JOIE » était écrite mais toujours absente.

* *
*

Depuis plusieurs années je me battais contre l'infâme mouroir pourrissoir qu'était la saloperie de refuge de Toulouse ! J'avais eu affaire au charme prometteur du maire, Dominique Baudis, qui m'assurait de son soutien absolu et me passait au téléphone son bras droit responsable, ou plutôt irresponsable.

Donc, ce « refuge », si on peut l'appeler ainsi, n'était qu'une cave humide au sol en terre battue, d'où suintait l'eau dès qu'il pleuvait, sans aération, sans lumière, sans chauffage, sans soins, sans nourriture. Lorsque je fus mise au courant des conditions de détresse des animaux parqués là-dedans, je fis le scandale que vous imaginez. Menaçant tout le monde, les élus, les préfets. J'envoyai un huissier prendre des photos, c'était l'horreur ! Des cadavres de pauvres chiens partout, des gamelles avec du pain sec comme un coup de trique qui nageait dans de l'eau dégueulasse.

Je fis paraître les photos dans les journaux locaux avec « mes » commentaires. J'assurais que j'allais venir sur place incessamment sous peu, dénoncer publiquement la mairie qui n'était qu'une mairie de poudre aux yeux. Du coup, le conseil municipal vota rapidement un projet de refuge moderne qui devait être terminé vers la fin de 1987.

Je reçus enfin l'invitation officielle que j'attendais depuis quatre ans ! C'est long quand on pense aux centaines de pauvres chiens qui périrent dans l'insalubrité et l'humidité noire de ces cachots moyenâgeux ! Cette histoire comme bien d'autres m'a appris qu'il ne sert à rien de faire confiance, d'être polie et correcte, les gens s'asseyent dessus, ils croient vous avoir séduite, endormie avec de belles paroles, que vous penserez à autre chose dès le lendemain. Eh bien, non ! On ne me séduit pas comme ça. Et le scandale, la peur d'une réputation mise en jeu, la mise au grand jour de choses qu'on aimerait garder secrètes tant elles sont honteuses, ont toujours été mes armes les plus efficaces.

C'est dur ! C'est fatigant ! C'est difficile, c'est dangereux !
Mais c'est efficace ! C'est le principal.

En attendant le 13 décembre, date de l'inauguration officielle de ce nouveau refuge de Toulouse pour lequel je m'étais battue, il me fallait assumer tout ce qui restait à faire à Saint-Tropez pour ma Fondation.

En premier, faire adopter les pauvres chiens abandonnés qui vivaient encore à La Madrague. Je décidai de faire une opération « Porte ouverte » et demandai à la mairie un local prêté gracieusement, ce qui me fut accordé. Ensuite, j'appelai les journaux locaux : *Nice-Matin*, *Var-Matin* et *Le Provençal*, afin qu'ils m'aident en annonçant le lieu et la date de cette mise en adoption. Ce qu'ils firent ! Merci.

Avec Isabelle et Roland Coutas, aidés par Raymond, nous installâmes tant bien que mal une pièce en béton de 25 mètres carrés dans laquelle nous avons mis un bureau, des sièges, des éclairages et un arbre de Noël ; plus des paniers et des gamelles pour les pauvres toutous, un chauffage, un tapis. Enfin, nous essayâmes de rendre accueillant un bunker ! Au-dessus de la porte une immense banderole « Fondation Brigitte Bardot » agrémentée par des feuilles de houx et des boules multicolores.

C'était mignon.

J'étais sur place, caressant les petits et gros chiens dépaysés, à qui il fallait donner beaucoup de tendresse, faire faire pipi dehors, et qu'il fallait nourrir à la main en les embrassant sur le museau. Tout ça était déboussolant pour tout le monde. Mais c'est la nuit que ce fut le plus dur. Ceux qui n'avaient pas été adoptés et qui le seraient peut-être le lendemain ne furent pas ramenés à La Madrague. Nous les laissâmes sur place dans leurs paniers, avec une bonne pâtée, plein de câlins, de la musique classique, une lampe, mais ils se sentirent abandonnés une fois de plus et se mirent à gémir, ou à hurler à la mort.

Revenue sur place vers minuit, je constatai l'immense détresse de ces pauvres petits. Je m'installai donc près d'eux jusqu'à ce qu'ils se calment. Je mis sous ma tête le coussin du siège d'Isabelle et finis par m'endormir, pendant que tous les petits autour de moi s'étaient calmés et ronflaient de concert.

Je dus me réveiller vers 3 heures du matin et essayai de m'enfuir en douce sans réveiller personne pour rejoindre les miens qui devaient m'attendre en se demandant ce que je faisais à des heures aussi avancées de la nuit. J'y réussis ! Ouf ! La nuit fut courte, le lendemain à 9 heures j'étais de nouveau auprès des abandonnés avec Isabelle, Roland et Raymond.

Dès que quelqu'un arrivait, je faisais l'article, vantant sans me forcer les qualités uniques de tous ces chiens adorables. Mais je fus vite déçue. Ces imbéciles ne voulaient que des autographes, des photos ! Ils se foutaient pas mal des chiens.

Ecœurée, je partis, laissant Isabelle, Raymond et Roland se démerder. Nous n'étions pas au Festival de Cannes, mais dans une journée Porte ouverte d'adoption. Ils furent, merci mon Dieu, tous adoptés et bien. Isabelle eut pour mission de téléphoner aux adoptants pour demander des nouvelles et Raymond allait sur place, même si c'était très loin, sans prévenir, et constatait le bon entretien du chien, son pelage, sa gamelle et son comportement. Quel boulot !

Mais c'était ma responsabilité et je ne faillis jamais là-dessus.

A peu près à ce moment-là on me prévint qu'un vieux Berger allemand paralysé du train arrière avait été déposé à la petite Fondation
pour que nous le fassions euthanasier. J'étais à La Garrigue lorsqu'il fut
abandonné. Isabelle ne savait quoi en faire.

Hors de moi, j'envoyai Mylène le chercher et le ramener à La Garrigue, je voulus voir par moi-même. Et je vis à travers les vitres de la 4L
une très belle tête de Berger, les yeux un peu effarés, les oreilles bien
droites. Mes chiens prirent d'assaut la voiture, terrorisant ce pauvre
vieux toutou qui ne savait plus ce qui lui arrivait. Mylène m'expliqua
que nous étions mercredi, le cabinet véto était fermé. Grâce à ce
concours de circonstances cette pauvre bête qui avait échappé à l'euthanasie avait été déposée à la Fondation pour que je me démerde avec !

Enfin, si je ne pouvais refaire le monde à mon image, je pouvais
essayer de donner à ce pauvre « Vali » une fin douce, tendre, pleine de
câlins et de bons petits plats. Lorsque j'ouvris la porte de la camionnette, il descendit avec beaucoup de mal, seules ses pattes avant fonc-
tionnaient, tout l'arrière était paralysé. Du coup, ma meute se tut,
chacun et chacune alla le renifler ; ils durent comprendre son handicap,
car personne n'eut vis-à-vis de lui la moindre agressivité. Je le pris dans
mes bras et lui dis à l'oreille toutes les jolies paroles d'amour qui me
venaient à l'esprit. Il eut l'air de comprendre, car il me suivit en se traînant jusqu'à la terrasse couverte où je lui installai une couverture, une
gamelle d'eau, un bol de croquettes et la pâtée du chef.

Ce vieux chien resta un an et demi auprès de moi, vivant sa vie, à son
rythme, heureux de flairer les odeurs, libre, cajolé, soigné, aimé. Puis,
un été torride où j'étais à Bazoches, on me prévint qu'il était envahi de
vers de mouches vertes, que son corps n'était plus que purulence et qu'il
ne fallait pas le laisser comme ça. Alors, loin de lui, avec une tristesse
infinie au cœur, je pris la décision de le faire endormir, à condition que
le véto se déplace et lui fasse la piqûre mortelle sur sa couverture, dans
son univers. Ce qui fut fait !

Adieu Vali beau et brave chien, je te retrouverai un jour au paradis
des animaux avec Nini, Guapa et tous ceux que j'ai tant aimés.

Mais là, j'anticipe. Pour le moment Vali était heureux et le temps
n'avait pas encore passé.

Un peu plus tard, on me signala à Saint-Tropez le cas d'un pauvre
vieux Cocker enfermé jour et nuit toute l'année dans un poulailler, seul,
sans aucune affection, aucune tendresse, abandonné par son maître qui
lui donnait à manger lorsqu'il y pensait.

J'y allai immédiatement et pus constater l'état de délabrement et
d'abandon de ce pauvre petit « Gold ». J'essayai en vain d'ouvrir la

porte cadenassée. Il gémissait dans son univers glacé sans même un panier pour dormir. Ce poulailler désaffecté était au fond d'un potager loin de la demeure de son maître. Ce sont des voisins qui, l'entendant pleurer jour et nuit, finirent par me prévenir. Mais la lâcheté étant la plus grande tare de l'être humain, ils restèrent anonymes.

Je finis par trouver l'adresse du maître et allai le voir.

C'était un chasseur, un viandard qui voulait mettre un coup de fusil dans la tête de son chien qui n'était plus bon à rien qu'à lui faire dépenser l'argent de sa pauvre nourriture trois fois par semaine. Je lui proposai de le prendre. Mais ce salaud négocia le prix et me demanda 1 000 francs alors qu'il voulait l'abattre purement et simplement parce qu'il avait 10 ans ! Je lui lançai au visage deux billets de 500 francs et avec lui j'allai récupérer Gold. Lorsque je le pris dans mes bras pour l'emmener dans la 4L, l'autre con ne lui fit même pas une caresse. J'avais l'impression d'être un éboueur qui emportait une vieille machine à laver. Pauvre vieux Gold qui vécut encore quatre longues années, à La Madrague, bien nourri, bien chauffé, bien soigné, bien aimé.

Heureusement que j'existais, sinon que de morts prématurées !

Je me retrouvais, le soir de ce mois de décembre, avec le mistral, les embruns déchaînés, dans cette Madrague livrée à toutes les intempéries, seule avec moi-même et mes petits quatre-pattes chiens, chiennes, chats, chattes et même souris que je sauvais souvent, même en pleine nuit, de la sauvagerie des chats, réveillée par des petits cris aigus, allant à l'aveuglette au secours de ces petites créatures adorables et si fragiles, les enlevant des pattes ou des dents de ces félins miniatures !

Combien en ai-je sauvé de ces pauvres mulots ou souris dont le cœur battait à tout rompre et que je mettais à l'abri sur la petite fenêtre de mes W.-C. et que je ne retrouvais pas le lendemain.

Merci mon Dieu, je dois être différente.

Oui, je suis différente des autres humains. Je me sens plus animale qu'humaine, mais avec un masque qui me classe parmi cette race abominable dont je ne fais pas partie, dont je refuse de faire partie.

« Jojo Madrague » me parlait sans arrêt de son départ.

Je le suppliais d'attendre un peu que j'aie le temps de me retourner. Je ne pouvais même pas imaginer de perdre mon Jojo. Bien qu'il fut sale, édenté, avec un abominable accent belge presque incompréhensible, il faisait partie intégrante de mon univers, de ma vie, de mes animaux, de ma solitude.

Je me demandais pourquoi ce type voulait me quitter pour une place moins bien payée, me laissant à l'abandon à son tour. Cela ne lui porta pas bonheur, car il mourut deux années plus tard à « La Victorine », sans que personne ne put véritablement savoir les causes de son décès.

Dieu ait son âme.

Qu'avais-je fait au Bon Dieu pour avoir sans arrêt de tels problèmes à résoudre ?

Finalement, je dus partir pour Toulouse.

Aucun avion ne faisant les lignes Hyères-Toulouse ou Nice-Toulouse, je dus prendre un petit avion-taxi. Je louai le moins cher, sans réacteurs, avec des hélices qui furent prises dans des tourbillons de vent, me laissant cramponnée à mon siège plus morte que vive. La pluie battait les hublots pendant que je subissais des pertes d'altitude dues à des dépressions à me faire rendre l'âme.

Nous finîmes par atterrir à Toulouse.

Ma première réaction fut de demander à l'aéroport de me trouver un petit jet pour le retour. Heureusement, Jean-Louis Remilleux et Isabelle partagèrent cet atroce voyage et purent en mes lieu et place exiger un avion plus sécurisant pour retourner à Hyères. C'était un dimanche, et le dimanche, malgré le chômage, personne ne travaille. Pâle comme une morte, je fis contre mauvaise fortune bon cœur, serrant des mains, souriant aux photographes. Une limousine nous emmena place du Capitole où une tente dressée abritait une centaine de chiens à adopter.

C'était la première fois de ma vie, et ce fut du reste la seule, que je mettais les pieds à Toulouse, la Ville rose, mais « rosse » pour les animaux. Sous la tente du Capitole aboyaient, hurlaient, gémissaient une centaine de pauvres toutous, affolés, stressés par tant de bruit. Je fis un petit tour, cernée par les médias, les photographes, les T.V. Je vis des flashes, des spots, des têtes qui me posaient des questions. J'essayais malgré tout de voir les toutous qui hurlaient leur détresse, mais en vain, je dus prendre mes cliques et mes claques, dirigée par Jean-Louis Remilleux vers l'hôtel le plus proche où on me confina dans un salon, au calme !

J'étais crevée, épuisée, abrutie, à bout de nerfs.

Un thé bien chaud et bien sucré me remit un peu sur pieds, mais je n'étais pas au bout de mes peines. Les journalistes locaux faisaient la queue pour avoir des interviews. Je refusai tout, mais Jean-Louis me conseilla de les accueillir afin de les mettre de mon côté. Il me fallait encore inaugurer le fameux refuge mis en place par Dominique Baudis.

Comme une automate, je reçus des dizaines de journalistes et photographes, puis nous partîmes pour le refuge de l'A.T.P.A. [1] couper le cordon ombilical. Il pleuvait comme vache qui pisse. Je ne voyais rien, mais entendais encore et toujours ces éternels gémissements, ces insupportables cris de détresse, ces aboiements qui me fendaient le cœur.

1. Association Toulousaine de Protection Animale.

Dans tout ce magma humain qui me suivait, me filmait, m'interviewait pendant cette triste visite où je ne vis que des cages remplies de pauvres chiens abandonnés, je finis par arriver dans un endroit interdit au public, « la fourrière », là où les chiens non réclamés seraient euthanasiés dans les 24 ou 48 heures suivantes.

Bousculant tous ces abrutis de journalistes, j'allai ouvrir les cages, essayant de libérer ces condamnés à mort pour cause d'abandon. Dans le lot de ceux qui s'enfuirent, une petite chienne rousse et blanche se blottit entre mes pieds. Je la pris dans mes bras, nous fûmes criblées de flashes, je l'aimais, elle m'aimait. Mais que faire ? J'étais prête à la ramener avec moi lorsqu'un enquêteur d'une association de protection animale voulut l'adopter.

Il s'appelait Paul Lacassagne. Il prit la petite sur son cœur pendant que la directrice, une espèce de virago, fendait la foule en hurlant que nous mettions son refuge en effraction, que nous avions laissé s'échapper les dix chiens devant être euthanasiés le lendemain, c'était un scandale, elle se plaindrait en haut lieu, me traînerait en justice !

« Bravo Madame, alors votre merde de refuge n'est en fait qu'un couloir de la mort ! »

Devant tant d'inhumanité, je suppliais tous ces gens qui me suivaient comme des moutons de Panurge d'adopter ces neuf pauvres condamnés à mort !

Aucune réaction, des rires bêtes !

Mon Dieu, que l'Humanité est stupide !

Je cherchais des yeux cette fameuse aire de délassement où, soi-disant, les chiens, les uns après les autres, pourraient un peu courir, se détendre. Je ne vis qu'une cour grillagée minuscule, sans un brin d'herbe, aucune plante, aucun arbre même en plastique, une geôle de plus en plein vent, en pleine pluie ! Ne sachant plus quoi faire, j'adoptai officiellement les neuf chiens de la fourrière. Je donnai un chèque à la directrice devant une centaine de témoins. Chaque chien et chienne fut répertorié, je donnai l'ordre de les mettre en sécurité.

Puis, nous repartîmes sous une pluie battante jusqu'à l'aéroport où il fallut attendre une heure que les pilotes du Lear-Jet que je voulais prendre pour mon retour soient enfin sur place, qu'ils fassent le plein, qu'ils vérifient si tout allait bien. Enfin, nous décollâmes dans le vent, les nuages, la tempête ! Heureusement que j'avais décidé de changer d'avion. Celui qui nous avait emmenés n'aurait pas résisté à un pareil déchaînement des éléments.

Quelle journée !

Lorsque j'arrivai, épuisée, à La Madrague, je vis une effervescence inhabituelle.

Madeleine était dans ma chambre, tous les tiroirs de ma commode béaient, leur contenu renversé par terre. « Jojo Madrague » essayait de faire un pansement à Mouche qui, sur mon lit, les quatre pattes en l'air, avait le ventre plein de sang.

Je crus m'évanouir. Que se passait-il encore ?

Mouche avait une tumeur à une mamelle qui avait éclaté, il y en avait partout, plein mes oreillers, ma couette, les tapis, les murs. Le pansement ne tenant pas, ils lui avaient essayé tous mes tee-shirts, les uns derrière les autres, afin de lui faire une espèce de combinaison qui l'empêcherait de se lécher. Quel bordel ! Et moi qui n'en pouvais plus, qui ne pensais qu'à un bain chaud et un lit douillet... J'étais servie !

Pauvre Moumouche, petite fille chérie qui déjà subissait la terrible épreuve du diabète et en plus assumait la douleur d'un cancer. J'en savais quelque chose. Pourtant, les vétos la suivaient régulièrement à cause des prises de sang pour son hyperglycémie. Ils avaient vu cette boule sur son ventre et m'avaient parlé d'un kyste graisseux !

Tu parles ! Des ânes, ce sont tous des ânes !

Le lendemain, je n'arrivais pas à ouvrir les yeux, je me rendormais à peine réveillée. Mouche avait passé la nuit contre moi, mais était partie probablement faire son pipi du matin, poursuivie par Madeleine et son « testeur », pauvre petite !

Le téléphone me tira de mon coma. Paul Lacassagne, le nouveau maître de la petite chienne rousse et blanche, m'annonçait que les journaux avaient publié les photos de tous mes « protégés » voués à la mort, qu'ils étaient tous adoptés par de braves gens émus de leur sort et de ma supplique.

Quelle bonne, quelle merveilleuse nouvelle ! Enfin, je n'aurais pas subi l'épreuve de ce voyage pour rien... Merci mon Dieu !

Maintenant, il me fallait m'occuper sérieusement de Mouche.

Je fis venir le vétérinaire de Sainte-Maxime, le bon Docteur Vors, qui avait baroudé en Afrique et en connaissait un bout sur les animaux sauvages. Malheureusement, mon chien n'était ni un éléphant, ni une tigresse ! Mais enfin cet homme de terrain dont les chaussures auraient pu servir d'annexes aux yachts du port, qui en imposait par sa corpulence et son savoir, diagnostiqua une tumeur de la mamelle ayant éclaté.

Merci Docteur. Alors quoi faire ?

Rien ! Comment rien ? J'en avalais ma langue de rage !

Il se foutait de moi, ce bon Docteur Vors.

Elle était diabétique donc inopérable, il fallait essayer de faire cicatriser la plaie qui, de nouveau, grossirait et éclaterait. De plus, elle n'était pas stérilisée, le diabète avait donc une grande prise sur ses organes génitaux qui, de par leurs fonctions, favorisaient le taux de sucre dans le sang.

Eh bien, nous allions nous battre, Mouche et moi, contre la mort !

342

Heureusement, les autres bébés de Nini tous âgés de 11 ans, se portaient comme des charmes : le gros Moulin, avec sa tâche marron comme un coquart sur l'œil, son indépendance (il allait jouer aux boules place des Lices) et sa tendresse bourrue, était la crème des chiens – un peu coureur, mais comment le lui reprocher, surtout à Saint-Tropez où les « pin-up wah-wah » étaient légion ?

Matcho, l'élégance, la discrétion, la beauté à l'état pur, avec dans l'œil une inquiétude permanente qui le rendait vulnérable au moindre cri, à la moindre colère... Un chien unique.

Mienne, ma petite chérie, celle que je voulais garder au départ, une épicurienne aux grands yeux de bébé phoque, la seule d'un blanc immaculé, et qui ressemblait à une jolie poupée avec les couettes que formaient ses oreilles et une douceur jamais vue.

Nini m'avait laissé un bel héritage. Pour elle, il fallait que Mouche, la plus timide, la plus discrète, avec comme sa mère une grosse tache noire sur l'œil, mais n'ayant pas la même force de caractère, se sentant coupable pour un oui, pour un non, il fallait qu'elle vive, qu'elle survive.

La mort de Nini ayant été un des grands drames de ma vie, je tenais la vie de ses enfants entre mes mains et lutterais de toutes mes forces pour leur santé, leur bonheur.

Et puis, il y avait les autres. Ceux qui étaient arrivés moribonds des refuges ou trouvés agonisant sur les routes.

Douce, la belle Setter anglaise, qui aurait pu être la sœur de Nini, dégourdie, intelligente, maligne, courageuse et si tendre, si douce...

Vénus, l'autre magnifique Setter anglaise, sauvée du mouroir de Cabriès, une force de la nature, sous la dominance de Douce, mais avec, elle aussi, un caractère bien trempé et adorable.

Ma Pichnou, la tantine des petits de Nini, ma vieille nounou d'amour, ma petite croisée Berger par le chien du facteur, si intelligente, si fidèle, qui allait sur ses 14 ans, bon pied, bon œil. Elle avait en elle un tel instinct maternel qu'elle prenait sous sa garde tous les bébés, qu'ils fussent chiens (ceux de Nini), ou chats (ceux de toutes mes chattes avant castration), dont elle empêchait la vraie mère de s'approcher. Elle leur léchait le derrière, et les couvait avec un amour fou.

J'avais aussi Citronnelle, la vieille Fox à poil dur que Nicole, à sa mort, m'avait laissée. Celle-là était rigolote comme pas deux, faisait la loi, grognait contre tout le monde, se faisait respecter, et me léchait les mains et le nez dès que je l'engueulais.

Puis mon bon, mon brave, mon adorable Toutou, trouvé sur la route un 11 Novembre, à moitié mort de fatigue et de détresse. Celui-là était la tête de Turc de Gringo, le Corse qui, comme son nom l'indique, ne supportait aucun autre mâle sur son territoire et sautait à la gorge de Toutou à propos de tout et de rien. Pourtant, Gringo était l'amour fait chien, il était mon ombre, ne me quittait jamais, jouait les sentinelles à la porte des toilettes et veillait au pied de la baignoire lorsque je prenais mon bain.

Aucun autre mâle ne pouvait m'approcher. Il était mon amant !

Et la rescapée de la vivisection, le petit trésor Boxer qu'était Amélie, couturée de partout, mais reine de la rumba. Dès qu'elle me voyait, elle ondulait de l'arrière-train, faisant vibrer son petit trognon de queue pendant de longues minutes, se tortillant avec un tel talent qu'un jour, je lui mis un paréo et une fleur sur l'oreille. On aurait dit une vahiné avec un peu de sang nègre.

J'avais aussi la vestale de La Garrigue, la petite Zazou à trois pattes, trouvée au carrefour de La Foux un soir d'hiver, accrochée à un poteau. Une petite renarde rousse, fidèle à la maison, qui faisait sa loi, montrait les dents et cavalait la campagne malgré son handicap, rentrant moutons à la bergerie, chevaux, ânes et chèvres à l'enclos. Un sacré numéro, cette Zazou, qui subit tout au long de sa vie les épreuves les plus dures et s'en sortit toujours avec un courage digne d'admiration. C'est la chienne d'un seul maître et, au fur et à mesure que se succédèrent les gardiens à La Garrigue, elle fut attachée, et l'est encore, à celui qui est en place. En revanche, elle se méfie de moi et pourrait me mordre.

Et, pour en terminer, la plus grande, la plus forte, la plus noire, la plus tendre et, probablement, la plus malheureuse, cette pauvre Dogue allemande, Malika, restée à Bazoches et subissant elle aussi, depuis la mort de Nicole, des changements continuels de gardiens auxquels elle n'a même pas le temps de s'attacher.

Voilà en trois lignes le portrait rapide des treize chiens qui partageaient ma vie en 1987. Quatorze avec le vieux Vali, invalide qui habitait la terrasse de La Garrigue.

Un quinzième allait m'arriver dans peu de temps.

Je ne parle pas de la cinquantaine ou de la soixantaine de chats et chattes qui vivaient libres, heureux, câlinés, aimés, nourris, blanchis, chauffés, déclarés à la Sécurité Bardotale !

Que de responsabilités, mais que d'amour !

Que de joie, que de ronrons, que de câlinous !

J'avais, régulièrement, des nouvelles de Maryse Lepape, ma grande amie des animaux. Nous envisagions une Porte ouverte à Cabriès, entre Noël et le Jour de l'An. Ce refuge immonde, véritable nid à microbes, était soupçonné de vendre des animaux aux laboratoires de Marseille et de Montpellier. Elle s'occupait du côté administratif pendant que je rameutais la presse locale, nationale et, pourquoi pas, internationale.

Entre-temps, je reçus une lettre très émouvante d'un couple d'homosexuels qui avaient été arrêtés par les gendarmes sur la route de Marseille pour chèques sans provision et vol de voiture. Le hic était qu'avec eux, leur petite chienne « Domina » avait été transférée au refuge de Marseille. Ils en étaient malades et me suppliaient de la prendre avec moi, craignant son euthanasie, ne pouvant rien faire, ne sachant pas pour combien de temps ils étaient incarcérés.

J'appelai immédiatement la directrice du refuge de Marseille. Une femme admirable, gentille comme tout, mais manquant de l'essentiel pour faire fonctionner son refuge, hélas! Elle me confirma l'arrivée de Domina et promit de me la donner. J'écrivis la bonne nouvelle aux deux prisonniers, les suppliant de ne plus se faire de souci. Dès que Domina serait chez moi, je les préviendrais et leur enverrais une photo pour les rassurer. Ce fut leur plus beau cadeau de Noël.

Le 17 décembre 1987, j'appris la mort de Marguerite Yourcenar. Cette femme unique, première à être reçue à l'Académie française, qui m'avait prise en amitié, partageant avec moi une passion pour les animaux, acceptant d'être Membre d'honneur de ma Fondation. Elle fut victime d'une attaque cérébrale et s'éteignit à l'hôpital de Bar-Harbor, aux Etats-Unis, à l'âge de 84 ans.

Avant que nous fassions connaissance, elle avait écrit sur moi un joli texte que je reproduis ici :

> « *Certains problèmes sont perçus plus tôt par des esprits plus rapides ou des cœurs plus profonds que les nôtres... En France, je pense à une femme dont on parle moins souvent et dont l'exemple me paraît très important : BRIGITTE BARDOT. Brigitte Bardot, si belle, ayant parfaitement réussi ses films de femme-enfant et de femme-objet, qui aurait pu se contenter et même se satisfaire d'être une éternelle jolie femme, et qui à la place de tout ça est devenue la défenderesse des animaux, a pris aussi part à la défense de la nature d'une façon excessivement active, excessivement courageuse, et ce d'autant plus qu'elle a trop souvent recueilli elle aussi les ironies* ».

Merci, Madame Yourcenar, de m'avoir offert un si bel hommage ! Il m'aidera à vivre lorsque le doute m'assaillera.

* * *

Puis, le 20 décembre, un coup de téléphone m'annonça que Maryse Lepape venait de se tuer en voiture. Essayant d'éviter un chien errant, elle était allée se fracasser contre un arbre.

Je hurlai ma douleur, quelle injustice !

Ce fut pour moi un désespoir sans nom.

Maryse, mon phare de la protection animale, mon alter ego de l'amour que nous leur portions, ma grande sœur qui me gâtait avec des cakes et des petits sablés qu'elle faisait elle-même, l'épaule dans laquelle je blottissais mes larmes et mes désespoirs, ma douce, ma tendre, mon irremplaçable Maryse n'était plus. Et, ô ironie du sort, elle était morte en essayant d'éviter d'écraser un chien.

Pluton, sacré Pluton, Pluton que je hais, Dieu de l'Enfer, avait encore gagné ! Mais quand donc allais-je échapper à cette emprise diabolique que je voulais ignorer mais qui se rappelait tragiquement à mon bon souvenir ?

J'allai avec Raymond à Toulon enterrer ma petite Maryse. Je la vis dans son cercueil, méconnaissable. Cette image me hante encore aujourd'hui. La mort est une horreur sans nom, elle transforme en épouvante le plus doux visage.

Elle me fait peur, m'offusque. C'est ma grande ennemie.

Du coup, j'annulai la Porte ouverte de Cabriès et la remis au mois de janvier. Pour Maryse, je le ferai. Mais sa mort, trop présente, me coupait jambes, bras, m'enlevant tout courage pour une si épuisante épreuve.

Noël était là.

Allain proposa de venir passer quelques jours avec moi. J'en avais bien besoin. Je lui demandai d'aller chercher Domina à Marseille. Cette année, j'ignorais complètement cette fête que, pourtant, j'adorais depuis mon enfance. Mais trop, c'était trop. Les malheurs s'enchaînaient... La mort de Maryse, ma solitude, mon épuisement physique et moral, le départ de Jojo pour la Victorine. Avant qu'il ne me quitte définitivement, Mylène était partie dans le Haut-Var rencontrer un « gardien » qui paraissait pas trop mal. Elle le ramena et le fit dormir dans la pièce adjacente au salon de Jojo.

Au milieu de la nuit, je fus réveillée par un bruit bizarre.

Une ombre me sauta dessus. Je hurlai, mais je pouvais toujours crier, Jojo était sourd comme un pot. Les chiens aboyaient, le mistral soufflait rageusement, c'était un film d'Hitchcock, l'épouvante à l'état pur. Je finis par arriver à allumer et vis la tronche d'attardé mental du futur gardien qui me souriait béatement, essayant de m'enlacer pour finir par me violer, très probablement.

J'ai une force décuplée lorsque je dois me défendre.

J'arrivai à me dégager des tentacules de cette pieuvre immonde et sonnai de toutes mes forces sur le bouton qui relie heureusement la tête de mon lit à la maison de gardiens. J'appuyais dessus sans relâche tandis qu'avec mes genoux et mes pieds je repoussais le fou furieux qui continuait méticuleusement sa prise de corps.

Lorsque Jojo arriva, à moitié endormi, je n'eus pas besoin de lui faire un dessin... Bien qu'il dût peser 45 kilos tout mouillé, il attrapa l'autre par le col, lui fila un coup de poing sur la tête pendant que j'appelais les flics. Il était 2 heures du matin. Il y eut un ramdam pas possible, la sirène, les chiens qui aboyaient comme des fous, les flics qui entrèrent dans la maison en se faisant mordre les fesses par Gringo, le mistral qui s'infiltrait en sifflant venimeusement par tous les interstices des fenêtres et des portes.

On me soumit sans tarder à un interrogatoire en bonne et due forme.

« Que s'est-il passé exactement ?

— Eh bien, je me suis réveillée avec ce bonhomme qui m'avait sauté dessus.

— Comment était-il rentré ? Y a-t-il eu effraction ?

— Non, il était dans la maison de gardiens et est entré chez moi facilement. Je ne ferme jamais à clef.

— Vous le connaissiez donc ?

— Oui, à peine depuis quelques heures. Je l'avais pris à l'essai pour un gardiennage.

— Avez-vous une preuve physique de son agression sur vous ? Une blessure, des bleus, des ecchymoses, un vêtement déchiré, quelque chose de concret ?

— Non, j'ai réussi à m'en dépatouiller avec diplomatie. J'ai sonné Jojo et voilà.

— Mais alors, Madame Bardot, vous n'avez rien de tangible à reprocher à cet individu ?

— Mais il m'a agressée ! Il voulait me violer, est rentré dans ma chambre en pleine nuit. J'ai eu peur, terriblement peur...

— Madame Bardot, ce n'est pas suffisant. Surtout que ce monsieur affirme que c'est vous qui l'avez sonné au milieu de la nuit pour qu'il vienne vous rejoindre.

— Oh non, mon Dieu, ça n'est pas possible.

— Mais si, mais si, c'est possible ! Avez-vous son contrat de travail ?

— Non, il est arrivé il y a quelques heures. Je viens de vous le dire. Je n'ai pas encore fait établir son contrat. Je n'ai pas eu le temps, et puis de toute façon, je ne peux garder chez moi un fou pareil !

— Mais Madame Bardot, vous êtes dans votre tort. On engage les gens avec un contrat donnant « un mois d'essai » qui peut être interrompu d'un jour à l'autre. Allez, pour vous faire plaisir, on l'embarque au poste, mais il faudra que vous veniez demain à la première heure signer votre déposition. »

Dès qu'ils furent partis, j'appelai Jojo, en larmes.

Il ne pouvait pas me quitter, m'abandonnant seule en proie à ce genre de problème qui pourrait recommencer. Et lui absent, que pourrais-je faire ? Il me répondit, rassurant, qu'il ne partirait pas tant que je n'aurais pas quelqu'un de bien. Et puis, Allain allait arriver.

« Oui, mais Allain ne restera que deux ou trois jours !

— Bon, allons dormir. Demain, nous verrons. »

Je ne fermai pas l'œil de la nuit, me demandant comment j'allais me sortir de cet imbroglio. Je ne pouvais pas tout assumer ; c'était bien au-dessus de mes forces. A l'aube, je finis par m'endormir.

A peine réveillée, j'allai au poste de police signer ma déposition de plainte qui fut oubliée dès que j'eus le dos tourné. Du reste, l'abruti en question, libéré aux aurores, était reparti dans son Haut-Var.

Du moins, je l'espérais.

Rentrée à la maison, j'appelai Madeleine et Raymond à la rescousse cependant que les guirlandes de Noël fleurissaient les rues de Saint-Tropez et que les touristes envahissaient à nouveau mon petit village.

Allain arriva le 24 au soir, avec un petit truc noir aux yeux noisette dans ses bras. C'était Domina affolée, Domina ronchonnante, Domina planquée sous le buffet et gare à celui qui y mettait la main ! Mais Domina sauvée !

Ce fut le plus beau cadeau de Noël ! Elle fut la quinzième de mes chiens et chiennes, mais prit rapidement le dessus et ne s'en laissa pas conter ! C'était un style Guapa en noir, avec une médaille blanche sur la poitrine. Du coup, elle devint ma chouchoute !

Merci Allain d'être passé par Marseille pour prendre la petite Domina. Merci aussi d'arriver dans une maison triste, avec une Brigitte triste et d'essayer de remettre un peu de vie dans cet univers où le mot espoir n'existait plus.

Allain partit chez le traiteur et trouva, en route, un sapin invendu, ce soir du 24 décembre 1987. Il revint avec de délicieux petits plats et s'attela à décorer un merveilleux arbre de Noël. Nous invitâmes le pauvre Jojo à cette minuscule soirée où, évidemment, aucun cadeau n'embellissait l'arbre. Un bon coup de champagne et le moral revint au beau fixe.

Les petits eurent des nerfs de bœuf entortillonnés dans du papier d'argent. Il y eut aussi des balles, des os en caoutchouc, des petits hérissons qui faisaient *couic*, des morceaux de jambon et du blanc de poulet. Du coup, Domina sortit de son refuge sous le buffet et vint flairer le festin. Elle avait faim ; je la pris dans mes bras et lui offris le meilleur. Elle avait l'air difficile. C'était normal. Mais je lui parlai à l'oreille, ses yeux d'or me regardèrent avec confiance. Je lui dis que je l'aimais, qu'elle était ici chez elle, que je ferais tout pour son bonheur, qu'aucun malheur ne lui arriverait, qu'elle était désormais ma petite fille aimée et adorée. Un petit coup de sa langue sur mon nez scella notre union. A partir de ce moment-là, Domina évolua à La Madrague sans crainte ni problème.

Jojo raconta à Allain le drame qui m'était arrivé. Bien qu'il ne fût plus responsable de moi, Allain fut atterré. Il y avait de quoi. De plus, Jojo devait impérativement rejoindre les studios de la Victorine, contrat signé, avant le 1ᵉʳ janvier. Je me mis à pleurer de désespoir. Allain faisait une sale gueule car il devait repartir le lendemain par l'avion de 7 heures afin de passer le jour de Noël avec ses parents !

La détresse profonde s'empara subitement de moi.

Je hurlai qu'ils aillent se faire foutre autant l'un que l'autre.

Je me démerderais seule, je ne voulais plus les voir, qu'ils se tirent immédiatement, j'en avais marre des pique-assiettes, j'en avais ma claque de servir de bouche-trou à ces enfoirés de merdouille. Je ne suis pas facile, c'est vrai. J'ai un caractère imprévisible, de cochon, mais j'ai aussi à ma décharge tant de circonstances atténuantes. J'étais au bout du rouleau ; responsable, encore responsable de ceux que j'avais pris sous ma protection. Mais, nom de Dieu, qui était responsable de moi ? Personne, jamais personne, encore personne.

Puis, je pensai à Maryse Lepape et redoublai de pleurs.

D'un autre côté, j'étais responsable de tout ce qu'elle avait envisagé, j'étais la chaîne de la survie, une chaîne comme j'aimerais en avoir une le jour où je disparaîtrai. Alors, même si ce fut très dur, je me repris, je me calmai. J'essayai de dormir. Ce sommeil, cette abolition de tous problèmes était la béatitude de ma vie. Je plongeai, aidée par le *Témesta* à oublier tout pendant que la nuit obscure me le permettait. A la moindre lueur du jour, tout recommençait à m'assaillir. J'avais beau mettre ma tête sous l'oreiller, je voyais malgré moi les premières lueurs du soleil qui envahissaient ma chambre, mon lit, ma vie.

Cette vie qu'il fallait assumer à tout prix.

Ce jour de Noël où Allain s'était éclipsé, où Jojo allait partir, je le vécus comme un cauchemar.

Domina, petite adorable et pleine d'un caractère pas si facile, dormait dans mes bras, me suivait pas à pas et gnaquait le moindre chien ou chienne qui essayait de m'approcher. C'était injuste et je dus y mettre bon ordre. Elle finit par accepter que Douce, Mouche, Mienne ou Vénus dorment sur le lit avec elle ! Ce fut difficile, il y eut des claques sur le cul-cul et des semonces dans les oreilles. Mais son intelligence comprit rapidement qu'elle n'était plus enfant unique et qu'elle devait partager avec les autres tous les avantages qui lui étaient offerts.

J'allai porter, comme tous les ans, des douceurs à mes petits vieux des Platanes et de l'Hospice. Mylène vint me retrouver à La Garrigue où je fis des câlinous à tous mes gros et petits animaux. Vali eut droit à du poulet et des petits sablés. Sa paralysie ne l'empêchait pas de faire son petit tour en se traînant sur les pattes avant. Il avait de bons yeux, une tête de jeune homme, quel dommage qu'il eût ce terrible handicap, car c'était un chien magnifique et adorable. Il avait l'air de s'accommoder de son sort et me vouait une immense reconnaissance.

Dès le lendemain, avec Mylène et Raymond revenu de Bazoches où il avait enfin installé des gardiens à peu près potables, nous nous occupâmes de trouver des remplaçants pour Jojo. Ce fut la course, les annonces, tout le monde s'éparpillait pour aller de droite et de gauche trouver l'oiseau rare. Tout ce temps gâché, cet argent dépensé, cette énergie engagée dans ces courses aux gardiens. J'ai perdu plusieurs années de ma vie en chimères inutiles puisque éternellement recommencées.

Finalement, Jojo, moins difficile que nous autres puisque le premier concerné par un départ obligatoire, m'assura qu'un couple serait mieux et éviterait que le bonhomme vienne me violer en pleine nuit, sinon sa femme risquait de lui filer un coup de rouleau à pâtisserie sur la tête. Après avoir bien ri de cette remarque pertinente, il me dit en avoir trouvé un.

Je les reçus. Ils étaient jeunes, avaient l'air propres, mais lui seul voulait être engagé, elle ne sachant et, surtout, ne voulant rien faire. Et lui que savait-il faire ?

« Eh bien, ma foi, je sais garder une maison !

— A part ça ?

— Eh bien, ma foi, je sais faire la vaisselle et râtisser le jardin !

— Ah bon, vous devez sortir de Polytechnique pour être aussi savant !

— Eh bien, ma foi, c'est quoi Polytechnique ? »

Comme disait mon grand-père le Boum : « Il y a de quoi se la prendre et se la mordre, à condition d'être souple ! »

J'appelai Madeleine à la rescousse.

Elle le mettrait au courant puisque Jojo n'en avait plus le temps. Lorsqu'il partit avec chiennes et bagages (il emportait avec lui Cannelle et Malouk, les deux rescapées thaïlandaises, mais laissa le vieux Gold, trouvé dans le poulailler abandonné de Saint-Tropez !), je pleurai toutes les larmes de mon corps, me sentant une fois de plus livrée à un abandon terrifiant.

Nous étions là, Madeleine, qui avait presque 73 ans, et moi, sur le perron, un mouchoir à la main, des larmes plein les yeux, à regarder par tir notre Jojo, à nous retrouver une fois de plus en butte à un couple d'inconnus à qui il fallait tout expliquer, y compris le nom des chiens, des chiennes, des chats et chattes, les fournisseurs, les emplacements des choses, les dépanneurs, la piscine, le fuel, l'électricité.

Bonne année 1988!

Bonne année Brigitte, à vous, notre reine, notre star unique, notre phare de la protection animale, notre beauté inégalée et inégalable!

Voilà, à peu près, en résumé, le contenu des centaines de cartes de vœux que je reçus ce 1er janvier 1988.

Pendant ce temps, je vidais les poubelles, faisais la bouffe des chiens, des chats, et aussi celle de Madeleine, trop âgée pour s'assumer. Le nouveau gardien ne risquait pas de me violer, il dormait toute la journée et sortait toute la nuit.

Chirac me téléphona avec toute la tendresse qu'il mettait à chaque prise de contact avec moi. Il me conseilla d'aller, comme lui, me mettre les doigts de pieds en éventail à l'Ile Maurice, dans un hôtel exceptionnel. En fin de compte, si j'avais été un personnage politique, j'aurais certainement eu moins de problèmes.

J'organisai, à toute vitesse, la Porte ouverte au refuge de Cabriès. Tout le monde fut sur le pied de guerre. Isabelle, ma secrétaire de la Fondation, prévenait la presse, pendant que Raymond et Mylène rameutaient des bénévoles pour venir sur place nous aider. Il y eut Lesly, le vendeur de poulets de la place des Lices, qui ne vendait plus rien pour cause de faillite, et Marcel, dont je n'ai pas encore parlé, qui fut le chauffeur des Gipsy Kings, me rendit mille fois des services urgents pour les animaux et qui, en rupture de travail, se trouva libre de nous emmener avec ma Range-Rover en nous donnant un coup de main pour les adoptions.

Le tout fut décidé pour le week-end du 17 janvier, soit deux jours pour vider le mouroir : 100 chiens et 30 chats, tous dans des états lamentables.

Je pensais à Maryse Lepape lorsque, levée aux aurores, je partis avec mon commando pour être à 9 heures sur place. Ça n'est pas la porte à côté. Il faisait glacial et je savais que j'aurais à assumer une épreuve terrible. Mais « elle » m'aidait, j'en étais sûre. Nous étions à trois voitures à la queue leu leu.

Arrivés sur place, nous ne pûmes en croire ni nos yeux ni nos oreilles. C'était pire que tout ce que nous avions imaginé. Une détresse sans nom, une insalubrité inadmissible, de la boue, de l'eau partout, un froid humide et des gamelles d'eau gelées, aucune nourriture, des cadavres raidis au fond de certaines cages, des chiens frissonnants en proie à une fièvre élevée, aucun vétérinaire, aucun soin, une misère...

Des gémissements si faibles qu'ils étaient à peine audibles... D'autres usant leurs ultimes forces aboyaient à tout rompre avant de sombrer à leur tour dans une léthargie mortelle.

Toute la presse était là. Les télévisions, les journaux, les radios.

Je leur montrai la honte à l'état pur, puis je me mis à pleurer, c'était trop affreux. Il fallait agir vite, très vite, déjà des gens se présentaient pour me voir et, éventuellement, adopter un animal. J'envoyai Lesly avec une bonne somme d'argent acheter des poulets (il en connaissait un bout sur le sujet), de la viande hachée, des boîtes de *Ronron*, du lait. Marcel partit à la recherche d'un vétérinaire avec des vaccins, des machines à tatouer, des carnets de santé, des antibiotiques, et aussi, hélas ! des euthanasiants pour les insecourables. Le vétérinaire serait payé trois fois son prix normal, mais c'était urgent. Il le fallait immédiatement. Pendant ce temps, avec Isabelle, Raymond et Mylène, nous mettions les squelettes grelottant dans la Range avec le chauffage et de bonnes couvertures.

Nous ne savions plus où donner de la tête et du cœur.

Un vieux chien, « Camionneur », le chéri de Maryse Lepape, était en train de mourir. Pauvre bête ! Je le mis, lui aussi, dans la Range sur le siège avant, en l'entortillant dans mon blouson.

Puis, lorsque le vétérinaire arriva enfin, il passa en revue les 100 chiens et les 30 chats avec l'aide de Raymond et de Mylène. Pendant qu'Isabelle, s'étant installée à une table dans ce qui dut être un bureau, avec un maigre radiateur électrique qui lui permit de ne pas geler sur place, faisait les certificats d'adoption sur du papier à en-tête FONDATION BRIGITTE BARDOT, inscrivant des noms de chiens inventés sur le moment, précisant la race, l'âge approximatif donné par le vétérinaire, les certificats de vaccination et de tatouages tout juste faits, à la va-comme-je-te-pousse, les tatouages ayant été effectués sous anesthésie locale afin de minimiser les risques.

Pendant que certains chiens, à peu près en bonne santé, étaient adoptés, les mourants étaient soignés sur le tas, dans leurs geôles humides. Lesly avait distribué les poulets, la viande, tout fut ingurgité séance tenante. Les chats, pauvres malheureux, grelottaient serrés les uns contre les autres, tous atteints de coryza. Ils dévorèrent eux aussi. Je présentai des chiens à *FR3 Région*, aidée par une journaliste formidable, Maguy Roubeau, qui, elle aussi, hélas ! allait trouver la mort quelque temps plus tard.

Ce jour-là, une cinquantaine de chiens et chats furent adoptés.

Ce fut la mobilisation générale.

Entre autres, une merveilleuse petite chienne aux poils longs, au pelage blond qui fut baptisée « Mélodie » par sa maman d'adoption et dont j'eus des nouvelles régulièrement jusqu'à sa mort, en 1994. Quelques-uns, atteints de leishmaniose, nécessitant des soins particuliers et, donc, difficilement plaçables, furent pris en charge par Lesly qui avait déjà trois Cockers, plus de travail, mais un cœur d'or !

Lorsque la nuit tomba, avec le froid pinçant des nuits de janvier, nous repartîmes. Je laissai Camionneur dans le bureau avec le chauffage électrique, une bonne gamelle, de l'eau et une couverture. Nous reviendrions demain terminer ce travail épuisant et démoralisant. Nous étions sales, nous n'avions rien mangé ni bu de la journée, nous sentions mauvais : le chien mouillé et la crotte, mais qu'importe !

Ce soir, quelques malheureux dormiraient au chaud, dans une famille.

Nous arrivâmes à La Madrague, épuisés après deux heures de route, heureux de nous détendre enfin, et j'offris le champagne à toute mon équipe. Madeleine, qui regardait la télé, un chat sur les genoux, m'annonça qu'elle n'avait rien prévu pour dîner car je n'avais pas donné d'ordre avant de partir ce matin à 7 heures. Les larmes me vinrent. Je l'aurais bouffée, j'ai horreur de la mauvaise foi et encore plus du manque d'initiative pour des choses aussi évidentes.

Qu'importe ! Lesly, qui n'avait pas les deux pieds dans le même sabot, nous mijota une omelette paysanne et une belle salade, avec un bon camembert et un coup de rouge. Cela nous parut un festin. Quant à Madeleine, elle avait déjà dîné (elle ne s'oubliait jamais), mais se remit à table avec nous et ingurgita autant qu'un homme ! Et après, on vient nous dire que les vieilles personnes ont un appétit d'oiseau ! D'autruche, oui !

Je prévins Madeleine qu'elle devait préparer un dîner pour le lendemain soir, devant six témoins. Puis, je demandai à Lesly de prendre son estafette, et à Raymond de trouver d'ici au lendemain matin une camionnette ! Réquisition de toutes les laisses et colliers en notre possession aux uns et aux autres ainsi que des paniers à chats. Demain, le refuge serait vide au moment de notre départ, quitte à emmener les laissés pour compte dans d'autres refuges de France. Là-dessus, un bon bain et dodo, dodo, dodo. Mes petits me reniflaient d'un air écœuré. Je sentais le clochard, mes vêtements étaient imprégnés ainsi que mes cheveux de ces odeurs fortes si particulières aux refuges mal entretenus.

La nuit fut courte et le réveil pénible.

On peut faire une fois un effort surhumain, mais il est difficile de recommencer le lendemain. En plus, je devait me faire un peu mignonne, me maquiller, l'œil assassin et la bouche gourmande.

A 7 heures, la caravane démarrait.

Mon gardien ronflait et ne nous ouvrit même pas le portail. Madeleine s'empiffrait de croissants et de café chaud... Bonjour, le service d'une star internationale !

Il y avait du soleil, heureusement ! Et lorsque nous arrivâmes sur place, à 9 heures, une dizaine de personnes nous attendaient pour que je leur signe des autographes et, à la rigueur, pour voir si parmi tous ces pauvres toutous, il y en avait un à leur convenance. La presse aussi attendait, même des journalistes américains. Je me demandais qui, aux Etats-Unis, viendrait adopter un moribond de Cabriès, mais enfin, là, il fallait battre le fer pendant qu'il était chaud et j'y mis toute mon énergie.

Le premier que j'allai voir fut Camionneur.

Il était au plus mal, ne réagissait plus. Mon Dieu !

Le vétérinaire, lui aussi embrigadé pour la journée, après l'avoir examiné, m'expliqua que ce vieux chien était au bout du rouleau. Il devait avoir 18 ans, avait été la mascotte de Cabriès et s'éteindrait avec le refuge. Il ne souffrait pas, était devenu comme la flamme vacillante d'une bougie arrivée en fin de course. Il fallait le laisser tranquille, au chaud, dans son sommeil qui se transformerait doucement en mort.

Je pleurai mon impuissance.

Puis, j'allai voir et nourrir tous les autres. Nous avions plein de boîtes, de poulets, de viande hachée que Lesly avait récupérés. Raymond nettoyait au Karcher les geôles vides. Nous essayâmes de mettre les chiens dans les cages les plus saines et, au fur et à mesure de leurs adoptions, nous faisions un grand nettoyage laissant les grilles ouvertes. Nous avons délogé des colonies de rats, de cafards, de blattes, d'araignées, de vermine de toute sorte.

Et en avant le grésil et le Karcher !

Nous ne laissions jamais adopter un chien, ni un chat gratuitement. Nous demandions 500 francs à l'époque pour un chien et 200 francs pour un chat, c'est le prix que les achetaient les laboratoires de vivisection, et nous essayions d'endiguer un commerce atroce en faisant payer aux adoptants le prix qu'ils auraient pu aller le revendre aux labos. Il faut penser à tout. Et puis, le refuge avait des dettes partout, on avait coupé l'électricité, le téléphone, il fallait rembourser tout ça.

J'allais sans cesse voir Camionneur, toujours en léthargie.

Puis je découvris, au fin fond d'un trou noir et humide, un magnifique Setter anglais squelettique qui avait l'air de se laisser mourir, au milieu d'un amoncellement d'excréments et de nourriture puante. J'appelai le vétérinaire et, à nous deux, nous sortîmes ce pauvre chien de son univers de détresse. Il avait un air égaré qui me serra le cœur. Après un examen, le véto me dit qu'il était aveugle. Il tremblait de froid et de peur. De son pelage tout mouillé et de ses yeux blancs se dégageaient une telle misère, une telle abnégation que je voulus immédiatement l'adopter. Je le portai dans la Range avec des couvertures, de la pâtée, de l'eau et des câlins pour le rassurer.

Lorsque j'allai voir Camionneur, vers 5 heures du soir, alors que la nuit commençait à tomber, il était mort, toujours dans la même position, sans souffrance. Je restai un moment près de lui, demandant à Maryse Lepape de le prendre au ciel avec elle, ce qu'elle avait déjà fait, j'en étais sûre. Je dis à Raymond de faire un trou sous un arbre afin de l'enterrer là où il avait toujours vécu.

Il restait 30 chiens et 5 chats non adoptés.

Je décidai de prendre les chats à La Garrigue.

Les chiens devraient partir le soir même pour des refuges dignes de ce nom. Le véto leur fit des piqûres de *Calmivet* afin d'éviter des bagarres pendant le transport. Pendant ce temps, j'appelais les refuges de L'Isle-sur-la-Sorgue et d'ailleurs. Nous étions dimanche, tout était fermé. Mais Bon Dieu, qu'allais-je faire ? L'Isle-sur-la-Sorgue finit par répondre. J'expliquais mon drame ; ils étaient prêts à en prendre dix, pas plus, la place leur manquait. Merci, merci, nous arriverons dans la nuit et je vous ferai un don de 5 000 francs. Au Thoronet, Simone Peyre put en prendre cinq, pas plus. Merci Simone, tu auras toi aussi un don de 5 000 francs.

J'eus beau appeler tous ceux que je connaissais dans le coin, peine perdue, il y avait un répondeur. Alors, en désespoir de cause, j'appelai Marie-Jeanne Blanc à Cahors. Ça n'était pas la porte à côté, mais elle pouvait accueillir les quinze laissés pour compte. Je lui fis un chèque de 10 000 francs. Et mon commando – Raymond et Mylène – partit déposer les chiens à Cahors, y compris le pauvre Setter aveugle que le véto me déconseilla de garder. Il devait être le chien d'un seul maître, sinon, au sein de ma meute, il se laisserait mourir et je risquais des problèmes. Lesly et Isabelle devaient déposer les quinze autres dans les deux refuges les plus proches. Nous enterrâmes Camionneur dans sa couverture, avec la pantoufle toute mâchouillée qui était son jouet depuis des années. Je trouvai, par miracle, un vieux rogaton de bougie que j'allumai sur sa tombe, et pris dans mes cheveux les petites fleurs séchées que je piquai sur la terre fraîche.

Adieu Camionneur ! Adieu Cabriès !

Le refuge était vide, j'avais gagné mon pari.

Nous avons fermé la grille avec une grosse chaîne et un cadenas.

Nous avions accroché une immense pancarte : « FERMÉ À JAMAIS POUR CAUSE DE DÉCÈS DUS À L'INSALUBRITÉ. »

Chacun partit de son côté avec son fragile chargement.

Marcel me ramena avec les cinq chats à La Madrague où Madeleine attendait six personnes et nous n'étions que deux. Tant pis ! Mais comme elle bouffait comme quatre, cela fit le compte. Je lâchai les chats qui n'avaient jamais dû vivre libres et qui n'en revenaient pas de ne plus se cogner dans des barreaux. Ils éternuaient mais leur bonheur les époustouflait tellement qu'ils oublièrent leurs gros rhumes. Profitez-en mes petits, je vous aime et vous êtes libres jusqu'à demain puis je vais tous vous faire castrer et stériliser et vacciner et tatouer. Mais c'est pour votre bien, je ne vous ferai jamais de mal.

Le lendemain, les journaux faisaient à la Une le compte rendu du pari intenable que j'avais gagné. Le refuge ignoble était fermé, tous les animaux sauvés, Camionneur enterré avec une photo de sa petite tombe.

Mon commando revint, chacun de son coin de France.

Tout allait pour le mieux pour les chiens ; en revanche, mes troupes étaient épuisées. Et le lendemain, ô horreur ! La municipalité fit rouvrir le refuge, dans l'état de dégueulasserie dans lequel ils le trouvèrent.

Non, ça n'était pas possible.

Je m'étais donc donné tout ce mal pour rien ?

J'appelai immédiatement la direction des services vétérinaires des Bouches-du-Rhône. Qu'est-ce que c'était que ce scandale ? Ils emmerdaient tout le monde pour que les refuges aient les normes réglementaires de tout-à-l'égout en forme d'araignée, pour que les cages soient impeccablement propres, la nourriture cuite dans des « autoclaves » afin d'en éliminer tous les microbes, que les vaccins, les tatouages et autres soins soient donnés et faits régulièrement, que les carnets de santé soient à jour et tenus par des vétérinaires ainsi que par les responsables, et voilà qu'ils autorisaient l'ouverture d'un mouroir dégueulasse que j'avais réussi à fermer en deux jours !

J'étais scandalisée. Ils se foutaient de ma gueule et j'allais les attaquer en justice pour complicité de mauvais traitements à animaux !

Bande de connards !

Tout survenant toujours en même temps, c'est à ce moment-là que je fus avertie du début de ce qui s'appela « *La Dog Connection* ».

Pour une histoire d'excès de vitesse, une 4L fut arrêtée sur la route de Moissac dans le Lot-et-Garonne. Les gendarmes découvrirent douze chiens entassés dans des conditions abominables. Le conducteur, un agent des services techniques de la Faculté de Médecine de Toulouse, ne put fournir aucun document justifiant ce transport.

Le voile commençait à se lever sur un atroce trafic d'animaux de laboratoires qui, hélas ! dura des années et dure encore car, à la tête de toute cette épouvante, se trouvait un Professeur de renommée mondiale, le sieur Montastruc, grand vivisectionneur sur l'autel de la Science qui réussit à fournir les pièces explicatives, dédouanant le contenu de ce transport pour « la Science ».

Pourtant, les factures émanaient d'un mouroir bien connu des gendarmes pour son insalubrité et sa crasse, où des rabatteurs volaient à « tire-larigot » tous les chiens des environs.

A peu près un an plus tard, le 4 décembre 1988, le juge Daux fit procéder à cinq interpellations. Dans le refuge mouroir de Pujols, la D.S.V.

découvrira une fosse contenant les cadavres de 90 chiens. Dix autres personnes seront inculpées de vol, trafic et mauvais traitements.

Du reste, je fus citée comme témoin, et y allai.

Mais nous en reparlerons en temps voulu.

*
* *

Depuis déjà quelque temps, je trouvais que Citronnelle, la petite Fox à poil dur, que m'avait laissée Nicole, donnait des signes de fatigue. Elle, si rigolote, semblait éteinte. Elle dormait beaucoup, boudait sa gamelle et ne me suivait plus lorsque je partais dans ma vieille 4L pour la promenade à La Garrigue. J'appelai mon bon vieux Docteur Vors afin qu'il vienne la consulter.

Le diagnostic fut foudroyant : cancer du foie, irrémédiable !

Je ne voulus pas le croire !

Elle avait 14 ans et, malgré sa santé de fer et son caractère trempé, elle subissait à son tour l'horreur d'une maladie dévastatrice. Je ne la quittais plus, voyant chaque jour son déclin un peu plus prononcé que la veille. Je pensais à Nicole qui me l'avait confiée, avant de mourir elle aussi d'un cancer généralisé. Je priais de toute mon âme pour qu'elle ne souffre pas. Je pleurais toutes les larmes de mon corps et de mon cœur devant mon impuissance dans cet éternel combat contre la mort.

Pluton m'observait et je lui faisais des bras d'honneur.

Puis, le 2 février 1988, je l'entendis pousser un grand cri dans son panier. Il était 8 heures du matin. Le temps que je me penche au-dessus d'elle, elle était morte. Toute chaude, je la pris dans mes bras et la portai sur mon lit. Je lui fis des câlins et des baisers, lui murmurai mon amour à l'oreille et la laissai là, à mes côtés, interdisant à quiconque de la toucher. Le soir, je dormis auprès d'elle. Elle était intacte, nette, propre, et semblait assoupie. Nous passâmes cette dernière nuit côte à côte, entourées par tous les autres chiens, chiennes et chats !

Ce fut le dernier hommage que nous lui avons rendu.

Le lendemain, il me fallut me résoudre à l'enterrer, tout près de moi, sous la fenêtre de ma cuisine, afin que je puisse continuer de lui parler de sa gourmandise lorsque j'ouvrais le bocal à croquettes et qu'elle se précipitait de toute la vitesse de ses petites pattes afin d'avoir, en priorité, les *Frolic* qu'elle adorait. Avec elle, je perdis Nicole pour la deuxième fois et encore une partie de mon cœur.

Cette année 1988 commençait bien mal.

J'en avais assez de voir mourir, souffrir des animaux que j'aimais, d'ouvrir la terre afin d'y enfouir des petits corps qui m'avaient donné tant de chaleur, tant d'amour, tant de confiance. Parfois, il me venait l'envie d'en finir moi aussi. Mais il y avait les autres, tous mes autres petits qui me poussaient à vivre, qui avaient envie de courir, de jouer, de se promener, qui tiraient des langues d'un mètre de long en attendant que je les enfourne dans ma camionnette, pour la promenade si attendue.

Alors ?

Alors, nous faisions des kilomètres à pied à La Garrigue, suivis par les chats qui, parfois, n'en pouvaient plus de cavaler si longtemps. Il fallait que j'en prenne certains dans mes bras pour le retour.

C'est au cours de ces promenades que je découvris des drôles de bestioles, des chenilles qui se suivaient comme un petit train les unes derrière les autres, parfois sur plusieurs mètres de long. Ce ruban mouvant était terrifiant et répugnant. J'appris, par la suite, hélas ! que ces chenilles dites « processionnaires » sont dangereuses, venimeuses et mortelles.

J'allais en avoir la terrible preuve peu de temps plus tard.

La Garrigue, c'est ma maison secrète, si basse et si cachée qu'aucun œil curieux, même en hélicoptère, ne peut la voir. Recouverte d'une intense végétation, à l'abri des grands pins parasols, disparaissant sous les bougainvillées et les jasmins, mon « antre » garde son secret. C'est là que je passe une grande partie de mes journées. J'y suis au calme pour travailler ; l'hiver, un grand feu de bois brûle dans la cheminée copiée sur les anciennes cheminées des fermes de Provence où tout est prévu pour faire la soupe : l'évier de pierre, le coffre à bois, la boîte à sel, la crémaillère et sa marmite, le tout sous la haute hotte ; l'été, protégée par la tonnelle recouverte de glycine, de chèvrefeuille, de bignonias, où la grande table et ses deux bancs de chêne massif invitent à un repas champêtre ou à un travail moins astreignant qu'ailleurs. Du reste, en ce moment, j'écris à cet endroit par une chaleur étouffante, en cet été 1997, et je trouve ici une fraîcheur apaisante et bienfaitrice.

Tout ça pour vous dire à quel point j'aime cette maison et son terrain sauvage dans lequel évoluent en liberté tous mes animaux. J'avais donc, déjà en 1988, ma jument Duchesse, mon petit âne Cornichon, des chèvres coquines et des moutons heureux qui s'ébattaient dans mes quatre hectares de terrain en ce mois de février-là. Sans parler des chiens, des chats, des pigeons, des poules et des canards.

C'était le paradis, enfin cela semblait l'être.

Le soir, je ramenais mes chiens et chiennes à La Madrague pour la soupe. Avant de partir, je donnais des gros baisers sur les chanfreins de Duchesse et Cornichon, avec du sucre et du pain sec. Les chèvres aussi avaient leur maïs et leur tendresse ; quant aux moutons, ils me suivaient presque dans la 4L, reniflant s'il ne me restait pas un petit gâteau ou une carotte !

C'est ainsi que, tout allant bien, je pouvais partir jusqu'au lendemain matin, sans me faire de souci, le gardien me remplaçant et faisant le nécessaire pour les gros travaux.

Le 22 février au matin, je fus réveillée par le téléphone.

Le gardien de La Garrigue m'annonçait, en pleurs, la mort de Cornichon. Pourtant, hier soir, tout allait si bien. Que s'était-il passé ? Quelle horreur ! Oh non, pas mon petit Cornichon ! Le gardien me répondit que, la veille au soir, il avait mangé son foin par terre comme d'habitude, au pied de l'arbre... Mon sang ne fit qu'un tour. Les chenilles ! Le foin par terre... les chenilles !

Le gardien me confirma qu'il l'avait retrouvé ce matin, la bouche ouverte, la langue violette et toute gonflée, qu'il avait dû mourir étouffé par sa langue ! Comme une démente, je hurlai mon désespoir, ma rage, mon impuissance, mon écœurement de cette vie impossible à apprivoiser.

Il est enterré juste devant la porte de ma chambre à La Garrigue.

Il s'avéra qu'il avait dû manger des chenilles mélangées au foin qui lui firent enfler les muqueuses buccales, qu'il dut avoir une mort atroce, seul en pleine nuit !

Depuis, La Garrigue ne fut plus jamais la même pour moi.

Duchesse, mon adorable jument, tournait en rond, hennissait, appelant désespérément son compagnon. Prise d'une crise de nerfs, elle partait au galop, bottant à tout va sur son passage. Elle, si douce, se défoulait de son chagrin comme elle le pouvait.

Pendant ce temps, Raymond, Mylène et moi essayions de détruire les nids de ces « processionnaires », nids blancs comme du coton, accrochés aux branches les plus inaccessibles des pins maritimes. Mylène, comme un singe, montait dans l'arbre, sciait la branche. Raymond la mettait dans une brouette et y mettait le feu avec du pétrole. Nous en avons brûlé plus de cent. Mais il y en avait toujours et encore dans cette garrigue. C'était la lutte du pot de fer contre le pot de terre. Finalement, nous eûmes le dessus – cette année-là –, mais qu'allions-nous faire l'année prochaine ?

Cornichon me manquait. Il était si gentil, si tendre.

Pluton, Pluton, pitié !

Décidément, les choses n'allaient pas assez mal.

Il fallait que s'ajoutât un des plus gros chagrins de ma vie.

Pichnou, ma chienne fidèle et attentionnée, la tantine des bébés de Nini, l'intelligente, la discrète, mourut subitement en deux jours. Elle avait 15 ans ! Je la vis partir, impuissante devant ses vomissements, ses spasmes, ses hoquets. Elle s'était réfugiée sous la table de la cuisine et n'en bougea plus jusqu'à la fin. Je m'installai, moi aussi, sous la table de la cuisine afin d'être près d'elle, de l'aimer et la caresser sans cesse.

Puis, le surlendemain matin, elle rendit l'âme. Dans un ultime spasme, accompagné d'un long gémissement, elle se vida de ce qui lui restait de vie et demeura inerte. Ce fut une déchirure, une douleur que je n'assumais pas.

Nous étions le 24 avril 1988. Je venais de perdre ma compagne, ma petite fille, celle qui depuis quinze ans accompagnait chaque minute de ma vie. Hélas ! je n'étais pas au bout de mes peines et de mes douleurs.

La mort de Pichnou fut une épreuve terrible pour moi, la cicatrice que j'en porte en mon cœur est toujours présente.

*
* *

Ce mois de mai mettait la France en ébullition.

Les élections présidentielles, dont on nous rebattait les oreilles depuis le début de l'année, opposaient au deuxième tour Mitterrand à Chirac. C'est pour lui que mon cœur battait, que mon espoir revivait, n'étant pas de gauche et n'ayant, malgré tous mes efforts, jamais rien obtenu de ce gouvernement socialiste. Je priais Dieu pour que mon ami Chirac sorte vainqueur et puisse, comme il me l'avait promis à maintes reprises, prendre des mesures concrètes et rapides pour l'application des lois existantes et la création de nouvelles dispositions pour une protection efficace des animaux en France.

Au téléphone, un soir, je lui conseillai amicalement, lors de son face à face télévisé contre Mitterrand, de dire un mot très court sur ses projets de protection animale, ce qui lui apporterait les voix de tous les amis des animaux, quantité non négligeable quand les scores sont serrés.

Devant mon poste j'assistais au duel.

Ils étaient aussi brillants l'un que l'autre, jusqu'au moment où Jacques commença à parler du prix des boîtes d'aliments pour animaux et aux problèmes qu'ils posaient aux économiquement faibles. Mais non, pas ça, on s'en fout ! J'étais debout en gesticulant devant l'écran, il n'avait rien compris ! Mitterrand, très à l'aise, se foutait visiblement de cette nouvelle argumentation ridicule dans laquelle Chirac s'embrouillait et s'enfonçait. Il finit par mettre fin à cette polémique de prix de boîtes de conserve en lui envoyant d'un ton péremptoire et sans appel : « Monsieur le Premier ministre, vous n'avez pas le monopole de la gastronomie animalière » (ou quelque chose dans ce goût-là).

J'étais effondrée !

Evidemment, Mitterrand gagna la deuxième manche et fut réélu pour sept ans. Quel dommage ! Il allait falloir attendre encore tout ce temps avant d'espérer obtenir concrètement un appui sérieux pour les animaux.

Et puis, ma Légion d'honneur attendait depuis avril 1985, et Jacques devait me la remettre enfin s'il était élu Président. Or, je le voulais lui, ou rien du tout.

Patrick Sabatier, qui était alors l'animateur-star des variétés à la T.V., voulait absolument, depuis plusieurs mois, faire une émission *Spécial Bardot* pour aider et faire connaître ma Fondation.

Je l'avais eu quelquefois au téléphone. Je n'étais pas très chaude pour me remettre, après quelques années d'abstinence, devant l'œil scrutateur d'une caméra. Mais il ne lâcha pas le morceau. Il appelait quotidiennement à La Madrague ou au petit bureau de la Fondation où ma secrétaire jurait de faire passer le message !

Et finalement, j'avais fini par céder à sa demande.

C'est ainsi que, de 10 heures du matin à 9 heures du soir, il prit possession de mes maisons, de mes chiens, de mes chats, et même de mon lit à La Garrigue (où il se vautra avec une impudeur certaine, devant des millions de téléspectateurs), sans parler de ma petite chapelle, de ma jument, de mon âne, de mes chèvres, mes moutons et... moi-même ! Mais il me fallait jouer le jeu puisque j'avais accepté le principe de l'émission. Je parlais donc de mon amour des animaux, de ma toute petite Fondation, qu'il filma aussi. C'était artisanal, j'étais sincère et nature. Les dernières images furent prises au coucher du soleil, moi sur mon ponton, entourée de mes chiens et chats.

Le cafard commença à me prendre.

Je me demandais ce que je faisais là et pourquoi ?

J'étais sur le chemin d'une certaine sagesse et tendais à devenir de plus en plus indifférente aux biens matériels, contrairement comme toujours aux tendances actuelles. J'ai toujours fait le contraire des autres, ce qui m'a permis de ne jamais faire partie d'aucun troupeau, d'aucun parti. Je suis libre ! Vive la liberté de l'esprit !

Un jour que Madeleine, debout devant la gazinière, se tapait avec délice la pâtée des chiens qui mijotait dans le faitout (il faut dire que c'était du poulet avec des courgettes, des carottes et des pâtes comme tous les dimanches), le téléphone sonna et Madeleine, la bouche pleine, ne put répondre. Je le fis donc.

C'était mon amie Liliane Sujansky, la directrice de la S.P.A. avec qui j'avais sauvé les chiens d'Amiens et fait adopter, un jour de janvier, 500 chiens en une journée.

Elle avait le cœur à l'envers, car elle venait de se faire licencier de la S.P.A. pour d'obscures raisons et voulait savoir si ma Fondation pouvait avoir besoin de ses services et de sa compétence. C'était le ciel qui l'envoyait. J'adorais cette femme, dévouée aux animaux, courageuse, qui n'avait peur de rien ni de personne, allait sur le terrain les sauver sans se soucier du danger ! J'expliquai à Liliane qu'il me fallait remonter la Fondation sur Paris, que j'étais harcelée de problèmes auxquels je ne pouvais faire face seule, qu'elle était la bienvenue, qu'elle serait « la directrice » de ma Fondation mais qu'il fallait trouver des bureaux.

Elle me demanda certains détails techniques et financiers. Je l'informai que, sans mon apport personnel, la Fondation ne disposait que de très peu de liquidité, mais que les trois millions de fonds étaient là et bien là, intouchables, mais efficaces.

Alors, elle se mit en quête d'un bureau pas trop cher dans l'arrondissement de ma résidence, le XVIᵉ. Je remerciais le bon Dieu de me l'avoir envoyée car, malgré les problèmes que nous pûmes avoir par la suite, sans elle je n'aurais jamais pu démarrer ma Fondation sur Paris.

L'été arrivait et il me fallut repenser à déménager pour Bazoches.

C'est à ce moment de grosse chaleur et d'envahissement touristique que Mouche, ma petite Setter diabétique, commença à m'inquiéter sérieusement. Pour comble de malheur mon bon vétérinaire de Sainte-Maxime, le Docteur Vors, qui suivait mes animaux depuis des années, Mouche en particulier, venait de se faire sauter la cervelle avec un fusil de chasse. Ce fut un drame, car il était aimé et apprécié.

Son associé, le Docteur Bonnabeau, horriblement éprouvé par la terrible mort de son ami, ne put garder le cabinet et le céda à un tout jeune vétérinaire, le Docteur Aubertin, qui reprit la balle au bond en débarquant du jour au lendemain. Bien que mis au courant des cas spéciaux il n'avait aucune expérience et eut beaucoup de mal à reprendre des traitements et des diagnostics établis de longue date, mais évolutifs selon chaque animal. De plus, la route est longue entre Saint-Tropez et Sainte-Maxime, surtout l'été.

Les consultations se passaient donc, plus ou moins par téléphone.

Je le suppliai de venir voir Mouche, de lui faire une prise de sang afin de pouvoir doser précisément l'insuline quotidienne. Comme en plus elle n'était pas stérilisée, elle faisait une infection purulente d'une mamelle. J'avais beau la désinfecter et lui mettre une gaze, les mouches se collaient à la plaie, c'était pénible et douloureux pour elle.

Il vint gentiment, fit la connaissance de tous mes animaux et examina Mouche qu'il trouva extrêmement atteinte. La prise de sang faite, il repartit, devant me tenir au courant dès qu'il aurait les résultats.

Quelques heures plus tard il m'appela, affolé, le taux de diabète était dégringolé de manière alarmante, elle était en hypoglycémie, je devais, de toute urgence, lui faire prendre un sucre ou deux. Je raccrochai épouvantée et essayai immédiatement de faire avaler un sucre à Mouche qui le refusait obstinément. Je lui collais de force dans la bouche quand la sonnerie du téléphone retentit à nouveau. C'était le vétérinaire encore plus affolé qui m'annonça catastrophé que le laboratoire s'était trompé d'analyse, que Mouche avait un taux énorme de diabète, qu'il ne fallait absolument pas, sous peine de coma imminent qu'elle prenne le sucre qu'il avait prescrit quelques minutes plus tôt. Je sautai, sans même raccrocher, essayer d'empêcher le pire... J'ouvris la bouche de ma petite chienne et, ô bonheur, le sucre intact était encore sur sa langue.

Mais le docteur ne me prédit rien de bon.

Mouche était usée par le diabète, son organisme réagissait mal à l'insuline. De plus, son système génital perturbé laissait craindre une tumeur de la mamelle.

Je fis venir Madeleine, ne me sentant pas le courage de me retrouver seule dans des conditions pareilles. Surtout qu'en même temps une de mes petites chattes préférées, celle qui dormait sur mon cœur toutes les nuits, ma « Pitzouille », avait elle aussi atteint un irrémédiable taux d'urée malgré tous les soins et les régimes auxquels je la soumettais.

J'appris, beaucoup plus tard, après avoir vu mourir une grande partie de mes chats atteints d'urémie, que les croquettes achetées dans le commerce favorisaient le développement de l'urée. Seules les croquettes de régime vendues chez les vétérinaires sont conseillées.

La chaleur était insoutenable, mais je ne pouvais pas partir pour Bazoches avec Mouche dans cet état, elle n'aurait certainement pas supporté le voyage, et puis, je ne voulais pas laisser Pitzouille.

En attendant, Madeleine me fut une fois encore d'un grand secours. Elle me relayait auprès des deux petites malades qui, sur mon lit, à l'ombre des volets tirés, subissaient l'une et l'autre les affres des maladies inguérissables dans une atmosphère étouffante et humide, ponctuée des cris, des rires, de tous les envahisseurs qui, sur leurs bateaux ancrés à peine à deux mètres de chez moi, hurlaient à qui mieux mieux afin de bien prouver à tous et à toutes que la mer est à tout le monde, et que le silence est un luxe interdit l'été.

Quel spectacle désolant de voir ces deux adorables et si tendres petites bêtes soumises sagement au sort qui les attendait. Confiantes, entourées de tout mon amour, elles se laissaient soigner en me léchant les mains et en ronronnant.

Pendant que Madeleine prenait la relève, j'allais promener les autres qui, pétant de santé, attendaient avec impatience que je les emmène à La Garrigue où ils pourraient courir, gambader, se baigner, si la petite plage sauvage où les rochers n'étaient pas pris d'assaut par toute cette faune à poil qui poussait des hurlements dès que mes chiens pointaient le bout de leurs nez dans ce territoire peuplé de nudistes, d'exhibitionnistes, qui s'envoyaient en l'air en regardant tous ces sexes exposés au soleil. Ceux-là avaient une peur bleue de mes dix chiens qui, en général, leur sautaient dessus en aboyant, ce qui avait pour effet immédiat de couper net leur béatitude, et c'est la queue basse, c'est le cas de le dire, qu'ils s'enfuyaient, les deux mains protégeant leurs bijoux de famille. Ouf !

Ces promenades avec mes chiens me faisaient du bien.

J'oubliais pendant quelque temps l'angoisse de l'épreuve qui m'attendait, ne pensant plus qu'à la joie, au bonheur de voir tous ces animaux heureux, débordant de vie et d'amour. Le soleil brillait et leurs yeux aussi. C'était beau.

Le soir du 1er juillet, un mistral terrifiant de puissance et de chaleur se mit à souffler, emportant avec lui des embruns qui éclaboussèrent de sel tout le jardin. Mouche, sur mon lit, respirait anormalement vite ; de sa plaie de plus en plus rouge et suintante coulait une espèce de liquide rosâtre. C'était comme un cauchemar. J'appelai le Docteur Aubertin, il fallait qu'il vienne vite, vite, tout de suite. Il ne pouvait pas, c'était impossible, mais il serait là demain matin à la première heure.

Il faisait atrocement chaud.

Je décidai de m'allonger dehors avec Mouche à l'abri du vent afin d'essayer de lui faciliter une respiration devenue de plus en plus courte et saccadée. Je m'endormis avec Mouche dans mes bras, étendue par terre sur le matelas de la balancelle. A 2 heures du matin, je me souviens avoir ouvert un œil, Mouche n'était plus près de moi, mais je la vis à quelques mètres qui devait faire pipi. Je me rendormis après l'avoir ramenée dans mes bras.

A 6 heures, réveillée par le jour, je cherchai Mouche introuvable.

La maison dormait encore et c'est seule que je la découvris morte. Elle était encore chaude mais remplie de fourmis. Je hurlai comme un loup. Ma jolie Setter si timide, la fille de Nini, ma fille, mon cœur, mon amour... Ô mon Dieu !

A 8 heures arriva le Docteur Aubertin, le bec enfariné.

Trop tard, Docteur !

J'avais le cœur si serré que je ne pus même pas pleurer. Le chagrin et la douleur se bloquèrent en moi, je perdis momentanément l'usage de la parole. Ne pouvaient sortir de ma bouche que d'étranges onomatopées.

Comme il faisait très chaud, je dus me résoudre à l'enterrer immédiatement, ce qui pour moi équivaut à une deuxième mort. Je décidai de la mettre à La Garrigue, près de Nini, sa maman, et Pichnou, sa tantine. C'est seule, au volant de ma vieille 4L avec Mouche à mes côtés dans son panier, que je fis le trajet déjà fait tant de fois avec elle vivante, impatiente, langue pendante, pressée comme les autres de sauter, courir, farfouiller dans les buissons.

Je croisais des groupes de touristes, avides de rencontres célèbres qui, appareil en bandoulière, me reconnurent et se mirent à hurler en suivant la voiture. Je pleurais enfin, libérant le poids atroce qui m'étouffait. S'ils avaient su, ces imbéciles, que c'était le dernier voyage d'un petit cadavre encore chaud qu'ils poursuivaient ainsi de leurs quolibets et de leurs railleries !

Avec Raymond, nous creusâmes un petit nid dans la terre desséchée et dure comme du béton. J'enveloppai Mouche dans un de mes châles et c'est dans son panier qu'elle repose à jamais. Nous n'avons pas eu le temps de lui faire, comme aux autres, un petit cercueil de bois. Longtemps, longtemps, je restai assise, ma main sur cette terre qui la recouvrait se substituant à mes bras pour l'entourer.

Adieu Mouche ! Je te retrouverai un jour.

Puis j'allumai une bougie sur sa tombe. Je le fais toujours, chaque fois que je confie à la terre un de mes petits à quatre pattes, je mets une bougie, cette petite flamme vacillante me remplace dans les ténèbres de leur première nuit ailleurs.

Je rentrai tard à La Madrague, tout me semblait lugubre.

Même mes autres chiens se taisaient, ils savaient d'instinct qu'il se passait quelque chose de grave. Sur mon lit, Pitzouille n'en menait pas large. Elle avait maigri et ses ronrons étaient faibles. Je connais bien les chats pour avoir partagé la vie et aimé plus d'une centaine d'entre eux. Ils sont extrêmement attachants, tous différents dans leur manière de ressentir les choses et dans leurs personnalités. C'est extrêmement étrange. Pitzouille était une confiante rigolote, petit gabarit malgré ses 2 ans, curieuse et tendre. Elle prenait possession de moi en s'installant délibérément sur ma poitrine dès que j'étais étendue dans mon lit. De là, elle dominait le monde des autres, se balançant lascivement au rythme de ma respiration. Elle avait une petite tête de gavroche, le nez retroussé et les yeux ronds comme des billes. Je l'adorais. Elle était un peu plus légère sur mon cœur chaque soir, ne se nourrissait plus, buvait énormément et poussait de temps en temps des gémissements de souffrance.

Je n'appelai même pas le Docteur Aubertin, à quoi bon !

Je savais l'échéance imminente et sans espoir d'amélioration. Je pensais à Mouche si proche en caressant le petit corps osseux de Pitzouille qui elle aussi allait me quitter.

Une semaine, jour pour jour après Mouche, elle mourut dans mes bras, secouée par les soubresauts d'une douleur infernale qui lui arrachait des cris insupportables à entendre. La mort par crise d'urémie est, paraît-il, une des plus douloureuses. Je souhaitais qu'elle vienne vite, vite la délivrer de l'épouvantable souffrance qui secouait son malheureux petit corps accroché à moi de toutes ses griffes.

Puis, ce fut l'apaisement, la fin.

Je restai des heures liée à elle, assise sur mon lit à la bercer, la regarder, m'en remplir le souvenir. Je creusai encore la terre de La

Madrague, cette fois sous la fenêtre de la cuisine pour y déposer comme une offrande la petite boîte à chaussures qui servirait à Pitzouille pour son éternel sommeil.

Toutes ces épreuves répétées m'avaient anéantie physiquement et moralement. Je haïssais La Madrague, Saint-Tropez, cet été torride, ces gens en vacances qui ne faisaient que rire comme des attardés mentaux, je haïssais Pluton, ce dieu des Enfers qui taraudait ma vie, me mutilait dans ce que j'avais de plus cher au monde.

Je voulais fuir, fuir tout ça, vite partir ailleurs.

Je repris le petit avion avec ma marmaille, en deuil, et malgré les trous d'air, ma peur panique, j'essayai de donner à mes petits une sécurité en les apaisant un peu. J'avais sur les genoux, sur mes pieds, au milieu du petit couloir qui sépare les sièges, des museaux, des yeux, des pattes, tout un agglomérat de corps tremblants, d'yeux affolés, et moi-même qui étais si terrorisée, mais qui, prenant sur moi, essayais de leur parler avec douceur, de les rassurer, de les sécuriser. Pichnou et Mouche me manquaient.

Mon Dieu, comme elles me manquaient !

Il faisait en plus une chaleur accablante !

Dès que l'avion se posa, je me sentis défaillir sans l'air conditionné. Mais il fallait que je lutte contre mes sensations pour mener à bien mon transfert d'animaux. Pourquoi fait-il si chaud en Ile-de-France au mois de juillet ? Je venais chercher une certaine fraîcheur et me retrouvais avec 40° à l'ombre. Alors, pourquoi tout ce déménagement ?

Et puis les gardiens qui n'avaient rien fait !

Yvonne m'aida à sa manière, mais elle m'aida. Je fis venir Mylène pour trouver enfin des gardiens dignes de ce nom.

Devant le défilé d'incapables qui suivit, le désespoir me reprit. J'envisageais sérieusement de vendre ma Bazoches. Je fis venir des agences immobilières qui me firent des propositions variant du simple au double. Le terrain était trop humide ou trop sec, la maison trop vieille, le toit de chaume démodé et à refaire en tuile ! Et puis, l'immobilier ne marchait pas bien... Mais ils étaient fous ces gens-là ! Ils étaient encore pires que les gardiens ces marchands de biens qui décrétaient que ma maison était une vieille bicoque toute de traviole. Et c'est ça qui faisait son charme, sa rareté, bande d'imbéciles qui n'avez qu'un portefeuille à la place du cœur !

Je finis par en avoir tellement par-dessus la tête que Mylène me retrouva, après m'avoir cherchée des heures, enfouie sous une botte de paille de la bergerie, ayant encore avalé la moitié de mon tube de *Témesta*.

Pourquoi cette destruction systématique de moi-même ?

C'est une question qui reste sans réponse, encore aujourd'hui.

Toujours est-il que je fus bien malade, laissant aux autres le soin de se démerder avec tous ces problèmes qui faillirent tant de fois me coûter la vie. Pourtant, je ne suis pas lâche. J'assume jusqu'au bout de mes forces les tâches les plus ingrates, mais quand je n'en peux plus, c'est fini.

Je me souviens avoir vomi une partie de la nuit, seule, mon *Témesta* et ma haine de la vie ! Puis, Yvonne arriva, me prit dans ses bras et je pleurai longuement contre son épaule, je pleurai jusqu'à l'épuisement qui amène le sommeil, tourmenté, certes, mais enfin le sommeil, l'oubli, la petite mort. En fin de compte, j'ai peur de ce sommeil irréversible qu'est la mort, mais quelquefois je le recherche, je le provoque, je veux me fondre en lui, m'échapper à jamais de ces problèmes qui pourrissaient ma vie, partir dans des sphères, des dimensions différentes, aller vers la pureté, l'irréalité, fuir ce monde de détraqués, de fous !

Mais je suis toujours là ! Et le hasard n'existe pas.

Alors, en ce mois d'août 1988, aidée par Yvonne et Mylène, nous finîmes par trouver des gardiens ! Ça n'était pas le Pérou ! Ils étaient italiens et vinrent, je crois, passer des vacances en Ile-de-France, avec toute leur marmaille de 20 ans qui logeait dans une caravane planquée dans le jardin. Ils étaient bruyants, envahissants et peu travailleurs, mais à la guerre comme à la guerre, il fallait faire avec.

Liliane Sujansky vint me voir.

Elle avait trouvé des bureaux ou, plutôt, un bureau dans un vieil immeuble du 4, rue Franklin, au rez-de-chaussée, avec une sorte de vitrine. Le loyer n'était que de 5 500 francs par mois, mais il y avait une reprise de 300 000 francs, et tout à refaire. Les .w.c. étaient dans la cour, et des infiltrations d'humidité avaient salpêtré les murs. Cela dit, il y avait des vieilles poutres comme à Bazoches et l'endroit était bien placé, près du Trocadéro.

Tout le reste était beaucoup plus cher, hors de prix !

Avec Mylène et Yvonne, nous allâmes sur place.

Bonjour les dégâts, c'était atroce !

Qu'est-ce que c'était que cette reprise de 300 000 francs pour une pourriture pareille ? Il y avait la grille, la moquette si dégueulasse qu'on aurait dit un paillasson ou une serpillière sans couleur mais avec odeurs ! Et puis, quoi ? Même pas un placard ? Un gourbi de première ! Je piquai une colère. Je n'étais ni une vache à lait, ni une Américaine à traire ! Qu'ils aillent tous se faire foutre, Liliane y compris ! Je partis en claquant la porte, Yvonne et Mylène sur mes talons.

Elle commençait bien ma Fondation sur Paris.

C'était impossible, jamais je n'y arriverais.

Liliane me proposa d'autres bureaux moins bien placés dont les loyers frisaient les 10 000 francs par mois et les reprises « pas-deporte » les 500 000 francs. Mais qu'est-ce que c'était que cette arnaque ? Je voulais avoir des bureaux pour une Fondation de protection animale, sans but lucratif évidemment, et tout le monde se sucrait sur le dos des animaux ! J'étais écœurée ! Je n'avais pas fini...

En fin de compte, je signai l'affaire de la rue Franklin.

La Fondation n'ayant que les maigres revenus obtenus par la vente de tous mes biens, c'est moi qui payai de ma poche les 300 000 francs de reprise, que je finis par ramener, à force de discussions avec l'agence, à 250 000 francs !

Puis, avec les 50 000 francs restants, je fis tout remettre à neuf. Liliane fut responsable de la bonne marche des travaux que j'avais ordonnés. Des placards, des grilles partout aux portes et aux fenêtres, une peinture propre, une moquette bleue, des bureaux, des sièges, un fax, un téléphone à deux ou trois lignes, des ordinateurs, des minitels et, surtout, des panneaux lumineux au-dessus de la porte : « FONDATION BRIGITTE BARDOT. »

Je n'avais jamais fait ça de ma vie et découvrais un nouvel univers technocratique, bureaucratique, merdocratique qui me faisait chier ! !

Avant de partir de Bazoches, je changeai encore une fois de gardiens. Les Italiens ayant passé leurs vacances « à la fraîche », je dus en dénicher d'autres. Je pris ce que je trouvai, des rastaquouères en qui je n'avais aucune confiance, mais qui m'assurèrent de leur bonne foi.

Ils me volèrent comme dans un bois, faisant croire à des cambriolages... sans effraction ! Mon magnétoscope, ma pendulette qui venait de ma grand-mère, le frigo de la maison de gardiens, ma guitare, mes disques... Je déposai plainte, il y eut une enquête mais, évidemment, on ne retrouva rien chez eux et ma plainte fut classée.

Chose bien plus importante, Yvonne m'emmena comme tous les ans passer mes examens médicaux afin d'avoir l'assurance que le cancer dont j'avais été victime n'avait pas progressé, qu'il n'y avait pas de métastases. C'était chaque fois une épreuve pour moi car je n'étais jamais sûre du résultat. Mais je dois être protégée par mes anges gardiens, ma petite Vierge et par les entités responsables car je m'en sortis une fois de plus !

Merci mon Dieu ! Merci !

Je revenais donc à La Madrague dans le petit avion-taxi qui, parfois, nous secouait comme un panier à salade et qui, d'autres fois, nous emmenait comme sur des roulettes.

Roland Coutas était avec moi. Nous devions, lui et moi, déménager toute la Fondation à Paris. Ce fut difficile. Lesly nous aida énormément. Il mit sa camionnette à notre disposition, pour charger les bureaux, les tables, les tréteaux, les plantes en plastique, les fauteuils de rotin blanc, les minitels, les dossiers et tout le fourbi. Et les voilà partis pendant que Madeleine et moi les regardions tout emballer, avec le cœur sur les lèvres.

Adieu petite Fondation de La Madrague... Bonjour l'Inconnu !

*
* *

Liliane me tenait au courant des travaux.

Tout était prêt pour accueillir le déménagement. Le bureau était clair, repeint, avec moquette bleue, et tout et tout. Elle avait engagé une secrétaire, et ensemble, nous pouvions faire démarrer la Fondation sur Paris. Chacune de nous avait une fonction d'une importance capitale. J'étais la Présidente Fondatrice, Liliane Sujansky la Directrice et Béatrice Derien la Secrétaire. A nous trois, nous devions faire marcher une « Fondation », qui n'était plus une association. C'est quelque temps plus tard que nous eûmes notre premier coup de colère.

Je remontai exprès de Saint-Tropez avec Roland pour aller, le 30 novembre 1988, au zoo de Vendeuil. Plus de 100 animaux, privés de nourriture, dans des conditions d'hébergement horribles, étaient en train de mourir de faim et de froid.

Je vis des loups patiner sur des plaques de glace à la recherche d'un peu de nourriture, ne serait-ce que le pain sec que je leur envoyais puisque je n'avais rien d'autre ; des singes trempés d'humidité, grelottant dans des cages glacées, incapables de faire un geste, avec un regard de détresse qui en disait long sur leur désespérance et leur martyre ; une panthère noire squelettique, seule avec un tronc d'arbre coupé pour toute compagnie dans une minuscule cage de 4 mètres carrés ; des perroquets déplumés, baignant dans leurs excréments.

Une hyène, qui n'était plus que l'ombre d'elle-même, faisait les cent pas, allant, venant, glissant dans une geôle glaciale, vide, rouillée, sans nourriture, abandonnée à elle-même et à sa force de survie. Un ours, pauvre ours, devenu fou, qui dodelinait de la tête de gauche et de droite, sans autre réaction que cet infernal balancement.

Il y avait une centaine d'animaux comme ça. J'étais horrifiée !

C'était la première fois que je me trouvais réellement confrontée à un problème aussi grave auquel j'allais devoir faire face d'urgence. Une quinzaine de journalistes dont deux ou trois T.V. nous suivaient, filmaient, enregistrant mes réactions.

Je rencontrai le Directeur de ce mouroir, un certain Monsieur Lebrun, qui, conscient de la dégradation de son zoo et ne pouvant plus assumer, faute de moyens financiers, était prêt à vendre le tout pour 60 000 francs. Bien sûr, j'allais les racheter, et immédiatement encore !

Mais où allais-je les mettre ? Qu'allais-je en faire ?

C'est là que Liliane intervint.

Elle avait l'expérience, connaissait un endroit en Mayenne où un homme admirable, Christian Huchédé, pouvait héberger en semi-liberté et dans des conditions d'hygiène et de confort plus que formidables, les animaux sauvages que bien des cirques et certains zoos vouaient à une mort certaine lorsque ceux-ci ne pouvaient plus assumer leur rôle ou devenaient trop vieux.

C'est à l'auberge de Vendeuil, sous la tutelle de Maître Berkowicz, syndic du zoo en faillite, que je signai le premier chèque de ma Fondation qui allait me permettre de sauver tous ces animaux. La Fondation prit en charge le transport et, en attendant, c'est nous qui avons laissé les fonds nécessaires pour que de la nourriture fraîche et abondante soit distribuée immédiatement.

Trempée, glacée, épuisée, mais fière de moi, je rentrai rue de la Tour, seule avec un immense chagrin. Cette peine profonde qui, depuis, ne m'a jamais plus quittée, je la porte en moi comme un cancer du cœur devant tant et tant de malheurs subis par les animaux par la faute des hommes.

Avant de retourner à Saint-Tropez où m'attendaient tous mes petits protégés que j'avais tellement hâte et besoin de retrouver, je dînai avec Jean-Louis Remilleux et Roland Coutas. Il fallait impérativement que je revienne devant les caméras T.V. pour une série d'émissions fortes concernant la détresse mondiale des animaux. Ils avaient raison, mais l'épreuve que cela représentait pour moi était si difficile que je mis du temps avant d'accepter.

Leurs arguments étaient sans faille.

Seuls les médias et la télévision pouvaient avoir un impact international sur le dur travail que j'avais à accomplir. La Fondation, de par ma présence à l'écran, serait coproductrice et toucherait une somme de 100 000 francs à chaque émission. Il en était prévu quatre par an, une tous les trimestres. Cela ferait un apport de 400 000 francs annuel pour la Fondation. Mon Dieu, avec ça que de sauvetages, que de petites vies épargnées, que de soucis financiers en moins, moi qui en étais à vendre mes petites boîtes d'argenterie et mes verres en cristal de Bohême pour arrondir notre budget extrêmement restreint !

Moi qui avais quitté le cinéma à l'âge de 39 ans pour échapper à l'image vieillissante d'une femme qui fut belle et devait le rester à tout jamais dans les mémoires, voilà qu'il me fallait à nouveau affronter cet œil impitoyable qu'est une caméra afin d'apporter un maximum d'aide aux animaux. J'avais 54 ans. Depuis quinze ans, je vivais retirée, paysanne, terrienne, avec mes animaux, n'ayant pour tout vêtement que jeans et bottes, ayant oublié ce qu'était le maquillage, me fichant des rides et des cheveux blancs.

Il me faudrait faire un effort surhumain pour me présenter avec un nouveau look devant un public que je devais absolument convaincre. J'avais peur, peur du changement normal que les ans avaient apporté à mon physique. Mais pour les animaux, pour les aider, pour essayer de faire changer les mentalités, je serais allée au bout du monde sur les genoux. Alors ? Alors, c'était oui. Je présenterai les émissions *S.O.S. Animaux* dont la première devrait avoir lieu début 1989 et concernerait le massacre abominable des éléphants pour le trafic de l'ivoire.

Le lendemain de cette soirée historique, je passai à la Fondation annoncer la bonne nouvelle à Liliane et à Béatrice. Une standardiste avait été engagée afin de répondre au téléphone qui n'arrêtait pas de sonner, ce qui était de bon augure pour le devenir de cette toute jeune et toute fraîche institution.

Le retour à La Madrague fut d'autant plus dur que je venais de côtoyer plein de gens, m'investissant dans de réels problèmes, assumant de nouvelles responsabilités et me retrouvant du jour au lendemain plus solitaire que jamais.

La petite Fondation, installée dans la chambre d'amis, était vide, le téléphone muet, la secrétaire absente. Nous étions en hiver, les jours gris se terminaient tôt, le gardien, un type un peu fou nommé Bruno, se baladait encore en minimaillot, ce qui avait le don de m'horripiler. Madeleine, qui avait attendu mon retour, rentra chez elle.

Entourée de mes chiennes, de mes chiens, de mes chattes et chats, j'essayai en parlant seule de donner une espèce de vie à ce désert. La télé, la radio, le feu de bois apportaient un bruit de fond qui brouillait le tintamarre des tempêtes de vent d'Est ou de Mistral.

Je sentais Noël approcher, ce Noël jadis tant aimé et maintenant tant redouté. Je buvais du champagne, trinquant seule à mes amours, à une vie différente. Je ne mangeais presque plus rien – pas envie de cuisiner pour moi toute seule –, un bout de fromage, un fruit et bonsoir.

Je pensais à ce que j'avais été et à ce que j'étais devenue. Quel paradoxe ! Quelles existences différentes, comme une dualité totale entre l'une et l'autre. C'était mon choix ; il me fallait l'assumer, il me faudrait l'assumer jusqu'au bout.

A La Garrigue, je retrouvais la douceur des yeux de Duchesse, ma jument, et de Mimosa, la petite ânesse sauvée d'un manège pour enfants où elle avait attrapé une « fourbure », grave problème provoqué par des charges trop excessives qui enfoncent la corne du sabot dans la chair de la jambe. Mimosa traînera sa fourbure à vie car j'ai refusé son isolement et sa claustration pendant plus de deux mois. Elle se débrouille désormais avec sa jambe qui boite, mais a toujours été libre de ses mouvements ce qui, pour moi et pour elle, me semble infiniment plus important.

Il y avait aussi les chèvres et les brebis.

Beaucoup d'entre elles étaient mortes.

Je ne m'étendrai pas là-dessus car, vivant dans un pays touristique, n'ayant plus aucun vétérinaire rural, mais uniquement des spécialistes (et encore !) de chiens et chats, je les ai vus mourir sans pouvoir rien faire. Les vétos du coin déclaraient forfait, ce genre d'animaux n'entrant pas dans leurs spécialités ! J'avais toujours mon merveilleux « Cadet », bélier meneur des troupeaux de transhumance et miraculeusement échappé à un méchoui de Noël. Je lui avais racheté une compagne, sauvée, elle aussi, d'une mort affreuse à l'une des dernières « fêtes du mouton » ou « Aïd-el-Kébir » contre lesquelles je me bats depuis tant d'années. Petite brebis timide, je l'avais appelée « Toupie » car elle suivait Cadet sans arrêt, se collant à lui de gauche et de droite. Tout ce petit monde m'apaisait, me redonnait envie de vivre pour lutter encore et toujours pour eux.

*
**

Et puis un jour, un de ces jours tristes et gris de fin du monde, arrivèrent Mylène et Bébert, mon petit électricien-poète. Ils me firent la surprise de me chanter à deux voix, avec leurs guitares, des chansons superbes qu'ils avaient composées, écrites depuis des mois.

Je restai ébahie. C'était formidable.

J'en avais les larmes aux yeux. A eux deux, ils avaient un talent magique, un sens du rythme, la beauté des paroles et l'harmonie des sons. Je n'en revenais pas. Eux non plus ! Soudain, je décidai de les aider, de les faire connaître et reconnaître. Ils le méritaient. Moi qui avais déserté depuis des lustres tout ce monde du show-business, je recommençai à appeler au téléphone les Eddy Barclay, Jean-Max Rivière, *Philips*, et Serge Gainsbourg qui, seul, donna plus tard une vraie chance à Mylène.

Je me décarcassais comme *Ducros*.

Ils firent un « enregistrement-essai » de quatre de leurs chansons, ce qui me permit d'envoyer la bande un peu partout avec un petit mot pour les soutenir. La bouteille à la mer voguait sur les flots multiples des maisons de disques, mais elle était partie et nous attendions une réponse, pendant que Mylène et Bébert, ne s'asseyant pas sur leurs lauriers, continuaient de travailler et de composer avec ce talent qui apporte le succès, même aléatoire.

Ils allèrent à Paris passer des auditions.

Rien n'est pire que ce genre de choses.

Vous attendez comme chez le dentiste que les autres aient fini de chanter. A votre tour, on vous appelle. Vous devez, devant trois péquenots, essayer, avec toute votre énergie, de faire passer le message, à froid, sans aucun soutien d'aucune sorte. Quand c'est fini, on appelle le suivant et ainsi de suite. Lorsqu'ils revinrent, la mine défaite, je compris immédiatement qu'ils n'étaient pas assez opportunistes pour décrocher le gros lot. Mylène eut droit à l'attention superficielle du sous-traitant d'une grande firme, son physique ravissant ayant probablement eu plus d'impact sur la libido de ces pervers que le son magique et cristallin de sa voix. Quant à Bébert, bien qu'il ait un style, une personnalité et un registre vocal équivalent ou même supérieur à celui de Johnny Hallyday, ne faisant partie d'aucune mafia, il n'avait aucune chance.

Donc, Mylène décida de faire cavalier seul.

Entre les problèmes animaliers, les difficultés rencontrées par la Fondation (par exemple, nous ne pouvions pas nous porter partie civile, car nous n'étions pas reconnus d'utilité publique, etc.), plus l'envie, la farouche détermination de Mylène d'arriver à chanter, je passais un Noël troublé.

L'arbre scintillait, c'était une offrande de Mylène et Bébert en remerciement de l'aide que je leur avais apportée, mais à part mes animaux, personne, personne n'ouvrit aucun paquet, aucun cadeau, ne partagea aucun repas, même frugal. Je me demande encore comment j'ai pu survivre à tant de solitude.

Il est vrai que le courrier continuant d'arriver à la petite Fondation, je n'étais privée d'aucun détail horrifiant puisque j'étais désormais seule à l'ouvrir avant de l'envoyer à Paris. Et qu'y voyais-je? Des chats disséqués, des singes remplis d'électrodes et de tuyaux branchés sur des chaises électriques, des sangliers victimes des chasseurs, et des renards massacrés de manière horrible; des chevaux découpés dans leur pré par des bouchers clandestins qui ne laissaient que la tête, les jambes et les bas morceaux. Je vis des photos atroces de petites filles en larmes tenant dans leurs bras la tête découpée de leur jument...

J'en passe et des meilleures.

Mais le pire me fut confirmé, que je savais déjà, hélas!... Les tueurs des abattoirs continuaient de profiter sexuellement des petites chèvres et brebis expirant, la gorge tranchée, dans des spasmes abominables, des soubresauts et des contractions qui leur procuraient de forts orgasmes.

Oui, oui, tout cela est vrai et je peux le prouver.

Nous vivons dans un monde pourri. Il faut le savoir.

Or, tout est caché, bien caché. Les animaux subissent les sévices les plus inouïs; ils endurent ce qu'aucun humain ne pourrait supporter. Ils se taisent, acceptent en silence la mort lente, affreuse, terrifiante que nous leur infligeons pour notre bon plaisir.

Alors, arbre de Noël ou pas, je m'en foutais comme de l'an 40, préférant aller voir mes petits vieux à l'Hospice et leur apporter toute ma tendresse. En cette fin d'année 1988, seul comptait pour moi le devenir de mon pouvoir pour une amélioration, une prise de conscience de la souffrance animale.

Après moi, le déluge !

X

Une société ne peut se dire ni civilisée ni socia-
lement évoluée si elle ne respecte pas les animaux,
et si elle ne prend pas leurs souffrances en consi-
dération.

Alfred KASTLER (1902-1984).

Bonne année 1989 !

Yvonne, Jean-Louis et Roland, Liliane Sujansky et Hubert Henrotte me téléphonèrent. J'étais encore seule à La Madrague, mais je ne pus m'empêcher d'embrasser les truffes tièdes de mes amours de chiens et les petits bouts de nez de mes chats.

En ce matin du 1er janvier de cette nouvelle année, tous les espoirs me furent permis. Même si tout allait de travers, même si je me parlais à moi-même, je criai « Bonne Année ! » à tous et à tout le monde. Mon gardien en minislip vint me faire la bise. Il faisait froid, mais sa nature farouchement hostile à tout vêtement lui permettait de ne pas faire de dépenses vestimentaires. N'étant pas snob je finis par m'habituer à le voir circuler à moitié à poil, été comme hiver.

L'histoire de la *Dog-Connection* du Sud-Ouest prenait des propor-tions nationales. A Agen, le juge Daux enquêtait, interrogeait, soup-çonnait les plus grands noms de la médecine des villes environnantes. Des chercheurs furent inculpés, le réseau ébranlé en attendant d'être démantelé. On retrouva des rabatteurs comme le sieur « F. », saloperie d'ordure qui volait tous les chiens des environs, les cachait dans des endroits sinistres avant d'aller les vendre un bon prix aux laboratoires. Tout cela était super organisé et des dizaines de personnes furent impli-quées.

Les gens n'osaient plus sortir leurs chiens, même en laisse, car des types passaient, coupaient la laisse au cutter et embarquaient le chien sous le nez de leur maître. Si un brave toutou avait l'habitude de faire son petit tour seul le soir, on ne le revoyait jamais. Ceux qui, derrière un portail ou une grille, attendaient le retour de leur maître, étaient appâtés par une boulette de viande contenant un somnifère, puis embarqués « ni vu ni connu je t'embrouille ». Dans les voitures, on cassait la vitre pour voler le chien. Devant les magasins, on embarquait à vitesse grand V tous les sages petits attachés à la porte.

Bref, cela devint une épouvante obsessionnelle.

Les plus vicieux allèrent même jusqu'à enfermer dans une camionnette une chienne en chaleur qui, par son odeur, attirait les chiens du coin. Ils n'avaient plus qu'à ouvrir la porte pour que les mâles se retrouvent pris au piège et disparaissent mystérieusement à jamais.

Le sieur F. tenait officiellement un « refuge » qui avait des allures de décharge publique, mais il était en règle vis-à-vis de l'administration. Le fait que, du jour au lendemain, les chiens de la veille soient remplacés par d'autres, alors qu'aucun adoptant n'aurait osé se commettre dans un pareil coupe-gorge, n'inquiétait aucunement les gendarmes, bien incapables de se souvenir de ce genre de détails.

Or, il fallait des preuves pour accuser.

On essaya bien, grâce aux tatouages et avec des mandats de perquisition, d'aller à l'improviste faire des descentes à différentes heures dans ce mouroir répugnant, mais on ne trouva aucun animal tatoué correspondant aux numéros d'immatriculation des chiens volés. En revanche, beaucoup d'animaux avaient les oreilles coupées, encore sanguinolentes. F. disait les avoir trouvés blessés par des barbelés ou esquintés par des bagarres. En réalité, il coupait purement et simplement les oreilles tatouées, supprimant ainsi toute preuve d'une appartenance quelconque.

Scandalisé par la lenteur de l'administration judiciaire, ému par la désespérance des maîtres, bouleversé par les chagrins profonds qu'occasionnait à la population la perte tragique de ses chiens, un commando décida d'aller récupérer une partie des animaux volés ; enfin, ceux qui n'avaient pas encore été revendus aux laboratoires.

C'est ainsi qu'une centaine de chiens furent sauvés d'une mort atroce.

J'ai une admiration sans bornes pour ces hommes et ces femmes qui, bafouant les lois et prenant des risques énormes, arrivent, grâce à leur courage et leur détermination, à sauver, dans des conditions extrêmement délicates, les animaux de laboratoire ou les prisonniers des geôles super-cadenassées, comme chez F., pour les soustraire à la mort.

Il faut être extrêmement prudent, vigilant, équipé, avoir un énorme sang-froid, une grande rapidité et précision du geste, rester silencieux, ne pas affoler les animaux malgré les cagoules qui cachent les visages. Il faut savoir faire les piqûres qui endormiront provisoirement l'animal, et surtout éviter absolument qu'ils aboient ou qu'ils grognent afin de ne pas attirer l'attention. Souvent, un vétérinaire est indispensable à ce genre de sauvetage.

Les 100 chiens furent éparpillés dans quelques refuges dignes de ce nom, un peu partout afin de brouiller les pistes. Ce fut aussi très courageux de la part des responsables de ces refuges d'accueillir ainsi des chiens récupérés illégalement.

Mais voilà que F., fou de rage, alla porter plainte pour vol à la gendarmerie. Ça, c'était la meilleure ! Lui, soupçonné de trafic de chiens pour les laboratoires, allait attaquer par voie de justice ceux qui, en fin de compte, n'avaient fait que lui rendre la monnaie de sa pièce. Il décida de visiter tous les refuges de France, aidé par les gendarmes munis de commissions rogatoires. S'il retrouvait ses chiens, ce serait l'horreur. Il fallut les mettre en lieu sûr, chez des personnes qui les hébergeraient provisoirement.

Un des refuges où il y en avait le plus était aux environs de Paris. Impossible de camoufler cinquante chiens du jour au lendemain. Toutes les associations de protection animale s'unirent pour faire front. J'en faisais évidemment partie. Il fut décidé que le jour où F. débarquerait au refuge avec ses gendarmes, il se trouverait face à une centaine de protecteurs plus notre police d'Etat. Nous apprîmes, heureusement tout se sait, que ce serait le matin du 16 janvier, dès 6 heures.

Je remontai en vitesse, et avec Liliane et Roland Coutas, nous fûmes sur place à l'heure dite.

Il faisait nuit, un froid de loup. C'était lugubre. Je fis connaissance de tous ces gens admirables qui se dévouent pour aider les animaux à survivre, de la plus petite association à la grande S.P.A., ils étaient tous là. La petite pièce dans laquelle nous étions entassés n'était certainement pas faite pour accueillir autant de monde. A part le bureau et trois chaises sur lesquels nous nous asseyions à tour de rôle, il n'y avait qu'un minuscule radiateur électrique.

Et la longue attente commença.

J'entendais les hurlements des chiens dérangés par tout ce va-et-vient. Les policiers guettaient dans leurs voitures, bloquant le portail fermé d'une grosse chaîne et d'un cadenas. C'était la guerre. Les heures s'égrenaient au rythme des minutes qui n'en finissaient pas de couler. J'aurais tout donné pour une tasse de thé bien fort, bien chaud. Cela sentait cette odeur mélangée, un peu âcre, de chien mal entretenu, de paille humide, de reste de nourriture et d'excréments, si particulière aux refuges et aux chenils. Le jour se leva. Toujours pas de F. en vue. Pour passer le temps, quelqu'un eut la bonne idée d'aller chercher un des rescapés.

Je vis arriver un Setter anglais, comme les miens.

Pauvre merveilleux chien !

Affolé par tant de monde, il vint se réfugier sous ma chaise. Mais comment F., ce monstre, pouvait-il envisager d'envoyer de tels amours à la vivisection, à la mutilation, à la souffrance infinie, à la mort lente ! Le chien gémissait doucement pendant que je le caressais, puis il me lécha les mains. Je craquai et décidai de l'adopter. Qu'importait la suite, même si F. me poursuivait, reconnaissant un jour le chien sur une photo. Je nierai, je ferai n'importe quoi, mais ne le laisserai jamais me le reprendre. L'ennui est qu'il était tatoué sur le ventre comme tous les chiens destinés aux labos. Le tatouage était énorme et ne pouvait certes pas passer inaperçu.

C'est ainsi que « Kiwi » est entré dans ma vie. Hélas, malgré sa jeunesse – il avait à peine un an – il mourut cinq mois plus tard, écrasé par une voiture à Bazoches. En attendant, je n'avais d'yeux que pour lui et lui pour moi. Ce fut un coup de foudre merveilleux.

F. ne pointa pas le bout de son nez. Il dut apprendre qu'un comité d'accueil, et pas des moindres, l'attendait de pied ferme. D'autres chiens sauvés du désastre furent adoptés ce matin-là. J'avais montré l'exemple et une dizaine de personnes s'en allèrent avec un petit compagnon. Je changeai mon billet d'avion pour un wagon-lit afin de ramener Kiwi avec moi, à La Madrague.

L'histoire de la *Dog-Connection* continuait.

F. fut inculpé ainsi que le Professeur Montastruc.

Une année plus tard, je fus appelée à témoigner.

Kiwi s'adapta très bien à sa nouvelle vie. Seul Gringo, le grincheux, lui cherchait des noises, ce qui soulagea momentanément le pauvre Toutou des attaques permanentes dont il était victime.

Cette année 1989 allait être une renaissance pour moi.

Les émissions *S.O.S. Animaux* se précisaient.

Je dus remonter à Paris pour rencontrer Patrick Le Lay, P.-D.G. de *TF1*, afin de mettre au point avec lui et mon équipe les derniers détails et signer mon contrat. J'en profitai pour m'assurer que la Fondation marchait bien. Je passai une journée à signer les chèques, les comptes rendus, les lettres, les bulletins, les cartes de ceci, les papiers de cela, à résoudre des cas d'animaux malheureux, à lire des courriers pénibles. En face, une petite boutique vendait des tailleurs. Je fis un saut, m'achetai pour la première fois depuis tant d'années un très joli ensemble un peu sexy mais très B.C.B.G. que je mettrais pour les futures émissions.

Jean-Louis et Roland me firent la surprise d'un déjeuner imprévu avec le Commandant Cousteau. J'étais heureuse de rencontrer cet homme pour lequel j'avais une immense admiration. Mais les premières minutes furent pénibles. Le Commandant ne plaisantait guère avec ses principes. Il me reprocha de fumer, me disant que chaque cigarette polluait l'atmosphère, se moqua de moi lorsque je lui expliquai que j'étais végétarienne et me regarda d'un air goguenard quand il apprit que je débutais avec ma vraie Fondation pour la protection animale.

J'en aurais pleuré.

Qu'importe ! Lui aussi avait débuté un jour avant de s'élever à la tête de son empire. Je suivrai donc son exemple et serais moi aussi reine de cette entreprise colossale qui était le but de ma vie. Ma détermination, mon sérieux durent le convaincre car, à la fin du repas, il me prit par la taille, m'entraîna en courant de l'autre côté du faubourg Saint-Honoré, dans une petite impasse où se trouvait le siège de son équipe. Là, émerveillée, je découvris une ruche pleine de gens visionnant des vidéos, une enfilade de bureaux pleins de secrétaires tapant sur ordinateurs, des téléphones partout, des écrans de contrôle, un fourmillement de travail.

J'en avais le tournis.

Subitement, je pris conscience du monde qui séparait mon petit bureau de la rue Franklin de cette usine parfaitement réglée. Jean-Louis Remilleux dut sentir mon découragement car il me dit à l'oreille :

— Tu vois, Bri-Bri, un jour ta Fondation sera comme ça !

Il avait raison car aujourd'hui ma Fondation est devenue aussi importante, aussi méticuleusement organisée que celle de l'équipe Cousteau, et, en plus, reconnue d'utilité publique. Mais ça, je ne le savais pas encore. Pas plus, du reste, que la somme de travail, les problèmes de toutes sortes, les responsabilités et les sacrifices énormes que j'allais devoir assumer.

* * *

A La Madrague, les jours de l'hiver s'étiraient lentement.

Mylène ne me quittait plus. Elle avait composé de nouvelles et jolies chansons et passait ses journées à me les chanter, s'accompagnant à la guitare. J'appris par hasard que Picolette, mon amie de toujours, ma grosse dondon qui tenait le restaurant « La Bonne Fontaine » à Gassin, du temps de mes amours avec Gunter Sachs, et que je ne voyais plus depuis des lustres, se mourait d'un cancer généralisé.

J'allai immédiatement la voir.

Je fus affolée par la détérioration physique de cette femme qui, dans mon souvenir, était pleine de vie, de santé, d'humour. Cette force de la nature vaincue par la maladie n'était plus que l'ombre d'elle-même, au fond d'un lit qui semblait l'ensevelir.

A son chevet, sa mère, âgée et presque impotente, ne pouvait visiblement plus assumer la garde d'une malade aussi gravement atteinte. Bouleversée, j'essayais de plaisanter, mais le cœur n'y était pas, et ses yeux, profondément enfoncés dans leurs orbites, me regardaient sans me voir.

Ne pouvant absolument pas laisser ces deux femmes seules et ne pouvant pas non plus m'investir jour et nuit à les soigner, je parlai d'un éventuel transport à la clinique. Après bien des palabres, je finis par obtenir gain de cause. J'accompagnai Picolette dans l'ambulance après avoir fait quelques courses alimentaires pour sa maman. Le médecin auquel je la confiai ne me laissa que peu d'espoir sur l'issue de cette hospitalisation.

A partir de ce moment, je partageai mes jours, accompagnée de Mylène, entre la clinique et le petit appartement de Cogolin où m'attendait sa maman pour avoir des nouvelles. Marco, le frère de Picolette, était descendu de Paris. Il prit la relève auprès de sa mère et me fut d'un grand secours devant l'immense détresse qui m'envahissait lorsque je constatais chaque jour la détérioration galopante de mon amie.

Puis, elle tomba dans le coma et je cessai mes visites.

Je pensais à ce qu'elle avait été, un phare de Saint-Tropez, présente à toutes les fêtes, personnage truculent que les gens s'arrachaient. Elle était à la mode, connaissait tout le monde, recevait et était reçue par toute cette « Jet Society » qui ne jurait que par elle. Et puis, au seuil de la mort, qui était auprès d'elle ? Personne, outre son frère et moi.

J'étais écœurée par l'ingratitude humaine.

Un jour gris de la fin du mois de mars, je reçus un coup de téléphone du médecin de la clinique. Picolette venait de s'éteindre sans avoir repris conscience. Je la vis une dernière fois sur un chariot dans un couloir, en attente d'être incinérée, c'était sa volonté. Deux mois plus tard, sa maman mourait à son tour malgré toute la tendresse et l'attention quotidienne que j'essayais de lui apporter. Elle voulut rejoindre sa fille dans l'air du temps et se fit, elle aussi, incinérer.

Ainsi se tournait une autre page importante de ma jeunesse et de ma vie.

J'ai remarqué que les choses tristes arrivent souvent en série, contrairement aux bonnes qui nous sont données au compte-gouttes.

Quelques jours après la mort de Pico, alors que j'essayais à La Garrigue de me changer les idées auprès de mes animaux, écoutant la jolie voix de Mylène au coin d'un bon feu de bois, je m'aperçus qu'Amélie, ma petite Boxer, avait un comportement inhabituel. Elle, si douce, si sociable, toujours frétillante de son petit moignon de queue, avide de ma présence, de mes caresses, s'était cachée dans la colline sous un épais taillis de ronces. Nous mîmes du temps à la retrouver, à la lueur d'une torche électrique car la nuit tombait tôt en cette fin mars. Elle semblait absente, ne répondant pas à mes appels, refusant sa pâtée. Avec Mylène, je l'emmenai à Sainte-Maxime chez le Docteur Aubertin qui préféra la garder en observation.

Le lendemain matin, j'appris qu'elle avait une terrifiante crise d'urémie, que son organisme déjà très éprouvé par l'expérimentation qu'elle avait subie ne réagissait à aucun traitement et que je devais m'attendre au pire dans les heures à venir.

J'allai immédiatement la chercher, me maudissant de l'avoir laissée passer peut-être sa dernière nuit loin de moi, dans cet environnement médical qui avait dû la terroriser et lui rappeler de sinistres souvenirs. Malgré sa faiblesse, elle tire-bouchonna son petit derrière et fixa sur moi ses grands yeux sombres si émouvants. Je la pris dans mes bras, la ramenai à la maison et ne la quittai pas de la nuit. Mylène ne voulut pas me laisser seule. Heureusement car vers 3 heures du matin, Amélie fut secouée par des spasmes violents et se mit à geindre à fendre l'âme. Il fallut lui faire une piqûre de *Valium 10* qui la plongea dans un profond sommeil dont elle ne sortit jamais.

Nous étions le 31 mars.

Hébétée, je regardais ce petit corps mutilé, sans vie, ce petit corps déjà une fois arraché à la mort, que cette nuit je n'avais pas vaincue.

Elle avait été la plus forte.

La mort m'accompagnait, ne me lâchait pas.

Elle envahissait ma vie, mon âme, mon cœur, fauchant tous ceux que j'aimais, déchirant ma chair à travers celle de ses victimes, me laissant sans réaction, naufragée de douleur, survivante solitaire et glacée des mille et une tempêtes qui s'acharnaient à tout détruire autour de moi. Il fallait réagir, ne pas m'enfoncer dans le négatif comme j'avais trop tendance à le faire. Maintenant, j'étais responsable d'une Fondation, donc de la vie de milliers, de millions d'animaux.

J'appris que le buste de Marianne à mon effigie avait 20 ans.

Depuis que le maire de Thirons-Gardais (Eure-et-Loir) l'avait acheté en premier, suivi de près par Valéry Giscard d'Estaing pour la mairie de Chamalières, plus de 8 000 Marianne à mon image avaient envahi les mairies de France. Cela me fit sourire, et je profitai de ce sourire pour annoncer à la presse mon retour devant les caméras T.V. pour présenter mes *S.O.S. Animaux* chaque trimestre.

Je m'étais trouvé une nouvelle coiffure, style petit chignon mou avec plein de petites mèches et des fleurs séchées. Mon nouveau look était mignon, pas trop sévère, mais très différent de l'ébouriffage qui avait participé à la gloire de ma jeunesse. J'ai toujours su me coiffer seule ayant une sainte horreur qu'on tripote mes longs cheveux. Pareil pour le maquillage.

Chez *Sonia Rykiel*, je trouvai trois ensembles de velours éponge de couleurs différentes dans lesquels je me sentais bien. Avec le petit tailleur acheté en face de ma Fondation, j'avais de quoi assumer, d'une manière élégante, mes quatre premières émissions.

Plusieurs magazines importants me firent l'honneur de leurs couvertures. Les photos furent prises par un des meilleurs photographes de l'agence Sygma, le P.-D.G., Hubert Henrotte, assura la diffusion mondiale.

J'étais à la fois terrifiée et fière de cette nouvelle vie à laquelle je m'ouvrais. Cela m'obligea à me reprendre en main, à revoir du monde, ce monde que j'avais fui depuis quinze ans. Il me fallut le courage d'affronter de nouveau la foule et les critiques qui ne manquèrent pas de faire des comparaisons déplaisantes concernant ma nouvelle image.

C'est toujours le premier pas qui coûte.

Après, on prend l'habitude et on donne aux autres l'impression qu'ils vous ont finalement toujours connue comme ça. Aujourd'hui, j'ai remarqué que de loin et de dos, les gens me reconnaissent grâce aux petites fleurs éparpillées dans mon chignon. Ils ont oublié la star aux longs cheveux blonds et se sont rapprochés de la femme plus classique que je suis devenue.

Les allées et venues Saint-Tropez-Paris et retour se firent de plus en plus fréquentes. Moi qui détestais l'avion, je fus obligée de prendre un abonnement. Madeleine vint s'installer à La Madrague pour garder les petits et les petites. Mon gardien, toujours aussi naturiste, fut obligé de mettre un pantalon, Madeleine refusant d'avoir à contempler le cul nu de ce minus.

En général, je prenais l'avion à la dernière minute pour rester le plus longtemps possible près de mes chiens. J'arrivais alors tout de go sur le plateau de l'émission, sous les spots, harcelée par tout le monde, ayant à apprendre mon texte à toute vitesse. Mes yeux ne me permettant pas de lire un prompteur et ne voulant pas mettre mes lunettes, je devais compenser par une mémoire d'éléphant.

A propos d'éléphants, c'est à eux que fut dédiée cette première émission, et c'est juste avant de me mettre devant la caméra qu'on me fit visionner le reportage. C'était atroce ! Je voyais le carnage, le massacre de ces merveilleux et si pacifiques animaux. Je pleurais, mes yeux brûlaient. J'aurais voulu tuer de mes mains tous ces braconniers, ces types dégueulasses qui assassinaient les femelles et, encore agonisantes, leur arrachaient les défenses, laissant des petits orphelins condamnés à mort parce que trop jeunes pour s'assumer.

Au comble de l'émotion, révoltée, j'essayais de faire passer mes sentiments au travers des mots. Je suppliais, je priais le public de m'aider afin que cesse cet infâme trafic d'ivoire. Puis, je mettais le gouvernement devant ses responsabilités. J'attaquais les ministres concernés sur leur indifférence, leur inertie, leur inutilité.

La première prise de vue était la bonne.

J'étais incapable de recommencer deux fois de suite une telle supplique. Qu'importe si un projecteur avait bougé ou si j'avais accroché sur un mot. Seule ma sincérité était primordiale. Or, la sincérité n'est pas répétitive, elle est spontanée ou elle n'est pas.

C'est dans un bureau de l'agence Sygma, transformé en studio T.V. de fortune, que les premières émissions furent enregistrées. Tout ça était très artisanal encore et il fallait attendre tard le soir que les employés soient partis afin d'avoir le silence nécessaire. Lorsque j'avais fini mon travail devant la caméra, il me fallait faire les commentaires en « voix off » de tout le documentaire présenté. Je terminais tard dans la nuit, très éprouvée par ce que j'avais vu. C'est alors que Jean-Louis m'offrait enfin le verre de champagne si attendu et si mérité.

Après, nous allions dîner, Dédette, ma maquilleuse de toujours, qui surveillait attentivement les imperfections que mon maquillage ou certaines expressions pouvaient apporter à mon visage, Hubert Henrotte, coproducteur avec Jean-Louis et Roland Coutas, et moi. En général, nous échouions dans une brasserie.

Lorsque je rentrais, épuisée, rue de la Tour, je retrouvais la solitude et ne pouvais dormir tant les images dont j'étais imprégnée tournaient dans ma tête, tourbillon de douleur, de cruauté, manège insensé de massacres gratuits, apothéose de la barbarie humaine. J'aurais tant voulu serrer mes chiens ou mes chats dans mes bras, sentir leur chaleur, leur amour, leur présence si réconfortante. Je me rabattais alors sur mon vieil ours en peluche rescapé de mon enfance, râpé, mité, tout dégonflé, sans yeux, mais si doux, si plein de souvenirs et d'odeurs familières.

Le 20 avril, lendemain de mon premier pas télévisuel, j'avais rendez-vous au Sénat pour rencontrer Charles Pasqua, au sujet de la reconnaissance d'utilité publique de ma Fondation, et écouter l'amendement qu'allait présenter Maurice Arreckx, sénateur du Var et maire de Toulon, au sujet d'un projet de loi sur la protection des animaux. Il s'agissait d'assouplir les délais de mise en fourrière des chiens trouvés ou perdus, d'interdire les loteries d'animaux vivants et de rendre obligatoires les tatouages des chiens et chats.

C'était la première fois de ma vie que je mettais les pieds dans ce lieu sacro-saint et absolument magnifique. Je fus émerveillée par la beauté, la richesse, la somptuosité et la magnificence de l'endroit. Je croisai et on me présenta tout le gratin de ce que la politique du moment avait de plus représentatif. J'eus même droit à la visite de la salle où trônait le fauteuil de Napoléon Ier. Puis, je pénétrai dans l'hémicycle dont les dorures, boiseries et bas-reliefs baignaient d'une lumière céleste tout droit venue de l'imposante verrière voûtée qui, tel un coquillage, recouvrait ce haut lieu où tant de complots, de stratégies politiques méprisables et de mystifications du pouvoir avaient dû sourdre et se dissoudre.

Pasqua m'annonça que la reconnaissance d'utilité publique nécessitait un apport matériel considérable : environ 10 millions de francs.

Je restai pétrifiée.

Les gradins recouverts de peluche rouge sur lesquels j'avais pris place étaient d'un inconfort inhumain. Les jambes recroquevillées sous le menton, je sentais la partie la plus célèbre de mon individu crier grâce contre le rembourrage en noyaux de dattes ! Je dus néanmoins me farcir les discours sans aucun intérêt de deux ou trois orateurs de fête foraine qui parlaient de « tout-à-l'égout » ou de la mise en circulation officielle d'une nouvelle carte à tarif réduit, ce dont je me fichais comme d'une guigne, avant que n'intervienne Maurice Arreckx.

Je pensais à ce que m'avait dit Pasqua.

Où allais-je dénicher une somme pareille ? C'était hallucinant !

Je m'endormais à moitié, bâillant à m'en décrocher la mâchoire, prise de crampes dans les jambes. J'écoutais d'une oreille distraite tous les boniments qu'il débitait enveloppés dans de grandes phrases alors qu'il eût été si simple d'aller droit au but en appelant un chat un chat. Tout ça ne me convainquit pas, les autres non plus, du reste, qui, n'écoutant même pas, se parlaient à voix basse, se refilant des papiers. On se serait cru dans une école pour enfants de 10 à 14 ans !

A la Fondation, désormais, plusieurs bénévoles venaient nous aider, et les bureaux de fortune, installés çà et là, encombraient l'espace devenu exigu. Des minitels, des ordinateurs, tout un nouveau matériel, aussi indispensable que sophistiqué, donnaient une nouvelle dimension au côté artisanal des débuts de ma Fondation. Je fus un peu éblouie par toutes ces nouvelles structures mais dus me rendre à l'évidence. Nous devions impérativement nous agrandir.

Une chance folle s'offrit à nous. Les bureaux du rez-de-chaussée étaient à louer. Cela nous permettrait d'avoir de plain-pied toute la surface de l'immeuble et nous offrirait des conditions de travail plus adaptées et plus confortables.

Parmi toutes ces nouvelles aides, je découvris un jeune homme spécialiste de l'électronique qui jonglait avec son ordinateur, ce qui m'époustoufla car je n'y comprenais que dalle ! Il s'appelait Frank. Il s'appelle toujours Frank et est devenu, au fil des années, un des piliers de ma Fondation, mon secrétaire privé et un de mes amis les plus fidèles. Il a traversé les moments difficiles, toujours présent, calme, optimiste et rassurant. Je le considère comme un fils.

C'est du reste lui qui me prévint que Jacques Chirac m'avait octroyé un rendez-vous à l'Hôtel de Ville pour le lendemain, 21 avril, afin de tenter de trouver une solution au problème des abandons de chiens qui se multipliaient. Il proposa de m'accompagner.

C'est ainsi que Frank est entré dans ma vie pour le meilleur et pour le pire.

Je revis donc Jacques Chirac qui, à l'époque où il était Maire de Paris, m'apporta une aide précieuse dans mon combat, en organisant chaque année pour la Saint-François d'Assise une fête des animaux proposés à l'adoption, sous un chapiteau à l'Hippodrome de Vincennes, sponsorisée par la Mairie de Paris et co-organisée par ma Fondation. Quel dommage qu'il ne soit pas resté le Maire de Paris... car, depuis qu'il a été élu Président de la République, je n'ai plus reçu aucun réconfort de sa part.

Rentrée à Saint-Tropez, je profitais de ma lancée pour accepter un rendez-vous important à la Mairie de Toulon. Maurice Arreckx voulait créer une association de protection des animaux, l'O.T.P.A., et m'en donner la présidence d'honneur. Le projet magnifique fut voté autour d'un tapis vert par le conseil municipal. La Mairie apporterait une subvention importante pour la création d'un refuge moderne et modèle qui remplacerait les abominables mouroirs du Var. On confia la responsabilité de ce projet à Monsieur Casile qui devait me soumettre toutes les suggestions afin que je donne mon avis favorable ou défavorable.

C'était faramineux !

J'étais enchantée. Enfin, on allait pouvoir mettre les chiens et les chats abandonnés dans un endroit salubre, propre, clair, avec des aires de délassement, des pelouses, une infirmerie, des employés capables et une direction sérieuse et compétente.

En attendant, je fis venir ma directrice, Liliane Sujansky, et, avec elle, nous allâmes secourir quelques refuges en grande difficulté. Celui de Toulon, le refuge de Lagoubran, situé entre le cimetière et la décharge, était infesté de rats. Les gardiens, incapables et je-m'en-foutistes, laissaient les chiens s'entre-dévorer, sans nourriture ni soin.

Le jour où nous y sommes allés, un jeune corniaud, à peine arrivé et terrorisé, fut attaqué dans la cage par une horde de Bergers allemands. La pauvre bête, affolée, tenta de fuir à travers le grillage, s'emmêla les pattes, se prit le cou dans les barbelés et fut déchiquetée vivante par ses agresseurs affamés. Tout ça dans un univers concentrationnaire, répugnant, lugubre, glacial.

Je n'en pouvais plus de voir tous ces regards implorants, d'entendre tous ces gémissements, ces plaintes, ces aboiements, ces suppliques. Nous distribuâmes tous nos sacs de croquettes, toutes nos boîtes de *Whiskas*, ce qui les calma un peu. Mais combien de trop timides restèrent à jeun, n'osant affronter les « dominants » ?

Ensuite, nous allâmes visiter la chatterie...

Mon Dieu, quelle angoisse !

Tous ces laissés-pour-compte, ces petits recroquevillés dans les coins les plus obscurs, toussant, crachant, infestés par le coryza, mourant de froid sur cette dalle de béton humide, pleine d'excréments et de vomi. Là aussi, nous avons donné pâtée, *Ronron* et croquettes, mais les chats sont plus subtils, moins gourmands, plus difficiles et méfiants que les chiens. La fête ne fut pas immédiate. Outre que leur coryza leur enlevait l'odorat, leur dignité leur dictait une manière plus délicate de s'approcher de leurs gamelles pleines.

Quand je pense à la honte du gâchis de nourriture qu'il y a partout, à commencer par les grandes surfaces où on passe au broyeur ou à la Javel tous les produits alimentaires ayant dépassé la date de consommation, alors que des milliers de chiens et de chats crèvent de faim, ça me confirme dans l'idée qu'il y a quelque chose de pourri dans notre système de société, que le gaspillage alimentaire est honteux, lamentable, et devrait être interdit. Tout ça au nom d'une hygiène qui sert de paravent à toute une magouille de surconsommation.

Moi qui ai vécu la dernière guerre où tout était rationné, moi qui ai découvert le beurre et le chocolat à l'âge de 11 ans, en ayant été privée toute mon enfance, je vois d'un sale œil toute cette comédie ridicule de marchandise sacrifiée, jetée, méprisée. C'est contraire à mes principes.

Du reste, tout ce que nous vivons actuellement me révolte.

Le lendemain, c'est au sinistre refuge de Brignoles que nous nous rendîmes sous la pluie. Alors là, c'était le bouquet ! Construit de bric et de broc sur la décharge publique, au milieu des immondices, les chiens, accrochés à des niches dégueulasses, pataugeaient dans la merde, se battant avec des rats aussi gros qu'eux. Tout ça dans un concert d'aboiements, de plaintes, de bruits insoutenables. Une benne-poubelle et ses éboueurs vinrent renverser leurs saloperies à trois mètres de nous. On eut juste le temps de courir pour ne pas être aspergés tandis qu'une niche fut recouverte d'une montagne de détritus.

Je n'en croyais pas mes yeux !

C'était un refuge, ce tas d'excréments dans lequel on obligeait les chiens à vivre ? Mais quelle honte ! Quelle honte ! Quelques chats faméliques erraient à la recherche d'une quelconque nourriture. Des os de rats ou de chats traînaient par-ci, par-là.

C'était l'enfer et ça s'appelait « Refuge ».

Il était temps, grand temps, d'en construire un vrai, un digne de ce nom qui donnerait au département du Var une image enfin à la mesure de sa renommée. J'ai, du reste, remarqué que mon département d'adoption est un des pires de France en ce qui concerne les animaux.

Les refuges ne sont que des mouroirs, les chasseurs des viandards, les braconniers pullulent, les sangliers sont exterminés illégalement sous prétexte de surpopulation et de destruction agricole. Enfin, ce miroir aux alouettes touristiques est, au fond, cruel, inhumain, primaire et dangereux.

* *
  *

TF1 faisait une publicité du tonnerre annonçant à grand renfort d'images ma première émission *S.O.S. Eléphants* qui passerait le 19 mai à 22 heures 30.

Ce soir-là, j'étais très anxieuse. Roland et Mylène étaient auprès de moi à La Madrague. Je savais que je jouais gros. Si l'émission avait du succès, je pourrais en faire d'autres, dénoncer toutes ces horreurs qui hantaient mes nuits et mes jours, que le public ignorait encore. Sinon, c'était terminé, je pouvais remballer mes espoirs et mes larmes. Et puis, comment allais-je être à l'image ? Je n'avais rien vu, préférant ne pas découvrir mon visage vieilli... Alors, ce soir j'avais peur.

Ce fut formidable ! Nous pleurions tous les trois lorsque ce fut terminé. Le message était passé.

Le succès fut grand. L'audimat atteignit 12,80 %, soit 6,7 millions de téléspectateurs. Le standard Minitel *TF1* enregistra plus de 20 000 appels pendant l'émission. Quelques jours plus tard, Brice Lalonde, secrétaire d'Etat à l'Environnement, m'annonça l'interdiction de toute importation d'ivoire en France. Il fut suivi par toute la C.E.E. et par la C.I.T.E.S. [1] qui regroupe plus de 100 pays.

Merci mon Dieu, j'avais gagné !

Il m'a toujours été difficile, voire impossible, de savourer un bonheur, une victoire, une joie sans en payer immédiatement les conséquences. C'est ce qu'il m'arriva, hélas ! le 21 mai, quand les gardiens de Bazoches m'apprirent la mort de Malika, la belle, la grande, la douce Dogue allemande, la seule fille qui me restait de Nicole. Ce fut encore un choc terrible. C'était la deuxième chienne qui me quittait depuis le début de l'année. Il me fut presque impossible de me faire expliquer les raisons de cette mort subite et imprévisible. Les gardiens restaient vagues au téléphone. Quant à mon vétérinaire, il ne sut que me dire : qu'elle était âgée pour un Dogue, qu'une insuffisance respiratoire avait provoqué un arrêt cardiaque...

Me voilà encore en pleurs !

Je décidai de retourner à Bazoches, n'ayant subitement plus aucune confiance dans ces gardiens.

Une fois de plus, mon instinct me guidait et j'en eus la preuve douloureuse. J'arrivai à convaincre Mylène de m'accompagner, n'ayant aucune envie de me retrouver seule à Bazoches face à des problèmes que je reniflais d'avance.

_____
1. Convention sur le commerce international des espèces de faunes et de flores sauvages menacées d'extinction.

Avant de partir, on me demanda d'adopter un âne, « Charly », que son propriétaire ne pouvait garder. Bien sûr que oui ! Et voilà Charly à La Garrigue, tout heureux avec ma jument Duchesse, ma petite ânesse Mimosa, les chèvres coquines et les brebis craintives.

Le lendemain, le gardien affolé m'apprend que Charly ne cessait de monter ma jument et mon ânesse, qu'il s'ensuivait des bagarres, des ruades, qu'il n'avait pu fermer l'œil de la nuit et que le coral était devenu un parc de rodéo.

J'appelai immédiatement le Docteur Aubertin de Sainte-Maxime.

Il fallait d'urgence castrer Charly. Je ne pouvais, en aucun cas, prendre le risque d'avoir un bébé, avec Duchesse, trop âgée, ni avec Mimosa, déjà handicapée. Or, les équidés sont en chaleur tous les vingt-huit jours, contrairement aux chiennes et aux chattes qui ne sont fécondables que tous les six mois.

Il fallut faire l'intervention à La Garrigue avec toutes les précautions nécessaires. Tout se passa au mieux malgré la chaleur et les mouches qui se posaient sur la plaie et que nous chassions avec patience en nous relayant jusqu'au commencement de la cicatrisation. Charly ne parut pas traumatisé, continua à faire sa cour assidûment, à se faire botter, mais son tempérament fougueux n'entraînerait pas de suites désastreuses.

Quand le calme fut revenu et que tout ce petit monde put cohabiter en paix, j'envisageai enfin de rejoindre Bazoches. Nous prîmes donc mon petit avion privé avec tous nos chiens et chiennes. Roland vint nous chercher au Bourget avec une camionnette dans laquelle nous nous enfournâmes tous, plus les bagages, et fouette cocher !

Nous étions le 2 juin.

Il faisait très beau et Bazoches me parut accueillante mais un peu à l'abandon. On sentait que les choses avaient été faites à la va-vite pour mon arrivée, mais le gardien m'affirma qu'il attendait ma présence et mes directives pour fignoler, à mon goût, les parterres de fleurs, le nettoyage de la piscine, la propreté des bergeries, les provisions à faire pour nos repas et pour ceux des chiens !

C'était plausible.

Je lui donnai son chèque.

Il demanda si nous avions du linge à faire laver à sa femme. Nous répondîmes que non, enfin tout semblait aller le mieux possible. Avec Mylène et Roland, nous grignotâmes ce qui était dans le frigo ; puis, j'allai sur la tombe de Malika, toute fraîche encore mais sans fleurs ni nom sur la petite pierre posée à chaque tombe. Le gardien m'assura qu'il comptait le faire demain. Il m'attendait pour savoir quoi écrire et quelles fleurs acheter. Ah bon !

J'arrangeai un peu ma maison, essayai de réapprivoiser les chats redevenus sauvages. J'appelai Yvonne, ma voisine et amie tant aimée. Je retrouvais mes traces, mes odeurs. Je fis la pâtée des chiens, nous bûmes du champagne. La gardienne vint nous faire une omelette-salade pour le dîner. Puis, chacun s'en retourna chez soi. Je restai seule avec Mylène, un peu fatiguée, très dépaysée, me sentant mal dans ma peau. Mylène me dit que ça irait mieux demain. Elle avait peut-être raison. Nous mîmes la vaisselle sale dans l'évier, comme d'habitude. Le matin, elle serait lavée par la gardienne ; puis nous nous partageâmes les chiens. Mylène prit ses préférés, moi les autres et au lit !

Le lendemain, je me réveillai avec une petite angoisse au cœur.

La nuit n'avait pas effacé mon malaise.

C'était sans doute dû au fait que j'avais du mal à me réadapter à ce nouvel environnement. Lorsque j'arrivai à la cuisine, je constatai que la vaisselle sale était toujours dans l'évier... Bizarre ! Puis, je m'aperçus que la gamelle des chats était vide ! Ils étaient tous là en rang d'oignon, criant famine ! De plus en plus bizarre ! Il n'y avait pas de croissants dans le four, pas plus que de plateau préparé pour le petit déjeuner. Le ménage n'avait pas été fait, les cendriers étaient encore pleins de mégots, la bouteille vide de champagne et les verres sales n'avaient pas bougé du salon. Je réveillai Mylène. Il se passait quelque chose d'anormal. Je sonnai en vain, puis demandai à Mylène d'aller à la maison de gardiens. En la voyant revenir, la mine à l'envers, je compris immédiatement.

Ils étaient partis dans la nuit ! Nous ne pouvions pas le croire !

Mais non, la réalité était bien là.

Leur maison vide, sens dessus-dessous, dégueulasse, pleine de saloperies, le matelas taché de sang séché, la salle de bains crasseuse de tout ce qu'on peut imaginer, les W.C. pleins de merde, de la nourriture pourrie plein la cuisine, sur l'évier, des cacas de chats partout, de la pisse de chats plein la moquette, une odeur à tomber raide et un dentier cassé en deux trônant sur la table de la salle à manger.

Je me remis à pleurer toutes les larmes de mon corps, ne pouvant assumer une fois de plus ce problème supplémentaire.

Hélas ! il fallut se rendre à l'évidence, réagir, saisir les travaux à bras-le-corps en commençant par nettoyer la crasse des gardiens. J'appelai Yvonne à la rescousse. Elle n'en revenait pas, mais trop habituée à se faire servir, trop élégante, elle ne nous fut d'aucune utilité. Et de nouveau les petites annonces, avec un défilé de bons à rien qui commençaient par demander leurs vacances, leurs jours de congé, le nombre d'heures quotidiennes à assurer. Enfin, certains cherchaient du travail avec un fusil...

Mylène s'occupait des moutons, des chats, pendant que je faisais le marché, le ménage, la cuisine et la pâtée des chiens. Yvonne nous encourageait de la voix et du geste, lisant les petites annonces et répondant au téléphone. Roland vint donner un coup de main pour le jardin et l'arrosage. De plus, il me fallait bientôt enregistrer mon prochain *S.O.S. Expérimentation animale*, programmé pour le 23 juin. Le temps pressait et je me sentais incapable dans l'état actuel de me retrouver devant une caméra. Nous perdions des heures précieuses avec d'aléatoires gardiens qui, après avoir tout vu, tout entendu, tout visité, nous plantaient là en disant qu'ils devaient réfléchir, puis ne donnaient plus jamais de nouvelles.

Je fis venir Elly, ma Corse préférée, qui était déjà venue m'aider à La Madrague mais repartait aussi vite retrouver un mari qu'elle fuyait tout en ne pouvant s'en passer. Sa présence efficace me permit d'aller, par une chaleur de tous les diables, enregistrer ma prochaine émission.

Ce fut très pénible pour moi de visionner les images atroces de tous ces animaux sacrifiés au nom d'une science sans conscience. Je ne pus tout regarder. C'était insoutenable et, comme en plus il faisait horriblement chaud, je faillis, à plusieurs reprises, tourner de l'œil. Malgré tout, armée du courage que je porte en moi, j'expliquais au public, à travers la caméra, l'exploitation inutile et cruelle que l'homme, dans son inconscience, sa barbarie et sa cupidité, faisait subir aux animaux d'expérimentation. Les images choquantes parlaient d'elles-mêmes, mais mon émotion et mon désespoir y apportèrent la touche indispensable. L'enregistrement de cette émission restera un des moments les plus durs que j'ai eus à affronter dans mon combat. J'avais du mal à contenir mes larmes et l'envie de vomir me tenaillait le cœur.

J'avais pour l'humanité une haine et un mépris sans nom.

Ceux qui étaient capables de faire subir de telles tortures aux animaux ne méritaient certes pas le nom d'être humain.

Je n'étais pas fraîche en rentrant à Bazoches, encore sous le coup de tout ce que je venais de voir. J'eus du mal, beaucoup de mal à me réintégrer dans l'ambiance pourtant amicale de ma maison. Tout me paraissait inutile, futile, vain. J'étais enserrée dans la souffrance de ces malheureux animaux. J'étais eux !

Il se mit à faire si chaud, cet été-là, que j'achetai, pour la première fois, une armada de ventilateurs que j'éparpillai un peu partout dans ma maison, pourtant si fraîche habituellement. Je ne pouvais vivre qu'à portée de l'air qu'ils me dispensaient. Impensable de mettre le nez dehors avant 5 heures de l'après-midi ! Le thermomètre atteignit les 40° à l'ombre. Je souffrais énormément de la chaleur et ne commençais à vivre que lorsque le soleil se couchait.

C'est donc vers 21 heures 30, ce soir du 17 juin, que Mylène et moi sommes allées promener les chiens dans cette si belle campagne de l'Ile-de-France. Laissant Yvonne et Roland discuter à la maison, nous avons pris la clé des champs, précédées par tous les petits qui furetaient partout, se noyant dans les blés dorés, se baignant dans la Guyonne, sautant, courant, enfin délivrés eux aussi de la chape de plomb brûlante que cette journée avait fait peser sur eux.

C'était particulièrement beau ce soir-là car, pendant que la pleine lune se levait lentement à l'est, le soleil, encore rouge et puissant, disparaissait à l'horizon opposé. Fascinées, nous regardions ces deux astres mythiques se faire face dans un duel titanesque et magique. Cela sentait la terre chaude, l'herbe sèche, le blé mûr. L'air était emprunt d'une sensualité pesante. J'aspirais à la nuit.

C'est alors que nous remontions lentement le chemin qui nous ramenait à la maison que le drame se produisit. Kiwi, mon Setter, tout fou, tout jeune, tout naïf, s'échappa bien en tête des autres et eut le malheur de traverser la petite route qui croisait là-haut, bien loin, notre petit chemin.

J'entendis des crissements de pneus et le hurlement d'un chien, je ne réalisai pas immédiatement, voyant toute ma petite famille autour de moi. De plus, cette route, rarement fréquentée, ne présentait habituellement aucun danger.

Lorsque je compris que Kiwi venait d'être écrasé, Mylène était déjà sur place ainsi que Roland et Yvonne qui avaient entendu. Il me fallut faire rentrer les chiens dans la propriété. Je tremblais comme une feuille, suppliant la petite Vierge d'épargner la vie de mon Kiwi. Mylène était déjà en route chez le véto avec le chauffeur de la voiture. Roland m'y conduisit. Kiwi gisait sur la table, inconscient, agonisant, victime d'un traumatisme crânien ayant provoqué une hémorragie interne. Dix minutes plus tôt, il gambadait, flairait, se baignait, sautait, vivait, vivait, vivait ! Il était encore trempé. Oh, mon Dieu, faites un miracle ! Rendez-moi mon merveilleux petit Setter, mon petit déjà tant éprouvé qui aimait tant la vie.

Mais Dieu ne m'entendit pas et Kiwi mourut.

Mon chagrin fut à la mesure de mon amour pour lui. Total !

C'est comme si, soudainement, tout s'arrêtait, se figeait à l'intérieur de ce grand manteau noir, de cette nuit de deuil, de ces ténèbres qui, en ensevelissant mon Kiwi, paralysaient mon conscient et mon subconscient. Il est des moments où il est impossible de prendre sur soi, de réagir. On se laisse couler lentement, au ralenti, englué par une sorte de léthargie qui annihile toute réaction. Je ne pleurais pas.

Il me fallut du temps pour laisser au temps le temps de panser ma plaie. Je fus aidée par Mylène et Roland qui, devant la force de mon chagrin, décidèrent en secret de trouver un autre Kiwi, là où je l'avais adopté. Ils ramenèrent de Villevaudet son frère jumeau, aussi beau, aussi timide, aussi doux, lui aussi provenant de chez le rabatteur de Bordeaux, faisant partie de la même portée et promis au même sort terrifiant. A peine enterré, Kiwi ressuscitait, me léchait les mains, me regardait avec ces yeux si profonds, cette ferveur craintive, si particulière aux chiens qui ont connu la douleur et l'effroi.

C'était Kiwi-bis. Ce fut Ki-Bis.

Kibis s'adapta très bien et très vite à sa nouvelle vie, à sa nouvelle famille et à mon incontournable tendresse. A travers lui, je revoyais Kiwi. Il est, du reste, toujours là à mes côtés alors que j'écris ces lignes. Il est le seul « ancien » avec Tania, les autres plus jeunes sont arrivés depuis et ont refait une famille autour de moi... Mais de Setter, je n'ai plus que lui.

La vie continuait et ma recherche de gardiens aussi. Je ne pouvais certes pas m'en passer et n'arrivais pas à en trouver.

Le soir du 23 juin, *TF1* diffusa, à 22 heures 15, l'émission *S.O.S. Expérimentation animale*. Entourée d'Yvonne, de Roland, de Jean-Louis Remilleux, de Mylène et de mes chiens, je regardais ces images terrifiantes qui me glaçaient le cœur.

De toutes les tortures infligées aux animaux au nom de la science, de toutes les mutilations, les opérations sans anesthésie, je me souviens plus particulièrement des chiens brûlés vifs dans des fours spécialement étudiés, et sur lesquels ensuite on testait des produits anti-brûlure, des analgésiques très puissants qui, hélas ! ne calmaient pas leurs douleurs atroces provoquées sciemment !

Il y avait aussi cette petite chienne enfermée seule dans une cage avec un bol d'eau pour toute nourriture, qui assistait au repas des autres, sentait les odeurs, salivait, gémissait doucement, de plus en plus faiblement au fur et à mesure que passaient les heures et les jours, qui finit par mourir de faim au bout d'un mois et quelques jours, mort lente, abominable, inutile, scandaleuse qui n'a servi qu'à tester l'endurance d'un organisme totalement privé de nourriture. On le sait qu'on peut mourir de faim, alors pourquoi cette lamentable et indécente expérience ?

L'armée, dans ses laboratoires secrets, est la plus redoutable des tortionnaires d'animaux. J'ai vu une laie isolée dans une salle d'expérimentation sur laquelle les scientifiques tiraient au napalm à bout portant. La pauvre bête, transformée en torche vivante, n'était plus qu'un martyre d'épouvante, hallucinant, hurlant des cris insoutenables qui me font encore frissonner d'horreur. Je ne l'oublierai jamais. Elle mit du temps à mourir grillée vive.

Plus d'un milliard d'animaux sont ainsi sacrifiés chaque année.

Nous étions tous bouleversés.

La France dut l'être aussi car l'audimat fut très élevé : 10,5 % malgré la chaleur de l'été. Cela voulait dire que 5,5 millions de téléspectateurs avaient reçu le message déchirant que l'émission dénonçait.

A la suite de la diffusion, 19 000 appels minitel furent enregistrés, mais les vacances, trop présentes, firent oublier très vite le choc reçu, et aucune retombée importante ne vint changer le sort abominable des animaux d'expérimentation.

Alors qu'un matin de juillet, Mylène et moi étions en train de nettoyer le jardin et la piscine, nous entendîmes un charivari infernal sur le petit chemin qui jouxte ma maison. Des voitures, des voix, des portières qui claquaient, puis la cloche du portail se mit à tinter et les chiens à aboyer.

Mylène, prudente, alla voir qui pouvait bien venir nous déranger sans prévenir à une heure pareille, pendant que je me planquais derrière un arbre.

C'était une armada de journalistes, caméras T.V. en tête, qui essayaient à tout prix d'entrer, forçant Mylène à repousser brutalement le battant et à fermer à clef.

Charly était le leitmotiv.

J'entendais des Charly par-ci, des Charly par-là, des mots comme « tribunaux », « porter plainte », « inadmissible », « abus de confiance », etc. Pensant qu'il était arrivé malheur à mon âne, j'appelai immédiatement La Garrigue où mon gardien me rassura. Charly se portait au mieux, mais son ex-propriétaire était venu le récupérer, accompagné d'une délégation de journalistes et expliquant, fou de rage, que j'avais fait castrer « son » âne sans autorisation, clamant haut et fort que j'avais commis un crime de lèse-majesté, que je n'étais qu'une castratrice, une infâme et répugnante émasculatrice, qu'il m'avait confié « son » âne pour quelques jours, que j'avais violé sa confiance en le faisant castrer sans son avis ; enfin, un barouf de tous les diables.

Je commençai par engueuler mon gardien qui avait laissé ce bonhomme, inconnu au bataillon, voler Charly sans « mon » autorisation et qui, de plus, avait permis à une troupe de photographes et de journalistes de pénétrer chez moi sans me prévenir ! Ma maison n'est pas un moulin à vent ! Ensuite, je l'engueulai parce qu'il avait laissé partir Charly ! Alors, n'importe qui pouvait dire « cet animal est le mien » et repartir avec ! Je tombais des nues. Qu'est-ce que c'était que toute cette histoire ?

Pendant ce temps, ça hurlait toujours derrière le portail.

Ainsi débuta l'affaire « Charly » qui défraya la chronique mondiale, se termina par un procès que je gagnai avec un dédommagement de 20 000 francs que je fis verser à ma Fondation, mais qui, malgré tout, entacha mon image de protectrice. Je devenais une « castratrice », mot souvent employé par ceux qui me dénigrent et me veulent du mal.

Cette histoire m'a fait beaucoup souffrir par son injustice, sa médiocrité et son ridicule.

Laissant la presse nationale et internationale faire des gorges chaudes et se gargariser de l'aventure de Charly, j'engageai un gardien à Bazoches qui était loin d'être une perle. Il ne savait pas conduire, n'avait plus de dents, mais avait ses deux bras. Cela suffisait pour l'instant à rattraper le travail en retard, et Dieu sait s'il y en avait. Enfin, les bergeries seraient nettoyées de fond en comble, la pelouse tondue, la piscine entretenue, le jardin arrosé, le potager débarrassé de ses mauvaises herbes.

Le soir, Mylène le déposait à l'auto-école où je lui payais des cours de conduite, espérant qu'il passe son permis, ce qui me déchargerait des courses multiples, indispensables à toute propriété possédant une cinquantaine d'animaux.

Quelques mois plus tôt, alors que j'étais encore à Saint-Tropez, une voiture qui passait sur la petite route, à quelques mètres de ma maison, avait jeté par la portière un paquet de chats vivants – la maman et ses trois petits. Les voisins, curieux, ramassèrent ce petit monticule de poils et l'apportèrent chez moi. C'est ainsi que je sauvai d'une mort certaine les trois chats et chattes qui furent les plus proches de moi, le quatrième n'ayant pas résisté au choc.

« Socquette », la maman, vécut longtemps mais fut victime d'un virus qui la rendit complètement aveugle à la fin de sa vie. « Chloé », sa fille, un véritable petit Tanagra, s'attacha à moi de telle façon qu'elle ne me quittait pas d'une semelle et, le soir, miaulait désespérément devant la porte de ma chambre lorsque je tardais à monter me coucher. « Jules », enfin, le mec de la famille, aussi doux et beau, le plus résistant, survécut jusqu'à un âge avancé.

Inutile de préciser qu'en tant que castratrice de renommée mondiale, je les avais tous fait stériliser ! Ayant toujours eu, plus ou moins, une trentaine de chats dans chacune de mes maisons et recueillant tous les laissés-pour-compte, les abandonnés et les mal-aimés, il n'est pas question de reproduction chez moi. Du reste, je conseille fortement à tout le monde d'en faire autant, cela éviterait bien des drames.

Tout ça pour expliquer la place que prit Chloé dans ma vie.

Mon célibat forcé depuis tant d'années me privait de l'essentiel de mon existence. La mort cruelle de mes chiens et chiennes, celle de « Pitzouille », ma petite chatte porte-bonheur, me laissaient un vide douloureux. Chloé m'adopta, prit possession de mon cœur, de mon lit, de ma vie. Elle dormait contre moi, se réveillait avec moi, lapait mon thé au lait, suivait la promenade des chiens, regardait la télévision le soir, assise sur mes genoux, et pleurait à fendre l'âme dès qu'elle me perdait de vue plus de cinq minutes. A défaut d'amant, j'eus une véritable *love-story* avec Chloé qui m'apporta, cet été-là, tout l'amour et toute la tendresse qu'un homme n'eût jamais pu me donner.

Hélas ! cela se termina tragiquement.

Mais chaque chose en son temps.

Alors que mon édenté de gardien s'avérait de plus en plus nul, tant au jardin que dans ses leçons de conduite, Madeleine m'appela de La Madrague, affolée. « Bruno, le cul nu » avait quitté la maison sans prévenir, la laissant seule pour tout assumer, à son âge, sans moyen de locomotion puisqu'elle non plus ne savait pas conduire.

Je m'effondrai de désespoir. Qu'allais-je faire ?

Je ne pouvais être au four et au moulin et ne pouvais laisser Madeleine seule en plein été, agressée de toute part... Mon Dieu ! Pas question que Mylène me quitte dans le fatras actuel de Bazoches. Roland était parti en vacances je ne sais où, et puis, je ne le voyais pas assumer le travail d'un gardien ni même m'en trouver un autre !

Yvonne, toujours calme, m'assura que nous allions en dénicher un dans *Le Chasseur français*, et elle se plongea dans la lecture de ce journal infâme édité par des chasseurs pour des chasseurs. A défaut de gardiens, elle me dégota un aléatoire fiancé à la rubrique matrimoniale. C'était bien le moment de me lire les qualités exceptionnelles d'un homme de 50 ans bien sous tous rapports, physique agréable, éducation parfaite à la recherche de l'âme sœur. J'en avais rien à fiche de son Roméo sur le retour, à moins qu'il n'accepte une place de gardien à La Madrague !

En désespoir de cause, j'appelai Mirko, mon ancien compagnon sculpteur, et le suppliai de me rendre l'immense service d'aller me remplacer à La Madrague qu'il connaissait aussi bien que moi. J'ai horreur de demander un service à qui que ce soit, surtout à un ex-amant avec lequel tout ne s'était pas passé toujours au mieux, mais je n'avais pas le choix. J'eus raison car il accepta très gentiment et s'y rendit immédiatement. Ouf !

Mirko me connaissant bien, ayant partagé cinq années de ma vie, il savait les problèmes que je rencontrais régulièrement avec mon personnel. Il était absolument apte à rassurer Madeleine par sa présence qu'elle appréciait, et à trouver un remplaçant à l'imbécile qui avait foutu le camp en laissant un bordel épouvantable dans sa maison et aussi dans la propriété.

Il ne faut pas oublier que, malgré tous ces problèmes personnels inextricables, j'avais aussi à assumer ceux de ma Fondation. Quotidiennement, Liliane Sujansky me tenait au courant des causes trop souvent désespérées d'animaux martyrisés.

En ce début de vacances 1989, les abandons n'en finissaient pas. Nous étions submergés d'appels téléphoniques nous signalant de pauvres toutous errants. Nous ne pouvions pas faire grand-chose, ne possédant ni refuge, ni endroit où les mettre. Liliane envisageait de trouver une vieille ferme pour en faire un lieu de transit où nous pourrions héberger tous ces malheureux, mais l'argent nous manquait cruellement, le loyer de la Fondation, et le salaire des employés, plus tous les secours que nous apportions aux uns et aux autres, grevaient notre maigre budget. Quand un cas particulièrement cruel nous était signalé ou qu'un animal était accroché à la porte de nos bureaux, nous parions au plus pressé en le confiant à un hôte provisoire que nous dédommagions, ou alors c'était la chaîne du cœur à la Fondation où, tour à tour, les collaborateurs recueillaient pour un temps ou pour toujours les petits ou les grands abandonnés.

C'est ainsi que nos bureaux devinrent eux-mêmes un refuge.

Chacun venait travailler avec son ou ses protégés.

Les chats, eux, se lovaient sur la chaleur des ordinateurs, chacun le sien et pas question de céder la place à un importun. Nous avons même eu un furet apprivoisé qui avait fait ami-ami avec une jolie petite chatte. C'était adorable même si l'odeur prenait un peu à la gorge.

Après tout, nous étions là pour les aider et les aimer.

Ces bureaux inespérés que nous avions loués et que nous avions pu agrandir grâce à la vacation du bail laissé par les voisins du rez-de-chaussée, étaient situés dans un immeuble modeste et vétuste (d'où le prix accessible). Les toilettes étaient au fond d'une petite cour pavée dont nous avions la jouissance, ce qui nous permettait d'aérer les animaux sans craindre le trafic des voitures. De nombreux pigeons venaient se percher en roucoulant sur le toit de la remise qui abritait les poubelles, à tel point qu'à force de leur distribuer des graines, nous finîmes par avoir une véritable volière libre, tous les oiseaux du quartier s'étant donné le mot. Liliane Sujansky apprivoisa même un magnifique ramier, qui lui chantait la sérénade.

C'était vraiment charmant !

Mais les locataires de l'immeuble ne semblèrent guère apprécier ces roucoulades et déposèrent plainte auprès de la mairie de Paris et de la préfecture. Nous eûmes une amende très forte, il était interdit de nourrir les pigeons et d'avoir des animaux domestiques dans l'immeuble. Ah ça, c'était un peu fort ! Les autobus, les bagnoles, le trafic, les gaz d'échappement polluaient et brisaient les oreilles et le nez, mais les pigeons et les chiens étaient interdits de séjour au siège de la Fondation Brigitte Bardot !

Ils allaient avoir de mes nouvelles les locataires du 4, rue Franklin.

J'ameutai la mairie de Paris, Jacques Chirac, ses collaborateurs, le préfet, la préfecture et tous ses sbires, je fis un foin de tous les diables, refusant net d'être verbalisée, menaçant de les traîner devant les tribunaux même si j'étais en infraction. Ils n'avaient qu'à changer cette loi stupide, ridicule et inhumaine.

Bref, j'eus gain de cause parce que c'était moi...

Mirko et Madeleine m'appelèrent un jour béni.

Ils avaient trouvé un gardien pour La Madrague. Dieu soit loué ! Certes, ça n'était pas un prix de beauté, mais un très brave homme, rustique, plein d'attentions, adorant les animaux. Il avait lui-même une petite chienne, il avait travaillé deux ans au refuge du Thoronet. C'est dire qu'il avait l'habitude de soigner chiens et chats.

En même temps, j'appris que le « Bruno cul nu », avant de partir, avait tué avec des piqûres d'essence le beau cerisier qui abritait du soleil la Range-Rover, parce que les cerises qui tombaient sur la carrosserie faisaient des taches et qu'il en avait assez de les nettoyer. Par la même occasion et pendant qu'il y était, il fit crever un magnifique palmier qui le gênait un peu pour ouvrir la porte de son jardinet. Des piqûres d'essence dans le tronc des arbres ! Enfin, j'engageai Adrien sans le voir. Bien m'en prit car aujourd'hui, il est toujours à mes côtés après avoir partagé bien des tempêtes au sens propre et au figuré.

Restait le problème de Bazoches.

Or, Adrien apprit à Madeleine qu'un couple très bien voulait aussi quitter le Thoronet pour un gardiennage en Île-de-France. Je sautai sur l'occasion et eux dans leur voiture *via* Bazoches.

C'est ainsi que j'engageai d'abord l'homme seul. Il avait plus l'allure d'un play-boy que d'un jardinier, sa femme, plus âgée de quelques années, avait elle aussi un physique agréable avec un faux air de Michèle Torr. Ils s'avérèrent efficaces, bien élevés, et surtout portaient aux animaux un amour et un dévouement illimités. Après quelques jours d'essai, c'est Bernadette que j'engageai officiellement comme responsable de ma propriété, son mari ayant trouvé un travail moins rustique et plus adapté à ses désirs. Avec Bernadette, j'eus une longue trêve de tranquillité.

Il y a longtemps que je ne parle plus de Pluton.

Et pourtant, il était toujours là ce salaud, je le savais, je le sentais. Du reste, il était responsable de tous les avatars qui me tombaient dessus. Mais une de ses caractéristiques était de se mettre en veilleuse quelque temps pour mieux m'éprouver.

C'est ainsi que, au mois d'août, je piquai encore contre Saint-Tropez une de ces colères légendaires qui ne laissèrent pas les médias indifférents. Tout ça parce que j'appris que le Maire, Alain Spada, avait purement et simplement décidé d'interdire toutes les plages aux chiens sous peine d'amendes faramineuses ! Puisqu'il en était ainsi, je déclarai publiquement que je quitterais définitivement Saint-Tropez, et envoyai une lettre ouverte et torchée au Maire. Comment osait-il prendre une décision aussi scandaleuse alors que la drogue et les partouzes étaient devenues les fleurons de ce « Saint-Tropédés » ?

Ce fut un raz de marée !

Tous les journaux publièrent ma lettre et annoncèrent ma rupture.

Des dizaines de municipalités en France m'envoyèrent des dépliants, vantant les mérites de telle ville de montagne ou du bord de mer. Mais celle que j'ai retenue venait du Maire de Laas, petit bourg absolument charmant des Pyrénées qui m'invitait à m'installer chez eux. Du reste, j'y avais déjà une rue portant mon nom. Et pour me convaincre, l'invitation était accompagnée d'un colis contenant leurs spécialités artisanales, des confitures, des petits gâteaux, du vin, des fleurs séchées tressées en forme de cœur.

J'étais vraiment touchée et émue par tant de gentillesse.

Bien que je n'y sois encore jamais allée, nous avons gardé une fidèle amitié. Ils m'envoient à chacun de mes anniversaires leurs délicieuses spécialités, et moi, mes vœux les plus tendres au Jour de l'An. Devant une telle réaction, la mairie de Saint-Tropez fit marche arrière et, même si la décision ne fut pas officiellement publiée, la police municipale ferma les yeux, et les toutous purent profiter des plages auprès de leurs maîtres.

**

Il faisait chaud à Bazoches comme partout cet été-là.

Les Parisiens se baignaient dans les bassins du Trocadéro, et les prévisions météo d'Alain Gillot-Pétré n'annonçaient aucun changement, l'anticyclone des Açores nous ayant enveloppés dans sa chape torride.

Mon seul et unique bonheur était d'arroser, le soir.

Je mettais des tourniquets partout. J'étais trempée de la tête aux pieds, savourant enfin un mieux-être, un semblant de fraîcheur, une odeur chaude de terre mouillée. Comme les plantes, je reprenais doucement vie. Mais, ça n'était pas du tout l'avis d'Yvonne qui, arrivant pour dîner, sapée comme une princesse avec Wendy sous le bras, pataugeait dans l'herbe humide, prenait régulièrement un coup de jet d'eau en pleine figure et ne savait plus où se poser, tous les sièges du jardin étant détrempés.

398

Mylène, profitant de l'arrivée de la nouvelle gardienne, essayait d'obtenir des rendez-vous avec des producteurs de disques et partait souvent passer ses soirées à Paris, ne craignant plus de me laisser seule.

La vie coulait au ralenti ; les horloges égrenaient leurs coups avec une nonchalance paresseuse. Les chiens et les chiennes affalés sur le carrelage frais de la maison ne se réveillaient de leur léthargie que lorsque le soleil commençait à disparaître à l'horizon. Quant aux chats, ils s'abritaient toute la journée à l'ombre des arbustes les plus touffus, ne montrant le bout de leur nez qu'au crépuscule.

Malgré cette chaleur étouffante, il fallait toujours et encore être présente pour sauver les animaux. C'est pourquoi j'eus l'idée de proposer à Philippe Lazar, le Directeur Général de l'I.N.S.E.R.M., le rachat par la Fondation des vingt-neuf singes volés par un commando dans la nuit du 20 mai, à Lyon.

Cette histoire avait fait un foin de tous les diables, défrayant la chronique mondiale. Malheureusement, le courageux commando avait été dénoncé, appréhendé, mis en examen et traîné devant les tribunaux. Le procès devait avoir lieu incessamment et je pensais que le rachat des animaux pourrait mettre un terme à toute cette histoire tout en mettant à l'abri les singes sauvés.

J'eus beau être soutenue dans cette initiative par des personnalités comme Dany Saval, Michel Drucker, Allain Bougrain Dubourg, Philippe Noiret, Jean-Claude Brialy, Mylène Demongeot, Anouk Aimée, Jean Carmet, les choses en restèrent là et le procès eut lieu.

Pourtant, ce commando dont je connaissais quelques-uns des principaux participants, était remarquable de culot. Aller voler vingt-neuf singes d'expérimentation dans les laboratoires de l'I.N.S.E.R.M. plus hermétiquement gardés qu'un coffre-fort de banque, il fallait le faire ! Et puis, on ne vole pas des singes comme des chiens ou des chats ! Il fallait une organisation, une discipline, un sang-froid qui forcent le respect.

Des vétérinaires pour les maîtriser à l'aide de calmants puissants, une force physique et morale pour les transporter inconscients, des camions installés spécialement pour les accueillir, prévoir des réveils en cours de route et être préparés à toute éventualité. Surtout un point de chute où les mettre en sécurité. Tout s'était parfaitement déroulé, sans incident d'aucune sorte. Les singes, sauvés de l'enfer, s'étaient réveillés dans un parc, en semi-liberté. Ils n'en croyaient pas leurs yeux. Et puis il avait fallu une délation, une ignoble dénonciation pour que tout s'effondre. Ils risquaient des peines allant de la prison ferme à des amendes extrêmement élevées. Or, aucun d'eux n'avait les moyens d'y faire face.

Cela me rappelait le coup de maître du commando Greystoke qui avait enlevé lui aussi une vingtaine de babouins dans un laboratoire du

C.N.R.S. à Gif-sur-Yvette, dans la nuit du 31 mars 1985. Lui aussi, victime d'une dénonciation, se débattait contre la justice française et allait passer en jugement.

Je me sentais solidaire de tous ces merveilleux hors-la-loi.

Ils pouvaient compter sur moi pour les sortir de l'impasse dans laquelle ils se trouvaient. Du reste, pour Dominique, une des femmes du commando qui travaillait à la Fondation, j'avais payé personnellement la somme de 10 000 francs de caution pour sa libération préventive et j'avais engagé, par le biais de la Fondation, le grand avocat des causes désespérées, le plus médiatisé en France, Maître Jacques Vergès, pour les défendre.

Il fallait mettre tous les atouts de notre côté et les soutenir sans faiblesse pour les remercier d'avoir osé libérer d'innocents animaux d'un sort et d'une mort épouvantables. Malgré tous nos efforts et mon témoignage, ils seront condamnés, mais je ne le savais pas encore. Ma Fondation, n'étant toujours pas reconnue d'utilité publique, ne pouvait se porter partie civile. Quel dommage !

Durant cet été, je regardai peu la T.V. préférant passer mes soirées à admirer les étoiles en profitant de la fraîcheur de la nuit. Pourtant, avec Yvonne et Mylène, nous avions eu le courage de nous farcir les fêtes du bicentenaire de la Révolution. Nous regardions, médusées, le défilé d'horreurs mis en scène par une espèce de brindezingue, ami de Mitterrand, que j'appelais « Goudemiché ». Il faut dire que, dans le genre mauvais goût prétentieux, il était champion du monde.

Quand on pense aux millions de francs qui ont été investis pour une telle mascarade, alors que la France voyait son personnel hospitalier payé avec des cacahuètes, que le nombre de chômeurs dépassait déjà les 2 millions, que les S.D.F. étaient légion et qu'en plus nous étions sous un gouvernement socialiste, il y avait vraiment de quoi « se les prendre et se les mordre ». Déjà que tout ce qui me rappelait de près ou de loin cette abominable révolution de 1789 me faisait horreur, là, j'étais servie.

C'était le pompon !

La Terreur ! Cette Terreur qu'ont vécue les Français en s'entre-tuant, en se dénonçant les uns les autres, en se jugeant, en s'envoyant à la guillotine, cet instrument plus que barbare inventé par cet imbécile de Guillotin qui, lui-même, finit la tête tranchée par sa diabolique machine, tous ces lamentables massacres issus d'une haine farouche que les déshérités et leur Cour des Miracles vouèrent à ceux qui avaient la chance d'avoir un titre de noblesse ou des moyens d'existence confortables, tout ça au nom de l'égalité, de la fraternité et de la justice sociale.

Il est joli le résultat !

Le jour où les hommes comprendront qu'il n'y aura jamais d'égalité en ce bas monde, cela évitera bien des sacrifices sanglants, bien des soulèvements de rancœur dus à la jalousie. Il y aura toujours des beaux et des moches, des grands et des petits, des intelligents et des cons, des jeunes et des vieux, des riches et des pauvres, des bruns et des blonds, des gentils et des méchants, des courageux et des trouillards.

Rien ne serait pire que l'uniformité de la Chine ou de l'U.R.S.S. au temps du communisme, uniformité de la misère, de la détresse, du désespoir. Il n'y a pas d'uniformité du bonheur, de la richesse, de la joie. Je hais le communisme ! Pas dans son idéologie mais dans sa pratique totalitaire.

Enfin, pour en revenir à nos moutons, j'étais écœurée par ces fêtes du bicentenaire qui me semblèrent superflues et indécentes.

Malgré ma solitude, et bien qu'elle me pesât de plus en plus, je ne dormais jamais seule. Mon lit était tellement investi par mes chiens, chiennes et chats que, parfois, j'avais du mal à me glisser et à me faire une place au milieu de ce que j'appelais ma couverture de fourrure vivante. Mais c'était toujours Chloé, ma petite chatte, qui était la plus proche de moi. Elle n'en finissait plus le soir de me lécher le visage, estimant probablement que ma toilette était insuffisamment faite. Le matin, elle passait sa patte de velours sur mes joues lorsqu'elle trouvait que je dormais trop longtemps.

Or, un matin du mois de septembre, lorsque j'ouvris les yeux, je ne la vis pas, mais j'entendis un bruit étrange dans ma salle de bains. Puis elle arriva en courant, un horrible rictus tordant sa bouche grande ouverte. Elle sauta sur mon lit toutes griffes dehors, puis d'un bond s'accrocha aux rideaux de la fenêtre avant de retomber lourdement à terre où elle se tordit comme un ver. Elle étouffait, elle suffoquait.

Je hurlai, appelai Mylène.

Sans perdre de temps, les minutes étaient précieuses, elle partit chez le vétérinaire, Chloé accrochée de toutes ses griffes à son bras. Chloé qui cherchait désespérément un peu d'air, mais qui s'asphyxiait... vite, vite. Lorsque Mylène arriva comme une folle chez le véto, en peignoir de bain, pieds nus et échevelée, Chloé n'était plus qu'un petit paquet tout mou. Il ne put que constater le décès, mais fut bien incapable de lui dire la cause exacte de cette asphyxie soudaine.

Je ne pus m'arrêter de pleurer, de gémir, de hurler, serrant le corps de Chloé dans mes bras, déambulant comme une somnambule, me cognant dans les meubles, aveuglée de chagrin et de douleur. J'en avais marre de cette vie constamment ponctuée par la mort de ceux que j'aimais le plus au monde, de ceux qui m'aidaient à survivre, de ceux qui m'inondaient de tout leur amour. J'étais subitement en « manque » de toutes ces petites vies dont on me privait cruellement. Mon courage et ma vie m'abandonnaient. A quoi servait donc de se battre ?

Autant mourir tout de suite, oublier, dormir à jamais.

Yvonne me fit prendre du *Témesta*. Depuis, j'ai une accoutumance à ce calmant. Mais ce jour-là, j'en pris une dizaine que j'avalai avec du vin rouge. Sous le double effet de la drogue et de l'alcool, je planais dans une totale incohérence, refusant obstinément de me séparer de Chloé que je serrais sur mon cœur. Elle n'était pas morte, elle allait revivre, je lui donnerais ma vie, mon sang, mon souffle et mon cœur.

Pour me changer les idées, Jean-Louis et Roland m'organisèrent une projection privée de *Gorilles dans la brume*, le merveilleux film qui retraçait la vie de Diane Fossey, interprétée magistralement par Sigourney Weaver. En fait de changement d'idées, je me transformai en fontaine dès que commença le massacre abominable de ces animaux fabuleux. Je pleurais tellement que lorsque le film se termina tragiquement, avec l'assassinat de Diane Fossey, je ne pus répondre une seule parole à l'attachée de presse qui me demandait mes impressions.

Je restai longtemps sous l'emprise de ce film qui me marqua beaucoup. Encore aujourd'hui, j'y repense souvent. Cette femme admirable leur a, en fin de compte, dévoué sa vie pour rien. Les gorilles, dès sa disparition, ont de nouveau été massacrés sans que personne ne les protège plus. La guerre barbare entre le Rwanda et le Zaïre a fait fuir les quelques scientifiques qui tentaient vainement de reprendre un flambeau aujourd'hui éteint à jamais.

Le camp qu'elle avait organisé a été détruit. Sa petite maison, pillée, éventrée, n'est plus qu'une ruine ; quant aux tombes au milieu desquelles elle repose, ce ne sont plus qu'enchevêtrements anarchiques de végétation sauvage ensevelissant à jamais le souvenir d'une femme unique, courageuse, généreuse, aimée par ceux qui, comme elle, subissaient le joug de la cruauté humaine.

Il fut très triste, ce mois de septembre 1989.

C'est dans cet état d'esprit, profondément sensibilisée à la détresse animale, que j'enregistrai ma troisième émission *S.O.S. La chasse*. Je n'eus pas à me forcer pour dire, avec une étrange et puissante émotion, ma révolte, ma colère, mon mépris et l'écœurement que je ressentais pour ceux qui prennent plaisir à tuer.

Les images extrêmement dures et sans pitié d'animaux traqués, blessés, agonisant dans d'affreuses souffrances sous les regards triomphants de leurs assassins me révoltaient. Le pire était la chasse à courre où l'on voyait un pauvre cerf blessé, réfugié au milieu d'un étang et à moitié dévoré par une meute de chiens sanguinaires. Quelle horreur ! Parfois j'aimerais faire subir à l'un de ces monstres ce qu'ils font endurer aux animaux. Là je m'en donnerais à cœur joie, je serais la première à tirer, à piéger, à traquer, à rabattre, à donner le coup de grâce.

Je m'élève violemment contre la chasse et les chasseurs qui prennent pour cible les êtres les plus faibles, les plus démunis, les plus purs, les plus nobles, armés jusqu'aux dents, habillés en paras, jouant à la guerre contre des lapins... ivrognes, vulgaires, grossiers, dangereux, horriblement dangereux car horriblement cons, impitoyables et, surtout, d'une lâcheté lamentable. Finalement, je ressens de la haine pour ces gens-là car le but de leur triste divertissement est la mort, alors que le but de mon existence est la vie. Nous sommes en désaccord total. Ils sont le négatif et je suis le positif. Aucune entente possible, jamais !

Tout autour de ma Bazoches, on se serait cru en pleine guerre.

Ça pétaradait du matin au soir. J'avais beau mettre mes mains en porte-voix et leur balancer d'épouvantables insultes qui auraient fait rougir un charretier, ils tiraient de plus belle dans ma direction, ponctuant leurs gestes obscènes de leurs ricanements les plus gras, les plus vulgaires.

Une bande d'assassins légalement reconnus et soutenus par le gouvernement. Un lobby puissant, une Franc-Maçonnerie, une mafia qui tient tête aux pouvoirs publics, bafoue les lois, bénéficie de l'immunité juridique par un chantage électoral immonde.

Ils sont protégés, intouchables !

Mylène dut rentrer à Saint-Tropez.

C'était déjà merveilleux qu'elle ait pu rester si longtemps auprès de moi dans d'aussi tristes conditions. Son départ m'arracha le cœur. Je n'entendrais plus sa présence. Plus personne ne jouerait de guitare en inventant des textes farfouillis qu'il fallait peaufiner pour qu'ils deviennent une chanson. Je ne ferais plus ni clafoutis, ni cuisine pour qu'elle se régale comme une enfant en finissant les plats. Sa chambre vide, la maison semblerait morte, je me retrouverais encore livrée à une solitude que je ne supportais plus. Elle avait rencontré certains producteurs intéressés par son talent, certains photographes ayant su saisir sa beauté sur des clichés magiques que nous admirions ensemble. L'espoir l'habitait, elle voulait chanter. Elle était têtue, volontaire et courageuse.

Les trois mamelles de la réussite !

Yvonne et moi nous sommes retrouvées seules. Le soir, elle me quittait pour rentrer chez elle, dans sa maison, à trois arbres de chez moi.

En cette fin septembre, la chaleur fit brusquement place à l'humidité. A force de me promener pieds nus, j'attrapai une très grosse bronchite et passai mon anniversaire au fond de mon lit, avec 39° de fièvre. J'avais 55 ans. J'aurais préféré avoir 55° de fièvre et 39 ans !

Cette bronchite qui me clouait au lit, les poumons arrachés par une toux rebelle que rien ne calmait, tombait on ne peut plus mal car les 1er et 2 octobre, pour la première fois, avait lieu le week-end d'adoption de la Saint-François d'Assise organisé conjointement par la Mairie de Paris et ma Fondation à l'Hippodrome de Vincennes. C'était une grande première qui permettrait l'adoption de centaines d'animaux abandonnés.

Jacques Chirac y assisterait et je me devais d'y être.

Frank m'emmena, brûlante de fièvre, aphone, toussant, crachant, me mouchant, le nez rouge, les yeux larmoyants, inaugurer les splendides installations mises en place sous d'immenses chapiteaux où des centaines de chiens et des dizaines de chats attendaient un maître. Les plus grandes associations étaient présentes. Des stands pour chacune d'elles, une organisation royale, un podium où il me fallut monter, catapultée par une foule hystérique qui poussait, criait, hurlait sa joie de me voir enfin en chair et en os.

J'étais dans un état lamentable.

Devant le micro, j'essayais de dire trois mots, mais n'arrivais à sortir que d'étranges borborygmes, puis je fus prise d'une quinte de toux que le public salua par d'immenses applaudissements. C'était bon enfant, les gens riaient, m'envoyaient des baisers et des Kleenex. Enfin, je finis par les remercier d'être venus, d'aimer les animaux et de me soutenir dans mon combat. J'étais épuisée par cet effort.

C'est ce jour-là que je fis la connaissance de Paule Drouault, une journaliste animalière que j'admirais beaucoup pour ses articles sans concession, son franc-parler, son courage et, surtout, l'immense amour qu'elle portait aux animaux. Contrairement à beaucoup d'autres inconditionnels des animaux qui sont souvent peu gâtés physiquement par la nature, marginaux et cradingues, je découvris une très belle femme avec beaucoup d'allure et d'aisance.

Sa rubrique hebdomadaire dans *Minute* traitait de tous les sujets d'actualité et dénonçait sans ambages les scandales tenus secrets, ne se privant pas d'accuser publiquement les responsables même s'ils étaient célèbres. Ce qui lui attira beaucoup d'inimitiés et pas mal de procès.

Je sus par la suite qu'elle avait participé à des commandos, ce qui me la rendit encore plus sympathique. Elle fut une alliée importante, une complice discrète et efficace, un exemple aussi pour moi, jusqu'à sa triste disparition, lorsque, le 7 juin 1995, elle fut victime d'une rupture d'anévrisme qui l'emporta en 24 heures.

En cette première journée d'adoption, il y eut 30 000 visiteurs, 500 chiens et chats adoptés. Cela valait le coup d'avoir 40° de fièvre et de rechuter pour un pareil résultat. Du fond de mon lit, à Bazoches, je me creusais la tête, que j'avais déjà bien creuse, pour trouver le moyen miraculeux qui permettrait à ma Fondation d'être enfin reconnue d'utilité publique par le Conseil d'Etat, ce qui nous autoriserait à nous porter partie civile dans les procès crapuleux concernant tous les abus infligés aux animaux, nous exempterait d'impôts et nous permettrait d'accepter les dons et les legs testamentaires que nous étions toujours dans la triste obligation de refuser, ce qui amputait terriblement nos ressources internes.

Ayant déjà vendu tout ce qui, en ma possession, avait une certaine valeur pour obtenir les 3 millions de francs indispensables au fonds intouchable de ma Fondation, je ne pouvais plus assumer un don encore plus consistant, puisque le minimum tournait aux environs de 10 millions, soit un milliard d'anciens francs que je n'avais même pas sur mon compte en banque... J'en attrapais la migraine à force de compter et de recompter. Yvonne ne m'entendait plus parler que de millions et pensait que la fièvre me faisait délirer.

Je ne parvenais pas à quitter Bazoches.

Tant de choses importantes me retenaient à Paris pour la Fondation : rencontrer des gens importants, des ministres, user de mon pouvoir en passant sur des T.V. étrangères, engager de nouveaux collaborateurs et trouver des fonds, car nos économies étaient mises à rude épreuve, la Fondation prenant des proportions que nous avions du mal à financer. En plus, je n'avais plus de secrétaire privée, la dernière m'ayant lâchement abandonnée, je me retrouvais seule pour assurer tous mes problèmes personnels, chèques et factures de fin de mois, comptabilité, courrier qui s'amoncelait et, surtout, me rappeler mes rendez-vous et répondre au téléphone.

Bref, j'étais dans la merdouille !

N'ayant jamais voulu faire d'amalgame entre la Fondation et ma vie personnelle, je ne pouvais, en aucun cas, recourir à l'aide même temporaire de qui que ce soit à mon bureau.

Je pris pour quelque temps un jeune homme aux dents longues qui habitait Bazoches, avec sa femme et leur fils. Le chômage lui laissant une période vacante, Laurent fut une aide précieuse en cette fin de séjour. Il me conduisait à Paris, organisait le planning de ma vie, m'assistait lors des enregistrements de mes émissions, critiquait avec justesse ce qui n'allait pas et s'emballait quand il trouvait que j'avais été « géniale ». Il était fier de me côtoyer comme il fut fier plus tard d'être le secrétaire de Gérard Louvin, le producteur illustrissime des émissions de Jean-Pierre Foucault sur *TF1*.

Sa femme, Anne-Marie, une pulpeuse brunette de 30 ans, rigolote comme pas deux, mais toujours au bord des larmes quand son cœur gros comme ça s'émouvait pour une raison ou une autre, devint mon amie.

J'avais à nouveau une petite famille autour de moi et d'Yvonne.

Ça faisait du bien et rajeunissait les cadres.

Ils me furent précieux lorsqu'il fallut euthanasier « Ron-Ron », mon vieux chat noir, déjà arraché à la mort lente d'un piège à mâchoires quelques années plus tôt, mais qui, usé par une urée insoignable, était arrivé en bout de course. Je refuse la mort mais aussi la souffrance. Or, Ron-Ron souffrait depuis déjà longtemps, sans aucun espoir de guérison.

Il fallut donc me résigner au pire.

N'ayant pas le courage nécessaire, c'est Anne-Marie, en larmes, qui le tint dans ses bras sur mon lit au moment fatal. Je me souviendrai toujours de cette épreuve terrible qui m'arracha le cœur. Le vétérinaire de Montfort, le gentil Docteur Gagnaison, avait pris la peine de se déplacer afin d'éviter au pauvre Ron-Ron le stress de la piqûre fatale dans un endroit redouté. Dans son environnement, au milieu des siens et de ses habitudes, son départ pour le sommeil éternel fut doux et confiant.

Après Amélie, Malika, Kiwi et la douce Chloé, Ron-Ron était le cinquième petit que j'allais porter en terre depuis ce triste début d'année 1989.

C'était beaucoup, beaucoup trop.

Je décidai de repartir pour Saint-Tropez. Peut-être qu'un changement de décor, d'atmosphère, de maison, d'habitude, conjurerait le sort.

A propos de sort, Pluton ne me lâchait toujours pas depuis maintenant dix ans. S'il continuait comme ça, il allait m'avoir, je n'aurais jamais la force de lutter contre lui d'une manière aussi inégale et épuisante.

Avant mon départ, j'eus un coup de fil inattendu et bienvenu de Serge Gainsbourg. Je pleurais au téléphone en lui racontant la mort de Ron-Ron. Lui n'avait pas l'air joyeux non plus. Il venait de subir une opération très grave et s'en remettait difficilement. Il voulait me voir et proposa de s'inviter à dîner à Bazoches. Son régime était très strict et toute autre boisson qu'un très bon bordeaux lui était interdite. Ne conduisant toujours pas et ignorant où se trouvait Bazoches, il me demanda de le faire prendre en voiture par quelqu'un. Il était provisoirement à l'Hôtel Raphaël, avenue Kléber, en attendant que soient terminés les travaux de son hôtel particulier.

Aussitôt dit, aussitôt fait.

Nous étions tous très excités par la visite de Serge.

Mon cœur battait comme celui d'une jeune mariée. Serge aimait le luxe, les belles choses précieuses, les endroits élégants. Qu'allait-il penser en découvrant ma chaumière rustique où nous mangions sur une table de ferme dans la cuisine, et puis le jardin détrempé de pluie qu'il fallait traverser, avec la bouillasse qui collait aux chaussures ?

Oh là, là, qu'avais-je fait ? Il allait être furieux.

En plus, lui, habitué aux limousines de location, allait faire le trajet dans ma vieille Ford Fiesta, pleine de poils de chiens, conduite heureusement par un Laurent très élégant... cela compenserait !

Parmi les invités, Yvonne, toujours très chic, très B.C.B.G., Anne-Marie pulpeuse et sexy, Nicole ma guitariste porte-bonheur qui rêvait de rencontrer Gainsbourg une fois dans sa vie, Jean-Louis Remilleux et Roland Coutas.

Pour une fois, nous avions essayé de mettre les petits plats dans les grands. Il y avait des bougies, des bâtons d'encens, des fleurs. La table rustique, mais ravissante avec ses poteries, sa nappe portugaise toute brodée de couleurs chatoyantes, des lampes à pétrole. Tout était chaleureux, joli, magique comme dans les contes d'Andersen. Mais les chiens habitués à se vautrer sur les canapés et sur les fauteuils ne voulaient absolument pas changer leurs habitudes et nous avions beau les envoyer dans leurs paniers, ils revenaient immédiatement, ne nous laissant aucun siège vacant où nous asseoir. Quant aux chats installés bien confortablement dans nos assiettes, ils attendaient patiemment que nous nous mettions à table pour grappiller de-ci, de-là un petit bout de superflu.

Ça faisait désordre !

Malgré tout, la soirée fut extrêmement agréable.

Serge, que je trouvais très changé, apprécia la simplicité et le charme désuet de mon univers. Il avait même l'air de s'y sentir très heureux. Le piano n'avait pas été accordé depuis deux ans. Ça ne l'empêcha pas de jouer divinement bien ses dernières créations qui eurent un air piano bastringue des plus comiques. Nicole l'accompagna à la guitare, je déplorai que Mylène ne fut pas là pour lui montrer à quel point elle avait une jolie voix.

Serge but en entier son Château-Margaux 1970. Il l'apprécia à sa juste valeur. Nous avons vidé notre champagne. Les chiens et les chats furent séduits par ce nouvel arrivant et le collèrent comme un bonbon, ce qui n'eut pas l'air de le déranger. A un moment, il sortit son chéquier et fit un chèque de 200 000 francs pour la Fondation. Je n'en croyais pas mes yeux, émue par une telle générosité. Je le sentais un peu las de la vie, son œil moqueur semblait plus amer, son esprit moins cinglant, toujours rapide mais plus profond, plus réfléchi.

Il avait souffert, souffrait encore, et souffrirait toujours.

Il restait de notre passion dévorante une grande complicité, une immense tendresse, une douceur de regards et de gestes échangés qui nous liaient l'un à l'autre comme de vieux amants, éternels, néanmoins toujours intimidés l'un par l'autre.

Le 30 octobre à 22 heures 30, sur *TF1*, fut diffusée *S.O.S. La chasse*.

Rivée devant le poste avec Yvonne, Anne-Marie et Laurent, j'attendais avec crainte et impatience cette émission choc, annoncée à grand renfort de publicité, dont Patrick Poivre d'Arvor avait parlé en fin du journal de 20 heures comme de l'événement de la soirée. Nous étions en pleine période de chasse et l'émission ne faisait pas de cadeau aux chasseurs.

J'avais misé gros ce soir-là !

Je jouais la réaction du public, donc la vie de milliers d'animaux.

L'émission eut un immense succès.

7,3 millions de téléspectateurs reçurent le choc en plein cœur. 100 000 appels minitel battirent le record de *TF1*. Je reçus à la Fondation plus de 10 000 lettres de soutien. Les gens écœurés m'envoyèrent des pétitions contenant plus de 2 millions de signatures. Mais cela ne changea rien. Il n'y eut aucune amélioration, le ministère de l'Environnement ne réagit pas. Les chasseurs avaient encore gagné. Hélas !

Pourtant, j'en ai fait des démarches, j'en ai vu des ministres indifférents, j'en ai remué des consciences. J'ai même fait faire à mes frais des sondages officiels qui me donnaient raison à 90 %, ce qui est exceptionnel. Je suis bouleversée par tous les massacres d'animaux, mais si je peux tolérer qu'on soit obligé de tuer parfois par nécessité, je suis indignée qu'on y prenne plaisir. Or, la chasse est un plaisir, un « loisir » qui entraîne dans son sillage tous les pièges, les collets, les trappes, les appâts de glue pour les petits oiseaux, toutes ces tortures, ces morts lentes et atroces qui fournissent aussi les fourreurs.

Les petits bébés phoques si doux, si inoffensifs, resteront toujours pour moi le symbole sanglant d'une aberration humaine que je combattrai jusqu'à ma mort.

Chaque année, environ 45 millions d'animaux sont décimés en France par les chasseurs, et une quarantaine d'accidents mortels sur des êtres humains sont dus à la maladresse des chasseurs. 300 millions de cartouches sont vendues par les armuriers pour l'extermination du « gibier ».

La veille de mon départ pour Saint-Tropez, eut lieu une projection privée de *La Vérité*. J'y assistai au milieu d'une foule d'amis et de connaissances. J'eus du mal à retenir mes larmes, tant de souvenirs ressurgissaient, mêlés aux images de ma jeunesse et de ma beauté.

Une immense nostalgie m'envahit.

Comme le temps passait, comme l'érosion des ans se faisait subitement et cruellement sentir. J'ai horreur de regarder en arrière. Ça me fait mal. La poussière du temps ne peut que créer de vertigineux mirages, de désolantes comparaisons, d'incontournables regrets. D'autre part, après vingt années de blocage juridique, ce film magnifique, le meilleur de ma carrière, allait de nouveau être diffusé dans plusieurs salles parisiennes, c'était juste et bien. Des jeunes le découvriraient et des personnes de mon âge y retrouveraient l'époque de leurs 20 ans.

Lorsque la lumière se ralluma, la salle croula sous les applaudissements. C'était sincère, cela jaillissait comme un immense geiser et je ne pus m'empêcher de fondre en larmes. Après tant de chaleur et d'ovations, la solitude de Bazoches me parut encore plus angoissante. J'aurais tant aimé partager toute ma joie avec un être aimé qui aurait su, par sa tendresse, me redonner l'impression même fugitive que j'étais encore une femme désirable, une petite fille fragile, que ma vie était palpitante et irremplaçable pour quelqu'un.

Hélas !

Je ne servais plus à rien ni à personne, les années passaient et je m'étiolais de solitude. Je finirais mes jours seule, personne ne pleurerait en me tenant la main lorsque je prendrais mon envol pour le grand départ. J'étais condamnée à la solitude à perpétuité. Ce n'était certes pas à 55 ans que j'allais refaire ma vie. Je devais en prendre mon parti.

Et puis, je n'avais plus envie de faire d'efforts pour plaire et séduire. C'était trop compliqué, trop fatigant, trop aléatoire. Mon cœur appartenait aux animaux, la place était prise. Nous étions liés par des liens plus profonds que ceux du mariage. Nous étions fondus dans la même destinée, unis par des sentiments d'une grande pureté, d'une grande abnégation, d'une grande intégrité. Je n'avais jamais partagé à ce point ma substance essentielle avec qui que ce soit.

J'étais entrée en religion.

Roland Coutas, mon producteur-ami-fils adoptif, m'accompagna dans le petit avion « Corvette » qui nous emmena les chiens et moi jusqu'à l'aéroport de Toulon-Hyères où Mylène devait nous attendre sur la piste avec la Range-Rover, afin que les chiens sortent de l'avion pour entrer directement dans la voiture.

Lorsque l'avion atterrit, pas de Range ni de Mylène...

Je commençais à m'inquiéter mais Roland me calma en me disant qu'il allait voir, que peut-être on ne l'avait pas autorisée à venir sur la piste. Coincée avec ma dizaine de chiens qui commençaient à en avoir marre dans ce petit tube qu'était la carlingue du Corvette, nous avions chaud, l'air conditionné ayant été coupé en même temps que les réacteurs, et puis les « pipis » étaient pressants et pressés.

Roland revint sans Mylène.

Elle était introuvable, le personnel de l'aéroport ne l'avait pas vue. Le Commandant, désolé, devait repartir et fut obligé de nous larguer sur la piste.

Et nous voilà avec tous les chiens courant de partout au milieu de l'aéroport, transformés en danger public alors qu'un Boeing s'apprêtait à décoller. La police intervint pour dégager la piste, mais les chiens heureux cavalaient comme des fous...

Quelle panique !

Roland et moi nous époumonions en essayant de rattraper les chiens : « Moulin ! Matcho ! Mienne ! Domina ! Toutou ! Douce ! Vénus ! Kibis ! ... Ici ! Au pied ! » Dès quc l'un revenait, il repartait aussitôt rejoindre les autres. Nous avions bien deux ou trois laisses, mais ça n'était pas suffisant, et ceux qui étaient attachés, n'en ayant pas l'habitude, s'entortillonnaient les uns dans les autres, nous faisant tomber.

On finit par nous enfermer dans un hangar.

J'étais tellement énervée que je me mis à pleurer.

Mais où était cette imbécile de Mylène ? Pourquoi nous laisser dans une telle panique, elle était devenue folle ! Roland me quitta pour aller louer une voiture, c'était la seule solution. Il revint au bout d'une heure avec un mini-camion, une espèce d'énorme truc dans lequel nous nous enfournâmes sous l'œil furieux et réprobateur du service de sécurité de l'aéroport qui dut pousser un « ouf » de soulagement en nous voyant dégager le terrain.

L'arrivée à La Madrague fut une délivrance.

Home sweet home ! Enfin !

Mylène arriva comme une fleur deux heures plus tard. Elle était sur la plage, n'avait pas vu le temps passer, n'avait pas de montre... J'avais envie de la gifler !

Le lendemain, 5 novembre, j'allai me recueillir sur la tombe de mes parents. Il y avait déjà quatorze ans que Papa était mort. Je lui offris une rose, lui qui m'en offrit tant de son vivant, c'était sa fleur préférée. C'est en revenant du cimetière que me vint l'idée de faire don de La Madrague à ma Fondation et d'acquérir de ce fait la reconnaissance d'utilité publique. J'appelai immédiatement mon notaire, et Liliane Sujansky, la directrice de ma Fondation. L'idée parut bonne.

Elle n'était pas bonne, elle était géniale, géniale !

Maintenant, il fallait la concrétiser et en vitesse. Je remuai ciel et terre, ce qui est beaucoup plus simple que de remuer un notaire. Mon Dieu, ces études poussiéreuses, tous ces dossiers qui ne sont, en général, ouverts que pour une succession. Je les faisais valser, je téléphonais, envoyais des ordres par écrit, secouais tous ces endormis.

Pendant que le Mur de Berlin tombait enfin, ce 10 novembre 1989, que la foule en liesse pouvait, après des années de quarantaine forcée, passer librement de l'Est à l'Ouest sans montrer patte « rouge », que les familles se retrouvaient après avoir été désunies, que ce sordide et redoutable communisme bolchevique agonisait après avoir été responsable de millions de morts et de crimes contre l'humanité, les murs de La Madrague se dressaient fièrement, nouveau bastion d'une force qui aiderait ma Fondation à déployer son envergure et sa solidité définitives.

Par gentillesse et par correction, je pris l'avis de mon fils Nicolas qui fut enchanté et me donna sa bénédiction. Il détestait Saint-Tropez, ses pompes et ses œuvres !

Le 6 décembre, jour de la Saint-Nicolas, en hommage à mon fils, je signais les premiers papiers de donation chez le notaire de Saint-Tropez qui servait de relais à mon ami et notaire parisien, Maître Morel d'Arleux.

Le mécanisme était enclenché. Il mettra deux ans et demi à aboutir.

Je n'accéderai à la reconnaissance d'utilité publique de ma Fondation que le 21 février 1992, en même temps que l'abbé Pierre et les Restaurants du cœur de Coluche. C'est au cours de ces longues et épuisantes tractations que je compris à quel point il était devenu difficile de donner.

Je me dépouillais de mon bien le plus précieux, évalué aux environs de 20 millions de francs, c'est-à-dire 2 millards de centimes, au profit de ma Fondation. Or, celle-ci, dans l'état actuel des choses, n'était pas habilitée à recevoir des dons exonérés d'impôts. Elle ne le serait que lorsqu'elle aurait été reconnue d'utilité publique.

Il allait donc falloir que je paie une somme faramineuse à l'Etat pour avoir l'autorisation de faire cette donation. J'étais écœurée. Ça n'était pas possible ! J'avais beau consulter tous les hommes de loi, retourner le problème dans tous les sens, nous étions dans un cercle vicieux... Le plus vicieux n'étant pas le cercle, mais l'Etat. Un Etat maquereau, le plus grand proxénète qui s'engraissait même sur des œuvres caritatives, sur une Fondation pour animaux, sur la charité. Je finis par m'incliner devant cette loi malhonnête et révoltante en amputant mon capital, déjà affaibli, d'une somme de cinq cent mille francs. Je comprends maintenant pourquoi personne ne donne rien à personne et garde tout pour soi.

*
* *

Je passai ce mois de décembre en pleine harmonie.

Saint-Tropez, délivré de ses touristes, était de nouveau un petit village charmant où tous les gens du marché me firent fête, où tous les commerçants, heureux de me revoir, m'accueillaient à bras ouverts en chantant leur accent si chaleureux. Il y avait des odeurs de feu de broussailles et de plantes sauvages que le mistral mélangeait à celles plus quotidiennes des ratatouillles aillées, pleines de thym et d'échalotes.

Je retrouvais ma Provence, mes promenades avec les chiens, ma jument Duchesse, ma Mimosa toujours aussi têtue, les petites chèvres rigolotes, mon vieux bélier Cadet et sa Toupie toujours timide. Les poules et le petit coq nain, mais malin, qui savait échapper au renard que je nourrissais abondamment chaque soir afin qu'il épargne mes poulettes intrépides. Les chats en manque de tendresse n'en finissaient pas de ronronner leur joie en me labourant les cuisses de leurs griffes.

J'eus à peine le temps de me réinsérer dans cet univers qu'il me fallut à nouveau remonter à Paris pour enregistrer mon *S.O.S. Animaux de boucherie*, programmé pour le 3 janvier 1990. Je fis venir Madeleine, ma merveilleuse maman-chien de remplacement qui, malgré son âge fort avancé, répondait toujours présente, Nicole, ma jolie et efficace femme de ménage, ne pouvant assumer les nuits à La Madrague pendant mes absences.

Ce saut de puce à Paris en plein hiver me parut éprouvant.

Je dus une fois encore visionner des images d'épouvante concernant les animaux de consommation. Je connaissais l'horreur de leur condition, mais voir tout ça d'un bloc me donna le vertige. Les chevaux surtout, leur transport, leurs mutilations, leurs blessures, leur détresse jusqu'à leur terrible mort dans ces lieux lugubres que sont les abattoirs où on les extermine à la chaîne en les suspendant par une patte arrière afin que le sang s'écoule par leur gorge tranchée, laissant leur pauvre tête bringuebalante se noyer dans le flot de vie qui souille le sol en torrents tièdes et nauséabonds, sous l'œil terrifié de celui qui attend son tour.

Mais qui peut encore manger du cheval?

C'est une abomination, c'est un crime.

Les autres animaux aussi.

Pauvres vaches, bœufs, moutons, chèvres, cochons, couvées. Les poules passent à la chaîne de la mort comme les pièces de voiture chez Renault. Mortes ou pas, personne ne s'en préoccupe, elles sont plongées dans l'eau bouillante, puis décapitées, plumées, vidées, empaquetées comme des nourrissons dans leurs langes, leurs petites cuisses qui ressemblent aux nôtres étroitement repliées sur leurs corps, entourées de leur linceul de plastique transparent déjà étiqueté.

Les pires de toutes ces abominations sont les abattages rituels juifs et musulmans. La loi française, après mes multiples efforts, en 1962, a ordonné que les animaux soient étourdis avant l'égorgement.

Les moutons, les chèvres et les porcs arrivent par un couloir équipé d'un appareillage d'électro-narcose : passant par électrodes interposées d'une oreille à l'autre, le courant électrique provoque un état d'inconscience qui permet au cœur de continuer à battre jusqu'à ce que le corps soit complètement vidé de son sang après l'égorgement et la suspension. Les vaches et les bœufs sont matraqués en plein cerveau par une pointe, appelée merlin, qui traverse la boîte crânienne. Leur cœur bat toujours, mais le choc leur fait perdre conscience.

Pour les religions juives et musulmanes, il y a dérogation à cette loi. Les animaux quels qu'ils soient doivent rester conscients jusqu'à la dernière goutte de sang versé. Pendant l'agonie qui peut durer de longues minutes, parfois jusqu'au quart d'heure pour les gros animaux, on récite des prières. Ainsi l'ont voulu Mahomet, Abraham, Moïse. Les sacrificateurs sont en principe des imams, grands muftis, rabbins.

Pour les bovins, lourds et difficiles à manipuler, surtout dans l'état de stress terrifiant dans lequel ils se trouvent, les abatteurs utilisent une énorme boîte de contention dans laquelle ils introduisent l'animal à immoler. Cet engin de torture ne laissant passer que la tête et le cou de la bête, celle-ci est alors suspendue à l'aide de chaînes, et basculée vers le sol afin que le sacrificateur puisse saigner la victime qui se trouve la tête en bas, le corps incarcéré dans le corset de fer si atrocement resserré qu'il va jusqu'à lui briser les membres. C'est ainsi que sont obtenues la viande cashère juive et la viande halal musulmane.

C'est contre ces tortures barbares, perpétrées en grand nombre le jour de l'Aïd-el-Kébir sur les moutons, que je me bats désespérément depuis des années et que je suis traînée en correctionnelle et condamnée à de sévères amendes pour racisme.

Racisme en faveur des animaux, en somme !

J'ai essayé de dialoguer avec le grand recteur de la mosquée de Paris, Monsieur Boubakeur. J'avais déjà tenté, en 1981, de faire évoluer cette tradition rituelle cruelle en allant voir le père, décédé aujourd'hui, de ce chef musulman. Rien n'a changé. Les ministres français crèvent de trouille, refusent de faire appliquer la loi, préférant donner des dérogations ménageant ainsi tout le monde. Considérée comme raciste, alors que je ne fais qu'essayer d'abolir une coutume ancestrale, dépassée, sauvage, cruelle et douloureuse, je me demande quel Dieu, qu'il soit de n'importe quelle religion, peut imposer une telle souffrance à d'innocents animaux immolés pour la survie des hommes. Encore une question restée sans réponse parmi toutes celles que je suis amenée à me poser devant l'inhumanité humaine.

J'eus du mal à regarder ce que les paysans français appellent la « Fête du Cochon », le jour de la Saint-Marcel, le 16 janvier. Aucune pitié, aucune compassion pour ce gros, gentil et confiant animal élevé au milieu de la ferme, des enfants, des chiens et des chats, faisant partie de la famille et qui, le jour « J », devient purement et simplement de la chair à saucisses, du boudin sur pieds, du jambon avant l'heure. Egorgé sans ménagement, poussant des cris d'épouvante, la pauvre bête se retrouve au centre de la cour, l'objet d'une liesse campagnarde où les flonflons, les rires et les coups de picrate accompagnent sa lente et douloureuse agonie.

Heureusement que je suis végétarienne !

Toutes ces chairs sanglantes, ces corps palpitants, ces regards horrifiés, tout ce sang versé et ces douleurs muettes qui finissent dans nos assiettes ! Trop, c'est trop !

Je dénonçais aussi l'industrie du foie gras qui, en tant que coutume régionale, pouvait encore être admise... quoi que... mais qui, devenue internationale, florissante, croissante et lucrative, vouait à une torture infâme des milliers, voire des millions d'oies et de canards en cette période de fin d'année.

Certes, on ne peut pas tout condamner, mais quand on prend conscience que ces animaux ingurgitent quotidiennement de force l'équivalent de 20 kilos de pâtes, jusqu'à ce que leur foie atteigne dix fois le volume normal, qu'on leur provoque une cyrrhose, une hépatite, que leur organisme épuisé, malade, rejette toute nourriture et qu'on continue de les gaver à la chaîne en leur enfonçant une espèce d'entonnoir qui, parfois, leur perfore le cou jusqu'à ce que mort s'ensuive, a-t-on toujours envie de se goinfrer de foie malade ? Comprend-on enfin la dimension de la souffrance endurée ? De la torture infligée pour notre plaisir ?

800 millions d'animaux sont ainsi sacrifiés en France chaque année pour nous servir de nourriture. 800 millions, c'est un chiffre qui donne le frisson, qui donne aussi à réfléchir.

Voilà, en résumé, ce que j'eus à dénoncer lors de l'enregistrement de cette émission pénible.

Inutile de dire dans quel état je me trouvais.

A la Fondation, en cette période de Noël, nous étions envahis par les chiens abandonnés. Liliane Sujansky et tous les employés ne savaient plus où donner de la tête. Les bureaux regorgeaient de braves toutous aux yeux tristes, de pauvres chats apeurés, blottis dans les recoins les plus sombres. Certains chiens avaient eu les deux oreilles coupées afin que leur tatouage disparu ne permette pas de les identifier.

Un petit Teckel ressemblait, privé de ses oreilles, à un lapin en peluche. Ses plaies encore supurantes devaient être soignées et désinfectées plusieurs fois par jour. Chacun de mes collaborateurs avait quatre ou cinq chiens. Ceux qui prenaient le métro les laissaient chez eux, les autres, en voiture, les amenaient au bureau en attendant de les faire adopter.

Et ça ne faisait que commencer, comment allions-nous en sortir?

Pendant ce temps, les vitrines éclairées, les rues illuminées, les boutiques de luxe étalant leurs marchandises hors de prix, opposaient un contraste insupportable à la détresse profonde de tous ces animaux. Je déteste toutes ces périodes de fête, ces vacances d'hiver ou d'été qui sont pour moi synonymes d'abandon, de lâcheté, d'égoïsme, de tristesse éperdue pour les bêtes.

Profitant de mon passage éclair à Paris, je revis Gainsbourg.

Avec Jean-Louis Remilleux, Roland Coutas et Frank, mon secrétaire de la Fondation, nous allâmes dîner dans un charmant petit restaurant de la rue Marbeuf « Les Innocents », qui n'existe plus maintenant. Serge avait recommencé à boire, et l'alcool qui lui fut fatal avait entamé son ravage irrémédiable. Il était très diminué. Cela me fit une peine immense de constater à quel point de déchéance il en était arrivé. Je voulais lui demander l'autorisation pour Mylène d'enregistrer *Harley Davidson*. C'est une idée que j'avais eue, pensant qu'elle l'aiderait peut-être à se faire remarquer.

Lui se foutait de Mylène, ne la connaissait pas, n'avait pas envie de la connaître, qu'elle chante ce qu'elle voulait, c'était pas son problème ! Il composait pour Vanessa Paradis, était débordé, ne se souvenait plus de rien, noyait sa lassitude dans le whisky et m'envoya sur les roses !

Nous eûmes toutes les peines du monde à le ramener à l'Hôtel Raphaël où, ne tenant déjà plus debout, il tituba vers le bar pour ingurgiter un double whisky. Il délirait, pétait les plombs.

Ne voulant plus voir ça, nous le confiâmes au concierge de l'hôtel qui se chargea de le ramener dans sa chambre.

***

Quel bonheur de retrouver Saint-Tropez, La Madrague, l'air pur, le calme, la joie de mes chiens, de mes chats, la présence rassurante de ma Madeleine, loin de ce Paris pollué, de ces épaves en détresse, de ces victimes de la civilisation pourrie dans laquelle nous nous débattons. Ouf !

En Roumanie, la révolte faisait rage, des images abominables et sanglantes assombrirent cette fin d'année. Le dictateur communiste Ceausescu et sa femme Elena furent sauvagement abattus le jour de Noël. Les hommes n'en finiraient donc jamais de s'entre-tuer. Même à des moments de grâce, il fallait que le sang coule, que des pays brûlent, que des femmes et des enfants souffrent.

Cette année 1989 était, en plus, celle de la mort de Charles Vanel, cet homme merveilleux que j'avais tant aimé et estimé lors du tournage de

La Vérité. Chaque année devenait pour moi synonyme de cimetière rempli de personnages irremplaçables et irremplacés.

C'est dans cet état d'esprit, de vague à l'âme, de cafard latent, que je passai le cap de l'année 1990, avec l'espoir qu'elle serait plus aguichante que la précédente.

XI

Quoi qu'on dise, en rendant la tendresse plus familière, les animaux m'ont appris à mieux aimer les hommes.

François NOURISSIER.

Le soir du 3 janvier de cette nouvelle année 1990, *TF1* diffusa à 22 heures 25 mon *S.O.S. Animaux de boucherie.*

Seule avec Madeleine, je regardais une fois de plus ces images délirantes d'animaux abattus pour la consommation humaine dans des conditions plus qu'insupportables. Madeleine déclara forfait devant tant d'horreurs et alla se coucher. Il me fallut du courage pour ne pas éteindre la T.V. Au travers du brouillard de mes larmes, je restais stoïquement accrochée à mon fauteuil, le nez dans mon Kleenex, essayant d'ingurgiter encore et encore ces souffrances qui devenaient miennes, me soulevant le cœur et l'âme d'une révolte impuissante et glacée.

Cette année, dans le monde, plus de 42 milliards de bêtes seront tuées pour la consommation. Autant que d'étoiles dans la Voie Lactée !

Et l'homme se prend pour une créature suprême !

Mais même la suprématie ne donne pas droit aux meurtres.

Or l'homme détruit, saccage, pollue, abîme, assassine, vandalise, extermine tout sur son passage. L'être dit humain n'est qu'un fléau inhumain, une ordure reconnue par ses pairs et encouragée dans sa folie par la soif de la renommée, de l'argent, de la position sociale, de la conquête de l'inaccessible.

Pour ce faire il est prêt à tout... et traite les animaux de nuisibles !

A l'époque où cette émission fut diffusée, le scandale des « vaches folles » n'avait pas encore éclaté. Depuis, les choses se sont terriblement détériorées et les animaux de consommation payent un lourd tribut à la folie humaine qui, toujours au nom du profit, s'est mise à les nourrir avec des farines à base de carcasses de moutons. D'où la maladie de Creutzfeldt-Jakob, d'où les abattages massifs de troupeaux entiers enfournés à peine morts dans d'immenses crématoires, d'où la faillite de bien des petits éleveurs.

Un animal essentiellement végétarien ne peut devenir impunément carnivore pour le seul intérêt financier des hommes !

Je me souviens, quand j'étais petite, les vaches étaient aux prés avec leurs petits. Elles nous observaient paisiblement en ruminant, leurs gros pis gonflés assurant à la population le lait, la crème, les fromages. Elles étaient nos mères nourricières et regardaient passer les trains, une petite marguerite au coin du museau.

Comme les temps ont changé !

Le 13 janvier, alors que je revenais encore d'un déplacement professionnel dans différents refuges-mouroirs du Var, accompagnée de Liliane Sujansky, et que nous arrivions exténuées à La Madrague, « Joujou », la dernière fille de ma chatte Belotc, malade depuis déjà pas mal de temps d'un mal mystérieux, mourut subitement sur la table de la cuisine, sa place favorite, alors que nous pensions qu'elle dormait. Ce fut un choc brutal, apocalypse terrifiante d'une journée déjà éprouvante. J'avais beau retourner le petit corps dans tous les sens, il me fallut me rendre à l'évidence, elle était inerte, morte.

Pluton recommençait à me harceler, il ne perdait pas de temps, l'accalmie précaire qu'il m'avait accordée prenait fin en ce jour, je le savais.

Outre la mort de Joujou, Douce, ma Setter anglaise, donnait depuis quelque temps des signes alarmants de crises nerveuses ressemblant à de l'épilepsie. Le véto avait tout d'abord pensé à un empoisonnement et prescrit un traitement qui ne l'empêcha pas de recommencer à se rouler par terre, prise d'effrayantes convulsions. Une prise de sang m'apprit qu'elle faisait des crises d'hypoglycémie dues à une tumeur du pancréas. Douce était condamnée à plus ou moins brève échéance, une tumeur du pancréas, même si elle est aussi minuscule qu'une tête d'épingle, ne laisse aucune chance de survie. Il fallut lui donner du *Proglycem*, un substitut chimique du glucose, à doses extrêmement précises, afin d'éviter qu'un apport trop important de sucre dans son organisme ne fasse basculer son métabolisme vers le diabète, plus des apports de cortisone, afin qu'elle ne souffre pas et puisse survivre à peu près normalement.

Douce, qui était la beauté même, la grâce, l'intelligence, le courage, Douce qui dans mon cœur avait pris la place de Nini, commença une lente agonie que nous combattîmes toutes les deux avec des forces décuplées par l'amour.

La *Dog-Connection* d'Agen prenait des proportions scandaleuses.

De grands Professeurs étaient impliqués dans le vol, le recel et l'utilisation de chiens volés.

Le 16 janvier, je fus appelée à témoigner devant le juge Daux, chargé du dossier, assistée par Maître Gonelle, l'avocat qui avait pris en bloc la défense des animaux et des parties civiles. Je me déplaçai à Agen et restai plus d'une heure en interrogatoire. Le juge Daux, très sérieux, très intègre, très juste, ne laissait passer aucun détail sordide. Cette lamentable affaire lui donnait bien du fil à retordre et il déplora que ma Fondation, non encore reconnue d'utilité publique, ne pût, elle aussi, se porter partie civile contre ce réseau emberlificoté dont il arrivait doucement mais sûrement à dénouer les fils.

Comme tous les juges honnêtes, qui dérangent en haut lieu de puissants personnages mêlés et entremêlés à des scandales, on le dessaisit du dossier qui fut confié à l'un de ses confrères, moins pointilleux, et malgré toutes les preuves accablantes qui désignaient les coupables et un procès qui défraya la chronique, l'affaire fut plus ou moins classée, sans espoir d'aller plus loin. Je fus épouvantée par l'esprit de corruption de la justice, par son laxisme, sa lenteur, ses sentences indulgentes ou d'une sévérité révoltante.

C'est à la tête du client !

La Madrague-La Garrigue, aller-retour quotidien avec les chiens et chiennes qui couraient derrière ma vieille 4L... Tout ça ne remplissait ni mon cœur ni ma tête. J'avais beau m'investir au maximum dans tous les problèmes difficiles que ma Fondation me soumettait, j'étais tirée vers le bas, rien ne venait m'apporter le positif nécessaire.

Le temps passait inexorablement, chaque jour en poussant un autre, les cheveux blancs de ma belle chevelure, s'étant eux aussi groupés en mèches sur mes tempes, semblaient avoir été orchestrés par un maître-coiffeur.

Mylène, fidèle, remplissait mes jours de ses mélodies ravissantes.

Elle progressait dans ses compositions, mais comptant sur la *Harley Davidson* elle n'arrêtait pas de me la chanter, me demandant mon avis sur telle ou telle autre interprétation ou modulation de voix.

Je n'en savais rien !

Quand je l'avais chantée, c'était sorti « comme ça » sans poser de questions. Du reste, à l'époque, personne ne m'aurait répondu !

Quand j'avais le temps, le soir, je ressortais du placard mes Mémoires qui furent par la suite *Initiales B.B.* et j'écrivais, essayant de me replonger dans des époques lointaines, mais qui ressurgissaient au fur et à mesure que je remplissais les pages blanches. Je revivais intensément tous les épisodes de cette vie si pleine qui fut la mienne, me souvenant des moindres détails, des odeurs, des situations comiques ou dramatiques qui s'enchaînaient, me laissant ébahie, jusqu'à 4 ou 5 heures du matin. Je me retrouvais, écrivant encore, alors que la nuit allait s'achever, que mon esprit reprenait subitement conscience que j'étais dans un autre monde, seule, à La Madrague, à des années-lumière de tout ce que je venais de revivre.

On m'a dit que le fait de tout dire, de tout écrire, était une thérapie, comme une psychanalyse, qui me libérerait des angoisses qui ont ravagé ma vie. C'est peut-être vrai, dans une certaine mesure, comme un abcès qu'on vide ou un volcan en éruption qui se libère enfin. Mais au fur et à mesure, d'autres obsessions physiques ou morales prennent la place et tout n'est qu'éternel recommencement.

Le 1er février, j'allai porter une rose sur la tombe de maman dont c'était l'anniversaire de naissance. Encore une fois, je me recueillais sur cette maison de famille qu'est notre caveau de Saint-Tropez.

Ils étaient tous là, tous ceux que j'ai tant aimés.

Douce survivait grâce aux gélules de *Proglycem* que je lui donnais toutes les deux heures. J'en avais toujours sur moi et il ne fallait jamais oublier l'heure. C'était une astreinte terrifiante que je ne confiais à personne, ce qui me clouait au pilori de Saint-Tropez et m'empêchait de m'investir dans des tâches importantes de protection animale. Mais elle était prioritaire. La cortisone plus le sucre chimique finirent par la faire énormément grossir. Elle ne courait presque plus, elle qui était championne de vitesse et de natation restait maintenant sagement à mes côtés. Mylène m'aida beaucoup pendant toute cette période extrêmement dure à vivre.

* *

En Espagne, il se passe des choses à faire frémir de dégoût.

C'est un festival d'horreurs à longueur d'année où les animaux subissent des sévices, des tortures et des morts atroces à l'occasion de toutes les fêtes du calendrier.

Par exemple, nous apprîmes que tous les Mardi gras, depuis le Moyen Age, un petit âne subissait, chaque année, la lapidation, les coups de bâtons, les tortures physiques jusqu'à ce que mort s'ensuive, de la part d'une foule hystérique et ivre, en souvenir d'une femme adultère non pardonnée qui partit rejoindre son amant à dos d'âne. A l'époque, la femme fut lapidée et mourut dans d'atroces souffrances. Depuis c'est un âne qui chaque année subit le même sort. De plus on le charge de l'homme le plus gros du village, qui lui-même essaye de lui casser les reins à coups de pied et de bâton. Le tout béni par le curé qui, en tête de la procession, reste insensible aux cris de douleur et d'agonie du pauvre petit âne. Ça se passe à Villanueva de la Vera.

Trois personnes de la Fondation partirent immédiatement sur place.

Ce fut un calvaire pour tout le monde.

La S.P.A. et des associations de protection animale anglaises et italiennes tentèrent avec eux de s'interposer entre la foule en délire et la pauvre bête terrorisée qui tombait sous les coups et le poids de son énorme fardeau (150 kilos). Il y eut des blessés, une femme fut jetée tout habillée dans une fontaine et eut le bras cassé, l'âne ne se relevait plus, il geignait à terre, moribond, pendant que la foule continuait de le battre.

C'était hallucinant.

Les Anglais, qui n'y vont pas par quatre chemins, aidés par mes collaborateurs et tous les protecteurs internationaux présents, arrivèrent à sauver l'âne en le traînant jusqu'à un camion dans lequel ils le chargèrent et l'emmenèrent à l'abri, dans un endroit éloigné. Là, un vétérinaire lui prodigua les soins d'urgence, mais la pauvre bête souffrait de lésions profondes, avait une patte cassée, des plaies suppurantes sur tout le corps, et surtout un traumatisme qui lui laissa des séquelles à vie. Il ne s'en tira que parce qu'il était jeune, mais garda un stress et une méfiance de l'homme pendant de nombreux mois. Il fut le premier à ne pas succomber, grâce à l'intervention rapide et magistrale de l'association anglaise. Mais la foule, hurlante, déchaînée et avinée, ne pouvant achever « son » âne s'en prit à tous les étrangers présents et ce fut une véritable révolution. Il fallut l'intervention de la Garde civile, du maire et des notables du patelin pour qu'il n'y ait pas mort d'hommes, de femmes ou d'enfants. Liliane Sujansky et Frank furent blessés, piétinés, on leur lança des pierres et des crachats.

Ce fut monstrueux. Monstrueux !

Vous pensez : nous avions empêché le déroulement normal d'une tradition vieille de 500 ans ! Pour la première fois depuis cinq siècles, l'âne avait eu la vie sauve... Mais c'était un scandale, un véritable scandale !

Après bien des palabres et des tractations, des revendications, des pétitions, des dénonciations, des lettres écrites au roi (sans réponse !), un soulèvement de l'opinion publique qui manifesta violemment sa révolte en écrivant, en signant, en s'indignant haut et fort un peu partout en Europe, les autorités espagnoles furent contraintes d'accepter que l'âne ne soit plus mis à mort. Mais il subirait les mêmes sévices, porterait le même fardeau et, puisqu'il en avait réchappé, ce serait le même âne qui chaque année subirait encore et encore la haine d'une foule en délire, jusqu'à ce que, n'en pouvant plus, exténué et terrorisé, il en meure.

Dans les records de l'abominable, l'Espagne tient toujours à notre disposition un éventail terrifiant de fêtes barbares qui, tout au long de l'année, sont prétextes à martyriser les animaux.

Tous les ans, en janvier, à Manganeses Polvorosa, une chèvre vivante est jetée du haut du clocher de l'église et s'écrase au milieu de la foule, éclaboussant de sang et du lait de ses pis gonflés, les voyeurs avides du spectacle d'une mort atroce et indécente bénie par le curé. C'est seulement depuis 1994 que, l'opinion publique aidant, nous sommes arrivés à un petit mieux. La chèvre est désormais recueillie dans une bâche tendue et tenue par des protecteurs des animaux. La pauvre bête en est quitte pour une frayeur terrifiante mais a, au moins, la vie sauve.

En février, à Salas de Los Infantes, des poulets et des dindons immobilisés sont tués à coups de bâton par des participants aux yeux bandés sous les acclamations d'une foule hystérique. Il s'ensuit des agonies lentes et des souffrances hallucinantes, des animaux blessés, laissés au milieu des cadavres.

En avril, à Tordesillas, une centaine d'hommes à cheval persécutent un taureau en le lardant de coups de lance. Un prix *(Lanza de Oro)* est remis par le maire de la ville à celui qui, sitôt le taureau à terre, lui coupe à vif les testicules.

En mai, à Benavento, plusieurs taureaux sont lentement étranglés par une corde attachée à leur cou et tirée par 300 hommes sous les hurlements et les vivats d'une foule en délire.

En juin, à Coria, la foule poursuit des taureaux à travers les rues en lançant des fléchettes qui visent les yeux. Lorsque les bêtes s'effondrent, blessées, lacérées, aveuglées, elles sont châtrées, mutilées et poignardées à mort. Les participants s'enduisent du sang des taureaux dont ils exhibent les testicules à travers la ville.

En juillet, à Pozuelo, à minuit, les jeunes Espagnols chassent des taureaux à travers les rues de la ville. Lorsqu'ils atteignent l'arène, ils les battent jusqu'à l'épuisement total. Il y a aussi les cavaliers qui, à Carpio del Tajo, s'efforcent d'arracher au passage la tête des oies vivantes pendues par les pattes à une corde tendue au travers de la place du marché.

En août, à Torrelavaga, un cochon enduit de graisse est poursuivi à travers les rues de la ville par une foule qui se jette sur lui pour l'étouffer. L'animal meurt dans d'atroces soubresauts d'agonie, écrasé sous le poids de la population en délire.

A San Sebastien de Los Reyes, des nains torturent des taurillons pendant des heures pour divertir les enfants. Lorsque les animaux lardés de coups de poignard tombent et agonisent, les nains dansent sur leurs cadavres pour faire rire les enfants.

En septembre, à Peincia, des canards jetés à la mer sont poursuivis par des enfants qui les démembrent vivants pour la plus grande joie des parents.

A Lequeito, des oies sont suspendues par une patte à une corde tendue entre deux bateaux. Des barques naviguent entre ces deux bateaux et leurs occupants s'amusent à arracher la tête des oies vivantes.

A Puebla de Fanals, les cornes des taureaux enduites de goudron et enveloppées de linges imbibés de pétrole sont enflammées. Les habitants les frappent, leur lancent des briques et des pierres jusqu'à ce que, brûlés vifs, ils meurent lentement.

A Algete, on castre les taureaux à vif à la fin des corridas d'amateurs, s'ils sont encore vivants, sous les *Olé* de la foule.

A Candas, les taureaux sont martyrisés sur les plages, s'ils ne se noient pas ils sont achevés à coups de couteau.

En octobre, à Fuenlabrade, quatre animaux (vaches ou taureaux) sont tués quotidiennement, poignardés, lacérés par la foule tout au long de la journée sous un soleil brûlant, des tiges acérées enfoncées dans tous leurs orifices. Les animaux se vident lentement de leur sang.

En novembre, à Igea, on brise les membres des jeunes veaux, puis on les jette dans le vide du haut d'une plate-forme.

Voilà un aperçu des joies de la vie espagnole, et je ne parle ici que de l'Espagne, mais ce genre de distraction est mondial, donc multiplié par cent, par mille !

Devant une telle barbarie, je me penchai un peu plus sur mes animaux, les animaux en général.

J'ai pu observer, tout au long de ces années de vie partagée, combien leur courage, leur dignité, leur abnégation étaient exemplaires. Ils ne revendiquent aucun droit, même pas celui de vivre, ils assument complètement et acceptent leurs souffrances et leur mort. Quand je pense aux tristes et affligeants êtres dits « humains » qui, pris en charge par la société, n'arrêtent pas de gueuler pour un tube d'aspirine non remboursé par la sacro-sainte Sécurité sociale, rendant la planète entière responsable de leurs petits bobos, alors que tout leur tombe rôti dans le bec...

C'est vrai, l'humanité me répugne.

*
* *

Le printemps était là !

Encore une fois les petites feuilles tendres de mon figuier et de mon mûrier, tels de jolis papillons verts, s'éparpillaient sur les branches. L'herbe reverdissait pour le plus grand plaisir de Duchesse et Mimosa, les petites chèvres dévastatrices étant privées du bonheur de gambader au milieu de mon jardin. C'est alors qu'Allain Bougrain Dubourg m'appela. C'était un scoop !

Je le savais très amoureux de Jeane Manson, dont il venait d'avoir une petite Marianne, mais le problème était un petit phoque, « Martial », récupéré le 30 septembre 1989 sur la plage de Merlimont, près de Berck, qui après avoir subi des soins à la « crèche » de Pieterburen aux Pays-Bas devait être relâché en Baie de Somme.

Dès qu'il s'agit de phoques, mon cœur s'ouvre et mon amour n'a plus de limites. Aller de Saint-Tropez en Baie de Somme n'est pas des plus faciles. Ne voulant pas laisser Douce trop longtemps sous la responsabilité plus ou moins efficace d'une bonne volonté de remplacement, j'affrêtai un petit avion privé et, accompagnée par Mylène, je rejoignis sur place Frank, Allain, le petit Martial et une foule de journalistes et de curieux.

Ce fut un moment extrêmement émouvant lorsque, sur la plage, nous ouvrîmes la cage dans laquelle Martial était enfermé depuis des jours. Il n'en croyait pas ses yeux, le pauvre petit, et sortit avec méfiance, reniflant, sans comprendre encore, l'air de liberté qui s'offrait à lui. Après de timides tractions sur le sable, il gagna la mer dans laquelle il disparut sans demander son reste. La Baie de Somme est encore un des rares endroits où des petites colonies de phoques ont trouvé refuge et paix. Martial a dû rencontrer rapidement des compagnons et peut-être une compagne... C'est ce que je lui souhaite du fond de mon âme. En attendant il a retrouvé la liberté, c'est le plus beau cadeau que des humains aient pu lui donner.

Vis ta vie, petit phoque de mon cœur, méfie-toi des hommes, ce sont presque tous des assassins.

En revenant le soir à La Madrague, je pensais à mon Chouchou qui coulait des jours paisibles au Marineland d'Antibes, mais qui aura toute sa vie ignoré le mot « liberté ». Mon Chouchou que j'avais revu au milieu d'otaries et autres mammifères marins condamnés eux aussi à la prison dorée à perpétuité. Mon Chouchou, qui reconnaissait parfois le son de ma voix et poussait d'infinis grognements lorsque je tapais dans mes mains, mais qui se laissait distraire par le museau coquin d'une petite femelle, se roulait par terre, battant son ventre de ses petites nageoires, d'un air de dire : « Tu m'emmerdes ! »

Et il avait bien raison.

Le dicton dit : « En avril, ne te découvre pas d'un fil. »

Pourtant, à Saint-Tropez, il commençait à faire une chaleur d'été, et avec Mylène nous faisions déjà de timides trempettes dans la piscine à 18°. Le soleil était encore supportable, c'est une de mes époques préférées. Après, la foule commence à nous envahir. La chaleur s'installe, les journées s'étirent jusqu'à des heures avancées de la nuit, le bruit des moteurs d'avions, de bateaux, de divers instruments de jardinage ou de construction mêle sa cacophonie au chant des cigales, l'atmosphère devient lourde et poisseuse, comme les touristes.

Ainsi va l'été.

Douce souffrait de cette chaleur naissante qui la laissait avachie dans les moindres coins d'ombre. Je la regardais, ma belle Douce, pensant que la maladie était pour un animal une épreuve encore plus injuste que pour un être humain. Elle ne comprenait pas cette fatigue latente qui s'emparait d'elle après la tentative d'une course brève, d'une courte marche, d'un semblant de baignade. Je lui donnais alors deux gélules de *Proglycem* et son organisme momentanément revitalisé lui permettait de manière factice de continuer à vivre « comme tout le monde ».

A la Fondation, nous reçûmes une invitation un peu particulière.

Il n'était pas question de chien ou de chat mais d'un bateau. Une nouvelle société concurrente des Bateaux-Mouches, *Les Bateaux Parisiens*, voulait donner mon nom à l'un de ses bateaux-promenades. C'était sympathique et rigolo. J'acceptai l'invitation en tant que marraine, ça me changerait les idées.

Effectivement, ça m'a changé les idées.

J'avais emmené Mylène et Yvonne plus toute la Fondation, c'est en véritable délégation que nous arrivâmes au pied de la tour Eiffel au milieu de 4 000 invités de prestige dont le ministre des Transports et le ministre du Tourisme, dans cette soirée inoubliable animée par Jean-Claude Brialy. Ça me rappelait le temps de ma gloire cinématographique, j'étais assaillie, photographiée, interviewée, j'avais le tournis, mais le champagne, la gentillesse des organisateurs eurent raison de mon affolement passager. Après avoir brisé traditionnellement un magnum de champagne sur *Le Brigitte Bardot*, j'eus droit à un orchestre qui joua tous mes succès dont *La Madrague*.

C'est alors que je pris le micro, devant les spectateurs ébahis, et chantai cette chanson que j'aime tant, qui me colle à la peau et au cœur.

Ce fut un triomphe.

Puis en duo avec Mylène, je chantai la *Harley Davidson*.

Ce fut du délire, j'en pleurais d'émotion, les gens hurlaient.

Quelqu'un a dit : « Le succès donne du talent », c'est vrai !

Tout à coup je me sentais différente, moins triste, plus sûre de moi, moins abandonnée, moins seule. Mylène avait les yeux brillants, elle partageait provisoirement cet accueil mémorable et devait ressentir la même chose. Il n'y a pas à dire, ça fait du bien d'être ovationnée.

Ça recharge les batteries.

Pour clore en beauté cette soirée, nous allâmes tous dîner au « Coupe-chou »... Ce délicieux restaurant qui date du Moyen Age, accroché au flanc de la Montagne Sainte-Geneviève, où les poutres, les vieux pavés, les murs disjoints me rappelaient Bazoches. Là, Mijanou, Camille, sa fille, Yvonne, Mylène, la Fondation, Jean-Louis Remilleux, Roland Coutas et moi avons prolongé jusqu'à l'aube une journée qui restera unique parce qu'elle n'était que joie, qu'insouciance, que gaieté, que chants, rires et amitiés.

Ça ne m'arrive plus jamais, c'est pourquoi j'ai tant apprécié cette parenthèse dans la vie si dure que j'ai choisi d'assumer.

Puisque j'étais à Paris, j'en profitai pour donner, le 25 avril, une conférence de presse aux studios de la S.F.P., avenue de Wagram, pour présenter le cinquième volet de mes émissions *S.O.S. Trafic d'animaux*. Là, je retombais dans le sordide, l'affreux commerce dont sont victimes les animaux exotiques ou sauvages. Toute cette chaîne de destruction, ce braconnage odieux, cette insupportable souffrance, ces morts, par centaines, par milliers, d'animaux capturés n'importe comment dans leur milieu naturel, leur transport mortellement éprouvant, leur revente, leurs conditions de captivité, leur douleur, leur agonie. Nous n'avons pas le droit de faire subir aux animaux sauvages et exotiques une telle ignominie. C'est indigne de nous, indigne au sens le plus fort du mot.
A un journaliste qui me demandait :
« Que ferez-vous si vous échouez dans votre combat ? »
Je répondis :
« Je ferai sauter le gouvernement ! »
Cela fit toute la Une de *France-Soir* le lendemain.

Je passai la journée du 26 avril à la Fondation qui devenait exiguë, nous étions les uns sur les autres malgré la surface importante. Je repensais à mes débuts, aux bureaux installés « à la va-comme-je-te-pousse », au Microbus de La Madrague, avec ma petite secrétaire, mon minitel, ma photocopieuse et ma ligne unique de téléphone.
Les choses avaient bien changé.
Il y avait là dix personnes à plein temps, plus les bénévoles, cinq lignes de téléphone, des ordinateurs, des tas de trucs électroniques, un fourmillement incroyable, des chiens, des chats. Je repensais à ma visite chez Cousteau ! Oui, j'étais fière, heureuse de savoir que je n'avais pas échoué en créant la chose la plus dure et la plus importante de ma vie.
Nous avions à l'époque près de 20 000 adhérents, alors que je n'en avais que 2 000 lors du déménagement de 1988. Mais il nous manquait un fichier électronique. Nous n'avions plus assez de place, et un petit appartement de deux pièces était à vendre au premier étage. Je dis à Liliane de l'acheter.
Cela ferait partie du capital et nous enlèverait une épine du pied.
En plus, submergés par les abandons, nous ne pouvions plus accueillir les animaux, ne sachant où les mettre. La Fondation transformée en refuge était invivable. Il y avait des pipis partout sur la belle moquette bleue, et cela sentait mauvais lorsqu'on entrait, malgré les bâtons d'encens, les déodorants et les parfums que nous mettions sur toutes les ampoules électriques. Il nous fallait absolument un « transit » non loin de Paris, avec un petit bout de jardin...

Mais où le trouver, pas trop cher, pas trop loin ?

A force de lire les petites annonces, Yvonne trouva la merveille : un pavillon à louer au Chesnay, près de Versailles, avec un petit jardin.

Pour ce petit paradis il nous fallut une gardienne aimant les animaux, sérieuse, propre, intègre, ne sortant pas le soir, sachant faire les piqûres aux chiens, aux chats, avec permis de conduire et voiture. Nous n'étions pas assez riches à l'époque pour avoir une voiture de fonction. Ça, c'est l'oiseau rare ! Surtout payée au S.M.I.G.

Je laissai Liliane s'en occuper et repartis pour Saint-Tropez avec Mylène, après avoir rempli toutes les corvées administratives qui m'incombaient en tant que Présidente amoureuse des animaux.

Douce et les autres, tous les autres, m'attendaient avec une immense impatience. Les retours étaient une grande fête pleine de gémissements, de sauts, de heurts, de léchouilles, de griffes. Mes vêtements, mon nez, mes bras, en prenaient un coup ! Ces retrouvailles me laissaient en pièces, en lambeaux, gare à mon tee-shirt de soie noire, à mes lunettes en sautoir, à mes cheveux, mais quelle merveille d'être tant aimée !

En enfouissant mes mains dans les fourrures chaudes de mes chiens, il me sembla palper d'énormes ganglions sous la gorge de Douce. Mais oui, Mylène me le confirma, son corps était rempli de ces masses gélatineuses qui roulaient sous la peau aux endroits réservés généralement aux petites glandes annonciatrices de graves perturbations. Ça ne présageait rien de bon, et ma joie tomba net, laissant place à une inquiétude terrifiante.

Heureusement, une jeune vétérinaire, le Docteur Chapuis, venait d'ouvrir un cabinet très proche de La Madrague, cela nous évita d'aller jusqu'à Sainte-Maxime. Le diagnostic fut sévère. Un lymphosarcôme, autrement dit un cancer des tissus lymphatique et ganglionnaire, insoignable. Ses jours étaient désormais comptés, il y en aurait peu, malgré la cortisone à haute dose qui lui fut prescrite. Le sort s'acharnait sur moi au travers de ceux que j'aimais le plus au monde, au travers de Douce, ma merveilleuse, ma belle, ma Douce !

J'allais payer cher les moments d'insouciance que je venais de passer.

Du reste, j'ai remarqué que s'il m'arrive, par hasard, un petit peu de bonheur fugitif, immédiatement j'en subis les conséquences par des douleurs et des tristesses disproportionnées.

Je commençais avec Douce une lutte acharnée contre la mort, qui me permit de gagner quelques batailles, avant de capituler devant la force terrassante qui me faisait face.

Depuis onze ans, Pluton me narguait, ne me lâchait pas les baskets, il allait falloir que je m'habitue à vivre avec lui, ou à mourir.

Le 9 mai, *S.O.S. Trafic d'animaux* fut diffusé à 22 heures 10 sur *TF1*.

Cette émission, pourtant cruelle, dure, sur les martyres endurés par les animaux exotiques dans le seul but d'une commercialisation écœurante, ne fit pas péter les plombs des Français, pas plus que je ne fis sauter le gouvernement ! On s'habitue petit à petit à l'horreur quotidienne, on ne réagit plus, on subit !

C'est contre cet état de léthargie latente que je me bats le plus.

C'est cette négation, ce refus de réagir, cette révolte refoulée, qui font que les choses en sont là, qu'on gobe tout, qu'on devient un peuple d'assistés, anesthésié et lâche.

La résignation est le suicide quotidien !

Parmi les multitudes de calvaires que l'Homme fait subir aux animaux, il en est un qui s'implantait en France lentement mais sûrement au fil des ans, jusqu'à devenir aujourd'hui une fête équivalente à Pâques ou à la Pentecôte : « Les égorgements rituels de l'Aïd-el-Kébir. »

En 1990, cette tradition, naissante en France depuis une dizaine d'années, n'avait pas encore pris les proportions nationales qu'elle a aujourd'hui. On égorgeait, ce jour d'avril, dans les baignoires de H.L.M., dans les escaliers, dans les cours d'immeubles, dans les coffres de voitures, au détour d'un chemin de campagne ou dans un pré loué par un voisin peu regardant sur l'hygiène, encore moins sur la souffrance. Un sou est un sou, alors les autorités fermaient les yeux et les oreilles sur ce massacre sanglant et inhumain.

Comme pour les bébés phoques, j'ai osé crier ma désapprobation et ma révolte.

Mais c'est que là, je m'attaquais aux musulmans... Gare !

Cela fit du bruit (!). Trois lignes dans *France-Soir*, quatre dans *Libération*, deux dans *Le Parisien*, mais qui connaissait l'Aïd-el-Kébir ?

Après tout, les moutons étaient faits pour être égorgés... et puis la Bardot n'arrêtait pas de rouspéter pour un oui pour un non !

Mais je n'avais pas dit mon dernier mot.

Aujourd'hui, tout le monde connaît les fêtes musulmanes d'égorgement de moutons de l'Aïd-el-Kébir, devenues sujet de polémiques politiques, depuis qu'ayant été traînée deux fois en correctionnelle pour propos « racistes » et condamnée, à mon corps défendant, la presse fut obligée de faire mollement état de l'objet du débat. Mais revenons à nos moutons qui, pauvres victimes, continuent encore maintenant d'être égorgés sauvagement sans étourdissement préalable, comme l'exige la loi française, à la suite de ma première bataille en 1962, dans des sites insalubres, loin des abattoirs bourrés, ne pouvant pas assumer, ce jour-là, les milliers de musulmans égorgeurs qui, suivant le dicton « On n'est jamais mieux servi que par soi-même », jouent du couteau, comme d'autres de la guitare.

Affaire à suivre...

Je ne lâche jamais le morceau mais celui-ci est de taille ! On verra.

Douce, extrêmement affaiblie, ne supportait plus du tout la chaleur. Moi non plus du reste.

Nous partîmes donc pour Bazoches où j'espérais trouver un peu de fraîcheur ! Mylène m'accompagna, heureusement, dans le petit avion privé qui fut et continue d'être une épreuve, surtout avec des animaux malades et terrorisés par le bruit des réacteurs. J'ai tant de mal à me déplacer avec toute ma smala que, lorsque je suis à Bazoches, j'y reste. Comme les chats, je suis intransportable. Il faut chaque fois se réhabituer à un nouvel environnement, à de nouveaux gardiens, à un nouveau vétérinaire, à un climat différent. L'habitude chez moi est une seconde nature, j'ai horreur du changement.

Yvonne m'attendait avec impatience, mon arrivée, comme celle des hirondelles, était pour elle synonyme de l'été, des petits dîners, de promenades avec les chiens, de courses à Montfort, de jeux le soir à la fraîche. Mylène allait pouvoir continuer ses démarches auprès des producteurs de disques ; elle avait apporté toute une panoplie de minijupes, de blousons collants... de quoi faire craquer !

Les moissons battaient leur plein sous une chaleur accablante, elles nous renvoyaient, par l'intermédiaire de leurs infernales « moissonneuses-batteuses-lieuses », un bruit ininterrompu accompagné de nuages de terre sèche qui sentaient la paille chaude et le grain éclaté. C'était la touffeur de l'été, même à Bazoches. La maison aux murs épais restait fraîche grâce aux volets tirés que je n'ouvrais que le soir.

Pendant que j'arrosais à n'en plus finir, les chiens reprenaient vie, couraient derrière les poules et les canards, plongeaient dans l'étang, dérangeant les carpes assoupies dans la vase. Les chats, sortant de leur torpeur, criaient famine dans la cuisine... La vie commençait lorsque le soleil se couchait. Seul le petit cimetière de mes animaux restait figé avec pour seuls emblèmes de vies éphémères, les fleurs qui recouvraient les tombes, auxquelles j'apportais grand soin.

Bernadette, ma gardienne, ma jumelle, était là depuis un an.

Elle était courageuse, assumait un travail d'homme, s'occupant des trente moutons, du potager, de la tonte des pelouses, des litières, des pigeons. Elle n'arrêtait pas, même sous la plus torride des chaleurs. Pour l'aider j'avais pris une Italienne, sympa, bonne vivante, qui assurait le ménage, les repas, et quels repas ! De vrais délices, des tomates mozzarella, des brocolis en salade, des confits d'aubergines et de poivrons aillés que nous mangions frais ou glacés ; le soir c'étaient des gratins de lasagnes, des farcis ou des ratatouilles caramélisées ! Pour couronner le tout, je fis des clafoutis de fruits mélangés que je servais tièdes, ou des tartes Tatin que je réussis à merveille.

Du coup, je grossis un peu, beaucoup, et même passionnément.

Le champagne aidant, la sangria fraîche et sucrée, ma balance passa les 60 kilos ! Moi qui n'avais jamais pesé plus de 59 kilos au plus fort de ma grossesse... Tant pis, je serai une grosse dondon mais je ne m'avalerai plus de tubes entiers de somnifères pour mettre fin à mes jours. Lorsque le cafard me serrait le cœur, je me tapais un verre de champagne glacé, deux ou trois biscuits au chocolat et un restant de fromage. Et fouette cocher, en avant les rondeurs mais aussi la gaieté, une certaine joie de vivre.

Après tout, je n'avais à séduire personne, ni à plaire à personne.

Douce maintenait son cap...

On aurait même pu croire à une certaine amélioration. Je la surveillais de près, attentive aux horaires stricts de ses médicaments et de sa cortisone. Comme moi elle avait pris quelques kilos. Nous étions presque aussi rondes l'une que l'autre. Elle courait les prairies, un peu lourde, mais encore aux aguets, reniflant les moindres odeurs inhabituelles, œil vif et langue pendante comme les autres.

Merci mon Dieu !

En revanche, Yvonne, qui fumait énormément, m'entraînant avec elle dans cette course ininterrompue à la cigarette qui en allume une autre, me sembla un peu fatiguée, sa voix était enrouée avec des résonances métalliques. Elle toussait et se raclait la gorge, à mon avis, trop souvent.

Je lui en parlai. Têtue, elle m'envoya sur les roses.

Juste une petite irritation passagère, n'en parlons plus !

Hélas ! nous dûmes en reparler...

Au mois de juillet, j'appris que 25 000 otaries allaient être abattues en Afrique du Sud afin que leurs parties génitales soient vendues comme aphrodisiaques pour le compte d'une société taïwanaise ! Non seulement on tuait à tort et à travers tous les mammifères marins de la planète sous prétexte qu'ils mangeaient trop de morues, mais encore il fallait les exterminer pour permettre à tous les vieux cons, à tous les impuissants d'Extrême-Orient de bander !

Qu'est-ce que c'était encore que cette nouvelle mode ?

Après les cornes de rhinocéros et les ailes des mouches cantharides, voilà que les testicules d'otaries allaient pallier les défaillances de ces vicieux de la partouze !

C'était trop ! Les humains dépassaient les bornes, j'étais outrée !

Ne sachant plus que faire, je proposai à Frédérick de Klerk de payer les 5 francs prévus par animal et de lui adresser la somme globale (enveloppée d'un préservatif !).

Evidemment il refusa !

La rupture du contrat avec Taïwan lui coûtait trop cher. Et puis 5 francs ne font bander personne. Mais le scandale que fit mon intervention suspendit provisoirement l'abattage prévu. Je me demandais où allait le monde dans son infini délabrement ! Je touchais du doigt la détérioration humaine, sa décadence, sa folie !

Etais-je à ce point devenue différente ?

Exclue d'un monde pourri qui examine lucidement sa chute, sa dépravation ?

Pourtant je ne suis ni bégueule, ni vieux jeu, ni prude. Il me semble être normalement constituée, saine, équilibrée. J'ai plutôt choqué par mes attitudes libérées, mais dans les limites que je m'étais fixées, jamais au-delà.

Un coup de fil de Chirac me remonta le moral.

Il m'appelait régulièrement et c'était pour moi une joie !

Bien qu'il ne fût plus Premier ministre depuis 1988, il était toujours Maire de Paris, mais surtout un ami fidèle, joyeux et tendre. Il m'appelait « sa petite biche » et me reprochait une nouvelle fois de ne pas mettre de temps en temps la clé sous le paillasson pour aller me dorer les doigts de pieds sur le sable blanc de l'Ile Maurice où un hôtel tenu par des amis me réserverait l'accueil le plus discret et le plus agréable. Il en revenait en pleine forme et voulait absolument m'y envoyer. J'eus beau lui expliquer les problèmes difficiles auxquels je devais faire face, pour lui je n'avais qu'à confier mon petit monde animal à une femme de ménage et foutre le camp par le premier avion.

C'est tout juste s'il n'avait pas déjà réservé ma place !

Il me grondait. Je riais !

Je l'aimais bien cet « homme-enfant », un peu irresponsable, très influençable mais si gentil. Il devait penser exactement la même chose de moi, en plus têtue.

A la fin juillet, la Fondation me fit parvenir un questionnaire intéressant sur l'Aïd-el-Kébir pour le journal *Présent*. Enfin ! Des journalistes prenaient ma révolte en considération. Oui mais, on me prévint que c'était un journal d'extrême-droite très engagé, je devais réfléchir avant de répondre...

Ta, ta, ta ! Qu'importait le parti politique, je m'en foutais. L'important c'était de dénoncer l'horreur, de faire connaître cette nouvelle tradition, de crier ma révolte, enfin !

Et puis, c'était quoi l'extrême-droite ?

Je n'en savais fichtre rien. Tout ce que je savais c'est que si *L'Humanité* m'avait envoyé le même questionnaire, j'y aurais répondu de la même manière.

Et en avant pour le drame !

Le 1er août était le douzième anniversaire de la mort de maman.

Je m'apprêtais à partir pour l'église de Montfort faire une prière et brûler un cierge, lorsque la maison fut brusquement assaillie par une meute de journalistes, de T.V., de caméras, de hurlements de toutes sortes. Au même moment, coup de fil de la Fondation, l'article sorti dans *Présent* fait scandale, on en parle sur toutes les radios, aux journaux T.V., le bureau n'arrive plus à répondre au harcèlement, les gens sont fous, veulent que j'intervienne en direct, que je m'explique.

« Mais pourquoi ? Qu'ai-je fait ? M'expliquer de quoi ? Tout est écrit noir sur blanc !

— Oui mais c'est dans *Présent*.

— Et alors ?

— Alors on vous avait prévenue ! »

Et me voilà accusée de nazisme, de racisme, de xénophobie, d'homophobie... je n'en revenais pas, je ne comprenais pas !

Je passais d'une radio à l'autre pour n'entendre parler que de « ça ».

Les journaux T.V. de 13 heures dénonçaient ma prise de position !

Mais quelle prise de position ?

Je n'essaye de défendre que les moutons !

A bout de nerfs, je finis par accepter de recevoir *TF1* qui m'interviewa au milieu de mes trente moutons, je ne fis que répéter ce que j'avais toujours dit et que je continue de dire. Mais le mal était fait. Je n'avais ni à me justifier, ni à me dédouaner des paroles que je répète et répéterai jusqu'à ce qu'une amélioration ou une interdiction me permette de m'exprimer différemment.

A partir de ce jour, je fus cataloguée : raciste, Front national, égérie de Jean-Marie Le Pen !

Voilà comment se font les réputations.

Voilà comment on écrit l'histoire.

Pour arranger le tout, je devais rencontrer, deux ans plus tard, l'homme qui partage ma vie, un apôtre et ami de Le Pen !

Mais je ne le savais pas encore...

Décidément, ce mois d'août n'était pas de tout repos.

On s'imagine que, perdue dans la campagne, sous les pommiers, parmi les hautes herbes et les sources gazouillantes, entourée du chant des petits oiseaux, les problèmes du monde ne vous atteignent plus.

Rien n'est plus faux.

Ma révolte éclata une nouvelle fois lorsque j'appris que l'on allait remettre la Légion d'honneur à un assassin de tourterelles du Médoc bien connu, chasseur sans scrupules violeur des lois européennes et françaises, bref, ancien président de la Fédération des chasseurs de Gironde, ce qui résume le sinistre personnage.

A cette époque, la Légion d'honneur n'était pas encore distribuée comme un prospectus vantant les mérites d'une crème à raser ! Même si François Mitterrand l'avait déjà quelque peu galvaudée, elle restait encore le symbole d'une décoration honorifique et rare qui ennoblissait la valeur de celui qui avait la chance de la recevoir.

Maintenant, Chirac l'ayant complètement bradée, certaines personnes, comme Bernard Clavel ou moi-même, l'ont refusée. Le fait de ne pas l'avoir devient d'une telle rareté qu'elle nous singularise avec dignité.

Tous les ministres étaient en vacances. Mois d'août oblige...

Comme les élèves des écoles, ces messieurs du gouvernement, abandonnant la France à n'importe quel sort, s'en allaient se mettre les doigts de pieds en éventail, suivant les conseils expérimentés de Jacques Chirac. Seul Brice Lalonde, ministre de l'Environnement, était encore à son poste. Il m'avait déjà apporté un grand soutien en interdisant l'importation de l'ivoire en France à la suite de ma première émission *S.O.S. Eléphants*. Lorsque je lui expliquai le projet de remise de Légion d'honneur au tueur de tourterelles qu'il avait lui aussi dans le collimateur, il explosa de rage.

Ouf ! J'avais un allié et pas des moindres.

Conjuguant nos efforts, nous arrivâmes, après de longues attentes et tergiversations, à faire suspendre la remise de la Légion d'honneur à cet être méprisable.

Ce fut un scoop.

Tous les chasseurs crièrent au scandale, on en parla dans les chaumières et dans les relais de chasse, mais le triste sire en fut pour ses frais. J'étais bien contente d'avoir ainsi vengé quelque peu tous les animaux victimes de cet excité de la gâchette.

Depuis déjà pas mal de temps, la Fondation suivait avec difficulté le sort tragique de « Chloé » et « Doudou », une petite chimpanzé et une grosse orang-outang, vendues par la France à un laboratoire japonais.

Ces deux femelles s'aimaient d'amour tendre.

Elles avaient subi en France des tests d'intelligence suivis par des « scientifiques » qui, non satisfaits de les stresser continuellement pour leurs moindres gestes, leurs moindres réactions dans l'univers carcéral, robotisé, aseptisé, inhumanisé de leurs cellules, avaient cru indispensable de les soumettre à la recherche japonaise, encore plus dénuée de toute émotion, de toute sensibilité. Chloé et Doudou subirent donc le voyage, le nouvel environnement, le nouveau langage. C'est lorsque les chercheurs nippons décidèrent de les séparer que se produisit le drame.

Un soir, Doudou, isolée de Chloé, arriva à ouvrir sa porte grillagée et se précipita dans le vide, s'écrasant des dizaines de mètres plus bas, sur une plaque de béton. Chloé ressentit cette mort et se prostra à jamais, refusant toute nourriture, toute obéissance, tout esclavage.

Les Japonais, fous de rage, firent un scandale !

Comment avait-on eu l'audace de leur vendre au prix fort deux femelles singes pour leurs expérimentations indispensables dont l'une s'était « suicidée », et l'autre, refusant toute intervention humaine, se laissait mourir d'inanition ?

C'était insupportable, il fallait rembourser !

J'étais atterrée !

Oui nous allions rembourser ces ignobles individus, oui nous allions faire tout ce qui était en mon pouvoir pour récupérer Chloé, pauvre petite chimpanzé, victime de la cupidité, de la méchanceté gratuite des hommes qui, non seulement profitaient de son intelligence, mais encore l'avaient meurtrie en la séparant à jamais du seul être qu'elle aimait, sa Doudou. Pour une preuve d'intelligence ils en avaient une, dramatique, ces tueurs de baleines.

C'est dans cet état d'esprit que je fus reçue, le 8 août 1990, par l'ambassadeur du Japon à Paris, Monsieur Akitanekiuchi.

Vous dire les salamalecs qui précédèrent notre rendez-vous...

Des révérences, des salutations, des inclinaisons, le tout dans cette langue qui ressemble à une bande magnétique passée à l'envers. Il faisait une chaleur étouffante dans cette ambassade climatisée mais pleine de couloirs. Liliane Sujansky et Frank m'accompagnaient, heureusement ! Là, après les courbettes d'usage, j'en vins au vif du sujet : la libération de Chloé à n'importe quel prix, son rapatriement en France, le sauvetage *in extremis* de sa vie. Les Japonais ne disent jamais non, ne répondent jamais précisément à une question, ils louvoient, gagnent du temps, vous enrobent toute parole dans du papier de soie, vous montrant sous le jour le plus optimiste les situations les plus dramatiques. En l'occurrence, pressé par mes questions directes, l'ambassadeur finit par convenir que le sort de Chloé méritait quelques inquiétudes, mais que les chercheurs scientifiques ne lui avaient pas laissé entrevoir le pire.

Pire ou pas pire, je demandais à racheter Chloé pour la ramener en France.

« Est-ce clair ? Oui ou non ?

— Mais oui, Madame Bardot. Vous boirez bien un peu de thé glacé ? Il fait chaud, vos amis seront heureux de partager avec moi le thé ou le saké de mon pays. Non ?

— Non ! Vous en servez du thé glacé à Chloé qui se laisse mourir de chagrin dans vos ignobles laboratoires ? »

Il dut sentir les limites de ma bonne éducation et nous promit de faire tout son possible pour nous donner satisfaction. Mais savait-il vraiment ce qui se passait à des dizaines de milliers de kilomètres dans les bunkers souterrains des laboratoires du Japon où Chloé était prisonnière à vie, je le savais, je le sentais ?

Je sortis de là, mal à l'aise, triste, triste à mourir, mon intervention n'avait servi à rien, Chloé ne reviendrait jamais.

Du reste, quelques jours plus tard, nous apprîmes sa mort.

Pauvre petite, pauvre intelligence, pauvre sensibilité, différente de nous, mais ô combien plus crédible, plus vraie, plus attachante, plus humaine bien qu'animale. Son cœur, son âme, ses sentiments furent intègres, honnêtes, dignes, fidèles et courageux jusqu'au bout.

J'avais envie de pleurer. Mes larmes versées pour les animaux je ne les compte plus ! Parfois je pense qu'elles pourraient remplir les rivières asséchées ou faire déborder les mers polluées en leur redonnant un peu de pureté. C'est vrai que ça ne sert à rien de pleurer mais, après avoir fait tout ce qu'on pouvait pour essayer de faire changer les choses, si on échoue, alors on a le droit de pleurer.

Et puisque j'avais du chagrin, j'allais en avoir encore plus.

Un coup de téléphone de La Madrague m'annonça que « Bouboule », un de mes amours de chat avait disparu. On l'avait cherché partout, mais, en ce mois d'août, les voitures vont bon train sur le chemin qui borde ma propriété, les chiens errants, abandonnés, sont légion, ils coursent les chats pour les manger.

Cet été n'en finissait plus avec son lot de désespérance, de morts, d'épreuves, cet été meurtrier que je haïssais, que je continue de haïr. Il n'était pas question pourtant de baisser les bras, c'était marche ou crève ! Je me demandais souvent où je pouvais encore trouver tant d'énergie pour me battre, après tant de désillusions.

Un malheur n'arrivant jamais seul, c'est en ce détestable mois d'août que j'eus ma première grande dispute avec Jean-Louis Remilleux et Roland Coutas pour mes émissions *S.O.S.*

D'habitude, ils me prévenaient du lieu, de l'heure de l'enregistrement, me montraient les images que je devais dénoncer, me tenaient au courant normalement du déroulement de l'émission. Or, n'ayant aucune nouvelle, je mis sur le compte du mois d'août et des vacances cette absence d'information, bien que notre immense amitié, passant bien au-dessus de la conscience professionnelle, me laissa perplexe quant au devenir du *S.O.S. Mammifères marins*, sujet qui me tenait particulièrement à cœur puisqu'il s'agissait du meurtre des phoques, des dauphins et des baleines. Lorsqu'un soir, regardant le journal de *TF1*, j'entendis P.P.D.A. annoncer avec beaucoup de gentillesse, comme à son habitude, mon passage à 22 heures 30 dans l'émission *S.O.S. Mammifères marins*.

Mais je ne l'avais pas enregistrée !

Qu'est-ce que c'était que cette histoire ?

J'allais passer dans une émission que je n'avais pas faite !

Mylène et Yvonne, qui étaient près de moi, ouvrirent des yeux ronds puis pouffèrent de rire ! Elle était bien bonne celle-là ! Une émission de Bri-Bri sans Bri-Bri, ça valait son pesant de cacahuètes.

Moi, j'étais fumasse !

J'ai horreur qu'on se paye ma tête, surtout quand il s'agit d'animaux !

J'appelai au téléphone tous les bureaux de la S.F.P. et de *TF1*, toutes les productions connues et inconnues, mais passé 20 heures 30, en août, seul un répondeur se donne la peine de vous demander vos nom, adresse, numéro de téléphone et motif de votre appel ! Alors j'attendis, plantée devant la T.V., de voir ce que je n'avais pas fait. Effectivement l'annonce spéciale d'une speakerine nous apprit que *S.O.S. Mammifères marins* ne serait pas diffusé ce soir, mais remplacé par *Si tu n'en veux pas je la remets dans ma culotte !* animé par Jean Trouducul ! Suivi à 23 heures 50 par *Ça ne mange pas de pain* animé par Poilâne !

Le lendemain, dès la première heure, je me pendis au téléphone, essayant d'avoir un ou une responsable de cette foutue émission. Après bien des attentes, des renvois, des musiques agaçantes (on n'est pas au téléphone pour entendre le concerto pour flûte et harpe d'Albinoni !), je finis par avoir une femme qui semblait aussi fumasse que moi sur l'attitude de Messieurs Remilleux et Coutas.

Elle n'en revenait pas. C'était la première fois que... Bien sûr *TF1* avait programmé l'émission, qui sur ordinateur... Mais sans nouvelles de quiconque, il était difficile de..., etc.

Je décidai d'aller la voir afin de régler le problème définitivement avec ou sans Remilleux et Coutas.

Il faisait une chaleur abominable lorsque j'arrivai avenue de Wagram, avec Mylène, dans les bureaux de la S.F.P. J'étais au bord de l'apoplexie, à moitié à poil sous mon bermuda et mon espèce de brassière en mousseline qui ne cachait que mon désespoir.

Je me retrouvais face à des étrangers, responsables auxquels je n'avais jamais eu « à faire ». Cette femme, dont j'ai oublié le nom, se montra extrêmement compréhensive, me fit visionner le film atroce sur les assassinats en série des animaux marins qui nous sont les plus proches, les plus utiles, les plus familiers. Elle ne comprenait pas que je

le découvre alors que Messieurs Remilleux et Coutas lui avaie.
que c'était sur mes ordres qu'il avait été tourné.

Puis, la chaleur et les images insupportables aidant, j'eus un ma

Il fallut m'allonger, me mettre de la glace sur le front, des moud
blanches et noires dansaient devant mes yeux au rythme d'un tamta
épuisant qui emplissait mes oreilles. Je me sentais ridicule au milieu de
ces inconnus, dans ce cadre qui m'était étranger, vaincue par une faiblesse inattendue qu'il me fallait absolument surmonter dans les plus
brefs délais. Ne sachant plus quoi faire, je demandai qu'on appelle
immédiatement mon ami Hubert Henrotte à l'agence Sygma.

Il se trouva pris de court devant l'invraisemblance de la situation. Les
producteurs avaient déménagé à la cloche de bois, laissant à l'abandon
toute une organisation d'émissions dont j'étais le pilier, à croire qu'on
voulait me porter un grand préjudice ainsi qu'à ma Fondation.

Hubert, qui est un homme d'affaires hors pair, décida de prendre en
main la situation avec l'aide de la S.F.P. à laquelle un contrat me liait
pour une série de quatre émissions en 1990. J'enregistrerais ma prestation aux environs du 1ᵉʳ septembre, ce qui nous laisserait le temps
d'achever le montage du documentaire. L'émission pourrait être ainsi
programmée aux environs du 10 ou 12 septembre, préférable au mois
d'août pour l'audimat.

M'appuyant professionnellement sur Hubert, et physiquement sur
Mylène, je quittai tard dans la nuit ces bureaux, que je ne revis jamais,
mais dont je garde un amer souvenir.

Pendant le trajet qui me ramenait à Bazoches, je revoyais les images
du massacre des baleines, la lutte désespérée de cet animal pour tenter
de survivre au harpon-obus qui avait éclaté dans son corps, la mer rouge
de son sang, la puissance qu'elle mettait encore à tenter de plonger pour
échapper à cette mort injuste que l'homme lui infligeait si cruellement.
Puis son dépeçage industriel alors qu'un souffle de vie faisait encore
réagir son pauvre corps mutilé. La mise en boîtes de sa chair encore fré-
missante ; l'empaquetage sous vide de sa viande destinée aux marchés
d'Extrême-Orient, le broyage de ses os, la récupération de sa graisse
pour les produits cosmétiques haut de gamme. La disparition en un tour
de main du corps de ce géant des mers, de cette force mythique et
magique, de ce mammifère sacré et pacifique, devenu un vulgaire produit de consommation, étiqueté et prêt à remplir les rayons de différents
supermarchés japonais, m'écœura complètement.

Tout comme les petits phoques blancs, mes bébés, tués à coups de pic
à glace sous les yeux terrifiés de leurs mères, laissant la banquise rouge
d'une douleur ineffaçable dans mon cœur ; et les dauphins, ces merveilleux amis de l'homme, joyeux et rieurs, capturés sauvagement pour

remplir les bassins des Marinelands du monde entier et y dépérir de tristesse ; les orques pris dans les filets dérivants, les globicéphales massacrés par toute la population en liesse des Iles Féroé, une fois par an, lors de leur passage confiant sur les plages, laissant une mer sanglante dans laquelle s'amusent à patauger les enfants armés de couteaux de bouchers, etc.

Yvonne, qui nous attendait, un peu inquiète, ne nous trouva pas en forme !

C'est vrai, j'étais très éprouvée, une fois de plus, par la réalité choquante qui avait éclaboussé mon cœur et mes yeux. Ne pouvant rien avaler, j'allai me coucher, essayant d'oublier, dans la tendresse de mes chiens et la douceur de mes chats, la destinée tragique de nos frères de la mer.

Toujours sans nouvelles de Jean-Louis Remilleux et Roland Coutas.

Le mois d'août n'en finissait plus de nous abrutir de chaleur, en colportant sa cohorte de problèmes auxquels il semblait parfois impossible de faire face.

Les abandons de chiens par exemple !

On vint même m'en accrocher au portail de Bazoches que je ne pouvais absolument pas intégrer à ma meute, gérant déjà très difficilement les bagarres de plus en plus fréquentes entre Gringo et Toutou.

Bernadette, ma gardienne, qui avait une petite chienne Setter très douce, « Jenny », pouvait pour une nuit ou deux accueillir les abandonnés, en attendant que nous trouvions une solution. C'est ainsi qu'« Oscar », bien qu'il fût extrêmement timide et traumatisé, trouva un nouveau foyer. Mais nous ne pouvions les garder tous. Des voisins gentils prirent en pension un pauvre Epagneul pendant que nous nourrissions de loin un bâtard effrayé qui ne se laissait pas approcher et gémissait la nuit à fendre l'âme, appelant ses maîtres de toute la force de son cœur meurtri.

Le 22 août, je dus partir d'urgence avec Liliane pour Cahors, où un gros problème menaçait le refuge géré par une de mes amies, Marie-Jeanne Blanc. Ne me sentant pas le courage de prendre un avion de ligne en cette effervescence touristique qu'est le mois d'août, je décidai de louer un avion privé qui nous permettrait de faire l'aller-retour dans la journée.

La chaleur était accablante, mais à Cahors elle fut véritablement incommodante. Pas un souffle d'air, du plomb fondu nous engluait dans une léthargie qui rendait le moindre mouvement pénible et épuisant. Tout était figé, mon cerveau fonctionnait au ralenti, j'avais envie de vomir. J'entendais vaguement Marie-Jeanne me parler de fourrière, d'euthanasie, mais je n'arrivais pas à comprendre le sens exact de ses phrases. Puis j'eus un éblouissement, je me sentis fluide, essayai de me raccrocher pour ne pas tomber. Je repris mes esprits très vite avec l'aide d'un verre d'eau glacée que je bus à petites gorgées, puis je me le passai sur le front et à l'intérieur des poignets, là où toutes les petites veines repartent vers le cœur.

Décidément je ne supportais plus la chaleur depuis que mon cancer du sein m'astreignait à une thérapie stricte et quotidienne. Qu'importe. Nous allâmes au refuge, il me fallait trouver une solution au désastreux problème qui obligeait Marie-Jeanne, en tant que responsable du refuge-fourrière de Cahors, à euthanasier dans les délais les plus brefs les chiens non réclamés par leurs maîtres, ce à quoi elle se refusait, d'où une polémique extrêmement vindicative avec le Maire et le conseil municipal.

Avec Liliane, escortée de Marie-Jeanne et son mari, sous un soleil de plomb, je reconnus dès l'entrée un vieux Setter aveugle sauvé du refuge de Cabriès qui attendait en pleine chaleur, attaché à une chaise, qu'une bonne âme ait enfin pitié de lui. Il s'appelait « Bri-Bri ». Mais ce surnom n'avait pas apitoyé grand-monde puisqu'il était toujours là, rejeté, mal aimé, pas aimé du tout. Au fur et à mesure que nous avancions, au milieu des cages, éblouis par une luminosité aveuglante, mon cœur se serrait et les larmes perlaient au bord de mes yeux.

J'en ai vu des refuges, des fourrières, des mouroirs de toutes sortes, mais ce jour-là je devais être en condition d'hypersensibilité, bien que ce refuge fut extrêmement propre et bien tenu, je ne supportai pas de voir, d'entendre, de sentir, tous ces petits abandonnés essayant par leurs gémissements d'attirer l'attention d'un maître éventuel. Certains, aplatis au fond de leurs cages, ne bougeaient même pas. Seuls leur langue pendante et leur souffle court indiquaient qu'ils étaient en vie.

Le thermomètre marquait 45° à l'ombre !

Parmi tous ces adorables chiens, il en est un ou plutôt une, qui attira particulièrement mon attention. Seule, dans un carré d'herbe, elle tournait en rond, elle s'appelait « Lune », était toute blanche, toute douce, et aveugle.

Mais que faisait-elle là ?

Pourquoi Marie-Jeanne ne la prenait-elle pas chez elle ?

Cette pauvre bête n'arrivait plus à se diriger, elle était complètement déshydratée, n'ayant aucun point d'eau à proximité, elle allait mourir... Je l'adopterai, malgré tous les chiens et les problèmes que j'avais déjà, si personne n'avait suffisamment de cœur pour l'enlever à cet enfer !

Il y eut palabres et discussions entre Marie-Jeanne et son mari. Finalement ils décidèrent de la garder chez eux, ce qui m'enleva une épine du pied et me réjouit pour l'avenir de Lune. Cela étant fait, les tractations commencèrent avec le représentant municipal, Monsieur Bacou, avec lequel je dus discuter fermement quant à ces euthanasies qui, faute d'avoir lieu à Cahors, furent faites par une fourrière bordelaise peu regardante quant à l'horreur que cela représentait, mais très intéressée par le pognon que ça rapportait.

Pour savoir ce qu'est une euthanasie massive, il faut y avoir assisté. Les chiens abandonnés sur la voie publique ou trouvés errants, non tatoués, non réclamés par leur maître et n'ayant aucune identité, sont mis « en fourrière ». Au bout d'un délai variant de 8 à 40 jours selon les époques de l'année, les places disponibles ou les épidémies de rage, on en choisit quelques-uns, en général les plus vieux, les plus encombrants ou les plus hargneux, on les traîne avec difficulté, car ils sentent la mort et se cabrent de toutes leurs forces, vers le cabinet fatal où un vétérinaire, plus ou moins doué, prépare à la chaîne la piqûre intracardiaque qui mettra fin à leur vie. Mais pour atteindre le cœur, lorsque l'animal se débat, c'est très difficile. Alors l'aiguille se brise sur les côtes ou le liquide se perd dans les poumons et l'agonie d'épouvante commence avec ses hurlements de souffrance, ses gémissements d'horreur, sous le nez du prochain qui attend d'y passer, se débattant de toutes ses forces pour essayer de fuir.

Après, le corps est jeté dans un coin, avec des dizaines d'autres, en attendant d'être mis dans un congélateur vidé une fois par semaine par un équarisseur qui revendra à bon prix les graisses, les fourrures, et une partie de la viande pour en faire des boîtes à consommer. On a déjà vu, notamment à la Rochelle, des chiens considérés comme morts qui, sur un charnier, continuaient de gémir, de respirer, n'en finissant plus d'agoniser à la suite d'une euthanasie mal faite.

Dans un style différent et peut-être pire, il y a le container à gaz.

On enfourne les animaux, chiens, chats, dans une espèce d'immense machine à laver, on ferme le hublot, on envoie le CO_2, gaz carbonique, et par le hublot on peut suivre l'évolution de l'agonie jusqu'à la mort. L'étouffement, la détresse les font s'entre-déchirer, se monter dessus, s'écraser les uns les autres, leurs yeux exorbités, leurs bouches béantes, leurs hurlements, les spasmes dont sont victimes leurs pauvres corps torturés font définitivement douter de l'humanité de l'Homme.

Cela se passe à Saint-Etienne !

Forte de ces expériences hallucinantes, je n'y allai pas par quatre chemins avec le représentant du maire de Cahors. Etant la marraine du refuge de Marie-Jeanne Blanc, je refusai purement et simplement qu'une seule euthanasie soit pratiquée, sinon je ferais un scandale médiatique qui éclabousserait définitivement son éventuelle réélection et ses ambitions politiques d'avenir. En échange, je m'engageais à ce que ma Fondation prenne en charge tous les travaux de remise en conformité du refuge.

Accord conclu. Ouf!

Prenant Lune sous le bras, la couvrant de baisers, je quittai le refuge pour un petit « entracte » chez les Blanc où, dans l'ombre fraîche de leur appartement, nous pûmes enfin nous relaxer avant de reprendre l'avion. Lune tournait toujours en rond, mais une gamelle d'eau et un bon petit plat étaient à sa portée. Elle finit par connaître son univers, ne tourna plus en rond et vécut encore deux années, entourée de tendresse, d'attention et d'affection.

Ce voyage, si pénible, ne fut pas vain.

J'avais épargné la vie de dizaines d'animaux et permis à Lune de vieillir dans des conditions exceptionnelles. A défaut de grandes victoires il est bon parfois de gagner des petites batailles!

Je pensais, dans l'avion du retour, qu'il me faudrait plusieurs vies pour arriver au but que je m'étais fixé. Au train où allaient les choses et même en y consacrant la totalité de mon existence, la mort viendrait interrompre inexorablement le lent travail que j'avais entrepris.

J'allais avoir 56 ans le 28 septembre prochain!

Pourrais-je encore longtemps me battre ainsi de manière épuisante?

*
* *

Le 29 août, j'eus un coup de téléphone de la S.F.P.

Messieurs Remilleux et Coutas avaient enfin donné signe de vie, fous de rage que nous ayons envisagé de poursuivre les émissions sans eux, ils envoyaient du papier bleu et des menaces de poursuites judiciaires à Hubert Henrotte et à la direction de *TF1*.

Ça, c'était la meilleure!

Pour qui se prenaient-ils ces deux guignols?

En fait d'excuses, ils attaquaient tout le monde... Je croyais rêver!

Je sentais venir une adversité qui m'empêcherait de continuer les émissions. C'était déjà un calvaire pour moi, mais en plus, dans de telles conditions, cela me parut insurmontable, jusqu'au coup de fil extrêmement repenti qu'ils me passèrent. Ils ne savaient pas comment s'excuser de leur attitude, expliquant pêle-mêle un tas de circonstances atténuantes, désolés du pataquès qu'ils avaient provoqué, ignorant l'annonce du passage de l'émission déprogrammée à la dernière minute... Enfin, plus je tempêtais, plus j'explosais, plus ma vindicte était forte, plus leur humilité avait raison de ma violence!

Je pardonnai, que pouvais-je faire d'autre?

Ces émissions étaient capitales pour la survie des animaux, la prise de conscience du monde, l'importance de ma Fondation.

Mais j'en avais gros sur la patate !

A force, ce n'est plus une patate que j'ai mais une citrouille !

Le soir même, au Journal de 20 heures, *TF1* diffusa un reportage dénonçant la scandaleuse misère, la détresse profonde des enfants orphelins de Roumanie.

Les images étaient insoutenables.

Dans des espèces de cachots insalubres, des dizaines d'enfants de tous âges, squelettiques pour la plupart, à moitié abandonnés à eux-mêmes, tentaient de survivre tels des animaux, privés des soins les plus élémentaires, mal nourris, tremblants de froid, livrés à la surveillance de quelques infirmières dépassées par une mortalité incontrôlable.

En assistant, pétrifiée, à l'agonie d'un bébé de quelques mois qu'on avait couché par terre, derrière une porte un peu à l'écart afin que son dernier soupir ne traumatise pas les autres enfants déjà extrêmement affaiblis, je décidai de réagir. Il était inimaginable, honteux, que le monde, l'O.N.U., l'U.N.E.S.C.O., les gouvernements puissants des pays favorisés, puissent tolérer qu'un tel martyre soit infligé à des enfants dénués de tout.

Je remuai ciel et terre, et appelai les journaux. *Paris-Match*, mon magazine fétiche, m'envoya un de ses plus brillants journalistes, Henry-Jean Servat, afin de préparer une campagne d'aide aux orphelins roumains. Avec l'association « Equilibre » nous avons fait tout ce qui était en notre pouvoir pour collecter des fonds, des médicaments, de la nourriture. Je signai immédiatement un chèque de 50 000 francs. Des camions partirent soulager cette misère lointaine mais toujours trop présente. La fin du règne dictatorial de Ceausescu mit un terme provisoire à une blessure trop profonde, trop enracinée pour être balayée aussi facilement. Les orphelins roumains souffrent encore durement, au même titre que la population et les animaux.

Aujourd'hui donc, en ce mois de janvier 1998, j'ai décidé d'aller leur porter secours et réconfort.

Dans toute cette effervescence, je trouvais encore le temps de m'occuper de ma maison, de mes animaux, de mes fleurs et de mes amis. J'organisais des petits dîners champêtres sur la grande table à tréteaux, on aurait dit des repas de vendange même si nous n'étions que cinq ou six. Je faisais des clafoutis *tutti frutti*, mélangeant cerises, prunes, pêches, abricots, pommes, groseilles, framboises, pour le régal des gourmandes comme Mylène qui en mangeait presque un à elle toute seule !

Anne-Marie et Laurent, mon ex-secrétaire d'un été, venaient souvent nous voir. Ils habitaient la porte à côté, c'était pratique. Yvonne faisait partie du décor, avec Wendy, sa petite chienne jalouse de mes chats, qui leur courait derrière, enfin heureuse de ne plus être tenue en laisse. Frank et son ami Patrick, après une dure journée de Fondation, passaient le soir se rafraîchir auprès de nous.

C'était familial et sympathique.

Puis, un nouvel arrivant, François, qui tint par la suite une place prépondérante dans ma vie, puisqu'il fut un peu mon conseiller littéraire pour la publication de mon livre *Initiales B.B.* A l'époque il était un fan de l'actrice que je fus, un amoureux des animaux, un dilettante qui se laissait porter par les courants où le vent le poussait. Un homme différent des autres, charmant et malheureux.

Je me sentais néanmoins très seule.

Le soir, tout le monde rentrait chez soi et je réintégrais ma chambre où le lit me paraissait désespérément grand, vide et froid, malgré l'envahissement de tous mes animaux qui m'obligeaient à me coucher en biais pour ne pas les déranger.

Souvent je pleurais.

Un soir, Allain Bougrain Dubourg vint dîner avec Michel Drucker et Dany Saval.

Je m'étais mise aux fourneaux avec une attention particulière, sachant quels gourmands ils étaient. Je n'en finissais plus de faire mijoter ma marmite de pommes de terre aux truffes, pendant que tout mon petit monde discutait devant un verre de champagne.

J'adore faire la cuisine pour ceux que j'aime.

Je crois que j'aurais pu être une « grand-mère gâteau » pour mes petites-filles, mais hélas, non seulement elles ne parlent pas un mot de français, mais encore, élevées en Norvège dans les coutumes de leur pays, je n'ai eu le bonheur de les rencontrer qu'une seule fois, n'étant pas aux yeux de ma belle-fille une femme recommandable mais un « suppôt de Satan ».

Vade retro Satana!

C'est au cours de ce dîner que Michel Drucker découvrit le talent en herbe de Mylène, son désir de se faire connaître, l'appui que Gainsbourg et moi lui donnions. Il fut décidé qu'elle chanterait la *Harley Davidson* dans une de ses prochaines émissions appelée *Star 90*. Mylène pleurait d'émotion, Yvonne aussi, moi aussi, les chiens aussi, tout le monde était aux anges. Enfin Mylène allait prouver ce qu'elle était capable de faire devant des millions de téléspectateurs, dans une des plus prestigieuses émissions de variétés du moment.

Ah! je ne regrettais pas mes patates et mes clafoutis.

Pendant que Mylène cravachait sa Harley, j'enregistrais enfin mon *S.O.S. Mammifères marins.*

L'ambiance était un peu tendue, en ces premiers jours de septembre où la chaleur n'en finissait pas de nous mettre les nerfs à vif. J'essayais d'être comme toujours la meilleure avocate possible de ces malheureuses victimes d'une cupidité sans bornes. J'insistais sur le sort tragique des tortues marines dont les œufs sont pillés sitôt pondus, malgré la grande douleur qui les cloue tout au long de la pénible ponte. Elles accouchent, elles aussi, dans la peine et la souffrance. Après, on les retrouve le ventre en l'air sur le sable et on les laisse mourir lentement au soleil. C'est inimaginablement cruel. Tout ça pour manger leur chair, faire du potage en boîtes et commercialiser leurs magnifiques carapaces ! Il y a même, à l'île de La Réunion, des abattoirs spécialisés.

Vive la France !

Odette, ma maquilleuse, n'arrêtait pas de me repoudrer le nez, la chaleur faisait tourner mon fond de teint et ma tête ! On me mettait des linges glacés sur la nuque, mais je souffrais terriblement de l'absence d'air conditionné et ma prestation s'en ressentit un peu. J'étais lasse de voir à longueur de temps des images cauchemardesques qui hantaient mon cœur à vie.

Je n'étais pas au bout de mes peines.

Nous avions pris un considérable retard puisque cette émission aurait dû être diffusée normalement avant les vacances. Il fallait donc qu'en trois mois nous assumions les deux prochaines : *S.O.S. Combats d'animaux* et *S.O.S. Animaux à fourrure* dont aucune image n'était encore tournée. Ces problèmes techniques regardaient exclusivement les producteurs mais allaient m'obliger soit à rester sur Paris pour les prochains enregistrements, soit à revenir très souvent. En attendant, celui-ci était dans la boîte, et c'est avec un immense soulagement que je rentrai à Bazoches.

Quelques jours plus tard, la Fondation me téléphonait, affolée, on avait découvert à Toulouse un charnier de chiens dans un refuge. Je partis immédiatement pour Paris, et avec toute mon équipe, après avoir eu les confirmations nécessaires, j'envoyai à Dominique Baudis, le maire « play-boy » de la « Ville rosse » une lettre pas piquée des hannetons que je fis diffuser dans toute la presse locale. On en était encore au Moyen Age dans ce Sud-Ouest prétentieux qui s'avérait être au fil des ans la pire région de France pour les animaux.

Mes rapports s'étaient un peu arrangés avec Jean-Louis Remilleux et Roland Coutas. Ils me tenaient régulièrement informée. C'est ainsi que j'appris que l'émission serait diffusée le 12 septembre au soir, mais que ce même jour j'aurais à intervenir en interviewant François Léotard, ministre de la Culture, pour la prochaine émission *S.O.S. Combats d'animaux*.

J'espérais qu'avec le mois de septembre la chaleur allait un peu diminuer, comme les journées. Mais hélas ! l'été indien s'était installé et je redoutais d'avoir à affronter devant les caméras un ministre dans de telles conditions.

Mylène allait et venait entre Paris et Saint-Tropez.

Elle avait enfin trouvé un producteur et un arrangeur de talent pour la *Harley Davidson*. Son destin allait se jouer et il fallait qu'elle mette tous les atouts dans son jeu. Je lui conseillais de ne pas m'imiter, de faire « sa » Harley à elle, d'y mettre toute sa personnalité sans subir aucune influence. Elle était têtue, savait mieux que personne la marche à suivre, et parfois m'envoyait promener lorsque je me permettais une remarque qui ne lui plaisait pas.

Avec Yvonne nous en avions gros sur le cœur.

Avant même d'être connue et reconnue cette petite gamine nous traitait comme deux vieux trognons, nous laissant le soir, partant dans la décapotable d'un illustre inconnu, après s'être préparée, pomponnée, habillée sexy, sans même un petit signe de complicité ou d'amitié. Le téléphone ne sonnait que pour elle, les imprésarios, les journalistes, les auteurs-compositeurs. Elle me prenait pour sa secrétaire, me parlait comme à une employée débile !

Je commençais à en avoir plus que marre et le lui dis.

Ça n'arrangea pas les choses !

Madame la future vedette estimait qu'il était normal que le monde entier l'appelle sur ma ligne privée puisqu'elle était ici chez elle et que je n'avais rien d'autre à faire que de répondre ! Pendant qu'elle travaillait, répétait, etc. Cette inimaginable prétention faillit nous brouiller définitivement jusqu'au jour où, « entre quatre z'yeux », je lui dis fermement ce que je pensais de sa façon d'être et la mis à la porte. Orgueilleuse comme elle était, elle partit avec son baluchon s'installer chez Laurent et Anne-Marie. Yvonne ayant refusé de l'accueillir.

Mais là-bas ce fut différent !

Elle n'avait ni chambre ni salle de bains personnelle, ni ligne de téléphone dont elle pouvait user et abuser. Il y eut crêpage de chignon et elle revint la queue basse. Depuis, il n'y a plus jamais eu de problèmes entre Mylène et moi !

Merci mon Dieu !

Heureusement, car Douce n'allait pas très bien.

Le véto de Montfort la suivait régulièrement mais son état s'aggravait malgré tous les traitements qu'elle subissait. Douce, ô ma Douce, je t'en prie, je t'en supplie, reste encore avec moi !

Ne me quitte pas !

Ne me laisse pas orpheline de toi, dans cette immense détresse de ton départ. Dans cette insupportable solitude que serait désormais ma vie sans toi.

Douce, ma Douce, fais un effort ! Je t'en prie, je t'aime tant.

Et Douce se remit un peu...

Le 12 septembre, malgré la chaleur qui s'abattait sur Paris et sa région, je partis interviewer François Léotard. Mais ce même jour, au journal *TF1* de 13 heures, on allait dénoncer le massacre de milliers d'otaries en Namibie...

Il me fallait intervenir d'urgence ! Mais comment ?

Je fis donc mon face-à-face « Léotard-Bardot », posant les questions clefs, par exemple : Pourquoi continuait-il d'autoriser les corridas à Fréjus ? Très embarrassé, le maire-ministre répondit que, face à la tradition centenaire et la pression de ses administrés, il lui était très difficile, voire impossible de les supprimer... Mais que, de tout cœur avec moi et partageant mon point de vue, il allait s'employer de toutes ses forces à « faire changer les choses ! »

Combien de fois l'ai-je entendue cette promesse : « Faire changer les choses ! »

J'écourtai cette interview sans intérêt pour me précipiter aux studios de *TF1* escortée par Jean-Louis et Roland. Là, je rencontrai « l'invité du journal » qu'en dernière minute je devais partager. C'était Pierre Bérégovoy. Petit bonhomme, ministre des Finances, avachi sur une chaise, entouré de tout un staff de directeurs de cabinet, de gardes du corps, de maquilleuses, de tout le fourbi. Je le saluai gentiment et lui dis en riant que nous devrions échanger nos rôles pour ce soir, je pourrais parler des finances de l'Etat et lui des otaries de Namibie !

Ce fut un flop !

Il ne répondit même pas par l'ébauche d'un sourire.

Les journaux T.V. en direct sont toujours une épreuve terrifiante pour moi. Dans l'effervescence du moment, avec l'appui de Jean-Louis et Roland et la gentillesse de P.P.D.A., je m'installai à sa droite tandis que Bérégovoy était à sa gauche. Tout ça était très impressionnant. On est sur le grill. Des ordres arrivent de partout. Des voix surgissent de nulle part, des lumières aveuglantes vous clouent au pilori, vous empêchent de voir les silhouettes amies derrière les caméras, c'est une exécution...

Après les présentations des deux invités, après avoir prévenu les téléspectateurs de mon intervention surprise pour la défense des otaries de Namibie, P.P.D.A. enchaîna son journal qui dura le temps habituel, c'est-à-dire près de 30 minutes pendant lesquelles, chacun à notre place, nous n'avions pas le droit de bouger.

Puis j'attendis patiemment qu'on eût fini de parler du coût des impôts, des T.V.A. multiples en augmentation, des crises financières qui accablaient la France, pour avoir enfin la parole. Les images montrées se passaient de commentaires, leur cruauté dénonçait à elle seule l'immonde massacre illégal dont étaient victimes les pauvres otaries. J'insistais de toutes mes forces sur le fait que des pays s'octroyaient des droits de destruction d'espèces plus ou moins protégées sans l'accord de la moindre commission, dans des buts exclusivement lucratifs, sous le couvert d'une consommation excessive de morues qui mettait les pêcheurs namibiens en faillite. L'émotion, le trac, la révolte aidant, je n'arrivais plus à dire « Namibie » et je bafouillais « Manidie » ou « Naguibie » bref ce fut un fou rire et P.P.D.A. remit les lettres en ordre.

Puis je partis à toute vitesse pour Bazoches ne voulant manquer sous aucun prétexte la diffusion de *S.O.S. Mammifères marins* que P.P.D.A. avait annoncé et qui passait pour de vrai cette fois à 22 heures 35.

Ce soir-là je n'en pouvais plus. J'étais crevée et écœurée.

Je n'arrêtais pas de me battre pour rien. Toute cette journée en était la preuve. J'allais encore ce soir revoir et re-revoir des images horribles auxquelles je ne pourrais rien changer.

Aux passages les plus cruels, je fermais les yeux, ne pouvant en supporter davantage. Entourée d'Yvonne, de Mylène, de Jean-Louis et de Roland, j'assistais une fois de plus à la destruction, à l'incarcération, à l'agonie des grands mammifères marins, témoins muets et indispensables de la mémoire de notre vie et de notre nature.

Malgré un audimat important et 16 000 appels minitel enregistrés lors du passage de l'émission, rien ne changea, rien ne fut entrepris pour une protection efficace, aucun homme d'Etat ne réagit.

J'avais une fois de plus échoué.

J'aurais bien aimé retourner changer d'air à La Madrague.

Cet été qui n'en finissait plus de tout dessécher m'avait donné soif de grand large, d'horizons infinis, de mers profondes, d'univers différents. Je me languissais de ma Duchesse, de ma petite ânesse Mimosa, de mes chèvres coquines, de mes moutons apprivoisés, des chats mignons de La Madrague et de ceux si attachants de La Garrigue. Et puis j'avais laissé Zazou, ma petite chienne trois-pattes, et Gold le vieux Cocker sorti du poulailler d'un con de Tropézien ! Enfin, il me tardait d'y retourner. J'en étais là de mes réflexions quand le téléphone sonna. Adrien m'apprit la disparition du chat « Muguet ».

Mais que se passait-il à La Madrague ?

Après Bouboule, Muguet avait lui aussi disparu ?

C'était pire que le Triangle des Bermudes !

Le 28 septembre 1990, j'eus 56 ans.

Ces jours d'anniversaire me rendent désormais très triste.

Ça ne veut plus rien dire, il n'y a aucune raison de se réjouir de prendre une année de plus ! Il n'y a plus personne qui peut témoigner d'une enfance, d'une jeunesse, d'une vie révolue, d'un passé partagé. C'est un jour comme un autre où l'on doit subir les congratulations téléphoniques d'un tas de gens dont on se fout comme de l'an 40 et qui profitent de l'occasion pour se rappeler à votre bon souvenir.

Et puis les fleurs !

Elles arrivent par bottes de douze, comme les asperges, livrées en gros par un fleuriste qui profite d'un voyage pour fourguer la totalité des commandes. Alors on est submergé, on ne sait plus où les mettre, on manque de vases, de place, de reconnaissance, on a envie de les jeter par la fenêtre. Seuls les témoignages très simples me touchent et me font plaisir : un dessin d'enfant, une petite rose cueillie dans un jardin, un gâteau fait avec amour par une vieille dame, un paquet de bonbons au chocolat.

Voilà. Tout le reste m'emmerde... Sauf le champagne !

Mama Olga, qui n'oublie jamais ni fête, ni anniversaire, ni Pâques, ni Noël, m'envoya son livre *Moi j'aime les acteurs* qui venait de sortir, avec une adorable dédicace. Bien sûr elle parlait de moi, croyant et écrivant « m'avoir faite », comme Vadim, comme tous ceux qui m'entourèrent à mes débuts. Mais sans vouloir décevoir personne, je pense que j'avais suffisamment de personnalité pour « me faire » toute seule et même contribuer à entraîner dans mon sillage bien des gens qui sans moi seraient restés d'illustres inconnus à vie. Comme je n'aime pas les acteurs, il ne devint pas mon livre de chevet. Mais, respectant les opinions si différentes que nous avions de la vie et des gens, je félicitai Mama Olga avec tendresse pour cette œuvre qu'elle avait eu le courage et la bonne idée d'écrire à l'âge de 78 ans.

Le jour même de cet anniversaire, dont je ne me souviens plus très bien, j'eus encore un coup de fil de La Madrague m'annonçant la mort de « Fricotin ». C'est un chat semi-angora roux et blanc, d'une douceur et d'une tendresse extraordinaires qui fut atteint subitement d'une crise d'urémie irréversible due à la chaleur et qui l'emporta en 24 heures malgré son jeune âge (8 ans) et les soins qui lui furent prodigués. Je passai ma soirée à pleurer sur mon impuissance face à cette mort qui n'arrêtait pas d'emporter mes petits chats aimés, qui menaçait mes chiens et à laquelle je ne pouvais que me soumettre.

Il me fallait repartir. Je ruais dans les brancards mais dus attendre d'en avoir terminé avec mon rendez-vous annuel à l'Hippodrome de Vincennes, organisé par la Mairie de Paris et la Fondation où toutes les associations essayaient de faire adopter les chiens et chats abandonnés.

C'était le week-end du 7 octobre, en hommage à saint François d'Assise.

Au bras de mon ami Jacques Chirac, nous essayions de nous frayer un chemin au milieu d'une foule compacte beaucoup plus intéressée par nous que par les animaux qui, derrière leurs barreaux, attendaient en gémissant qu'une main se tende vers eux. Dans l'énorme bousculade qui nous engloutit, nous mîmes plus de vingt minutes pour traverser le chapiteau jusqu'au podium. Je n'en menais pas large, ayant une sainte horreur de la foule. Nous étions étouffés par une multitude de bras, de mains, de figures braillantes malgré les forces de police et les gardes du corps. Jacques me protégeait tant bien que mal.

Finalement, je dus abandonner et laisser Jacques Chirac terminer tranquillement sa visite. On me fit sortir avec beaucoup de mal par une porte de secours. Je me retrouvais hébétée mais sauve dans une voiture de police qui, poursuivie par des centaines d'admirateurs, dut mettre son girophare pour m'emmener à toute vitesse loin de cette foule déchaînée. Je n'avais rien vu. Ni le stand de ma Fondation, ni les chiens que nous proposions à l'adoption, ni les chats, ni mes employés, ni même Liliane Sujansky qui dut être éjectée par la foule. Mais le résultat fut positif : 40 000 visiteurs – 600 chiens et chats adoptés.

Merci saint François !

Le lendemain de cette journée mémorable, j'eus encore un appel de La Madrague m'annonçant la mort de mon merveilleux « Papa-Bouc-Blanc », chef de famille de quatre chèvres blanches, fragiles et douces, qui m'avaient été ramenées en catastrophe, sauvées *in extremis* d'un méchoui organisé par des gitans. Toute cette petite famille blanche était tenue à l'écart des autres car leur faiblesse, due à leur incarcération dans des locaux exigus et insalubres, leur avait laissé des séquelles physiques leur enlevant toute possibilité de tenir tête aux chèvres coquines. « Papa-Bouc-Blanc » avait été retrouvé ce matin même, mort, le ventre gonflé, dans sa bergerie, entouré de sa petite famille.

Oh non ! Mais merde, merde !

Le sort s'acharnait sur mes animaux, la mort n'en finissait plus de rôder chez moi, autour de moi. Pluton, salaud de Pluton, arrête ton char, va voir ailleurs, lâche-moi les baskets, tu me pompes l'air... !

Je pris immédiatement mon petit avion avec ma famille chiens. Mylène qui faisait toujours ses allers-retours m'accompagna. Yvonne eut beaucoup de chagrin devant ce départ qui la laissait désormais seule avec Wendy sa petite chienne. Yvonne dont la voix de plus en plus rauque m'inquiéta tant que je la suppliai d'aller consulter un oto-rhino dans les plus brefs délais. Je devais revenir très vite pour enregistrer

449

S.O.S. Combats d'animaux, de toute manière mon départ n'était qu'un au revoir...

* *
*

L'arrivée à La Madrague, comme à chacun de mes retours, fut catastrophique. Non seulement trois de mes chats manquaient à l'appel, mais encore rien n'était à sa place, bien des choses cassées, le jardin semblait à l'abandon, desséché par cet été torride ! Mais qu'avaient-ils fait ces gens que je payais cuir et poil, Madeleine, Adrien, ma femme de ménage ? On devait se la couler douce quand la patronne était absente !

J'en pleurais de rage.

Le lierre magnifique qui ornait tout le plafond du salon, passant de l'extérieur par des petites ouvertures dans le mur, était marron, mort, visiblement on ne l'avait jamais arrosé, mais certainement les baies et les fenêtres restées closes l'avaient privé d'air, de fraîcheur, de rosée, d'humidité. Je fis un scandale et passai une fois de plus pour une folle, odieuse et injuste. Ah, si je n'avais pas eu tous ces animaux, comme j'aurais fermé la maison à clef, laissant les choses en l'état dans lequel j'aimerais tant les retrouver ! Mais là tout le monde farfouillait, allait, venait. S'il manquait quelque chose c'était toujours la faute de personne ou de l'autre.

Quel autre ? Ils étaient trois. Trois de trop !

Pouvoir se balader à poil, téléphoner, rire ou pleurer sans qu'immédiatement les six yeux de Moscou n'aillent commenter vos moindres faits et gestes, déformer vos paroles, s'immiscer à un point de non-retour dans une intimité indispensable à chacun et à moi en priorité, quels privilèges ! Je n'y avais pas droit.

Quant à La Garrigue, ce fut le pompon !

J'avais tout laissé à de nouveaux gardiens, un couple de péquenots qui paraissaient bien braves... mais d'une incompétence totale. Henri et Léone n'avaient rien fait, tout était en friche, Duchesse, ma jument, avait un gros abcès à l'œil, Mimosa, la petite ânesse, ne pouvait plus marcher, la corne de ses sabots ayant tellement poussé qu'elle semblait avoir des babouches orientales. Les chèvres coquines et efflanquées avaient décortiqué tous les arbres à la recherche d'une nourriture qu'elles n'avaient pas eue malgré mes strictes recommandations. Quant à la famille Blanche, je découvris le drame mais hélas ! trop tard.

Ces imbéciles ne leur avaient donné à manger, depuis une semaine, que des brocolis trouvés sur les restes du marché. Apparentés aux choux, les brocolis provoquent en grande quantité des gaz qui, chez les ruminants, sont mortels. Les pauvres petites chèvres, n'ayant que ça à se mettre sous la dent, s'en étaient donné une indigestion.

Résultat : « Papa-Bouc-Blanc » était mort et déjà enterré, le pauvre !

Quant aux trois autres, ils allaient suivre le même chemin malgré tous les efforts que je fis pour les arracher à leur sort. J'appelai la nouvelle vétérinaire installée depuis peu près de La Madrague. Elle m'avoua son incompétence et me conseilla un spécialiste de Draguignan. Il était en vacances, son remplaçant n'était pas véto rural et n'y comprenait rien aux chèvres.

J'assistai donc en l'espace des deux jours qui suivirent mon retour, à l'agonie et à la mort de « Bébé-Blanche » et de « Bébé-Bouc-Blanc » les deux enfants angéliques qu'avait eus « Papa-Bouc-Blanc » avec « Maman-Blanchette » qui, elle, semblait survivre. Mais hélas ! un soir, elle donna des signes inquiétants et son ventre se mit à gonfler. Je ne la quittais pas, ayant pour elle une affection aussi tendre que celle que je porte à mes chiens.

Mylène resta près de moi.

Nous nous relayâmes toute la nuit dans la petite bergerie où elle restait la seule survivante d'une famille décimée. A 3 heures du matin, son ventre devint si énorme que nous appelâmes le Docteur Chapuis, la véto du coin, afin qu'elle nous apporte un trocart. Je me souvenais dans mon ignorance qu'une grosse aiguille appelée « trocart » pouvait éliminer les gaz du ventre des ruminants. Elle arriva avec pour tout secours une minuscule aiguille ; de trocart elle n'en avait pas ! Qu'importe, nous essayâmes, en l'enfonçant dans son abdomen, d'expulser ce qui pouvait l'être. Effectivement, l'air alentour devint nauséabond et un léger sifflement s'échappa à travers l'aiguille des entrailles de « Maman-Blanchette ». Je priai Dieu et tous les saints du Paradis pour que Blanchette que j'aimais tant soit épargnée.

Pendant ce temps, mes péquenots de gardiens dormaient du sommeil des justes, se plaignant parfois du bruit que nous faisions...

Ceux-là n'allaient pas rester longtemps chez moi, nom de Dieu !

A 5 heures du matin, alors que nous nous étions assoupies, Mylène et moi, dans la paille près de « Blanchette », nous fûmes réveillées par ses douleurs, ses spasmes, son agonie. Une mousse blanchâtre sortait de sa bouche, ses yeux révulsés ne nous donnèrent plus aucun espoir. Elle rendit l'âme dans mes bras, couverte de mes larmes.

On me prendra certainement pour une folle, ce que je dois être aux yeux d'une humanité déshumanisée, mais la mort de cette petite chèvre fut pour moi égale à la mort de n'importe quel être humain, je ne fais pas la différence entre l'animal et l'homme.

Je mis comme prévu mes gardiens à la porte et commençais à en chercher d'autres quand on m'appela de Paris pour me prévenir que je devais arriver de toute urgence pour enregistrer mon *S.O.S. Combats d'animaux* programmé pour le 17 octobre. Ne sachant plus quoi faire, dépassée par les événements, je suppliai Mylène de prendre la relève.

Elle assuma gentiment mes deux journées d'absence, se partageant entre La Madrague et La Garrigue où les gardiens sur le point de partir n'en foutaient plus une rame.

J'arrivai à Paris le cœur en lambeaux, complètement épuisée par la vision de ces morts successives d'animaux aimés.

La projection du film, les combats de coqs, de pit-bulls, les corridas, les ours contre les chiens en Turquie, toutes ces horreurs, ces morts inutiles, ces assassinats lucratifs pour les parieurs, ces trognes avinées d'un autre monde, ces êtres arriérés et maléfiques qui se servaient du sang des bêtes par plaisir et pour s'enrichir, tout ça m'écœura profondément.

Je fis ce que j'avais à faire. Je dis ce que j'avais à dire avec un mépris total de l'homme et de l'humanité, qui reste en moi à jamais.

Puis je rentrai rue de la Tour, extrêmement fatiguée.

J'étais seule !

Je revoyais les taureaux dans l'arène, arrivant pleins de vie, de fougue, aveuglés de soleil après un séjour dans l'ombre, cette pendule au-dessus de la porte du toril indiquant à la foule en liesse les 20 minutes de vie qu'il lui restait. Les picadors, trouant son échine, toute cette armada de tueurs « *opéra*-tionnels » à la botte de ce toréador de pacotille déguisé, empailleté comme un arbre de mort, mêlant ses entrechats ridicules à ses « Véroniques » superficiellement inutiles mais faisant se pâmer les connards d'afficionados qui, en rangs serrés, hurlaient à la vue du sang qui jaillissait des poumons perforés.

Je revoyais aussi ces pauvres pit-bulls entraînés par des assassins à massacrer les chats, les lièvres ou les lapins qui, attachés à un manège infâme, leur servaient de proie et d'appât. Et puis les ours, dégriffés et enchaînés, sans aucune chance de s'en sortir, livrés à une meute de chiens exterminateurs, dressés pour tuer.

Et puis... et puis... je me sentis mal, le sol se déroba sous moi, je partais, je mourais... Au secours !

J'eus la force de me traîner jusqu'au téléphone.

Avec un mal infini, je réussis à faire le numéro de Frank qui, heureusement, à l'époque habitait Boulogne tout proche. Je dis le minimum, ne pouvant plus parler :

« Au secours, vite ! »

Il me répondit d'aller, si je pouvais, ouvrir ma porte. Je me traînai jusqu'à l'entrée et ouvris la serrure. Puis je sombrai dans un épais néant.

Je repris mes esprits, allongée sur mon lit, une tête inconnue penchée au-dessus de moi. C'était le docteur de « S.O.S. Médecins » appelé par Frank que je reconnus un peu plus loin dans l'ombre. J'avais eu une terrible chute de tension, on m'avait fait un tonicardiaque et Frank m'avait préparé un café bien fort. Je pleurais en m'agrippant à ce médecin inconnu, le suppliant de ne pas me laisser seule, j'avais eu tellement peur de mourir, ici toute seule, sans personne... On était vendredi, on ne m'aurait trouvée que lundi, tout le monde était en week-end, personne n'aurait pu imaginer qu'un malaise pût avoir raison de moi.

On me calma. Le docteur me rassura, il habitait à deux blocs de chez moi, me laissa son numéro de portable. Je pouvais l'appeler à n'importe quelle heure. Frank, plein de dévouement, passa la nuit, ou ce qu'il en restait, sur le canapé du salon.

Le lendemain matin, je fus réveillée par un coup de fil de La Madrague. Mylène, désespérée, m'annonça la mort de Gribouille, un de nos petits chats les plus familiers. Personne ne savait ce qui avait pu se passer ; on l'avait retrouvé raide ce matin dans le garage.

Je ne réagis même pas !

Tout m'arrivait comme dans un brouillard. J'étais fatiguée.

Frank m'emmena comme prévu à l'aéroport où je pris seule l'avion pour Hyères. Mylène m'attendait. Je rentrai à La Madrague sans parler, sans état d'âme, indifférente à tout.

La joie de mes chiens me remit du baume au cœur.

Ils étaient tous là à me faire une fête comme si j'étais partie six mois. Même Douce faisait des sauts, tournait sur elle-même, on aurait dit une petite fille ! Oh ! Mes chéris, mes amours, mes seuls amours. Comme c'était bon de vous retrouver, de vous avoir auprès de moi !

Avec Mylène, nous enterrâmes Gribouille, c'est moi qui portais la petite caisse dans laquelle il reposerait à jamais. C'est moi aussi qui le déposais dans sa tombe comme je le fais pour tous mes petits, les confiant à cette terre qui en les recouvrant et en les absorbant donnerait d'autres vies.

Mylène me quitta, elle reviendrait après-demain assister avec moi à la projection de *S.O.S. Combats d'animaux* afin que je ne sois pas seule. Elle était gentille, je la remerciais infiniment, mais au point où j'en étais, tout m'étant égal, je pouvais très bien me passer de sa présence si elle avait autre chose à faire.

Il n'en était pas question.

La soirée était douce.

J'allai m'asseoir sur le ponton au bord de cette mer enfin libérée des envahisseurs de l'été. Le clapotis des vaguelettes me chantait une berceuse, le soleil disparaissait derrière la colline. Mes chiens allongés autour de moi, je rêvassais à mon devenir en fumant une cigarette.

Je ne pourrais certainement pas continuer à vivre dans cette solitude désespérante, il fallait que je trouve une solution. Mais laquelle ?

Depuis cinq ans plus aucun homme n'était entré dans ma vie.

Je vivais seule, sans la moindre compensation affective, tendre, profonde, qui m'était absolument indispensable. Il allait me falloir affronter un nouvel hiver, un nouveau Noël, seule avec moi-même...

Toute ma famille était là-bas, en face, dans le petit cimetière marin. Bien sûr il me restait Mijanou, mais malgré toute la tendresse que nous avons l'une pour l'autre, une sœur n'a jamais rempli une vie. Elle avait elle-même de graves problèmes sentimentaux dus à l'éloignement de son mari, et se trouvait dans une situation similaire à la mienne. Dépressive, à la recherche de l'inaccessible harmonie.

Il aurait pu y avoir Nicolas... qui venait d'avoir sa seconde fille. C'était si loin tout ça, là-bas en Norvège, si étranger à l'étranger... juste retour des choses. J'avais Mylène, ma fille adoptive, si proche, si fidèle, si présente à mes côtés, si semblable, si efficace. Oui, j'avais beaucoup de chance d'avoir rencontré ce petit bout de femme qui avait pris dans ma vie une place importante, mais je n'allais pas l'épouser !

A propos, je repensais à ce qu'on m'avait dit un jour.

Il paraît qu'au bout de sept années d'abstinence sexuelle, il vous repousse une virginité. Il me restait deux années à attendre et le scoop mondial défrayerait les chroniques scandaleuses :

« *La Bardot ex-symbol sexuel est de nouveau pucelle* ! »

Ah, je voyais déjà les premières pages des journaux annonçant la nouvelle à la Une en caractères gras.

Du coup j'eus un fou rire qui réveilla mes chiens.

Il faisait presque nuit, je rentrai.

Le 17 octobre, dans la soirée, comme promis, Mylène arriva avec un cadeau qu'elle me remit mystérieusement. En ouvrant le paquet je découvris « son » 45 tours de la *Harley Davidson*. Sur la couverture, une magnifique photo d'elle, cheveux au vent sur une Harley.

J'étais folle de joie et fière d'elle !

Enfin son rêve se réalisait, son premier disque existait, en vente chez tous les grands distributeurs, elle pleurait d'émotion, moi non plus ! L'émission de Drucker, prévue pour le 26 novembre, allait la lancer au firmament des étoiles, rejoignant Vanessa Paradis et Mylène Farmer, dans un envol que je lui souhaitais impérissable et définitif.

J'ouvris une bouteille de champagne, même si elle ne buvait jamais d'alcool, nous allions trinquer à son succès.

A 22 heures 40, *TF1* diffusa *S.O.S. Combats d'animaux* et je replongeais dans une douleur viscérale à la vue de toutes ces hécatombes, de toutes ces atrocités.

Mylène qui découvrait les images fut scandalisée, choquée...

Elle admira le courage que j'avais, l'obstination que je mettais à dénoncer, à combattre tous ces carnages. Elle m'avoua qu'elle-même ne pourrait assumer tant et tant d'horreurs malgré son caractère trempé.

L'émission eut un énorme succès, un audimat important, 25 000 appels minitel et 4 000 lettres reçues dans la nuit sur ordinateur.

Ce fut un coup de maître qui fit exploser les consciences.

Les adhésions de la Fondation augmentèrent en une soirée. Les journaux en parlèrent, l'étranger voulut racheter le film. Cela concernait le monde entier et le monde entier semblait réagir.

Puis plus rien. Aucune loi nouvelle, aucune réaction gouvernementale. L'oubli. Le désert de Gobi ! Allais-je toute ma vie user mes forces, mon énergie, ma puissance de persuasion pour en arriver à de tels échecs ?

Chaque émission était une partie de moi-même que je laissais en pâture, mêlée au sang, à la vie, à la soumission des bêtes. Nous étions liées, elles et moi, dans un combat quotidien mais destructeur. Chaque fois, l'espoir me faisait vivre, puis la déception, la tristesse, la lassitude, l'impuissance de mes efforts, me laissaient de plus en plus désabusée, désorientée.

Qu'importe, je devais continuer, envers et contre tout, jusqu'à ce que mort s'ensuive !

**
*

Alors que j'essayais de faire le vide dans ma tête, où mes pensées, bousculées par trop d'adversités, me donnaient de plus en plus souvent l'envie d'en finir avec tous ces problèmes insurmontables, j'eus un coup de fil de la Fondation. Liliane Sujansky m'apprit, affolée, que nous n'étions pas en conformité avec la loi qui régit les fondations, car nous n'avions pas de Conseil d'Administration ! On risquait purement et simplement la dissolution. Mais qu'est-ce que c'était encore cette histoire administrative qui tombait comme un cheveu sur la soupe alors que nous usions nos forces pour la protection réelle et efficace des animaux ?

C'était comme ça !

Il nous fallait nommer d'urgence un Conseil avec son trésorier, son secrétaire général, son président et ses administrateurs qui devaient au moins être six. Parmi eux se trouveraient obligatoirement, la loi l'exigeait, des représentants du ministère de l'Agriculture, de l'Environnement et de l'Intérieur. Nous aurions à fournir des comptes, il nous fallait donc un commissaire aux comptes, nous devions soumettre nos actions présentes et futures à l'assentiment du Conseil, nous allions nous trouver sous le joug administratif.

Ça recommençait. Je n'avais même pas encore obtenu la reconnaissance d'utilité publique si indispensable, malgré le don exceptionnel de « ma Madrague » à la Fondation, qu'il nous fallait déjà subir le poids des contraintes administratives si pesantes, si inutiles pour la vie même des animaux. Au contraire nous nous battions souvent contre l'inertie de tous ces ministères responsables de la vie animale, qui ne faisaient rien, nous mettant sans arrêt des bâtons dans les roues, indifférents fonctionnaires d'une cause qui ne les atteignait absolument pas !

Après avoir mûrement réfléchi, je soumis à Liliane le nom de ceux qui, proches de moi, pourraient remplir ces fonctions de pacotille : je pensais à mon banquier, également celui de la Fondation, le brave Monsieur Barbara comme trésorier. Mon ami Hubert Henrotte comme secrétaire général. Moi comme présidente évidemment. Au niveau administrateurs : Michèle Griès, mon ex-secrétaire, Pierre Pfeiffer, du Muséum d'Histoire Naturelle, qui m'avait beaucoup aidée dans mon combat pour les éléphants. Allain Bougrain Dubourg, mais accepterait-il ? Mon vieux vétérinaire de Paris, le bon Docteur Triau, Pierre Rousselet-Blanc, que j'adorais mais probablement trop occupé par ses émissions et ses consultations véto.

Je m'apercevais soudain avec terreur à quel point j'étais seule. N'ayant vraiment personne sur qui compter véritablement pour mon Conseil d'Administration, étant, après avoir connu le monde entier, dans un embarras tel que je n'arrivais pas à trouver les six individus suffisamment efficaces pour m'entourer.

Laissant à Liliane le soin de faire le tri, je reportai toute mon affection sur Douce qui donna subitement des signes de faiblesse intense. Les cortisones, les tonicardiaques et le *Proglycem* ne lui faisaient plus l'effet souhaité. Son organisme exténué ne réagissait plus à rien. Seuls ses magnifiques yeux couleur d'aigue-marine me suppliaient de la sortir de cet état grabataire.

J'aurais donné ma vie pour la sienne.

Ne sachant plus à quel saint me vouer, j'appelai en désespoir de cause le Docteur Guillet, de Draguignan, fort réputé pour sa compétence, et le suppliai de venir pour une consultation urgente et vitale.

Son diagnostic fut alarmant et dramatique.

Douce était arrivée au bout du rouleau malgré sa jeunesse. Elle allait mourir, ce soir ou au plus tard demain. Pour lui éviter des souffrances inutiles, il préconisa de doubler les doses de corticoïdes injectables. En cas de réelle panique, une piqûre de *Valium 10* l'aiderait à s'endormir définitivement.

Je me mis à pleurer toutes les larmes de mon corps, dans les bras de ce pauvre toubib très ému lui aussi.

A cette époque, je trouvais un palliatif à ma désespérance en buvant du vin rouge ou du champagne et en fumant cigarette sur cigarette. C'était devenu une drogue dont je ne pouvais me passer. Jouant le tout pour le tout, je fis le vœu de ne plus ni boire ni fumer dès cet instant tant que Douce serait en vie. C'est à la petite Vierge que je fis cette promesse secrète au fond de mon cœur.

456

Le véto s'en alla, il me téléphonerait tard dans la nuit car j'aurais certainement besoin de réconfort étant donné ce qu'il avait prévu. Il était désolé de me laisser seule assumer une épreuve aussi cruelle, mais ses obligations, son travail... Enfin ! Je pris Douce dans mes bras et lui murmurai à l'oreille qu'elle allait mieux, que la petite Vierge veillait sur elle, que nous allions continuer à vivre ensemble, à nous aimer, que rien de grave ne lui arriverait, qu'il fallait qu'elle me croie, qu'elle ait confiance, que je la protégerais toujours du pire. Et Douce lécha ma main, me regarda profondément et posa sa tête sur mes genoux en signe d'assentiment.

Je ne la quittai pas de la soirée.

Après lui avoir fait ses piqûres, elle mangea même un peu de jambon dans ma main. Tous les autres comprenaient qu'il se passait un événement grave. Personne ne bougeait, ni n'aboyait. Même Gringo et Toutou, les frères ennemis, observèrent ce soir-là une trêve. Douce réussit à se lever avec mon aide pour aller faire son pipi dehors.

A minuit, le Docteur Guillet m'appela comme promis, tout étonné et ravi d'apprendre que Douce était toujours là et que son état n'avait pas empiré, au contraire ! Dix fois, cent fois, mille fois j'eus l'envie vitale d'aller boire un coup et de fumer une cigarette. Ce fut très dur. Mais la vie de Douce dépendait de ma volonté et je ne faillirais pas.

Je n'ai du reste jamais failli pendant les six mois de survie qui lui furent accordés par le ciel. J'avais vaincu par ma croyance et ma confiance les prédictions de la science.

Je dus repartir pour Paris enregistrer *S.O.S. Animaux à fourrure.*

Il me fut très difficile de quitter Douce, je la confiai à Adrien qui s'avéra être au fil des ans « l'ange gardien » de mes chiens et chats. Je quittai mon petit monde pour retrouver encore les abominables tortures infligées aux animaux qui portent un pelage dont veulent se parer les femmes superficielles pour épater leurs semblables, avec l'appui scandaleux des grands couturiers.

Je reçus une fois de plus en plein cœur les images insoutenables d'agonies subies par les malheureux piégés, traqués, gazés, dépecés, mutilés, asphyxiés, suppliciés, dépiautés. Je dus même assister à la mort atroce de visons d'élevage auxquels on enfilait dans l'anus un fer rougi à blanc, afin de préserver intacte la beauté de leur fourrure. D'autres qu'on asphyxiait lentement, leur museau coincé dans un bocal de verre, c'est la méthode la moins coûteuse.

Il y avait aussi le container à gaz où on les enfournait comme dans une poubelle, en tassant bien. Puis on ouvrait le robinet et le gaz mortel les empoisonnait lentement, malgré les efforts ultimes qu'ils essayaient de faire pour s'échapper. Le plus invraisemblable, c'est que de nombreux fourreurs venaient de famille qui avaient subi ce genre d'atrocités aberrantes et scandaleuses durant la dernière guerre, ce génocide hallucinant d'horreur. Et, paradoxalement, ils font tout de même subir à d'autres êtres, plus faibles, les mêmes sévices, les mêmes procédés monstrueux.

Quant à la souffrance lente et profonde des animaux sauvages piégés, qui se rongent les pattes jusqu'aux os pour essayer de se libérer, provoquant hémorragies et gangrènes, c'est réellement à la limite du supportable. Et le massacre des renards cernés par les chasseurs et les chiens dans leurs terriers, obligés de sortir, asphyxiés par les gaz envoyés sous terre, visés à bout portant alors qu'ils tentent de survivre, les femelles traînant les petits accrochés à leurs mamelles ! Et le massacre des loups, mitraillés par hélicoptères, n'ayant aucune chance d'en réchapper. Et les chiens pendus haut et court, afin que l'angoisse mortelle leur fasse dresser les poils, qui seront revendus sur l'Italie comme « loup de Mongolie ». Et les chats dont la fourrure est une thérapie reconnue contre les rhumatismes, et les ragondins, les blaireaux, les marmottes, les loutres, les lièvres, les lapins, les martres, tous ces petits animaux massacrés par milliers pour leurs fourrures.

Je ne parle pas des phoques.

Des bébés blanchons... à qui je dédie ma vie.

Le carnage auquel j'assistai pendant la projection me plongea dans un état dépressif si grave que je ne pus enregistrer ma prestation. En plus, ne pouvant ni fumer une cigarette ni boire un coup de champagne, il me fut difficile de me changer les idées par une quelconque diversion.

On remit donc au lendemain ce que j'aurais dû faire le jour même.

C'était le samedi 26 novembre, le soir du passage de Mylène en direct dans *Star 90* que je ne voulais rater sous aucun prétexte.

Je fis donc venir une T.V. sur le plateau qui resta allumée silencieusement pendant que j'essayais de crier au monde criminel de la fourrure qu'une prise de conscience urgente semblait indispensable à la dignité des êtres humains.

Soudain je plaquai tout !

Remis le son de la T.V. Tout le monde sur le plateau en rang d'oignons. On éteignit les lumières. Michel Drucker annonça la révélation de l'année, la fille adoptive de Brigitte Bardot, la filleule spirituelle de Gainsbourg, la nouvelle interprète de la mythique *Harley Davidson* la jeune et ravissante Mylène.

Mon cœur battait à tout rompre, je me tordais les mains par trac interposé.

On entendit des *vroom-vroom* puissants puis Mylène apparut sur sa Harley, toute de noir vêtue, cheveux blonds en auréole, fluide, fine, fraîche, élégante, sûre d'elle, maîtrisant parfaitement son engin et sa chanson. Elle fut éclatante, magnifique, entourée de son orchestre et des chœurs qui la soutenaient, la mettant en valeur. Elle s'en tira avec les honneurs de la gloire, puis Drucker commença de l'interviewer quand Jacques Balutin arriva en cycliste des dimanches sur un vélo ridicule, prit la parole, ne la lâcha plus, renvoyant Mylène aux oubliettes.

J'étais fumasse.

Qu'importe. Elle avait eu son quart d'heure de chance, dix millions de téléspectateurs avaient pu l'apprécier, *France-Soir, Le Parisien, Libération, Télé 7 Jours, France-Dimanche* et bien d'autres journaux annonçaient en gros titres son passage exceptionnel avec photos à l'appui.

Je finis ma plaidoirie pour les victimes de la fourrure, y mettant toute mon âme, tout mon cœur. Puis nous nous retrouvâmes, mon équipe et celle de Mylène, dans un petit bistro.

Ah ! Comme j'aurais voulu trinquer avec une petite coupe de champagne !

Mais mon hommage et ma fierté d'elle ne traversèrent que des bulles de Perrier. Comme je l'aimais, ma courageuse Mylène, ma talentueuse chanteuse, mon invincible qui avait eu le culot de reprendre à voix levée un de mes plus gros succès.

C'était formidable !

Hélas ! l'avenir démentit tous nos espoirs et Mylène, malgré toute son énergie, son talent, sa beauté, ne devint jamais célèbre. Quelques années plus tard, écœurée, elle quitta définitivement ce show-business décevant pour devenir championne de squash !

Je retrouvai La Madrague.

Douce, en légère amélioration (merci petite Vierge !), tous mes toutous, mon Toutou, les chats, la mer, le calme, et la solitude, hélas !

Les jours très courts, comme j'aime, me laissaient des soirées interminables comme j'aime. Je pouvais passer des heures de douceur à caresser mes chiens, à lire, à écrire mes Mémoires, pendant que le feu de bois embaumait et éclairait la maison. J'avais le manque terrible de mes cigarettes et de mes petits coups de rouge que je compensais par une boulimie de pâtes de fruits, mais en plongeant mon regard dans celui de ma chienne adorée, j'oubliais très vite mon sacrifice, remerciant le ciel de me l'avoir laissée en vie, fatiguée mais vivant désormais à peu près normalement. Elle me suivait partout, même à La Garrigue, restant à mes pieds pendant que les autres batifolaient dans les buissons.

Mais quel miracle ! Oui c'était un vrai miracle !

Le 5 décembre, *TF1* diffusa à 22 heures 40 *S.O.S. Animaux à fourrure*.

Je le regardai seule.

Après tout, qu'avais-je à attendre de présences plus encombrantes que souhaitées ? J'avais mes chiens, mes chats, mes pâtes de fruits !

Que demande le peuple ?

Le prince Sadruddin Aga Khan, et sa femme, la princesse Catherine, témoignaient de leur révolte devant tant de cruauté gratuite et inutile. Leur Fondation Bellerive, dont le siège social est en Suisse, luttait à mes côtés pour endiguer cette persécution. L'actrice Anouk Aimée dénonçait l'horreur de cette mode obsolète, dépassée, ridicule. Des couturiers comme Paco Rabanne bannissaient à jamais la fourrure de leurs collections. Certains tinrent parole, d'autres s'empressèrent de suivre le mouvement qui remit sept ans plus tard la fourrure au goût du jour. Hélas !

Des associations américaines comme P.E.T.A. [1] filmèrent et photographièrent les plus grands top models « à poil plutôt qu'en fourrure ». En Angleterre on diffusa un film publicitaire montrant des collections de fourrures ensanglantées qui éclaboussaient les clientes, furieuses et épouvantées.

Bref, l'émission était choquante, c'était le but de la manœuvre.

10 000 appels minitel soutinrent mon combat.

La vente des fourrures connut une chute vertigineuse.

De grandes marques fermèrent boutique.

Bien des femmes portant fourrures furent insultées ou badigeonnées de peinture dans le métro et ailleurs.

Ce fut un succès ! Trop court malheureusement.

L'émission ayant fait grand bruit un peu partout en Europe j'eus des retombées médiatiques extrêmement importantes. Parmi celles-ci un journal hollandais, équivalent à *L'Express*, voulait avoir une interview téléphonique. Bien sûr j'acceptai. J'eus au bout du fil un homme particulièrement concerné par la souffrance animale et par l'irresponsabilité humaine. Tout à coup je pus engager un dialogue avec quelqu'un d'inconnu mais aussi indigné que moi par les agissements humains.

Ce quelqu'un s'appelait Hugo.

Grand reporter des causes humanitaires dans le monde, blessé à plusieurs reprises lors de ses enquêtes dangereuses, il comprenait mieux que personne mon écœurement d'un monde cruel et inhumain. Sa voix était envoûtante, émouvante, chaude, tendre parfois. J'eus envie de pleurer, de lui dire mon désespoir qu'il comprit à demi-mots. Au moment de raccrocher, il me demanda mon numéro personnel que je ne donne à personne, mais je le lui confiai. Il me promit de me rappeler dans la soirée pour savoir si mon moral allait mieux. Il s'inquiétait de moi ! Je n'en revenais pas qu'un inconnu puisse vouer une telle importance à mes états d'âme.

---

1. People for the Ethical Treatment of Animals.

460

Le téléphone sonna à minuit !

C'était lui.

Nous parlâmes longuement d'un tas de choses, je laissais aller mon âme contre la sienne. C'était beau ! Il me dit sans me l'avouer vraiment mais tout en le laissant comprendre qu'il avait un coup de cœur pour moi. C'était réciproque ! Alors il viendrait à Saint-Tropez ! Me voir, me soutenir, m'aimer aussi si je le voulais bien ! Et je le voulais bien.

Il se ferait annoncer par un buisson de roses blanches...

Et je rêvais d'un buisson de roses blanches en cette époque de Noël...

Puis nous raccrochâmes.

J'étais tombée amoureuse d'un homme inconnu qui me le rendait bien. Un avenir ensoleillé s'ouvrait à moi. Je m'endormis en rêvant de lui.

Le lendemain fut enchanteur, mon quotidien fastidieux me parut léger, Mylène ne me reconnut pas ! Quelque chose m'avait métamorphosée. Je chantais, je dansais, j'étais ailleurs, loin, bien loin de cette vie monotone et épuisante, j'étais avec Hugo.

« Mais qui est donc cet Hugo ?

— Un homme merveilleux, une voix extraordinaire, une âme pure et magnifique ! Mon prince. »

Je téléphonai à Yvonne ma joie, mon bonheur.

J'étais dans un état second. Je l'attendais !

En 48 heures il était devenu ma vie, mon espoir.

Avec sa voix si rauque et si inquiétante elle me conseilla de me calmer.

A quoi ressemblait-il ? Quel âge avait-il ? Que savais-je de lui ?

Rien, rien, rien mais tout, tout tout !

Le 15 décembre au soir, alors que je rentrais de La Garrigue, après avoir promené mes chiens sous une pluie battante, crottée, détrempée jusqu'aux os, Adrien, mon gardien de La Madrague, m'avertit qu'on avait livré dans l'après-midi un bouquet immense de roses blanches. Je me précipitai ! C'était Hugo, il était à l'hôtel et attendait mon coup de téléphone.

J'eus un choc !

Tout à coup je me sentis prise au dépourvu. Aucun dîner préparé. La maison un peu comme ci et comme ça, mes draps (on ne sait jamais !) pleins d'empreintes boueuses de chats et de chiens. Et moi ? Moi à l'abandon sans aucune préparation des cheveux aux doigts de pieds, moi à l'état sauvage !

J'en mis un coup ! Et je t'épile par-ci et je te coiffe par-là et je te plonge dans un bain moussant et je te décrotte et je te manucure pieds et mains et je te fais l'œil assassin et la bouche gourmande... et je téléphonai à l'hôtel pour dire « J'arrive » !

461

« Ciel mon prince ! » Comme dans la pub !

Le cœur battant j'entrai dans le hall désert, ne voyant se profiler au loin que la silhouette d'un gnome barbu qui semblait faire les cent pas dans le salon. La directrice, que je connaissais bien, m'avertit que ce monsieur m'attendait depuis des heures...

« Mais quel monsieur ?

— Celui que vous voyez là dans le salon ! »

Mon sang ne fit qu'un tour et moi un demi-tour pour prendre la fuite au plus vite. Mais il m'avait évidemment vue, reconnue, et s'avançant vers moi, minuscule, chauve, grotesque, ressemblant à un nain de jardin, il se présenta. J'eus un haut-le-cœur ! Je chavirai en une seconde d'une extrême excitation à un dégoût hallucinant. Surtout que le pauvre, encouragé par mes paroles téléphoniques, voulant m'épouser sur-le-champ, me demandait dans sa frénésie si la mairie était encore ouverte afin que nous puissions nous y unir immédiatement pour le meilleur et pour le pire.

Ne sachant plus que faire j'essayai de gagner du temps :

« Pouvons-nous dîner ici ?

— Non, nous ne faisons pas restaurant.

— Y a-t-il un bistro ouvert ?

— Non, tout est fermé jusqu'au 20 pour Noël. Il y a un Mac-Donald's à La Foux, mais c'est loin !...

— Ah bon. »

Le malheureux commanda du champagne mais je ne bus qu'un Schweppes ! Il m'offrit des cigarettes, mais je ne fumais plus. Il avait faim, était fatigué par ce long voyage... Je lui offris de partager mon bol de soupe à La Madrague, que pouvais-je faire d'autre ? Et je me l'embarquai, furieuse, ne sachant plus comment m'en décoller. Mes chiens l'assaillirent, lui arrachant son pantalon. C'était à prévoir !

Je lui offris le peu que j'avais, lui expliquant mon désarroi devant son arrivée imprévue, j'étais tendue, agacée, regrettant amèrement ma solitude. Puis il se fit entreprenant, collant, insupportable, odieux. J'étais sur le point d'appeler Adrien, mon gardien, à la rescousse, lorsque j'arrivai à lui dire que « demain » serait un meilleur jour pour nous comprendre... et patati et patata... Il finit par reprendre sa voiture de location et par dégager. Ouf !

Enfin seule, merveilleusement seule, je réfléchis longuement à l'importance du physique dans la vie. Si le même homme avait été beau ou même passablement acceptable, il aurait eu une place prépondérante dans mon existence. Etant ce qu'il était, même avec une belle âme, je ne pouvais l'envisager. Ainsi prit fin ce rêve de Noël qui m'avait tout de même permis d'avoir le cœur battant, le corps en émoi et l'âme fébrile. J'étais encore à la merci des folies de l'amour, ma passion n'avait pas disparu.

462

J'étais une femme !

Cette péripétie fit bien rire mes amis, à commencer par Yvonne, Mylène, Jean-Louis Remilleux, Roland Coutas. Cela mit un peu de gaieté dans ma vie, je réapprenais les fous rires au téléphone et me méfiai désormais des voix envoûtantes à l'autre bout du fil.

Deux jours plus tard, je dus me rendre d'urgence à Cogolin chez une protectrice de ma Fondation qui venait de sauver 15 chiots d'une animalerie « L'espace du chien », à Solliès-Pont. Je fis un appel T.V. régionale pour leur adoption urgente. Ces pauvres bébés traumatisés par les mauvais traitements qui leur avaient été infligés malgré leur jeune âge (2 mois) émurent les cœurs généreux et ils furent tous adoptés.

Ce fut mon plus beau cadeau de Noël.

Je passai le soir du réveillon avec Mylène à jouer au Trivial Pursuit. A minuit, au moment de basculer dans cette nouvelle année, je pris Douce contre mon cœur et suppliai Dieu de me la laisser encore un peu, puis, un par un, j'embrassai tous mes petits, chiens et chats, allant même à quatre pattes sous le buffet de la cuisine faire un câlin à la plus sauvage des minettes. J'eus une pensée pour ceux qui m'avaient quittée, laissant un vide irremplaçable. Seulement après, je serrai Mylène sur ma poitrine, lui souhaitant pour cette nouvelle année toute la gloire qu'elle méritait.

Adieu 1990 ! Bienvenue 1991 !

XII

Nous ne connaissons pas les bêtes.
Les hommes ont encore, là, un monde inconnu à
découvrir. Quand cela sera accompli, ils seront
épouvantés par leur cruauté à leur égard.

Paul Léautaud (1872-1956).

Dans le calendrier de ma vie, les années se suivaient en se ressemblant, chacune apportant son lot de détresses physiques ou morales. J'étais atteinte d'un très profond mal de vivre que je combattais à grand renfort de coups de pied dans le cul de mon subconscient.

Yvonne, à laquelle je téléphonais régulièrement, donnait des signes inquiétants de désespoir lié à un problème grave de cordes vocales. Elle aussi, depuis la mort de son mari, survivait grâce au *Témesta*, au *Valium*, au *Lexomil*. Elle aussi se débattait dans une solitude qu'elle ne supportait plus, se laissant volontairement couler dans un gouffre qui l'anéantirait si elle ne réagissait pas. Je la pris donc en charge, essayant de stimuler ses réactions, lui insufflant un peu de ma rage de vaincre, lui assurant que sa vie était indispensable à la mienne, qu'elle était ma sœur, que je l'aimais, que pour moi elle devait consulter un spécialiste, sinon je baisserais les bras et me laisserais mourir aussi.

A partir de ce moment-là, Yvonne se battit contre la mort, pour moi, uniquement pour moi. Je l'accompagnai dans son combat jusqu'à l'ultime échéance. Nous fûmes plus soudées que des siamoises.

Douce était épuisée mais son organisme tenait miraculeusement le coup.

En revanche « Chipie », une de mes petites chattes préférées, semblait chaque jour plus affaiblie. Le vétérinaire l'avait examinée sans trouver la moindre trace de maladie, ni d'urée, ni de diabète, ni de P.I.F., ni de leucose. Elle était rigolote cette Chipie que j'aimais tant avec son pelage écaille de tortue, son ventre rebondi et son petit bout de queue courte. Elle se dandinait en marchant, faisait sa loi et était la première à se lover le soir au creux de mon bras, tendre et ronronnante. C'est là, dans mon lit, que je la retrouvai morte, le 16 janvier, lorsque je rentrai de la promenade à La Garrigue.

Ce fut un choc et un gros chagrin.

Dès ce début d'année, j'eus à creuser la terre pour y enfouir ce petit être adorable qui fut la première d'une série catastrophique. Dix de mes amours devaient mourir durant cette sombre année 1991 !

Pendant ce temps, à la Fondation, on nous informa d'une recrudescence des braconnages d'éléphants au Sénégal, au Mali, au Tchad. Les pouvoirs publics ne pouvant faire face, manquant de matériel, de personnel, de moyens de toutes sortes, nous envoyâmes cinq véhicules tout-terrain afin de parer au plus pressé. Cet achat fit un trou dans notre budget déjà précaire, mais pour sauver la vie des éléphants, j'aurais donné volontiers la mienne. Alors ?

Et puis il y eut ce coup de téléphone du Maire de Budapest, dépositaire provisoire depuis six mois de 80 loups importés de Mongolie, saisis à la douane et destinés à la fourrure, aux zoos ou à la taxidermie, qui, entassés dans des cages insalubres, sans soins, sans nourriture, dans une obscurité totale, affolés par leur capture et leurs conditions de détention, se laissaient mourir lentement. Pour les sauver, il nous en faisait don mais nous devions venir les chercher au plus vite.

Ce fut un branle-bas de combat à la Fondation et je dois dire que Liliane Sujansky fut absolument merveilleuse de rapidité et d'efficacité.

Gérard Ménatory, grand spécialiste des loups du Parc du Gévaudan, accepta de les recevoir à condition que la Fondation finance la clôture d'un enclos immense qui leur serait spécialement réservé. Les loups ne se mélangeant pas, les meutes doivent toujours être obligatoirement séparées.

Puis il fallut trouver les véhicules.

Deux énormes semi-remorques dans lesquels les loups seraient transportés, nourris, abreuvés pendant les cinq journées de voyage qu'impliquait le long parcours de Hongrie jusqu'en France. Puis il fallut obtenir les autorisations ministérielles et celle de la C.I.T.E.S., assurer à distance les vaccins antirabiques obligatoires. Ensuite avoir le droit de traverser la Hongrie, l'Autriche, l'Allemagne et une partie de la France. Obtenir les laissez-passer en bonne et due forme et les accréditations officielles afin de ne pas être bloqués aux frontières.

Mais sauver 80 loups d'une mort certaine et affreuse fut pour nous comme l'aboutissement miraculeux d'un effort déployé depuis tant d'années, c'était une récompense !

Ils furent dix à partir, dont Liliane et un vétérinaire.

C'était une équipe de choc qui s'ébranla en caravane un matin de février, partant affronter neige, froid, glace, brouillard, fatigue et épuisement pour l'amour des loups prisonniers qui attendaient à des milliers de kilomètres de là.

Sur place il faisait un « froid de loup ».

Mon équipe eut encore à attendre 24 heures pour les mises en conformité des papiers, la vérification des vaccins et des carnets de santé de chaque animal. Puis, le 27 février, jour du départ, le vétérinaire dut anesthésier les 80 loups afin de pouvoir charger les cages dans les camions sans traumatisme pour les bêtes, ni danger pour les gens. Une fois installés, ils se mirent en route pour cinq jours consécutifs d'un voyage harassant pour tout le monde. Plusieurs arrêts étaient prévus pour la nourriture, la boisson des animaux et le délassement de l'équipe. Chaque camion contenait 40 cages sous le contrôle de quatre personnes chargées de surveiller le comportement des loups, prévoir les commencements d'énervement ou de bagarres, vérifier si aucun animal ne semblait malade ou mourant.

Ce fut une épopée.

Une des plus belles actions menées par ma Fondation.

Je devais les accueillir le dimanche 3 mars au parc du Gévaudan, en Lozère, avec Gérard Ménatory.

Afin d'aller et de revenir au plus vite, Frank avait loué un petit jet privé dans lequel m'attendaient Patrick Mahé, rédacteur en chef de *Match*, et Jean-Claude Sauer, son photographe, chargé de faire un reportage exclusif sur cette belle histoire de loups qui défraya la chronique par son originalité. Je n'étais pas au mieux de ma forme, ayant laissé Douce dans un état inquiétant sous la surveillance d'Adrien, mon gardien. Nous avions téléphoné au Docteur Guillet, de Draguignan, pour lui faire part de notre anxiété. Il ne put que nous dire son étonnement de la savoir toujours en vie et son impuissance à la prolonger.

Le voyage fut pénible.

Nous dûmes nous poser en Corrèze puis faire une centaine de kilomètres en voiture. C'était lugubre, froid, gris, glacé. La neige boueuse s'étalait tout autour, les villages semblaient abandonnés, les maisons en deuil avec leurs façades anthracite et leurs petites fenêtres gelées.

C'est alors que j'appris la mort de Serge Gainsbourg.

Ce fut un choc terrible.

On l'avait retrouvé sans vie le matin même, chez lui, seul !

Je pleurai...

Arrivée sur place, je dus répondre à des dizaines d'interviews par téléphone, prenant mes réactions à chaud sur une disparition qui me touchait personnellement et profondément. J'aurais voulu être seule, penser à Serge sans être perpétuellement harcelée par des questions qui m'horripilaient. J'eus le temps d'appeler La Madrague et d'être rassurée. Douce n'allait pas plus mal. Ouf !

Alors je plongeai au milieu d'une foule hurlante qui, mélange de journalistes et du public, attendait comme moi l'arrivée des loups. On me présenta Gérard Ménatory, cet homme extraordinaire, qui vouait sa vie à la réhabilitation du loup dans le monde. Je fus immédiatement conquise par la beauté de son regard, sa crinière blanche, la force et la douceur de son expression. Il était fier et heureux de participer avec ma Fondation au sauvetage de 80 loups venant de Mongolie. Il m'expliqua, au milieu d'un brouhaha insensé, que les loups de différentes provenances ne pouvaient ni se mélanger ni s'entendre, jamais ! Chaque race ayant ses traditions, ses mœurs, ses coutumes. Les photographes nous mitraillaient. J'avais gardé mes lunettes de soleil pour cacher mes yeux rougis par les larmes.

Je pensais à Serge.

Je ne pouvais imaginer qu'il était mort.

C'est seulement plus tard, dans le calme retrouvé, que je pris réellement conscience du drame qui s'était produit.

Le photographe de *Match* voulut des photos exclusives.

Fuyant la foule, Ménatory m'entraîna plus loin et me fit pénétrer, avec d'extrêmes précautions, dans un parc réservé à des louves blanches. Il fallait être très prudent. Seuls lui et moi entrâmes au milieu des femelles. Le photographe dut rester à l'extérieur. Nous avancions à quatre pattes, car de cette manière les loups ressentent moins la prédominance de l'homme et s'approchent avec moins de crainte. Effectivement, quatre louves vinrent nous renifler à distance en nous entourant.

Je n'en menais pas large !

Le photographe voulant que je sois seule, Ménatory me confia un sac plastique rempli de morceaux de viande et se retira en rampant. Je restai assise dans la neige fondue, dégoulinante de bouillasse, presque nez à nez avec ces femelles curieuses, qui vinrent si près que l'une d'elles, intriguée par les fleurs séchées qui parsemaient mon chignon, croyant que c'était de la viande, me bouffa les cheveux alors que je poussais un hurlement.

Il y eut plus de peur que de mal.

J'avais la chignasse de travers, les yeux gonflés de larmes, mais aussi le privilège unique de partager, pendant quelques instants, un moment d'émotion intense entourée de louves, distribuant du bout des doigts une nourriture qu'elles prenaient délicatement du bout des dents.

On aurait dit des chiennes.

Nous commencions à nous apprivoiser mutuellement lorsqu'on nous annonça l'arrivée de nos loups. Toujours avec d'infinies précautions et une extrême lenteur, je pris congé de mes nouvelles amies qui me suivirent, très étonnées par mon départ, jusqu'à la sortie. Le moindre geste brusque, le fait même de se remettre debout brutalement, parler fort, crier, peuvent leur paraître un danger immédiat et provoquer une attaque imprévue.

467

Je ressortis de là ankylosée, sale, gluante, décoiffée.

Ni le temps ni l'endroit pour se refaire une beauté.

A la guerre comme à la guerre.

Je remis tant bien que mal mon chignon à peu près droit sur ma tête, y piquai au hasard les fleurs séchées rescapées, brossai avec mes mains mon pantalon noir plein de boue, déjà les camions arrivaient après cinq longues journées d'un voyage plus que pénible.

C'était émouvant, je m'oubliais pour ne penser qu'à eux !

Liliane Sujansky fut la première à mettre pied à terre sous une salve d'applaudissements, puis le vétérinaire, suivi de toute l'équipe.

Bravo ! Bravo ! Bravo !

Les 80 loups étaient là au complet.

Aucun accident, aucune mort à déplorer. Le miracle était accompli.

Mais, hommes et bêtes avaient souffert, étaient épuisés. Il fallait faire vite, libérer tout le monde, les laisser enfin se reposer. On me fit entrer dans l'enclos réservé à nos loups. Je m'agenouillai devant la porte afin de les accueillir un par un sans leur procurer le moindre stress. Chaque cage ouverte libérait un animal affolé, amaigri, tenant à peine sur ses pattes, qui passait sans même me voir, en titubant, l'échine ronde, la queue rentrée entre les pattes arrière. Mon Dieu quelle triste mine avaient ces pauvres loups efflanqués, comme ils avaient dû souffrir depuis leur capture !

Les larmes aux yeux, je priai la petite Vierge de leur venir en aide. Ils avaient mérité d'être protégés, de vivre leur vie de loup à peu près normalement. Je suppliais qu'ils retrouvent leur forme, leur force, leur beauté. Ils étaient tous très jeunes et semblaient déjà des vieillards !

Qu'en avaient fait les hommes ?

Ils mirent du temps à s'acclimater à leurs nouvelles conditions de vie, quelques-uns ne survécurent pas, les plus faibles ! Les autres s'adaptèrent parfaitement, redevinrent magnifiques et firent des petits. L'enclos trop exigu fut agrandi par les soins de ma Fondation. Aujourd'hui, les loups sauvés sont méconnaissables. Ils vivent en semi-liberté dans un climat qui leur convient parfaitement. Grâce à Gérard et Anne Ménatory, sa fille, et à l'équipe de Sainte-Lucie qui leur ont rendu leur paradis perdu.

Je rentrai, crevée, le soir même à La Madrague, retrouvant une Douce plutôt moins abattue, qui me faisait fête, entourée de tous mes Toutou, Domina, Matcho, Moulin, Mienne, Vénus, Gringo et même Gold, le vieux Cocker sauvé du poulailler de Saint-Tropez.

Je repensais à Serge dans ma solitude retrouvée.

Au lent suicide qu'il s'était imposé, mettant son corps à contribution afin de libérer son âme de tous les poisons que lui distillait la vie. Il ne croyait ni à Dieu ni à Diable, mais ayant une foi inébranlable, je l'imaginais au ciel, planant dans une douce béatitude, avec des ailes d'ange entouré des saintes du Paradis auxquelles il chantait *Je t'aime moi non plus* en forme de cantique ! Du coup j'eus un fou rire nerveux dû à la fatigue, à l'émotion, à la tristesse. Je n'arrivais plus à m'arrêter de rire et de rire encore à travers un flot de larmes que je ne maîtrisais pas.

**

Je m'aperçois que, depuis bien longtemps, je n'ai plus parlé de Jicky, mon frère de cœur, mon photographe, mon ami de toujours.

Pourtant nous ne pouvions être plus proches, il habitait le haut de La Garrigue, dans cette belle maison que je lui avais fait construire selon les plans qu'il avait dessinés lui-même. Il vivait là depuis 1983, séparé d'Anne, sa femme, voyant peu ses deux fils, replié sur lui-même, fuyant une société qu'il estimait décadente. Ayant abandonné la photographie, il reprenait avec fougue son premier métier, sa passion secrète : la peinture ! Il restait des jours devant ses toiles, passant de sa période rose à sa période vert épinard, selon ses états d'âme ou ses goûts du moment. Il ne s'aventurait à l'extérieur que pour filer au golf de Beauvallon, dont il était devenu l'un des plus fidèles habitués, allant même jusqu'à donner des cours aux snobinards empotés qui ne venaient là que pour « faire bien ». Cette passion tardive du golf aida Jicky à vivre et fit de son fils aîné, Emmanuel Dussart, le champion de France amateur des années 80, puis professionnel, chapeau !

Je le voyais peu, nos chemins s'étant diamétralement éloignés.

Lorsque je « montais » chez lui, suivie de mes chiens, il ronchonnait, leur fermant la porte au nez, ayant peur qu'ils ne salissent le carrelage. Planté devant son chevalet sur lequel trônait une espèce de kaléidoscope aux couleurs variées et insolites qui ressemblait plus à un patchwork qu'à une œuvre d'art, il me demandait mon avis sur cette vue de Saint-Tropez qu'il était en train de peaufiner.

Invariablement, je répondais que, n'y comprenant rien, je trouvais ça affreux !

Alors, méprisant, me toisant de haut en bas et de bas en haut, il répliquait souverainement offusqué que je n'étais qu'une pauvre conne comme les autres, mais qu'un jour je changerais d'avis, qu'après sa mort, comme tous les grands peintres, il serait reconnu, estimé, coté, au même titre que son maître « Juan-Gris » – inconnu au bataillon de ma culture picturale !

Nous nous engueulions un peu, puis il me prenait par les épaules et m'offrait un coup de rouge. Nous ne parlions jamais d'animaux, il ne savait même pas que j'avais une Fondation, et à part une vieille chatte grise, « Zouzou », qui partageait sa solitude, l'animal n'avait pour lui que l'intérêt de son utilité dans le labeur des hommes.

Nous n'étions plus « branchés ».

Malgré tout j'aimais sa présence, sa tanière qui sentait un mélange de colle, de papier, de térébenthine, de feu de bois et d'after-shave. J'aimais sa voix tonitruante à l'accent chantant, son regard blasé, son mysticisme, sa croyance, son mépris, sa droiture, son élégance, surtout, car malgré ses 66 ans il restait magnifique, droit, racé, beau.

Je lui disais tendrement : « Mon vieux complice ! »

Il répondait : « Mes couilles aussi Marquise ! » et nous partions d'un éclat de rire fou qui n'en finissait pas de ricocher sur les rochers de la plage, quelques mètres plus bas. D'autres fois, plus ésotériques, nous parlions littérature mystique. Il me fit lire *La Vie des Maîtres*, puis une chronique de Pierre Dehaye parue dans *Le Figaro* : *L'Age de la force*, que je reproduis à la fin de ce livre.

Parfois nous restions trois mois sans nous voir, sans nous téléphoner, puis subitement il arrivait chez moi à La Garrigue « basse » avec une pizza achetée au marché pour déjeuner. Le chemin qui menait de sa maison à la mienne était flanqué, dans son milieu, au tournant le plus abrupt, de la petite chapelle dédiée à la Vierge qui nous servait de halte dans cette montée ou descente, avec son petit banc de pierre où il faisait bon s'asseoir les jours de canicule.

L'amitié, comme l'amour, dépassé un certain stade, se mue en sentiment d'éternité dont la profondeur exclut le besoin répétitif et quasi quotidien d'en rappeler l'existence.

C'était. C'est. Ce sera.

Je fus appelée à comparaître pour soutenir le groupe Greystoke devant la cour d'appel de Paris à la suite de l'enlèvement d'une vingtaine de babouins du laboratoire de Gif-sur-Yvette. Je profitai de ce voyage pour prévenir Jean-Louis et Roland d'enregistrer mon prochain *S.O.S. Chevaux*.

Douce étant dans un état de plus en plus précaire, je demandai à ma fidèle Madeleine de venir me remplacer pendant 48 heures. Mylène, trop occupée par sa future carrière, ne pouvait pas assumer le « dog-sitting ». Elle était sollicitée par des producteurs inconnus mais néanmoins envahissants, et plus omniprésents dans sa vie privée que pour un éventuel projet d'enregistrement. Enfin !

Le lundi 11 mars je passai ma journée à visionner l'infinie douleur des chevaux dans notre société de fric. Je découvris les magouilles et les dessous du milieu des courses, la cruauté, l'indifférence dont sont victimes les perdants, les blessés. J'appris que l'on enfonçait sous les bandages des chevilles des chevaux d'obstacles des capsules de Coca

Cola, ou qu'on leur mettait des guêtres à clous, afin que la douleur fulgurante qu'ils ressentiraient dans leur chair, s'ils ne levaient pas assez haut les jambes lorsqu'ils touchaient une barre, les oblige à faire les efforts nécessaires pour ne rien frôler au moment du saut. Je découvris les amphétamines, les tonicardiaques, toutes les drogues qu'on leur faisait ingurgiter, qui leur provoquaient souvent des infarctus dont ils ne réchappaient pas ou qui raccourcissaient leur espérance de vie. Et aussi le scandale des dopages, des marchés entre jockeys et propriétaires, tout un monde hallucinant de malhonnêteté où l'animal, s'il n'est pas un crack, prendra le chemin de l'abattoir.

Je hurlais : « Non ! Non ! Non ! Par pitié ne mangez plus de cheval, je vous en conjure, arrêtez ! »

Il fallut que je me calme afin que l'enregistrement de ma prestation soit crédible.

Mais j'étais retournée, choquée.

Longtemps, et encore maintenant, l'image de ce petit cheval blanc entraîné par les tueurs, qui se débat dans un ultime sursaut d'espoir au milieu des instruments de torture qui vont le transformer en biftecks, m'a hantée et me hante encore.

En écrivant ces lignes, j'en pleure.

C'est insupportable. Il faut absolument que ça cesse. Aidez-moi !

Je suis très sensible et réceptive aux regards.

J'ai remarqué bien souvent des similitudes d'expressions entre les regards humains et ceux des animaux. L'œil est le reflet de l'âme. J'ai lu dans les yeux de mes chiens bien des choses que la parole ne pourrait exprimer. J'aime regarder les gens au fond des yeux, je scrute immédiatement leur lâcheté, leur hypocrisie, leur orgueil, leur franchise, leur soumission ou leur luminosité. Au milieu d'un troupeau de chevaux dont je n'aurais vu que le regard j'aurais immédiatement reconnu les yeux de Duchesse, ma jument tant aimée. J'ai lu dans les yeux des chevaux condamnés à la peine suprême une douleur, une abnégation soumise, une angoisse mêlée d'une infinie tristesse qui m'ont rappelé l'expression tragique de *La Pietà* de Michel-Ange.

Pauvres bêtes, pauvres victimes déchues de leur noblesse, pauvres innocents qui furent nos indispensables compagnons d'arme, de labour, de transport, de courses, de manège, remplacés par des moteurs, des outils, des robots, n'ayant plus à nous offrir que leur sang et leur viande et continuant encore à nous servir leur vie sur l'étal des bouchers chevalins.

Nous sommes, avec la Belgique et l'Italie, les trois seuls pays d'Europe et même du monde à consommer encore de la chair de cheval. Avec tout ce que nous avons à bouffer, il est inconcevable que ce cannibalisme perdure. Cette tragique habitude est venue durant la guerre de 1870, lorsque Paris était assiégé par les Prussiens et que la famine sévissait. La population, alors morte de faim, se mit à manger les rats, les chats, les chiens et même les animaux du zoo et forcément les chevaux !

Mais aujourd'hui que nous avons tout à notre disposition, que nous crevons d'excès de graisse, de cholestérol, de maladies cardio-vasculaires, que nous sommes gavés par tous les bouts d'une nourriture aussi malsaine que variée, qui peut encore avoir l'insolence de digérer la plus noble conquête de l'homme ? Porteuse de trichinose, interdite dans les cantines et les restaurants d'entreprises, elle peut être dangereuse.

Le cheval, symbole de force et de beauté, est viscéralement attaché à l'homme qui en fit le Centaure ou la Licorne. Un animal mythique doit être respecté et non finir haché sous vide dans les rayons des supermarchés.

Le cheval est un ami, on ne mange pas ses amis.

Encore bouleversée, je dus donc me rendre le lendemain à la cour d'appel de Paris pour soutenir mes amis du groupe Greystoke condamnés par un jugement du 13 juin 1990 pour l'enlèvement dans la nuit du 31 mars 1985 d'une vingtaine de babouins d'un laboratoire de Gif-sur-Yvette.

En tant que présidente d'une Fondation non reconnue d'utilité publique, il m'était toujours interdit de me porter partie civile. Par contre Brigitte Bardot en tant que citoyenne pouvait témoigner en toute légalité. J'avais demandé à Maître Jacques Vergès d'assurer leur défense et d'assister leur avocat Maître Bouder, afin de mettre un maximum de chances de leur côté. J'étais révoltée par la médiocrité de cette justice d'opérette qui condamnait à tort et à travers des hommes et des femmes courageux qui risquaient liberté et honneur pour avoir sauvé du martyre de l'expérimentation quelques pauvres babouins.

Il faisait une chaleur étouffante dans cette salle d'audience. Tout traînait en longueur, ça n'en finissait pas. Quelle nullité ! Les violeurs de petits enfants, les assassins de vieilles dames, les fouteurs de merde sont mieux traités que les défenseurs des animaux. C'est à ne pas croire.

Tout ça sent la poussière, l'indifférence, le ridicule.

Toutes ces phrases alambiquées, ces formules moyenâgeuses et condescendantes, ces effets de manche, ces courbettes chafouines et obséquieuses me rappelaient les comédies satyriques de Molière. Nous étions à la Comédie-Française au vrai sens du terme. Je reniflais que les juges n'accordaient aucune circonstance atténuante malgré le talent de Vergès, l'avocat des causes désespérées, la « Sainte Rita » du barreau de Paris.

Une fois de plus mon instinct ne me trompait pas.

Leur condamnation resta la même. Je payai de ma poche la caution qui devait laisser libre provisoirement Dominique Jacob. Notre Dominique, si courageuse bien qu'un peu marginale, mais indispensable à la protection animale et collaboratrice assidue de ma Fondation, recueillant tous les chiens et chats perdus dans son deux-pièces exigu sans ascenseur d'un quartier difficile.

Je tire mon chapeau à tous les commandos qui, au péril de leurs vies parfois, sauvent les animaux de laboratoire. Ce sont eux les vrais protecteurs, les vrais défenseurs.

Le soir même, ayant accompli mes missions, je repris l'avion et retrouvai enfin ma petite famille au complet. Madeleine, fatiguée par ces 48 heures de surveillance, repartit immédiatement.

Je restais à nouveau seule dans cette Madrague silencieuse où rien n'avait été prévu pour accueillir mon retour. Parfois j'ai eu envie d'avoir un petit plat mijoté, le couvert préparé, des draps propres, mais personne ne se souciait de ce genre de détails. Je me les offrais moi-même ou devais m'en passer. J'ai appris au fil des années à me passer de tout, à ne plus rien attendre de personne, mais parfois cette indifférence me glace le cœur.

Douce était là, mignonne et belle, malgré les énormes ganglions qui déformaient son pauvre corps épuisé. Ses yeux d'aigue-marine me racontaient son amour, sa joie de me revoir. C'était le principal. Je tenais bon, n'ayant, depuis mon vœu, jamais fumé une cigarette, ni bu un verre d'alcool. C'était très dur ; parfois, n'en pouvant plus, je prenais une cigarette entre mes lèvres, la humais, la reniflais mais ne l'allumais jamais.

Le lendemain de mon retour, Mylène vint me voir.

Elle avait plein de choses à me raconter, tout baignait pour elle. Un départ pour New York avec un producteur iranien était prévu, mais avant il l'avait emmenée s'habiller chez les grands couturiers, se coiffer chez *Carita*, dîner chez Maxim's !

« Ah bon ! Et il t'a proposé des titres de chansons ?

— Non. Nous verrons sur place aux Etats-Unis avec des groupes américains. »

Nous allâmes nous promener à La Garrigue, j'emmenais Douce, si heureuse de ne pas rester prostrée comme une handicapée à La Madrague. Je la portais à moitié mais son envie de vivre faisait le reste. Je passai à la chapelle remercier Dieu de me la laisser encore aujourd'hui.

Le 16 mars au matin, comme tous les jours, je me réveillai à 6 heures pour donner à Douce ses médecines. Elle restait allongée dans le salon sur son matelas, je la voyais par la porte ouverte à deux battants de ma chambre, puis j'allais me rendormir. A 8 heures, Adrien me réveilla, m'annonçant que Douce était morte.

« Non ! C'est impossible, je viens de lui donner ses comprimés, elle était vivante, bien vivante !

— Oui mais maintenant elle est morte ! »

Le corps de Douce gisait sans vie sur son matelas, ses yeux d'aigue-marine vitreux, sa langue pendante sur laquelle restait encore un des trois comprimés que je lui avais donnés deux heures avant.

La douleur me poignarda si fort que je ne pus plus dire un mot.

Tout tournait dans ma tête et dans mon cœur, le temps s'était figé. Il restera figé longtemps. Comme une somnambule, j'allai allumer une cigarette qui me fit vomir. Puis, à jeun, je bus un verre entier de vin rouge qui me fit revomir. J'avais envie d'en finir moi aussi, de m'avaler tout ce qui tombait sous la main, de mettre un point final à cette dramatique comédie qu'était la vie. Cette succession de jours, d'années, d'heures, de minutes et de secondes dans lesquelles nous nous débattions pour en arriver plus ou moins rapidement à l'anéantissement total !

Après l'avoir couverte de fleurs et de larmes dans son berceau de terre, là où les derniers rayons du soleil couchant embrasent le jardin de La Madrague, je dus réapprendre à vivre sans elle.

Je m'accrochais comme une noyée à la chaleur vivante de tous mes autres chiens, leur prodiguant toutes les caresses dont ils avaient été momentanément privés, mon attention ayant été exclusivement réservée à Douce. Ils comprenaient, ils savaient, leur instinct les guidait vers ma souffrance. Ils furent merveilleux de douceur, de tendresse, de sagesse. Même Gringo fit la trêve avec Toutou !

J'eus le bonheur d'avoir Elly à mes côtés pendant cette période douloureuse. Quittant sa Corse et son mari, elle était venue s'oxygéner un peu chez moi...

L'amitié, comme l'amour, épousant le meilleur comme le pire, c'est à une asphyxie complète qu'elle dut faire face et qu'elle affronta avec fidélité. Merci Elly ! Si elle n'avait pas été là, proche, gentille, familière, je ne sais pas où j'en serais, peut-être ne serais-je plus ?

Surtout qu'à peine remise (pas remise du tout, du reste) le 21 mars, « Rouquine », la vieille chèvre me trépassa dans les bras à La Garrigue. Elle était si brave, si apprivoisée, cette Rouquine qui comme un chien me suivait, répondait à son nom, que j'en eus encore le cœur brisé.

Mon cœur est un puzzle, brisé en mille morceaux et qui, avec patience, peut se reconstituer mais qui gardera à jamais les cicatrices de sa destruction.

Le printemps pointait le bout de son nez, les petits bourgeons commençaient à éclore, les feuilles des figuiers, tels mille papillons vert tendre, s'accrochaient aux branches que le mistral malmenait. Comme un rouleau compresseur que rien n'arrête, la vie reprenait son cours, éternellement, indéfiniment, oublieuse des absents, occupée par le présent naissant qui pour mourir un jour se devait de vivre aujourd'hui.

Le 1er avril, *TF1* diffusa à 22 heures 45 mon *S.O.S. Chevaux*.
Mylène et Elly restèrent près de moi autour d'une bouteille de champagne.
L'émission fit scandale auprès des bouchers chevalins et stupéfia le public. Je dénonçais l'horreur ignorée. Le marché de la viande chevaline baissa du jour au lendemain de 30 %. Depuis, beaucoup de boucheries ont fermé boutique. J'ai eu des menaces de mort, des lettres d'insultes, des coups de fil anonymes. J'ai vécu dans la crainte et la terreur. Je demandais la protection de la police, vivant seule, je me sentais vulnérable. Ils feraient des rondes, me dirent-ils, mais ne pouvaient m'assurer aucune protection officielle tant que je n'aurais subi une quelconque agression. Ça me rappelait la pub des Pompes Funèbres : « Mourez, nous ferons le reste ! »
Et puisque je vivais dans le sordide, le 2 avril, lendemain de l'émission, « Brin d'Amour », la petite chatte qui portait bien son nom, mourut subitement sous mes yeux affolés. Elle était la quatrième que je portais en terre depuis le début de cette année calvaire.
Ma seule échappatoire était la guitare.
Je me remis à jouer avec ou sans Mylène. J'essayais de retrouver des accords, les paroles de ces airs du folklore sud-américain qui me rappelaient tant de souvenirs joyeux. Je chantais en espagnol, en brésilien, rythmant chaque tempo, m'envolant vers ces pays lointains et colorés, empoussiérés de soleil où il fait bon vivre. J'oubliais tout. La guitare est un instrument magique qui se suffit à lui-même. On peut en jouer médiocrement ça n'a pas d'importance, immédiatement l'ambiance devient différente, la joie s'installe, la fête est là.

Entre deux airs, je dus repartir au secours d'un refuge à Saint-Jean-aux-Amognes, dans la Nièvre, où une pauvre dame de 70 ans, Madame Martin, se voyait purement et simplement expulsée avec ses 50 vieux chiens par une municipalité qui subitement lui refusa la prolongation d'exercer. Liliane Sujansky vint me chercher en avion privé.
Il faisait ce jour-là une chaleur accablante.
La voiture qui nous emmenait de l'aéroport au refuge n'avait pas de climatisation. Nous suffoquions. Passant à côté d'une rivière, je fis stop-

per et courus pieds nus, le pantalon relevé, patauger dans cette eau claire et glacée qui me remit les idées en place et fit la joie du photographe qui nous accompagnait.

Quelques instants plus tard, redevenue très sérieusement la présidente de ma Fondation, je rencontrais les responsables de la municipalité, le directeur de la D.S.V. [1] et le représentant du préfet. Ce bain de pieds dut me donner une force de persuasion exceptionnelle car Madame Martin pu garder son refuge à condition que ma Fondation y apporte un minimum de travaux indispensables. Aujourd'hui, Madame Martin a quitté ce monde après avoir consacré sa vie aux animaux, mais grâce à ce voyage éclair, le refuge entièrement refait existe toujours et les chiens y sont bien traités.

Moralité : les petites gouttes d'eau font les grandes rivières.

Le photographe qui me suivait toujours dans mes déplacements voulut profiter de ce passage à Saint-Tropez pour fixer quelques images de mes chiens, de mes chats, de mes chevaux, de mes poules... Ça ne m'enchantait guère. Chez moi c'est sacré, on ne fait pas de photos. D'un autre côté, il n'avait pas tort, un joli reportage avec mes animaux, à l'occasion du quinzième anniversaire des trois enfants de Nini, mes vieux Moulin, Matcho et Mienne, serait un joli hommage. Je réfléchis.

Au même moment, « Minette », une adorable petite chatte de La Madrague, fut atteinte d'une subite crise d'urémie foudroyante due à la chaleur. Je ne pensais plus qu'à elle. Nous l'emmenions chaque jour pour la réhydrater. Elle avait énormément maigri, j'étais inquiète. Cette canicule précoce déstabilisait tous les organismes les plus faibles.

Le photographe, que j'avais complètement oublié, attendait devant le téléphone de sa chambre d'hôtel, que mon bon vouloir lui permît enfin le reportage exclusif qu'il avait déjà vendu à *Paris-Match*. N'en pouvant plus, il arriva le 29 avril avec un énorme gâteau en forme d'os sur lequel trônaient quinze bougies pour l'anniversaire des trois enfants de Nini qui restaient encore. Il me fut difficile de lui fermer la porte au nez, l'attention était charmante.

J'allai à contrecœur me pomponner succinctement. Minette, allongée sur mon lit, n'était plus que l'ombre d'elle-même, squelettique, déshydratée malgré tous mes efforts, elle vivait ses dernières heures.

Faisant contre mauvaise fortune bon cœur, j'essayai de me plier aux ordres du photographe qui mitraillait à tout rompre, l'occasion ne se représenterait pas de sitôt ! J'allai même jusqu'à la chapelle qu'il immortalisa d'un « grand angle », ce qui la fit paraître quatre fois plus spacieuse qu'elle n'est réellement et lui valut une double page dans *Match* !

---

1. Direction des Services Vétérinaires.

Après avoir allumé les bougies et posé autour du gâteau, ce qui ne fut pas de la tarte car les petits gourmands mouraient d'impatience d'en lécher la crème, je distribuai à tout le monde une part égale, ouvris une bouteille de champagne que nous bûmes avec Nicole, ma femme de ménage et Adrien, mon gardien, à la santé de Moulin, Matcho et Mienne mes trois Setters aimés. Puis je pris Minette dans mes bras et voulus avoir un souvenir d'elle. Cette photo, qui me tire encore les larmes, fut prise exactement deux heures avant sa mort. Elle s'éteignit donc le 29 avril 1991 à 21 heures, dans mes bras, au creux de ma tendresse, de mon désespoir. Elle était la cinquième à me quitter depuis ce début d'année.

Etait-ce encore Pluton ?

Etais-je encore prisonnière de ce Carré démoniaque qui me détruisait au travers de mes amours d'animaux ?

Il faisait de plus en plus chaud et les touristes commençaient d'envahir mon petit village qui allait devenir en quelques semaines l'endroit le plus sale, le plus mal famé, le plus détérioré, le plus snob, le plus condensé de France, puisque sa population passe subitement de 5 000 à 100 000 habitants.

Bonjour tristesse !

Bonjour les cons et les « m'as-tu-vu » !

Ce que je trouve dommage, c'est que cette affluence, en majorité d'une grande médiocrité, n'apporte que la quantité alors que l'office du tourisme n'attend que la qualité. Le niveau extrêmement ordinaire est devenu tel que, pour satisfaire la curiosité insatiable des ploucs endimanchés, des compagnies de bateaux-promenade se sont créées, se crêpant de plus en plus le chignon afin d'avoir l'exclusivité des visites de La Madrague et des environs. C'est ainsi que de Pâques à fin octobre, j'ai en permanence et jusqu'à sept fois par jour, le « plaisir » de voir passer sous mes fenêtres un rafiot bourré, débordant de connards tournés vers La Madrague comme vers La Mecque, armés jusqu'aux dents de jumelles et d'appareils photo, le tout agrémenté d'un haut-parleur qui gueule en trois langues, parfois quatre, un bref historique de ma vie, mes amours, mes murs, ainsi soit-il !

Alors, tel un animal traqué, je fuis à Bazoches.

Pendant ce temps, les chasseurs braconniers du Médoc affûtaient leurs armes envers et contre toutes les lois françaises et européennes, s'apprêtant une fois encore à tirer les tourterelles protégées lors de leurs vols migratoires. Vous parlez d'une aubaine, elles arrivent, crevées, après avoir survolé le désert du Sahel et la Méditerranée, elles n'ont que la peau sur les os et sont des cibles rêvées pour ces viandards qui, les associant à de vulgaires pigeons d'argile, ne se donnent même pas la peine d'aller ramasser leurs cadavres... il n'y a rien à manger là-dessus !

Une fois de plus, Allain Bougrain Dubourg m'appela à la rescousse, malgré la présence sur place de Sophie Marceau, d'Anémone, du Professeur Théodore Monod. Les chasseurs, toujours d'une extrême élégance, les avaient mitraillés d'œufs et de tomates pourris.

C'était la guerre !

Le dimanche 19 mai, jour de la Pentecôte, Frank vint me chercher une fois encore en avion privé. J'y retrouvais Patrick Mahé, rédacteur en chef de *Match* profitant de l'occasion pour compléter le reportage qu'il prévoyait très important dans le journal. Je fus accueillie à Bordeaux, où il faisait une chaleur accablante, par un impressionnant dispositif de sécurité. 300 gendarmes dont 50 avec casques et boucliers qui m'escortèrent jusqu'à la salle où devait avoir lieu la conférence de presse.

L'endroit était lugubre et minable, quelques ampoules au plafond dispensaient une lumière frileuse, deux ou trois tables de Formica sur lesquelles des micros tenaient par l'opération du Saint-Esprit, une dizaine de chaises en fer rouillées où étaient assises Jacqueline Faucher, présidente de la S.P.A., Sophie Marceau, le Professeur Monod, Anémone et Allain, qui se leva pour m'accueillir. J'avais l'impression d'arriver dans un abri de fortune rempli de réfugiés en temps de guerre.

Une conférence de presse ne doit jamais donner une image mesquine et médiocre, il faut dans la mesure du possible faire de l'effet, impressionner, se faire entendre et respecter. Pour ça il faut y mettre le paquet et non pas se comporter en S.D.F. dans des conditions d'économiquement faible.

Sur la table, le cadavre d'une petite tourterelle gisait, encore chaud, tuée ce matin. Lorsque ce fut mon tour de parler, je me levai et montrai à tous le petit corps sans vie que je tenais dans mes mains, faisant un parallèle entre la « colombe » qui symbolisait ce jour de Pentecôte et sa sœur morte comme des dizaines d'autres au nom d'une bêtise, d'une cruauté, d'une lamentable tradition perpétrée par des attardés n'ayant aucun lien avec l'être humain.

Il y eut un silence dans la salle, j'avais choqué, comme d'habitude !

Je m'en foutais, comme d'habitude !

Puis le plus vite possible je repris l'avion, emportant avec moi le corps de cette petite tourterelle que j'enterrai sous le laurier devant ma fenêtre de cuisine. Inutile de préciser les sanglots qui me secouèrent, plus que les trous d'air. Ayant fait la brave devant les autres, c'est une déferlante qui m'anéantit, lorsque mes nerfs brisés se détendirent enfin.

Pour aider le temps à passer dans la solitude retrouvée de La Madrague, je me remis à mes Mémoires *Initiales B.B.* Je me saoulais des souvenirs, des anecdotes, oubliant dans ma fureur d'écrire mes ennuis quotidiens du moment. Je recouvrais les pages blanches et impersonnelles de toutes les émotions détaillées qui se bousculaient dans ma tête. Je ne savais pas que ce livre deviendrait un best-seller mondial traduit en 28 langues, vendu à un million d'exemplaires et couronné par le Prix Paul-Léautaud. Je ne savais pas non plus à quel point les gens qui le lurent furent touchés, émus, attendant la suite avec impatience.

Toute cette chaleureuse complicité me donne aujourd'hui la force de continuer à revivre un passé éprouvant mais riche, qu'il m'est indispensable de partager enfin.

J'espère que ce deuxième tome de ma vie ouvrira le cœur et les yeux de la plupart d'entre vous. Que je pourrai peut-être trouver un repos mérité en repassant ce lourd fardeau à des êtres jeunes, obstinés, courageux, convaincus comme je le fus moi-même. Que cette œuvre commencée avec tant de passion perdurera sans sombrer dans des oubliettes.

Bien que n'étant toujours pas reconnue d'utilité publique, ma Fondation croissait en âge et en sagesse. Il fallut envisager de louer l'appart du troisième étage afin d'y remiser le stock et les archives. Nous passions notre vie dans les escaliers, allant du rez-de-chaussée aux bureaux des premier et troisième étages. Cela nous faisait les muscles de jouer ainsi aux ludions.

Nous commencions à être pris au sérieux par beaucoup de monde, puisque nous avions alors environ 30 000 adhérents, mais aussi par les associations de protection animale qui faisaient appel à moi pour les missions officielles.

Ainsi, le 31 mai, je fus déléguée au siège de la Commission européenne de Bruxelles pour remettre à Alex Baudry, président du conseil des ministres des Douze, une pétition de 46 200 signatures demandant l'interdiction, dès 1992, de l'importation de fourrure d'animaux piégés dont 20 millions sont tués chaque année par des pièges à mâchoires.

Ce fut une sacrée bousculade.

Des centaines de curieux et des dizaines de journalistes s'agglutinèrent, se pressèrent, m'étouffant à moitié. Le président restait ferme sur les positions, l'interdiction de l'importation des fourrures piégées entrerait en vigueur le 1er janvier 1995, comme prévu, afin de laisser le temps aux trappeurs internationaux de se recycler. Je plaidais pour une mise en application immédiate, forte du soutien moral de mes milliers de signatures. Rien n'y fit.

Du reste, aujourd'hui, à la veille de l'an 2000, ce projet n'a toujours pas été officialisé. On le repousse d'année en année, on gagne du temps et de l'argent sur le sang et la douleur des animaux victimes des atroces pièges à mâchoires, instruments moyenâgeux, honte de notre fin de millénaire.

Profitant de ce voyage, je m'arrêtai 24 heures à Paris pour enregistrer mon S.O.S. *Chiens et chats*. Emission qui me tenait terriblement à cœur, dans laquelle je dénonçais avec images à l'appui le sort tragique des animaux abandonnés à la veille des vacances.

Pour être dur, c'était dur !

L'équipe avait filmé les derniers moments d'une petite chienne noire que l'on voyait traînée par une corde à travers les couloirs lugubres d'une fourrière jusqu'au réduit malpropre et insalubre où une pseudo vétérinaire les passait à la chaîne à la piqûre intracardiaque mortelle. Les yeux de cette chienne, la terreur qu'on pouvait y voir, ses gémissements puis le hurlement final, son effondrement. Puis on la jeta, tel un sac poubelle, sur le tas de cadavres qui encombraient déjà le coin de la pièce.

C'était révoltant !

Il faudrait que tout le monde ait le courage de regarder ces images, cela limiterait, peut-être, le nombre d'abandons. Malheureusement, les journaux télévisés, ne voulant pas heurter « certaines sensibilités », refusent de montrer l'inadmissible, l'inacceptable.

Qui se soucie de la « sensibilité » des chiens ?

Pourquoi a-t-on aboli la peine de mort pour les assassins, les violeurs, les pédophiles, cette lie à laquelle la société accorde l'indulgence ridicule des « Droits de l'Homme », et continue-t-on de condamner à une mort injuste et atroce les êtres les plus innocents, les plus fidèles, les plus désintéressés ? Les meilleurs amis de l'homme. C'est une question à laquelle il serait urgent de réfléchir et de répondre.

Quant aux chats auxquels on ne pense jamais, leur sort n'est pas plus enviable. Ils sont vendus aux laboratoires ou aux pelletiers, leurs fourrures pouvant faire de ravissantes doublures très prisées par les rhumatisants. Ou alors c'est le container à gaz, ces poubelles de la mort qui en asphyxient parfois cinquante d'un coup ! C'est économique et ça débarrasse. D'autres sont vendus aux entraîneurs de chiens de combat qui s'en servent comme appâts pour exciter leur animal à l'attaque, dépeçage vivant garanti.

C'est atroce, absolument atroce !

L'émission étant programmée pour le 17 juin, c'était le moment ou jamais de mettre les gens devant leurs responsabilités en les choquant. Je ne me gênai pas pour dire une fois de plus mon écœurement devant une telle lâcheté, une telle irresponsabilité. J'étais bouleversée encore au plus profond de mon cœur, me mordant les lèvres au sang pour ne pas pleurer.

Ces émissions auraient pu s'appeler *Les Mille et Une Larmes de Brigitte*.

A cette occasion je dus interviewer Jacques Chirac qui, en tant que Maire de Paris, était responsable des chiens et chats errants ramassés par la fourrière, antichambre municipale d'une mort certaine.

J'arrivai, un peu anxieuse, à l'Hôtel de Ville où tout était prêt pour nous accueillir. Jacques comme toujours fut charmant, me mettant à l'aise pour cette première interview que je ne devais rater pour rien au monde. Je n'avais rien préparé par écrit, me fiant à ma mémoire et à ma révolte. En effet, lorsqu'il déviait ou passait à côté d'une question directe, je revenais à la charge le poussant dans ses retranchements.

Ce n'était pas facile et je sortis de là épuisée.

Ce fut un des moments forts de l'émission, une mise au pied du mur d'un homme politique qui rejetait souvent la responsabilité sur d'autres, surtout lorsque je lui parlais du commerce infâme des animaleries du quai de la Mégisserie, véritables mouroirs d'animaux domestiques et exotiques, exposés à la pollution et au bruit, cible des plaintes émanant de clients, de vétérinaires, de simples passants témoins malgré eux de la vision dantesque des petits cadavres de chiots laissés par oubli, par indifférence, dans la vitrine au milieu d'autres, affaiblis, malades, agonisants. Dans les arrière-boutiques s'entassent des perroquets, des singes, des boas, des mygales et autres espèces en voie d'extinction, enfermés dans des cages minuscules, privés d'air et de lumière, se laissant pour la plupart mourir, après avoir subi la capture, les détentions, les voyages imposés par les immondes trafiquants.

Là je touchais un point sensible.

C'est le Préfet qui était responsable.

Pourtant le Préfet interviewé a répondu que tout cela était du domaine de la Mairie !

Alors ?

Alors, j'attends toujours la réponse.

Certaines protections officielles mettent à l'abri de toute enquête, de toute saisie, de tout contrôle, de toute procédure... alors que d'autres sont verbalisés, traînés en justice, à cause d'un détail inexistant qui n'est pas en conformité avec la loi !

Je posai encore quelques questions de ce genre à un Chirac de plus en plus mal à l'aise, se tortillant sur son fauteuil Louis XV doré, à la tapisserie d'origine, tandis que son brave labrador noir me léchait les mains... Il avait tout compris ce toutou honnête et reconnaissant !

C'est au cours de ce face-à-face médiatique que je fus déçue pour la première fois par cet homme que je considérais comme intègre. Comment avais-je pu avoir la naïveté de croire encore à l'honnêteté d'un personnage politique ? L'avenir me confirmera, hélas ! cet instinct, ce sentiment fugitif d'une lâcheté qui, d'année en année, détériorera la France, désintégrant un parti politique magouilleur, malhonnête, conflictuel, désuni, qui laissera par veulerie la gauche prendre une place prépondérante et destructrice.

Lorsque je rentrais le soir de La Garrigue, après les promenades, les baignades, les jeux des chiens, après que j'eus passé la journée auprès de Duchesse, Mimosa, les chèvres coquines, mon bélier Cadet et sa fiancée Toupie, après avoir profité des odeurs délicieuses qui émanaient de cette végétation sauvage, et m'être ressourcée dans le calme préservé de ce lieu unique où la lecture, l'écriture, la pensée, la méditation, la réflexion étaient mes plus sûres compagnes, je rentrais à La Madrague, ayant rendez-vous à heure fixe avec mes 25 chats qui attendaient, la queue en l'air et le museau impatient. A peine arrivée, je leur donnais du poulet mélangé à de la viande hachée, c'était une tradition qui les regroupait tous autour de moi dans la cuisine. Non seulement c'était unique à voir mais en plus ça me permettait d'effectuer un recensement quotidien.

Je les connaissais par cœur.

Ils répondaient tous à leur nom.

Or, ce 2 juin, il manquait « Nougat », jeune chatte noire et blanche, maligne, futée, gourmande, qui, par ses ronrons et ses câlins, se faisait servir avant les autres.

J'appelai Nougat qui ne répondit pas.

J'appelai Adrien qui ne savait pas !

Alors j'attendis, car avec cette chaleur bien des chats n'ont pas faim et se terrent au frais. Plus le temps passait plus mon anxiété grandissait. Vers 21 heures, alors qu'il faisait encore grand jour, nous décidâmes avec Adrien de faire une battue aux alentours. Nous sonnions chez les voisins, peine perdue, pas de Nougat en vue. Nous inspections les fourrés, tellement denses qu'il eût été plus facile de retrouver une aiguille dans une meule de foin que la petite Nougat dans cet enchevêtrement de cannisses et de ronces. A la nuit tombée nous abandonnâmes, bien décidés à reprendre dès le lever du jour.

J'étais triste, impuissante.

Après tant de morts bouleversantes, Nougat jeune et en pleine santé ne pouvait que s'être égarée !

Hélas ! le lendemain soir, à mon retour de La Garrigue, Adrien arriva en sueur, Nougat morte dans ses bras... Il l'avait trouvée à l'intérieur d'un caniveau, sur le chemin juste devant La Madrague, elle avait eu les reins brisés probablement par un chien errant, s'était traînée à l'abri d'une buse d'évacuation d'eau et y était morte.

Cette horrible épreuve me fut insupportable.

Ne me contrôlant plus, j'eus une crise de nerfs et de larmes qui dura longtemps, longtemps.

C'était trop injuste ! J'en avais marre, marre !

Ne pouvant plus rester dans cette solitude, je suppliai Yvonne de venir quelques jours près de moi. En attendant son arrivée, Mylène vint passer la journée du 4 juin. Je n'en menais pas large, très éprouvée par tout ce que j'avais subi depuis des mois et des mois.

En rentrant de La Garrigue, Mylène décida de continuer de promener un peu les chiens sur le chemin qui longe la mer, pendant que je rejoignais tous mes chats impatients dans la cuisine. En revenant, elle vit un truc noir bizarre sur la plage d'algues sèches juste en dessous du mur de séparation d'avec mon voisin. C'était le cadavre encore chaud de « Tam-Tam » mon adorable chat noir qu'elle me ramena, souillé de terre, mouillé de mer, collé d'algues. Je hurlai à la mort comme les loups, je hurlais mon désespoir, ma révolte, je hurlais des mots inintelligibles, je hurlais ma douleur.

Je hurlais ma haine, mon impuissance, mon amour.

Il fut difficile de me calmer, n'ayant plus de larmes, je pleurais à sec.

Le lendemain, dans *Nice-Matin*, on avertissait la population tropézienne qu'un groupe de trois chiens dangereux appartenant à un propriétaire non encore identifié, faisait des ravages, tuant chats et chiens, semant la panique dans la presqu'île ! Les forces de l'ordre étaient à leur recherche mais n'avaient aucune piste sérieuse.

J'appelai immédiatement le commissariat leur expliquant la mort de mes deux chats dans le quartier des Canoubiers, il fallait d'urgence qu'ils interviennent sinon c'est une hécatombe qui était à prévoir. J'ajoutai que les chiens n'étant pas responsables de leurs instincts, il fallait à tout prix les épargner mais punir sévèrement le propriétaire.

Ne pouvant empêcher mes chats de se balader alentour, je vivais un cauchemar permanent, essayant de les compter, de les identifier à toutes les heures du jour et de la nuit. Chaque bruissement venu du dehors me faisait sortir, hurlante sur le chemin, me retrouvant nez à nez avec des touristes ébahis de voir Brigitte Bardot surgissant tel un diable d'un bénitier armé d'un bâton !

Ce mois de juin fut infernal.

Les chiens furent attrapés, remis à leur maître qui s'empressa, dès que les gendarmes eurent le dos tourné, de les laisser à nouveau vagabonder.

Puis il y eut de nouveau comme chaque année les sacrifices rituels musulmans de l'Aïd-el-Kébir que je combats avec toute la force de ma conviction.

Ce jour-là, rien que d'y penser, j'en étais malade.

Narguant les protections de police et le danger de se retrouver en milieu musulman pur et dur, Liliane et Frank allèrent constater de visu sur le site de Mesnil-le-Roi les conditions déchirantes dans lesquelles

3 000 moutons étaient lamentablement sacrifiés. Frank, brun et basané, pouvait à la rigueur se faire passer pour un émigré, mais Liliane, petite, rondouillarde, blonde et rose, fut invectivée, insultée puis éjectée avec force !

Ils eurent très peur !

Depuis 1991, le nombre de moutons sacrifiés le jour de l'Aïd-el-Kébir est passé de 200 000 à 350 000. Ces tueries de plein air sans étourdissement préalable de l'animal se font en parfaite illégalité. De plus, des dérogations sont données à tout bout de champ par des préfets complaisants.

Tout le monde ferme les yeux, surtout pas de vagues !

Folle de rage, j'appelai notre nouveau ministre de l'Intérieur, Monsieur Marchand, au téléphone. Je lui dis sans ambages ce que je pensais de sa manière d'agir, de ses complaisances, de ses protections illicites des agissements barbares des musulmans, bafouant nos lois, ne respectant rien. Il se mit dans une colère bleue, gueulant dans le combiné.

Ce fut épique !

J'étais sur le point de lui raccrocher au nez, mais préférai laisser passer l'orage. A bout d'arguments il se calma et redevint mielleux.

« Alors, lui dis-je, Monsieur le Ministre, on pique des colères !

— Oh, madame, ce ne sont que de fausses colères !

— Comme les fausses factures ! Vous êtes un gouvernement de faussaires ! »

Puis je raccrochai. N'ayant rien à en tirer de plus.

Tous des minables. Du reste, qui se souvient de ce « Marchand » ?

Yvonne était enfin arrivée en voiture avec Wendy.

Son voyage avait été pénible, beaucoup de monde, une chaleur déjà étouffante, mais ne sachant pas conduire une boîte mécanique, elle ne se séparait jamais de sa Golf automatique.

J'étais heureuse de la retrouver.

C'était vraiment mon amie au sens le plus noble du mot. Sa voix toujours rauque ne devait poser aucun problème, elle avait consulté. Ce n'était qu'un début de polype mal placé sur une corde vocale.

Alors vive la joie et les pommes de terre frites !

Et puisqu'elle était à Saint-Tropez, nous fêtâmes son anniversaire ensemble, le 12 juin, « Chez Palmyre », ce charmant restaurant-guinguette célèbre pour son piano bastringue au son duquel des générations de Tropéziens de souche ont dansé le « galop » sous les treilles de la terrasse. Yvonne avait 62 ans, était belle, élégante, cultivée, mais rongée par la solitude, déstabilisée par un repli sur soi-même qui ne demandait qu'à éclater. Ce soir-là, avec quelques amis, elle fut merveilleuse d'humour, la première à prendre la tête de la farandole au son du piano mécanique.

Petite ombre à cette joie, un coup de fil de Bazoches m'avait annoncé l'après-midi même que « Kim », le doux chat gris et aveugle, était mort. Je gardai pour moi ce secret douloureux afin de ne pas troubler la gaieté d'Yvonne. Kim fut la septième victime de cette série noire qui m'anéantissait depuis le début de l'année. Il était le dernier de tous les animaux que Nicole m'avait confiés en mourant, cinq ans plus tôt.

Le lundi 17 juin, c'est entourée d'Yvonne et de Mylène que je regardai, à 22 heures 40 sur *TF1 S.O.S. Chiens et chats*. L'émission fut très dure. Nous étions à la veille des départs en vacances et les abandons allaient encore meurtrir bien des animaux. Alors on ne fit pas dans la dentelle. Yvonne pleurait, serrant sa Wendy sur son cœur. Mylène rageait, voulant casser la gueule de tous les salauds qui abandonnaient leurs chiens. Je pensais que toute cette énergie donnée ne servirait à rien.

On ne prêche que les convertis !

Les gens continueraient d'abandonner lâchement, pour cause de vacances de merde ! Oui de merde ! Les vacances et la baise sont devenues les deux mamelles de notre société décadente. Et il faut voyager en troupeau, être assisté pour les loisirs, s'agglutiner les uns aux autres comme dans le métro, faire du bruit, le plus de bruit possible, voilà les belles vacances. Mais dans ces « tour operators de Merde » et autres lupanars à loisirs, il n'y a pas de place pour les chiens. Pas plus que dans certains campings, ni dans les hôtels ni sur les plages, encore moins dans les restaurants.

Alors à qui la faute ?

Vos moutards peuvent déféquer sur la moquette, vomir en plein restaurant, pisser sur le drap de bain du voisin de la plage, on vous fera des courbettes, vantant la gaillardise de votre bambin, mais si un chien par hasard se permet de lever la patte sur une plate-bande de bégonias, on vous fera toute une histoire, vous aurez une amende et serez montré du doigt. Pourtant un animal paye plus cher dans les trains ou les avions qu'un gosse insupportable qui braille pendant tout le trajet.

Les vacances sont devenues comme un dimanche à rallonge qui n'en finit pas, où les gens, n'étant plus canalisés par leurs habitudes quotidiennes, se retrouvent, du jour au lendemain, libres de toute entrave administrative ou bureaucratique, de tout horaire programmé, la plupart manquent de la plus élémentaire imagination et s'affolent devant ces jours et ces heures dont ils ne savent quoi faire. Alors, de peur de se battre les flancs à tourner en rond face à Bobonne et aux moutards, on s'inscrit dans les voyages organisés, et la foule qui se pressera autour vous rassurera. Ou bien on suit les autres, en train, en avion ou en voiture, on fera partie de ces embouteillages qui rendront fou « Bison futé » pour se retrouver agglutinés dans un camping comme dans un univers concentrationnaire où, là encore, on pourra profiter du bruit, des odeurs fortes, des conversations de voisinage.

On se fera des amis, ah les belles vacances !

J'ai un profond mépris pour « tout ça ».

Parce que « tout ça » n'est qu'une lâcheté, un égoïsme sans nom, « tout ça » n'a aucun sens des responsabilités, « tout ça » ne pense qu'à son nombril et « tout ça » me dégoûte. « Tout ça » détériore, pollue, salit, est trop souvent responsable des incendies qui ravagent nos forêts. « Tout ça » abandonne même son chien devenu encombrant.

J'ai plusieurs fois dans ma vie assisté à l'abandon d'un chien à la S.P.A. ou à ma Fondation. C'est le plus souvent des femmes qui arrivaient avec leur toutou, invoquant n'importe quel prétexte, le laissant attaché au bureau, s'en allant sans même se retourner alors que l'animal, pris de panique, hurlait, gémissait, se tendait au risque de s'étrangler vers sa maîtresse déjà disparue. J'ai rattrapé ces salopes, les obligeant à reprendre leur chien, à deux doigts de leur balancer une paire de gifles, me mesurant à elles de toute la puissance de mon mépris, de mon dégoût. Elles n'en menaient pas large, devenaient hypocrites, se mettaient à pleurer des larmes de crocodile. Je les secouais, les forçais à me regarder droit dans les yeux, rien n'y faisait. Si on refusait de prendre son chien, elle irait l'abandonner plus loin sur la route ou dans un bois ou le ferait euthanasier par le premier vétérinaire venu.

Après tout nous étions là pour ça ! Pas vrai ?

Après je retrouvais le chien gémissant, pleurant, implorant, inquiet et nerveux. Attentif au moindre bruit, dressant l'oreille, reniflant chaque odeur qui pourrait lui ramener sa maîtresse enfuie. Commençait alors pour lui la longue attente. Dans les refuges ils sont immédiatement mis en cage avec d'autres chiens qui parfois ne les acceptent pas, les attaquent, les dominent, les empêchant de boire et de manger. C'est pourquoi beaucoup se laissent mourir.

A la Fondation, nous les gardons quelques jours parmi nous dans les bureaux, nous les gâtons, les caressons, les promenons, jouons à la balle, espérant que le maître ou la maîtresse, pris d'un remords subit, reviendra les chercher. Puis nous les confions à une famille d'accueil en attendant de leur trouver un nouveau maître.

Lorsqu'ils ne sont pas adoptés, nous les mettons dans notre maison de retraite de « La Mare Auzou », en Normandie, où ils vivent en liberté parmi les chevaux, les moutons, dans les prairies à l'ombre des pommiers.

Le lendemain de cette soirée éprouvante qui eut un bon succès public et un audimat intéressant, je partis me ressourcer avec Yvonne et Mylène à La Garrigue.

Depuis quelque temps déjà, une magnifique chatte tricolore que j'appelais « Pelote » faisait des tumeurs éclatées sur sa zone frontale. Le vétérinaire appelait ça « la maladie du rhinocéros » mais nous avions beau lui soigner ces excroissances bizarres, elles revenaient régulièrement, la défigurant complètement, m'affolant totalement. Elle avait déjà subi deux interventions chirurgicales, avait retrouvé son joli look de chatte magnifique. Puis ça repoussait, dur, comme une corne entre les deux yeux.

Ce 18 juin, Pelote allait mal.

L'excroissance était énorme, purulente, sanguinolente.

Nous l'emmenâmes immédiatement chez le véto qui préféra ne plus intervenir. Le mal avait atteint son paroxysme. Il lui fit un calmant pour éviter qu'elle ne souffre. Son petit museau n'était qu'une boursouflure, elle n'ouvrait plus les yeux, avait du mal à respirer, l'œdème ayant atteint les muqueuses de la bouche et du nez.

Elle s'éteignit dans mes bras, lentement, calmement, vers 18 heures ce soir du 18 juin 1991. La neuvième de mes enfants à mourir, emportant encore un morceau de mon cœur avec elle.

Sur le parking du port de Saint-Tropez où aucun arbre, aucun abri de cannisses, aucune ombre bienfaisante ne protège les voitures, il se produisait chaque année de terribles accidents mortels pour les pauvres chiens que certains inconscients irresponsables laissaient enfermés sans aucune vitre ouverte et parfois même dans les coffres.

La température atteignait 50° sous la tôle chauffée à blanc de la carrosserie et des chiens durent être extraits de cet enfer à coups de barre à mine par les pompiers. En général, ils étaient déjà morts ou mouraient durant leur transport chez le vétérinaire, malgré les seaux d'eau froide dont on les aspergeait immédiatement.

La Fondation fit imprimer des affiches qui furent mises un peu partout, prévenant qu'il était interdit de laisser un animal dans un véhicule sur le parking, la chaleur et la déshydratation pouvant le tuer en moins d'une heure. Les affiches furent arrachées ou ignorées.

Un jour, on dut sortir d'un coffre laissé en plein soleil, un énorme Terre-Neuve dont la température corporelle avait atteint 45°. L'animal mourut dans d'atroces souffrances. Son sang bouillait. Son cerveau fondait, s'écoulant par le nez, sa chair et sa fourrure formaient une croûte déliquescente.

Ce fut affreux.

J'appelai vite le Maire, au téléphone, Monsieur Spada, et fis un scandale.

Comment pouvait-on laisser le parking d'un village mondialement connu dans un état aussi lamentable ? La municipalité qui recevait des milliards d'impôts locaux et en dépensait autant pour des conneries ne pouvait-elle pas planter quelques arbres, installer des poteaux recouverts de cannisses, construire un cabanon où les chiens pourraient attendre leurs maîtres sans mourir d'ébullition ?

J'étais en rage.

C'est vrai, depuis le temps que les journaux locaux dénonçaient ces morts atroces de chiens, personne à la mairie ne bougeait son cul. Du reste, c'est bien connu, la mairie de Saint-Tropez est une planque idéale. Avec l'appui de *Var-Matin* et de *Nice-Matin*, je réussis à ce que la municipalité mette à la disposition de la Fondation un abri ombragé qui accueillerait les chiens. Enfin !

Evidemment toute l'organisation serait à ma charge, y compris la surveillance par une personne adéquate. Je fis installer rapidement deux énormes ventilateurs plafonniers qui firent circuler l'air de manière permanente, amenai un tuyau d'eau afin de nettoyer le sol en le rafraîchissant, mis des gamelles à boire, d'autres pleines de croquettes pour les gourmands. Dix chaînes souples furent scellées dans des poteaux à distance raisonnable.

Le 10 juillet tout fut prêt.

Une jeune femme assurait les matinées, une autre les après-midi. Je leur avais acheté des chaises longues, une table basse pleine de magazines. Un pépiniériste avait agrémenté le tout d'un enchevêtrement de plantes vertes. C'était vraiment chouette. Une énorme pancarte : « FONDATION BRIGITTE BARDOT – GARDERIE GRATUITE DES CHIENS DU PARKING – DE 9 HEURES À 17 HEURES SANS INTERRUPTION » était à l'entrée.

L'inauguration eut lieu avec le Maire, le conseil municipal, les photographes, la presse régionale, ce fut un événement !

A peine ouvert le local était déjà envahi de toutous.

Ils passaient là quelques heures ou la journée mais ne semblaient vraiment pas malheureux. Il faisait frais, il y avait de l'air, de l'eau, et même si le soleil était à son zénith, c'était un havre que d'être à l'ombre, chouchouté au milieu de plein de copains. Le soir il fallait tout déménager au centre des services techniques car l'abri étant ouvert à tous les vents on nous aurait tout volé pendant la nuit. Du reste, à peine une semaine plus tard, un des ventilateurs du plafond avait disparu !

Qu'importe, j'étais heureuse de cette initiative qui sauverait bien des chiens d'une mort scandaleuse.

Je pourrais dorénavant penser à partir me mettre au frais à Bazoches.

Au frais, c'est beaucoup dire, car cette année une nouvelle canicule s'abattait sur toute la France, dépassant parfois les 40° à l'ombre en Alsace, brûlant les récoltes, desséchant les vignobles, tuant les bêtes.

488

47. Avril 1991. Ma visite inopinée dans ce refuge en détresse de Saint-Jean-les-Amognes permettra de trouver une solution rapide et durable.

48. 31 mai 1991. A Bruxelles, devant la Commission européenne, j'exhibe un piège à mâchoires pour demander officiellement l'interdiction de l'importation des fourrures d'animaux piégés.

49. 17 juin 1991. Avec Jacques Chirac à l'Hôtel de Ville de Paris. Avant d'être élu Président, il sera l'un des seuls hommes politiques à me soutenir et m'aider dans mon combat.

50. Yvonne Cassan de Valry, ma voisine de Bazoches devenue ma seule amie, ma sœur. Je pense à elle chaque jour. Je l'aimerai toujours.

51. 7 juin 1992. Saint-Tropez. Si mon amie Yvonne ne m'avait pas obligée à me rendre à cette soirée, jamai je n'aurais rencontré Bernard d'Ormale !

52. Rue de la Tour, Paris XVIᵉ. Ce petit pied-à-terre est une ravissante « bonbonnière », pour mes brefs séjours parisiens avec Bernard.

53. Yvonne chez elle à Bazoches avec son adorable petite Wendy.

54. 16 août 1992. Oslo (Norvège). Dans cette pittoresque chapelle Viking, nous avons décidé, Bernard et moi, de nous unir devant Dieu en oubliant les hommes.

55. Mars 1993. La Garrigue. La sérénité avec mon mari Bernard d'Ormale auprès de mes animaux. (Ici avec ma Duchesse).

56. Avec Bernard d'Ormale. Notre photo officielle de mariage fera la « Une » de *Paris-Match* (29 octobre 1992) et de tous les magazines internationaux.

ILS M'ONT QUITTÉE... HÉLAS !

58. Ma douce et fidèle Siouda
morte tragiquement
d'un retournement d'estomac.

57. Avec Ophélie, mon ange de tendresse
et de douceur.

59. Pichnou,
l'affectueuse « tantine »
de mes bébés Setters.

60. Amélie. Rescapée de l'enfer
de la vivisection.

61. Mon tendre
et fidèle gros Prosper.

62. Lady, mon Irlandaise, championne d'apnée, rescapée du refuge de la Bonnardière.

63. Domina, mon ombre et un peu ma « chouchoute ». Elle mourut d'un cancer de la moëlle épinière.

64. Mienne, fille de Nini.

65. Mon doux et discret Toutou dont la mort tragique me traumatise toujours.

66. Avec ma Douce, si intelligente. Elle assuma avec courage son lympho-sarcome mortel.

67. Bernard avec sa « copine » Vénus sauvée du refuge-mouroir de Cabriès.

68. Avec Mylène
c'est toujours la fête
improvisée.
Tous les airs du folklore
sud-américain
me rappellent tant
de joyeux souvenirs…

69. Mylène, si belle, ma « fille adoptive »,
mon rayon de soleil.

70. 23 juillet 1993.
Montfort-l'Amaury.
Je fête la Sainte-
Brigitte chez
« Coville » entourée
de mes potes
les Gipsy Kings.

71. 7 juin 1994. Paris. Mes fidèles : (de gauche à droite) Liliane Sujansky, la première directrice de ma Fondation, Mijanou, ma petite sœur, et Mama Olga, mon imprésario depuis 1953 !

72. Octobre 1996. Bazoches. Ambiance familiale avec François (à gauche) et Frank, mes deux « grands enfants » toujours à mes côtés dans le pire ou le meilleur.

73. Avec Nadine Mucel, ma charmante cousine de Cannes, petite « poupée de porcelaine » à qui je téléphone chaque jour.

74. 1983. La Garrigue. Mon amie Nicole avec ses amours qu'elle m'a confiés à sa mort. (De gauche à droite : Malika, Diégo, Citronnelle et Vélo).

75. Véra de Kerpotine, une aristocrate russe. Elle vivait pour ses animaux dans un tel dénuement que la mort me l'arracha bien trop tôt.

76. Madeleine, ma fidèle petite mère des bons mais surtout des mauvais jours ! Toujours prête à me rendre service.

77. Avec Jean-Louis Remilleux (à gauche) et Roland Coutas, mes amis et producteurs des émissions *S.O.S.*

78. Noël 1997. Entourée de ma jeune et dynamique équipe de la Fondation.
(A droite : ma directrice actuelle Madame Ghyslaine Calmels-Bock).

79. 20 février 1995. Bruxelles.
Manifestation devant le Parlement européen,
pour limiter à huit heures maxi
les transports d'animaux vivants.

80. 20 décembre 1997.
Paris. Manifestation contre la fourrure
au côté du professeur Théodore Monod.

Ce sont eux, qui aujourd'hui, partagent ma vie.

81. Mon Plan-Plan que j'ai sauvé en Roumanie. Amputé par malveillance des deux pattes arrière, ce chien a vécu un enfer dont les yeux refléteront toujours l'immense douleur.

82. Dolly. Sa maîtresse étant morte, je l'ai adoptée sur un coup de foudre mutuel.

83. Arrivée dans un état si misérable, je l'ai aussitôt appelée Cosette !

84. Zazou, ma trois-pattes, l'âme de La Garrigue.

85. Avec Tania « la collante », ▷ la doyenne, la dominante de la meute, une des rescapées du refuge des Mureaux.

87. Mon beau, mon sensible, mon doux Kibis, mon seul Setter. Mon amour ! Mon Prince !

86. Princesse, ma grosse et brave « dondon » Labrador. Elle avait été abandonnée sur l'autoroute pour cause d'épilepsie.

89. Gringo « le Corse ». Fidèle, exclusif et jaloux.

88. Loupiotte, le bébé de la famille, heureuse malgré sa patte droite handicapée.

90. Mon vieux Klaxon se mourait dans un refuge, victime d'une attaque cérébrale. Il est enfin heureux avec moi !

91. Avec Alba dans un refuge-mouroir roumain. Son cri de détresse m'a bouleversée ! C'est désormais une « joyeuse » qui a oublié sa triste condition.

△ **92.** 31 mai 1991. Avec Monsieur Baudry, Président du Conseil des ministres européens de l'Environnement.

▽ **93.** 14 septembre 1993. Michel Barnier qualifia mes demandes de... « suicidaires » !

94. 21 septembre 1993. Bruxelles. Avec l'élégant prince Sadruddin Aga Khan, pour exiger l'amélioration du transport des animaux de boucherie. ▽

△ **95.** 13 septembre 1995. Avec Jean-Jacques de Peretti pour l'amélioration des conditions des animaux dans les DOM TOM. (sans suite...)

◁ **96.** 3 mai 1995. Lionel Jospin, simple et sympathique, sera le seul à me recevoir entre les deux tours de l'élection présidentielle...

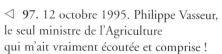

◁ **97.** 12 octobre 1995. Philippe Vasseur, le seul ministre de l'Agriculture qui m'ait vraiment écoutée et comprise !

98. ▷
3 novembre 1995. Jacques Toubon fut d'une inefficacité déconcertante… !

◁ **99.** 28 novembre 1995. Un entretien convivial mais stérile avec Jean-Louis Debré, ministre de l'Intérieur, à propos de l'Aïd-el-Kébir.

△ **100.** 2 février 1996. Avec Corinne Lepage, ministre de l'Environnement.
Drôle de d(r)ame !

◁ **101.** 16 mai 1996. Paris, Parc de Choisy.
Avec Jean Tibéri à la fête du Monde Animal.

LE CHOC DES PHOTOS ! ON EN EST LOIN...

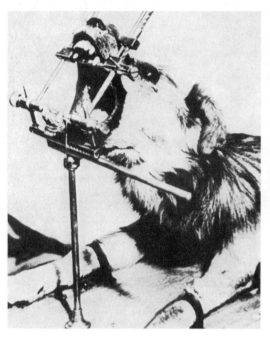
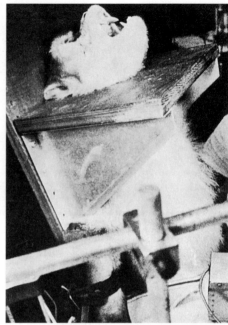

102, 103. La vivisection : 900 millions d'animaux sacrifiés chaque année pour la Science. C'est scandaleux !

△ **104.** L'Aïd-el-Kébir !
Malgré les menaces et
les procès, je me battrai
toute ma vie contre
cette tradition cruelle et
sanglante.

△ **105.** Villanueva,
Espagne. Un âne
cruellement malmené
par une foule hysté-
rique et avinée. Il est
urgent de mettre un
terme à cette barbarie.

106. Sans commentaire.
(Ferme ta gueule !).

107. 27 septembre 1995. Rome. Venue plaider la cause animale auprès de sa Sainteté le pape Jean-Paul II, je suis émue et bouleversée par cette rencontre inoubliable.

108. Février 1998. Lors de ma visite officielle en Roumanie, Théoctist, le patriarche de l'Eglise Orthodoxe roumaine, m'accorda une entrevue chaleureuse et imprévue le jour de son anniversaire.

109. 15 juin 1998. Paris. Sa Sainteté le Dalaï-Lama (membre d'honneur de ma Fondation) nous a reçus, Bernard et moi, et nous a offert l'écharpe de soie blanche « Khatak », symbole de l'amitié au Tibet.

110. « On ne voit bien qu'avec le cœur.
L'essentiel est invisible pour les yeux. »
Le Petit Prince
ANTOINE DE SAINT-EXUPÉRY (1900-1944)

111. Avec mon Voyou
au clair de lune sur la plage.

Si un jour les hommes
et les animaux vivaient
en harmonie dans un monde
préservé, alors mon combat
n'aurait pas été inutile.

Yvonne, qui partit avant moi en éclaireur, retrouver le calme et la douceur de la Normandie, m'appela, affolée par la chaleur torride qui avait accompagné son voyage et l'avait suivie jusqu'à Bazoches où le thermomètre grimpait de manière inquiétante.

C'était le monde à l'envers !

Les dieux sont tombés sur la tête !

Il faisait, relativement, moins chaud à Saint-Tropez qu'à Bazoches.

Mylène m'accompagna dans le petit avion que nous prîmes très tôt le matin, fuyant la chaleur et les embouteillages du 14 Juillet. C'était le premier voyage que je faisais sans Douce, son absence était si présente qu'il me semblait la voir, comme à son habitude, assise bien droite sur un siège, regardant par le hublot ce qui se passait à l'extérieur.

Frank nous attendait, en décomposition tant la chaleur était insupportable. Heureusement il avait loué pour l'occasion une « Espace » climatisée. J'avais envie de pleurer, tout ce déménagement pour retrouver cette torride torpeur que je fuyais comme la peste.

Je m'installai à contrecœur dans cette maison inhabitée depuis un an où la présence de Kim, le petit chat aveugle, me manquait autant que celle de Douce. Le soleil tapait si fort qu'il était impossible de mettre le nez dehors avant 6 heures du soir. Tout était brûlé, desséché, épuisé. Les ventilateurs tournaient à plein, les volets fermés essayaient d'empêcher la chaleur de rentrer. Il faisait 35° dans la maison. Je pleurais.

Je hais l'été avec sa procession de microbes, d'insectes, de mouches, de guêpes qui pullulent dangereusement. Je hais cette chaleur qui nous liquéfie le cerveau, nous clouant au pilori de l'inactivité totale, de l'inertie mentale, faisant de nous des zombies qui ne sortent de leur léthargie que lorsque le soleil se couche enfin, nous libérant de son emprise infernale. Bien des organismes affaiblis, résistant au froid de l'hiver, succombent aux chaleurs démentielles de l'été.

Yvonne, cloîtrée chez elle, moi chez moi, seule Mylène, allongée sur un matelas près de la piscine, se faisait bronzer... jusqu'au moment où, prise d'un malaise, il fallut appeler le médecin, lui mettre de la glace sur la tête, la réhydrater, lui interdire les bains de soleil.

C'était une folie !

Les jours n'en finissaient plus de s'écouler dans l'attente d'une fraîcheur qui ne venait pas. Trois de mes moutons moururent d'épuisement dû à une trop forte température.

Le soir, nous restions dehors, essayant de gober l'air raréfié, tels des poissons hors de l'eau. Vers minuit, enfin, l'atmosphère redevenait respirable. Alors nous profitions au maximum de cette trêve. Je me baignais dans la piscine, les chiens couraient la nuit derrière une balle qu'ils ne retrouvaient jamais. Les chats sortaient de leur torpeur et venaient s'alimenter à la queue leu leu. Je faisais tourner les arroseurs une bonne partie de la nuit, les petites fleurs redressaient leurs têtes pendantes, la pelouse reverdissait, il y avait jusqu'à l'aube un semblant de vie qui s'amorçait pour s'éteindre à nouveau au premier rayon du soleil.

Le 17 août, vers 18 heures, nous entendîmes un bruit terrifiant à l'horizon, comme si plusieurs trains lancés à toute vitesse entraient en collision. Yvonne, inquiète, alla chercher Socquette, la petite chatte paralysée, sur le rebord de la fenêtre. Nous eûmes à peine le temps de réaliser, qu'un vent fou, tourbillonnant, ravageant tout, s'abattit autour de nous, soulevant les parasols, les meubles de jardin, arrachant les volets, les fenêtres, le chaume du toit. Nous eûmes à peine le temps de courir partout fermer à grand-peine les portes, les fenêtres restées ouvertes, rameuter les chiens terrorisés, les chats affolés, qu'une pluie torrentielle, dévastatrice, s'abattit, drainant sur son passage des branches d'arbre, des morceaux de toiture, des sacs en carton, des ballots de paille, des coussins de jardin. Tout volait, même les parasols dans cette vision surréaliste de l'enfer.

Ce fut une des grandes peurs de ma vie !

La fin du monde. La tornade !

Ça ne dura pas plus de 10 à 15 minutes qui nous parurent une éternité.

Puis les trains s'éloignèrent, le vent aussi, et la pluie s'arrêta comme par enchantement.

Alors bonjour les dégâts !

Tout était ravagé, dévasté comme après un bombardement.

L'eau coulait de partout, des troncs arrachés nous empêchaient d'aller jusqu'à la maison de gardien. Des milliers de branches et de feuilles jonchaient le sol détrempé, tout était cassé, détruit. La piscine débordait de boue charriant les chaises longues. Les parasols retournés tels de vieux parapluies s'étaient piqués dans le chaume du toit, lui-même arraché en mèches de cheveux pendouillait lamentablement comme un vieil écheveau.

C'était dantesque.

Mon premier réflexe fut d'envoyer ma gardienne Bernadette voir si les moutons étaient encore vivants. Puis je comptai mes chiens et mes chats. Dieu merci les dégâts n'étaient que matériels ! Poules, canards, pigeons avaient su se mettre à l'abri.

Mais pour le reste... Quelle horreur !

Comment allions-nous réparer un tel désastre ? Une nouvelle fois, la présence d'un homme me parut indispensable et me manqua.

Le lendemain de ce cataclysme, j'appelai Frank au secours.

Il arriva avec deux jeunes recrues de la Fondation, Christophe et Joël. Aidés par le mari de Bernadette, ils mirent deux journées complètes à tout déblayer ; sciant, ratissant, nettoyant, enlevant des tonnes de végétation morte, pendant qu'aux fourneaux, une fois de plus, j'essayais de leur mijoter des petits plats substantiels en rapport et à la mesure de leur dépense d'énergie !

Tous ces jeunes qui, avec Mylène, donnaient une vie nouvelle à ce terrain dévasté, avaient un petit air de vendanges ou de moisson. C'était sympa, adorable, familier, joyeux ; malgré la somme énorme de problèmes que tout ça m'a apportée, j'en garde un très joli souvenir grâce à eux. Avec Yvonne, nous nous sentions les anciennes, mais des anciennes pleines de joie de vivre au milieu de tous ces enfants qui mettaient leur force au service de notre faiblesse.

Au journal *TF1* de 20 heures, « Gillot-empêtré » nous annonça avec 24 heures de retard que le département des Yvelines venait d'être victime d'une tornade ayant fait de multiples dégâts chez les fermiers et les agriculteurs... Il oublia les particuliers qui, comme moi, mirent plus d'un an à réparer les détériorations multiples qu'avait engendrées cette épreuve imprévue.

Yvonne commença à souffrir de la gorge.

Pour se calmer elle fumait cigarette sur cigarette ; j'étais inquiète et têtue !

Dès le début de septembre, je la suppliai d'aller voir un spécialiste renommé et non un médecin de campagne ignorant. Je l'accompagnai lors de son premier rendez-vous, à l'Hôpital Américain de Neuilly, avec le Professeur Natalie, l'un des meilleurs oto-rhinos de France. Il fut très pessimiste, pensant qu'un cancer du larynx se développait, exigeant des examens sérieux, envisageant une intervention chirurgicale à brève échéance. Elle sortit de là effondrée, regrettant cette consultation qui la mettait face à une réalité qu'elle ne pouvait ni ne voulait assumer. J'eus toutes les peines du monde à lui remonter un moral que j'avais moi-même au quatrième dessous. Je ne la quittais plus, l'accompagnant partout pour les scanners, les prélèvements très douloureux qu'elle dut subir, la tenant à bout de bras, à la force de mon amour.

On lui interdit formellement de fumer.

Je m'arrêtai aussi, lui donnant l'exemple.

Ce fut très dur pour nous deux.

Tous les examens décelèrent un cancer à développement rapide.

Il fallait opérer.

Yvonne refusait l'infirmité incontournable de la laryngectomie, qui laisse muet à jamais ceux qui la subissent. Elle préférait se suicider. J'avais beau la comprendre, je combattais ce désespoir de toutes mes forces, la chirurgie avait fait d'énormes progrès, elle était entre les mains du meilleur, elle pourrait parler, je le lui jurais.

Puis j'appelai au téléphone le Professeur Natalie, lui demandant de répondre franchement si oui ou non Yvonne resterait infirme après l'ablation d'une partie du larynx. Comme toujours la réponse fut vague, il fallait ouvrir avant de se prononcer, peut-être bien que oui, peut-être bien que non.

Je retins le « peut-être bien que oui » !

Exceptionnellement, je la quittai le 14 septembre pour donner une conférence de presse à l'Hôtel Sénateur, à Paris, au sujet des pièges à mâchoires interdits par toute la C.E.E. sauf par la France, seul pays à refuser de s'aligner dès le 1er octobre prochain.

La veille, j'avais eu Brice Lalonde au téléphone.

Pour la première fois il ne m'aida pas, me parlant hypocritement des pièges de « confort » (avec bande de caoutchouc) qui étaient les quatre-étoiles du piège moderne... Il m'énerva tellement que je lui demandai s'il s'était déjà coincé quelque chose là-dedans et s'il avait trouvé ça confortable.

Je rapportai cette anecdote lors de ma conférence de presse où j'exhibai à bout de bras les pièges « tout confort » si prisés par mon pays auquel j'avais honte d'appartenir. Si la France ne votait pas l'interdiction, les pièges continueraient d'être légaux avec ou sans confort !

La France ne vota pas !

Les pièges continuent donc d'exister et de tuer sans aucune sélectivité tous les petits animaux qui ont le malheur de s'y faire prendre.

Mylène, qui vaquait à ses occupations de future star, laissa tout tomber pour se mettre gentiment à la disposition d'Yvonne et à la mienne. Sa jeunesse, son optimisme, son entrain, sa joie de vivre furent un énorme soutien pour nous.

Un jour qu'elle était allée promener les chiens dans la campagne environnante, ce qui leur permettait des courses effrénées dans les champs, les bosquets, reniflant les multiples et merveilleuses pistes de lapins, vivant une évasion qu'ils adoraient, elle revint avec une très belle Setter irlandaise trouvée, d'après ses dires, abandonnée... La pauvre bête affolée se terrait sous les meubles, tremblant de tous ses membres, visiblement stressée. Je dis à Mylène d'appeler immédiatement la gendarmerie et le vétérinaire, de donner son numéro de tatouage et de prévenir la Centrale canine.

Elle n'en fit rien. Je me fâchai et décidai de le faire moi-même.

Alors elle m'avoua l'avoir adoptée au refuge de la Bonnardière, tout proche de chez moi, où elle l'avait déjà, au cours de multiples visites, remarquée si malheureuse qu'elle n'avait pu s'empêcher de me l'offrir pour mon anniversaire. Je n'en revenais pas ! C'est ainsi que la belle, la tendre, la douce Lady est entrée dans ma vie après en avoir vu des vertes et des pas mûres. Cette chienne, d'une beauté admirable et d'une timidité maladive, apprit petit à petit ce qu'était le bonheur. Même si sa vie fut de courte durée elle en profita pleinement, prenant au sein de ma famille la place laissée vacante par Douce.

Le 28 septembre, j'eus 57 ans dans la plus stricte intimité.

Malgré l'angoisse latente qui pesait, nous bûmes du champagne, partageâmes un bon petit dîner avec Jean-Louis, Roland, Frank et Anne-Marie. Tout fut oublié pendant cette soirée où nous jouions comme des gosses aux Ambassadeurs, aux portraits chinois, au jeu des ciseaux ouverts ou fermés (très rigolo), à tout ce qui pouvait de près ou de loin nous changer les idées.

Le lendemain, Robert, le frère d'Yvonne, nous annonça que rendez-vous était pris le 25 octobre à l'Hôpital Américain pour l'opération.

Le soir même, Yvonne avala un tube de *Témesta* plus je ne sais trop quoi. Il fallut l'intervention urgente du médecin de Montfort pour éviter un transport à l'hôpital. Elle n'était que douleur, anéantissement, son courage l'abandonnait, elle désirait mourir, me confiait Wendy, voulait rejoindre son mari.

Elle n'était que pleurs, que larmes.

Je passai le reste de la nuit à ses côtés, tentant de la consoler, lui donnant toute ma force, toute ma tendresse. Bien qu'elle eût une « famille », elle était terriblement seule. Son frère, un homme fort, ignorait la sensibilité. Sa nièce, une femme énergique, infirmière de surcroît, ne se laissait émouvoir que par l'espoir d'un héritage. Quant à ses deux beaux-fils issus du premier mariage de son mari, ils n'étaient beaux qu'administrativement parlant. Jamais une visite, ni un coup de téléphone, pour avoir des nouvelles de cette femme qui leur avait servi de mère pendant toute leur adolescence. Ses amis étaient morts, absents ou indifférents, maintenant qu'elle était sortie du cercle des golfeurs, des bridgeurs, des snobinards, qu'elle n'était plus qu'elle-même, vivant solitaire, retirée, loin des mondanités éphémères qui portent tout être humain au zénith fragile d'une renommée aléatoire.

J'aimais Yvonne. Je l'aime et l'aimerai toujours.

En essayant de lui donner ce qui lui manquait le plus, je fus responsable de sa vie à part entière.

Le 6 octobre, devant absolument me rendre, comme les deux précédentes années, à la Fête du Monde animal organisée à Vincennes par la Mairie de Paris et ma Fondation, j'emmenai Yvonne et Mylène.

Plus on est de fous plus on rit.

Jacques Chirac m'attrapa au vol alors que la foule délirante commençait à m'étouffer. Dans la cohue je perdis Yvonne et Mylène mais elles se débrouilleraient. Frank et quelques dizaines de gardes du corps municipaux eurent du mal à nous protéger.

C'était le même scénario chaque année !

Entre les aboiements de chiens, les hurlements de la foule et la sono tonitruante, j'avais la tête comme un ballon de rugby. Je déteste toutes ces manifestations populaires et bruyantes. Pourquoi faut-il que l'humanité draine toujours derrière elle un tintamarre pareil ?

> « *Le bruit ne fait pas de bien*
> *Le bien ne fait pas de bruit* »,

a dit saint Vincent-de-Paul, avec sagesse !

Enfin, cette épreuve mouvementée fut un succès puisque, cette année encore, 40 000 visiteurs adoptèrent 500 animaux.

Avant de partir je m'arrêtai devant le stand de « L'Ecole du chat », une association très méritante ; une femme tenait dans ses bras un gros matou tigré, elle pleurait. C'était le seul qui n'avait pas trouvé de maître, un adorable chat déjà âgé, si tendre, si affectueux ! Eh bien, il avait désormais une maîtresse, une maman, puisque je l'adoptai sur-le-champ. Il s'appelle « Spirou » et coule depuis des jours heureux à Bazoches malgré son grand âge.

C'est toujours à la rentrée que les refuges, débordant, saturés par les abandons de l'été, organisent des journées d'adoption.

Cette année nous reçûmes à la Fondation un S.O.S. du refuge de Condé-sur-Escaut, près de Valenciennes. Sa situation était critique, le nombre d'animaux dépassant de loin les chiffres prévus par la structure d'accueil, les directions départementales des services vétérinaires les mirent en mesure d'effectuer immédiatement des euthanasies massives qu'ils refusèrent en m'appelant au secours.

Le samedi 12 octobre, je partis en voiture avec Frank et Liliane.

Il faisait très chaud, l'été indien battait son plein et ça n'était pas la porte à côté. Mais ce petit effort de ma part évita tant de morts, de douleurs, de problèmes à la brave Madame Maton, directrice du refuge, que je ne regrette pas la fatigue du voyage. Ma présence ayant été annoncée à grand renfort d'articles dans la presse locale, c'est un raz de marée humain qui se pressa dès l'ouverture afin de me voir. A chacun je signais un autographe à condition qu'il adopte chien ou chat.

Puis, devant les cages, je caressais, vantais au public tous ces petits abandonnés, les prenais dans mes bras, faisant mine de garder celui-ci pour moi. Du coup tout le monde le voulait, on se l'arrachait et j'en prenais un autre et un autre. Avec les gros costauds j'eus plus de mal, mais me mettant à leur hauteur, je leur faisais des câlins, ils me léchaient la figure, me donnaient leurs grosses pattes, bref ce fut une histoire d'amour incessante et efficace.

Comme toujours, les petits partirent avec plus de facilité que les grands. J'étais en peine de voir les yeux si malheureux des laissés-pour-compte. Les croisés Berger, les Boxers, les Labradors, les Griffons, les bâtards si braves mais trop encombrants repartirent la queue basse et la tristesse au cœur derrière les barreaux de leurs cages. Ça me faisait mal mais je ne pouvais pas les prendre. Ils seraient peut-être adoptés demain ou dans la semaine...

Le refuge vidé de moitié, aucune euthanasie ne serait appliquée.

L'administration vétérinaire pourrait constater que la capacité d'accueil était en règle. C'était le principal.

Je rentrai fourbue mais fière à Bazoches où Yvonne m'attendait, en larmes.

Le lendemain, dimanche 13 octobre, un coup de fil de La Madrague m'annonça la mort de « Chat-Roux ». Là aussi, j'eus un immense chagrin. Ce chat était d'une intelligence au-dessus de la moyenne. Il comprenait comme un chien tout ce que je disais. Il écoutait, attentif, participant à mes moindres faits et gestes. Il avait subi l'ablation d'une grosse tumeur au ventre, avait souffert le martyre, puis s'en était très bien remis. Quelque temps avant mon départ, j'avais senti sous mes doigts comme une boule qui roulait à l'endroit même de sa cicatrice. Je m'en étais inquiétée, mais je refusais de lui faire subir une seconde fois l'épreuve terrible qu'il avait endurée. Nous en avions parlé ensemble et il partageait mon point de vue. Je l'avais donc quitté, remettant sa vie entre les mains de Dieu.

Sa mort me bouleversa tellement que je voulus immédiatement rentrer à La Madrague pour le revoir une dernière fois et l'enterrer moi-même. Mais ce fut impossible. Frank était introuvable, Mylène injoignable quelque part dans Paris, Yvonne inefficace, paralysée par la peur. Je pleurais mon gros Chat-Roux, seule, loin de lui, pensant qu'il était le dixième à mourir, à me quitter après tant d'années de vie commune, tant de complicité, tant d'amour partagé.

Quand donc s'arrêterait cette hécatombe ?

*
* *

A plusieurs reprises, j'avais prévenu Yvonne qu'il lui faudrait, pendant sa convalescence, une présence à ses côtés. Elle ne voulait rien entendre, ne supportant personne chez elle !

Pourtant j'insistais.

Elle ne pourrait faire ses repas, ni répondre au téléphone... A ces mots, elle se mettait à pleurer, ne voulant pas envisager la perte de sa voix ! Pour ne pas l'inquiéter davantage, j'en parlai à son frère aussi têtu et buté qu'elle ! Il avait prévu une amie de longue date qui viendrait de Bordeaux passer quelques jours lors de sa sortie de l'Hôpital Américain, espérant lui aussi qu'elles se supporteraient mutuellement.

Le jeudi 24 octobre, après un frugal déjeuner à Bazoches où j'avais convié son frère, Yvonne partit avec lui pour l'Hôpital Américain. Je leur laissai assumer les paperasseries administratives et devais la rejoindre avec Mylène dans l'après-midi. Elle m'avait confié Wendy, pas dépaysée du tout, ravie de rester en colonie de vacances, de courir les chats et de se rouler dans l'herbe sans se faire enguirlander pour un oui ou pour un non.

Je restai tard, ce soir-là, auprès de mon Yvonne, essayant de lui insuffler tout mon courage, toutes les ondes positives que je possédais, lui tenant la main jusqu'à ce qu'elle s'endorme, lui jurant d'être là demain matin très tôt avant son départ pour le bloc opératoire.

Le 25 octobre, à 8 heures, Mylène et moi étions là, retrouvant son frère et sa nièce.

Yvonne, ensuquée par les calmants, dormait à moitié mais ne lâchait pas ma main qu'elle garda si serrée dans la mienne que je dus accompagner le chariot jusqu'à l'entrée de la salle d'opération. Après lui avoir chuchoté à l'oreille tout mon amour, je la laissai aller vers son destin. Je priais, je priais de tout mon cœur comme je l'avais fait pour maman, je priais la petite Vierge de ne pas l'abandonner dans cette redoutable épreuve.

Elle ne sortit que vers 17 heures, encore anesthésiée, et fut immédiatement mise en salle de réanimation. Nous ne pûmes la voir cinq minutes que deux heures plus tard. Je me souviendrai toujours du choc que j'éprouvai. Transpercée de tuyaux, une canule dans la gorge sortant de la trachée, un brumisateur dirigeant vers sa blessure l'humidité indispensable, Yvonne n'était qu'une pauvre chose meurtrie, un cobaye de laboratoire, une infirme ! Elle essayait de parler, en vain, aucun son ne sortait de sa bouche desséchée. J'attrapai au vol le Professeur Natalie, affolée par l'état dramatique dans lequel je retrouvais cette femme encore normale quelques minutes avant l'intervention.

Il me rassura.

Elle pourrait à nouveau parler, sur le souffle, elle aurait encore une voix chuchotante après qu'on lui aurait enlevé la canule plantée momentanément dans sa trachée et qui lui permettait de respirer. Il avait fait sur ses cordes vocales une microchirurgie très délicate afin de lui sauver un semblant de voix, malgré les tumeurs qui s'amoncelaient dans son larynx.

Merci Professeur, merci ! Ouf, merci mon Dieu !

Lorsqu'elle quitta la réanimation pour se retrouver dans une chambre normale, elle chuchotait, malgré les tuyaux qui la transperçaient encore et la douleur lancinante qui la taraudait. J'étais allée la voir tous les jours, restant près d'elle le temps que m'accordaient les médecins. Sa vie m'était devenue plus précieuse que la mienne, seules les heures passées près d'elle étaient importantes.

La chimiothérapie s'imposait.

En prévision, on lui avait implanté durant son opération un cathéter profondément enfoncé sous la chair de sa clavicule droite, afin de pouvoir la piquer directement dans l'artère sans altérer les veines fragiles de ses bras. Or une infirmière inexpérimentée, croyant avoir atteint son but, piqua à côté et le liquide toxique envahit toute l'épaule d'Yvonne, la brûlant au troisième degré. Il ne manquait plus que ça ! La douleur ressentie fut fulgurante et extrêmement longue à calmer. Le cathéter étant inutilisable, il fallut trouver d'autres moyens moins sûrs et plus fragiles pour assurer les longues séances de perfusions.

Bravo l'Hôpital Américain !

En attendant, je dus, en catastrophe, enregistrer quasiment la veille pour le lendemain mon *S.O.S. Grands singes*. Je n'étais pas à mon travail, pourtant je voulais tant aider ces pauvres bêtes, mais j'étais trop préoccupée par Yvonne, et l'émission s'en ressentit.

Je plaidais leur cause en pensant à Yvonne.

C'est en voyant les chimpanzés de laboratoire que je fus, peut-être, la plus convaincante. Et puis je me rappelais *Gorilles dans la brume,* ce film qui m'avait bouleversée, et le destin tragique de Diane Fossey définitivement oubliée aujourd'hui. Je n'arrivais plus à réagir devant les images pourtant insoutenables qui défilaient devant mes yeux. J'étais vidée. Je voyais des femelles orang-outang débitées vivantes à la tronçonneuse afin de s'emparer des petits agrippés à leurs dos que les trafiquants revendaient à prix d'or aux zoos, aux cirques, aux laboratoires, s'ils survivaient. Des mains de gorilles tranchées et desséchées vendues comme cendriers, des têtes fraîchement décapitées encore dégoulinantes de sang envahies de mouches exposées comme trophées sur les marchés de Kinshasa. Des montagnes de cadavres de singes en putréfaction.

Mais pourquoi ? Pour qui ? Pour tuer !

Dès que j'eus terminé, je me précipitai auprès d'Yvonne.

J'avais encore dans la tête, dans les yeux, toutes ces visions d'horreur mais j'essayais d'être rigolote en lui racontant des bêtises que j'inventais. J'avais du mal à la comprendre. Son petit filet de voix assourdie n'arrivait jusqu'à mon oreille que si j'étais extrêmement proche d'elle. Je n'osais pas la faire répéter et essayais de saisir par déduction le ou les mots qui m'avaient échappé.

C'était une tension permanente très éprouvante.

Elle recevait encore la nourriture liquide par une sonde nasale, même sa salive ne passait pas.

Elle attendait avec impatience ma venue !

La diffusion de mon *S.O.S. Grands singes* ne cassa pas la baraque, le succès fut moyen, tout le monde se foutait de ce qui pouvait leur arriver, je n'avais probablement pas su, ou pas pu, faire passer le message.

J'envisageais mon retour à La Madrague et dus l'annoncer à Yvonne.
Ce fut un drame qui faillit lui déclencher une crise de nerfs.

Elle pleurait, me suppliant de rester encore jusqu'à sa sortie de l'hôpital, sinon elle ne lutterait plus, elle ne survivait que pour moi. A bout de forces et de fatigue je me mis à pleurer aussi. Cette dévotion qu'elle me portait me bouleversait jusqu'au plus profond des tripes. Je ne pouvais que céder ! Mylène ayant dû repartir, je me retrouvai seule à Bazoches en ce mois de novembre tristounet et pluvieux. Les arbres nus, les feuilles mortes, les jours si courts que la nuit tombait dès les premières heures de l'après-midi, tout ça entretenait chez moi un cafard profond.

L'année avait été dure, difficile, triste, inquiétante.

Le silence et la solitude qui m'entouraient favorisaient les idées noires. Les allées et venues entre Bazoches et l'hôpital de Neuilly étaient longues et fatigantes. Frank, toujours fidèle, avait remplacé Mylène en assumant le rôle de chauffeur dont je ne pouvais plus me passer. La circulation étant devenue trop dense, trop éprouvante, j'avais abandonné toute velléité de m'y lancer seule de nuit ou sous la pluie, avec des yeux trop faibles, et surtout une peur panique qu'une panne me laisse à la merci d'une curiosité publique insupportable.

J'avais envie de changer d'horizon, de respirer un air, des odeurs différents ; je décidai de partir pour Saint-Tropez avant que la météo ne devienne trop dangereuse pour les atterrissages à La Môle, ce petit aéroport joujou, beaucoup plus proche mais moins sûr que celui de Toulon-Hyères.

Partir c'est mourir un peu !

Pour Yvonne et moi ce fut un arrachement, sans parler de tous les petits chats, y compris le sage Spirou, que je laissais. Surtout Socquette à moitié paralysée qui commençait à perdre la vue, se dirigeant tant bien que mal au son de ma voix. Tout ce petit monde allait du jour au lendemain devenir orphelin, la maison silencieuse ne vibrerait d'aucune présence, le sommeil de l'absence allait accompagner la venue de l'hiver.

La vie est un choix perpétuel !

Là ou là, ou là et là !

(En écrivant ceci je ris toute seule car ça pourrait être de l'indien cherokee : La Houla, Houla Hela ! Comprenne qui voudra !)

Dans le petit avion, Lady dont c'était le premier voyage fut extrêmement intriguée. Elle regardait, fascinée, tout cet environnement, étrangement bruyant, essayant en vain de suivre des yeux les taches que le soleil déplaçait sur les bords de la carlingue. J'avais dû laisser Wendy à Bernadette car, à son retour, Yvonne aurait immensément besoin d'elle. Je me souviens qu'en prévision d'une infirmité totale de la parole, elle avait, avant son départ pour l'hôpital, enregistré une cassette spéciale pour Wendy, la sifflant, l'appelant, lui racontant des histoires afin que la pauvre chienne ait un repère sonore de la voix de sa maîtresse. J'avais trouvé cette attention bouleversante.

A peine arrivée à La Madrague, Lady découvrit la mer et y plongea. C'était son élément. Elle fut ma première et unique chienne à faire de l'apnée. Elle pouvait rester plusieurs secondes, parfois plus d'une minute, sous l'eau à chercher la bouteille pleine de sable que je lui envoyais.

Son bonheur faisait le mien.

Nous partagions le même amour de la mer, le même besoin d'y oublier les vicissitudes de la vie, les mêmes envies de balades interminables d'où nous revenions crevées et crottées.

Elle fut ma flamme rousse !

J'appelais Yvonne trois fois par jour, faisant les demandes et les réponses puisqu'il lui était impossible de parler. Nous étions convenues d'un code : pour « oui » elle tapait une fois sur le combiné, pour « non » c'était deux coups.

Ça marchait !

Mais je n'en pouvais plus des monologues interminables et répétitifs que je partageais si mal avec elle. J'appris pourtant qu'elle avait pu avaler la moitié d'un yaourt par les voies naturelles, que sa salive ne l'étouffait plus ! Qu'elle ne perdait pas ses cheveux avec la chimiothérapie ! Je lui disais mes petits problèmes, mon amour pour elle, lui expliquant les détails qui la divertissaient, le temps qu'il faisait.

La Fondation n'arrêtait pas de s'impliquer dans tous les domaines.

Elle participa à Bruxelles au rassemblement international contre l'utilisation d'animaux pour les cosmétiques en affrétant plusieurs cars pour transporter 200 adhérents à la manifestation. Malgré nos efforts répétés, au fil des ans, les animaux, des lapins en particulier, continuent d'être martyrisés au nom d'une cosmétologie surannée, n'ayant plus aucune raison d'être mais légalement indispensable pour la sortie de tout produit. C'est scandaleux car la survie de l'humanité n'y est pas mise en cause. Seule la beauté l'exige !

N'oubliez pas, Mesdames, que toute crème, tout shampooing, déodorant, teinture ou décoloration, tout produit ayant de près ou de loin rapport à la cosmétologie, au maquillage, est testé dans les muqueuses les plus fragiles, yeux, gencives ou anus d'animaux maintenus dans des boîtes de contention les entravant totalement et les empêchant d'atténuer la douleur par le moindre geste. Ils subissent les expériences les plus insupportables dans une immobilité soumise à l'incarcération totale de leurs corps. Deviennent aveugles, leurs yeux s'écoulant petit à petit dans des brûlures fulgurantes, leurs bouches enflées et purulentes ne leur permettant plus de se nourrir et, l'œdème atteignant les voies respiratoires, ils meurent étouffés. Leurs petits « trous de balle » ne sont que des plaies sanglantes à vif où leurs excréments collés forment un magma immonde et mortel. Leur douleur est si forte, si terrifiante qu'ils ne sont plus que de tragiques morts-vivants.

Certaines marques comme *Beauty without cruelty* ou *Revlon*, conscients de la souffrance qu'engendraient leurs produits, ont cessé ou réduit les expérimentations sur animaux vivants. D'autres, comme *L'Oréal*, continuent à massacrer au nom du fric, du pèze et du saint Profit.

Yvonne avait enfin retrouvé sa maison, sa Wendy, son univers, même si à cette époque il était décharné. Que lui importaient les arbres dépouillés ou les hortensias déplumés, elle ne sortait pas de chez elle. Une gentille amie était près d'elle, assumant le pire puisque le meilleur était absent. Je continuais mes appels téléphoniques quotidiens et même bi-quotidiens, l'assurant de toute ma tendresse, de mon ineffable amour.

Puis j'appris la mort d'Yves Montand, ce 9 novembre 1991.

Voilà un homme que j'aimais, que j'estimais pour sa vérité, sa manière de dire les choses. J'ai eu beaucoup de peine. J'en ai encore plus aujourd'hui après que sa « soi-disant » fille Aurore et sa mère l'eurent fait exhumer par décision de justice pour contrôle d'A.D.N.... négatif ! J'admire Catherine Allégret et la mère de Valentin, le fils d'Yves Montand, d'avoir subi avec dignité et révolte ce qui me paraît inacceptable !

On vit dans un univers de fous !

Le quotidien sinistre dont on nous bourre le crâne en est une des preuves les plus lamentables.

En décembre, *Paris-Match* publia le « Top 30 » des femmes de l'année, j'arrivais en 8e position. Mieux vaut être la 8e qu'absente à tout jamais ! Mais ce style de sondage me laisse indifférente... Je préfère ceux qui concernent la vie des animaux.

La Fondation mit en place avec le concours de la Mairie de Paris, dans le XIIIe arrondissement, un programme de stérilisation des chats errants. Au 29 janvier 1997, plus de 800 chats furent capturés, stérilisés, tatoués puis relâchés ou adoptés.

Voilà ce qui me rend fière !

Paris-Match consacra une dizaine de pages rétrospectives au don enfin reconnu par la presse que je fis de La Madrague à ma Fondation.

Mais le Conseil d'Etat n'en tint pas compte et ma Fondation resta dans l'expectative, impatiente de cette reconnaissance d'utilité publique attendue depuis si longtemps.

Noël approchait.

J'en étais malade. Encore cette fête familiale que je devais subir dans ma solitude, Yvonne dans la sienne, n'ayant que des souvenirs pour nous servir d'acceptation, de résignation.

Je pensais souvent à mourir.

Cette vie n'étant qu'épreuves répétitives, ne pouvant plus m'accrocher, ni croire en quiconque. Mais il y avait Yvonne, mes chiens, tous les animaux dont j'étais responsable. Alors j'essayais de survivre, il y avait beaucoup plus malheureux que moi. Je me devais d'être forte et vivante pour eux, pour elle, pour ceux qui m'aimaient et se reposaient sur moi.

L'arbre, en scintillant, m'était une présence due à Mylène.

Ce Noël fut triste comme tant, trop d'autres.

C'était mon karma, mon Carré de Pluton.

Bonne année 1992 !

Je l'entendis, je le lus, je m'en repaissais, me disant que peut-être ce serait la bonne.

J'avais accroché un peu partout avec des punaises les centaines de cartes venues du monde entier qui me souhaitaient une bonne année ! La cheminée et la porte de ma chambre en étaient couvertes. Toutes ces images ravissantes me donnaient l'envie de leur ressembler. Il y avait de jolis petits anges, des enfants extasiés devant l'âtre, des Pères Noël à pied, à rennes, en voiture, des paysages de neige avec ou sans paillettes. C'était une évasion dans des pays de rêve, de conte de fées.

Allez, réveille-toi Brigitte, les contes de fées sont pour les enfants, or tu n'es plus une enfant... C'est vrai, cette année serait celle de mes 58 ans... Pouvais-je encore prétendre à l'enfance ? Pourtant sommeillait toujours en moi ce refus d'être adulte, ce besoin constant de rêve, cette immaturité qui m'a joué tant de tours pendables.

*
**

Le 7 janvier, une femme admirable mais sans ressource, propriétaire d'un refuge vétuste, Françoise Capblancq-Bégué, décéda alors qu'elle était au téléphone avec une de ses amies. Nous fûmes responsables, du jour au lendemain, du devenir des 80 chiens et 100 chats de son refuge des Mureaux, pour la plupart inadoptables.

L'état d'insalubrité des lieux fut dénoncé par la D.S.V. départementale. Il y eut plainte de la mairie auprès de la préfecture qui en décida la fermeture pure et simple.

Le délai d'expulsion fut fixé à deux mois.

Sur place la vision était apocalyptique : les rats, des centaines de rats grouillaient au milieu des chats et des chiens. Tout baignait dans une saleté d'un autre monde. Un pauvre mec, Claude, aussi sale que le reste, tentait de faire survivre ce refuge et de survivre lui-même dans cet univers inimaginable.

Il y eut ordre d'euthanasier immédiatement et sans délai tous les animaux. Ma Fondation s'y opposa fermement, prenant en charge la gestion, la désinfection urgente et le sort des chiens et chats ainsi que le salaire de Claude. Mais la mairie, avec un ordre d'expulsion en bonne et due forme, ne nous laissa pas le choix : l'euthanasie ou le transfert des animaux vers un autre site. N'ayant pas, à l'époque, d'autre site, nous gagnions du temps, essayant tant bien que mal de redonner figure humaine à ce refuge morbide. Nous faisions dératiser, puis un vétérinaire stérilisa et castra les chats et chattes, un autre les chiennes, évitant ainsi la prolifération inévitable dans cet univers de mélanges tous azimuts.

Nous lancions des S.O.S. auprès de nos adhérents pour acheter une propriété où seraient relogés tous ces animaux. Les réponses et les chèques arrivèrent en masse. Il nous fallut trouver l'endroit de rêve... Et en avant les petites annonces, les agences immobilières, vite, c'est urgent !

Puis nous eûmes l'idée de faire un journal, juste quelques pages pour tenir au courant ceux qui nous faisaient confiance. C'était un travail supplémentaire mais indispensable. Tout le monde s'y mit.

Vers le 10 janvier, je pris l'avion pour Paris.

Il me fallait non seulement enregistrer mon *S.O.S. Trois ans déjà !* mais encore faire face à tous les problèmes urgents de la Fondation, aller à Bazoches voir Yvonne et aussi Socquette, la petite chatte paralysée qui, devenue aveugle par un virus insoignable, donnait depuis quelques jours des inquiétudes à Bernadette, ma gardienne.

Avec Frank, j'arrivai à Bazoches par un froid glacial, à mourir de tristesse. Dans ma maison douillette mais silencieuse ma Socquette était prostrée. Ses yeux n'étaient plus qu'une sorte de pâte jaunâtre, elle était maigre, son train arrière paralysé. J'en pleurais de la voir ainsi dans cet état, sans aucune autonomie, dépendante, seule. Je priais Dieu qu'il la reprenne au plus vite afin d'abréger son calvaire. Je lui fis mille câlins, elle me lécha le bout du nez. Quand je la quittai je la regardai longuement, sachant que je ne la reverrais plus.

Elle mourut le 15 janvier.

J'allai voir Yvonne.

Frank m'accompagna et partagea avec moi la douleur de la voir recroquevillée dans son fauteuil, si diminuée physiquement qu'elle ne semblait plus la même. Pourtant elle m'offrit un merveilleux cadeau de Noël qu'elle avait tricoté avec amour. Un pull-over somptueux dans mes couleurs, feuille morte et brique, que je reçus comme un coup dans mon cœur. Ce cadeau je le garde comme un trésor, c'est le témoignage de toute la tendresse d'Yvonne. Quand je le porte c'est comme si elle me protégeait. Je m'éloignai de Bazoches à pas de loup, la quittai, laissant un vide terrifiant à ses espoirs reportés sur un avenir aléatoire.

Puis j'enregistrai le lendemain, avec pas mal d'avance pour une fois, ce *S.O.S. Trois ans déjà!* qui était un condensé de toutes nos émissions, une interview-vérité sur moi, sur ma Fondation.

L'après-midi, ma Dédette m'avait prévenue que, devant maquiller Robert Hossein au Palais des Sports pour son spectacle, elle ne pourrait être libre ce soir pour moi. Or le hasard fit que j'envoyai Frank à la quincaillerie de la rue de la Tour, acheter je ne sais quoi qui me manquait. Et qui était justement dans ce magasin? Robert Hossein et sa femme Candice Patou! Ils vinrent boire un verre chez moi, parler de tout et de rien puis d'Odette! Devant ma détresse, Robert, qui est adorable, me la libéra et elle put me maquiller.

C'était vraiment gentil.

Cette émission, un peu différente des autres, fut peut-être plus difficile à assumer pour moi. Cette interview-vérité évoquant tous les animaux des précédentes émissions ainsi que ma Fondation m'extirpa le plus profond et le plus secret de moi-même.

C'était un bilan, en quelque sorte.

Ensuite nous allâmes dîner à la Brasserie du Pont de l'Alma où les assiettes à dessert étaient les mêmes qu'à La Madrague, avec des dessins ravissants représentant des scènes rustiques et campagnardes. Celle qui me fut octroyée ne figurant pas dans ma collection, je l'embarquai purement et simplement.

Souvenir, souvenir!

Je rentrai à La Madrague portant mon assiette et mon pull-over comme des talismans. Ces cadeaux inespérés et inoubliés sont toujours près de moi. C'est fou ce que des petites choses peuvent avoir de grands effets sur une âme sensible.

Le 29 janvier, enfin, date historique, le Conseil d'Etat accordait à ma Fondation la reconnaissance d'utilité publique, qui ne fut publiée au Journal Officiel que le 21 février 1992.

C'est comme si je m'étais transformée en étoile filante.

C'était la consécration officielle de ma Fondation, son utilité reconnue par le gouvernement, sa possibilité d'agir, de dénoncer, d'attaquer toutes les horreurs infligées aux animaux, c'était le but de ma vie enfin pris au sérieux, c'était la possibilité d'accepter dons et legs sans donner 75 % au gouvernement.

C'était ce que j'attendais depuis toujours.

C'était normal. Merci mon Dieu.

Le 1er février, comme tous les ans, je portai une rose sur la tombe de mes parents. C'était l'anniversaire de la naissance de maman, elle aurait eu 80 ans !

Depuis quelque temps, le vieux Gold, trouvé dans le poulailler à Saint-Tropez, avait le cœur fatigué. Nous lui donnions des tonicardiaques qui lui permettaient de continuer son bonhomme de chemin, mais son âge (15 ans) et l'usure de son organisme eurent raison de lui ce 7 février ; il mourut doucement dans les bras d'Adrien, mon gardien.

Puis ce fut Moulin, mon baroudeur, le fils de Nini, celui qui allait jouer aux boules place des Lices, et sur la médaille duquel j'avais fait graver : « JE NE SUIS PAS PERDU – JE RENTRE SEUL », celui que j'avais croisé des dizaines de fois sur la route de Saint-Tropez et que je prenais en stop. Un jour je l'avais vu étendu sur le bas-côté. Croyant qu'il était mort écrasé, j'avais stoppé net ma voiture et en hurlant m'étais précipitée vers lui... qui ne faisait qu'un petit somme réparateur après une nuit mouvementée ! Moulin aurait eu 16 ans le 29 avril si une crise cardiaque ne l'avait terrassé dans son panier, cet après-midi du 11 février. Il releva la tête, émit un son bizarre et retomba définitivement.

Mon gros pépère était mort comme il avait vécu.

Discrètement, rapidement, d'un coup ! Mais qui fut pour moi un coup de grâce ! Je déclarai forfait, au bout de mon chagrin qui n'en finissait plus de me tarauder le cœur, la tête, le ventre. Je l'avais vu naître, l'avais élevé, il était, avec Mienne et Matcho, les seuls souvenirs vivants que Nini m'avait laissés depuis la mort de Mouche. Je les adorais. Ils étaient mes enfants plus encore que les autres.

Le 19 février, on retrouva « Paméla », la petite chèvre coquine, morte à La Garrigue. Elle avait, comme Cornichon, léché ou avalé une de ces redoutables chenilles processionnaires extrêmement venimeuses.

Toutes ces morts en pointillé n'étaient que le début d'une hécatombe qui me prit cette année-là 14 de mes chiens et chats préférés. J'aurais pu en devenir folle tant le chagrin me poignarda. Mais n'anticipons pas.

Grâce à Dieu, notre toute nouvelle reconnaissance d'utilité publique donna un coup de fouet à la Fondation. Hélas ! il était trop tard pour nous en servir contre les rabatteurs et le vivisectionneur du procès d'Agen, ne pouvant légalement plus nous porter partie civile en cours de procédure. Pourtant, c'est bien contre ces ignobles individus que j'aurais voulu affirmer haut et fort notre première action officielle. Qu'importe ! Nous allions dorénavant pouvoir prendre la défense de tous les animaux martyrisés. Notre avocat, Maître Kelidjian, allait avoir du pain sur la planche.

Parole de Brigitte !

En mars, notre premier *Info-Journal* de la Fondation fut édité.

Un début modeste ne comprenant que 6 pages couleurs sur du papier recyclé, dans lesquelles nous résumions nos actions trimestrielles, nous dénoncions les actes de cruauté, nous donnions un aperçu de l'actualité, nous annoncions notre reconnaissance d'utilité publique et nous demandions à nos adhérents de faire connaître à travers cette petite feuille « trait d'union » les actions de la Fondation, afin que, faisant boule de neige, cette bouteille à la mer nous apporte un maximum de nouveaux amis. Aujourd'hui notre *Info-Journal* comprend 32 pages couleurs, est devenu un vrai magazine que nous expédions par routage trimestriel à plus de 45 000 abonnés.

*
* *

Le 5 mars, alors que je faisais faire des travaux à La Garrigue, que les ouvriers couvraient de plâtre et de ciment l'intérieur de la cuisine et de ma chambre, que nous vivions dans la poussière et les courants d'air, « Oscar », le petit frère jumeau de « Mimi-Chat », fut subitement pris d'une paralysie foudroyante qui, en quelques minutes, atteignit les poumons et l'étouffa. J'appelai d'urgence la vétérinaire, Madame Chapuis qui, arrivée sur place, ne put que constater l'agonie irréversible sans pouvoir expliquer l'origine de ce mal étrange. Il fallut l'euthanasier.

Je m'en souviendrai toujours.

Mylène était auprès de moi, auprès de lui.

Nous ne comprîmes jamais ce qui avait pu lui arriver. Ce chat était d'une douceur et d'une tendresse rares. Il mourut dans nos bras alors que des coups de marteau faisaient vibrer l'air, que des maçons allaient et venaient, chargés de seaux d'eau et de sacs de sable.

Ce fut un cauchemar. Un de plus !

Mimi-Chat, son frère jumeau, était lui aussi très proche de moi.

Il se prenait pour un chien et souvent suivait la promenade accompagné d'Oscar. Nous faisions de grandes randonnées, tous les chiens devant, les deux chats suivant à grand-peine. Lorsqu'ils étaient fatigués, ils s'asseyaient sur leur petit derrière et miaulaient. Je les prenais alors dans mes bras, un à gauche, l'autre à droite, et continuais ma marche. Au bout d'un moment, ayant repris leur souffle, ils sautaient par terre et continuaient en trottinant à nous suivre jusqu'au prochain arrêt.

C'était adorable et unique !

Je n'ai plus jamais retrouvé, dans ma vie, de chats aussi sportifs. La mort d'Oscar fut un drame qui me fit beaucoup de peine, mais Mimi-Chat ne put lui survivre longtemps.

Le lundi 23 mars, j'étais avec Mylène devant ma télé, attendant, enfin, le passage à 23 heures de *S.O.S. Trois ans déjà !* qui avait déjà été annoncé depuis quelques semaines puis déprogrammé à la dernière minute.

Je n'avais pas l'esprit à la rigolade !

Ces valses hésitations avec *TF1*, ces déprogrammations inattendues m'énervaient au plus haut point. En plus, la première partie que je devais me farcir était d'une effrayante vulgarité : Guy Bedos en long, en large, mais surtout en travers avec ses invités tous plus médiocres et ordinaires les uns que les autres... Mais qui pouvait donc trouver ça drôle ? Et ça n'en finissait plus... et la pub... et re-Bedos, etc.

A 23 heures 30, toujours cette lamentable émission de variétés qui, telle la guimauve bon marché, s'étirait filandreuse et écœurante.

A minuit, on nous annonça que, vue l'heure tardive, l'émission de Brigitte Bardot *S.O.S. Trois ans déjà !* serait remise à une date ultérieure. Oh ! mon Dieu ! J'ai cru que j'allais le bouffer ce poste de T.V. Avec Bedos et re-Bedos, la pub et re-pub et toute la direction en prime ! Mais ils se foutaient tous de ma gueule ces abrutis, et les animaux que devenaient les animaux ? C'était bien la peine de travailler avec une chaîne privée pour en arriver là !

J'étais folle de rage !

A chaud, dans la minute qui suivit, j'écrivis à Patrick Le Lay – P.-D.G. de *TF1* – une lettre au vitriol. Je rompais mon contrat, je n'étais pas un bouche-trou, certaines valeurs ne pouvaient s'acheter même avec la fortune Bouygues. Je n'étais pas une femme de concession, je n'admettais pas d'être traitée de cette façon, non seulement moi, mais aussi mon équipe et les animaux qui souffrent. Il était hors de question que je m'incline devant tant de goujaterie.

Et toc ! Ce fut la rupture.

Pourtant la presse, mise au courant, indiqua le lendemain que mes douze précédentes émissions avaient enregistré, malgré l'heure tardive, un taux d'écoute exceptionnel de l'ordre de 12 %, soit une moyenne de plus de 6 millions de téléspectateurs.

Ce coup de gueule mit au chômage toute mon équipe, plus Jean-Louis Remilleux et Roland Coutas, et me priva de la possibilité de dénoncer à l'avenir toutes les exactions commises par l'homme sur l'animal. Mais je suis ainsi faite et ne pourrai jamais me changer. La diplomatie n'est pas mon fort, mes impulsions bonnes ou mauvaises ont toujours régi mon existence, me plongeant parfois dans des abîmes de détresse et de remords.

Ah ! Quel caractère !

Mienne-Milou ma petite fille Setter, qui allait sur ses 16 ans, avait depuis longtemps déjà une tumeur mammaire qui se développait de manière inquiétante. N'étant pas stérilisée, elle subissait tous les six mois une piqûre d'hormones anti-chaleurs qui dut être à l'origine de ce cancer. Malgré son grand âge, comme elle pétait le feu, le vétérinaire de Sainte-Maxime, un chirurgien de première classe en qui j'avais une confiance totale, me conseilla de la faire opérer avant que la tumeur n'éclate et que le drame ne se produise. Ma Mienne-Milou subit l'intervention sans en paraître traumatisée. Elle avait un caractère débonnaire, toujours joyeuse, ne pensant qu'à bouffer et à courir la campagne. Ce qui la chagrina le plus fut son pansement qui l'entortillait comme un saucisson, mais à part ce handicap, elle se remit d'une manière rapide et courageuse.

Nous l'emmenions donc, Mylène et moi, se balader avec toute la troupe.

Or, voilà qu'un jour nous ne retrouvons plus Mienne-Milou. Et nous voilà reparties en sens inverse, sifflant, criant, appelant : « Miiilououou ! Miiiieeenne ! » Rien. Le désert. Je commençais à me faire un sang du diable lorsqu'une camionnette des pompiers arriva à La Garrigue avec ma Mienne-Milou, plus crottée qu'un cochon, le pansement pendouillant, l'air lamentable, épuisée mais ravie !

Des gens qui passaient avaient vu un cul en l'air, le reste coincé dans un terrier à renard. Ils avaient essayé de dégager ce cul de son piège, mais le pansement bloquait, ils n'arrivaient pas à la sortir et appelèrent les pompiers. Ils eurent du mal mais finirent par la récupérer saine et sauve. Sans eux elle serait morte dans d'épouvantables conditions. Voilà une des aventures, la dernière du reste, de cette merveilleuse et douce petite chienne, fille de Nini, petit cœur sans problèmes, épicurienne, un peu rondouillarde et trop curieuse.

Pour une fois Pluton m'avait épargnée !

Mais c'était reculer pour mieux sauter.

J'avais engagé une femme pour m'aider et rompre ma solitude.

J'étais enfin tombée sur une personne normale avec qui je m'entendais bien. Michèle était dévouée, débrouillarde, travailleuse, discrète, et adorait les animaux. C'est surtout pour me seconder auprès d'eux qu'elle me fut d'un grand secours. Ils étaient tous âgés, malades, ou ils se battaient. Il leur fallait une surveillance constante qu'il m'était difficile d'assumer sans cesse. Michèle allait chez le vétérinaire, faisait les piqûres, les pansements, nettoyait les oreilles, donnait les médicaments. Elle me préparait aussi des petits repas, me remontait le moral, discutait avec moi des événements d'actualité, bref j'avais trouvé la femme de ma vie, je n'étais plus seule, ce fut un vrai baume pour mon cœur. Sa présence me permit d'aller et venir plus souvent, moins stressée, moins inquiète.

Elle prenait ma place auprès de mes enfants, ne les quittait pas, les promenait, jouait à la balle, était une vraie nounou pour eux qui l'adoraient. Je me suis souvent demandée comment j'avais pu me passer de sa présence pendant tant d'années, pourtant ça n'était pas faute d'avoir cherché. Le hasard avait bien fait les choses en la mettant sur ma route. De plus, Adrien, mon gardien célibataire endurci, était tout content lui aussi d'avoir une présence, et une aide qui le soulageait un peu dans son travail. La maison devint moins triste, plus vivante, ça sentait bon le mijoté, le couvert était préparé, il y eut des rires...

Quel changement !

Mylène me quittait le soir avec moins d'appréhension, ne m'abandonnant plus à cette solitude qu'elle redoutait tant pour moi. Yvonne, dont l'état s'améliorait de jour en jour, envisagea de venir en juin, d'ici là elle pourrait mieux s'exprimer, suivant régulièrement une rééducation avec une orthophoniste qui lui apprenait à parler en se servant de son plexus solaire.

Ce n'était pas le bonheur mais ça lui ressemblait !

Un jour où nous étions, Mylène et moi, à La Garrigue, il y eut une tempête de mistral, la nature fut secouée, les arbres ébouriffés, la terre desséchée. Au pied d'un grand pin gisaient quatre petites pies tombées du nid. Une était morte, les trois autres piaillaient en ouvrant d'immenses becs. Quelques mètres plus haut la mère criait, caquetait, faisait un foin du diable. Il était impossible de les laisser là par terre, tout aussi impensable de les remettre dans le nid accroché à la branche la plus haute de cet arbre. La mère nous surveillait, inquiète, volant en cercles au-dessus de nous, puis se perchant sur une branche basse, l'œil aux aguets, nous engueulant à sa manière.

C'était à la fois tragique et rigolo.

Nous décidâmes de les mettre en sécurité dans le pigeonnier abandonné depuis belle lurette par ses occupants. Pendant que nous les transportions, piaillant de plus belle et morts de faim, maman pie nous suivit puis se percha sur le toit du pigeonnier. Bien installés au chaud dans un nid de paille fraîche, à l'abri du vent et des chats, nos trois bébés se mirent à crier famine, ouvrant leurs becs démesurés. Je me précipitai à la cuisine, fis cuire un œuf dur que j'écrasai avec de l'eau, y mélangeai de la viande hachée, un peu de pâtée à chat, quelques graines minuscules que je malaxai, le tout bien humide car les bébés oiseaux ne boivent qu'au travers de la salive de leur mère. Avec le manche d'une cuillère à café, nous enfournions, Mylène et moi, la nourriture au fond du bec de ces insatiables boulimiques, jusqu'à ce que, repus, ils cessent de brailler et s'endorment.

Maman pie toujours sur le toit veillait !

Rassurée probablement de ne plus entendre ses petits crier famine mais inquiète néanmoins de leur silence. Une heure plus tard, rebelote, les cris recommencèrent, maman pie s'en mêla, il y eut une cacophonie telle que nous arrivâmes en hâte, affolées, croyant qu'un chat s'était glissé dans le pigeonnier.

Pas du tout !

Les bébés avaient faim, il fallut les gaver de nouveau sous l'œil attentif de leur mère. J'avais appris en lisant *Madame la Pie* qu'il fallait les nourrir toutes les heures. C'était réglé comme du papier à musique. Dès qu'elle entendait ses enfants elle nous appelait, puis nous avions une trêve d'une heure à peu près. En partant le soir je laissai la consigne au gardien. A lui d'assumer, surtout le lendemain matin.

Cela dura trois semaines.

Leur petit duvet avait fait place à un plumage magnifique, leur appétit se décuplait au fur et à mesure de leur croissance.

Puis un jour nous n'en vîmes plus que deux !

Je cherchai partout et finis par découvrir que deux pies étaient perchées sur le toit. Un des petits avait rejoint sa mère. Le lendemain les deux autres s'étaient envolés aussi. Les pies s'apprivoisent facilement et sont très intelligentes, voilà pourquoi, depuis, plusieurs fois par jour, quatre pies heureuses viennent faire des ronds en piaillant au-dessus de ma tête. C'est leur manière de me dire leur reconnaissance.

L'histoire est belle, vraie, et se termine bien, ce qui est rare.

Dans la série des bonnes nouvelles, j'appris à la fin de ce mois de mars que les Nations unies m'avaient décerné le prix de l'O.N.U. en raison de mes efforts inépuisables pour la protection des animaux, qui me serait remis en juin au cours du sommet de Rio. C'était une belle récompense, une reconnaissance mondiale, un pied de nez à la France qui ne m'avait jamais ou si peu soutenue.

Nul n'est prophète en son pays !

J'étais fière pour les animaux, fière d'obtenir enfin une consécration que j'estimais méritée.

Cela tombait bien car, au début avril, voilà que les préfectures de Paris, des Hauts-de-Seine, de Seine-Saint-Denis et du Val-de-Marne déclarèrent subitement nuisibles donc chassables à longueur d'années, dans d'épouvantables conditions, toute une série de petits animaux, fouines, ragondins, lapins de garenne, rats musqués, renards, étourneaux, sansonnets et pigeons ramiers.

C'était scandaleux !

Je réagis immédiatement avec l'appui du journal *France-Soir* en lançant un appel auprès de leurs lecteurs afin de soulever l'opinion publique. Ce fut un véritable raz-de-marée de témoignages de solidarité, un tollé général. Des protestations arrivèrent par milliers : pétitions, appels téléphoniques, plus de 1500 lettres de soutien, et même les girls, musiciens, machinistes des *Folies Bergère* envoyèrent 136 signatures qui firent la Une du journal.

Mais les préfets restèrent sur leurs positions.

Seuls les imbéciles ne changent pas d'avis !

La trêve des maladies et des morts qui m'avait été accordée depuis le 5 mars dernier, jour de la mort d'Oscar, prit subitement fin avec « Trognon », mon petit chat noir, qui eut comme une attaque et se mit à chanceler, à perdre l'équilibre, à tomber.

C'était d'une tristesse sans nom.

La vétérinaire pensait que ça venait du cerveau. On lui fit des piqûres de *Candilat* pour stimuler la circulation cérébrale. Trognon titubait de plus belle. Que faire ? J'étais horriblement inquiète ! Il semblait si malheureux, ne pouvant plus sauter sur l'évier où était la pâtée, ni courir, ni même faire trois pas sans perdre l'équilibre. Les animaux, pas plus que les enfants, ne devraient souffrir de maladies.

C'est trop injuste.

Ils ne comprennent pas, s'en remettent totalement à nous comme si nous étions le Bon Dieu. Ah, si j'étais Dieu, comme l'a écrit René Barjavel, si j'étais Dieu, je changerais beaucoup de choses en ce bas monde, j'éviterais les douleurs innocentes, les injustices flagrantes, les haines, les jalousies, les guerres, les souffrances, les maladies, les épidémies, les violences de toutes sortes, si j'étais Dieu, je ferais un monde à mon image, une sorte de Paradis, un dessin animé sans sorcière où les animaux et les hommes vivraient en harmonie et où les petits « Trognons » n'agoniseraient pas dans la douleur.

Mais je ne suis pas Dieu !

Avril, c'était l'époque cruelle où les fiestas d'Espagne battaient leur plein. J'avais prévu depuis longtemps une conférence de presse à Bruxelles pour dénoncer, au sein de la Communauté européenne, toutes les atrocités commises dans ce pays. Il m'était impossible de me dérober. Pourtant l'état de Trognon, qui ne faisait qu'empirer, me clouait auprès de lui.

Le 14 avril Frank vint me chercher.

510

Je n'étais pas prête, Trognon allait mourir, je le sentais. Ce fut un arrachement que de partir en le laissant à ce point de détresse physique. Frank essaya de me raisonner, je ne pouvais plus rien pour lui, par contre j'allais peut-être sauver la vie de centaines d'autres, il me fallait être courageuse. Le soir même j'appris la mort de mon chat.

Le jour suivant, devant une centaine de journalistes et une dizaine de télés, je donnais à Bruxelles une conférence de presse, prenant le monde à témoin des exactions commises sur les animaux durant les fiestas annuelles en Espagne. Je fus assistée par Jeanne Marchig, Roland Gillet, ancien sénateur belge, et Liliane Sujansky. Malgré la mort de Trognon si présente, je me dus d'être ferme, déterminée, accusatrice, le moins moche possible malgré mes yeux rouges et gonflés, et la plus convaincante. Après, je conviai les trente personnalités les plus importantes à un cocktail organisé dans mon hôtel.

Le soir, épuisée, je repartais pour Paris où le premier Conseil d'Administration depuis notre reconnaissance d'utilité publique devait avoir lieu le lendemain.

C'était important, puisque désormais nous étions sous la tutelle de trois ministères : l'Agriculture, l'Intérieur et l'Environnement, dont les représentants, présents à chaque séance, nous demandaient comptes, bilans, gestion, projets, tout un tas de trucs administratifs qui n'avaient rien à voir avec les animaux !

J'arrivai de bonne heure à la Fondation afin de vérifier avec Liliane si tout était en ordre, pendant que Frank installait dans notre bureau le plus spacieux une immense table ovale recouverte d'un tapis de feutrine bleue, avec dossiers, stylos, blocs pour chacun des administrateurs. Je me souviens qu'il faisait, ce jeudi 16 avril, une chaleur étouffante, à Paris, et que l'exiguïté des lieux, les bruits et les vapeurs d'essence qui arrivaient de la rue Franklin me donnaient le vertige.

Il y avait dans le bureau de Liliane deux chiennes adorables, fraîchement stérilisées, qui venaient du refuge-mouroir des Mureaux dont nous assumions la survie en attendant de trouver la ferme campagnarde que nous cherchions pour y transférer tous les pauvres animaux qui végétaient encore dans ce pourrissoir.

Toutes les deux me mirent le cœur à l'envers.

Avec leurs bandages saucissonnés autour du ventre, elles n'en pouvaient plus de chaleur, malgré cela elles étaient d'une tendresse, d'une affection, d'une délicatesse auxquelles il me fut difficile de résister. Et je te donne la patte, et je te lèche le nez, et je me couche à tes pieds, et je te suis partout, et adopte-moi, je t'en supplie, adopte-moi !

Je décidai de prendre « Tania », une grosse mémère style croisé Epagneul marron et blanche, qui n'en finissait plus de me dire qu'elle m'aimait. L'autre petite fut adoptée séance tenante par une bénévole qui avait eu le coup de foudre. Je demandai immédiatement à Frank de louer pour le soir même un avion afin que je puisse ramener Tania à Saint-Tropez. Le seul problème était qu'il était impossible d'atterrir au petit aéroport de La Môle après 21 heures. Or notre Conseil d'Administration, prévu à 18 heures, risquait de durer au moins une heure et demie. Il ne nous restait que vingt minutes pour aller de la rue Franklin au Bourget.

Il fallait trouver une solution !

Nous louâmes donc une ambulance et, dès que le conseil fut terminé, nous partîmes comme des fous. Moi assise à côté du chauffeur, en blouse blanche, Frank derrière avec Tania et son bandage sur la civière avec un infirmier !

Ce fut épique ! Feux rouges et stops grillés !

Le gyrophare et la sirène nous donnaient priorité partout. Nous roulions en sens inverse sur l'avenue de la Grande-Armée à plus de 80 kilomètres-heure avec les flics qui nous ouvraient la route. Je n'ai jamais eu aussi peur de ma vie, même Frank à l'arrière n'en menait pas large. L'estafette-ambulance n'ayant pas de capot avant, nous foncions directement sur les obstacles, les évitant au tout dernier moment. J'ai cru cent fois que nous allions nous planter, avoir un accident, mais le chauffeur, un as qui pourrait s'inscrire dans les grandes courses de Formule 1, nous amena sains et saufs en à peine quinze minutes au Bourget.

Ouf, bravo et merci !

L'avion décolla cinq minutes plus tard, et rebelote pour la panique.

Tania, collée à moi, ne pensant qu'au bonheur d'avoir trouvé une maman, fut d'un grand stoïcisme. Elle est devenue une vieille habituée des transports aériens, n'est effrayée que par les feux d'artifice et les orages. C'est une chienne merveilleuse, l'aïeule de toute ma famille. A part un cœur un peu fatigué et des yeux abîmés par une cataracte due à la vieillesse, c'est une vaillante qui va sur ses 15 ans avec courage. Comme je suis heureuse de l'avoir adoptée ! Elle m'a déjà mille fois rendu le bonheur que je lui ai donné ce jour-là.

J'ai remarqué que, sans le faire exprès, les places laissées vacantes par le départ tragique de mes chiens étaient comme par magie reprises par d'autres au hasard d'une rencontre, d'un coup de cœur ou de foudre. C'est pourquoi, bien que les années passent, j'ai toujours 12 chiens près de moi.

J'ai une réelle complicité avec eux qui va au-delà des rapports habituels. Etant sans cesse auprès d'eux, leur parlant, leur expliquant mes faits et gestes, les caressant ou les grondant selon leurs réactions, ils finissent par connaître d'instinct avant moi ce que je vais faire ou dire.

Avec les chats c'est pareil.

Par exemple, je décide qu'un chat doit aller chez le vétérinaire le lendemain matin pour telle ou telle raison. D'habitude il est là, à sa place, attendant sa pâtée avec les autres. Eh bien, juste le jour où il doit consulter, il est absent ! Ça m'est arrivé des dizaines de fois avec des chats différents. C'est incroyable !

Tout ça pour expliquer que nous formons un tout, inséparable, que nous sommes soudés et ne pouvons vivre les uns sans les autres. Séparée de mes animaux pendant 48 heures, je m'ennuie, je n'ai qu'une hâte : les retrouver au plus vite. Eux aussi !

Tania s'intégra immédiatement à sa nouvelle famille, ne sachant où donner de la patte ou de la léchouille pour se faire aimer. Les autres la reniflèrent, puis l'adoptèrent gentiment. Les chats plus prudents attendirent avant d'aller se lover entre ses pattes pour dormir au chaud.

Mais il n'est aucun bonheur sans retour de bâton et, le 19 avril, un chat noir superbe que j'ai toute sa vie appelé « Le fils de Sauvagine » mourut à La Madrague. On aurait dit une panthère tant son poil était lustré et luisant, il était jeune, beau, sain, un peu sauvage et indépendant. Les voisins sulfataient leurs vignes et « Le fils de Sauvagine » allait souvent chasser les mulots alentour. A-t-il été empoisonné par ces redoutables produits chimiques à base de sulfate de cuivre dont on asperge les vignes ? Je n'en sais rien. Toujours est-il qu'il est venu mourir en se traînant jusqu'à la cuisine, trop tard pour qu'une intervention médicale soit efficace. Mon Dieu ! quel malheur, quelle tristesse ! Encore un petit cadavre !

Mais pourquoi, pourquoi ?

« Sauvagine », une chatte noire et sauvage, était un jour arrivée à La Madrague traînant son petit derrière elle, s'était installée au garage sur une planche haute et crachait sur toute présence qui la dérangeait, protégeant son rejeton de toute intrusion étrangère. Puis, au fil du temps, ayant pris confiance, elle avait fini par s'intégrer au sein de ma communauté de chats jusqu'à venir se coller contre mes jambes en réclamant des câlins. Le petit suivait sa mère, faisait pareil.

Un beau jour, Sauvagine, bien que je l'ai fait stériliser, s'en alla comme elle était venue, me laissant son fils. D'où ce nom « Le fils de Sauvagine » qui aujourd'hui était mort on ne savait pas de quoi ! Et elle, qui me l'avait confié, était-elle morte aussi ? Probablement hélas !

*
**

Liliane Sujansky vint passer quelques jours à La Madrague.

Elle partait du matin au soir, allant dans les refuges, où bien des chiens de la Fondation étaient en attente d'un maître, vérifier leur état de santé, la manière dont on les traitait, bref, elle avait du boulot et rentrait le soir crevée et déprimée par ce qu'elle avait vu. Il était urgent que nous trouvions cette « ferme-refuge-retraite » que nous cherchions désespérément, mais les prix demandés dépassaient de loin notre budget encore modeste. Il nous fallait un endroit éloigné des autres habitations, sinon les nuisances, les aboiements de chiens ou les odeurs pourraient nous attirer des ennuis de voisinage.

Pour nous changer les idées, nous allâmes un après-midi dans une colline derrière Fréjus où une colonie de sangliers avait élu domicile, faisant la joie des touristes et attirant la hargne des chasseurs. Il faut dire que c'était inhabituel et folklorique. Une centaine de sangliers, pas sauvages du tout, allaient et venaient au milieu des voitures, du public, des photographes ravis de l'aubaine. On leur donnait du pain, des salades, ils venaient vous manger dans la main, tout contents de cette trêve, de ce répit après les angoisses terrifiantes qu'ils avaient dû subir pendant l'interminable période de chasse, où bien des membres de leurs familles et amis avaient dû y laisser la vie. Je voyais ces petits marcassins tout joyeux courir entre nos jambes, pas farouches, suivis de leurs mères confiantes et braves, le tout surveillé par les mâles un peu plus méfiants mais sans aucune agressivité.

Je pensais que ces animaux aussi familiers que des chiens étaient traqués, décimés, considérés comme nuisibles, abattus, blessés, meurtris, tués sans aucune pitié, sans aucun recours par des chasseurs avides de meurtre et de sang.

Pourquoi, mais pourquoi ?

Cette merveilleuse colonie fut, du reste, décimée dès l'ouverture de la chasse, on invoqua le risque qu'ils représentaient pour les enfants, pour la population... alors que j'avais vu des dizaines de gosses au milieu d'eux, ravis, éblouis par la gentillesse des sangliers. Mais les chasseurs n'acceptèrent pas de laisser en paix des proies représentant pour eux un manque à « tuer pour le plaisir » important. Ils n'eurent aucun mal à les tirer à bout portant puisqu'ils venaient vers eux tout confiants les renifler.

Puis, le 29 avril, ce fut l'anniversaire des deux derniers enfants de Nini : « Milou-Mienne », ma petite fille aux yeux de bébé phoque, et Matcho l'élégance, la douceur, la fidélité, la beauté mêmes !

Ils avaient 16 ans.

Je pensais à Moulin, mon baroudeur mort trois mois auparavant, dont la présence me manquait, et à Mouche emportée depuis 1988, si jeune, par une maladie irréversible. Mais ce fut joyeux tout de même, le frère et la sœur bien que vieux se régalèrent du gâteau. Nous avons ouvert une bouteille de champagne et leur en avons mis une goutte sur la langue. Ils n'aimaient pas ça, tant mieux il en resterait plus pour nous, toujours les mêmes, mon gardien, ma femme de ménage et moi... plus tous les autres copains chiens.

C'est bon le champagne quand l'angoisse, l'anxiété vous prennent au ventre. C'est blond, c'est frais, ça pétille, ça fait un peu tourner la tête, un peu oublier. J'aurais voulu oublier, ne plus me souvenir, vivre le moment présent, l'instant, sans me préoccuper de ce qui fut, du passé décomposé par l'accumulation du temps, des morts, des disparitions de tant et tant d'êtres aimés auxquels il est si difficile de survivre.

Bon anniversaire mes petits chéris, merci à Dieu de vous avoir gardés si longtemps, si beaux, si gentils. Je ne savais pas encore qu'ils allaient mourir tous les deux dans les trois mois à venir... Hélas !

Début mai, je rouvrais en vitesse la garderie pour chiens du parking du port.

Après un hiver, l'endroit s'était délabré, les cannisses étaient arrachées, l'abri ayant probablement servi de pissotières municipales, nous évoluions dans un univers de crottes séchées et de pipis qui nous soulevaient le cœur. Il nous fallut y aller du Karcher, puis remettre les cannisses, le ventilateur épargné par les voleurs, les gamelles, les laisses, les chaises longues et tout le fourbi, plus la pancarte entreposée à La Madrague. Le problème fut de trouver du personnel. On voulait bien travailler mais à condition que ceci, que cela... Je piquai une rage, comment « à condition de... » ? Vous êtes allongée sur une chaise longue, vous lisez des magazines, on vous paie au S.M.I.G., votre travail consiste à garder des chiens, à les caresser, à leur donner à boire, et vous y mettez des conditions !

Mais allez vous faire foutre, Madame !

En plus, le même problème se posa au parking du « Géant Casino » où l'an passé plusieurs chiens victimes de la chaleur furent sauvés *in extremis*. On y installa donc une espèce de passage ombragé, des chaînes, des gamelles, une table, des fauteuils, une nouvelle pancarte qu'il fallut faire exécuter à toute vitesse ! Or à toute vitesse dans le Midi c'est pas trop vite le matin et doucement l'après-midi.

Il fallut encore dénicher du personnel. Ah, j'en avais marre !

Finalement pour « le port » j'engageai un jeune mec le matin, une mémé bien brave l'après-midi, puis n'ayant pas le choix nous mîmes au « Géant Casino » deux femmes charmantes mais imbibées de bière du matin jusqu'au soir. Les canettes s'entassaient, les bonnes femmes rigolaient, ça ne faisait pas très sérieux mais tout marcha à peu près bien jusqu'au jour où l'une d'elles, prise de boisson, laissa échapper une petite chienne !

J'étais responsable ainsi que ma Fondation.

Ce fut un drame.

Je mobilisai toutes les polices et gendarmeries locales, mettant annonce sur annonce dans les journaux, chez les commerçants, me faisant insulter par la propriétaire folle de rage, d'inquiétude, je la comprenais, j'en étais malade.

J'en avais vraiment ras le bol !

Nous finîmes par retrouver la petite chienne, une semaine plus tard, saine et sauve, mais ma réputation en avait pris un coup ainsi que celle de ma Fondation. Les deux alcooliques furent virées puis remplacées mais sans aucun suivi, aucune conscience professionnelle, nous étions un bouche-trou des chômeurs en attente.

Ce fut pénible !

Du reste, bien que l'idée fût géniale, je dus au bout de deux ans fermer les abris pour chiens victimes de la canicule, parce que je ne trouvais pas le personnel adéquat. C'est aberrant, impensable, triste, désespérant, mais hélas ! C'est comme ça !

XIII

Les connaître pour les comprendre.
Les comprendre pour les aimer.
Les aimer pour les défendre.

Docteur MERY.

Je lis rarement le journal, je n'ai pas le temps, tout ce qu'on y étale m'emmerde royalement, que ce soit politique ou histoire de clocher, sport ou star, je m'en bats l'œil. Mais voilà que, par hasard, en cherchant les mots croisés, je tombe sur un article qui me bouleverse. Une jeune femme, mère de six enfants, emprisonnée à Nice pour un an, dont le seul crime était de ne pas avoir reconduit à la D.D.A.S.S. après les vacances, deux de ses plus jeunes filles, 11 ans et 10 ans, qui ne pouvaient supporter la séparation d'avec leur mère.

Qu'est-ce que c'était encore que cette histoire à dormir debout ?

Et me voilà à lire tout l'article... Révoltée, j'étais révoltée !

D'autant que le reste de la page ne parlait que de dealers bien connus des services de police qui avaient été relâchés après 48 heures de garde à vue, de vols dans des bijouteries, des villas, de vieilles dames agressées, de coupables relaxés, d'exactions graves restées impunies. Et lorsqu'il s'agissait d'arabes ou d'hommes de couleur, alors là : « Touche pas à mon pote ! »...

Cette injustice me bouleversa tellement que j'appelai mon avocat de Saint-Tropez, Maître Bouguereau, le priant de se renseigner au sujet de l'affaire, de s'investir en mon nom pour la défense de cette femme sans ressources et de faire le nécessaire pour une remise de peine urgente. On ne pouvait laisser croupir en taule une mère de six enfants qui s'était toujours battue pour assurer convenablement leur éducation, contrainte d'assumer des petits boulots comme coiffeuse ou serveuse mais élevant sa progéniture sans aucune aide paternelle, uniquement parce que cette merdouille de D.D.A.S.S. faisait appliquer une force de loi administrative sur une faiblesse soumise et bâillonnée.

Ah ! Ce que je peux haïr le fonctionnariat, cette robotisation inhumaine des lois, des papiers, des naissances et des morts, des emprisonnements, des exécutions de toutes sortes, cette machine administrative toute puissante qui écrase, piétine tout sur son passage sans savoir, sans connaître, sans chercher, sans cœur, sans âme, insensible à tout le mal qu'elle répand sur son passage.

Mon intervention inattendue dans une affaire, locale et banale, prit des proportions nationales ! La presse s'en empara comme d'un scoop. Certains articles me tournèrent une fois de plus en ridicule :

« *B.B. remplume une mère poule déplumée.* »

D'autres reprirent plus sérieusement les faits, s'étonnant que mon amour des animaux s'étende à un être humain !

Je laissai monter la mayonnaise, attendant le dénouement de cette croisade que je voulais comme toujours mener jusqu'au bout. Puis Maître Bouguereau m'annonça enfin que Danielle Rossi pourrait être libérée sous caution pour la fête des Mères contre une somme de 10 000 francs. Je fis le chèque avec une joie au cœur que je n'avais éprouvée pour aucune autre dépense importante de ma vie. Ce petit bout de papier rose de la Société Générale, ce misérable coupon arraché à mon carnet de chèques avec ma signature pouvait faire un miracle, libérer une femme innocente, redonner la joie à un foyer déstabilisé, rendre le sourire à six enfants privés de leur mère depuis sept longs mois pour rien... rassurer la grand-mère qui depuis l'incarcération de sa fille vivait dans la crainte et la douleur.

Je n'ai jamais vu Danielle Rossi, mais elle m'a envoyé des lettres d'une reconnaissance admirable, des photos de toute sa ribambelle de gosses autour d'elle.

Jamais fête des Mères ne me parut plus joyeuse !

J'étais heureuse, si heureuse d'avoir été une fée.

C'est un bonheur sans égal que de faire le bien, d'y arriver en s'investissant corps et âme, de vouloir gagner quoi qu'il arrive, envers et contre tout.

Toute joyeuse, j'allai visiter mes vieux papis et mes vieilles mamies de l'Hospice et de la Maison de Retraite « Les Platanes » à l'occasion de la fête des Mères. Comme chaque année, j'arrivai les bras chargés de fleurs, de bonbons, de petits cadeaux, j'embrassais toutes ces vieilles joues qui furent dans le temps aussi appétissantes que des abricots, je croisais ces regards éteints qui durent, jadis, embraser bien des cœurs, j'aidais à se mettre debout tous ces corps avachis perclus de rhumatismes et d'arthrose, et je pensais que la vieillesse est une terrifiante entreprise de démolition. Quelle ne fut pas ma surprise de voir débarquer subitement le maire, Monsieur Spada, suivi de toute une délégation de photographes et de journalistes.

Ils venaient rendre hommage à la centenaire de l'établissement !

Du coup, je fus bien emmerdée de me trouver là, je n'étais ni pomponnée, ni coiffée, ni habillée pour une visite officielle. Embringuée dans toute cette foule je n'échappai ni aux flashes des photographes ni aux interviews des journalistes.

Que faisais-je là ? Etait-ce une habitude ?

La pauvre centenaire, si mignonne avec son petit chignon planté sur sa tête, ses cheveux tout blancs, son visage de poupée et son petit châle au crochet sur les épaules, se demandait avec inquiétude pourquoi tant de charivari ! Je filai à l'anglaise, fuyant ces manifestations ridicules, impudiques, qui ne rimaient à rien.

Le lendemain j'étais en première page du journal au côté du maire et de la mémé centenaire !

*

En ces premiers jours de juin, Yvonne vint me rejoindre.

J'étais émue de la revoir avec Wendy. Elle s'était fait accompagner par une amie, conduisant chacune leur tour sur ce long trajet, mais surtout cette compagne lui servait de voix. Yvonne ne pouvait plus s'exprimer que sur le souffle, personne ne la comprenait.

Ce fut la fête à La Madrague.

Michèle, ma gouvernante, nous prépara des petits plats liquides afin qu'Yvonne puisse les avaler sans difficulté. Mylène dont la carrière était toujours au point mort, reprit ses vieilles habitudes et resta près de nous. Ma petite famille se reconstituait après tant de secousses et de déstabilisations. Pour nous mettre à l'unisson d'Yvonne, nous parlions toutes à voix basse en chuchotant, on se serait cru dans un couvent de bonnes sœurs.

« Sœur Yvonne (chut, chut, chut) pouvez-vous me passer le pain ?

— Mais oui, Sœur Brigitte, et vous Sœur Mylène, reprendrez-vous (chut, chut, chut) un peu de salade ? Et Sœur Michèle (chut, chut, chut) un petit coup de rouge ? »

Ah ça, le petit coup de rouge faisait l'unanimité, sauf pour Sœur Mylène, toujours fidèle à son Coca-Cola.

La Madrague-monastère, qui l'eût cru ? L'eusses-tu cru ?

Pudiquement, Yvonne cachait l'immense cicatrice de son égorgement scientifique par un petit foulard de soie. Elle ne pouvait se baigner que jusqu'aux épaules, le soleil lui était formellement interdit.

Qu'importe, il pleuvait sans arrêt, ce fut un coup de bol !

Mon avocat, Maître Bouguereau, m'avait conviée le 7 juin à un verre chez lui pour fêter la libération de Danielle Rossi et me présenter un homme qui désirait absolument me rencontrer, Jean-Marie Le Pen.

Je le connaissais déjà puisque, en 1958, je l'avais accompagné au Val-de-Grâce visiter les blessés de la guerre d'Algérie. Mais le temps avait passé, nous avions oublié, et mon avocat désirait nous remettre en présence à l'occasion d'un déplacement de Le Pen à Saint-Tropez.

Ce jour-là, il pleuvait comme vache qui pisse, je rentrais avec Yvonne, crottée, de La Garrigue, les chiens étaient trempés, il faisait humide et je n'avais aucune envie de me pomponner pour ce cocktail qui m'emmerdait. Alors j'appelai Maître Bouguereau au téléphone pour lui expliquer que je ne pouvais venir. Il me sermonna, m'expliquant que certaines obligations impliquant la présence de personnages importants ne pouvaient être ainsi décommandées à la dernière minute, qu'il en allait de sa réputation, qu'il n'avait jamais failli à sa parole lorsque je lui demandais son aide, etc.

Je me sentis soudainement son obligée.

Yvonne, ravie, me poussa au derrière pour que je me fasse belle pendant que Michèle, ma gouvernante, m'apportait un petit champagne pour me stimuler. Je m'arrangeai tant bien que mal, et partis accompagnée d'Yvonne à la rencontre de mon avenir, mais je l'ignorais encore. Comme quoi le hasard n'existe pas et tout est écrit !

Le Pen et sa femme Jany (ravissante et drôle) étaient accompagnés de toute une suite discrète. Il y avait plein de gens charmants, nous parlâmes d'animaux, bien sûr, de la libération magique de Danielle Rossi, nous bûmes du champagne, je trouvais Jean-Marie Le Pen bon vivant, rigolo, intéressant, érudit et sensible, très différent de l'image qu'on lui donne en général.

Yvonne ne parlait pas ou si peu et si faiblement qu'elle ne put participer à toutes ces conversations, mais elle écoutait attentivement et riait souvent.

Son plaisir fut ma joie.

Puis ils voulurent nous retenir à un dîner que je refusai.

J'avais hâte de me retrouver à la maison. Il y eut alors les embrassades du départ, les promesses de se revoir et patati et patata. Au moment où j'allais franchir la porte, une main me retint, un bras m'entoura, un visage se pencha dans mon cou et m'embrassa, puis dit :

« Elle est douce et elle sent bon ! »

J'avais en face de moi un très bel homme que je n'avais pas vu de la soirée et dont les yeux me transperçaient jusqu'au fond de l'âme. Hypnotisée, je restai clouée sur place, enlacée par cet inconnu, foudroyée dans mon cœur par une force que j'eus du mal à maîtriser. Un courant électrique pétrifia soudain l'assistance, un silence cosmique venu du fond des âges nous laissa seuls pour une minute, face à face, unis, réunis, liés, intensément indissociables l'un de l'autre pour l'éternité.

Puis soudain la voix de Jany Le Pen, très bon chic bon genre, très charmante, désolée de ne pas nous avoir présentés, brisa la magie de cette première rencontre. J'étais dans les bras de Bernard d'Ormale, un de leurs meilleurs amis, du reste, le lendemain, elle espérait que je viendrais au dîner qu'ils organisaient à « L'Esquinade » chez mon copain Roger...

Bernard serait là, bien sûr !

Au ralenti ses bras quittèrent mon corps, nos mains se frôlèrent puis se soudèrent, ses yeux toujours au fond des miens, il me raccompagna sous la pluie jusqu'à ma vieille camionnette 4L dégueulasse dont j'eus un peu honte un instant mais qu'il ne vit pas. Il me dit : « A demain ! » Et je partis sur mon nuage le laissant seul sous la pluie battante, attachée par l'amour qui avait pris possession de nous.

Yvonne essayait de parler, je n'entendais rien avec le bruit du moteur, des essuie-glaces, je ne voulais rien entendre, j'étais dans une dimension différente. Je rentrai à la maison dans un état bizarre. Michèle crut que j'avais trop bu, Yvonne tenta d'expliquer ma rencontre, j'étais au-delà de tout, loin, loin, avec lui.

Dans mon rêve, je les entendais potiner, il était très bien, très élégant, beau, séducteur, secret, discret mais déterminé, il me voulait c'était sûr, mais allez savoir avec ce genre d'homme à femmes...

Je ne pus fermer l'œil de la nuit, revivant tous ces instants déterminants qui soudent deux destinées l'une à l'autre dans une alchimie brutale et irréversible qui s'appelle l'Amour.

J'étais amoureuse, passionnément amoureuse, follement amoureuse ! Etait-ce possible ?

Je devenais cinglée, j'avais rêvé, tout ça devait être le fruit de mon imagination, à force de rêver, je prenais mes désirs pour la réalité.

Mais non, Yvonne me confirma le choc ressenti par tout le monde.

La journée passa, j'étais absente !

Le soir, je me fis belle, comme jamais depuis longtemps, je me fis belle pour lui, avec mes jupes gitanes, mes fleurs dans les cheveux, mes mèches folles que je n'essayais pas d'apprivoiser, je retrouvais mon côté sauvage, mes pieds nus malgré la pluie, ma guitare et mes envies de chanter pour lui ces mélodies sensuelles et tendres du folklore sud-américain.

Le choc de notre rencontre nous éloigna du reste du monde, il ne me quittait pas du regard, j'étais sous son emprise. Nous parlions peu, nous scrutant l'âme et le cœur. Assis sur la plage de sable mouillée, laissant l'eau du ciel nous laver de toutes nos précédentes existences pour le baptême d'une nouvelle vie, la mer venant mourir à nos pieds, les étoiles et les nuages nous enveloppant d'une clarté glauque, nous nous découvrions baignés de nature, dans un silence ponctué de vaguelettes, dans la pureté.

Nous avions oublié le dîner auquel nous dûmes assister, j'étais à la droite de Le Pen, aux côtés de Bernard et d'Yvonne. Evidemment nous ne mangions rien, mais je buvais beaucoup, à son grand étonnement, lui qui ne supportait pas l'alcool mais par contre se bourrait de café et fumait cigarette sur cigarette, ce qui finit par incommoder Yvonne.

A la fin du repas, Jean-Marie Le Pen se leva et commença à entonner un répertoire de vieilles chansons françaises que je connaissais pour les avoir entendues toute mon enfance chantées par papa. Ma guitare resta muette, l'assemblée reprenait en chœur, c'était un peu boy-scout mais inattendu et charmant.

Bernard m'observait, l'œil mi-clos, comme un félin prêt à sauter sur sa proie. J'appris qu'il était Lion du 15 août, comme Napoléon, qu'il avait 50 ans, était d'origine italienne, avait vécu une grande partie de sa vie en Amérique du Sud, puis en Afrique. Etait sauvage, rebelle, violent dans ses sentiments, passionné dans ses réactions, indomptable, autoritaire, romantique et... amoureux de moi !

Oh ! la, la ! Oh, la, la la, la ! Ooooh, laaa, la !

Nous nous quittâmes chastement, tristement.

Yvonne me ramena à La Madrague.

J'étais dans un état second, ne pensant qu'à lui, ne parlant que de lui, ne rêvant que de lui. Il m'emmènerait au bout du monde c'était merveilleux mais mes chiens, mes chats ! Je ne pourrais jamais le suivre avec tous mes petits ! Yvonne me rassurait, nous n'en étions pas là, pour le quart d'heure je devais vivre mon rêve sans penser à tous ces détails, on verrait par la suite...

La suite fut sans Bernard, sans nouvelles, je ne savais où le joindre et n'avais pas osé lui donner mon téléphone. Je tombai brutalement de mon nuage le 10 juin lorsque « Bibiche », la petite chatte grise de La Garrigue, resta introuvable après une forte crise d'urémie, elle avait dû partir se cacher pour mourir. J'eus beau passer ma journée à la chercher, il fut impossible de la débusquer dans 4 hectares de broussailles de garrigue et de recoins impénétrables. Pourtant, la veille, bien que traitée par le vétérinaire et un peu titubante, elle venait se lover contre moi pour avoir des câlins.

Adieu Bibiche, adieu, adieu, quel mot terrible qui veut bien dire ce qu'il veut dire.

Yvonne eut 63 ans le 12 juin.

J'organisai chez mon copain Roger à « L'Esquinade » un petit dîner de fête où je conviai ceux que nous aimions. Cet anniversaire était d'une importance capitale, une renaissance aux épreuves subies, à la mort côtoyée, au courage dont elle faisait preuve. Le fait de me retrouver là, sans Bernard, me donna un terrible vague à l'âme que je gardai secrètement au fond de moi, ne voulant pour rien au monde attrister Yvonne qui semblait si heureuse.

Mylène et Nicole, ma « guitariste préférée » jouaient toutes les sambas du monde, les bossa-nova et autres mélodies brésiliennes qui mirent l'assistance en joie. Le champagne coulait à flots. J'étais sur la plage, me souvenant, nostalgique, d'une soirée si proche, si lointaine déjà, un peu les larmes aux yeux, la gorge serrée. Quand, soudain, deux bras m'enlacèrent de fleurs.

Je me retournai, c'était Bernard !

Non, je ne pouvais en croire mes yeux.

Il était là, les bras chargés de bouquets multicolores à distribuer à toutes les femmes de cette réunion, à Yvonne en particulier et à moi en premier. Nous étions terriblement émus de nous revoir, mais d'où venait cette surprise ? D'Yvonne, bien sûr, qui avait organisé à mon insu ces retrouvailles tellement inattendues.

Du coup la soirée fut inoubliable, joyeuse.

Je me sentais au fil des heures redevenir une jeune femme, j'oubliais tout ce qui avait endeuillé ma vie. Mon cœur en s'ouvrant à Bernard s'allégeait du poids terrifiant qui, tel un carcan, l'avait empêché depuis si longtemps de battre au rythme d'une émotion sentimentale.

En nous séparant, ce soir-là, il m'apprit qu'après un voyage en Picardie où il devait partir dès le lendemain, il reviendrait pour ne plus me quitter. Il m'appellerait, il penserait à moi. Il me serra contre lui, m'effleura les lèvres, me mit plein de baisers à l'intérieur de mes paumes, je devais les garder précieusement jusqu'à son retour, puis il s'évanouit dans la nuit aussi discrètement qu'il était arrivé.

Et l'attente commença !

Jamais je n'avais été aussi attentive à mon téléphone.

Je le regardais comme un objet rare et unique, comme la lampe d'Aladin dont allait subitement sortir le génie, la voix tant attendue. Une sonnerie à peine devinée et je décrochai, haletante. Hélas ! c'était toujours des « casse-couilles » dont je me débarrassais avec peine. Je n'osais plus appeler, même ma Fondation, de peur que la ligne occupée ne retardât l'appel tant espéré.

Il se mit à faire très chaud. Après la pluie, le soleil de juin se rattrapa et nous englua dans une espèce de sauna humide très difficile à supporter, surtout pour Yvonne. Nous nous traînions de langueur. La mienne n'était pas uniquement due à la chaleur, mais aussi à un mal d'attente qui me rongeait.

Milou-Mienne commença des crises d'épilepsie, qui me mirent dans un état d'angoisse épouvantable. On lui fit des piqûres de *Candilat* pour que son cerveau soit de nouveau irrigué normalement. Au milieu de la nuit, je l'entendais gémir, puis la crise la prenait dans son sommeil.

Je pleurais d'impuissance devant la souffrance de ma petite fille aux yeux de bébé phoque. J'adorais Milou-Mienne, non seulement pour sa beauté, mais encore pour son merveilleux caractère sans problème, et puis parce qu'elle fut la première des enfants de Nini que je choisis de garder pour moi.

Je devais m'attendre, hélas! au pire pour mes deux derniers Setters d'amour agés de 16 ans. Matcho se desséchait, ses os apparaissaient sous la peau et de curieuses fistules purulentes éclataient un peu partout dans sa chair tendre, les mouches s'y aggloméraient, pondant leurs sales œufs. Je passais mon temps à le désinfecter mais les plaies se creusaient irrémédiablement. Il était paralysé et ne pouvait se mouvoir qu'avec l'aide de nos bras. Pourtant il restait altier, émouvant avec ses yeux graves et profonds, remplis de bonté et d'intelligence. Il savait sa fin proche, ne se plaignait jamais, léchait ma main qui le caressait comme pour m'exprimer son infinie reconnaissance.

Ce fut une période très dure et difficile.

Le 19 juin, vers 11 heures du matin, le téléphone sonna.

Je me précipitai, décrochai, le cœur battant... Il y eut un long silence malgré mes « Allô! » répétés. Puis j'entendis la voix tant attendue qui me dit : « Je vous aime! »

Heureusement que j'étais assise...

J'eus des bouffées de chaleur qui envahirent mon corps un peu partout, je crus m'évanouir et ne pus répondre. Alors sa voix me donna rendez-vous pour le lendemain soir à dîner chez Roger à « L'Esquinade », puis il me répéta : « Je vous aime. » Je murmurai un « moi aussi » inaudible, puis il raccrocha.

Après être restée figée un siècle, je me levai me mis à danser, à chanter, à crier « Il m'aime! Il vient demain! Il m'aime! Il vient demain! » Dieu que j'étais heureuse, heureuse à en mourir, heureuse comme je ne savais plus ce que c'était, heureuse c'est tout!

La nouvelle, comme une traînée de poudre, envahit toute la maison.

Ce fut une joie communicative.

Les chiens battaient de la queue en jappant, ne sachant pas exactement pourquoi, mais sentant que subitement la douleur habituelle faisait place à une vie nouvelle. Même Matcho, allongé à l'ombre de la véranda de la cuisine, essayait de participer à l'allégresse générale. Milou-Mienne eut vers moi un regard qui semblait dire « Pourvu que ça dure »! Yvonne était rayonnante, elle avait eu si peur que ses efforts n'aboutissent à rien, Michèle ma gouvernante eut un sourire d'une oreille à l'autre, espérant, elle aussi, un miracle. Quant à Adrien, mon gardien, il en avait vu d'autres et sa sagesse terrienne lui dictait de ne pas se précipiter.

L'expérience et le temps lui donnèrent en grande partie raison.

Le 20 juin, vers 21 heures, nous étions « Chez Roger », Mylène, Yvonne et moi, attendant de pied ferme le Prince Charmant. Nous bûmes du champagne, trinquâmes à mes amours, le temps passait, et telle sœur Anne je ne voyais rien venir. Il fut donc décidé d'aller voir si, ne s'étant pas trompé, perdu dans ces dédales de petites routes, il ne m'attendait pas par hasard sur la place de Ramatuelle, dans le joli petit restaurant « Cauvière » qui fit les délices des amoureux de la cuisine provençale du temps où elle existait encore.

Et nous voilà parties, mais de Bernard nous ne trouvâmes point.

Qu'importe, j'y suis, j'y reste !

Après tout cela lui apprendra à avoir trois heures de retard. Nous n'avions pas faim, mais le petit orchestre qui jouait sur la place nous remit le cœur en joie, et lorsqu'il arriva, vers une heure du matin, nous ne l'attendions plus. J'étais dépitée car il ne s'excusa même pas de ce retard inadmissible, et se contenta de nous offrir à chacune des petits cadeaux charmants et inattendus qui nous rendirent le sourire.

Lorsque, vers 3 heures du matin, je revins avec lui à La Madrague, Gringo le Corse lui bouffa le derrière en signe de jalousie bien compréhensible, les autres l'entourèrent en grognant, et Bernard n'eut que le temps de sauter à pieds joints dans le hayon ouvert de sa Susuki. Je compris dès cet instant qu'il y aurait problèmes entre l'intrus qu'il était et les gardiens du sommeil de mes nuits. Je ne suis pas certaine qu'à ce moment-là Bernard aima particulièrement mes chiens ni que ces derniers apprécièrent la présence dérangeante qu'il représentait pour eux. L'intégration est difficile dans un univers aussi clos que le mien. Moi-même je me demandais tout à coup ce que ce type foutait là avec ses valises (pas prévues au programme...).

Ah ! J'étais bien emmerdée.

Il était loin le conte de fées, dans ce tintamarre d'aboiements, ce déballage de bagages que je ne savais pas où mettre, la peur panique qu'affichait mon prince au milieu de ma meute, l'œil rigolard de mon gardien et celui, réprobateur, de ma gouvernante. J'enviais Yvonne, qui avait regagné seule sa chambre, allait pouvoir dormir tranquille sans tous les embarras que cette première nuit avec Bernard allait sans nul doute m'apporter.

J'entassais tant bien que mal tout son fourniment dans ma salle de bains, on verrait demain pour les placards... Oh mon Dieu, ils étaient pleins, oh la la ! Les chats se mêlèrent de la partie en s'installant sur les sacs, les valises, les cartons, ce qui mit mon amoureux en colère, il ne supportait pas le moindre poil de chat, il était maniaque de propreté, il prit des Kleenex et commença à frotter ses chaussures, à nettoyer ses bagages en chassant les chats.

Ça commençait de travers.

Pendant ce temps, les rossignols chantaient au clair de lune leurs trilles d'amour, les vaguelettes luisantes clapotaient le long du ponton, les délicieuses odeurs du chèvrefeuille en fleur, des bougainvillées et du jasmin s'exhalaient dans la chaleur de cette nuit de juin. Seule, sur la terrasse de ma chambre, je rêvais pendant que l'homme de ma vie finissait son ménage.

Lorsqu'il voulut rentrer dans le lit, ce fut impossible.

Six de mes chiens et chiennes y étant couchés, comme à leur habitude, se mirent à défendre leur territoire, et je vis Bernard reculer, la peur au ventre et la main sur le zizi (on ne sait jamais avec ces sales bêtes !) Bref ! La nuit fut mouvementée, pas comme je l'aurais voulu, mais on ne fait pas toujours ce que l'on veut.

Je rêvais d'une aventure romantique et me trouvai à brûle-pourpoint devant une installation, une prise de territoire imprévue qui bouscula brutalement mes habitudes et celles de ceux qui partageaient ma vie. Nos petits repas furent méprisés par cet intoxiqué du café. Du café, encore du café, toujours du café ! Il regardait dédaigneusement les petits plats mijotés par ma gouvernante, trouvant que cette odeur d'ail et d'oignon était insupportable. Il fumait quatre paquets de cigarettes par jour, particulièrement pendant que nous nous mettions à table, histoire de noyer les odeurs qui le dérangeaient. Yvonne ne put le supporter et décida de repartir pour Bazoches avec Wendy. Mylène sentit sa présence indésirable et préféra nous laisser seuls par discrétion. Nicole, ma guitariste préférée avec laquelle j'adorais jouer et chanter, subit quelques réflexions à double tranchant qui la vexèrent et me planta là sans autre forme de procès.

Je me retrouvais, presque du jour au lendemain, seule en tête-à-tête avec un homme inconnu, au caractère légèrement despotique, avec lequel je vivais en parallèle une existence solitaire, attendant, à longueur de journée, l'heure de la nuit où j'allais enfin le retrouver.

Puis, le 5 juillet, Milou-Mienne fit crise d'épilepsie sur crise d'épilepsie. J'étais folle de désespoir. Adrien et Michèle se relayaient auprès de moi pour ne jamais me laisser seule. Bernard était parti quelque part à Saint-Tropez.

Le soir j'étais épuisée, je savais qu'elle était au bout du rouleau mais je ne voulais pas l'admettre. Bernard me retrouva en larmes et ne comprit pas immédiatement ma douleur.

Pour lui un chien vit et meurt, c'est tout !

Adrien et Michèle suggérèrent qu'il m'emmène dîner « Chez Roger » afin de me changer un peu d'ambiance. Je refusai mais il insista tellement que je finis par céder. Alors je lui expliquai, entre deux sanglots, que mes chiens étaient mes enfants, particulièrement les petits de Nini et surtout Milou. Il eut l'air de découvrir une sorte d'amour nouveau, une tendresse infinie qu'il ignorait, toute cette affection primordiale que je portais à mes petits. Cela dut lui paraître primaire et enfantin, mais il respectait mes sentiments et eut même l'air de les comprendre. J'avais tellement envie de tout partager avec un homme que je dus être extrêmement convaincante.

Je rentrai vers 11 heures du soir, le cœur un peu moins lourd, lorsque Adrien m'annonça la mort de Milou-Mienne.

Ce fut encore un pieu qui déchira mon cœur déjà en lambeaux.

Je regardais la voûte du ciel remplie d'étoiles et me dis qu'une de plus devait briller au firmament de la Voie Lactée, une petite Milou-Mienne, lumière discrète, lointaine et pourtant inaltérable, qui désormais éclairerait en scintillant les nuits d'été que je partagerais avec elle jusqu'à ma mort.

Bernard fut très tendre cette nuit-là avec moi, il comprit ma douleur, essuya mes larmes, m'offrit un café que je refusai et des cigarettes que j'acceptai. Il laissa les chiens nous envahir et les chats nous tricoter les cuisses.

Le lendemain, je confiai ma petite fille aux yeux de bébé phoque à la terre ouverte de La Madrague. Bernard refusa d'assister à l'enterrement, mais Adrien et Michèle restèrent longtemps sur sa tombe jusqu'à ce que mes larmes se soient taries.

*
* *

La mort de Milou-Mienne entraînait seize années de ma vie dans sa tombe. J'avais 57 ans, à cet âge-là les années n'ont pas de prix, elles comptent véritablement car on ne sait pas si on aura encore seize années à vivre. Je sombrai dans une dépression que je cachai à Bernard.

Allais-je pouvoir encore vivre avec un homme si j'étais perpétuellement triste ?

Heureusement, il me laissait seule toute la journée, partant à gauche et surtout à l'extrême droite, rencontrer des amis, voir des gens, parler politique, occuper ses journées à je ne sais trop quoi, ce qui me permettait de laisser libre cours à mon chagrin sans avoir à me contraindre, ni à donner d'explications.

Bernard m'a appris la solitude.

Et maintenant elle m'est devenue indispensable, à condition toutefois de savoir que le soir ou le lendemain je retrouverai, même au téléphone, une personne qui m'est attachée, qui partage de près ou de loin mes joies et mes peines, qui remplit ma vie, non par sa présence mais par son existence.

Nous avons eu beaucoup de mal à nous adapter l'un à l'autre.

Trop ancrés dans nos habitudes, nos éducations diamétralement opposées et nos caractères d'un autoritarisme absolu et sans tolérance. Nous avons battu les records de *Qui a peur de Virginia Woolf*, nos scènes, nos séparations, nos disputes ont défrayé la chronique, empoisonné les commissariats, dérangé les médecins aux heures les plus incongrues de la nuit et du jour, mis nos amis en état de choc, provoqué des brouilles et des passages aux tribunaux. Nous avons fait chier le monde en nous déchirant mutuellement mais, le temps passant, le couple que nous formions a trouvé un équilibre dans son déséquilibre, un attachement dans son indépendance, et surtout un but commun et inébranlable dans le combat pour les animaux que Bernard a épousé pour le pire, puisqu'il n'y a jamais de meilleur.

Mais, en ce début d'été 1992, nous n'en étions encore qu'à des balbutiements.

Je souffrais de la mort de ma petite chienne et de la chaleur. Habituellement je serais déjà partie pour Bazoches mais, venant de rencontrer Bernard encore mal habitué à La Madrague, je n'osais pas le déménager de sitôt à La Bazoches, c'eût été probablement une rupture définitive.

C'est alors que Mylène arriva un soir au ponton avec un superbe bateau dans lequel se trouvait un non moins superbe professeur de ski nautique. Ce sport dans lequel j'excellais et que je n'avais plus pratiqué depuis des lustres est resté l'un de mes favoris dansant la rumba sur mon mono, déclenchant l'admiration et les applaudissements de tous les touristes ancrés dans la Baie des Canoubiers. Mylène, friande de me suivre dans toutes mes activités artistiques ou sportives, s'était mise avec brio depuis peu au mono. Elle me mit au défi de refaire du ski nautique ! Les défis entre Mylène et moi sont d'une grande importance, nous prouvant réciproquement notre force de caractère.

Mais ça me fit rire.

« Moi, refaire du mono, mais ma pauvre chérie, je n'en ai plus fait depuis au moins quinze ou dix-sept ans, tu es folle ! »

Au fond de moi j'aurais adoré essayer mais je savais que ce serait catastrophique et j'avais un peu honte de l'échec cuisant qui en ressortirait. Elle insista tellement, le beau professeur aussi, que je me jetai à l'eau, mon ski bien attaché au pied gauche. Je bus une tasse, dix tasses, bandant tous mes muscles, m'accrochant désespérément à ma volonté de vaincre, je pus arriver à sortir de l'eau.

Mais putain de bonsoir, j'y arriverai, nom de tous les saints du Paradis !

Le lendemain, rebelote, j'essayai sans trop y croire et me retrouvai bien droite, légèrement cambrée en arrière sur mon ski. Je fis le tour entier de la baie, fière comme « un petit banc », sous les vivats de Mylène et de son copain.

Je n'en revenais pas, eux non plus.

J'avais 57 ans. Qui dit mieux ?

Et tout le monde se remit au ski nautique.

Bernard fut obligé d'y passer, il en faisait très bien, mais une sciatique chronique l'obligea à abandonner. Roland Coutas, mon producteur, s'y mit aussi, mais moins brillamment. Ce fut très rigolo.

A propos, Roland Coutas était venu car la dernière de nos émissions *S.O.S.* venait d'être présentée sous forme de rétrospective. Bernard l'avait regardée avec moi, découvrant, les yeux écarquillés, toutes les souffrances animales que je dénonçais depuis trois ans déjà ! Mon contrat étant arrivé à expiration, Roland voulait savoir si nous envisagions de continuer, sous quelle forme et dans quelles conditions. Pour tout dire je n'avais plus tellement la tête aux affaires, profitant pour une fois et tellement rarement de mon nouvel amour et de mes séances de ski nautique.

Mon répit fut de courte durée.

Le 16 juillet au matin, j'eus un coup de fil de La Garrigue, on venait de trouver Mimi-Chat (mon chat-chien qui suivait la promenade) mort dans ma Mini-Moke. Hier encore il était en pleine forme et avait fait un bout de chemin avec mes chiens malgré la chaleur. J'aimais énormément mon Mimi-Chat, il me paraissait impossible qu'il soit mort comme ça, pour rien. Il semblait dormir. Je ne pus me résoudre à l'enterrer que tard le soir. Ce fut un terrible arrachement. Je ne pus quitter sa tombe qu'à la nuit tombée lorsque la petite bougie éclaira son âme.

Adieu mon merveilleux petit chat si fidèle, si intelligent.

La mort de Mimi-Chat mit un terme à nos séances de ski nautique, surtout qu'elle fut suivie, quelques heures plus tard, par la mort de « Dégourdi », un charmant et très jeune chat de La Madrague. Deux dans la même journée, ce fut difficile à accepter. Je sombrai à nouveau dans une tristesse qui me rongeait le cœur et l'âme.

Bernard ne dit rien mais n'en pensa pas moins.

Il avait supporté avec difficulté ma détresse à la mort de Milou-Mienne, mais celles de Mimi-Chat et de Dégourdi lui parurent un supplément de programme malvenu ! Il se trouvait soudain acoquiné aux pompes funèbres animalières et commença à montrer de l'impatience. Je dus ravaler mes larmes sans pouvoir partager ma douleur, ce qui me la rendit encore plus pénible. Jouer la comédie du bonheur alors qu'on a les yeux qui piquent, est une chose pour moi impossible. D'où une de nos premières disputes... suivie hélas ! de centaines d'autres !

Certains d'entre vous doivent penser que j'aurais dû mettre un terme à ce début de liaison aussi invivable ! C'est vrai, mais je ne pouvais pas, je ne pouvais plus vivre seule, ni assumer une rupture. J'étais lâche, lasse, épuisée, désespérée, à la merci de celui qui avait eu la bonté de me regarder, de m'aimer, de me donner encore l'impression fragile et fugitive que je plaisais, que je pouvais séduire. Et puis je pouvais lui prendre la main, lui demander de me serrer très fort dans ses bras lorsque la désespérance de ma solitude me faisait battre le cœur.

Il était là, nettoyant sa voiture, ses chaussures, fermant sa chambre à clé (je lui avais donné le rez-de-chaussée rien que pour lui), il désinfectait les tasses du petit déjeuner, repassait ses pantalons, lavait tout à l'eau de Javel ou à l'alcool à 90°, passait la serpillière derrière les chiens, le Flytox irrespirable contre les mouches, moustiques, cafards ! (Tiens, à propos de cafard... le mien restait bien vivant !)

Et puis la télé. Ah ! la télé ne marchait pas, n'avait pas d'antenne parabolique, c'était mauvais, même en zappant d'une chaîne à l'autre, il n'y avait que « des cons, des pouffiasses, des connasses, des enfoirés, des émissions merdiques... » Ah non ! Attention on parle de Jean-Marie, « Chut ! Vos gueules les chiens... ! Ah ! Quel homme ce Jean-Marie ! ».

Pendant ce temps, je rêvais en écoutant du Bach, du Chopin ou *La Norma* sur Radio-Classique.

Ce fut le début...

Essayant tant bien que mal d'assumer cette vie de couple, très nouvelle pour moi qui n'avais vécu que des passions partagées, je délaissais un peu mon travail et ma Fondation.

Pourtant, le 19 juillet, Liliane Sujansky, Frank et Christophe partirent manifester à Madrid contre les corridas, suivis par 2 000 personnes qui derrière eux traversèrent la ville. Lorsqu'ils m'appelèrent au téléphone pour me donner un compte rendu de leur activité, je sentis Bernard mécontent, il maugréait dans sa barbe pendant que je parlais, traitant tout le monde d'imbéciles, d'incapables, ne me lâchant pas d'une minute pendant tout le temps de la communication.

Je n'avais pas l'habitude de ce genre d'inquisition.

J'étais seule responsable de ma Fondation, de ma vie, de mes gestes et de mes paroles. Son indiscrétion me déplut au plus haut point. Mais je mis cela sur le compte d'un homme sans travail, sans passion, sans but, qui subitement traversait la vie d'une femme d'action, de responsabilités, de devoirs, d'une « femme-homme » qui dominait forcément un homme-enfant capricieux et colérique.

Pauvre de moi !

Les choses ne s'arrangèrent pas au fil du temps.

A commencer par cette journée en bateau que je ne voulais pas mais qu'il me demanda d'accepter. Un de ses amis nous invitait sur son yacht. C'était le 31 juillet. On crevait de chaud, il y avait du monde partout, la fuite paraissait merveilleuse, alors allons-y ! Je lui faisais encore confiance. Par hasard il y avait Le Pen et sa femme, par hasard nous fûmes photographiés, par hasard les photos parurent évidemment un peu partout, par hasard je fus à cet instant diabolisée !

Par hasard aussi et pour mon plus grand chagrin, j'appris ce même jour la mort de Michel Berger, ce type formidable au talent exceptionnel, et je pensais fort, si fort, à France Gall, à ses enfants, à ce que parfois l'été peut être meurtrier. Je dus être la seule à y penser en ce dernier jour de juillet 1992. Je tiens à dire que j'ai pour France Gall une immense tendresse car je trouve qu'elle a, devant les épreuves innombrables de sa vie, un courage et une dignité qui méritent les hommages.

En attendant je fus la cible de tous les détracteurs bien-pensants.

Du jour au lendemain, je fus pestiférée, j'étais allée sur le même bateau que cette galère du Front National. On m'assimilait aux fachos, aux racistes, aux nazis... Je ne pus m'en défaire, c'est comme les laveries automatiques de mes débuts, elles me poursuivront toute ma vie. Et pourtant je n'y pouvais rien, mais allez l'expliquer, on ne vous croirait pas.

Alors je laissai la malveillance pourrir encore la pureté de ma vie.

Je l'ai payé cher, très cher, ma Fondation aussi, et mon image en fut salie.

Nous allions souvent dîner à « L'Esquinade » chez mon copain Roger, dans ce restaurant où les tables sont directement posées sur le sable de la plage, abritées par des feuilles de palmiers séchées, où la fraîcheur aléatoire de ces nuits permet de se ressourcer avant la fournaise du lendemain. Là je me sentais bien, pieds nus, sirotant du champagne glacé, jouant parfois un peu ou beaucoup de guitare, selon mes états d'âme. Sa femme Edna est une ravissante Norvégienne, à quelques jours près ma jumelle, ce qui nous a réunies profondément depuis des années. Devant la lassitude, la fatigue provoquées par cette chaleur que je ne supportais plus, elle nous proposa de venir passer avec elle quelques jours en Norvège dans sa maison de famille. Je pourrais en profiter pour voir Nicolas et faire la connaissance de mes deux petites-filles. Les voyages m'effrayent, mais Bernard trouva que c'était une très bonne idée, il avait raison.

L'état de Matcho empirait de jour en jour, il était dévoré par les mouches, on dut lui fabriquer une espèce de moustiquaire qui le recouvrait comme une cloche à fromages afin de lui éviter le martyre qu'il subissait. Il ne pouvait plus du tout se mouvoir et je le portais dans mes bras partout où j'allais pour ne pas le laisser seul. Ce chien m'adorait et j'avais pour lui une tendresse infinie. Ses yeux n'étaient qu'amour.

Le 9 août fut une journée particulièrement éprouvante, une canicule orageuse mettait les nerfs à vif. Il y avait du monde partout, on entendait des cris, des rires, des hurlements hystériques, des ronflements de moteurs de toutes sortes, j'avais envie de fuir, de tuer tout le monde, de piquer une rage.

En rentrant le soir à La Madrague je vis que Matcho était au plus mal.

Coincé dans sa moustiquaire à l'ombre du figuier, il ne réagissait plus. Je le pris dans mes bras, sa tête habituellement si altière s'effondra sur mon épaule. Autour de moi, j'entendais des mots que je préférais ignorer. Il fallait mettre fin aux souffrances de ce pauvre chien, il était arrivé au bout de ses forces, son corps n'était plus qu'une plaie où les larves de mouches avaient éclos...

Quand ma vétérinaire arriva, le soleil descendait lentement derrière la colline du petit cimetière, je pensais que Matcho ne le verrait plus se lever le lendemain. Toujours dans mes bras, confiant, abandonné, il subit la première piqûre d'anesthésique. Alors je le confiai à d'autres bras, ne pouvant supporter l'injection fatale et définitive.

Un grand calme s'abattit soudain sur toute la Baie des Canoubiers. La mer débarrassée de ses morpions était aussi lisse qu'un grand miroir, aussi pure qu'au début de la création du monde. Matcho semblait s'être assoupi. De gros nuages noirs envahirent le ciel et quelques éclairs de chaleur éclatèrent de-ci, de-là !

Je revoyais l'accouchement de Nini, tous ces petits, sortis de son ventre, tous ces petits qu'elle m'avait confiés, que j'avais aimés comme s'ils étaient mes enfants. Le dernier venait de fermer ses yeux d'or pour toujours, se transformant à jamais en souvenir.

Quand l'orage éclata soudainement, précédé d'une tempête qui fit claquer portes et fenêtres, la puissance de mon désespoir se mêla tout à coup au tonnerre du ciel. Alors je me mis à hurler, à hurler ma douleur. A gémir comme une bête, comme un animal blessé. Puis la pluie se mit à tomber en déluge et j'éclatai en longs, longs sanglots, je pleurai longtemps, jusqu'à épuisement de mes larmes, jusqu'au tarissement total de cette eau de douleur qui coulait de mes yeux, marquant à jamais de rides profondes mon visage et mon cœur.

Nous partîmes pour Oslo le 12 au matin.

N'importe quoi était préférable que de rester là, à ruminer mon chagrin, les yeux fixés sur la petite tombe de mon Matcho. Bernard m'emmenait au bout du monde comme il me l'avait promis lors de nos premières rencontres. Mais à la veille du 15 août, les aéroports, saturés par une foule en exode, une émigration de touristes, un flot mouvant et ininterrompu de populos chargés de sacs à dos, de gosses braillards, de va-et-vient, de bousculades, me donnèrent une folle envie de rentrer dans ma maison afin d'y retrouver mes repères et mes habitudes.

Ce voyage me fit pourtant du bien, il nous permit de nous connaître un peu mieux et de nous apprécier différemment. Nous étions en territoire neutre et étranger, chez Edna qui nous fit découvrir son pays avec beaucoup de gentillesse et d'intelligence, dans un climat de fraîcheur et même de brouillard qui, en cette période de l'année, me parut miraculeusement bienvenu.

Nous visitâmes l'extraordinaire Folk Museum qui, sur des dizaines d'hectares, reconstituait exactement les premières cabanes Vikings jusqu'au Moyen Age. Toutes ces petites maisons de poupées, ces églises étonnantes, toutes en bois parfois minutieusement sculpté, semblaient sortir d'un dessin animé. Une calèche à cheval nous emmenait de temps en temps d'un point à un autre, abrités par un parapluie car il pleuvait.

C'était délicieux !

Nicolas, mon fils, vint jusqu'à moi avec sa petite dernière qui était une ravissante poupée blonde de 2 ans et demi. Nous fîmes des photos marrantes qui furent à l'origine d'un drame toujours pas éclairci car elles parurent peu de temps après dans *Paris-Match*. Seuls Bernard et Edna avaient eu le privilège d'immortaliser ces retrouvailles historiques... Nicolas m'en tint responsable alors que j'étais aussi furieuse que lui, et de là commença une brouille qui dure encore aujourd'hui. Nous allâmes dîner chez lui, ce qui me permit de faire la connaissance de ma belle-fille, de mes deux petites-filles aussi jolies et magiques l'une que l'autre, et de l'appartement que je leur avais offert deux ans avant, vaste duplex plein de charme donnant sur un magnifique jardin et décoré de manière ravissante par ma belle-fille au goût exquis.

Le repas fut chaleureux, joyeux et bruyant.

J'avais oublié le tintamarre que peuvent faire des enfants lorsqu'on laisse libre cours à leur vitalité et que cris et hurlements cachent une certaine timidité. Il faut dire que j'étais, et que malheureusement je suis restée, une étrangère pour ces deux petites filles qui ne parlent pas le français, que je voyais pour la première fois de ma vie et que je n'ai jamais revues depuis.

Pour arriver jusque chez eux et en repartir le soir après dîner, nous fûmes obligés de nous transformer en Sioux, en fantômes, en personnages de films policiers. Nicolas et sa femme ont vécu pendant mon séjour une paranoïa, une panique totale d'être suivis par des photographes, d'être débusqués, d'être livrés en pâture à une presse qu'ils redoutent jusqu'à l'idée fixe et le ridicule, ce qui gâcha complètement nos rencontres, nous mettant mal à l'aise, sans arrêt sur le qui-vive !

Pourtant la presse norvégienne me fichait une paix royale, j'allais et venais en toute liberté, ce qui me permit de profiter totalement de ces quelques jours de détente, jusqu'au moment où, à force d'en faire une maladie, on finit par attirer ce qu'on redoute le plus. C'est ce qui arriva un soir et faillit tourner au pugilat dans un restaurant où Nicolas et sa femme frisèrent la crise de nerfs.

Mais nous n'en sommes pas encore là...

Pour l'anniversaire de Bernard, le 15 août, Edna avait organisé une visite des fjords sur le yacht du coiffeur de la Reine, « La Perruque » norvégienne et son petit ami, tous deux absolument charmants, beaux, parlant très bien français, ce qui m'arrangeait bien.

Ce jour-là il faisait beau.

Nous passâmes la journée à aller et venir dans les entrecroisements de bras de mer formant des centaines de petites îles lilliputiennes sur lesquelles se cachaient les petits chalets multicolores, résidences secondaires des habitants d'Oslo.

Tout était féerique.

Des myriades de petits bateaux allaient d'une île à l'autre ; nous croisâmes même un drakkar parfaitement identique à ceux dont les Vikings se servaient pour voyager, avec son énorme tête de dragon à la proue et les dizaines de rames qui sortaient de ses flancs en bois sculpté. Je mesurais que ce peuple sain, magnifique, tirait sa force de ses origines d'hommes de la mer. Ce sont d'authentiques marins, ils naissent avec cette passion des grands espaces, se nourrissent de l'air vivifiant des mers arctiques et, hélas ! perpétuent d'horribles traditions ancestrales du massacre des phoques et de la chasse à la baleine. Ils sont, avec les Japonais, les seuls à passer outre les interdictions de la Commission Baleinière Internationale. C'est dommage car, malgré moi, je me retrouve adversaire de gens pour lesquels j'ai un immense respect, des affinités d'existence et de goûts.

Le lendemain, en visitant une toute petite chapelle de dessins animés, nous fûmes tellement émus, Bernard et moi, que nous décidâmes de nous y unir. J'adore me marier, je trouve que c'est émouvant et sublime. Il n'y eut ni cérémonie ni paperasserie, seul Dieu, lui et moi, mais j'attache plus d'importance à ce serment qu'à bien d'autres précédents. Edna, seul témoin, fit une photo de nos « noces », puis proposa de fêter l'événement en nous emmenant déjeuner tardivement dans une auberge, à quelques kilomètres d'Oslo, qui était d'après elle un rêve... un endroit unique au bord d'un fjord, un des rares vestiges épargnés par le feu de ce qu'étaient les maisons de campagne norvégiennes, tout en bois sculpté et décoré, minuscule chaumière sortie tout droit d'un conte d'Andersen.

C'est alors que Bernard décida qu'il préférait y aller seul avec moi...
C'était agréable pour Edna !

Et puis nous ne savions pas du tout où ça se trouvait, nous allions nous perdre, c'était ridicule, et j'insistai pour qu'Edna nous y conduise. Mais rien n'y fit. Bernard lui demanda un plan du chemin à suivre, des autoroutes à prendre, avec le nom du patelin, imprononçable !

Et nous voilà partis.

Je n'en menais pas large mais Bernard était sûr de lui et n'arrêtait pas de me dire qu'il avait très bien compris, de ne pas m'en faire et patati et patata. Je commençai à m'inquiéter lorsqu'il s'arrêta pour comparer le nom marqué sur le papier à celui inscrit sur le panneau de direction. Il chercha ses lunettes, les avait oubliées ou perdues, bref il n'y voyait rien. Heureusement j'avais les miennes et essayai de lire ces noms bizarres qui ressemblent tous à une palette de jeu de Scrabble quand toutes les consonnes les plus incongrues sont côte à côte. A mon avis nous n'étions pas dans la bonne direction, mais par orgueil ou esprit de contradiction, il estima qu'il fallait continuer. Jusqu'au moment où, sans aucun doute possible, nous avions pris une mauvaise route. Alors demi-tour et nous voilà repartis dans un dédale de bretelles d'autoroutes qui se croisaient dans tous les sens. Arrêt de nouveau. Lunettes pour essayer de déchiffrer si un de ces hiéroglyphes correspondait à ce qu'Edna avait écrit.

Je commençais à m'énerver.

Le seul nom qui me paraissait compréhensible était : Oslo !

Je suggérai donc à Bernard d'y retourner, de là nous pourrions peut-être retrouver le bon chemin. Mais c'était une heure de pointe et d'embouteillages, nous fûmes coincés bien longtemps par de longues files d'attente, car pour rentrer dans la capitale il faut payer un genre d'octroi et ça bouchonnait. Pris dans un flot de bagnoles, stoppés par des feux rouges, il nous fut impossible de nous arrêter pour demander un renseignement, et nous nous retrouvâmes à la gare centrale où une foule dense, des taxis, la bousculade des fins de journées de travail, nous engloutirent.

A bout de nerfs je me mis à pleurer.

Mais qu'est-ce que je foutais là dans cette voiture paralysée au milieu de cette multitude d'étrangers, devant cette gare de merde, dans cet insupportable tintamarre ?

Ah ! Elle était jolie notre escapade d'amoureux !

J'en voulais à Bernard et le lui dis.

Après tout quand on est incapable d'assumer, il vaut mieux accepter la présence d'une tierce personne que de subir ce qu'il me faisait subir. J'en avais marre ! A force de me voir pleurer et de m'entendre rouspé-ter, il se mit dans une colère qui m'effraya. Je crus qu'il allait casser le volant, le tableau de bord et le pare-brise. Pris d'une rage froide il essaya de se dégager en écrasant à moitié les gens, rentrant dans les pare-chocs des voitures, gueulant comme un sourd contre l'humanité entière et les Norvégiens en particulier, ces cons qui ne savaient pas conduire, tous des ratés, des enfoirés, j'en passe et des meilleures !

Finalement nous nous retrouvâmes dans une rue, la nuit tombait, nous étions perdus. Ce dernier soir nous devions dîner avec Nicolas et sa femme dans un ravissant restaurant sur une colline qui surplombait Oslo, avec le coiffeur de la Reine et son ami, plus Edna et un ami écrivain.

Comment allions-nous retrouver le chemin de la maison ?

Arriver à l'heure au rendez-vous ?

J'étais épuisée mais il fallait faire quelque chose, ça n'était pas en restant là, plantés au bord du trottoir de cette rue désertique que nous allions trouver la personne qui nous renseignerait sur la route à prendre. Et puis, je me méfiais de Bernard comme de la peste, il serait bien incapable de me ramener au bercail, surtout que la maison d'Edna est un peu en dehors d'Oslo, mais de quel côté ?

Il fallait trouver un poste à essence ou un taxi.

Et nous voilà repartis.

Hop ! un taxi : « Vite Bernard va lui demander... »

A ce moment il m'avoue qu'il ne parle pas assez bien l'anglais, il faut que j'y aille moi-même. Je prends le papier et saute sur le chauffeur avec mes trois mots d'anglais, il me répond dans un charabia inaudible, dans son anglais à l'accent norvégien en faisant de grands gestes avec son bras vers la droite comme s'il s'agissait d'une autre planète. Je pleurais de plus belle cependant que Bernard atteignait le paroxysme de la paranoïa.

Nous finîmes par arriver, mais dans quel état !

Edna, folle d'inquiétude, apprit avec désolation le résultat navrant d'une journée qui eût pu être inoubliable.

Elle l'était mais pas dans le bon sens !

Remis de nos émotions, nous sommes allés dîner dans cet ancien rendez-vous de chasse, devenu un restaurant très élégant, feutré, situé sur les hauteurs dominant Oslo. Il faisait assez froid, en ce soir du 16 août, et notre table était proche d'une cheminée où un feu de bois crépitait joyeusement. Il y avait peu de monde, ce qui rassura Nicolas et sa femme toujours aux aguets, les nerfs tendus et les yeux méfiants sur tout ce qui bougeait alentour. Cette réunion pour le moins hétéroclite n'engendra pas une ambiance très chaleureuse, mais après deux ou trois verres de vin, un petit coup d'*Aquavit* et quelques *zakouski* de saumon fumé, de petits légumes à la Norvégienne, les sourires se détendirent et l'atmosphère aussi.

C'est à ce moment précis que Nicolas bondit comme un fauve, marcha sur la table, renversant tout, se précipitant comme un boulet à l'autre bout de la salle, commençant à casser sérieusement la gueule d'un type qui s'avérait être un photographe que personne n'avait ni vu ni entendu.

Ce fut un scandale !

Ma belle-fille se mit à pousser des cris d'orfraie.

Bernard et les « hommes » de la table essayèrent de séparer Nicolas du malheureux bonhomme pendant qu'avec Edna nous tentions de calmer Anne-Line en proie à une véritable crise de nerfs. On vint nous prévenir qu'une vingtaine de photographes attendaient dehors dans un brouillard glacé et dense qui empêchait toute fuite rapide, trop dangereuse sans visibilité.

Je décidai de partir avec Edna et son ami écrivain, laissant à Bernard le soin de calmer et de ramener Nicolas et sa femme une fois la voie libre après mon départ. Je fus mitraillée mais on n'y voyait rien, on était dans la purée de pois, quel étrange pays ! Les photographes prirent l'ami d'Edna pour Bernard, ce qui donna un bel embrouillamini le lendemain dans les journaux. Pendant que nous essayions de rentrer à « deux à l'heure » en suivant les bandes blanches des trottoirs qui étaient nos seuls repères visibles, Nicolas et sa femme, déguisés en fantômes, des nappes sur la tête, guidés par Bernard et le coiffeur de la Reine, n'échappèrent pas aux flashes, ce qui eut pour effet de les mettre tous les deux dans un état second.

Enfin, cette journée terminée, nous reprîmes l'avion le lendemain, accueillis à l'aéroport par toute la presse norvégienne qui jura, mais un peu tard, qu'on ne l'y reprendrait plus.

Le retour fut extrêmement pénible.

Tout à coup jetés comme des dés dans un univers uniquement touristique, dans une chaleur insupportable, nous eûmes un mal fou à intégrer La Madrague.

C'était l'exode en pays de Provence !

Ma maison, bien que cernée par une horde de bateaux et de curieux, me parut un havre de douceur et de paix. Tout est question de relativité !

A peine arrivée, je constatai que ma jolie petite et jeune chatte « Gourgandine » toussait d'une manière inhabituelle. Personne évidemment ne s'en était aperçu pendant mon absence. Je donnai immédiatement l'ordre de l'amener chez le vétérinaire dès le lendemain matin. Etaient-ils tous sourds ces gens qui chez moi auraient dû s'inquiéter en mes lieu et place ? Ne pouvais-je partir cinq jours sans que, dès mon retour, je doive constater par moi-même un phénomène anormal chez l'un de mes animaux ?

Le lendemain matin, en allant dans ma salle de bains, je vis Gourgandine allongée sur le sol. Morte ! J'eus beau hurler ma peine, mon chagrin, l'écho fut nul. Personne n'était responsable, évidemment. Cette maison était une antichambre de la mort, ou alors c'est moi qui étais une « scoumoune » ambulante.

Partout où j'étais, la mort frappait !

Mais ce ne fut pas tout.

A La Garrigue on m'annonça que « Poilu », le beau chat semi-angora qui m'était aussi attaché qu'un chien, avait disparu depuis mon départ. J'eus beau l'appeler jusqu'à des heures avancées de la nuit pendant plus d'une semaine, le chercher partout en hurlant son nom, secouer les bocaux de croquettes auxquelles il ne résistait pas, je ne revis plus jamais, jamais, mon Poilu.

Etais-je à ce point punie de m'être absentée si peu de temps ?

J'en garde la blessure indélébile et désormais ne les quitte plus ni les uns ni les autres que pour des voyages éclairs indispensables à la protection animale.

Jamais pour le plaisir.

Le 28 septembre 1992, j'eus, hélas ! 58 ans !

Bernard, ce jour-là, eut la mauvaise idée de partir pour Saint-Tropez sans me prévenir en fermant, comme à son habitude, sa chambre à clé et donc tout le petit appartement du rez-de-chaussée. Or j'eus besoin d'aller chercher une couverture rangée dans un de « ses » placards. Horrifiée de ne pouvoir m'introduire dans ma propre maison pour y chercher une chose dont j'avais besoin, je l'attendis, pleine d'une colère justifiée. A son retour il m'envoya promener brutalement, sa chambre lui appartenait, personne n'avait le droit d'y entrer.

Cela dégénéra en une terrifiante dispute qui me laissa à moitié assommée par une chute qui faillit me coûter la vie, ma tête ayant heurté le rebord du petit mur de pierre qui entoure le ponton. Mylène, venue spécialement pour faire la fête, fut scandalisée par la tournure des événements. Je pleurais toutes les larmes de mon corps, tenant une poche à glace sur la bosse de mon crâne. Elle refusait absolument que je passe ce jour d'anniversaire dans un état de tristesse aussi profond. Bernard, enfermé dans son « bunker » du rez-de-chaussée, ne donnait aucun signe de vie.

Alors, Mylène organisa au pied levé une petite soirée dans un restaurant de La Ponche avec Bébert, Patricia, la jeune fille responsable de la petite Fondation de Saint-Tropez, et un de mes fervents amoureux, super beau mec, qui me courait derrière depuis des lustres ! Elle me traîna de force, les yeux encore rouges, puis je pris la main de cet homme qui ne m'était rien, mais qui était là, beau, gentil, attentionné. La soirée fut douce, des guitaristes m'entraînèrent dans des flamencos endiablés, j'oubliais Bernard, la mort, la désespérance.

Je vivais mes 58 ans... Grâce à Mylène !

*
* *

Pendant que j'essayais de m'organiser une vie difficile, la Fondation venait en aide au Cirque Zavatta qui, en faillite, n'avait plus de quoi nourrir ses animaux bloqués à Cahors. Elle intervenait aussi auprès de Pierre Joxe, ministre de la Défense, pour obtenir de l'Armée française une aide en équipement et matériel de survie pour les gardes nationaux sénégalais afin de lutter contre le braconnage. Sans moi, les 3 et 4 octobre eut lieu la Fête du Monde animal à l'Hippodrome de Vincennes. 500 chiens et chats furent adoptés.

Sans moi, sans moi, sans moi !

Il était temps que je me ressaisisse.

L'été et ses folies étaient passés, je n'étais ni morte d'amour ni de chaleur ni de douleur, bien que mon cœur restât à jamais blessé par la mort de tous mes petits. Mais tant d'autres avaient besoin de moi, tant d'autres attendaient, mouraient, souffraient de ma négligence. J'avais un peu honte d'avoir trop pensé à ma petite personne alors que ma vie leur était à jamais dévouée.

Une émission spéciale uniquement consacrée à la chasse devait être enregistrée le 15 octobre. Je remontai donc avec Bernard et en profitai pour lui faire découvrir Bazoches.

Yvonne nous attendait avec impatience et organisa chez elle un petit dîner afin de m'éviter les complications de la remise en route d'une maison après tant de mois d'absence. Bernard était déjà reparti pour Paris et devait nous rejoindre le plus vite possible. A 10 heures du soir, nous nous mîmes à table... sans lui !

Yvonne était fatiguée, je le sentais, mais si heureuse de me revoir qu'elle en oubliait toutes ses souffrances. Wendy se tortillait de joie et me sautait sur les genoux. A minuit, je rentrai chez moi. A 2 heures du matin, Bernard arriva, tout content et très étonné de me voir déjà au lit à moitié endormie.

Le 12 octobre, je dus faire une séance de photos pour annoncer la prochaine T.V. Eric Cachart, un jeune et très apprécié journaliste, de la trempe des plus grands, devait présenter mon émission. Il fut photographié avec moi, ce qui me permit de mieux le connaître. Bernard était là. Les lumières étaient faites pour le couple Bardot-Cachart et je demandai que, pour une pose-souvenir, Bernard prenne la place de Cachart. Ainsi fut fait. Puis je continuais seule à poser, cheveux défaits, en chignon, en gros plan, en pied, à cheval et en voiture. Ouf !

Le 14 octobre, le magazine anglais *Today* déclencha un raz de marée en annonçant dans la presse mon mariage « secret » avec Bernard. La Fondation fut submergée de coups de téléphone du monde entier. Des paparazzi investirent la rue de ma Fondation, ou faisaient le pied de grue pour rien... à La Madrague. Ce fut l'invasion à Bazoches aussi. Heureusement, j'étais planquée rue de la Tour, encore peu connue des journalistes à cette époque.

Du coup la photo-souvenir prise la veille avec Bernard devint le scoop numéro un. On se l'arracha. *Paris-Match* en fit même sa couverture.

Le 15, j'enregistrais dans les conditions du direct, devant un public important, dans un décor hollywoodien et avec une trouille bleue, mon treizième et dernier *S.O.S.* avec la complicité d'Eric Cachart, et l'hostilité de Ségolène Royal (ministre de l'Environnement) et Pierre Daillant (Président de l'Union nationale des Fédérations départementales des chasseurs de France). Je fis de mon mieux. Ne lâchai pas le morceau. Donnai même l'ordre à Madame le Ministre de rester sur place alors qu'elle fuyait, la queue basse, assurant que la chasse ne dépendait pas de l'environnement. Il vaut mieux entendre ça que d'être sourd.

Quelle imbécile !

Bref, encore une fois, je donnai mon maximum, en vain il faut bien le reconnaître, car l'émission n'eut ni l'impact espéré ni suite, le seuil d'audimat indispensable n'ayant pas été atteint.

Epuisés, nous finîmes la soirée au petit restaurant russe de la rue Nicolo où les Gipsy Kings nous attendaient, entourés de mes amis et d'Yvonne, folle de joie. Après avoir signé l'achat définitif du domaine de sept hectares de « La Mare Auzou » en Normandie qui serait enfin un havre pour tous nos animaux abandonnés, je rentrai à Saint-Tropez retrouver mes petits.

Je n'étais pas revenue depuis deux jours que j'entendis, un après-midi à La Garrigue, des coups de fusil, des aboiements, des voix grasses à proximité de mon portail. Affolée, j'allai voir et me trouvai nez à nez avec un commando de chasseurs en treillis, visiblement avinés, qui traquaient un malheureux sanglier déjà blessé à quelques mètres de ma maison.

Alors là je leur hurlai des insanités, les traitant de tous les noms d'oiseaux, leur rappelant que la loi interdit toute chasse à moins de 150 mètres des habitations, bref je me défoulai en bloc de toute ma révolte, ma rancune, mon écœurement; pour une fois j'étais dans mon droit et ne me gênais pas ! Bernard et Mylène, entendant tout ce tintamarre, arrivèrent à la rescousse. Heureusement car « ils » m'avaient mise en joue, leurs fusils braqués sur moi, m'assurant qu'ils n'allaient pas me rater. Je me précipitai au téléphone et appelai la police, on me répondit que l'inspecteur X était absent, il participait à une battue au sanglier dans le secteur du Capon...

L'affaire fit grand bruit.

Je portai plainte et gagnai mon procès quelques mois plus tard.

Depuis, les sangliers viennent se réfugier chez moi lorsqu'ils sont traqués. Ils savent qu'ils trouvent à La Garrigue un havre de paix, de l'eau et la liberté de retourner la terre avec leur groin sans que personne n'y trouve à redire. Les renards aussi viennent chez moi. Après qu'il m'eurent bouffé quelques poules et mon canard préféré, j'ai compris qu'en les nourrissant je n'aurais plus rien à craindre de ces animaux si mal aimés, que j'aime tant.

Il y eut en cette fin d'année un enchaînement d'événements qui mit mes nerfs à rude épreuve. Ça commença par une remarque de Bernard à ma femme de ménage. Il lui fit un superbe dessin d'une araignée gigantesque entremêlée dans des fils de sa toile avec pour légende : « Avec Nicole on peut dormir tranquille, elle ne fait jamais le ménage ! » Le sens de l'humour n'étant pas sa principale qualité, dès qu'elle vit cette attaque elle tourna les talons et s'en alla pour de bon, furieuse, vexée, après huit années de bons et loyaux services. J'eus beau la supplier de revenir, lui jurer que je n'étais pour rien dans ce dérapage maladroit, rien n'y fit, elle resta blessée dans son orgueil et ne remit plus les pieds chez moi.

Je me mis donc en chasse pour en trouver une autre, mais son départ m'affecta profondément. J'ai horreur de changer de personnel. Elle connaissait tout par cœur, adorait et gâtait mes chiens. Et puis trouver une femme de ménage à Saint-Tropez en dehors de la saison dans ce village de paresseux inscrits au chômage huit mois sur douze, c'était un défi !

Avec ma gouvernante Michèle nous assumâmes le travail, mais la maison est grande, il y a plein d'animaux, tout ça demande un entretien quotidien et fastidieux. Je finis par embaucher le sosie de Pamela Anderson. Une bien jolie fille qui employait ses gains à se faire refaire une plastique totale. En quelques mois elle se fit opérer les genoux, les seins et je ne sais plus quoi. Elle était toujours entourée de bandelettes et de pansements, faisait le ménage avec la rapidité de l'éclair comme dans les dessins animés, ce qui lui valut le surnom de « La Souris Gonzalès » trouvé par Adrien. Elle était bien gentille mais pas vraiment sérieuse !

Enfin on verrait bien !

A peine « La Souris » au courant du travail à effectuer, c'est Michèle ma gouvernante qui eut droit à une réflexion désobligeante de la part de Bernard qui la trouvait sale et encombrante. Rebelote, elle fit ses valises et disparut dans l'heure qui suivit. Alors là j'étais bien emmerdée. Michèle était formidable, sale certes, mais dévouée, gentille avec mes chiens et mes chats, rigolote à ses heures ; elle me remontait souvent le moral, me secondait pour tout, j'avais en elle une confiance absolue. Je soupçonnais Bernard de faire volontairement le vide autour de moi, ce qui se révéla (hélas !) exact, et me laissa dans un état de dépendance totale vis-à-vis de lui.

La-dessus arriva l'affaire du « Château de Saint-Amé », ce magnifique domaine que Jean Bouquin avait loué en 1974, pour un réveillon inoubliable, et qui, aujourd'hui à l'abandon, a été squatté par un berger fou, soupçonné de rituels macabres, plusieurs cadavres d'agneaux en décomposition, des ossements, des têtes de béliers ayant été découverts de-ci, de-là, dans les arbres, dans la rivière, sur le chemin qui jouxte la propriété.

Accompagnée par les gendarmes, la presse locale, avec Bernard et Mylène nous allâmes sur les lieux. Nous découvrîmes un véritable spectacle d'épouvante, un charnier, une odeur saisissante. Des dizaines de moutons morts jonchaient le sol un peu partout. Deux chiens squelettiques et affamés, n'ayant même plus la force de bouger, nous regardaient du fond de leurs yeux profondément enfoncés dans les orbites. Un type déguenillé, hisurte, aviné, titubant et agressif nous menaça d'une fourche en nous lançant des pierres.

C'était un cauchemar, je ne pus retenir mes larmes.

Mais dans quel monde vivons-nous ? C'est à devenir cinglé !

Pendant que les gendarmes emmenaient le fou en garde-à-vue, je fis venir de la nourriture pour les chiens et du foin pour les survivants. Les policiers firent ramasser les cadavres. La nuit était tombée depuis longtemps, j'étais toujours dans leurs bureaux, déposant plainte, appelant Maître Bouguereau, l'avocat de la Fondation sur Saint-Tropez, remuant ciel et terre pour essayer de faire cesser au plus vite ce massacre infâme que la presse locale dénonça le lendemain à grand renfort de titres ronflants et de photos.

Mais je fus choquée.

Une immense lassitude m'envahit subitement, je n'avais plus goût à rien. Mon adversité perpétuelle avec Bernard n'arrangeait pas les choses. Que faisais-je sur cette terre à me crever quotidiennement pour des problèmes qui grignotaient petit à petit mon courage, ma vitalité, mon moral. Tout me paraissait bouché, noir, insupportable.

J'avalai la moitié d'un tube de *Témesta*.

Je repris conscience à la clinique de l'Oasis.

Bernard près de moi avait l'air si triste, si désolé, si impuissant, si fatigué aussi... Il faisait nuit, j'étais abrutie, je lui pris la main et sombrai à nouveau dans un profond sommeil. Tout ça était ridicule, il avait fallu appeler les pompiers, me mettre en réanimation, tenter vainement un lavage d'estomac, j'avais affolé le peu de gens qui m'entouraient, mes chiens prostrés et inquiets s'étaient cachés en gémissant. Je me retrouvais encore plus lasse, plus faible, je jouais avec ma santé d'une manière dangereuse, et qu'est-ce que ça m'apportait ?

Noël approchait !

Je redoutais maintenant cette fête que j'avais tant aimée, asphyxiée par trop de souvenirs familiaux et tendres, je ne réagissais qu'automatiquement à tout ce qui, pendant des années, avait été le phare de mon enfance.

Mais Bernard était là !

Il semblait heureux d'avoir enfin, lui aussi, une raison d'illuminer ce jour par sa présence, par ces petits cadeaux glanés çà et là, entortillonnés dans du papier d'or. Il alla acheter deux arbres, l'un pour La Madrague, l'autre pour La Garrigue. Je le laissais faire, oubliant à quel point il était maniaque et méticuleux. Je ne le voyais plus qu'accroché aux arbres, mettant et remettant, plaçant et replaçant les guirlandes, les boules, les lumières que les chats avaient malencontreusement déplacées. Cela devint invivable. Il n'arrêtait pas de rouspéter, l'ambiance s'en ressentit, les chats furent chassés, pourchassés.

Je me fâchai ! Cela fit une scène qui dégénéra en guerre ouverte.

A bout de nerfs, j'envoyai promener l'arbre qui se brisa au sol...

Le soir de Noël, je restai seule dans ma chambre avec mes chiens et mes chats, sans arbre et sans Bernard.

Nous passâmes la soirée du réveillon du Nouvel An chez un très grand commissaire-priseur, ami de Bernard, à Beauvallon. J'étais un peu perdue dans cette maison ultramoderne pleine de cubes, d'acier, d'éclairages froids où les *Bleus* de Klein et les sculptures décharnées de Giacometti rappelaient plus un thriller d'épouvante américain qu'une douce soirée de réveillon en Provence. J'étais très attentive à l'heure, car pour moi ce premier passage d'une année à l'autre avec Bernard était chargé de symboles.

A minuit pile, je voulais l'embrasser, certaine que ce baiser illuminerait l'année à venir de sa chaleur et de son amour. J'eus beau me tortiller sur ma chaise, essayant par tous les moyens d'apercevoir l'aiguille d'une montre, en vain... car j'avais oublié mes lunettes.

Tout le monde parlait politique !

« Dans quel état était la France ! Ah ! Je vous jure, sans Jean-Marie, que deviendrions-nous ? Avez-vu lu le dernier article de *National-Hebdo* ? Et patati et patata. »

A minuit, j'interrompis donc tout ce politiquement incorrect, pris Bernard dans mes bras et lui clouai le bec d'un baiser digne des plus forts moments érotiques de Sharon Stone dans *Basic Instinct*. A quelques minutes près j'avais tapé dans le mille, réchauffant du coup l'atmosphère.

Qu'allait encore me réserver cette nouvelle année avec son cortège de morts, de détresses, de désespérance?

Je préférais ne pas y penser.

*
**

Le 5 janvier nous apprîmes que le pétrolier *Braer* s'échouait sur les côtes des Iles Shetland, déversant sa cargaison de pétrole sur plusieurs dizaines de kilomètres, provoquant la mort de centaines d'animaux d'une des plus belles réserves naturelles d'Europe. J'intervins immédiatement dans la presse écrite et sur les radios, envoyai sur place une équipe de secours : Frank, Liliane, Dominique.

Malheureusement, les conditions météo, la tempête, leur interdirent tout accès aux Iles Shetland, et après une attente de 24 heures à l'aéroport de Londres, ils durent rebrousser chemin. Des milliers d'oiseaux mazoutés moururent dans d'atroces conditions sans qu'aucun secours ne puisse leur être apporté sauf par la population locale.

J'étais révoltée!

Dans tout ce fatras de saloperies m'arriva une belle nouvelle!

Il en faut parfois mais celle-ci était de taille.

Gretchen Wyler venait de créer à Hollywood un *International Brigitte Bardot Award*, prix destiné à récompenser, au même titre qu'un Oscar, le meilleur film animalier de l'année, dénonçant l'horreur la plus inadmissible. Ce prix serait attribué chaque année à Los Angeles à une personne ayant œuvré pour la protection animale et dont le film aurait été sélectionné par un jury. Bien entendu on m'attendait là-bas pour la remise du premier de ces « Awards », décerné le 28 février à Tatyana Pavlova pour son émission dénonçant la vivisection dans la recherche médicale.

Bien entendu, je n'y allai pas!

Et je n'y suis jamais allée, je ne m'en sens pas le courage. Pourtant ce serait bien que je fasse un effort plutôt que de laisser ma place à Sigourney Weaver ou Kim Basinger! Mais parfois l'épreuve est pour moi tellement terrifiante qu'elle annihile toute la fierté qu'un tel hommage peut m'apporter. Gretchen Wyler ne désespère pas de me voir un jour remettre mon prix à Hollywood. J'aimerais lui offrir cette joie pour la remercier d'avoir donné mon nom outre-Atlantique à une récompense concernant les protecteurs d'animaux. Ce qui n'a jamais été fait en France où pourtant je mériterais de figurer dans le livre des records.

J'avais, depuis quelque temps, repéré un petit local charmant, ancien octroi, situé à l'entrée de Saint-Tropez, entre la gendarmerie désormais aussi célèbre que De Funès, son inoubliable occupant, et le Prisunic non moins célèbre mais pour d'autres raisons. Ce tout petit kiosque, après avoir abrité tour à tour des dégustations de vin du pays et des expositions de santons, se trouvait fermé et abandonné.

Après en avoir parlé au maire, Monsieur Spada, qui lui-même prit l'avis du conseil municipal, la ville de Saint-Tropez décida de mettre gracieusement à la disposition de ma Fondation cette petite guérite super bien placée que nul ne pouvait ignorer puisqu'elle fut la sentinelle des allers-retours du temps jadis. J'en fis donc une mini-annexe de ma Fondation et l'inaugurai le 2 février au bras du maire, sous les flashes déchaînés de la presse locale. Il était difficile d'y rentrer à plus de trois personnes, la superficie ne dépassant pas 8 mètres carrés et le bureau en occupant plus de la moitié. Qu'importe, c'était un point de chute, un centre de renseignements, le rendez-vous des amis des animaux où une jeune fille avait pour mission de répondre au téléphone et d'intervenir d'urgence dans tous les cas signalés de détresse animale.

Nous fûmes vite débordés et obligés d'embaucher du personnel supplémentaire. Hélas ! les murs, eux, n'étant pas extensibles, l'endroit ressembla à la cabine des Marx Brothers et se transforma en refuge où chiens et chats abandonnés ou perdus trouvèrent, à grand renfort de coups de gueule et de griffes, le coin encore disponible à leur interminable attente.

Je dus réagir afin d'endiguer cette recrudescence d'abandons.

Notre petite annexe étant un bureau, non un refuge, il fut désormais interdit de venir y déposer les animaux trouvés qui s'avérèrent n'être que de braves toutous tropéziens habitués à se balader librement, ou des gros matous libres qui couraient la gueuse ou la souris.

Puis j'eus un coup de fil d'Yvonne.

Depuis quelque temps déjà elle se plaignait d'une douleur anormale à la gorge. Habituée à entendre ses doléances, je n'y fis pas trop attention. Je sais par expérience que les personnes seules, malades et prises en charge affectivement ont tendance à exagérer leurs petits bobos afin de se faire plaindre, d'entendre les mots tendres qu'elles attendent, bref, chaque jour j'avais droit à un cahier de souffrances comprenant l'indifférence de son frère, la dureté de sa nièce, la méchanceté de sa femme de ménage, le mal qu'elle avait à supporter la solitude après avoir subi cette terrible opération qui la privait de sa voix.

Je l'écoutais, je la plaignais, je l'aimais.

Lorsque je raccrochais, ça allait mieux jusqu'au lendemain.

Mais ce jour-là ce fut grave.

Son médecin me le confirma. Elle devait d'urgence repasser sur le billard, des métastases ayant envahi la base du larynx et les morceaux de cordes vocales qui lui restaient. Elle m'attendait, ne voulant pour rien au monde subir seule cette nouvelle épreuve, qui, il faut bien le dire, fit basculer définitivement sa santé morale et physique dans un gouffre de désespoir dont elle ne se remit jamais.

Je partis seule, laissant à Bernard le soin de ne pas trop martyriser les chiens et les chats, de toute manière il détestait les hôpitaux... et Yvonne !

J'arrivai à Bazoches dans un cloaque glacé où du brouillard givrant nimbait les squelettes des arbres d'un voile cotonneux. Tout semblait mort, gelé, en attente. Yvonne, les yeux cernés, le visage émacié, gisait étendue sur son lit, sa voix définitivement éteinte. Je n'entendais que son souffle. Wendy, pauvre petite, me fit une fête terrible, se tortillant, jappant sa joie, dansant sur son petit derrière. J'essayai de redonner un peu de vie à cet univers désolé. Ma présence fut bénéfique, elle sourit, ses yeux se remplirent de larmes, elle me serra sur son cœur, m'embrassa, se réchauffa à ma vie.

J'avais une envie folle de pleurer mais je riais.

Comme elle adorait les potins, je lui racontais mes petits problèmes de santé, La Souris Gonzalès, l'ouverture de la mini-Fondation et les histoires qui en découlaient déjà, les aventures amoureuses de La Perruque. Je passais sous silence ce qui eût pu la chagriner, ne retirant que le meilleur d'un pire qui me rongeait. Je fis du thé et l'obligeai à grignoter quelques petits beurres qui passèrent comme lettre à la poste. Puis je m'occupai du dîner, de la pâtée de Wendy. Je mis la T.V., cela fit du bruit, chassa le silence mortel, de bonnes odeurs de frichtis envahirent la maison.

A minuit, après l'avoir bordée, embrassée, rassurée, je réintégrai ma maison.

Le lendemain nous devions partir à 7 heures pour l'Hôpital Américain, son opération étant programmée pour 11 heures.

Rien n'est plus dur pour moi que de changer d'habitudes, de maison, de lit, de repères. Rien n'est plus dur non plus que d'avoir à me réveiller, après une nuit d'insomnie, à des heures inhumaines, en plein hiver, en pleine nuit, à 6 heures du matin, alors que mon lit tout chaud m'enveloppe comme le ventre de ma mère.

Quelle vision d'horreur que cette campagne décharnée et froide, moi qui suis habituée aux chaleurs méditerranéennes. En titubant, je traversais les quelques dizaines de mètres qui séparaient nos maisons, je glissais dans cette nuit glaciale qui n'annonçait pas encore les prémices d'une aube naissante.

Sa nièce était là, sur le pied de guerre, allant et venant, remuant de l'air, aussi féminine que Martine Aubry, aussi charmante qu'un croque-mitaine en jupon! Elle vérifiait ceci, fermait les volets, donnait des ordres, en tant qu'infirmière-chef de l'hôpital Ambroise-Paré, elle en connaissait un bout et n'acceptait aucune contradiction. Après avoir confié Wendy à Bernadette, ma gardienne, nous partîmes.

Je ne lâchais pas la main d'Yvonne. Avant l'opération, puis après, lorsqu'elle se mit à souffrir terriblement, je restai soudée à elle, ne la quittant que pour implorer un traitement de morphine au médecin de garde. Je décommandai mon avion du soir pour rester près d'elle 24 heures supplémentaires, ce qui provoqua un drame avec Bernard.

Au point où nous en étions, je m'asseyais dessus.

Son chirurgien m'apprit qu'elle devrait subir une chimiothérapie profonde qui lui ferait perdre ses cheveux mais qui lui sauverait la vie. Qu'elle pourrait avec beaucoup de travail récupérer un semblant de voix, un murmure. J'allais me cacher pour sangloter puis revenais, sourire aux lèvres, racontant des conneries.

Pendant les deux années qui lui restèrent à vivre, Yvonne s'accrocha à moi comme une noyée. Nous luttâmes ensemble contre cette abominable maladie, unissant nos forces, notre courage, notre détermination pour vaincre à tout prix.

A peine revenue à La Madrague et encore sous le choc de ce que je venais de vivre, voilà que le 10 février mon gros chat noir « Patapouf » mourait. On le retrouva raide dans le garage... et me revoilà en pleurs, serrant son petit corps contre mon cœur, mon pauvre gros Patapouf si brave, si doux, si pépère, mais qu'a-t-il bien pu lui arriver ?

Je ne le saurai jamais...

Les chats meurent dans d'étranges conditions, imprévisibles, mystérieuses. Le 13, c'est Caramel, mon chat roux de La Garrigue, qui s'est éteint dans mes bras à la suite d'une urémie irréversible ! Les chats roux ont un petit plus que les autres, je l'ai déjà remarqué. Ils ont une complicité plus présente, une douceur plus confiante, une manière à eux d'occuper notre cœur un peu plus possessivement que d'autres. Je pleurais mon Caramel un peu plus que les autres.

Décidément, cette nouvelle année commençait bien mal, me plongeant dès les premiers jours dans des épreuves qu'il m'était devenu difficile d'accepter.

Comment ne pas être dépressive ?

Comment pouvoir se dire que la vie est belle ?

Depuis le temps que j'accumulais les tristesses, les détresses, j'avais appris à vivre la désespérance du quotidien. N'attendant plus rien, m'accommodant de ce sordide, n'essayant plus de réagir. Subissant sans révolte cette chape de douleur qui faisait désormais partie de ma vie ou de ma survie.

J'en suis toujours au même point aujourd'hui en 1999 !

Pour tout arranger de mon moral et de ma vie, mon gardien de La Garrigue, Michel, le fils d'Odette ma maquilleuse, en qui j'avais une immense confiance et que je considérais un peu comme mon frère, m'annonça qu'il me quittait, qu'il ne supportait plus cette vie à la campagne, monotone et sans intérêt. Il voulait remonter à Paris, se lancer dans une existence différente...

Et me voilà de nouveau à la chasse aux gardiens.

Je suppliais Bernard de m'aider. Il me regardait avec des yeux ronds, ne comprenant pas que ce départ puisse me mettre dans un tel état. Pour lui c'étaient tous des cons ! Alors remplacer un con par un autre con ne représentait rien d'impossible, puisque nous avions l'embarras du choix !

Comme j'aurais aimé partager sa philosophie !

Après en avoir vu de toutes sortes, je finis par dénicher un couple merveilleux, « avé l'assent », de vrais Provençaux, sympas, chaleureux, gais, aimant les animaux, la cuisine provençale, le vin d'Orange et leur petite maison rustique dont ils firent un ravissant petit nid plein de rideaux en dentelles avec des tresses d'ail pendouillant des poutres.

Merci mon Dieu !

Débarrassée de ce souci préoccupant, je pus aller à Marseille prendre la tête d'une manifestation organisée par le Père Pestre, merveilleux curé, protecteur de centaines de chiens du refuge Saint-Roch menacé d'expulsion pour la construction d'une bretelle d'autoroute par le conseil municipal.

C'était le 20 mars. La Canebière était noire de monde, c'est le cas de le dire, car beaucoup d'émigrés nous emboîtèrent le pas. Lorsque nous arrivâmes devant la mairie de Marseille, nous nous heurtâmes à un cordon de C.R.S. qui nous en interdit l'entrée !

« Mais enfin, Monsieur Vigouroux, le maire, m'attend afin que nous puissions trouver une solution...

— Non, Madame, nous avons des ordres ! »

C'était inadmissible.

Je me retrouvais coincée entre une foule hurlante et déchaînée et ce mur de policiers inébranlables qui avaient reçu des ordres. De qui ? De quoi ?

Quelle gifle ! Une de plus.

N'importe quel agriculteur, postier, cheminot est reçu par le maire lors d'une manifestation... Moi pas !

C'est ce qu'on verrait !

Et je commençai à escalader les barrières, poussée par la foule, à moitié étouffée par ceux qui tentaient en vain de me protéger. Ce fut du délire mais nous fûmes reçus par une conseillère municipale qui n'en menait pas large.

Ah ! Il était beau le maire de Marseille, lâche, couard, malgré son nom « Vigouroux » !

Six ans après, les choses en sont toujours au même point, le Père Pestre résiste avec courage malgré les multiples actes d'expulsion dont son refuge fait l'objet. Il est soutenu par toutes les associations de protection animale de France et, malgré son grand âge, il tient tête avec détermination.

J'allais et venais entre Saint-Tropez et Paris.

Il fallait arranger La Mare Auzou, entreprendre des gros travaux d'aménagement, trouver des gardiens. Assister aux Conseils d'Administration qui ont toujours été ma bête noire. Nous ne pouvions y échapper, surveillés par les trois ministères de tutelle, comme si nous étions des malfaiteurs avides de dilaper l'argent des animaux, alors que je me saignais aux quatre veines pour donner tout ce que je pouvais à cette Fondation qui est mon seul et unique héritage moral.

J'allais voir Yvonne, en éclair, entre deux rendez-vous.

J'aurais tant aimé rester près d'elle, elle s'accrochait à moi !

Je la trouvais souvent ratatinée dans un grand fauteuil, toujours belle, maquillée, perruquée, comme si de rien n'était ! Pourtant je savais qu'elle avait perdu ses cheveux, elle me l'avait dit au téléphone en pleurant. Nous faisions semblant de l'ignorer. Je lui avais trouvé une jeune gouvernante à Saint-Tropez, qui, toute vêtue de panthère synthétique, style pute, mais brave si on peut dire... lui servait ses repas, l'accompagnait dans ses promenades, lui apportait la présence indispensable qui l'empêchait de sombrer dans une solitude insupportable. Nous buvions du champagne, parlions de tout et de rien, puis Frank me ramenait sur Paris vers mes rendez-vous, mes désespoirs d'animaux, mes problèmes.

A Brazzaville, une femme extraordinaire, Jane Goodall, dévouait sa vie à la réhabilitation des petits chimpanzés dont les mères avaient été tuées ou capturées par les innombrables braconniers et trafiquants qui pullulent désormais dans toute l'Afrique. Cette femme recueillait tous ces nourrissons et les soignait comme de véritables bébés, leur donnant des biberons, leur mettant des couches, les entourant de toute l'affection dont ils avaient besoin.

Bien sûr elle manquait terriblement de moyens, la Fondation lui vint en aide, et n'a du reste jamais cessé depuis.

En plus nous apprîmes qu'au zoo de Brazzaville survivait, dans des conditions d'incarcération absolument abominables, « Grégoire », un vieux chimpanzé, enfermé dans cet enfer depuis 1948. Avec Jane Goodall nous fîmes le nécessaire pour que le pauvre Grégoire bénéficie dans les plus brefs délais d'une relative liberté. Il fallut pour cela participer à des travaux d'aménagement, aux installations indispensables qui lui permettraient de quitter sa cage immonde et de s'ébattre dans un espace boisé d'où il verrait enfin le ciel et le soleil.

Ça n'a l'air de rien, mais c'est tellement important !

Une petite goutte de joie dans un océan de désespérance, c'est mieux que rien.

Domina, ma petite chienne noire adoptée par miracle à la suite de l'incarcération de ses maîtres pour chèques sans provisions, Domina me donna quelques inquiétudes. Elle, si vivante, si possessive, si attentive, devint taciturne, anorexique et triste. Ma vétérinaire ne lui trouva rien de grave mais, moi qui la connaissais bien, je savais par instinct qu'il se passait quelque chose d'important. Lorsqu'un début de paralysie du train arrière la fit trébucher sans cesse on me conseilla alors d'aller voir un spécialiste à Toulon.

Le diagnostic fut dramatique : tumeur de la moelle épinière des lombaires. Tenter une opération serait de la folie, de toute manière je m'y refusais absolument.

Domina, très intelligente, ne me quittait pas du regard.

Elle scrutait mes réactions et je dus faire des miracles de comédie pour garder le sourire, lui dire que ce n'était rien du tout, c'était ridicule et qu'on allait s'en tirer très vite toutes les deux. Puis je la pris dans mes bras et nous repartîmes à La Madrague. Pour lui éviter des souffrances intolérables elle eut un traitement de cortisone qui lui redonna un semblant d'appétit et un moral plus joyeux. Mais je savais que l'échéance était proche et que cette amélioration factice cachait le pire. Je ne la quittais plus, lui donnant tout mon temps, toute ma tendresse, la portant pour lui éviter des efforts douloureux, lui parlant de tout et de rien.

Cette chienne n'aimait que moi, n'avait confiance qu'en moi, n'acceptait son traitement que de moi, contrairement aux autres qui étaient plus folâtres et suivaient aussi bien Mylène que mon gardien ou ma femme de ménage.

Pendant ce temps, à la Fondation, les choses allaient bon train.

La Mare Auzou étant devenue un quatre étoiles pour animaux en détresse. On déménagea les malheureux chiens des Mureaux qui, depuis le décès de Madame Capblancq-Bégué, vivaient encore au milieu des rats dans des conditions d'hygiène inacceptables mais acceptées par les

Directions des Services Vétérinaires, en attendant notre possible adoption, avant la démolition pure et simple de ces effroyables locaux.

Ce fut un véritable petit miracle.

Trois camions, plus quatre camionnettes sous la surveillance de quatre personnes par véhicule, transférèrent une cinquantaine de chiens et une dizaine de chats dans un univers paradisiaque où pelouses, arbres, chauffage, bonne bouffe et câlins les attendaient. Moi qui ne supporte pas l'incarcération des refuges et ai toujours refusé d'en avoir, j'avais enfin trouvé une manière plus humaine, jolie, agréable d'accueillir les animaux.

La Mare Auzou est une succession de grands parcs où les chiens peuvent courir en semi-liberté. Une immense grange aménagée avec matelas, chauffage, boxes individuels pour les timides ou les grognards, où espace, chaleur, liberté, douceur de vivre sont prioritaires.

Quant aux chats ils bénéficient de la plus belle pièce de la maison avec cheminée Louis XIII et chatière va-et-vient coupée dans un des carreaux de la fenêtre qui leur permet d'aller se promener dans un immense espace clos parsemé d'arbres, de niches accrochées de-ci, de-là dans les feuillages mis à leur disposition, de se faire dorer au soleil, de creuser la terre et de se purger à leur guise. Bien sûr, ça n'est pas comme à la maison mais ça y ressemble et c'est ce que je voulais.

Depuis, nos structures se sont agrandies, nous recevons des chevaux, des poneys, des ânes, des vaches, des chèvres et des moutons, tous sauvés des abattoirs ou confiés par les tribunaux à la suite de mauvais traitements infligés par des maîtres indignes. Beaucoup de ces pauvres bêtes, usées par la maladie ou les coups reçus, finissent trop rapidement leurs jours, mais nous avons quand même le bonheur de leur avoir donné une fin de vie heureuse, un petit moment de douceur dans l'amertume de leur existence.

Ça n'est pas facile !

Il y a des moments douloureux où l'euthanasie est indispensable !

Je retarde toujours l'échéance mais je suis obligée parfois d'y avoir recours devant des souffrances insoutenables et sans issue. Dans ces moments je me culpabilise. Et pourtant il le faut. Parfois je n'en dors pas pendant plusieurs nuits, pensant et repensant à ce que j'aurais pu entreprendre, mais les faits sont là, implacables !

Je ne suis pas Dieu, hélas !

Et alors je me mets à haïr, à détester tous ces humains ignobles qui se déchargent de leurs déchéances sur de pauvres animaux, sur des créatures adorables qui subissent les pires sévices sans une plainte, sans une revendication, qui continuent d'être fidèles, attachées, aimantes sous les coups, les injures, les abandons et autres traumatismes, parfois irrémédiables, que leur infligent les hommes.

Comme je déteste l'humanité, ses pompes et ses œuvres.

Comme je les déteste ! Car je les vois quotidiennement à l'œuvre !

C'est un procès que je leur porte, un procès à vie, un procès pour la vie de ceux qu'ils abandonnent, un procès pour lequel je plaide une culpabilité sans circonstances atténuantes, un procès vital pour lequel je demande une condamnation rigide, sans appel, une condamnation douloureuse, la loi du Talion.

Mais je rêve ! Personne ne comprendra ce que j'essaye d'expliquer.

L'animal continuera d'être un objet de douleurs pour tout un chacun, et tout le monde s'en tirera sans aucun problème ! Sinon une mauvaise conscience, un remords qui parfois empoisonnera la vie. C'est ce que je souhaite aux dégueulasses. Et Dieu sait s'ils sont nombreux ! Ils se reconnaîtront en lisant ces lignes.

Parfois un miracle peut s'accomplir, c'est ce que j'espère !

Domina me regardait avec ses grands yeux d'ambre sauvage.

Je la portai à La Garrigue afin de ne pas lui faire subir un changement de vie. Bien sûr, elle ne pouvait plus courir derrière la voiture comme les autres mais, assise près de moi sur le siège du passager, elle était attentive à tout et profitait pleinement de la promenade. Lorsque nous allions sur la plage, je la prenais contre mon cœur et la déposais sur le sable. Là, elle pouvait encore se traîner sur quelques mètres, aboyant à tout rompre après les importuns, ses copains, qui avaient l'audace de se mettre trop près de moi.

Je l'aimais, elle m'aimait !

Et puis, le 11 mai, je dus partir pour Paris.

C'était extrêmement important.

D'abord un rendez-vous avec Pasqua au Grand Hall de la Villette où la Fondation présentait un stand d'information. Puis l'envoi par la Fondation de deux tonnes de boîtes pour animaux par l'intermédiaire d'Harmonie Internationale à Sarajevo, plus des centaines de boîtes de lait en poudre pour les enfants. Enfin la réception à Orly d'une panthère rapatriée de La Réunion où elle servait d'attraction aux clients d'un restaurant asiatique, enfermée dans une cage et dégriffée ! Elle sera transférée, sous la responsabilité de la Fondation, au refuge de l'Arche, à Château-Gontier, chez Christian Huchédé.

Je ne pouvais absolument pas être absente de toutes ces manifestations vitales pour ma Fondation.

C'est le cœur brisé que je confiai Domina, confinée dans son panier auprès de mon lit, à ma femme de ménage, la désormais célèbre « Souris ». J'en avais pour deux jours. Elle devait dormir dans mon lit, me remplacer cœur et âme, et recevrait en échange une somme rondelette qui lui permettrait de se faire opérer toutes les parties de son corps qu'elle jugeait imparfaites.

552

Le 13 mai je revins.

Sur le chemin je croisai La Souris qui me dit, sans état d'âme, que Domina était mourante. Pourtant je l'avais appelée trois fois par jour, tout était normal jusqu'à ce matin. Je me précipitai et ne vis qu'un petit tas sans réaction. Vite la vétérinaire, vite, vite. Mais Domina ne réagissait plus.

J'ai encore ce jour-là en mémoire, ce retour, ce désespoir.

Le soleil donnait à plein dans ma chambre sur le panier où Domina, tel un chiffon, n'était plus que ce petit bout de rien du tout, déjà lointaine, partie ailleurs. Plus tard, alors que la nuit tombait, elle eut un spasme très long, un gémissement, une plainte puis un hoquet, puis plus rien.

Elle était morte !

J'étais partie me battre pour les animaux, laissant chez moi ma petite chienne privée de ma présence et qui en mourut.

Je ne me le pardonnerai jamais !

Après le drame, je fus obligée de me séparer de cette « Souris » qui n'était pas digne de ma confiance, ni de rien du reste. Je me souviens de ses larmes de crocodile, probablement dues à un trop-plein de silicone. Je rappelai Nicole qui, après six mois de bougonnerie, fut extrêmement heureuse de revenir dans cette maison qui était un peu la sienne.

Hélas ! le pire était fait.

Domina était morte et rien ni personne ne la ferait revivre !

Mais les autres avaient besoin d'une protection que seuls Nicole et Adrien pouvaient leur donner.

Comme un malheur n'arrive jamais seul, ce lundi de Pentecôte aurait lieu encore une fois l'inacceptable sacrifice rituel musulman de l'Aïd-el-Kébir.

D'année en année, ces orgies sanglantes s'imposaient avec plus d'insolence, bravant les lois françaises, s'infiltrant sournoisement. Je fis éclater ma révolte dans un article que j'écrivis d'une traite et dans lequel je disais ma colère, mon écœurement. Je l'envoyai à tous les journaux et aux agences de presse françaises et étrangères.

Ce fut un raz de marée, un scandale !

Je reçus des milliers de lettres de soutien, on me remercia de dire tout haut ce que tout le monde pensait tout bas. J'étonnais, par mes menaces et ma révolte, les recteurs de mosquées.

Tout cela fit grand bruit mais rien ne changea.

J'avais dénoncé au public une chose qu'il ignorait, je reproduis cet article dans son intégralité et vous en laisse juge.

LA FRANCE EST DEVENUE LA FILLE AÎNÉE DE LA RELIGION MUSULMANE.

Le sang des moutons a inondé lundi la terre de France. Des milliers et des milliers de moutons ont été sacrifiés n'importe où, n'importe comment en ce lundi de Pentecôte qui fut, jadis, une fête catholique détrônée aujourd'hui par l'Aïd-el-Kébir puisque la France est devenue « la fille aînée de la religion musulmane. »

Nous sommes envahis, dépassés, révoltés, scandalisés par cette coutume barbare venue de la nuit des temps, par ces sacrifices rituels et inhumains dont les victimes sont les plus douces, les plus inoffensives, les plus traumatisées et les plus affolées des bêtes : les moutons.

Le sacrificateur n'est pas toujours un professionnel. Pour ces animaux c'est l'épouvante à l'état pur. La bête, consciente jusqu'à ce que la dernière goutte de sang ait quitté son corps, subit un martyre inadmissible à notre époque dite « civilisée ». Il y a des geysers, des cascades, des cataractes, des flots de sang qui souillent hommes et bêtes, unis dans un rituel de cris, de bousculades, de prières, de terreur, de gémissements, de mort.

Voilà ce que la France s'abaisse à admettre, à encourager, à favoriser. C'est inadmissible ! J'aimerais savoir les réactions qu'auraient les pays musulmans si, lors d'une de leurs fêtes religieuses, nous bousculions les traditions en imposant nos processions catholiques. A propos, je n'ai entendu l'opinion d'aucun de nos grands ecclésiastiques si friands des médias ! Ni du reste, celle de ceux qui n'osent pas dire tout haut ce qu'ils pensent tout bas. On ferme les yeux, on se bouche les oreilles, mais on écrit en masse à Brigitte Bardot pour qu'elle « fasse quelque chose ».

Les Français ne réagissent plus.

Ils sont devenus eux-mêmes des moutons qui se font saigner différemment, mais saigner tout de même, en se soumettant.

Je respecte toutes les religions et je n'ai rien contre les gens qui font ce qu'ils veulent chez eux. Mais je m'élève vigoureusement contre une coutume étrangère qui s'impose avec une telle force dans mon pays. La plupart des pays de la C.E.E. ont refusé les abattages rituels, sauf la France.

Résultat : on vient de construire près de Marseille un des plus grands abattoirs rituels du monde. De là seront distribuées les carcasses à nos voisins.

Une loi française entrée en vigueur le 1ᵉʳ janvier 1993 interdit d'abattre rituellement les moutons au détour d'un chemin, au croisement d'une route, dans une baignoire d'H.L.M. ou dans le pré voisin. Pour essayer d'endiguer ces abattages clandestins et réprouvés, des abattoirs ont été ouverts spécialement ce lundi de Pentecôte, afin d'éviter aux âmes sensibles le spectacle choquant de ces pratiques archaïques. Mais ce n'est pas suffisant.

A Aix-en-Provence, par exemple, les vieux abattoirs, fermés pour raisons de vétusté et d'insalubrité, ont été rouverts à l'occasion, à la suite d'une dérogation (!) donnée par le préfet, approuvée par le maire et acceptée par la Direction des Services Vétérinaires.

A quoi servent donc les lois si des dérogations sont données à tort et à travers pour les enfreindre?

C'est tout simplement scandaleux!

Je vais écrire au Pape Jean-Paul II pour lui rappeler, avec indignation, ce qui s'est passé en France en ce lundi de Pentecôte. Se souviendra-t-il qu'avant cette décadence spirituelle et morale, l'agneau Pascal était symbole de paix, de bonté et d'innocence?

BRIGITTE BARDOT

*
* *

Dans mon abondant courrier, m'arriva une bien étrange lettre qui venait d'une cousine de maman, Nadine Mucel, dont j'avais vaguement entendu parler sans la connaître. Cette femme m'écrivait de l'hôpital de Cannes où elle avait été admise d'urgence, m'implorant de ne pas la laisser mourir seule, abandonnée. Je l'appelai immédiatement et parlai longuement avec elle, la rassurant, la calmant, lui promettant de m'occuper d'elle, désormais elle n'était plus seule.

J'appris qu'elle vivait à Cannes, qu'elle avait l'âge qu'aurait eu maman – 81 ans – que son père et le Boum, mon grand-père adoré, étaient frères, que nos liens de parenté étaient étroits. Puis je m'inquiétai de sa santé et demandai à parler au médecin responsable. Je fus rassurée d'apprendre que son hospitalisation n'était due qu'à une insuffisance respiratoire passagère, sans gravité excessive. Mais mon intervention téléphonique bouleversa l'hôpital et Nadine devint une vedette, vous pensez : « La cousine de Brigitte Bardot! ».

Du coup elle alla beaucoup mieux et put rentrer chez elle.

Depuis, je l'appelle tous les jours à 11 heures 30 du matin et continue de lui téléphoner même lorsque je suis en voyage.

C'est une adorable coquine, coquette comme pas deux, qui aime se faire plaindre. Elle est devenue ma petite mère, remplaçant toutes celles que je n'ai plus. Je la vois peu, mais l'entends quotidiennement.

C'est mignon!

L'été avait commencé dans la chaleur.

Comme les autres années, j'en souffrais mais repoussais un départ pour Bazoches qui mettait Bernard en rage. Il ne comprenait pas que je puisse fuir les moments les plus merveilleux que La Madrague nous offrait, et les horreurs que les touristes déchaînés nous faisaient subir,

555

prenant en otage mon ponton, ma plage, pour lesquels je payais chaque année des redevances importantes aux impôts !

Je restai donc à Saint-Tropez où Yvonne vint me rejoindre une fois de plus, une dernière fois avec Wendy. Elle était heureuse, profitait de tout, se baignait jusqu'aux épaules, regardait les arbres, les oiseaux, les mouettes rieuses qui s'ébattaient autour des bateaux ancrés dans la Baie des Canoubiers. Nous leur lancions du pain sec et elles venaient jusqu'à nos pieds en criant leur joie et leur liberté. Nicole ma guitariste vint nous rejoindre, Mylène n'était pas loin. La famille regroupée vécut en ce début d'été une sorte de mieux-être qui parfois précède la fin.

Tout se désintégra subitement le 19 juin, alors que nous étions à table à La Garrigue avec la jeune fille qui s'occupait de la Fondation à Saint-Tropez. Nous entendîmes des hurlements de chiens dans l'enclos des moutons et des chèvres.

Je me précipitai. Mais trop tard.

« Toupie », ma petite brebis, compagne de Cadet, gisait égorgée au milieu de l'enclos alors que tous les autres animaux, Duchesse ma jument, Mimosa ma petite ânesse, les chèvres et Ficelle ma ponette, faisaient front contre une horde de chiens inconnus arrivés par la plage, ivres de sang et de massacre qui s'étaient introduits chez moi par des trous faits par les sangliers.

Je hurlai : « Vite le vétérinaire vite, vite ! »

Mais Toupie perdait son sang en abondance, la carotide ouverte. Nous ne pûmes rien faire. J'étais là, inutile, devant une mort atroce, voyant ma brebis remuer ses pattes comme un appel au secours alors que je me battais contre tous les massacres de moutons que l'Aïd-el-Kébir fait subir annuellement dans les circonstances que l'on sait à des millions de moutons.

J'appelai la police.

Aussi inutile que ma vétérinaire !

Les chiens, trois Huskies et un Berger allemand, appartenaient à une femme qui les promenait sur le chemin de la plage. Je n'allais certes pas les condamner. Ma brebis mourut mais les chiens ne subirent aucun sévice de ma part. Je restai un peu héberluée par tout ça, extrêmement traumatisée.

Cadet se retrouva veuf de sa Toupie. Il avait le cœur solide, mais sa sensibilité affective lui donna le rejet de tout. Avant de partir je fis venir de La Môle une petite brebis et sa fille : « Capucine » et « Eglantine ». Elles ne vécurent pas très longtemps. Eglantine la petite fille fut, elle aussi, égorgée par des chiens de passage. Capucine ne put lui survivre.

Mais cela est une autre histoire.

A bout, je décidai de partir pour Bazoches.

Mylène et Frank m'accompagnèrent dans le petit avion privé. Bernard resta sur place. Nous aurions dû fêter joyeusement notre première année de vie commune. Mais hélas ! cette vie n'avait de « commune » que le fait que nous partagions la même demeure, lui au rez-de-chaussée, moi au premier étage. Mon départ pour Bazoches ne changea rien à sa manière de vivre, il avait enfin la paix ! Aucun chien ne viendrait troubler ses grasses matinées et, lorsque vers midi il ouvrait enfin un œil, il plongeait directo dans la mer, à poil, sans que personne, sauf les touristes du coin, n'y trouvent à redire. Il se faisait ensuite bronzer, enduit de crèmes et d'huiles tahitiennes fleurant bon le tiaré, soucieux de ne pas avoir de marques indélicatement blanches qui eussent pu troubler le hâle parfait de son corps.

Certains hommes sont vraiment des geishas qui s'ignorent !

Pendant ce temps j'essayais de reprendre mes marques à Bazoches.

Bernard ou pas, je me retrouvais encore seule avec Mylène et Yvonne. Il faisait dramatiquement chaud. Nous avions un mal fou à survivre malgré les ventilateurs, les volets fermés. Le soleil desséchait, brûlait, épuisait plantes et bêtes jusqu'au moment béni où, enfin, il disparaissait derrière les arbres de la forêt. Alors, avec Mylène, nous allions promener les chiens autour de la pièce d'eau asséchée qui trônait au centre du pré des moutons.

Or, ce jour-là, je fus piquée au doigt par une petite bête noire. Je n'y attachai aucune importance malgré la douleur ressentie. Mes doigts commencèrent à gonfler et j'eus juste le temps d'enlever mes bagues avant qu'ils ne prennent des allures de saucisses de Francfort. Vers 23 heures il fallut appeler S.O.S. Médecin, mon bras n'était qu'un énorme bâton rouge, gonflé jusqu'à l'épaule, je souffrais le martyre.

On voulut m'hospitaliser mais je refusai.

On me fit des piqûres de cortisone à haute dose, craignant que l'œdème n'atteigne la gorge et m'étouffe. A bout de souffle, j'appelai La Madrague et finis par avoir Bernard, lui disant que la vie était fragile, que j'avais peur de mourir, qu'il devrait venir au plus vite, que j'avais besoin de lui. Il me répondit que nous les femmes exagérions le plus petit bobo, que je n'avais certes rien de grave, mais me servais de cette piqûre de moustique pour lui faire un chantage à sa présence.

Je raccrochai, le cœur en lambeaux.

Cette grave allergie, due à on ne sait toujours pas quel insecte des marais extrêmement venimeux, dura une semaine. Mon bras droit était paralysé, je me débrouillais avec le gauche.

Puis Bernard arriva dans ma Range-Rover, impeccable, élégant, chaussures bien cirées et cheveux coupés. Il détonnait quelque peu, fut

pris de panique dès que les chiens lui sautèrent dessus pour faire la fête !
Aïe son pantalon !

L'ambiance, si bon enfant jusqu'à son arrivée, se dégrada subitement.
Ma gardienne n'était qu'une bonne à rien, une connasse sans scrupule.
Yvonne, une emmerdeuse qui faisait chier le monde avec son cancer,
quant à Mylène c'était une petite arriviste qui se servait de moi pour
grimper dans la vie.

Alors ce fut la guerre !

Je défendais bec et ongles celles qui m'avaient prouvé depuis des
années leur fidélité, leur amour, leur amitié. Il y eut des scènes, des
bagarres, des pleurs, des gémissements, puis un soir un pugilat où la
vaisselle vola et où Bernadette, ma gardienne, fut blessée à la jambe, où
Yvonne reçut sur la tête les pincettes de la cheminée et où je me retrouvai la tête brisée sur les carreaux de la cuisine, une oreille décollée, mon
pull arraché, du sang partout.

Puis ce fut la rupture.

Et la vie reprit, si je puis dire...

Il se mit à pleuvoir et je sombrais dans une immense dépression.

Qu'avais-je fait au Bon Dieu pour en arriver là ?

Moi je ne demandais rien qu'un peu de tendresse, de gentillesse, de
compréhension, à un être qui n'avait que ça à faire de sa vie. Les jours
qui suivirent furent des jours de détresse, des jours noirs, tristes, des
jours de deuil. J'envisageais sérieusement, en secret, de mettre un terme
à tout ça. Les minutes et les heures des journées n'en finissaient plus de
me labourer le corps et l'âme.

Pourquoi vivre à tout prix si la vie n'a plus aucun intérêt ?

Si l'existence est une épreuve insupportable ? Si plus rien, aucune
lueur d'aucun espoir ne brille à l'horizon ? J'avais donné toute ma vitalité, j'avais reçu tant d'épreuves que j'avais assumées avec plus ou
moins de courage, j'étais grignotée, usée, foutue, épuisée, à bout.
Alors ?

Alors, Yvonne faisait de la tapisserie au point de croix, Mylène regardait la T.V. et Bernadette mijotait de bons petits plats. Les chiens, les
chats, l'œil inquiet, suivaient mes moindres faits et gestes. La vie était
là, que je le veuille ou non, avec ou sans Bernard, immuablement tout
restait en attente.

Au fil des jours qui passaient, je voyais les yeux d'Yvonne, ceux de
Mylène et Bernadette clignoter, briller, s'envoyer des messages secrets
qui me passaient au-dessus de la tête.

Qu'avaient-elles donc avec leurs minauderies ?

Cela commença à m'énerver. Puis, dans un fou rire, elles m'annoncèrent que les Gipsy Kings seraient là le 23 juillet, jour de la Sainte-

Brigitte, qu'une grande soirée aurait lieu chez Coville, mon ami « antiquaire-restaurateur » et que j'avais intérêt à y être car tout le monde m'attendait. Du reste, Yvonne m'avait fait faire une jupe gitane à volants.

Et puis Frank arriva avec son ami Patrick et du champagne !

Alors la joie de vivre m'emporta dans un tourbillon de guitares.

Ce fut une soirée inoubliable où je retrouvais Mijanou et Camille, Dany Robin, que je n'avais plus revue depuis quarante ans, le sculpteur et dessinateur Aslan, qui m'avait immortalisée en Marianne, le chanteur Danyel Gérard et son chapeau, des amis perdus de vue depuis si longtemps, tels Philippe d'Exéa et Allain Bougrain Dubourg.

Pieds nus, je faisais tourbillonner ma minijupe, dansant telle une réelle gitane au son enivrant des guitares féériques de mes amis les Gipsy Kings, de Chico leur manager, leur tête et leur cœur.

Oubliés mes tristesses, mes deuils et mes désespoirs, mes chagrins, oubliés Bernard et les autres, je vivais pleinement, intensément cette soirée, ma soirée, merveilleux cadeau surprise que je devais à Yvonne.

Parfois le temps devrait s'arrêter car les lendemains sont souvent porteurs de désillusions. Cette fête donna lieu à quatre pages dans *Paris-Match* et... Bernard revint dare-dare !

Puisque Bernard était là, je demandai à Frank et à Liliane de m'emmener visiter La Mare Auzou. Je ne l'avais jamais revue depuis que les travaux avaient été faits, ni surtout depuis que plein de chiens et chats y habitaient. Je fus agréablement surprise.

Les animaux s'ébattaient dans d'immenses parcs remplis d'herbe et d'arbres qui dispensaient une ombre bienfaisante par cette chaleur ! Les chats ne bénéficiaient pas encore de l'espace prévu alors, car les clôtures n'étaient pas terminées, mais ils étaient confortablement installés dans la pièce la plus fraîche et la plus spacieuse de la maison. J'allais visiter l'intérieur des chenils, reniflée par une multitude de toutous qui reconnaissaient des odeurs familières et ne me quittaient pas d'une semelle.

Et là, je fis la rencontre qui bouleversa ma vie.

Une petite chienne Setter, toute fine, toute douce, toute blanche avec une tache noire sur l'œil, terrorisée par tout ce bruit, s'était réfugiée au plus profond d'une niche. Elle semblait venir d'un autre monde, si différente des autres, si seule, si effrayée. On m'avertit qu'elle était assez âgée, à moitié sourde mais extrêmement fragile, vulnérable. Elle venait des Mureaux et avait passé sa vie dans ce refuge-mouroir, ce qui l'avait marquée à jamais.

Elle s'appelait « Ophélie » et je l'adoptai immédiatement.

J'ai aimé Ophélie d'un amour insensé pendant les quelques années qu'elle survécut auprès de moi. Elle était à la fois Nini, Mouche et

Milou-Mienne. Elle fut un ange de sagesse et de douceur. Je lui ai donné tout ce qui lui avait cruellement manqué toute sa vie. Cette chienne fut mon ombre, ma récompense, mon enfant. Toujours un peu en retrait, elle s'adapta fort bien à sa nouvelle vie, recherchant plus ma compagnie que celle des autres chiens. Avec un petit air étonné de ce qui lui arrivait, elle apprit les promenades, la liberté, les reniflages d'odeurs inconnues et nouvelles.

Elle était belle, resta éternellement jeune, on la prenait pour une adolescente, et fit mon bonheur pendant quatre ans.

Il y eut de charmantes soirées éclairées par les lampes à pétrole où, au milieu du dîner, voyant un chat passer avec une souris dans la gueule, je courais derrière comme une folle, attrapant si je pouvais le chat par la queue, libérant ainsi la souris qui, en pleine nuit, restait prostrée sur place. Alors je la prenais dans mes mains, sentant son petit cœur éclater dans sa poitrine, et la mettais en lieu sûr. Puis j'y retournais quelques heures plus tard et, ne voyant plus rien, j'espérais qu'elle s'était cachée, enfouie, mise à l'abri.

Tout le monde riait, me traitant de gamine, mais j'étais fière de mon sauvetage. Gamine je le resterai toute ma vie, je refuse le statut d'adulte même si parfois je dois « avoir l'air » mais je garderai éternellement ce cœur d'enfant qui me permet de voir la vie avec une naïveté et une sensibilité que n'ont plus les autres.

Du reste je suis différente.

Ni mieux, ni moins bien mais autrement.

Si difficile à cerner, à comprendre que parfois je m'y perds moi-même. Rien ne m'intéresse de ce qui passionne les femmes en général. Je fuis les cancans, les potins, je me fous des modes, des coiffeurs, des bijoux, du paraître. Je n'aime que la nature, les livres, les odeurs et les senteurs, que la musique classique. J'ai passé ma vie à rechercher une vérité, une intégrité que, bien sûr, je n'ai pas trouvées mais que j'ai frôlées parfois. Que je porte en moi mais que j'ai du mal à partager. Je ne suis pas parfaite, loin de là, et tant mieux car rien ne doit être plus emmerdant que la perfection ! Quel ennui !

Mais j'ai un besoin viscéral de sublimer les êtres et les choses.

D'où ma déception chronique de tout.

C'est surtout la mesquinerie, la médiocrité, la vulgarité et la méchanceté qui me révoltent le plus. Alors là je suis servie ! Je les fuis comme la peste et pourtant elles me cernent ! Pas seulement moi, hélas ! mais elles sont devenues le gratin de notre société minable qui les met en exergue, oubliant les valeurs rares de ceux qui doivent, au nom de ce sacro-saint règne de la connerie, se mettre en veilleuse avec leur intelligence, leur savoir, leur brio et leurs facultés !

Mon Dieu comme nous sommes tirés vers le bas alors que nous devrions tendre vers les plus hauts sommets... Puisque nous devons nous uniformiser, il est plus facile d'être des cons que des génies.

Et vive le socialisme !

*
* *

Même au mois d'août, il se passait de bien tristes choses au Parc Astérix. Deux dauphins, captifs et tellement loin de leur condition naturelle, épuisés par le travail qu'on leur imposait, étaient morts !

J'étais folle de rage contre ce Parc Astérix qui incarcérait dans d'ignobles conditions ces animaux merveilleux que sont les dauphins, avec pour seul but, l'argent que leur rapportait un spectacle, hors nature, un cirque aquatique dans une eau de mer reconstituée chimiquement, dans un climat totalement différent du leur, jusqu'à ce que mort s'ensuive.

Ah ! Les salauds ils allaient m'entendre !

Et ils m'entendirent.

Malgré mon horreur de la T.V. en direct, ma peur panique, mon trac et tout ce qui s'ensuit, j'intervins le 25 août aux infos de *TF1*, *France 2*, *France 3*, *M6* et sur toutes les radios qui m'interviewèrent, je dénonçai les conditions de détention abominables des dauphins dans tous les Marinelands de France et de Navarre. Ces spectacles de mort sont à boycotter... Mais les gens sont comme je l'ai dit précédemment... hélas ! l'élite qui pourrait comprendre est en minorité.

Pour tout arranger, j'appris le 31 août la mort de mon vieux bouc « Bouquin » qui s'était éteint à La Garrigue ! Encore une mort inattendue qui avait profité de mon absence pour frapper, sans que je puisse réagir, un vieil animal fidèle, gentil comme un chien, qui me léchait le nez et les mains, me suivait pas à pas et répondait à son nom dès que je l'appelais.

Mais la mort était partout, elle me collait à la peau, entaillant mon cœur de sa faux inexorable, mettant ses pas dans les miens, chaussant mes empreintes, m'épuisant de sa présence redoutable. Elle m'effrayait ! Je passais ma vie à la combattre et je perdais à tous les coups.

Avec Yvonne aussi je me battais contre elle, j'y mettais ma force, elle aussi.

Selon les jours, elle avait le moral ou bien dégringolait dans un gouffre sans fond duquel j'avais un mal fou à la sortir. Pourtant elle fit preuve jusqu'au bout d'un courage exemplaire, ne réagissant pas lorsque Bernard la traitait de « gros tas cancéreux ». Elle eut l'intelligence de ne pas y attacher d'importance. Et pourtant !

561

Aurais-je pu avoir la même attitude dans le même cas ?

Elle se taisait pour moi, par gentillesse.

Ma gardienne qui m'aimait beaucoup resta à mon service malgré les remarques déplaisantes auxquelles elle eut droit, elle aussi !

Pourtant Bernard avait des côtés merveilleux, des idées enfantines et naïves, un besoin fou de vérité, de fidélité. Il aimait m'offrir des petits bouquets de fleurs séchées, des chocolats ou des pots de confiture, il arrivait parfois les bras chargés de fleurs qu'il arrangeait avec beaucoup de goût dans des vases anciens. Il refit une décoration ravissante, accrochant les cadres et les tableaux d'une manière nouvelle qui les mit en valeur. Il arrangca les éclairages, les livres de la bibliothèque, mettant des petites photos encadrées un peu partout, le tout parsemé de bouquets romantiques fleurant bon le santal. La maison prit des allures de « chaumière-décoration pour magazine de mode ».

J'étais éblouie et aux anges.

Parfois nous faisions des changements pendant des nuits entières, tout heureux de cette liberté, de ces nouveautés, il n'allait se coucher que lorsque tout était en place, nettoyé, impeccable, alors que je m'effondrais épuisée bien avant lui. C'étaient nos moments miracles !

Mais dès qu'une tierce personne pointait son nez, il redevenait odieux, insultant, insupportable.

Chacun de nous cache des travers, des défauts qui ne ressortent qu'à l'occasion d'épreuves, de conflits, certains disent « tout à trac » ce qu'ils pensent des autres, sans indulgence, sans ménagement avec insolence et défi.

Mon Dieu comme c'est dur d'y comprendre quelque chose.

Le 14 septembre, j'eus un rendez-vous avec Michel Barnier, alors ministre de l'Environnement.

Je voulais lui faire comprendre l'ineptie, la stupidité, l'inhumanité de l'importation d'animaux exotiques, de ces pauvres boas, mygales, iguanes et autres scorpions que les pompiers allaient souvent récupérer dans les égouts, les ocelots ou guépards que l'on retrouvait dans des escaliers d'immeubles, semant une panique qui obligeait parfois à les tuer alors que ces pauvres bêtes, encore plus affolées que nous, n'essayaient que de rejoindre un environnement plus adapté à leurs conditions de vie.

Puis il y avait la chasse à courre, immonde et hypocrite mondanité qui n'avait pour but que de donner à l'un de ces épouvantables et monstrueux invités l'honneur de « servir » le cerf épuisé en lui enfonçant un poignard dans le cœur.

Je voulais aussi lui parler de cette loi Verdeille qui oblige les propriétaires à ouvrir leur propriété aux chasseurs qui traquent un gibier, même s'ils sont des opposants farouches à la chasse et veulent protéger tous les animaux qui se réfugient chez eux.

J'étais remontée, je voulais le convaincre.

Mais j'eus en face de moi un montagnard obtus, obsédé par ses problèmes de montagne, ses Jeux olympiques, ses photos avec des hommes et des femmes célèbres, sa famille, ses enfants.

Mais nom d'une pipe, il était ministre de l'Environnement et devait agir en tant que tel !

J'eus la surprise de l'entendre dire que mes demandes étaient « suicidaires » et qu'il n'envisageait pas de mettre fin à son mandat en s'investissant dans de tels problèmes. Je lui jetai à la gueule qu'il était payé par les contribuables pour prendre des décisions et des risques, et que Jacques Chirac, mon ami Maire de Paris, m'avait assuré de son soutien, ce à quoi il répondit en ricanant et en prenant ses conseillers à témoin que Monsieur Chirac ne représentait rien pour lui et qu'il ne lui accordait aucun pouvoir (*sic*). Je répétai du reste ces propos à Jacques Chirac quelque temps plus tard...

Je sortis de là dans un état de révolte proche de l'apoplexie.

Mais qu'est-ce que c'était que ce ministre qui se permettait de traiter Chirac avec tant de mépris ?

Mais à quoi bon tous ces ministres ?

A quoi servent-ils ?

A nous pomper l'air et l'argent que nos impôts leur dispensent avec largesse. Ils sont imbus d'eux-mêmes, de leurs titres, des génuflexions que certains leur font afin d'obtenir, en magouillant, tel ou tel privilège. Tout ce milieu politiquement correct est un bouillon de culture de saloperie inimaginable.

Tous des pourris ! Je le dis bien haut et fort.

M'attaque qui voudra, je n'ai jamais eu peur de mes opinions.

En attendant, je n'avançais guère malgré ma détermination.

En ai-je mis de l'obstination, de la volonté, du courage, de la vitalité au service de ma cause. En ai-je subi des refus, des ricanements, des fins de non-recevoir. Tant et tant que parfois et toujours une lamentable détresse, une lassitude profonde m'envahissent. Mais décidée à aller jusqu'au bout, je rassemblais chaque fois ce que je croyais être mes dernières forces et fonçais encore dans le lard.

C'est ce qui arriva le 21 septembre.

Et pourtant j'avais chopé une grippe épouvantable.

J'avais le nez rouge, les yeux larmoyants, et une toux récalcitrante me déchirait les poumons. Malgré tout, je quittai Bazoches, mes chiens, mes chats, Yvonne et Bernard pour rejoindre en avion privé, à une heure extrêmement matinale, Bruxelles où m'attendait le Prince Sadruddin

Aga Khan pour une conférence de presse où nous devions présenter « le Comité européen pour l'Amélioration du Transport des Animaux de Boucherie ». C'était d'une extrême importance, d'autant que cette coalition était composée d'associations européennes de protection animale et que nous y jouions une carte déterminante pour l'avenir.

Même si je dormais debout et si la grippe implacable m'enlevait certaines de mes facultés, à commencer par ma voix, si rauque qu'elle en était à peine audible, nous essayâmes avec le Prince Sadruddin de faire comprendre, à cette presse internationale mais néanmoins hermétique, à quel point certaines horreurs perpétuées sur les animaux étaient en contradiction avec les lois en vigueur si mal appliquées, si oubliées, laissant les animaux de consommation dans des détresses, des douleurs inacceptables avant d'arriver aux abattoirs dans des états de détérioration physique épouvantables.

Je me souviens de cette conférence de presse où, sur un écran derrière nous, face aux journalistes, passaient des images à fendre le cœur et l'âme ! Je me souviens des questions stupides de ceux qui, venant de visionner ce que l'enfer peut avoir de plus terrifiant, parlaient de ces conditions abominables comme s'il s'agissait de l'achat d'une paire de chaussures.

Les larmes me venaient. On pensa que c'était la grippe !

Mais non c'était ma révolte, mon écœurement, ma douleur impossible à partager. Mon impuissance encore !

Avec Sadruddin, plus tard, je me laissai aller à une telle crise de désespoir qu'il eut du mal à me réconforter. Lui-même n'en menait pas large. Nous étions horrifiés par l'indifférence humaine à une souffrance qui eût pu être évitée.

Mais pourquoi devions-nous nous battre contre l'évidence même ?

Que pouvait donc apporter de plus à l'humanité cette souffrance insupportable que subissaient les animaux destinés à l'abattoir ? Bien sûr ils étaient condamnés à mourir, mais à quoi bon les faire tant souffrir avant cette mort inexorable ?

Ah ! Mon Dieu ! Quelle horreur !

Pendant que j'y étais, je dénonçais à tous ces imbéciles l'abominable course de chevaux de Saint-Eloïs Winkel qui met en compétition tous les vieux chevaux destinés aux abattoirs, sur un parcours glissant, extrêmement dangereux où 90 % des pauvres bêtes se cassent les pattes, tombent, ne pouvant se relever même sous les coups mortels qui leur sont portés, et sont traînés sans ménagement à l'abattoir le plus proche sous les quolibets, les ricanements et les crachats d'une foule hystérique, qui n'en a que foutre de la douleur désespérée du pauvre animal considéré comme perdant, hué, n'étant déjà plus que de la viande dont les Belges sont si friands.

Je dus être assez convaincante malgré mon extinction de voix puisque le ministre belge de l'Intérieur interdit la course prévue le 5 octobre suivant.

Je repartis le cœur à l'envers de cet enfer que fut cette horrible journée. Je me mis au lit, épuisée, hantée par toutes ces images qui, se mélangeant à la fièvre, me donnèrent des hallucinations. Il me fallut des bons coups de pied dans le cul pour me sortir du lit, dans lequel je passai un triste anniversaire !

Eh oui ! J'eus 59 ans dans de bien tristes conditions.

Mais le lendemain de cette date si importante, le 29 septembre de cette lugubre année 1993, j'avais un rendez-vous important avec Jean Puech, le ministre de l'Agriculture. Ce type était tout ce que je déteste le plus au monde. Il me fallut pourtant lui parler des transports d'animaux de boucherie que j'avais essayé de dénoncer à Bruxelles, une semaine plus tôt, des élevages en batterie, honte de notre société actuelle, honte d'une agriculture en perdition puisque soumise à une compétition européenne inhumaine, antinaturelle, absolument inacceptable ! Ce qui le fit sourire, style grimace prétentieuse, me prenant pour une folle !

Lorsque je lui parlai des ventes d'animaux du quai de la Mégisserie, je crus qu'il allait s'étouffer d'ironie... Ah ! elle est bien bonne, celle-là ! Avais-je fini de lui faire perdre son temps ?

Il se leva, me faisant raccompagner par son huissier, sans que je puisse obtenir aucune réponse à mes questions.

En cette fin d'année 1993, comme d'habitude, je dus aller, sans Jacques Chirac cette fois, à la Fête du Monde animal à Vincennes, me donner en pâture à cette foule boulimique venue uniquement pour « voir » les personnalités présentes, se foutant des animaux comme d'une guigne !

Je me souviens être arrivée avec Bernard qui, avec Frank, François, Yvonne et Mylène devaient assurer ma sécurité ! Heureusement que Frank, François, Yvonne et Mylène étaient là car de Bernard il n'y eut point durant toute cette visite-bousculade ! Il est certain que dans ce genre de manifestation, on risque de vous marcher sur les pieds (Ah ! Les chaussures bien cirées !), on risque aussi de prendre quelques coups, d'avoir son blouson déchiré ! (Quelle horreur !) Il est normal qu'un homme digne de ce nom ne veuille pas assumer de tels préjudices !

Harcelés par une foule hurlante, ne pouvant attendre Bernard que nous fîmes appeler en vain par haut-parleur, notre voiture étant soulevée par des fans hystériques, nous dûmes repartir en catastrophe et sans lui.

500 animaux trouvèrent un maître ce week-end-là.

Si Bernard s'était fait adopter dans la foulée, ç'aurait été tant mieux pour lui...

Parfois un peu de lucidité ne peut nuire.

Malheureusement, ce 2 octobre 1993 au soir, je reçus un coup de fil de La Garrigue : ma petite chèvre « Mignonne » était morte, on ne savait pas de quoi ! Voilà la nouvelle que je reçus en rentrant, crevée, d'une journée difficile.

En pleurs, j'étais en pleurs.

Comprenne qui peut !

Je ne cherche pas à être comprise. Je dis, je raconte les événements qui jalonnent mon existence. Un point c'est tout.

XIV

C'est une triste chose de penser que la nature
parle et que le genre humain n'écoute pas.

Victor Hugo (1802-1885).

Depuis quelque temps déjà, il se passait des trucs bizarres à la Fondation. Il est vrai que je n'assumais pas quotidiennement mon travail de Présidente, laissant à Liliane Sujansky le soin de diriger et de gérer, avec toute ma confiance, cette Œuvre qui était le but de ma vie. Je peux donner mon nom, ma célébrité, ma fortune, ma Madrague, mon image de marque, mon insolence ou ma dévotion à une cause, sans pouvoir en être gestionnaire, directrice, responsable au jour le jour, allergique que je suis aux paperasses et autres bureaucraties depuis toujours.

Lors du dernier Conseil d'Administration, je sentis des réticences de la part des administrateurs. Les fonds étaient en baisse, nous allions à la catastrophe. Nous dépensions beaucoup trop par rapport à nos rentrées. La Mare Auzou avait entamé profondément un budget déjà bien précaire. Bientôt, les finances n'assumeraient pas les salaires, plus les cotisations sociales, les loyers et les charges.

En cette journée du 8 octobre 1993, j'étais à Bazoches, le nez dans des chiffres qui me sautaient aux yeux sans que j'arrive à les maîtriser, pendant que Bernard, profitant des derniers rayons de l'été indien, se faisait bronzer ce qu'il pouvait, où il pouvait.

Le téléphone sonna. Liliane Sujansky m'avertissait que les employés de la Fondation s'étaient mis en grève car on ne leur avait pas donné la prime de 1 500 francs espérée pour leur travail du week-end d'adoption à Vincennes. Je hurlai dans le téléphone que nous n'avions déjà plus de quoi les payer à la fin du mois, que c'était inimaginable d'exiger une prime qu'il nous était impossible de leur donner.

« Du reste qui a fixé une prime aussi importante ?

— C'est moi, répondit Liliane. D'ailleurs, je suis solidaire et les soutiens dans leur grève. »

Et qui menait ces revendications ? C'était... Frank !

Je crus m'évanouir.

Je partis sur-le-champ ! J'allais faire front à tous ces gens que j'aimais, en qui j'avais confiance, qui profitaient lâchement d'une situation difficile. J'allais me battre contre l'évidence de ma vie. J'avais pris sur moi des louis d'or donnés par maman.

Je me souviens de cette arrivée à ma Fondation, moi, seule, face à toute mon équipe. J'avais les larmes aux yeux, mais le ton dur et sans équivoque. Ils n'auraient aucune prime, nous n'avions plus d'argent, le peu qui restait étant pour les animaux ! Puis j'ouvris la porte, leur intimant l'ordre de partir s'ils n'étaient pas contents. J'avais le cœur qui battait à tout rompre, sachant que je jouais à cette minute l'avenir de ma Fondation.

Frank, face à moi, représentait les « syndicats à la mords-moi-le cul ! ».

La porte était ouverte pour lui aussi, malgré mon chagrin, la peine qu'il me faisait, mon désarroi, il pouvait partir. Liliane n'en menait pas large mais ne me soutint à aucun moment. Elle signa ainsi son acte de licenciement qui lui fut signifié quelques jours plus tard.

Devant ma détermination, mon mépris, mon écœurement, certains me rejoignirent, d'autres, dont Frank, allèrent s'isoler pour pleurer dans la cour. A ceux-là j'offris les louis d'or que maman m'avait laissés à sa mort. C'était ma manière à moi de leur donner une prime personnelle, indépendante de l'argent de la Fondation. Dominique Jacob eut du mal à l'accepter et d'autres sanglotèrent en me remerciant de ma générosité, de ma gentillesse.

Ils s'étaient retournés comme des crêpes.

Seule Liliane, à qui je ne donnai rien, me toisa de son mépris.

Elle vivait alors ses dernières heures de directrice.

Ce fut dur, extrêmement dur pour moi.

Bernard avait rencontré dans une réunion un homme que je connaissais déjà, bien en place dans le milieu de la protection animale : Stéphane Charpentier. Je ne sais comment ni pourquoi ils se prirent d'amitié l'un pour l'autre, toujours est-il qu'il vint à Bazoches, qu'en chœur ils me dirent tout le mal qu'ils pensaient de Liliane. Au même moment le trésorier du Conseil d'Administration m'annonça le déficit énorme de la Fondation, à tel point que je dus payer de ma poche le salaire de décembre d'un employé, Christophe Marie, afin d'éviter son licenciement économique.

Alors ce fut l'apocalypse !

La Fondation s'effondrait, il allait falloir la dissoudre.

Je croyais vivre le pire cauchemar de ma vie.

Dans mon désarroi total, une femme me tendit la main : Louisa Maurin.

Elle avait travaillé dur dans mes émissions *S.O.S.*, était une « public-relations » hors pair, connaissait tout le monde, avait la réputation et les reins solides, transformant tout ce qu'elle touchait en succès assuré. Dans un ultime Conseil d'Administration qui ne constata que les dégâts, elle et moi eûmes l'idée de faire passer un message de détresse signé de ma main dans les plus grands journaux pour Noël!

C'est ainsi que *Match*, *Télé 7 Jours*, *Marie-Claire*, *Elle* et bien d'autres nous donnèrent gratuitement un espace où j'appelais à l'aide. Les radios en parlèrent aussi, ce fut une chaîne de solidarité merveilleuse, les dons, les chèques arrivèrent par centaines à la Fondation. Les déficits furent comblés. Les employés purent être rémunérés, les animaux soignés et nourris.

Mais la direction changea. Liliane fut donc licenciée et Stéphane Charpentier prit sa place. Avec son nœud papillon et ses allures prétentieuses de « Monsieur-je-sais-tout », ce type ne me plaisait pas du tout. Il parlait beaucoup mais agissait peu. Quant à la gestion il l'ignorait totalement!

Louisa Maurin assura, pendant un certain temps, tout le côté économique et financier de la Fondation. Elle remettait, comme elle disait, « les pendules à l'heure ». Elle le fit bénévolement, avec beaucoup de charme et d'efficacité. Je me pris d'une immense amitié pour elle. Nous assurions à deux la survie de « notre bébé ». L'importance qu'elle prit dans ma vie, la complicité que j'eus avec elle déplurent à Bernard qui la descendit en flammes. Je dus m'en séparer afin d'éviter des scènes qui me laissaient dans un état de désespérance profonde. Je m'aperçois, en écrivant ces souvenirs, que Bernard m'a lentement mais sûrement éloignée de tous ceux que j'aimais, sur lesquels je m'appuyais.

Diviser pour mieux régner est une devise bien connue, hélas!

« La résignation est le suicide quotidien. »

Je commençais ainsi un lent suicide de résignation qui n'est pas encore arrivé à son terme mais qui, peu à peu, aura raison de moi.

*
* *

Ce mois de décembre 1993 ne fut pas seulement une dure épreuve pour la Fondation. Le pire fut une nouvelle opération de la gorge pour Yvonne.

Pourtant tout semblait aller cahin-caha!

Mais une boule, une de plus, s'installa quelque part dans son larynx et il fallut à nouveau l'opérer. Son courage faiblissait, elle n'en pouvait plus. C'était normal.

Encore cet Hôpital Américain que je ne supportais plus!

Encore ces douleurs qu'elle ne supportait plus.

Et la morphine, et la chimiothérapie et les rayons qui brûlent et la peur d'Yvonne, son chagrin, son désir fou de s'en sortir et son courage démesuré devant cet adversaire foudroyant qu'est le cancer.

C'est dans un couloir de cet Hôpital Américain que je présentai vraiment François Bagnaud, qui ne la quittait pas, à Bernard qui, lui, n'était là que pour m'accompagner. L'un et l'autre, partageant toujours ma vie, ils firent contre mauvaise fortune bon cœur. Mais c'est à travers moi qu'ils se supportent étant diamétralement opposés d'opinions, de caractères, d'idées et de conception de vie.

Yvonne s'en sortit une fois encore...

Ces répits de courte durée s'amenuisèrent d'année en année, et usèrent son organisme pourtant fort.

Et puisque tout arrive en même temps, ma jolie rue de La Tour, mon petit bijou de pied-à-terre, fut ravagée par des réparations, mal effectuées, de canalisations d'eau défectueuses. Le syndic, ne voulant pas payer un architecte, s'était embarqué dans des travaux qui avaient ébranlé les fondations fragiles datant de 1810, et le petit immeuble d'un étage se fissura de toutes parts manquant de s'effondrer.

Il fallut d'urgence soutenir les murs avec des palans de bois et de fer, jeter un pont de bois provisoire sur les excavations béantes qui mènent à l'entrée de mon appartement, vivre avec les carreaux fendus, les portes qui ne ferment plus, les volets cassés, les fissures qui s'agrandissent au point de laisser voir la pièce attenante, les plaques de plâtre qui tombent du plafond.

Depuis 1993, je vis toujours dans ce capharnaüm malgré tous les procès intentés... et perdus, ce qui est un comble ! Risquant ma vie à chacun de mes séjours à Paris, car les « témoins », posés depuis six ans, s'écartent régulièrement, rendant de plus en plus dangereux l'habitat d'un tel endroit. Mon joli jardin n'est plus qu'un bourbier, mes arbres sont morts, des tranchées le traversent de part en part.

C'est hallucinant !

Bien sûr, ça me fait de la peine, mais après tout ce ne sont que des dégâts matériels, insignifiants par rapport à ce que je côtoie chaque jour.

Il faut savoir faire la part des choses !

C'est pourtant dans ce bordel, dans ce chantier que je fis une des émissions T.V. les plus importantes de ma vie.

En ce début 1994, Jean-Pierre Foucault et Gérard Louvin insistèrent pour me rencontrer : ils voulaient absolument que je sois la vedette de leur *Sacrée Soirée* du 26 janvier. Louisa Maurin servit de trait d'union. Bien sûr je refusai. Bien sûr elle arriva à me convaincre, je ne parlerai que d'animaux, promis juré ! Mais il était absolument hors de question d'aller en direct sur le plateau, au milieu de tous ces gens, de ce public, de tout ce fourbi qui m'affolait !

C'était non. Non et non !

Alors on organisa un duplex avec la rue de la Tour.

Foucault sur le plateau et moi sur le canapé de mon salon !

Ça n'a l'air de rien, mais quel foutoir tous ces spots, ces caméras, ces câbles, ces techniciens, ces camions régie-relais devant l'entrée de l'immeuble. Si les murs ont tenu, ce soir-là, c'est que la maison est solide malgré les apparences. Nous avions renvoyé Bernard à Saint-Tropez afin d'avoir une relative sérénité lors de l'émission. J'avais déjà un trac fou, mais si en plus j'avais dû supporter ses réflexions, ses conseils, son harcèlement perpétuel pour telle ou telle chose que je devais dire ou ne pas dire, j'aurais déclaré forfait.

Au début, j'étais tendue comme une arbalète.

Je voyais Foucault et tous ces animateurs sur un écran témoin, ils s'adressaient à moi et je leur répondais, ne sachant pas très bien où porter mon regard qui devait être raccordé au leur. L'émission s'étirait un peu en longueur bien que nous parlions de chiens, de chats, de la Fondation, d'animaux exotiques, le tout entrecoupé de variétés qui venaient là comme des cheveux sur la soupe. Puis subitement on montra des images terrifiantes des transports et des abattages de chevaux insoutenables, cruelles, inhumaines, qui me firent monter les larmes.

Je suppliais le public de boycotter, et de ne plus jamais manger de cheval, je leur fis une prière qui venait du fond de mon cœur et fut ressentie comme telle. Ma sincérité toucha un grand nombre de gens, mais provoqua une levée de boucliers de la part des bouchers chevalins qui, quelques minutes plus tard, tentèrent d'envahir le plateau, nous menaçant de mort, Foucault et moi, devant 10 millions de téléspectateurs.

J'en avais vu d'autres et cela ne m'affola pas outre mesure.

Ce qui importait c'était que le message soit passé, et il était passé, merci mon Dieu. Du reste les ventes s'en ressentirent et bien des boucheries chevalines durent fermer boutique.

Mais Jean-Pierre Foucault, terrorisé, n'osa plus faire un pas sans être accompagné par une escorte mise à sa disposition par le préfet de police. J'eus droit à la même protection jusqu'à ce qu'on nous raccompagne tous les deux dans l'avion qui nous ramenait à Hyères. A Orly, nous accédâmes en voiture directement à l'avion en empruntant des chemins détournés. Nous vivions un thriller américain !

Pendant ce temps à la Fondation le standard était pris d'assaut, des lettres de soutien et des dons arrivaient par milliers.

Le coup avait porté.

J'avais gagné, j'étais heureuse, même si je devais le payer de ma vie, le but était atteint. Pour moi c'était l'essentiel, je n'avais pas peur alors que Jean-Pierre faisait dans sa culotte, apportant même un rectificatif dans son émission suivante !

* *

Avant de quitter la Fondation, Louisa Maurin m'avait conseillé de déménager les bureaux. C'est vrai qu'il devenait impossible de travailler sérieusement en faisant le ludion d'un étage à l'autre, en traversant la cage d'escalier pour aller d'un bureau à l'autre. Si je voulais obtenir l'efficacité indispensable, il fallait installer les gens de manière confortable, leur permettre de travailler dans des conditions acceptables. Or la rue Franklin n'était qu'un vaste camping où les tables s'entrecroisaient, où la place manquait, où personne n'avait la possibilité de se concentrer, agressé de toute part par le bruit, les conversations, les téléphones qui n'arrêtaient pas de sonner dans les bureaux au milieu d'une cacophonie insupportable.

Elle m'emmena visiter des bureaux au 45 de la rue Vineuse.

J'avais le cœur à l'envers, car ceux de mon papa furent pendant des années au 39. J'y vis comme une certaine continuité. En plus j'eus le coup de foudre. C'était spacieux, net, moderne, une moquette bleue aux couleurs de ma Fondation, des espaces somptueux, de la place, de la classe. En faisant nos calculs on s'aperçut que cela nous coûterait à peine plus cher que tous les ratacoins de la rue Franklin. Et puis les caisses étaient à nouveau pleines. Nous pouvions déménager. Une nouvelle vie s'ouvrait avec plus d'envergure, les animaux en avaient besoin.

Aussitôt dit, aussitôt fait !

Je déteste perdre du temps et aime prendre des décisions immédiates lorsqu'elles sont positives. Le déménagement se fit sans moi. Ce fut un bordel sans nom comme tous les déménagements, mais aussi une immense joie pour tous mes collaborateurs qui y trouvèrent un havre. Chacun à sa place, une place pour chaque chose, la possibilité de travailler dans un certain calme, d'avoir des bureaux personnels et des ordinateurs individuels ainsi que plusieurs lignes téléphoniques.

Enfin ce fut le Paradis.

Seul Frank dut assumer un gardiennage de nuit pendant près d'une semaine. Nous avions oublié qu'il fallait une grille pour la sécurité. En attendant qu'elle soit posée, il fit donc office d'alarme en dormant dans le bureau qui me fut octroyé et que je partage avec la direction.

Pendant tout ce transbahutement je m'investissais personnellement dans une histoire abracadabrante qui concernait un élevage-mouroir de Sloughis, près de Trets, dans les Bouches-du-Rhône, dénoncé par la S.P.A., dans lequel des cadavres d'animaux pourrissaient un peu partout, tandis qu'une guenon et un lynx, prisonniers dans de pénibles conditions, avaient du mal à survivre.

Avec Jacqueline Faucher, présidente de la S.P.A., nous devions nous retrouver sur place, ce 10 février 1994.

Mais ce n'était pas tout près !

Je fis appel à mes nouveaux gardiens de La Garrigue qui m'emmenèrent dans leur Mercedes dernier modèle, confortable et tout et tout ! Même si c'est le monde à l'envers, j'étais bien contente de rouler dans la voiture de mes gardiens. En plus il faisait ce jour-là un mistral glacé qui nous transperçait les os.

Arrivés sur place ce fut l'horreur.

Des chiens squelettiques, un univers concentrationnaire et insalubre, rien à manger, des gamelles d'eau glacée. Une immense guenon, attachée par une chaîne autour du cou, tremblait de froid, dehors, livrée aux courants glacés de ce mistral qui lui soulevait la fourrure. Elle s'était recroquevillée sur elle-même, n'ayant même plus la force de se lever. Dans une cage minuscule, un lynx pelé allait et venait, devenant fou, se cognant aux barreaux, famélique, affamé. Nous découvrîmes dans une carcasse de caravane un cadavre de chien en putréfaction, puis plus loin des ossements non identifiés.

Une femme effrayante, à moitié cinglée, nous reçut en robe de chambre, la tignasse ébouriffée, l'œil exorbité. Un bâton à la main elle essaya de nous chasser en hurlant des mots incompréhensibles. Derrière elle, son mari bavait sur son pull-over, essayant de se tenir debout en s'accrochant aux murs.

C'était infâme, pitoyable, lamentable.

Les gendarmes qui nous accompagnaient ne savaient pas par quel bout commencer, c'était l'enfer.

Nous appelâmes les services de la D.S.V. de Marseille, c'était urgent.

Le capitaine de gendarmerie confirma nos dires, et attendait des ordres pour agir. Nous ne pouvions laisser les choses en l'état, mais nous ne pouvions prendre en charge les animaux sans autorisation. On m'aurait accusé de vol et cela aurait pu être très grave.

En attendant que la D.S.V. daigne enfin nous apporter son aide, nous essayâmes de nourrir, de nettoyer les animaux, leurs cages. Ce fut difficile, le lynx attaquait dès qu'on s'approchait de lui, la guenon devenait menaçante et dangereuse, seuls les pauvres Sloughis se précipitèrent sur les gamelles que nous leur proposions.

Vers 17 heures, alors que la nuit tombait, une bonne femme arriva sous bonne escorte. Elle représentait la D.S.V. et nous toisa d'un air suffisant et méprisant. Ses talons aiguilles et ses bas noirs nous firent comprendre qu'elle n'était pas une femme de terrain. Du reste, après avoir jeté un coup d'œil circulaire et superficiel, elle estima que tout était pour le mieux et qu'elle ne comprenait pas pourquoi nous l'avions dérangée pour d'aussi futiles stupidités. Puis elle repartit.

Vive l'administration française !

Nous avions passé une journée dans les crottes, la merde, les cadavres, nous gelant les couilles, essayant tant bien que mal d'adoucir les souffrances d'animaux en état de mauvais traitements, pour nous faire envoyer foutre par une connasse de fonctionnaire inutile comme les autres, incapable comme les autres, prétentieuse et hautaine, qui dut prendre son pied en me traitant comme de la merde !

Avec Jacqueline Faucher et grâce aux témoignages de la gendarmerie, photos à l'appui, nous attaquâmes cet ignoble mouroir. La lenteur de l'administration fit que lorsque, enfin, nous gagnâmes le procès, la guenon et le lynx étaient morts. Mais nous avons quand même sauvé les quelques Sloughis qui avaient survécu.

Bernard, qui m'avait accompagnée, fut témoin de ces horreurs qui jalonnèrent, malgré moi, ma vie. Il avait déjà assisté au scandale du triste et lugubre Château de Saint-Amé et constatait, une fois de plus, que si je vivais dans le malheur, c'est que les faits m'y obligeaient. Cet homme, qui partageait ma vie depuis peu, était à mille lieues de savoir ce qu'était la détresse animale. Parfois il ironisait sur ma tristesse, mon cafard, mes espoirs qu'il jugeait utopiques. Pour lui, on passait un coup de fil à un subordonné qui avait pour mission de tout régler dans la minute même. Et après on passait à autre chose !

C'est en lui faisant découvrir ce quotidien aberrant qu'il prit finalement conscience des responsabilités énormes qui reposaient sur mes épaules – et il en fut terrifié !

Il est certain que si l'on tombait amoureux de Brigitte Bardot, on était forcément attiré par une image, une légende, un mythe, une star, une femme, « la » femme ! Et puis on se retrouvait avec cette personne qui n'était plus du tout la même et qui, avec ses rides et ses mèches de cheveux blancs, ses bottes et ses jean's, n'attachait de l'importance qu'aux animaux, courant à gauche et à droite lorsqu'on l'appelait à l'aide, signant, gueulant, dénonçant, adoptant toutes les misères qu'elle pouvait soulager, pleurant sur son inefficacité, défiant les ministres, bravant les lois, se rebellant contre les lobbies des chasseurs, de la fourrure, puis restant prostrée, les larmes aux yeux, devant les défaites sans cesse réitérées qui jalonnaient sa vie.

Cette nouvelle Brigitte Bardot était différente et pourtant la même, c'est son apparence qui avait changé mais le fond, l'essentiel, le moteur qui la motivaient restaient immuables. Je comprends qu'il soit difficile pour un être absolument étranger à tout cela d'y comprendre quelque chose.

J'étais moi et son contraire !

Un matin, la Fondation m'appela au secours.

Un chien venait d'être condamné à mort aux Etats-Unis et, après avoir subi une incarcération de trois longues années, il devait être exécuté dans la semaine. Tout avait commencé à Noël 1990 quand une petite fille, en jouant avec Taro, s'était fait mordre à la lèvre. La sentence sans appel fut prononcée en février 1991 et Taro fut emprisonné. Depuis cette date, les procès se succédèrent, les remises d'exécution aussi, mais malgré toutes les revendications arrivant du monde entier, la machine judiciaire du New Jersey, aussi implacable pour les humains que pour les chiens, ne voulut plus surseoir à une condamnation légale, réglementaire et méritée.

C'était la première fois qu'un chien subissait une peine habituellement réservée aux humains.

Pourtant Taro était un gros nounours bien brave, bien pataud, comme tous les chiens de sa race japonaise Akita, il était attendrissant de placidité et de bonhomie, adoré par ses gardiens, il n'avait jamais, en trois années de couloir de la mort, fait preuve d'une quelconque agressivité, du reste les premiers à implorer sa grâce furent ses geôliers.

Alors j'entrai farouchement en guerre, décidée à sauver Taro coûte que coûte, mais il fallait faire vite. J'écrivis au gouverneur du New Jersey, Christine Whitman, et à son adversaire politique Jim Florio qui, en pleine campagne électorale, se servit de ma révolte pour marquer des points. Puis j'envoyai des lettres ouvertes aux procureurs, qui parurent dans les journaux. Bref, je m'investis totalement, mettant un point d'honneur à sauver la vie de ce pauvre chien qui ne méritait certes pas de mourir alors que tant de salopards, de violeurs, de voleurs, d'assassins courent librement la prétentaine.

La presse française s'empara de l'affaire qui fit le tour du monde et prit des allures politiques bien embarrassantes pour les autorités américaines. Du coup et à contrecœur, Taro fut condamné à l'exil car les lois n'autorisaient pas qu'il bénéficie d'une grâce, privilège réservé uniquement aux humains. Qu'importe, il était sauvé, avait retrouvé ses maîtres qui envisagèrent d'aller s'installer avec lui à quelques kilomètres de là, l'Hudson servant de frontière et New York se trouvant juste sur l'autre rive !

Mais quelle histoire ! Quelle victoire aussi !

Ce fut mon premier sauvetage, mais pas le dernier. La justice trouvant pratique depuis quelque temps de condamner à tort et à travers les chiens à la peine capitale, abolie pour les humains.

C'est un défouloir d'une injustice flagrante mais notre société décadente accumule à plaisir les non-sens, les maladresses, les bévues, les erreurs, épargnant à tout prix les coupables pour condamner les innocents.

En ce mois de février, nous eûmes un mal fou à essayer d'endiguer les milliers de chenilles processionnaires et venimeuses qui s'apprêtaient à éclore de leurs nids perchés au plus haut des plus hautes branches des pins maritimes, présentant un danger réel et inoubliable pour tous mes animaux de La Garrigue qui risquaient, si leurs museaux frôlaient l'une d'elles, de mourir comme mon petit âne Cornichon étouffé par sa langue devenue énorme.

C'est Mylène, armée d'un fusil, qui essaya de tirer directement dans les nids. Mais ces cochonneries étaient solides, semblables à du polystyrène, et il fut impossible de les détruire par balles. Alors ce fut l'escalade périlleuse dans les arbres. Mais Mylène, souple, sportive, grimpait là-haut sans difficultés. Avec une scie elle détruisait la branche, nous la récupérions puis la faisions brûler. Je ne regardais pas le grouillement carbonisé qui en sortait. Ça me faisait mal au cœur mais il le fallait.

Cette année-là, elle abattit 80 nids.

Chacun d'eux contenait une centaine de chenilles dont le contact pouvait être mortel, urticant et venimeux à l'extrême.

Bien que beaucoup d'animaux de mon cheptel aient disparu, il me restait encore ma Duchesse, ma jument adorée, sa copine la petite ânesse Mimosa, Ficelle la ponette martyre que Jacqueline Faucher, présidente de la S.P.A., m'avait amenée mourante, trouvée sans soins, sans nourriture, attachée par du barbelé dans une cave, livrée aux morsures de plusieurs chiens dominants, maigre, pleine de plaies suppurantes. Devenue une petite beauté, un amour de mini-cheval, menant son monde, prenant sa revanche sur la vie.

Puis il y avait aussi Cadet, mon merveilleux bélier qui, veuf de plusieurs compagnes, s'était refait une vie de célibataire, et encore quelques chèvres coquines, malignes, super petites complices de tout ce qui se passait à la maison. Avec leurs yeux en amande et leur intelligence, elles m'étaient aussi fidèles et obéissantes que des chiens.

Je ne pouvais malheureusement pas les lâcher dans mon jardin ni dans ma maison. L'envie ne m'en manquait pas car je les adorais, mais elles m'auraient tout bouffé, y compris les coussins des chaises longues.

Tous ces animaux devaient vivre, survivre, être heureux et surtout ne pas renifler une de ces chenilles mortelles.

Quand j'eus fini de faire la fermière, je me fis un look « Brigitte Bardot » et avec Bernard, repartis pour Paris en vitesse, voir mes nouveaux bureaux de la rue Vineuse et en profiter pour présider le prochain Conseil d'Administration. Nous étions au début mars 1994.

Ce fut une merveilleuse surprise pour moi.

Le Conseil eut lieu dans une pièce spacieuse où l'immense table, recouverte d'un tapis de feutrine bleu-Fondation, accueillit les administrateurs avec une ferveur jamais obtenue. Les choses allaient bien, les réticences se firent rares, le budget était en hausse, les animaux extrêmement bien traités à La Mare Auzou et au Plessis-Trévise, notre nouvelle maison de transit, nos aides indispensables étaient bien gérées, nos finances remontées comme par magie, grâce à ceux qui nous avaient fait confiance. Du coup je fis chercher du champagne et, ce soir-là, avec nos employés, nos administrateurs, Mijanou et Camille, Louisa Maurin et Bernard, nous sablâmes le champagne dans des gobelets en carton. Nous n'avions pas encore eu le temps d'acheter des flûtes ! Mais qu'importe !

Ces bureaux étaient à mon image.

A la fois rationnels et bohèmes, pratiques et non conventionnels.

J'étais pieds nus face à tous ces hommes en costume-cravate.

Voilà comment je suis !

Je profitai de ce saut de puce à Paris pour aller embrasser Yvonne qui, à Bazoches, se recroquevillait de plus en plus dans son fauteuil. La pauvre, ne pouvant plus parler ou si peu, s'en remettait totalement à la jeune femme qui accompagnait son quotidien et profitait de cette dépendance pour réclamer de plus en plus d'avantages financiers. Je lui dis ce que je pensais d'elle, lui assurant que sa présence n'avait rien d'indispensable, que ses prétentions étaient malhonnêtes et que je me chargeais de trouver, sur-le-champ, une autre compagnie à Yvonne si elle continuait à profiter lâchement d'une situation pénible. Wendy me fit une grande fête, assise sur son petit cul, elle me grattait les jambes avec ses pattes jusqu'à ce que je la prenne enfin dans mes bras, lui murmurant à l'oreille tout l'amour que je lui portais. Pauvre petite chienne qui vivait à sa mesure toute la détresse qui assaillait sa maîtresse.

Puis je retournai à Saint-Tropez où, le 27 mars, eut lieu un événement inattendu mais important pour mon acharnement à la protection animale.

Je venais d'apprendre qu'en Russie, 80 000 phoques devaient être massacrés. Et malgré mes protestations auprès de l'ambassade et mes lettres à Boris Eltsine, rien ne bougeait ni ne changeait. Or, ce jour-là, le maire de Saint-Tropez recevait en grande pompe le musicien Rostropovitch et l'ambassadeur russe, Monsieur Rijov.

Lors de ce cocktail, qui eut lieu dans la grande salle des mariages, sous la présidence de mon buste de Marianne, je remis officiellement à l'ambassadeur une lettre destinée à Boris Eltsine. Rostropovitch en fut le témoin et tous m'assurèrent, avec force courbettes et manifestations d'amitié, que ma cause serait plaidée, défendue, ma lettre remise en main propre et les phoques épargnés dans la mesure du possible. J'eus beaucoup de plaisir à rencontrer ces êtres d'exception, j'eus beaucoup de confiance en eux, et je garde de cette unique entrevue le souvenir d'une grande chaleur humaine, d'une grande compréhension.

Hélas ! je n'ai plus jamais eu de nouvelles ni des phoques ni de Boris Eltsine ni de l'ambassadeur ni de Rostropovitch ! Le massacre eut lieu sans que la moindre intervention n'interrompe le cours traditionnel d'une coutume barbare et inutile, sauvage, perpétrée depuis la nuit des temps dans des conditions abominables.

J'avais encore échoué.

Cette année fut dure pour moi car elle me mit en conflit officiel avec le maire Jean-Michel Couve, qui ne trouva rien de mieux que d'organiser à Saint-Tropez un congrès réunissant 400 chasseurs, prévu pour le 4 juin prochain.

Evidemment, je réagis énergiquement contre !

Il était inadmissible qu'on me lance un pareil défi dans le village dont le nom était étroitement et mondialement lié au mien. C'était une provocation inacceptable, de surcroît dans une commune de pêcheurs et non de chasseurs. Ce congrès devait être envisagé ailleurs, dans un site propice à la chasse mais pas à Saint-Tropez. Et je le criai sur tous les tons, sur toutes les ondes, dans tous les journaux. J'y mis une passion, une révolte, une supplique !

Mais aucune annulation officielle ne fut annoncée par la commune qui continua d'organiser son congrès avec arrogance et mépris total de mes revendications.

Nous avions encore le temps... Les choses pouvaient changer.

Mais, prévoyante, j'écrivis à Jacques Chirac cette lettre :

20 avril 1994

> *Mon cher Jacques,*
> *Me voici encore confrontée à un problème pour lequel j'ai besoin de toi. Tu m'avais demandé, il y a quelque temps, de ne pas faire de vague avec les chasseurs jusqu'aux élections de 1995.*
> *J'ai respecté ton vœu, mais voilà qu'ils viennent me provoquer chez moi à Saint-Tropez où, le 4 juin prochain, doit avoir lieu le congrès départemental de la fédération avec le concours des députés et des sénateurs. Devant une telle provocation, ma réaction ne peut être qu'extrêmement violente.*
> *J'ai prévenu J. M. Couve du risque grave qu'il prenait et j'ai averti que je t'avais fait part de ma colère. Cette « sauterie » ridicule est en plus subventionnée par la mairie de Saint-Tropez alors que les animaux des refuges du Var crèvent de faim ! Cet affrontement, à quelques jours des Européennes, ne peut que nuire profondément à l'image que j'essaye de donner du R.P.R., d'autant plus que les chasseurs, ayant monté leur propre liste, sont autant de voix inutiles pour le résultat qui nous concerne.*
> *La presse me harcèle.*
> *Les associations de protection aussi.*

J'attends ton avis, ton appui.
Téléphone-moi le plus vite possible.
Je t'embrasse.

BRIGITTE BARDOT

*
* *

En attendant, Allain Bougrain Dubourg fit encore appel à moi.

Je devais me rendre le 1ᵉʳ mai dans le Médoc, malgré la menace des chasseurs de me faire la peau, pour essayer, une fois de plus, d'interdire cette monstrueuse hécatombe de la chasse aux tourterelles qui revenaient nidifier en France après un parcours épuisant. Cette fois, j'en avais vraiment marre de ces chasseurs, de ces tueurs, de ces massacreurs, de ces hors-la-loi, de leurs menaces, de leur morgue, de leurs défis et de leur chantage.

J'appelai carrément Charles Pasqua, ministre de l'Intérieur, et le mis devant le fait accompli. Je partais dans le Médoc me battre contre ces enculés. Puisque aucun gouvernement n'avait le courage de faire appliquer la loi, moi j'y allais ! Mais je le prévenais que s'il m'arrivait quelque chose, je lui signifiais par lettre qu'il en serait responsable.

Et je raccrochai.

C'est dans cet état d'esprit révolté que je partis le 30 avril, en jet privé, pour Bordeaux, accompagnée de Frank, Bernard, et d'un garde du corps chargé de ma protection et payé par ma pomme. Puisque personne ne prenait soin de moi, j'assurai ma propre protection comme je le pouvais, et ce jour-là je risquais gros.

Pour tout arranger, il faisait une chaleur insupportable, épuisante, qui divisait par deux ma vitalité, me laissant groggy, fatiguée. En plus j'avais quitté ma Garrigue où « Basile », un merveilleux petit chat, se mourait, et sa sœur « Fiona » suivait le même parcours ! Pourtant, avec ma gentille gardienne Livia nous avions tout tenté, tout essayé pour les sortir de cette atroce crise d'urémie (encore une) qui les exténuait, les exterminait. Je partais, laissant derrière moi des chats malades, ne sachant pas si j'allais les revoir, les confiant à des gardiens pour aller sauver, Dieu sait comment, des oiseaux migrateurs en bien mauvaise posture eux aussi.

Quelle ne fut pas ma surprise en débarquant de l'avion de voir une armada de gendarmes, une délégation de la Préfecture, plus des types du G.I.G.N. assurer ma protection. On aurait pu croire que j'étais une bombe à retardement tant ils prirent soin de ma sécurité. Mon garde du corps eut subitement l'air d'un con car il faisait partie des V.I.P. à protéger ! C'est dans une voiture blindée conduite par le chauffeur du Préfet que nous arrivâmes à l'hôtel, suivis par une caravane de flics, de gendarmes, du G.I.G.N. ! On ne passait pas inaperçus ! Mais c'étaient les ordres du ministère de l'Intérieur donnés directement par Monsieur Charles Pasqua.

Pour une fois ils furent efficaces !

J'eus l'interdiction de sortir de l'hôtel, je n'en avais certes pas l'intention.

Mais je pus malgré tout aller dîner au restaurant. Merci Messieurs !

Et là, par hasard, comme dans un film, je rencontrai une femme qui depuis des années tentait vainement de m'approcher. Lorsqu'elle arriva, en larmes, émue, je me levai pour l'embrasser. Elle fut prise d'un malaise, nous dûmes l'allonger par terre, lui mettre de la glace sur les tempes, appeler un médecin. Je lui tenais la main, épouvantée par le désastre que je causais bien malgré moi. Elle revint enfin à elle dans mes bras. Là-dessus j'allai me coucher car le lendemain, dès 5 heures du matin, promettait d'être une dure journée.

Une ultime réunion avec Allain Bougrain Dubourg et les administrateurs de la L.P.O. [1], des barbus protecteurs, des hippies conservateurs, me servit de somnifère... Je m'endormis sans Bernard, parti Dieu sait où, parler encore politique avec je ne sais qui, en pensant que les animaux, oiseaux ou mammifères, n'avaient pour défenseurs que des marginaux, des S.D.F., des types de bonne volonté mais certainement pas crédibles... Certainement pas !

A 5 heures il faisait nuit noire.

Ce fut le début d'une journée harassante, je me fis un chignon à la « mords-moi le trouffignard », me maquillai le moins possible à la lumière des néons de ma salle de bains, sachant que le soleil accentuerait tous les défauts de mon pauvre visage. Puis nous partîmes en procession pour un itinéraire prévu et jalonné de protection. Le Préfet en personne m'accueillit à l'aube de cette journée, me fit monter dans sa voiture avec Bernard. Les autres suivaient en une immense queue leu leu de 80 véhicules qui faisait au moins cinq kilomètres.

Des hordes de chasseurs, sur les bas-côtés de la route, me traitaient de tous les noms les plus incongrus que le dictionnaire pût expliquer ! Plus les autres ! Et les œufs pourris, les tomates trop mûres que nous reçûmes en pleine gueule. Les « salopes », « Va te faire foutre, enculée de mes deux » et autres charmants hommages que des hommes savent dédier à une femme.

Il se mit à faire jour.

Nous pouvions enfin voir les centaines de miradors qui, dans les jardins privés, s'élevaient comme des tours de mort. Puis je m'arrêtais chez un maire courageux qui me fit signer son livre d'or. Après, la suite

_____

1. Ligue de Protection des Oiseaux.

épouvantable, les insultes, les crachats et autres dégueulasseries nous menèrent à la Pointe de la Grave d'où nous pouvions observer les allées et venues des pauvres tourterelles.

Mais qu'on leur foute la paix à ces animaux !

Ils se démerdaient comme ils pouvaient, mourant, survivant, se reproduisant avec un courage et une merveilleuse dignité qui n'avaient rien à voir avec notre médiocrité.

Allez vous faire foutre, chasseurs, même si vous avez une prédominance sur moi, je vous emmerde, vous n'êtes que des tristes assassins, je vous hais !

Je rentrai pour enterrer Basile et Fiona qui n'avaient pas survécu. « Dame Tartine », une autre petite chatte, n'en menait pas large. Le vétérinaire ne lui donnait aucune chance de survie. Je passais mon temps à faire des trous dans la terre rude et sèche de La Garrigue pour y enfouir des pelotes de chaleur, des petites chattes et chats qui s'étaient frottés à moi, en ronronnant, des bouts de ma vie qui me quittaient encore et pour toujours.

Je n'eus pas le temps de pleurer sur la terre sèche qui ensevelissait mes pauvres chats, car, le même jour, la Fondation fut avertie qu'un arrivage illicite de 14 chiots et 3 chatons, en provenance de Prague, venait d'être bloqué aux douanes de l'aéroport de Marignane. Il fallait faire vite car les bébés animaux étaient dans un état lamentable, sans soins, sans nourriture depuis 48 heures, déshydratés, fiévreux, épuisés par de fortes diarrhées et enfermés les uns sur les autres dans de minuscules caisses de bois non aérées, ils risquaient de succomber rapidement.

Avec Patricia, responsable de la petite Fondation de Saint-Tropez, nous commençâmes une course folle contre la montre et l'administration afin de tenter de sauver *in extremis* ces pauvres petites choses d'à peine 2 mois, trimballées d'un pays à l'autre sans papier, sans vaccins, arrachées à leurs mères, à leur environnement, mises en quarantaine comme des endives ou des choux-fleurs, dépendantes des services de la D.S.V., vétérinaires fonctionnaires qui n'avaient rien trouvé de mieux que de les renvoyer en l'état dans leur pays d'origine.

Pendant que Patricia se rendait sur place, je téléphonai personnellement au Préfet, au directeur des Douanes et au responsable des Services Vétérinaires départementaux. J'exigeai que les chiots et chatons soient sortis de leurs caisses, qu'on les nourrisse, les abreuve, que des soins d'urgence leur soient donnés pour endiguer la diarrhée qui peut être mortelle à un âge si tendre et dans d'aussi inacceptables conditions. Je fis un ramdam de tous les diables, avertis la presse, la T.V. locale, j'étais scotchée à mon téléphone !

Pendant ce temps, Patricia, arrivée sur place, prenait le relais.

Nous finîmes par savoir que ce « colis » devait être livré à une animalerie d'Aubagne... qui se fournissait à l'étranger à des prix défiant toute concurrence, lui permettant de prendre une avantageuse marge bénéficiaire à la revente.

Quelle honte !

J'ai obtenu que cette animalerie véreuse se décharge de sa livraison sur la Fondation afin de prendre les mesures nécessaires à la survie des animaux. C'est ainsi que nous avons pu sauver tous ces petits Cockers, Boxers, Bergers allemands, Chow-Chow, deux petites femelles Pit-bulls et trois chatons persans.

Ne pouvant les garder en France sans qu'ils soient en règle sanitairement, nous les avons provisoirement envoyés à Amsterdam où une clinique spécialisée prenait grand soin de tous les cas similaires qui, hélas, inondent les marchés depuis l'ouverture des frontières. Le médecin responsable mit un point d'honneur à s'en occuper personnellement et à nous les renvoyer, les délais légaux respectés et leurs papiers régularisés, dans une forme magnifique. Il ne tenait certainement pas à ce que je fasse un scandale supplémentaire, je lui téléphonais quotidiennement et m'inquiétais de l'évolution de chacun.

Ce genre de trafic est quotidien et pour un *Happy End*, combien se terminent tragiquement ?

Patricia alla les chercher en toute légalité.

Nous les avions tous placés d'avance sans aucun mal, il faut le dire, aidés par les articles de *Nice-Matin* et les appels T.V. Ma vétérinaire prit une des petites Pit-bulls et moi l'autre, que j'appelai « Cheyenne ».

Mais je ne pus la garder très longtemps car, à La Garrigue, j'avais à l'époque déjà recueilli deux pauvres chiennes, l'une trouvée dans une colline, maigre à faire peur avec des mamelles gonflées, des poils hirsutes et collés, un petit air si misérable que je l'appelai « Cosette », puis une autre, plus grande, style Labrador Boxer, dix fois abandonnée, laissée pour compte lors d'une adoption, triste, douce et pitoyable. Pour lui porter chance, je l'appelais du surnom que papa m'avait donné lorsque j'étais enfant : « Siouda ». J'avais en plus, depuis quelques années, « Zazou » mon éclopée, ma trois-pattes qui n'avait plus qu'un œil depuis peu, un glaucome nous ayant obligés à lui faire subir une énucléation, opération qui consiste à enlever l'œil malade afin de protéger l'autre. Mais si Zazou n'avait ni bon pied ni bon œil, elle tenait farouchement à sa place de femelle dominante malgré sa petite taille et son handicap.

L'arrivée de Cheyenne perturba quelque peu l'ordre établi.

Tant qu'elle fut petite, elle se soumit, mais en prenant de l'âge et de l'assurance et, bien que d'une docilité et d'une gentillesse extraordinaires, elle eut une algarade avec Zazou qui, bien incapable de riposter, laissa ce soin à Siouda ! Il s'ensuivit une bagarre générale d'où Siouda sortit horriblement blessée à la patte avant droite, son muscle profondément déchiré, ce fut un miracle qu'elle ne soit pas restée, elle aussi, mutilée à vie.

Je confiai donc Cheyenne à l'une des adhérentes de la Fondation qui rêvait depuis longtemps d'adopter une petite Pit-bull.

Et le calme revint à La Garrigue.

Mais bien avant tous ces dénouements, quelques jours après l'arrivée des petits à l'aéroport, je dus repartir pour Paris où, le 9 mai, je devais tenir une conférence de presse, prévue depuis fort longtemps, et au cours de laquelle je voulais dénoncer au monde entier et de manière sévère toutes les souffrances que les animaux subissent quotidiennement et inutilement pour le bon plaisir, la bêtise, l'indifférence humaine. J'en avais marre d'assumer tant d'horreurs et voulais les faire partager, les dénoncer, les faire connaître, choquer, révolter tous ces journalistes blasés qui me prenaient souvent pour une conne.

Voulant lui donner une grande envergure, je m'étais entourée des plus illustres défenseurs des animaux : le Professeur Théodore Monod, Jacqueline Faucher, présidente de la S.P.A., Serge et Nelly Boutinot, créateurs du R.O.C. [1], Barry Gilbert Miguet, représentant le Prince Saduddrin Aga Khan de la Fondation Bellerive, le Docteur Claude Reiss, chercheur au C.N.R.S., délégué par Pro-Anima et d'autres. Pour m'appuyer, m'aider, me seconder, j'avais demandé à Allain Bougrain Dubourg de mener la conférence à mes côtés.

L'Hôtel Concorde Saint-Lazare avait mis gracieusement une de ses plus belles salles à notre disposition, prête à recevoir plus de 300 personnes. Deux écrans géants devaient, sans interruption, projeter des films insoutenables sur les différents sujets que nous aborderions. 150 journalistes et T.V. de la presse internationale m'attendaient de pied ferme.

Je me souviens du trac épouvantable que j'avais avant de gagner la tribune. Je savais que je jouais un coup de poker difficile mais il le fallait pour les animaux. Tout mon petit monde m'entourait, Bernard orchestrait la projection des films et des diapos, Frank me passait les dossiers au fur et à mesure, Mama Olga et Yvonne, très fatiguée, avec Wendy, m'envoyaient des baisers et des ondes positives. Allain, à mes côtés, trouvait toujours au vol le mot qui m'échappait en plein milieu d'une phrase. Enfin François accueillait tout le monde !

Il y eut des silences qui en dirent long lorsque les images projetées étaient trop insupportables. Il y eut des protestations lorsqu'elles étaient

---

1. Rassemblement des Opposants à la Chasse.

hallucinantes. Il y eut même quelques sanglots et des reniflements lorsqu'elles furent trop cruelles pour être regardées dans leur totalité.

« Mais si, regardez, je vous demande de regarder ce que je vois tous les jours, allez, ouvrez les yeux, ne tournez pas la tête, ayez au moins le courage de regarder, si vous n'avez pas celui de faire autre chose ! »

Je les violais dans leur ignorance et leur lâcheté, je les mettais au pied du mur de la douleur, leur faisant découvrir l'univers impitoyable des animaux.

Ah ! On était loin des chiens-chiens à sa mémère !

On pouvait mesurer le courage qu'il fallait pour vivre à ce point dans le sordide, les couilles qu'il était indispensable d'avoir moralement et physiquement pour mener pareil combat.

A la fin, officiellement, je proposai à François Mitterrand d'échanger ma Légion d'honneur contre l'abolition des chasses présidentielles.

Le lendemain, toute la presse commentait le « coup de gueule de B.B. » Mais aucun écho du gouvernement sur aucun sujet, aucune amélioration, même minime.

L'indifférence la plus totale. Le mur de tous les silences !

Encore un échec !

J'étais fatiguée de prêcher dans le désert.

Pourtant je ne ménageais ni mes forces ni mes propos, je me donnais corps et âme, allant même jusqu'à l'épuisement moral et physique.

J'allais avoir 60 ans à la fin de l'année, voilà vingt et un ans que je me battais sans relâche, ne verrais-je pas de mon vivant une de ces améliorations que je réclame à cor et à cri depuis tant d'années ? Pourtant, je suis à peu près persuadée que lorsque je mourrai, on me portera aux nues, reconnaissant enfin mes efforts, rendant hommage à mon courage, à mon obstination, à ma force de caractère, au bien-fondé de mon combat. On se rendra compte, quand je ne serai plus là pour le voir, que j'avais raison ! Ça me rend malade car je voudrais bien en profiter, savoir que ma vie a servi à quelque chose pour pouvoir mourir en paix.

Réhabilitée !

En attendant, ce n'était pas encore « le Repos du guerrier », et même si j'étais lasse, écœurée et découragée, un nouveau combat m'attendait le 21 mai prochain, et pas des moindres : « l'Aïd-el-Kébir » !

Revenue à Saint-Tropez, ne sachant quoi faire encore une fois pour que cesse cette coutume assassine qui me soulevait le cœur et l'âme, j'étais tenue quotidiennement informée par ma Fondation de l'inertie gouvernementale devant les arrivages par centaines de moutons de l'étranger, particulièrement de l'Angleterre. Toutes ces pauvres bêtes, trimballées dans d'épouvantables conditions, déchargées sur les sites mêmes de leur prochain supplice, entassées les unes sur les autres, sans boire et sans manger, bêlant leur détresse, soumises et douces, n'étaient déjà que de la viande sur pied.

Impuissante mais déterminée, j'écrivis un article au *Figaro* afin qu'il soit publié dans la page « Opinions ».

Voici l'article paru dans *Le Figaro* daté du 21 mai 1994 :

> *En ce jour de Pentecôte, des dizaines de milliers de moutons seront sacrifiés n'importe où, n'importe comment, dans des souffrances épouvantables. La loi française impose, depuis 20 ans, l'étourdissement préalable des animaux avant la saignée, et accepte lamentablement qu'il en soit autrement dans le cadre de l'abattage rituel.*
>
> *C'est inconcevable à notre époque.*
>
> *Je me permets de rappeler que la loi coranique ne fait état que du sacrifice d'un animal vivant et non d'un animal conscient. C'est ce qui a permis à nos voisins belges la mise en service d'un abattoir à Gembloux, répondant au rituel, mais avec étourdissement préalable, accepté par les autorités islamiques locales. Il est urgent que le gouvernement français adopte une solution similaire. Je demande une amélioration immédiate des textes législatifs, notamment pour l'étourdissement préalable des animaux, conforme aux lois françaises.*
>
> *De plus, l'abattage s'effectue le plus souvent en plein air, dans des conditions d'hygiène dramatiques. La loi française l'interdit mais le gouvernement, une fois de plus, l'admet, mieux, l'encourage, le favorise, en accordant des dérogations. C'est scandaleux. Je respecte toutes les religions, mais devant une telle horreur, ne rien voir, ne rien entendre n'est plus possible. Le rappel de cette réalité dérangeante doit nous inciter à réagir maintenant.*
>
> Brigitte Bardot

La veille de cette « Pentecôte sauvage » j'appris qu'un paysan de La Crau, à quelques kilomètres de Saint-Tropez, dans le Var, avait préparé un site d'égorgement dans son champ et vendait ses 500 moutons aux musulmans.

Ni une, ni deux, j'y allai, emmenant avec moi Bernard, un fameux avocat de Saint-Tropez, Maître Baloup, et un huissier.

Il faisait une chaleur intolérable.

Arrivée sur les lieux je faillis m'évanouir...

Des centaines de moutons, brebis, agneaux, parqués dans un minuscule enclos en plein soleil. Des dizaines d'arabes qui faisaient leur choix, puis leur ligotaient les pattes comme de la volaille et les enfournaient dans leurs coffres de voitures comme des sacs de ciment.

Dans le pré à côté tout était prêt pour le sacrifice du lendemain.

Je pensais que cette herbe verte serait demain rouge du sang versé par toutes ces bêtes qui avaient dû y paître sereinement, innocentes du sort qui leur était réservé.

J'essayais de jouer ma dernière carte, proposant au paysan madré de lui racheter tous ses animaux, lui expliquant qu'il était dans l'illégalité la plus totale, toute mise à mort d'animal devant être pratiquée dans un abattoir, d'après la loi française. Maître Baloup intervint et confirma mes propos. Nous appelâmes les gendarmes. Ceux-ci ne purent que nous approuver mais, à moins de se rendre à Marseille, à Aix-en-Provence ou à Puget-Théniers, aucun abattoir n'existait dans la région et ceux-là étaient saturés, pris d'assaut, débordés !

Alors je sortis mon carnet de chèques et demandai : « Combien pour les moutons qui restent ? »

Le paysan blêmit, fit « non » de la tête, ils étaient tous réservés, puis avec sa main il fit mine de se trancher la gorge m'expliquant qu'il risquait l'égorgement s'il faillissait à sa parole. Pendant que nous discutions, les moutons étaient vendus, embarqués dans des brouettes, ligotés, jetés dans les coffres, chargés sur les épaules. Ce n'étaient que gémissements confus, plaintes quasi humaines, regards de détresse, d'épouvante. Je ne pus retenir mes larmes devant ce spectacle lamentable dont l'ultime issue serait une mort lente, en pleine conscience, une agonie qui pourrait durer jusqu'à 15 minutes si le couteau sacrificateur n'avait atteint qu'une seule des deux jugulaires.

Tout ça dans la liesse, la joie, la fête du sang !

C'est en sanglots que je quittai cet enfer.

J'avais encore échoué.

Je suis hantée par cette tradition qui s'impose avec insolence, bafouant toutes les lois de notre pays, se banalisant chaque année un peu plus jusqu'à devenir une réjouissance à laquelle participent bien des Français de souche...

Quand je pense que François Mitterrand venait de déclarer le 12 février dernier :

« La France accueillera les émigrés dans la mesure où ils respectent les lois du pays où ils vivent ! »

Sans commentaire.

*
* *

Malgré tous mes appels au secours, ma lettre au Maire de Paris, restée sans réponse, celui de Saint-Tropez peaufinait insolemment son congrès de chasseurs. Il fut même prévu un banquet d'honneur pour clôturer ce rendez-vous mémorable !

J'avais organisé une contre-manifestation, appelant les amis des animaux à me soutenir ce jour-là. Les journaux du monde entier relatèrent ce duel qui défraya la chronique jusqu'au Japon ! Des dizaines de lettres de protestation furent envoyées à Jean-Michel Couve, il en venait de partout, les gens étaient outrés de l'insulte humiliante qui m'était faite.

En plus, ce 4 juin était le jour anniversaire du 40e anniversaire de la mort de Colette, ça tout le monde s'en foutait. Savait-on même encore qui c'était ? Pourtant, avant moi, elle fut une égérie de Saint-Tropez, faisant de sa maison « La Treille Muscate », La Madrague des années 30.

Jusqu'au dernier moment j'espérai une annulation de la part du maire, qui, en maintenant ce congrès, me donnait officiellement une gifle inoubliable qui confortait les chasseurs dans la prédominance et l'insolence qu'ils avaient depuis toujours vis-à-vis de moi. Au cours de leur dernière manifestation, quelque temps auparavant, à Bordeaux, ils me traitèrent de tous les noms les plus humiliants et me désignèrent comme « l'ennemie suprême ».

C'est vrai, je revendique ce titre car je ne baisserai jamais les bras devant eux, jamais !

Les polémiques allaient bon train dans le village.

Il y avait les « pour » et les « contre » !

Je reçus des centaines de lettres de soutien. Des associations de protection animale étrangères se déplacèrent par cars entiers de Belgique, d'Angleterre, d'Allemagne et d'Italie pour se joindre à mes troupes. Le petit port était en effervescence, ma bataille promettait d'être historique.

Et le 4 juin, par 35° à l'ombre, je pris la tête de ma manifestation.

Je me souviens avoir été engloutie subitement par une foule estimée à un millier de personnes portant des pancartes, scandant « A bas les chasseurs ! », parmi lesquelles s'étaient fourvoyés quelques touristes tout heureux de l'aubaine ! En plus c'était jour de marché, place des Lices, on se serait cru dans le métro aux heures de pointe.

Pendant ce temps, les 400 chasseurs tenaient congrès dans la salle Jean Despas, bien protégés par la police et par des cordons de C.R.S. appelés à la rescousse.

J'étais entourée par Patrick, mon ami le pompier de Nice, style armoire à glace, Frank qui n'en menait pas large, Bernard loin derrière, Mylène qui y allait des poings et des pieds, Margaret, une Hongroise que j'avais rencontrée à ma Fondation de Paris et qui rêvait depuis toujours de m'aider dans ma vie. Elle avait tout plaqué pour venir me protéger. Avec son 1,80 mètre, sa détermination légèrement masculine et son « coup de poing américain » elle valait trois mecs à elle seule.

La bousculade qui s'ensuivit tourna rapidement à l'émeute.

Je me sentis soudainement toute petite, fragile, vulnérable, je suffoquai de chaleur. A moitié étouffée, au bord de l'évanouissement, je grimpai sur le petit mur d'enceinte de la salle Despas et m'accrochai aux grilles pour ne pas tomber, mais la foule m'écrasait, je ne pus plus respirer et suppliai les policiers qui regardaient tranquillement le spectacle de l'autre côté, de m'ouvrir la grille, juste pour moi. Je pleurais mais aucun ne bougea, ils restèrent en faction pour protéger les chasseurs. C'est à cet instant que je compris l'inutilité de ce combat du pot de terre contre le pot de fer.

Et comme une hémorragie mon courage m'abandonna. Subitement. Je n'en pus plus.

Il y avait des journalistes partout, des photographes grimpés sur des voitures ou sur les toits, des T.V. du monde entier, une foule hurlante et déchaînée, et au milieu de tout ça une petite chose épuisée, un petit bout de femme à moitié morte de lassitude, de chaleur, de fatigue et d'écœurement. Je mis une demi-heure à essayer de me sortir du piège dans lequel je m'étais coincée.

Il était midi et le soleil tapait à son maximum.

Je me frayai un chemin, protégée par Patrick, le pompier, et par Frank. Tous les autres, happés par la foule, avaient disparu.

Il me fallait de l'ombre, une chaise, je titubais...

Un cordon de C.R.S nous barra le passage lorsque je voulus me réfugier chez Mijo, mon amie la marchande de primeurs; alors Patrick donna un grand coup avec l'arête de sa main-battoir sur les bras des policiers qui formaient une chaîne infranchissable, le réflexe de douleur nous permit de nous glisser entre ce mur de C.R.S. et je m'effondrai dans un cageot de tomates. On me fit boire de l'eau fraîche, Margaret, costaude comme un Turc était arrivée jusqu'à moi et m'aspergeait le visage avec une bombe d'eau d'Evian. Mais le répit fut de courte durée, la foule s'agglutinait autour de l'étal de fruits et légumes, se servant des cerises, des fraises, des abricots, volant les légumes.

Ce fut un désastre !

On me photographiait sous le nez, s'étonnant que je ne fus pas aussi belle qu'on le croyait, plus vieille qu'on l'imaginait. Ah ! Ils étaient bien déçus. Pendant que je reprenais mes esprits, Jean-Michel Couve sortit de la salle Despas et brandit, sous les applaudissements, la plaque commémorative offerte par les chasseurs, puis escortés par toutes les forces de police, ils allèrent déjeuner au frais.

J'avais encore échoué !

Alors, devant la presse, je remis officiellement les clés de ma petite Fondation à Alain Spada, l'ancien maire, qui l'avait mise à ma disposition et qui, lui, était à mes côtés.

J'étais vaincue, je rendis les armes et les clés.

Dès le lendemain je partis pour Bazoches, ne pouvant rester une journée de plus dans ce village qui m'avait rejetée comme une malpropre, comme la mer rejette les déchets qui la salissent, comme le corps rejette les organes implantés que l'organisme n'accepte pas. J'avais cru, depuis trente-six ans que je vivais là, fidèle et emblématique, que j'aurais été considérée comme une des leurs.

Tel n'était pas le cas.

La rupture était consommée, le divorce prononcé.

Je ne voulais plus entendre parler de Saint-Tropez !

*
* *

J'arrivai à Bazoches en piteux état.

La chaleur y était encore plus accablante qu'à Saint-Tropez, je ne parvenais ni à me détendre ni à oublier. Les journaux ne titraient que sur cet affrontement, rendant certes hommage à mon courage mais mettant en évidence la victoire des chasseurs. Certains, plus gentils que d'autres, parlèrent d'un match nul entre les deux parties, mais tous annoncèrent mon départ officiel de Saint-Tropez, ce qui fit le tour du monde.

Malgré la blessure que je ressentais, il me fallut me ressaisir rapidement.

Le 7 juin, à l'occasion du gala d'ouverture du 9e Festival du film de Paris, organisé par Louisa Maurin au Théâtre de l'Empire, avenue Wagram, dont j'étais l'invitée d'honneur, Jacques Chirac me remit la médaille de la Ville de Paris devant le gratin du Tout-Paris, devant le Tout-Cinéma, acteurs, producteurs, metteurs en scène, et les médias de tous horizons. Bien que ce genre de manifestation me déplaise au plus haut point, je n'étais pas fâchée qu'aux yeux du monde la Ville de Paris me fasse les honneurs d'une reine au moment où Saint-Tropez me rejetait. Les hommages de Jacques Chirac étaient plus valorisants que le dédain et la lâcheté de Couve !

Mais ce jour-là, je ne pus profiter pleinement de l'honneur qui me fut fait.

Le matin même, Yvonne était de nouveau passée sur le billard, à l'hôpital Laënnec cette fois. Encore sa gorge, des métastases, des blessures, des douleurs qui faisaient d'elle une décapitée recousue ! Un changement de chirurgien allait peut-être mettre un terme à ces interventions à répétition. N'ayant absolument pas eu le temps d'aller la voir, trop bousculée par une série d'événements importants et officiels auxquels je ne pouvais me soustraire, je lui avais juré de passer à l'hôpital dès que je sortirais de l'Empire. Mais Laënnec n'est pas le palace de luxe qu'est l'Hôpital Américain. Ici, on ne plaisantait pas avec les horaires, surtout en réanimation. Je dus partir comme une folle à peine ma médaille remise, j'expliquai à Jacques Chirac qui, pour gagner du temps, me fit raccompagner par sa voiture et son chauffeur.

Yvonne, sur son lit de douleur, muette, mutilée pour la énième fois, courageuse et volontaire, m'accueillit avec un sourire qui reflétait toute la tendresse, tout l'amour du monde.

Comme j'ai aimé cette femme !

Comme je l'aimais quand je lui embrassais les mains et qu'elle me parlait avec les yeux. Je lui racontais ce que je venais de vivre, elle était fière de moi, pour moi. Yvonne a toujours été mon stimulateur, elle m'insufflait le courage qui me manquait, m'obligeait à me pomponner lorsque j'avais tendance à me laisser aller, me traînait au restaurant alors que je préférais croupir à la maison, invitait des amis, me forçant à réagir quand elle me sentait au bord de l'abîme.

Ce jour-là, elle fut heureuse de me voir belle, élégante, bien coiffée et joliment maquillée, elle oublia ses misères le temps de ma visite qui mit l'hôpital en émoi. Si à l'Hôpital Américain ils étaient blasés à force de voir des célébrités et des milliardaires de tous poils et de toutes couleurs, à Laënnec en revanche je fis sensation, et cette gentille admiration, que le personnel me manifesta, rejaillit sur Yvonne qui devint la chouchoute du service. J'allai la voir tous les jours pendant le mois que dura son hospitalisation, pour la plus grande joie des internes, des infirmières et de son nouveau chirurgien qui mit un point d'honneur à me la rendre en parfait état, débarrassée à jamais du risque tant redouté d'une autre opération ; elle avait retrouvé un murmure de voix.

Un jour, avec François et Frank, j'amenai Bernard Montiel, son présentateur T.V. préféré. Ce fut une révolution dans l'hôpital et une merveilleuse surprise pour Yvonne. Nous avions apporté du champagne et tout le service d'étage est venu trinquer. Yvonne trempa ses lèvres dans mon verre mais ne put boire, qu'importe, elle était heureuse, entourée, aimée. La triste chambre de cet hôpital vétuste était soudainement devenue chaleureuse, joyeuse, ce fut un petit miracle qui accéléra sa guérison.

J'aurais fait n'importe quoi pour lui faire oublier son calvaire !

Wendy lui manquait, mais la sachant chez moi avec ses copains, elle était rassurée, sa seule inquiétude était de la retrouver crasseuse ! C'est vrai qu'à la maison les chiens restaient à l'état naturel et Wendy aimait se rouler dans la terre, dans les crottes de mouton et dans tout ce qu'il y a de plus dégueulasse, redoutant de se retrouver à nouveau shampouinée quatre fois par jour avec l'interdiction d'aller renifler autre chose que la moquette du salon.

J'allais souvent à la Fondation, avant ou après mes visites à Yvonne.

Si les bureaux étaient à mon image et correspondaient à mes désirs, la direction « Nœud papillon » s'avérait être un fiasco de première classe.

Combien de fois ai-je pleuré dans mon coin, regrettant amèrement Liliane Sujansky avec qui j'avais noué une véritable amitié et grâce à qui j'avais démarré ma Fondation sur Paris ! Sans elle je n'y serais jamais arrivée. Et puis je l'aimais bien. Nous avions le même amour des animaux, le même courage face aux situations pénibles que nous trouvions sur le terrain, dans la merde, le sordide, la détresse, la maladie, la mort. Il faut rendre à César ce qui est à César. Liliane fut très importante dans l'implantation et la création de ma Fondation. C'était une très mauvaise gestionnaire, c'est vrai, mais personne n'est parfait ! Secondée par un spécialiste, responsable du côté financier, c'eût été parfait. Mais je m'étais laissée influencer, j'avais cédé à contrecœur et je le regrettais amèrement.

« Nœud papillon » n'était pas dénué de qualités mais il était bordélique, s'embarquait dans cinquante choses à la fois, n'allant jamais au bout, changeant d'avis en cours de route, déstabilisant l'équipe avec ses virevoltes. Il perdait ses papiers, égarait les chèques, était incapable de tenir un semblant de comptabilité. Annie, la comptable, s'arrachait les cheveux. Il oubliait ses rendez-vous, prenant l'avion pour Bruxelles pour assister à un colloque alors qu'on l'attendait au ministère de l'Agriculture à Paris !

Ça ne pouvait pas continuer comme ça !

Je le lui dis. Il fallait un catalyseur.

Il sembla soulagé par cette décision car il ne se sentait pas capable d'être seul aux commandes d'une telle entreprise. Il connaissait une personne très bien, gestionnaire dans le milieu bancaire et passionnée d'animaux, avec laquelle il avait souvent travaillé bénévolement pour des refuges en perdition ou sur des problèmes juridiques suite à des mauvais traitements.

Je la rencontrai.

C'était une femme de tête qui ne devait pas rigoler tous les jours !

Très autoritaire, scrupuleuse, méticuleuse et observatrice, elle comprit immédiatement ce qu'on attendait d'elle. En un coup d'œil elle jugea la situation, le laisser-aller, le désordre, la désorganisation qui régnaient dans les bureaux. Le personnel, sans l'autorité de quiconque, travaillait « un coup j'te vois, un coup j't'ignore », c'étaient des fous rires, on fumait au lieu de se concentrer sur ses dossiers, on ne répondait pas au courrier, on mâchait du chewing-gum en téléphonant. Si elle reprenait les choses en main elle serait intransigeante, remettrait les pendules à l'heure et les gens au pas. Elle serait directrice générale, responsable à part entière de la bonne marche de tous les services dans tous les domaines.

J'acceptai ses conditions.

Elle ne pourrait commencer qu'en novembre mais passerait de temps en temps pour se mettre dans le bain.

Quand nous eûmes fini de parler business, elle se détendit, sourit pour la première fois et devint tout à fait charmante. Elle était jeune et élégante, correspondait tout à fait à ce que je recherchais. Lorsqu'elle traversa les bureaux pour partir, je la présentai à tous mes collaborateurs qui, à ma grande surprise, se levèrent, presque au garde à vous. Elle leur lança un « Bonjour » du bout des lèvres, ne leur tendit pas la main. On aurait entendu une mouche voler ! Elle garda ses distances même avec moi et disparut.

Mazette ! Mais c'est la Margaret Thatcher de la protection animale !

*
* *

J'avais beau essayer de me détendre, je n'y arrivais pas.

La chaleur m'anéantissait et ces allées et venues quotidiennes sur Paris m'abrutissaient. Heureusement Frank avait à l'époque une voiture climatisée qui me permettait d'assumer tous ces trajets malgré la fournaise habituelle de cet été précoce. Bernard, de son côté, partait à des rendez-vous mystérieux et secrets auxquels je ne participais jamais. Nous nous retrouvions le soir à Bazoches où parfois je l'attendais jusqu'à des heures avancées de la nuit pour dîner. Il me parlait politique, fustigeant tout ce qui n'était pas en accord avec les idées de Jean-Marie Le Pen. Je ne pouvais lui donner des nouvelles d'Yvonne, il s'était mis à la détester, éprouvant vis-à-vis d'elle une jalousie maladive, ne comprenant pas l'intérêt que je trouvais à ce « gros tas cancéreux », exaspéré par l'amour que je lui vouais.

Parfois j'eus droit au charmant sobriquet de « gouinasse ».

Nous n'étions que des « gouinasses » !

Notre couple était sur la corde raide, nous nous accrochions sans cesse pour des riens, ne partageant rien, vivant deux existences parallèles, nous intéressant à des choses diamétralement opposées, voyant nos amis chacun de notre côté, les miens n'étant que des cons sans intérêt, les siens des politiques brillants...

Nous ne parlions pas le même langage.

L'ambiance était électrique.

Heureusement, j'avais mes enfants de remplacement !

A l'époque j'étais mère de famille nombreuse.

Mylène, ma fille, mon adorée, restait près de moi malgré les réflexions de plus en plus désagréables de Bernard. Elle aussi était une petite gouinasse sans intérêt !

Frank, mon Frank, que je considère comme mon fils – du reste il n'a qu'un an d'écart avec Nicolas – Frank, attentif, efficace, toujours disponible lorsque j'ai besoin de lui, Frank avec qui je partage, depuis que je l'ai rencontré, le meilleur mais aussi le pire. Racé, élégant, polyvalent, il m'accompagne chez un ministre ou m'aide à curer les bergeries et à faire la popote si je suis en panne de gardiens. Tout ça en plus de son travail de chargé de communication à la Fondation.

Il y a aussi François, mon grand, qui m'aide dans le difficile travail que je fais actuellement, celui d'écrire mes Mémoires, ma vie. François pour qui j'ai une infinie tendresse et une confiance totale.

A ce moment-là, je considérais encore Anne-Marie comme ma fille. Elle avait une vie difficile, ballottée d'un travail à l'autre, d'un amour à l'autre, sans racines, sans attaches profondes, seule responsable d'un merveilleux petit garçon, un peu déséquilibré par les tentatives de suicide répétées de sa mère. Elle me ressemblait par certains côtés, par sa vulnérabilité devant la dureté de la vie. Elle me vouait une profonde affection. Parfois, assommée par les barbituriques mais effrayée par la mort, dans un sursaut de lucidité elle m'appelait au secours, s'accrochait à moi, déversant sur mon cœur toute la désespérance du sien. Puis une heure plus tard, elle riait, dansait, chantait, ayant oublié par miracle ses funestes idées noires.

Tout ce petit monde m'aidait à vivre.

Grâce à eux nous passions de charmantes soirées, même si Bernard oubliait de rentrer. Seule l'absence provisoire d'Yvonne laissait un vide.

J'avais aussi une responsabilité morale, ma promesse faite à Nadine de l'appeler tous les jours. Je ne l'avais encore jamais rencontrée, cette cousine de maman, éternellement et imaginairement mourante qui passait des heures à se plaindre de ses cors aux pieds, de sa constipation, de sa hernie hiatiale, de sa voisine de palier, mais qui, pour rien au monde, n'aurait raté son rendez-vous chez le coiffeur et avouait fièrement qu'après ses trois liftings son visage de poupée n'accusait pas ses 82 ans. Je l'écoutais patiemment, puis je raccrochais jusqu'au lendemain où, *bis repetita*, les lamentations recommençaient.

Entre deux allers-retours à l'hôpital et deux engueulades avec Bernard, je trouvais le temps de faire des prouesses culinaires que mes enfants appréciaient particulièrement. Je devins la reine du « clafoutis *tutti frutti* ». Je les faisais à la chaîne, parfois trois ou quatre par jour. J'étais bien dans la fraîcheur de la cuisine avec le ventilateur et le petit coup de champagne glacé. Par contre, lorsque j'allumais le four, je prenais le large.

François me dit un jour que mon clafoutis était différent et bien meilleur par son goût doux ! Ça tombait bien, chez des gouinasses, de faire une tarte « goudou » ! Et c'était parti : la tarte « goudou » resta ma spécialité et fut à la base de bien des fous rires entre nous et de bien des malentendus chez les « estrangers ».

Ma joie fut coupée net lorsque Adrien m'appela de La Madrague pour m'annoncer la mort de la « Petite Pieds Nickelés », fragile petite chatte qui avait été déposée devant mon portail avec deux petits frères. Comme ils étaient trois et que nous étions à court d'imagination, nous les appelâmes « Les Pieds Nickelés ». Rachitiques, sevrés trop tôt, malgré nos efforts il ne nous en reste qu'un aujourd'hui, les deux plus faibles n'ayant pas survécu.

Je pense que peu de gens ont lutté, comme moi, contre la mort, pour finalement lui être confronté constamment. Ça me rappelle un dicton chinois :

« Fuis ton ombre, elle te suit.
Suis ton ombre, elle te fuit. »

Lorsque j'allais vers elle, elle me rejetait, mais quand je tente de l'éloigner de ceux que j'aime, elle mord... la Mort !

La Fondation fut appelée d'urgence par des protecteurs belges, la course de chevaux la plus scandaleuse du monde allait de nouveau avoir lieu le 20 juin à Krombeke. Il s'agissait de cette lamentable course des vieux, des malades ou des estropiés promis à l'abattoir que les Belges, pour rigoler, lançaient à toute vitesse sur un parcours glissant et escarpé, arrosé d'eau savonneuse, où les malheureux tombaient les uns sur les autres, se cassant les jambes, se blessant atrocement, se tuant, sous les hurlements hystériques d'une foule en délire qui pariait sur le gagnant. Vainqueurs ou vaincus, ils étaient immédiatement traînés par des remorques jusqu'à l'abattoir le plus proche, tout ça dans les douleurs, les souffrances, le stress, l'épouvante que vous imaginez.

Je décidai d'y aller.

Frank loua un petit jet privé et mon arrivée fut annoncée à grand renfort médiatique. Du coup, le ministre de l'Intérieur Louis Tobback, craignant le pire des scandales, à juste titre, fit annuler officiellement la course.

Ça a du bon, parfois, d'être la Mère Fouettard !

Le 24 juin, « Nœud papillon » voulut que j'assiste avec lui à la séance de l'Assemblée nationale où devait être présentée en première lecture la proposition de loi réglementant la clôture de la chasse aux oiseaux migrateurs. On crevait de chaud, mais ne pouvant y aller en paréo, j'essayais de supporter le tailleur pantalon de lin bleu qui, pourtant léger, me collait aux fesses en sortant de la voiture climatisée de Frank. J'étais d'une humeur massacrante, il y avait des photographes partout, on nous faisait attendre dehors en plein soleil. Ces messieurs les députés étant en retard, la séance était reculée.

Qu'est-ce qui rime avec « reculée » ?

C'est bien ce mot qui me vient à l'esprit quand je pense à ces hommes politiques qui décident avec de grandes phrases et des envolées lyriques du sort des animaux, des ouvertures et fermetures des périodes de massacre, de l'avenir du monde et de la survie des espèces, qu'elles soient humaines ou animales. On nous fouilla à l'entrée, une bonne femme me tripota partout (une vraie gouinasse celle-là !), puis me prit mon sac... Je gueulai, mais qu'est-ce que c'était ces façons, non seulement on vous pelote mais encore on vous déleste de votre sac ! C'était le règlement ! Ça alors ! Mais je m'assieds sur votre règlement de mes deux, rendez-moi immédiatement mon sac ou je hurle !

Je fus entourée par deux policiers qui n'avaient pas le sens de l'humour et voulurent me faire sortir... toujours sans mon sac !

Là-dessus, « Nœud papillon », avec diplomatie, m'expliqua que le public ne pouvait pénétrer dans l'hémicycle avec une possibilité de cacher une arme ou un objet contondant, c'était une mesure de sécurité obligatoire. Alors je demandai pourquoi pas à poil pendant qu'on y était ! Ça m'aurait bien arrangée avec la chaleur qu'il faisait !

Je me retrouvai assise sur les gradins du poulailler où, comme au Sénat, c'était rembourré avec des noyaux de dattes, et tellement étroit que mes genoux arrivaient sous le menton. C'est à croire que nos ancêtres mesuraient 1,50 mètre !

Si je n'arrivais pas à me déplier pour partir, je serais condamnée à l'Assemblée nationale à perpette, c'est pire que Fleury-Mérogis !

Alors « ils » entrèrent en scène, les uns après les autres, et y allèrent de leurs tirades (!) sur le bien-fondé de la chasse, ses avantages qui permettaient aux populations épargnées de se reproduire en toute tranquillité, la sélection naturelle n'étant pas assez meurtrière, un petit coup de fusil ne faisait qu'aider la nature paresseuse ! Et j'en entendis des conneries ! Et j'en vis des cabotins, des vaniteux de droite, de gauche, du centre qui, par leur discours grotesque, condamnaient à mort tant d'oiseaux, ne sachant même pas de quoi ils parlaient.

En avaient-ils seulement déjà vu une de ces tourterelles magnifiques et courageuses qui, bien que décimées, flinguées par centaines à leur arrivée, épuisées après avoir traversé le désert du Sahel et la Méditerranée, continuaient de venir fidèlement se reproduire dans l'Ouest de la France, poussées par l'instinct millénaire qui les guidait, envers et contre tout, à suivre traditionnellement la même route du ciel ? Moi je les avais vues, j'en avais même enterrée une sous la fenêtre de ma cuisine à La Madrague.

Tout à coup, l'écœurement prit le dessus, les larmes brouillèrent ma vue, ils avaient bien fait de me prendre mon sac sinon je crois que je l'aurais balancé sur la gueule du connard qui blablatait depuis dix minutes son chapelet d'inepties dénué de toute sensibilité, de toute humanité. Je me dépliai comme je pus, en faisant le plus de bruit possible, quelques regards s'élevèrent dans ma direction avec un air outragé, j'eus envie de leur faire un bras d'honneur. Du coup « Nœud papillon » et Frank m'emboîtèrent le pas en faisant claquer leurs strapontins, ce départ opiné dérangea l'orateur et fut pris comme une insulte...

Tant mieux Messieurs « les Reculés » !

Je récupérai mon sac, espérant qu'on ne m'avait rien volé, mais mes larmes m'empêchèrent de vérifier. Je sortis de là dans un tel état de désolation que Frank et « Nœud papillon » m'emmenèrent directement au bistro du coin boire un champagne.

*
* *

Puis il y eut l'affaire « Jeffrey Robinson »

Cet écrivain américain m'était tombé un jour sur le poil à Saint-Tropez, une rose à la main, alors que j'essayais de placer à l'adoption tous les pauvres chiens abandonnés que la petite Fondation avait recueillis en catastrophe. Au milieu des aboiements, il m'expliqua avec beaucoup de charme et de conviction qu'il venait de terminer une biographie sur moi, qu'il avait rencontré des dizaines de mes proches, Jicky, Mama Olga, Vadim, Mijanou, Bougrain Dubourg, qu'il ne voulait en aucun cas me déplaire et demandait mon accord avant l'édition. Une serpillière dans la main gauche et une gamelle de croquettes dans la droite, harcelée de tous côtés, ne pouvant parler dans un tel brouhaha, je l'invitai à déjeuner à La Garrigue.

Ce fut à la fortune du pot mais il eut l'air ravi et ne cessa de me raconter ma vie, comme si je ne la connaissais pas assez, me parlant de mon grand-père, le Boum, comme s'il s'agissait d'un vieux copain à lui, me donnant des détails sur mon enfance glanés auprès de Mijanou, d'autres sur mes débuts au cinéma probablement arrachés à Vadim ou à Mama Olga.

Il était sympathique, relax, rigolo, plein d'humour et m'étonna avec ses airs de ne pas y toucher qui en savait long.

Bref, je me fis avoir, une fois de plus, et l'autorisai à sortir son bouquin, il y en avait eu tant et tant, qu'un de plus, un de moins... Mais je l'avertis que j'étais moi-même en train d'écrire mon autobiographie, qu'il prenait le risque de faire un bide, mon livre évinçant forcément les autres. (A propos, je réalisais que je n'avais pas avancé d'un chapitre depuis... Oh ! Là ! là ! Il fallait absolument que je m'y remette mais je n'avais pas le temps.)

Il partit, très satisfait de notre rencontre extrêmement brève au cours de laquelle il ne me posa aucune question personnelle pour tenter de me connaître un peu plus profondément. Cependant, redoutant un procès de ma part, il me demanda d'écrire un petit mot qui serait mis en guise de prologue... c'était un petit détail qu'il apprécierait énormément.

Mais je n'avais rien lu, je ne pouvais pas prendre ce risque !

Mais je ne risquais rien il me le jurait.

Dès que le livre serait en pré-édition, il me ferait parvenir un exemplaire que je pourrais corriger si des erreurs importantes y figuraient. Puis, toujours plein de charme, il m'embrassa, serra chaleureusement la main de Bernard, et disparut comme il était venu.

Je n'y pensai plus, d'autres événements, autrement plus urgents et importants occupant mon temps et mon esprit. Mais Bernard, qui avait fait ami-ami avec lui, gardait le contact et me harcelait quotidiennement pour que j'écrive le petit prologue qu'il désirait. Je l'envoyais aux pelotes ! Je ne voulais pas écrire quoi que ce soit pour un type que je ne connaissais pas, ni donner mon aval à une biographie que je n'avais pas lue !

Là-dessus, Mijanou s'y mit aussi.

Elle me téléphona trois fois par jour pour me faire le panégyrique de ce Jeffrey Robinson qu'elle avait trouvé merveilleux, il fallait que je lui écrive les trois lignes demandées, elle se portait garante de l'intégrité du texte et du type !

Ils commençaient à me pomper l'air avec leur Jeffrey Robinson !

Au bout de trois mois, ils m'eurent à l'usure, je cédai et écrivis mon propre arrêt de mort. Je regrette amèrement de m'être une fois de plus laissée influencer, j'aurais dû suivre mon idée, mon bon sens, mon instinct.

Et j'oubliai !

En ce mois de juillet 1994, m'arriva par la poste à Bazoches un gros paquet contenant les feuillets du livre de Robinson avec un mot charmant de l'éditeur français qui attendait mes objections, s'il y en avait !

En place d'honneur, trônait le texte que j'avais écrit et que je regrettais déjà.

Au fur et à mesure que j'avançais dans la lecture sans aucun intérêt de cette biographie qui ne faisait que reprendre des articles de journaux à scandale, je m'aperçus que tout était basé sur des histoires croustillantes de coucheries, la plupart du temps inventées de toutes pièces. Voilà que je me découvrais des amants de nationalités variées que je ne connaissais ni des lèvres ni des dents, des inconnus au bataillon de ceux qui partagèrent mon lit, comme si je n'en avais pas eus assez, il fallait en rajouter !

J'étais furieuse.

Je barrais des chapitres entiers à l'encre rouge, écrivant « scandaleux », « faux » en lettres énormes, puis j'appelai l'éditeur dans un état de révolte proche de l'apoplexie. Le pauvre n'y était pour rien et tombait des nues. Il était sincèrement désolé de ma fureur, croyant que j'avais déjà pris connaissance d'une première mouture du texte, vu le mot charmant que j'avais écrit. Mais la version anglaise en cours de parution contenait intégralement les détails que je déclarais farouchement et scandaleusement faux. Il lui était difficile de tout supprimer car il n'y aurait plus de livre...

La version anglaise contenait donc toutes ces horreurs !

J'ai cru avaler le combiné du téléphone !

Je décidai d'interdire la vente de ce livre en France et appelai dans la foulée et dans le même état de fureur révoltée Gilles Dreyfus, mon avocat. Il me connaissait bien, depuis des années qu'il essayait de rattraper au vol les bêtises que j'accumulais par négligence ou par je-m'en-foutisme ! Restant très calme, il me conseilla de lui faire parvenir le manuscrit mais ne me laissa pas beaucoup d'espoir à cause du foutu mot que j'avais écrit !

Il fallait faire vite !

J'enrageais et Gilles n'en finissait pas de me donner son avis.

Du coup j'appelai à la rescousse Maître Baloup de Saint-Tropez qui m'avait accompagnée à l'Aïd-el-Kébir dans Le Crau. Celui-ci était un rapide, un malin, il trouverait sûrement un moyen efficace.

Entre-temps j'eus une idée de génie !

J'allais bloquer l'édition du livre de Robinson en proposant le mien. Bien que n'ayant plus écrit depuis des lustres, j'avais quand même 500 pages tapées à la machine, en m'y mettant jour et nuit, j'avais peut-être la possibilité de terminer les dix dernières années qui manquaient d'ici un ou deux mois...

Baloup prit mon manuscrit sous le bras et partit pour Londres voir l'éditeur anglais qui fut désolé mais ne pouvait stopper une machine déjà en route. En revanche, il proposa d'éditer mon livre dès qu'il serait terminé, ne pouvant juger sur un travail inachevé. Quant à l'éditeur français, sa maison était beaucoup trop modeste pour accéder à mes conditions draconiennes. Il coupa donc quelques phrases parmi les centaines que j'avais tailladées rageusement, le livre sortit avec un énorme soutien médiatique basé sur le slogan : « La première biographie écrite sur B.B. et approuvée par elle ! » Mon mot pondu à contrecœur servit d'impact publicitaire. Je me fâchai définitivement avec Dreyfus, furieux que j'aie pu le tromper avec Baloup. J'en voulus très longtemps à Bernard et à Mijanou.

Cette plaisanterie me coûta une petite fortune !

Mais du coup je recommençai à écrire mes Mémoires, bien décidée à aller jusqu'au bout, à faire un succès qui ferait oublier toutes les conneries qu'on avait pu écrire sur moi depuis si longtemps. C'était MA vie et j'étais seule habilitée à pouvoir la raconter. Je mis un an et demi à terminer. Je présumais de mes forces et de ma mémoire en pensant y arriver en quelques semaines.

Le 7 décembre 1995 j'écrivis le mot « Fin ».

Cette fin fut le début d'une aventure absolument nouvelle et enrichissante pour moi qui découvrais tout à coup un milieu littéraire totalement inconnu. Le succès inespéré et phénoménal qu'eut mon livre dans le monde entier me permet aujourd'hui d'en écrire la suite.

*
**

Yvonne était revenue, éprouvée, fatiguée, amaigrie mais vivante, heureuse de nous retrouver, de revoir Wendy, de rentrer chez elle. Sa soif de vivre lui donna des ailes. Refusant de rester convalescente, elle nous entraîna chez notre copain Coville qui avait transformé son entrepôt d'antiquités en restaurant.

Si la décoration était ravissante (on se croyait dans un décor de film), la bouffe était plus qu'artisanale. N'ayant aucune expérience de la restauration, Coville, qui ressemble à Raimu comme deux gouttes d'eau, mettait au menu des crêpes, qu'une malheureuse Bretonne débordée essayait de faire en vitesse dans une petite poêle sur un camping-gaz, du jambon cru et cuit, de la salade, des omelettes, du fromage et un assortiment de tartelettes qu'il allait acheter chez le pâtissier du coin !

En général, le pain manquait et on sortait les biscottes de secours, le jambon était dévoré par les premiers clients, les retardataires devant se contenter d'une boîte de sardines à l'huile et de pommes chips. Mais il y avait vin et champagne à profusion et surtout une ambiance de fête extraordinaire à laquelle je n'étais pas étrangère depuis que les Gipsy Kings étaient venus l'année dernière pour ma fête. A partir de ce moment-là, avec Nicole ma guitariste préférée et Mylène, nous avions pris l'habitude d'y jouer régulièrement notre répertoire. D'autres se joignirent à nous. Le pharmacien de Montfort-l'Amaury à la batterie, un autre à la guitare électrique, Nicole, Mylène et moi nous déchaînions dans le folklore sud-américain.

Un illusionniste fit son numéro puis revint régulièrement. Et aussi des chanteurs comme Danyel Gérard. Des professionnels du jazz passèrent faire un « bœuf » et d'autres du folk.

C'était génial.

Coville acheta un piano, une sono, des micros.

Puis il épousa une jeune Thaïlandaise qui faisait divinement bien les rouleaux de printemps, et fit venir sa nombreuse famille qui s'affaira dans une cuisine dernier modèle, ultramoderne, agréée par l'hygiène et la sécurité. L'affaire prit du genou, le restaurant thaï une étoile au

Michelin, l'antiquaire-café-théâtre une clientèle de plus en plus nombreuse.

Bien des soirs nous allions là-bas participer au spectacle, satisfaire les clients curieux de nous entendre chanter et jouer de la guitare. Notre trio était parfaitement rodé, et Nicole, la professionnelle du groupe, nous menait la vie dure si nous oubliions un accord ou une parole de chanson.

Bernard nous baptisa « Les Gipsy Gouines ».

Heureusement que j'ai une solide réputation de bouffeuse d'hommes sinon à force on pourrait se poser des questions.

Coville était notre cantine, notre havre, notre seconde maison.

Yvonne au milieu des rires et de la musique oubliait ses misères, elle participait, en tapant la mesure dans ses mains ou en jouant des maracas. Son visage s'illuminait, ses yeux brillaient sur son dernier été !

Frank, son ami Patrick et François nous rejoignaient souvent le samedi soir. Lorsqu'il y avait beaucoup de clients et que les serveurs, peu nombreux, étaient débordés, ils n'hésitaient pas à donner un coup de main. Tout le monde participait à la bonne marche de cette entreprise quasi familiale.

C'était rigolo ! Rigolo !

Au cœur de cet été torride, les journaux de mode et les magazines féminins annoncèrent à grand renfort de photos que la Sophia Loren venait de signer un contrat mirobolant pour une publicité de fourrure.

J'ai manqué avoir une attaque !

Avec tout le pognon qu'elle avait gagné dans sa vie, le luxe qui l'entourait, la fortune de son mari, il fallait qu'elle soit inconsciente ou folle pour se permettre de faire une chose pareille, à contre-courant de l'opinion publique, des top-models les plus célèbres du monde !

Je lui écrivis une lettre ouverte qui n'était pas piquée des hannetons mais qui dut la piquer au vif. Je n'y allais pas par quatre chemins. J'étais horrifiée que cette femme pût à ce point être insensible, inhumaine, âpre au gain, au détriment d'une souffrance animale inutile et atroce, dénoncée et reconnue.

Je n'eus évidemment aucune réponse.

Mais, quelques années plus tard, la fourrure revint en force, les couturiers en mirent partout dans leurs collections, le faible espoir que nous avions eu de la voir disparaître à jamais se transforma en cuisante défaite.

Puis mon fils Nicolas débarqua sans crier gare.

Pour une surprise c'en était une !

Il venait se réfugier chez moi pour réfléchir. J'étais à la fois émue, heureuse et mal à l'aise.

Nous nous connaissions si peu, si mal, si superficiellement, il faisait figure de pièce rapportée dans cette famille reconstituée qui m'entourait. Il dut ressentir la même chose car, à peine arrivé, il m'annonça son départ pour le surlendemain. Je le trouvais changé, épaissi, plein de poils, et avec cette barbe qui lui mangeait le visage et ne le mettait pas en valeur. J'ai horreur des barbes et des poils en général sauf sur la tête. Il était un mélange de Carlos et de Philippe Léotard.

Qu'avait-il pris de mon patrimoine génétique ?

Peut-être cette sensibilité exacerbée, cette vulnérabilité, ce besoin d'absolu, ce tempérament autoritaire et colérique qui le laissaient à la merci de toutes les tempêtes que la vie nous oblige à dominer. Il souffrait et je devais l'aider, m'ouvrir à lui pour qu'il soulage sa peine sur mon cœur. J'essayais de l'apprivoiser, doucement, lui donnant tout mon temps, le sondant sans le brusquer.

Nous vécûmes trois jours en tête à tête.

Je proposai de l'emmener chez Coville pour lui changer les idées mais il refusa, préférant sa solitude songeuse et ravageuse. Il repartit aussi coincé qu'il était arrivé. Retrouverais-je jamais cet enfant unique dont j'avais tant redouté la naissance mais qui était la chair de ma chair, le sang de mon sang, mon seul véritable fils, celui dont j'avais un besoin absolu ?

Telle mère, tel fils !

Dans tous les moments difficiles de ma vie (Dieu sait qu'il y en eut !) je trouvais réconfort en confiant ma peine à la Vierge Marie que j'appelle « ma petite Vierge » et à qui j'ai érigé une minuscule chapelle à La Garrigue. Au plus fort des désarrois les plus inextricables, je trouvais et je trouve toujours un apaisement auprès d'Elle. Pourtant je fuis les messes, les églises bondées, les grandes cérémonies religieuses, les curés Nouvelle Vague.

Je n'aime pas les intermédiaires, je n'en ai pas besoin.

J'ai un contact direct avec cette maman du ciel qui a eu, elle aussi, la pauvre, sa part de souffrances, en assistant, impuissante, à la torture, à l'agonie et à la mort de son seul fils Jésus.

Je crois en Dieu mais, incapable d'imaginer son aspect physique, il reste pour moi impalpable, intouchable, inabordable. Tandis que « ma petite Vierge », plus proche, plus humaine, plus accessible est secrètement ma plus douce et ma plus attentive complice. Je ne lui fais pas les prières conventionnelles inventées par les hommes d'Eglise, je lui parle comme à une amie de tout ce qui me tracasse. Quand je suis de mauvais poil, il nous arrive de nous engueuler comme je le ferais avec quelqu'un qui ne comprend pas assez vite ce que je raconte. Je lui avait demandé d'épargner Yvonne et elle m'avait exaucée jusqu'à ce jour. Quotidiennement je la remerciais pour ce petit miracle. Je lui envoyais des baisers qui se perdraient dans l'air du temps, il n'y a pas encore de Chronopost pour le ciel.

Effectivement, le cancer du larynx d'Yvonne avait été définitivement vaincu. La guerre était gagnée au prix de tant de batailles perdues, mais le résultat était là ! Elle s'habituait à son chuchotement, n'étant pas sourds nous la comprenions parfaitement, seule Wendy, même en tendant ses petites oreilles, ne s'y retrouvait plus.

La trêve fut de courte durée.

Connaissant Yvonne comme moi-même je m'aperçus qu'une inquiétude assombrissait son regard, derrière ses sourires.

Un jour, elle me confia dans un murmure qu'il lui semblait déceler une tumeur de l'intestin palpable par la voie naturelle. Elle frissonnait de terreur et pleurait de désespoir. Je fis de mon mieux pour la rassurer, elle faisait une fixation sur ce foutu cancer, c'était impossible !

Mais les choses évoluèrent rapidement.

Elle alla consulter un gastro-entérologue et revint dans un état de détresse tel que je compris immédiatement que le pire était confirmé.

Pauvre Yvonne, pauvre, pauvre petite !

Son envie de se battre l'avait abandonnée, elle avait donné jusqu'à ses dernières forces pour vaincre ce dramatique cancer du larynx. Son organisme épuisé ne luttait plus contre ce nouvel ennemi, sournois, tenace et encore plus profondément implanté en elle que le précédent. Elle savait que maman n'y avait pas survécu, elle revivait avec moi ces épreuves douloureuses auxquelles elle avait assisté, dans lesquelles elle m'avait soutenue de toutes ses forces. A mon tour de l'aider à supporter l'insupportable.

J'essayais de dédramatiser la situation, son cas était certainement différent et moins grave que celui de maman, elle était d'un tempérament plus robuste, plus énergique, elle allait encore une fois gagner, vaincre, soumettre ce mal impitoyable.

A partir de ce jour de misère, elle s'accrocha à moi, je fus sa bouée d'espoir, elle ne survécut qu'à travers moi et pour moi, comme des vases communicants, elle déversait son chagrin, son angoisse, sa lassitude que je lui rendais purifiés et positivés sous forme de force vitale, d'ondes bénéfiques, d'optimisme, de foi profonde car elle était très croyante. Cette transfusion lui redonna un sursaut de vitalité qui lui permit de profiter pour peu de temps encore des jours qui lui étaient désormais comptés. Je pense que cette osmose, qui nous liait, mit Bernard dans une fureur incontrôlable. Mais s'il se conduisait d'une manière innommable, le reste du monde me rendait un merveilleux hommage !

Ce fut l'anniversaire de mes 60 ans que l'on me souhaitait de toutes parts.

602

J'avais reçu pour ma Fondation un chèque de 60 000 dollars envoyé par Gunter Sachs ! Jicky venait de faire éditer chez Vade Retro un album de photos, somptueux, réunissant les plus beaux clichés pris de moi tout au long de ma vie. Les maires de Laas et de Camembert m'invitaient à m'installer dans leurs communes où les chasseurs n'avaient pas droit à la parole, où je trouverais la chaleur humaine, le calme, le respect qui m'étaient dus. Ils joignaient à leurs charmantes invitations tout un assortiment des spécialités artisanales de leurs provinces. Je recevais des lettres de Chirac, de Giscard d'Estaing, et des milliers d'autres toutes adorables, chaleureuses, merveilleuses ! Les envois de fleurs se bousculaient au portillon. Nous ne savions plus où les mettre !

Personne ne m'avait oubliée, tout le monde m'aimait...

... Oui, mais tout le monde, c'est personne !

Je me foutais du reste.

Y compris des hommages rendus par toutes les chaînes de T.V. françaises, les émissions spéciales en Grande-Bretagne et aux U.S.A., les couvertures de magazines. Je voulais tout envoyer faire foutre, décommander la soirée prévue chez Coville où tout le ban et l'arrière-ban devait fêter avec moi cet anniversaire qui prenait des allures d'affaire d'Etat.

Même si Bernard ne méritait pas que je le pleure, il était l'homme qui partageait ma vie depuis deux ans. Je ne voulais plus, je ne pouvais plus vivre seule et je me retrouvais sans cesse en conflit avec ce type qui fichait le camp sans arrêt, me laissant chaque fois un peu plus éprouvée, un peu plus affaiblie.

J'étais dans cet état d'esprit lorsque Philippe d'Exéa, flanqué de son assistante, sonna au portail avec tout un attirail d'appareils photo, d'écrans, de trépieds, de caméras et patati et patata !

Oh ! Mon Dieu, mais je l'avais complètement oublié celui-là...

Il n'était plus question que je fasse des photos, qu'il aille au Diable, il m'emmerde... Et je chargeai François de cette délicate mission. Philippe, tenace, voulait à tout prix me parler, il arriverait certainement à me convaincre, et puis il avait déjà vendu l'exclusivité des photos dans le monde entier, alors ? Alors, c'était non, dehors ! Et François tint bon. Furieux, furax, vexé, fou de rage, Philippe remballa son matériel mais déposa l'énorme gâteau qu'il avait fait faire spécialement pour les photos.

Ah ! On était jolis avec cet imposant gâteau, on en avait pour six mois.

Qu'est-ce que j'allais en faire ?

Je découpais d'énormes morceaux que je distribuais à ma gardienne, à Anne-Marie pour son fils, à Yvonne pour sa gouvernante et à François pour sa maman. Malgré ses crèmes verte, rose et caramel, il n'avait pas l'air fameux. De l'étouffe-chrétien... Vive la tarte goudou !

J'appris quelques jours plus tard que ce gâteau, destiné aux chiens, avait été fait à base de croquettes et de *Canigou* !

Le 28 septembre – Jour J –, Bernard arriva vers midi, avec un petit pichet fleuri et romantique acheté chez un antiquaire pour se faire pardonner notre récente dispute. C'est comme si on m'avait enlevé un poids d'une tonne qui m'étouffait depuis son départ.

Je respirais enfin.

Je lui ouvris les bras et c'était reparti pour un tour !

Toute la journée, je reçus des appels téléphoniques, des fax, des télégrammes, 60 bouteilles de champagne envoyées par Jean Bouquin, des fleurs et encore des fleurs.

C'est crevant d'avoir 60 ans !

Je me serais bien couchée avec un plateau télé !

A propos, nous zappions sur toutes les chaînes et on parlait de moi. C'était émouvant, j'en avais les larmes aux yeux. Alors c'est vrai, on m'aimait ! J'avais chaud au cœur, et puis Bernard était là, mon plus beau cadeau.

Mais c'était pas le tout, il fallait que je me pomponne, que je m'habille, je ne savais pas quoi mettre ni comment me coiffer, n'ayant fait ni mise en plis ni rien du tout. Comme d'habitude je fis avec les moyens du bord, un petit chignon fleuri, un jupon en dentelle, une blouse roumaine brodée à la main et des bottes rouges !

Et hop, nous voilà partis !

Tous réunis pour la dernière fois avec Yvonne. Ce fut une jolie soirée, un peu factice malgré la présence de ceux que j'aime, il planait comme une menace, ça n'était plus comme avant, ça ne serait jamais plus comme avant ! Je faisais désormais partie des Sixties, j'entrais dans le troisième âge et avais droit à la carte Vermeil. J'allais être amputée peu de temps plus tard d'une partie de mon cœur en perdant Yvonne.

Pourtant, le 1ᵉʳ octobre, je passai ma journée à la S.P.A. de Gennevilliers avec Bernard Montiel, en direct sur la 1ʳᵉ chaîne, essayant une fois encore de faire adopter tous ces malheureux abandonnés dont les yeux implorants me fendaient le cœur. Exténuée, toujours à Gennevilliers alors que la nuit était tombée, je passais en direct au journal *TF1* présenté par Claire Chazal qui recevait Balladur. Je lui proposai d'adopter le petit chien noir, laissé pour compte, que je serrais contre moi, sans aucun succès ! Il n'a ni le sens de l'humour, ni celui de l'amour ! Mais 250 chiens trouvèrent un maître au refuge et 1 500 dans toute la France.

Yvonne suivit toute cette journée en regardant la télé.

Le lendemain, 2 octobre, je vais comme tous les ans à l'Hippodrome de Vincennes, tenter de faire adopter les chiens de ma Fondation ou d'autres !

C'est un bain de foule impressionnant.

Malgré les gardes du corps, plus Frank et François, je suis bousculée, je perds encore Bernard... J'entends les aboiements mais ne peux m'approcher, l'hystérie tourne à l'émeute. Le service de sécurité m'oblige à me réfugier sur le balcon du hall d'entrée, m'interdisant la visite aux chiens et aux chats ainsi qu'au stand de ma Fondation. Tandis que François est submergé de lettres, de petits mots pour moi et de photos à dédicacer, Frank, lui, se fait voler ses papiers d'identité. Ma voiture est prise d'assaut. Une femme comme folle crie : « Je la vois, je la vois, je vois ses yeux, ce sont les plus beaux du monde ! »

François n'en croit pas ses oreilles et comprend soudainement ce qu'a été ma vie, pourquoi j'aspire au calme loin de toute cette foule, de tous ces photographes.

500 chiens et chats de la Fondation, de la S.P.A. et d'Assistance aux animaux trouveront, ce jour-là, un maître.

Le surlendemain, 4 octobre, Tony William, un fan, admirateur de « B.B. l'actrice » mettait en vente, à l'Hôtel Drouot, toute sa collection de photos, livres, affiches et disques tous dédicacés. Il offrira la recette intégrale de 110 000 francs à ma Fondation. Ce geste grandiose, cette générosité inhabituelle m'ont énormément touchée, surtout de la part d'une personne au chômage, sans revenus.

Je lui en serai éternellement reconnaissante.

Quelques jours plus tard, Yvonne était hospitalisée à l'hôpital Laënnec, dans le service de gastro-entérologie, cette fois, pour y surbir la première des deux interventions qui seront le début de la lente agonie qui la mènera bon an, mal an jusqu'au 28 mars 1995. François et moi nous relayions auprès d'elle. Son moral était au plus bas.

Elle s'accrochait à mes mains, elle avait peur... peur !

J'essayais de l'apaiser, lui expliquais que c'était comme prendre un avion, on confiait sa vie au pilote. Elle devait faire confiance à son chirurgien. Je l'avais rencontré, un jeune type qui ne m'inspirait guère, mais il ne faut pas se fier aux apparences. Il ne me laissa pas grand espoir et ne prit pas de gants pour me l'annoncer. Cet hôpital Laënnec me parut soudain triste, vieux, insalubre ; les chambres minuscules, vétustes, un environnement bétonné, carcéral, moyenâgeux.

Quelle horreur !

Cette première opération pratiquée par les voies naturelles lui laissa une immense douleur mais aucune mutilation visible. Elle en fut soulagée, du coup son moral remonta et elle put sortir de cet enfer au bout d'une dizaine de jours.

Youpi ! Vive la vie ! Vive la joie !

Elle reprit figure humaine, rentra chez elle, fut soumise à un régime draconien, mais tout lui parut paradisiaque après les jours d'angoisse qu'elle venait de vivre. Je passais mes journées près d'elle, réservant mes nuits à Bernard qui, passionné de télévision, restait parfois jusqu'à 4 heures du matin à regarder des navets de première classe. Nous ne nous voyions pas beaucoup mais c'était pas plus mal !

Le 19 novembre, j'abandonnai Yvonne car je devais prendre la tête d'une immense manifestation contre la fourrure, de la gare Saint-Lazare à l'Opéra. A la Fondation tout le monde s'affairait : pancartes, tracts, banderoles, pièges à mâchoires, porte-voix et surtout des centaines de manteaux, capes, étoles, vestes, boléros de fourrure donnés par des adhérents de la Fondation ou des anonymes, qui devaient être brûlés place de l'Opéra. Parmi ceux-ci un superbe manteau de zibeline envoyé par la Princesse Catherine Aga Khan.

Plus de 1 000 personnes participèrent à ce long et pénible défilé, plusieurs portaient des manteaux de fourrure tachés de sang. Ghyslaine Calmels-Bock, ma nouvelle directrice, était parmi nous dans un manteau ensanglanté. Elle avait tout organisé avec « Nœud papillon ». Nous avancions lentement, scandant nos pas de slogans fustigeant fourrures et fourreurs. Je tenais à bout de bras la dépouille d'un renard entier, pattes, tête et queue, transformée en tour de cou, (si cher à Jean-Paul Gaultier et à ses imbéciles de clientes) dont nous avions coincé une patte dans un abominable piège à mâchoires qui pesait lourd.

Il y avait énormément de presse écrite, de photographes, de caméras de télévisions. Le flot de nos troupes grossissait au fur et à mesure que nous avancions. Des passants nous emboîtaient le pas. Des pancartes hallucinantes montraient des animaux pris dans des pièges, se rongeant l'os de la patte pour se délivrer. D'autres, morts d'hémorragies, baignant dans leur sang. Une photo agrandie d'un renard d'élevage au moment de sa mise à mort, une électrode dans la bouche, une autre dans l'anus, on imaginait la secousse de 240 volts qui traversait son corps.

Envahie par une immense lassitude, arrivée place de l'Opéra je fus prise d'une incontrôlable crise de larmes et ne pus allumer le feu des bûchers sur lesquels s'entassaient des centaines de dépouilles de fourrure. C'est Laëtitia Scherrer qui le fit à ma place tandis que je me réfugiais en sanglots dans le hall de l'Opéra.

Cette année 1994, je passai exceptionnellement Noël à Bazoches.

D'abord parce que je pressentais que ce serait le dernier pour Yvonne et que je voulais être près d'elle, ensuite parce que j'étais fâchée avec

Saint-Tropez. Ce fut une petite fête familiale avec l'arbre, la crèche, tous mes enfants à quatre pattes, quelques enfants à deux pattes, un froid de canard dehors, une chaleureuse et douce ambiance dedans.

Dans cette nuit glacée du réveillon, une chouette ulula !

Pour moi le cri de cet oiseau dans cet univers hivernal où rien ne vit ni ne bouge, était un signal, un clin d'œil. Il y avait encore un petit animal qui nous rassurait par sa présence.

Mais Yvonne le prit différemment.

Le cri de la chouette est synonyme de mort chez les paysans, c'est pourquoi on les attrape et on les cloue vivantes aux portes des granges et des étables. Yvonne, originaire du Sud-Ouest où tout est prétexte à tuer ou à détruire, fut profondément épouvantée par cet ululement qui lui rappela soudain ce vol d'une chouette autour de sa maison, le 1ᵉʳ août 1978, alors que maman se mourait.

Une année s'achevait.

L'autre prenait son envol au milieu des rires, des liesses, des vœux, des fêtes, des danses et des « Bonne année ! » distribués à la volée.

A la minuit, je lui pris la main et y déposai 1995 baisers.

XV

Coincée à Bazoches, j'avais le mal de ma Provence.

Cet univers désolé, ce froid, ce verglas, cette campagne meurtrie par la rigueur d'un hiver qui n'était plus habituel, me donnaient le cafard. Les chiens passaient leurs journées à dormir, lovés en rond sur eux-mêmes, attendant, attentifs d'un œil, que je donne le signal d'une promenade qui, bien que prometteuse, ne leur était pas suffisante, habitués qu'ils étaient à courir la prétentaine dans la garrigue pleine d'odeurs délicieuses. Ils reniflaient sans conviction cette terre meuble et humide parsemée de vieilles feuilles mortes.

En un mot comme en dix, il me tardait de retrouver Saint-Tropez, ma Madrague, ma Garrigue, mes habitudes, mes odeurs, mes repères et mes animaux délaissés depuis tellement longtemps ! Bien sûr, j'avais dit que je n'y remettrais plus les pieds, bien sûr le monde entier avait fait des gorges chaudes de ce divorce brutalement décidé de part et d'autre, mais seuls les imbéciles ne changeant pas d'avis, je me rongeais les sangs, attendant le moment propice.

A l'occasion de l'anniversaire de mes 60 ans, en septembre dernier, le maire, Jean-Michel Couve, m'avait écrit de revenir, que Saint-Tropez sans ma présence n'était ni tout à fait le même, ni tout à fait un autre ! C'était gentil et normal, mais j'avais préféré ignorer, mépriser cette main tendue.

Je passais mes journées à écrire la fin d'*Initiales B.B.* pendant qu'un feu de bois ronronnait dans la cheminée et que de délicieuses vapeurs de soupe mitonnaient à la cuisine. Mais j'étais seule et la solitude m'angoissait. Bernard était quotidiennement à Paris, ne rentrant que très tard le soir, me retrouvant toujours en train de travailler. Souvent, je plaquais tout et allais voir Yvonne, de plus en plus mal !

Mon Dieu, que pouvais-je faire pour la soulager de cette pathétique souffrance morale et physique ?

Un jour, je décidai de lui donner à lire mon manuscrit, incomplet mais déjà bien avancé. Ce fut miraculeux, elle se plongea dedans et oublia sa détresse pour ne penser et ne vivre qu'à travers moi tous ces épisodes hétéroclites et souvent majestueux de ma vie. Je la retrouvais en train de rire ou de pleurer selon les passages qu'elle découvrait. Elle fut au summum de sa joie lorsqu'elle lut que Gunter, voulant un enfant, me dit : « Je veux un œuf de Mamoue. » Il m'appelait « ma Moue ». C'est ce qui lui plut le plus... Mais elle ne connut jamais la suite, ni la fin, hélas !

Elle dut rentrer à l'hôpital Laënnec pour son ultime opération, et bien sûr je ne la quittai pas. Celle-ci était déterminante, je le savais mais ne lui dis pas, elle le savait mais n'en parlait pas !

La veille de cette horrible épreuve, je restai près d'elle, essayant de lui insuffler toute la force qui était en moi. François fut, lui aussi, très positif, très présent, très encourageant. Mais nous ne pouvions pas nous mettre à sa place, ni partager le mal qui la rongeait. Elle pleurait en me tenant la main, n'ayant pas peur de la mort mais ne voulant pas me quitter. Je l'embrassais, nos larmes se mélangeaient, je lui jurais sur ma vie qu'elle ne mourrait pas, que moi non plus je ne voulais pas qu'elle me quitte, et nous restions ainsi soudées l'une à l'autre. Lorsque je sortis de sa chambre, je croisai le jeune chirurgien qui n'avait plus aucun espoir de réussite, mais qui tentait le tout pour le tout.

Je priais la petite Vierge de tout mon cœur, de toute mon âme, pour qu'elle accorde un répit à Yvonne.

Répit qu'elle m'accorda !

Le lendemain, j'allai voir Yvonne en réanimation, elle avait le sourire, n'était pas morte mais me montra la monstrueuse cicatrice qui la coupait en deux du pubis à l'estomac... Je plaisantais en lui disant que la couture au fil noir n'était pas vraiment élégante, que mon cordonnier aurait fait mieux, puis nous parlâmes d'autre chose et je la laissai, car elle était épuisée. Le chirurgien me confirma que tout son abdomen était métastasé, qu'il n'avait fait qu'ouvrir et refermer, accélérant ainsi le processus de fin. Mais il n'y pouvait rien, c'était son devoir d'essayer, coûte que coûte, de sauver des vies.

Vive la science moderne !

Pendant ce temps, il s'en passait de belles en Angleterre !

Des manifestations violentes s'élevaient contre le transport et l'exportation d'animaux vivants – particulièrement les petits veaux. On tentait d'empêcher les camions chargés de petits veaux d'embarquer vers la France où ils étaient engraissés en box de contention absolument inhumains avant d'être abattus dans des conditions dramatiques.

La presse internationale s'en empara, titrant : « L'ANGLETERRE LANCE LA GUERRE DU VEAU ! » Linda et Paul McCartney adressèrent une lettre officielle à François Mitterrand, lui demandant de mettre un terme au calvaire des petits veaux. Les associations de protection animale anglaises et le public scandalisés voulaient stopper l'exportation des 200 000 veaux qui chaque année mettent parfois plus de trente heures à atteindre les Côtes de France, arrivant dans des états plus que lamentables, le plus souvent morts de stress et de faim. Ma Fondation et moi-même étions solidaires des manifestants auxquels j'envoyai une lettre de soutien par l'intermédiaire des associations.

L'affaire fit grand bruit.

Yvonne semblait aller mieux, son moral avait repris le dessus.

Elle recommençait à se maquiller et à se nourrir. Sa convalescence serait longue. Après l'hôpital, il était prévu une maison de repos « Clairc Demeure » à Versailles.

Je pouvais retourner à Saint-Tropez ! Ouf.

Je l'appellerais tous les jours, plusieurs fois par jour !

C'est avec un bonheur fou que je retrouvai la douceur des lumières et des paysages de mon pays d'adoption et les petits museaux de mes chatounets, qui me firent la gueule pendant quelque temps ! Les gros naseaux de ma jument, de mon ânesse et de ma ponette, les yeux coquins de mes chèvres coquines, les roucoulades des tourterelles et des pigeons, tout ce petit monde qui était le mien et qui m'avait tant manqué.

L'hiver ressemblait à un printemps tardif, ça sentait bon le feu de bois mort, les algues amoncelées sur le ponton, ça sentait cette odeur indéfinissable d'herbes aromatiques qu'on ne trouve qu'en Provence et qui provient de je ne sais où...

François, qui nous accompagnait, profita de son court séjour pour m'emmener voir enfin Nadine « ma cousine toujours mourante » à Cannes. J'avais beau l'appeler tous les jours, elle semblait toujours au plus mal et cet état m'inquiétait au plus haut point. Quelle ne fut pas ma surprise de découvrir une petite porcelaine de Saxe, toute rose et blonde, jolie comme un cœur, coquette comme pas deux, élégante comme une gravure de mode, portant ses presque 83 ans avec une aisance et un mépris dignes d'un institut de beauté des plus huppés ! Bien sûr elle avait ci, elle avait ça, mais en quittant Yvonne, ses petits bobos me parurent de la roupie de sansonnet. Elle vivait dans un appartement-écrin, surchargé de meubles, de tapisseries, de tentures, de dais, de tapis, même la chasse d'eau murale avait droit à un baldaquin pourpre et or !...

Mazette !

J'étouffais dans cette pénombre où le soleil ne rentrait qu'au travers des volets éternellement tirés à cause des voleurs ! Elle en profita pour me faire signer des dizaines de photos et d'autographes promis à son coiffeur, à son charcutier (tiens, vous n'êtes pas végétarienne ?), à son chauffeur de taxi, à son masseur, à son pharmacien, à son banquier, à sa voisine, à sa femme de ménage, à sa couturière. Rassurée sur son état de santé, je pris le large, respirant enfin le bon air que le mistral m'offrait.

Pendant que les Anglais tiraient les premiers, à bout portant, sur les exploitations et exportations d'animaux vivants vers la France et que leur révolte prenait des proportions internationales, le maire d'un patelin du Sud-Ouest, Bessières, ordonna l'extermination inconditionnelle de tous les pigeons qui, selon lui, polluaient avec leurs excréments. (Il vaut mieux entendre ça que d'être sourd !) Et la querelle de clocher d'éclater, les « pour », fusil en main, les « contre » me téléphonant. Les tireurs de pigeons s'en donnaient à cœur joie, on marchait sur des cadavres de pigeons dans les rues de Bessières, ça pétaradait dans tous les coins, ça empoisonnait avec tous les appâts possibles et imaginables, on était heureux de tuer en toute légalité, peu importait les moyens employés.

Ecœurée, j'appelai au secours Charles Pasqua qui m'avait déjà aidée à maintes reprises à me sortir de situations délicates. En tant que ministre de l'Intérieur, je le priais fermement d'intervenir dans les délais les plus brefs afin d'éviter des affrontements qui se révéleraient peut-être sanglants et graves au sein de la population, et d'épargner par la même occasion la vie des pigeons condamnés. Puis, pour me rassurer sur l'avenir des pigeons, je demandai à l'un de mes admirateurs inconditionnels, un ancien parachutiste, une tête brûlée qui en avait vu de toutes les couleurs et qui adorait les animaux, d'aller faire un tour à Bessières, accompagné de quelques-uns de ses hommes...

L'affaire fut rapidement réglée et les pigeons survivants purent à nouveau roucouler et chier en paix sur la tronche de tous ces connards qui voulaient les exterminer. Je pense que l'intervention musclée de mon copain eut plus de poids que celle de Pasqua !

*
* *

Le 1er février, en revenant de déposer une rose sur la tombe de maman, qui aurait eu 83 ans en ce jour anniversaire, j'appris qu'à Conventry, une femme de 31 ans, mère d'un petit garçon de 9 ans, avait été écrasée par un camion transportant des veaux alors qu'elle tentait désespérément de l'empêcher de passer.

Quelle honte !

J'étais horrifiée par la tournure que prenaient les événements en Angleterre. Les Anglais avaient un courage et une détermination qui forçaient l'admiration, et allaient jusqu'à donner leur vie pour sauver celle des petits veaux.

Jill Phipps devint du jour au lendemain une sainte, une idole, la « Madone des petits veaux » et à juste titre notre phare, notre exemple à nous tous : les défenseurs des animaux. Le *Journal du Dimanche* voulut que je rédige un papier en hommage à Jill Phipps, je l'intitulai « *Jill, ma sœur de combat*, » et l'écrivis avec mon cœur, mes larmes et mes tripes.

Cette jeune femme inconnue me devint proche par le sacrifice qu'elle fit en donnant sa vie pour sauver celle de petits animaux si maltraités, victimes douloureuses et soumises de la cruauté humaine.

Paris-Match publia un article que je fis sur l'inadmissible condition de transport des animaux de consommation, particulièrement celle des veaux qui ne sont que des bébés à peine sevrés, livrés dans leur âge le plus tendre à toutes les exactions, à tous les supplices infligés par les hommes, et auxquels Jill Phipps avait tenté de mettre un terme car son cœur et sa révolte lui imposaient de le faire.

Elle devint mon double, je parlais et agissais en son nom, reprenant les rênes du combat qui l'avait vaincue, décidée à la venger, à mener à terme ce qu'elle n'avait pu terminer, je portais son flambeau et commençai d'attaquer à mon tour tous ces ministres de l'Agriculture, tous ces politiques flasques, tous ces fonctionnaires sans états d'âme, tous ces pouvoirs publics auxquels nous devons faire allégeance. Mais de quel droit ? Ils n'ont pas la science infuse, ni ne sont le reflet de ce que souhaite le peuple, alors pourquoi s'incliner devant ces lâches qui se cachent derrière le titre ronflant que leur prête l'administration et qu'ils ne sont même pas capables d'assumer honnêtement ?

Le 14 février, nous partîmes, Bernard, Frank, un garde du corps et moi, en jet privé aux obsèques de Jill Phipps, à Coventry.

C'est un hommage que je tenais absolument à lui rendre.

Plus d'un millier de personnes se pressaient dans la cathédrale ainsi que la presse internationale. Mon arrivée n'ayant pas été annoncée, je passai inaperçue pendant quelques minutes, puis le bouche à oreille s'étendit jusqu'au chœur où le pasteur officiait. Je me faisais toute petite, la plus discrète possible, ne voulant absolument pas créer le moindre trouble au sein de cette cérémonie émouvante de recueillement. Je priais profondément pour elle, suppliant encore ma petite Vierge de l'aider dans ce monde différent qu'elle découvrait, et pour le repos de son âme, si repos il y avait. C'est en sortant de l'église que la foudre médiatique me tomba sur la tête.

Le harcèlement, les questions, les photos, les caméras.

Je ne comprenais rien et répondais en baragouinant cette langue barbare à laquelle je suis définitivement allergique.

Quoi qu'il en soit ce fut un scoop !

Je fis le lendemain la *Une* de tous les journaux britanniques et on en parla bien au-delà des frontières. Jill Phipps, à travers moi, continuait à faire passer son message, et ça n'était pas terminé !

Revenue à Paris, sans perdre de temps, j'allai le lendemain, 15 février, au ministère de l'Agriculture, rencontrer Jean Puech.

Je n'étais pas seule, Jacqueline Faucher, présidente de la S.P.A., Bruno Laure, président de la Ligue Anti-Vivisection, la P.M.A.F. [1] et bien d'autres représentants d'associations de protection animale venaient demander une amélioration des conditions de transport et de détention des animaux de boucherie.

Les 80 000 pétitions que je lui remis réclamaient entre autres la limitation des transports d'animaux vivants à huit heures. Ces pétitions s'ajoutaient aux 2 111 962 autres récoltées dans toute l'Europe.

Jean Puech n'accorda à notre entretien qu'un mépris impatient. Il pria ses huissiers de le débarrasser au plus vite de toutes ces montagnes de pétitions dont il n'avait que faire... Il nous parla vaguement des cochons qui en pleine chaleur avaient besoin d'être arrosés au cours de leurs transports. Fier de son savoir, il nous fit comprendre que nous n'étions que des cons. Là-dessus, je me levai, tournai les talons et claquai la porte aux moulures dorées sans prendre congé! Il réagit violemment, blessé dans son orgueil et devint définitivement mon ennemi administratif numéro un.

Et dire que tant et tant d'animaux souffrent et supportent tant de douleurs qui pourraient être évitées si des ministres aussi incompétents essayaient de comprendre pourquoi des milliers de personnes plaident en faveur d'améliorations évidentes!

Je battais le fer pendant qu'il était chaud!

Invitée au Journal de *France 2*, en direct à 20 heures, le soir du 16 février, je n'en menais pas large tant j'avais le trac. Mais à la guerre comme à la guerre, je surmontai ma panique, ne pensant qu'à ces pauvres bêtes, mutilées, blessées, stressées, affamées, assoiffées, éperdues de détresse, considérées comme de la bidoche sur pieds par des êtres qui n'avaient plus d'« humain » que le nom. Pendant qu'un clip choc passait, montrant des images difficiles à regarder, les larmes me montaient. C'est avec ce regard brillant d'émotion que je plaidai leur cause, y mettant tout mon cœur, ma force, ma conviction.

Mais pourquoi étais-je obligée de dénoncer de pareilles horreurs?

Pourquoi la société admettait-elle qu'il se passe d'aussi atroces méthodes précédant d'aussi inadmissibles mises à mort?

On prend conscience, après une centaine d'années, que l'Apartheid était une aberration, et l'esclavage a fait partie intégrante du quotidien sans que personne ne s'en afflige ni n'en prenne réellement conscience, cela faisait partie des mœurs... Ce que je dénonce depuis des années sera peut-être pris au sérieux et en considération dans quelque temps... qui

---

1. Protection Mondiale des Animaux de Ferme.

sait ? La mort d'un « nègre » il y a cent ans n'avait pas plus d'importance que la mort d'un chien aujourd'hui.

Entre deux interviews j'allais voir Yvonne.

Essoufflée, à bout de nerfs, je m'écroulais auprès d'elle à l'hôpital Laënnec. Toute cette vitalité qui m'auréolait lui était bienfaisante. Je rechargeais ses batteries et les miennes par la même occasion, puis tel l'éclair, je repartais me battre.

Le 20 février, par un froid glacial, un brouillard intense et une météo accablante, nous prenions, mon équipe de la Fondation et moi, un jet privé qui devait nous emmener à Bruxelles pour participer à une immense manifestation demandant aux ministres européens de l'Agriculture la limitation à huit heures maximum par jour des transports d'animaux vivants.

Le voyage fut épique.

Le petit jet, traversant des turbulences extrêmement dangereuses, se mit à valser de tout côté, nous étions soulevés de nos sièges puis brutalement jetés les uns contre les autres... Je hurlais ! Nous allions certainement nous scratcher au milieu d'un champ ou nous écraser sur un village. Mon Dieu, ma petite Vierge, au secours, au secours, non, je vous en supplie, ne nous faites pas mourir maintenant, trop de choses restent à faire et puis mes petits...

J'arrivai enfin à Bruxelles dans un piteux état, pâle, décomposée de frayeur, le chignon de travers, les yeux au beurre noir du crayon qui avait coulé, entraîné par mes larmes.

J'étais chouette !

Qu'importe ! Je ne venais pas concourir pour le titre de Miss France, mais en avocate d'une cause primordiale et urgente. Dans la voiture qui nous menait sur les lieux, je recoiffais tant bien que mal ma chignasse sur le dessus de ma tête, récupérai les petites fleurs qui s'étaient fait la malle, essuyai mes yeux, me remis un peu de rouge à lèvres et débarquai sous les hourra ! d'une foule en délire. Parmi eux plus de 600 personnes, venues en cars de dix pays différents, portant pancartes et bannières, m'attendaient comme un chef de file, se rangeant en rangs serrés derrière moi.

Ce fut une bousculade monstre !

Je montai sur un podium et haranguai la foule, pendant que des membres de l'association belge Gaïa ouvraient les portes d'une bétaillère dans laquelle des centaines d'adhérents masqués de têtes de moutons ou de veaux en carton-pâte, bêlaient et meuglaient à qui mieux-mieux. De pauvres chiens affolés par cette foule en délire jouaient les « chiens-sandwichs », avec leurs dossards portant des slogans contre les transports d'animaux vivants. Un petit Teckel paralysé, avec l'arrière-train monté sur des roulettes, promenait fièrement la pancarte accrochée à son collier :

« Huit heures maximum c'est un minimum ! »

Il faut savoir qu'aucune loi ne limitait les transports d'animaux, qui pouvaient parfois atteindre les 50 heures ou la semaine entière, sans arrêt pour les abreuver, les nourrir ou les délasser. Il s'ensuivait des morts à la chaîne, des cadavres qui se décomposaient parmi les survivants, eux-mêmes dans des états lamentables, succombant à peine arrivés. Personne ne sait, ni ne se doute du calvaire que subissent les animaux de boucherie, qu'ils soient chevaux, veaux, vaches, bœufs, cochons, moutons, poules, leurs vies n'étant évaluées qu'en carcasses financièrement rentables. Ils n'ont plus de vivant que ce que leur pauvre organisme leur laisse jusqu'à l'abattoir.

C'est devenu un commerce lucratif comme la fourrure ou l'expérimentation animale qui enrichissent les multinationales sans états d'âme, le pognon ayant remplacé toutes les valeurs morales de notre société, qu'on fasse du fric sur le sang contaminé qui amputera des centaines de familles d'un des leurs, dans des conditions scandaleuses et approuvées par une justice elle-même politiquement contaminée, ou qu'on en fasse sur le sang des bêtes dont le flot sorti de l'abattoir ou du laboratoire se transforme miraculeusement en milliers, en millions, en milliards de francs ou de dollars, l'important étant d'engranger, de faire du fric, de gagner du pognon, par tous les moyens !

La société dans laquelle nous vivons est écœurante, et bien rares sont ceux qui osent se rebeller. Comme tous ces moutons menés à l'abattoir, nous suivons le flot de ce qui nous est imposé, nous soumettant à une dictature morale et matérielle de plus en plus rigide, inacceptable, dont notre lâcheté individuelle s'imprègne comme étant inéluctable !

Mais nom de Dieu, réagissez !

Les Français étaient connus pour leurs grandes gueules et on leur a foutu un entonnoir comme pour engraisser les oies. Chacun est content de son supermarché, de sa machine à laver, de son portable et de sa voiture payée à tempérament. Mais c'est pas ça, la vie ! Le tempérament que les gens ont en eux n'est pas fait pour payer des mensualités. N'étant pas une soumise, je me suis toute ma vie rebellée contre ce qui me paraissait inacceptable.

C'est ainsi que je suis sortie du troupeau.

Pour en revenir à Bruxelles, j'essayais par tous les moyens d'obtenir une entrevue avec le ministre de la Communauté européenne chargé du dossier de l'Agriculture. Ces ministres changent tous les six mois, laissant la place à celui d'une autre nationalité. N'ayant aucun rendez-vous, je me suis essuyé un refus me renvoyant d'office dans la foule hurlante qui mettait en péril la protection assurée par tous les policiers que comptait Bruxelles. Pas question d'aller plaider la cause des animaux auprès du ministre de l'Agriculture français qui, bien protégé par une armada de gardes du corps, s'était engouffré tel un rat dans le bâtiment officiel. Ce monsieur n'allait certainement pas se faire dépuceler lors de cette conférence européenne, suivant, lui aussi, les mesures prises par les autres pays, n'osant pas même lever le petit doigt, à défaut d'autre chose ! On était mal partis et je commençais à désespérer lorsqu'un officiel du ministère de la Suède vint m'avertir que Madame Margaret Winberg, ministre de l'Agriculture, désirait me parler.

Je n'en revenais pas.

Alors que la France m'envoyait me faire foutre, la Suède et une femme, belle par-dessus le marché, fut attentive et sensible à mes revendications. Elle me reçut quelques minutes avant le grand rassemblement européen des ministres de l'Agriculture qui devaient voter « oui ou non » à la limitation du temps de transport du bétail. Je crois que le message fut bien perçu par interprète interposé. Le cœur d'une femme pouvant être plus réceptif que celui d'un homme.

Gelée, épuisée par cette journée exténuante, je dus encore, avant de repartir, donner au pied levé une conférence de presse dans les salons de l'hôtel le plus proche afin de repaître les journalistes de tous les points essentiels dont ce jour historique avait fait l'objet.

Dans les toilettes « dames », j'essayai de me refaire une tête tandis qu'une tasse de thé bouillant me réchauffait l'intérieur. J'aurais donné dix ans de ma vie pour être chez moi, au coin du feu, auprès de mes petits.

Après avoir vu Yvonne en coup de vent et constaté qu'elle reprenait le dessus, heureuse d'aller en convalescence chez les petites sœurs de Versailles, je repris l'avion et retrouvai Saint-Tropez, espérant me reposer un peu, enfin !

Je faisais donc la grasse matinée, ayant pris mon petit déjeuner au lit, entourée de tous mes petits à qui je distribuais croquettes, petits biscuits et une grande partie de mon croissant, lorsque Ophélie, ma petite Setter, mon ange de douceur, tomba brusquement de mon lit.

Mais qu'avait-elle ?

Je la pris dans mes bras et la déposai sur le lit, mais sa tête pendait lamentablement. J'essayais de la remettre d'aplomb, mais en vain ! J'appelai Adrien qui, comme moi, constata qu'elle avait eu une attaque cérébrale. Vite, la vétérinaire, qui ne put rien faire. Ophélie ne tenait plus debout, alors j'appelai au secours le Docteur Romeuf de Draguignan qui me confirma le pire !

Je me souviens avoir mis ma main sur Ophélie et promis à la petite Vierge de ne plus fumer, ni boire de vin, ni de champagne pour la guérison, même provisoire, de cette petite chienne qui tenait dans ma vie une place de tendresse et de bonté dont je ne pouvais plus me passer.

Alors commença une lutte sans merci contre la paralysie et la mort.

Elle fut soumise à un traitement draconien de *Candilat*, de cortisone et de je ne sais plus quoi. Cent fois par jour, je la faisais marcher, lorsqu'elle ne tombait pas elle tournait en rond du côté droit. Le lobe gauche du cerveau était atteint.

Qu'importe, j'y arriverai !

Je lui parlais, je la suppliais de s'en sortir.

Elle n'était plus qu'un petit tas de douceur avec deux grands yeux éperdus, elle ne réagissait à rien. Pendant que Bernard fumait ses deux paquets par jour, je tenais bon ! Quelquefois, n'en pouvant plus, je tirais une biffe ou deux sur ses cigarettes après les repas.

Je ne pus rester très longtemps à Saint-Tropez.

L'ouverture du Salon de l'Agriculture ayant lieu bientôt, nous avions, la Fondation, Bernard et moi, décidé d'y coincer le ministre, Jean Puech, afin de le faire réagir au cours d'une attaque surprise que j'étais seule à pouvoir déclencher.

Je confiai Ophélie, la prunelle de mes yeux, à Adrien, responsable à part entière de ses soins, de son devenir, du besoin constant qu'elle avait d'être entourée, aimée, aidée. Je lui aurais donné tout ce qui me restait dans ce bas monde pour qu'il me rende une Ophélie vivante à mon retour.

Le 26 février, à 9 heures du matin, nous étions à l'ouverture du Salon de l'Agriculture, Porte de Versailles à Paris. Nous prîmes des billets comme n'importe quel péquenot, puis à l'intérieur nous attendîmes l'arrivée de ce ministre que nous surnommions « Bite-qui-n'a-jamais servi », parce qu'aussi c... ! J'étais entourée de Bernard (qui pour une fois n'était pas perdu dans la foule vu qu'il n'y avait que nous !), de Frank, de François et de quatre gardes du corps professionnels dont Greg et Christophe, mes fidèles armoires à glace, venus bénévolement assurer ma sécurité dans cette provocation qui risquait de tourner en bataille rangée.

Ce qui se passa !

Après une heure et demie d'attente interminable il arriva entouré et protégé par des agents spéciaux du ministère de l'Intérieur. Malgré la foule qui commençait à s'agglutiner, il me repéra immédiatement, et sa garde rapprochée, talkies-walkies branchés avec les C.R.S. extérieurs, forma une haie infranchissable. J'avais beau user de toute ma souplesse, me glisser sous les cordons, faire volte-face et me retrouver en sens inverse de mon parcours initial, je me heurtais immanquablement au mur inhumain qu'ils dressèrent contre moi jusqu'à m'envoyer quelques coups de poing dont l'un atteignit mon sein gauche, très vulnérable et sensible après le cancer qui l'avait rongé.

J'accusai le coup en hurlant de douleur pendant que mes gardes du corps attaquaient ceux du ministre dix fois plus nombreux ! N'étant pas douillette, je profitai de cette cohue pour m'éclipser et me retrouvais tout à coup, à ma grande surprise, face à la fameuse « Bite qui allait enfin servir à quelque chose ». Il fut aussi étonné que moi alors je l'attaquai sans perdre de temps sur son laxisme face aux huit heures réclamées par l'Europe, sur son indifférence à l'inutile souffrance des animaux de boucherie, sur la nullité de son mandat de ministre de l'Agriculture qui ne comprenait rien à son poste, tout ça devant des dizaines de journalistes, de photographes et de T.V. Escorté par ses collaborateurs et autres enfoirés, « reculés », il tournait la tête de droite et de gauche (habitude politique très en vogue) visiblement très gêné par mon interrogatoire.

Il disparut comme happé par un mouvement de foule circulaire.

Ayant accompli ma mission, j'essayais de sortir, mais une masse de manifestants, haut-parleurs et banderoles à l'appui, m'engloutirent dans un magma de mains, de bras, de baisers baveux, de pelotages, de « je te pousse par-ci, je te récupère par-là ». Les coups maladroits que je recevais réveillèrent la sourde douleur de mon sein gauche que j'essayais de protéger avec mon bras. Je n'en pouvais plus, j'étais au bord des larmes et coincée par un cordon de C.R.S. qui me barrait toute issue. Mais que leur avais-je fait à ces C.R.S. pour qu'ils s'acharnent ainsi contre moi, que ce soit à Saint-Tropez lors de la manifestation des chasseurs ou ici au Salon de l'Agriculture ?

Je m'en sortis, comme je me sors de tout, mais encore un peu plus meurtrie, un peu plus lasse, un peu plus écœurée.

Yvonne déménageait pour « Claire Demeure ».

C'était mon ultime visite dans cet hôpital Laënnec qui ne me rappellera à jamais que d'affreux souvenirs. Elle semblait sereine, entourée de sa nièce et de son frère. Wendy allait bien à Bazoches, je n'avais pas le temps d'y passer, pressée de retrouver Ophélie à La Madrague.

Mon retour, après 48 heures d'absence, fut une joie pour tout mon petit monde mais surtout pour moi qui retrouvais une chienne debout sur ses pattes et semblant me reconnaître.

J'avais tenu bon, ne fumant plus, ne buvant plus malgré les cuisantes envies que j'avais de me taper un petit champagne dans les moments pénibles que je traversais. Un sacrifice n'est valable que s'il coûte cher. En en faisant deux d'un coup, je doublais donc mon mérite et les chances de voir guérir Ophélie. Mon acharnement fut couronné de succès, mon petit ange se remit à marcher, à répondre à son nom, à se nourrir avec bonheur et même à faire la fête, château branlant mais œil brillant. Je remerciai la petite Vierge de tout mon cœur, restais encore quelques jours sans fumer ni boire puis repris avec une hâte fébrile mes vieilles et mauvaises habitudes. Ophélie vivait, était sauvée, fragile désormais mais si chaude, si douce à mon cœur, à ma vie.

Merci mon Dieu !

J'ai remarqué à différentes reprises, au cours de mon existence, qu'en sauvant la vie d'un animal, souvent un autre mourait alors qu'on ne s'y attendait pas du tout. Un peu comme un quota qu'il fallait respecter.

Ce fut le cas.

« Patchouli », une de mes chèvres noires de La Garrigue, une forte tête mais une brave bête, eut un arrêt cardiaque.

J'étais triste et interloquée.

Cette mort inattendue me donna à réfléchir.

Avait-elle payé pour la survie d'Ophélie ? Je me le demande encore.

Toujours est-il que la mort était omniprésente autour de moi. Quelle étrange situation. Pluton, dieu de la Mort, me tournait encore autour.

Ah ! Quelle saloperie celui-là !

Pendant les quelques jours de répit que je passais à Saint-Tropez, j'entourais Ophélie de toute mon attention, toute ma tendresse, la laissant au calme lorsque je promenais les autres assoiffés de reniflages, de jeux sur la plage avec la balle, de balades sur les rochers. J'adorais ces longues promenades, solitaire, entourée de ma meute, partagée entre le désir d'être dans mes jambes et celui de foutre le camp dans des courses folles qui me les ramenaient langues pendantes et souffle court.

J'ai probablement gardé une ligne de jeune fille et une forme olympique grâce à mes chiens qui m'obligèrent quotidiennement et pendant des années à faire des kilomètres à pied pour les suivre dans leurs escapades. Mais hélas je me devais à bien d'autres devoirs qui me tenaient terriblement à cœur.

Apprenant avec une tristesse infinie que les Canadiens avaient mis fin au moratoire de huit ans interdisant la chasse aux pauvres bébés phoques, reprenant cette année leur terrifiant massacre, j'organisai à la hâte avec Frank une conférence de presse, le 20 mars, à l'Hôtel Crillon à Paris.

Je n'en croyais ni mes yeux ni mes oreilles !

Après tant d'énergie dépensée depuis des années pour que cesse enfin ce monstrueux massacre, voilà que tout recommençait comme si je n'avais rien fait, comme si c'était normal, alors que le monde entier, écœuré, s'était révolté, montrant du doigt les Canadiens pour cette inadmissible et cruelle chasse. Mais depuis d'autres révoltes et d'autres écœurements avaient fait la Une des journaux, on avait oublié les petits blanchons et leurs cadavres qui ensanglantaient les banquises canadiennes, et on en profitait pour rattraper le temps perdu.

Entourée par les plus grands : Franz Weber (qui m'avait emmenée en 1977 sur la banquise), la princesse Catherine Aga Khan, Jacqueline Faucher (S.P.A.), Anouk Aimée, Chantal Derty et Seymour Rouse (I.F.A.W.) [1] nous dénonçons devant des dizaines de journalistes, de photographes et de T.V. la reprise du scandaleux massacre des bébés phoques. Pour nous appuyer, de terrifiantes images vidéo prises par Odd F. Lindberg venu spécialement de Suède pour témoigner, expatrié par la Norvège son pays d'origine, et poursuivi pour les images cruelles et compromettantes qu'il diffuse dans le monde entier.

J'en pleure tellement elles sont insupportables !

Nous rejoignons dans la foulée les 300 manifestants qui nous attendent devant l'ambassade de Norvège où je suis reçue par l'ambassadeur, bien honnête, bien poli, bien élégant, bien désolé, bien débarrassé de nous voir enfin filer tambour battant vers l'ambassade du Canada où, rebelote, je rencontre le conseiller d'ambassade, lui aussi bien embarrassé devant de telles revendications auxquelles il est bien incapable d'apporter la moindre solution. A les entendre, tous ces gens-là sont absolument outrés par le massacre des blanchons, mais ne font rien pour y mettre un terme.

C'est une tradition ancestrale...

Si on devait continuer toutes les traditions ancestrales à l'aube du 3ᵉ millénaire, alors qu'on marche sur la Lune et qu'on survit dans la stratosphère, alors où irions-nous ?

On brûlait les sorcières au Moyen Age...

On massacre les bébés phoques en 1995...

Je retourne vite à Saint-Tropez, le cœur à l'envers.

Je me ressource au milieu de mes animaux, de mes arbres, de cette végétation indomptable et sauvage, de cette garrigue odorante que je respire à pleins poumons, que je dévore des yeux, que j'enfouis au profond de mon cœur. Que c'est bon de posséder une petite parcelle de cette terre de Provence si riche, si généreuse, si préservée, où les renards et les sangliers s'ébattent en toute tranquillité, où les tourterelles libres ont décidé d'élire domicile, tout ça n'est pas par hasard. Les animaux savent, sentent que chez moi ils ne risquent rien, qu'ils sont protégés, c'est un beau cadeau, une superbe récompense qu'ils m'offrent avec leur confiance.

---

1. International Fund for Animals Welfare.

Je peux rester des heures à les écouter, à les regarder, à les observer, à les sentir. Une petite renarde est venue faire son bébé dans le placard de ma chambre d'amis, qui peut en dire autant ? Des pies voleuses et intelligentes m'ont confié leurs petits tombés du nid, allant jusqu'à se percher sur mon bras pour m'assurer de leur confiance. Des sangliers super sauvages se sont glissés parmi mes chèvres, mes moutons, mon ânesse, ma ponette et ma jument pour passer une nuit paisible.

Un courant passe entre eux et moi.

Nous sommes faits du même mélange.

Ophélie recommence à tourner un peu à droite, tiens, elle doit suivre mes opinions politiques... Je l'oblige à virer à gauche, elle tombe ! Nous augmentons les doses de *Candilat*, l'équilibre revient, je respire à nouveau.

J'écris un papier pour *Paris-Match* dénonçant la reprise du massacre des phoques. Je fais un parallèle avec mon épopée de 1977 sur la banquise. Je ne mâche pas mes mots : « LE SANG COULE À NOUVEAU SUR LA BANQUISE. »

Je persiste et je signe !

Je passerai ma vie à lutter pour celle des bébés phoques.

En même temps, l'histoire du transport des animaux continue à défrayer la chronique. Un conseil extraordinaire des ministres européens de l'Agriculture doit avoir lieu encore une fois. Ils n'arrivent à aucun accord.

Elle est jolie l'Europe, chacun tire à hue et à dia !

Yvonne est au plus mal, on m'appelle, je dois venir d'urgence, mais le même jour je dois être à Bruxelles, c'est le 27 mars.

J'expédie vite fait Bruxelles ne pensant qu'à Yvonne.

Malgré la manifestation et le voyage harassant, j'arrive épuisée vers 19 heures à « Claire Demeure » où une petite sœur me guettait impatiemment :

« Dépêchez-vous Madame, elle vous attend pour mourir.

— Mais vous dites n'importe quoi, c'est impossible ! »

Je ne reconnus pas Yvonne, mais elle me reconnut.

Seuls ses yeux pouvaient encore exprimer sa terreur, sa détresse, sa souffrance. Paralysée, privée de parole, méconnaissable, décomposée par la douleur, par l'ombre de la mort, ses membres glacés, ses doigts rigides, avaient déjà franchi le pas fatal, seuls ses yeux me fixaient intensément. Je reste hantée par ce regard, celui du Christ en croix, de la Mater Dolorosa. Pathétique !

Son pauvre corps, transpercé de tuyaux, n'était plus qu'un réceptacle de liquides chimiques, qu'une immense éprouvette où bouillonnaient, entremêlés, tous les poisons que la science inventait à grand renfort de subventions, pour prolonger l'agonie humaine. Hypnotisée par son regard de douleur, je plongeai mes yeux dans les siens et restai long-temps soudée à elle. Sa main inerte dans la mienne nous liait déjà d'un monde à l'autre. Je lui murmurais tout l'amour que j'avais pour elle, tout le soin et la tendresse dont j'entourerais Wendy, toutes les pensées quotidiennes et les prières qui nous rapprocheraient. Malgré moi, de grosses larmes coulaient de mes yeux vers les siens.

Elle ne cillait plus. Son regard se fixa, elle émit un ronflement bizarre qui alla en s'amplifiant, elle venait d'entrer dans le coma irréversible de l'agonie. Je devais accepter de voir ma meilleure, ma seule amie, ma sœur, ma toute aimée, se mourir, s'en aller, me quitter, elle aussi, me laissant encore orpheline, amputée, seule, désespérément seule, désormais et pour toujours.

Je fis un aller et retour rue de la Tour, je tombais de fatigue mais tenais absolument à retourner auprès d'Yvonne. Bernard, épuisé lui aussi, tint à rester dans le salon d'attente. Yvonne, toujours dans un coma profond, était déjà loin. Près d'elle Inès, une de ses amies, très dévouée, très douce, s'était installée pour la nuit. Je pris une chaise et m'assoupis. Déséquilibrée, je me retrouvai par terre. Une petite sœur m'apporta un fauteuil et du café, j'eus beau en boire trois tasses d'un coup, à peine assise je m'endormis. Inès me conseilla de rentrer chez moi, je ne servais à rien, il fallait que je me repose, elle ne la quitterait pas et me tiendrait au courant si le pire arrivait.

C'est à 10 heures le lendemain qu'on m'annonça la mort d'Yvonne, ce 28 mars 1995, qui restera à jamais gravé dans la mémoire de mon cœur comme une des épreuves les plus douloureuses de ma vie.

Une page se tournait dans cette vie que je devais dorénavant pour-suivre sans elle !

J'allai immédiatement à Bazoches prendre Wendy contre mon cœur. A partir de ce jour et jusqu'à sa mort survenue le 8 février 1999, je ne la quittai plus. Wendy fut le fil qui me relia à Yvonne pendant ces quatre années, à travers ce petit bout de chienne il me semblait la voir vivre. Le triste jour où elle disparut à son tour, à l'âge de 15 ans, c'est Yvonne que je pleurai une seconde fois.

La campagne présidentielle battait son plein.

Tous les candidats défilaient à la T.V., ne passant leur temps qu'à se faire mousser vis-à-vis des autres tandis que les grèves, les revendica-tions des agriculteurs, les étudiants en colère, tout partait en « digue-digue », mais c'était un problème secondaire, l'important était le « moi, je ».

Durant ce mois de mars 1995, encore sans moi et pour cause, le « Brigitte Bardot Award » fut remis à Hollywood au réalisateur d'un film animalier le plus bouleversant, tourné au Vietnam *Une vie de chien* qui dénonçait l'atroce trafic officiel des pauvres chiens vendus pour être consommés. On leur attache les pattes avant derrière le dos, on les bâillonne avec une vieille boîte de conserve en fer rouillée bien coupante afin de les rendre muets, on les entasse comme des balots de linge sale dans des cages, tassés les uns contre les autres, et on les laisse ainsi en plein soleil sur le marché jusqu'à ce qu'un client vienne les acheter pour s'en faire un ragoût !

Voilà encore un des grands désespoirs de ma vie !

Cette cruauté inhumaine sur nos amis à quatre pattes, sur des animaux si proches, si fidèles, est inadmissible et révoltante. Il y a de quoi vomir ! Mais c'est déjà difficile de se faire entendre en France, alors allez essayer de faire comprendre à des responsables asiatiques dénués de toute sensibilité, qu'ils se conduisent comme des monstres. C'est impossible, ils vous regardent, vous font des courbettes et des sourires et vous disent : « Voui, voui, Madame ! » et n'en ont rien à foutre !

Pourtant je donnerais bien le temps qu'il me reste à vivre pour que cette impitoyable barbarie cesse enfin ! Mais comment y parvenir ?

Ma Fondation, sous la direction de Madame Calmels, la dame de fer au cœur tendre, prenait enfin sa véritable dimension. « Nœud papillon » n'avait pas fait long feu... et d'autres qui n'en fichaient pas une rame furent aussi licenciés, il y eut un grand nettoyage de printemps ! Les comptes revus et corrigés d'une manière stricte, la gestion devint efficace. Il n'y avait pas de petites économies, ce qui perturba les mauvaises habitudes de gaspillage. Nos Conseils d'Administration furent menés tambour battant par des administrateurs de poids sous le contrôle des trois ministères de tutelle. Allain Bougrain Dubourg, Pierre Rousselet-Blanc, François-Xavier Kélidjian, notre avocat, Gérard Noblet, notre banquier-trésorier, Michel Dominik, ancien journaliste à *Science et Nature*, responsable de notre *Info-Journal*, Maître Morel d'Arleux notre notaire, tous ces gens sérieux mirent un point d'honneur à valoriser cette toute jeune mais déjà si importante Fondation qui fêterait ses 10 ans l'année prochaine et employait déjà vingt-cinq personnes.

Nous assumions un travail fou.

Mais en fonction des misères dénoncées quotidiennement, j'avais l'impression que nous faisions du surplace. Nous ne pouvions tout résoudre, mais nous tentions toujours le tout pour le tout.

Mon équipe, principalement composée de jeunes, était battante et dynamique, soudée et compétente. Je tenais beaucoup à cette image, je voulais et veux toujours que ma Fondation soit un peu mon reflet. S'il vient se glisser un élément perturbateur qui regarde sa montre quand on nous dénonce un chien en détresse, alors celui-là ne reste pas longtemps ! L'animal est prioritaire sur tous les horaires syndicaux ! Il faut être prêt à foncer à n'importe quel moment.

Nous sommes une « anti-administration » !

La mort d'Yvonne me poursuivait, je ne pensais qu'à elle et m'enlisais dans un début de sérieuse dépression. Il n'était pas question d'aller cette année à Bazoches. Pour rien au monde je n'aurais pu y mettre les pieds, en tout cas certainement pas tout de suite.

L'Aïd-el-Kébir ensanglanta, une fois de plus, une fois de trop la terre de France. La veille de cette horreur, on vola pendant la nuit mon bélier « Clark » à Bazoches. J'en fis une maladie.

Clark, si apprivoisé, si beau avec sa tête noire et son caractère de chien de garde. On me l'avait amené, bien lamentable, quelques années auparavant avec sa femelle « Pétula ». Ils étaient un couple très unis et avaient donné naissance à une jolie petite brebis « Symphonie ».

Evidemment on ne retrouva jamais Clark, malgré toutes les plaintes déposées par ma gardienne à Montfort-l'Amaury, par ma Fondation auprès du préfet des Yvelines et par moi auprès de Jacques Chirac. Il avait dû subir l'égorgement rituel contre lequel je me bats tellement depuis si longtemps, il dut être pris en otage pour m'obliger à me taire, son kidnapping étant un avertissement.

Du coup, je fis installer un système électrique extrêmement sophistiqué, moitié sirènes assourdissantes, moitié spots halogènes, se déclenchant automatiquement au moindre passage devant les cellules électriques.

Ma Bazoches si rustique s'équipait comme un goulag !

Mon Dieu quelle tristesse de devoir vivre en se protégeant à ce point de tout, pour tout !

Mais quelle époque !

La disparition de Clark fut suivie de bien d'autres provocations malgré toutes les précautions ultramodernes qui semblaient protéger mes moutons. J'étais dans le collimateur des sacrificateurs pour tous les cris de révolte que je poussais sans cesse contre eux à cause de leur barbare Aïd-el-Kébir.

Le jour de Pâques, « Tricot », ma petite chatte écaille de tortue, mourut dans mes bras après une longue agonie. Elle n'était plus que l'ombre d'elle-même, rongée par une urémie que nous n'avions pu endiguer malgré les soins constants et répétés que ma vétérinaire lui prodiguait. Ce fut difficile pour moi car elle m'avait donné sa confiance, tout son

624

amour, se laissant soigner avec une patience et une douceur rares chez une chatte. A partir de ce jour, je cessai définitivement de donner aux autres les redoutables croquettes achetées dans les grandes surfaces et ne me fournissais plus qu'en produits trouvés chez ma vétérinaire. Les crises d'urémie s'estompèrent puis se firent extrêmement rares...

C'est un conseil que je donne !

J'avais la tête comme un ballon de rugby à force de me farcir quotidiennement les espaces légaux réservés aux candidats des présidentielles sur toutes nos chaînes T.V. Mais putain de bonsoir, on aurait dit des acteurs qui faisaient la promotion de leurs films ! Bien maquillés, bien habillés, bien polis, bien gentils, ils nous invitaient tous avec le même manque de personnalité à voter pour eux !

Jean-Marie Le Pen sortait du rang mais sa personnalité musclée donnait à réfléchir, allait-il nous bouffer tout cru ? Au secours !

Balladur s'y croyait déjà, posant avec sa femme dans les dorures d'un décor élyséen. Hue, le « stali-nain de jardin » essayait d'être à la hauteur de ses clones qui se faisaient voler dans un trafic donc il fut toujours exclu ! Jospin, le bon élève de la classe, rassurait par son calme, son côté intellectuel, de gauche bien entendu, mais quel ennui !

Quant à Jacques Chirac, il jouait la tortue de la fameuse fable de La Fontaine, allant à son rythme, son petit bonhomme de chemin, ne voulant déplaire à personne et plaire à tout le monde. Vaste programme !

A part répéter sur l'air des lampions tout le bien qu'ils pensaient d'eux-mêmes et le mal qu'ils pensaient des autres, aucun de ces hommes imbus de leur personne, ne parla avec un peu de fermeté des mesures qu'il était urgent d'appliquer pour que notre pays, gravement détérioré par des années d'un socialo-communisme ravageur, puisse enfin relever fièrement la tête, à droite si possible.

Il vaut mieux être maladroite que « mal à gauche » !

Le 23 avril, au soir du 1er tour, les deux favoris sortants furent Jospin et Chirac, le premier battant le second d'une courte encolure.

Aïe, aïe, aïe ! C'était une catastrophe, moi qui avais misé sur Chirac et déteste perdre !

Je profitai du répit que nous accordaient les deux semaines séparant les deux tours de scrutin pour aller les interviewer sur les mesures qu'ils comptaient prendre, s'ils étaient élus, pour améliorer le sort des animaux. Ma Fondation dut batailler dur pour essayer d'obtenir un rendez-vous. Ce fut quasiment impossible, on nous renvoyait de secrétariat en secrétariat, pour nous répondre enfin qu'aucun des candidats ne pouvait m'accorder ne serait-ce qu'une minute. De la part de Jospin qui m'était totalement inconnu, ça me parut normal, mais, Jacques, qui savait à quel point le devenir des animaux me tenait à cœur, qui disait être mon ami, qui m'appelait « sa petite biche », je ne comprenais pas ! Il refusa même de répondre à des questions écrites !

En revanche, surprise, surprise, je finis par obtenir un rendez-vous de Jospin le 3 mai, à 10 heures du matin.

La veille, Toutou, mon brave gros trouvé sur la route à moitié mort en 1983, Toutou qui avait le cœur malade fit un malaise grave à la suite de l'absorption d'un médicament trop fort et déconseillé aux animaux âgés. Il eut comme une attaque et devint aveugle en quelques heures. Rien ni personne ne put endiguer cette cécité brutale et inattendue.

Ce fut un drame.

Ne voulant pour rien au monde quitter mon Toutou et ne pouvant absolument pas décommander Jospin, je me trouvais dans une situation cornélienne. Pour rester près de mon chien le plus longtemps possible, je décidais de prendre le premier avion du lendemain, à 7 heures du matin, afin d'être au rendez-vous de 10 heures.

Moi qui ai horreur de me lever tôt, j'étais servie !

En plus je veillai tard ce soir-là, essayant de réconforter mon pauvre vieux chien qui ne comprenait pas ce qui lui arrivait, gémissait et se cognait dans tous les meubles, se faisant grogner par les autres chiens lorsqu'il avait la maladresse de leur marcher dessus.

Je n'étais pas fraîche lorsque j'arrivai au Q.G. de campagne du parti socialiste, rue du Cherche-Midi, encerclée par toutes les T.V., les photographes, les journalistes avides du scoop que représentait cette première rencontre à la veille du deuxième tour, sachant que j'étais habituellement l'égérie de Chirac. J'étais accompagnée dans cette délicate entrevue par une journaliste de *France-Soir*, Marie Sigaud, à qui j'avais demandé de m'épauler s'il m'arrivait d'oublier un point primordial. J'avais bien sûr écrit toutes mes questions, mais j'étais intimidée et fatiguée.

Jospin n'en menait pas plus large que moi.

Il était épuisé, me reçut entre deux portes mais avec une extrême gentillesse et une profonde courtoisie. Je le trouvai très sympathique, simple, sage dans ses réponses, honnête dans ses opinions. La protection animale n'était pas sa principale préoccupation, il me l'avoua avec courage, mais en même temps, il était prêt à prendre des mesures pour que d'inutiles souffrances ne leur soient pas infligées. Il garda mon questionnaire auquel il préférait répondre après réflexion et me raccompagna jusqu'à la porte où la foule des journalistes nous mitrailla à bout portant.

Je fus assaillie de questions et d'une maladresse que je regrettai amèrement. Enervée par l'indifférnce de Jacques Chirac, je répondis avec un manque total de diplomatie, déclarant que puisqu'il ne m'avait pas accordé de rendez-vous, je ne le soutiendrai pas au second tour, et que, de plus, je trouvais Jospin « merveilleusement gentil ».

Et tac ! le couperet était tombé !

Mes propos, telle une bombe, firent immédiatement le tour du monde. Les journaux de gauche, estomaqués, n'en revenaient pas, ceux de droite, étonnés, me battirent froid. Les commentaires allèrent bon train...

Le 7 mai, Jacques Chirac fut élu et ne m'adressa plus la parole pendant quatre ans. Je me mordis les doigts de l'erreur grossière que mon impulsivité m'avait fait commettre ; j'avais perdu non seulement un ami mais l'appui puissant et indispensable d'un chef d'Etat.

J'eus beau emmener Toutou, désormais condamné aux ténèbres, chez un grand vétérinaire, spécialiste des yeux à Cannes, il ne put que constater les dégâts irrémédiables dus indirectement à une médication mal adaptée à son vieil organisme.

Ce chien indépendant, courageux, discret et d'une extraordinaire douceur, fut condamné à rester à La Madrague, ne pouvant plus se joindre aux promenades qu'il adorait. Ce fut peut-être le plus douloureux pour lui. M'entendre partir au milieu des joyeux aboiements, restant prostré, sans pouvoir m'accompagner. J'avais beau lui donner mille baisers et caresses, lui murmurer à l'oreille que je revenais le plus vite possible, sa tête posée sur ses pattes avant croisées, il ne réagissait pas. Ses yeux blancs ne suivaient plus mes gestes. Il s'était résigné à l'infirmité qui le clouait au minuscule territoire qu'il s'était octroyé, ne comprenant pas la punition terrible qui lui était infligée.

L'amour que je portais à ce chien était extrêmement fort, une complicité extraordinaire nous liait intimement. Je l'avais sauvé d'une mort certaine, un jour, sur une route, alors qu'abandonné, il avait usé ses coussinets sur le macadam, courant comme un fou derrière la voiture de son maître, et il ne l'avait jamais oublié.

Moi non plus. Je t'aime !

Toutou occupait la plus grande partie de mon temps.

J'essayais, par ma présence constante et mon immense affection, de lui faire un peu oublier le tragique destin qui le frappait.

Je n'en ignorais pas pour autant les abandonnés d'un autre genre : les pauvres petits vieux de la Maison de Retraite, ni ceux de l'Hospice. A chaque fête, Noël, le 1er Mai ou la fête des Mères, j'allais les visiter, les bras chargés de fleurs, de chocolats, de bonbons, de champagne et de jus de fruits, mais surtout le cœur plein de tendresse et d'amour car ils en manquaient cruellement. Je passais des heures à me pencher sur chacun, jusqu'à ce que, ouvrant leurs pauvres cœurs desséchés par un manque terrifiant de tendresse, ils me tendent enfin les bras, laissant couler parfois des larmes enfouies depuis trop longtemps et qui jaillissaient alors vers moi en forme d'amour. Comment pouvait-on laisser sa mère, son père ou sa grand-mère pourrir dans ce genre de mouroir ?

Je faisais des parallèles avec les refuges tragiques que j'avais visités où les chiens attendaient désespérément un maître...

Ici les pauvres gens attendaient désespérément la mort !

La vieillesse de nos jours est une déchéance, une fin de vie qu'on partage en maisons de retraite, personne ne voulant plus être responsable de cette famille inutile et encombrante qui, au même titre qu'un animal, devient un poids dont on se débarrasse au moment des vacances et pour toujours. On les refile à des organismes spécialisés et on s'en lave les mains.

On paye, c'est déjà beaucoup !

Souvent je me pose une question cruciale : je demande aux gens de ne pas abandonner leurs animaux alors qu'ils se débarrassent de leurs parents et parfois de leurs bébés ! Je m'adresse donc en pure perte à des êtres absolument dénués de toute sensibilité, de la moindre once de cœur et de compassion.

Quand il y a de la place dans le cœur, pourtant, il y a toujours de la place à la maison.

*
* *

La bataille pour l'amélioration des transports d'animaux s'amplifiait car aucune décision n'avait été prise au cours du sommet des ministres de l'Agriculture de la C.E.E., les Français ayant été les premiers à voter contre les huit heures demandées... Dire que j'étais française, que je me bagarrais contre ces horreurs qui pourraient être évitées sans problème.

Mais je rêvais !

C'est alors que je fus avertie par la Fondation et un journaliste de *France 2* qu'il se passait des horreurs inadmissibles à Sancoins, dans le Cher, lors du plus grand marché aux bestiaux où un demi-million d'animaux étaient vendus dans d'effroyables conditions. Du reste, le reporter de *France 2* avait été menacé avec des fourches et des piques d'acier qui servent à faire avancer les bêtes épuisées ou à moitié agonisantes.

Le prochain marché ayant lieu le 31 mai, je me devais d'y être et de faire éclater le scandale.

Les images rapportées par ce courageux journaliste se passaient de commentaires. Un petit veau mort de soif gisait au milieu du va-et-vient, sans émouvoir personne. Des bœufs et des vaches, destinés aux abattoirs, la peau en lambeaux, les yeux crevés par les piques ou les tiges de fer électriques destinées à les faire avancer coûte que coûte vers la mort qu'ils refusent de toutes leurs forces. Une vache agonisante mais consciente, gisant dans les excréments, recevait des coups de pied, des coups de fourche, elle était encombrante et mal placée ; une autre avait les pis tellement gonflés d'un lait que personne ne trayait qu'ils allaient exploser quelques minutes plus tard, entraînant la mort atroce de cette pauvre bête. Un taureau, les membres brisés par les coups, reçut des décharges électriques sur les parties les plus sensibles et d'autres dans l'anus afin de le forcer à se relever, ce qu'il n'arrivait pas à faire, hurlant sa douleur, bavant les filaments de la lente et terrible agonie qui le clouait au sol, secoué par les 240 volts qui traversaient son corps.

D'autres, mutilés, à terre, blessés, saignant, geignant, beuglant, pleurant leur douleur incomprise. C'était un spectacle d'enfer, une honte pour ces éleveurs, maquignons irresponsables, âpres au gain, indifférents à toutes ces souffrances dont ils sont les seuls responsables. Mais comment peut-on encore manger de la viande quand on sait la douleur que cela entraîne ?

Quand on pense que, dans le monde, cette année, 42 069 126 000 (quarante-deux milliards, soixante-neuf millions et cent vingt-six mille !) animaux sont abattus pour la boucherie et finissent dans nos assiettes, ça peut couper l'appétit, peut-être...

Que parmi eux se trouvent, sang mêlé, stress mêlé, souffrance mêlée :
1 129 379 000 porcs
285 414 200 bœufs, vaches et veaux
799 532 800 moutons et chèvres
39 855 400 000 volailles...

Nous avons perdu notre dentition de prédateur, nos canines sont atrophiées, notre besoin de nourriture animale n'est plus conforme à notre mode de vie sédentaire. L'abus de viande est un vecteur du cancer de l'intestin. Les animaux élevés et abattus dans des conditions industrielles et malsaines sont porteurs de virus graves dus au stress.

Bon appétit ! Si vous en avez encore envie...

Mon arrivée sur les lieux, à Sancoins, fut annoncée par la presse.

Je n'irai pas seule mais entourée d'une garde rapprochée, extrêmement musclée, de toutes les chaînes de T.V. françaises et européennes, des journalistes et des photographes des agences mondiales. J'étais attendue par une cohorte d'éleveurs rageurs qui, piques d'acier et tiges électriques en main, avaient l'intention officielle de me faire subir le même sort qu'aux animaux d'abattoir. Une petite connasse de merde n'allait pas venir perturber le marché centenaire des bestiaux de Sancoins ! Qui s'y frotte, s'y pique !

Ils m'avaient prévenue, ils ne me feraient ni cadeau ni concession.

Du coup, la préfecture du Cher s'alarma, on envoya des renforts de police et des C.R.S.

La veille du jour J., je quittai Saint-Tropez vers midi après avoir embrassé tous mes petits et particulièrement mon Toutou couché dans ma chambre, la tête sur ses pattes croisées. Je lui dis à l'oreille que mon voyage allait être pénible, que je ne le quittais pas pour le plaisir, quelque part j'avais peur, oui, une espèce de panique m'avait prise au ventre et ne me lâchait plus.

A Paris, l'offensive du lendemain s'organisait. Départ en voiture vers 7 heures du matin, escortée de toute la smala de protection et d'information. Pierre Rousselet-Blanc attendait, rue de la Tour, avec son caméraman que je lui accorde une interview pour son émission *Le Jardin des bêtes*. La Fondation en effervescence n'arrêtait pas de répondre aux fax et aux coups de fil du monde entier, l'affaire prenait d'énormes proportions et c'était tant mieux !

Entre deux coups de téléphone et trois interviews, j'appelais en vitesse La Madrague, voulant avoir des nouvelles de Toutou. Nicole, ma femme de ménage, me répondit vaseusement qu'il avait disparu depuis une demi-heure. Je hurlai dans le combiné qu'il ne devait pas être bien loin puisqu'il était aveugle ! Il avait dû se coucher dans un buisson, qu'il fallait à tout prix le retrouver, nom de Dieu ! Mais qu'ils se bougent le cul, bande d'abrutis ! Et je raccrochai furieuse, les prévenant, ces imbéciles que je rappellerais dans une demi-heure.

Je tournais en rond, prise d'une inquiétude mortelle qui faisait rire tout le monde. Mais voyons, on allait le retrouver mon Toutou, j'avais un caractère tellement anxieux que je faisais des drames de tout... et patati et patata.

La demi-heure écoulée, je rappelai, mais la voix de plus en plus vaseuse de ma femme de ménage m'annonça qu'ils n'avaient pas retrouvé Toutou. Je me mis dans une colère noire, les traitant, elle et Adrien de tous les noms de la Création, les menaçant de les foutre à la porte si dans le quart d'heure qui suivait Toutou n'était pas retrouvé. Puis je raccrochai et appelai Mylène au secours.

Elle, au moins, était efficace, elle le retrouverait.

Mais elle n'eut pas le temps d'arriver.

Le couperet du téléphone m'annonçait à travers une voix qui me semblait si lointaine que je l'entendis à peine, qu'on avait retrouvé le corps de Toutou noyé à quelques dizaines de mètres de chez moi...

Un brouillard envahit mon cerveau, mes yeux, mon être, mon esprit. Non, non, nooon !

Du coton partout autour de moi... j'étouffais, m'étranglant de larmes et de hoquets, gisant sans réaction... le combiné pendait entre mes mains, gargouillant des mots que je ne pouvais plus, que je ne voulais plus entendre, des sons désormais inutiles...

Je devenais folle.

Abrutie d'une douleur qui m'anéantissait, je ne faisais que répéter : « Je veux voir Toutou, je veux voir Toutou, je veux voir mon Toutou ».

Incapable de me ressaisir, je coulais au plus profond du chagrin qui m'accablait : « Toutou, mon Toutou » étaient les seules paroles que l'on pouvait tirer de moi.

Je voulais retourner vers lui, tout de suite, tout de suite, tout de suite !

Autour de moi la panique était à son comble, il fallait que j'aille à Sancoins, le monde entier m'y attendait et les pauvres bêtes martyrisées aussi, je devais faire un effort, retrouver mon courage... Mais je ne fis aucun effort et ne retrouvai aucun courage. Il n'y avait plus d'avion de ligne, alors je demandai à Frank de louer un petit jet qui, vue l'heure tardive, ne pourrait atterrir à Hyères, mais nous déposerait à Nice où Mylène viendrait me chercher. Bernard, fâché contre moi, à la veille d'une manifestation capitale, ne voulut pas m'accompagner. Frank eut la bonté de me remettre entre les mains de Mylène, à Nice, puis repartit pour Paris avec l'équipage.

Vers minuit, j'arrivai à La Madrague que j'avais quittée douze heures auparavant, laissant un Toutou vivant, couché dans ma chambre, et que je retrouvais déserte à part mes autres petits, avec le corps glacé, raide et trempé de mon Toutou allongé dans une caisse de bois fabriquée à la hâte par Adrien. Hormis la présence de Mylène, aucun accueil, aucune chaleur humaine, seuls mes chiens me firent une fête légèrement assombrie par mes sanglots que leur instinct associa immédiatement à la disparition mal comprise de leur compagnon de toujours.

Ainsi mourut Toutou, à l'âge de 14 ans, ce 30 mai 1995.

Le lapin que j'avais posé à tous ceux qui m'attendaient à Sancoins fut mal digéré. Les éleveurs, narquois, crurent que leurs menaces m'avaient effrayée, les journalistes s'attendant à voir des horreurs ne constatèrent qu'un marché normal où les animaux ne subissaient aucun sévice. Le mot d'ordre avait dû être respecté ce jour-là, pas de piques ni de tiges électriques (sauf pour moi si j'avais pointé mon nez), c'est tout juste si on ne passait pas du Mozart !

J'étais loin de tout ça, enterrant seule mon Toutou, dans un état de désespoir épouvantable. J'avais tenté de savoir pourquoi et comment ce drame avait pu arriver, mais bien entendu, comme d'habitude, personne n'était responsable, les réponses contradictoires s'emmêlaient dans des invraisemblances qui me soulevèrent le cœur.

On ne peut vraiment jamais compter sur les autres.

Bernard revint quelques jours plus tard avec Frank et François.

J'allais extrêmement mal et leur présence ne m'apporta aucun soulagement. Ils en profitèrent pour aller manifester contre les corridas à Fréjus.

Puis je reçus une invitation officielle du maire de Saint-Tropez, mon ennemi intime, Jean-Michel Couve, m'invitant à célébrer le centenaire du Cinéma avec la projection exceptionnelle de *Et Dieu créa la femme* et la venue non moins exceptionnelle de Vadim. Il ne manquait pas d'air, le maire... J'en avais vraiment rien, mais rien à foutre ! Frank et François m'assurèrent que j'avais tort, que je devais aller y prendre une éclatante revanche, reçue comme une reine par ce maire qui m'avait humiliée l'année dernière.

Non, vraiment ! J'en avais rien à foutre !

J'essayais de survivre malgré la chaleur qui m'accablait chaque jour davantage. Je n'étais qu'une espèce de robot, faisant les choses automatiquement, ne pensant qu'à dormir pour oublier.

Le 7 juin, j'appris la mort de Paule Drouault, cette extraordinaire journaliste qui, chaque semaine depuis des années, écrivait une chronique sans concession « L'avis des animaux » dans *Minute*. A peine plus jeune que moi, cette femme, belle, courageuse, tenace et impertinente dans ses opinions révoltées, avait été victime d'une rupture d'anévrisme.

J'étais effondrée.

Quelle perte pour les animaux, quelle perte pour nous tous !

Elle avait, en novembre 1992, écrit un papier intitulé « Belle amie » dans lequel elle parlait de mon courage, de mon combat, de mes désespoirs aussi. Elle me soutenait dans toutes mes révoltes, dans tous mes écœurements, trempant sa plume dans du vitriol pour fustiger tous les bourreaux, tous les cons, tous les responsables de la souffrance animale.

Elle était unique et irremplaçable.

Sous le choc de l'émotion, j'écrivis ce texte pour lui rendre hommage, que *Le Figaro* publia et qui fut lu par le prêtre dans l'église le jour de son enterrement où je tins absolument à être présente.

JE VOUS SALUE, PAULE !

Au nom des milliers d'animaux dont vous avez, avec tant de courage, dénoncé les martyres, les souffrances, les massacres et toutes ces douleurs qui, à force de vous révolter, ont fini par vous tuer, vous aussi...

Je vous salue Paule !

Pour l'exemple unique que vous avez donné à ceux et celles qui, comme moi, ont suivi le chemin, si difficile, si méprisé, si oublié de la protection animale... Vous avez été notre phare !

Vous avez créé le ROC, l'ARAP[1] ! Vous avez écrit, dénoncé, renseigné, depuis plus de vingt ans, les scandales les

---

1. Association pour les Renards et Autres Puants.

plus odieux... Vous avez aidé les plus démunis ; vous étiez présente partout, crainte et respectée par tous !

Je vous salue Paule, et je vous pleure, car votre mort meurtrit et arrache le cœur de tous ceux qui vous aiment, car votre mort laisse les animaux orphelins.

Brigitte BARDOT

La rédaction du journal *Minute* m'offrit l'espace réservé aux articles de Paule afin qu'en mémoire, en souvenir et en hommage, je perpétue pour quelques semaines la dénonciation des exactions multiples qu'elle décrivait farouchement au fil de la triste actualité.

Bien que le médecin m'ait mise sous *Prozac* (un anti-dépresseur puissant), j'étais perpétuellement au bord des larmes, essayant d'éloigner de moi l'obsession de la mort qui me hantait jour et nuit. Je buvais trop de champagne, noyant dans ses bulles le brouillard de mon esprit morbide. Quelle horreur, cette fin inéluctable, cette décomposition, cette abnégation, cette négation de tout ce que nous fûmes ! L'oubli ! Et puis toute notre intimité violée par ceux qui légalement nous remplacent.

Mais chacun de nous est irremplaçable.

On fouille partout dans les moindres recoins de notre vie privée, de nos secrets qui subitement sont dévoilés à des tiers. Nos vêtements, nos petits objets auxquels nous tenions tant, nos meubles achetés avec amour ou reçus en héritage de nos parents et que nous conservions avec dévotion, nos pauvres produits de beauté, crèmes, shampooings, petits riens du quotidien sont jetés, vendus, donnés à l'Abbé Pierre.

Que reste-t-il de notre vie sur cette terre lorsque ces vautours nettoyeurs sont passés ? Rien !

C'est pourquoi je ne me préoccupe plus de ces biens terrestres, me contentant du minimum et vendant à tour de bras tout le superflu qui apporte un petit plus à ma Fondation. Qu'ai-je à faire de toute cette argenterie qui ne me sert à rien ? De ces collections de montres anciennes qui encombrent ? De ces porcelaines de Sèvres ou d'ailleurs qui, une fois ébréchées ou cassées, ne vaudront plus rien ? Et je vends et je m'allège de tout ce fourbi qui après moi sera dispersé n'importe comment, par n'importe qui.

Ce qui m'est indispensable concerne mes animaux, ma Fondation.

Les seuls souvenirs qui resteront de moi !

C'est alors, en cette fin de juin 1995, que j'appris encore une atroce nouvelle : la mort de Dany Robin, carbonisée dans son appartement du

633

XVIᵉ. Cette femme sublime qui fut mon modèle lorsque, adolescente, je me cherchais une personnalité, cette image inoubliable de la ravissante jeune fille française des années 50, cette actrice capable de jouer au théâtre ou au cinéma des rôles extrêmement divers, celle dont j'avais repris la création au théâtre de L'Atelier dans *L'invitation au château* de Jean Anouilh et que j'avais retrouvée chez Coville, mon restaurateur-antiquaire de Montfort-l'Amaury, l'année dernière, si heureuses de nous revoir, changées mais tout aussi semblables, cette unique et belle femme avait péri brûlée vive en pleine nuit dans son appartement-piège proche de l'avenue Paul-Doumer.

Mais c'est insupportable, inadmissible, incroyable !

Comment pouvait-on encore à notre époque se retrouver grillé dans un immeuble de grand standing de l'arrondissement le plus chic de la capitale ?

Un triste concours de circonstances, une décoration plastifiée, le fait d'être au 4ᵉ étage, le nylon des draps qui s'enflammèrent lorsque son mari s'endormit le mégot à la bouche, l'appel d'air que, dans son effroi, elle occasionna en ouvrant les fenêtres...

Mourir, mourir, mourir, je n'avais plus que ce mot-là dans la tête, dans le cœur, mourir : le seul but de notre vie à tous, qui que nous soyons, mais mourir brûlée vive, non, non et non !

En deux mois j'avais perdu Yvonne, mon amour, ma sœur, Toutou mon gros et adoré petit enfant à quatre pattes, Paule ma complice, mon irremplaçable amie des animaux et, pour couronner le tout, Dany Robin, le phare lumineux de mes débuts d'actrice, la femme la plus charmante et la plus talentueuse que j'aie jamais connue.

C'était trop dur à supporter, beaucoup trop dur.

Même aidée par le fameux *Prozac* !

Chaque jour je me réveillais en attendant qu'on m'annonce encore la mort de quelqu'un d'aimé ! Je ne vivais que dans l'attente d'une disparition puisque c'était devenu un pointillé sans fin.

Ainsi, le 18 juin, c'est « Biscotte » qui s'éteignit.

Sœur jumelle et inséparable de « Croquette », on m'avait avertie de leurs présences quelques années auparavant, abandonnées sur la plage qui jouxtait La Madrague. Ces deux petites chattes passèrent leur vie ensemble, si semblables que je dus mettre un collier à Biscotte pour les différencier. Lorsqu'elles accouchèrent (avant que je ne les fasse stériliser) mon gardien emmena les bébés dans ma 4L chez le vétérinaire pour les faire euthanasier. Les deux petites chattes suivirent avec angoisse cette séparation, s'assirent sur leurs petits derrières et lorsque la 4L revint, elles se précipitèrent ensemble renifler partout, sûres de retrouver leurs petits.

Leur chagrin me bouleversa.

Elles miaulaient à fendre l'âme, allant et venant autour de cette voiture qui, pour elles, était l'endroit où leurs bébés les attendaient.

Lorsque Biscotte mourut, Croquette resta sur sa tombe jour et nuit pendant plus de deux semaines. Ses cris, ses gémissements nous réveillaient en pleine nuit. Elle cessa de se nourrir, ne voulant pas quitter le petit bout de terre qui ensevelissait sa sœur.

Encore aujourd'hui, quatre années plus tard, Croquette reste des heures lovée sur la tombe de Biscotte. D'autres tombes, hélas ! l'entourent, mais Croquette ne se trompe jamais.

Il fallait que je réagisse ou que je me suicide, mais je ne pouvais plus supporter l'étau fulgurant que la mort resserrait autour de moi.

Frank et François arrivèrent comme des conseillers de bon augure, la veille du 9 juillet, date fatidique du centenaire du Cinéma à Saint-Tropez. Ils me mirent en condition, me racontant plein d'histoires rigolotes et me servirent du champagne. Malgré la chaleur qui m'anéantissait, nous passions de bons moments, ils m'obligèrent à me nourrir, m'apportant plein de salades délicieuses, me gâtant, s'occupant de moi. Le village était en effervescence, des affiches de *Et Dieu créa la femme* se bousculaient sur tous les murs, Vadim était arrivé après des années d'absence, retrouvant le Saint-Tropez qu'il avait fait découvrir au monde entier.

Je ne voulais pas y aller, mais j'y allai !

Et j'eus raison !

Ce fut magnifique, féérique, inimaginable.

Moi qui, quotidiennement depuis trente-sept ans, arpentais les ruelles de ce village qui me connaissait par cœur, j'eus tout à coup l'impression qu'il me découvrait sous un jour différent. Habillée d'une super robe moulante et fleurie, pieds nus comme d'habitude, bronzée avec mon chignon sauvage piqué de petites fleurs à la « va-comme-je-te-pousse », je n'étais plus la Brigitte du marché en jean's et en bottes mais une star ovationnée par un public époustouflé.

Je tombai dans les bras de mon Vadim qui, tout étonné de cette soudaine tendresse, n'en revenait pas que je lui ai pardonné les différents détails croustillants qu'il avait écrits sur notre mariage dans *D'une étoile, l'autre*, ce livre attaqué par toutes ses ex-épouses avec notre avocat en gros, Maître Gilles Dreyfus.

Je l'aime bien, Vadim.

Plus le temps passe et plus je l'apprécie.

Il a une façon tellement détachée de prendre les choses de la vie, une philosophie particulière, une générosité extraordinaire, une intelligence si fine, si sensible, si puissante aussi. Une intelligence rare. Bref, je l'aime au sens le plus noble du mot car il est d'une espèce en voie de disparition. Heureuse Marie-Christine Barrault de l'avoir rencontré maintenant. Je l'ai connu trop jeune pour pouvoir l'apprécier à sa juste valeur.

Ces retrouvailles firent le bonheur des photographes, du public haletant, des radios branchées en direct de la place des Lices, des caméras de T.V. et du maire qui se réhabilitait à la face du monde.

Le film me donna un grand coup de nostalgie, le champagne aidant c'est les larmes aux yeux que je quittai la salle de la Renaissance sous les applaudissements fournis et scandés du public, dans une chaleur suffocante, Bernard à ma droite et Vadim à ma gauche. Ils représentaient à eux deux l'aube et le crépuscule de ma vie.

Même si j'avais été élue reine d'un soir, que le maire, copiant son Jacques Chirac, m'avait remis officiellement la « médaille de la Ville de Saint-Tropez » et qu'un dîner en mon honneur avait eu lieu au « Café des Arts », ce merveilleux restaurant typiquement provençal aujourd'hui disparu, comme tout le reste, je restais extrêmement fragile, malgré la gentillesse que mes proches me témoignaient.

Prozac ou pas *Prozac*, je buvais beaucoup trop, non par plaisir mais par besoin. La chaleur n'arrangeait pas les choses, m'électrisant au point de me faire pleurer pour un oui ou pour un non. Les petits dîners organisés à « L'Esquinade » chez mon copain Roger avec quelques célébrités comme Bernard Montiel ou Danièle Gilbert me donnaient superficiellement une détente qui semblait joyeuse, je jouais un peu de guitare, essayais de rire, mais le cœur n'y était pas, trop d'épreuves successives et fortes avaient eu raison de ce qui me restait de joie de vivre. Je retombais ensuite dans le gouffre profond de cette dépression que je ne pouvais vaincre.

On me conseilla de changer d'air !

De fuir ce Saint-Tropez envahi de touristes, d'aller quelque temps me ressourcer à Bazoches... à Bazoches sans Yvonne ! Je me laissais guider un peu comme une enfant perdue et, le 1er août, jour de l'anniversaire de la mort de maman, après avoir été de très bonne heure, alors que la foule dormait encore, déposer une rose sur notre tombeau de famille, je pris le petit avion, entourée de mes chiens, avec Frank et Bernard. La chaleur que je fuyais nous rattrapa lors de notre atterrissage à Toussus-le-Noble.

Je retrouvais Bazoches comme une automate, sans plaisir, sans état d'âme, condamnée à l'exil d'été que les touristes m'obligeaient à subir à contrecœur chaque été de chaque année.

C'était la première fois qu'aucun bouquet envoyé par Yvonne ne m'attendait, ni son coup de téléphone chaleureux, ni sa présence si proche que je sentais comme une protection, inviolable. Désœuvrée,

636

dépaysée, déboussolée, tournant en rond comme un derviche, je ne savais que faire de toutes ces heures, ces journées... abandonnée par « mes enfants », seule avec Bernard, j'allais vivre un face-à-face déterminant qui m'anéantissait d'avance. Pas question de clafoutis, ni d'aucune sorte de cuisine, il avait horreur de toutes ces odeurs de bouffe.

Je me remis à écrire mes Mémoires.

N'ayant que ça à faire je me plongeai dedans, revivant chaque moment avec une intensité de détails qui m'emmenait loin, très loin de mon quotidien si fade.

Patrick Mahé, alors rédacteur en chef de *Paris-Match*, avait lu mon manuscrit et l'avait apprécié. Bien qu'il ne fut pas terminé, il l'avait confié, avec mon accord, au P.-D.G. des éditions Grasset qui était très intéressé. Mais si je voulais qu'il ait une chance d'être édité pour la rentrée 1996, je devais impérativement remettre l'intégralité de mon livre à la fin de l'année 1995.

Fouette ton cheval Bri-Bri, fouette ton cheval, écris, écris ta vie, pleure et ris, mais donne de toi la véritable image, vas-y ma Bri, écris !

Et je m'attelai tout l'été à ce qui allait être *Initiales B.B.*

Mais je ne le savais pas encore !

Et surtout je n'imaginais pas tous les problèmes que ce livre allait m'apporter, avant, pendant et après qu'il fût édité.

Alors que j'étais en train d'écrire, un soir de cet été étouffant, profitant de la fraîcheur du voile noir de la nuit, déchiré par les croassements des grenouilles, les crissements ininterrompus des grillons et tous les bruits rassurants dont les animaux nous entourent à la fin de ces journées d'été insupportables de chaleur, Vénus, ma Setter, ma gourgandine coureuse de champs jusqu'à des heures avancées, fut terrassée par une crise d'épilepsie. Cette chienne très costaude, certainement croisée de Dalmatien, n'avait jamais donné le moindre signe de faiblesse depuis qu'on me l'avait amenée, abandonnée dans le triste mouroir du refuge de Cabriès.

Les crises d'épilepsie sont extrêmement angoissantes et pénibles à supporter pour celui qui en est victime et ceux qui tentent de la soulager. J'avais déjà, hélas ! été témoin des crises de Douce, plus celles de Milou-Mienne, mais Vénus fut prise d'une frénétique secousse qui semblait ne jamais vouloir s'arrêter.

Bien qu'à une heure tardive, je suppliai Bernadette, ma gardienne, d'appeler le vétérinaire. Vénus, toujours en crise, se tordait, les membres raidis, la bave aux lèvres, nageant dans son urine et ses excréments.

L'arrivée du Docteur Gagnaison n'y changea rien.

Il eut beau lui faire des piqûres de *Valium* et de cortisone qui, généralement, mettent un terme rapide à l'épilepsie ; Vénus, toujours en crise, avait le cœur qui fatiguait. A bout de ressources, nous tentâmes une anesthésie. La pauvre bête continuait d'être secouée de spasmes, envoyant ses pattes dans tous les sens, tournant sur elle-même dans le cloaque de ses déjections.

Nous passâmes la nuit près d'elle, Bernard et moi.

Elle ne se calma qu'à l'aube.

Son état était inquiétant, son organisme épuisé, elle respirait à perdre haleine, n'ayant plus aucune ressource vitale, gisant sur le sol, ne réagissant à rien.

Quelques minutes plus tard une terrible crise la reprit.

Et ce fut ainsi durant trois jours.

Nous essayions de nous relayer, dormant à tour de rôle, puis reprenant notre garde, à quatre pattes sous la table de la cuisine.

Bernard tentant le tout pour le tout, appela une doctoresse spécialiste de l'épilepsie humaine qui recommanda la prise de *Rivotril*, médecine intensive conseillée dans les cas d'épilepsie rebelle. Vénus, en crise constante, ne pouvait avaler quoi que ce soit sans risquer de s'étouffer. Le Docteur Gagnaison eut l'idée d'écraser les comprimés, de les réduire en poudre et de les lui étaler sur la langue.

Grâce au *Rivotril*, il y eut un répit.

Mais la pauvre Vénus n'était plus qu'une masse inerte sous la table, ne pouvant ni se lever ni se nourrir ni même bouger la tête. Ses yeux vitreux ne regardaient rien. Elle allait probablement mourir et, malgré l'immense lassitude qui avait pris possession de moi, je ne la quittais plus, j'avais installé une espèce de lit de fortune sous la table de la cuisine, auprès d'elle. La chaleur étant insupportable, nous vivions les volets fermés et les ventilateurs branchés. Lorsqu'il m'arrivait de m'absenter quelques minutes pour fumer une cigarette, faire pipi ou me laver les dents, c'est Bernadette ou Janine, ma femme de ménage, qui me remplaçait.

Vénus ne pouvait plus jamais rester seule.

Le Docteur Gagnaison lui faisait des perfusions de sérum pour la nourrir et l'hydrater, des prises de sang pour trouver de quel mal inconnu elle souffrait.

A force, nous finîmes par savoir qu'une tumeur minuscule du pancréas déstabilisait tout son équilibre organique et nerveux, désorganisant tout son système vital. Son péritoine se remplissait d'un liquide qu'il fallut ponctionner à plusieurs reprises mais qui se renouvelait immuablement.

Sa survie dépendait des soins attentifs dont elle serait entourée, c'est-à-dire de moi, de moi seule, et j'étais bien décidée à lui accorder ce temps nécessaire qui lui était désormais compté. Je me suis acharnée à lui redonner la vie, l'équilibre, la force dont elle avait tant besoin. Très lourde, elle tentait désespérément de se mettre debout mais ne le pouvait plus, glissant des quatre pattes sur le carrelage. Je la soulevais avec une serviette éponge glissée sous son abdomen et la faisais marcher en la maintenant en équilibre précaire.

Je la sentais heureuse de se déplacer enfin après tant de journées de prostration. Je lui parlais, lui promettant que ce n'était qu'un vilain cauchemar, qu'elle allait de nouveau cavaler dans les champs, courir après les lapins.

Et je tins ma promesse !

Elle recommença à se nourrir.

Je lui mitonnais du foie de génisse, des blancs de poulet, des filets de cabillaud et des œufs de mes poules. Son nez frissonnait aux bonnes odeurs, elle avait l'œil gourmand et l'appétit en éveil.

Un mois plus tard, elle était sur pieds, un peu chancelante, mais vivante !

Ma Vénus, ma chienne, ma fille, nous étions désormais liées par une tendre et forte transfusion d'amour.

Vénus allait mieux ! Merci mon Dieu, mais moi j'étais dans un état lamentable, malgré le *Prozac* et sans le champagne que j'avais arrêté faisant encore le vœu, tant de fois répété, pour la guérison de l'être aimé. Sans cesse sur le qui-vive, je ne la quittais pas des yeux, refusant toute sortie, tout éloignement.

Exceptionnellement et parce que Bernadette et Janine vinrent passer la soirée pour me remplacer, j'allai le 16 septembre voir *Le Vison voyageur* au Théâtre de La Michodière avec Frank, François et Bernard. La représentation était généreusement donnée par toute la troupe au profit de ma Fondation. Bien qu'un peu inquiète, je passai une soirée délicieuse et rigolote qui me fit un bien fou. A la fin du spectacle, j'allai féliciter et remercier les acteurs qui, pour l'occasion, nous offrirent du champagne, que je bus avec joie. Il y eut des photos souvenirs et énormément de chaleur humaine.

Comme par miracle, je fus désignée par toutes les associations de protection animale pour être leur porte-parole auprès du Pape Jean-Paul II lors de la cérémonie dédiée à saint François d'Assise au Vatican, le 27 septembre, veille de mon anniversaire !

Vénus étant à peu près rétablie, je fis venir Mylène, en qui j'ai une confiance illimitée, afin qu'elle me remplace auprès de tous mes petits, et je pris l'avion pour Rome avec Bernard et Frank, très émue de l'entrevue que le Pape allait accorder aux animaux par mon intermédiaire.

Je retrouvai Rome, cette ville sublime, que je n'avais pas revue depuis presque trente ans ! J'étais éblouie, demandant au chauffeur de me conduire à travers les rues jusqu'au Colisée qui, éclairé de nuit, prenait une dimension magique. Nous passâmes sur le Forum, j'ouvrais des yeux comme des soucoupes, redécouvrant la beauté unique de ces ruines romaines immuables.

Dire que j'avais eu le privilège d'y vivre au début de ma carrière, puis d'y revenir, avec Gunter, y passer deux étés successifs.

L'hôtel de la *Via Veneto* était magnifique, rempli de meubles anciens, de lustres, de Murano, je vivais un conte de fées, une détente de toute responsabilité qui mit mes nerfs au repos, j'en avais tellement besoin !

J'appelais Bazoches toutes les cinq minutes, tout allait bien, Mylène veillait sur ma tribu et Vénus, quoique très fatiguée, reprenait une vie normale grâce aux médications intensives auxquelles elle allait être soumise toute sa vie durant.

A 7 heures le lendemain, je retrouvais Allain Bougrain Dubourg, désigné pour m'escorter officiellement par le protocole extrêmement rigoureux qu'exigeait la moindre approche du souverain pontif.

Le photographe de *Paris-Match*, Jean-Claude Deutsch, fut parqué avec tous les autres journalistes dans une espèce de mezzanine qui dominait l'immense salle mais l'empêchait, même avec un téléobjectif puissant, de faire la moindre photo de l'instant unique où nous allions nous trouver face au Pape. Ce privilège étant exclusivement réservé au photographe officiel du Vatican.

Une foule immense et recueillie, hétéroclite, de toutes nationalités, de toutes races, des religieux et des laïques, se pressait à l'entrée, où il fallait montrer patte blanche ! Escortés par des diacres ou de simples curés, tous en soutane noire, nous étions menés chacun à nos places dans une rigueur majestueuse et militaire.

Les élus du jour, comme moi, Allain et d'autres représentants officiels de protection animale du monde entier, eurent droit à des chaises au premier rang juste devant l'imposante estrade où le Pape s'installerait dans le non moins impressionnant fauteuil qui l'attendait. Les autres, dont Bernard et Frank, furent conduits vers des travées, des stalles où, entassés par nationalités, ils furent immobilisés par la fermeture inviolable de la seule issue. On diffusa des cantiques chantés dans toutes les langues, il y eut des va-et-vient d'évêques, de gardes suisses, de cardinaux en grande tenue. La pièce, immense et froide, pouvait contenir les 2 000 personnes qui, derrière moi, papotaient dans un charabia cosmopolite de première classe. J'aperçus Jean-Claude Deutsch, tout en haut de son perchoir, avec les 500 autres photographes qui s'y bousculaient. Je finis par retrouver du regard Bernard et Frank qui, coincés juste deux travées derrière, ne pouvaient que me faire des petits signes de connivence. Allain, près de moi, commençait à trouver le temps long. Il avait apporté un très beau tableau représentant saint François d'Assise peint par Barberousse, que nous devions offrir au Pape.

J'étais déçue par l'ambiance ultramoderne de ce décor que j'avais imaginé tout autre. Une gigantesque sculpture murale de bronze et d'acier cubique, représentant je ne sais trop quoi, trônait en place d'honneur derrière le siège papal. Des micros, des sonos, des projecteurs, des spots... J'étais loin du clair-obscur des chapelles de mes rêves, pleines de mystères, de peintures de la Renaissance, de vitraux tamisés, de statues aux regards douloureux où un orgue magique, venant de l'au-delà, accompagnait nos prières d'un *Te Deum* qui nous transportait vers le surnaturel.

C'est le progrès !

Cette démystification de tout est à la base du doute qui envahit les hommes, car ne respectant plus le mysticisme des religions qui les maintenait dans un état de questionnement permanent faisant office de garde-fou, freinant leurs instincts les plus bas, les plus vils, les plus abjects. Hélas ! les miracles ne peuvent s'accomplir sous l'œil scrutateur des caméras de T.V., ni les apparitions sous les spots de cinéma. Seuls le recueillement, le silence, la foi et la sérénité peuvent appeler à la transcendance. C'est pourquoi je suis écœurée par ce qu'est devenu Lourdes, ce bouillon de culture touristique et malsain à but spécifiquement lucratif où la petite Vierge, au même titre que les Beatles ou Lady Di, est exploitée sous toutes ses formes, dans tous les domaines, pour tous les commerces. J'espère qu'un fabricant de préservatifs n'aura pas le mauvais goût d'en faire une pub à miracle anti-sida garanti !

Il faut s'attendre à tout.

J'en étais là de mes pensées lorsqu'un brouhaha de foule en mouvement envahit les lieux ! Le Pape, entouré de son état-major attentif, venait de faire son apparition. Debout, au garde-à-vous, nous reçûmes une bénédiction rapide, puis il s'installa à grand-peine, aidé par tout son staff, pendant que nous avions l'autorisation de nous rasseoir. Alors commença une longue mélopée, dite et redite dans les 51 langues imposées. Il était question de pays africains sous-developpés...

Où était saint François d'Assise dans tout ça ?

Je m'endormis à moitié, bercée par le ronron du discours inaudible du Pape.

Il semblait aussi abruti que moi, se faisant silencieusement rappeler à l'ordre par un cardinal autoritaire qui lui passait, au fur et à mesure, les feuilles de papier qu'il nous distillait en lithanie monocorde. Je remarquai que son bras gauche restait inerte sur l'accoudoir du fauteuil. Il faisait plus pitié qu'impression ! Pauvre homme, quel courage, cette vie de perpétuelle représentation, répétée à l'infini.

La star de Dieu !

Je ne suis pas très sensible à tout ce tralala, beaucoup plus émue par le regard d'une petite Sœur Emmanuelle ayant voué sa vie aux malades du tiers monde, ne possédant comme bien matériel que son cœur, son courage et son dévouement aux plus démunis. Le Christ était pauvre, fils d'un charpentier sans ressource, il n'évoluait certes pas entouré du luxe, du protocole et de tout ce Saint-Frusquin !

Enfin, après deux ou trois heures d'attente, nous fûmes conviés à faire la queue en rang d'oignons afin d'avoir les cinq minutes d'entretien auxquelles nous avions droit. Personne n'avait encore mentionné le nom de saint François d'Assise que nous étions censés fêter ce 27 septembre avec quelques jours d'avance sur le calendrier. Lorsque arriva mon tour, je lui serrai affectueusement les deux mains, lui parlant en italien, demandant des nouvelles de sa santé, ce que personne n'avait dû faire, puis le suppliai de penser à la souffrance animale dans le monde, le conjurant de faire passer un message demandant aux hommes de ne plus abuser de leur force et de leur prédominance sur les animaux en les tuant inutilement et avec indifférence pour des profits matériels et commerciaux. Il opinait de la tête, me répondant : « *Si, si, ci penso io, ci penso !* » Puis je lui offris le portrait de saint François d'Assise qu'il regarda avec le même sourire figé, le même regard absent et lointain. Je lui baisai la main. Le temps qui m'était imparti étant révolu, c'est Allain qui prit la suite.

Je repartis aussitôt, n'ayant ni le courage ni l'envie d'attendre la fin du « spectacle ». Je pris donc l'allée centrale, récupérant Bernard et Frank avec un mal de chien, le garde-chiourme refusant de les laisser me suivre... Alors se produisit le véritable miracle de cette matinée, des centaines de mains se tendirent vers moi, criant mon nom dans toutes les langues du monde. Ne pouvant s'extirper de leurs travées, ils se tournaient tous vers moi, mendiant un sourire, un baiser, un souvenir.

A bout d'une émotion que je ne pouvais plus contenir, je laissais les larmes couler sur mes joues, les mêlant à celles qui, de joie, illuminaient tous ces visages qui m'ovationnaient. Des petites filles venues de Tchernobyl m'entourèrent de leurs bras, bredouillant en russe des mots que je ne compris qu'à travers leurs yeux. Des religieuses asiatiques me serrèrent sur leur cœur, des Mexicains, des Africaines, des hommes et des femmes du monde entier firent passer entre nous un message d'amour inoubliable.

Je sortis de là en larmes, titubante, le cœur gonflé d'un bonheur irréel.

Les photographes crurent que mon entrevue avec le Pape en était la cause... mais c'était une chaleur humaine jamais ressentie avec une telle intensité qui m'avait à ce point bouleversée.

Dans cet état second, je rencontrai le Maire de Rome, Monsieur Rutelli, à l'Hôtel de Ville, en plein cœur du Forum, dans un environnement unique et inoubliable. Cette entrevue fut des plus charmantes et des plus chaleureuses. Partie sur ma lancée, je lui parlais en italien que je maîtrise couramment et lui me répondait dans un français impeccable, ce qui provoqua un énorme fou rire. J'adore les Italiens et j'ai adoré le Maire de la plus belle ville du monde, qui m'a reçue avec une élégante simplicité et une gentillesse qu'on ne trouve que chez les personnes qui portent la noblesse innée, n'ayant aucun besoin de « faire-valoir », de « faux semblants » pour être ce qu'ils sont. Je reçus de ses mains, outre la médaille d'or de la ville de Rome, une statuette de bronze de la louve allaitant Romulus et Remus. Entre le Pape et le Maire, les paparazzi s'en donnèrent à cœur joie, c'était comme un remake de Don Camillo et Peppone !

Après avoir semé les paparazzis avec des ruses de Sioux, entrant à l'hôtel par la grande porte et ressortant immédiatement par celle de service, traversant les cuisines et toute la partie cachée de la lune, nous avons enfin pu profiter de l'accueil extraordinaire que nous réserva le restaurateur, nous régalant de cette cuisine italienne, simple, parfumée, variée et légère.

Puis je fis avec Bernard un petit tour en fiacre, pas trop long car les touristes commencèrent à me reconnaître, mais ce fut suffisant pour recharger mes batteries, me changer les idées, élargir mon horizon étriqué, me donner un deuxième souffle pour affronter le quotidien qui m'attendait le soir même à Bazoches.

Bien que mon anniversaire fut le lendemain de cette journée historique, j'estimais avoir été suffisamment gâtée sans être obligée de remettre ça ! Et puis j'étais crevée. J'avais retrouvé mes amours avec une joie partagée qui nous prit un temps infini de léchouilles, de gémissements, de « je te saute dessus et je te fous un œil au beurre noir ». Vénus n'était pas la dernière, elle frétillait sur place, me couvant d'un regard tendre qui en disait long.

*
* *

A la fin du mois d'août, il s'était passé un petit événement à la Fondation dont j'ai oublié de parler mais qui est pourtant essentiel.

On m'informa qu'un S.D.F., ayant élu domicile dans les jardins du Trocadéro, avait fait reproduire sa chienne et se baladait avec un caddie plein de chiots squelettiques, essayant de les vendre aux passants. Après enquête rapide, je fus prévenue que ce type était violent et agressif, la chienne déshydratée, mal nourrie, affolée, et les chiots en état de perdition, deux sur dix ayant déjà trouvé la mort.

Puisque ma directrice et la plupart du personnel étaient en vacances, je décidai de prendre chienne et petits à Bazoches afin de les requinquer. Le bonhomme, refusant absolument de se séparer de son gagne-pain, nous fit un chantage épouvantable. Chaque chiot valait 5 000 francs, la mère reproductrice, poule aux œufs d'or, n'avait pas de prix, même pour 20 000 francs il ne la lâcherait pas !

On était jolis !

Il fallait faire vite car les animaux à un âge si tendre ont besoin de tous les soins qui feront d'eux, plus tard, des chiens solides et résistants. Quant à Diane, la mère, pauvre bête, croisée de tous les chiens du facteur ou du bistrot du coin, portait sur elle toute la misère du monde, nourrissant comme elle le pouvait ces huit petits affamés, alors qu'elle-même n'avait rien à se mettre sous la dent.

Je passai un marché avec le S.D.F.

Je prenais tout ce petit monde en pension et lui rendrais Diane quand la famille serait sevrée. Il menaçait d'aller porter plainte contre moi pour vol, se faisait prier, était un sale con, ce qui sera confirmé plus tard. Je lui refilai 1 000 balles et embarquai le tout !

Avec Bernadette, nous avons installé une nurserie dans la grange avec plein de paille partout, avons nourri Diane qui crevait de faim et donné des biberons à tous ces petits riquiquis afin de soulager leur mère le temps qu'elle se refasse une santé.

C'était adorable ! Mais cela prenait un temps fou.

Nous avons embauché Janine, à trois c'était mieux.

La famille s'éparpillait de partout, les petits commençaient à marcher, couinaient toute la journée, s'empêtrant dans une marche, se glissant derrière une planche dessertie ou sous une balle de foin, bref nous passions notre temps à cavaler derrière, à jouer à cache-cache, à les ramener près de leur mère et, tels du vif argent, ils refichaient le camp aussi vite ! Je restais des heures à les regarder, à les caresser, à les nourrir. Diane, reconnaissante, découvrait une existence qu'elle ignorait : la liberté, la tendresse, le confort, la bonne bouffe, la joie de vivre. Elle s'attacha très vite et très fort à Bernadette, et elles devinrent inséparables. Et moi, aux petits qui faisaient partie intégrante de ma vie, dès le petit déjeuner, ils arrivaient en rangs serrés, piaillant à qui mieux mieux pour me grimper dessus, bouffer des croissants, cavaler derrière les chats ou même tomber dans la piscine en se courant derrière.

C'était tellement mignon que j'en oubliais de prendre mon *Prozac* et d'écrire mes Mémoires.

Mes vieux de la vieille voyaient tout ça d'un sale œil, et je dus y mettre bon ordre, car autant Vénus les couvait d'un regard maternel, autant Tania, la dominante, leur montrait les crocs et grognait. Kibis, mon petit mâle Setter, était parfaitement indifférent ainsi que Lady, mon Irlandaise, mais Wendy, habituée à son monde, n'admettait pas que tous ces sans-papiers fassent brutalement irruption dans sa vie. Bien que petite elle avait l'attaque facile et l'éducation bourgeoise bien implantée. Quant à Ophélie, mon petit ange de douceur, elle n'avait d'yeux que pour moi, ignorant toute agressivité, en éternelle pacifique, s'accommodant de toutes les situations.

Ma directrice vint se rendre compte afin de commencer à placer tous ces bébés. L'idée de me séparer d'eux m'arracha le cœur, mais il fallait être raisonnable. Mon vétérinaire, qui les suivait régulièrement, ayant effectué tous les vaccins nécessaires et les examens indispensables, m'avertit qu'une des petites chiennes noires, ayant une malformation de la patte avant droite, inopérable et insoignable, devait être euthanasiée ! Je poussai des hurlements, il n'en était pas question, du reste je ne m'en étais pas rendu compte. Effectivement, en les observant bien, je m'aperçus que la plus faible boitait légèrement. Sa patte inversée depuis l'épaule n'était qu'une torsion sur elle-même ! Ce qui ne l'empêchait pas de se carapater comme un lapin, claudiquant mais aussi vivante et joyeuse que les autres. Je décidai donc de la garder pour lui sauver la vie et lui donner une chance qu'elle n'aurait certainement pas trouvée chez ses adoptants ordinaires. Jusque-là, ils formaient un tout, n'ayant pas de nom, à part celui du groupe « Ti piti piti », auquel ils répondaient dans un même élan. J'eus une attention particulière pour ma petite handicapée et l'appelai « Loupiotte ».

Chaque jour, on venait m'en prendre un ou deux que je voyais partir, déchirés, gémissants, affolés d'être séparés brutalement de leur mère, de leur famille, de leur environnement. Ce fut pénible pour tout le monde, pour Diane en particulier qui se retrouva, un beau jour, seule avec Loupiotte.

C'est à ce moment-là que le S.D.F. vint faire un scandale à la Fondation, cassant tout dans la boutique, menaçant avec un couteau le personnel affolé qui appela la police. Il voulait récupérer sa chienne et l'argent de la vente des petits que nous lui avions volés ! Il voulait à nouveau faire couvrir Diane pour en tirer encore une fois un profit lucratif.

Il n'en était pas question !

Mais nous fûmes obligés par la loi de faire un simulacre de restitution. Bernadette d'un côté, le S.D.F. de l'autre, les témoins autour et Diane au milieu. Celui vers qui elle irait, aurait droit de la garder. Evidemment Bernadette gagna, Diane revint à la maison, fut tatouée et stérilisée en vitesse.

Loupiotte, craintive, timide, sauvage, eut du mal à s'habituer à la vie que je lui proposais. Elle était perpétuellement réfugiée sous un meuble et faisait pipi de terreur un peu partout. Mais elle s'attacha passionnément à moi. Avec d'infinies précautions, je lui appris à vivre comme une jeune fille bien élevée. Aujourd'hui, malgré sa patte toujours tordue, elle est devenue une merveilleuse et très intelligente compagne, plus dégourdie et maligne que tous les autres réunis. C'est la seule qui devine mes états d'âme, mes départs pour Paris, anticipe mes retours, attendant mon arrivée devant le portail.

Etonnant, non ?

Le S.D.F. mit quelque temps plus tard le feu à ma Fondation en pleine nuit avec un jerricane d'essence. Grâce aux caméras de surveillance d'un immeuble voisin, la police et les pompiers purent intervenir immédiatement, évitant ainsi le pire, sinon tout sautait, une conduite de gaz se trouvant à quelques mètres du départ de l'incendie.

Le type fut arrêté, bouclé, puis renvoyé au Portugal, son pays d'origine. Ouf !

Depuis que j'avais eu la chance d'échapper à ce maudit cancer du sein, trop souvent mortel, je suivais un traitement hormonal très strict et étais soumise à des examens minutieux. Parmi les médicaments qui me furent prescrits, le *Prémarin* tint une place prépondérante, mais lorsque j'appris comment était obtenu ce substitut hormonal, affolée, révoltée, je cessais d'en prendre du jour au lendemain, sans l'avis du médecin, ni la complémentarité nécessaire. Ce médicament d'origine américaine, très employé pour les femmes ménopausées, est fabriqué à base d'urine de jument en gestation.

Pauvres bêtes, entravées à vie dans des box de contention, perpétuellement enceintes, dont l'urine est précieusement recueillie dans un récipient éternellement fixé à leur corps épuisé par des lanières de cuir. Ne pouvant ni se coucher ni se retourner, elles sont condamnées à une réclusion inhumaine, meurent rapidement et sont immédiatement remplacées par d'autres qui subissent le même sort. J'en parlai autour de moi, écrivis au laboratoire américain et, révoltée, fis un papier dans l'*Info-Journal* de ma Fondation.

Mais bien des femmes ignorent la douleur qu'endurent les juments du *Prémarin* et bien des médecins pourraient prescrire d'autres médicaments tout aussi efficaces et plus modernes qui ne traînent pas derrière eux la mort, le martyre des juments et l'indignité des hommes !

Le dimanche 8 octobre, il faisait une chaleur à tomber raide, pourtant, ayant promis à Jacqueline Faucher d'aller fêter avec elle les 150 ans de la S.P.A. au refuge de Gennevilliers, je me retrouvais avec Frank, François, Bernard et ma nièce Camille au milieu d'un univers que je redoute, tous ces chiens au regard implorant, toutes ces petites vies tendues vers nous, ces pattes battant l'air au travers des barreaux, cette incarcération injuste de l'innocence par la faute des hommes !

En cette journée anniversaire et Portes ouvertes, la foule se pressait autour des célébrités, ignorant dédaigneusement les gémissements et les appels au secours que ces milliers d'aboiements essayaient d'exprimer. Je fis une visite en bonne et due forme, mitraillée par les flashes des photographes sous un soleil de plomb, m'arrêtant à chaque cage, essayant de calmer leur profonde détresse par quelques mots doux et de furtives caresses. Mais autant vider la mer à l'aide d'une petite cuillère ! L'espoir que ma présence apportait se transformait dès que j'avais le dos tourné en une plainte infinie.

J'avais le cœur à l'envers et une brûlante envie de pleurer.

Lorsqu'on m'amena un pauvre Berger allemand dont on avait sectionné les deux oreilles au sécateur, je libérais enfin le poids qui m'étouffait en éclatant en sanglots devant une foule pétrifiée et la presse interloquée. Je n'en pouvais plus devant le regard douloureux de cette pauvre bête dont la tête n'était qu'une plaie sanglante ! Mais mon Dieu qu'avait-il fait pour mériter une telle mutilation ?

Je ne supportais plus la barbarie humaine !

C'est en pleurs que je quittai cet enfer, bien décidée à ne plus y remettre les pieds. Mon émotion fut peut-être communicative car, ce jour-là, 200 chiens et 50 chats trouvèrent un maître.

Si j'ai la larme facile, je n'en mène pas moins mon difficile combat avec acharnement.

C'est ainsi que le 12, quatre jours plus tard, j'allais rencontrer, pour la première fois, le nouveau ministre de l'Agriculture, Philippe Vasseur, le successeur de « Bite-qui-n'a-jamais-servi ». Espérant en secret que celui-là ait une expérience plus adéquate de la vie et des animaux. J'avais tellement de choses à lui demander que je ne savais pas par quel bout commencer, je déballai en vrac, sans m'arrêter, tous les problèmes urgents auxquels il était sensé faire face, séance tenante.

Il se mit à rire, ses yeux malins et charmants derrière ses lunettes avaient l'air de me dire : « N'en jetez plus, la coupe est pleine ! » C'est à un homme de bon sens, un homme sensible à la souffrance animale que je m'adressais... enfin ! Parmi mes innombrables requêtes se trouvait la caudectomie, cette mutilation de la queue des chevaux de trait de l'armée ou de concours hippiques qui consiste à sectionner, sans aucune anesthésie, la queue à la jonction de la colonne vertébrale et à cautériser avec un fer rouge !

C'est barbare, archaïque et inutile !

C'était un procédé traditionnel chez les paysans, craignant que la queue de l'animal ne se prenne dans les charrues de labourage ou dans les harnais des charrettes. Mais un cheval privé de sa queue ne peut plus se défendre contre l'attaque des insectes, ni chasser les mouches qui l'été l'assaillent, c'est une partie essentielle de lui-même, dont on le prive dans des souffrances inimaginables souvent pratiquées avec les moyens du bord provoquant des infections parfois mortelles malgré l'application du fer chauffé sur la plaie sanglante, douleur plus qu'insupportable qui les faisait hurler dans l'entravement de fer et de cordes dont ils ne pouvaient s'évader.

Le ministre m'écouta avec attention, prit des notes, me sourit, m'assura de son soutien et de son admiration, il me tiendrait au courant.

Ce même jour, de la Fondation, j'envoyais une lettre à Nelson Mandela dénonçant la chasse aux rhinocéros blancs en voie de disparition et aux éléphants estimés en surnombre dans le parc Kruger en Afrique du Sud. Je le priais de mettre un terme à cette éternelle destruction qui n'aboutirait qu'à une disparition irréversible des animaux sur notre planète. Je m'adressais avec espoir au cœur d'un homme qui en était dépourvu. Hélas !

Le soir, fatiguée, je rentrais, trouvant chez mes chiens et mes chats, le réconfort indispensable qui me permettait de repartir dans un nouveau combat. Loupiotte faisait pipi de joie dès qu'elle entendait le son de ma voix, collée à mes pieds, je faisais des efforts surhumains pour ne pas l'écraser. Vénus, à peu près normale, faisait aléatoirement des crises imprévisibles qui ne duraient que peu de temps. En revanche Ophélie se remit à tourner en rond malgré les médecines ininterrompues qu'elle absorbait deux fois par jour depuis des mois. Le vétérinaire, impuissant, ne put améliorer son état.

Elle était âgée, usée par une vie de refuge, un manque de soins et d'affection.

Elle avait beaucoup souffert et en payait le prix.

Pauvre petite, mon ange de douceur semblait ne plus vraiment me reconnaître, son regard, perdu et lointain, vivait déjà dans une autre dimension.

Que faire ? L'aimer, toujours et encore plus !

Je m'épuisais entre les soins, les angoisses, les câlins, les promenades, les rendez-vous avec les ministres, les courriers aux différents et multiples chefs d'Etat, les responsabilités quotidiennes inhérentes à toutes les maîtresses de maison en plus de celles que j'assumais au sein de ma Fondation.

Je regardais de temps en temps la télé, le Journal qui, bien que j'adore Poivre d'Arvor et admire la beauté de Claire Chazal, ne m'apportait aucun mieux être !

Chirac m'avait énormément déçue.

En fin de compte, il n'était pas l'homme en qui j'avais mis tous mes espoirs. A peine élu, il n'avait rien trouvé de mieux que de reprendre les essais nucléaires abandonnés par Mitterrand, malgré les protestations justifiées de toute la population qui l'avait soutenu. Il tenait bec et ongles à ses sept explosions sous-marines de Mururoa qui allaient, quoi qu'il en dise, déstabiliser encore un peu plus, polluer, secouer, irradier irrémédiablement les fonds marins !

Fallait-il être inconscient pour en arriver là ?

Seuls les imbéciles ne changent pas d'avis... dans quelle catégorie fallait-il le classer ?

L'abus de pouvoir peut être redoutable !

L'avenir me confortera, hélas ! dans cette triste opinion.

Non seulement cet homme soi-disant de droite épousa complaisamment la gauche, mais encore la dissolution à laquelle il se soumit, un an à peine après son élection, confirma la lâcheté de celui qui aurait pu être un chef d'Etat et n'était qu'à la solde d'une manipulation politique souterraine.

Partie sur ma lancée « coup de gueule », je donnai à *France-Soir*, le 15 octobre, dans le cadre de la Journée Mondiale des Animaux, une interview pas piquée des hannetons ! J'en appelais aux maîtres indignes, encore secouée par ce que j'avais vu à la S.P.A., aux ministres concernés qui n'en foutaient pas une rame, entretenus grassement pour se les rouler avec l'argent du contribuable, et aussi au Pape qui, après tout, n'attendait pas mes conseils et aurait dû depuis belle lurette lancer un message de tolérance vis-à-vis des animaux.

Tous ces hauts placés étaient des nuls, que faisaient-ils du pouvoir qui leur était confié ? Qui pensait à faire un statut pour l'animal ? Qui ferait appliquer les lois vétustes et napoléoniennes qui régissent les problèmes d'animaux considéré encore et toujours comme un mobilier pouvant se mouvoir par lui-même ?

C'est aberrant !

Qui changera ces lois à la con ?

Alors qu'on nous interdit de fumer dans les lieux publics par loi votée et mise en application dans les délais les plus brefs.

Parfois on disjoncte, on en a marre, alors on éclate !

C'est comme cette histoire révoltante de Davina Brodmann, petite fille de 13 ans, handicapée moteur, à qui le directeur de son école à Flavigny, près de Nancy, refuse que son chien d'assistance, un Golden Retriever, puisse l'accompagner en classe.

Je lui en ai tournée une à ce directeur...

Mais je n'ai jamais eu de réponse !
C'est ça l'Administration.

*

J'aurais aimé profiter un peu plus de ce début d'automnc cn Ile-de-France, saison que j'adore. Les feuilles prennent des teintes allant du roux au rouge qui éclaboussent cette fin d'été d'une palette éblouissante, d'un chant du cygne, d'un feu d'artifice coloré qui en retombant nous apportera le dénuement, le décharnement inévitable d'un hiver qui décomposera froidement tout ce qui fut, pour permettre la renaissance éternelle.

Je pensais à Yvonne en promenant mes chiens dans cette nature à la limite d'un épanouissement destructeur. Je voyais dans le ciel les premiers départs des oies sauvages, qui, semblables à des escadrilles, nous survolaient à haute altitude, en rangs disciplinés, avec à leur tête le chef, le meneur, celui qui connaît la route. J'étais en admiration devant cette tradition immuable et millénaire qui les poussait contre vents et marées à rejoindre inéluctablement des territoires précis à des centaines de kilomètres, sans autres repères que leur instinct transmis naturellement par les anciens aux plus jeunes et ainsi de suite. Point de boussoles ni de tour de contrôle ni de compas ni de radar ni de radio. Ils sont, ces oiseaux migrateurs, beaucoup plus savants que nous...

Et nous nous permettons de les chasser, de les tuer, de les massacrer !
Nous sommes fous !

Un héron au long bec emmanché d'un long cou était venu élire domicile dans mon petit étang. Il tenait compagnie à ma colonie de canards, à mes oies, profitant de la flopée de poissons qui s'ébattaient et se bouffaient entre eux.

Il faut laisser faire la nature.

Je regardais toute cette beauté qui m'était offerte, m'appuyant de temps en temps au tronc d'un arbre auquel je confiais mes secrets. Les arbres sont de sages et patients conseillers, il faut savoir communiquer avec eux pour se ressourcer. Ils sont beaucoup plus efficaces que tous les antidépresseurs du monde !

Encore faut-il être capable de la comprendre.

Nous sommes devenus des adversaires de cette nature qui ne demande qu'à nous aider, qui nous propose cet essentiel que nous dédaignons au profit du chimiquement correct.

Je foulais aux pieds les premières feuilles mortes qui me faisaient un tapis autrement plus appréciable que tous les tapis rouges que les hommes déroulent sous leurs pas. En passant devant la maison d'Yvonne aux volets fermés, j'eus un terrible serrement de cœur, mais mes moutons paissant paisiblement me redonnèrent le sourire. Mes chiens, heureux, flairaient les odeurs fortes de l'automne, Vénus suivait sagement la promenade, le soleil disparaissait derrière la forêt, les oiseaux regagnaient leurs perchoirs de nuit en braillant leurs différentes mélodies, il commença à faire humide et froid, je rentrai retrouver la douceur de ma maison, auprès d'un odorant feu de bois.

C'est alors que m'arriva une lourde épreuve.

La fatigue, le stress, le désespoir, l'arrêt du *Prémarin*, la prise de *Prozac*, toute cette accumulation surhumaine que j'assumais depuis si longtemps eut raison de ma santé physique.

Un matin, je me réveillai, baignant dans mon sang !

N'étant ni douillette ni affolée de nature, je fis le nécessaire pensant que ça n'était qu'un petit malaise physiologique passager. Je ne dis rien à personne et vaquai à mes occupations habituelles.

Mais dans la journée, les choses empirèrent. J'eus beau me bourrer de coton, on me suivait à la trace. Je me vidais. Il fallut appeler d'urgence un médecin qui me fit piqûre sur piqûre, m'ordonna le lit et fit ouvrir la pharmacie à 23 heures pour me faire prendre un anti-hémorragique puissant à base de vitamine K.

Le lendemain, dimanche, j'étais au plus mal.

Des caillots quittaient mon corps, mon lit n'était qu'une flaque sanguinolente, mes forces m'abandonnaient. J'allais mourir !

Ce jour-là, j'avais invité François et Maître Kélidjian, l'avocat de la Fondation. Mylène faisait la maîtresse de maison car, ne pouvant quitter mon lit, terrorisée par ce que je sentais se produire en moi, je n'accordais aucune importance à la présence de tous ces gens, ne pensant qu'à enrayer la terrible hémorragie qui me ravageait. Ils semblaient du reste se passer très bien de ma présence, je les entendais rire, plaisanter, boire du champagne pendant que je pleurais, seule, en proie à un effroi qui me paralysait.

A 21 heures, nous dûmes de nouveau appeler le docteur qui me conseilla de me faire hospitaliser d'urgence. Mon gynécologue, en week-end, fut obligé de me faire admettre au « Belvédère » par téléphone interposé après avoir longuement discuté avec le médecin qui m'avait suivie.

Cette décision fut un drame pour moi.

Je dus faire un sac avec mes affaires, quitter les petits, ma maison, emmenée par Kélidjian, mon merveilleux avocat, suivie par Bernard qui nous rejoignit avec François. Je confiais tout ce que j'aimais le plus à Mylène.

En passant devant le cimetière de Bazoches où dormaient Yvonne, Nicole Riccardi, mon amie morte chez moi d'un terrifiant cancer et

Dada, ma nourrice-gouvernante qui avait été ma deuxième maman, je les suppliais de m'aider à survivre.

Arrivée à la Clinique du Belvédère, soulagée et m'en remettant à l'infirmière désormais responsable de ma vie, je m'endormis comme un plomb.

Mais au petit matin, je fus soumise à un tas d'examens, échographies, prises de sang (comme si je n'en avais pas assez perdu !) et tout un tas de trucs qui s'avérèrent unanimes pour m'envoyer *illico presto* sur la table d'opération me faire une « totale », me mutilant à jamais de ce qui avait fait de moi le sex-symbol mondial dont je payais aujourd'hui le prix plus les intérêts.

Ayant une immense confiance en mon gynécologue, je refusai net.

Je réintégrai ma chambre, appelant au secours maman qui ne pouvait certes pas se lever de son tombeau pour me secourir, puis Bernard pour m'épauler dans cette terrifiante épreuve. On me mit en condition, sous calmants puissants qui n'arrêtèrent ni mes cris ni mes revendications. Une infirmière à mon chevet tentait de me calmer, puis un grand Noir poussant un chariot, me mit dessus à moitié à poil, m'emmenant vitesse « grand V » au bloc.

Quand je vis tout cet arsenal de torture, pensant aux pauvres animaux vivisectionnés, je me mis à hurler, puis rassemblant mes dernières forces, je m'échappai comme une folle de cet univers atroce, abominable d'où j'allais sortir mutilée à jamais, le ventre ouvert... Je courais dans les couloirs, me heurtant à ces robots fantômes que sont les infirmiers, aides-soignants masqués, dignes des plus terrifiants films d'épouvante. Je finis par m'engouffrer dans un ascenseur, toujours à moitié nue, appuyai sur n'importe quel bouton, toujours en pleurant, hurlant mon désespoir et perdant mon sang en abondance.

On me récupéra je ne sais où, mais j'échappai au pire !

Mon gynécologue, bien emmerdé par le manque à gagner de cette intervention ratée, avec une gueule de vieille fouine dépitée, me fit mettre dédaigneusement sous un traitement qui, d'après lui, ne servirait à rien, mes organes génitaux étant irrémédiablement hors d'usage avec des troubles qui mettraient à court terme ma vie en danger.

Trois jours plus tard, le 25 octobre, je sortais de la Clinique du Belvédère, en pleine forme, ayant récupéré toute ma vitalité, brouillée à jamais avec cette espèce de Dracula qui faillit me mutiler alors que je n'en avais pas besoin.

A peine revenue de Bazoches, fêtée comme une reine par tous mes petits qui s'en donnèrent à cœur joie de léchouilles et de pipis d'honneur, après avoir embrassé et remercié Mylène et Bernadette pour leur infini dévouement, un coup de fil de la Fondation m'annonça que la Russie commençait un immense massacre de rennes et de phoques.

652

Ni une ni deux, ne prenant même pas le temps de monter dans ma chambre ni de défaire mon sac, j'envoyai une lettre à Boris Eltsine que je traitai d' « Elstaline » des animaux. Puis enfin je repris conscience de moi-même, de mon univers et de la chance que j'avais d'être à nouveau là.

Merci mon Dieu !

Encore fragilisée mais capable d'affronter en combat singulier mes plus féroces adversaires, je rencontrai, le 3 novembre, notre « cher » ministre de la Justice, chien de garde des Sceaux, ami de Chirac, fidèle lèche-botte, béni-oui-oui de la politique... Jacques Toubon !

Il nous reçut avec ostentation, prétention et une légère morgue.

Et cette espèce de Toubon était responsable de la Justice française ! Mieux valait ne pas être inculpé sous son règne. C'est, hélas ! ce qui m'arrivera l'année suivante... Maître Kélidjian, Frank et moi venions plaider, avec preuves à l'appui, des causes hors du commun, relevant exclusivement de ce ministère.

Il n'était plus question de sensiblerie ou de sensibilité hystérique, il s'agissait de problèmes extrêmement graves concernant la zoophilie, cette pornographie autorisée par la loi, mettant à mort des animaux dans d'atroces conditions pour exacerber l'extase sexuelle des détraqués, des impuissants, des pervertis qui utilisent l'animal pour assouvir leurs plus bas, leurs plus dégradants instincts, allant même jusqu'à leur faire subir des morts lentes ou des agonies douloureuses qui accompagnaient leurs pénibles jouissances.

Une cassette intolérable prouvait nos revendications.

Son producteur et réalisateur, le Sieur Payet, venait d'être jugé à Bordeaux, on attendait le verdict.

Un peu ébranlé, si je puis dire, Monsieur Toubon nous assura qu'il prenait l'affaire en main et qu'il irait jusqu'au bout (comme dirait la jeune mariée...). Nous voulions obtenir que l'animal ne soit plus considéré comme un objet auprès des tribunaux. Son statut datant de 1803 et n'ayant jamais été révisé depuis cette loi de Napoléon qui le définit comme « un mobilier pouvant se mouvoir par lui-même », il nous semblait indispensable de le remettre au goût du jour.

Monsieur Toubon se trouva devant un dilemme.

Le Code Civil, pénal et rural, faisait état de deux cas de figures : le premier concernant l'être humain (sujet de droit subjectif), le second pour les inanimés, meubles et autres objets de droit objectif dont... les animaux !

En tant que ministre de la Justice, il devait pouvoir moderniser, changer, améliorer cette vieille législation, dépassée et grotesque, donner un statut aux animaux ni subjectif ni objectif. Il se prenait le menton entre les mains, se grattait la tête, semblait perplexe, peu convaincu.

Il fut d'une inefficacité déconcertante.

La zoophilie continue de plus belle, légalement, au nez et à la barbe du monde, l'animal est toujours un objet, un meuble aux yeux de la loi. Monsieur Toubon s'en est lavé les mains mais s'en mord peut-être les doigts aujourd'hui. Oublié, au placard, il a le temps d'y réfléchir !

Quelque temps plus tard, je rencontrai Jean-Louis Debré, bien molasson ministre de l'Intérieur.

A croire que Chirac avait placé aux postes les plus importants, ses amis les plus proches qui n'étaient pas forcément les meilleurs ! A commencer par son Premier ministre qui fut un des plus dramatiques depuis Edith Cresson et Dieu sait si les nuls se succédèrent à ce poste-clef de la bonne marche du pays.

A voir où nous en sommes aujourd'hui...

M'attendant à rencontrer un « homme » capable de diriger les forces nationales de la Sécurité du territoire, de la paix sociale, des préfets, de la police et des cultes, je fus très étonnée de me trouver face à un petit monsieur dont le visage reflétait la couardise et n'inspirait certes pas la détermination politique et gouvernementale dont la France avait tant besoin. Avec Maître Kélidjian, nous abordâmes presque exclusivement les problèmes très graves que les massacres annuels des moutons lors de l'Aïd-el-Kébir provoquaient face à une population révoltée mais bâillonnée par le politiquement correct et la peur d'un racisme poursuivi juridiquement à la moindre intervention ! Il était responsable des débordements qu'occasionnait cette nouvelle fête reconnue comme nationale et, seul, il pouvait interdire les dérogations accordées aux sacrifices effectués un peu partout sur le territoire de France.

C'est alors que, se tournant vers moi, il tendit les doigts de sa main droite vers le haut, les serrant et les desserrant dans un geste qui mime la trouille, la peur dans toutes les langues du monde !

C'est tout ce qu'il trouvait à nous répondre, ce ministre de l'Intérieur, saisi d'une panique telle qu'il en eut les babines pendouillantes. Ah ! On était jolis avec tous ces minables à la tête de ce que fut la France !

N'ayant pas de temps à perdre, je brisai net notre entretien stérile avec Debré en dessous de zéro.

Tel président, tels ministres !

J'en regrettais Mitterrand qui, diaboliquement intelligent, savait manœuvrer en eaux troubles, s'entourant de personnages certainement pourris mais ayant en façade une tenue, une structure, une dimension respectable en fonction du poste dont ils étaient responsables.

XVI

J'ai vu souvent, avec une sorte d'inquiétude infiniment triste, l'âme des bêtes m'apparaître au fond des yeux.

Pierre LOTI (1850-1923).

Devant impérativement remettre le manuscrit de mes Mémoires avant le 15 décembre aux éditions Grasset, je me mis au travail très sérieusement du matin jusque tard dans la nuit. Je cravachais de toute mon âme, livrant à cœur ouvert toute cette vie passée qui m'arrachait souvent des larmes lorsque les moments que j'essayais de traduire étaient particulièrement pathétiques.

J'aurai mis vingt et un ans à l'écrire !

C'est un véritable accouchement que de recréer ainsi autant d'émotions, autant de souvenirs auxquels on donne vie une seconde fois. Parmi toutes ces personnes aimées qui ont jalonné ma jeunesse, certaines sont mortes, hélas, et je les fais revivre et connaître à travers les lignes que j'écris...

C'est comme une immortalité que je leur offre.

Depuis quelque temps, la Fondation, son avocat Maître Kélidjian et moi, bataillons contre la législation anglaise qui condamnait à tour de bras les chiens de race Pit-bull, Rothweiler, Bull-Terriers qui devinrent les bêtes noires des tribunaux d'Outre-Manche, entraînant dans leurs sillages bien d'autres races qui furent à leur tour passibles de condamnations allant jusqu'à la peine de mort.

C'était le cas d'une Pit-bull de 7 ans, Demsey, condamnée depuis 1992 « pour avoir évolué dans un espace public sans muselière » (elle n'avait pourtant ni mordu ni agressé personne !). Ses maîtres étaient certes plus responsables qu'elle de cet état de fait. De plus la vie des chiens étant extrêmement courte par rapport à la nôtre, trois années de détention dans les geôles du couloir de la mort avaient terriblement raccourci sa durée de vie.

Or, le 22 novembre, nous apprîmes que la Haute Cour de Londres venait de la grâcier !

Ce fut une belle victoire de notre avocat et une grande fête pour tout le monde à commencer par Demsey qui retrouva enfin ses maîtres après une si longue et si éprouvante absence. J'avais proposé de l'adopter si par malheur la condamnation n'avait pas été levée, en douce bien entendu ! Nous avions déjà organisé un plan... heureusement pour rien !

Le lendemain, la presse m'apprit la mort de Louis Malle.

J'en fus profondément affectée.

J'aimais beaucoup Louis qui m'avait fait tourner deux de mes meilleurs films *Vie privée* et *Viva Maria*. Il faisait partie de ma jeunesse, de mes années folles, il avait connu le pire et le meilleur d'une carrière brillante. Il était bourré de talent, plein d'idées, poussé éternellement par une grande intelligence. J'eus beaucoup de chagrin.

Le 5 décembre, la Fondation reçut une lettre officielle du ministère de l'Agriculture dans laquelle Philippe Vasseur interdisait totalement et définitivement la caudectomie par une mesure prenant effet le 1er janvier 1996 !

Hourra ! Bravo ! Merci mon ministre préféré !

Nous avons par la suite continué à travailler ensemble deux années consécutives qui nous permirent de mettre à jour toutes les vieilles lois caduques, d'imposer le tatouage obligatoire, d'interdire la vente d'animaux par petites annonces et la reproduction massive chez des particuliers à des fins lucratives, etc.

Après tant d'heures de travail commun intensif, la proposition de loi était prête à être soumise aux députés et au Conseil d'Etat quand Jacques Chirac décida subitement de dissoudre l'Assemblée Nationale. Tout tombait à l'eau, adieu Philippe Vasseur, le seul ministre efficace que j'aie jamais rencontré !

En attendant, le 7 décembre 1995, alors qu'il neigeait à Bazoches, j'écrivis le mot « Fin » du premier volume de mes Mémoires. Ce fut la joie, j'éclatais de bonheur, nous bûmes du champagne avec Bernard et François devant le feu de bois qui pétillait d'allégresse comme nos regards, comme le champagne !

François, qui avait déjà assuré la frappe du manuscrit, me servirait d'intermédiaire auprès de Jean-Claude Fasquelle, le P.-D.G. des éditions Grasset, que je devais impérativement rencontrer au plus vite. Il proposa également de superviser toute la fabrication du livre, d'assumer le choix des photos, la mise en pages, les différentes corrections après lecture complète et détaillée, enfin tout, ce que j'acceptais avec joie n'ayant pas la moindre idée de la façon dont il fallait procéder dans ce nouveau domaine que j'allais découvrir, l'écriture n'étant que la partie visible de cet iceberg qu'est la fabrication et l'édition d'un ouvrage.

Le 15 décembre, telle une gamine qui passe un examen, je rencontrais Jean-Claude Fasquelle dans ses bureaux de la rue des Saints-Pères. Des locaux d'époque pleins de boiseries et de vieilles cheminées aussi poussiéreuses que les milliers de livres, manuscrits, dossiers qui s'entassaient partout, par terre, sur les armoires, les bureaux, les chaises et les fauteuils. C'était couleur locale et inattendu, très balzacien comme décor et loin de me déplaire. Monsieur Fasquelle nous reçut, François et moi, dans son bureau qui croulait aussi sous une paperasserie où une vache n'aurait pas retrouvé son veau ! Avec ce monsieur sérieux et charmant, probablement aussi intimidé que moi, le courant passa immédiatement. Il emporterait avec lui les cinq énormes tomes tapés à la machine par François et les lirait pendant ses vacances de Noël, me téléphonerait dès son retour pour signer le contrat qu'il me pria d'examiner avec mon avocat.

Je n'en revenais pas.

Parmi les centaines de manuscrits qui traînaient un peu partout, le mien aurait l'immense chance d'être lu en priorité par le grand patron lui-même. Nous allâmes boire une coupe de champagne pour fêter l'événement et trinquer à mon futur succès d'écrivain.

Jean-Claude Fasquelle dut me porter chance car le livre battra tous les records inimaginables, frisant le million d'exemplaires vendus dans le monde.

Un best-seller !

Mais nous n'en étions pas encore là !

Je décidai de passer Noël à Bazoches, étant plus facilement accessible qu'à La Madrague pour le travail qui me restait à assumer pour mon livre. Et puis je n'avais pas trop envie de prendre le petit avion avec mes chiens, en plein hiver, sous la neige ! Nous étions bien dans ma jolie chaumière si chaude par ces temps givrants, avec ses couleurs, ses fenêtres à tout petits carreaux, ses poutres si basses, ses murs épais et son toit enfoncé jusqu'aux oreilles comme un gros bonnet.

Cela me permit d'enregistrer une émission anglaise pour *Channel Four* qui serait diffusée pour Noël en concurrence avec la Reine Elisabeth pour la présentation des vœux. Je passai les 15 minutes qui m'étaient octroyées à lancer un message en anglais pour la défense des animaux.

Au même moment, la presse nous apprenait que Linda McCartney avait un cancer du sein... Je priai pour qu'elle ait la même chance que moi de s'en sortir. Cette femme qui a passé sa vie à protéger les animaux, à combattre pour eux, sera malheureusement emportée par son mal en avril 1998, à l'âge de 56 ans.

A minuit, j'embrassai Bernard, souhaitant de toute mon âme que notre couple cahotant trouve enfin, cette nouvelle année, l'équilibre, la sérénité, la solidité dont je rêvais. Autour de nous, Mylène, François, Jean-Max

Rivière, mon auteur fétiche de chansons inoubliables, et Francine, sa femme, mes chiennes, chattes et chats. Je mis une heure à embrasser tout ce petit monde avec une attention particulière pour Vénus et Ophélie, mes deux fragiles petites amours.

La soirée avait été charmante, chaleureuse, mais l'ombre d'Yvonne me tenaillait le cœur. Il y avait un an, ce même soir, je lui tenais la main, alors que, terrorisée par le ululement de la chouette, elle pressentait sa mort prochaine. J'avais appelé au téléphone Mama Olga, si fidèle seconde maman de ma vie, et aussi ma vieille cousine Nadine, à Cannes qui, ayant la fâcheuse habitude de s'endormir, été comme hiver à 6 heures du soir, fut réveillée en plein sommeil par des vœux auxquels elle ne comprit rien !

Qu'importe, il n'y a pas de mal à faire du bien !

Je profitais intensément de cette brève période de répit que m'octroyait la vie. Je promenais mes chiens dans la neige qui recouvrait en épaisse couche toute cette campagne habituellement si verdoyante. Je me confiais aux arbres glacés et squelettiques qui emmagasinaient ma chaleur afin de me la rendre au centuple lorsque j'aurais besoin d'eux un de ces jours.

Et puis Jean-Claude Fasquelle m'appela au téléphone : il avait lu, avait beaucoup aimé mon manuscrit, allant même jusqu'à me dire que j'avais un réel talent d'écrivain, que mon livre était une symphonie, harmonieuse, que les phrases étaient musicales, qu'on plongeait avec moi dans un univers de sensations partagées où les odeurs et les couleurs tenaient une place importante...

A l'autre bout du fil, mes yeux se remplirent de larmes, je ne savais plus quoi répondre, j'étais profondément émue, touchée, bouleversée par l'opinion de cet homme sans concession qui me parlait d'une manière aussi valorisante. Il allait le confier à ses correcteurs, à ses techniciens, à ses secrétaires afin d'en tirer la quintessence et calculer à peu près le nombre impressionnant de pages qu'il allait représenter, puis il me soumettrait la première des trois épreuves pour approbation, et c'est là que François interviendrait.

Je devais aussi lui fournir un choix de photos pour le cahier intérieur et la couverture. Bref, j'avais du pain sur la planche, sans oublier le contrat qui devait être signé de toute urgence.

Heureuse ! Heureuse ! Heureuse !

J'étais heureuse pour la première fois depuis tant d'années, et fière aussi, parce que je faisais tout ce qui était en mon pouvoir pour réussir ce que j'entreprenais, et j'y étais arrivée dans le cinéma, pour ma Fondation et maintenant pour ces Mémoires tant attendus !

Mais une vilaine nouvelle vint assombrir ma joie.
La reprise du massacre des bébés phoques !

Nous en reçûmes la confirmation par les ambassades du Canada et de Norvège. J'étais effondrée, tant de campagnes, tant d'énergie, tant d'épreuves, tant d'espoirs anéantis subitement. Tous ces petits bébés blanchons, épargnés depuis dix ans maintenant, allaient de nouveau être massacrés sauvagement par ces horribles brutes, et tout mon combat n'aurait servi à rien, à rien !

Oh non, mon Dieu, non !

Ne sachant quoi faire, j'avais déjà tout essayé, et me retrouvant à la case départ, je décidai d'écrire au Premier ministre de Norvège, Madame Bruntland, afin d'obtenir un rendez-vous, d'essayer de la supplier de ne pas reprendre cet abominable carnage qui révolta le monde. Mais sa réponse négative et à la limite du correct m'enleva tout espoir. Je tentai une campagne médiatique dans les journaux français en lançant un appel de détresse, dans le *Figaro-Magazine*, qui resta sans écho.

La presse fut effectivement submergée par la mort de François Mitterrand survenue le 8 janvier. Christine Gouze-Renal, ma productrice préférée, grande amie de toujours et belle-sœur de Mitterrand, était bouleversée. Je me rapprochai d'elle lors de cette pénible épreuve.

Le grand chapelet de la mort frappait à nouveau les débuts de cette année qui n'allait cesser de m'endeuiller.

Le premier de mes animaux fut « Cadet », mon bélier-chien de La Garrigue, sauvé d'un méchoui quelque temps auparavant, dont on m'apprit la mort un matin de ce tout début janvier, alors que j'étais encore à Bazoches. Se suivant, dans le désordre, il y eut la disparition de Marie-Hélène de Rothschild, puis l'annonce absolument inadmissible de la prise d'otages, le 26 mars, des moines de Tibeherine, en Algérie, qui furent enlevés par un commando islamique et dont on ne retrouva que les têtes le 21 mai, leurs corps ayant disparu après qu'ils eurent été décapités.

Ce fut pour moi l'exemple même de l'horreur à l'état le plus barbare !

Et personne ne réagissait !

Les hommes politiques faisant l'autruche comme à leur déplorable habitude. S'il s'était agi d'imams ou de rabbins, le monde entier aurait crié sa révolte, on aurait réagi violemment ! Mais des petits moines n'intéressaient plus personne. Les journaux télévisés annonçaient quotidiennement les massacres dont étaient victimes des civils et des paysans innocents, l'Algérie se transformait en un vaste abattoir d'où coulait mélangé le sang des hommes et celui des bêtes. L'égorgement étant devenu le symbole d'une religion barbare, rétrograde, crainte par tous ces politiques du trouillomètre à zéro !

La France, l'Europe, une bonne partie du monde se soumettaient sans broncher à une force fanatique qui prenait le pouvoir dans le sang et dont l'emblème était la lame froide, tranchante et impitoyable.

Arme blanche pour peuple métissé !

Cette espèce d'écœurement qui faisait tache d'huile n'empêcha pas ma Fondation de se porter au secours de la S.P.A. tunisienne en octroyant un substantiel soutien financier à sa directrice Leïla el-Fourgi, afin de tenter de faire avancer le respect de la vie animale dans ce pays. Ghyslaine Calmels et son assistante allèrent même sur place pour une série de rendez-vous avec les autorités en vue de la reconstruction d'un centre vétérinaire où les soins seraient donnés gratuitement.

Entre-temps, j'étais revenue à Saint-Tropez, retrouvant avec bonheur tous mes chats et les trois chiennes qui ne quittaient jamais La Garrigue, Zazou et Cosette, en pleine forme, mais Siouda me parut un peu triste. Cette grande croisée Boxer qui avait eu l'épaule déchirée par le Pit-bull semblait manquer de tendresse. Le soir lorsque je quittais La Garrigue pour La Madrague, elle tentait de suivre la voiture ou me regardait partir avec l'œil abattu et inquiet. Je décidai donc de la prendre avec moi, ce fut le plus beau jour de sa vie. Un peu dépaysée dans cette Madrague qu'elle découvrait, elle fut d'une douceur et d'une discrétion désarmantes.

Je m'attachai à elle autant qu'elle à moi.

La petite Ophélie tournait de plus en plus en rond, elle était dans son monde, ne réalisant plus très bien, ne répondant plus à son nom, toujours aussi timide mais perpétuellement interrogative. Vénus avait beaucoup grossi, elle avait du mal à se mouvoir avec autant d'agilité qu'avant, marchait à mon pas avec plaisir. Ses crises d'épilepsie s'étaient espacées, nous laissant des trêves de plusieurs semaines, mais je sentais néanmoins chez elle une lassitude, une fatigue latente qui m'inquiétait.

L'arrivée de Siouda, jeune et en pleine santé, apporta un souffle d'air frais à cette famille quatre-pattes qui ne rajeunissait pas. Seuls Kibis mon petit Setter, Loupiotte qui découvrait la mer et Lady, mon Irlandaise, partagèrent les courses folles, les bains et les concours d'apnée pour aller chercher sous l'eau la pierre ou la bouteille plastique remplie de sable. La championne resta Lady qui pouvait parfois tenir plus d'une minute la tête immergée à la recherche de l'objet. Tania, ma dominante, surveillait tout son monde et Gringo restait à l'écart de cette agitation.

Les premiers cas de « vaches folles » se déclarèrent en Angleterre.
Ce fut un scandale !
Il fallut abattre des troupeaux entiers.
Les transports d'animaux furent interrompus entre la Grande-Bretagne et la France, les marchés d'exportation rompus. Les élevages d'Outre-Manche montrés du doigt, boycottés. Les scientifiques, les

laboratoires furent débordés par les recherches, on analysa, on dépeça, on autopsia toutes les cellules de ces pauvres bêtes, victimes de la folie humaine... Un semblant d'affolement entretenu par les médias n'empêcha pas la population de continuer à se gaver de hamburgers et de steaks frites ! Pendant qu'aux journaux T.V. on nous montrait les images de cadavres de vaches calcinés ou abattus à la chaîne et en vitesse pour éviter la prolifération du prion.

Je commençais à en avoir marre de ne voir que des animaux massacrés à tort et à travers par ces bourreaux sans âme que sont les hommes.

En plus, au même moment, à Montmacq, un cerf exténué et traqué par une chasse à courre, ayant trouvé refuge dans le jardin clôturé d'un pavillon, fut mis à mort impitoyablement à coups de dague par les veneurs sous les yeux horrifiés des propriétaires des lieux, de leurs enfants et des voisins.

Il y avait aussi les bébés phoques qui, en ce moment, étaient abattus par milliers à coups de pics à glace et dépecés encore palpitants, et l'Aïd-el-Kébir qui devait encore une fois ensanglanter la terre de France, le 28 avril...

Tous ces meurtres perpétrés sur des animaux dociles, pacifiques, doux, victimes innocentes d'une cruauté insupportable, toutes ces exactions que l'Homme se permettait de commettre en toute impunité, en toute légalité me donnaient envie de vomir.

De quel droit aurait-il l'exclusivité de la douleur et la conscience de la mort ?

Qui l'autorisait à se considérer comme suprême ?

Qu'est donc le racisme si ce n'est la prédominance d'une force impitoyable d'êtres dits supérieurs sur une faiblesse sans défense, soumise et bâillonnée, victime résignée d'une intolérance que lui impose sa naissance ?

A bout de nerfs, révoltée par tant d'injustices, par tout le sang versé, tant de vies sacrifiées, j'écrivis tout à trac, sous l'emprise de cette émotion « Mon cri de colère », deux jours avant l'Aïd-el-Kébir que j'envoyai à Max Clos pour la rubrique « Opinions » du *Figaro*. C'est le texte intégral qui me conduisit six mois plus tard en correctionnelle.

Les journaux « bien-pensants » furent unanimes à me fustiger, le mot « raciste » étant dorénavant associé à mon nom pour la première fois !

Le jour du sacrifice intolérable de l'Aïd-el-Kébir, je passai une journée de détresse, subissant malgré moi l'atroce mort lente de ces dizaines de milliers de moutons égorgés en pleine conscience, en pleine campagne, les uns devant les autres, dans une joie révoltante, une fête de sang, de mort que je n'admettais pas.

Jean-Claude Fasquelle, mon éditeur, s'arracha les cheveux, espérant que d'ici la sortie des Mémoires les Français auraient oublié que j'étais devenue, bien malgré moi, « politiquement incorrecte ». Tout comme l'Abbé Pierre, au même moment mais pour des raisons différentes.

Ainsi va la vie !

Mais le pire fut qu'à 100 mètres de chez moi, à Bazoches, dans les champs devant lesquels je passais quatre fois par jour, un site d'égorgement fut accordé par le préfet des Yvelines, protégé par une armée de C.R.S., des panneaux écrits en arabe, fléchés, donnant l'itinéraire à suivre. Trois de mes jeunes moutons avaient encore été volés quelques jours auparavant, je devenais folle, folle d'impuissance devant une telle provocation.

L'exclusion, lente et souterraine, dont je fus et suis encore l'objet commença avec l'émission d'Anne Sinclair *7 sur 7* où Régine déclara officiellement à mon propos : « En épousant Bernard d'Ormale, B.B. a aussi épousé le Front national ». Ceux qui ne savent rien de vous affirment des mensonges qui se répandent, vous salissent, vous cataloguent définitivement dans ce qu'il y a de pire, sans essayer d'en tirer le meilleur. On m'assommait à bout pourtant alors que je n'étais pas armée pour me défendre.

A l'affût du plaisir que je pourrais lui faire, j'achetai une jolie Twingo, première main, pour l'anniversaire d'Anne-Marie à La Madrague. Ce jour-là, en la découvrant, avec son bouquet et son nœud accrochés aux essuie-glaces, Anne-Marie tomba presque en syncope ! Ce fut une jolie fête à laquelle participaient François, Camille, ma nièce, et Bernard qui, loin de se réjouir, se désolait que je n'aie pas donné ma vieille Ford Fiesta, gardant pour moi cette voiture « beaucoup trop chouette pour cette connasse ! », comme il disait.

Le 8 mai de cette année 1996, papa aurait eu 100 ans !

Ne voulant pas en faire un événement médiatique malgré les fêtes que l'anniversaire de l'armistice 1939-1944 entraînaient chaque année depuis la fin de la guerre, j'allai déposer discrètement une immense gerbe sur notre caveau familial où il reposait depuis vingt et un ans, et fis dire une messe très intime où seuls ceux qui s'en souvenaient et qui l'aimaient étaient présents.

Nous étions une dizaine.

Patrick, le charmant animateur de Radio Saint-Tropez, avec sa femme Martine et sa fille Marlène, dont je suis l'indigne marraine, ne me souvenant jamais ni de son anniversaire, ni des étrennes, mais l'aimant énormément malgré tous ces manques impardonnables. La Perruque, mon fidèle ami, le seul ou un des rares qui, à Saint-Tropez, m'accorde encore et malgré tout son amitié. François Guglietto, mon ami de toujours, celui qui me fit rencontrer le Tout-Saint-Tropez à l'époque où, belle et courtisée, je me recroquevillais déjà dans ma coquille. Jicky fut absent. Camille, la fille de Mijanou, importante représentante de cette famille éclatée qu'était la nôtre, puis François, Bernard et moi. La petite messe fut célébrée sous le regard bienveillant de ma petite Vierge dans une des absides de l'église.

Le curé, tout nouveau venu à Saint-Tropez, ne connaissant rien de mon papa, je lui fis donc un court résumé de sa vie afin qu'il puisse lui rendre l'hommage que j'attendais, que nous attendions tous. Quelle ne fut pas notre surprise de l'entendre parler, dans son sermon, de la fuite des juifs, de la circoncision, d'un tas de trucs, qui n'avaient aucun rapport avec Papa-Pilou... J'étais effondrée, si j'avais su, j'aurais lu un de ses magnifiques poèmes, un de ces hymnes à la vie, à l'amour ou à Saint-Tropez.

Papa-Pilou aimait tant de choses, à commencer par les femmes qu'il sublimait, sa famille qu'il vénérait, la mer et le soleil qu'il adorait, et ce petit village qu'était Saint-Tropez qu'il avait choisi pour y passer le temps qui lui restait après une dure vie de travail. Papa-Pilou, poète par vocation et industriel par obligation, n'en eut rien à faire de la circoncision et de la fuite des juifs je ne sais où ! Même s'il cacha, je m'en souviens, des amis juifs dans les chambres de bonnes que nous avions rue de la Pompe lorsque j'étais enfant. N'ayant jamais abordé avec lui le problème de la circoncision, j'en restais là avec les 100 ans de mon papa !

François séjournait souvent à La Madrague, le nez dans les centaines de pages revues et corrigées par les gens de chez Grasset. Nous devions minutieusement vérifier toutes ces propositions de corrections afin de donner notre ultime approbation. Nous essayions aussi de trouver parmi les milliers de photos celles qui représenteraient au mieux le résumé de ma vie.

Je remontai à Paris pour fêter les 10 ans de ma Fondation !
Eh oui, mon bébé devenait grand et j'en étais très fière.
Profitant de ce voyage, j'allai, le 19 mai, au parc de Choisy dans le XIIIe où se déroulait la nouvelle « Fête du Monde animal » organisée par Jean Tibéri, maire de Paris, à l'initiative de ma Fondation avec la S.P.A. et Assistance aux Animaux. Il y avait un monde fou malgré la pluie battante. Laëtitia Scherrer présenta, avec douze tops professionnels, un défilé de fourrure synthétique, 400 chiens et 300 chats furent adoptés, la presse se bousculait pour essayer d'avoir des photos du maire de Paris avec Allain Bougrain Dubourg et moi.

Le soir nous nous retrouvions tous au « Coupe-Chou », ce ravissant petit restaurant campagnard et moyenâgeux de la Montagne-Sainte-Geneviève où, par un hasard extraordinaire, nous fêtâmes l'anniversaire de la Fondation au moment même où Arte me consacrait une soirée spéciale que nous avons regardée en buvant du champagne et nous régalant des spécialités du chef.

A La Madrague, on turbinait dur sur ce que serait *Initiales B.B.*

François s'occupait simultanément des versions allemandes et hollandaises qui devaient sortir également à la rentrée. Comme il ne parlait pas un traître mot de ces deux langues, il ne pouvait que faire confiance aux traducteurs.

C'est à ce moment-là que mon fils Nicolas arriva !

Il avait envie de se changer les idées, de voir de nouveaux horizons, et je fus attendrie qu'il vienne chercher un réconfort auprès de moi. Mes bras, mon cœur et ma maison lui furent ouverts. Je l'installai aux « Capucines », charmante petite maison d'amis de La Garrigue, afin qu'il ait son indépendance, puisse aller et venir sans faire aboyer les chiens. Il eut une petite moto, de l'argent de poche, j'avais l'impression de retrouver l'adolescent des années 70. Il eut l'air d'apprécier sa nouvelle vie de célibataire provisoire, sortant jusqu'à des heures avancées de la nuit, puis restant parfois des journées entières à méditer devant la mer, envahi par un immense besoin de solitude.

Il aida un peu François dans la relecture et la correction des Mémoires, faisant de très pertinentes remarques mais ne soulevant jamais le problème de ma grossesse non désirée, qui sera plus tard le départ d'un procès qui nous séparera définitivement. Au contraire, lorsque François lui demandait si tel ou tel passage ne risquait pas de le heurter, il répondait qu'il se doutait bien de ce que je pouvais écrire, qu'il me connaissait suffisamment, que je lui en avais parlé mille fois, que ça lui était indifférent. Il rendit visite à Jicky, que je ne voyais plus, étant trop occupée, n'ayant plus le temps, hélas ! Ces deux-là s'entendaient bien. Jicky savait parler d'homme à homme, je trouvais ça très positif !

Le soir du 25 mai, un samedi, veille de la Pentecôte, je revenais comme chaque jour à La Madrague, donnais la pâtée aux chiens, lorsque Siouda refusa de manger, et se terra dans un coin, l'œil triste, fatiguée. Je mis ça sur le compte de la chaleur, mais les choses ne s'arrangèrent pas. Elle haletait, semblait souffrir. J'appelai alors ma vétérinaire qui revint spécialement à son cabinet et m'annonça qu'elle faisait un retournement d'estomac. Je connaissais l'issue fatale de ce diagnostic. Tous les chiens atteints d'un retournement sont morts sans qu'on puisse rien faire.

Bernard resta auprès d'elle.

Il fallait, paraît-il, la faire marcher, l'empêcher de se prostrer. Elle sembla aller mieux mais le Docteur Chapuis tint à la garder sous surveillance. A 5 heures du matin, je fus réveillée par le téléphone : le véto m'annonçait qu'elle avait dû l'ouvrir, les choses allant de plus en plus mal.

« Et comment se porte ma Siouda après cette difficile intervention ?
– Elle est morte ! »

Siouda que j'avais vu courir tout l'après-midi, qui profitait d'être enfin auprès de moi 24 heures sur 24, heureuse de partager cette vie qu'elle avait dû désirer depuis que je l'avais adoptée et confiée à La Garrigue !

Siouda morte à 3 ans d'un retournement d'estomac.

Siouda que j'avais baptisée ainsi pour lui porter chance après des débuts difficiles dans sa vie de pauvre chienne rejetée.

Siouda définitivement perdue malgré l'infini amour que nous nous portions mutuellement.

Comme un cauchemar, je mis du temps à réaliser, ne pouvant absolument pas me résoudre à accepter cette inacceptable issue.

D'autant plus que les jours précédents, « Taquine » une merveilleuse chatte semi-angora de 13 ans, était morte à La Garrigue, et que ma gardienne de Bazoches venait de m'annoncer la mort de « Rousseau », un chat roux qui avait partagé ma vie, douze ans durant.

Tout ça fut extrêmement dur à supporter.

Je ne revis jamais Siouda... la chaleur, l'état dans lequel l'avait probablement mise l'intervention qui ne fut jamais totalement terminée... On me conseilla la crémation, chose que je n'avais jamais faite, qui me faisait horreur, mais à laquelle je dus me soumettre.

Quelques jours plus tard, on m'apporta une urne de terre cuite qui renfermait les cendres de ma Siouda.

Complètement à la dérive, je vivais mes journées à l'heure l'heure, la minute la minute.

Le vendredi 31 mai, comme les autres jours, j'allai prier à la chapelle de La Garrigue. Il faisait extrêmement chaud. Nicolas était absent, il n'avait pas eu un mot de compassion devant mon chagrin, ne pensant probablement qu'au sien. François et Mylène m'accompagnèrent puis me laissèrent me recueillir seule, me disant qu'ils en profitaient pour monter voir Jicky. Ils revinrent presque immédiatement, n'osant finalement pas le déranger sans l'avoir prévenu...

Bien leur en prit ! Car leur visite eût été une épouvante...

Le lendemain, 1er juin, j'appris la mort de Jean-Pierre Hutin.

Ce fut une grosse épreuve supplémentaire, laissant les animaux une fois de plus orphelins d'un des hommes les plus courageux, les plus efficaces, les plus combatifs, qui avait mis sa vie à les défendre et à les secourir.

Décidément, cette année 1996 était une hécatombe qui engloutissait les êtres les plus chers ou les plus estimés. Je décidai, c'était la moindre des choses, de remonter à Paris pour son enterrement.

Le matin de ce mercredi 5 juin, alors que j'arrivais à l'aéroport de Hyères, on vint me prévenir de rappeler d'urgence ma Fondation !

Frank, d'une voix blanche, m'annonça que Jicky avait été trouvé mort dans sa maison, une tasse de thé à la main, en pleine décomposition, le décès remontant à vendredi dernier 31 mai. J'eus une crise de nerfs au téléphone, je hurlais, ne sachant plus quoi faire de moi, ni de rien. Les employés de l'aéroport furent impuissants malgré leur bonne volonté. Je ne voulais plus partir, mais le médecin m'assura que je ne pouvais rien faire pour Jicky, transporté par les pompiers à la morgue de l'hôpital de Saint-Tropez. Trouvé par sa femme de ménage dans un état tel que la pauvre dut elle-même être hospitalisée pendant 48 heures suite au choc qu'elle ressentit.

Il fallait d'urgence prévenir Anne sa femme et ses deux fils. Je n'avais aucun numéro de téléphone sur moi et, pendant ce temps, l'avion attendait.

Bernard réussit à me convaincre de partir, malgré l'état dramatique dans lequel je me trouvais. Je pensais à Jicky, ne pouvant imaginer cette mort, cette solitude d'un être qui fut, durant ma vie entière, un frère, un conseiller, un ami fidèle, un autre moi-même, et en plus un photographe hors pair, laissant une image sublimée de mes moindres faits et gestes. Avec Sam Lévin, l'autre pygmalion de ma vie qui, hélas ! trois fois hélas ! mourut en 1992, après avoir été l'un de ceux qui firent de moi les plus magnifiques portraits ou photos.

Je perdais définitivement les deux plus fabuleux illustrateurs d'une vie à laquelle j'avais depuis belle lurette tourné le dos.

Jicky, qui m'avait tant appris, avec qui j'avais passé les moments les pires ou les meilleurs de ma vie, Jicky sans concession, au caractère de cochon mais si semblable à moi, Sagittaire ascendant Balance et mon contraire, mais définitivement unis par ces deux signes complémentaires. Jicky, ma seule famille d'accueil, celui qui, toujours les bras ouverts, était prêt à entendre (malgré sa surdité) tous les malheurs que je lui confiais et auxquels il trouvait une solution, me rappelant que, seules les solutions existaient, les problèmes n'étant créés que par nous mêmes.

Jicky, la sagesse qui me fit lire notamment *Les Lettres à un jeune poète* de Rilke, me fit découvrir Epicure, et dans le même temps m'apprenait le cha-cha-cha ou la samba en me disant : « Tu danses comme tu baises... »

Il m'apprit à faire la cuisine à l'ail, au feu de bois, à n'attacher d'importance qu'à l'essentiel, il me fit découvrir les joies de la plongée sous-marine, le ski nautique, il sut me faire passer et dépasser les limites qui me contraignaient parfois. Quand nous parlions de la mort, il riait, disant qu'on abandonnait le vieux manteau qu'était notre corps et qu'enfin soulagé, notre esprit, notre meilleur, notre âme s'envolait vers le sublime.

Il était très croyant et terriblement mystique.

Dans un état d'esprit au bord du gouffre, j'assistai aux obsèques de Jean-Pierre Hutin en l'église Saint-Pierre de Neuilly. Je mélangeais dans mes prières les noms de ces deux personnages dont je pleurais la disparition. Je fis, ce jour de grand deuil, la connaissance de Réha Hutin, femme merveilleusement belle, intelligente, courageuse, qui reprit avec talent la suite des émissions *Trente millions d'amis* créées par son mari, responsable des chiens universellement connus « Junior » et « Mabrouka » les descendants de l'irremplaçable « Mabrouk ». Elle sut avec maîtrise, classe et douceur, reprendre la barre d'un vaisseau qui ne prit jamais l'eau malgré la mort de son commandant.

Le soir même, avec Bernard, je reprenais l'avion pour Saint-Tropez.

Le 7 juin, j'assistais avec tous ses amis, sa femme Anne et ses deux fils, Emmanuel et Pierre-Laurent, à l'enterrement de Jicky en l'église de Saint-Tropez.

Il faisait une chaleur à crever !

La veille, j'avais écrit un petit texte que je lus à travers mes larmes et qui fut publié en hommage dans les premières pages d'*Initiales B.B.*, qu'il ne put jamais lire malgré la place prépondérante qu'il y tenait.

Le 8 juin, je dus partir, avec ma peine et mon chagrin, pour Sainte-Lucie, en Lozère, où je devais inaugurer le parc d'observation scientifique des loups, avec Gérard Ménatory et sa fille Anne, les merveilleux créateurs de cette réserve qui accueillit, en 1991, nos 80 loups sauvés de Hongrie.

La Fondation tenant désormais une place importante dans ce parc, je me devais d'être à la hauteur de la situation. Madame Calmels, Frank et Bernard m'entouraient, mais j'étais seule à être la proie des photographes, des journalistes, interviewée sous toutes les coutures. Ne voulant pas montrer mes cicatrices, j'essayais de donner le change.

Ah ! L'amour des loups...

Le soir même je rentrais à Saint-Tropez !

Nicolas fut charmant, essayant de me remonter le moral, mais Ophélie tournait de moins en moins rond et de plus en plus en rond. J'étais inquiète pour elle et fis venir plusieurs vétérinaires qui, unanimes, s'avouèrent impuissants. Son attaque cérébrale après son amélioration suivait désormais la pente irréversible qui la menait vers le pire. Vénus n'était guère mieux. On aurait dit qu'elle en revenait à ses précédents états, ses crises d'épilepsie recommençant à se succéder à intervalles réguliers. Je pleurais d'impuissance, de fatigue, d'immense lassitude.

Je n'en pouvais plus.

Le 15 juin, j'étais à La Garrigue avec Nicolas et François, relisant le manuscrit d'*Initiales B.B.* et cherchant les photos appropriées au texte, lorsque le téléphone sonna. Adrien m'annonça la mort d'Ophélie.

Je revins en larmes et en catastrophe à La Madrague pour me pencher sur le petit corps sans vie de mon ange, ma petite fille désormais séparée de moi par ce miroir qu'était la mort. Cette fatalité avait raison de tous mes combats.

Je crus mourir de chagrin.

Adrien m'affirma qu'elle avait tourné en rond comme à son habitude puis qu'elle était tombée. Il l'avait ramassée, croyant à une défaillance pour constater son décès. Ma petite fille entra dans la mort comme dans la vie, belle, impeccable, gracieuse, douce et soumise, le temps n'avait eu aucun pouvoir sur son immortelle beauté.

Elle est et restera éternellement un ange de pureté et de bonté.

Mais j'encaissai très mal toutes ces épreuves qui me replongeaient dans un alcoolisme dramatique. Je me précipitais sur le vin rouge dès le petit déjeuner et, avec Nicolas, nous finissions joyeusement nos soirées au champagne.

La chaleur insupportable aidant, nous étions pompettes du matin au soir. Je vivais dans un monde alcooliquement incorrect, ne supportant pas l'évidence, je cherchais une dramatique échappatoire dans l'abus de boissons. Toutes les cinq minutes, je buvais de la sangria, du champagne, de la sangria, du champagne.

Etant dans un état nerveux hors du commun, les engueulades avec Bernard furent de plus en plus fréquentes.

Il ne buvait pas. Je buvais.

Il se saoulait de mer, de soleil.

Je ne supportais plus ni la mer ni le soleil.

Dans cette ambiance conflictuelle incessante, je n'essayais même pas de surnager, imbibée par cette drogue qu'est l'alcool, je voguais de jour en jour, pleurant sans cesse, épuisée par l'étouffante chaleur, incapable d'y remédier par aucun bain ni de mer ni de soleil ni de piscine... Je restais prostrée à l'ombre.

Le 27 juin, au matin, Vénus fit trois crises les unes après les autres.

A partir de midi elle en fit une douzaine. Je ne la quittais pas. Appelant d'urgence le vétérinaire de Draguignan, le Docteur Romeuf, plus compétent. Lorsqu'il arriva, Vénus en était à sa 25e crise, rien ne pouvait l'arrêter, il faisait extrêmement chaud. Je l'avais installée à l'ombre sur la terrasse de la cuisine et avais branché un ventilateur pour lui apporter un peu d'air et de fraîcheur. Rien n'y fit. Elle recommença à se tordre dans des convulsions épileptiques qui laissaient couler sa salive, ses dents découvertes par un rictus de douleur ponctué d'effroyables gémissements. Je n'en pouvais plus de la voir comme ça.

Elle n'aurait, d'après le docteur, aucune chance de s'en sortir, trop atteinte, elle ferait crise sur crise jusqu'à la finale. Le plus raisonnable pour elle, pour lui éviter ces incessantes et douloureuses épreuves d'agonies, serait de l'endormir à jamais... Mais elle l'avait déjà fait et s'en était sortie, avait survécu ! Oui mais son organisme actuel trop atteint ne pourrait plus jamais réagir, elle était condamnée à souffrir jusqu'à la mort prochaine et inéluctable.

Il me fallait être raisonnable, accepter de tuer ma Vénus.

Je ne pouvais pas. Je refusais de tout mon être.

Tous autour de moi partageaient l'idée du vétérinaire, Adrien, Mylène, Nicole ma femme de ménage et amie, Bernard et Nicolas, il ne fallait pas laisser cette pauvre bête souffrir, abréger ses douleurs en douceur serait le mieux.

Ne pouvant me résoudre à cette terrifiante idée, je fus d'une lâcheté sans nom, je le regrette, mais à ce moment-là je ne pouvais pas assister à sa mise à mort. Je pris avec moi tous mes chiens et chiennes et partis à La Garrigue, après avoir innondé de larmes et de câlins la jolie tête de ma Vénus qui, plus ou moins dans le coma, ne réagissait plus.

Là-bas, je bus une bouteille de champagne dans la désespérance de ma solitude, oubliant dans la futilité des bulles qui me montaient au nez, les gestes atroces qui se produisaient, à l'instant même, sur le corps abandonné de ma Vénus.

La Garrigue désertée, Jicky mort et laissant sa maison désespérément vide, je n'eus que le choix de me mettre au lit après avoir avalé la moitié de mon tube de *Témesta*. Avant de sombrer, j'allai voir ma Duchesse, Ficelle ma ponette et Mimosa mon ânesse qui, au milieu des chèvres coquines et gourmandes, m'apportèrent un souffle de vie, d'air pur, de bonne odeur de crottin, de fumier, de vie à l'état pur et dur.

Au réveil, encore sous le choc, j'assumai comme je le pus la vision du corps sans vie de ma chienne qui semblait délivrée et plongée dans un sommeil apaisant. Je la mis dans son petit berceau de terre, la portant moi-même dans mes bras malgré le poids extrêmement lourd qu'elle représentait, enfouie dans son cercueil de bois. Elle repose actuellement dans le petit cimetière devenu grand, qui commence sous la fenêtre de ma cuisine et s'étend maintenant sur toute la longueur du terrain, face à la mer, tout proche de moi, jouxtant le chemin que j'emprunte quotidiennement, aire de jeux des petits qui y jouent à la balle, des chats qui s'y dorent au soleil, réceptacle magnifique du soleil couchant qui les caresse une dernière fois avant l'ombre de la nuit.

*
* *

Fuyant mes redoutables et encore trop présents souvenirs, j'embarquai toute ma marmaille à quatre pattes pour une retraite plus paisible à Bazoches. Même si j'avais pu aller me cacher au Pôle Nord dans un igloo, les épreuves vécues depuis ces deux derniers mois m'auraient rattrapée en vitesse, je les portais en moi, sur moi, ces cicatrices qu'aucun lifting ne peut effacer.

Cette fois-ci, Bernard m'accompagna, et sa présence me fut bénéfique, la solitude m'étant de plus en plus néfaste et insupportable. Bien lui en prit car, à peine quelques jours après mon arrivée, les gendarmes débarquèrent pour me remettre officiellement l'acte du Tribunal me convoquant le 19 décembre à la 17e Chambre Correctionnelle afin d'y être jugée pour propos racistes publiés dans une tribune du *Figaro* sous le titre : « Mon cri de colère » à propos des sacrifices rituels de l'Aïd-el-Kébir.

C'en était trop !

Je fus submergée par un immense désespoir...

Non seulement je n'arrivais à rien mais encore on me traînait devant les tribunaux, pour la première fois de ma vie, accusée de racisme par des ligues bien-pensantes : le M.R.A.P., la Ligue des Droits de l'Homme, S.O.S. Racisme et la L.I.C.R.A. L'union faisant la force, les salauds s'étaient mis à quatre pour m'achever. Je n'avais plus d'avocat puisque Gilles Dreyfus, furieux de l'intervention de Maître Baloup, l'année dernière, m'avait claqué la porte au nez. Et puis Dreyfus vouait une haine farouche à Bernard pour ses opinions politiques.

Ah, j'étais jolie !

Je me sentis bafouée dans mon propre pays, mise au pilori, accusée de défendre la vie des milliers de moutons, sorcière du XXe siècle, honte de la France après en avoir été sa légendaire Marianne et sa star mondialement connue et reconnue.

Mais ça n'était pas possible, pas vrai...

C'était dégueulasse.

Toubon et Chirac ne pourraient-ils pas s'interposer dans une accusation aussi injuste, aussi inacceptable ? Ou bien en étaient-ils responsables ?

Il me fallait de toute urgence trouver un très bon avocat, mais en plein été, en pleines vacances, c'était impossible...

Oh, mon Dieu, mais pourquoi étais-je sans cesse harcelée par des problèmes graves qui pourrissaient ma vie?

Pendant ce temps, les journaux T.V. nous tenaient au courant de l'histoire d'un loup qui semait la terreur parmi les troupeaux de moutons du Larzac depuis six semaines.

Cette bête que personne n'avait jamais vue ni même entr'aperçue devint la cible idéale pour tous les chasseurs du coin désœuvrés en cette période estivale. Il y eut haro sur le loup, on envoya des scientifiques examiner à la loupe les empreintes, les crottes, les malheureuses touffes de poils trouvées çà et là. Puis une armada de gendarmes et de C.R.S. avec leurs chiens et leurs armes, firent des battues aidés par les chasseurs. Le ministre de l'Environnement, plus préoccupé par ses vacances que par la survie de ce pauvre loup, si loup il y avait, donna l'autorisation d'un tir à vue pour avoir la paix!

Je pensais à cette pauvre bête traquée par des bataillons armés et qui devait vivre en perpétuelle alerte, sur un qui-vive stressant, affolée par ce déploiement d'hommes agressifs, impitoyables dont le seul et unique but était de l'achever alors qu'il n'avait encore fait aucune victime. Dans un sens il me ressemblait, à la seule différence que je défendais des moutons que, lui, il mettait en péril, mais nous étions tous les deux condamnés injustement pour des crimes que nous n'avions pas commis. Alors je proposai la somme de 10 000 francs à ceux qui le captureraient vivant, lui donnant ainsi une chance de survie...

L'offre fut officiellement diffusée, méprisée par certains médias, acceptée par d'autres.

Le temps passa, la vindicte des premiers jours aussi, on ne parla plus du loup jusqu'au moment où un promeneur trouva un cadavre qui eût pu être celui d'un loup... Alors les scientifiques revinrent avec leurs loupes et leurs microscopes, on analysa et on oublia.

Ainsi finit l'histoire du loup du Larzac!

Un matin, en sortant de Bazoches, je ne trouvai plus ma voiture!

Ça n'est pas qu'elle fut bien belle cette vieille Ford Fiesta achetée d'occasion en 1989, mais elle m'était indispensable. Qu'allait-on devenir sans voiture?

On me l'avait volée devant le portail de la maison...

Incroyable de n'avoir rien entendu, même pas aboyer les chiens.

Il fallut se rendre à l'évidence et à la gendarmerie pour porter plainte. Ils étaient submergés par les effractions, les vols, les cambriolages, ils prirent ma déposition automatiquement, sans espoir, dépassés eux-mêmes par toutes ces exactions qui ne faisaient qu'empirer chaque année. On me tiendrait au courant.

Je louai donc une voiture en attendant la suite.

Avec Bernard, nous avions enfin trouvé la photo de couverture d'*Initiales B.B.*. Elle plaisait à tout le monde y compris à mon éditeur, car elle était non seulement un hommage à ma beauté passée, mais permettait d'écrire le titre, le nom de l'auteur et celui de l'éditeur sans empiéter sur l'image. C'est parmi les centaines de photos que mit gracieusement à notre disposition Sabine Lévin – la veuve de Sam, mon photographe fétiche – que nous pûmes choisir ce cliché exceptionnel.

Je dois rendre ici un hommage particulier à Sabine Lévin qui fut une des seules, parmi tant d'autres qui profitèrent de moi, à nous donner sans aucune monnaie d'échange toutes les photos splendides que son mari fit de moi tout au long de sa vie. Il y a des gens extraordinaires, et ils doivent être remerciés de leur générosité à leur juste valeur.

Le 31 juillet, alors que la Fondation allait fermer en partie dès le lendemain jusqu'à la fin août, un coup de téléphone m'apprit qu'une chienne Labrador serait abandonnée le soir même sur le péage de l'autoroute, si je n'envoyais personne pour la chercher...

Branle-bas de combat !

Ce style de chantage me met hors de moi, mais je ne pouvais prendre le risque, il fallait aller la récupérer dans une banlieue à risques, et personne à la Fondation ne put y aller, ils n'avaient pas de voiture, étaient sur le point de partir, n'avaient pas le temps, bref, démerde-toi ma fille !

En désespoir de cause, je suppliai notre avocat, Maître Kélidjian, de me rendre ce service, ce qu'il accepta avec une gentillesse et un dévouement hors du commun, ayant lui-même une passion pour les chiens : il avait depuis peu de temps adopté un Labrador mâle « Coquin » à la Fondation. C'est ainsi qu'il me ramena « Princesse », brave grosse Labrador dorée, un peu perdue dans ce nouvel univers mais ayant échappé de justesse au pire ! Ce que j'ignorais, et ce qui dut être la cause de son abandon, c'est que cette pauvre chienne était épileptique.

Dès le lendemain elle fit dix-sept crises à la suite...

A peine remise de la mort de Vénus, je dus assumer à nouveau ces terrifiantes crises qui me remuèrent le cœur jusqu'à m'en rendre malade. J'en connais malheureusement un bout sur ce genre de problème et pus soigner Princesse alors que mon vétérinaire était lui aussi en vacances. J'ai une expérience telle que je pourrais ouvrir un dispensaire d'aide et de soins vétérinaires sans avoir recours à qui que ce soit, sauf pour les interventions chirurgicales.

Cette brave grosse dondon est désormais avec moi, il me fut impossible d'imaginer m'en séparer en la faisant adopter par un adhérent de la Fondation.

672

Elle fait aujourd'hui partie de ma famille au même titre que les autres, son grand calme et sa douceur légendaire en font une des plus paisibles de ma meute. Mais elle est encore et sera toujours victime de cette épilepsie qui, malgré les soins intensifs qui lui sont prodigués, la surprend environ une fois par mois, généralement en pleine nuit.

Au début du mois d'août, on retrouva ma voiture désossée dans un champ. Pauvre vieille, ils ne l'avaient pas épargnée, plus de portières, plus de volant, plus de pneus, dans un état pitoyable, la calandre défoncée, le pare-brise en mille morceaux... Comme je l'aimais bien, je décidai de la faire, tant bien que mal, réparer.

Après tout pourquoi pas ? J'ai horreur de changer...

Un garagiste de Montfort-l'Amaury alla récupérer ce qui en restait et fut chargé du lifting total et complet. On ne trouva jamais les auteurs de ce massacre, comme du reste on ne retrouve jamais les voyous, « jeunes » en général, qui se livrent avec délectation à ce genre de détérioration.

A quelques jours de l'impression de mon livre, l'une de mes « amazones », la photographe marginale S.V., qui avait gagné durant des années sa vie en vendant au monde entier toutes les photos qu'elle avait faites de moi au temps où elle vivait dans mon sillage et à mes crochets, nous obligea par lettre recommandée à enlever les trois photos dont elle avait accepté verbalement la reproduction dans le cahier hors-texte. Ce fut une dure bataille que d'en retrouver d'autres au pied levé. Par la suite, elle nous intenta plusieurs procès réclamant de consistants dommages et intérêts pour la citation de son prénom sans autorisation et la publication d'une photo où elle figurait et qui avait déjà fait le tour du monde, prise lors d'une fête que j'avais donnée à La Madrague.

Voilà ce qui s'appelle la reconnaissance du ventre !

Mais elle ne fut pas la seule !

Au même moment Jacques Charrier, par avocat interposé, me mettait en garde, prêt à l'attaque contre tout ce qui pourrait nuire à son image et violer le secret de son intimité (qui était la mienne par la même occasion !). N'ayant jamais cédé à aucun chantage, je décidai de ne pas en tenir compte, sinon autant ne plus écrire. J'avais choisi une fois pour toutes de raconter ce que fut ma vie et j'irai jusqu'au bout, ne faisant aucune concession ni aux autres, ni à moi-même.

C'est le 28 août que François m'apporta, triomphant, le premier exemplaire d'*Initiales B.B.* tout chaud sorti de l'imprimerie.

Ah, quelle impression inimaginable j'ai ressentie en voyant mon livre terminé, prêt à être vendu, cet ouvrage qui m'avait demandé tant d'années de travail, tant de souvenirs, cette partie de moi-même qui allait être jetée en pâture à un public inconnu auquel je me livrais totalement corps et âme.

Qu'allait m'apporter cette confession ?

Comment ceux qui allaient la lire la comprendraient-ils ?

Allait-on encore m'accuser d'impudeur ? Ou bien partagerait-on avec tolérance cette vie tumultueuse et souvent éprouvante qui fut la mienne ?

A la grâce de Dieu, le vin était tiré, il fallait le boire.

A propos, c'est 200 000 exemplaires qui furent imprimés pour la première mise en place ; chiffre phénoménal, équivalant, avant même sa parution, à un best-seller. On ne faisait pas les choses à moitié chez Grasset !

Mais au bout d'une semaine les libraires furent en rupture de stock, il fallut procéder en quatrième vitesse à des retirages supplémentaires d'environ 300 000 qui ne restèrent pas en rade dans les librairies.

Miraculeux !

Malgré les critiques très acerbes de certains chroniqueurs, d'autres furent dithyrambiques, dans *Le Point* ou *Le Figaro* par exemple. Je fus submergée par les demandes d'interviews, Bernard Pivot souhaitait me recevoir seule pour *Bouillon de Culture*, Gérard Louvin et Jean-Pierre Foucault me réservèrent un spécial *Sacrée Brigitte* dans lequel deux anciens présidents de la République (Lech Walesa et Giscard d'Estaing) me rendirent hommage ainsi que Pierre Sallinger, Vadim et Sylvie Vartan.

Tout ça me dépassait, m'affolait !

Il fallut aussi que je fasse des photos en studio avec Gérard Schachmes, mon photographe actuel, pour illustrer tous les articles que les journaux m'accordèrent. J'eus l'idée de reprendre la même pose dans la même tenue que celle qui faisait la couverture de mon livre, trente-six ans plus tôt. *Paris-Match* en fit aussitôt sa couverture et gagna le prix de la meilleure « Une » de l'année 1996, devançant tous les autres grands magazines de France.

François restait certains soirs jusqu'à minuit dans les bureaux de la Fondation pour répondre à toutes les demandes du monde entier. L'Allemagne, la Belgique et les Pays-Bas avaient sorti le livre simultanément avec la France. Comme je refusais d'aller sur place faire la promotion, ils envoyèrent le même jour une cinquantaine de journalistes, radios et T.V. que je reçus dans les salons de l'hôtel situé en face de ma Fondation.

Ce fut une journée éprouvante et fatigante.

Le 22 octobre, on me remit le Prix Paul-Léautaud dans les salons dorés d'un hôtel particulier des Bonaparte, avenue d'Iéna, avec un chèque de 100 000 francs que j'offris à ma Fondation. Le même jour, les Charrier, père et fils, demandaient en référé la saisie de mes Mémoires.

Entre-temps, j'avais trouvé un avocat spécialisé, paraît-il, dans les accusations ayant trait au racisme, Maître Wallerand de Saint-Just. Il avait donc pris l'affaire en main et s'était plongé dans l'étude difficile de mon dossier qui, d'après lui, ne laissait rien présager de bon. J'avais aussi pris une année de plus, et toute cette effervescence commençait à m'épuiser.

*
* *

Un matin, je me sentis extrêmement mal et dus aller d'urgence consulter mon médecin, le Docteur Arnal. J'avais 21 de tension artérielle, mon pouls battait à près de 90 pulsations à la minute, il fallut me mettre au plus grand repos et me faire suivre un traitement immédiat car je risquais une attaque cérébrale.

Il ne manquait plus que ça !

Malgré tout, j'accompagnais mon ministre préféré, Philippe Vasseur, lorsqu'il présenta à l'Assemblée Nationale son projet de loi pour les animaux. Il y eut une bousculade monstre avec la presse, la salle, trop petite pour accueillir tout le monde, se transforma en métro aux heures de pointe. Je fus obligée de sortir et eus un malaise.

Même à Bazoches, il y avait de l'électricité dans l'air, le téléphone n'arrêtait pas de sonner, la Fondation m'appelait toutes les cinq minutes, je n'arrivais pas à trouver un moment de calme.

Pour couronner le tout, Bernadette, ma gardienne fidèle et efficace depuis sept ans, celle sur qui je me reposais, m'annonça son départ en retraite pour la fin décembre. J'eus une crise de désespoir, ne me sentant pas la force de trouver encore des gardiens. Je n'en pouvais plus, effondrée sous le poids de toutes ces responsabilités qui, à la longue, m'avaient usée moralement et physiquement.

Puis trois de mes chiennes tombèrent gravement malades en même temps.

La petite Wendy, probablement stressée par la mort d'Yvonne et son radical changement d'existence, me semblait depuis quelque temps anormalement calme et soumise, elle qui, en plus, dévorait tout ce qu'on lui mettait sous le nez, faisait la difficile. Après de longs examens nous apprîmes qu'elle avait un taux très élevé de diabète. Ne m'en étant pas aperçue à temps, sa vue s'altéra de jour en jour jusqu'à ce que la cécité totale la prive pour toujours du bonheur d'y voir. Il fallut tâtonner longtemps avec d'infinies précautions pour trouver enfin la dose d'insuline qui stabiliserait cette hyperglycémie si dangereuse. Elle fut soumise à la piqûre quotidienne, toujours à la même heure, ce fut une épreuve pour nous deux et un problème lors des changements d'horaires d'hiver et d'été.

Mais elle survécut deux ans !

Diane, la douce chienne du S.D.F., eut un cancer de la gorge à évolution rapide, elle en mourut deux mois plus tard, malgré tous nos efforts et ceux du vétérinaire qui tenta même des rayons aux cobalt. Mais rien n'y fit !

Quant à Lady, ma Setter Irlandaise, ma belle rousse, championne d'apnée, son organisme, déjà usé par un souffle au cœur, se mit à avoir des crises cardiaques qui la clouèrent sur place. Elle se détériora avec une effrayante rapidité et finira par mourir le 1er mars suivant, me laissant en larmes.

J'étais donc très occupée par les soins dont mes pauvres chiennes avaient un besoin quotidien, lorsqu'on m'annonça que j'étais l'invitée officielle du Salon du Livre de Toulon où je devais recevoir un prix littéraire. Mes préoccupations étant à l'opposé de tout ce fourbi dont je me foutais comme d'une guigne, je déclinai l'honneur que me faisait la ville de Toulon en refusant d'aller recevoir ce prix exceptionnel, désobligeant par la même occasion le maire Jean-Marie Le Chevalier, Front National et grand ami de Le Pen.

Mais je n'en avais rien à faire de ce prix, ni du Front National ni de rien ! Mes chiennes malades avaient besoin de moi c'est la seule chose qui m'importait.

Après une violente dispute avec Bernard, je me retrouvai encore seule à Bazoches dans un triste état. J'appelai comme d'habitude François au secours qui rappliqua vitesse « grand V ». Dans un état de dépression très inquiétant, avec une tension extrêmement forte et une grosse accélération du pouls, j'étais continuellement en risque d'accident cardiaque ou cérébral. Si je devais mourir, je m'inclinerais, mais lutterais encore et toujours pour soigner, aimer et rassurer mes pauvres petites bien plus malades que moi.

François me fut d'une grande aide.

C'est alors que je reçus un coup de fil de Marek Halter, furieux d'avoir été évincé par ma faute du prix littéraire de Toulon qui devait auparavant lui revenir. Je lui expliquai en deux mots que je n'en avais rien à faire, que je lui proposais de le partager avec moi, ce qu'il refusa, alors je lui abandonnai la totalité de cet hommage dont je me fichais comme de ma première culotte. Ce coup de téléphone commencé dans l'agressivité se termina dans une gentille complicité. Je l'invitai à goûter mes clafoutis de Bazoches et il m'envoya son livre avec une merveilleuse dédicace accompagné d'un somptueux bouquet de fleurs.

Je trouve formidable certains dialogues qui transforment deux ennemis farouches en complices amicaux. Comme quoi notre faculté de nous exprimer peut servir à autre chose qu'à des échanges de banalités stupides et inutiles.

Devant mon refus d'aller à Toulon, les journaux, *France-Soir* en particulier, titrèrent :

« Bardot, l'affront fait au Front ! »

Mais Bernard ne l'entendit pas de cette oreille, il prit comme une insulte personnelle mon refus du prix toulonnais et comme un affront politique ma complicité avec ce socialo-communiste de Marek Halter.

Nous fûmes au bord de la rupture définitive.

On annonça mon divorce !

Au point où j'en étais ça m'était égal !

Divorce ou pas divorce, prix ou pas prix, je m'en foutais, j'étais trop fatiguée pour réagir, trop épuisée pour me révolter, trop préoccupée par la santé de mes chiennes et aussi, très, très impressionnée par le procès terrifiant auquel je devais faire face d'ici peu.

Mon nouvel avocat, étranger à tout ce qui concernait ma vie, mes opinions, mes passions, mes pulsions et mes états d'âme, prenait des notes puis les perdait, me téléphonait et oubliait. Il vint deux ou trois fois à Bazoches, des dossiers plein les bras, afin de s'imprégner de mon univers. Il repartait aussi ignorant de moi que s'il ne m'avait jamais vue.

J'avais peur !

On m'avait informé que je risquais d'être emprisonnée et qu'il me fallait emporter un petit sac au cas où... le jour de l'audience.

Si je perdais ce procès, je risquais de perdre par la même occasion la présidence de ma Fondation, ma reconnaissance d'utilité publique et toute l'estime de ceux qui m'avaient fait confiance. Autant dire qu'il valait mieux mourir. Je survivais, avec au-dessus de ma tête, une épée de Damoclès qui m'empêchait de respirer. Du reste, j'avais du mal à assumer mon quotidien, agissant par automatisme, robotisée par une ponctualité de soins indispensables, piqûres, comprimés à donner à mes chiennes, promenades pour les bien-portants, pâtée à faire cuire, à distribuer, câlins à prodiguer sans modération, sans oublier ma colonie de chats gourmands, affectueux et possessifs.

J'ai remarqué qu'en pensant à la survie, à la santé de mes animaux, j'oubliais la mienne et que, de ce fait, ne me penchant pas sur mon nombril à longueur de journée, mon organisme reprenait le dessus sans l'aide de tous ces produits chimiques qui mènent à notre perte sous couvert de nous soigner.

Je restais malgré tout très fragile mais refusais de l'admettre.

Bernard revint, un beau jour de novembre.

« *Les feuilles mortes se ramassent à la pelle, tu vois je n'ai rien oublié...* »

Sa présence fut un baume, j'avais besoin de lui, besoin d'une épaule, d'une main, d'une tendresse, d'une famille qu'il représentait à lui seul.

« *Ne me quitte pas! Ne me quitte plus!*
Tout peut s'oublier, oublier le temps des malentendus... »

A partir de ce jour, peut-être à cause de ma nouvelle fragilité physique, Bernard veilla sur moi avec une attention qui me le rendit différent et indispensable.

Mon procès commençait à défrayer la chronique.

On dénonçait dans la presse mes complicités supposées avec le Front National, on insistait sur mes propos racistes en oubliant la vraie raison de tout ce grabuge qui était le sacrifice insensé de ces milliers de moutons dans des circonstances aberrantes et hors la loi française.

J'étais terrifiée.

Les mairies de Saint-Nazaire, Quimper et Marly-le-Roi mirent publiquement à la poubelle les Mariannes à mon effigie.

J'étais la bête noire, la salope, la garce, la vieille, l'obsolète, la raciste! On me diabolisa!

Le 4 décembre eut lieu le procès que les Charrier, père et fils, m'intentèrent. François et Bernard témoignèrent en ma faveur sur la position de Nicolas, cet été-là, après lecture et correction de sa propre écriture de certains passages du livre.

Ce procès fut extrêmement éprouvant.

Je pleurai très longtemps et pleure encore la perte de mon fils si mal conseillé.

Malgré ma douleur, le 6 décembre, j'appelai Nicolas pour lui souhaiter une jolie et bonne fête, je voulais faire ce premier pas qui nous rapprocherait peut-être... mais il me raccrocha au nez!

Depuis ce jour, je n'eus plus aucune nouvelle.

***

Mon médecin me suivait de près.

Ma tension artérielle allait et venait à des rythmes de rumba qui n'arrangeaient pas ma santé. Le repos prescrit ne pouvant exister, je devais vivre avec tous les hauts et les bas que mes pulsions caractérielles me faisaient subir.

La veille de mon procès, j'essayai de trouver une sérénité dans la longue promenade que je faisais quotidiennement. Je respirais profondément ces senteurs humides et âcres de feuilles mêlées de mousse et de champignons. La campagne était désolée mais accueillante pour tous mes animaux qui s'ébattaient en va-et-vient incessants. Le tas de fumier exhalait sa doucereuse odeur de purin, véritable parfum naturel indispensable à toute cour de ferme sur lequel trônait mon coq joyeux entouré de sa colonie de poules, dont ma poulette apprivoisée, qui n'oubliait jamais de m'offrir, chaque jour, son œuf pondu sur mon oreiller.

C'est une habitude qu'elle avait prise et qui était un hommage pour moi. Si je ne trouvais pas l'œuf de « Poupoule » sur mon lit, la journée me paraissait triste, je pensais qu'elle me faisait la gueule alors que tout simplement la porte de ma chambre était fermée !

Appuyée contre mon arbre, je regardais mon troupeau de moutons. C'est pour eux que j'allais me battre le lendemain, et je leur dis.

Ils semblèrent comprendre, s'approchèrent, confiants et curieux.

La plupart d'entre eux venaient des abattoirs, les derniers furent *in extremis* sauvés de l'Aïd-el-Kébir par des policiers de Bobigny qui les saisirent dans un escalier d'immeuble alors que certains avaient déjà été égorgés. Ces pauvres bêtes arrivèrent chez moi, squelettiques, stressées, assoiffées, affolées, quelques-unes ne survécurent pas, les autres sont devenues de magnifiques moutons. Il y en a de toutes les races, des petits, des gros, des têtes noires, des frisés, des déplumés, des têtes rondes, des plates, mais tous reconnaissants du paradis dans lequel ils se trouvaient après l'enfer vécu.

Je puisais en eux tout le courage dont j'avais besoin, respirant leur forte odeur de suint, enfonçant mes mains dans la masse profonde de leur toison de laine épaisse. Je m'imprégnais d'eux, m'intégrant à ce troupeau au milieu duquel je ne me sentais pas étrangère.

Attaquée pour « incitation à la haine raciale », j'aurais demain face à moi des accusateurs tirant un substantiel fonds de commerce de « la défense des droits de l'homme ». Je n'avais aucune intention, ni aucune raison d'être raciste, mes propos s'élevant contre une tradition barbare, un sacrifice, une immolation que ne devait pas accepter la France, pays civilisé ayant dépassé et oublié depuis le Moyen Age ce genre de pratiques.

Je pensais au « cauchemar » que dénonçait *Le Figaro* du 6 avril 1994 à propos des musulmans Hindous consommateurs de viande :

> *« Il est vrai que les abattoirs en Inde sont un cauchemar : les vaches y sont affamées pendant quatre jours dans des conditions atroces ; puis elles sont amenées sur un tapis roulant, ébouillantées vivantes pendant cinq minutes, pendues à un crochet et égorgées pour recueillir leur sang. Enfin on pratique un trou dans l'estomac pour y pomper de l'air afin de pouvoir écorcher plus facilement l'animal... »*

Comment pouvons-nous tolérer cela?

Car les sacrifices rituels pour la viande halal musulmane et cashère juive sont pratiqués chaque jour dans des conditions similaires dans tous les abattoirs du monde!

Si je ne dénonçais pas haut et fort ces exactions, qui le ferait à ma place? Qui serait au courant du calvaire qu'endurent les animaux derrière les portes closes des abattoirs?

La douleur animale est silencieuse, personne ne revendique pour eux le droit à un traitement plus acceptable. Et quand je me révolte, on me bâillonne, on me musèle, on me traîne en justice, on m'accable.

Le monde entier se soumet, et moi j'ai l'insolence de me rebeller...

Oui, je n'accepte pas, je ne suis à la botte de personne et crie mes quatre vérités au nez et à la barbe des égorgeurs.

Après tout je suis chez moi... Enfin j'étais chez moi!

Ce 19 décembre, à 13 heures, j'arrivai au tribunal, entourée par ceux qui me soutenaient dans cette nouvelle épreuve. Le Docteur Arnal ne me quittait pas des yeux, son tensiomètre à la main, il était inquiet, je montais à plus de 20 et descendais à 11 en moins de dix minutes.

Bernard, Frank, François, Jean-Max et Francine Rivière, Maître Kélidjian, Greg et Christophe, mes fidèles gardes du corps, toute ma Fondation au complet, 200 personnes attendaient derrière les portes en m'envoyant des fleurs, des petits mots d'encouragement. La salle de la 17ᵉ Chambre Correctionnelle était pleine à craquer, des journalistes internationaux occupaient les bancs qui leur étaient réservés. Des dizaines de photographes me mitraillèrent puis furent bloqués par les services d'ordre, interdiction d'entrer.

Mon avocat arriva dans un grand frou-frou de robe noire, il fut immortalisé tel un immense corbeau derrière lequel je me cachais, entourée par les deux gendarmes de service.

Mes témoins étaient peu nombreux mais de qualité: Allain Bougrain Dubourg, Leïla el-Fourgi, cette vétérinaire tunisienne, musulmane pratiquante, révoltée par les méthodes d'égorgement inhumaines de l'Aïd-el-Kébir, un vétérinaire français, le Docteur Lescure, qui s'était déplacé spécialement du Sud-Ouest de la France afin de témoigner en ma faveur, dénonçant la souffrance de l'animal d'une manière technique, biologique et scientifique. J'avais essayé de joindre Thierry Desjardins, le journaliste du *Figaro* rencontré des années auparavant sur la banquise au Canada, dans de mauvaises conditions, qui depuis avait changé d'avis et m'aurait soutenue avec intelligence. Hélas, il était en reportage à l'étranger. D'autres comme Henry-Jean Servat de *Paris-Match* avaient envoyé des témoignages écrits.

680

Le Président Monfort vint me saluer alors que j'attendais dans une petite pièce attenante à la salle d'audience. Il accepta, vu mon état, que Bernard et mon médecin s'asseyent à mes côtés sur le banc des accusés. J'étais paralysée de peur, découvrant tout ce mécanisme judiciaire qui régissait la vie, l'honneur, la réputation de ceux qui passaient entre leurs griffes. Je subis un long interrogatoire, debout à la barre, pendant plus d'une heure et demie. Tout mon texte fut décortiqué et on me posa des questions sur chaque mot, presque sur chaque virgule.

J'étais vidée mais tins bon la barre, c'est le cas de le dire.

Puis les témoins défilèrent.

Les miens et ceux de la partie adverse qui ne se gênèrent pas pour me diffamer, pour me comparer à un suppôt de Satan, l'égérie d'un nouveau nazisme. L'image de tout ce qui était nuisible, dépassé, combattu : une patriote démodée, diabolisée.

J'étais fatiguée, lasse et triste.

J'écoutais ces insultes sans avoir le droit de réagir.

Arnal prenait régulièrement mon pouls. Parfois il dépassait les limites autorisées, à d'autres moments il battait à peine, si faiblement qu'il n'arrivait pas à le cerner.

Puis vinrent les plaidoiries des quatre avocats des parties civiles.

Chacun y allant de ses effets de manche et de son plus total mépris pour ce qui concernait ma pauvre personne. J'étais à bout de nerfs, au bord des larmes. Le comble atteignit son paroxysme quand Maître Philippe Cohen, avocat des « Droits de l'Homme », d'une voix rocailleuse et venimeuse, s'attaqua à ma sincérité, rappelant que mon métier de comédienne continuait avec la défense animale, que j'essayais de faire encore parler de moi, à travers eux, que j'étais soudoyée par le Front National, que de toute manière je ne représentais plus rien, n'étant qu'une vieille ruine, une femme vieillissante, aigrie, moche, rejetée par tout le monde, et qui trouvait refuge auprès des animaux pour combler une exclusion.

Alors je me levais et, en larmes, d'une voix blanche, m'adressant au Président Montfort, demandai où était la haine dont on m'accusait, de mon côté ou dans la partie adverse ?

Ensuite, le « ministère public, l'avocat général, le procureur » en un mot m'accabla, telle une meurtrière, une sorcière diabolique, une immonde raciste, demandant contre moi des peines dépassant de loin tout ce que j'avais imaginé dans mes pires prévisions.

Mon avocat prit alors la parole, mais je n'écoutais plus rien.

Il m'arrivait des bribes de phrases... « femme représentative de son pays, image internationalement reconnue »... Puis je pensais aux moutons, aux animaux sacrifiés, à leur souffrance physique intolérable, à leur sang versé par centaines de milliers de litres qui ne pouvait certes pas être cautérisé par tout ce bla-bla-bla inutile, toutes ces paroles vaines, ne servant en fin de compte qu'à auréoler de gloire celui qui, aidé de grands effets de manches, avait, avec grandiloquence, ému les juges et le public.

Si j'avais pu avoir la parole, je pense que j'aurais mieux défendu cette cause qui me tenait tant à cœur. Aucun étranger, même le plus brillant des maîtres du barreau, ne pouvant ressentir ni comprendre et encore moins transmettre la sourde révolte qui me rongeait.

Il était 20 heures lorsque la séance fut levée.

J'eus du mal à me tenir sur mes jambes ankylosées par ces sept heures passées sur un banc de bois. Afin d'éviter la foule dense, toujours massée à l'entrée, on me fit sortir par les sous-sols. Escortée par deux gendarmes, le Docteur Arnal, soutenue par Bernard, Frank, François, mes deux gardes du corps Greg et Christophe, et Maître Kélidjian nous traversâmes de longs couloirs glacés, puis, sous des voûtes de pierre moyenâgeuses, se dressèrent devant nous de sinistres geôles qui abritaient, paraît-il, les grands assassins en attendant leurs comparutions aux Assises.

C'était ce qu'on appelle : « La Souricière ».

J'avais froid dans le dos, découvrant cet univers d'épouvante digne des plus noirs thrillers américains.

Très éprouvée par tout ce que je venais de subir, et encore plus inquiète par le sort qui me serait réservé, je devins insomniaque, minée par des cauchemars qui me laissaient des nuits entières à la merci de toutes les issues fatales que les punitions humaines me feraient subir.

Heureusement, les milliers de lettres de soutien que je reçus, ajoutées aux 12 000 qui suivirent la publication de mon livre, m'apportèrent un précieux réconfort. A longueur de journée, à la Fondation, à Bazoches, les témoignages d'amitié, les soutiens, les preuves d'affection, d'amour et d'estime affluèrent par sacs postaux. Je reprenais courage à la lecture de ces lettres merveilleuses, j'avais subitement l'impression de faire partie intégrante d'une grande famille qui m'aimait. J'ai eu les larmes aux yeux en les lisant, puis d'autres m'ont fait sourire, mais toutes s'étaient soudées à moi, me comprenant, ressentant les mêmes révoltes, mais incapables de les exprimer... Ils (ou elles) me remerciaient pour mon courage.

Que ce soit pour mon livre ou pour mon procès, toutes furent en ma faveur. *Initiales B.B.* fut un énorme succès, une surprise pour tout le monde à commencer par moi.

J'espère que ce *Carré de Pluton*, encore bien plus important puisque en quelque sorte « mon testament », connaîtra le même sort, c'est un de mes souhaits les plus profonds.

J'eus l'immense bonheur d'être relaxée lors de ce premier procès, ce fut pour moi une joie, une justice enfin reconnue, mais le répit ne dura guère. Les ligues firent appel et je fus condamnée...

En désespoir de cause, je confiai l'ultime recours à la Cour de Cassation, qui n'a toujours pas tranché.

L'année suivante, je persistai et signai une fois de plus un réquisitoire contre la sauvagerie et la cruauté des traditions musulmanes pratiquant de plus en plus, avec des dérogations préfectorales à l'appui, ces illégaux sacrifices sanglants de l'Aïd-el-Kébir qui déshonoraient la terre de France, saignant leurs victimes les unes devant les autres dans une totale conscience, dans n'importe quel lieu, prés, champs, cours d'immeubles, escaliers, baignoires, coffres de voitures, brouettes, caniveaux, etc. Il y eut même des vide-ordures d'H.L.M. bouchés par les peaux et les viscères des moutons !

Ayant gagné « l'appel » de l'année précédente, les ligues se ruèrent à nouveau sur moi et je fus pour la deuxième fois, en 1997, traînée devant la 17e Chambre Correctionnelle pour « récidive d'incitation à la haine raciale ».

Cette fois, le Président était Madame Ract-Madoux.

Ma tension étant équilibrée, je fus traitée avec beaucoup moins d'indulgence que l'année précédente. Alors je fus insolente car j'en avais marre, donc condamnée sans autre forme de procès ! Maître de Saint-Just, mon avocat, fit appel, mais nous perdîmes encore. Depuis cet avocat m'a envoyée me faire foutre, et c'est Maître Chanson qui hérite de tous ces procès en cours.

**

Bâillonnée, muselée, enchaînée, je me suis tue.

Rien ne sert à rien, alors je baisse moi aussi les bras, submergée par ce politiquement correct soutenant aveuglément les traditions les plus primitives.

Je m'épuise à hurler seule ma révolte qui finit par m'étouffer.

Je réprouve en silence, déplorant que cette « France » dont je suis une des égéries, se métamorphose en « hexagone » au fil du temps qui passe, tout comme notre « franc » national battu désormais par « l'euro », donne une dimension étrangère à nos traditions profondes.

Pendant que Konrad Lorenz écrivait *Sauver l'espoir* à la fin des années 80, dénonçant l'irrémédiable destruction de la planète par d'irresponsables apprentis sorciers, dépassés par une science devenue incontrôlable, obéissant à des incapables qui seront à l'origine d'un cataclysme irréversible dont l'être humain payera de sa vie la facture,

Eugen Drewermann, théologien et psychanalyste allemand, fut suspendu de sa chaire à l'université de Paderborn après la publication de son livre : *Le progrès meutrier* pour cause de positions véhémentes concernant l'avenir de notre planète et la destruction de la nature et des animaux.

> « La terre n'appartient pas à l'être humain,
> l'être humain appartient à la terre. »

Bien que le monde se déchire et se perde, aucun de nous n'est foncièrement méchant.

Il y a toujours en chacun une part de bon et de mauvais.

Il faut savoir trier, faire ressortir le meilleur en écartant le pire. C'était le rôle de la religion qui est devenu celui de la politique. C'est le yin et le yang, le blanc et le noir, le positif et le négatif, le bon Dieu et le Diable, que nous portons en nous-même et qui selon notre personnalité se développe d'une manière ou d'une autre.

Et comme l'a dit Claudel : « Le pire n'est jamais certain. »

J'ajouterai, après mes 65 années d'existence riche, remplie du pire et du meilleur, et n'ayant plus rien à perdre et tout à gagner :

« Evoluer, c'est atteindre un certain degré de transformation et de culture, c'est parfaire, non détruire. »

Brigitte BARDOT
La Madrague
11 avril 1999.

ÉPILOGUE

Si tous les hommes avaient une morale, celle du respect de la vie, ils refuseraient de détruire et de briser d'une manière indigne et révoltante la vie des animaux, créatures vivantes trop souvent méprisées.

Un jour viendra où nous serons jugés pour tout le mal, les souffrances, les douleurs, la misère que nous leur infligeons sciemment et inutilement.

Depuis 1973, il y a donc vingt-six ans, je consacre ma vie, mon énergie, ma célébrité et ma fortune à une cause indispensable, celle de rendre à l'animal sa place d'être vivant, sensible et non d'OBJET, dans notre société.

Depuis vingt-six ans, j'ai couru le monde et les ministères, écrit des articles, fait des émissions de T.V., de radio, j'ai essayé de soulever l'opinion publique, de responsabiliser les ministres, même d'impliquer le Président de la République, Monsieur François Mitterrand, en lui soumettant en octobre 1984 trente mesures urgentes à prendre pour une élémentaire amélioration de la condition animale en France.
Je n'ai RIEN obtenu. Sinon quelques miettes.

Je demande aux responsables actuels d'avoir enfin le courage de faire avancer les choses, de prendre les décisions urgentes qui attendent depuis si longtemps le bon vouloir que le pouvoir ignore ou veut ignorer.

Je demande que mon pays, la France, me fasse la grâce d'accorder enfin à mon action un résultat rapide, exemplaire, encourageant et digne de la confiance et du respect que je lui ai toujours porté.

Brigitte Bardot

ANNEXES

Ses meilleures amies

à Brigitte

Elles bondissent de la voiture
En bousculant tout au passage
Elles détalent à vive allure
En laissant un bruyant sillage

Et démarrage ventre à terre
Des chiens..., pas des propriétaires

Longs sauts planés en souple élégance
Et retours à toute vitesse
Pour rapporter la balle que lance
Avec grâce la gentillesse

La saisie au bond ou par terre
Jeu des chiens et propriétaires

Cependant c'est la reconnaissance
Rapide d'experts en odeurs
Des inconnus et des connaissances
Nez au vent, flairant les senteurs

Et chacun est à son affaire
Les chiens et les propriétaires

Coup d'œil bref ou pleine attention
Indifférence ou sympathie
Souvent une conversation
Et gagnée est la partie !

Car pour chacun, joyeuse affaire
Les chiens et les propriétaires !

Retour ennuyeux sous la pluie
Heure heureuse trop passagère !
Quel dommage que le temps s'enfuit
Pour chiens et propriétaires

Qui promène son partenaire,
Le chien ou son propriétaire ?

Ton papa dit Pilou
Noël 1974

L'âge
de la force

PAR PIERRE DEHAYE

L'homme si suffisant, et qui se suffit si peu à lui-même, aspire, de l'enfance à la mort, à un réseau de protections qui puisse l'aider à conquérir ce qu'il convoite – biens matériels et immatériels – y compris celui qui consiste dans le détachement de tous les biens.

Ce réseau protecteur, sécrété naturellement dès le ventre maternel, s'effilochera pourtant inexorablement. Sauf chances très exceptionnelles, tous les appuis s'effaceront tour à tour.

Les camarades d'études s'égaillent très vite. Si tard fût-ce, on devient orphelin. Les amis, les vrais et rares amis ? Cette précieuse réserve se disperse au fil de l'existence et finit par ne plus se renouveler. Dans les milieux de travail, supérieurs hiérarchiques, patrons, condisciples et collègues avec lesquels se nouent des équipes dans l'estime des dons personnels et des efforts, tous ceux avec qui une carrière s'est construite, disparaissent, à vitesse progressivement croissante, centrifugés par maintes forces, dont celle qui a nom retraite.

Les proches s'en vont. A-t-on par miracle constitué un couple digne des racines du mot : la Parque, que ses ciseaux démangent, en ses moments les plus pitoyables n'accorde que sursis. Nos enfants ? La civilisation a déstabilisé les familles et consacré l'irréversibilité des soins qu'on a prodigués. On reste seul.

... Ainsi, dans une lumière crue, contrairement aux idées reçues, il apparaît que la vieillesse est l'âge de plus grande force : bon gré, mal gré, l'exploit s'impose, il faut dominer la solitude ; enfin tout livré à l'intimité de soi-même, il faut conjurer le risque de voir se liquéfier l'existence en mare gluante où l'on s'enlise. Cela suppose une hygiène morale et spirituelle qu'on n'improvise guère.

La vie serait-elle essentiellement une longue préparation à la vieillesse ? Si ce n'est un paradoxe, il y a de quoi frémir – à moins de croire qu'elle est devant nous, notre naissance.

Chronique de Pierre DEHAYE, *de l'Institut ;*
L'âge de la force, *le* Figaro
du 15 juin 1983.

Au fond du vieux refuge...

Au fond du vieux refuge, dans une niche en bois,
Depuis deux ans je purge, d'avoir trop cru en toi.
Tous les jours je t'attends, certain que tu viendras,
Tous les soirs je m'endors, sans que tu sois là.

Pourtant je suis certain, je te reconnaîtrai,
Viens me tendre une main, je te la lécherai.
Tu te souviens très bien, quand je sautais sur toi,
Que tu me caressais, que je dansais de joie.

Que s'est-il donc passé, pour que ce 16 juin,
Heureux que tu étais, je me rappelle bien,
Tu sifflais, tu chantais, en bouclant les valises,
Que tu m'aies attaché, là, devant cette église.

Je ne peux pas comprendre, et ne croirai jamais,
Que toi qui fus si tendre, tu sois aussi mauvais.
Peut-être es-tu très loin, dans un autre pays,
Mais quand tu reviendras, moi j'aurai trop vieilli.

Ton absence me pèse, et les jours sont si longs,
Mon corps s'épuise, et mon cœur se morfond.
Je n'ai plus goût à rien, et je deviens si laid,
Que personne, jamais, ne voudra m'adopter.

Mais moi je ne veux pas, que l'on me trouve un maître,
Je montre bien mes dents, et je prends un air traître,
Envers qui veut me prendre, ou bien me caresser,
Pour toutes illusions, enfin leur enlever.

Car c'est toi que j'attends, prêt à te pardonner,
A te combler de joie, du mieux que je pourrai,
Et je suis sûr, tu vois, qu'ensemble nous saurions,
Vivre des jours heureux, en réconciliation.

Pour cela, je suis prêt, à faire de gros efforts,
A rester près de toi, à veiller quand tu dors,
Et à me contenter, même si j'ai très faim,
D'un vulgaire petit os, et d'un morceau de pain.

Je n'ai jamais rien dit, lorsque tu m'as frappé,
Sans aucune raison, quand tu étais énervé.
Tu avais tous les droits, j'étais à ton service,
Je t'aimais sans compter, j'acceptais tous tes vices.

Tu m'as mis à la chaîne, ou tu m'as enfermé,
Tu m'a laissé des jours, sans boire et sans manger,

J'ai dormi bien souvent, dans ma niche sans toit,
Paralysé, raidi, tellement j'avais froid.

Pourtant, si tu reviens, nous partirons ensemble,
Nous franchirons en chœur, la porte qui ressemble
A celle d'une prison, que je ne veux plus voir,
Et dans laquelle, hélas, j'ai broyé tant de noir.

Voilà, mon rêve se termine, car je vois le gardien,
Puis l'infirmière, et le vétérinaire plus loin,
Ils entrent dans l'enclos, et leurs visages blêmes,
En disent long pour nous, sur ce qu'ils nous amènent.

Je suis heureux, tu vois, car dans quelques instants,
Je vais tout oublier, et, comme il y a deux ans
Je m'endormirai sur toi, mon cher et grand ami,
Je dormirai toujours, grâce à... l'euthanasie.

Et s'il t'arrive un jour, de repenser à moi,
Ne verse pas de larmes, ne te prends pas d'émoi,
Pour toi, j'étais « qu'un chien », tu préférerais la mer,
Tu l'aurais su avant, j'aurais payé moins cher.

A vous tous les humains, j'adresse une prière,
Me tuer tout petit, aurait peiné ma mère,
Mais il eût mieux valu, pour moi, cette manière,
Et vous n'auriez pas eu, aujourd'hui, à le faire.

Gilbert DUMAS

En italique extraits du poème lus par Brigitte Bardot lors de l'émission *Entre chien et loup*, en direct du refuge de Gennevilliers, le 3 octobre 1987.

Lettre ouverte à ma France perdue

Française de souche, je suis. Mon éducation, mes antécédents m'ont enracinée corps et âme dans ce pays qui est le mien et pour lequel mon grand-père et mon père ont combattu courageusement l'oppression et l'envahissement germaniques au cours des deux dernières guerres mondiales, 1914/1918 et 1939/1945. Leurs blessures, leurs croix de guerre et leurs Légion d'honneur ont fait partie intégrante d'un patrimoine familial qui a contribué à forger en moi un sens patriotique subconscient mais si présent, qu'au summum de ma plus grande gloire cinématographique j'ai toujours refusé de m'expatrier aux Etats-Unis qui me proposaient des ponts d'or afin de rester représentative de l'image d'une France qui me fit « Marianne » après que j'eus rapporté à ma nation l'équivalent des devises de la Régie Renault.

Avec le général de Gaulle et la tour Eiffel, je suis peut-être la Française la plus connue au monde. N'en tirant aucune gloire personnelle, je mis cette célébrité au service de la détresse animale. A l'âge de vingt-cinq ans, alors que l'O.A.S. essayait de me racketter et que je leur tins tête avec courage et détermination, je commençais, avec l'aide du ministre Roger Frey, à mettre en place des méthodes d'abattage moins cruelles pour les animaux d'abattoirs. Je devins végétarienne après avoir compris l'horreur que les hommes faisaient subir à ces pauvres bêtes dites de consommation.

La loi française qui, à l'époque, ne se souciait ni de la souffrance ni du stress des animaux égorgés conscients n'en finissant plus de se vider de leur sang, la loi française, au bout de dix longues années, fut changée et les animaux eurent le pauvre privilège d'être étourdis ou anesthésiés électriquement, ce qui permettait à leur cœur de continuer de battre afin de les vider de leur sang mais dans un état d'inconscience qui leur évitait la douleur de se sentir mourir lentement. Ce fut pour moi une triste victoire, mais une victoire quand même.

Et puis voilà que mon pays, la France, ma patrie, ma terre, est de nouveau envahie, avec la bénédiction de nos gouvernants successifs, par une surpopulation étrangère, notamment musulmane, à laquelle nous faisons allégeance ! Au droit desquels nous nous plions avec soumission.

De ce débordement islamique nous devons subir à nos corps défendants toutes les traditions, pour beaucoup les mauvaises interprétations de leur religion et le mépris de l'ordre public devant lequel nos dirigeants politiques se soumettent avec une lâcheté qui n'a d'égale que « leur trouille ».

D'année en année nous voyons fleurir les mosquées un peu partout en France, alors que nos clochers d'églises se taisent faute de curés. D'année en année, les abattages rituels, très souvent clandestins, sans étourdissement préalable, transforment les abattoirs en lieux d'épouvante où les animaux, nos animaux, subissent des agonies et des supplices dignes des plus atroces sacrifices païens. Et puis, en plus de ce quotidien hors la loi mais admis et accepté par le ministère de l'Intérieur, il y a l'atroce « Aïd-el-Kébir » qui se développe partout en France et autorise chaque chef de famille musulmane à égorger « son » mouton. La terreur, n'importe où, n'importe comment, sans contrôle sanitaire, dans des champs « loués » par des agriculteurs complaisants, avec l'aval des dérogations généreusement accordées par certains préfets, dans des escaliers d'immeuble, dans des baignoires. Pauvres dizaines de milliers de bêtes égorgées les unes devant les autres avec des lames plus ou moins effilées, par des sacrificateurs maladroits qui doivent s'y reprendre à plusieurs fois, pendant que des gosses, éclaboussés de sang, baignent dans ce magma de terreur, de sang giclant des jugulaires mal tranchées.

Sommes-nous devenus fous d'accepter à ce point l'inacceptable ? Pourquoi tels ces moutons voués à des sacrifices illicites ne réagissons-nous pas ? Les Français sont-ils devenus des lâches, des couards qui se laissent pomper jusqu'à la dernière goutte par des impôts, de plus en plus inadmissibles, remerciant encore l'Etat de leur laisser leurs yeux pour pleurer ?

Faut-il, après les vaches folles de la « folie humaine », continuer et accepter la barbarie de l'élevage concentrationnaire où les vaches, veaux, poulets, cochons... sont piqués et gavés de produits chimiques ? Comment ne pas se révolter de se nourrir de l'atroce souffrance animale ?

J'ai, depuis de nombreuses années, vu tous les ministres concernés, j'ai été en relation avec le recteur Boubakeur de la Grande Mosquée de Paris, puis avec son fils. Je n'ai rien obtenu. Rien.

Alors aujourd'hui, épuisée, écœurée, ne sachant plus à quel saint me vouer, ni à quel pouvoir m'adresser puisqu'ils sont tous plus ou moins dirigés par une pensée unique, j'écris cette lettre à « Opinions ». Je me réfère aussi à l'extrait d'un article écrit par Emile Zola au *Figaro*, le 21 mars 1896, dans lequel il disait ces mots : « *Alors est-ce qu'on ne pourrait pas de nation en nation commencer par tomber d'accord sur l'amour qu'on doit aux bêtes ? De cet amour universel des bêtes par-dessus les frontières, peut-être arriverait-on à l'universel amour des hommes.* »

Je pose la question au gouvernement de mon pays, au président de la République pour lequel j'ai voté avec tout l'espoir du monde, à ceux qui nous dirigent de Bruxelles d'une façon désastreuse, à ceux qui nous imposent le diktat fallacieux et imbécile des fameux « Droits de l'homme ». Serais-je obligée, dans un avenir proche, de fuir mon pays devenu terre sanglante et violente pour m'expatrier, essayer de trouver ailleurs, en devenant moi-même émigrée, le respect et l'estime qui nous sont, hélas ! quotidiennement refusés ?

Brigitte BARDOT.

Nous reproduisons *in extenso* le texte de BB paru dans *Le Figaro* qui a valu à l'actrice d'être copieusement attaquée.

Lettre adressée à François Mitterrand

Paris, le 7 septembre 1990

Monsieur le Président,

La lâcheté et la cruauté seraient-elles devenues les deux mamelles de la France ?

Depuis des mois, les agriculteurs sèment le feu et le sang sur leur passage sans qu'aucune réaction gouvernementale ne mette un terme à ces scandales inacceptables.

Je vous rappelle que l'Article 453 du Code Pénal stipule que tout mauvais traitement à animal sera puni par la loi, or nous en sommes aujourd'hui à :

- 94 moutons anglais empoisonnés par du Posdrain à Saint-Laurent-sur-Sèvres, morts dans de terribles souffrances.

- 219 moutons anglais brûlés vifs à Thouars dans un camion, le 29 août, innocentes victimes destinées à l'abattoir qui ont péri suppliciées de la main d'infâmes révoltés qui devraient être jugés et châtiés selon leurs méfaits.

On ne compte plus le nombre de carcasses de moutons carbonisées, jetées aux ordures, infect spectacle, exemple indigne !

Le 6 septembre, 386 agneaux écossais ont été abattus puis déversés dans les jardins de la sous-préfecture de Bellac !

Les têtes piquées sur des lances sanglantes seraient dignes de votre ministre de la Culture pour fêter un sinistre et bien obscène bicentenaire...

Dans un pays dit civilisé, les agriculteurs devraient avoir la possibilité d'exprimer leur mécontentement sans ces actes de cruauté qui violent la loi.

A la veille de l'ouverture de la C.E.E. quel bel exemple d'entente donne la France !

Je viens par cette lettre vous mettre au courant, Monsieur le Président, de ce qui se passe, au cas où vous ne seriez pas averti, car il me semble qu'un homme responsable de la bonne tenue de son pays aurait déjà pris les mesures nécessaires !

Il est révoltant et honteux qu'un état se dresse dans l'Etat, sème la panique, le trouble, prenne des animaux en otages, ne respecte plus la nourriture à défaut de respecter la vie !

Il y a de par le monde des milliers d'enfants qui meurent de faim, en Roumanie, en Afrique, en Amérique du Sud.

Vous avez proposé de les aider puisque la France est un pays riche...

Alors je pense que l'élémentaire éthique du respect que nous devons à notre patrie serait de faire cesser immédiatement ce gaspillage révoltant, insolent et dément.

De reprendre en main les rênes d'un gouvernement qui vous échappe et de nous prouver que « Dieu » n'a pas conclu un pacte avec le Diable !

Veuillez croire, Monsieur le Président, à l'assurance de mes sentiments respectueusement révoltés.

Brigitte BARDOT

Le Chargé de Mission
auprès
du Président de la République

Paris, le 11 septembre 1990

Madame,

Le Président de la République a bien reçu votre lettre de vendredi et m'a chargé d'en accuser réception.

Votre émotion est légitime. Si respectables que soient les intérêts des éleveurs français, rien ne justifie des actes aussi cruels, aussi stupides, que ceux que vous dénoncez.

Vous ne me tiendrez pas rigueur d'ajouter que rien, dans les faits que rappelle votre lettre, ne justifie davantage le ton que vous employez pour vous adresser au Chef de l'Etat.

Je vous prie d'agréer, Madame, l'assurance de mes sentiments les plus respectueux et les meilleurs.

Jean KAHN

Madame Brigitte BARDOT
83990 - SAINT-TROPEZ -

Campagne électorale 1995 : 2 mai, débat télévisé Chirac-Jospin.

Dessin de Delestre

Dessin de Delestre

Dessin de Deligne

Crédits des photographies hors-texte

Photo 1 : © Vergez – Sygma / Photos 2-16-17-18-25-27-34 : © Sygma / Photos 3-4-5-6-37-51-53-54-57-58-59-60-61-62-63-64-65-66-67-68-74-75-76-81-82-83-84-85-86-87-88-89-90 : © Collection privée Brigitte Bardot / Photos 7-30-32 : AFP / Photos 8-9-21 : © Christian Brincourt / Photos 10-11-19-22-28 : © Léonard de Raemy – Sygma / Photos 12-13 : © Miroslav Brozek – Sygma / Photo 14 : © Jean-Pierre Photographe / Photo 15 : © Méditerranée Photo / Photo 20 : © François Bagnaud / Photos 23-38-40-43-52-72-73-80-91-96-99-105-106-109 : © Frank Guillou / Photo 24 : © Ghislain Dussart – Rapho / Photos 26-33-42 : © Mylène de Muylder / Photo 29 : © Présidence de la République Française – Service photographique / Photo 31 : © Bris Horvat – AFP / Photo 35 : © Agence Angeli / Photos 36-93 : © Joël Robine – AFP / Photos 39-41-45-47-48-49-56-70-71-77-92-94 : © Gérard Schachmes – Regards / Photo 44 : © Jean-Claude Sauer – Scoop / Photo 46 : © F. Poincet – Sygma / Photo 50 : © Catherine Le Cossec / Photo 55 : © Michel Luccioni – Agence Angeli / Photo 69 : © Fabian – Sygma / Photos 78-95-97-98-100-101 : © Fondation Brigitte Bardot / Photo 79 : © Raymond Reuter – Sygma / Photos 102-103 : tirées du livre de Hans Ruesch *Ces bêtes que l'on torture inutilement* – Editions Pierre-Marcel Fabre / Photo 104 © Jean-Marie Molitor / Photo 107 : © Service photographique du Vatican / Photo 108 : © Jean-Claude Deutsch – Scoop / Photo 110 : © Dessin de Jacques Godefroy / Photo 111 : © Allain Bougrain Dubourg – Sygma.

Nous remercions toutes les personnes qui ont offert gracieusement leurs photographies, dessins et poèmes.

*
* *

Collaboration technique :
François BAGNAUD

*
* *

Cet ouvrage a été réalisé par la
SOCIÉTÉ NOUVELLE FIRMIN-DIDOT
Mesnil-sur-l'Estrée
pour le compte des Éditions Grasset
en octobre 1999

FONDATION BRIGITTE BARDOT
RECONNUE D'UTILITÉ PUBLIQUE PAR DÉCRET EN DATE DU 21 FÉVRIER 1992

45, rue Vineuse - 75116 Paris (France)
Tél. 01 45 05 14 60 • Minitel 3615 FBB
Fax 01 45 05 14 80 • CCP Paris 662 05T
Internet : http/www.fondation-brigitte-bardot.fr
E-mail : f-b-bardot@calva.net

Imprimé en France
Dépôt légal : octobre 1999
N° d'édition : 11275 – N° d'impression : 47668
ISBN : 2-246-59501-0